WASMUTH
KINDERTAGESEINRICHTUNGEN ALS BILDUNGSEINRICHTUNGEN

KINDERTAGESEINRICHTUNGEN ALS BILDUNGSEINRICHTUNGEN
Zur Bedeutung von Bildung und Erziehung in der Geschichte der öffentlichen Kleinkinderziehung in Deutschland bis 1945

von

Helge Wasmuth

VERLAG
JULIUS KLINKHARDT
BAD HEILBRUNN • 2011

Dieser Titel wurde in das Programm des Verlages mittels eines Peer-Review-Verfahrens aufgenommen. Für weitere Informationen siehe www.klinkhardt.de.

Bibliografische Information der Deutschen Nationalbibliothek
Die Deutsche Nationalbibliothek verzeichnet diese Publikation in der Deutschen Nationalbibliografie; detaillierte bibliografische Daten sind im Internet abrufbar über http://dnb.d-nb.de.

2011.5.kg. © by Julius Klinkhardt.
Das Werk ist einschließlich aller seiner Teile urheberrechtlich geschützt.
Jede Verwertung außerhalb der engen Grenzen des Urheberrechtsgesetzes ist ohne Zustimmung des Verlages unzulässig und strafbar. Das gilt insbesondere für Vervielfältigungen, Übersetzungen, Mikroverfilmungen und die Einspeicherung und Verarbeitung in elektronischen Systemen.

Druck und Bindung: AZ Druck und Datentechnik, Kempten.
Printed in Germany 2011.
Gedruckt auf chlorfrei gebleichtem alterungsbeständigem Papier.

ISBN: 978-3-7815-1809-4

Inhaltsverzeichnis

Danksagung 8
Einleitung 9
   1. Methoden und Probleme pädagogischer Historiographie 11
      1.1 Sinn und Nutzen der pädagogischen Historiographie 11
      1.2 Merkmale und Probleme pädagogischer Historiographie 13
   2. Aufbau der eigenen Arbeit 20
      2.1 Fragestellung und methodischer Zugang 20
      2.2 Periodisierung 26
      2.3 Aktueller Forschungsstand 27
      2.4 Quellengrundlage 29
      2.5 Konkretes Vorgehen 30

I. Die Entstehung der öffentlichen Kleinkinderziehung (1800-1860er) ... 33
   1. Die Vorläufer und die Entstehung der öffentlichen Kleinkinderziehung ... 33
      1.1 Industrialisierung 36
      1.2 Pauperismus 37
      1.3 Strukturwandel der Familie 39
      1.4 Neuorganisation der Schule 42
      1.5 Fazit 43
   2. Die „Realität" der Einrichtungen der öffentlichen Kleinkinderziehung
     (1800-1860er) 44
      2.1 Quantitative Entwicklung und Betreuungsquote 44
      2.2 Adressaten 46
      2.3 Verschiedene Einrichtungstypen der öffentlichen Kleinkinderziehung ... 49
      2.4 Trägerschaft 54
      2.5 Personalstruktur und Ausbildung des Personals 55
      2.6 Der Alltag in den Einrichtungen 57
   3. Die Vorstellungen über Betreuung, Erziehung und Bildung in der öffentlichen
     Kleinkinderziehung von 1800-1860er 63
      3.1 Der politische Diskurs 63
      3.2 Der praktische Diskurs 77
      3.3 Der theoretische Diskurs 160
   4. Fazit: Bildung und Erziehung in der öffentlichen Kleinkinderziehung in der
     Epoche von 1800-1860er 169

II. Die Geschichte der öffentlichen Kleinkinderziehung im Deutschen Kaiserreich (1860er-1918) 175
   1. Die „Realität" der Einrichtungen der öffentlichen Kleinkinderziehung im Deutschen Kaiserreich (1860er-1918) 175
      1.1 Quantitative Entwicklung 176
      1.2 Adressaten 176
      1.3 Einrichtungsformen der öffentlichen Kleinkinderziehung 180
      1.4 Träger 181
      1.5 Personal und Ausbildung 182
      1.6 Der Alltag in den Einrichtungen 185
   2. Die Vorstellungen über Betreuung, Erziehung und Bildung in der öffentlichen Kleinkinderziehung im Deutschen Kaiserreich (1860-1918) 190
      2.1 Der politische Diskurs 190
      2.2 Der praktische Diskurs 200
      2.3 Der theoretische Diskurs 285
   3. Die öffentliche Kleinkinderziehung während des Ersten Weltkrieges 289
   4. Fazit: Bildung und Erziehung in der öffentlichen Kleinkinderziehung im Kaiserreich 294

III. Die Geschichte der öffentlichen Kleinkinderziehung in Weimar (1918-1933) 301
   1. Die „Realität" der Einrichtungen der öffentlichen Kleinkinderziehung in Weimar (1918-1933) 301
      1.1 Vereinheitlichung der Einrichtungsformen und quantitative Entwicklung . 301
      1.2 Adressaten 302
      1.3 Träger 304
      1.4 Personal und Ausbildung 307
      1.5 Der Alltag in den Einrichtungen 309
   2. Die Vorstellungen über Betreuung, Erziehung und Bildung in der öffentlichen Kleinkinderziehung in Weimar (1918-1933) 311
      2.1 Der politische Diskurs 311
      2.2 Der praktische Diskurs 323
      2.3 Der theoretische Diskurs 367
   3. Fazit: Bildung und Erziehung in der öffentlichen Kleinkinderziehung in Weimar 399

IV. Die Geschichte der öffentlichen Kleinkinderziehung im Nationalsozialismus (1933-1945) 405
   1. Die „Realität" der Einrichtungen der öffentlichen Kleinkinderziehung im Nationalsozialismus (1933-1945) 405
      1.1 Einrichtungsformen 406
      1.2 Quantitative Entwicklung und Trägerschaft 406
      1.3 Adressaten 409
      1.4 Personal und Ausbildung 410
      1.5 Der Alltag in den Einrichtungen 412

2. Die Vorstellungen über Betreuung, Erziehung und Bildung in der öffentlichen Kleinkinderziehung im Nationalsozialismus (1933-1945) 415
   2.1 Der politische Diskurs 416
   2.2 Der praktische Diskurs 431
   2.3 Der theoretische Diskurs 441
3. Fazit: Bildung und Erziehung in der öffentlichen Kleinkinderziehung im Nationalsozialismus 446

V. Bildung und Erziehung in der Geschichte öffentlich veranstalteter Kleinkinderziehung 451

VI. Literaturverzeichnis 466

Danksagung

Die vorliegende Arbeit stellt die leicht gekürzte und veränderte Version der historischen Forschungsarbeit dar, die 2010 an der Fakultät für Sozial- und Verhaltenswissenschaften der Eberhard-Karls-Universität Tübingen angenommen wurde. Ich danke den Professoren Dr. Ludwig Liegle, Dr. Klaus-Peter Horn und Dr. Hans Thiersch für ihre Unterstützung, die aufmunternden Ratschläge, ihre kritischen Hinweise und ihre Geduld. Sie haben diese Arbeit zu jeder Zeit bereichert und ihr Entstehen ermöglicht.

Ich danke allen Kollegen und Freunden, die mich mit ihrer Kritik, Aufmunterung und Hilfebereitschaft unterstützt haben. Insbesondere danke ich Stefan Schlüter für die nie enden wollende Geduld und seine kritischen Hinweise.

Ich danke meinen Eltern, die diese Arbeit überhaupt erst möglich gemacht haben.
Und Caro. Für alles.

New York im Februar 2011   Helge Wasmuth

Einleitung

Aktuell erfährt die Pädagogik der frühen Kindheit eine öffentliche Aufmerksamkeit, die in diesem Umfang vor nicht allzu langer Zeit noch als unmöglich gegolten hätte. Profession und Disziplin, Öffentlichkeit und Politik diskutieren verstärkt und kontrovers über frühkindliche Bildung und Erziehung, über Bildungsprozesse von Kindern und die Bedeutung von Bildung als Aufgabe der öffentlichen Kleinkinderziehung. Mit Bildung und Erziehung wurden zwei der zentralen Grundbegriffe deutschsprachiger Pädagogik aufgegriffen, neu belebt und für die Frühkindpädagogik nutzbar zu machen versucht (vgl. Andres/Laewen 2006, 23). Zugleich wird darüber nachgedacht, wie sich diese theoretische Diskussion praktisch umsetzen lässt und wie die Betreuung, Erziehung und eben auch Bildung[1] von Kindern in Kindertageseinrichtungen gestaltet werden kann. Dies hat sowohl in der Praxis, als auch auf politischer Ebene in Form der sogenannten Bildungs- und Erziehungspläne zu gewissen Veränderungen geführt, wie sich auch die Disziplin weiterhin verstärkt diesem Thema zuwendet. Insgesamt sieht sich die öffentliche Kleinkinderziehung aktuell mit einem erheblichen Veränderungsdruck konfrontiert. Kindertageseinrichtungen müssen sich zu Bildungseinrichtungen wandeln, wenn sie den zunehmend komplexer werdenden Anforderungen von Seiten der Kinder, Eltern und der Gesellschaft gerecht werden wollen, lautet die weithin vertretene These (vgl. Liegle 2008, 95).

Frühkindliche Bildung stellt demnach seit längerem und auch aktuell *das* frühkindpädagogische Thema dar. Was aber ist darunter zu verstehen? Bildung mag als Aufgabe der Kindertageseinrichtungen mittlerweile grundsätzlich anerkannt sein, aber die Diskussion bezüglich der inhaltlichen Bedeutung dieses Begriffes verläuft nach wie vor kontrovers. Unterschiedliche Bildungskonzeptionen sind zu erkennen.[2] Was unter Bildung oder „mehr" Bildung bzw. einer stärkeren Betonung der Bildungsfunktion im vorschulischen Bereich verstanden werden soll, kann nicht als eindeutig geklärt angesehen werden. Dies ist nicht zuletzt auch auf eine gewisse dem Bildungsbegriff innewohnende Mehrdeutigkeit zurückzuführen (vgl. Liegle/Treptow 2002a, 17/18). Bildung, ein „deutsches Container-Wort" (Lenzen 1997, 949), ein „zentraler und zugleich der vieldeutigste Begriff

---

[1] Es stellt sich allerdings die Frage, ob der Bildungsbegriff glücklich gewählt ist. Ludwig Liegle hält ihn sogar für systematisch verfehlt und für eine Verlegenheitslösung, weil es in der deutschen Sprache keinen dem Unterricht entsprechenden Begriff „für die Anregung von Bildungsprozessen in Einrichtungen und Maßnahmen der Kinder- und Jugendhilfe gibt" (2008, 99).

[2] Verkürzt lassen sich in dieser Kontroverse zwei gegenüberstehende Parteien erkennen. Auf der einen Seite Fthenakis und sein Bildungskonzept, das u.a. im Bayerischen Bildungsplan Niederschlag gefunden hat, auf der anderen Seite vor allem Gerd E. Schäfer, Laewen/Andres und Ludwig Liegle. Siehe zu dieser Debatte u.a. Laewen, H.-J.: Bildung in Kindertageseinrichtungen - Der schwierige Weg in die Praxis In: Wehrmann, Ilse: Kindergärten und ihre Zukunft. Weinheim/Basel 2003.

der deutschsprachigen Pädagogik/Erziehungswissenschaft" (Liegle 2008, 95), hat seit Wilhelm von Humboldt eine breite Palette von „semantischen Konnotationen" (Lenzen 1997, 949) aufgenommen, wie er auch immer wieder kritisiert und mit neuen und teilweise gegensätzlichen Inhalten gefüllt wurde (vgl. Benner/Brüggen 2004; Speck/Wehrle 1970; Vierhaus 1972). Ähnliches gilt für den Begriff der Erziehung (vgl. Oelkers 2004). Auch der Erziehungsbegriff ist vieldeutig (vgl. Liegle 2008, 93) und für Andres/Laewen sogar der „am stärksten belastete Begriff in der deutschsprachigen Pädagogik" (2006, 32).
Dementsprechend sind bis heute beide Begriffe in ihrem Bedeutungshorizont sehr vielfältig. Unter Bildung kann man „sowohl den Prozess der Formung des Menschen als auch die Bestimmung, das Ziel und den Zweck menschlichen Daseins" (Benner/Brüggen 2004, 175) und in diesem Sinne ein Ergebnis verstehen. Erziehung kann einen Prozess und ein Ergebnis meinen, wie auch ein absichtsvolles Handeln, aber auch unbeabsichtigte Einflüsse (vgl. Liegle 2008, 93) oder ganz „allgemein die moralische Kommunikation zwischen Personen und Institutionen [...], soweit sie auf dauerhafte Einwirkungen abzielt und Gefälle voraussetzt" (Oelkers 2004, 303).
Aber was heißt dies nun für die Pädagogik der frühen Kindheit und die öffentliche Kleinkinderziehung? Was bedeutet es, wenn in diesem Kontext von Bildung gesprochen wird? Zielt Bildung hier auf einen Prozess oder auf ein Ergebnis ab? Und heißt „mehr" Bildung dann, dass die Kinder klüger und besser „gebildet" werden? Und in welchem Verhältnis steht Erziehung dazu? Bedeutet ein „Mehr" an Erziehung, dass sich die Kinder besser benehmen und niemanden mehr die Schaufel im Sandkasten wegnehmen?
Die Begriffe müssen auch weiterhin in ihrer inhaltlichen Bedeutung geklärt werden. Dabei sollte jedoch berücksichtigt werden, in welcher Weise die Termini innerhalb der öffentlichen Kleinkinderziehung traditionell begriffen wurden. Auffallend ist jedoch, dass nicht immer auf die eigene Geschichte Bezug genommen wird.[3] Eine Analyse der in der Gegenwart nachwirkenden Geschichte des spezifischen frühkindpädagogischen Bildungs- und Erziehungsbegriffs spiegelt sich in den aktuellen Bildungskonzeptionen zumeist nicht wieder. Aber braucht es nicht auch die Kenntnis der Historie dieser beiden Begriffe? Würde ein Wissen um die eigene Geschichte nicht zu einem vertieften Verständnis führen? Liegt es vielleicht auch in dem die Historie bestimmenden Verständnis von Bildung und Erziehung begründet, dass die Kindertageseinrichtungen aktuell vor der Aufgabe stehen, sich zu Bildungseinrichtungen wandeln zu müssen?
Ziel dieser Arbeit ist deshalb die historische Betrachtung der öffentlichen Kleinkinderziehung in Deutschland bis 1945 unter dem spezifischen Gesichtspunkt von Bildung und Erziehung. Thema ist somit die öffentliche Kleinkinderziehung und nicht der Kindergarten, der in seiner ursprünglichen Bedeutung nur eine von mehreren Formen institutioneller Kleinkinderziehung dargestellt und sich erst später als umfassender Begriff durchgesetzt hat. Öffentliche Kleinkinderziehung[4] erscheint daher als Sammelbegriff besser

---

[3] Dies trifft mehr oder weniger stark ausgeprägt beispielsweise auf die Arbeiten von Fthenakis, Laewen/Andres oder Gerd E. Schäfer zu.
[4] Zum Begriff „öffentliche Kleinkinderziehung" siehe Erning 1979. Erning folgend findet sich der Begriff erstmals in der Petition der Rudolfstädter Versammlung aus dem Jahr 1848. Erning umgrenzt ihn wie folgt: „Der Begriff ‚öffentliche Kleinkinderziehung' umfaßt alle Einrichtungen, in denen kleine Kinder (frühestens vom Laufalter) bis spätestens zum Beginn einer Schulpflicht für einige Zeit des Tages außerhalb der Familie

geeignet (vgl. Reyer 2006a, 13). Synonym wird auch von institutioneller Kleinkind- bzw. Frühkinderziehung gesprochen.
Im Verlauf der Einleitung wird nun zunächst auf Besonderheiten, Probleme und Methoden der (pädagogischen) Historiographie eingegangen (1) und die sich daraus ergebenden Schlussfolgerungen werden auf die eigene Arbeit übertragen (2).

1. Methoden und Probleme pädagogischer Historiographie

Wie jede wissenschaftliche Forschung sieht sich auch die (pädagogische) Historiographie mit grundsätzlichen Problemen und Anforderungen konfrontiert (vgl. Fulbrook 2002). Geschichte ist nichts, was offen vor uns liegt, sondern ergibt sich aus der Fragestellung, wie auch der Art und Weise, mit der man sich der Vergangenheit nähert. Bevor auf diese methodologischen Aspekte eingegangen wird (1.2), soll kurz ein Problem angerissen werden (1.1), vor dass sich speziell die pädagogische Historiographie von jeher gestellt sieht: „Wozu Geschichte der Pädagogik" (Kliebard 2004)?

1.1 Sinn und Nutzen der pädagogischen Historiographie

Erziehungswissenschaftliche Arbeiten, die sich der eigenen Historie zuwenden, müssen sich oftmals die Frage nach ihrem eigentlichen Nutzen gefallen lassen. Historische Bildungsforschung wird als überholt, antiquarisch oder sogar bedeutungslos wahrgenommen und steht geradezu unter Legitimationszwang. Sie sieht sich mit der Frage konfrontiert, was denn überhaupt aus der (Bildungs-)Geschichte zu lernen sei?[5] Historische Arbeiten sind aktuell keine Selbstverständlichkeit und dies trotz oder gerade wegen der langen Tradition geisteswissenschaftlicher Pädagogik. Stimmt man Ulrich Herrmann zu, so vertritt die Mehrheit der Erziehungswissenschaftler heute „unpädagogisch-sozialwissenschaftliche oder atheoretisch-praktizierende Arbeitsgebiete" und hat allein von „daher kein genuines Interesse an der Arbeit des Historikers" (Herrmann/Tröhler 1997, 24). Zum Teil lässt sich geradezu eine Ahistorizität feststellen. Pädagogische Historiographie als die Teildisziplin der Erziehungswissenschaft, die sich „mit der Geschichte des grundsätzlichen Nachdenkens über Erziehung und Bildung und mit der Geschichte des erzieherischen und bildenden Handelns" (Hager 1996, 354) befasst, ist heute kein Arbeitsfeld, das als selbstverständlich gilt.

Welche Bedeutung aber hat die pädagogische Historiographie bzw. besitzt sie überhaupt eine solche? Im Grunde ist dies eine merkwürdige Frage, da zu einer Disziplin nun einmal die Erforschung ihrer eigenen Geschichte gehört. Auch ist die Frage nach dem Nutzen keineswegs neu: „Es ist eine alte Frage, ob es möglich sei, aus der Geschichte zu lernen, nicht bloß was war, sondern auch was kommen wird" (Paulsen 1885, V). Mag Paulsens unbekümmerte Antwort, dass genau dies eben möglich sei und man sogar „durch Beachtung der Richtung, in welcher die zurückgelegte Wegstrecke verlief, auf

---

und meist unter weitgehendem Verlust der Einflußnahme von Seiten der Eltern, zusammen mit anderen Kindern des angegebenen Alters in die regelmäßige Obhut von Personen gegeben werden, denen keine aus einer Zugehörigkeit zur Familie sich ableitende Verpflichtung zur Aufsicht oder Beihilfe beikommt" (1979, 136).
[5] Dass diese Frage aktuell von Belang ist, zeigt die Zeitschrift für pädagogische Historiographie. Jg. 15 (2009), H. 2. Dort wird genau dieses Thema umfassend behandelt.

die Richtung der Fortsetzung Folgerungen" (ebd., V) ziehen könne, heute ihre Gültigkeit verloren haben, von Bedeutung bleibt die Beschäftigung mit der Geschichte dennoch. Zwar bietet historisches Wissen kein „Arsenal von Exempla zur Lösung gegenwärtiger Aufgaben" (Bock 1990, 172). Aber es stellt doch sachkundiges Orientierungswissen zur Verfügung, das zu einem (selbst-)kritischen, realitätsnahen Urteil und Verständnis der Gegenwart samt der ihr innewohnenden Probleme verhilft (vgl. Bock 1990, 173; Hager 1997, 19; Zeitschrift für pädagogische Historiographie 2009, 71/72). Viele aktuelle Herausforderungen lassen sich nur angemessen verstehen, wenn man sich ihrer geschichtlichen Entwicklung bewusst ist. Historische Bildung ist in diesem Sinne ein Mittel zur Aufklärung und ermöglicht eine reflektierte Distanz zur Gegenwart. Im Falle der Pädagogik der frühen Kindheit könnte dies z.B. bedeuten, dass man sich unterschiedlichen Fragen nähert: Warum ist die öffentliche Kleinkinderziehung in Deutschland, anders als in anderen europäischen Ländern, kein Teil des Schulsystems? Weshalb ist das Ausbildungsniveau der angehenden Erzieherinnen so niedrig? Worin wurzelt die starke Betonung des Spiels als primäre Tätigkeit des Kleinkindes? Oder eben auch: Welche Bedeutung haben Bildung und Erziehung in der Geschichte der öffentlichen Kleinkinderziehung besessen? Wie haben sich diese Vorstellungen entwickelt? Überwiegen Kontinuitäten oder haben Brüche das Denken geprägt?

Ahistorizität kann zu einseitigen und verkürzenden Argumentationen führen (vgl. Böhme/Tenorth 1990, 13). Geschichte aber hilft dabei, den zeitgenössischen Kontext – wie die aktuelle Bildungsdiskussion in der Frühkindpädagogik – klug und tiefgründig zu analysieren und gelassener mit angeblichen „Neuheiten" umzugehen und in Alternativen zu denken. Gleichzeitig macht sie deutlich, dass Entwicklungen nicht zwangsläufig sind, sondern von Menschen gemacht und somit auch verändert werden können. Die Geschichte zeigt, dass alles auch hätte anders sein können[6] und mit Sicherheit auch wieder anders werden wird (vgl. Hellmuth/Ehrenstein 2001, 162; Hager 1996, 368; Terhart 2004, 100). Auch die öffentliche Kleinkinderziehung hat sich verändert und wird sich auch weiterhin verändern müssen. Gerade augenblicklich, da auf die Notwendigkeit der Veränderung im Arbeitsfeld institutioneller Kleinkinderziehung hingewiesen wird, kann eine überlegte, historisch fundierte Reflexion der gegenwärtigen Aufgaben nur hilfreich sein.

So können die angestrebte Neubestimmung des Bildungsbegriffs und eine zeitgerechte theoretische Grundlegung des Bildungswesens und der Bildungspolitik in diesem Bereich auch nur geleistet werden, wenn die in der Gegenwart nachwirkenden historischen Entwicklungen einbezogen werden. Gerade für den frühkindlichen Bildungsbegriff würde sich dies als sinnvoll erweisen. Zumeist geschieht dies jedoch nicht und wenn dann derart, dass sich zur Absicherung der eigenen Position auf angebliche historische Wurzeln berufen wird.[7] Aber ist ein derartiges Vorgehen überhaupt gerechtfertigt? Nicht allein die Frage, ob die herangezogene Verweisgröße, zumeist ist dies Fröbel, überhaupt angemessen verstanden wurde ist dabei von Bedeutung, noch wichtiger erscheint vielleicht die Frage, ob es überhaupt gerechtfertigt ist, Fröbel und die von ihm vertretenen

---

[6] Es sei denn man vertritt ein teleologisches Geschichtsverständnis.
[7] So z.B. Fried/Dippelhofer-Stiem/Honig/Liegle 2003, 18; Laewen/Andres 2002a.

Vorstellungen als das *eine* Beispiel in der Geschichte der öffentlichen Kleinkinderziehung hervorzuheben, ganz so, als wäre Fröbel der Einzige und auch für die tatsächliche Gestaltung der Einrichtungen Bedeutsamste gewesen, der über frühkindliche Bildung und Erziehung nachgedacht hätte. Es gilt zu fragen, ob Fröbels Pädagogik überhaupt repräsentativ für die eigene Geschichte ist oder ob der Verweis auf Fröbel nicht doch nur ein Beispiel für eine gerade auch in der Erziehungswissenschaft häufig anzutreffende „erfundene Tradition"[8] ist.

1.2 Merkmale und Probleme pädagogischer Historiographie

Neben dieser speziellen Problematik sieht sich sämtliche historische Arbeit vor gewisse Ansprüche und Probleme gestellt, die sich sowohl aus der Beschäftigung mit der Geschichte selbst, als auch den Arbeitsmethoden der Historiographie zwangsläufig ergeben. Diese Probleme lassen sich nur bedingt lösen, aber sie müssen zumindest erläutert werden. Im Folgenden wird deshalb ohne Anspruch auf Vollständigkeit auf einige Probleme und Diskussionsstränge eingegangen, die für diese Arbeit von Bedeutung sind.

Bekanntlich ist die Annahme, dass die Vergangenheit mit der in einer Erzählung rekonstruierten Geschichte „in einem direkten, ‚realistischen' Korrespondenzverhältnis stehe" (Sarasin 2006, 74), naiv. Die jeweilige Geschichte ist nicht die definitive und vollständig erschlossene Vergangenheit, wie diese tatsächlich gewesen ist, sondern das Bild eines Historikers, der aus Distanz auf die Vergangenheit blickt und diese zu deuten versucht (vgl. Depape 2006, 242). Quellen müssen interpretiert und dann zu einer Handlung, und in diesem Sinne zu einer Geschichte zusammengesetzt werden: „Jede historische Darstellung ist Selektion aus dem potentiell unbegrenzten Gebiet vergangener, erlittener oder betätigter Geschichten" (Koselleck 2006, 48). Indem festgelegt wird, was ein Ereignis ist und dann das Ausgesuchte in einer bestimmten erzählerischen Form samt den Mitteln der Rhetorik strukturiert wird, wird die Bedeutung von historischen Ereignissen erfasst und „that is, a story" (Cohen 1999, 68).[9] Letzten Endes geht es immer darum, den Leser davon zu überzeugen, dass die eigene Version der Geschichte wahr ist. Aber mag Geschichte auch „keine unmittelbare Spiegelung der Vergangenheit" (Tenorth 1993, 90) sein, so wird doch eine „systematisch prüfbare Geschichte" (ebd., 90) erzählt. Wird dabei auf Regelungen zurückgegriffen, „die das historische Denken als Erkenntnisprozeß bestimmen und der Geschichtsschreibung begründbare Wahrheitsansprüche verleihen" (Rüsen 1994, 101), gelangt man zu Ergebnissen, die nach allgemein verbindlichen

---

[8] Zum Begriff „erfundene Tradition" vgl. Hobsbawm/Ranger 1983. Er verweist darauf, dass alle Tradition erfunden ist, d.h. in der jeweiligen Gegenwart konstruiert und auf die Vergangenheit zurückprojiziert wird, um so gegenwärtige Vorstellungen oder Handlungsweisen zu legitimieren.

[9] Gerade auf den Aspekt der Konstruktion, wie auch auf die Bedeutung der Sprache und Rhetorik ist in letzter Zeit innerhalb der Historiographie hingewiesen worden (vgl. Iggers 2001; Schöttler 1997), insbesondere in den Arbeiten von Hayden White (vgl. White 1973, 1990 und 1999). Zugespitzt wird behauptet, Historiographie sei nichts anderes als eine literarische Gattung ohne genuin wissenschaftlichen Charakter; ein Umstand, den man jedoch auch skeptisch und kritisch betrachten kann und der auch keineswegs neu ist (vgl. Wehler 2007). Auch die pädagogische Historiographie wurde von derartigen Überlegungen anregungsreich beeinflusst (vgl. Cohen 1999; Tenorth 1993; Tröhler 2005).

Gesichtspunkten diskutiert und in ihrer Plausibilität begründet und intersubjektiv überprüft werden können.
Wenn aber nur bedingt erzählt werden kann, wie es tatsächlich gewesen ist, kann es immer nur darum gehen, das Richtige oder besser das auszuwählen, was im Rahmen der eigenen Arbeit besonders interessiert – und dies ist insbesondere abhängig von der Fragestellung, dem methodischen Zugang und der vorgenommenen Periodisierung.

Die Fragestellung: Am Anfang steht die historische Frage, die Heuristik. Jede Geschichtsschreibung hängt von den Fragen ab, die man an sie richtet (vgl. Koselleck 2000, 293). Diese sollten in die „Pflicht innovatorischer Intuitionen" (Rüsen 1994, 104) genommen werden und offen sein für all das, was jenseits des schon erschlossenen Forschungsbereichs der historischen Erfahrung liegt, zugleich aber auch einen Aspekt beinhalten, der „dem Bedürfnis gegenwärtig handelnder Menschen entspricht, sich in der Zeit zu orientieren" (ebd., 141).[10]

Aus der Gegenwart heraus wird so über die Entwicklung einer Fragestellung etwas zum Gegenstand der Untersuchung gemacht, was es derart in der Vergangenheit nicht gegeben hat (vgl. Prondczynsky 1997, 493; Rüsen 1994, 104). Abhängig ist dies zunächst einmal von den eigenen weltanschaulichen Prämissen, gerade für die Geschichte der öffentlichen Kleinkinderziehung lassen sich diesbezüglich ausgezeichnete Beispiele finden.[11] Ebenso bestimmt das, was innerhalb der eigenen Disziplin augenblicklich als notwendig erachtet wird, den Blick auf die Geschichte. Man befragt die Geschichte nach dem, was einen selbst im Rahmen der eigenen Disziplin interessiert und im Fall der vorliegenden Arbeit ist dies das aus der aktuellen Bildungsdebatte gewonnene Interesse an der Bedeutung von Bildung und Erziehung in der Geschichte institutioneller Kleinkinderziehung. Entsprechend der eigenen Fragestellung nähert man sich der Vergangenheit, sie dabei zugleich vereinfachend und reduzierend, denn „gemessen an der Unendlichkeit vergangener Totalität, die uns als solche nicht mehr zugänglich ist, ist jede historische Aussage eine Verkürzung" (Koselleck 2000, 316).

Der methodische Zugang: Es gibt deshalb auch viele Themen, welche die pädagogische Historiographie bearbeiten kann (vgl. Hager 1996, 354; Herrmann/Tröhler 1997, 17/18). Ebenso existieren unterschiedliche Zugänge oder Methoden, also „Verfahren, welche professionalisierte Historiker verwenden, um aus den empirischen Überbleibseln menschlicher Vergangenheit gesichertes historisches Wissen zu gewinnen" (Meier/Rüsen 1988, 7). Dies gilt auch für die Geschichte der öffentlichen Kleinkinderziehung.[12] Unterschiedliche Zugänge aber führen gleich verschiedenen Fragestellungen zu

---

[10] In diesem Sinne stellen Forschungslücken noch keine Forschungsanlässe dar, sie müssen auch den „unabgegoltenen Orientierungsbedürfnissen" (Rüsen 1994, 105) der Gegenwart entsprechen und so gestellt sein, dass sie mit Hilfe der Quellen erschlossen und forschend beantwortet werden können (vgl. ebd., 105).

[11] Zu denken ist dabei vor allem an Heinsohn 1974 oder Krecker 1966, deren Weltanschauung sich deutlich zeigt und die ihre Geschichten der Vorschulerziehung – die dessen ungeachtet interessante und beachtenswerte Forschungsergebnisse hervorgebracht haben – eindeutig geprägt hat.

[12] Reyer macht deutlich, dass prinzipiell mehrere Zugänge möglich sind. Der Geschichte der öffentlichen Kleinkinderziehung kann man sich über einen begriffs- und ideengeschichtlichen, sozialgeschichtlichen, konzeptionsgeschichtlichen, professionsgeschichtlichen, rechtsgeschichtlichen, personengeschichtlichen,

unterschiedlichen Geschichten (vgl. Reyer 2006a, 11ff.). Den einzig richtigen Zugang gibt es dabei ebenso wenig, wie *die* Geschichte *der* Pädagogik existiert, weshalb Oelkers nicht zu unrecht von einem „Verbot des Singulars" (1999, 462) spricht. Vielmehr sollte sich die Methode immer aus der Fragestellung ergeben.
Verschiedene Zugänge sind also grundsätzlich möglich, Schwerpunkte können immer wieder neu gesetzt werden, müssen es vielleicht sogar, soll Geschichte lebendig bleiben. Jedoch muss sich pädagogische Historiographie im Rahmen historiographischer Methoden bewegen, was mittlerweile zumeist auch geschieht. Pädagogische Geschichtsschreibung versteht die eigene Arbeit heute bewusst als methodisch organisierte Historiographie (vgl. Tenorth 1996, 345).[13]

Es ist deshalb angebracht, an dieser Stelle nach Möglichkeiten und verschiedenen Methoden pädagogischer Historiographie, wie auch nach innovativen Überlegungen zu fragen.
Traditionell wurde pädagogische Historiographie als Ideengeschichte, als Auslegung bedeutender Quellen mit Hilfe der Hermeneutik verstanden (vgl. Rüsen 1997; Rittelmeyer/Parmentier 2001). Der ideengeschichtliche Zugang[14] betrachtet vor allem die Genese, Entwicklung und den Anspruch der Ideen. Grundlegende pädagogisch-philosophische Begriffe, Ideen und Theorien werden in ihrer je epochalen Bedeutung gedeutet, wobei zumeist auf klassische Texte und deren Wirkungsgeschichte zurückgegriffen wird (vgl. Böhme/Tenorth 1990, 43/44). Eine derartige Ideengeschichte, „auf die Aneignung und Auslegung der pädagogischen Visionen und Programme großer Pädagogen konzentriert" (Tenorth 2006, 332), mit einer Engführung auf die immer gleichen Personen und Themen, steht jedoch in der Gefahr, „eher Traditionspflege als Forschung" (ebd., 332) zu sein. Folglich wurde die Ideengeschichte massiv kritisiert. Sie erschien nicht länger als befriedigend, da sie „im Kern nicht distanzierte wissenschaftshistorische Analyse, sondern Traditionsstiftung bzw. systematische Kritik in aktueller oder pragmatischer, einem kulturell spezifischen Kontext verpflichteter Absicht" (ebd., 333) sei. Die ideengeschichtliche Methode wirkte naiv und fern der Realität, da Geschichte nicht allein in dem aufgehen könne, was einzelne Personen, seien sie noch so „groß", gedacht oder gewollt hätten. Ideengeschichte galt vielen als Methode der Selbsttäuschung, nicht aber als eine methodisch kontrollierte und kritische Aufklärung über die Vergangenheit (vgl. Böhme/Tenorth 1990, 30 u. 130).
Als modern erschien die Sozialgeschichte, die zwei Bedeutungen umfasst. Als geschichtswissenschaftliche Teildisziplin kann sie die sozialen Strukturen, Prozesse und

---

problemgeschichtlichen, regional- und periodengeschichtlichen, quellengeschichtlichen oder institutionsgeschichtlichen Zugang nähern (vgl. Reyer 2006a, 11ff.).

[13] Allerdings ist dies für Tenorth noch keine problemspezifische, eigenständige Theoretisierung, weil im Wesentlichen rezipiert wird, was die historisch einschlägigen Disziplinen außerhalb der Pädagogik anbieten. Diese Herkunft hat aber Grenzen. Das wesentliche Desiderat liegt für ihn deshalb auf der Ebene spezifischer Theorie, die das Phänomen der Erziehung selbst systematisch begreift und so einen Ansatz bieten kann für eine genuin erziehungswissenschaftliche Analyse der Vergangenheit (vgl. Tenorth 1996, 351ff.).

[14] Dieser wird zum Teil auch als historisch-systematischer Zugang bezeichnet. Für Böhme/Tenorth ist der historisch-systematische Zugfang verwandt mit der Ideengeschichte, deutet das Thema aber zusätzlich systematisch (vgl. 1990, 43).

Handlungen im engeren Sinn analysieren. Unter Sozialgeschichte wird aber auch verstanden, dass Geschichte aus einem anderen, nämlich sozialgeschichtlichen Blickwinkel, als Gesellschaftsgeschichte geschrieben wird. Hier wird versucht, die „ganze" Geschichte zu betrachten, wenn auch unter der Betonung der sozialen Strukturen, Prozesse und Handlungen (vgl. Kocka 1997, 191).

Pädagogische Historiographie als Sozialgeschichte zielt zumeist auf letztere Bedeutung ab. Noch immer soll die „ganze" Geschichte erzählt werden, nicht aber mehr primär als Geschichte der großen Persönlichkeiten[15] und deren Denken. Die gesellschaftliche Wirklichkeit, die Formen der Realisierung der Ideen und deren Wirkungen, nicht länger die Ideen stehen im Mittelpunkt des Interesses (vgl. Böhme/Tenorth 1990, 41). Sozialgeschichte will zeigen, „wie in der gesellschaftlichen Realität Erziehung und Bildung zu eigener Form gerinnt" (Tenorth 1996, 349).

Für die öffentliche Kleinkinderziehung bedeutet dies, dass sie im „Rahmen spezifischer gesellschaftlicher Entwicklungsprozesse analysiert" (Reyer 2006a, 14) und nicht allein auf die Wirksamkeit von Ideen oder auf das Handeln einer einzelnen Person ursächlich zurückgeführt wird. Man könnte auch sagen, während die Ideengeschichte betrachtet, was gedacht wurde, versucht die Sozialgeschichte eher dem gerecht zu werden, was „wirklich" gewesen ist.

Insgesamt ist so die Transformation der Geschichtswissenschaft in eine Historische Sozialwissenschaft seit den 1970er Jahren in der Erziehungswissenschaft „nachgehend adoptiert" (Prondczynsky 1999, 486) worden. Dies hat zu einem neuen Selbstverständnis historischer Pädagogik geführt und ist der Versuch, eine „legitime Tradition historischer Forschung aufzubauen und zugleich die Mystifikationen der deutschen Vergangenheit nüchtern und gesellschaftstheoretisch reflektiert zu erforschen" (vgl. Böhme/Tenorth 1990, 121). Dabei lässt sich jedoch, anders als bei der unverändert über Fragen der Theoriebedürftigkeit der Historie diskutierenden Geschichtswissenschaft, eine „gewisse Selbstberuhigung beim endlich errungenen sozialwissenschaftlichen Status nicht übersehen" (Prondczynsky 1999, 486). Bemängelt wird bis heute, dass trotz erkennbarer Verbesserungen das Anregungspotential der Geschichtswissenschaft nicht angemessen rezipiert worden sei, weder die nationalen, geschweige denn die internationalen Diskurse (vgl. Böhme/Tenorth 1990, 35; Tenorth 1996).

Auch sollte man nicht der Gefahr erliegen, durch die Ablehnung der Ideengeschichte erneut und auf andere Weise einseitig zu werden. Reine Sozialgeschichte wäre ebenso ungenügend und unbefriedigend wie zuvor die reine Ideengeschichte (vgl. Bock 1990, 161f. u. 174; Koselleck 2006, 10).

Ideengeschichte bleibt also grundsätzlich wichtig. Außerdem lassen sich mit der „Neuen Ideengeschichte" zurzeit Tendenzen erkennen, die manchen davon sprechen lassen, dass sie das wohl größte methodische Innovationspotential biete (vgl. Eibach/Lottes 2006, 261ff.; Overhoff 2004, 321). Innerhalb der Historiographie und nachfolgend auch in der pädagogischen Historiographie finden augenblicklich anregende Methodendiskussionen statt. Hier werden Überlegungen der „cambridge school" (vgl. Eibach/Lottes 2006;

---

[15] Das eine Personengeschichte der Pädagogik aber auch heute noch nicht vollständig ihren Reiz verloren hat zeigt März 1998.

Einleitung

Hellmuth/Ehrenstein 2001; Skinner 2002), des „linguistic turn", postmoderner Theorie oder aus dem Umkreis der Begriffsgeschichte (vgl. Koselleck 2006) auf ihren Gehalt hin geprüft (vgl. Bellmann/Ehrenspeck 2006; Casale/Tröhler/Oelkers 2006; Cohen 1999; Paedagogica Historica 1996; Overhoff 2004; Tenorth 1996; Tenorth 2006; Tröhler 2006).[16]

Auch wenn diese Arbeit nicht den Anspruch erhebt, methodisch im Sinne der Neuen Ideengeschichte oder der Begriffsgeschichte zu arbeiten, einige diesen Diskursen entspringende Überlegungen erscheinen als so anregungsreich, dass sich ein Aufgreifen anbietet. Aus diesem Grund werden, ohne Anspruch auf Vollständigkeit zu erheben, einige für diese Arbeit bedeutsame Aspekte der Neuen Ideengeschichte dargestellt.

Diese geht vor allem auf die „cambridge school", insbesondere auf John Pocock und Quentin Skinner, zurück. Besonderer Wert wird innerhalb dieser Überlegungen auf die Bedeutung der Sprache gelegt. Mit de Saussure versteht Pocock[17] unter „langue" die Summe aller möglichen sprachlichen Äußerungen (Redewendungen, Rhetoriken, spezifische Vokabulare und Grammatiken, also Arten des Diskurses). Dies kann man auch als Sprachsystem oder Sprache bezeichnen. Unter „parole" versteht er dagegen den jeweiligen Sprechakt, der sich bestimmter Elemente des Sprachsystems bedient. Sprechakte können sich nach Pocock immer nur im Rahmen vorgegebener Sprachsysteme artikulieren, d.h. die Äußerungen der historischen Akteure sind auf eine solche Sprache angewiesen, um überhaupt zum Ausdruck zu kommen (vgl. Tröhler 2006, 29). Sie sind der ideologische Kontext, in dem Texte überhaupt nur formuliert werden können, gleichzeitig spielen sie aber für die soziale Wirklichkeit selber eine „normativ-konstitutive Rolle" (ebd., 29). Innerhalb eines Sprachsystems können gewisse Probleme, Fragestellungen, Interessen nicht oder kaum erörtert werden, sie „stören" geradezu. Manche Probleme oder auch deren Lösungsstrategien werden erkannt, andere aber auch übersehen oder als Alternative vor vornherein ausgeschlossen. Sprache bildet deshalb nicht nur die Realität ab, sie besitzt auch eine große Bedeutung bei der Konstruktion von Realität (vgl. Cohen 1999, 112).

Aufgabe des Historikers nach Pocock ist es, die Sprachsysteme der Vergangenheit zu rekonstruieren, quasi eine sprachliche Landkarte zu zeichnen. Es ist davon auszugehen, dass mehrere Systeme gleichzeitig nebeneinander existiert haben, wobei eine Sprache die jeweils dominierende dargestellt hat. Eine derartige Sprache lässt sich anhand eines bestimmten Vokabulars ableiten, das von einer Vielzahl historischer Akteure nach bestimmten Regeln benutzt wurde, mit dessen Hilfe die Akteure miteinander kommuniziert und dessen Gebrauch sie auch auf einer Metaebene reflektiert haben (vgl. Hellmuth/Ehrenstein 2001, 158/159). Sie gilt es zu erkennen und herauszuarbeiten (vgl. Eibach/Lottes 2006, 268).

---

[16] Hellmuth/Ehrenstein weisen jedoch darauf hin, dass derartige Ideen, wie die gesamte beeindruckte Debatte über methodisch-theoretische Fragen in Deutschland nur zum Teil aufgegriffen wurden. In Deutschland wurde und wird Ideengeschichte noch immer überwiegend negativ betrachtet (vgl. 2001, 151/152).

[17] Sein ideengeschichtliches Konzept hat Pocock auf der Basis von vier Elementen entwickelt: Linguistik, moderne Sprachphilosophie, Kuhnsche Wissenschaftssoziologie, hermeneutische Verfahren (vgl. Hellmuth/Ehrenstein 2001, 157/158).

Verbunden wurden diese Überlegungen von Pocock mit der Theorie des Paradigmenwechsel nach Kuhn. Mit Kuhn lassen sich Paradigmen als allgemein anerkannte wissenschaftliche Leistungen verstehen, die für eine gewisse Zeit Fachleuten maßgebende Probleme und Lösungen liefern. Können mit dem gängigen Paradigma jedoch neue Probleme nicht erkannt oder gelöst werden, kommt es zu einem Wandel. Überträgt man dies auf das Konzept der Sprachsysteme, ergibt sich die folgende Überlegung: Immer dann, wenn das dominierende System in die Krise gerät und Fragen oder Probleme mit seiner Hilfe nicht mehr gelöst werden können, wird auf ein anderes System zurückgegriffen, das diese besser lösen kann, ohne dass dabei das andere Sprachsystem vollständig verdrängt wird (vgl. Tröhler 2006, 26 u. 29/39).[18]

Diese Überlegungen wurden u.a. von Cohen, neuerdings auch von Tröhler und Overhoff auf die pädagogische Historiographie übertragen. Für Cohen fallen fundamentale Wechsel auf dem Gebiet der Erziehung mit dem Wechsel von Sprachsystemen zusammen, indem ein vorher unbedeutendes System ein dominantes ersetzt. Erziehung sei in jeder historischen Epoche ein diskursives Feld, das von Kämpfen zwischen Sprachsystemen gekennzeichnet sei. Die verschiedenen Sprachen würden verschiedene Konzeptionen der Welt repräsentieren, die zu bestimmten Verhaltensweisen führen und deswegen seien sie auch der Ort für historische Kämpfe um Macht und Einfluss. Anhand von Sprachsystemen könne der Einfluss von Ideen festgemacht werden und anhand der Wechsel der Sprache lasse sich erkennen, zu welchen Veränderungen es gekommen sei und wie radikal diese gewesen seien. Fundamentale Wechsel in der Geschichte der Erziehung können demnach anhand von Veränderungen der linguistischen Hierarchien festgemacht werden. Historiker sollten deshalb, vor allem wenn es um Ideen geht, untersuchen, welches Sprachsystem dominiert hat, welche anderen gleichzeitig existiert und in welcher Hierarchie diese zueinander gestanden haben, sowie die kritischen Sprünge herausarbeiten (vgl. Cohen 1999, 89ff. u.112/113). Denn, so Cohens These: „change in education also passes through language" (ebd., 99).

Gesteigerte Beachtung erfährt in diesen Überlegungen die Kontextualisierung der Ideen. Texte müssen durch die Kontexte, in denen sie entstanden sind und vor dem Hintergrund der sie dominierenden Sprache verstanden werden. Die Bedeutung eines Textes kann nur dann adäquat erfasst werden, wenn seine Stellung innerhalb des diskursiven Kontextes, in dem er verfasst wurde, begriffen wird. Texte besitzen keine kontextunabhängige Existenz (vgl. Tröhler 2006, 30ff.). Nicht nur die Wortbedeutung des Textes muss deshalb rekonstruiert werden, sondern auch, welche Absichten der Autor damit verfolgt hat. Dazu muss vor allem der sprachliche Kontext, der die diskursive Praxis bestimmt, ins

---

[18] Dies hat für Tröhler gerade für die pädagogische Historiographie entscheidende Auswirkungen. Denn das neue Paradigma wird immer auch in neuen Lehrbüchern festgehalten, aber dieser Wechsel soll geradezu verschleiert werden. Geschichte wird dann als Vorgeschichte für das nunmehr dominierende Paradigma geschrieben, die geradezu zwangsläufig darauf hinaus läuft. Dagegen werden historische Positionen, die nicht in das eigene Paradigma hineinpassen, übergangen oder uminterpretiert, bis sie der eigenen Position entsprechen. Deshalb sind bisherigen deutschen „Geschichten der Pädagogik" auch erstaunlich konstant. Tröhler führt dies auf die gemeinsame Sprache zurück: Sie sind in erster Linie pädagogischer und nicht wissenschaftlicher Natur, da sie primär zum Zweck moralischer Läuterung für die Lehrer geschrieben wurden. Sie besitzen ein nationalistisches Merkmal (konzentrieren sich auf Deutsche), orientieren sich fast ausschließliche an der deutschen Philosophie um 1800 und sind weitestgehend dem lutherischen Protestantismus verpflichtet, so werden z.B. katholische Pädagogen in der Regel marginalisiert (vgl. Tröhler 2005, 219/220).

Kalkül gezogen, andere Kontexte dürfen jedoch nicht vernachlässigt werden (vgl. Hellmuth/Ehrenstein 2001, 155/156).

Eine Geschichtsschreibung, die derartige Überlegungen aufnimmt, kann nach Tröhler „zumindest partiell die traditionelle und wenig fruchtbare Dichotomie von klassischer Ideen- und Sozialgeschichte" (vgl. Tröhler 2006, 32) überwinden. Dieser Ansatz muss nicht der einzig richtige sein, aber die Sprache und die Diskurse in den Vordergrund zu stellen, kann zu neuen Erkenntnissen führen (vgl. Cohen 1999, 100/101).

Insgesamt scheint in der Verknüpfung von (Neuer) Ideen- und Sozialgeschichte eine Möglichkeit pädagogischer Historiographie zu liegen. Modernisierte Ideengeschichte kann nur „Sozialgeschichte der Ideen" (Overhoff 2004, 322) sein und muss in den sozialgeschichtlichen Horizont wie auch den ideengeschichtlichen Kontext eingebaut werden. Geschichte der Pädagogik darf nicht im Umkreis der pädagogischen Ideen und Institutionen verbleiben, sondern muss in den zeitgenössischen Kontext eingerückt werden. Nur so kann erkannt werden, welche Konstellationen die Genese, Fortentwicklung und Durchsetzung neuer Ideen oder Mentalitäten ermöglicht haben (vgl. Langewand 1999; Overhoff 2004, 322 u. 328).

Entsprechend erscheint auch die Konzentration auf einen einzigen Zugang als nicht ausreichend. Verschiedene Zugänge, Ansichten und Perspektiven müssen integriert werden.[19] Vor allem Ideen- und Sozialgeschichte sollten als komplementär verstanden werden. So können nicht nur die Ideen, sondern auch die Wirklichkeit, immer soweit dies überhaupt möglich ist, nachvollzogen werden. Durch die Integration als komplementär verstandener Zugänge kann der Gefahr eines theoretisch-methodischen Monismus entgegengewirkt und zugleich dem Ziel näher gekommen werden, Geschichte der Pädagogik möglichst umfassend, mehr-perspektivisch und niemals monokausal darzustellen (vgl. Herrmann/Tröhler 1997, 19).

Periodisierung: Nicht zuletzt wird die jeweilige Geschichtsschreibung auch von der vorgenommenen Periodisierung beeinflusst. Die Epochenperiodisierung ist ein grundsätzliches Problem der Historiographie, da dadurch eine Perspektive eingenommen wird, welche die Arbeit im Voraus entscheidend beeinflusst (vgl. Böhme/Tenorth 1990, 57ff.). Dies gilt auch für die Geschichte der öffentlichen Kleinkinderziehung.[20] Nimmt man beispielsweise eine Periodisierung vor, die sich an bedeutsamen Persönlichkeiten orientiert, ergibt dies ein vollkommen anderes Bild als die Darstellung anhand der quantitativen Entwicklung.

Dieses Problem lässt sich in einer historischen Arbeit nicht umgehen. Periodisierung ist notwendig, muss aber vom Gegenstand des Interesses her bestimmt werden (vgl. Böhme/Tenorth 1990, 59). Auch die Geschichte der öffentlichen Kleinkinderziehung hat ihre eigenen Epochen und deren Festlegung steht in engem Zusammenhang mit der Fragestellung. Von Bedeutung sind dabei die Zäsuren, die entscheidenden Umbrüche. Legt man das Gewicht auf die Ideengeschichte, dann sind diese zumeist im Denken vor allem

---

[19] Diese Ansicht wird speziell für die öffentliche Kleinkinderziehung schon früh von Böhm (1975) vertreten.
[20] Gerade bei Arbeiten zur Geschichte der öffentlichen Kleinkinderziehung finden sich überwiegend Arbeiten, die nur einzelne Perioden betrachten, Gesamtdarstellungen sind eher selten (vgl. Reyer 2006a, 11 u.21).

herausragender Personen zu finden. Fokussiert man auf die Sozialgeschichte, dann ließe sich eine Periode z.B. durch einen auffälligen quantitativen Ausbau der Einrichtungen begründen – beides führt im Endeffekt jedoch einer unterschiedlichen Geschichtsschreibung.

2. Aufbau der eigenen Arbeit

Auch diese Arbeit stellt wie jede historische Darstellung eine Selektion dar, abhängig von der Fragestellung und dem sich daraus ergebenden methodischen Zugang samt Periodisierung. Das primäre Interesse gilt der Bedeutung von Bildung und Erziehung. Andere wichtige Themenstränge, wie z.b. die professionelle Ausbildung (vgl. Metzinger 1993) oder die Verbindung zwischen Schule und vorschulischen Einrichtungen (vgl. Reyer 2006), die fraglos die Entwicklung der öffentlichen Kleinkinderziehung mitbestimmt haben können ebenso wie z.b. auch die auffallende Trennung der frühkindpädagogischen Diskurse von denen der allgemeinen Pädagogik immer nur in dem Maße betrachtet werden, wie sie für die eigentliche Fragestellung von Bedeutung sind. Hierin liegen Möglichkeiten, die bezüglich zukünftiger historiographischer Arbeiten zur Geschichte der öffentlichen Kleinkinderziehung sicherlich von Interesse sind, in dieser Arbeit aber nicht verfolgt werden konnten.

Zunächst werden nun Fragestellung und der methodische Zugang dieser Arbeit erläutert (2.1.). Daran schließt sich die gewählte Periodisierung an (2.2), ehe auf die aktuelle Forschungslage (2.3) und die Quellengrundlage (2.4) eingegangen wird. Abschießend und zusammenfassend wird das konkrete Vorgehen dargestellt (2.5).

2.1 Fragestellung und methodischer Zugang

Zunächst zu den leitenden Fragestellungen dieser Arbeit. Da der gewählte methodische Zugang eng mit diesen verbunden ist und zugleich auch Möglichkeiten zur Bearbeitung der Fragestellung aufweist, wird beides zusammen erläutert.

Aktuell, so wurde einleitend gesagt, vollzieht sich innerhalb der Pädagogik der frühen Kindheit eine Debatte, die in die Forderung mündet, Kindertageseinrichtungen müssten zu Bildungseinrichtungen werden. Sie sollen es werden, sind es demnach noch nicht. Wieso aber ist dem eigentlich so? Galt Bildung bisher nicht als Aufgabe?

Grundsätzlich ist davon auszugehen, dass die vorschulischen Einrichtungen nie über einen eigenständigen, d.h. von der Situation der Familie und der Schule unabhängigen Bildungsauftrag[21] verfügt haben (vgl. Reyer 2006b, 268). Aber wurde überhaupt über Bildung und Erziehung nachgedacht? Ludwig Liegle folgend kann die Ansicht vertreten werden, dass die Begriffe/Konzepte von Bildung und Erziehung im frühkindpädagogischen Bereich immer präsent gewesen sind (vgl. 2008, 88). Von jeher ist über Betreuung, Erziehung und Bildung als Aufgaben der vorschulischen Einrichtungen diskutiert worden. Aber welches Verständnis lag den beiden Begriffen zugrunde, was war mit

---

[21] Zur Frage, inwieweit es aktuell noch sinnvoll ist, von einem „eigenständigen" Bildungsauftrag des Kindergartens zu sprechen, siehe Reyer/Franke-Meyer 2008. Dort wird die Ansicht vertreten, dass ein Festhalten an dieser Begrifflichkeit nicht mehr sinnvoll ist.

frühkindlicher Bildung und Erziehung gemeint? Ist ein ganzes bestimmtes Verständnis von frühkindlicher Bildung oder Erziehung kennzeichnend für die Entwicklung der öffentlichen Kleinkinderziehung, haben Kontinuitäten im Denken überwogen oder lassen sich große Brüche erkennen?
Bis heute wird unverändert, in den letzten Jahren sogar verstärkt und nun auch kontrovers, über die Bedeutung von Bildung und Erziehung in ihrem wechselseitigen Verhältnis gestritten (vgl. Laewen/Andres 2002a, 26/27; Liegle 2008, 93). Könnte dies nicht auch in der historischen Verwendung der beiden Begriffe im Feld der öffentlichen Kleinkinderziehung begründet liegen? Müsste nicht überhaupt die spezifisch frühkindpädagogische Historie der beiden Termini berücksichtigt, die wandelnde Bedeutung und dominierende Verwendungsweisen beachtet werden? Gerade dies geschieht jedoch zumeist nicht oder zumindest nur unzureichend. Die Geschichte der beiden Begriffe bleibt seltsam unbeachtet, oftmals wird auf historische Überlegungen allein derart verwiesen, indem kurze, die eigenen Ansichten widerspiegelnde Ideen präsentiert werden, um dem eigenen Konzept mehr Gewicht zu verleihen. Hier ragen vor allem die Verweise auf Fröbel heraus, der als *die* frühkindpädagogische Größe gerne zur Absicherung benutzt wird. Oder aber es wird auf ein Bildungsverständnis verwiesen, das nicht dem speziell frühkindpädagogischen Kontext entstammt, bestes Beispiel ist Wilhelm von Humboldts Bildungsbegriff (vgl. Laewen 2002a, 50), wie Fröbel eine weitere gern benutzte Verweisgröße. Natürlich ist es legitim, auf derart herausragende Persönlichkeiten und ihre Ideen zu verweisen, nur entsteht zuweilen der Eindruck, dass sich weder mit dem „ganzen" Fröbel auseinandergesetzt, noch das gesamte Feld der öffentlichen Kleinkinderziehung zur Kenntnis genommen wurde. Gerade das historische Verständnis von frühkindlicher Bildung und Erziehung wird kaum berücksichtigt und bleibt in den aktuellen Diskussionen unbeachtet, obwohl doch zu vermuten ist, dass eben dieses die öffentliche Kleinkinderziehung entscheidend geprägt hat und bis in die Gegenwart, sowohl in den Strukturen als auch in den Ideen und Konzeptionen, nachwirkt.
Anliegen dieser Arbeit ist es deshalb, die Bedeutung der Begriffe Bildung und Erziehung in der Geschichte der institutionellen Kleinkinderziehung in Deutschland bis 1945 nachzuvollziehen. Ziel ist dabei, die unterschiedlichen Vorstellungen, die Sprachen von frühkindlicher Bildung und Erziehung in ihrer Vielfalt deutlich zu machen. Es findet somit keine ausschließliche Konzentration auf bereits bekannte „Größen" wie Fröbel oder Montessori statt, vielmehr sollen auch „vergessene" oder nur wenig bekannte Ideen in Erinnerung gerufen werden. Zugleich soll jedoch herausgearbeitet werden, welches Bildungs- und Erziehungsverständnis dominiert und die Entwicklung der öffentlichen Kleinkinderziehung entscheidend beeinflusst hat. Um sich diesen beiden Zielen zu nähern ist es notwendig, differenzierte Fragestellungen einzuführen. Diese müssen kurz erläutert werden.

Um die Bedeutung von Bildung und Erziehung zu untersuchen, genügend es nicht, allein nach dem Inhalt der Ideen zu fragen. Auch der grundsätzliche Stellenwert der öffentlichen Kleinkinderziehung ist von Interesse. Wurde den vorschulischen Einrichtungen überhaupt eine allgemeine Bildungsfunktion zugesprochen oder galt die Betreuung, vielleicht ergänzt um Erziehung, als die primäre Aufgabe? Gab es Versuche, die vorschulischen Einrichtungen dem Bildungswesen zuzuordnen oder galt über den gesamten

Zeitraum hinweg der sozialfürsorgerische Charakter als angemessen? Wichtig ist diese Frage, weil sich so erkennen lässt, ob den vorschulischen Einrichtungen auch eine grundsätzliche pädagogische Bedeutung beigemessen wurde und sie in diesem Sinne als Bildungseinrichtungen galten bzw. dies zumindest werden sollten, oder ob sie nur als ein Notbehelf angesehen wurden.

Eigentlicher Kern der Arbeit – und dies macht die zweite Fragestellung aus – ist jedoch die Auseinandersetzung mit dem Bildungs- und Erziehungsverständnis. Gefragt wird nach den Ideen, den Vorstellungen von Bildung und Erziehung im Kontext der öffentlichen Kleinkinderziehung. Verständnis, Idee und Vorstellung werden dabei synonym und in einem eher umgangssprachlichen und nicht beispielsweise philosophischen Sinn verwendet. Alle drei Bezeichnungen werden als Ansicht einer Person bzw. Gruppe und als Denkinhalt bzw. abstrakter Gegenstand einer nicht-sinnlichen Anschauung verstanden (vgl. Mittelstraß 1984, 178).

Wie aber kann sich dem Verständnis von Bildung und Erziehung über einen derart langen Zeitraum genähert werden? Hier sind einige Anmerkungen notwendig. Es ist davon auszugehen, dass jede Epoche an einer Neubestimmung dieser Begriffe interessiert gewesen ist (vgl. Liegle/Treptow 2002a, 13). Ziel ist es deshalb, dass in einer Epoche dominierende Verständnis von Bildung und Erziehung herauszuarbeiten. Allerdings ist nicht zu erwarten, dass Einigkeit über die inhaltliche Bedeutung von Bildung und Erziehung bestanden hat. Unterschiede sind zwischen den jeweiligen Bereichen, die für die Theorie und praktische Gestaltung öffentlicher Kleinkinderziehung Verantwortung tragen, d.h. konstitutiv sind, zu erwarten. Als konstitutiv können dabei die Politik, Profession und Disziplin gelten (vgl. ebd., 13).

Eine Unterscheidung in die Bereiche der Politik, Profession und Disziplin ist bezüglich der hier untersuchten Fragestellung jedoch nur bedingt möglich und auch sinnvoll. Den wesentlichen Schwierigkeiten gilt es sich bewusst zu werden. So lassen sich die Begriffe gegenwärtiger erziehungswissenschaftlicher Theorie nicht einfach übertragen und selbst heute ergeben sich bei einer derartigen Differenzierung Schwierigkeiten. Oftmals wird versucht, dies mit Hilfe der Begriffe „Praxis" und „Theorie" zu unterscheiden (vgl. Thole 2002, 15). Profession meint jedoch immer mehr als Praxis, wie auch Disziplin mehr und zum Teil auch anderes umfasst als Theorie. Unter Profession kann „das gesamte fachlich ausbuchstabierte Handlungssystem, also die berufliche Wirklichkeit eines Faches" (ebd., 15) verstanden werden. Der Begriff der Profession würde im Rahmen dieser Arbeit dann das Praxissystem der öffentlichen Kleinkinderziehung und somit „die Realität der hier beruflich engagierten Personen sowie die von ihnen offerierten Hilfe-, Beratungs- und Bildungsleistungen auf der Basis der von der Gesellschaft an sie adressierten Ansprüche und Wünsche" (ebd., 15) kennzeichnen. Mit dem Disziplinbegriff wird dagegen „das gesamte Feld der wissenschaftlichen Theoriebildung und Forschung sowie das Handlungsfeld charakterisiert, in dem sich die Forschungs- und Theoriebildungsprozesse realisieren" (ebd., 15).

Entsprechend fällt innerhalb der Sozialpädagogik noch heute die Definition und Unterscheidung von Profession und Disziplin nicht leicht.[22] Weitaus schwerer fällt eine derartige Differenzierung jedoch für den untersuchten Zeitraum. Etwas wie Erziehungswissenschaft existierte im Grunde nicht, erst mit Beginn des 20. Jahrhunderts wurde Pädagogik zu einer anerkannten Wissenschaft im modernen Verständnis (vgl. Horn 2008). In einem noch stärkeren Maße gilt dies für die Frühkindpädagogik, die sich als Wissenschaft eigentlich erst infolge des bildungspolitischen Aufbruchs in den 1960/70er Jahren etabliert hat und dann, wenn auch nur zögerlich und bis heute in äußerst geringem Umfang, in Forschung und Lehre verankert wurde (vgl. Liegle 2008, 91/92).

Eine Auseinandersetzung mit denen von Politik, Praxis und Theorie vertretenen Ideen von frühkindlicher Bildung und Erziehung muss sich dieser Problematik bewusst sein. Wie aber läst sich diese Schwierigkeit lösen? Nicht die konstitutiven Bereiche werden auf ihr Verständnis von Bildung und Erziehung hin untersucht, sondern der politische, praktische und theoretische Diskurs. Mit Diskursen sind dabei „(mehr oder weniger) öffentliche, geplante und organisierte Diskussionsprozesse gemeint, die sich auf je spezifische Themen von allgemeinem gesellschaftlichen Belang beziehen" (Keller 2006, 7). Der Diskursbegriff wird demnach ausdrücklich nicht in einem Sinne verwendet, wie er sich beispielsweise bei Foucault finden lässt (vgl. Keller 2006). Vielmehr bezeichnet er im Rahmen dieser Arbeit mehr oder weniger feste Diskussionszusammenhänge. Es geht darum, wie in diesen Diskursen Bildung und Erziehung verstanden wurden, welche unterschiedlichen Vorstellungen sich erkennen lassen und welche letztendlich dominiert haben. Derart lässt sich dann auch die unzulässige Übertragung heutiger erziehungswissenschaftlicher Begriffe vermeiden.

Allerdings ist es ausgesprochen problematisch, Abgrenzungen für die verschiedenen Diskurse vorzunehmen. Was ist Teil des theoretischen, was des praktischen Diskurses? Nach welchen Kriterien lässt sich eine Differenzierung vornehmen?

Am einfachsten scheint dies noch für den politischen Diskurs. Für diesen stehen zunächst einmal die politischen Stellungnahmen, Anordnungen und Gesetze. Sie verdeutlichen vor allem den staatlichen Standpunkt, auch wenn es schwierig ist, von *dem* Staat als Akteur oder Träger eigener Ideen zu sprechen. Zum einen hat *der* Staat aufgrund des spezifisch deutschen Partikularismus lange Zeit nicht existiert, zum anderen ist es grundsätzlich problematisch, einen Staat im Sinne eines einzelnen Handelnden zu verstehen. Zu keiner Zeit ging jedoch der politische Diskurs allein in den staatlichen Entscheidungen oder Anordnungen auf. Politische und rechtliche Veränderungen haben sich zu keiner Zeit unabhängig von nichtstaatlichen Einflüssen vollzogen. Ergänzend werden deshalb die Eingaben verbandlicher Zusammenschlüsse oder kirchlicher Vertretungen und somit die Versuche zivilgesellschaftlicher Akteure, ihre Vorstellungen in die politischen Entscheidungsprozesse einfließen zu lassen und politischen Veränderungen herbeizuführen, systematisch berücksichtigt.

Davon abzugrenzen ist der praktische Diskurs. Diesem werden diejenigen Personen oder Gruppierungen samt der ihnen zugehörigen Ideen zugeordnet, die primär auf die Unter-

---

[22] Überhaupt bleibt umstritten, ob Sozialpädagogik – und dasselbe gilt natürlich auch für die öffentliche Kleinkinderziehung – eine voll entwickelte Profession ist, sie sich noch in einem *status nascendi* befindet oder gar nur den Rang einer Semi-Profession besitzt (vgl. Merten 2002, 29).

stützung der Praxis in Form von Anleitungen, grundsätzlichen Überlegungen oder Reformideen etc. abgezielt haben. Leitend bei dieser Zuordnung ist die Absicht des jeweiligen Autors, die Praxis zu verändern und den dort handelnden Personen zu verdeutlichen, was konkret getan werden soll. Autoren wie Fröbel oder Montessori, die fraglos auch theoretische Arbeit geleistet haben und dem theoretischen Diskurs zugeordnet werden könnten, werden dieser Unterscheidung folgend zum praktischen Diskurs gezählt.

Was aber macht dann den theoretischen Diskurs aus? Darunter fallen dagegen diejenigen Schriften, die, von wenigen Ausnahmen wie Nelly Wolffheim abgesehen, nicht von in der Praxis Tätigen verfasst wurden und sich auch nicht primär an diese gewandt haben. Es sind die Arbeiten und die ihnen innewohnenden Ideen, die sich an einem zunächst einmal weitgehend praxisirrelevanten Erkenntniszugewinn versucht haben; also diejenigen Überlegungen, die sich nicht mit einer konkreten Handlungsanweisung an die Praxis gerichtet, sondern die zu erklären versucht haben, wie dieses Feld aufgebaut ist bzw. sein sollte. Dazu gehören auch diejenigen Schriften, die vornehmlich eine Deskription der öffentlichen Kleinkinderziehung vorgenommen haben, d.h. die maßgeblichen Enzyklopädien. In dem zunehmenden Maße, wie sich jedoch die Kleinkindpädagogik als Disziplin zu entwickeln beginnt, werden auch die Schriften berücksichtigt, welche die theoretische Wissensbildung und Forschung über (öffentliche) Kleinkinderziehung zum Ziel hatten.

Mit Hilfe dieser Unterscheidungen wird versucht, die unterschiedlichen Diskurse von Politik, Praxis und Theorie und die in ihnen diskutierten Vorstellungen von frühkindlicher Bildung und Erziehung nachzuvollziehen. Wie zuvor erwähnt ist diese Unterscheidung zuweilen fraglos problematisch, aber sie bietet eine Ansatzmöglichkeit und einen Erkenntnisgewinn. Vielfalt und heute auch „vergessene" Ideen lassen derart erkennen, ebenso wird z.B. deutlich, darauf wird im Laufe dieser Arbeit einzugehen sein, wie wenig ausgeprägt der theoretische Diskurs verlaufen ist.

Ziel ist es dabei, das sowohl innerhalb eines Diskurses als auch in einer Epoche dominierende Verständnis von Bildung und Erziehung deutlich zu machen. Um dies zu ermöglichen, werden zunächst die verschiedenen Sprachsysteme und dann die jeweils dominierende Sprache herausgearbeitet, die sprachliche Landkarte nachgezeichnet. Was war in speziellen Konstellationen damit gemeint, wenn von Bildung oder Erziehung gesprochen wurde? Worauf zielte z.B. die Fröbelbewegung oder die christliche Kinderpflege ab, wenn auf beide Begriffe zur Umschreibung der Aufgaben der vorschulischen Einrichtungen zurückgegriffen wurde, ohne dass dies jeweils ausführlich erläutert werden musste, da die Bedeutung der Begriffe samt den damit verbundenen Zielen in diesem Kontext bekannt war? So kann untersucht werden, inwiefern gemeinsame oder auch unterschiedliche Überzeugungen gegeben waren, wenn von Bildung bzw. Erziehung in verschiedenen Gruppierungen bzw. umfassenderen Diskursen gesprochen wurde.

Immer geht es dabei auch um die Frage nach der Hierarchie der Sprachen. Um bei dem zuvor gewählten Beispiel zu verbleiben: Kann das Bildungs- und Erziehungsverständnis der christlichen Kleinkinderpflege oder das der Fröbelbewegung als das dominierende zunächst einmal innerhalb des praktischen Diskurses während der Zeit des Deutschen Kaiserreichs gelten? Als Kriterium wird dabei nicht allein die Anzahl der Arbeiten, sondern auch der Einfluss und zeitgenössische Stellenwert der jeweiligen Gruppierung berücksichtigt. Abschließend wird dann diskursübergreifend nach dem eine Epoche bestimmenden Verständnis gefragt und dieses, insofern dies möglich ist, hervorgehoben. Dadurch lässt sich auch erkennen, welche Diskurse in ihren Vorstellungen übereingestimmt und welche sich voneinander unterschieden haben.

Aufgrund dieser wesentlichen Fragestellungen wird vor allem auf den ideengeschichtlichen Zugang, erweitert um Überlegungen der Neuen Ideengeschichte, zurückgegriffen. Ergänzend werden Elemente anderer Zugänge hinzugezogen, um so den Kontext, in dem sich die Ideen immer nur entwickeln konnten, zu verdeutlichen. Die Auslegung der Quellen wird deshalb im Kontext der sozialgeschichtlichen Entwicklung der öffentlichen Kleinkinderziehung vollzogen, ergänzend wird auf für diese Arbeit wichtige Aspekte des gesellschaftspolitischen und zeitgenössischen allgemeinen pädagogischen Kontextes eingegangen.[23] Für die öffentliche Kleinkinderziehung ist dabei kennzeichnend, dass sie von jeher und bis heute in einem merkwürdigen Verhältnis zwischen Schule und Wohlfahrtspflege steht, weder ist sie wirklicher Teil des Bildungswesens, noch gehört sie allein zur Sozialen Arbeit – zumindest wird letzteres heute nicht mehr so gesehen. Wichtige Entscheidungen und Entwicklungen sowohl des Bildungswesens, insbesondere der sich zeitlich und vielfach ideell anschließenden Volks- und Grundschule,[24] als auch der Sozialen Arbeit finden deshalb Beachtung. Beides hat die Entwicklung der öffentlichen Kleinkinderziehung mitgeprägt, entweder durch Abgrenzungen oder durch ähnliche Vorstellungen über Funktion der Einrichtungen. So werden die jeweiligen Ideen, gerade diejenigen des Staates, wie auch die Eigenheiten und das Besondere der frühkindlichen Diskurse – beispielsweise durch den Hinweis, dass zeitgenössische Strömungen, welche die Pädagogik bestimmt haben, hier gerade nicht zu finden und ohne nennenswerte Wirkung geblieben sind – umso deutlicher.

Die sozialgeschichtlichen Erkenntnisse sind auch deshalb wichtig, weil abschließend für eine Epoche nach dem Zusammenhang von Ideen und Realität gefragt wird. Sicherlich kann nicht von direkten Kausalitäten ausgegangen werden. Ideen finden nicht einfach ihre Umsetzung in die Praxis, wie sie auch nicht unabhängig von dieser entstehen, beides steht in einem wechselseitigen Zusammenhang und die Durchsetzung gewisser Ideen findet niemals rein statt, sondern ist mit Widerständen und Schwierigkeiten verbunden. Dessen ungeachtet ist jedoch die Frage, welche Ideen völlig oder beinahe wirkungslos geblieben sind und welche sich dagegen auch in der Realität widergespiegelt haben, von Interesse. Überspitzt formuliert wäre dies die Frage, welcher Diskurs bzw. Teilbereich eines Diskurses die Erziehungswirklichkeit hat beeinflussen können, dies vielleicht sogar bis heute kann und warum dies geschehen ist. Sicherlich ist davon auszugehen, dass der Staat als der Souverän und Gesetzgeber über einen maßgeblichen Einfluss auf die Realität besessen hat. Aber inwieweit hat der Staat seine Vorstellungen z.B. gegen die

---

[23] Blankertz hat mit Bezug auf die Schulentwicklung betont, dass diese nur im Kontext der politischen und ökonomischen Entwicklung sowie deren Verhältnis zu pädagogischen Ideen und Absichten darzustellen ist (vgl. Blankertz 1983, 1). Dies gilt sicher auch für die Geschichte der öffentlichen Kleinkinderziehung.
[24] Dazu siehe insbesondere die jüngeren Arbeiten von Jürgen Reyer, z.B. Reyer 2006a.

Überzeugung des praktischen Diskurs durchsetzen, vielleicht sogar geradezu erzwingen müssen? Gab es Widerstände oder hat er bereitwillige Unterstützung gefunden? In diese Überlegungen eingebunden finden sich abschließend für jeweilige Epoche Anmerkungen bezüglich der Kontinuität oder Weiterentwicklung der Ideen, insbesondere der dominierenden Sprachen von Bildung und Erziehung. Außerdem wird jeweils kurz das sich langsam entwickelnde Selbstverständnis der öffentlichen Kleinkinderziehung betrachtet und welchen Einfluss dies auf das Bild der eigenen Geschichte besessen hat.

2.2 Periodisierung

Auch die gewählte Periodisierung ergibt sich aus der Fragestellung. Zwar stehen die Ideen von frühkindlicher Bildung und Erziehung im Vordergrund, aber es interessieren doch nicht allein die pädagogischen Ideen und somit der praktische Diskurs, sondern auch der theoretische und derjenige der Politik. Bezüglich letzterem ist wie erwähnt zu vermuten, dass der Staat über weitreichende Möglichkeiten verfügt hat, seine Vorstellungen durch- und umzusetzen. Eine Orientierung an den gesellschaftlichen und politischen Entwicklungen bietet sich deshalb an. Sie stellen einen Eckpunkt dar, der in die öffentliche Kleinkinderziehung hinein gewirkt hat und auf den sämtliches Denken Bezug nehmen musste. Aus diesem Grund wird die folgende Periodisierung gewählt:

I. Die Entstehung der öffentlichen Kleinkinderziehung im Zeitalter von Restauration und Reaktion (1800-1866/1871)
II. Öffentliche Kleinkinderziehung im Kaiserreich (1866/1871–1918)
III. Öffentliche Kleinkinderziehung in der Weimarer Republik (1918-1933)
IV. Öffentliche Kleinkinderziehung im Nationalsozialismus (1933-1945)

Dabei werden Übergänge zwischen den unterschiedlichen Epochen in einem gewissen Sinn als fließend verstanden. So stellt die sich langsam im Zuge der Deutschen Einigungskriege vollziehende Reichseinheit bezüglich der öffentlichen Kleinkinderziehung und der auf sie bezogenen Ideen ebenso einen eher allmählichen Wechsel dar, wie die Veränderungen während des Ersten Weltkrieges. Gerade Ideen finden nicht in Form eines einzelnen Ereignisses ihren Anfang und ihr Ende, so gehören z.B. die Überlegungen, die im Rahmen des Ersten Weltkrieges ihren Durchbruch fanden, zwar rein formal noch dem Kaiserreich an, weisen jedoch schon auf die sich anschließenden Jahre hin. In einem gewissen Maß gilt dies selbst für den Übergang von Weimar zum Nationalsozialismus, auch wenn dieser Wechsel weitaus abrupter vonstatten gegangen ist. Aber auch hier ist beispielsweise das erst 1934 erschienene *Handbuch der Erziehungswissenschaft* eindeutig der vorherigen Epoche zuzuordnen.
Ihr Ende findet die Arbeit mit dem Jahr 1945, sie bleibt somit rein historisch. Dies ist sicherlich zu bedauern, da so die Entwicklungen, die zur heutigen Situation öffentlicher Kleinkinderziehung und der damit verbundenen Bildungsdiskussion geführt haben, weitgehend unbeachtet bleiben. Auf den Vergleich der Erziehungssysteme und der ihnen innewohnenden Ideen von BRD und DDR muss jedoch verzichtet werden, da Vorarbeiten deutlich gemacht haben, dass dies eine eigenständige Arbeit erfordern würde. Die

Jahre von 1933 bis 1945 finden aber Berücksichtigung, was sich auch durch die Forschungssituation begründet (vgl. Abschnitt 2.3.).
Auch wenn eine andere Periodisierung möglich und schon erkenntnisreich eingesetzt worden ist, vor allem Reyer hat dies in mehreren Arbeiten getan (vgl. 2004, 2006a) und auf die eigenständige Betrachtung der Entwicklungen im Kaiserreich verzichtet, erscheint für diese Arbeit eine Einteilung in die oben genannten Epochen aufgrund der Fragestellungen als am sinnvollsten. Sie folgt dabei durchaus anderen Darstellungen der Geschichte der öffentlichen Kleinkinderziehung (vgl. Erning/Neumann/Reyer 1987a; Konrad 2004; Paterak 1999), auch wenn zum Teil eine leicht andere Akzentuierung vorgenommen wurde.

2.3 Aktueller Forschungsstand

Für den Bereich der Frühkindpädagogik in Deutschland besteht noch immer eine Forschungssituation, die als mangelhaft bezeichnet werden kann (vgl. Schmidt/ Rossbach/Sechtig 2009). Auch die historische Forschung ist davon nicht unbeeinflusst, wenn auch vielleicht weniger von der Qualität, als von der Anzahl der Arbeiten her, was auch daran liegen könnte, dass die öffentliche Kleinkinderziehung in Deutschland nicht als Teil der Bildungsgeschichte, sondern als „Teilbereich der Geschichte der Kinder- und Familienhilfe geschrieben" (Reyer 2006b, 268) wurde und auch weiterhin wird. Zwar ist beispielsweise der Mangel an geschichtlichen Arbeiten zur Familienkindheit oder Familienerziehung eklatanter (vgl. Fried/Dippelhofer-Stiem/Honig/Liegle 2003, 41), aber auch die Anzahl an Arbeiten, die sich mit der historischen Entwicklung öffentlicher Kleinkinderziehung auseinandersetzen, ist nach wie vor überschaubar. Zu den Gesamtdarstellungen gehören vor allem Erning/Neumann/Reyer 1987a und 1987b, Paterak 1999 und Aden-Grossmann 2002,[25] sowie als neuere Arbeiten Konrad 2004 und Reyer 2006. Hinzu kommen noch einige wenige Handbucharktikel, die einen Überblick über die Geschichte der öffentlichen Kleinkinderziehung bieten, zu nennen sind hier vor allem Reyer 2004 und Reyer 2006b. Ergänzt werden diese Gesamtdarstellungen durch Arbeiten, die sich entweder mit einzelnen Zeitabschnitten[26] oder regionalen Entwicklungen[27] auseinandersetzen.
Band 1 von Erning/Neumann/Reyer bietet eine Gesamtdarstellung der öffentlichen Kleinkinderziehung in sozialhistorischer Sichtweise, Band 2 Informationen über verschiedene institutionelle Einzelaspekte. Im zweiten Band werden außerdem einige systematische Fragestellungen wie z.B. die quantitative Entwicklung, die Entwicklung der Trägerstrukturen oder die Finanzierung behandelt. Aden-Grossmanns Ziel ist die historisch-systematische Einführung in dieses pädagogische Gebiet, sie wird aber nur bedingt akademischen Ansprüchen gerecht, wie ihre Einschätzung der Geschichte der öffentlichen Kleinkinderziehung zum Teil zumindest zweifelhaft ist.[28] Paterak verfolgt die The-

---
[25] Dies ist jedoch nur eine aktualisierte Neuauflage ihrer Schrift aus dem Jahr 1987.
[26] Siehe z.B. Berger 1986; Höltershinken/Hoffmann/Prüfer 1997; Krieg 1987; Müller 1989; Zwerger 1980.
[27] Ein Beispiel für eine derartige, regional als auch zeitlich eindeutig begrenzte Arbeit stellt Akaltin 2004 dar.
[28] Beispielsweise räumt sie der psychoanalytischen Kleinkindpädagogik einen großen Umfang ein, während sie das PFH und Schrader-Breymann nur am Rande streift. Dies wird jedoch kaum der jeweiligen Bedeutung innerhalb der Geschichte der öffentlichen Kleinkinderziehung gerecht.

se, dass die unzureichende Versorgung in den alten Bundesländern mit Krippen und Kindergärten nicht allein Ausdruck der restriktiven Sozial- und Finanzpolitik, sondern auch durch die historisch bedingte gesellschaftliche Überzeugung begründet ist, dass die Familienerziehung im vorschulischen Alter nur in Notsituationen durch eine Institution ergänzt werden darf. Konrad bietet eine historisch-systematische Gesamtschau, die auf die sozial- und institutionsgeschichtliche Perspektive Wert legt, wobei hier auch die in ihrer Zeit dominierenden pädagogischen Konzepte dargestellt werden. Bei Reyer 2006 steht ein institutionsgeschichtlicher Zugang im Vordergrund, ergänzt um eine problemgeschichtliche Perspektive, wobei er nicht nur die Entwicklung der öffentlichen Kleinkindererziehung verfolgt, sondern diese in einen Zusammenhang mit der Entwicklung der Volksschule/Grundschule stellt. Ihm geht es dabei vor allem um eine Einführung in das wissenschaftliche Studium der Geschichte der öffentlichen Kleinkinderziehung und der Schule.

Insgesamt lässt sich erkennen, dass einige Epochen der institutionellen Kleinkindererziehung genauer analysiert, andere Zeitabschnitte dagegen eher vernachlässigt worden sind. Gerade die Entstehung der öffentlichen Früherziehung ist relativ gut dokumentiert, insbesondere ältere Arbeiten haben dies untersucht (vgl. Heinsohn 1974, Zwerger 1980.) Auf die Zeit des Nationalsozialismus trifft dies weniger zu, hier ist vor allem Bergers mittlerweile auch schon ältere Arbeit zu nennen (vgl. 1986), auch Konrad betrachtet diese Epoche ausführlich. Während hier die historische Forschung bezogen auf schulische und außerschulische Institutionen umfassend zu nennen ist, sind die Arbeiten zur öffentlichen wie auch familiären Kleinkindererziehung überschaubar (vgl. Horn 2010),[29] was auf andere Epochen so nicht zutrifft.

Bezüglich der Fragestellungen gilt, dass bisher nicht versucht wurde, die historische Entwicklung speziell unter dem Gesichtspunkt von Bildung und Erziehung nachzuzeichnen.[30] Zwar wurden die den verschiedenen Formen öffentlicher Kleinkindererziehung zugrunde liegenden Konzepte betrachtet, so vor allem Konrad in seinen Arbeiten (vgl. 1997 u. 2004), wie auch zu Fröbel und Montessori eine kaum zu überblickende Sekundärliteratur vorhanden ist. Ebenso haben Bildung und Erziehung als Begriffe fraglos in den bisherigen historischen Arbeiten zur öffentlichen Kleinkinderziehung Berücksichtigung gefunden. Ihre Bedeutung wurde bisher jedoch nicht explizit analysiert und nicht herausgearbeitet, welches spezifisch frühkindliche Bildungs- und Erziehungsverständnis in der Geschichte der öffentlichen Kleinkinderziehung zu finden und vor allem wirksam gewesen ist.

Gleiches gilt für den Zugang. Verglichen mit sozialgeschichtlichen Aspekten wurde dem ideengeschichtlichen Zugang weniger Aufmerksamkeit geschenkt, eine Ausnahme stellen wiederum die speziellen Arbeiten zu Fröbel und Montessori dar. Der Versuch, eine Landkarte der Sprachen herauszuarbeiten, wurde bisher nicht unternommen, aber gerade dies bietet Aufschluss über dominierende Ideen, wie auch verloren gegangene und heute vergessene Vorstellungen von frühkindlicher Bildung und Erziehung. Gab es überhaupt

---

[29] So findet sich z.B. in Keim 1995, dass durchaus als Standardwerk anzusehen ist, auf ca. 560 Seiten kein gesondertes Kapitel zum Bereich der öffentlichen Kleinkinderziehung. Auch in Gamm 1984 findet sich kaum etwas zu diesem Thema. Bezüglich der historischen Arbeiten zur öffentlichen Kleinkinderziehung fällt z.B. auf, dass Erning/Neumann/Reyer 1987 dieser Zeit nur etwas mehr als vier Seiten widmen.

[30] In Ansätzen finden sich derartige Überlegungen bei Reyer 2006.

Ideen, die zu ihrer Zeit hätten bereichernd wirken können und bis heute Interessantes bieten, jedoch nie wirklich wirksam geworden oder zur Kenntnis genommen worden sind? Oder hat Fröbel – diesen Eindruck kann man heute ja zuweilen geradezu gewinnen – von Beginn an dominiert und das Feld der öffentlichen Kleinkinderziehung entscheidend beeinflusst? Hier setzt diese Arbeit an, um neue Erkenntnisse zu gewinnen. In einer Untersuchung, die nach den Sprachen von Bildung und Erziehung in der Geschichte der öffentlichen Kleinkinderziehung fragt, liegt ein erweiterndes und neues Moment. Neben der besonderen Aufmerksamkeit, welche die frühkindliche Bildung aktuell erfährt, ist es deshalb auch aufgrund der bisherigen historischen Forschung sinnvoll, sich umfassend der inhaltlichen Bedeutung und Genese von Bildung und Erziehung zuzuwenden. In der Verknüpfung von ideengeschichtlichem und sozialgeschichtlichem Ansatz liegt dabei eine Möglichkeit, zu einem vertieften Verständnis der zeitgenössischen Bildungs- und Erziehungsvorstellungen zu gelangen. Mit der hier vorgenommenen Untersuchung wird somit eine neue Perspektive auf die Geschichte der öffentlichen Kleinkinderziehung eingenommen, die bisherige Erkenntnisse aufgreift, zugleich jedoch weiterführt und um neue Aspekte und Einsichten ergänzt, die gerade für die aktuelle Diskussion von besonderem Belang sind.

2.4 Quellengrundlage

Betrachtet man die bisherigen Arbeiten, dann ist zu erkennen, dass sich oftmals auf eine Anzahl ganz bestimmter Autoren als Quellengrundlage beschränkt wird. Es wird auf frühere Arbeiten oder Quellensammlungen zurückgegriffen, weshalb zum Teil Ergebnisse unsauberen historischen Arbeitens weitergegeben wurden.[31] Davon abgesehen besteht bei der Konzentration auf Quellensammlungen die Gefahr, dass nur Ausschnitte des Denkens eines Autors wahrgenommen und andere Autoren oftmals geradezu übersehen werden. Innerhalb historischer Arbeiten zur öffentlichen Kleinkinderziehung trifft dies z.B. auf Johann Friedrich Ranke oder einzelne Vertreter der Fröbelbewegung zu, die als Einzelpersonen kaum wahrgenommen werden, weshalb ihre Überlegungen weitgehend unbekannt sind. Selbst Johannes Fölsing findet oftmals nicht die Beachtung, die seinen zahlreichen Schriften und seinem Wirken gerecht wird.[32]
Die Fragestellung, der methodische Zugang und nicht zuletzt auch der Anspruch, der an eine historische Arbeit gestellt werden sollte, lassen es als notwendig erscheinen, nach Möglichkeit auf die Originalquellen zurückzugreifen. Problematisch ist dabei, dass diese nicht immer leicht zugänglich sind. Dies gilt sogar für die Schriften Fröbels, vor allem

---

[31] Besonders auffällig ist dies bei Johannes Fölsing. Dieser wird selbst in mehreren neueren Arbeiten mit Julius Fölsing verwechselt. Der für die Geschichte der öffentlichen Kleinkinderziehung Bedeutsame und auch Gemeinte Fölsing hieß jedoch Johannes. Julius Fölsing war sein Vetter, der in Berlin lebte und dort auch von Johannes Fölsing 1841 im Rahmen einer pädagogischen Ausbildungsreise besucht wurde. Julius Fölsing war Gymnasiallehrer und als Autor naturwissenschaftlicher Lehrbücher bekannt (vgl. Failing 1989, 234/235). Zurückzuführen ist die Verwechslung möglicherweise auf Krecker 1967. Sie verwendete ebenfalls diesen Vornamen. Erstaunlich ist allerdings, dass sich diese Verwechselung in aktuellen Arbeiten finden lässt.
[32] So vor allem in Konrad 2004. Hier findet sich die Aussage, Fölsing habe versucht, seine Ideen in einem Buch und einer in den 1850er Jahren erschienen Zeitschrift zu verbreiten (vgl. ebd., 63), was eindeutig nicht den historischen Tatsachen entspricht.

aber für eine Vielzahl der anderen Quellen.³³ Zwar existieren wie erwähnt einige Quellensammlungen (vgl. Dammann/Prüser 1981; Erning 1976, Krecker 1967), aber diese bieten jeweils nur eine Auswahl von Texten in zumeist stark gekürzter Form. Es reicht jedoch nicht aus, sich auf einige wenige, als exemplarisch oder „klassisch" zu verstehende Texte zu konzentrieren. Die Verwendung eines umfangreicheren Quellenmaterials scheint dringend notwendig, weil nur so das gesamte Denken eines Autors deutlich werden und die Erarbeitung der verschiedenen Sprachsysteme von Bildung und Erziehung gelingen kann.

Deshalb werden alle relevanten und verfügbaren Monographien eines Autors im vollständigen Original verwendet und nicht allein auf exemplarische Texte zurückgegriffen. Auch dies stellt insofern eine Erweiterung bisheriger historischer Forschung auf diesem Gebiet dar, als die Vorstellungen einzelner Autoren zumeist nicht in einem derart umfassenden Sinn berücksichtigt wurden, bedeutende Autoren und ihre Überlegungen oftmals sogar keine Erwähnung finden. Alle Quellen werden dabei im Originallaut zitiert, auch Hervorhebungen entstammen wenn nicht anders angegeben immer dem Original.

Verzichtet wurde auf die systematische Auswertung der relevanten (Fach-)Zeitschriften, auch die Beiträge einzelner für die Geschichte der öffentlichen Kleinkinderziehung bedeutsamer Autoren in diesen wurden nicht systematisch berücksichtigt. Erste Vorarbeiten haben deutlich gemacht, dass ein derartiges Vorgehen den Rahmen dieser Arbeit übersteigen würde, auch wenn dies insbesondere die Analyse des praktischen Diskurses sicher bereichern würde. Es erscheint deshalb auch als Forschungsdesiderat, überhaupt gibt es bisher nur wenige Arbeiten, die sich diesem Thema nähern (vgl. Heiland 2001).

2.5 Konkretes Vorgehen

Abschließend wird noch einmal zusammenfassend auf den Aufbau der Arbeit eingegangen, um das konkrete Vorgehen deutlich zu machen.

Einleitend für jede Epoche wird jedoch die primär sozialgeschichtliche Entwicklung vor dem gesellschaftspolitischen Hintergrund dargestellt, letzteres so knapp wie möglich, aber so umfassend wie notwendig.³⁴ Dies basiert überwiegend auf bereits bestehenden Erkenntnissen, die den zuvor genannten Arbeiten zur Geschichte der öffentlichen Kleinkinderziehung entnommen wurden.

Den Hauptteil stellen die Ideen, die Sprachen von Bildung und Erziehung in den Diskursen von Politik, Praxis und Theorie dar. Weitere Differenzierungen sind dabei zum Teil sinnvoll und werden nach Notwendigkeit vorgenommen, z.B. indem für den praktischen Diskurs während des Kaiserreichs zwischen der Fröbelbewegung, der christlichen Kinderpflege und der katholischen Kleinkinderpädagogik unterschieden wird. Jeder Diskurs bzw. eine Gruppierung innerhalb eines Diskurses wird mit Blick auf die zuvor darge-

---

[33] Allerdings findet sich eine Vielzahl der Schriften in der Bibliothek für Bildungsgeschichtliche Forschung in Berlin, sowie in der Staatsbibliothek, ebenfalls in Berlin.

[34] Dies stützt sich auf bekannte historische Darstellungen deutscher Geschichte, vor allem Nipperdey 1990, 1994, 1995; Vogt 2003; Wehler 1989a, 1989b, 1995, 2003; Winkler 1993, 2000. Außerdem wurden die jeweiligen Bände von Gebhardt. Handbuch der deutschen Geschichte in der neuesten Auflage herangezogen. Zum geistigen Klima siehe Beutin 1994; Borries 1997, 2001; Helferich 1992; Rinsum 1992, 1994; Röd 1996.

stellten Fragestellungen untersucht. Hierbei findet eine – und dies macht den Kernpunkt dieser Arbeit aus – umfassende Auseinandersetzung mit den Originalquellen statt, die eng an diesen verläuft.
Dieses Vorgehen gilt es anhand eines konkreten Beispiels zu erläutern. Für die christliche Kinderpflege bedeutet es, dass alle Autoren, die zu diesem Umkreis zu zählen sind, in der Analyse berücksichtigt werden und nicht allein einige wenige ausgesuchte Vertreter. Ebenso werden nach Möglichkeit alle Schriften eines Autors einbezogen und nicht nur die als „klassisch" geltenden Schriften. Zuerst wird nach dem grundsätzlichen Stellenwert, der den vorschulischen Einrichtungen beigemessen wurde, gefragt. Unterschiede werden zwar betont, aber die gemeinsame Überzeugung herausgearbeitet. Anschließend wird die inhaltliche Bedeutung der Begriffe von Bildung und Erziehung untersucht. Auch hier werden Unterschiede deutlich gemacht. Ziel ist es jedoch, ein gemeinsames Verständnis von Bildung und Erziehung, das für die christliche Kinderpflege während dieser Epoche stehen kann, eine gemeinsame Sprache, herauszuarbeiten.
Aus dieser Analyse lassen sich zugleich Rückschlüsse auf das Verhältnis der beiden Begriffe ziehen. Hat einer der beiden Termini dominiert? Waren beide Begriffe aufeinander bezogen und wenn ja, in welcher Beziehung standen sie? Fand eine klare Abgrenzung statt oder wurden Bildung und Erziehung eher synonym verwendet? Gerade letzter Aspekt ist von Bedeutung, die aktuelle Bildungsdebatte zeigt, wie wichtig und auch ergiebig eine klare Differenzierung nicht allein für die Theorie, sondern auch für das pädagogische Handeln ist (vgl. Anders/Laewen 2006; Liegle 2008). Grundsätzlich ist es möglich, das vertretene Bildungs- und Erziehungsverständnis als ein Gemeinsames herauszuarbeiten. Es wird aber auf das je eigene Verständnis der Begriffe Wert gelegt und deshalb darauf verzichtet, auch wenn eine klare Differenzierung nicht immer zu erwarten ist und man sich dieser Problematik bewusst sein sollte. Die differenzierte Betrachtung erscheint jedoch ergiebiger, weil so das spezielle Verständnis, das mit den jeweiligen Begriffen verbunden gewesen ist, hervortritt. Außerdem interessiert gerade die Genese der Begriffe. Bildung und Erziehung werden deshalb in ihrer spezifischen Bedeutung betrachtet, auf unklare oder synonyme Verwendungsweisen wird jedoch hingewiesen.

Dabei sind Vereinfachungen unumgänglich. Zwar wird in der jeweiligen Analyse der Ideen versucht, der Vielfältigkeit des Denkens gerecht zu werden und auch weniger bekannte Ideen werden ausführlich erläutert. Die Darstellung des gemeinsamen Verständnisses stellt jedoch eine Zuspitzung und dadurch auch eine gewisse Reduzierung dar. Dies gilt für eine Gruppierung innerhalb eines Diskurses, noch stärker jedoch für das Verständnis eines Diskurses bzw. einer gesamten Epoche.
Aber eine derartige Zusammenführung und Vereinfachung ist notwendig für den Erkenntnisgewinn. Um Gemeinsamkeiten, aber auch Unterschiede deutlich zu machen, werden die Vorstellungen von Bildung und Erziehung vereinfacht zu Typen, die im Sinne von Polen verstanden werden können, zusammengefasst. Diese werden aus der historischen Analyse und nicht mit Hilfe vorher konstruierter Raster gewonnen. Gegenwärtige Überlegungen bzw. Verständnisse von frühkindlicher Bildung und Erziehung sind zwar präsent und können nicht einfach vergessen werden, es wird aber dennoch versucht, davon unabhängig das historische Verständnis zu erarbeiten, um den histori-

schen Vorstellungen durch einen Vergleich mit den heutigen Überlegungen nicht ihre Eigenständigkeit zu nehmen. Aus diesem Grund wurde auch in der Einleitung darauf verzichtet, ausführlicher die gegenwärtige frühkindliche Bildungsdebatte und die Diskussion über die inhaltliche Bedeutung von Bildung und Erziehung darzustellen.

Auch wenn die Zusammenfassung der vielfältigen Vorstellungen eine gewisse Reduzierung darstellt und dadurch Feinheiten und Nuancen verloren gehen, es wird so möglich, die Vorstellungen von Bildung und Erziehung eindeutiger zu beschreiben und voneinander abzugrenzen. Sie sind jedoch nicht derart zu verstehen, dass sie in extremer inhaltlicher Einheitlichkeit verwendet worden wären. Vielmehr sind die Ideen zwischen diesen – in denen eine Epoche abschließenden Überlegungen extrem gezeichneten – Polen in Form von Zwischenverhältnissen und Abstufungen verlaufen. Durch die Hervorhebung spezieller Merkmale wird jedoch zum einen das grundlegende Verständnis deutlich, zum anderen lässt sich aber auch die sprachliche Landkarte klarer erfassen. Ebenso treten Unterschiede, aber auch Gemeinsamkeiten, wie auch Kontinuitäten und Brüche im Denken umso deutlicher hervor.

Schließlich wird sich für eine Epoche der Frage genähert, welcher Diskurs über einen gewissen Einfluss auf die Realität verfügt hat. Gleicht die Praxis eher den Vorstellungen, wie sie von Seiten der Theorie oder aber dem Staat vertreten wurden? Dabei werden abschließend einige Überlegungen eingebunden, die vor allem für den Blick auf die gesamte Geschichte der öffentlichen Kleinkindererziehung von Interesse sind. Lassen sich die immergleichen Ideen finden oder sind Brüche und Weiterentwicklungen, vielleicht aber auch Stagnationen und Rückschritte zu erkennen? Warum haben gewisse Vorstellungen wirksam werden können, andere jedoch nicht? Inwieweit waren Vorstellungen zeittypisch, aber nicht von dauerhaftem Einfluss? Wieso haben sich gewisse Vorstellungen oder Namen zur Tradition entwickelt, während andere Ideen geradezu vergessen wurden? Und werden Verweise, die allein in Fröbel und seinem Konzept die Anfänge sehen und deshalb auch von einer gut 200-jährigen Bildungstradition bezüglich der öffentlichen Kleinkindererziehung in Deutschland sprechen, überhaupt der Vergangenheit gerecht wird oder wird diese nicht vielmehr geradezu verzerrt?

I. Die Entstehung der öffentlichen Kleinkinderziehung (1800-1860er)

Zumeist werden die Jahre um die Wende vom 18. zum 19. Jahrhundert als der Beginn der öffentlichen Kleinkinderziehung in Deutschland angesehen. Zwar wurde bereits zuvor über die Betreuung und eine geeignete Pflege der Kleinkinder nachgedacht, wie es auch Formen der öffentlichen Betreuung gab. In den 1830er Jahren verdichteten sich diese Überlegungen jedoch und der Gedanke von der Notwendigkeit einer regelmäßigen, außerfamiliären und somit öffentlichen Kleinkinderziehung kam auch praktisch zum Durchbruch (vgl. Erning 1979, 136). Einleitend wird jedoch auf die zuvor existierenden Betreuungsangebote, wie auch die wesentlichen Gründe für den verstärkten Ausbau eingegangen.

1. Die Vorläufer und die Entstehung der öffentlichen Kleinkinderziehung

Der Beginn der öffentlichen Kleinkinderziehung in Deutschland fiel in eine Epoche, die von zahlreichen Umbrüchen geprägt war. Das Feudalzeitalter, das sich schon zuvor in Auflösung befunden hatte, ging nun langsam, aber unaufhaltsam und endgültig zu Ende, auch wenn der von manchen erhoffte einheitliche, freie Staat Illusion blieb. Es begann die Ära des Industriekapitalismus im modernen Verfassungsstaat, eine ungeheure Bewegung, die Gesellschaft, Politik und Wirtschaft radikal veränderte. In eben diesen Wandel war auch die öffentliche Kleinkinderziehung eingebettet, wie er überhaupt die Verbreitung der vorschulischen Einrichtungen mit herbeigeführt und entscheidend beeinflusst hat.
Es ist dabei sinnvoll, sich an dieser Stelle kurz zu verdeutlichen, was mit „Deutschland" in jener Zeit gemeint war. „Deutschland" existierte damals und auch noch längere Zeit weder als Staat, noch als eine politische Nation oder geographische Einheit. Das „Heilige Römische Reich Deutscher Nation", das bis 1806 bestand, war nicht mehr als ein von zahllosen politischen, kulturellen, ökonomischen und religiösen Trennungslinien durchzogenes uneinheitliches Gebilde, dessen riesiges Gebiet zahlreiche Einzelstaaten umfasste. Zwar bewirkten die napoleonischen Kriege, Napoleons mit deutscher Hilfe vorgenommene Neuordnung, die in Preußen nach der katastrophalen Niederlage von 1806 durchgeführten Reformen, Säkularisation und Mediatisierung und die Beschlüsse des Wiener Kongresses eine territoriale Neuorganisation und Vereinfachung der deutschen Landkarte, aus der 40 Staaten und vier Freie Städte hervorgingen (vgl. ebd., 531). Aber dies führte nicht zu einem einheitlichen deutschen Staat. Vielmehr entstand der Deutsche Bund, ein jedoch nur lockerer Staatenbund, eine Vereinigung souveräner Staaten. Loyalität und Interesse galten zuerst dem jeweiligen Einzelstaat, in dem man lebte und nicht

einem nebulösen Gebilde wie „Deutschland". Deutschland blieb „ein Bild bunten, vielgestalten Lebens" (Mann 1992, 108), dass sich in seinen Grenzen nicht mit dem späteren Deutschen Reich deckte, vor allem Österreich war ein wichtiger Teil des Bundes, der sich bis weit in das heutige Polen erstreckte. Daran ist zu denken, wenn im Folgenden von „Deutschland" gesprochen wird, auch weil das Fehlen eines einheitlichen Staates die Entwicklung der öffentlichen Kleinkinderziehung beeinflusst hat.

Kleinere Kinder waren schon früher in Spiel- und Warteschulen beaufsichtigt worden. Nicht nur in Deutschland, überall in Europa gab es derartige Einrichtungen, in denen auch wohlhabende, bürgerliche Familien ihre Kinder betreuen ließen. Als bekannteste Beispiele können Johann Wolfgang von Goethe, der als Dreijähriger zusammen mit seinen Geschwistern in Frankfurt eine Spielschule besuchte oder Johanna Schopenhauer, die ab ihrem dritten Lebensjahr in eine ABC-Schule ging, gelten (vgl. Erning 1987b, 16/17; Paterak 1999, 50). Im Fall Goethes war die außerfamiliale Erziehung vermutlich erwünscht gewesen, weil seine wohlhabenden Eltern ihren Kindern schon im frühesten Alter eine bestmögliche Förderung zuteil kommen lassen wollten. In anderen Haushalten der bürgerlichen Schicht dürfte dagegen zumeist die Absicht leitend gewesen sein, die Mütter wenigstens für ein paar Stunden von der Kinderbetreuung zu entlasten, um ihnen die Organisation des Haushalts zu ermöglichen (vgl. Konrad 2004, 47/48).

Aber auch für die Kinder der unteren sozialen Schichten – die außerdem zum Teil in die eigentlichen Schulen zur Obhut gegeben wurden – gab es Einrichtungen und vermutlich waren auch diese keine Seltenheit. Bereits für das Jahr 1782 findet sich eine behördliche Anordnung, auf die Ludwig von Rönne in *Das Unterrichts-Wesen des Preußischen Staates* (1855) im Zusammenhang mit der Behandlung der Kleinkinderbewahranstalten verweist. Im *Reglement für die Deutsch-Reformirten Schulen des Herzogthums Kleve und der Grafschaft Mark vom 10. Mai 1782* heißt es unter §3:

> „In die öffentlichen Schulen sollen keine Kinder unter fünf Jahren aufgenommen werden. Damit es aber in blühenden, besonders Stadtgemeinden nicht an Gelegenheit fehle, solchen Säuglingen die aller ersten Anfangsgründe der Erkenntnis einzuflößen, müssen die Consistorien Sorge tragen, daß für diese zarte Kinder besondere Schulen, wie auch bereits an manchen Orten üblich ist, angelegt, oder ihnen von einem Hausgenossen des Schulmeisters in einem besonderen Zimmer Unterricht gegeben werde." (Rönne 1855, 182).

Auch eine Denkschrift zur 100-jährigen Jubelfeier der Einführung der christlichen Kleinkinderpflege erwähnt, dass nach mündlicher Überlieferung schon 1780 der Graf von Pückler-Limburg in Burg-Farrenbach bei Nürnberg die erste Kleinkinderschule in Deutschland gegründet haben soll (vgl. Leyrer 1879, 13). Einen weiteren Vorläufer stellten die von Johann Friedrich Oberlin[35] ab 1770 im Steintal in den Vogesen im heuti-

---

[35] Johann Friedrich Oberlin wurde am 31. August 1740 als Sohn eines Gymnasialprofessors in Straßburg geboren. Nach dem Studium der Theologie an der protestantischen Akademie in Straßburg arbeitete er zunächst als Hofmeister. Während dieser fünfjährigen Tätigkeit sammelte er erste pädagogische Erfahrungen. 1767 übernahm er das Amt des Pfarrers in Waldbach, einer in der Nähe Straßburgs im Steintal gelegenen Gemeinde (Elsass). Im Steintal gründete er 1770 eine Einrichtung für Kleinkinder, die als „Strickschule" oder „Wohnstube für Stricken" bezeichnet wurde. Oberlin starb am 1. Juni 1826.

gen Frankreich gegründeten „Strickschulen" dar. Hier konnten die Kinder neben anderen nützlichen Dingen Textilarbeit und insbesondere das Stricken lernen. Vor allem die evangelische Kleinkinderpflege verwies später auf Oberlin und Luise Scheppler als den Anfang der evangelischen öffentlichen Kleinkinderziehung.[36]

Vorschulische Einrichtungen gab es demnach nicht nur schon vor 1800, sie wurden sogar als so wichtig und notwendig angesehen, dass sie in einem offiziellen Reglement Erwähnung fanden. Gemeinhin wird jedoch das beginnende 19. Jahrhundert als Anfangspunkt der institutionellen Frühkinderziehung bezeichnet, zumeist mit Hinweis auf die 1802 von Fürstin Pauline von Lippe-Detmold gegründete Einrichtung in Detmold. Zu den frühen, bis heute bekannten vorschulischen Einrichtungen, gehört des Weiteren die 1819 gegründete Wadzeck-Anstalt in Berlin, die allerdings nur bedingt eine Einrichtung der öffentlichen Kleinkinderziehung gewesen ist, weil sie in ihrer Funktion und in ihrem Umfang über die „normalen" Leistungen der institutionellen Frühkinderziehung hinausging.[37]

Verstärkt ab den 1830er Jahren kam es dann zu einer wachsenden Anzahl von vorschulischen Einrichtungen. Dafür gibt es eine Vielzahl von Gründen, wie auch unterschiedliche Erklärungsmodelle existieren. In einigen, mittlerweile älteren Arbeiten, wird der enge bzw. gesetzmäßige Zusammenhang zwischen der Entwicklung der kapitalistischen Industriegesellschaft und der Entwicklung der öffentlichen Kleinkinderziehung betont.[38] Andere Ansätze begreifen die Entstehung der Einrichtungen als Reaktion auf die massenhaft auftretenden, vor allem sittlich-moralischen Notstände, die durch Pauperismus und beginnende Industrialisierung verursacht wurden. Reyer hat beides miteinander

---

[36] Seit Johann Friedrich Oberlins Eintrag ins Kirchbuch, „Louise Scheppler née 4. Novembre 1763, touchée 1771, conductrice de la tendre jeunesse et notre servante d'enfants depuis l'an 1779, le 16. juin", gilt der 16. Juni 1779 als „Geburtstag" des evangelischen Kindergartens.

[37] Der Begründer der Wadzeck-Anstalt war Franz Daniel Friedrich Wadzeck (geb. 1762), der in armen Verhältnissen aufgewachsen und dem es aufgrund seiner Begabung als Waisenknabe ermöglicht worden war, Theologie zu studieren. Wadzeck arbeitete als Kanzlerredner und Lehrer in Berlin und wandte sich schon früh sozialen Tätigkeiten zu (vgl. Hundert Jahre Wadzeck-Anstalt 1919, 1/2). Wadzeck, ausgeprägt religiös und konservativ eingestellt, wollte ursprünglich eine bloße Bewahranstalt gründen, in der 12 täglich wechselnde Kinder im Alter von 9 Monaten bis zu zwei Jahren den Tag über aufgenommen werden sollten. Die schließlich am 3. August 1819 eröffnete Bewahranstalt nahm die Kinder später jedoch auch über Nacht auf, außerdem wurde am 10.8.1819 noch im oberen Saal des Hauses eine Freischule für Bettelknaben eingerichtet, in der diese im Beten, Singen, Lesen, Schreiben und Rechnen unterrichten wurden. 1820 kam noch eine Nachmittagsschule für Bettelmädchen hinzu, später eine Anstalt zur Ausbildung von Kinderwärterinnen (Alexandrinenstift). Ingesamt nahm Wadzeck 180 Bettelkinder auf, darunter auch 5 Säuglinge unter 9 Monaten, die er auf der Straße aufgefunden hatte (vgl. ebd., 8/9). Wadzeck, der vor allem auf die sittliche Erziehung Wert legte, verstarb unerwartet am 2. März 1823 (vgl. ebd., 10 u. 13). Nach seinem Tod wurde der „Verein zur Verwaltung der Wadzeck-Anstalt" gegründet (vgl. ebd. 17). Die Funktion der Einrichtung wandelte sich im Laufe der Zeit und aus der Kleinkinderbewahranstalt und Freischule für Bettelkinder wurde „eine völlig neue Anstalt, und zwar eine Erziehungsanstalt für im schulpflichtigen Alter stehende arme Halbwaisen beiderlei Geschlechts" (ebd., 32).

[38] Vor allem in Heinsohn 1974 oder Fleßner 1981. Eine derartige Argumentation erscheint heute nicht mehr plausibel, da Erwerbstätigkeit zur Entstehungszeit der öffentlichen Kleinkinderziehung nicht mit industrieller Erwerbstätigkeit gleichgesetzt werden kann. Vgl. dazu auch Reyer 2006a, 58ff.

verbunden und ein sozialpädagogisches Doppelmotiv[39] herausgestellt, das für die Gründung der ersten Einrichtungen leitend gewesen sein soll (vgl. 2004).
Im Rahmen dieser Arbeit soll nicht die Frage geklärt werden, warum es zur Entstehung der öffentlichen Kleinkinderziehung gekommen ist. Es ist davon auszugehen, dass monokausale Zusammenhänge zu kurz greifen und der Komplexität dieses Feldes nicht gerecht werden (vgl. Konrad 2004, 24; Böhm 1975). Im Folgenden werden dennoch die wichtigsten Gründe dargestellt, da sie den Hintergrund für die spätere Entwicklung und das Denken über Bildung und Erziehung darstellen, ohne dabei eine Wertung vorzunehmen. Diese leiten sich teilweise aus wirtschaftlichen und gesellschaftspolitischen Veränderungen ab, die deshalb kurz ergänzend skizziert werden. Dabei sind Wiederholungen zum Teil unumgänglich, da sich einige Aspekte gegenseitig bedingen und verstärken.

1.1 Industrialisierung

Fraglos hat die „Industrielle Revolution" wie keine Entwicklung zuvor das Leben verändert, nicht nur auf wirtschaftlicher, sondern auch auf gesellschaftspolitischer Ebene. Das gesamte Wirtschaftssystem wurde modernisiert und sämtliche Sektoren durch das Vorrücken der kapitalistischen Marktwirtschaft und die Technologisierung der Produktionsweise geprägt, gleichzeitig fanden wirtschaftliche Zweige wie das protoindustrielle Heimgewerbe ihr Ende. Allerdings blieb Deutschland lange ein überwiegend agrarisches Land. Sowohl das Leben der Menschen war agrarisch bestimmt, wie auch die Agrarwirtschaft der dominante Wirtschaftssektor und größte Arbeitgeber blieb, wenn auch durch den Aufstieg des Agrarkapitalismus erheblich modifiziert. Innerhalb weniger Jahrzehnte kam es zu einer erstaunlichen Produktions- und Produktivitätssteigerung, welche gesamte deutsche Agrarproduktion[40] zwischen 1800 und 1850 verdoppelte. Erst dies machte es überhaupt möglich, die immens wachsende Bevölkerung zu versorgen.
Dennoch, der Durchbruch des Industriekapitalismus[41] stellte *das* Phänomen der Zeit dar (vgl. Wehler 1989b, 54). Auch in Deutschland war die Industrialisierung sowohl epochale Leistung als auch epochales Schicksal. In den ersten Jahrzehnten des 19. Jahrhunderts entstanden die modernen, d.h. auf Kraft- und Arbeitsmaschinen, freier Lohnarbeit und privater Unternehmerautonomie gegründeten Industriefabriken und es wurden die Grundlagen, auf denen die nach 1850 einsetzende Hochindustrialisierung aufbauen konnte, gelegt. Die Arbeit in den Fabriken, die Entstehung der Arbeiterschaft und der Industriestädte prägten die Gesellschaft und die moderne Welt entstand. Traditionelle

---

[39] Darunter ist zu verstehen, dass es den Müttern der sozialen Unterschicht ermöglicht werden sollte, durch ihr Arbeiten einen dringend notwendigen Beitrag zu Sicherung des Lebensunterhalts der gesamten Familie zu leisten; zugleich sollten aber auch die Kinder nach „trägerspezifischen Ordnungsvorstellungen" (Reyer 2004, 519) erzogen werden (vgl. Reyer 2004; Reyer 2006). Reyer betont, sicherlich nicht zu unrecht, dass dieses Doppelmotiv auch heute noch, wenn auch in modifizierter Form, gültig ist.

[40] Eine Aussage über „die" deutsche Agrarwirtschaft ist natürlich nur eine Abstraktion, da in ihr z.B. die Rittergüter Ostdeutschlands, aber auch arme Kleinbauern enthalten sind. Außerdem gab es regionale Unterschiede, so war der Produktionszuwachs im Osten und Norden höher als im Süden und Westen (vgl. Nipperdey 1994, 151ff.).

[41] Wehler bezeichnet das Jahr 1845 als den Durchbruch der Industriellen Revolution (vgl. 1989b, 614).

Handwerkszweige wurden zurückgedrängt und teilweise vernichtet, der Eisenbahnbau wurde zur treibenden Kraft und Rückkopplungseffekte bewirkten den Aufstieg der anderen führenden Sektoren wie Eisen und Stahl, Kohle und Maschinenbau. Zentren der Industrie entwickelten sich, um die Achse Ruhrgebiet-Berlin gruppierten sich die Schwerpunkte von Industrie und Finanz, der Gegensatz zwischen gewerblichem Westen und agrarischen Osten entstand. Vor allem Preußen wurde nun zu einer wirtschaftlichen Großmacht und fand Anschluss an die fortgeschrittenen Industrieländer, während die nicht am Deutschen Zollverein beteiligten Bundesmitglieder, allen voran Österreich, demgegenüber drastisch zurückfielen.

Aber auch wenn die industrielle Revolution das Leben in Deutschland umfassend verändert hat, hat sie allein nicht zur Entstehung der öffentlichen Kleinkinderziehung geführt. Der Verweis auf den Durchbruch des Industriekapitalismus in den entstehenden Ballungszentren greift als alleiniger Erklärungsgrund zu kurz. So hat zuletzt Reyer auch noch einmal sehr deutlich darauf hingewiesen, dass die Entstehung und Entwicklung der öffentlichen Kleinkinderziehung nicht einzig als Folge der Industrialisierung zu erklären ist (vgl. 2006b, 268).

Wie zuvor erwähnt, war Deutschland ein weitgehend agrarisch geprägtes Land. Beispielswiese spielte die Urbanisierung bis zur Mitte des Jahrhunderts – auch wenn sie dann zu einem rapiden Anstieg der städtischen Bevölkerung führte und den Lebensstil in den Städten entscheidend veränderte – keine beträchtliche Rolle (vgl. Nipperdey 1994, 112). Erst um 1850 stieg die Anziehungskraft, die von den attraktiven Industrierevieren wie dem Ruhrgebiet, den Hafenstädten oder Berlin ausging. Um 1815 lebten dagegen noch 91% der Bevölkerung in Gemeinden und Städten mit weniger als 5000 Einwohnern, selbst 1870 waren es noch 76,3% und davon noch immer 63,9% in Gemeinden unter 2000 Einwohnern (vgl. Wehler 1995, 37; Nipperdey 1994, 112). Insgesamt spielte sich das Leben demnach überwiegend nicht in riesigen Städten heutigen Ausmaßes ab. Gerade für den Beginn des Jahrhunderts gilt, dass die Städte klein waren und der Lebensstil der Städter sich nur unwesentlich von dem auf dem Land unterschied.

Auch die Fabrikerwerbsarbeit der Frauen als Massenphänomen entwickelte sich erst im späten 19. Jahrhundert, die vorschulischen Einrichtungen begannen sich jedoch schon früher auszubreiten. Allerdings war die Erwerbsarbeit der Frauen durchaus eine der Hauptursachen für das Entstehen der institutionellen Frühkinderziehung. Aber diese Erwerbsarbeit war nicht auf die Fabrikarbeit beschränkt.

1.2 Pauperismus

Ergänzend muss das Phänomen des Pauperismus, der Massenarmut großer Bevölkerungsteile, in die Erklärungsversuche einbezogen werden. Nicht nur die extrem Armen, sondern mit rund 60% die große Masse der Bevölkerung war von Armut, Hunger und Not bedroht. Armut hatte es zwar immer gegeben, ab 1830 aber wurde sie zu einem Massenphänomen, einem nicht länger individuellen, sondern kollektiven Schicksal.

Eine Ursache war das rasant ansteigende Bevölkerungswachstum. In allen deutschen Staaten wuchs die Population, in den Jahren von 1816 bis 1865 um 60%, wenn auch

regional[42] und zeitlich[43] sehr verschieden. Ermöglicht wurde das Wachstum durch die absinkende Mortalität bei gleich bleibender Fertilität,[44] verstärkt durch Fortschritte in der medizinischen Versorgung und neue Hygienevorschriften, bessere Ernährung, wegfallende Heiratsbeschränkungen und durch die Zunahme von Eheschließungen.
Die Auswirkungen waren bestenfalls ambivalent. Vor allem die ländliche Bevölkerung und hier die Unterschicht vermehrten sich gewaltig und dass gerade die „unproduktiven" Schichten anwuchsen, wurde von den bürgerlichen Schichten als Bedrohung der gesamten sozialen Ordnung angesehen.[45] Auf der anderen Seite trieben der Bevölkerungsanstieg und die damit verbundene Vergrößerung des Arbeitskräftepotentials die Ausbreitung des Agrarkapitalismus und den Aufstieg des Industriekapitalismus erst voran, und war eine Voraussetzung für die wirtschaftliche und gesellschaftspolitische Entwicklung. Da jedoch primär die Unterschicht zahlenmäßig anwuchs, stieg zugleich auch die Armut. Hunderttausende, sowohl in der Stadt als auch auf dem Land, wo viele in der Landwirtschaft nicht mehr und in den Fabriken noch nicht beschäftigt werden konnten, litten Not und Hunger; ein Phänomen, dass nicht nur die Armen und Bezieher niedriger Einkommen erfasste, sondern sogar reputierliche Handwerksmeister (vgl. Nipperdey 1994, 220; Wehler 1989b, 287ff.). Auf dem Tiefpunkt des Massenelends in den Jahren von 1845 bis 1847, als Missernten, die absurde Verteuerung der Nahrungsmittel bei extrem niedrigen Löhnen, Arbeitslosigkeit und das Versagen der kommunalen, kirchlichen, staatlichen und privaten Fürsorge zusammentrafen, war Bettelei und Diebstahl an der Tagesordnung, Tausende starben an Massenkrankheiten wie Ruhr und Typhus. In den Elendsquartieren wurde das Wohnen zu einem Problem, es entstanden Mietskasernen, in denen die Familien in einem großen Raum zusammenleben mussten. Erst mit dem industriellen Aufschwung, als durch Umschichtung und Vermehrung von Arbeitsplätzen die Schere zwischen Bevölkerungswachstum und stagnierendem Arbeitsmarkt geschlossen wurde, fand die Krise ein dauerhaftes Ende. Nun erhöhte sich der Lebensstandard, wenn auch innerhalb des Proletariats in nur geringem Maße.

Zuvor waren jedoch, um wenigstens das Existenzminimum der Familie zu sichern, sämtliche Familienmitglieder gezwungen, einen Beitrag zu erwirtschaften. Kleinere Kinder, die noch nicht arbeiten konnten, stellten aus zwei Gründen ein Problem dar: Zum einen

---

[42] Vor allem im preußischen Nordosten, in Sachsen und im Rhein-Main Gebiet, sowie in den Gewerbegebieten der Rheinprovinz und in Westfalen gab es ein sehr starkes Wachstum (zwischen ca. 75 und 100%). In Nordwest- und Süddeutschland dagegen war die Zunahme weiter aus schwächer als der Durchschnitt, hier lag sie bei nur ca. 30 % (vgl. Nipperdey 1994, 102ff.).

[43] In den Jahren von 1816 bis 1840 stieg die Bevölkerungszahl viel schneller als im späteren Zeitraum (vgl. Nipperdey 1994, 102.).

[44] Das Absinken der Mortalität ist nicht auf eine gesunkene Säuglings- oder Kindersterblichkeit zurückzuführen. Diese blieb hoch, vielmehr war das Absinken der Sterblichkeitsrate das Ergebnis einer sinkenden Mortalität in denjenigen Altersgruppen, die diese gefährlichen Jahre überwunden hatten (vgl. Wehler 1989b, 21ff.).

[45] Auch heute findet sich zum Teil eine ähnliche Diskussion. Da vor allem (hoch-)qualifizierte Frauen – und damit auch deren zumeist ebenfalls (hoch-)qualifizierten Männer – keine Kinder mehr bekommen, gehe der Gesellschaft immer mehr Begabungspotenzial verloren und die intellektuelle Leistungsfähigkeit der Gesellschaft sinke, so die Argumentation. Ein Grund für die sinkende Geburtenzahl bei hoch qualifizierten Frauen wird in den mangelnden und unflexiblen Angebotsformen der Kleinkindbetreuung gesehen.

konnten sie selbst noch keinen Beitrag leisten und verursachten von daher bloß „Kosten", zum anderen banden sie Familienmitglieder und somit potentielle Arbeitskräfte in Form von Betreuungsarbeit. Kleine Kinder waren somit, obwohl als „Zukunftsinvestition" dringend notwendig, für die an sich schon am Rande des Existenzminimums oder darunter lebenden Familien ein Faktor zusätzlicher sprich „sekundärer Armut"[46] (vgl. Reyer 1983, 86ff.; Reyer 2004, 520).

Im Grunde stellte die Beteiligung aller potentiellen Arbeitskräfte am Arbeitsprozess zur Existenzsicherung kein neues Phänomen dar und solange dies innerhalb der eigenen Familie stattgefunden hatte, war die Beaufsichtigung der Kleinkinder auch kein Problem gewesen. Durch die zunehmende Verlagerung der Arbeit aus dem eigenen Haushalt waren nun jedoch auch die Mütter und älteren Kinder gezwungen, einer auswärtigen Erwerbstätigkeit nachzugehen. Diese fielen als Aufsichtspersonen weg und dies führte zu einer relativen Aufsichtslosigkeit der Kleinkinder und mit zunehmenden Alter zur massenhaften Straßensozialisation (vgl. Reyer 1983, 97). Oftmals blieben die Kinder sich allein überlassen, während der Abwesenheit der Eltern in der Wohnung eingesperrt und zum Teil ruhig gestellt durch verschiedene Praktiken wie z.B. Schlafmittel, Alkohol oder Festbinden. Brände und Unfälle bis hin zu Todesfällen waren die Folge. Ältere Kinder verbrachten hingegen den ganzen Tag auf der Straße. Verwahrloste Proletarierkinder gehörten zum Bild der planlos errichteten und von mangelhaften hygienischen Bedingungen geprägten Massenquartiere, Bettelei, Diebstähle und Unfälle prägten hier den Alltag (vgl. Behnen 2003a, 438; Paterak 1999, 35). Auf die Bedeutung dieses veränderten Aufwachsens für die Entstehung der öffentlichen Kleinkinderziehung wird später noch einzugehen sein.

Um die Mütter von der Sorge um die ansonsten aufsichtslosen Kinder zu befreien, wurden deshalb vorschulische Einrichtungen errichtet. Diese Begründung, die Ermöglichung der Erwerbstätigkeit der Mütter bei sichergestellter Betreuung ihrer Kleinkinder, findet sich in beinahe jeder Schrift aus der Anfangszeit der öffentlichen Kleinkinderziehung. Allerdings sollten nicht die sozialen Missverhältnisse verändert – eine Erhöhung des Gehalts des Mannes hätte dies ja durchaus möglich gemacht – sondern allein die außerfamiliale Erwerbstätigkeit sichergestellt werden (vgl. Reyer 1983, 168f; Reyer 1987c, 253).

Allerdings ist diese Erwerbstätigkeit der Mütter und älteren Geschwister nicht mit der industriellen Erwerbstätigkeit gleichzusetzen. Der Industriekapitalismus erlebte erst gegen Mitte des 19. Jahrhunderts seinen endgültigen Durchbruch und so sind die nebenfamilialen Einrichtungen auch nicht allein in den industriellen Ballungszentren entstanden (vgl. Reyer 2006a, 58f.).

1.3 Strukturwandel der Familie

Neben den bisher genannten, primär wirtschaftlichen Gründen, haben auch geistesgeschichtliche und familiäre Veränderungen zur vermehrten Gründung vorschulischer Einrichtungen geführt. Oftmals wird deshalb auf die gewachsene Bedeutung, die der

---

[46] Unter Kindheit bzw. Kinder als Faktor für „sekundäre Armut" ist zu verstehen, dass Kinder für ein konjunkturelles Tief im Familienzyklus verantwortlich sind (vgl. Reyer 1983, 81ff.).

Kleinkindzeit beigemessen wurde, sowie den Wandel der Familie[47] als Erklärungsgrund verwiesen.
Die ständische Gesellschaft war noch weitgehend von der Einheit von Leben, Arbeit, Reproduktion und Erziehung gekennzeichnet gewesen, mit der Familie als Ort der (Klein-)Kinderziehung gewesen. Familie kann dabei in einem umfassenderen Sinn verstanden werden, als dies heute getan wird. Vorherrschende Lebensform in den Bauern- und Hauswerkerhaushalten, die den größten Teil der Bevölkerung ausmachten, war lange Zeit die Sozialform des sogenannten „Ganzen Hauses". Dort lebten zumeist zwei, seltener auch drei Generationen umfassende Bluts- und Heiratsverwandtschaftsverbünde oftmals gemeinsam mit dem Gesinde, den Gesellen oder Lehrlingen in einer Hausgemeinschaft. Sämtliche Haushaltsmitglieder mussten entsprechend ihren körperlichen und geistigen Fähigkeiten zum gemeinsamen Lebensunterhalt und somit zur Sicherung der Existenz beitragen.
Sowohl das familiäre Zusammenleben, als auch die Bedeutung, die dem Kleinkindalter beigemessen wurde, begannen sich jedoch zu verändern. Zunehmend entwickelte sich, vor allem im Bürgertum, das Leitbild der „modernen" Familie, das sich fundamental von der herkömmlichen Lebensweise unterschied. Zuvor hatten emotionale Aspekte in den sozialen Beziehungen eine nur untergeordnete Rolle gespielt. Die familienfremden Personen, die im Haushalt integriert waren, hatten eine Privatsphäre kaum zugelassen, das Verhältnis der Ehepartner untereinander und zu den Kindern war mehr von sachlichen Nützlichkeitsaspekten bestimmt gewesen. Die Beziehung der Eheleute hatte eher einem Arbeitsverhältnis geglichen und die Kinder waren vor allem unter dem Aspekt der ökonomischen Sicherung des Haushalts betrachtet worden. Oftmals hatte kaum eine emotionale Bindung bestanden und auch die Kindersterblichkeit war hoch.[48] Auch die Betreuung der Kleinkinder war eine gemeinsame Aufgabe gewesen, die Betreuung war nur teilweise von den Müttern geleistet worden. Vielmehr hatte derjenige die Versorgung übernommen, der gerade abkömmlich war – Großeltern oder der Vater, aber auch die älteren Geschwister oder das Gesinde. War eine Beaufsichtigung unmöglich, waren die Kinder sich selbst überlassen geblieben, dies oft stundenlang und mit Praktiken der Ruhigstellung (festes Wickeln, Alkohol oder sogar Opium) verbunden. Die Kleinkindbetreuung war nichts gewesen, um das viel Aufsehen gemacht worden war, sondern normaler Bestandteil der alltäglichen Arbeits- und Lebensprozesse der Haushaltsgemeinschaft. Kindheit hatte als Phase gegolten, der man keine besondere Aufwendung schenken musste und die so schnell wie möglich überwunden werden sollte (vgl. Paterak 1999, 9ff.).
Auch wenn die These, dass Mittelalter habe die Kindheit im heutigen Sinne nicht gekannt und dies sei erst eine Erfindung der Neuzeit (vgl. Ariès 1975, Synders 1971),

---

[47] Zum Strukturwandel der Familie, gerade im Hinblick auf dessen Bedeutung für die Entstehung der öffentlichen Kleinkinderziehung, siehe Paterak 1999, S. 9ff.
[48] Es ist anzunehmen, dass sich die Kindersterblichkeit und die nur geringe emotionale Bindung der Eltern gegenseitig bedingten. Die hohe Sterblichkeitsrate der Kinder verbot ein emotionales Verhältnis, da die Verluste sonst kaum zu ertragen gewesen wären. Zugleich erhöhte die mit dem geringen Interesse verbundene mangelhafte Aufsicht und Pflege aber auch die Sterblichkeit der Kinder (vgl. Paterak 1999, 11).

heute nicht überall Zustimmung findet,[49] fand um 1800 zumindest ein Wandel im Verhältnis zwischen den Eltern und Kindern statt. Dieser hatte zwar schon weit früher begonnen,[50] gelangte nun aber zum endgültigen Durchbruch. Eindeutig wurde den Kindern nun eine erhöhte Aufmerksamkeit geschenkt. Kindheit wurde vielleicht nicht erst erfunden, aber es kam doch zur Durchsetzung „moderner Kindheit" (vgl. Sager 2008, 19). Überhaupt wurde das Verhältnis der Familienmitglieder emotionalisiert. „Liebe" wurde zu einem Ehe stiftenden Motiv und die Kinder und ihre Erziehung erlangten eine zentrale Bedeutung. Sorgsam wurde nun die Privatsphäre der Familie gegenüber anderen Lebensbereichen abgeschottet. Das „moderne" Familienleben, bestehend aus Mann und Frau, ihren Kindern und allenfalls noch näheren Angehörigen, setzte sich zunehmend als Form des Soziallebens durch (vgl. Paterak 1999, 16). Kindheit wurde nun als ein bedeutender Lebensabschnitt mit speziellen Bedürfnissen angesehen (vgl. ebd., 19). Parallel zu neuen medizinischen Erkenntnissen, die einen engen Zusammenhang zwischen der körperlichen und seelisch-moralischen Entwicklung der Kinder betonten, entstand ein neues Denken über die Erziehung des Kleinkindes.[51] Kindheit wurde nun als ein autonomer Lebensabschnitt, dem eine spezifische physische und psychosoziale Entwicklung zugrunde liegt und die Jahre vor dem Schuleintritt als ein für die weitere Entwicklung besonders wichtiger, da prägungsfähiger und erziehungsbedürftiger Abschnitt verstanden (vgl. Konrad 2004, 16; Paterak 1999, 23ff.). Aus diesem Grund sollten die Kinder auch nicht länger vom Hauspersonal, den Ammen oder den Kindermädchen – in den Augen der mit Erziehungsfragen Beschäftigten unvernünftige, lasterhafte, wollüstige und einfältige Personen – betreut und erzogen werden (vgl. Paterak 1999, 19; Reyer 1983, 110).

Die Kleinkinderziehung galt nicht länger als etwas, was einfach nebenher laufen konnte. Stattdessen gewann die Idee einer Familienerziehung, in der die Frau als Mutter eine tragende Rolle im Beziehungsgeflecht der Familie übernimmt, an Bedeutung (vgl. Erning 1987b, 17; Konrad 2004, 16ff.; Paterak 1999, 19). Die Frau erhielt einen neuen Aufgabenbereich zugesprochen, der sich mehr und mehr auf die Haushaltsführung und die Kindererziehung reduzierte. Die Mutter-Kind-Beziehung erhielt eine erhebliche Aufwertung. Die Erziehung der Kleinkinder wurde demnach als die natürliche Aufgabe der Mutter, die aufgrund ihrer weiblichen Tugenden dazu prädestiniert schien, verstanden und die Familie galt als idealer Ort hierfür. Kleinkinderziehung wurde zur alleinigen Angelegenheit der Mütter, nicht nur ideell, wie z.B. im Denken Pestalozzis oder Fröbels, sondern auch rechtlich unterstützt durch die §§66-70 des *Allgemeinen Landrechts für die preußischen Staaten*. Die Mutter erhielt ein „relativ ausschließliches Erziehungsrecht, aber auch eine relativ ausschließliche Erziehungspflicht" (Paterak 1999, 32). Folge davon war die Konstruktion von polaren und komplementären Geschlechtscharakteren samt entsprechenden Wesenseigenschaften: Der Frau wurden die zur Kleinkinderzie-

---

[49] An dieser These, die vor allem auf die Arbeit Ariès zurückzuführen ist, wird bis zum Teil heute festgehalten. Allerdings gibt es dafür nur wenig Quellenbelege und zum Teil bewerten Historiker diese Ergebnisse heute auch als überholt (vgl. Sager 2008): „Die These, dass dem Mittelalter die Kindheit als spezifische Lebensphase nicht bekannt war, kann nicht mehr aufrechterhalten werden" (ebd., 19).
[50] Sager spricht von der Zeit um 1500 (vgl. 2008, 19).
[51] Am bedeutendsten in diesem Zusammenhang ist sicherlich Rousseaus 1762 erschienener Erziehungsroma *Emilie oder über die Erziehung*.

hung notwendigen Fähigkeiten zugesprochen, über die ein Mann angeblich nicht verfügt.

Vor allem im Bürgertum kamen derartige Vorstellungen zum Tragen, auch da man hier nicht auf die Arbeitskraft der Kinder angewiesen war und mit der Frau, die keinen Beitrag zum Lebensunterhalt der Familie leisten musste, jemand bereit stand, der sich um die Erziehung der Kinder kümmern konnte. Insgesamt wurde dieses Familienmodell jedoch zu einer normativen Leitvorstellung, die sich über alle soziale Schichten hinweg ausbreitete. Allerdings fehlten den breiten Bevölkerungsschichten die elementaren Voraussetzungen für die Erfüllung dieses Modells, an eine Realisierung des Modells der exklusiven mütterlichen Kleinkindbetreuung war in den Haushalten der sozialen Unterschicht nicht zu denken (vgl. Paterak 1999, 34). Indem aber der Kindheit mehr Bedeutung beigemessen wurde, galt ein von diesem Modell abweichendes Aufwachsen der Kinder als mangelhaft und grundsätzlich gefährdet. Gerade dass viele Kinder gänzlich ohne Betreuung oder auf der Straße aufwuchsen und aufgrund ihrer Lebensumstände in den Augen des Bürgertums von der körperlichen und geistigen, vor allem aber sittlichen Verwahrlosung bedroht waren, wurde als besonders bedenklich eingeschätzt. Abhilfe gegen dieses mangelhafte und als gefährlich für die Entwicklung erscheinende Aufwachsen sollten die vorschulischen Einrichtungen schaffen.

1.4 Neuorganisation der Schule

Zuletzt muss noch auf den Wandel der eigentlichen Schulen verwiesen werden. Sie sollten nicht länger die Betreuung der Kleinkinder übernehmen. Zuvor war es durchaus üblich gewesen, die kleineren Kinder ihren älteren Geschwistern in die Schule mitzugeben. Die Schule übernahm so neben dem Unterricht der Schulkinder die Funktion der „Bewahrung" der jüngeren Kinder (vgl. Erning 1987b, 19/20).
Diese Ablehnung der Betreuungsfunktion ist im Zusammenhang mit den sich in Preußen, aber auch in anderen Einzelstaaten vollziehenden Reformen zu Beginn des 19. Jahrhunderts zu sehen, zu denen auch die Reform des Bildungswesens gehörte; ein gigantisches Projekt, an dessen Ausmaße spätere Bildungsreformen nur schwerlich heran gereicht haben (vgl. Becker/Kluchert 1993, 60; Jeismann 2000, 204; Menze 1975, 66). Zwar erhielt das Bildungswesen zu keiner Zeit die von den Bildungsreformern erhoffte Gestalt – Humboldts Konzeption einer gleichen und allgemeinen Bildung samt einem einheitlichen System der Nationalerziehung hätte in ihrer reformerischen Radikalität ein Bruch mit aller Tradition bedeutet, stattdessen setzten sich schon bald konservative Tendenzen durch und eine restaurative Bildungspolitik bestimmte die Erziehungswirklichkeit – aber das Schulwesen veränderte sich fraglos nachhaltig. Der tatsächliche Schulbesuch wurde zur gesellschaftlichen Realität[52] und gegen den Widerstand der Fabrikanten und auch der Eltern, die mehr an der Arbeitskraft der Kinder interessiert waren, erzwungen. Auch sollte ein effektives Schulwesen eingeführt werden, die Elementarschulen sich auf ihre Unterrichtsfunktion konzentrieren und ihr Bewahrfunktion für kleinere

---

[52] Besuchten 1816 nur 60% der Kinder eine öffentliche Schule, waren 1846 bereits 82% der schulpflichtigen Kinder an öffentlichen Schulen registriert (vgl. Baumgart 1990, 103).

Kinder abgeben, weshalb Einrichtungen benötigt wurden, welche die bisher von den Schulen geleistete Bewahrfunktion übernehmen sollten (vgl. Erning 1987b, 20).

1.5 Fazit

Fasst man die Erklärungsversuche zusammen, können als die wichtigsten Gründe für die Entstehung öffentlicher Kleinkinderziehung die Armut der Massen, die Trennung von Haus und Arbeit, der Wandel der Familie und der erhöhte Stellenwert der Kindheit, sowie die Neuorganisation der Schule gelten. Diese vielfältigen, sich teilweise gegenseitig bedingenden und verstärkenden Aspekte haben den Ausbau der außerfamilialen Frühkindbetreuung notwendig gemacht.
Allerdings entstanden diese Notwendigkeiten allmählich, weshalb schon zuvor versucht worden war, Lösungen für dieses Problem zu finden. Nicht unbedingt eine Lösung, aber eine weitere Alternative hatte die relative Aufsichtslosigkeit und Straßensozialisation der Kinder der unteren sozialen Schicht dargestellt (vgl. Reyer 1983, 97). Kinder waren außerdem in Dauer- oder Tagespflege gegeben worden, jedoch waren die Bedingungen dort überwiegend katastrophal, die Sterblichkeitsrate in der Dauerpflege lag noch über der allgemeinen in den sozialen Unterschichten. Körperliche und geistige Schäden, sowie eine starke Verwahrlosung auf Seiten der Kinder waren nicht gerade selten (vgl. Paterak 1999, 35; Reyer 1983, 100).
Von vielen Zeitgenossen wurden diese Umstände als massives Problem wahrgenommen. In den meisten Texten jener Zeit, die sich mit der öffentlichen Kleinkinderziehung beschäftigen, findet sich eine Beschreibung des Alltags dieser Kinder, mit dem auf die erschütternden Zustände aufmerksam gemacht werden sollte, zumeist ergänzt durch den Hinweis auf die mit dieser Lebenssituation verbundene körperliche, geistige und moralische Verwahrlosung. Exemplarisch dafür steht die folgende Beschreibung, die Carl John in einem der frühesten Werke, das sich mit der öffentlichen Kleinkinderziehung auseinandergesetzt hat, gegeben hat:

„Eingesperrt in kleine, enge, ungesunde Stuben, die Mangel an Reinlichkeit verpestet, erbleichen oder verfallen die Kinder, und werden dann leicht eine Beute der Ansteckung oder der Krankheit. – Um diesen üblen Folgen auszuweichen, lassen dann Eltern ihre Kinder außerhalb den Wohnungen, Aber sie sind deshalb nicht glücklicher; denn hier treten wieder andere vielfältige Unfälle ein, wodurch ihre Moralität wieder in Gefahr kommt. Sie irren nämlich auf den Straßen und auf öffentlichen Spaziergängen umher, gewöhnen sich an ein ungeregeltes Leben, geben sich dem Hange zur Zügellosigkeit hin, üben sich im Ungehorsam – der natürlichen Folge des Müssigganges – fassen unschickliche Ausdrücke, allerlei grobe Redensarten und Schimpfwörter auf, lernen die Geheimnisse, feinen Ränke, Kniffe und muthwillige Streiche der ältern Kinder kennen, wodurch der Saame (sic!) zu den Keimen ausgestreut wird, welche mit der Zeit Früchte der Bosheit und des Übelwollens tragen; sie werden nur zu bald dadurch mit dem Lügen, das schändlichste der Laster, vertraut, worauf schon hingedeutet worden ist" (John 1830, 11).

Der durch die Aufsichtslosigkeit bedingten Verwahrlosung der Kinder sollten nun entgegengewirkt und neue, mehr systematisch aufgebaute außerfamiliale Betreuungsmöglichkeiten entwickelt werden: die öffentlichen Kleinkinderziehung entstand.

2. Die „Realität" der Einrichtungen der öffentlichen Kleinkinderziehung (1800-1860er)

Auch wenn man nicht von einer systematischen öffentlichen Kleinkinderziehung sprechen kann, haben demnach um die Jahrhundertwende durchaus Formen der nichtfamilialen Kleinkindbetreuung existiert. Um 1830 setzte nun jedoch ein Ausbau der vorschulischen Einrichtungen ein. Im Folgenden werden die wichtigsten, primär sozialgeschichtlichen Merkmale dieser Entstehungsphase der öffentlich veranstalteten Kleinkinderziehung dargestellt. Dies ist notwendig, um den Kontext zu verstehen, in dem die Ideen über Bildung und Erziehung als Aufgabe der Einrichtungen überhaupt nur formuliert werden konnten. Allerdings müssen derartige verallgemeinernde Aussagen mit Bedacht verwendet werden. Es ist schwierig, die „Realität" in den ersten Jahrzehnten der öffentlichen Kleinkinderziehung nachzuvollziehen. Konzeptionen, Anleitungen und Praxishilfen, die für diesen Zeitraum bekannt sind, können nicht mit der Erziehungswirklichkeit gleichgesetzt werden. Außerdem war die Gestaltung der Einrichtungspraxis sehr unterschiedlich, abhängig beispielsweise vom Umfeld (Stadt oder Land, katholischer oder evangelischer Trägerverein usw.). Ziel kann es nur sein, einen Eindruck des Alltags zu vermitteln und sich der damaligen Realität anzunähern.

Verallgemeinernde Aussagen sind jedoch insofern möglich, weil viele Aspekte des organisatorischen Ablaufs (z.B. die Aufnahmekriterien, Kostenbeiträge, Öffnungszeiten, Personalfragen, Rechte und Verpflichtungen der Eltern und Vereinsmitglieder) in den Bestimmungen der Einrichtungen festgelegt waren.[53] Wirths *Mittheilungen über Kleinkinderbewahranstalten* enthalten neben Rechenschaftsberichten, Jahresetatplänen oder Vereinstatuten auch Berichte über einzelne Anstalten (vgl. Wirth 1840b). Ebenso wie Bofingers Darstellung der vorschulischen Einrichtungen für Württemberg (vgl. 1864) bietet dies einen guten Einblick in den damaligen Alltag.

2.1 Quantitative Entwicklung und Betreuungsquote

Zuverlässige Aussagen über die quantitative Entwicklung der öffentlichen Kleinkinderziehung sind bis in die 1860er Jahre hinein kaum möglich, weil nur unzureichende Informationen bestehen und ein verlässliches Dokumentations- und Archivwesen sich erst im Aufbau befand. Unterschiedlich früh wurde damit begonnen, die Entwicklung der Betreuungseinrichtungen durch amtliche Erhebungen zu dokumentieren. Auch verlief die Entwicklung in den verschiedenen Einzelstaaten sehr unterschiedlich, was auch auf den Partikularismus zurückzuführen ist. Deutschland blieb bis 1866/71 ein föderalistisches System und es bestanden noch lange regionale Differenzen. Nord- und Süddeutschland unterschieden sich politisch, wirtschaftlich und kulturell. So gab es auch keine rechtliche Möglichkeit, innerhalb des Deutschen Bundes eine einheitliche Gestaltung der öffentlichen Kleinkinderziehung durchzusetzen.

---

[53] Beispielsweise werden in der ersten Abteilung und im Anhang von Wirths *Ueber Kleinkinderbewahranstalten* nur organisatorischen Fragen behandelt (vgl. 1838, 7ff. und Anhang, 1ff.). Weitere Beispiele stellen die Statuten sowohl für ärmere, als auch für höhere Stände der Kleinkinderschulen in Darmstadt (vgl. Fölsing 1850, 122ff.) oder Wertheimers Paragraphen für eine Kleinkinderschule (vgl. Wildersprin 1828, 245ff.) dar.

Statistische Nachweise für die fünf größten Flächenstaaten existieren deshalb auch zu unterschiedlichen Zeitpunkten. Für Bayern finden sich Zahlen seit 1833/34, für Württemberg seit 1840 und für Preußen seit 1851, für Baden aber erst seit 1871 und für Sachsen sogar erst ab 1894 (vgl. Erning 1983). Nur sehr spärliche Nachrichten finden sich für den Beginn des 19. Jahrhunderts, z.B. für die Jahre zwischen der Gründung der Einrichtung in Detmold 1802 und der Wadzeck-Anstalt 1819. Es ist deshalb anzunehmen, dass einige Einrichtungen nie Berücksichtigung in den amtlichen Statistiken gefunden haben, die folgenden Zahlen können deshalb nur mit Vorbehalt betrachtet werden (vgl. Erning 1987c, 29; Konrad 2004, 76).

Um 1850 gab es wohl mindestens 480 Einrichtungen, wobei die Mehrzahl erst ab den 1820er Jahren und dann verstärkt in den 1830er und 1840er Jahren gegründet wurden (vgl. Konrad 2004, 70 u.76; Reyer 1983, 23). Vermutlich lag die tatsächliche Anzahl aber erheblich höher (vgl. Reyer 1983, 19). Zwerger geht davon aus, dass für die Jahrhundertmitte eine Anzahl von 600 Einrichtungen nicht zu hoch angesetzt sein dürfte (vgl. 1980, 48). Die meisten Einrichtungen gab es in Preußen, wo für das Jahr 1851 eine Anzahl von 382[54] nachgewiesen ist, sowie in Bayern (zwischen 1825 und 1848 56 Neugründungen) und Württemberg, hier nennt Schmidlin im Jahr 1834 die zehn ihm bekannten Einrichtungen (vgl. 1834, 13) und für das Jahr 1849 sind insgesamt 99 Einrichtungen belegt (vgl. Erning 1983, 327ff.; Konrad 2004, 72 u. 76, Reyer 1983, 21). In Preußen befanden sich die Einrichtungen überwiegend in größeren Städten, während es auf dem Land nur noch 23 weitere Bewahranstalten gab (vgl. Reyer 1983, 23).

Die Zahl der Einrichtungen stieg weiter an. So lassen sich für Württemberg 175 (1864), für Preußen 457 (1864/65) Einrichtungen nachweisen. Nimmt man ergänzend noch Zahlen aus dem Jahr 1871 hinzu, indem für Baden 191 und Bayern 227 (im Jahr 1862/63 existierten in Bayern 178) Einrichtungen nachweisbar sind (vgl. Erning 1983, 327ff.), kann man davon ausgehen, dass in den 1860er Jahren in Deutschland wohl um die 1050 Einrichtungen existiert haben. Allerdings ist diese Zahl nicht mehr als ein Schätzwert, da sich die Zahlen auf keinen einheitlichen Zeitpunkt beziehen und die restlichen Territorien Deutschlands überhaupt nicht berücksichtigt sind.

Auch über die Anzahl der betreuten Kinder kann nur von ungefähren Werten ausgegangen werden. In Preußen wurden im Jahr 1851 25.630 Kinder betreut, was bei einer Zahl von 2.454.138[55] Kindern unter 6 Jahren einer Betreuungsquote von 1,04% entspricht. Dabei gab es große regionale Unterschiede. Während in den zehn größten preußischen Städten 7,14% der Kinder betreut wurden, besuchten die wenigen Einrichtungen auf dem Land nur 2,9% aller in Preußen betreuten Kinder. In Baden-Württemberg besuchten 1849 6.418 Kindern die Einrichtungen und in Bayern wurden 1851 6.796 Kinder betreut. Allerdings finden sich hier keine Zahlen über die Versorgungsgrade (vgl. Erning 1983, 327ff.; Reyer 1983, 23).

---

[54] Dieser Wert und die im Anschluss folgenden Zahlen für Einrichtungen innerhalb einzelner Städte beziehen sich auf die Einrichtungsgründungen in den Jahren von 1814–1851. Aufgeführt sind die Einrichtungen, die 1851 noch „in Wirksamkeit waren" (Reyer 1983, 19).

[55] Diese Zahl bezieht sich allerdings auf das Jahr 1849 (vgl. Erning 1983, 332).

Zahlen aus dem Jahr 1871 geben ebenfalls ein interessantes Bild über die Betreuungsquote (vgl. Erning 1983, 327ff.). Demnach verfügte Baden über einen Versorgungsgrad von ca. 12%, insgesamt besuchten hier 12993 Kinder die Einrichtungen. In Bayern wurden 21678 Kinder betreut, was einem Versorgungsgrad von ca. 6% entspricht, in Württemberg 11.500 Kinder. Hier wird allerdings nichts über einen Versorgungsgrad ausgesagt, erst für das Jahr 1878 wird dieser mit ca. 15% angegeben. Die 32.772 Kinder, die in Preußen im Jahr 1864/65 eine Einrichtung besuchten, entsprechen dagegen nur einem Versorgungsgrad von 2%.
Betrachtet man die quantitative Entwicklung und die Betreuungsquote, lassen sich große regionale Unterschiede erkennen. Nicht nur zwischen Stadt und Land, sondern auch zwischen Nord (mit Ausnahme Preußens) und Süd. Insgesamt war das Angebot in Süddeutschland deutlich umfassender als das Angebot in Norddeutschland (vgl. Konrad 2004, 76/77). Deutlich ist jedoch zu erkennen, dass die vorschulischen Einrichtungen von nur wenigen Kindern besucht worden sind.

2.2 Adressaten

Wer aber hat die Einrichtungen der öffentlichen Kleinkinderziehung besucht? Hauptsächlich richtete sich das Angebot an die Kleinkinder der sozialen Unterschicht (vgl. Reyer 1983, 34). So ergibt z.B. eine Aufschlüsselung der sozialen Herkunft der 59 Kinder, welche die Augsburger Kleinkinderbewahranstalt am Eröffnungstag besucht haben, dass 80% der Kinder aus der unteren sozialen Schicht stammten. Nur ein geringer Teil der Kinder dürfte der bürgerlichen Schicht angehört haben. Zwar macht Erning deutlich, dass die Augsburger Einrichtung auch vom städtischen Kleinbürgertum frequentiert wurde, Zielgruppe war aber eindeutig die soziale Unterschicht (vgl. Erning 1980, 189/190; Wirth 1838, Anhang XX).
Wenn Kinder des Bürgertums die Institutionen besuchten, dann zumeist in gesonderten Einrichtungen (vgl. Reyer 1983, 34 u.37). Auch wenn z.B. Fröbel ursprünglich eine gemeinsame Betreuung der Kinder aller Schichten geplant hatte und auch andere, wenn auch wenige zeitgenössische Stimmen dies befürwortet haben (vgl. Fatscheck 1837, 15), war die soziale Trennung die Regel. Notwendig war dies aus praktischen Gründen,[56] eine gemeinsame Betreuung war aber zumeist auch nicht erwünscht (vgl. exemplarisch Fölsing 1850, 45ff.), da die gemeinsame Erziehung die Kinder der bürgerlichen Schicht geradezu „verderben", die der niederen Schichten aber über ihren Stand hinaus erziehen würde. Gerade letzteres galt als problematisch, es sollte vermieden werden, „in den Kinderherzen Wünsche zu erwecken, die das Leben nicht gewähren kann" (Winter 1848, XIII), um eine Unzufriedenheit mit den Lebensverhältnissen erst gar nicht entstehen zu lassen. Allerdings ist es fraglich, ob die proklamierte Trennung in der Praxis auch wirklich strikt durchgeführt wurde bzw. werden konnte. Vermutlich ist es zu Vermischungen gekommen (vgl. Reyer 1983, 40).

---

[56] Bedingt z.B. durch die verschiedenen Wohnviertel, hinzu kamen die hohe Kosten der Kindergärten und ihre nur kurze Öffnungszeiten, beides entsprach nicht den Bedürfnissen der unteren Schichten (vgl. Reyer 1983, 37).

Dennoch ist anzunehmen, dass die Mehrzahl der Kinder, die in öffentlichen Einrichtungen der Kleinkinderziehung betreut wurden, aus dem Milieu der Unterschicht stammte. Es ist deshalb nach ihrer Lebenssituation zu fragen, auch da sich die Vorstellungen von Bildung und Erziehung auf diese Bedingungen bezogen haben.
Wie die kapitalistische Marktwirtschaft das Wirtschaftssystem umgeformt hat, veränderte sich auch die Gesellschaft. Sämtliche Bereiche des Lebens wurden durch weitreichende und tiefgehende Veränderungen umgestaltet. Die traditionellen Stände und außerständischen Schichten wichen den marktbedingten Klassen als dominierende Sozialform und die von rechtlicher Ungleichheit geprägte ständische Gesellschaft ging in die staatsbürgerliche Gesellschaft mit zunehmender rechtlicher Gleichheit über. Nicht mehr allein die Geburt, sondern Leistung und Beruf legten nun den sozialen Status fest. Soziale Mobilität wurde möglich, auch wenn die Aufstiegschancen, vor allem der Unterschichten, nur gering waren. Soziale Klassenformationen entstanden, eine Tendenz, die durch die mit der Urbanisierung verbundene klassenspezifische Segregation und innere Homogenisierung der einzelnen Klassen vorangetrieben wurde (vgl. Nipperdey 1994, 255ff.; Wehler 1995, 25).
Aber auch weiterhin verfügten die ständischen Traditionen über großen Einfluss. Herrschafts- und Lebensordnung, sowie die Normensysteme existierten noch lange im Rahmen und auf der Basis der Agrarwelt. Insgesamt führte die Überschneidung von ständischen Lebensformen und klassengesellschaftlichen Strukturen, von Alt und Neu, zu einem Spannungsfeld und zu einer Sozialstruktur, die mit Wehler als ein „buntscheckiges Sozialpanorama" (1989b, 140) bezeichnet werden kann.

Die Menschen auf den unteren Rängen der Sozialhierarchie, in den Städten 70-90% der Bevölkerung, lebten in einer scharf segmentierten Welt für sich. Zu besonderer Bedeutung gelangte dabei die langsam entstehende industrielle Arbeiterschaft,[57] insbesondere die Fabrikarbeiterschaft. Sie bildete den Kern des sich entwickelten Industrieproletariats. Um die Jahrhundertmitte erreichte das graue Riesenheer der Unterschicht schließlich Millionenstärke, in Preußen gehörten gegen 1849 ca. 82% der Erwerbstätigen zur Unterschicht; eine Zahl, die bis 1871 konstant blieb (vgl. Wehler 1995, 140).
Prägend für den Alltag war hier die ökonomische Lage. Zumeist bewegte man sich am Rande eines ohnehin schon niedrig angesetzten Existenzminimums. Das Leben war von Arbeit bestimmt, die Sorge um den Lebensunterhalt und seine Sicherung war allgegenwärtig, Freizeit, Vergnügen und Geselligkeit spielten eine nur geringe Rolle. Wenn man denn überhaupt über einen Arbeitsplatz verfügte, denn der steigenden Zahl von Arbeitskräften stand zunächst ein nur langsam wachsendes Angebot von freien Arbeitsstellen gegenüber. Lohnverfall und Arbeitslosigkeit waren deshalb die Folge.
Da der Verdienst des Mannes nicht ausreichte, mussten auch die Frauen und Kinder arbeiten gehen, bei allerdings deutlich niedrigerem Lohn. Beispiele machen deutlich, wie man sich diese Kinderarbeit vorzustellen hat:

---

[57] Auch die industrielle Arbeiterschaft war als Klasse keineswegs einheitlich. Sie besaß eine diffuse Vielfalt, durch die gemeinsamen grundlegenden Erfahrungen entwickelte sich aber eine innere Homogenisierung und scharfe Ausdifferenzierung (vgl. Wehler 1989b, 259ff.).

„Kinder von 6 Jahren werden bereits hinter Maschinen gestellt, um dort selbst zur Maschine zu werden. Sechs Tage lang in jeder Woche, wenn nicht ein eintretender Feiertag eine Ausnahme macht, auch wohl bei dringender Arbeit – sieben Tage, und jeden Tag von früh Morgens bis spät Abends bewegt der Knabe in derselben Stellung dieselben Muskeln unaufhörlich zu demselben Geschäft. [...] Daß diese, wie die Zähne eines Rades, an ihre Stelle eingefügten Kinder keine Schule besuchen, liegt in der Natur der Sache. Wann sollen sie die Zeit dazu gewinnen? Und wer soll sich ihrer annehmen?" (Reiseberichts des Direktors des öffentlichen Unterrichts am Niederrhein, Grashof, vom 16.1.1815. In: Quandt 1978, 21).

Solidarität war von den männlichen Kollegen nicht zu erwarten, vielmehr galten Frauen und Kinder als „Schmutzkonkurrenz", welche die Löhne drückten. Auch wenn die offizielle Kinderarbeit sank,[58] eine Dunkelziffer in Millionenhöhe ist zu vermuten. Vielen Frauen erschien die Arbeit in der Fabrik dennoch verlockender als das Leben als Dienstmädchen, wo oftmals so gut wie keine Freizeit, Schwängerung durch den Hausherren oder dessen Söhne, sowie die damit unweigerlich verbundene Entlassung und ein Leben als Prostituierte den Lebensweg bestimmten.

Für alle in einem Arbeiter- oder Angestelltenverhältnis Tätigen wurde nun die Trennung zwischen Wohn- und Arbeitsplatz definitiv vollzogen, damit verbunden waren zum Teil stundenlange Anmarschwege der Arbeiter. Trotz eines Rückgangs machte die tägliche Arbeitszeit um 1860 noch 12 Stunden aus, keine Arbeitspausen und keine Sonntagsruhe waren die Regel. Die Sicherheit des Arbeitsplatzes war nicht gegeben, das Beschäftigungsverhältnis von den Konjunkturschwankungen abhängig und selbst die Minderheit fest Beschäftigten war ständig vom Abrutschen in unregelmäßige Beschäftigung bedroht. Kurzarbeit, Arbeitslosigkeit und Umzug waren alltäglich und die Arbeitsbedingungen oft unmenschlich. Lärm, Hitze und Staub erschwerten die monotone Arbeit. Der Arbeiter hatte zu funktionieren, zu seiner Überwachung gab es zahlreiche Kontroll- und Disziplinierungsmaßnahmen. Krankheiten und Unfälle bis hin zur Arbeitsunfähigkeit gehörten zum Alltag. Wer alt oder krank war, war verloren, weil eine Absicherung durch Familie oder Kommune nicht existierte. Ein derartiges Arbeitsleben erwartete auch die meisten der Kinder, welche die vorschulischen Einrichtungen besuchten. Wenn sie es nicht von frühester Kindheit an miterlebten, wuchsen sie doch zumindest hinein und genau dieser Aspekt gehörte zu den Aufgaben der öffentlichen Kleinkinderziehung.

Nicht allein die Arbeitsbedingungen, auch das Wohnen an sich wurde in der Unterschicht zu einem Problem. Das Leben spielte sich in engen, unhygienischen Mietskasernen, Kellergeschossen oder Hinterhöfen ab, kalten und feuchten Wohnungen, die selbst bei großer Zahl von Familienmitgliedern zumeist aus nicht mehr als Küche und einem Zimmer bestanden und dennoch einen Großteil des Familieneinkommens verschlangen. Krankheit und Tod besaßen eine Gegenwärtigkeit, die heute kaum noch vorstellbar ist, Epidemien wie Cholera bedeuteten unsägliches Leid und Massensterben. Ein dichtmaschiges Netz ärztlicher Versorgung existierte lange nicht; eine Leistung, welche die Unterschichtfamilien gar nicht hätten in Anspruch nehmen können. Schutzlos waren sie Krankheit oder den Schwankungen des Agrarmarkts ausgeliefert. Ein deutliches Bild für das Ausmaß des sozialen Elends sprechen die Kinderselbstmorde in Preußen (vgl.

---

[58] Motive für die gesellschaftlichen Interventionen, die diese Reduzierung herbeigeführt haben, finden sich bei Tenorth 2000, 172ff.

Willms 1983, 153). Dass in einem solchen Milieu eine Förderung der Kinder im Grunde unmöglich und diese in ihrer Entwicklung gefährdet waren, versteht sich von selbst. Auch wenn die Unterschicht durch unterschiedliche Lebensstile gekennzeichnet war, hat die gemeinsame Erfahrung der lebenslangen Lohnarbeit in einem industriekapitalistischen System als dauerhaftes Schicksal zu einer inneren Homogenisierung geführt. Das Erleben der Gemeinsamkeit von Lage und Schicksal wurde wichtiger als die Unterschiede. Die Außengrenzen gegenüber den anderen Klassen zementierten sich, die Unterschicht wurde vom Bürgertum als eine von ihrem Leben abweichende Gruppe wahrgenommen, wie sich die sozial unteren Schichten auch zunehmend selber so verstanden und gegen ihre Ausgrenzung aufzubegehren begannen – eine Reaktion des Bürgertums stellte auch die Gründung der vorschulischen Einrichtungen dar.

2.3 Verschiedene Einrichtungstypen der öffentlichen Kleinkinderziehung

In dem oben gezeichneten Lebensumfeld wuchsen die meisten der Kinder auf, die eine vorschulische Einrichtung besucht haben. Dabei lassen sich unterschiedliche Formen des Angebots erkennen, es existierte eine Vielzahl von Bezeichnungen wie Verwahr- und Bewahrschule, Kleinkinderschule, Kleinkinderbewahranstalt, Kindergarten, Kleinkinderpflege-Anstalten, Kleinkinder-Beschäftigungsanstalt, Kinderasyle (vgl. Rolfus/Pfister 1865, 26), Kindheits- oder Kinderschule, Sitz-, Strick-, und Warteschule, Kleinkinderpflegen, Erziehungs-, Mutter- und Vorschule, Hüteschule oder Spielschule. Hinzu kamen Namen oft nur lokaler Tradition (vgl. Dammann/Prüser 1987a, 18; Erning 1979, 136; Reyer 1983, 17; Zwerger 1980, 29). Nicht Teil der öffentlichen Kleinkinderziehung waren allerdings die Industrie- und Fabrikschulen[59] (vgl. Reyer 2006a, 35ff.). Gemeinsamkeit aller Einrichtungen und auch Abgrenzung gegenüber Anstalten wie z.B. den Rettungshäusern war die Freiwilligkeit des Besuchs (vgl. Paterak 1999, 42). Ansonsten lässt sich jedoch nicht einfach von der Bezeichnung auf den tatsächlichen Typus schließen. Verschiedene Bezeichnungen konnten denselben, gleiche Bezeichnungen aber auch unterschiedliche Einrichtungstypen meinen.[60] Auch in der Praxis war eine klare Abgrenzung nicht immer gegeben oder eine Durchmischung der verschiedenen Formen vorhanden (vgl. Konrad 2004, 45/46). Gut zeigt sich dies am Begriff „Kleinkinderschule". Während Fliedner darunter eine Einrichtung für aufsichtslose und von der Verwahrlosung bedrohte Kinder von zwei bis zum schulpflichtigen Alter verstand (vgl. 1837, 25), benutzte Fölsing die Bezeichnung Kleinkinderschule in einem zweifachen Sinn. Das Angebot richtete sich an die ärmere Volksklasse (vgl. Fölsing 1850, 109), zugleich benutzte er den Begriff aber auch für seine Einrichtung für höhere Stände (ebd., 122). Schon die zeitgenössischen Autoren haben diese Problematik gesehen, oft mit dem Hinweis auf die selbst bevorzugte Bezeichnung und einer Abgrenzung gegenüber den ande-

---

[59] In den Industrieschulen sollten die Kinder auf ihr späteres, nicht unbedingt industrielles Arbeitsleben vorbereitet werden. Hier wurden vor allem praktische Kenntnisse vermittelt, sie dienten der Bekämpfung des Pauperismus. Fabrikschulen wurden von den Fabriken unterhalten und mussten von den Kindern, nachdem sie zehn oder mehr Stunden gearbeitet hatten, noch besucht werden. Diese Schulen waren z.B. in Preußen ab 1839 Voraussetzung für die Beschäftigung schulpflichtiger Kinder (vgl. Reyer 2006a, 35ff.).

[60] So z.B. bei Burdach 1842, 10. Schuch benutzt in seiner Schrift sogar zunächst durchgängig den Begriff Kleinkinderschule, während er dann von den Aufgaben der Bewahranstalten spricht (vgl. 1834, 27).

ren Namen.⁶¹ Relativ einheitlich wurde dagegen die Abgrenzung zwischen Kleinkinderschulen und Bewahranstalten in den zeitgenössischen Enzyklopädien verwendet. Schon 1832 waren von Schwarz die Bewahranstalten als Einrichtungen für Kinder „die nicht mehr Säuglinge sind, und ihr drittes Lebensjahr noch nicht zurückgelegt haben, also für ein- und zweijährige beiderlei Geschlechts und aus allen Volksclassen" (Schwarz 1832, 22) bezeichnet worden. Eigentliche Kleinkinderschulen seien dagegen die Einrichtungen für Kinder ab drei Jahren. Aufgabe beider, wobei beides innerhalb einer einzigen Anstalt stattfinden sollte, war die Pflege und Aufsicht, darüber hinaus sollten die Kinder ab drei Jahren auch einen Unterricht erhalten (vgl. ebd., 7/8 u. 33). Diese Unterscheidung wurde von Wörle übernommen (vgl. 1835, 74) und findet sich auch in späteren Enzyklopädien (vgl. Encyklopädie 1860, 69 u. 492ff.; Hergang 1851, 279; Münch 1840, 769).⁶²

Für den praktischen Diskurs lässt sich eine einheitliche Verwendungsweise der Bezeichnungen jedoch nicht feststellen. Aufgrund der vielfältigen Namen und Formen ist es kaum möglich, ein generelles Urteil über das pädagogische Profil der verschiedenen Einrichtungsformen im 19. Jahrhundert zu fällen. Dennoch lassen sich drei Grundtypen erkennen, auf die sich die Varianten der Namen und Formen zurückführen lassen und die als typische Angebotsformen jener Zeit gelten können: Kleinkinderbewahranstalt, Kleinkinderschule und familienergänzende Fördereinrichtungen.⁶³ Das Angebot der ersten beiden Typen richtete sich an Kinder der sozialen Unterschichten, während der dritte Einrichtungstyp von Kindern aus der bürgerlichen Schicht besucht wurde (vgl. Dammann/Prüser 1987a, 19; Konrad 2004, 45/46; Paterak 1999, 42/43 u. 49).

Dominiert haben die ersten beiden Typen, z.B. gab es 1847 erst sieben Kindergärten, die nach der Fröbelmethode gearbeitet haben (vgl. Konrad 2004, 89) und zum Zeitpunkt von Fröbels Tod 1852 waren erst 16–18 Kindergärten gegründet worden (vgl. Marenholtz-Bülow 1866, 536). Hinzu kam 1863 der erste Volkskindergarten, eine Bewahranstalt, in

---

⁶¹ Vor allem Fölsing geht in vielen seiner Schriften auf die Namensvielfalt der Einrichtungen ein, am ausführlichsten in Fölsing/Lauchkard 1848, 11ff. Er selbst bevorzugt die Bezeichnung Kleinkinderschulen, „weil das Wort Alles so ziemlich in sich schließt, was die Sache bedeuten will, und weil man, ohne weiteres Nachfragen, sogleich leicht versteht, was mit dem Namen gesagt sein soll. Er ist deutlich. Auch ist er der populärste und bekannteste. Er hat gleichsam das Bürgerrecht in der Sprache erlangt" (ebd., 16). Ähnlich sah auch Wirth diese Diskussion (vgl. 1838, Anhang XXXII). Er bevorzugte allerdings die Bezeichnung Kleinkinderbewahranstalten, auch wenn er in Kleinkinderschulen und Rettungsanstalten verwandte Institute sah (vgl. Wirth 1840, IX). Auch in anderen Schriften findet sich eine solche Diskussion, z.B. bei Budich 1851, 10ff.; Schmidlin 1835, 11 und Schwarz 1832, 6.

⁶² Anders dagegen Rolfus/Pfister (vgl. 1863ff.). Sie verstanden unter Kinderbewahranstalten Einrichtungen für Kinder im noch nicht schulfähigen Alter von 2-6 Jahren. Die Kleinkinderschule war für sie nur ein Teil der Kinderbewahranstalten, eine Vorschule für Kinder. Zusammenfassend, auch den Kindergarten mit einbeziehend, bezeichnete Schmid in der von ihm herausgegebenen Enzyklopädie die vorschulischen Anstalten als Einrichtungen, „deren gemeinschaftliche Tendenz es ist, jüngere, noch nicht schulfähige Kinder zu beaufsichtigen, zu pflegen, vor den äußern und innern Gefahren, denen sie der Mangel an häuslicher Aufsicht sowie an geistiger und gemüthlicher Anregung nur zu oft aussetzt, zu schützen, auf eine innere Fassungskraft angemessene Weise zu beschäftigen und in ihnen alle Keime des geistigen, sittlichen und religiösen Lebens zu gedeihlicher Entwicklung zu führen" (Schmid 1862, 30). Sie richteten sich für ihn an alle Stände, da überall eine mangelhafte Pflege und Erziehung der Kinder vorliegen könne (vgl. ebd., 31).

⁶³ Dammann/Prüser (vgl. 1987a, 19) und Konrad (vgl. 2004, 45/46) fassen die familienergänzenden Fördereinrichtungen für bürgerliche Kinder unter dem Begriff „Kindergarten" zusammen. Allerdings müssen auch die von Johannes Fölsing entwickelten Kleinkinderschulen zu diesem Typus gezählt werden, da auch sie sich an die „höheren Stände" wanden. Der Begriff „Kindergarten" in diesem Fall zu ungenau und irreführend.

der Fröbels Methode eingeführt werden sollte. Diese Einrichtungsform ist für diese Epoche aber noch nicht stellvertretend.

Kurz soll nun auf die einzelnen Einrichtungstypen eingegangen werden. Auf umfassende Erläuterungen des zugrunde liegenden pädagogischen Konzepts wird dabei verzichtet, da dies später im ideengeschichtlichen Abschnitt geschieht.
Schon um 1800 finden sich erste Hinweise auf Kleinkinderbewahranstalten. So wurde z.B. die 1802 von Fürstin Pauline von Lippe-Detmold gegründete Einrichtung in Detmold als Kleinkinderbewahranstalt bezeichnet.[64] Sie ist die erste Einrichtung auf deutschem Boden, von der eine zuverlässige Nachricht existiert.[65] Dass die Zuschreibung als erste Einrichtung nicht nur einer späteren Betrachtungsweise zu verdanken ist, zeigen auch die zeitgenössischen Hinweise, die sich in zahlreichen Schriften finden lassen.[66]
Primärer, wenn auch nicht alleiniger Zweck der Kleinkinderbewahranstalten war die Abwendung der drohenden Verwahrlosung der Kleinkinder, weshalb auch die Bezeichnung „Bewahranstalt" als angemessen angesehen wurde. Zugleich versuchte man, die Kinder zumindest in einem gewissen Maß in der Entwicklung ihrer körperlichen, geistigen und sittlichen Kräfte zu unterstützen, um sie auf die Volksschule und das Leben vorzubereiten.
Prägend für die pädagogische Konzeption der Kleinkinderbewahranstalten war vor allem Johann Georg Wirth, der in seinen Schriften umfassende Hinweise zu einzelnen Beschäftigungsformen und zur methodischen Arbeitsweise gegeben hat (vgl. Erning 1987b, 30ff.). Insgesamt dürfte es sich bei den Kleinkinderbewahranstalten vor allem um Einrichtungen gehandelt haben, in denen die Kinder dem Wort entsprechend bewahrt und nur in sehr geringem Maß gefördert wurden.

Als Vorbild der Kleinkinderschulen dienten die englischen Kleinkinderschulen, die über die von Joseph Wertheimer übersetzte Schrift von Samuel Wilderspin und die persönlichen Erfahrungen Theodor Fliedners, dem wichtigsten Vertreter der Kleinkinderschulen in Deutschland, die weitere Entwicklung in Deutschland maßgeblich beeinflusst haben. Stärker als die Kleinkinderbewahranstalten basierten die Kleinkinderschulen auf einer konfessionellen Grundlage, oftmals waren sie sehr stark religiös geprägt (vgl. Paterak 1999, 42). Neben der Beaufsichtigung und Bewahrung, sowie der Förderung der körperlichen und geistigen Kräfte, gehörte die sittlich-religiöse Erziehung zu den wichtigsten Aufgaben der Kleinkinderschulen (vgl. Dammann/Prüser 1987a, 20/21; Krecker 1966, 70). Außerdem sollten die Kinder hier ausdrücklich etwas lernen. Der fürsorgerische

---

[64] Schon 1801 hatte Fürstin Pauline die Gründung der sogenannten Pfleganstalt initiiert. Nach dem Tod ihres Ehemannes Leopold I. wurde sie durch den Ehevertrag und das Testament dazu legitimiert, die Vormundschaft für ihren noch unmündigen Sohn zu übernehmen. 1802 kam es zur Gründung der Kleinkinderbewahranstalt (vgl. Meier 2002). Krücke bezeichnet diese allerdings auch als Aufbewahrungs-Anstalt kleiner Kinder (vgl. 1813, 43).
[65] Oftmals wird auch die Einrichtung Oberlins als die erste Einrichtung der öffentlichen Kleinkinderziehung in Deutschland genannt, vor allem die evangelischen Veranstalter bezogen sich auf Oberlin. Seine „Strickschule" befand sich allerdings in einer Gemeinde im Steintal im französischen Elsass.
[66] Vgl. exemplarisch Wolke 1805, 219; Chimani 1832, 180; Hüffell 1841, 9; Wilderspin 1828, 229 oder Fölsing/Lauckhard 1848, 8/9.

Aspekt mag auch in den Kleinkinderschulen von Bedeutung gewesen sein, die zumeist stark reglementierte, auf die Einhaltung einer starren Disziplin bedachte Vorbereitung auf die Schule spielte hier aber eine ebenso wichtige Rolle (vgl. Konrad 2004, 54). Sowohl die Kleinkinderbewahranstalten und Kleinkinderschulen waren in den ersten Jahrzehnten die vorherrschenden Einrichtungsformen. Beide Typen haben jedoch gleichzeitig existiert. Ein Wandel hin von Kleinkinderbewahranstalt zu Kleinkinderschule, wie er zum Teil postuliert wird, entspricht nicht der damaligen Realität.[67] Auch war die Kleinkinderschule keineswegs immer die unbedingt qualitativ bessere Einrichtung. Bewahranstalten haben nicht immer nur bewahrt, wie es auch Kleinkinderschulen gab, in denen allein Verwahrung stattgefunden hat. Wie erwähnt lässt sich nicht immer vom Namen auf die tatsächliche Betreuungsform schließen.

Die Kinder des Bürgertums haben dagegen das Angebot der familienergänzenden Fördereinrichtungen wahrgenommen. Zu den bis heute bekannten Einrichtungsformen dieser Art zählen neben den auf Vorstellungen Friedrich Fröbels basierenden Kindergärten auch die von Johannes Fölsing entwickelte „Kleinkinderschule für höhere Stände" (vgl. Paterak 1999, 49). Fröbel und Fölsing kamen fast gleichzeitig auf die Idee, nicht aus sozialen, sondern aus pädagogischen Gründen vorschulische Einrichtungen für Kinder der oberen Schicht zu gründen (vgl. Failing 1988, 110). Ihnen ging es nicht primär um die Bewahrung und den Schutz vor Gefahren, sie wollten die Kinder fördern und in ihrer Entwicklung unterstützen. Dementsprechend lehnte Fröbel die Bewahranstalten ab, weil sie die Kinder nicht in ihrer Entwicklung unterstützen würden, zugleich forderte er, dass die Bewahranstalten zu Kindergärten erhoben werden sollten (vgl. Fröbel 1844b, 243). Der Begriff „Kindergarten"[68] wurde von Fröbel selbst ausgesprochen vieldeutig verwendet. „Kindergarten" im Sinne Fröbels lässt sich nur eingeschränkt mit der konkreten Einrichtung, wie sie schon zu seinen Zeiten entstand und bis heute als Kindergarten bekannt ist, gleichsetzen. Fröbel selbst hat nie präzise zwischen Familienerziehung, außerfamiliärer Vorschulerziehung und schulischer Erziehung unterschieden. Seine Einrichtungen waren deshalb auch keine Einrichtungen der außerfamiliären Kleinkinderziehung parallel zur Familie, sie dienten vielmehr zu Demonstrations- und Orientierungszwecken *für* die Familie. Fröbel zielte auf eine Verbesserung der Spielpflege in der Familie ab, da er die Familienerziehung als unzureichend empfand. Er verstand den Kindergarten als Hilfe zur Familienerziehung (vgl. Fröbel 1843, 232). Auch besaßen die ersten von Fröbel gegründeten Einrichtungen weitere Funktionen. Der Kindergarten diente zunächst als eine Art Produktions- und Versandbetrieb der Spielgaben[69] und der

---

[67] So findet sich bei Konrad ein Kapitel mit dem Titel *Von der Kinderbewahranstalt zur Kleinkinderschule*, das einen solchen Wandel suggeriert (vgl. 2004). Ähnliches gilt auch für den Kindergarten. Auch er ist nicht erst später, als quasi pädagogische Weiterentwicklung der schon bestehenden Einrichtungen entstanden, sondern bestand zeitlich parallel zu diesen beiden Einrichtungsformen.

[68] Zur Entstehung des Begriffs des Kindergartens siehe Erning/Gebel 2001. Sie kommen zu dem Schluss, dass der Begriff „Kindergarten" zwar keine Worterfindung/Wortschöpfung, zumindest aber eine „Wortfindung" (ebd., 38) Fröbels darstellt.

[69] Die sogenannte „Anstalt zur Pflege des Beschäftigungstriebes der Kindheit und Jugend", 1837 in Blankenburg.

Ausbildung von Kinderführern. Hinzu kam eine Spiel- und Beschäftigungsanstalt.[70] Daraus entwickelte sich schließlich 1840 der „Allgemeine Deutsche Kindergarten". All diese Einrichtungen waren demnach keine Kindergärten im heutigen Sinne. Es waren eher Spielkreise, zu denen Kinder mit ihren Eltern bzw. Kindermädchen für einige Stunden in der Woche zusammenkamen (vgl. Hebenstreit 2003, 369). Fröbels Einrichtungen besaßen zwei gleichberechtigte Aufgaben: Das stundenweise Angebot einer bereichernden Spielwelt für die Kinder, der „Kindergarten im engern Sinne" (Fröbel 1840, 119), zugleich diente der Kindergarten aber auch als Lern- und Übungsfeld für die Erwachsenen, um die Familienerziehung zu verbessern.[71] Allerdings hat Fröbel seine ursprüngliche für die Familien gedachte Spielpädagogik im Lauf der Zeit zu einer Kindergartenpädagogik erweitert, deren Kern die Spielgaben blieben. Eigentlich hat er mit dem Kindergarten auf eine Familienreform abgezielt, letztlich jedoch eine Reform der öffentlichen Kleinkinderziehung bewirkt (vgl. Hoffmann 1944, XXII).

Auch Johannes Fölsing, der nicht mit Julius Fölsing verwechselt werden sollte,[72] wollte mit seiner Kleinkinderschule für höhere Stände die Erziehung der Kinder aus wohlhabenden Schichten zu unterstützen. Ausgehend von der realen Situation dieser Kinder und seinen Erfahrungen in Darmstadt empfand er die Familienerziehung auch in solchen Schichten als unzulänglich (vgl. Failing 1989, 240 u. Fölsing 1850. 39ff.). Die Einrichtung sollte jedoch den Sozialisationsbedingungen dieser Schichten entsprechen und die Kinder auf eine kindgerechte, spielerische, zugleich aber zielgerichtete Art auf die Schule und ihr späteres Leben vorbereiten (vgl. Failing 1988, 109/110 u. 1989, 240/241; Paterak 1999, 52). Ausdrücklich ging es Fölsing ebenfalls um die Ergänzung der familiären Erziehung (vgl. Fölsing 1850, 109).[73]

Sowohl die Kleinkinderschulen für höhere Stände als auch der Kindergarten besaßen im Kern demnach keinen sozialfürsorgerischen Charakter. Bei ihnen lässt sich „eine Verselbständigung kindbezogener Motive als Legitimation für eine institutionelle vorschulische Erziehung" (Paterak 1999, 54) erkennen. Ihre Aufgabe lag in einem eigenständigen, die familiale Erziehung sinnvoll ergänzenden Beitrag zur Sozialisationsleistung der bürgerlichen Familie. Sie waren den Bedürfnissen dieser Schicht angepasst und sollten die Kinder angemessen auf die zu erwartende Zukunft als Mitglied dieser Schicht vorbereiten (vgl. Klattenhoff 1987, 110).

---

[70] Diese Einrichtung entstand 1839, ebenfalls in Blankenburg.

[71] In seiner Schrift *Nachricht und Rechenschaft von dem Deutschen Kindergarten* aus dem Jahr 1843 sprach Fröbel seinem Kindergarten sogar vier Aufgaben und Zwecke zu. Neben den beiden erwähnten Funktionen sollte sich der Deutsche Kindergarten auch als Anstalt verstehen, welche die angemessenen Spiele der Kinder bekannt zu machen versucht, wie er auch der Verbreitung eines Blattes, in dem Fortschritte, Wünsche, Bedürfnissen, Bestrebungen etc. besprochen werden können, hilfreich sein sollte (vgl. Fröbel 1843, 234).

[72] Siehe Einleitung

[73] An diesem Konzept hat Fölsing nicht bis zum Ende festgehalten. Im Laufe der Zeit bis zur Schließung im Jahr 1879 haben sich Aufbau und Organisation der Kleinkinderschulen stark verändert. Schließlich umfasste das Angebot Kinder im Alter von 3-10 Jahren. Aus einer traditionellen Kleinkinderschule wurde so eine Kinderschule, ein alternatives Schulmodell für Kinder von 3 bis 10 (vgl. Failing 1989, 244).

2.4 Trägerschaft

Auch wenn sich die Einrichtungen der öffentlichen Kleinkinderziehung überwiegend an die Kinder der unteren sozialen Schicht gerichtet haben, wurden sie vom Bürgertum getragen und dies überwiegend in Form von „Vereinen der Privatwohltätigkeit." Zwar war persönliches Engagement von Einzelpersonen Voraussetzung, dies war aber immer in die Vereinstätigkeit eingebunden. So erfolgte die Gründung von 223 Einrichtungen, die zwischen 1825 und 1848 entstanden und deren Gründer bekannt sind, in 74% der Fälle von Vereinen, in 20% von Einzelpersonen, in 4% von kommunalen Behörden und in 1% von kirchlichen Gemeinden. Die Vereine waren aber nicht nur für die Gründung verantwortlich, sondern unterhielten auch die Einrichtungen, dies sogar in 88% der Fälle (vgl. Reyer 1987b, 41/42). Nur ein verschwindend geringer Anteil der Einrichtungen wurde vom Staat getragen. Als vorherrschende, fast ausschließliche Trägerform kann demnach der Verein und nicht die Kirche gelten (vgl. Reyer 1983, 27ff.; Zwerger 1980, 62). Allerdings waren die Vereine, deren Mitglieder zum überwiegenden Teil aus dem Bürgertum stammten, zumeist konfessionell ausgerichtet (vgl. Reyer 1987b, 44).
Ungeachtet der Zurückhaltung bezüglich der Übernahme von Trägerfunktionen, hat der Staat über Einfluss auf die Gestaltung der öffentlichen Kleinkinderziehung verfügt. Zum einen wurden führende Beamte der Staatsverwaltung eines Landes, Ortsgeistliche, Lehrer oder das wohlhabende Bürgertum dazu aufgefordert, Einrichtungen für Kinder im nichtschulpflichtigen Alter zu gründen, teilweise ergänzt um Hinweise, welcher Typus als geeignet und wünschenswert angesehen wurde. Der Staat delegierte somit die notwendigen Aktivitäten an private Akteure, entweder in Form von kirchennahen Vereinen oder an Wohltätigkeitsvereine. Der Staat agierte im Hintergrund, unterstützte und förderte, überließ die praktische Umsetzung aber einer privaten Initiative (vgl. Konrad 2004, 58ff.). Zum anderen durfte man sich z.B. in Preußen nur dann zu einem Verein zusammenschließen, wenn der Vereinszweck dem „Gemeinwohl" entsprach und dies konnte in Form der polizeilichen Aufsicht auch überwacht werden. Dieses „gemeine Wohl" wurde jedoch vom Staat bestimmt und war somit auch immer staatliches Wohl. Nicht dem „Gemeinwohl" entsprechende Vereine konnten aufgelöst werden. Aus diesem Grund ist anzunehmen, dass die Vereine, die als Träger der Einrichtungen fungierten, auch zu einem großen Teil den staatlichen Interessen nahe standen – im späteren Abschnitt wird dies zu untersuchen sein. Reyer geht davon aus, dass die Einrichtungen „über den Rechtstatus ihrer Träger zumindest mittelbare Staatsanstalten waren" (Reyer 1987b, 47). Vor diesem Hintergrund muss der Begriff der „Privatwohltätigkeit" und das auf den ersten Blick so geringe Interesse des Staates relativiert werden (vgl. ebd., 43ff.).

Eine der wichtigsten Aufgaben der Träger lag in der Beschaffung der notwendigen Gelder. Die Eltern hatten Beiträge zu entrichten, nur die völlig mittellosen Eltern wurden befreit (vgl. exemplarisch Blumröder 1840, 16). Die Leistung der Einrichtung sollte nicht als Almosen verstanden werden oder gar den Leichtsinn der Eltern fördern, weshalb Wert auf eine Beitragszahlung gelegt wurde. Zumeist war es üblich, dass je nach Einkommenslage gestaffelte Beiträge gezahlt wurden, für den gemeinsamen Besuch von Geschwistern war eine Ermäßigung vorgesehen (vgl. Erning 1987d, 82; Reyer 1983, 52).

In den familienergänzenden Einrichtungen mussten die Eltern dagegen einen deutlich höheren Beitrag leisten, der die Kosten vollständig deckte (vgl. Reyer 1983, 52). Die übrigen Einrichtungen konnten jedoch nicht allein durch die Elternbeiträge finanziert werden. Hier war ein Grundkapital notwendig, das durch eine erfolgreiche Mitgliederwerbung und deren ständige oder einmalige Zahlungen erreicht wurde. Weitere Finanzmittel wurden durch Sammlungen und Kollekten innerhalb der Bürgerschaft, sowie durch unregelmäßige Einnahmen wie den Erlösen eines Wohltätigkeitsbasars, testamentarische Stiftungen oder Spenden[74] erzielt (vgl. Krecker 1966, 60).
In der ersten Hälfte des 19. Jahrhunderts wurde darüber hinaus oft der Versuch gemacht, adlige Damen oder die Gemahlin des Landesfürsten zu einem Protektorat über den Trägerverein zu bewegen, da dies dem Verein höheres gesellschaftliches Ansehen und auch finanzielle Zuwendungen aus dem Privatvermögen der betreffenden Person ermöglichte. Auch die Kommunen wurden um Unterstützung gebeten, die aber zumeist abgelehnt wurde oder wenn, dann nur sehr gering war. Die Augsburger Einrichtungen sind eines der seltenen Beispiele für Institutionen, die vom städtischen Magistrat nicht nur veranlasst, sondern auch unterstützt wurden (vgl. Krecker 1966, 60). Eine letzte Einnahmequelle stellten die „Betriebseinnahmen" dar, z.B. der Erlös aus dem Verkauf von Gegenständen, die von den Kindern selbst angefertigt wurden (vgl. Erning 1987d, 82/83). Insgesamt war die finanzielle Situation prekär und die Einrichtungen zu einer höchst sparsamen Wirtschafts- und Betriebsführung verpflichtet. Ein weiteres Problem stellten wirtschaftliche und politische Krisen dar, die zu einem Einbruch bei den unregelmäßigen Einnahmen und somit zum Zusammenbruch der Einrichtung führen konnten. Um das Bestehen zu sichern, wendeten viele Vereine die Praxis der „Fondbildung" an, weil so in Krisenzeiten auf eine Reserve zurückgegriffen werden konnte (vgl. Erning 1987d, 84ff.). Insgesamt bietet sich für das 19. Jahrhundert eine Situation der Finanzierung, die mit Erning als „das Bild einer stets labilen Mischfinanzierung aus den verschiedensten Quellen" (1987d, 85) bezeichnet werden kann.

2.5 Personalstruktur und Ausbildung des Personals

Über die Personalstruktur der Einrichtungen lässt sich für die Jahre bis 1848 nichts Genaues aussagen, da allenfalls nicht repräsentative Einzelbelege vorliegen (vgl. Derschau 1987, 76). Die sich schon frühzeitig entwickelnde Orientierung am bürgerlichen Familienideal und am Konzept der „Geistigen Mütterlichkeit"[75] dürfte dazu geführt haben, dass vor allem Frauen in den Einrichtungen tätig waren. Für sie gab es unterschiedliche Bezeichnungen, wie z.B. „Wartefrauen", „Wärterinnen", „Bewahrerinnen", „Kindermägde", „Kinderfrauen" oder „Bonnen". Dies waren oftmals Witwen oder ältere Frauen, die zumeist von höheren und sozial engagierten Damen beaufsichtigt oder angeleitet wurden

---

[74] Zum Zweck der Spendensammlung gab es in einigen Einrichtungen Spenden- oder Armenbüchsen, in denen Besucher Geldspenden niederlegen konnten. Die Idee einer solchen Armenbüchse findet sich z.B. bei Wirth 1838, 12. Auch daran zeigt sich deutlich der Wohltätigkeitscharakter dieser ersten Einrichtungen.
[75] Nach dem Prinzip der „Geistigen Mütterlichkeit" wird Mütterlichkeit von der biologischen Mutterschaft unabhängig betrachtet und als Wesenskern jeder Frau gedacht. Danach ist jede Frau, nicht nur die Mutter, „mütterlich" und deshalb besonders für die Erziehung von Kindern geeignet (vgl. Wissing 2004, 43ff.). Siehe auch Pestalozzi-Fröbel-Verband e.V. (Hrsg.) 1998,79ff.

(vgl. Derschau 1987, 67; Wissing 2004, 37). Die Aufsicht und Kontrolle wurde als notwendig angesehen, da den Wärterinnen ein verderblicher Einfluss auf die Kinder nachgesagt wurde. Allerdings wurde die Oberaufsicht der Damen, vor allem aufgrund des mit dem täglichen Wechsel verbundenen unterschiedlichen Erziehungsstils, auch nicht immer als positiv betrachtet (vgl. Fölsing/Lauckhard 1847, 54ff.). Je mehr Wert aber auf die Ausbildung des eigentlichen Personals gelegt wurde, desto seltener wurden diese Aufsichtsdamen (vgl. Reyer 1983, 59).
Im ersten Drittel des 19. Jahrhunderts bestand keine methodisch und inhaltlich fundierte Ausbildung in einem organisierten Rahmen. Erste Versuche[76] waren vereinzelt und unsystematisch. Oftmals wurde eine fachliche Ausbildung auch nicht als notwendig angesehen. Einige wenige Anweisungen sowie die Aufsicht durch die ehrenamtlichen Damen oder den Pfarrer galten zusammen mit dem „Zeugniß eines frommen Sinnes, eines unbescholtenen Rufes und eines tadellosen Wandels" (zit. n. Gutbrod 1884, 30), sowie körperlicher Gesundheit und Frohsinn als ausreichend, so in Bayern die *Allgemeinen Bestimmungen* aus dem Jahr 1839.
Mit der Zeit wurde jedoch verstärkt über die Notwendigkeit einer qualifizierten Ausbildung nachgedacht und schließlich wurden auch erste Ausbildungsstätten gegründet (vgl. Derschau 1987, 68). Vor allem die evangelische Kirche hat in der zweiten Hälfte des 19. Jahrhunderts das Netz ihrer Ausbildungsstätten erweitert (vgl. Wissing 2004, 45). Zwar existierten vereinzelt auch katholische Ausbildungsgänge, so z.B. Anfang der 1840er Jahre in Bayern ein einjähriger Kurs, der von den „Armen Schulschwestern von Unseren Lieben Frau" durchgeführt wurde, die zugleich auch einen *Leitfaden für Kinderbewahranstalten* herausgaben (vgl. Erning 1989, 22).[77] Von ihrer Bedeutung sind die katholischen Bestrebungen aber nicht mit den evangelischen Aktivitäten zu vergleichen.
Entscheidend geprägt wurde die Entwicklung der Ausbildung von Theodor Fliedner, andere Ausbildungsbemühungen orientierten sich an seinen Vorstellungen.[78] Fliedner gelang es aufgrund der kurzen Ausbildungszeit,[79] die grundsätzlich nur Frauen vorbehalten war und der hohen Zahl an Schülerinnen, seine Ansichten und seine Methode rasch zu verbreiten. So wurden bis 1851 etwa 400 Kleinkinderlehrerinnen, im Idealfall zwischen 18 und 30 Jahren, ausgebildet (vgl. Krecker 1966, 73; Sticker 1958, 38). Wert wurde hier auf einen christlichen Lebenswandel gelegt, der durch ein Sittenzeugnis des Seelsorgers belegt werden musste (vgl. Sticker 1958, 38). Im Mittelpunkt der Ausbildung stand folgerichtig die religiöse Erbauung samt einer praktischen Anleitung. Unreflektiert sollte eine genau vorgeschrieben Methode in die spätere Arbeit umgesetzt werden. Durch sogenannte Selbstprüfungsfragen sollten sich die angehenden Lehrerinnen im Angesicht Gottes täglich oder wenigstens wöchentlich zur Rechenschaft ziehen, ob

---

[76] Zum Beispiel bei Fürstin Pauline von Detmold, Magister Viebig oder Friedrich Wadzeck (vgl. dazu Wissing 2004, 38).

[77] Dieser Leitfaden ist heute allerdings nicht mehr auffindbar (vgl. Erning 1989, 22).

[78] So z.B. Löhe in Neuendettelsau. Erwähnenswert ist des Weiteren Regine Jolberg, die bereits 1844 eine „Mutteranstalt für Ausbildung von Kinderpflegerinnen" samt angeschlossener Kleinkinderschule gründete, die 1851 nach Nonnenweier verlegt wurde. Ihre Ausbildungskurse waren stark religiös geprägt (vgl. Hauff 2002).

[79] Zunächst nur zwei bis drei Monate, erst später wurde die Ausbildungsdauer schrittweise verlängert. 1854 betrug die Ausbildungsdauer dann ein Jahr (vgl. Wissing 2004, 41).

sie die Pflichten ihres Berufes gewissenhaft erfüllen würden (vgl. Sticker 1958, 42ff.) – eine, wenn man so will, erste Form von Reflexion der pädagogischen Arbeit. Auf eine theoretische Reflexion oder die Vermittlung pädagogischer Grundkenntnisse wurde dagegen kaum Wert gelegt (vgl. Derschau 1987, 68/69; Wissing 2004, 41).

Neben Fliedner sind noch Friedrich Fröbel und in Ansätzen auch Johannes Fölsing[80] von Bedeutung innerhalb der Entwicklung der Ausbildung gewesen (vgl. Derschau 1987, 68).[81] Anders als Fliedner verlangte Fröbel eine fundierte Ausbildung und ein hohes Allgemeinwissen. Sein hoher Anspruch zeigt sich an der bewussten Einbeziehung von Männern mit pädagogischer Vorbildung (vgl. Fröbel 1839, 112). Allerdings konnte Fröbel seine Vorstellungen nicht dementsprechend umsetzen. Schon bald wurden seine Kurse überwiegend von Frauen besucht. Auch an seinem ursprünglichen Plan, die Ausbildung auf zwei Jahre zu konzipieren, konnte er nicht festhalten, so dass sich die Ausbildungsdauer auf ein halbes Jahr verkürzte (vgl. Hebenstreit 2003, 444/445).
Die Inhalte von Fröbels Ausbildung umfassten die Förderung der Persönlichkeitsentwicklung und die spezifische Berufsausbildung. Letztere war in drei Bereiche unterteilt, den theoretischen Unterricht (der mit heutigen Begriffen die Gebiete Anthropologie, Entwicklungspsychologie und Pädagogik umfasste), den Übungsunterricht (die Auseinandersetzung mit den Erziehungs- und Bildungsmitteln), sowie die praktische Einübung. Im Mittelpunkt seiner Ausbildung stand der zweite Teil, dadurch sollten die Erzieherinnen mit den Mütter- und Koseliedern sowie den Fröbel'schen Spiel- und Beschäftigungsmitteln vertraut werden (vgl. Hebenstreit 2003, 446ff.). Der praktischen Umsetzung diente z.B. die „Kleinkinder-Pflege- und Beschäftigungsanstalt", die mit den Ausbildungskursen verbunden war. Hier sollten „die Bildlinge [so nannte Fröbel die Auszubildenden, H.W.] unter Anleitung erfahrener, in der Ausübung der Idee eingelebter Kinderführer ihrem künftigen Beruf entgegen sich ausbilden" (Fröbel 1840, 119).

2.6 Der Alltag in den Einrichtungen

Abschließend wird auf den Alltag eingegangen. Wie zuvor angemerkt ist dies problematisch, da sich über den Tagesablauf und die Beschäftigungen der Kinder, wie auch die Ausstattung nur wenig Definitives aussagen lässt (vgl. Erning 1987b, 22). Überhaupt

---

[80] Fölsing schloss an seine Kleinkinderschule 1846 ein Ausbildungsinstitut für Mädchen ab dem 16. Lebensjahr an, an dem bis 1866 240 Erzieherinnen ihre Ausbildung absolvierten. Er grenzte sich ganz bewusst von Fliedner ab und legte mehr Wert auf die Vermittlung psychologischer Kenntnisse und eine Verknüpfung mit der Praxis (vgl. Wissing 2004, 41/42). Um die Ausbildung zu verbessern, erschienen ihm außerdem die Errichtung einer Musteranstalt und die Einführung einer pädagogischen Fachzeitschrift als notwendig. Darüber hinaus hat er sich auch über 30 Jahre lang im Bereich der Fort- und Weiterbildung in Form eines sogenannten *Pädagogischen Kränzchen* engagiert, insgesamt 1220 Abende, an denen Fachvorträge gehalten, praktische Fragen diskutiert und erprobt oder neueste Fachliteratur vorgestellt wurden (vgl. Failing 1989, 250ff.).

[81] Auch andere zeitgenössische Autoren haben auf die Wichtigkeit einer fundierten Ausbildung hingewiesen, so z.B. Wirth (vgl. 1838, 17ff.). Wirth schlug auch die Gründung einer mit der Kleinkinderbewahranstalt verbundenen „Vorschule für Kindsmägde" vor, die aber nie umgesetzt wurde. Der Fehlschlag dieses Projekts hat möglicherweise dazu geführt, dass die Idee einer Erweiterung der Augsburger Anstalten um einen Ausbildungsanstalt für öffentliche Kleinkindererzieherinnen im Keim erstickte (vgl. Erning 1980, 195 u. 213). Deshalb ist Wirth in Fragen nach der Ausbildung auch nicht weiter von Bedeutung.

werden Verallgemeinerungen, auch wenn es Gemeinsamkeiten gab, den vielfältigen Einrichtungstypen nur schwer gerecht. Erhebliche Unterschiede bestanden sicherlich zwischen den eher fürsorgerisch orientierten Kleinkinderschulen/Bewahranstalten und den familienergänzenden Einrichtungen.

Entscheidende Kriterien für die Aufnahme waren das Alter des Kindes, sowie gesundheitliche und soziale Aspekte, die oftmals genau und detailliert festgehalten waren[82] (vgl. Reyer 1983, 48/49; Zwerger 1980, 93). Nach unten war das Aufnahmealter nur unklar begrenzt, das häufigste Aufnahmealter dürfte zwischen 1 ½ und 2 ½ Jahren gelegen haben. Es ist davon auszugehen, dass die Kinder in den Bewahranstalten ab etwa einem Jahr aufgenommen wurden, während das Aufnahmealter in den Kleinkinderschulen wohl etwas höher lag (vgl. Paterak 1999, 43). Fölsing sah als Aufnahmealter für seine Kleinkinderschulen der höheren Schulen dagegen ein Mindestalter von drei Jahren vor, ähnliches gilt auch für die Kindergärten (vgl. ebd., 51/52). Obergrenze für die Aufnahme bildete das Schuleintrittsalter von sechs Jahren, dies bestimmte auch das Austrittsalter (vgl. Reyer 1983, 49).

Die sozialfürsorgerischen Einrichtungen versuchten ihre Zielgruppe dementsprechend einzuengen. Auf keinen Fall sollten Kinder aufgenommen werden, deren Eltern nur aus Bequemlichkeit und nicht aufgrund einer wirklichen Notlage um Aufnahme für ihre Kinder ersuchten. Dies wird in der Praxis wohl nicht immer durchzuhalten gewesen sein, schon allein weil die Eltern aus der unteren Mittelschicht ein höheres Pflegegeld zahlen mussten und dies zur Finanzierung der Einrichtung oftmals notwendig war. Ein weiteres Ausschlusskriterium war es, uneheliche Kinder nicht aufzunehmen. Diese Regelung war allerdings umstritten (vgl. Reyer 1983, 50/51). Bis auf wenige Ausnahmen, fand die Betreuung dabei in gemischtgeschlechtlichen Gruppen statt (vgl. ebd., 48).

Größe der Einrichtungen und die in ihnen betreute Anzahl der Kinder waren sehr verschieden. Erste Zahlen bezüglich der betreuten Kinder finden sich für Bayern schon für die Jahre 1833/34. Zu diesem Zeitpunkt wurden durchschnittlich 64,3 Kinder in einer Einrichtung betreut, allerdings bezieht sich dies auf nur 8 Einrichtungen (vgl. Erning 1983, 330). Um die Jahrhundertmitte betrug die Anzahl der Kinder pro Einrichtung 64,8 (Württemberg 1849), 67,0 (Preußen 1851) und 74,6 (Bayern 1851/52). Weitere Zahlen lassen sich für die späteren Jahre nachweisen. Demnach wurden 1864 in Württemberg 65,7, 1864/65 in Preußen 71,7 Kinder pro Einrichtung betreut. Dabei kann man davon ausgehen, dass der Durchschnitt in den Städten höher und bei etwa 95 Kindern lag (vgl. Reyer 1983, 53). Oftmals war die Überfüllung ein Problem, so berichtet Zwerger von einer Einrichtung in Karlsruhe, die im Jahr 1848 50 Kinder abweisen musste (vgl. 1980, 86).

Interessant ist die Gruppengröße vor allem im Verhältnis zur Anzahl der Betreuungspersonen. Auch wenn die Vorstellungen und Angaben über die Kind-Erzieherin-Relationen variieren, ist doch davon auszugehen, dass die hohe Anzahl an Kindern von einem nur

---

[82] Ein gutes Beispiel dafür sind die Bestimmungen der Kleinkinderbewahranstalten in Augsburg (vgl. Wirth 1838, 44ff.). In insgesamt 24 §§, die Bestimmungen zur Aufnahme und Entlassung festgelegt.

zahlenmäßig kleinen Personal betreut wurde und dies auf nur geringem Raum (vgl. Reyer 1983, 55).
In den Kindergärten waren die Besucherzahlen sicherlich geringer, allerdings sind für diesen Zeitabschnitt keine dementsprechenden Zahlen bekannt (vgl. Reyer 1983, 54). Fröbel selbst hat Vorstellungen davon gegeben, welche Rahmenbedingungen ihm vorschwebten. Die Gruppenstärke sollte, abhängig von den personellen und räumlichen Bedingungen, 20 bis 50 Kinder betragen. Bei mehr als 100 Kindern sah er die Einrichtung eines zweiten Kindergartens als notwendig an. Drei Erwachsene sollten in einem solchen Kindergarten tätig sein, „eine leitende, eine helfende und eine dienende" (Fröbel 1842b, 202) Person, wobei Leiter und Gehilfe nach Möglichkeit von beiderlei Geschlecht sein sollten. Als „dienende" Person schwebte Fröbel ein Kindermädchen vor, das die niederen Aufgaben erledigte (vgl. ebd., 202/203).

Die Öffnungszeiten der Kleinkinderbewahranstalten und Kleinkinderschulen richteten sich sowohl nach den Arbeitszeiten der Eltern, als auch nach der Jahreszeit. Die Kinder besuchten die Einrichtung ab 08:00 Uhr morgens bis 17:00 Uhr (im Winter) bzw. 19:00 Uhr (im Sommer),[83] zu Beginn waren aber „schwankende Teilöffnungszeiten" (Zwerger 1980, 90) durchaus üblich, d.h. die Einrichtungen waren nur zu bestimmten Jahreszeiten geöffnet oder passten sich dem natürlichen Tagesablauf an (vgl. ebd. 1980, 89). Es gab Angebote mit durchgehenden Öffnungszeiten und Einrichtungen, die zur Mittagszeit schlossen. Zumeist wurde großer Wert darauf gelegt, dass die Kinder regelmäßig und pünktlich gebracht und auch abgeholt wurden (vgl. Dammann/Prüser 1987c, 120/121) – ein Hinweis auch auf den großen Stellenwert von Pünktlichkeit und Disziplin. Nicht immer wurden die Einrichtungen den Bedürfnissen der Eltern gerecht, vor allem die strikten Bring- und Abholzeiten, sowie das Schließen zur Mittagszeit war ein Problem (vgl. Zwerger 1980, 90). Insgesamt kann man aber davon ausgehen, dass die Öffnungszeiten mit den örtlichen Bedingungen und den Arbeitszeiten der Eltern abgestimmt gewesen sind (vgl. Dammann/Prüser 1987c, 120; Paterak 1999, 41; Reyer 1983, 52).
Die wenigen Einrichtungen, die sich an die bürgerlichen Schichten wandten, nahmen die Kinder grundsätzlich nur für einige Stunden auf, da sie sich nicht primär als Entlastung der Familien verstanden (vgl. Paterak 1999, 51; Reyer 1983, 51). Das Angebot der Kindergärten umfasste wenige Stunden am Vor- und Nachmittag, z.B. von 9-12 Uhr und 15-17 Uhr (vgl. Pösche 1862, 449) oder von 9-11 Uhr (auf Verlangen 12 Uhr) und 14-16 Uhr (vgl. Frankenberg 1840, Anhang). Auch Fölsings „Kleinkinderschule für höhere Stände" sollte die Kinder täglich bis zu vier Stunden beaufsichtigen und beschäftigen (vgl. Fölsing 1850, 122).

Den Kleinkinderbewahranstalten/Kleinkinderschulen dienten vor allem in den ersten Jahrzehnten des 19. Jahrhunderts zumeist angemietete Räume in ansonsten anderweitig genutzten Häusern als Einrichtungsräume. Verlegungen waren deswegen häufig und oft

---

[83] Diese Öffnungszeiten sich nur ungefähre Angaben. Wirth weist z.B. darauf hin, dass die Kleinkinderbewahranstalten in Augsburg von 6 Uhr bzw. 7 Uhr im Winter bis zur Dämmerung geöffnet hatten (vgl. 1838, 31). Dass noch längere Öffnungszeiten möglich waren, zeigt das Statut einer Kleinkinderbewahrungsanstalt aus dem Jahr 1837. Hier werden Öffnungszeiten nach Bedarf von 5 Uhr morgens bis 19 Uhr angegeben (vgl. Erneuertes Statut 1837, 8).

spielte die Höhe der Miete die wichtigere Rolle als die Zweckmäßigkeit der Räumlichkeiten (vgl. Reyer 1983, 57). 30 bis 50 Kinder wurden gemeinsam in einem hellen Raum[84] mit einer Größe von „cirka 36 Fuß Länge auf 20 Fuß Breite" (Rehlingen 1832, zit. n. Dammann/Prüser 1987b, 97) betreut. Erst ab 50 Kinder wurden zwei Räume als notwendig angesehen, der größere Raum diente dann überwiegend der Beschäftigung der Kinder, während der kleinere als Schlaf- und Essraum verwendet wurde (vgl. Reyer 1983, 57).
Ausgestattet waren die Räume mit einfachen Bänken und Tischen, an denen die Kinder sitzen und sich beschäftigen sollten, oft wurden dafür ausrangierte Schulmöbel verwendet (vgl. Konrad 2004, 49). Zusätzlich gab es einen Tisch oder einen Katheder für die Kleinkinderschullehrerin. Zumeist gab es eine Tafel, die für den Anschauungsunterricht benutzt wurde, sowie Anschauungsbilder und Rechenmaschinen. Weiteres Mobiliar waren Schränke, in denen die Spielsachen oder die Kleidungsstücke der Kinder aufbewahrt wurden. Außerdem gab es Feldbetten mit Strohsäcken, die zum Schlafen benötigt wurden (vgl. Dammann/Prüser 1987b, 97ff.).
Die Materialien und Spielsachen waren sehr einfach und durften nicht viel kosten. Dies war nicht nur aus finanziellen, sondern auch aus erzieherischen Gründen erwünscht, da die Kinder nicht über „den Stand hinaus" erzogen und von ihrem Herkunftsmilieu entfremdet werden sollten (vgl. Erning 1987d, 86; Reyer 1983, 57). Es waren deshalb Materialien, welche die Kinder auch zu Hause vorfinden konnten; zur normalen Ausstattung gehörten Bauklötze, Legetafeln, Legestäbchen, Bälle, Puppen, Steckenpferd, Naturmaterialien und manchmal auch Bilderbücher oder Musikinstrumente (vgl. Dammann/Prüser 1987b, 98). Die Spielsachen waren dabei geschlechterspezifisch differenziert, Puppen und Küchenzubehör für die Mädchen, Soldaten, Trommeln und Gewehre für die Jungen (vgl. Dammann/Prüser 1987c, 126). Insgesamt kann man davon ausgehen, dass die räumlichen Verhältnisse und die Ausstattung recht dürftig gewesen sind (vgl. Reyer 1983, 57). Abhängig war dies immer von den örtlichen Bedingungen. Ein großer Spielplatz galt, vor allem in den Städten, als wünschenswert, da die Kinder hier das freie Spiel sowie Bewegungs- und Marschierübungen absolvieren sollten. Neben einem Sandhaufen gab es oftmals auch Turn- und Klettergerüste, sowie einen Garten mit Blumen- und Gemüsebeeten (vgl. Dammann/Prüser 1987b, 98).
Die meisten Bewahranstalten/Kleinkinderschulen wurden vermutlich von einer strengen zeitlichen Gliederung des Tages bzw. der ganzen Woche und von disziplinarischen Aspekten geprägt. Viele solcher Beschäftigungs- oder Stundenpläne für den Tagesablauf sind auch heute noch erhalten (vgl. exemplarisch Fliedner 1853, 243; Wertheimer 1828, 270/271). Allerdings sind diese Pläne wohl kaum detailgetreu umgesetzt worden, so dass es auch Platz für individuellen Spielraum durch die Erzieherinnen gab (vgl. Dammann/Prüser 1987c, 124; Reyer 1983, 60).
Betrachtet man diese Stundenpläne, fallen der schulartige Charakter sowie die religiöse Ausrichtung auf. Die zu vermittelnden Tugenden standen im Mittelpunkt, z.B. Reinlichkeit und Ordnung, weshalb es in jeder Einrichtung Waschschüsseln, Schwämme, Hand-

---

[84] Nicht immer wurde es als erforderlich angesehen, dass überhaupt ein festes Gebäude zur Verfügung stand. Vor allem bei Einrichtungen, die nicht ganzjährig, sondern nur im Sommer geöffnet hatten, wurde dies als entbehrlich gehalten (vgl. Dammann/Prüser 1987c, 96).

Die Entstehung der öffentlichen Kleinkinderziehung 61

tücher und Schutzkittel für die Kinder gab. Auch eine Toilette, meist getrennt für Jungen und Mädchen, gehörte zur Grundausstattung der Einrichtungen. Andere Tugenden wie Arbeitsamkeit, Gehorsamkeit, Sittlichkeit oder Disziplin spiegelten sich in beinahe allen Beschäftigungen und der straffen Gliederung der Stundenpläne wider. Auf Strafen, besonders auf körperliche, wurde dagegen nur selten zurückgegriffen (vgl. Dammann/Prüser 1987b, 97/98; Dammann/Prüser 1987c, 122ff.).
Daneben spielten religiöse Elemente und die Gewöhnung an Arbeit eine wichtige Rolle. Gebete, religiöse Lieder[85] und das Erzählen von biblischen Geschichten bildeten einen festen Bestandteil des täglichen Ablaufs, auch dies tritt deutlich in den Stundenplänen hervor. Ergänzt wurde dies durch nützliche Beschäftigungen wie z.B. Stricken, Flechten oder Garnwickeln, aber auch das Sammeln von Kräutern oder Früchten (vgl. Dammann/Prüser 1987c, 124/125). Weiterer Bestandteil des Alltags waren Sinnes-, Anschauungs-, Sprech- und Gedächtnisübungen, ergänzt durch auf die Schule vorbereitende Übungen wie das Buchstabieren, Zählen, Zeichnen, oder das Lautieren. Dabei wurde, vor allem in den stärker am Lernen der Kinder orientierten Kleinkinderschulen, streng darauf geachtet, dass die der eigentlichen Schule vorbehaltenen Inhalte, vor allem Schreiben und Lesen, nicht vorweggenommen wurden (vgl. Konrad 2004, 54).
Das Spiel wurde zumeist als Erholung und Belohnung für die erbrachten Leistungen angesehen. Überhaupt war die für das Spiel der Kinder angesetzte Zeit deutlich geringer als die vorgesehene Zeit für Lernen und Arbeiten. Neben dem angeleiteten Spiel, gab es auch die Möglichkeit zum freien Spiel, dafür standen den Kindern zumeist geschlechterdifferenzierte Spielsachen zur Verfügung. Auch im Spiel wurde Wert auf Ordnung, Disziplin und Gehorsam gelegt, gleichzeitig diente es aber auch der geistigen und vor allem körperlichen Entwicklung, weshalb Beschäftigungen wie das Exerzieren, Marschieren, sowie Bewegungsspiele und zahlreiche andere Spiele im Freien in den Alltag integriert waren (vgl. Dammann/Prüser 1987c, 124f.).

Vermutlich hat sich der Alltag in den familienergänzenden Einrichtungen von dem in den Bewahranstalten/Kleinkinderschulen doch deutlich unterschieden.
Für seine Kindergärten sah Fröbel vier Räume als Minimalvoraussetzung an: Ein größeres Zimmer zur Beschäftigung, einen Schlafraum, einen Flur, in dem Bewegungsspiele ausgeführt werden konnten und einen Wasch- und Umkleideraum (vgl. Fröbel 1841a, 169). Der Gruppenraum sollte mit Tischen und Bänken ausgestattet sein, die den Proportionen der Kinder entsprechen sollten (vgl. Hebenstreit 2003, 437).
Im Mittelpunkt der pädagogischen Arbeit des Kindergartens im Sinne Fröbels standen drei Tätigkeitsbereiche: Die Spiel- und Beschäftigungsmaterialien, die Bewegungsspiele[86] und die Gartenpflege, wobei letzteres als pädagogisch strukturierter Bereich nicht nur zeitlich am spätesten von Fröbel eingeführt wurde, sondern auch den geringsten Raum innerhalb seiner Reflexionen einnahm (vgl. Frey 2001, 27; Heiland 1989, 45; Heiland 2003a, 256). Die Materialien, allen voran die Spielgaben, standen im Zentrum.

---

[85] Das Repertoire und die große Anzahl an Liedern zeigen sich z.B. an dem von Fliedner herausgegebenen Liederbuch (vgl. Fliedner 1853) oder an der großen Anzahl von Liedern in Fölsing 1846b.
[86] Der Erfinder der Bewegungsspiele war nicht Fröbel selbst, sondern sein Mitarbeiter Langenthal. Dies wurde auch von Fröbel anerkannt (vgl. Hoffmann 1944, XIII).

Jedes Kind sollte seinen eigenen Baukasten besitzen (vgl. Hebenstreit 2003, 439). Hinzu kamen Beschäftigungen wie das Flechten oder Stäbchenlegen. Die Spiel- und Beschäftigungsmittel, wie auch die Bewegungsspiele[87] besaßen eindeutig einen pädagogischen Sinn, so auch der eigene Garten. Nur am Rande kam das Erzählen vor, das Fröbel für nicht wesentlich hielt, weil das Kind hier nicht selbst aktiv werden könne. Es gibt jedoch auch Aussagen Fröbels, wonach er ganze Reihen von „Kinderschriften" produzieren wollte, wie auch faktisch das Erzählen im Fröbel'schen Kindergarten wichtig war (vgl. Heiland 1998, 287; Heiland 2003a, 256).

Der Tag im Kindergarten[88] begann mit einer Freispielphase, wobei sich jedes Kind seinen Bedürfnissen entsprechend mit verschiedenen Materialien befasste. Im Anschluss daran gab es eine Baustunde, in der alle Kinder mit dem gleichen Material arbeiten sollten, um gemeinsam einen Gegenstand zu konstruieren bzw. zu rekonstruieren. Allerdings wurde diese Regel nicht strikt umgesetzt. Kinder, die ihr erstes Spiel nicht beenden wollten, durften dieses fortsetzen. Im Anschluss folgten die Bewegungsspiele, wobei das bisherige Spiel als Ausgangspunkt für weitere Aktivitäten genutzt werden und die Bewegungsspiele möglichst abwechslungsreich gestaltet werden sollten. Abgeschlossen wurde der Tag mit einem Schlusslied (vgl. Hebenstreit 2003, 438ff.).

Fölsings Kleinkinderschule für höhere Stände dürfte im Tagesablauf ebenfalls kaum den Kleinkinderschulen und Bewahranstalten geglichen haben.[89] Sie glich eher einer Wohnstube bürgerlicher Art. Es war eine Wohnung mit 4 Räumen, kleinen Sesseln, Grünschmuck, einem Klavier und ausgewählten Bilder. Als Materialien für den Anschauungsunterricht gab es illustrierte Fabeln und Bilder (vgl. 1846, 27ff.).Wichtig war auch ihm ein kleines Beet, für das jedes Kind die Verantwortung tragen und das von den Kindern selbst nach ihren Möglichkeiten gepflegt werden sollte. Außerdem gab es einen Sand- und einen Spielplatz (vgl. Failing 1988, 114; Failing 1989, 242ff.).

Auch in ihrem organisatorischen Aufbau war Fölsings Einrichtung völlig von den Kleinkinderschulen und Kleinkinderbewahranstalten verschieden. Keinesfalls sollte sie eine vorgezogene Lernschule sein, auch wenn die Vermittlung der Kulturtechniken Lesen, Schreiben und Rechnen Berücksichtigung fand. Diese wurden allmählich eingeführt, das Lesen zunächst durch Lautierübungen und das Schreiben durch Zeichenübungen. All dies, wie auch das Zählen, war nach Möglichkeit immer in einen spielerischen Rahmen eingebunden und zusammen mit den körperlichen Übungen, dem Gesang und der Religiosität in einen Gesamtkontext, von Fölsing Anschauungsunterricht genannt, eingebettet (vgl. Failing 1988, 118). Einen hohen Stellenwert besaß auch hier das Spiel, wenn auch nicht in einer mit Fröbels Kindergärten vergleichbaren Weise.

---

[87] Lauf-, Tanz-, Kreis- und Darstellungsspiele, bei denen die Gruppe ohne Materialien Bewegungsgestalten entwirft. Mit Hilfe der Bewegungsspiele sollten soziale Verhaltensweisen eingeübt werden, zusätzlich zielten sie auf Sittlichkeit ab (vgl. Heiland 2003b, 182).
[88] Ein Beispiel für den Tagesablauf in einem Kindergarten findet sich in Frankenberg 1840, Anhang.
[89] Auch für die Einrichtung findet sich ein entsprechender Wochenplan (vgl. Fölsing 1850, 170). Später hat er sogar detaillierte Beschäftigungspläne, getrennt sowohl nach dem Geschlecht, als auch nach dem Alter der Kinder entwickelt (vgl. Fölsing 1861, 72ff.).

3. Die Vorstellungen über Betreuung, Erziehung und Bildung in der öffentlichen Kleinkinderziehung von 1800-1860er

Nähert man sich den Ideen über frühkindliche Bildung und Erziehung, die zu jener Zeit zu finden sind, gilt es sich zunächst einmal bewusst zu machen, dass pädagogische Fragen anfänglich und auch länger noch nicht in Form einer disziplinär konstituierten Wissenschaft reflektiert worden sind. Einige Universitäten haben zwar über pädagogische Lehrstühle verfügt, aber es waren vor allem die großen philosophischen Systeme[90] und die Literatur,[91] in denen über erzieherische Probleme nachgedacht wurde.
Dennoch wird gerade den Jahrzehnten um die Jahrhundertwende ein Reichtum von pädagogischen Ideen zugesprochen. Neben den noch nachwirkenden Überlegungen der Aufklärung, sind dabei vor allem Pestalozzi und als Ausdruck der klassisch-idealistischen Bildungsvorstellungen der Neuhumanismus zu nennen. Zwar stellte dieser keineswegs eine explizite Pädagogik dar, aber Herwig Blankertz bezeichnet ihn dessen ungeachtet als „Pädagogik der Deutschen Klassik" (1982, 94). Sein Konzept der allgemeinen Bildung sollte jedoch nicht in seiner Wirkung, insbesondere auf die Wirklichkeit, überschätzt werden. Gerade das Gebiet der öffentlichen Kleinkinderziehung ist von derartigen Überlegungen weitgehend unbehelligt geblieben. Hier, von einigen Ausnahmen wie Fröbel abgesehen, haben andere Faktoren das Denken über frühkindliche Bildung und Erziehung bestimmt, weshalb nicht ausführlich auf den Neuhumanismus oder Humboldts Bildungsideen eingegangen werden muss. Allerdings sollte das neuhumanistische Bildungskonzept (vgl. Blankertz 1982; Baumgart 1990; Jeismann/Lundgreen 1987; Menze 1975) gerade auch als Gegensatz zu den in der öffentlichen Kleinkinderziehung anzutreffenden Ideen, im Hintergrund mitgedacht werden. Die Eigenheiten der frühkindlichen Diskurse werden gerade in Abgrenzung zu diesen zeitgenössischen Überlegungen nur umso deutlicher.

3.1 Der politische Diskurs

Für den politischen Diskurs existieren nur wenige relevante behördliche Anordnungen und Schriftstücke,[92] anhand derer sich konkret die staatlichen Vorstellungen nachvollziehen lassen. Ergänzend werden deshalb auch zivilgesellschaftliche Eingaben und der Umgang mit den Forderungen im Zuge der Revolution von 1848/49, sowie das Verbot

---

[90] Beispiele sind Herder (*Briefe zur Beförderung der Humanität*, 1793; *Schulreden*), Kant (Vorlesungen *Über Pädagogik*, herausgegeben 1803) oder Fichte (*Reden an die deutsche Nation*, 1806). Auch Hegel hat sich zu pädagogischen Fragen geäußert (*Nürnberger Schulreden*).
[91] Herausragende Beispiele sind Goethes W*ilhelm Meisters Lehrjahre* (1796) und *Wanderjahre* (1826), Jean Pauls Werk, vor allem *Levana oder Erziehungslehre* (1806), *Titan* (1800/1805) und in den *Flegeljahren* (1804/1805), aber auch Schillers Gedichte und Abhandlungen, vor allem seine Schrift *Über die ästhetische Erziehung des Menschen, in einer Reihe von Briefen* (1795).
[92] Konrad weist noch auf weitere behördliche Anordnungen hin. So wurden im Volksschulgesetz der Regierung von Schwarzburg-Sondershausen aus dem Jahr 1852 Kinderschulen unter die behördlich zu beaufsichtigenden Einrichtungen subsumiert. Gleiches gilt für ein Schriftstück der Regierung in Waldeck-Pymont von 1855 (vgl. Konrad 2004, 58). Allerdings konnten diese Anordnungen nicht gefunden werden, Konrad verzichtet auch auf genaue Literaturangaben.

der Kindergärten im Hinblick auf das Verständnis von Bildung und Erziehung betrachtet.
Welchen Stellenwert aber haben die vorschulischen Einrichtungen überhaupt besessen bzw. wurde ihnen zugesprochen? Gerade verglichen mit der Aufmerksamkeit, die das Schulwesen erfahren hat, fällt auf, dass sich hier nicht in einer mit den Schulen vergleichbarer Weise engagiert wurde, ihnen wurde weniger Bedeutung beigemessen.
Der Staat ist zunächst vor allem an der Sicherstellung des Betreuungsangebots interessiert gewesen. Sowohl das bereits zuvor erwähnte *Reglement* aus dem Jahr 1782 als auch der *Vorschlag, eine Pariser Mode nach Detmold zu verpflanzen* der Fürstin Pauline zu Lippe-Detmold (1803)[93] hoben diesen Aspekt hervor.
Die Initiative der Fürstin – die man aufgrund der erhaltenen „Programmschrift" (Konrad 2004, 49) auch dem praktischen Diskurs zurechnen könnte, aber als Landesfürstin vertrat sie auch einen staatlichen Gesichtspunkt (vgl. ebd., 49ff.) – findet sich in der von Simon Ernst Moritz Krücke verfassten Schrift *Die Pflegeanstalt in Detmold* (1813), der authentischsten Quelle über die Entwicklung der Pflegeanstalt (vgl. Meier 2002, 17). Krücke war Leiter der Pflegeanstalt, in seinem „historischen Bericht" befasste er sich mit dem Zweck der Aufbewahrungs-Anstalt kleiner Kinder, die nur einen Teil der Pflegeanstalt ausmachte[94] (vgl. 1813, 43–57). In dem Vorschlag wird deutlich, worauf die Einrichtung abzielte:

> „Wie manches bedrängte Weib wäre ihrer peinlichsten Sorgen entlastet, könnte den Ihrigen durch fleißige Arbeit und unermüdete Geschäftigkeit zu weiterem Emporkommen recht viel seyn, wenn die Pflege ihrer Kinder bis zum vierten Jahr es nicht hinderte; wie manche muß die Kleinen verlassen und bebt nun im Kampf zwischen Brotsorgen und der Angst, wie es ihren armen Kindern ergehen wird, während sie fern ist. Wie manche bis dahin ziemlich bemittelte beginnt zu verarmen, sobald der Himmel ihre Ehe reichlich segnet, und betrachtet dann das schönste Geschenk Gottes, gesunde zahlreiche Nachkommenschaft, als Bürde, als Unglück; wie manche endlich verleugnet das Mutterherz, und vernachlässiget, verwahrlost ganz, was der Vater der Liebe ihr anvertrauete, mit ihr im Augenblick des werdenden Daseyns, so fest, so bewundernswert verband! […] Und all diesen Gefahren reiner Pflichterfüllung häuslicher Tugend ließe sich hier wie an jedem Orte durch eine wohlthätige Einrichtung abhelfen? Allerdings, und ich kündige den in den Sommermonaten zu machenden Versuch hierdurch an, und zwar in dem mir so teuren Bezirke, wohin schon der Name Pflegeanstalt ihn hinweiset. Jede arme Mutter wird dort tags vorher ihre Absicht anzeigen, und dann am folgenden Morgen, ehe ihre auswärtige Arbeit begänne, ihre Kinder mit Ruhe und Vertrauen hinbringen und am Abend wieder abholen" (Krücke 1813, 44ff.).

Als primäres Ziel der Einrichtung galt es demnach, die Eltern von ihren Sorgen zu entlasten und ihnen den Arbeitserwerb zu ermöglichen, zusätzlich sollten die Kinder während der Arbeitszeit der Eltern vor möglichen Gefahren geschützt und in ihrer Gesund-

---

[93] Die handschriftliche Fassung des *Vorschlags* scheint sich noch im Archiv der Fürstin-Pauline-Stiftung zu befinden (vgl. Meier 2002, 30/31). Meier geht davon aus, dass es sich dabei um ein Rundschreiben handelte, dass die Detmolder Damen von Hand zu Hand weitergaben (vgl. ebd., 32).

[94] Die Pflegeanstalt bestand aus einer Erwerbsschule, einem Freiwilligen Arbeitshaus, Krankenhaus, Waisenhaus und einem Schullehrerseminar. Sämtliche Einrichtungen waren mit einander verbunden und standen in regem Kontakt zueinander (vgl. Krücke 1813).

heit gestärkt werden. Eben darin lag der erste „Zweck, den man bey Gründung dieser Anstalt ins Auge gefaßt hat, nemlich armen Eltern ihr Fortkommen zu erleichtern, damit sie nicht durch ihre Kinder gehindert werden, Arbeiten zu übernehmen und ferner zu verhüten, daß nicht die Kinder bey Abwesenheit ihrer Eltern durch Unvorsichtigkeit zu Schaden kommen" (Krücke 1813, 51).

Allerdings sah Krücke in der Anstalt auch einen Gewinn für die „Menschenbildung der Kinder" (Krücke 1813, 54). Die Kinder sollten lernen, sich im Hochdeutschen auszudrücken, die sie umgebenden Gegenstände richtig zu benennen und sich durch den Kontakt mit vielen Menschen im freien Sprechen üben. Außerdem sollten erwünschte gesellschaftliche Tugenden wie Nachgiebigkeit, Verträglichkeit oder Dienstfertigkeit vermittelt werden und ältere Kinder nützliche Fertigkeiten wie z.B. das Stricken erlernen, weshalb die Anstalt als eine treffliche Vorbereitung auf die Schule galt (vgl. ebd. 54-56).

Betreuung und Bewahrung lassen sich in dieser ersten Schrift als primäre Aufgaben der vorschulischen Einrichtungen erkennen. Bildung und Erziehung sind als Begriffe – abgesehen von der Bezeichnung „Menscheinbildung" – nicht vorhanden, die weiterführenden Anmerkungen lassen jedoch ein pädagogisches Verständnis erkennen, das auf die Vermittlung wünschenswerter Tugenden, eine grundlegende Sprachbildung und die Vorbereitung auf das Leben und die Schule abzielte.

Der Betreuungsaspekt ist auch in einer der ersten behördlichen Anordnungen, der *Allgemeinen Schulordnung für die Herzogthümer Schleswig und Holstein vom 24. August 1814* (vgl. Schneider/ Bremen 1887, 715ff.) zu erkennen. Nach §31 sollte den Aufsichtsschulen hauptsächlich die Aufgabe zufallen, die Aufsicht über die Kinder unter sechs Jahren zu übernehmen, deren Eltern dazu zeitlich nicht in der Lage waren. Außerdem sollte ein „für das erste jugendliche Alter" (ebd., 715) passender Unterricht angeboten werden. §38 präzisiert dies, allerdings wurde erneut darauf hingewiesen, dass der primäre Zweck der Einrichtungen in der Beaufsichtigung der Kinder liege. Die Kinder sollten jedoch „unvermerkt" belehrt und so mit den Buchstaben bekannt, zum Zählen angeleitet und im „Aufmerken auf die äußeren Gegenstände" (Schneider/ Bremen 1887, 717), sowie im Vergleichen und Unterscheiden dieser Gegenstände geübt werden. Als Ziel galt es, die Kinder durch aus der Bibel entnommene moralische und religiöse Erzählungen und Denksprüche so früh wie möglich auf den Unterschied zwischen Gut und Böse aufmerksam zu machen.

Auch hier steht demnach die Bewahrung der Kinder im Vordergrund, ergänzt um einen Unterricht, der neben Anschauungsübungen und ersten Übungen im Zählen und Buchstabieren die sittlich-religiöse Erziehung zum Ziel hat.

Aus dem Jahr 1825 stammt die *Verordnung des Kurfürsten von Hessen-Cassel im Jahre 1825* (vgl. Erning 1976, 26/27). Grund für die Anordnung waren die zahlreichen Unfälle, die durch die Aufsichtslosigkeit der Kinder arbeitender Landleute oder Handwerker bzw. durch die Mitnahme der Kinder zur Feldarbeit verursacht worden waren. Mit der Anordnung verbunden war die Aufforderung zur Errichtung von vorschulischen Einrichtungen, um die Kinder vor Gefahren zu schützen und den Eltern ihre Sorgen zu nehmen. In der Verordnung finden sich keine konkreten Hinweise auf die inhaltliche Gestaltung, es werden nur organisatorische Aspekte behandelt. Jedoch ist zu vermuten, dass kaum mehr als die Beaufsichtigung als notwendig galt. Nicht nur wurde als Ort der Einrichtung ein Raum der öffentlichen Armenanstalt vorgeschlagen, auch die Aufsicht und Pflege der Kinder sollte von einem geeigneten Bewohner derselben übernommen werden (vgl. Erning 1976, 26). Falls nicht möglich, wurde die Unterbringung der Kinder in Privathäusern oder in einem Gebäude der Stadt- oder Dorfgemeinde angeregt. In diesem Fall sollte die Aufsicht von „Einem oder Mehreren der älteren und geschäftslosen Bewohner, besonders weiblichen Geschlechts, [...] von welchen man versichert seyn kann, daß sie die Kinder gut behandeln" (zit. n. ebd., 26) übernommen werden.

Nicht nur, dass in der gesamten Verordnung nicht von Unterricht, Erziehung oder Bildung, sondern nur von Aufsicht als Zweck der zu errichtenden Einrichtung gesprochen wird. Die Vorstellungen von einem geeigneten Personal weisen darauf hin, dass mit diesen Einrichtungen kaum mehr als die reine Beaufsichtigung der Kinder bezweckt werden sollte und zusätzliche pädagogische Maßnahmen wohl kaum als notwendig gegolten haben.

Auch zu einem recht späten Zeitpunkt, in der *Verordnung der Königlichen Regierung zu Liegnitz* aus dem Jahr 1848, wurde noch einmal der Aspekt der Betreuung betont (vgl. Dammann/Prüser 1981, 19/20). Hier finden sich auch einige wenige Anweisungen zur Gestaltung des Alltags. Abgelehnt wurde der eigentliche Unterricht, stattdessen sollten die Kinder durch Anschau-, Sprech- und Gedächtnisübungen, durch Erzählungen, durch Gewöhnung an Sitte und Ordnung, durch das Zusammensein mit Altersgenossen, sowie durch Spiel und körperliche Bewegung beschäftigt und geistig geweckt werden (vgl. ebd., 19). Auch wenn die Anforderungen an das Personal nicht allzu groß waren – eine kinderfreundliche, verständige Person (eine Witwe oder ein älteres, minder beschäftigtes Ehepaar), die z.B. vom Schullehrer leicht instruiert werden konnten – wurde doch mehr als die reine Beaufsichtigung als Aufgabe angesehen. Welche konkrete Gestalt die Beschäftigung und Anregung von Geist und Körper annehmen sollte, lässt sich anhand der Verordnung jedoch nicht sagen.

Anhand dieser frühen staatlichen Stellungnahmen ist zu erkennen, dass vor allem die Betreuung als Aufgabe der Einrichtungen galt. Ergänzend wurde zuweilen auf einen Unterricht verwiesen, wobei sich hier nicht immer eine klare Abgrenzung zum eigentlichen Schulunterricht erkennen lässt. Gerade anfänglich war man sich nicht immer über das eigene Profil und den Unterschied zur eigentlichen Schule bewusst, eine gewisse Unsicherheit ist zu erkennen.

Bildung und Erziehung nehmen in den bisherigen Verordnungen jedoch eindeutig eine nur randständige Bedeutung ein. Gegen Ende der 1820er Jahre wurde nun jedoch auch innerhalb des politischen Diskurses auf die pädagogische Gestaltung der vorschulischen Einrichtungen eingegangen. Neben dem zunehmend zu erkennenden Interesse an der Kontrolle der Einrichtungen, wurde nun auch ein als angemessen empfundenes Verständnis insbesondere von frühkindlicher Erziehung vertreten.

Von besonderem Interesse ist dabei das Circular-Rescript des Königlichen Ministeriums der Geistlichen, Unterrichts- und Medicinal-Angelegenheiten an sämmtliche Königliche Regierungen, die Einrichtung von Klein-Kinder-Schulen betreffend (vgl. Dam-

mann/Prüser 1981, 17) vom 24. Juni 1827. Dies allerdings weniger aufgrund selbständig erarbeiteter Überlegungen, als aufgrund der Empfehlung von Samuel Wilderspins Schrift. Das geschah nicht nur wegen seiner „trefflichen pädagogischen Winke für die Behandlung und den Unterricht der Kinder" (ebd., 17), auch die Errichtung ähnlicher Einrichtungen sollte dadurch angeregt, die Verwilderung der Kinder gestoppt und eine Versittlichung bereits verwahrloster Kinder erreicht werden (vgl. ebd., 17).
Diesen Anweisungen folgend erließen die königlich preußische Regierung im Oktober 1827, die königliche Regierung in Königsberg im Dezember 1827 und die königliche Regierung von Potsdam am 2. Februar 1828 entsprechende Aufrufe an die Superintendenten und Schulinspektoren, welche die Errichtung von Kleinkinderschulen bewirken sollten (vgl. Gehring 1929, 69ff.). Ebenfalls eine Reaktion auf das Circular-Rescript stellte der Erlass der königlich-preußischen Regierung zu Breslau vom 27. Februar 1828 dar. Hier wurde eindringlich auf die Vorteile der Klein-Kinder-Schulen hingewiesen und die Errichtung allen Gemeinden ausdrücklich empfohlen (vgl. Wilderspin 1828, 219).

Diese Empfehlung ist derart zu interpretieren, dass von staatlicher Seite die Kleinkinderschulen im Sinne Wilderspins favorisiert wurden. Warum aber sprach man sich gerade für Wilderspin aus? Wilderspin stand für eine sittlich-religiöse Erziehung, die auch staatspolitischen Motiven dienen sollte. Erziehung, wie sie in diesem Sinne verstanden wurde, sollte nicht nur die fortschreitende Entsittlichung verhindern, sondern die gewünschten Tugenden vermitteln und zur Stabilisierung der Gesellschaft beitragen.
Vermutlich ist es gerade dieser Aspekt gewesen, der Wilderspin und sein Erziehungskonzept für den Staat interessant gemacht hat, denn er fügt sich in die grundsätzlichen gesellschaftspolitischen Ziele des Deutschen Bundes ein. Liberale und nationale Forderungen wurden präventiv bekämpft, Pressegesetze, verstärkte Zensur und das Verbot von oppositionellen Gruppierungen bis hin zur Verbannung ins Exil sollten die freiheitlichen Bestrebungen unterdrücken, die Untertanen sollten bevormundet werden. Protestaktionen und Demonstrationen wurden genutzt, um das politische Klima immer weiter zu verschärfen. Demagogenverfolgung, Vor- und Nachzensur, Verbot der Burschenschaften, Unterdrückung der Presse- und Meinungsfreiheit, Kontrolle und Überwachung der Universitäten und Parlamente, Niederhaltung der bürgerlichen Opposition, ein umfangreiches Spitzel- und Überwachungssystem – all diese Maßnahmen sollten dazu dienen, die bürgerlich-liberale und erst recht die radikaldemokratische und sozialistische Opposition zu unterdrücken. Nach 1830 verschärften sich die Unterdrückung und Verfolgung der politischen Opposition sogar. Eine zweite Welle von repressiven Maßnahmen und Gesetzen wurde umgesetzt und wichtige konstitutionelle Errungenschaften und Freiheiten wieder abgeschafft. Auf die Entwicklung des freien Pressewesens, das zumindest im Ansatz eine Möglichkeit der Kritik bot, wurde mit einer verschärften Zensur reagiert, die einheitlich für alle Staaten des Deutschen Bundes galt[95] und alle Publikationen unter 320 Seiten, und somit vor allem die Schriften, die eine breite Masse erreichen konnten, betraf. Oppositionelle Intellektuelle wurden als „Demagogen" verfolgt und waren von Berufsverbot und Gefängnis bedroht, andere gingen ins Exil.

---

[95] Allerdings wurde die Umsetzung in den Einzelstaaten unterschiedlich praktiziert.

Ein Blick auf die benachbarten pädagogischen Gebiete, das Bildungswesen und die Soziale Arbeit, verdeutlicht diese Absichten (vgl. Hering/Münchmeier 2005; Herrlitz 2001, Jeismann/Lundgreen 1987). Ungeachtet aller ursprünglichen Reformabsichten (vgl. Menze 1975), auch im Bildungswesen setzten sich konservative Tendenzen und eine restaurative Bildungspolitik durch. Statt einem einheitlichen nationalen Bildungswesen kam es zu einer Zweiteilung des Bildungssystems mit dem höheren Schulwesen (Gymnasium, Universität) für die Eliten und den niederen Schulen (Volksschule) für die Massen. Die Volksschule sollte dazu beitragen, die sozialpolitische Ordnung zu sichern, während zugleich die Bildung der Massen kritisch betrachtet wurde (vgl. ebd., 378). Die Bildung „über den Stand hinaus" galt als unerwünscht, weil darin eine Gefahr für die bestehenden Gesellschaftsverhältnisse gesehen wurde. Ziel war die Verbreitung eines Bildungsminimums und die Vermittlung grundlegender Fertigkeiten für den späteren Beruf, letzten Endes der loyale, gläubige Untertan. In den Volksschulen wurde eine Erziehung zu Frömmigkeit, Gottesfurcht und christlicher Demut anstelle einer auf die Selbstbestimmung abzielenden Aufklärung des Volkes angestrebt (vgl. Blankertz 1982, 156ff.; Menze 1975, 379). Gehorsam, Disziplin und Obrigkeitshörigkeit prägten das Volksschulleben und den inhaltlichen Schwerpunkt bildete ein enger Kanon, in dem die für das Christentum und das Alltagsleben als erforderlich angesehenen Minimalinhalte festgelegt waren (vgl. Menze 1975, 382; Tenorth 2000, 157ff.). Die Elementarschule wurde so nicht zur ersten Stufe des Bildungswesens, sondern zu einer Volksschule, in der die Menschen auf ihr späteres, ärmliches und beschwerliches Leben vorbereitet wurden, um dieses in Demut zu ertragen (vgl. Menze 1975, 381). Ziel dieser standesgemäßen Bildungsbeschränkung war letzten Endes immer auch die gesellschaftliche Stabilisierung.

Natürlich betrafen derartige Überlegungen auch den vorschulischen Bereich. Wie hätte diesem, der ja nicht einmal zum Bildungswesen gezählt wurde, von staatlicher Seite eine weiter gehende, sprich allgemeinbildende Funktion zugesprochen werden können? Ebenso war ja auch die Soziale Arbeit – auch wenn man in den ersten beiden Dritteln des 19. Jahrhunderts nicht von einer modernen Sozialarbeit sprechen kann (vgl. Hering/Münchmeier 2005, 28) – eindeutig repressiv geprägt, insbesondere die staatliche Armenpflege (vgl. Münchmeier 2006, 294). Ihr Ziel, das auch von der kirchlichen „Liebestätigkeit" geteilt wurde, war vor allem die Aufrechterhaltung der öffentlichen Ordnung und die Unterdrückung der Ausbreitung von Verwahrlosung und Sittenlosigkeit. Auch die Soziale Arbeit stellte in dieser Zeit eher eine Interessenpolitik der Arrivierten zum Schutz der bestehenden Ordnung gegen die Ansprüche der unteren Bevölkerungsschichten dar und eine ähnliche Funktion wurde den vorschulischen Einrichtungen zugesprochen. Erziehung zielte auch hier auf die Minderung und Vermeidung dieser angeblichen Verunsittlichung samt gleichzeitiger Stabilisierung der gesellschaftlichen Verhältnisse ab. Auch aus diesem Grund wurden Wilderspins Vorstellungen vehement, vor allem verglichen mit der sonstigen Zurückhaltung, propagiert.

Entsprechend sollten nur solche Einrichtungen Verbreitung finden, die den staatlichen Vorstellungen entsprachen. Zunehmend wurde versucht, das quantitativ wachsende Gebiet öffentlicher Kleinkinderziehung in Bezug auf seine inhaltliche Ausrichtung zu kontrollieren. Für mehrere deutsche Einzelstaaten finden sich aus dieser Zeit Dokumente, die das belegen.

In Bayern wurden am 17. Oktober 1839 durch die Kammer des Innern die *Allgemeinen Bestimmungen die Errichtung und Beaufsichtigung der Kleinkinderbewahr-Anstalten betreffend* erlassen (vgl. Gutbrod 1884, 25-33). Gebilligt wurden sie von Ludwig I., der den Einrichtungen in einem Genehmigungsverfahren um die Errichtung einer Kleinkinderschule in München vom 4. August 1833 seinen Segen gegeben hatte: „Die Sache finde ich gut, nur soll in dieser Schule nicht gar kein Unterricht, sondern bloß Erziehung zur Frömmigkeit, zur Reinlichkeit etc. sein, auch keine Arbeit, sondern jugendlicher Frohsinn..." (zit. nach Erning 1989, 15). Mit Hilfe der Bestimmungen versuchte man nun festzulegen, wie bei der Errichtung und Beaufsichtigung der Kleinkinderbewahr-Anstalten künftig zu verfahren sei (vgl. Gutbrod 1884, 25). Insgesamt umfassen die ersten gesetzlichen Bestimmungen 18 Paragraphen, Erning spricht sogar von einem „ersten bayerischen Kindergartengesetz" (1989, 17), das erst durch die Bekanntmachung vom 17. Dezember 1910 aufgehoben wurden.

§1 legte fest, dass die Kleinkinderbewahranstalten als Privatinstitute anzusehen seien, wodurch sie unter die Regelungen für Privaterziehungs- und Unterrichtsanstalten fielen. Somit wurde eine obrigkeitliche Bewilligung bei der Gründung vorschulischer Einrichtungen notwendig (vgl. Gutbrod 1884, 25). Zweck der Einrichtungen sollte es sein, den „für die öffentlichen Schulen noch nicht reifen Kindern, Aufenthalt und Pflege in der Art angedeihen zu lassen, wie solche von verständigen und gewissenhaften Eltern zu gedeihlicher Entwicklung geistiger und leiblicher Kräfte für dieses zarte Jugendalter gewährt zu werden pflegen" (ebd., 26). Keineswegs sollte jedoch darüber hinausgegangen werden, weshalb auch die Bezeichnung „Kleinkinderschule" samt dem Titel „Lehrer" untersagt wurde (vgl. ebd., 26). Weder sollte der Schule vorgegriffen, noch die Kinder überfordert werden, stattdessen die „freie und naturgemäße Entwicklung des kindlichen Gemüthes durch steife Förmlichkeit nicht gehemmt", sowie der „jugendliche Frohsinn durch eine erst für spätere Lebensjahre geeignete Erziehungsweise nicht verkümmert" (ebd., 26) werden. Jeglicher Unterricht wurde strikt abgelehnt,[96] wie auch Lesen, Schreiben und Rechnen untersagt wurden und die Kinder nicht mit einem „für die Schule gehörigen Gegenstand anhaltend beschäftigt werden" (ebd., 28) durften. Alle Übungen sollten allein dazu dienen, das Auffassungs- und Anschauungsvermögen zu wecken, Sinn und Urteil zu schärfen und die Kinder an geregelte Geistestätigkeit und Aufmerksamkeit zu gewöhnen und so auf die Schule vorzubereiten (vgl. ebd., 29).

Die deutliche Ablehnung eines schulischen Unterrichts, im Grunde sogar jeglichen Unterrichts ist interessant, vor allem da ein derartiger Unterricht ja in der Realität oftmals gegeben war. Wichtigste Pflicht der Einrichtungen sollte es stattdessen sein, für die „Erweckung und Belebung eines wahrhaft frommen Sinnes in den zarten Gemüthern gewissenhaft Sorge zu tragen" (Gutbrod 1884, 28). Auf dieses Ziel, diesen „Mittelpunkt aller wahren Erziehung" (ebd., 28) sollten die gesamte Erziehungsweise und sämtliche Aktivitäten ausgerichtet sein, auf dass sich die Kinder vom „frommen, christlich-religiösen Sinne durchdrungen fühlen" (ebd., 28). Um dies zu erzielen, sollten die Kinder an Tugenden wie Aufrichtigkeit, Offenheit, Schamhaftigkeit und Reinlichkeit, Ord-

---

[96] Da die Praxis entgegen der eigentlichen Absicht wohl doch sehr schulmäßig ablief, wurden die Bestimmungen und das Verbot jeglichen förmlichen Unterrichts in einem Erlass vom 12. Juni 1846 wieder in Erinnerung gerufen (vgl. Gutbrod 1884, 82/83).

nung, Pünktlichkeit, Dankbarkeit, Arbeitsamkeit und strengen Gehorsam gewöhnt werden, damit diese zur Natur des Kindes werden und so „jenen eigentlich sittlich frommen Sinn oder Charakter begründen, welcher dem Staate und der Kirche eine sichere und erfreuliche Bürgschaft für die Zukunft gewährt" (ebd., 29).[97] Dadurch sollten die Kinder nicht über den Stand hinaus erzogen, sondern vielmehr an ihr späteres, arbeitsreiches Leben in Armut gewöhnt werden (vgl. ebd., 26/27).

Auch das *Anschreiben der Regierung von Mittelfranken* (vgl. Münch 1840, 771) orientierte sich in seiner Wortwahl an den zuvor dargestellten *Bestimmungen*. Notwendig war diese Vorschrift, da die Einrichtungen der öffentlichen Kleinkinderziehung zwar als Privat-Institute angesehen wurden, zu ihrer Errichtung aber dennoch eine obrigkeitliche Bewilligung notwendig war. Unterricht im schulischen Sinne wurde auch hier strikt abgelehnt, inwieweit Bildung und Erziehung der Kinder möglich waren, dürfte im Ermessen der jeweiligen Einrichtungen gelegen haben (vgl. Münch 1840, 771). Allerdings war durch die Notwendigkeit der obrigkeitlichen Bewilligung sichergestellt, dass die inhaltliche Gestaltung den staatlichen Vorstellungen entsprach.

Auch für andere Staaten finden sich derartige Dokumente. In Preußen wurde am 31. Dezember 1839 die Instruktion zur Ausführung der Allerheiligsten Kabinets-Ordre vom 10. Juni 1834, die Beaufsichtigung der Privat-Schulen, Privat-Erziehungs-Anstalten und Privatlehrer, sowie der Hauslehrer, Erzieher und Erzieherinnen betreffend erlassen (vgl. Rönne 1855, 288ff.). Hier wurde unter §11 festgelegt, dass die Erlaubnis zur Errichtung von Warteschulen nur von der Orts-Schulbehörde erteilt werden konnte. Die Warteschulen, denen noch nicht schulpflichtige Kinder anvertraut wurden, galten als Erziehungsanstalten, wodurch zugleich die Zuständigkeit der Orts-Schulbehörde begründet wurde (vgl. ebd., 294).

Es finden sich keine weiteren Anmerkungen zur inhaltlichen Gestaltung, trotz der Zuordnung zur Orts-Schulbehörde ist jedoch zweifelhaft, inwieweit die Warteschulen mehr als nur eine Beaufsichtigung bezwecken sollten. Als geeignete Leitungen galten verheiratete Personen oder ehrbaren Witwen, die ihre eigenen Wohnungen nutzen sollten. Unbescholtene Sitten und eine grundsätzliche Eignung zur ersten Erziehung der Kinder wurden vorausgesetzt, weitere Anforderungen wurden nicht gestellt (vgl. ebd., 294). Ob und inwieweit die Kinder in ihrer Entwicklung unterstützt und gefördert wurden, dürfte demnach in einem starken Maß von der jeweiligen Leiterin der Einrichtung abhängig gewesen sein.

Vor allem wurde durch die Instruktion jedoch gewährleistet, dass die Einrichtungen den staatlichen Interessen nicht zuwider liefen, da sie der Aufsicht der Orts-Schulbehörde unterstanden. So auch das *Rescript des Ministeriums der geistlichen, Unterrichts- und Medizinal-Angelegenheiten (v. Altenstein) vom 13. März 1839 an das Königliche Schulkollegium der Provinz Brandenburg*. Darin heißt es: „Dem Königlichen Provinzial Schulkollegium wird auf Seinen Bericht vom 22. Juni diesen Jahres eröffnet, daß Ihm die Aufsicht über die Kleinkinder-Bewahranstalten allerdings insofern zusteht, als das-

---

[97] Gutbrod verwies noch auf die Order des Ministerium des Innern für Kirchen- und Schul-Angelegenheiten aus dem Jahr 1847, Die religiösen Uebungen an den Kleinkinder-Bewahranstalten betreffend (vgl. Gutbrod 1884, 55/56). Auch hier zeigt sich der Stellenwert der sittlich-religiösen Erziehung.

selbe für Berlin die Stelle der Regierung vertritt, indem diese Anstalten, mögen Sie als zu den Erziehungsanstalten, oder in die Kategorie der milden Stiftungen gehörend betrachtet werden, nach der Instruktion vom 23. Oktober 1817 unter die Oberaufsicht der Regierung gestellt sind" (Rönne 1855, 866).

Betrachtet man die Vorstellungen, wie sie von staatlicher Seite innerhalb des politischen Diskurses vertreten wurden, dann ist zu erkennen, dass der öffentlichen Kleinkinderziehung kein besonders hoher Stellenwert eingeräumt wurde. So finden in dem von Rotteck/Welcker ab dem Jahr 1846ff. herausgegeben *Staats-Lexikon* allein in dem Artikel zur Armenpflege einige kurze Anmerkungen zu diesem Thema. Unter dem Hinweis auf die Notwendigkeit von außerhäuslicher Erwerbstätigkeit der Mütter wurden Kinderkrippen und die sich daran anschließenden Kinderbewahranstalten als ein „höchst wohltätiger Notbehelf" (Rotteck/Welcker 1856, 712) bezeichnet, der die Überwachung der Säuglinge und Kinder in den ersten Lebensjahren übernimmt (vgl. ebd. 712). Auch in den beiden Bänden von Rönnes *Das Unterrichts-Wesen des Preußischen Staates*, insgesamt gut 1600 Seiten, wurde dieses Themengebiet auf gerade einmal fünf Seiten abgehandelt (vgl. Rönne 1855, 865ff.). Auch wurde den Einrichtungen nie eine allgemeinbildende Funktion zugesprochen, ihre Aufgabe lag primär in der Betreuung aufsichtsloser Kinder. Ergänzt wurde dies jedoch um eine gewisse Erziehungsfunktion, wobei Erziehung vor allem als Vermittlung wünschenswerter Tugenden mit dem Ziel der Vorbereitung auf das spätere (Arbeits-)Leben verstanden wurde. Sowohl der positive Hinweis auf Wilderspins Konzeption, als auch die bayrischen *Bestimmungen* zeigen dies. Schon früh lässt sich zumindest auf staatlicher Seite jedoch eine gewisse Skepsis gegenüber einem schulartigen Unterricht erkennen.

Die Staaten waren demnach durchaus an der Durchsetzung der eigenen Vorstellung interessiert, dies zeigt sich nicht allein an der gesetzlich verankerten staatlichen Kontrollfunktion, sondern auch am Umgang mit den Eingaben bzw. Bemühungen der zivilgesellschaftlichen Akteure. Vor allem im Zuge der gescheiterten Revolution von 1848/49 wurden alternative Vorstellungen bezüglich der Funktion und des Systems der öffentlichen Kleinkinderziehung formuliert.
Dazu gehört die *Bitte an die deutschen Regierungen und den Reichstag zu Frankfurt im Auftrag der Rudolfstädter Lehrerversammlung* vom August 1848 (vgl. Erning 1976, 111ff.). Mit ihr sollte die Aufmerksamkeit der Regierungen auf eine „noch wenig beachtete Stufe der Volksbildung, auf die öffentliche Kleinkinderziehung" (ebd., 111) gelenkt werden. Die öffentliche Frühkinderziehung wurde dem gesamten Bildungswesen als die „Wurzel" (ebd., 111) der Schulen zugeordnet. Aufgabe des Staates sollte es sein, die mangelhafte häusliche Erziehung sowohl innerhalb der armen, als auch der reicheren Klassen durch eine öffentliche Erziehung zu ergänzen. Die Bildung des Kindes dürfe nicht erst dann vom Staat übernommen werden, wenn es zu spät sei, auch um durch eine gründliche geistige und sittliche Bildung die Verwahrlosung des Proletariats zu verhindern – denn mit einer umfassenden allgemeinen Bildung, auch in den untersten Schichten, dürfe nicht erst in den Elementarschulen begonnen werden (vgl. ebd., 111ff.).
Deutlich wurde hier von Bildung gesprochen und eine grundsätzliche Aufwertung der vorschulischen Einrichtungen, sogar die allgemeine Bildung aller Schichten angestrebt.

Als Ziel galt ein vom Staat zum Teil mitorganisiertes und mitfinanziertes System der öffentlichen Kleinkindererziehung als erste Stufe des Bildungswesens und vorschulische Einrichtungen, in denen die Kinder der unteren Schichten zwar auch vor der Verwahrlosung geschützt, aber zugleich aber auch allgemein gebildet werden sollten.
Darüber hinaus sprach sich die Lehrerversammlung auch eindeutig für eine bestimmte Institutionsform aus. So heißt es in der Bitte an die Regierungen:

„Dieselben möchten die Idee der öffentlichen Kleinkinderziehung und der Kindergärten mehr und mehr in Erwägung ziehen, und, namentlich mit Benutzung der reichen, in den Fröbel'schen Kindergärten zeither benutzten Lehrstoffe, Lehr- und Spielmittel, die Bildung von Lehrern und Lehrerinnen kleiner Kinder (oder wie Fröbel sagt, von Kindergärtnern und Kindergärtnerinnen), so wie die Gründung von Kindergärten selbst, fördern, auch wo nöthig die Geldmittel zur Veröffentlichung einer geordneten Zusammenstellung der Fröbel'schen Lehrstoffe, Lehr- und Spielmittel bewilligen" (Erning 1976, 113).

Es ist an dieser Stelle unbedeutend, die Gründe nachzuzeichnen, warum sich die Lehrerversammlung so eindeutig für Fröbel ausgesprochen hat.[98] Wichtig ist vielmehr, dass derartige Forderungen während der Revolutionszeit keine Seltenheit waren. Auch die allgemeine Lehrerversammlung in ihrer *Petition der allgemeinen Lehrerversammlung in Berlin vom 26. April 1848 an die Vertreter des preußischen Volkes* forderte, dass Kleinkinderbewahranstalten als Vorstufen der Volksschulen notwendig seien, um „kein Nachteil für die Sittlichkeit" (König 1971, 121/122) entstehen zu lassen. Der Staat sollte deshalb für eine geregelte Aufsicht und Beschäftigung der Kinder sorgen (vgl. ebd., 122). Ebenso verlangte der „Allgemeine Deutsche Lehrerverein" in seinen *Forderungen der Gründungsversammlung des Allgemeinen Deutschen Lehrervereins zur Organisation der Volksschule und zum Grundrecht auf Bildung* aus dem Jahr 1848, dass die vorschulischen Einrichtungen Teil eines einheitlichen, nationalen Erziehungssystems werden müssen. Hier wurde ebenfalls explizit vom Kindergarten gesprochen, in §1 heißt es: „Die einheitlich vom Kindergarten bis zur Hochschule aufwärts gegliederte, auf gemeinsamer menschlich-volkstümlicher Grundlage beruhende deutsche Volksschule tritt als eine mit den übrigen Staatsanstalten gleichberechtigte und gleichverpflichtende in den Gesamtorganismus ein" (Michael/Schepp 1993, 159).
Ähnliches findet sich auch bei Gustav Ferdinand Thaulow. Thaulow, während der Revolutionszeit Universitätsprofessor für Philosophie und Pädagogik in Kiel, entwarf einen *Plan einer Nationalerziehung* (vgl. König 1971, 39ff.). Alle Menschen sind gleich, so Thaulow, Anlagen und Talent sind nicht von der Geburt und Stand abhängig, weshalb der Großteil der Kinder auch nicht von der vollen Bildung ausgeschlossen werden darf und jedes Kindes in den ersten zwölf Jahren eine allgemeine Bildung erhalten muss (vgl. ebd., 162 u. 164/165). Dabei verlangte er gar nicht einmal viel, der Staat sollte nur „ver-

---

[98] Zurückzuführen ist dies vermutlich auf Fröbels Öffentlichkeitsarbeit dieser Jahre. Fröbel wollte die politischen Umstände nutzen, um seiner Kindergartenidee zum Durchbruch zu verhelfen. Schon im Mai desselben Jahres hatte er Teile der sächsischen und thüringischen Volksschullehrer dazu bewegen können, die jeweiligen Landesregierungen aufzufordern, die Kindergärten als erste Stufe des staatlichen Bildungswesens einzurichten (vgl. Kemnitz/Apel/Ritzi 1998, 11, 54 u. 91ff.).

dienstvolle und erfahren Frauen" sowie „erfahrene Ärzte" (ebd., 172) stellen, wobei die Frauen eine gewisse Ausbildung erhalten sollten. Die Einrichtungen selbst sollten nicht bloß den negativen Zweck besitzen, „die Kinder von Schaden fernzuhalten, sondern auch den positiven einer regelmäßigen Ausbildung des Leibes und der Seele" (ebd., 172). Unbedingt aber müssten die Kleinkinderschulen und Kindergärten Teil und Grundlage eines Nationalerziehungssystems sein (vgl. ebd., 182).

Alternative Vorstellungen über den Stellenwert der öffentlichen Kleinkinderziehung hat es demnach schon während der Entstehungszeit gegeben. Aber die Forderungen nach einem einheitlichen, allgemeinen und mit der Vorschulerziehung beginnenden Bildungswesen, das vom Staat organisiert und finanziert und Fröbels Konzept einer allgemeinen Bildung zur Grundlage haben sollte, fanden zu keiner Zeit staatliche Unterstützung. Vielmehr widersprachen sie den staatlichen Vorstellungen sogar. Wiederum ist ein Blick auf die benachbarten Gebiete aufschlussreich. Nach dem Scheitern der Revolution kam es im Bereich der Volksbildung zur sogenannten Reaktion. Insgesamt war dies der Versuch, den konservativ-bürokratischen Obrigkeits- und Ordnungsstaat erneut fest zu etablieren und alle Formen der Revolution und des Liberalismus zu verhindern, was auch zum Teil gelang, auch wenn sich die Ergebnisse der Revolution nicht vollständig rückgängig machen ließen. Es war keine bloße Rückkehr zur Restauration, damit verglichen war die Reaktion moderner (vgl. Nipperdey 1994, 674). Aber auch jetzt wurde mit Hilfe von modernen Unterdrückungsmethoden das freie politische und geistige Leben unterdrückt. Erneut entstand ein Klima der Repression und Konformitätserzwingung, das die Angst vieler Bürger vor der Revolution, die Furcht vor Demokratie, Sozialismus oder Kommunismus, nicht ungeschickt aufgriff und auch in der praktischen Politik umgesetzt wurde. Trotz aller Unterschiede innerhalb der Einzelstaaten waren Verfassungsrevisionen, autoritäre Innenpolitik, die Verfolgung jeglicher freiheitlichen Bewegungen und Unterdrückung der oppositionellen Presse, Verhinderung parteimäßiger Organisation, rigide Disziplinierung der Beamtenschaft, Wahlmanipulation und willkürliche Verhaftungen an der Tagesordnung.

Vertreten wurde ein ausgesprochen konservatives Staats- und Gesellschaftskonzept, das seine obersten sozialen Tugenden in der Anerkennung der Autorität in Staat, Kirche und Gesellschaft fand. Vor allem in Preußen erfuhr das traditionelle Bündnis von Thron und Altar eine Festigung, insbesondere in der Kirche und in den Schulen äußerte sich die Reaktion, in beiden Institutionen breitete sich völlige Obrigkeitsgläubigkeit aus (vgl. Willms 1983, 304). Gerade in Preußen wurde das Volksschulwesen von der Reaktion nachhaltig geprägt und derartige Überlegungen sollten natürlich auch auf dem vorschulischen Gebiet Anwendung finden. Gerade die Lehrer und Professoren, die sich leidenschaftlich an der Revolution beteiligt hatten – und sie hatten ja auch die Zuordnung der öffentlichen Kleinkinderziehung zum Bildungswesen samt Aufwertung der Bildungsfunktion gefordert – galten in den Augen der Konservativen als Bedrohung und gerade sie traf der Hass der Reaktion in einem besonderen Maß. In allen deutschen Staaten setzte eine Welle von Verfolgung und Diensthebungen ein, Bildung galt nun als Gefahr. Die zu hohe Bildung des Volkes wurde als eine Ursache für die politische Unzufriedenheit und die Revolution gesehen, politisch unerwünschte Lehrer wurden entfernt, viele passten sich der Reaktion an (vgl. Baumgart 1990, 188). Mit den drei Stiehl'schen

Regulativen von 1854 wurde versucht, die öffentliche Erziehung als Mittel der ideologischen Indoktrination und Disziplinierung zu missbrauchen. Das Niveau wurde radikal vereinfacht und drei Ziele wurden als feste Norm vorgegeben: fraglose kirchliche Gläubigkeit, Liebe zum Herrscherhaus und einige Kenntnisse für das praktische Leben. Die allgemeine Bildung wurde dagegen als schädlich abgelehnt, an ihre Stelle trat ein Minimum an als geeignet angesehenem Wissen (vgl. Blankertz 1982, 162ff.).

Auch wenn die reaktionäre Politik nicht mehr als ein Jahrzehnt andauerte und die Stabilisierung der Restauration eine Illusion blieb, Auswirkungen sind auch auf die öffentliche Kleinkinderziehung erkennbar. Insbesondere das Verbot der Kindergärten nach dem Fröbel'schen System aus dem Jahr 1851 lässt sich auch derart interpretieren.
Verboten wurden die Kindergärten durch das Rescript des Ministeriums der geistlichen, Unterrichts- und Medizinal-Angelegenheiten (v. Raumer) und des Ministerium des Innern (v. Manteuffel) vom 7. August 1851 an die Königliche Regierung zu N.N:

„Auf den Bericht vom 27.Mai dieses Jahres billigen wir die von der Königlichen Regierung verfügte Schließung des s.g. Kindergartens der in N. nach Fröbelschen Grundsätzen gegründet war. Wir veranlassen die Königliche Regierung, die N. auf die hier angeschlossene Vorstellung vom Monat Juni dieses Jahres, worin sie um Genehmigung zur Leitung des Kindergartens bittet, ablehnend zu bescheiden. Gleichzeitig empfehlen wir der Königlichen Regierung, über die Errichtung ähnlicher Privatanstalten in Zukunft eine rechtzeitige und strenge Kontrolle auszuüben.
An sämmtliche übrige Königliche Regierungen Abschrift zur Kenntnißnahme und Beachtung. Wie aus der Broschüre „Hochschulen für Mädchen und Kindergärten ic. von Karl Fröbel" erhellt, bilden Kindergärten einen Theil des Fröbelschen socialistischen Systems, das auf Heranbildung der Jugend zum Atheismus berechnet ist, Schulen ic., welche nach Fröbelschen oder ähnlichen Grundsätzen errichtet werden sollen, können daher nicht geduldet werden" (zit. n. Raumer 1855, 866).

Auf den ersten Blick scheint das Verbot auf einem Missverständnis zu beruhen, nicht Friedrich, sondern sein Neffe Karl Fröbel wird schließlich namentlich erwähnt. Fröbel, das irrtümliche Opfer einer Verwechslung und der reaktionären Repressionspolitik – eine Annahme, die sich bis heute hält und so auch von Fröbel selbst vertreten wurde.[99]
Das Verbot war jedoch durchaus gezielt und auf Friedrich Fröbel gerichtet (vgl. Baader 1998, 206f.). Die Unterstützung und Verbreitung der Kindergärten war ein zentrales Anliegen der liberal-demokratischen Bewegungen von 1848/49. Prominente Demokraten und Revolutionäre unterstützten die Kindergartenidee, nicht selten waren es deren Ehefrauen, die Kindergärten leiteten (vgl. Baader 2006, 348). Die Kindergärten zielten auf eine Erziehung zu Freiheit und Selbstbestimmung, zur Demokratie ab, sie galten als „ächte Pflanzschulen" einer demokratischeren Zukunft (vgl. Baader 1998, 215) und genau dies deckte sich nicht mit den Interessen des Staates. Fröbel war Staat und auch Kirche suspekt. Zentrale Begründung des Kindergartenverbots war deshalb auch die

---

[99] Dafür spricht auch die Begründung der Aufhebung des Verbots vom April 1860 (vgl. Erning 1976, 144). In ihr wurde darauf hingewiesen, dass die Kindergärten von einigen didaktischen und pädagogischen Modifikationen abgesehen nichts anderes als Kleinkinderschulen oder Bewahranstalten seien.

angebliche Erziehung zum Atheismus. Viele Anhänger des Kindergartens gehörten freireligiösen Gemeinden an, d.h. Gemeinden, die konfessionell ungebunden waren. Auch von den Demokraten und Revolutionären wurde der Kindergarten aus diesem Grund unterstützt, da sie von der Gleichheit der Kinder, unabhängig von ihrer sozialen oder konfessionellen Herkunft, ausgingen (vgl. Baader 1998, 207/208; Baader 2006, 348). Fröbel selbst vertrat eine religiöse Erziehung, die sich nicht mit den Vorstellungen des Staates und der Kirche deckte. Seine Erziehung war überkonfessionell angelegt, vor allem aber zielte sie nicht auf eine autoritätsgläubige Frömmigkeit ab. Das Kindergartenverbot kann deshalb auch als ein Konflikt zwischen herkömmlicher christlich-religiöser Erziehung und einer freieren, undogmatischeren Erziehung zur Religiosität verstanden werden. Der Kindergarten war in den Augen von Staat und Kirche eine Gefahr, da er nicht auf eine sittlich-religiöse Erziehung mit den Leittugenden Ordnung, Disziplin und Gehorsam gegenüber Autoritäten abzielte (vgl. Baader 1998; Kemnitz/Apel/Ritzi 1998, 56ff.). Diesterweg hat deshalb z.B. in dem Verbot den Versuch gesehen, die freien Gemeinden zu eliminieren und Konkurrenz für die christlichen Kleinkinderschulen auszuschalten (vgl. Heiland 1990, 187).

Neben konzeptionellen, den staatlichen Interessen widersprechenden Alternativen wurden aber auch Forderungen, die mehr organisatorisches oder gar finanzielles Engagement bedeutet hätten, abgelehnt. Dies zeigt zuletzt auch der *Antrag zu Gunsten der Klein-Kinder-Bewahranstalten als Grundlage der Volkserziehung* des Grafen August Cieszkowski aus dem Jahr 1855. Cieszkowski war Abgeordneter zur II. Kammer für die Kreise Santer und Buk. Er veröffentlichte seinen Antrag, da diesem auf parlamentarischen Weg kein Erfolg beschieden gewesen war. Verbunden damit war die Hoffnung, seinem Antrag durch die Veröffentlichung mehr Aufmerksamkeit zuteil werden zu lassen (vgl. Cieszkowski 1855, 46). Dabei waren Cieszkowskis Forderungen an den Staat im Grunde nicht allzu hoch (vgl. ebd.1/2). Er bemängelte, dass von staatlicher Seite zwar das allgemeine Schulwesen ein- und durchgeführt worden, etwas ähnliches im Bereich des Volks-Erziehungswesen aber versäumt worden sei. Cieszkowski pries die Bewahranstalten als positiv für die Entwicklung der Kinder, als Vorbereitung für die Schule, aber auch für den Staat an, insbesondere da die gesamte sittliche Erziehung des Volkes empor gehoben werde (vgl. ebd., 4ff. u. 11). Auch forderte er keineswegs die gesamte Organisation oder gar Finanzierung vom Staat, dies war für Cieszkowski eher Aufgabe der Kirche und der Vereinstätigkeit, aber der Staat sollte doch helfen und fördern, die Haupthindernisse aus dem Weg räumen, kleinere materielle Hilfe leisten und für die Ausbildung der Erzieherinnen Sorge tragen (vgl. ebd., 13, 27 u. 35). Außerdem sollte er die Entstehung und Verbreitung der Bewahranstalten nicht verhindern und nach Möglichkeit helfend und fördernd mitwirken, auch ohne zusätzliche Gesetze, sondern nur durch eine verstärkte Unterstützung (vgl., 7/8 u. 14ff.).
Dennoch wurde der Antrag niemals eingebracht und sogar abgelehnt, vermutlich weil Verpflichtungen vor allem finanzieller Art befürchtet wurden. Man kann die Ablehnung aber auch so interpretieren, dass von staatlicher Seite keinerlei Notwendigkeit gesehen wurde, das bestehende System öffentlicher Kleinkinderziehung zu verändern.

Fazit: Es ist aufgrund der nur wenigen Erlasse oder Stellungnahmen nicht ganz einfach, den politischen Diskurs während der Anfänge der öffentlichen Kleinkinderziehung bezüglich der dort diskutierten Vorstellungen von Bildung und Erziehung einzuschätzen. Es finden sich nur wenige Stellen, an denen ein derartiges Verständnis explizit formuliert wurde und sich erkennen lässt, was unter frühkindlicher Bildung und Erziehung verstanden wurde.

Verglichen mit den Schulen wurde dem vorschulischen Bereich eine nur geringe Aufmerksamkeit, wie auch ein entsprechender Stellenwert eingeräumt. Zu keiner Zeit war er Teil des Bildungswesens, noch sollte er dies sein. Bestrebungen, die auf eine derartige Zuordnung und damit verbundene Aufwertung abgezielt haben, lassen sich zwar während der Revolution von 1848/49 finden, aber diese können nicht als Mehrheitsmeinung gelten. Als Aufgabe wurde, insbesondere von staatlicher Seite, aber auch von den konfessionellen Trägern, nicht Bildung und Erziehung, sondern die Bewahrung der aufsichtslosen und in ihrer Entwicklung angeblich bedrohten Kinder angesehen. Folglich richtete sich das Angebot nicht an alle Kinder. Damit war zugleich eine gewisse Abwertung der pädagogischen, d.h. bildenden Funktion der Einrichtungen verbunden. Sie galten als ein Notbehelf, eher der Armenfürsorge zugehörig.

Entsprechend lassen sich auch nur selten die Begriffe von Bildung und Erziehung zur Umschreibung der Aufgaben und pädagogischen Arbeit finden. So wurde auf den Bildungsbegriff verstärkt nur im Zusammenhang mit der Revolution von 1848/49 zurückgegriffen. Zwar ist eine inhaltliche Definition der beiden Termini auch nur bedingt Aufgabe dieses Diskurses gewesen, aber die Zurückhaltung verweist erneut auf den nur geringen Stellenwert dieses Gebietes. Zumindest sollten die Kinder jedoch nicht allein bewahrt, sondern auch erzogen werden. Die vorschulischen Einrichtungen galten zwar nicht als Bildungs-, aber als „Erziehungsanstalten".

Versucht man das im politischen Diskurs dominierende und hier insbesondere von staatlicher Seite vertretene Erziehungsverständnis herauszuarbeiten, ist zunächst festzuhalten, dass dieses nicht explizit formuliert wurde, sich die damit verbundenen Absichten und Ziele aber doch erkennen lassen. Erziehung wurde als Vermittlung wünschenswerter Denk- und Verhaltensweisen begriffen und war deutlich auf den Aspekt der sittlich-religiösen Erziehung ausgerichtet. Abgeleitet wurde dieses Erziehungsverständnis weniger aus Überlegungen zur kindlichen Entwicklung, als aus der Situation der Kinder der unteren sozialen Schicht, ihrer angeblich drohenden sittlichen Verwahrlosung, die als Gefahr für die gesamte Gesellschaft angesehen wurde. Auch die frühkindliche Erziehung sollte in diesem Sinn zur Abwehr revolutionärer Bewegungen und zur Stabilisierung der bestehenden Gesellschaftsverhältnisse beitragen. Nur eine derart verstandene Erziehung fand staatlichen Rückhalt und letzten Endes auch Möglichkeit zur Umsetzung. Davon abweichende Vorstellungen waren von Seiten des Staates nicht erwünscht und wurden in ihrer Ausbreitung nach Möglichkeit eingeschränkt, bestes Beispiel sind die Fröbel'schen Kindergärten. Gerade die allgemeine, d.h. nicht standesgemäße Bildung – und in eben diesem Sinne wurde der Bildungsbegriff während der 1848/49er Revolution inhaltlich verwendet – wurde abgelehnt und war nicht erwünscht.

Unterschiedliche Ansichten sind über die Umsetzung dieser Erziehung zu erkennen, sicherlich auch Ausdruck einer anfänglichen Unsicherheit, wie eine geeignete institutionalisierte Frühkinderziehung zu gestalten sei. Wurde sich zu Beginn zum Teil noch eng am eigentlichen Schulunterricht angelehnt, wurde dieser von staatlicher Seite zunehmend als nicht geeignet abgelehnt; eine Tendenz, die sich innerhalb des politischen Diskurses in den folgenden Epochen fortsetzen sollte.

3.2 Der praktische Diskurs

Vielfältiger als der politische zeigt sich erwartungsgemäß der praktische Diskurs. Es ist deshalb notwendig, weitere Differenzierungen einzuführen. Gerade für die Entstehungszeit lassen sich einzelne Persönlichkeiten finden, die von ihren Zeitgenossen – dafür sprechen die zahlreichen Verweise – als maßgeblich angesehen wurden, zugleich aber auch die weitere Entwicklung entscheidend geprägt haben. Hier sind vor allem Samuel Wilderspin, Johann Georg Wirth, Theodor Fliedner, Johannes Fölsing und nicht zuletzt auch Friedrich Fröbel zu nennen. Ihr Verständnis von frühkindlicher Bildung und Erziehung wird deshalb ausführlich und gesondert dargestellt.
Eingebettet waren diese Ideen zumeist in den konfessionellen Kontext, aus dem sie entstanden sind. Die Überlegungen dieser konfessionellen Vertreter werden anfänglich dargestellt, wobei auf eine Unterscheidung zwischen katholischer und evangelischer Kleinkindpädagogik verzichtet wird, da dies im hier untersuchten Zeitraum weniger von Bedeutung gewesen ist. Friedrich Fröbels wie auch die Schriften aus seinem Umfeld sind davon ebenso wie die Ideen Johannes Fölsing abzugrenzen, weshalb ihre Vorstellungen gesondert dargestellt werden.

3.2.1 Die konfessionellen Vertreter

So wie die meisten vorschulischen Einrichtungen von einem konfessionellen Verein getragen wurden, stammen auch die überwiegende Zahl der Schriften dieser Epoche aus einem konfessionellen Umfeld. Es ist sinnvoll, nach den wesentlichen Entwicklungen und Merkmalen der beiden Kirchen zu fragen.
Ungeachtet aller Veränderungen, das 19. Jahrhundert war und blieb eine christlich und kirchlich geprägte Zeit. Religion und Kirche waren eine Selbstverständlichkeit, voller Einfluss auf das private Leben, auf Staat, Gesellschaft und Kultur, auch wenn sich das Christentum zunehmend mit Kritik und Ablehnung bis hin zum radikalen Atheismus, sowie den Anforderungen der Modernität konfrontiert sah. Aber in dieser Auseinandersetzung konnte es sich behaupten und erneuern, und so an öffentlicher Geltung und Durchsetzungskraft gewinnen (vgl. Nipperdey 1994, 403ff.).
Insgesamt setzten sich in beiden Kirchen neoabsolutistische Strömungen durch, wodurch die hochkonservative Orthodoxie ihre Vorherrschaft behielt. Im Protestantismus entwickelten sich zwar Ansätze einer demokratisch organisierten Kirche (vgl. Nipperdey 1994, 432ff.), aber diese wurden nicht fortgeführt. Stattdessen begannen zunehmend staatlich-bürokratische und hierarchische Tendenzen zu dominieren, gerade in Preußen kam es zu einem etatistischen, streng hierarchisierten System. Hier wurde die protestantische Kirche auch weiterhin vom Staat mitorganisiert und reglementiert. Die in der preußischen Verfassung (1848/1850) festgelegte Trennung von Staat und Kirche war bloße Fassade. Fest stand man hier zum Staat, Liberalismus und der Demokratie wurden bekämpft, sowohl innerkirchlich als auch auf gesellschaftspolitischer Ebene.

Die katholische Kirche hatte durch die Säkularisation den größten Teil ihres weltlichen Besitzes und ihrer Einkünfte, sowie ihren Herrschaftsanteil verloren. Aber ihr gelang der Neuaufbau, indem sie sich wieder auf das Religiöse zu konzentrieren begann. Gleichzeitig wurde ein personeller Wandel herbeigeführt, durch den die adligen Würdenträger auf den oberen Klerikerrängen von einem jüngeren, besser ausgebildeten Episkopat, der sich vorbehaltlos für die Kirche einsetzte, ersetzt wurden (vgl. Wehler 1989b, 469). Eine reaktionäre, weltweit befehlende Papstdiktatur löste die Bischofsherrschaft ab, eine weniger regional-nationale als internationale Kirche. Der Ultramontanismus, die Dogmatisierung des päpstlichen Absolutismus, die schroffe und polemische Wendung gegen die Zeit, führte dazu, dass alles nicht-katholische radikal abgelehnt wurde, ein Dauerkampf gegen den modernen Staat und die moderne Gesellschaft, gegen Liberalismus und Zeitgeist. Die katholische Kirche wandelte sich zu einer streng hierarchischen, disziplinierten und zentralistisch organisierten Institution und Gehorsam wurde beinahe zur Haupttugend der Katholiken (vgl. Nipperdey 1994, 406f.).

Im Unterschied zum Protestantismus – hier war eine Hinwendung zu Wissenschaft und Philosophie möglich, auch wenn sie fast nur noch die Bildungsschicht und nicht mehr die Massen erreichte – wurde die Absage an Modernität, Aufklärung und Liberalismus von einer Abschottung gegenüber allen nicht-katholischen Bewegungen begleitet, was unstreitig das ohnehin schon vorhandene Bildungs- und Modernitätsdefizit der katholischen Kreise verschärft hat. Geschlossen katholische Siedlungsgebiete wurden zunehmend rückständig und die Anzahl an katholischen Gymnasiasten, Studenten und Professoren lag beträchtlich unter der Größe des katholischen Bevölkerungsanteils.

War die zunächst im Vormärz stattfindende Besinnung auf das Christentum noch überkonfessionell und friedlich geprägt, verhärteten sich die konfessionellen Fronten zunehmend. Dies lag auch an dem wachsenden Nationalismus in den protestantischen Kreisen. Nationalität, Deutschsein und – evangelische – Christlichkeit waren im liberalen und moderaten Protestantismus miteinander verbunden. Die protestantische Kirche begann sich als Nationalprotestantismus zu verstehen, zugleich verstärkte sich in sämtlichen Strömungen das Konfessionsbewusstsein. Liberale und Orthodoxe wurden wieder zu „Protestanten", mit einem antikatholischen Affekt. Dem von nationaler Überhebung bestimmten Protestantismus stand der von autoritärer Autokratie und Massenfrömmigkeit geprägte Katholizismus gegenüber (vgl. Nipperdey 1994, 431; Wehler 1995, 379ff.).

Aufs Ganze gesehen waren beide Kirchen Stützen der Autorität, in ihrem Denken hochkonservativ und auf die Stabilisierung der bestehenden Gesellschaftsordnung hin ausgerichtet. Nicht umsonst spricht man vom Bündnis von „Thron und Altar". Hier fand das konservative kirchliche Denken auch politisch seinen Niederschlag und der Herrschaft wurde die notwendige Legitimation verliehen.

Nicht vergessen werden sollte jedoch, dass beide Kirchen auch weiterhin weite Teile der Bevölkerung in ihren Bedürfnissen erreicht haben. Gerade die katholische Kirche entsprach dem Bedürfnis des einfachen Volkes nach verlässlicher Weltdeutung und Heilsgewissheit. Zahlreiche katholische Vereine entstanden, Orden und Kongregationen konnten neuen Zuwachs verzeichnen und zuletzt entwickelte sich auch ein katholisches Pressewesen. Der katholischen Kirche gelang es auch weiterhin, Festigkeit zu vermitteln und Daseinshilfe zu gewähren. Auch innerhalb des Protestantismus kam es zu zahlreichen Leistungen des praktischen Christentums, der Gründung von Bibel- und Missionsgesellschaften, die Anstalten und Stiftungen, Rettungshäusern, Armenschulen oder Diakonissenhäusern; Aktivitäten, die in der Form von Vereinen stattfanden und auf eine starke Beteiligung von Laien setzten.

Zugleich sahen sich beide Kirchen ab 1830 aber auch mit immer stärkerer und buchstäblich zersetzender Kritik am Christentum konfrontiert. Beispiele sind Strauß' *Das Leben Jesu, kritisch bearbeitet* (2 Bände, 1835ff.) und Ludwig Feuerbachs *Wesen des Christentums* (1841), ein die Epoche bestimmendes Werk. Die bisher als selbstverständlich verstandene christliche Weise der Weltdeutung und somit die wesentlichen ideologischen Grundlagen der bürgerlichen Welt wurden in Frage gestellt. Die Ablösung der gebildeten und auch nicht so gebildeten Bürger von der Kirche beschleunigte sich, das Christentum galt als überholt, geradezu schädlich und unmenschlich; eine Kritik, die auch als Opposition gegen den konservativen und sich christlich verstehenden Staat gerichtet war. Darauf musste das Christentum reagieren, zum einen auf geistiger Ebene, zum anderen aber auch praktisch – unter anderem in Form der öffentlichen Kleinkinderziehung.

3.2.1.1 Samuel Wilderspin

Mit der von Joseph Wertheimer übersetzten dritten Auflage von Samuel Wilderspins[100] *Ueber die frühzeitige Erziehung der Kinder und die englischen Klein-Kinder-Schulen* (1826), das bereits 1828 in einer zweiten, mit von Wertheimer verfassten Zusätzen versehenen Auflage erschien, setzte auch im deutschsprachigen Gebiet eine überregionale Diskussion über die Ziele und Methoden der öffentlichen Kleinkinderziehung ein. Wilderspins Buch stellte das bis dahin einzige in Europa erschienene umfangreichere, in sich geschlossene Werk über Begründung, Aufgabe und Möglichkeiten der vorschulischen Einrichtungen dar, das den künftigen Kleinkinderlehrern zugleich als Leitfaden dienen sollte (vgl. Erning 1980, 175/176).

Wilderspins Überlegungen sind für die Entwicklung der deutschen öffentlichen Kleinkinderziehung von nicht zu unterschätzender Bedeutung. Sie dienten Theodor Fliedner, der Wilderspin während einer Kollektenreise in England in den 1820er Jahren kennengelernt hatte, als Anregung für seine eigenen Kleinkinderschulen und über Therese Brunszvik,[101] die mit Wertheimer persönlich bekannt war, gelangten sie nach Ungarn und Süddeutschland, wo Brunszvik an den Gründungen der Einrichtungen in München

---

[100] Samuel Wilderspin wurde 1821 von dem Londoner Fabrikanten Joseph Wilson für die Leitung der zweiten Londoner Kleinkinderschule in Spitalfields gewonnen, wo er zusammen mit seiner Frau rund 200 Kindern im Alter von zwei bis sechs Jahren betreute und die sich unter seiner Leitung rasch zu einer Musteranstalt entwickelte. Die einflussreiche „Infant School Society" wählte Wilderspin zum Vorsteher der Londoner Zentral-Kleinkinderschule, nach und nach zog sich Wilderspin nun aus der Leitung der Anstalt in Spitalfields zurück. Schließlich wurde Wilderspin auch die Ausbildung von Kleinkinderlehrern übertragen, nun war er unermüdlich für die Verbreitung und Werbung des Kleinkinderschulgedankens tätig. Sozialkritische oder gar sozialutopische Ideen, wie sie Robert Owen in England auch mit Hilfe der öffentlichen Kleinkinderziehung vertreten hatte, lassen sich bei ihm nicht finden. Wilderspins Ziel war es vielmehr, die Kinder der unteren Schichten mit dem frühkapitalistischen System zu versöhnen.

[101] Gräfin Theresa Brunszvik (1775-1867) hat vor allem maßgeblich an der Entwicklung der öffentlichen Kleinkinderziehung in Ungarn mitgewirkt. Daneben war sie auch in Dresden, in München und in Augsburg an der Errichtung von Kleinkinderbewahranstalten beteiligt. Sie stand u.a. in Kontakt mit Friedrich Fröbel, einer der bedeutendsten Briefe bezüglich der Spielpädagogik von Fröbel richtete sich an sie.

und Augsburg beteiligt war. Wilderspins Überlegungen fanden auch in andere Schriften Eingang, auch wenn schon bald nur noch selten direkt auf ihn verwiesen wurde (vgl. Erning 1980, 176). Das Werk wurde in allen pädagogischen Zeitschriften besprochen und die schnelle zweite Auflage zeigt die Resonanz, die der Schrift zuteil wurde. Außerdem wurde sein Konzept wie bereits erwähnt von staatlicher Seite befürwortet. Wilderspins Ideen bildeten somit die Basis, auf der eine „nicht minder kontroverse wie fruchtbare Diskussion anheben konnte" (ebd., 176).

Die Notwendigkeit und erste Aufgabe der Kleinkinderschulen: Wilderspin hatte in England die mit dem frühkapitalistischen System verbundenen Schwierigkeiten und Probleme miterleben können. Die elenden Zustände, in denen die Kinder der ärmeren Schichten aufwuchsen, ließen ihn auf die Notwendigkeit einer öffentlichen Erziehung der Kleinkinder drängen. In der weit verbreiteten Aufsichtslosigkeit der Kinder sah er eine Gefahr für die körperliche und geistige Entwicklung der Kinder, vor allem aber beunruhigte ihn die drohende sittliche Verwahrlosung. Kinder können, so Wilderspin, auf den Straßen nichts Gutes, aber viel Böses lernen, denn „groß und mannigfaltig sind die Gefahren, denen die Kinder in der Altersperiode vom zweiten bis siebten Jahre ausgesetzt sind" (1828, 3).

Nach Wilderspin ist es deshalb zunächst das Ziel der Kleinkinderschulen, die Kinder vor derartigen Unglücksfällen zu bewahren, zugleich aber „auch das beste Mittel, um den Verbrechen, welche jetzt so herrschend sind, künftig vorzubeugen" (1828, 3). Aufgabe der Kleinkinderschulen habe es zu sein, den zukünftigen Verbrechen und der drohenden Unsittlichkeit vorzubeugen, und die Kinder „den Wegen, die zum Uebel führen" (ebd., 4) zu entziehen und dies so früh wie möglich, da „die Saat des Bösen sehr früh im kindlichen Gemüte keimt" (ebd., 5). Denn, so Wilderspin selbst, „es ist ein altes Sprichwort: Bieg den Zweig so lang er jung ist" (ebd., 3).

Gerade in der mangelhaften Erziehung in den ersten Jahren, so auch Wertheimer in seinen Zusätzen, liegt die Quelle von Unsittlichkeit und Verwahrlosung, weshalb die frühe Erziehung besondere Bedeutung besitzt. Zwar würden Sittlichkeit und Religion in jedem Menschen wohnen, müssten aber zur Entfaltung gebracht und die Kinder zu ehrbaren Mitgliedern der Gesellschaft erzogen werden. Unter Erziehung verstand Wertheimer deshalb „ein absichtliches Einwirken auf die Kinder" (Wilderspin 1828, 240) von außen zwecks Entwicklung dieser Anlage. Denn es sind die ersten Eindrücken, welche die Kinder tief und unauslöschlich prägen, weshalb die ersten Jahre nicht vergeudet werden dürfen (vgl. ebd. 138/139 u. 156ff.).

Die staatpolitischen Motive: Erziehung wurde in seinem grundlegenden Verständnis von beiden als sittliche Einwirkung begriffen. Als leitend galten dabei jedoch nicht allein rein menschliche oder pädagogische, sondern auch und vor allem staatspolitische Motive (vgl. Wilderspin 1828, 2ff.). Ähnliche Überlegungen lassen sich in vielen zeitgenössischen Schriften finden, hier sind sie jedoch besonders ausgeprägt und zeigen geradezu ein Spiegelbild der politischen und gesellschaftlichen Verhältnisse des Restaurationszeitalters. Geschickt wurde dies in einen Zusammenhang mit der öffentlichen Kleinkinderziehung gestellt. Die Gefahr einer drohenden Revolution, wenn sie schon nicht behoben werden konnte, sollte zumindest reduziert werden und die Kleinkinderschulen deshalb zur möglichst früh beginnenden Volkserziehung mit dem Ziel der Sicherung der bestehenden Gesellschaftsverhältnisse beitragen. Ausdrücklich wurde auf den Nutzen der Kleinkinderschulen bei der gesellschaftlichen Stabilisierung hingewiesen, die Kinder sollten an ein späteres Leben in Armut gewöhnt werden, so dass sie die bestehenden Verhältnisse vorbehaltlos akzeptieren und ihr zukünftiges, ärmliches Leben in Demut ertragen würden.

Vor allem Wertheimer hat sich in seinen Zusätzen ausführlich der Frage gewidmet, inwieweit dem Staat daran gelegen sein müsse, die Kinder der Armen zu erziehen (vgl. Wilderspin 1828, 141f.). Die Staaten könnten nur gewinnen, da die innere Sicherheit, die Verwaltung, der Nationalreichtum, die Finanzen, der „Credit" und zuletzt auch Macht und Einfluss des Staats profitieren würden (vgl. ebd., 143f.). Egal ob körperliche, intellektuelle, religiös-sittliche oder ästhetische Erziehung, jede Form von Erziehung in der Kleinkinderschulen sei für den Staat von Nutzen, da oben genannte Bereiche durch derart erzogene Kinder nur gewinnen könnten (vgl. ebd., 148ff.).

Keineswegs waren Wilderspin und Wertheimer aber an einer Erziehung der Kinder „über den Stand hinaus" interessiert. Am bestehenden Gesellschaftsverhältnis sollte nichts geändert werden, ganz im Gegenteil sogar:

„Weit entfernt, daß eine solche Erziehungsweise der gesellschaftlichen Ordnung zuwider laufen könnte, wird sie vielmehr dazu beitragen, dieselbe wieder herzustellen. [...] Die Armen werden mit ihrem Zustande zufrieden seyn, wenn sie finden werden, daß ihnen edlere Freunde, als die Befriedigung ihrer thierischen Triebe offen stehen, und die Reichen, zu größerer geistiger Thätigkeit angeregt, werden in demselben Maße zu einem höheren Kulturgrade gelangen. So wird gegenseitiges Wohlwollen, das Band der gesellschaftlichen Eintracht, unter allen Klassen bestehen, indem Einer dem Andern die Achtung zollen wird, die ihm vermöge der Stellung gebührt, welche die Vorsehung für gut fand, ihm zu verleihen" (Wilderspin 1828, 13/14).

Zwar sollten die Kinder ihre Talente und Fähigkeiten entwickeln können und keine der Anlagen zerstört werden, da dies die Kinder für „ihren menschlichen und bürgerlichen Beruf tauglicher" (ebd., 241) macht. Aber das Verhältnis zwischen Arm und Reich sollte unangetastet bleiben und die sittliche Erziehung die bestehenden gesellschaftlichen Verhältnisse sogar verfestigen (vgl. ebd., 241/242). Es waren also gerade nicht pädagogische oder kindbezogene Motive, die aus ihrer Sicht für die Kleinkinderschulen sprachen. Erziehung wurde in diesem Sinne als eine bessere Qualifizierung der Arbeitskräfte samt gleichzeitiger Fixierung der gegebenen gesellschaftlichen Unterschiede, als Vermittlung wünschenswerter Denk- und Verhaltensweisen begriffen. Vermutlich waren es gerade diese Überlegungen, die Wilderspin für den Staat interessant machten (vgl. Erning 1980, 178).

Erziehung als Aufgabe der Kleinkinderschulen: Fraglos aber galt sowohl Wilderspin als auch Wertheimer Erziehung als Aufgabe der Kleinkinderschule. Es sei ihr Hauptzweck, „die Seele in einem unschuldigen und nützlichen Zeitvertreib beschäftigt zu erhalten, und der Unterricht im Lesen, Schreiben und anderen Gegenständen kann diesem Zwecke nur sehr nachstehen. Viele lernten lesen und schreiben, und wurden darum der Gesellschaft nur umso schädlicher, weil man bei ihrer sogenannten guten Erziehung

die Bildung ihres Herzens geradezu vernachlässigte" (Wilderspin 1828, 82). Nicht die körperliche oder intellektuelle Erziehung, sondern die „Bildung des Herzens" müsse die Hauptaufgabe sein. Gut ist hier zu erkennen, dass der sittlichen Erziehung bzw. Bildung Vorrang gegenüber der intellektuellen Erziehung gegeben wurde. Bewahrung und Schulvorbereitung galten zwar als Aufgabe, dennoch betrachteten beide „die Erweckung sittlicher und religiöser Gefühle als den Hauptzweck der Klein-Kinder-Schulen" (ebd., 240).
Sowohl Erziehung als auch Bildung lassen sich als Begriffe demnach finden und wurden sogar miteinander in Verbindung gebracht. Während Erziehung umfassend verstanden wurde und sich auf die gesamte kindliche Entwicklung bezog, beschränkt sich der Bildungsbegriff nur auf einen Teilaspekt: die „Bildung des Herzens".

Hauptzweck der Kleinkinderschulen aber sollte die Einwirkung auf die Sittlichkeit sein. Die Menschen, so Wilderspin, sind gottvergessen in ihren Grundsätzen und lasterhaft in ihrem Betragen und deshalb muss das Hauptaugenmerk auf die sittliche Bildung gelegt werden, da ein Mangel an Sittlichkeit weder durch „große Gelehrsamkeit", noch durch „eitlen Reichthum" (Wilderspin 1828, 82) aufgewogen werden kann. Tugend und sittliches Handeln sollten gefördert werden und wurden weitaus bedeutsamer als alles Wissen oder Können eingeschätzt (vgl. ebd., 82). „Wahre Glückseligkeit" und „Wohlanständigkeit" (ebd., 11 u. 12) wurden angestrebt, schlechte Eigenschaften des Kindes sollten dagegen unterdrückt werden, um „das Unkraut im Gemüthe, - die Vorlieben für unerlaubte Freuden" (ebd., 11) erst gar nicht aufkommen zu lassen. Auch mit den ersten Keimen der Religion sollten die Kinder vertraut gemacht, schädliche Einflüsse dagegen fern gehalten werden. Die Kleinkinderschulen hatten „die Fundamente der Religion und Tugend in die Seele des Kindes" (ebd., 54) zu legen. Als Ziel galt christliche Fügsamkeit, welche die Kinder frühzeitig an ein Leben in Armut und Demut gewöhnt werden sollte (vgl. ebd., 54). Aber diese Fügsamkeit dürfe nicht bloß äußerer Schein sein und Tugenden nicht nur antrainiert werden, sie müssten auf Einsicht und Überzeugung gründen, da sie nur dann Einfluss auf die spätere Selbstbildung gewinnen würden (vgl. Wilderspin 1828, 11). Ziel sei es, „den Kindern Ideen zu geben" (ebd., 55) und auf ihre Seele, die einem unbeschriebenen Blatt Papier gleicht, unauslöschliche Lehren zu schreiben.
Es ist zu erkennen, was hinter unter Erziehung verstanden wurde. Immer wieder und dies umfassend wurde darauf verwiesen, dass die Kinder vor moralischer Verderbnis bewahrt und die sich früh zeigenden Untugenden im Keim erstickt werden müssen. Gerade der unsittlichen Umgebung und Erziehung wurde ein negativer Einfluss zugesprochen. Üble Neigungen wie Faulheit, Unreinlichkeit und Unordnung, Trübsinn, Gewalttätigkeit sollten deswegen geradezu bekämpft und die Kinder stattdessen an erwünschte Tugenden wie Pünktlichkeit Arbeitsamkeit, Frohsinn, Folgsamkeit oder Achtung vor fremdem Eigentum gewöhnt werden (vgl. Wilderspin 1828, 375/376). Gleiches gilt für die Gefühle und das moralische Wollen, das durch Erziehung frühzeitig zur Rechtlichkeit und Sittlichkeit hingeführt werden sollte. Unsittliche Gefühle wie Neid und Schadenfreude seien zu bekämpfen, sittliche Gefühle wie kindliche Liebe, Demut, Vertrauen, Dankbarkeit, Ehrfurcht, Schamhaftigkeit, Mitleid, Nächstenliebe aber zu fördern. Dazu gehörte auch die Liebe zum Vaterland und zum Landesvater (vgl. ebd., 376f). Gar nicht früh

genug könne man die Kinder an die folgenden Vorstellungen gewöhnen: „Du sollst arbeiten, du sollst beten, du hast tausend Ursache in deiner Armuth lebensfroh zu werden und tausend Gelegenheit deine Brüder zu erfreuen, – Vorstellungen von deren felsenfester Begründung eigene Glückseligkeit und allgemeines Wohl abhängen" (ebd., 177).

Diese „trägerspezifischen Ordnungsvorstellungen" (Reyer 2004, 519), d.h. die erwünschten Denk- und Verhaltensweisen – als die wichtigsten seien noch einmal Pünktlichkeit, Ordnung, Gehorsam gegenüber Autoritäten, Sittlichkeit, Arbeitsamkeit und Demut genannt – finden sich in zahlreichen zeitgenössischen Schriften und werden im Folgenden als Tugendkatalog bezeichnet. Dieser Tugendkatalog sollte durch Erziehung vermittelt werden und der Grundstein für die Religion gelegt werden. Gott sollte, immer der Fassungskraft des Kindes angemessen, als ein heiliger, liebender, allwissender, allmächtiger und vollkommener Vater, aber auch Richter empfunden und niemals entweiht werden, auf dass die Glaubenslehren bereitwillig aufgenommen und das entbehrungsreiche Leben besser ertragen sowie die Grundlagen der Tugend und Religiosität in das kindliche Gemüt gelegt werden (vgl. Wilderspin 1828, 177 u. 395ff.).

Die körperliche und intellektuelle Erziehung: Kernstück des hier vertretenen Erziehungsverständnisses stellte demnach die sittlich-religiöse Erziehung dar. Auch wenn Unterschiede in der Begriffsverwendung zu erkennen sind – während Wertheimer von sittlich-religiöser Erziehung sprach, verwendete Wilderspin die Bezeichnung sittliche Bildung – zielte dies auf dasselbe ab: Den Kindern sollten die als notwendig erachteten Denk- und Verhaltensweisen vermittelt werden, um sie auf ihr späteres (Arbeits-)Leben vorzubereiten.

Diese galt als wichtiger als jede intellektuelle Erziehung, der eine gewisse Skepsis entgegen gebracht wurde, da „große Gelehrsamkeit" niemals Sittlichkeit ersetzen könne. Dennoch wurde der Erziehungsbegriff auch in Zusammenhang mit der körperlichen und geistigen Entwicklung verwendet. Die körperliche Erziehung bezog sich dabei auf Spiele und Gymnastik zwecks Entwicklung und Stärkung des kindlichen Körpers und umfasste darüber hinaus auch Aspekte der Reinlichkeit, sowie die Bewahrung vor körperlichen Gefahren und Krankheiten (vgl. Wilderspin 1828, 110 u. 277-308). Sie diente vor allem der Stärkung und Gesundheit des Körpers, darüber hinausgehende Aspekte, welche die Bedeutung des Körpers für gesamte kindliche Entwicklung betont hätten, finden sich dagegen nicht.

Insbesondere die intellektuelle Erziehung spielte jedoch eine bedeutsame Rolle. Sie hatte zunächst einmal die „Grundfähigkeiten der Anschauung, des Nachdenkens und des Sprechens" (Wilderspin 1828, 11) zu entwickeln, denn diese würden die Basis des späteren Wissenserwerbs und der Fertigkeiten des Lesens, Schreibens und Rechnens bilden. Auch wenn eine schädlichen Frühreife des Geistes vermieden werden müsse, sollten die „in diesem Alter hervortretenden intellectuellen Triebe" (ebd., 168) angemessen befriedigt werden, denn die Entwicklung und Übung der entsprechenden Anlagen und Kräfte sei naturgemäß und lege die „*Fundamentalbegründung* alles nöthigen *Könnens* und *Wissens*" (ebd., 170). Den ersten Eindrücke, die das Kind empfängt und die sich „unauslöschlich in der weichen Wachstafel der kindlichen Einbildung einprägen" (ebd., 170) und dann den Hintergrund aller späterem Geistesoperationen bilden, wurde eine beson-

dere Wichtigkeit zugesprochen. Deutlich ist hier die große Bedeutung, die der Anschauung beigemessen wurde, zu erkennen – darüber wird später im Zusammenhang mit dem Anschauungsunterricht noch zu sprechen sein.
Nach Wertheimer ist es Aufgabe der intellektuellen Erziehung, einige intellektuelle Kräfte besonders zu schulen. Weniger zum Lernen, als zur Erholung diene die „Cultur der Einbildungskraft" (Wilderspin 1828, 340), eine gewisse Art von Phantasie, die auf das sittlich Richtige und Gute zu lenken sei und mit deren Hilfe auf den Verstand und das sittliche Gefühl der Kinder eingewirkt werden könne. Als geeignete Mittel galten das lebendige, anschauliche und verständliche Erzählen, unterstützt durch Bilder oder Kupferstiche. Zur „Cultur der Einbildungskraft" wurde auch die Vermittlung von Sachkenntnissen auf den Gebieten der Erd-, Natur-, Geschichts- und Gewerbskunde gezählt, die auch der Vorbereitung auf das spätere Handwerk dienen sollten und somit einen nützlichen Zweck für das spätere Leben besitzen würden (vgl. ebd., 340ff.). Als Aufgabe der intellektuellen Erziehung galt somit immer auch die Vermittlung von Kenntnissen.
Außerdem galt es die Gedächtniskraft, d.h. das „Memoriren und Reproduciren" (Wilderspin 1828, 345) zu stärken. Hinzu kam die Schulung der Denk- und Urteilskraft, ohne dabei die Kinder zu überfordern. Aber erste Übungen seien doch möglich, diese sollten so aufgebaut sein, dass der Lehrer eine Frage stellt, auf welche die Kinder richtig antworten (vgl. Wilderspin 1828, 347ff.).
Auch die Sprachförderung gehörte zur intellektuellen Erziehung, sie galt sogar als sehr wichtig, denn „in der intellektuellen Erziehung des ersten Kindesalters [sind, H.W.] keine Kräfte beachtenswerther, als Anschauungs- und Sprachkraft" (Wilderspin 1828, 327). Verbunden mit anderen Übungen könnten sprachliche Fehler ausgemerzt, das deutliche und richtige Sprechen verbessert und der Wortschatz erweitert werden (vgl. ebd., 327ff.).

Betrachtet man die Ausführungen zur intellektuellen Erziehung, entsteht der Eindruck eines umfassenden Lernpensums und eines insgesamt stark verschulten Charakters. Der Tagesablauf war stark strukturiert und die Inhalte sollten mit Hilfe eines genauen Stundenplans und zahlreicher Lernmaterialien an einer Tafel vermittelt werden. Eine übersichtliche Anordnung in Bänken diente der Überwachung und ein spezielles Lehrmittel, der sogenannte Rahmen zum Unterricht im Rechnen, Sprechen und in der Formenlehre zur Unterstützung (vgl. Wilderspin 1828, 96ff. und 350ff.). Um die Disziplin aufrecht zu halten, wurde zusätzlich auf die Hilfe von Monitoren[102] zurückgegriffen. Überhaupt durfte und dies macht den schulartigen Charakter und die Bedeutung der sittlichen Erziehung noch einmal deutlich, die Ordnung im Raum keineswegs verloren gehen (vgl. ebd., 59/60 u. 308ff.).
Dennoch grenzten Wilderspin und Wertheimer sich von den eigentlichen Schulen ab, eine Vorgehensweise, die sich auch später immer wieder finden wird, um derartige Vorwürfe abzuwehren. Die Kinder sollten zwar auf den schulischen Unterricht vorberei-

---

[102] Die Monitoren waren das jeweils fähigste Kind seiner Klasse (die Kinder wurden nach Fähigkeiten und Alter in Klassen zusammengefasst); fünfjährige Kinder, die mit ihren Altersgefährten oder jüngeren Kindern Lektionen üben sollten und für das Betragen der Klasse verantwortlich waren, sowie den Lehrer in jeder Hinsicht unterstützten sollten (vgl. ebd., 59ff.). Dieses System wurde in England in den Elementarschulen praktiziert und von Wilderspin in die Kleinkinderschulen übernommen (vgl. Konrad 2004, 35).

tet, dieser durfte jedoch nicht vorweg genommen werden (vgl. ebd., 168ff.). Anders als in der Schule, sollten die zahlreichen Übungen auch durch Bewegung oder rhythmische Handlungen aufgelockert und unterstützt werden. Entsprechend wurde ein geeigneter Unterricht beschrieben. Er sollte der kindlichen Entwicklung angemessen gestaltet sein und das Interesse sowie die Aufmerksamkeit der Kinder immer wieder wecken. Auf Anschaulichkeit wurde Wert gelegt und insgesamt vom Nahen zum Entfernten, vom Bekannten zum Unbekannten, vom Leichten zum Schweren in langsamer Stufenfolge fortgeschritten werden, da man dadurch nicht nur der „Natur im Allgemeinen", sondern auch der „Individualität im Besonderen" (ebd., 311) gerecht würde.
Durch den Unterricht sollte die Lust am Lernen und Wissen erweckt werden. Um dies zu erreichen, galt es die Nützlichkeit des Unterrichtsgegenstands lebendig darzustellen und dabei nach Möglichkeit alle Kräfte des Kindes harmonisch zu beschäftigen. An die „Selbstkraft der Kinder" (Wilderspin 1828, 313) sollte appelliert werden und das Lernen und Wissen von den Kindern selbst gewollt, weil als etwas Erstrebenswertes erlebt werden, da es ihnen die Achtung der Eltern und aller Menschen verspricht. Die Kinder sollten demnach nicht primär lernen, um Kenntnisse und Fertigkeiten hinzuzugewinnen, sondern damit andere Menschen auf sie stolz sind.

Ein wichtiges Element der intellektuellen Erziehung in den Kleinkinderschulen stellte der Anschauungsunterricht dar, weshalb dieser wiederum ausführlich behandelt wird. Das ist auch deshalb sinnvoll, weil andere Autoren auf den Wert eines derartigen Anschauungsunterrichts hingewiesen haben, überhaupt galten die Anschauung und die Schulung der Sinne als besonders wichtig.
„Wenn man bedenkt, wie von der Natur unserer Anschauungen auch die Natur unserer Vorstellungen, Begriffe und Urtheile abhängt, wie also mit der Kultur dieses Vermögens zugleich die Grundlage für den Verstand, das Gedächtniß, die Einbildungskraft, die Phantasie und die Urtheilskraft gegeben, und mittelbar auch die Sittlichkeit eingewirkt wird: so kann man an der Wichtigkeit dieses Vermögens nicht zweifeln" (Wilderspin 1828, 315). Die Anschauungskraft zu üben, so Wilderspin, ist in diesem Alter wichtiger als alles, was man den Kindern lehren kann (vgl. ebd., 66) und da dies gerade bei den unteren Klassen nicht ausreichend geschieht, sollten die Einrichtungen für die Entwicklung und Schärfung aller Sinne an wirklichen Gegenständen sorgen, am besten mit der Vermittlung nützlicher Kenntnisse verbunden (vgl. ebd., 316ff.).
Wilderspin entwickelte dazu eine Apparatur, den sogenannten Lektionspfosten, an dem Gegenstände aus Kunst und Natur befestigt und zur Anschauung gebracht werden konnten (vgl. Wilderspin 1828, 66ff.). Diese Eindrücke so Wertheimer, bilden die Grundlage des zukünftigen Wissens und Wollens, weshalb man sie auch keineswegs ungeordnet auf das Kind einwirken lassen darf. Ergänzend sollten Bilder verwendet werden. Zwar sollten die Kinder nach Möglichkeit die wirklichen Gegenstände zunächst kennengelernt haben, Bilder seien aber geeignet, um den Gesichtssinn, das Gedächtnis und die Urteilskraft zu üben, sich Sachkenntnisse einzuprägen und auch um auf das sittliche Gefühl einzuwirken (vgl. Wilderspin 1828, 317ff.). Auf Bildern oder Kupferstichen waren dazu Tiere oder Handwerke dargestellt, die dann von den Kindern richtig benannt werden mussten. Immer von Pfosten zu Pfosten gehend, dabei auf die dialogische Lehrart – Fragen des Lehrers und Antworten der Kinder – zurückgreifend, würden so die An-

schauungs- und Sprachkräfte der Kinder entwickelt. Biblische oder naturhistorische Bilder sollten zusätzlich auf den Verstand und das Herz der Kinder einwirken und der Vermittlung moralischer Lehren dienen. Die Anschauungsübungen verfolgten somit mehrere Zwecke, Unterhaltung, aber auch Belehrung und sittliche Erziehung (vgl. ebd., 66ff.).

Unzweifelhaft fallen der stark schulartige Charakter und die Wertschätzung der Vermittlung elementarer Kenntnisse auf. Auch Wilderspins Kritik an den Nationalschulen, dass die Kinder dort nicht zum Selbstdenken ermuntert werden würden, verändert diesen Eindruck nicht. Das von ihm angegebene Ziel, das Gegenteil in seinen Einrichtungen erreichen zu wollen (vgl. Wilderspin 1828, 12/13), lässt sich anhand seiner Ausführungen nur schwer nachvollziehen.

Allerdings sollte der schulartigen Charakter der Einrichtungen im Kontext der Zeit betrachtet werden. Gerade in England mussten die Kleinkinderschulen die Elementarschulen oftmals ersetzen. Wilderspin selbst wies darauf hin, dass der Zeitraum zwischen zwei und acht Jahren am meisten angemessen sei, um den Kindern der armen Klassen Unterricht zu erteilen und gute Grundsätze zu vermitteln, da die Kinder später arbeiten müssten und die Schule nicht mehr besuchen könnten (vgl. Wilderspin 1828, 83). Trotz ihres schulartigen Aufbaus stellten die Kleinkinderschulen somit einen gesellschaftlichen Fortschritt und einen wichtigen Anfangspunkt der Armenerziehung dar. Sie waren der einzige Ort, an dem die Kinder wenigstens ein Minimum an Unterricht und formaler Bildung erhielten und Elementarkenntnisse im Lesen, Rechnen und Schreiben erwerben konnten (vgl. Barow-Bernstorff 1986, 130; Erning 1980, 177; Konrad 2004, 36).

Das Spiel: Zuletzt zum Spiel. Das Spiel sei die diesem Alter angemessene Beschäftigung, da es zur Entwicklung sämtlicher Kräfte im Menschen beitrage und somit innerhalb der körperlichen,[103] intellektuellen, sittlichen und ästhetischen[104] Erziehung Anwendung finden müsse (vgl. Wilderspin 1828, 241). Vor allem innerhalb der intellektuellen Erziehung sei das Spiel von Bedeutung, da das Kind hier immer lernt, mehr sogar als beim Unterricht, da mit dem Spiel die Vermittlung von für die Kinder wichtigen Sachkenntnissen[105], aber auch die Schulung der Sinne verbunden werden könne. Strikt sollte allerdings die Unterscheidung sein, denn „wenn es auch, wo es zu spielen glaubt, lernt, und wo es zu lernen glaubt, spielt, so muß doch schon sehr früh zwischen beiden unterschieden werden" (ebd., 369).

Hauptzweck der Spiele sollte die Ergötzung der Kinder sein, zugleich aber auch alle Kräfte angeregt werden, wodurch einer der Hauptzwecke der Kleinkinderschulen, die „bildende und erheiternde Thätigkeit hervorzurufen" (Wilderspin 1828, 241) erfüllt würde. Dabei durften die Spiele nicht über die Kräfte der Kinder hinausgehen, gar keine oder nur geringe Kosten verursachen, möglichst viele Kinder gleichzeitig beschäftigen

---

[103] Geeignete Spiele der körperlichen Erziehung waren sogenannte Zielspiele (z.B. Ballspiele) und Fangspiele (z.B. Schwarzer Mann oder Blinde Kuh) (vgl. Wilderspin 1828, 301ff.).

[104] Spiele in sittlicher und ästhetischer Hinsicht waren z.B. Nachtspiele, durch welche den Kindern frühzeitig Mut eingeflößt werden sollte (vgl. Wilderspin 1828, 404/405).

[105] So sollten z.B. im sogenannten Handwerksspiel von einer Gruppe Kinder verschiedene Berufe vorgestellt werden, die es von einer anderen Gruppe zu erraten galt (vgl. Wilderspin 1828, 360ff.).

und immer unter der Aufsicht des Lehrers stattfinden, damit nichts „Ungebührliches" (ebd., 300) geschehen konnte.
Wertheimer unterschied zwischen freien und geregelten Spielen. Die geregelten Spiele, seien nützlich, da sie der Abwechselung dienen, darüber hinaus aber auch sinnvolle Zwecke, z.B. die Vermittlung von Kenntnissen, erreicht werden könnten (vgl. Wilderspin 1828, 300). Welches Verständnis vom Spiel Wertheimer vertreten hat, zeigt sich an seiner Darstellung des freien Spiels; d.h. den Spielen, die aus der Phantasie der Kinder hervorgehen. Es müsse dafür gesorgt werden, dass die Kinder dabei keinen Schaden nehmen, außerdem biete das Spiel eine gute Möglichkeit, die Kinder richtig kennen zu lernen, „denn durch nichts charakterisiert sich ein Kind so sehr, wie durch die Wahl seiner Spiele" (ebd., 300). Ähnlich auch Wilderspin, denn der Spielplatz sei „für die Kleinen eine Welt, in welcher sie sich selbst überlassen sind, und wo sich die Resultate ihrer Erziehung abnehmen lassen" (ebd., 52). Gerade hier könne man sehen, ob ein Kind z.B. „rank- und zanksüchtig" (ebd., 52) sei. Diese negativen Eigenschaften und Neigungen würden dem Lehrer sonst entgehen, weshalb er auch nicht erzieherisch einwirken könne, da sich das Kind im Schulraum oftmals geradezu verstelle (vgl. ebd., 52/53). Im freien Spiel sollten die Kinder also nicht ihre Gedanken, Erfahrungen und Gefühle ausleben und verarbeiten können, es bietet in den Augen Wilderspins vielmehr eine weitere Möglichkeit, nicht erwünschte Tugenden beim Kind zu erkennen und im Anschluss daran im Sinne einer sittlich-religiösen Erziehung einwirken zu können.

Fazit: Wilderspin und Wertheimer haben mit ihren Überlegungen fraglos die weitere Entwicklung der öffentlichen Kleinkinderziehung geprägt. Von daher ist es nicht unerheblich, dass beide den vorschulischen Einrichtungen eine sozialfürsorgerische Funktion zugesprochen haben. Nicht Bildung galt ihnen als Aufgabe, sondern die Betreuung, ergänzt um eine Erziehungsaufgabe. Entsprechend wurde vor allem auf den Erziehungsbegriff zurückgegriffen, der Bildungsbegriff war dagegen von untergeordneter Bedeutung. Dieser wurde, wenn überhaupt, analog zur sittlich-religiösen Erziehung verwendet. Erziehung aber galt als Aufgabe und diese wurde aus der Lebenssituation der angeblich vor allem sittlich verwahrlosten Kinder abgeleitet. Eine derart verstandene Erziehung sollte der Verwahrlosung entgegenwirken und somit auch der Stabilisierung der Gesellschaft dienen.
Um die unterschiedlichen Aufgaben, die mit dem Erziehungsbegriff verbunden waren, differenzierter betrachten zu können, wurde Erziehung in eine körperliche, vor allem aber intellektuelle und sittlich-religiöse Erziehung unterteilt, wobei die sittlich-religiöse Erziehung als der bedeutsamste Teil galt. Gegenüber der intellektuellen Erziehung lässt sich sogar eine gewisse Skepsis erkennen. Diese bezog sich zum einen auf ein Zuviel an Wissen auf Seiten der Kinder, zum anderen aber auch auf den grundsätzlichen Stellenwert der intellektuellen Erziehung. Diese sei überschätzt, wichtiger sei die sittlich-religiöse Erziehung.
Vollziehen sollte sich diese Erziehung – die körperliche Erziehung wurde dabei als Stärkung des Körpers und der Gesundheit verstanden – in einem Umfeld, das sich deutlich am schulischen Lernen orientierte und Vorstellungen von Erziehung als Einwirkung auf das Kind beinhaltete. So wurde als geeignete Form dieser kindlichen Erziehung auch nicht das Spiel, das von Wilderspin und Wertheimer im Grunde keine pädagogische

Wertschätzung erfuhr, sondern der Unterricht angesehen. Dieser sollte ein Anschauungsunterricht sein mit dem Ziel der Übung der Sinne, aber auch der Vermittlung von Kenntnissen und moralischen Lehren. Als Ausgangspunkt dieses Unterrichts galten nicht die Interessen der Kinder, sondern die Vorgaben des Lehrers, die von den Kindern wie vorgegeben ausgeführt werden sollten, gerade hier ist die Nähe zum Schulunterricht deutlich zu erkennen. Zwar sollte der Unterricht anschaulich gestaltet werden, aber Möglichkeiten, eigene Erfahrungen zu machen oder sich selbsttätig mit den Gegenständen oder Inhalten auseinanderzusetzen, sollte ein solcher Unterricht kaum bieten. Wissen und Fertigkeiten sollten vermittelt und vom Kind übernommen werden. Entsprechend findet sich auch der Vergleich des Kindes mit einer Wachstafel – beide können demnach durch Eindrücke und Einwirkung geprägt werden.

Vor allem aber wurde Erziehung als sittlich-religiöse Erziehung begriffen. Eben dies macht hier im Kern Erziehung aus, darauf konzentrieren sich sämtliche Erziehungsbemühungen: die Vermittlung eines Tugendkatalogs und die Vorbereitung der Kinder auf ihr späteres (Arbeits-)Leben. Einwirkung und Vermittlung wünschenswerter Denk- und Verhaltensweisen stehen hier im Vordergrund. Pädagogische Motive sind sicherlich vorhanden, Erziehung hat jedoch immer auch zur Sicherung der bestehenden Gesellschaftsverhältnisse beizutragen. Erziehung hat demnach nicht Aufklärung oder Emanzipation zum Ziel, sondern soll die Kinder auf ihre spätere Arbeitstätigkeit und ihr späteres Leben in Armut vorzubereiten; ein Leben, das von den Kindern in Demut ertragen werden sollte. Derart verstanden, entsprach der Erziehungsbegriff den Restaurationsbemühungen der Zeit.

3.2.1.2 Johann Georg Wirth

Johann Georg Wirth[106] zählt zu den bedeutendsten Persönlichkeiten, die zur Entstehung und Entwicklung der öffentlichen Kleinkinderziehung in Deutschland beigetragen haben. Seine wichtigsten Gedanken finden sich in *Ueber Kleinkinderbewahr-Anstalten* (1838). Daneben hat Wirth zwei weitere Bücher verfasst, die sich mit der öffentlichen bzw. häuslichen Frühkinderziehung befassen, *Die Kinderstube* (1840a) und die *Mittheilungen über Kleinkinderbewahranstalten* (1840b).[107] Während sich ersteres vornehmlich an Mütter und Kindsmägde richtete, aber dennoch einen Eindruck von Wirths Erziehungsvorstellungen bietet, stellen die *Mittheilungen* einen zeitgenössischen Überblick über die Wirth bekannten vorschulischen Einrichtungen dar. Die hier – wenn auch nur unvollständig – abgedruckten Rechenschaftsberichte, Jahresetatpläne und Vereinsstatuten enthalten umfangreiches Material, das einen guten Einblick in die beginnende Ent-

---

[106] Johann Georg Wirth (1807–1851) war Lehrer in Augsburg. 1832 wurde er vom Magistrat der Stadt Augsburg beauftragt, die Gründung einer Kleinkinderbewahranstalt vorzubereiten. Die Eröffnung erfolgte 1834, aufgrund der hohen Nachfrage von Seiten der Eltern wurden schon 1835 zwei weitere Anstalten eröffnet. Wirth trat mit mehreren Veröffentlichungen an die Öffentlichkeit, in denen er seine praktischen Erfahrungen als Leiter der Bewahranstalten verwertete (vgl. 1838, 1840). Eine breitere Wirksamkeit blieb Wirth allerdings versagt, da er auf eine institutionalisierte Ausbildung seines Personals, das seine Konzeption hätte weitertragen können, verzichtete. In den Richtungskämpfen zwischen der Kleinkinderschule streng konfessionellen Zuschnitts und dem Kindergarten Fröbels, der die öffentliche Diskussion in den nächsten Jahren bestimmte, spielte Wirths Konzept eine untergeordnete Rolle.

[107] Eine Bibliographie von Wirths Schriften findet sich in Erning 1980. Hier werden auch Wirths Schriften gewürdigt. Vor allem Wirths Hauptwerk wird ausführlich betrachtet (vgl. Erning 1980, 196-212).

wicklung bietet. Nicht zu Unrecht hat Erning Wirth mit Bezug auf dieses Werk deshalb als einen „ersten ‚Geschichtsschreiber' der öffentlichen Kleinkinderziehung" (1980, 197) gewürdigt.
Für diese Arbeit ist vor allem Wirths erstes Werk von Bedeutung, die beiden anderen Schriften werden ergänzend herangezogen. Es entstand vier Jahre nach der Eröffnung der ersten Augsburger Anstalt und kann als sein pädagogisches Hauptwerk gelten. Wirth hat hier vieles, wenn zumeist auch ohne Quellennachweis, aus der zeitgenössischen Literatur entnommen. Die Schrift bietet deshalb zugleich einen Überblick der bis dahin in der Praxis erprobten methodischen und didaktischen Bemühungen für den vorschulischen Bereich (vgl. Erning 1980, 199). Im Anhang findet sich u.a. eine Geschichte der Kleinkinderbewahranstalten in Augsburg, die aufgrund der in ihr enthaltenen Reden Wirths sehr aufschlussreich ist.

Die primäre Aufgabe der Kleinkinderbewahranstalten: Kleinkinderbewahranstalten besitzen nach Wirth den Zweck „die Kinder vom 2ten bis 6ten Jahre in *Aufsicht* und *Leitung* zu nehmen und ihnen entweder die häusliche Erziehung zu ersetzen oder dieselbe zu unterstützen" (Wirth 1838, 7). Neben der Funktion der Betreuung, übernimmt die Kleinkinderbewahranstalt demnach den Ersatz bzw. die Unterstützung der häuslichen Erziehung. Die Bewahranstalten seien weder „Einsperrungs-Anstalten" noch Schulen, keine Unterrichts-, sondern Erziehungsanstalten (vgl. ebd., XXXII u. XLIX). Die Aufgabe der Einrichtungen sollte in der Erziehung der anvertrauten Kinder liegen, wobei keine Übungen vorgenommen werden sollten, die „einer spätern Zeit angehörn" (ebd., 53), ganz so, wie es ein verständiger Vater oder eine besorgte Mutter zu Hause tun würde.
Neben der Betreuung wurde demnach von Wirth auch die Erziehung als Aufgabe der vorschulischen Einrichtungen angesehen. Die frühkindliche Erziehung hatte jedoch eine „vernünftige" zu sein; eine Erziehung,

> „welche alles entfernt, was den Kleinen zum Aergernisse werden könnte, welche das Gefühl des Kindes nicht verhärtet, sondern mit allen übrigen Anlagen gleichmäßig entwickelt, welche nicht verzärtelt, – sondern, wenn es nöthig ist, einen wohlbemessenen Ernst hervortreten lässt, – welche die zarten Kräfte leise anstrengt und gerne die nöthige Erholung folgen lässt, eine Erziehung, welche die Lehren der Sittlichkeit und Religion mehr durch sanfte Worte und durch vorleuchtendes Beispiel, als durch auswendig gelernte Formeln in den Herzen der Kinder *anregt*" (Wirth 1840a, V/VI).

Erziehung verfügt nach Wirth demnach über mehrere Funktionen. Sie müsse dafür Sorge tragen, dass alle negativen Einflüsse vom Kind ferngehalten werden, der sittlich-religiösen Erziehung sprach er eine große Wichtigkeit zu, nicht allein für das individuelle oder familiäre Glück, sondern für das des gesamten Staates (vgl. Wirth 1838, VI). Aber Erziehung müsse nach Möglichkeit auch alle Anlagen des Kindes anregen und es in seiner Entwicklung unterstützen. Wirth benutzte zur Verdeutlichung das Bild eines Gärtners, denn „wie der verständige Gärtner der zarten Pflanze bei ihrem ersten Erscheinen die pflegende Hand reiche, ebenso trete die Erziehung gleich einem schützendem

Genius dem Kind schon von dem Zeitpunkte an zur Seite, wo seine geistigen Kräfte sich regen" (ebd., 6).
Erziehung umfasst Wirth folgend sowohl körperliche, als auch geistige Aspekte der kindlichen Entwicklung (vgl. Wirth 1838, L). Die Betonung des Aspekts der Ganzheitlichkeit stellt einen gewissen Unterschied zu den Überlegungen Wilderspins dar. Skeptisch stand er auch dem übermäßigen Lernen gegenüber. Deutlich wird dies anhand einer Rede, die Wirth zur Eröffnung der zweiten Kleinkinderbewahranstalt in Augsburg gehalten hat:

„Eine frühzeitige Erziehung möge sich *nicht aufs Lehren* und *Lernen ausdehnen*, sondern sich beschränken auf vernünftiges, naturgemäßes Entwickeln der noch schlummernden Kräfte des Kindes; sie möge es sich zur angelegentlichsten Aufgabe machen, bei aller Sorge stets im Kinde das Kind zu erhalten, und so das Erziehungswerk erster Lebensperiode als wahrhaft gelungen betrachten, wenn, bei aller Vorbereitung für die einstige Schule, für das künftige Leben, die nicht hoch genug zu schätzende *Kindlichkeit* dabei nicht verloren gieng, sondern sich stets in ihrer ganzen Fülle äußert. Die Kindlichkeit soll erhalten werden! [...]
Die noch schlummernden geistigen Anlagen sollen vorsichtig geweckt, vernünftig entwickelt, geregelt geleitet, verständig gestärkt, ihre besonderen Neigungen gewissenhaft beobachtet, sorgsam bewacht werden, daß dadurch der Mensch nach seiner ursprünglichen Beschaffenheit, Bestimmung, Berücksichtigung finde, um bei fortgesetztem Streben einen guten Grund zu legen zur Weisheit in der sich immer mehr erweiternden *Erkenntniß*, zu der immer mehr sich steigernden *Liebe, nach dem Gefühle*, zu der immer mehr zu bewirkenden *Heiligkeit* nach der Kraft des *Willens*. – Wird bei der Erziehung auf *diese* Umstände, nach *schon bezeichneter Art, gesehen,* dann ist es eine *gute* Erziehung was von einer guten Erziehung abhänge, das beweisen Hunderte von Beispielen: *es sind gerathene Kinder*" (Wirth 1838, XXXII/XXXIII).

Nicht das schulmäßige Lernen sollte angestrebt, sondern vielmehr die geistigen Anlagen geweckt, gestärkt und auch geleitet werden, um den sich entwickelnden Verstandes-, Gefühls- und Willenskräften eine gute Basis zu schaffen. Kognitive und emotionale Aspekte, sowie die Festigung des Charakters würden deshalb zu den erzieherischen Aufgaben in der Kleinkinderbewahranstalt gehören.
Aber die Einrichtungen sollten keine Schulen sein. Es sind, so Wirth, Erziehungsanstalten; ein Ort, an dem die Kinder nicht lernen, sondern leben, d.h. spielen, unterhalten und beschäftigt werden sollten. Der Schutz vor körperlichen Unfällen und sittlicher Verwahrlosung, die Weckung des religiösen Gefühls und die Gewöhnung an den bekannten Tugendkatalog – all dies müsse von den Kleinkinderbewahranstalten angestrebt werden, ohne dabei das kindliche Leben und Treiben zu hemmen (vgl. Wirth 1838, XXXIV). Dies biete auch die beste Vorbereitung auf die Schule und das Leben, wobei darauf zu achten sei, „in den Herzen der Kinder einen *religiösen, frommen Sinn* anzuregen und denselben zu nähren und zu leiten" (ebd., XLIX/L). Alle Beschäftigungen, die in der Kleinkinderbewahranstalt mit den Kindern vorgenommen werden sollten, sollten zur Entwicklung der dem Menschen verliehenen körperlichen und geistigen Anlagen" (Wirth 1838, 54) beitragen.

Die körperliche und geistige Erziehung: Die Kleinkinderbewahranstalten sollten zur Entwicklung der körperlichen und geistigen Anlagen beitragen und eben darin sah Wirth die Aufgabe von Erziehung.
Dabei hatte die körperliche Erziehung für die gesunde Ausbildung der Körperkräfte des Kindes Sorge zu tragen (vgl. Wirth 1838, 54). Wirth gab einige wenige körperliche Übungen an, die mit der Absicht betrieben werden sollten, „die einzelnen Kräfte anzuregen, in Thätigkeit zu setzen, – Leichtigkeit, Anstand, gute Haltung in die Bewegung zu bringen und endlich im Kreise der Kleinen Freude zu verbreiten" (ebd., 230). Wirth verstand unter körperlicher Erziehung also Übungen, die primär der Stärkung und Gesundheit des Körpers dienen.

Unbedingt aber, so Wirth, muss der Mensch von seiner geistigen Seite her gesehen werden. Dabei tritt „als *geistiges Wesen* [...] der Mensch in seiner dreifachen Kraft hervor und nimmt die Bewahranstalt in Anspruch, thätig zu seyn für die Ausbildung *a) der Erkentniß- b) der Gefühls- c) der Willens- Kraft*" (Wirth 1838, 55).
In Bezug auf die Erkenntniskraft wehrte sich Wirth wie bereits erwähnt gegen die übertriebene Vermittlung von Kenntnissen und Fertigkeiten, es ging ihm gerade nicht darum, das Kind zu einem „Vielwisser" zu machen. Kenntnisse seien nur Mittel zum Zweck, nämlich die Erkenntniskraft des Kindes anzuregen und auf das Richtige zu leiten. Die Kinder sollten mit Gegenständen der sinnlichen und auch übersinnlichen Natur vertraut gemacht werden und sämtliche Übungen dazu dienen, das Kind „verständig" (Wirth 1838, 56) zu machen (vgl. ebd., 55/56).
Um das Erkenntnisvermögen und die ihm angehörigen Kräfte zu entwickeln und zu leiten, sollten zuerst nur Gegenstände besprochen werden, die einer Anschauung fähig sind. Auf Bilder sollte dagegen soll nur ausnahmsweise zurückgegriffen werden. Auch die Erklärung von Begriffen oder Zahlen sollte anschaulich, z.B. in Form einer Zeichnung unterstützt werden. Zusätzlich zur Stärkung des Erkenntnisvermögens dienten verschiedene Übungen der Sinne, des Gedächtnisses, der Einbildungskraft, der Denkkraft und der Urteils- und Schlusskraft, welche das Kind auch an Aufmerksamkeit gewöhnen sollten.[108] Gerade bei den kleineren Kindern herrscht nach Wirth die Anschauung vor, erst mit zunehmendem Alter sollen die weiteren Kräfte geübt werden (vgl. Wirth 1838, 55-61). Indem dies immer nur am Guten geschieht, wird das Kind auf das Erwünschte hingeleitet und der Lehrer so „zum Leiter der Gedanken der Kinder" (ebd., 60). Insgesamt steht hier die Anschauung, weniger die Vermittlung von Kenntnissen im Vordergrund.
In der Gefühlskraft sah Wirth „das Vermögen unserer Seele, das Angenehme oder Unangenehme unsers eigenen, innern Zustandes wahrzunehmen, sich dessen bewusst zu werden, was *im Menschen vorgeht*" (Wirth 1838, 62). Auch dieses müsse entwickelt werden, weshalb das religiöse, moralische, Rechts- und Ehrgefühl, das Selbst-, Scham-,

---

[108] Als Einbildungskraft verstand Wirth, dass sich die Kinder ihre durch frühere Wahrnehmungen zum Teil ihres Selbst gewordenen Eindrücke wieder vorstellen würden. Die Denkkraft bezog sich auf das Vermögen, Begriffe miteinander zu verbinden, d.h. zu denken. Urteilen sei, wenn man den Gegenständen eine Eigenschaft zuordne. Hier gab es für Wirth nur richtig oder falsch, wobei letzteres beseitigt werden sollte. Mehrere Urteile zusammen nehmen und daraus ein drittes zu bilden nannte Wirth das Schließen.

Schönheits-, Liebes-, Mitleids-, und Freudegefühl anzuregen seien, um der Gewissens- und Charakterbildung des Kindes früh die richtige Richtung zu geben (vgl. ebd., 62-67). Die Willenskraft oder das Begehrungsvermögen des Kindes tritt nach Wirth unter allen Kräften am frühesten hervor, zunächst nur als ein instinktmäßiges Begehren und auf Sinnliches gerichtet. Doch sobald sie sich auszubreiten beginne, müsse sie auch geleitet werden, es gelte „die Begehrlichkeit zu zügeln, dem Willen die Richtung auf das zu geben, was vernünftig und gut ist, ihm Festigkeit, Beharrlichkeit mitzutheilen und doch zugleich dem Eigensinn zu steuern" (Wirth 1838, 67). Da der kindliche Wille noch nicht von Einsicht und Vernunft geleitet werde, müsse das Kind daran gewöhnt werden, „seinen Willen der bessern Einsicht der Verständigern zu unterwerfen" (ebd., 67). Deshalb seien Disziplin und Ordnung auch wichtig (vgl. ebd., 73). Nur in wenigen Fällen sollte das Kind frei entscheiden können, aber auch dann für sich selbst überlegen, was es tun darf und tun soll (vgl. ebd., 67).

Während mit dem Erkenntnisvermögen also eher die intellektuelle Erziehung der Kinder verbunden wurde, bezog sich die Gefühls- und Willenskraft eindeutig auf das Verhalten der Kinder und die Gewöhnung an erwünschte Tugenden der Kinder. Derart verstanden, dient die intellektuelle der sittlich-religiösen Erziehung. Die Methode, mit der er dies erreichen wollte, bezeichnete Wirth als ein erzählend belehrendes Verfahren, unterstützt durch Anschauung, immer den Kräften der Kinder angemessen (vgl. Wirth 1838, 71/72). Sämtlichen Unterhaltungen sollte dabei die Absicht zugrunde liegen, „vom Bekannten zum Unbekannten, vom Leichtern zum Schwerern, vom Nahen zum Entfernten, vom Allgemeinen zum Besondern, vom Einfachen, wo möglich zum Zusammengeßtern – vom Sinnlichen zum Übersinnlichen – fortschreiten zu wollen" (ebd., 72); eine bereits von Wilderspin bekannte und durchaus zeitgenössische Ansicht.

Die Beschäftigungen der Kinder in den Kleinkinderbewahranstalten: In der zweiten Abteilung von *Ueber Kleinkinderbewahranstalt* ging Wirth ausführlich (sie umfasst mehr als die Hälfte des Gesamtwerkes) auf sinnvolle und angemessene Beschäftigungen ein, mit denen die oben genannten Ziele erreicht werden sollten. Zu diesem Zweck bot er einen Beschäftigungskatalog dar, aufgeteilt in Lehrgegenstände, Handarbeiten und das Spiel der Kinder.

Am ausführlichsten behandelte Wirth die Lehrgegenstände (158 Seiten gegenüber 20 Seiten Handarbeiten und nur 15 Seiten Spiel). Erning hat aber plausibel gezeigt, dass dies keineswegs bedeuten muss, dass Wirth an einer Vorziehung schulischer Elemente in den Kleinkinderbewahranstalten interessiert war und so erzeugt z.B. auch der gegebene Stundenplan einen anderen Eindruck. Vielmehr war die ausführliche Darlegung der Lehrgegenstände wohl eher der Versuch, zu einer eigenständigen, gegenüber der Schule abgegrenzten Form institutionalisierter frühkindlicher Erziehung zu gelangen (vgl. Erning 1980, 202f.).

Unter den Lehrgegenständen fasste Wirth eine Reihe von Übungen zusammen, die sich nicht nur auf den kognitiven Aspekt des Lernens bezogen, insgesamt empfahl er 21

Lehrgegenstände (vgl. Wirth 1838, 76-233).[109] Im Grunde sollte jede dieser Übungen „die Fähigkeit in sich tragen, die Bildung des Verstandes zu unterstützen, zu befördern" (ebd., 151). Die Übungen, die sich explizit auf den Verstand bezögen, sollten diesen nur zusätzlich beschäftigen und üben.

Insgesamt lässt sich bei den Übungen eine belehrende und anleitende Funktion des „Lehrers" erkennen. Auch bei Wirth ist eine schulartige Gestaltung des Alltags nicht zu verneinen. Unverkennbar ist die Absicht, ein gewünschtes Verhalten der Kinder durch Steuerung von Seiten des Lehrers zu bewirken. Denn „eine vorzügliche Aufgabe der Kleinkinderbewahranstalten bleibt es immer, in den Herzen ihrer Pfleglinge einen religiösen Sinn zu wecken und zu nähren" (Wirth 1838, 76). Gute Gedanken und fromme Gesinnungen sollten über das Gebet oder biblische bzw. moralische Geschichten im Herzen der Kinder erweckt werden (vgl. ebd., 76ff.; 105 u. 122). Diese Erzählungen besaßen zuallererst eine belehrende Funktion, sie sollten die Kenntnisse der Kinder vermehren, ihr Herz für das Gute, Edle und Schöne empfänglich machen, sie leiten und ihren Willen „heiligen" (vgl. ebd., 129).

In den Alltag zu integrieren waren verschiedene Handarbeiten und hier wird die Nähe zu einem Konzept der Arbeitserziehung deutlich. Mit Hilfe dieser Arbeiten ließ sich die körperliche Kraft des Kindes üben und das Kind zu nützlicher Tätigkeit sowie zur Ausübung angemessener und passender Handarbeiten[110] anleiten, auch wenn die Kleinkinderbewahranstalt nicht zu einer Arbeitsschule werden sollte. Vielmehr unterstützen nach Wirth die Handarbeiten den angeborenen Trieb zur Tätigkeit und bringen ihn zur Entfaltung, schon allein, weil eine Vernachlässigung zu Arbeitsscheue, Müßiggang, sogar zu Verbrechen und somit im späteren Leben zu Not und Elend führen würde. Der Tätigkeitstrieb des Kindes könne auf Nützliches hingeleitet und die Kinder so an Arbeit gewöhnt werden (vgl. Wirth 1838, 233-263).

Trotz aller Übung der Feinmotorik, Geschicklichkeit und körperlichen Kraft, Wirth war auch an der Verwendbarkeit der hergestellten Produkte gelegen. Deswegen gab es bei ihm auch kein freies Arbeiten oder Basteln, alle Produkte waren vielmehr zum Verkauf oder Hausgebrauch gedacht (vgl. Erning 1980, 207). Die Beschäftigungen zielten bei Wirth demnach auch auf eine Arbeitserziehung ab, eine Erziehung durch und zur Arbeit.

Das Spiel: Gerade im Kontrast zu seinen Zeitgenossen sind Wirths Überlegungen zum kindlichen Spiel von Interesse, hier unterscheidet sich Wirth durchaus von den anderen Ansichten. Im Spiel sah zwar auch er zunächst einmal eine Erholung nach getaner Arbeit (vgl. Wirth 1838, 265). Aber es lässt sich doch ein tieferes Verständnis für die Bedeutung des Kinderspiels erkennen, auch wenn er seine Beobachtungen diesbezüglich nicht zu einer Theorie, mit deren Hilfe er das Spiel als grundlegendes didaktisches Prinzip in den Kleinkinderbewahranstalten begründet hätte, zusammen gefasst hat (vgl. Erning 1980, 208ff.).

---

[109] Dies waren: Gebet, Gesang, Vorbereitung auf den künftigen Religionsunterricht, Erzählungen, Sinnen-, Verstandes-, Sprech-, Gedächtnis- und Lautübungen, Zählen, Zeichnen, Anstands-, Farb- und Bilderübungen, Mess-, Gewerbs-, Gruppier- und körperliche Übungen (vgl. Wirth 1838, 76-233).

[110] Als angemessen sah Wirth das Auszupfen, das Sortieren verschiedener Gegenstände, Klöppeln, Stricken, Tütenmachen, Paperstreifen- und Strohflechten und Klebeübungen mit Stroh und Papier an.

Kinder besitzen eine große Neigung zum Spiel und diese, so Wirth, muss beachtet werden. Man muss dem Kind die Kindheit als Zeit des Spiels lassen, ungeachtet aller Erziehung, auf keinen Fall dürfe die Kindlichkeit verloren gehen Wirth 1838, 263).
Das Spiel bietet dem Kind nun eine Möglichkeit, seine Erfahrungen und somit die Welt zu verarbeiten:

> „Aus den Spielsachen, die den Kleinen überlassen werden, bilden sie eine Welt, in der sie als die wichtigsten Bewohner erscheinen. Dort, in der selbst gemachten Welt, machen sie sich im stillen Auftrage ihrer eigenen, kindlichen Schöpfung, zum Herrn über alle Dinge, die ihnen gehören, und Niemand wird sie des denkübenden, beschäftigenden Verweilens bei ihren Spielsachen wegen beneiden, sondern sich freuen, und besonders wünschen, daß sie den einfachen, kindlichen Sinn recht lange behalten möchten! Ihre ganze Thätigkeit ist ein Uebertragen dessen, was sie im wirklichen Leben gesehen, erfahren haben, in ihre eigene Welt" (Wirth 1838, 263/264).

Im Spiel vollzieht sich Wirth folgend eine Übertragung und Verarbeitung der Erfahrung des realen Lebens, indem die Kinder in ihrem Inneren eine eigene Welt konstruieren. Es ist der Ausdruck der Kinderwelt, es ist die eigentümliche Form der Verarbeitung der Welt durch das Kind und so werden in der Welt des Spiels die Verhältnisse des wirklichen Lebens nachgespielt (vgl. Wirth 1838, 264/265). Die Neigung zu einem solchen Spiel, so Wirth, darf aber auf keinen Fall gestört und gehemmt werden: „So leben die Kinder in *ihrer Welt!* So lasse man sie wirken, so lange sie *Kinder noch sind*, so lange sie Freude an dem Abbilden verschiedener Verhältnisse aus dem Leben finden" (ebd., 265).
Als geeignetes Spielmaterial galten ihm, besonders für die ganz kleinen Kinder, sichtbare, bewegliche Gegenstände, Abfälle aus Holz oder Leder, also Spielmaterialien, die in ihrer Funktion nicht festgelegt sind. Ältere Kinder würden dagegen das Spiel ohne sichtbare Gegenstände bevorzugen, sogenannte Kinderspiele (vgl. Wirth 1838. 266). Diese Kinderspiele, in denen die Kinder zwar selbst spielen durften, die aber dessen ungeachtet unter Aufsicht stattfinden mussten, sollten eine ganze Reihe von Eigenschaften besitzen, z.B. sollten sie der Vermehrung von Kenntnissen und der Beförderung der körperlichen Ausbildung dienen, das Gedächtnis in Anspruch nehmen und die Aufmerksamkeit anregen. Außerdem durften sie keine Gefahr für Gesundheit und insbesondere die Sittlichkeit darstellen, sie sollten an Maß und Anstand gewöhnen und zuletzt auch die Zeit vertreiben, unterhalten und möglichst viele Kinder zur gleichen Zeit beschäftigen. Wirth selbst zeigte einige wenige mögliche Spiele, in denen Bewegung mit Belehrung verbunden war und Unsittlichkeit vermieden werden sollte (vgl. ebd., 271ff.).
Abgelehnt wurde jedoch die direkte pädagogische Verwendung des Spiels. Man solle, so seine Mahnung an die Erzieherinnen, nicht „glauben, die Kinder seyen unterhalten worden, wenn man sich selbst unterhalten fühlt. Mag es auch seyn, dass hie und da die Kleinen das Gleiche Interesse nehmen – in den meisten Fällen gehen die Kinder leer aus; denn es ist ein großer Unterschied zwischen: *sich mit Kindern unterhalten und: Kinder zu unterhalten"* (Wirth 1838, 272). Ein Satz, der bis heute nicht an Gültigkeit verloren hat.

Fazit: Wirths Vorstellungen besitzen sicherlich eine Nähe zu Wilderspins Ansichten und entsprechen somit auch dem zeitgenössischen Denken, zugleich sind jedoch auch Unterschiede zu erkennen.
Auch Wirth griff vor allem auf den Erziehungsbegriff zurück, während derjenige der Bildung kaum verwendet wurde. Ebenso wies er der Kleinkinderbewahranstalt primär eine Betreuungsfunktion zu und auch er betonte eindeutig die Aufgabe einer sittlich-religiösen Erziehung. Zugleich aber besitzt Erziehung bei Wirth – und darin liegt durchaus ein gewisser Unterschied zu Wilderspin – die Aufgabe der Anregung und die Unterstützung der ganzheitlichen Entwicklung. Stärker als bei Wilderspin gewinnt der Erziehungsbegriff bei Wirth seine Bedeutung aus pädagogischen Überlegungen.
Auch in seinen Vorstellungen über das kindliche Lernen unterscheidet er sich. Er vergleicht das Kind nicht mit einer Wachstafel, sondern greift auf das Bild des Erziehers als Gärtner zurück. Die übertriebene Vermittlung von Kenntnissen lehnte er ab, auch sind seine Ideen weniger am Modell der Schule orientiert. Vor allem aber sprach er dem Spiel eine eindeutig pädagogische Funktion zu. Wirth verstand das Spiel als eine kindgemäße Form der Verarbeitung der Welt, allerdings sind diese Aspekte weitestgehend unausgearbeitet geblieben.
In seinem grundsätzlichen Verständnis von Erziehung unterscheidet sich Wirth allerdings kaum von der Mehrheit seiner Zeitgenossen. Erziehung hat den Willen des Kindes zu leiten und das gewünschte Verhalten herbeizuführen, einen Tugendkatalog zu vermitteln. Entsprechend nimmt auch bei Wirth der Unterricht eine bedeutende Rolle ein; ein Unterricht, der vom Lehrer ausgeht und eindeutig eine belehrende und anleitende Funktion besitzt. Zugleich hat Erziehung auf das spätere Arbeitsleben vorzubereiten, dieser Aspekt findet sich bei Wirth sogar stärker ausgeprägt als bei Wilderspin. Erziehung sollte in diesem Sinne der Vermittlung gewünschter Denk- und Verhaltensweisen durch pädagogisches Handeln in Form von Einwirkungen des Lehrers dienen.

3.2.1.3 Theodor Fliedner und Johann Friedrich Ranke
Theodor Fliedner[111] hat die öffentliche Kleinkinderziehung in Deutschland maßgeblich geprägt. Erning bezeichnet die Gründung der Einrichtung in Kaiserswerth im Jahr 1835 als Beginn der Geschichte der evangelischen Kleinkinderschulen (vgl. 1987, S. 15). Sein großes, umfangreiches Werk[112] enthält allerdings nur wenig Spezielles zu dieser Thema-

---

[111] Theodor Fliedner (1800–1864) übernahm 1822 die kleine evangelische Pfarrgemeinde in Kaiserswerth bei Düsseldorf. Nur ein Jahr später verursachte der Bankrott der Seiden- und Samtfabrik in Kaiserswerth, der einzige Arbeitgeber der evangelischen Bevölkerung, eine Massenarbeitslosigkeit in der evangelischen Gemeinde. Fliedner erlebte so hautnah die Auswirkungen des Pauperismus, wie auch das Versagen der herkömmlichen Formen der Armenpflege. Er begab sich auf mehrmalige Kollektenreisen für seine verarmte Gemeinde, die ihn auch nach England führten, dort lernte Wilderspin und die englischen Kleinkinderschulen kennen Sie dienten als Vorbild bei der späteren Gründung der Kleinkinderschule.
Neben der Kleinkinderschulidee engagierte sich Fliedner auch auf anderen sozialen Gebieten, vor allem in der Gefangenenbetreuung und Resozialisierung, sowie in der Krankenpflege. Mit der 1836 in Kaiserswerth gegründeten Diakonissenanstalt, der ein Seminar zur Ausbildung von Kleinkinderlehrerinnen angeschlossen wurde, erneuerte er die weibliche Diakonieidee und ermöglichte so vielen Frauen eine Berufswahl. Unermüdlich reiste er zu Werbezwecke umher, nachdem er das 1849 das Pfarramt niedergelegt hatte, reiste er bis nach Nordamerika und Palästina, um dort für seine Diakonieidee zu weben.

[112] Allein das *Buch der Märtyrer* (1850ff.) umfasst vier Bände und mehr als 3000 Seiten.

tik. Neben zwei als Hilfsmittel für die Praxis gedachten Büchern, der *Bilderbibel für Kinder* und dem *Lieder-Buch für Kleinkinder-Schulen und die unteren Klassen der Elementar-Schulen* (1842)[113] wurden außerdem die Jahresberichte über die evangelische Kleinkinderschule bzw. die Diakonissenanstalt publiziert und zu Werbezwecken eingesetzt (vgl. Gerhardt 1937, 327). Zusätzlich wurde der Aufsatz *Notwendigkeit der Kleinkinderschulen* 1849 in der Zeitschrift *Armen- und Krankenfreund* veröffentlicht (vgl. Gerhardt 1937, 348; Sticker 1958). Es existiert somit keine Gesamtdarstellung von Fliedners Kleinkinderpädagogik. Allerdings hat sein enger Mitarbeiter Johann Friedrich Ranke ein solches Werk verfasst: *Die Erziehung und Beschäftigung kleiner Kinder in Kleinkinderschulen und Familien* (1863). Ranke war 1841 im Alter von erst 19 Jahren als Lehrer am Seminar eingestellt worden. Fliedner selbst verweist auf Rankes Schrift; ein Werk, das den „Geist seines Meisters" (Gerhardt 1937, 338) atmet und auch das *Liederbuch* wurde von beiden gemeinsam herausgegeben. Ergänzend wird deshalb auf Rankes Schrift zurückgegriffen, auch da er maßgeblich innerhalb der evangelischen Kinderpflege gewirkt hat. Überraschenderweise erfahren Rankes Überlegungen dennoch innerhalb historischer Arbeiten zur öffentlichen Kleinkinderziehung oft nur wenig Aufmerksamkeit,[114] was jedoch weder seiner praktischen, noch seiner theoretischen Leistung gerecht wird. Der Einbezug seiner Ideen an dieser Stelle ist deshalb sinnvoll.

Die Notwendigkeit und Bedeutung der Kleinkinderschulen: Fliedner hat besonderen Wert auf die religiöse Unterweisung der Kinder gelegt und dies kennzeichnet sein gesamtes Konzept. Erziehung sei eigentlich Aufgabe der Eltern, aber dort sei die Erziehung oftmals nur mangelhaft und deshalb ein großer Teil der Kinder der „Verwahrlosung, Verkrüppelung und Verwilderung" (Fliedner 1836, 13) ausgesetzt. Diese Unsittlichkeit, die im mangelnden Glauben der Kinder und Familien begründet liege, stelle eine Gefahr für Gesellschaft und die christliche Gemeinde dar und sollte durch eine strenge sittlich-religiöse Erziehung beseitigt werden.
Mit der christlichen Erziehung könne jedoch nicht bis zum Schulbeginn gewartet werden. Zu stark, so Fliedner, ist „die Macht des Tiers im Menschen", als dass man sie „durch das bisschen Verstandesbildung und Sittenlehre, die sie [die Kinder, H.W.] vom 6. bis 12. Jahre in den meisten Schulen erhalten" (1849, 45), bändigen könne. Es gelte, „das Unkraut an der Wurzel anzufassen, statt es 5 bis 6 Jahre um sich wuchern zu lassen: die Kinder mit 2, 3 Jahren schon der Verwahrlosung der Eltern möglichst zu entziehen durch *Erziehung in Kleinkinderschulen*" (Fliedner 1836, 46). Denn „wird der Körper in der zartesten Jugend verwahrlost, so sieht man die Folgen davon das ganze Leben hin-

---

[113] Das Liederbuch war sehr billig, was die vielfache Anschaffung ermöglichte und auch die vielen Auflagen erklärt. Neben der Sammlung von Liedern und Spielen, die Fliedner schon während seiner Studentenzeit in Gießen zu sammeln begonnen, finden sich dort auch Hinweise zur Gestaltung der täglichen Arbeit, sowie am Schluss des Buches Selbstprüfungsfragen für Kleinkinderschullehrerinnen. (vgl. Fliedner 1936, 62). Gerhardt bezeichnete es als ein „bahnbrechendes Hilfsmittel" (1937, 335) für die Erziehung des Kleinkindes.
[114] Beispielsweise wird Ranke in Erning/Neumann/Reyer 1987a nicht erwähnt, selbes gilt auch für Paterak 1999. Konrad 2004 schätzt Ranke zwar in seiner Bedeutung ein, als Literatur verweist er aber nur auf eine einzige, spätere Schrift. In Reyer 2006 wird zwar auf Ranke und eine seiner späteren Schriften verwiesen, im Zusammenhang mit Fliedner wird er aber nicht erwähnt.

durch" (Ranke 1863, 3). Auch die einseitige Ausbildung der Verstandeskräfte müsse vermieden werden, da ein unsittliches Leben ungeachtet allen Wissens möglich sei. Vielmehr sollte die „Hauptsache in der Erziehung" geschehen, bevor der Verstand gereift ist (vgl. ebd. 3/4).
Deutlich wurde den vorschulischen Einrichtungen eine Erziehungsaufgabe zugesprochen, die auf die Bekämpfung der sittlichen Verwahrlosung abzielte. Dadurch sollte die ganze Gesellschaft verbessert werden, denn „*unsere Kinder sind unsere Hoffnung*, die Hoffnung der Kirche wie des Staates. Darum ist eine Pflege und Erziehung der Kinder mit christlicher Weisheit und Liebe eine der wichtigsten Angelegenheiten für das ganze Volk" (Fliedner, zit. nach Gerhardt 1937, 321).

Die sittlich-religiöse Erziehung: Die Kleinkinderschulen sollten die Kinder zwar auch vor körperlicher, geistiger und sittlicher Verwahrlosung schützen, aber sie wurden doch auch als Vorbereitungsschulen und Erziehungsanstalten angesehen oder wie Ranke dies nannte: eine Einrichtung für schlecht erzogene Kinder (vgl. Ranke 1863,185ff.).[115]
Nach Fliedner sind es Erziehungsanstalten, in denen die „körperlichen und geistigen Kräfte geweckt, sie (die Kinder, H.W.) für den Elementarunterricht vorbereitet, und vor allem zur Gottesfurcht hingeführt werden" (Fliedner 1853, 244). Die religiöse Unterweisung und die Gewöhnung an den bekannten Tugendkatalog sollten den Mittelpunkt der alltäglichen pädagogischen Arbeit bilden (vgl. Ranke 1863, 23ff.). Man müsse die Kinder so früh wie möglich an das Gute gewöhnen, noch ehe sie verstehen können, was Recht und Unrecht ist, sollten sie folgen lernen, denn dies sei die Vorbedingung für Gehorsam und Frömmigkeit. Die Kinder sollten lernen, das zu tun, was ihnen befohlen wird, ein zunächst nur äußerer Gehorsam, während das „Endziel der Erziehung" auf einen Gehorsam abzielte, der „das Aufgeben des eigenen Willens, das Unterwerfen desselben unter den göttlichen Willen" (ebd., 31) anstrebte.
Erziehung in diesem Sinne ist vor allem als Gewöhnung an wünschenswerte Tugenden, sowie als religiöse Unterweisung zu verstehen. Gerade letzterer Aspekt zeigt sich immer wieder deutlich. Früh sollten die Kinder „zur Erkenntnis Gottes in der Natur und der heiligen Geschichte angeleitet und zu einem vertrauensvollen Umgang mit dem himmlischen Vater und seinem Sohn gewöhnt werden" (Fliedner 1836, 17). Denn der „höchste und letzte Zweck der Anstalt" sei es, den Eltern dabei zu helfen, „ihre Kinder der apostolischen Ermahnung gemäß aufzuerziehen in der Zucht und Vermahnung zum Herrn" (ebd., 17). Erziehung wird hier geradezu auf das sittlich-religiöse Element reduziert, denn „so lernen die Kindlein in diesen Schulen das Reich Gottes mit Freuden annehmen und, im Gefühl ihrer Ohnmacht und Hilfsbedürftigkeit, heilsbegierig die Hände ausstrecken nach Jesus, dass er nicht lassen kann, sie zu segnen; lernen dabei der schönen Schöpfung um sich her und ihres Lebens sich freuen [...] " (Fliedner 1840, 34).

Auch bei Ranke nahm die religiöse Unterweisung, die Erziehung zur Frömmigkeit, wie er dies nannte, einen großen Stellenwert ein (vgl. 1863, 43ff.). Fromm ist für ihn ein Kind, „wenn es das Gute thut und das Böse läßt um Gottes willen – entweder aus Furcht

---

[115] Da es schlecht erzogene Kinder in allen Ständen gab, sah Ranke den Besuch der Kleinkinderschulen nicht nur für Kinder der Armen, sondern auch für die der höheren Stände als sinnvoll an (vgl. 1863, 187).

oder aus Liebe zu Gott; wenn es vor Gottes Augen wandelt; wenn es sich treiben und züchtigen läßt von dem Geiste Gottes – wenn es gläubig ist" (ebd., 43). Die Kinder sollten Gott kindlich fürchten lernen und Gott in seiner Heiligkeit, Gerechtigkeit und Allmacht, sowie sich selbst in ihrer Sündhaftigkeit und Bösartigkeit erkennen (vgl. ebd., 44/45). Ein Bild vom Kind, dem das Verständnis von Erziehung zu entsprechen hatte.

Die Beschäftigungen und der Unterricht: Damit die Kinder erst gar nicht in die Gefahr einer moralisch-sittlichen Verwahrlosung geraten konnten, sollten sie sich nicht alleine beschäftigen und stattdessen die Lehrerin eine angemessene Beschäftigung anbieten: das Spiel, die Arbeit oder den Unterricht (vgl. Ranke 1863, 70/71). Haupterziehungsmittel sollte nicht der Unterricht, sondern die zweckmäßige Beschäftigung sein (vgl. Fliedner 1849, 48). Diese Beschäftigung hatte ein Kernelement der Erziehung in den Kleinkinderschulen zu sein, denn „viel Ermahnen, Warnen, Drohen, Strafen, ja auch viel Aufsicht wird durch eine geregelte Beschäftigung unnöthig gemacht. Etwas will der Mensch, will das Kind stets thun; beschäftigt man es nicht, so sucht es sich selbst Beschäftigung, kommt aber bei diesem Suchen gar leicht auf allerlei Böses" (Ranke 1863, 70).

Dennoch fällt die Orientierung an der Schule auf. Dies zeigt sich an der starken Betonung des Unterrichts, vor allem Ranke (vgl. 1863, 79ff.), aber auch Fliedner widmete sich diesem Thema ausführlich (vgl. 1836, 14ff. u. 1840, 29). Neben Sprech- und Denkübungen wurde auf einen Anschauungsunterricht Wert gelegt, da dieser die Sinne schärfe und Kenntnisse vermittle und deshalb eine ideale Vorbereitung auf den späteren Schulunterricht sei (vgl. Ranke 1863, 91ff.). Wichtig war Fliedner das Erzählen biblischer und andrer moralischer Geschichten, gerne auch mit Hilfe von Bildern oder Kupferstichen, das von den Lehrerinnen lebendig und kindgerecht gestaltet werden sollte.[116]

Die Anfänge des Zählens, Lautieren, Schreibens und Zeichnens, geometrische Formübungen und ein Unterricht in Naturgeschichte (weniger um Kenntnisse zu vermitteln, als die Kinder auf Schönheit der Natur aufmerksam zu machen), sowie das Auswendiglernen passender Lieder und Verse verweisen ebenfalls auf den schulähnlichen Charakter.

Allerdings waren Bücher jeglicher Art unerwünscht, wie auch die Vermittlung der Kenntnisse spielend stattfinden sollte, z.B. durch die Beschäftigung mit den geometrischen Formen als einem unterhaltenden Spiel. Auch sollte kein Unterricht im eigentlichen Sinn durchgeführt werden, die Kinder aber dennoch etwas lernen:

„Schon im ersten Lebensjahre *lernt* das Kind sehr viel: [...] Auch in dieser Zeit wird, wenn man so sagen will, das Kind schon *unterrichtet*, [...]; doch dies nennt man gewöhnlich nicht Unterricht, weil man dadurch das Kind nur im Allgemeinen bildet. [...] Was die Kinder vor dieser

---

[116] In mehreren Biographien Fliedners finden sich in diesem Zusammenhang die folgenden Beispiele. Um dem Wunsch nach Anschaulichkeit gerecht zu werden, ließ Fliedner beim Erzählen der Geschichte Goliaths das zu seiner Zeit bekannte Lied des Wandsdecker Boten singen. Bei der Stelle: „Da fiel der lange Esel hin, so groß und dick er war", ließ sich Fliedner selbst mit großem Gepolter zu Boden fallen, damit die Kinder sehen konnten, wie es dem stolzen Philister ergangen war. Ein anderes Beispiel ist die Erzählung vom Manna in der Wüste. Für diese Geschichte sollten die Lehrerinnen eine mit Honig bestrichene Semmel bereithalten, um so den Eindruck zu vermitteln, wie süß diese Speise war (vgl. Martin 1937, 329).

Zeit gelehrt wird, hat nicht den Zweck, daß sie *viele Kenntnisse* bekommen, sich bestimmte *Fertigkeiten aneignen*, sondern man will vielmehr dadurch die *geistigen Kräfte des Kindes im Allgemeinen wecken, stärken, die Sinne durch den Gebrauch schärfen, die Hände geschickt* machen, die Kinder für das spätere Lernen *vorbereiten*" (Ranke 1863, 79).

Fliedner wollte den systematischen Unterricht und die Vorwegnahme schulischer Lerninhalte nicht als das Hauptanliegen der Kleinkinderschulen verstanden wissen. Als Hauptzweck galt ihm vielmehr, „die physische Kraft und Gesundheit der Kinder zu stärken und die schlummernden geistigen Kräfte naturgemäß zu wecken und zu üben, mit Abwehrung schädlicher Einflüsse auf Leib und Seele" (Fliedner 1840, 29). Der Unterricht sollte deshalb auch spielerisch und auf anschauliche Weise erteilt werden.
Dennoch vermittelt die Darstellung des Unterrichts einen anderen Eindruck. Auffallend sind der schulähnliche Charakter, sowie vor allem der immense Lehrstoff, der geradezu erschreckend wirkt. Fliedner selbst hat dies zu relativieren versucht, denn auch die Vielfalt kann nicht schrecken, „sobald man weiß, daß eine häufige Abwechslung im Unterricht für den kindlichen Geist nötig ist, und jene Gegenstände nur als Mittel dienen sollen, um die vielen unentwickelten Kräfte anzuregen und zu entwickeln, und die Triebe seines Gemüts frühe auf das Gute zu lenken, zur Ordnung und zur Reinlichkeit, zur Dankbarkeit und zum Gehorsam gegen Eltern und Lehrerin, zur Liebe gegen seinen Gott und Heiland, zur Bekämpfung seines Eigensinns und der andern früh erwachenden bösen Triebe anzuhalten" (Fliedner 1840, 29/30).

So hat dann auch Ranke betont, dass Erziehung ganzheitlich verstanden werden müsse, denn „Leib, Seele und Geist bilden ja ein Ganzes. [...] Auch das geistige Leben kann gar vielfach durch eine schlechte Erziehung des Körpers gehemmt, gestört werden. Werden die Begierden des Leibes nicht schon früh unter ein höheres Gesetz stellt, werden sie groß gezogen, wie viel schwerer muß es dann werden, daß der Geist, erleuchtet durch den göttlichen Geist, in dem Menschen herrsche und regiere!" (ebd., 8). Ungeachtet der Betonung von Ganzheitlichkeit, Erziehung wird erneut auf den Aspekt der sittlich-religiösen Erziehung reduziert.

Das Spiel: Beide bezeichneten das Spiel als eine der Hauptbeschäftigungen der Kinder in den Kleinkinderschulen (vgl. Fliedner 1849, 48; Ranke 1863, 71). Es sollte dem Zweck dienen, „die Kinder zu *beschäftigen*, sie vor der Langeweile, der Mutter vieler Sünden und Unarten, zu bewahren" (Ranke 1863, 71). Aber das Spiel sei auch eine „Gefahr der Sünde", weshalb den Kindern nur sittlich „gute" Spiele beigebracht werden sollten. Auch hier erkennt man die mit den Beschäftigungen verbundene Absicht: Die Kinder so in Anspruch zu nehmen, dass sich erst gar nicht der Ansatz von Unsittlichkeit entwickeln kann. Eine pädagogische Bedeutung wurde dem Spiel dagegen nicht zugesprochen.
Fröbels Spielen warf Ranke vor, dass sie unnatürlich oder gekünstelt, vor allem belehrend sein würden. Aber die Kinder sollten spielen, um zu spielen und damit Freude verbinden und aus diesem Grund sah er Spiele, die nur erdacht seien, um die geistigen Kräfte zu üben oder die Kinder zu belehren, als untauglich an (vgl. Ranke 1863, 72ff.).
Fliedner selbst hat ein Beispiel gegeben, was er unter einem geeigneten Spiel verstand,

das „taktmäßige Bewegen der Glieder auf gegebenes Kommandowort, z.B. Rechte Hand auf! – Nieder! – Auf die Brust! – [...] –Rechts um! – Links um! Setzt euch! – Auf! usw." (Fliedner 1836, 11). Ein solches Spiel, das „exerziermäßige Bewegen des Körpers" (ebd., 11) mache den Kindern nicht nur Freude, es stärke auch die Glieder und mache gelenkig und darüber hinaus würden die Kinder an Aufmerksamkeit, Ordnung und Gehorsam gewöhnt. Hinzu kamen Bälle, Kegel, Bauklötzchen, Puppen und vieles mehr, mit dem sich die Kinder in ihrer Spielzeit beschäftigen konnten. Der Spielplatz galt als wichtig, weil sich dort der Charakter der Kinder beim Spiel offenbare und dies Hinweise für die Erziehung bieten würde (vgl. ebd., 56). Angemessene Spiele könnten so durchaus die körperlichen und geistigen Kräfte der Kinder wecken und üben, vor allem aber ist das Spiel ein hervorragendes Erziehungsmittel, um die Kinder in den bekannten Tugenden zu üben (vgl. Ranke 1863, 72ff.).

Fazit: Fliedner und Ranke haben den vorschulischen Einrichtungen keine grundsätzliche Bildungsfunktion zugesprochen. Entsprechend wurde der Bildungsbegriff auch nicht verwendet, im Mittelpunkt stand der Erziehungsbegriff. Erziehung im hier verwendeten Verständnis hat zur Aufgabe, die angebliche sittliche Verwahrlosung der Kinder zu bekämpfen, um die gesamte Gesellschaft zu verbessern. Nur deshalb sei Erziehung und somit die Kleinkinderschule überhaupt notwendig.
Als Basis dazu galt die streng religiöse Erziehung, eine Erziehung zu Frömmigkeit. Dieser Aspekt ist bei Fliedner und Ranke noch stärker als bei vielen ihrer Zeitgenossen ausgeprägt, der religiöse Charakter sticht geradezu hervor. Der entsprechende Tugendkatalog sollte vermittelt und die Kinder religiös unterwiesen werden. Kinder seien von Natur aus sündhaft und bösartig; eine diesem Bild vom Kind entsprechende Erziehung wurde als notwendig angesehen. Erziehung sollte der drohenden Unsittlichkeit entgegenwirke und so wurde dann auch z.B. dem Spiel weniger eine pädagogische Aufgabe beigemessen, als das es die sittlich-religiöse Erziehung unterstützen sollte.
Trotz gegenteiliger Bekundungen fallen dabei die schulähnlichen Methoden und Lerninhalte auf, insbesondere der enorme Lernstoff vermitteln diesen Eindruck. Der schulähnliche Unterricht galt als geeignete Form dieser Erziehung und des kindlichen Lernens. Kenntnisse sollten vermittelt werden, auch um auf die Schule vorzubereiten. Auf Ganzheitlichkeit wurde zwar verwiesen, aber im Grunde reduziert sich Erziehung hier auf den Teilaspekt der sittlich-religiösen Erziehung. Eben diese macht im Kern Erziehung aus. Erziehung wurde von Fliedner und Ranke vor allem als Vermittlung erwünschter Denk- und Verhaltensweisen verstanden; eine Vorstellung, die sich in Einklang mit den Restaurationsbemühungen der Zeit befand und der Stabilisierung der Gesellschaft dienen sollte.

3.2.1.4 Zeitgenössische Ansichten
Wilderspin, Wirth und Fliedner können zwar als die zu ihrer Zeit bekanntesten Vertreter gelten, aber es waren nicht die einzigen, die zu diesem Thema publiziert haben. Neben Fröbel und Fölsing, auf die anschließend einzugehen sein wird, haben sich zahlreiche andere Autoren zur öffentlichen Kleinkinderziehung geäußert. Deren Vorstellungen werden nun zusammenfassend analysiert, wobei darauf geachtet wird, ob sich Übereinstimmungen oder vorwiegend Unterschiede zu den bisher herausgearbeiteten Ideen erkennen lassen.

Frühe Hinweise auf die Einrichtung von Anstalten der öffentlichen Kleinkinderziehung finden sich in Christian Hinrich Wolkes Buch *Kurze Erziehungslehre oder Anweisung zur körperlichen, verstandlichen und sittlichen Erziehung anwendbar für Mütter und Lehrer in den ersten Jahren der Kinder* (1805) und Carl Gottlieb Heinzes *Plan einer Bewahr- und Vorbereitungsanstalt für Kinder von drei bis sechs Jahren beiderlei Geschlechts* (1805). Beide hatten beabsichtigt, eine derartige Anstalt zu gründen, Heinze war dazu von Wolke aufgefordert worden (vgl. Heinze 1805, 7). Hier sollten Kinder ab dem vollendeten dritten Jahr als sogenannte „Bewahrlinge" aufgenommen werden. Mit Beginn des sechsten Jahres, nachdem sich die Kinder eine gewisse Gewandtheit des Körpers, einige Wortkenntnisse und eine Fertigkeit im ordentlichen Sprechen und Urteilen erworben hätten, sollten die „Bewahrlinge" dann als „Lerninge" in eine Vorbereitschule übergehen (vgl. Wolke 1805, 207 u. 212). Ziel der Anstalten war die Verbesserung des bisherigen Schul- und Erziehungssystems und des Menschengeschlechts (vgl. ebd., 219). Allerdings sind im Rahmen dieser Arbeit beide Schriften nur von randständiger Bedeutung, schon die Bezeichnungen „Bewahrlinge" und „Lerninge", die zu keiner Zeit verbreitete Anwendung gefunden haben, machen dies deutlich.

Gegen Ende der 1920er steigert sich jedoch die Zahl der Monographien, die sich auf die öffentliche Kleinkinderziehung beziehen. Zu den interessantesten frühen Schriften gehören Carl Johns *Die Kleinkinderschule für Kinder von 2 bis 6 Jahren* (1830) und Leopold Chimanis *Theoretisch-practischer Leitfaden* (1832). Leopold Chimani war der produktivste Kinderschriften-Autor Österreichs. Er hat zahlreiche moralische Geschichten für Kinder verfasst, die bis zum Ende des 19. Jahrhunderts weit verbreitet waren. In seinen Geschichten vertrat er die Maxime, dass sich jeder Mensch der bestehenden Ordnung, in der Adel und Klerus Stellvertreter Gottes seien, zu unterwerfen habe – schon dies wirft einen ersten Blick auf seine Erziehungsvorstellungen. Chimani galt als allgemeiner Förderer der Tugend von Österreichs Jugend und bekam von Franz I., dem österreichischen Kaiser, die „Große goldene Verdienstmedaille" verliehen (vgl. Wild 2002, 146). Chimanis Schrift fand aber auch in den anderen deutschen Einzelstaaten große Aufmerksamkeit. Sie stellt eine der ersten größeren Schriften dar, die sich mit der öffentlichen Kleinkinderziehung auseinandersetzt. Konrad hat sie sogar als den ersten umfassend ausgearbeiteten Grundriss einer Pädagogik der Kleinkinderschule[117] eines deutschsprachigen Autors bezeichnet (vgl. Konrad 2004, 55). Aber auch Johns schon früher veröffentlichte Schrift befasst sich umfassend mit diesem Thema.

Es ist nicht möglich, sämtliche Schriften umfassend darzustellen, exemplarisch wird auf die Werke Johns und Chimanis zurückgegriffen. Weitere Monographien werden jedoch ergänzend herangezogen. Zu diesen Schriften gehört M. A. Diesings *Über die frühzeitige Bildung der Kinder in den Klein-Kinderschulen* (1830) und zwei Schriften von Johann Friedrich Heinrich Schwabe (1828 u. 1834). Sein zweites Buch war eine Erweiterung und Ergänzung seiner recht bald vergriffenen ersten Schrift (vgl. Schwabe 1834, V/VI). Seine Vorstellungen dürften demnach unter den Zeitgenossen Verbreitung gefunden haben. Hinzu kommen *Ueber Klein-Kinder-Schulen, insbesondere deren Zweck, Bestimmung, äußere und innere Einrichtung, und die mit ihrer Gründung verbundenen Kosten* (1835) von Johann Gottlieb Schmidlin und Dobschals *Nachrichten und beurthei-*

---

[117] Allerdings verwendet Chimani den Begriff Bewahranstalt.

lende Bemerkungen über die in den neuesten Zeiten in der Provinz Schlesien begonnenen Unternehmungen zu Erziehung sittlich-verwahrloster Kinder; nebst einigen Nachrichten über die Kleinkinderschulen in Breslau (1836). Von R. Fatscheck stammt *Die Kleinkinderschulen in Königsberg* (1837). Ossyras *Naturgemäße Gymnastik* (1838) verweist auf die hohe Bedeutung der körperlichen Erziehung. Aloys Hubers *Der Kindheit erstes Erwachen oder leichte und angenehme Unterhaltungen mit Kindern von drei bis acht Jahren zur Uebung der Sinne* (1840) befasst sich dagegen vor allem mit der Förderung der Sinne. Weitere Werke sind Wilhelm Perschkes *Betrachtungen über Kleinkinderschulen* (1839), Blumröders *Die Verwahranstalt für kleine Kinder* (1840), Friedrich Hüffels *Die Kleinkinderschule von pädagogischem Standpunkte aus betrachtet* (1841), Burdachs *Ueber Kleinkinderschulen überhaupt und die in Königsberg insbesondere* (1842) Amalie Winters *Die Klein-Kinder-Schule* (1846) und S.M. Budichs *Kurze Anweisung zur Leitung der ersten ernsteren Beschäftigungen des Kindes* (1851). Von Fr. W. Andreä stammen *Die Kleinkinder-Bewahranstalt, nach ihrer Nothwendigkeit und Einrichtung, ihrem Aufwand und Segen, insbesondere auf dem Lande* (1852) und das *Erziehungsbüchlein* (1859). Hier befasste Andreä sich zwar nicht explizit mit dem Thema öffentliche Kleinkinderziehung, dafür werden aber seine Erziehungsvorstellungen deutlich. Eine späte Schrift, die schon auf den Übergang zur Epoche des Kaiserreichs verweist, ist schließlich *Ein Wort über Kleinkinderschulen* (1863) von C. Geilsdörfer. Andere Schriften werden dagegen nicht berücksichtigt, weil sich in ihnen entgegen der ersten Annahme nur wenig Interessantes für diese Arbeit findet.[118] Keine Berücksichtigung findet auch *Die Kleinkinder-Schule als wichtiger Anfang von Unterricht und Lebensbildung. Freundlich dringender Rath für Eltern, Lehrer und Erzieher* (1834) von Chr. Theophilus Schuch. Seine Schrift ist, wie er selbst betonte, eine Zusammenfassung von Chimanis *Leitfaden*. Es enthält keine eigenständigen Ideen, sondern ist vielmehr Ausdruck von der Bedeutung und Resonanz, die Chimani gefunden hat. Nur am Rande hinzugezogen wird des Weiteren *Die Bewahrschule für kleine Kinder von zwei bis sieben Jahren* von Anton von Rehlingen, eine ebenfalls frühe Schrift aus dem Jahr 1832. Dies geschieht nicht aufgrund inhaltlicher Bedeutungslosigkeit, vielmehr bezog sich Rehlingens Schrift auf das österreichische Kleinkinderwesen. Rehlingen ist dieser Epoche voll und ganz zugehörig, lobend verwies er auf Wilderspin und John, seine Schrift war der Gräfin Brunszvik gewidmet. Auch er sah den Hauptzweck der Einrichtungen, ohne an dieser Stelle zu viel vorweg nehmen zu wollen, darin, „den Charakter zu bilden und die ersten Grundsätze der Tugend in die Seele zu streuen" (Rehlingen 1832, 68).

Die Notwendigkeit und die Aufgabe der vorschulischen Einrichtungen: Von der Mehrzahl der Autoren wurden die vorschulischen Einrichtungen nicht aus allgemein

---

[118] Dazu gehören Ueber Unterweisung und Erziehung der Kinder vom zweiten bis zum (zurückgelegten) fünften Jahre in Kleinkinder-Bewahranstalten (1841) von Theodor Fritz, und Schiels Fürwort für die Kleinkinderschulen (o.J.). Außerdem Das erste Schuljahr ohne Lese- und Schreibunterricht oder Darstellung eines Anschauungs-Unterrichts, der den gesammten Schulunterricht begründet. Zum Gebrauch in Volks- und Kleinkinderschulen (1852) von Ludwig Theodor Knauß, da sich dieses eher an Schulen richten würde. Dasselbe gilt für Adolph Diesterwegs Der Unterricht in der Klein-Kinder-Schule (1837/1852). Auch das bereits erwähnte Die Kleinkinderschulen und Kinderpflegen Württembergs (1865) von J.Fr. Bofinger ist für die hier untersuchte Fragestellung ohne Bedeutung.

pädagogischen, sondern aus sozialfürsorgerischen Gründen als notwendig angesehen. Es findet sich die bekannte Argumentation, die auf die große Bedeutung der frühen Erziehung für die weitere Entwicklung verweist: „Es kommt also auf die *früheste Erziehung der Kinder so unendlich viel an;* denn der gute Samen, welcher durch gute Lehre und gutes Beispiel frühzeitig in das unschuldsvolle unverdorbene Herz des Kindes gestreut wird, kann unmöglich so leicht wieder aus demselben vertilgt werden, er muß gute und feste Wurzel schlagen" (John 1830, 7). Ähnlich sahen es auch andere Autoren (vgl. Andreä 1859, 2; Burdach 1842, 6/7; Fatscheck 1837, 18; Wolke 1805, 3).

Aufgrund der mangelhaften familiären Erziehung, der notwendigen außerhäuslichen Berufstätigkeit, Verpflichtungen im Haus oder auch aufgrund mangelnder Fähigkeiten seien die Eltern nicht fähig, ihre Kinder angemessen zu erziehen und seien die Kinder mit sechs, sieben Jahren körperlich, geistig und moralisch verdorben. Diese Missstände sollten durch den Besuch der vorschulischen Einrichtungen zumindest abgemindert werden. „Gebildete und vernünftige Menschen" (John 1830, 9) sollten dort für die Erziehung der Kinder Sorge tragen und die Erziehung der Familien unterstützen und ergänzen, um die fortschreitende Entsittlichung des Volkes zu verhindern (vgl. Burdach 1842, 8f.; Fatscheck 1837, 9 u. 13; John 1830, 6f.).

Es überwiegen also sozialfürsorgerische, nicht pädagogische Argumente. Die Einrichtungen galten als ein Notbehelf, „ein Surrogat der bessern häuslichen Vorsorge" (Schwabe 1828, 10); als Wohltätigkeitsanstalten für die Kinder der ärmeren Klassen, (vgl. Schwabe 1828, 4 u. Schwabe 1834, 8). Im Namen stecke zugleich auch die Aufgabe der Einrichtungen; „in dem Worte: ,*Verwahr-* oder *Bewahrschulen*' liegt es schon, was man will, nämlich: *Verwahrung, Beaufsichtigung, daß weder Geist noch Körper Schaden leide*" (Schwabe 1834, 53). Selbst 1848 wurde von Winter noch der Bewahrungsaspekt betont (vgl.1848, VII/VIII).

Aber die Bewahrung galt nicht als alleinige Aufgabe. Schon Wolke und Heinze hatten betont, dass die Einrichtungen nicht nur die Aufgabe hätten, die Kinder zu bewahren, sondern sie auch bilden müssten (vgl. Wolke 1805, 207 u. 212) bzw. dass „seine ganze *Menschennatur* sich harmonisch und allseitig entfalte, daß seine *Sinnesorgane* in der gehörigen Stufenfolge geschärft, sein *Beobachtungsgeist* frühzeitig geweckt und seine *innere geistige Thätigkeit* durch *Anschauung* erregt werde" (Heinze 1805, 13). Überhaupt legte Heinze verstärkt Wert auf den Bildungsaspekt, es sollte die „geistige Thätigkeit [...] immer mehr geweckt und die intensive Bildung immer weiter fortgesetzt" (ebd.17) werden. Er regte ein so genanntes „Denklehrzimmer" (ebd., 15) und die Sprachentwicklung an, sogar im Französischen. Letzteres verweist darauf, dass Heinze durchaus auch auf die höheren Schichten als Adressaten abgezielt hat. Insgesamt muss jedoch die Betonung des Bildungsaspekts als Ausnahme gelten.

Dennoch haben selbst die Autoren, die den Einrichtungen primär eine Betreuungsfunktion zugesprochen haben, eine darüber hinausgehende Funktion anerkannt. Die Kinder sollten etwas lernen, auch wenn der Schulunterricht nicht vorweggenommen werden sollte und sie auch keine Arbeitsschulen sein durften (vgl. Schmidlin 1835, 10 u. 12; Schwabe 1828, 13/14). Die Einrichtungen hatten die mütterliche Erziehung zu ersetzen, zu unterstützen oder zu ergänzen (vgl. Burdach 1842, 8).

Klarer tritt diese weitergehende Funktion bei den anderen Autoren hervor. Die vorschulischen Einrichtungen sollten „wirkliche Erziehungs-Schulen" (Diodati 1828, 43) sein, Einrichtungen, „worin die zarten Kinder vom zweiten bis zum sechsten Jahre aufgenommen, gepflegt, erzogen, gebildet und unterrichtet werden" (John 1830, 9): echte „Erziehungsschulen" (ebd., 76). In ihnen sollte man „die Kinder von zwey bis fünf Jahren körperlich und geistig überwachen, ihre körperlichen Kräfte und geistigen Anlagen anregen, und die Kinder zur weiteren religiös-moralischen und geistigen Ausbildung für die Volksschule und das Leben vorbereiten" (Chimani 1832, II). Ziel sei die erste „Elementar-Erziehung" (Diesing 1830, 24), die Einrichtung sei „nicht nur eine Aufbewahrungs-, sondern auch Bildungs- und Erziehungsanstalt" (Andreä 1852, 15). Ihre Aufgabe sei „das Erziehungsgeschäft im engeren Sinne des Wortes" (Fatscheck 1837, 20).
All diese Aussagen können als exemplarisch gelten. Betrachtet man die Monographien dieser Zeit, kommt man zu dem Schluss, dass die meisten Autoren die Ansicht vertreten haben, dass die Kinder in den Einrichtungen nicht allein bewahrt, sondern auch erzogen und zum Teil gebildet werden sollten.[119] Den Einrichtungen wurde also durchaus eine Erziehungs- und Bildungsfunktion zugesprochen. Nur was wurde darunter verstanden? Sowohl Aspekte der physischen, geistigen und auch moralischen Entwicklung konnten damit verbunden sein. Auch wenn dies nun getrennt dargestellt wird, wurde es von den meisten Autoren in einem Zusammenhang gesehen, zumeist wurden alle drei Erziehungsarten angestrebt.

Erziehung als körperliche Erziehung: Auf die Entwicklung des Körpers wurde viel Wert gelegt. Schon Wolke hatte dies getan (vgl. Wolke 1805, 13-44 u. 210) und auch später wurde der Stellenwert der körperlichen Erziehung immer wieder hervorgehoben (vgl. Chimani 1832, 2-33). Ossyras Schrift befasste sich allein mit der Gymnastik des Kindes, denn auch wenn die Kleinkinderschulen die Kinder durch „sinnlich-geistige Anregung und durch Pflege des Gemüthslebens zweckmäßig" (1838, V) auf den Schulunterricht vorbereiten, sind doch die Leibesübungen ein bedeutsamer Teil der Elementarerziehung (vgl., ebd. IX). Aus diesem Grund präsentierte Ossyra zahlreiche Übungen, die heute eher befremdlich wirken.
Die körperliche Erziehung – der Bildungsbegriff findet sich in diesem Zusammenhang weniger – beinhaltete mehrere Aspekte. Zum einen sollte für die körperliche Gesundheit gesorgt und diese gestärkt werden, weshalb streng auf Reinlichkeit, Ordnung und Angemessenheit der Körperpflege geachtet werden sollte. Zum anderen sollten durch die körperliche Bewegung die körperlichen Kräfte geübt werden, z.B. durch angeleitete Beschäftigungen, Gymnastik und Spiele, wobei alle drei Formen zum Teil exerzierartigen Übungen glichen (vgl. Andreä 1859, 35-37; Geilsdörfer 1863, 9-11; Fatscheck 1837, 20; Hüffel 1841, 17f; Schmidlin 1835, 30).
Auch das Spiel galt in diesem Sinne als Teil der körperlichen Erziehung. Auffallend ist, dass dem Spiel nur eine geringe Bedeutung beigemessen wurde. Pädagogisch wurde es

---

[119] Ein gutes Beispiel ist Diesing, der stärker als viele andere Autoren dieser Zeit die Wichtigkeit frühkindlicher Bildung betonte. Die moralische und intellektuelle Bildung würde zu sehr vernachlässigt und zu viel Aufmerksamkeit auf den physischen Teil der Bildung gelegt (vgl. Diesing 1830, VI). Vgl. auch Blumröder 1840, 25/26; Dobschal 1836, 33/34; Hüffel 1841, 5ff.; Perschke 1839, 11.

kaum wertgeschätzt. Selbst 1863 vertrat Geilsdörfer noch die Ansicht, dass das Spiel immer einen Sinn haben müsse, z.b. auf das Lernen vorzubereiten, den Leib zu stärken, Sinne zu üben, Erkenntniskräfte anzuregen oder Gemüt und Charakter zu veredeln (vgl. 1863, 23/24).
Allerdings haben einige Autoren auch betont, dass das Spiel nicht allein der Unterhaltung oder zu Entwicklung der körperlichen, sondern auch zur Förderung der geistigen Anlagen beiträgt (vgl. Chimani 1832, 20). Hier wurde dann durchaus ein Zusammenhang zwischen körperlicher und geistiger Pflege oder Erziehung gesehen, denn „im gesunden Leib soll auch eine gesunde Seele wohnen, die Kinder müssen gleichzeitig auch geistig, sittlich erzogen werden" (Andreä 1852, 13). Leib und Seele, sowie alle Anlagen und Kräfte sollten deshalb nach Möglichkeit gleichmäßig und nicht das eine auf Kosten des anderen ausgebildet werden (vgl. Andreä 1859, 13ff.). Insgesamt wurde dem Spiel aber keine größere pädagogische Bedeutung beigemessen.

Im Mittelpunkt der meisten Überlegungen stand jedoch die geistige Erziehung oder Bildung. Oftmals findet sich die Aussage, dass die geistige Entwicklung der Kinder angeregt und gefördert werden müsse. Es wurde von geistiger Erziehung gesprochen, so bei Blumröder, der die Förderung des geistigen Wesens des Kindes als eine der wichtigsten Aufgaben ansah, denn „unendlich größeren Gewinn muß das gesammte geistige Wesen der Kinder in der Verwahranstalt finden" (1840, 25).
Nun besagt der Begriff „geistige Erziehung" zunächst nicht viel. Mehrere Bedeutungen lassen sich finden, die nun gesondert dargestellt werden.

Geistige Erziehung und Bildung als Schulvorbereitung: Damit verbunden war zum Teil die Vorbereitung auf die Schule, auch wenn dies nicht als hauptsächliche oder gar alleinige Funktion galt und auch nur auf wenige Autoren zutrifft. Für Huber lag der Zweck der Einrichtungen neben der Bewahrung primär in der Vorbereitung auf die Schule, auch wenn die „Kleinkinder-Bewahranstalt keine wirkliche Lernschule, sondern nur eine Anstalt sein soll, worin, außer der so wohltätigen Beaufsichtigung und Pflege, die Kinder zugleich zur künftigen Schulzeit vorbereitet werden sollen" (Huber 1840, III). Auch Budich sah die Vorbereitung auf die Schule als eigentliche Aufgabe der Einrichtungen an, weshalb er für den Begriff Vorschule plädierte (vgl. Budich 1851, 10). Auch bei Wolke und Heinze diente die Anstalt als Vorbereitung für die Schule (vgl. Heinze 1805).
Hier wurde geistige Erziehung primär in diesem Sinne verstanden. Auch John fand, dass die Einrichtungen durchaus den nicht minder wichtigen Sinn haben, dass „die Grundlegung einer künftigen methodischen und rationellen Erziehung und Bildung erzweckt, und so der wirklichen Schule und dem eigentlichen Unterrichte vorgearbeitet" (John 1830, 24) werde. Vereinzelt wurde sogar dafür gestimmt, einen eher schulmäßigen Unterricht in die Einrichtungen vorzuziehen, eine deutlich verschulte Tendenz findet sich bei Budich. Gerade bezüglich der älteren Kinder forderte er, diese „ernsthaft" zu beschäftigen und zwar durch erste Übungen im Zeichnen, Schreiben, Rechnen und Lesen. Diese Übungen wurden von ihm sehr detailliert beschrieben und an ihnen lässt sich sehr gut erkennen, dass Budich im Grunde den eigentlichen Schulunterricht in die Vorschu-

len vorziehen und somit vorwegnehmen wollte (vgl. ebd., 22ff.). Ähnliches schwebte auch Hüffel vor (vgl. 1841, 38ff.).

Geistige Erziehung und Bildung als (Anschauungs-)Unterricht: Die meisten Autoren lehnten einen schulartigen Unterricht jedoch ab. Die Einrichtungen galten gerade nicht als Schulen und Bildung im Sinne von Manieren oder übermäßigem Wissen und Kenntnissen, sowie Altklugheit nicht als Ziel (vgl. exemplarisch Andreä 1852, 16, Blumröder 1840, Hüffel 1841, 13 u. 48/49 oder Schwabe 1828, 13/14). Vielmehr müssten „die erwachenden Kräfte auf eine der gegenwärtigen Bildungsstufe derselben angemeßne und dem natürlichen Gange der Entwicklung entsprechende Weise" (Burdach 1842, 13) geübt, gefördert und auch geleitet werden.

Angestrebt wurde eine geistige Erziehung, die mit Hilfe eines Anschauungsunterrichts, der ja auch von Wilderspin als besonders wichtig hervorgehoben war, Umsetzung finden sollte. Auch John hat in der zweiten Hälfte seiner Schrift einen *Plan und Methode bei einer Kleinkinderschule für Kinder vom zweiten bis zum sechsten Jahre* verfasst. Hier behandelte er den Unterricht, der in den Kleinkinderschulen Anwendung finden sollte (vgl. 1830, 40ff.). Dieser Unterricht war vor allem ein Anschauungsunterricht. Auch Chimani behandelte in seinem *Leitfaden* einen solchen Anschauungsunterricht. Vielen Autoren erschien dieser geeignet für die vorschulischen Einrichtungen, Chimani und John werden hier ausführlich und exemplarisch[120] dargestellt.

Sämtlicher Unterricht in diesem Alter hat ein Anschauungsunterricht zu sein, der sich an die früheren Verhältnisse des Kindes, das bisherige freie Leben, anschließt, so John.[121]

---

[120] Überlegungen zum Anschauungsunterricht finden sich bei Andreä 1852, 13ff. u. Andreä 1859, 62/63; Huber 1840, V; Hüffel 1841, 30ff.; Schmidlin 1835, 14 u. 33/34. Wenn auch unterschiedlich akzentuiert, stimmen sie mit den Vorstellungen eines Anschauungsunterrichts wie bei Chimani und John dargestellt überein.

[121] Warum der Anschauungsunterricht einen so großen Stellenwert in seiner Konzeption eines Unterrichts in der Kleinkinderschule einnahm, erklärte John anhand der geistigen Entwicklung des Kindes. Nach John nehme diese einem allgemeinen Gang, durch den erklärt werden könne, wie im Menschen klare Vorstellungen entstehen. Drei Arten von Vorstellungen unterschied John dabei: 1) die Vorstellungen einzelner Eigenschaften oder Merkmale der Dinge (oder auch Empfindungen), 2) die Vorstellungen einzelner Dinge mit der Gesamtheit ihrer Merkmale (Anschauungen) und 3) allgemeine Vorstellungen (Begriffe). Sobald das Bewusstsein erwache, fasse der Mensch einzelne Merkmale auf und gelange so zu Empfindungen. Dies geschehe durch das Vermögen des Geistes, die äußerem Sinne, ohne eine besondere Selbsttätigkeit des Geistes und ohne Denken. Der Mensch erfahre so sinnliche Empfindungen: Empfindungen des Gesichts, Gehörs, Geruchs, Geschmacks und des Gefühls. Zu Anschauungen gelange der Mensch nun durch Denken, durch die Selbständigkeit des Geistes, indem einzelne Empfindungen miteinander verknüpft würden. Die Begriffe würden allein durch das Denken gewonnen. Verschiedene Gegenstände würden auf ihre Gemeinsamkeiten und Unterschiedlichkeiten hin miteinander verglichen, so würden Vorstellungen gebildet, die jedem Gegenstand zugeordnet werden. Während man nach John durch das sinnliche Auffassen einzelner Merkmale zu Empfindungen und durch das Zusammenfassen derselben zu Anschauungen gelangt, erhält man Begriffe „durch Absonderung der ungleichartigen und durch Verknüpfung der gleichartigen Merkmale in selbstthätigem Denken" (1830, 66). Dabei würden die Empfindungen als Grundlage für die Anschauungen dienen, die wiederum die Basis für die Begriffe darstellen würden. Deshalb fehle den Anschauungen ohne klare Empfindungen, wie auch den Begriffen ohne klare Anschauungen die Grundlage und somit die Klarheit. Deshalb müsse ein Unterricht, der zum Ziel die Entwicklung klarer Begriffe habe, diesem Weg folgen. Dem Kind müssten zunächst wirkliche Gegenstände zur Anschauung vorgegeben werden, damit es

Denn ein Kind kann nur verstehen, was ihm auch anschaulich gemacht wird, alles andere bleibt totes, leeres Wissen: ein Scheinwissen. In diesem Alter gibt es ohne Anschauung keine Erkenntnis, die Anschauung ist das eigentliche Prinzip der Unterweisung in diesem Elementar-, oder wie John es auch nannte Fundamentalunterricht. Selbst allgemeine Wahrheiten und Ideen, die mit der Entwicklung der Vernunft dem Kind vermittelt werden sollten, haben sich nach John an die Erfahrungen und Anschauungen des wirklichen Lebens des Kindes anzuschließen und müssen mit den bisherigen Erfahrungen verknüpft werden, da sie dem Kind nur so verständlich werden können. Aus diesem Grund müsse der Lehrer auch wissen, was den kindlichen Geist beschäftigt und was vom Kind im Augenblick aufgenommen und zu seinem geistigen Eigentum gemacht werden kann. Festes und sicheres Wissen im Kind basiert immer auf Anschauung, so John. Der Unterricht muss Materialien zum Gegenstand haben, die auch wirklich vor die Sinne der Kinder gebracht werden können: Anschauungsmittel, zumeist Einrichtungsgegenstände oder Materialien aus der direkten Umgebung der Kinder, die von den Kindern benannt, beschrieben, betrachtet, verglichen und unterschieden werden können. Gleichzeitig sollten dabei auch nützliche Kenntnisse über die Gegenstände vermittelt werden (vgl. John 1830, 42ff.).

John stellte eine Reihe von Übungen vor, mit deren Hilfe das Anschauungsvermögen, die Entwicklung des Denk- und Sprechvermögens und die Erweiterung des Wortschatzes geübt werden konnten (vgl. John 1830, 48ff.). Anhand einiger Beispiele wird deutlich, wie sich John den Ablauf der Übungen vorgestellt hat:

(zur 1. Übung)
„*Methode.* Der Lehrer zeige auf die Gegenstände und frage: Wie heißt dieser Gegenstand? Das Kind antwortet: Dieses Ding heißt Ofen, Fenster, oder ich sehe das Fenster u.s.w. – Erst lasse er alle Gegenstände *einzeln,* dann in *einer Reihe* fort.
(zur 2. Übung)
„Vergleichung (und Unterscheidung) der bisher betrachteten Gegenstände. Der Gang ist folgender: Der Lehrer nennt zwei oder mehrere Gegenstände, welche verglichen werden sollen (*Vergleichen* ist hier in dem Sinne des gewöhnlichen Lebens genommen, in welchem es *das Unterscheiden* zugleich in sich begreift.) Nun fordere man die Kinder auf, Merkmale zu nennen, welche an den genannten Gegenständen zugleich wahrgenommen werden, oder solche, welche einer dieser Gegenstände allein, oder in einem höhern oder geringern Grade besitzt" (John 1830, Anhang).

Vor allem die Methode zeigt, dass es John bei seinem Anschauungsunterricht immer auch um „richtige" und „falsche" Antworten ging, er erinnert an ein Abfragen, auch wenn sicherlich zu befürworten ist, dass der Unterricht anschaulich gestaltet sein sollte.

Auch nach Chimani dürfen die geistigen Anlagen durch die geistige Erziehung nur angeregt, nicht aber zu einer Frühreife gebracht werden (vgl. Chimani 1832, III). Denn das Ziel der geistigen Erziehung sei nicht die „Vielwisserei", auch da dies die Kinder nur unzufrieden mit ihrer Situation machen würde. Die Kinder sollten stattdessen „verstän-

---

die Merkmale auffassen und zu benennen lerne, je mehr Sinne dabei beansprucht würden, desto reichhaltiger sei der Nutzen. Erst später sollte das Kind Anschauungen und Begriffe bilden (vgl. ebd., 64ff.).

dig" (ebd., 34), d.h. in die Lage versetzt werden, Gegenstände und Natur mit ihren Sinnen richtig wahrzunehmen, um dadurch Vorstellungen zu sammeln und diese mit Worten richtig benennen zu können. Ohne Anschauung sollte nichts vermittelt, keine rein theoretischen Kenntnisse gelehrt werden. Vielmehr müsse man die Sinneswerkzeuge der Kinder üben und stärken, am besten durch eigene Erfahrungen der Anschauung. Nur anstelle der Dinge, die den Kindern nicht in der Realität gezeigt werden können, sollten Modelle oder Bilder verwendet werden (vgl. ebd. 34-38).
Derart sollte den Kindern ein reicher Vorrat an Vorstellungen verschafft werden. Diese sollten aber zusätzlich verdeutlicht werden, die Kinder „müssen sie verbinden, trennen und vergleichen lernen, auf Mittel und Zweck, Ursache und Folgen, Werth und Unwerth aufmerksam gemacht werden. Dieses geschieht durch *Anregung des Verstandes*" (Chimani 1838, 41). Um das zu erreichen, sollten die Kinder bekannte Gegenstände nach Merkmalen, Gestalt, Form, Eigenschaften etc. benennen und miteinander vergleichen, zugleich würde dadurch die sich entwickelnde Wissbegierde des Kindes befriedigt und seine Anlagen zweckmäßig beschäftigt werden (vgl. ebd., 41).
Auch Chimani hat konkrete Beispiele gegeben, an denen sich verdeutlichen lässt, wie er sich einen derartigen Anschauungsunterricht vorgestellt hat (vgl. Chimani 1838, 42ff.). Auf vom Lehrer gestellte Fragen, sollten die Kinder „richtig" antworten, wobei zugleich nützliches Wissen zu vermitteln sei. Insgesamt sollte den Kindern einen Vorrat an gemeinnützigen Kenntnissen verschafft und sie im Denken, Urteilen und Schließen, sowie ihre Aufmerksamkeitsfähigkeit geübt werden, wodurch das bei den Kindern angestrebte Ziel, nämlich „verständig zu werden, damit sie einst ihre Geschäfte mit Verstand und Überlegung betreiben" (ebd., 47), erreicht würde.

Geistige Erziehung und Bildung als sittlich-religiöse Unterweisung: Zusammenfassend lässt sich festhalten, dass Erziehung fraglos als Aufgabe der vorschulischen Einrichtungen angesehen wurde. Damit verbunden sein waren sowohl Aspekte der körperlichen Erziehung, als auch der Schulvorbereitung und der intellektuellen Erziehung, die sich in einem schulähnlichen (Anschauungs-)Unterricht konkretisieren sollte.
Im Mittelpunkt, auch des Verständnisses von geistiger Erziehung, stand jedoch das sittlich-religiöse Element. Dies wurde explizit, aber auch verschleiert formuliert. Dafür finden sich unterschiedliche Bezeichnungen, teilweise wurde von sittlich-religiöser Bildung, in anderen Fällen jedoch auch von sittlich-religiöser Erziehung gesprochen. Wenn der Bildungsbegriff überhaupt Verwendung fand, dann zumeist in diesem Zusammenhang. Gut ist dies bei Geilsdörfer zu erkennen. Für ihn hatte es Aufgabe zu sein, auf das „höchste Ziel der Bildung, der Bildung zu Gottähnlichkeit hinzulenken" (Geilsdörfer 1863, 5). Folgerichtig bezeichnete er dann auch die Religion als den „spezifischen Schwerpunkte aller Bildungselemente" (ebd., 19). Ungeachtet der jeweiligen Begriffsverwendung, die Ziele waren durchweg sehr ähnlich.
Erziehung in diesem Alter hatte eine „wahre christliche Kinderzucht" (Hüffel 1841, 46) zu sein. Erziehung zur Sittlichkeit und Frömmigkeit machte für die Mehrheit des praktischen Diskurses geistige Erziehung aus. Auch bei Diesing, der stärker als andere die Wichtigkeit von frühkindlicher Bildung betont hat, reduziert sich der Bildungsbegriff letztlich auf die sittlich-religiöse Erziehung. Im Vorwort seiner Schrift warf er der bisherigen Erziehung vor, zu sehr die Aufmerksamkeit auf den physischen Teil der Bildung

gelegt und darüber die Lenkung der geistigen Fähigkeiten und der inneren Neigungen derselben vergessen zu haben:

> „Ihre moralische und intellektuelle Bildung, die Entfaltung ihrer geistigen Anlagen, dieser Zierde der Seele, blieb lange und so lange aus unzeitiger Schonung unbeachtet, bis die Begierde zum Wissen sich mächtig im Kinde selbst regte, und da noch ward dasselbe vor Anfang des so lang versäumten herzlich und zärtlich bedauert, daß es nun mit Lernen geplagt und ihm der erste Unterricht erteilt werden müsse, wodurch die süße Lust des Spielens eingeschränkt und sein Leiden anfangen werde" (Diesing 1830, VI).

Ungeachtet der Betonung der Bedeutung der Entfaltung der geistigen Anlagen, finden sich jedoch auch bei Diesing keine von den Zeitgenossen abweichende Vorstellungen. Im Zusatz seines Titels verwies er auf Wilderspin und Wertheimer und auch er sah den Hauptzweck der Einrichtungen darin, die Kinder vor der Verwahrlosung zu bewahren und sie stattdessen an den bekannten Tugendkatalog zu gewöhnen, um so ihre Eingliederung in Gesellschaft bzw. die Stabilisierung derselben zu unterstützen (vgl. Diesing 1830, 46).

Im Folgenden soll anhand der Schriften von John und Chimani verdeutlicht werden, welche Vorstellungen mit der sittlich-geistigen Erziehung bzw. Bildung verbunden gewesen sind. Diese beiden Schriften sind wiederum ausdrücklich als exemplarisch zu verstehen, ähnliches findet sich bei zahlreichen anderen Autoren der Zeit,[122] die zum Teil auch auf diese Schriften, wie auch auf Wilderspin verwiesen haben.[123]
Nach John ist die sittlich-religiöse Erziehung weitaus wichtiger als sämtlicher Unterricht, gerade in der Bevorzugung des Unterrichts in den öffentlichen Anstalten sah er ein Problem, da oftmals geglaubt würde,

> „für das erste Alter des Menschen schon Alles gethan zu haben, wenn man ihm Hülfsmittel der *Belehrung* an die Hand gäbe. Aber für die menschliche Gesellschaft *tugendhafte und nützliche Mitglieder* vorzubereiten, *wahrheitsliebende, arbeitsame, wohlwollenden, rechtliche Menschen* aus Knaben und Mädchen zu bilden, welche eines *fromme* und *religiöse Familienväter, Freunde der Pflicht,* und *vernünftige, zärtliche, tugendhafte Familienmütter* werden könnten, daran dachte man lange nicht. Den Grundstoff in der Kirche und im *Staate*, die *Sittlichkeit*, ohne welche es weder Staat noch Kirche giebt, zu vervollkommnen, dies behandelte man bisher als Nebensache. Sollte dies aber nicht eben so wichtig sein, als die Bemühung, Gelehrte zu bilden, oder den Handel und den Gewerbfleiß zu vervollkommnen? (John 1830, 17/18).

Erziehung erschöpft sich nicht allein in der Vermittlung von Kenntnissen und Fertigkeiten, diesem Aspekt stand John sogar skeptisch gegenüber. Primäres Ziel sämtlicher Er-

---

[122] Ohne dies ausführlich zu belegen, vgl. dazu Andreä 1852, 29ff. u. 1859, 77ff.; Blumröder 1840, 26 u. 35/36; Diodati 1928, 35ff.; Dobschal 1836, 31ff.; Fatscheck 1837, 20ff.; Geilsdörfer 1863, 13ff.; Hüffel 1841, 17 u. 46; Schmidlin 1835, 37ff.; Schwabe 1834, 84ff. Winter ist in ihrer Darstellung ihrer Erziehungsvorstellungen bezogen auf den Aspekt der sittlichen Erziehung zwar eher zurückhaltend, aber der lobende Verweis auf Wilderspin zeigt, dass eine derart zu verstehende Erziehung auch hier befürwortet wurde.
[123] Beispielswiese Schwabe 1834, 77.

ziehung hatte vielmehr die Erziehung zu einem frommen und gesellschaftlich nützlichen Menschen zu sein. Religiöse Erziehung und Bildung galten ihm dabei als notwendig und unentbehrlich, da sie das „Fundament aller geistigen Bildung" (John 1830, 18) darstellen. Denn allein die Religion kann nach John die Kinder zu Menschen bilden, indem eine auf der Lehre der Religion gegründete Liebe gegenüber Eltern und Autoritäten in den Kindern erzeugt wird. Wissen ohne Religion sei ein Fehler, Erziehung ohne Religion nichts als eitler Tand (vgl. ebd., 18ff.).
Außerdem sollte dem Müßiggang entgegengearbeitet werden, indem „die Leerheit des Geistes (...) durch nützliche Beschäftigung ausgefüllt, die ungezügelte Freiheit des Willens (...) in pflichtmäßiger Ordnung des Gehorsams verwandelt" (John 1830, 33/34) wird. Die Gewöhnung an den von anderen Autoren bekannten Tugendkatalog sollte die Grundlagen der Tugend in die Seele der Kinder legen und der Charakter bilden, dies sei der wesentliche Zwecke der Anstalt (vgl. ebd., 34, 48 u. 76).

Auch bei Chimani findet sich der Aspekt einer derart verstandenen sittlich-religiösen Erziehung. Das Gedächtnis des Kindes gleicht nach Chimani einer unbeschriebenen Tafel, die alle Vorstellungen und Eindrücke aufnimmt (vgl. 1838, 49). In dieser Einschätzung ähnelt Chimani mehr Wilderspin als z.B. Wirth. Diese Eindrücke aber hatten dem zu entsprechen, was als richtig anzusehen ist, die Kinder sollten sich nur das einprägen, was für ihr Leben nützlich sein würde. Durch Sprüche, Lebensregeln, Lieder, Gebete etc. sollten die wünschenswerten Verhaltensweisen als moralisch richtig kennengelernt, sowie durch Wiederholung und ein erneutes Fragen und „richtiges" Antworten der Kinder vertieft werden (vgl. ebd., 49ff.).
Gut lässt sich hier die angestrebte Absicht erkennen. Keine Gelegenheit sollte ungenutzt bleiben, den Kindern die gewünschten Tugend- und Verhaltensvorstellungen zu vermitteln. Dabei betonte er interessanterweise, dass der Unterricht bei den Kindern nur fruchte, „wenn sie dabey selbstthätig sind. Ein ruhiges Anhören oder Anschauen desjenigen, was der Lehrer oder Mitschüler spricht, vorzeigt oder vormacht, nützt wenig. Die Schüler müssen mitdenken, miturtheilen und mitmachen, wenn sie Nutzen von dem Unterrichte haben sollen" (Chimani 1838, 58/59). Die Kinder sollten so viel wie möglich selber sprechen und handeln, da dies ihre Aufmerksamkeit stärkt. Die Übungen sollten den Interessen der Kinder entsprechen, denn „was mit ihren Neigungen übereinstimmt, dem widmen sie am liebsten ihre Aufmerksamkeit. Regsamkeit ist dem Kindesalter eigen. Daher werden sie dem Gegenstande mehr Aufmerksamkeit schenken, bey welchem sie ihren Körper oder einzelne Theile desselben bewegen können" (ebd., 62).
Auf der einen Seite betonte Chimani also die Selbsttätigkeit und das Interesse des Kindes. Andererseits bestand für ihn das Ziel der geistigen Erziehung aber in der Förderung der als wünschenswert eingestuften Verhaltensweisen. Ziel und die Hauptaufgabe der Bewahranstalten sei eindeutig die sittliche Bildung der Kinder; eine Sittlichkeit, die auf Religiosität basiert. Die ersten Regungen des sittlichen Gefühls und des Gewissens sollten in die richtige Richtung gelenkt werden, damit sie nicht nur zu einem vorübergehenden Gefühl, sondern zu einer festen Charaktereigenschaft werden. Unabdingbar ist nach Chimani dabei die Entwicklung des religiösen Gefühls, da nur dieses der Moralität Haltung und Festigkeit geben kann. Für Chimani war dies auch aus staatspolitischen Motiven wichtig, denn gerade bei den Kindern der ärmeren Klassen sollte die Entwicklung

sittlicher Tugenden bewirken, dass sie ihr späteres Leben mit Demut ertragen (vgl. Chimani 1838, 65 u. 73-75). Deshalb sollte „ihre [der Kinder, H.W.] Deutungs- und Handlungsweise eine religiös-moralische Richtung erhalten; das religiöse Gefühl muß erregt und entwickelt werden durch stete Hinweisung auf den unendlichen, allmächtigen und allgütigen Gott, von dem wir alle abhängig sind, alles Gute genießen, den wir lieben, dem wir danken und vertrauen, den wir in seinen Werken und weisen Einrichtungen bewundern und anbeten müssen" (ebd. 75).

Eine derartige Religiosität ziele mehr auf das Gemüt als auf den Verstand ab, es sollten richtige, fassliche, lebhafte und anschauliche Vorstellungen von Gott vermittelt und das tägliche Leben in Verbindung zu Gott gebracht werden (vgl. ebd. 77ff.). Außerdem sollten die Kinder angehalten werden, gut und sittlich zu handeln, auch Chimani zielte auf die Vermittlung des üblichen Tugendkatalogs ab. Ergänzend erwähnte er die Achtung vor dem Gesetz; Gesetze, deren Nützlichkeit vom späteren Untertanen nicht verstanden, sondern denen nur willig gehorcht werden musste. Am besten sei es sogar, den Willen des Kindes zeitig zu brechen (vgl. ebd., 90). Es sind, so Chimani, die vorschulischen Einrichtungen, in denen diese Sittlichkeit begründet werden muss, denn „alle Kenntniß und Geschicklichkeit hat keinen Werth, wenn sittliche Bildung des Herzens nicht damit verbunden ist, sie sind ein scharfes Werkzeug in der Hand eines unvernünftigen Kindes" (ebd., 87). Erziehung wird als sittlich-religiöse Erziehung begriffen.

Alternative Vorstellungen: Die bisher deutlich gemachten Ideen von Bildung und Erziehung können als repräsentativ für den praktischen Diskurs im hier untersuchten Zeitraum gelten. Es lassen sich jedoch auch alternative Überlegungen finden.

Nach Diodati darf die geistige Erziehung nicht der Vermittlung von konkreten Kenntnissen oder Fertigkeiten dienen, vielmehr muss den Kindern ein angemessener Unterricht erteilt werden. Ziel sei weniger, „positive Kenntnisse beizubringen, als sie zur Auffassung derselben vorzubereiten. Der Unterricht der Anstalt ist demnach vorzüglich dazu bestimmt, ihren aufkeimenden Fähigkeiten Mittel zu Entwicklung darzubieten" (Diodati, 1828, 26/27). Der Unterricht müsse die formale Bildung und nicht die materiale Bildung unterstützen, die Kinder sollten ihre Fähigkeiten entwickeln können, ohne dass diese missbraucht würden (vgl. ebd., 33/34).

Auch Burdach sah in den vorschulischen Einrichtungen „zunächst Bewahranstalten" (Burdach 1842, 10), welche die Gefahren durch Beaufsichtigung abwehren und der sittlichen Verwahrlosung vorbeugen, indem sie den Kindern „etwas einpflanzen, wodurch sie gegen Gedankenlosigkeit und Unsittlichkeit gesichert werden" (Burdach 1842, 13). Auch Burdachs Verständnis beinhaltet Aspekte einer Erziehung zur Sittlichkeit und die Gewöhnung an erwünschte Tugenden (vgl. Burdach 1842, 16). Allerdings ist dieser Aspekt bei ihm nicht so ausgeprägt wie bei vielen Zeitgenossen. Wichtig war ihm vielmehr, dass die Kinder angeregt werden und aus diesem Grund sollte eine geeignete und anregende Umgebung geschaffen werden:

„Der Mensch hat von Natur nur Anlagen, zu deren Entwicklung er der äußern Einwirkung bedarf. Durch die Sinnesgegenstände muß der Geist geweckt und seine Kraft geübt werden. Noch mächtiger ist der Verkehr mit andern, namentlich mit solchen Menschen, die vermöge ihrer erlangte Bildung dem kindlichen Geiste als Muster und Führer diene, und ihn so anregen und leiten, daß er die Entwicklungsstufen, zu welcher sie oder ihre Vorfahren mühsam und spät sich herauf gearbeitet haben, leichter und schneller ersteigt, um auch, wo möglich, über das von ihnen Erreichte weiter fortschreiten zu können. Das Bedürfnis solcher äußern Anregung sind allerdings geringer, wo die natürlichen Anlagen durch Stärke sich auszeichnen; da aber diese in der Regel sehr mäßig sind, so sind im Ganzen auch die mannichfaltigen Mittel ihrer Belehrung unentbehrlich. Ein Kind, welches in dem Zeitraume, wo der Verstand erwachen und seine ersten Uebungen vornehmen soll, sich selbst meist überlassen bleibt, und in der fortwährend einförmigen Umgebung nichts wahrnimmt, was seine Aufmerksamkeit auf sich zu ziehen, sein Interesse zu wecken, seinen Geist zu beschäftigen vermag, kann völlig verdummen; wenigstens bleibt es in seiner Bildung zurück, so daß es dann in der Schule viel schwerer lernt und langsamere Fortschritte macht, oder auch in seiner Entwicklung nie so weit kommt, als bei einer frühern Anregung seiner Geisteskräfte möglich gewesen wäre. Dagegen wird es durch die Kleinkinderschule in ein reges Leben voll mannichfaltiger Gestalten und wechselnder Erscheinungen eingeführt, und vor einem Zurückbleiben und Verkümmern der Verstandeskräfte bewahrt" (Burdach 1842, 11).

Das Kind, so Burdach, verlangt es nach einer anregungsreichen Umgebung, die seinen Interessen und Bedürfnissen entspricht. Fehlt diese, kann das fatale und schädliche Auswirkungen auf seine Entwicklung haben. Deshalb sollten die langsam erwachenden Kräfte auf eine „angemeßne und dem natürlichen Gange der Entwicklung entsprechende Weise" (ebd., 13) geübt und geleitet werden. Nicht Frühreife sei das Ziel, vielmehr sollte der Anfang einer allgemeinen menschlichen Bildung gelegt werden, also „den Boden nur urbar zu machen, damit er den Samen weiterer Bildung aufnehmen und zu gedeihlichem Wachstum bringen kann" (ebd., 14).
Bildung wird hier in Ansätzen als allgemeine Bildung verstanden. Die naturgemäße und auch erfolgreiche kindliche Entwicklung verläuft nach Burdach in allmählicher Stufenfolge, weshalb „die Entwicklung der Seele, in einem Fortschreiten vom Sinnlichen zum Geistigen bestehend, von innen ausgehen, von außen her aber nur angeregt und geleitet werden muß" (Burdach 1842, 14). In den Einrichtungen sollten die Kinder deshalb zur Selbsttätigkeit angehalten werden und sich nur mit Gegenständen beschäftigen, die sie auch interessieren und ihnen Unterhaltung gewähren (vgl. ebd., 14).
Aus diesem Grund sollte der Unterricht auch nicht dem eigentlichen Schulunterricht entsprechen. Die Kinder sollten keinen Zwang zum Lernen verspüren, „sondern die Lehre als eine Befriedigung ihrer Wißbegierde bezweckende Aeußerung des Wohlwollens betrachten" (Burdach 1842, 15). Wichtig seien das Interesse für die Sache und der Wetteifer untereinander, ist beides vorhanden, wird die Belehrung von den Kindern auch lebendig aufgenommen. Der Unterricht sei im Grunde eine Vorübung zum Denken, indem von der sinnlichen Erkenntnis zur geistigen Erkenntnis fortgeschritten wird. In der Anschauung, der sinnlichen Wahrnehmung, so Burdach, liegt die Grundlage der geistigen Entwicklung, weshalb die selbsttätige Wahrnehmung anhand mannigfaltiger Gegenstände der Wirklichkeit oder an Bildern geübt und daran anschließend Vergleiche und Verknüpfungen mehrerer Vorstellungen zu einem Urteil angeschlossen werden sollten. Mit diesen Anschauungen sollte die Vermittlung von Kenntnissen verbunden werden. Nur am Rande spielte dagegen das Erlernen einfacher Zahlenverhältnisse, eine erste Kenntnis der Buchstaben und Sprachübungen eine Rolle (vgl. ebd., 15/16).

Fazit: Aufgrund der Vielzahl von Autoren lassen sich unterschiedliche Ideen über eine angemessene Bildung und Erziehung in den vorschulischen Einrichtungen finden. Beispielsweise herrschte keineswegs Einigkeit in der Frage, ob zur Aufgabe die Vorbereitung auf die Schule gehöre und inwieweit man sich am schulischen Unterricht zu orientieren habe. Diese verschiedenen Ansichten sind sicherlich auch Ausdruck der noch vorhandenen Unsicherheit, wie ein dem Alter angemessener Alltag zu gestalten sei. Dennoch überwiegen die Gemeinsamkeiten und gerade bezüglich eines grundsätzlichen Erziehungsverständnisses lassen sich Übereinstimmungen erkennen. Nur wenige Ideen weichen deutlich von den dominierenden Vorstellungen ab. Wurde von Erziehung gesprochen, war durchaus dasselbe gemeint.

In der Mehrzahl der Schriften wurde der Bewahrungsaspekt als Aufgabe betont, die Einrichtungen galten eindeutig als sozialfürsorgerische. Es wurden jedoch auch Bildung und Erziehung zu den Aufgaben gezählt, beide Begriffe lassen sich finden. Von einer klaren, voneinander abgegrenzten und eindeutig definierten Verwendung der Begrifflichkeiten kann jedoch nicht gesprochen werden. Teilweise wurden die Begriffe undifferenziert oder auch synonym verwendet, in einer gewissen Tendenz verweist der Bildungsbegriff auf den Aspekt der sittlich-religiösen Erziehung bzw. Charakterbildung hin.

Präsenter war jedoch der Erziehungsbegriff. Erziehung galt als notwendig, um der angeblichen sittlichen Verwahrlosung der Kinder entgegenzuwirken. Unter den Erziehungsbegriff fielen dabei Aspekte der körperlichen Erziehung, verstanden als Stärkung und Gesundhaltung des Körpers. Dazu sollte zumeist auch das Spiel dienen, dem im Grunde keine pädagogische Bedeutung beigemessen wurde. Erziehung wurde jedoch primär als geistige Erziehung begriffen, aber auch mit diesem Begriff waren unterschiedliche Aspekte verbunden. Sie hatte der Schulvorbereitung zu dienen, außerdem wurde Wert auf einen Anschauungsunterricht – die Übung der Sinne verbunden mit der Vermittlung von Kenntnissen und moralischen Lehren – gelegt.

Vor allem aber wurde Erziehung und auch die geistige Erziehung als sittlich-religiöse Erziehung verstanden. Vollzogen werden sollte diese Erziehung über Einwirkung von Seiten des Lehrers in Form eines schulähnlichen (Anschauungs-)Unterrichts. Ziel war die Vermittlung eines Tugendkatalogs, was letzten Endes zur Stabilisierung der gesellschaftlichen Verhältnisse beitragen sollte. Erziehung wurde nicht als Aufklärung oder Emanzipation, sondern als Vorbereitung auf das spätere (Arbeits-)Leben verstanden. Zwar gab es alternative Überlegungen, die den vorschulischen Einrichtungen auch eine grundsätzlich bildende Funktion eingeräumt haben, aber diese sind im hier untersuchten Zeitraum marginal geblieben. Erziehung im Verständnis der Mehrheit zielte auf die Vermittlung wünschenswerter Denk- und Verhaltensweisen ab und bewegte sich im Kontext der Restauration und Reaktion.

3.2.2 Friedrich Fröbel und die Fröbelbewegung

Friedrich Fröbel[124] ist heute in Fachkreisen weithin bekannt und dies nicht nur innerhalb der Pädagogik der frühen Kindheit, März gilt er sogar „neben Pestalozzi als der bedeutendste Pädagoge deutscher Zunge" (1998, 473). Spielpädagogik und Kindergarten sind auf ihn zurückzuführen und haben nicht nur in Deutschland, sondern auch international die Entwicklung der öffentlichen Kleinkinderziehung entscheidend geprägt. Seine Ideen

---

[124] Über seiner heutigen Bedeutung aufgrund des Kindergartens darf nicht vergessen werden, dass sich Friedrich Fröbel (1782–1852) auch auf anderen pädagogischen Gebieten betätigt hat, erst gegen Ende seines Lebens konzentrierte er sich auf die Kleinkinderziehung.
Wichtige Elemente innerhalb Fröbels späterer Pädagogik lassen sich mit Fröbels Kindheit erklären. So wirkte z.B. der frühe Verlust der Mutter, die neun Monate nach seiner Geburt starb, sein Leben lang in Fröbel nach. Er wuchs bei seinem Vater auf, einem von dogmatisch christlicher Gläubigkeit geprägten Pfarrer, was für Fröbels eigenes christliches Verständnis nicht unbedeutend war. Da er zu seiner Stiefmutter nur ein sehr distanziertes Verhältnis besaß, war Fröbel schon früh sich selbst überlassen, wobei er in seinem Alleinsein sein auch später noch ausgeprägtes inniges Verhältnis zur Natur entwickelte. In der Schule war er nicht besonders gut und er hat auch kein Studium abgeschlossen, was eine nur beschränkte Bildung zur Folge hatte, die Fröbel später in autodidaktischen Bemühungen zu überwinden versuchte.
Nach verschiedenen Tätigkeiten als Feldmesser und einem abgebrochenen Studium der Naturwissenschaften übernahm Fröbel 1806 eine Stelle als Hauslehrer der vier Kinder von Caroline von Holzhausen, die Fröbel eine enge Seelenfreundin wurde und ihn ab 1811 zur Entwicklung der eigenständigen Weltsicht, der Konzeption der „Sphäre", anregte. Während dieser Zeit lernte Fröbel außerdem die Elementarmethode Pestalozzis kennen, u.a. durch eine Reise nach Iferten zu Pestalozzi selbst, wo er zwei Jahre lang zusammen mit seinen Zöglingen blieb. Nach dem Abbruch der Hauslehrertätigkeit arbeitete Fröbel ab August 1814 als Assistent von Professor Christian Samuel Weiß am Mineralogischen Institut der Universität, während dieser Zeit war es ihm möglich, das Sphärengesetz an den Kristallformen zu überprüfen.
1816 übernahm Fröbel die Erziehung seiner drei Neffen, was schließlich zur Gründung der „Allgemeinen deutschen Erziehungsanstalt" in Keilhau führte. Intensiv versuchte Fröbel in den folgenden Jahren, sein Sphärengesetz und Pestalozzis Methode in einer schulischen „Menschenbildung" zu verbinden und dieses Erziehungsprogramm auch mit Hilfe von sechs Werbeschriften, sowie in mehreren Aufsätzen zu verbreiten. In dieser Zeit entstand auch sein Hauptwerk *Die Menschenerziehung* (1826). Obwohl die Keilhauer Anstalt, ein Internat mit Familiencharakter ähnlich den späterem Landerziehungsheimen, zunächst erfolgreich war und die Zahl der Zöglinge wuchs, erregte es Unwillen, aufgrund von Verleumdungen und inneren Streitigkeiten verlor es mehr und mehr an Kindern, 1829 befanden sich nur noch 5 Zöglinge in Keilhau.
Nach einigen Jahren in der Schweiz, in denen er sich ebenfalls pädagogisch betätigte, wandte sich Fröbel ab 1835/1836 vom schulischen Bereich ab, um seine Kindergarten- und Spielpädagogik zu begründen. 1837 siedelte er nach Bad Blankenburg über, wo er zunächst mit der Produktion der Spielgaben begann. 1837 kam es dann zur Gründung der „Autodidaktischen Anstalt", die er ab August 1837 „Anstalt zur Pflege des Beschäftigungstriebes der Kindheit und Jugend" nannte. Dies war allerdings noch kein eigentlicher Kindergarten im heutigen Sinn, sondern eine Art Versand- und Produktionsbetrieb der Spielgaben. Erst im Juni 1839 wurde die Bildungsanstalt für Kinderführer eingeführt, die der Ausbildung diente, sowie das „Haus über dem Keller", die Spiel- und Beschäftigungsanstalt. 1840 wurde dann der „Allgemeine Deutsche Kindergarten" in Blankenburg eröffnet.
Ab 1844 begann Fröbel vermehrt für die Idee des Kindergartens zu werben und auch zu reisen, zunehmend widmete sich der weiteren Ausarbeitung seiner Kindergartenpädagogik und der Verbreitung seiner Idee. In dieser Zeit entstanden auch die *Mutter- und Koselieder* (1844), eine pädagogisch interpretierte Sammlung von volkstümlichen Kinderreimen, die genial im Entwurf, in der Ausführung aber zum Teil durch flache Reimerei entstellt waren. Während dieser Zeit kam es auch zu Kontakten mit Diesterweg, sowie Breymann und Marenholtz-Bülow, die später intensiv an der Ausbreitung des Kindergartenwesens beteiligt waren.
Im August 1851 kam es schließlich zum Verbot der Fröbelschen Kindergärten. Fröbel starb 1852, er selbst erlebte die Aufhebung des Kindergartenverbotes wie auch die Ausbreitung des Kindergartens nicht mit.

werden deshalb – ergänzt um die Überlegungen aus dem Umkreis der in der Entstehung begriffenen Fröbelbewegung – ausführlich dargestellt.

3.2.2.1 Friedrich Fröbel

Über seine heutige Bedeutung darf jedoch nicht vergessen werden, dass Fröbel und seine Ideen zeit seines Lebens weder dem Fachpublikum, noch einer breiteren Öffentlichkeit in einem mit heute vergleichbaren Maße bekannt gewesen sind. Die Gründung des Kindergartens, seine Vortragsreisen und seine Publizistik, all dies stieß auf wenig Resonanz. Institutsgründer und Publizisten wie Fröbel waren in jener Zeit „Dutzenderscheinungen" (Oelkers 1998, 9). Zwar sahen die wenigen frühen Anhänger in ihm eine bedeutende Persönlichkeit, aber dies trifft nicht auf seine Zeitgenossen zu. Der Aufstieg Fröbels, die „positive Selektion aus Dutzendgestalten" (ebd., 12), setzte erst nach seinem Tod ein. Zu seinen Lebzeiten waren außerdem weder alle relevanten Schriften, noch seine Briefe veröffentlicht und somit sein Denken nicht so bekannt, wie es sich heute rekonstruieren lässt.

Interessanterweise ist auch die Person Fröbel selbst nur unvollständig „erschlossen". Obwohl eine kaum zu überblickende Sekundärliteratur[125] und zahlreiche Biographien[126] existieren, hat Oelkers nicht ganz zu unrecht darauf hingewiesen, dass – erwartet man zweifelsfreie, gut dokumentierte und auch kritisch betrachtete Daten – „die Person Fröbel eher eine unbekannte Größe" ist, „die durch den Kult hindurch erst gefunden werden muss" (1998, 12). So ist z.B. die für eine Geschichte der öffentlichen Kleinkinderziehung interessante Frage, warum Fröbel den Kontakt zu Johannes Fölsing abreißen ließ und warum Middendorff erst nach Fröbel Tod den Kontakt zu Fölsing wieder aufgenommen hat bzw. vielleicht sogar erst wieder aufnehmen durfte (vgl. Diehl 1915, 287), nicht gebührend untersucht worden. Auch der Fröbelforscher Helmut Heiland geht davon aus, dass das nun erschlossene und auswertbare Briefmaterial die Erforschung der Biographie Fröbels noch einmal entscheidend bereichern wird, auch wenn das bisher erarbeitete Bild von Fröbels Kindergarten- und Spielpädagogik den Nachlassbeständen wohl standhalten wird (vgl. Heiland 2008, 34).

Auch die Beschäftigung mit Fröbels für diese Arbeit hauptsächlich relevanten Spielkonzeption und Kindergartenpädagogik birgt Probleme. Bis heute liegt keine quellenkritische Gesamtausgabe vor und auch der handschriftliche Nachlass ist noch immer nicht vollständig erschlossen, geschweige denn editiert. Einzelne Schriften oder Briefe, die im Zusammenhang mit seiner Kindergartenkonzeption stehen, müssen in verschiedenen, zum Teil schwer zugänglichen Ausgaben gesucht werden.[127] Außerdem existiert kein systematisches Werk. Die mehrmals in den 1840er Jahren geplante zusammenfassende

---

[125] Zur Primär- und Sekundärliteratur Fröbels siehe Heiland, Helmut: Bibliographie Friedrich Fröbel. Primär- und Sekundärliteratur 1820-1990. Hildesheim 1990 und Heiland, Helmut: Bibliographie Friedrich Fröbels 1990-2005. In: Heiland, Helmut/Gebel, Michael/Naumann, Karl Perspektiven der Fröbelforschung, 159-200.

[126] Als ältere Biographien bieten sich Prüfer, Johannes: Friedrich Fröbel Leipzig 1914 oder die monumentale Biografie von Halfter, Fritz: Friedrich Fröbels Platz, inneres Werden und eigentliches Wollen. Dortmund 1931 an. Neuere Biografien finden sich in Hebenstreit 2003 oder Heiland 2002.

[127] Als Ausgaben zu Fröbels Schriften bieten sich vor allem Boldt/Knechtel/König 1982a und 1982b, sowie die von Erika Hoffmann herausgegebenen Quellensammlungen (1951ff.) an.

Darstellung seiner Kindergarten- bzw. Spielpädagogik ist nie zustande gekommen. Fröbel hat seine verschiedenen Aufsätze nicht in einer systematisch strukturierten und leicht lesbaren Schrift integriert. Seine Reflexion um die Spielkonzeption des „Spiel- und Beschäftigungsganzen" blieb bis zum Ende Fragment (vgl. Heiland 1989, 46; Heiland 1998, 187 u. 284; Heiland 2002, 30).

Überhaupt hat Fröbel sehr unsystematisch gearbeitet. In bestimmten Lebensabschnitten hat er kaum werksystematisch publiziert, sondern in seinen Briefen pädagogische Reflexionen notiert und die Briefform für die Darstellung seiner Erziehungsweise bevorzugt. Viele Briefe sind deshalb für Fröbels Verständnis seiner Spiel- und Kindergartenpädagogik von immenser Bedeutung[128] (vgl. Hoffmann 1944, V; Heiland 2006b, 144; Heiland 2008, 7). Nun hat Fröbel in der Zeit von 1836 bis 1852 jedoch ca. 2000 Briefe geschrieben.[129] Nach 1840 wird der Kreis von Fröbels Briefpartnern immer größer und unüberschaubarer (vgl. Heiland 2008, 24).[130] Zwar handelt es sich dabei im Gegensatz zu den umfangreichen Briefen der früheren Jahre oft nur um ein- bis zweiseitige Briefe, aber in ihnen zeigt sich die Entwicklung seines Denkens. In zwei Briefen vom 20. Januar 1842 entwickelte Fröbel darüber hinaus seine gesamte Spielpädagogik (vgl. ebd., 21/22). Allerdings waren Fröbels Briefe lange unbekannt (vgl. Heiland 2008, 14). Bis vor kurzem waren zwei Drittel bis drei Viertel der Fröbelbriefe unveröffentlicht (vgl. ebd., 20). Die Fröbelbriefedition wird nach Heiland für die weitere Erforschung der Fröbelpädagogik aber vermutlich von weitreichender Bedeutung sein (vgl. ebd., 34). Es stellt sich deshalb die Frage, wie mit diesem Material umzugehen ist. Findet es Verwendung, dann muss man sich zumindest bewusst sein, dass die dort ausgearbeiteten Ideen der Allgemeinheit und auch dem Fachpublikum zu Fröbels Zeit nicht bekannt gewesen sind. Verzichtet man darauf, gehen entscheidende Quellen verloren, die bei der Analyse von Fröbels pädagogischen Gedanken unentbehrlich sind (vgl. Heiland 1989, 117 u. 1998, 283). Aufgrund der hohen Bedeutung die Fröbel bis heute als einer, wenn nicht sogar als der „Gründungsvater" der öffentlichen Frühkindpädagogik genießt, wie auch aufgrund der Tatsache, dass nach seinem Tod seine Ideen das weitere frühkindpädagogische Denken maßgeblich – entweder in positiver Aufnahme und Verarbeitung oder in Ablehnung und „Bekämpfung" – beeinflusst haben, werden seine Überlegungen umfassend betrachtet und auch den Zeitgenossen nicht zugängliche Briefe oder Texte verwendet, auch wenn dieser Aspekt bei der Einschätzung Fröbels bedacht werden muss.

---

[128] Ein derartiges Dokument stellt z.B. der Brief Fröbels an Gräfin Therese Brunszvik aus dem Jahr 1842 dar. Fröbel drückte in diesem Brief ein wesentliches Stück der werdenden Kindergartenidee aus (vgl. Hoffmann 1944, V). Für das Verständnis seiner Spiel- bzw. Kindergartenpädagogik ebenfalls von Bedeutung ist Fröbels Brief an Max Leidesdorf vom 21.3.1846.

[129] Viele von Fröbels Briefen sind nicht überliefert worden, aber er ließ oftmals Abschriften anfertigen, die in seinem Hausarchiv verwahrt und nach seinem Tod von Luise Fröbel betreut wurden. Beispielsweise vermachte Luise Fröbel die Briefe und Dokumente aus der Kindergartenzeit Eleonore Heerwart für deren Fröbel-Museum in Eisenach, später gelangten sie nach Bad Blankenburg (vgl. Heiland 2008, 14).

[130] Er pflegt eine umfangreiche Korrespondenz mit Langenthal (101 Briefe), weniger jedoch mit Middendorff (38 Briefe). Diese sind auch von geringerer theoretischer Qualität. An die Muhme Schmidt lassen sich insgesamt 55 Briefe finden, eine „spielpädagogisch kreative Korrespondenz" (Heiland 2008, 30) und an Ida Seele 30 Briefe. Andere Briefpartner waren Karl Hagen oder Herrmann von Arnswald, von ihnen erhoffte er sich die Verbreitung seiner Pädagogik. Später stand er auch in brieflichem Kontakt zu Marenholtz-Bülow und Schrader-Breymann (6 und 8 Briefe) (vgl. Heiland 2008, 29ff.).

Zurückgegriffen wird auf die Texte, die für die Auseinandersetzung mit Fröbels Ideen zur frühkindlichen Pädagogik am relevantesten erscheinen. Sie machen jedoch nur ein Teil seines Gesamtwerkes aus und so wird z.b. *Die Menschenerziehung*, Fröbels eigentliches pädagogisches Hauptwerk, weitgehend vernachlässigt.

Fröbels Welt- und Menschenbild: Das Gesetz der Sphäre: Fröbels Denken mutet heute fremd an und ist nicht immer leicht nachzuvollziehen, man muss versuchen, sich von vertrauten Denkfiguren zu lösen. Seine Texte sind prinzipiell nicht leicht lesbar. Seine Sprache ist kompliziert, geprägt durch das Hintereinanderfügen ähnlich klingender Worte und durch Bandwurmsätze, in denen Fröbel sein Denken in einer Einheit auszusprechen versuchte und die das eigentlich Gemeinte eher umkreisen als prägnant auszudrücken (vgl. Heiland 2008, 24; Hebenstreit 2003, x/xi). Es gibt kaum griffige Formeln und er greift nicht auf vorangehende Zusammenhänge zurück, seine Texte erwecken den „Eindruck von Berichten aus der Werkstatt des Denkens" (Heiland 1998, 189).
Hinzu kommt, dass seine Überlegungen in seinen „Ansatz einer theoretischsystematischen Analyse von Realität mit Hilfe der zeitgebundenen metaphysischen Spekulation" (Heiland 1989, 46), der sogenannten Philosophie des sphärischen Gesetzes, eingebettet sind. Die Philosophie der „Sphäre" ist das Fundament, auf dem bei Fröbel alles aufbaut. All seine Bestrebungen beruhten auf dem Sphärischen Gesetz oder, so Fröbel in einem Brief an Nanette Pivany, „in der lebenvollen Erkenntnis innerer Einheit, innerer Einigung und inneren Einklanges aller Dinge auch bei aller äußerer Mannigfaltigkeit, Entgegnung und Entgegensetzung" (Fröbel 1842b, 198). Aus diesem Welt- und seinem Menschenbild ergibt sich Fröbels Pädagogik, auch die des Kindergartens[131] (vgl. Heiland 1989, 52; Heiland 2002, 22/23). Zunächst muss deshalb in aller Kürze auf Fröbels Überlegungen zum Sphärischen Gesetz eingegangen werden. Ohne sie lässt sich auch seine Kindergartenpädagogik nicht wirklich verstehen.

Die Sphärenphilosophie wurde von Fröbel bereits um 1811 entwickelt; ein Menschen- und Weltbild, aus Fröbel selbst und eher unabhängig von direkten Einflüssen wie z.B. Schelling oder Fichte entstanden. Aber es entstammt natürlich seiner Zeit, der klassisch-idealistischen Epoche und insbesondere den Strömungen, die gemeinhin unter der dem Begriff der Romantik zusammengefasst werden. Bollnow hat ihn sogar als „Blüte der romantischen Pädagogik" (Bollnow 1977) bezeichnet – einem Bild Fröbels, dem man zustimmen mag oder auch nicht.[132]

---

[131] Fröbels Kindergartenpädagogik ist allerdings nicht nur mit der Sphärenphilosophie verbunden, sie wurzelt auch in Fröbels Schulpädagogik. Überhaupt gehört bei Fröbel im Grunde alles zusammen. Schulpädagogik, Erziehungsphilosophie und Kindergarten, all dies entstand aus demselben grundsätzlichen Denken, die oftmals vorgenommene Trennung kann man deshalb als künstlich ansehen. Tun und Denken, Erziehungspraxis und -philosophie, all dies war bei Fröbel eins (vgl. Heiland 2002, 23ff.).
[132] Es erscheint zumindest fragwürdig und in einer absoluten Setzung nicht haltbar. Meines Erachtens ist Heiland zuzustimmen, der eine derartige Einschätzung Fröbels darin begründet sieht, dass Fröbel einseitig und nicht in seinem ganzen Werk (so stützt sich z.B. Bollnows Interpretation überwiegend auf eine Quelle) zur Kenntnis genommen wurde. Zu der Frage, ob Fröbel nun eine Romantiker oder der Aufklärung nahe stehender Pädagoge war siehe Heiland 2003c.

Unter Romantik lässt sich eine um 1800 entstehende und bis etwa 1835 andauernde vielschichtige, regional und chronologisch deutlich voneinander geschieden Bewegung verstehen, die eine Mannigfaltigkeit umfasst, die kaum auf einen gemeinsamen Nenner zu bringen ist. Typisch für die Romantik war das Fragmentarische und Chaotische, aus der augenblicklichen Stimmung heraus Geschriebene und später nicht weiter Verfolgte. Sie zielte nicht auf das in sich Vollendete und Harmonische ab und dem entspricht auch Fröbels Schaffen. Überhaupt spiegeln sich wesentliche Merkmale der Romantik in Fröbels Denken wieder, z.B. das Unbehagen an der Welt und die Suche nach Alternativen zur bürgerlichen Lebenswelt, gepaart mit der Sehnsucht nach einer Heilung der Welt, was durchaus konservative Züge besitzen konnte. Die nüchterne Wirklichkeit wurde abgelehnt und sich für das Exotische und Unbegreifliche begeistert, aber auch zum Christlichen und Religiösen hingewendet, was zwar eine Nähe zu den kirchlichen Konfessionen bedeuten, wie im Fall Fröbels aber auch zu neuen Formen der Religiosität führen konnte. Und nicht zuletzt die Naturverbundenheit, die gefühlsmäßige Erfassung der Natur und die Parallelität von Geist und Natur.

Ebenso gab es auch eine „romantische" Sichtweise pädagogischer Probleme. Misstrauisch wurde der Modernisierungsprozess mit seinen Folgen reflektiert, wobei die Kritik auch die institutionalisierte Erziehung einschloss. Die Familie, allen voran die Mutter-Kind-Dyade wurde als eigentlicher Ort der Erziehung angesehen, ihr galt die pädagogische Reflexion. Das Kind, das sei das unschuldige, unverstandene Wesen, von den Erwachsenen um sein Glück und seine Möglichkeiten gebracht, das Vorbild der wahren und reinen Natur (vgl. Tenorth 2000, 138).

All dies lässt sich auch bei Fröbel finden. Fröbels Philosophie der Sphäre besitzt aber auch eine gewisse Nähe zu den Überlegungen des Deutschen Idealismus. Hier wurde, vereinfachend gesprochen, versucht, die Widersprüche der Zeit, die Pluralität und Gegensätzlichkeit der erfahrenen Lebenswelt innerhalb eines einzigen Systems miteinander zu versöhnen. Jedes Einzelphänomen wurde immer nur im Gesamtzusammenhang der Welt gesehen und verstanden. Man versuchte, die Wirklichkeit als zusammenhängendes Ganzes, als System zu begreifen. Die Wirklichkeit sollte sich aus einem einzigen Prinzip herleiten und alles Wissen sich in einem Absoluten begründen lassen, wobei unter dem Absoluten sowohl die Wirklichkeit als Ganzes, wie auch der den Zusammenhang herstellende Grund verstanden wurde.

Ähnlich auch Fröbels Philosophie der Sphäre, die sich in allen Texten Fröbels nachweisen lässt (vgl. Heiland 1989, 163). Allerdings änderten sich die Formulierungen und Grundbegriffe im Laufe der Zeit.[133] In den späten Schriften ist vor allem der Begriff der „Lebenseinigung" von Bedeutung. Den Kindergarten begriff Fröbel als Ort der Lebenseinigung durch Spielpflege (vgl. Heiland 1989, 133ff.). Fröbels Absicht, „der letzte, der Gesamtzweck des Ganzen" war es, „den Menschen früh durch Tun, Empfinden und Denken, ganz angemessen seinem Wesen und seinen Verhältnissen zur Menschen-Natur, und so zu wahrer Gotteinigung, überhaupt also zu allseitiger Lebenseinigung zu erzie-

---

[133] So wurde aus der ursprünglichen Trias: „Einzelheit" – Mannigfaltigkeit" – „Einheit" (etwa 1811 bis 1823) die Vermittlung von „Innen" und „Außen", die „Veräußerlichung" des Innern und die „Verinnerlichung" des Äußern als Lebenseinigung (etwa 1826 bis Anfang der 40er Jahre), während Fröbel dann zuletzt vom „Vermittelungsgesetz" oder dem „Entgegengesetztgleichen" als Synonym für das ursprüngliche „Sphärengesetz" gesprochen hat (vgl. Heiland 2002, 23).

hen" (Fröbel 1840, 119). Lebenseinigung gelingt nach Fröbel aber nur durch „echte Pflege des Kinderlebens, der Kindertätigkeit, also durch Entwickelung und Gestaltung, durch Bilden und Darleben des reinen Kinderwesens" (ebd., 119/120) und umfasst die dreifache Verbundenheit des Menschen mit der Menschheit, mit der Natur und mit Gott. Sphärisches Gesetz und Lebenseinigung gehören deswegen eng zusammen. Man könnte sagen, während das Sphärische Gesetz der eine Grund, das Gesetz ist, nach dem alles abläuft, stellt die Lebenseinigung das Ziel von Erziehung bzw. sämtlichen menschlichen Lebens dar. Zunächst wird deshalb erklärt, was Fröbel unter dem Sphärengesetz verstand, ehe darauf eingegangen wird, was es bedeutet, zur Lebenseinigung zu gelangen. Dabei wird auf Erläuterungen des Sphärengesetzes aus einem Brief an Max Leidesdorf aus dem Jahr 1846 zurückgegriffen. Er wurde in der Rezeptionsgeschichte Fröbels so gut wie nicht zur Kenntnis genommen,[134] dessen ungeachtet wird hier seine Sphärenphilosophie präzise und knapp zusammengefasst (vgl. Heiland 1998, 207). Dieser Text bietet sich außerdem an, weil er aufgrund seiner späteren Entstehung auch theoretische Überlegungen zum Spiel- und Beschäftigungsmaterial enthält (vgl. Heiland 1992, VIII).[135] Er wird zum Teil aber noch durch andere Aussagen Fröbels ergänzt.

„Einen Grund, *Einen* Quell, *Einen* Ausgangspunkt nur hat alles Daseiende, hat alles, was wir Natur, Welt, Schöpfung, All nennen; hat alles Wesen, alles Sein, alles Leben, wo es nun immer erscheint und sich kund tut, oder wo es selbst noch – geahnet oder ungeahnet – schlummert" (Fröbel 1846, 190).

Dieser „Urgrund, Uranfang und Urquell alles Daseienden" ist nach Fröbel „das sich Bewußte, sich Selbstbestimmende, in sich innig Einige, darum Gute, Gott" (1846, 190). Diese Einheit oder Gott sei der Grund alles Seienden, er habe alles geschaffen. Alles Seiende und somit auch der Mensch trage zugleich auch das Wesen seines Grundes, also Gott, in sich und sei ein Ausdruck des göttlichen Wesens (vgl. ebd., 191).
Jedes Seiende, jedes Lebewesen und auch jeder Mensch ist, so Fröbel, deshalb im Besitz eines göttlichen Kerns, der Einheit, die alles erschaffen hat. All dies zusammen bilde nun wiederum eine Einheit (vgl. Fröbel 1846, 190/191). Der Begriff der Einheit verweist also auf eine doppelte Bedeutung. Sie ist nach Fröbel das Ganze alles einzelnen Seienden, wie auch der göttliche Seinsgrund selbst. Nicht nur im Menschen, auch in der gegenständlichen Welt ist eine Gesetzmäßigkeit vorhanden, die ihren Grund in Gott hat. Mensch, Tiere und die Natur seien aus diesem Gesetz, aus dieser Einheit hervorgegangen. Jedes sei eine Einzelheit dieser Einheit und alles zusammen sei wiederum eine Einheit (vgl. ebd. 190/191). Bei Fröbel steht alles mit allem in einem Zusammenhang,

---

[134] Heiland vermutet, dass dieser Brief nicht zur Kenntnis genommen wurde, weil er nicht in der dreibändigen Edition Langes, sondern in der Zeitschrift *Erziehung der Gegenwart* veröffentlicht und dann nicht nachgedruckt wurde (vgl. 1998, 207).
[135] Ähnlich auch Heiland. Er bezeichnet die „knappe Präzision der sphärenphilosophischen Begründung der Pädagogik Fröbels" als „brillant" (1998, 211). Des Öfteren wird ansonsten betont, dass Fröbel sein Sphärengesetz am „faßlichsten" in der zweiten Kleinen Keilhauer Schrift *Durchgreifend, dem deutschen Charakter erschöpfend genügende Erziehung ist das Grund- und Quellbedürfnis unserer Zeit* (1821) dargestellt hat (vgl. Heiland 1989, 163).

für ihn existiert eine Gesetzmäßigkeit, die sich in allem, was von Gott erschaffen wurde, auch zeigt.
Auch der Mensch ist demnach ein Teil der Natur und Schöpfung, zugleich ist er aber die „Krone und Blüte, die Frucht der Schöpfung" (Fröbel 1846, 191). Allein der Mensch sei das zum Selbstbewusstsein und zur Selbstbestimmung berufene Wesen, er könne die Umwelt nicht allein mit den Sinnen wahrnehmen, sondern sie zusätzlich mit Hilfe der Vernunft verstehen. Der Mensch müsse deshalb den Zusammenhang alles Seienden begreifen. Allein der Mensch könne das, was in der übrigen Natur blind abläuft, erkennen. Er, so Fröbel, lebt nicht nur in der Sphäre, er begreift sie auch. Der Mensch müsse erkennen, dass er selbst als Einheit besteht, wie auch alles übrige Seiende aus eben dieser Einheit besteht, wie er sich auch dieser Einheit alles Seienden bewusst werden müsse. Mit den Worten Fröbels:

„Die Aufgabe und Bestimmung des Menschen als eines zum Selbstbewusstsein berufenen Wesens ist darum: jene ewigen Bedingungen, das allgemeine höhere Gesetz zugleich als das besondere, eigene, die Wirkungen der Vaterliebe, Güte und Weisheit Gottes als fördernd, spiegelnd und vorbildend für die Beachtung der eigenen Liebe zu erkennen, jenes allwaltende Gesetz mit Selbstwahl und Selbstbestimmung zu erfüllen und dieser Ordnung als dem erkannten unwandelbaren Ausdruck innigster Liebe, Güte und Weisheit Gottes mit Freiheit nachzuleben" (Fröbel 1841a, 151).

Wie aber kann es dem Mensch gelingen, diese Gesetzmäßigkeiten zu erkennen? Das Wesen des Menschen – also die Natur des Menschen, seine eigene Gesetzlichkeit oder Struktur[136] – besteht nach Fröbel darin, Strukturen an und in der gegenständlichen Wirklichkeit zu erfassen und zu erkennen, man könnte auch sagen, den Grund alles Seienden, also Gott zu erkennen. Vollkommen erkennen aber lasse sich dies nur am Entgegengesetzten und durch das Entgegengesetzte, weshalb Gott in der Schöpfung, in allem Daseienden und selbst im Mensch als ein Getrenntes, „als ein dem Einigen Entgegengesetztes" (Fröbel 1846, 191) erscheine. Durch die Erscheinung Gottes in Natur, Welt und Schöpfung sei der Gegensatz notwendig gegeben. Wo sich aber eine Trennung und Entgegensetzung kundtut, so Fröbel, ist Vermittlung gefordert, denn durch die Offenbarung Gottes ist Einigung und Trennung zugleich gegeben, aber auch in und mit dieser wiederum die Vermittlung (vgl. ebd., 191/192).
Anhand der Natur, der gegenständlichen Wirklichkeit, könne der Mensch also Strukturen erkennen. Da Mensch und Natur in Gott begründet liegen würden, sei eine Analogie legitimiert, beides sei identisch, das „Gleichgesetzige". Die Natur sei deshalb für den Menschen zum einen als gegenständliche Wirklichkeit, als sinnliche Außenseite erkennbar, zum anderen würde sie vom Menschen aber auch in ihrem Inneren, in ihrer Abstraktheit, also in ihrer Gesetzmäßigkeit, verstanden. Die äußere Wirklichkeit verweise auf ihren Kern, die Sphäre oder Gesetzmäßigkeit, es sei ein „Sinn-Bild, nämlich als Äußeres Bild, das auf Sinn, seine Bedeutung, sein Lebensgesetz, sein ‚Sphärisches' und so [...] auf seinen göttlichen Ursprung als Teil der Schöpfung verweist" (Heiland 2003c,

---

[136] Heiland verwendet den Begriff der Struktur als synonym für Gesetz (vgl. Heiland 1989, 58). Der Begriff ist meines Erachtens hilfreich, um Fröbels Idee eines in allem waltenden Gesetzes besser zu verstehen und wird deshalb im Folgenden ebenfalls verwendet.

200). Gegenständliche Natur ist nach Fröbel also sinnbildlich, sie ist nicht nur pures Äußeres, sondern am Äußeren prinzipiell erfassbares Gesetz. Der Makrokosmos der realen Welt ist für ihn in seiner Struktur gespiegelt im Mikrokosmos, in der Denkstruktur des Menschen; die gegenständliche Natur, das ist das „Entgegengesetztgleiche", also das Entgegengesetzte, Nichtidentische und das Identische (vgl. Heiland 1989, 58). Insgesamt finde so ein wechselseitiges Erschließen von Natur und Selbstbewusstsein des Individuums statt und dieses müsse durch Erziehung angeregt werden.

Das Gesetz der Sphäre steht dabei in einem engen Zusammenhang mit dem Begriff der „Lebenseinigung". Während das Sphärische Gesetz das Gesetz ist, nach dem alles abläuft, stellt die Lebenseinigung das Ziel sämtlichen menschlichen Lebens dar.
Um sich zu verwirklichen, so Fröbel, strebt jedes Lebewesen als ein Geschöpf Gottes danach, die in ihm wirkende göttliche Kraft, seine innere Gesetzmäßigkeit nach Außen darzustellen. So auch der Mensch. Aber der Mensch müsse sich dieser Gesetzmäßigkeit erst innerlich bewusst werden. Handelt er dann gemäß dieser Bewusstheit, könne er diesen innerlich erfassten Zusammenhang äußern, Inneres und Äußerliches vereinen und so den Prozess der Lebenseinigung vollziehen.
Deshalb müsse Mensch tätig werden, erschaffen. Die Arbeit des Menschen, wie das Spiel des Kindes kann als „Äußerlichmachung des Inneren" (Hebenstreit 2003, 86) verstanden werden. Ihr Hauptzweck liegt in der Selbsterkenntnis und der Erkenntnis Gottes, dass z.B. Arbeit der Sicherung des Lebens dient, ist für Fröbel nur eine Zugabe. Von Bedeutung sei vielmehr, dass der Mensch durch Arbeit, durch sein Schaffen und Selbsttätigen, einen Zugang zu seinem göttlichen Inneren erhält und so in die Nähe zu Gott rückt. Durch Arbeit könne er das, was in ihm liegt aktiv nach außen bringen; in seinem Mitgestalten, Mitschaffen könne der Mensch sich selbst und Gott erkennen.
In einem späten Brief an Bertha von Marenholtz-Bülow hat sich Fröbel länger mit der Frage nach dem Wesen des Menschen und dem Ziel der Lebenseinigung auseinandergesetzt. Der Mensch besitzt demnach drei große Aufgaben, die es zu lösen gilt: Er habe „die Natur mit Gott zu vermitteln [...],die Menschheit, den Menschen mit Gott zu vermitteln" und „die Menschheit, den Menschen mit der Natur zu vermitteln " (Fröbel 1851, 144). Fröbel sah den Menschen zu seiner Zeit an der Lösung der dritten Aufgabe arbeiten, dies sei die „jetzt zu lösende Aufgabe der Menschheit" (ebd., 138). Dabei sollte Erziehung helfen und zwar durch eine „entwickelnd-erziehende Menschenbildung". Jeder Mensch müsse die drei großen Menschheitsaufgaben selber lösen und beim Kind geschieht dies in freier Betätigung, in spielender Beschäftigung, im Spiel.
Dem Ziel dieser dreifachen Einigung kommt es dabei entgegen, dass das Kind im Besitz einer Fähigkeit ist, die Fröbel als „Ahnung" bezeichnet hat. Vor allem in seinen späten Schriften findet sich dieser Begriff häufig (vgl. Heiland 2003c, 198/199). Das Kind verfüge über eine Ahnung der Gesetzmäßigkeiten und diese Ahnung wolle es bestätigt sehen. Im Kind würde schon bald „die erste dunkle Spur des Erwachens einer Ahnung der Einheit aller Mannigfaltigkeit außer ihm" erscheinen, „wie es dagegen auch frühe strebe sein in sich einiges Wesen in möglichster Mannigfaltigkeit seines Tuns außer sich darzustellen und kundzutun" (Fröbel 1846, 194). Das Kind sei also nicht nur im Besitz dieser Ahnung, es möchte sich auch darstellen, dem im Menschen angelegten Wunsch

folgen, sich selbst zu verwirklichen. Es möchte erschaffen, in ihm lebt ein Schaffenstrieb, der gepflegt und gefördert werden muss.
Je mehr Erfahrungen das Kind nun macht und je größer ein Bewusstsein von gemeinsamem Leben und seinem Selbst sich im Kind entwickelt, desto größer wird nach Fröbel das Sehnen des Kindes nach einem „*Gegenbilde*, gleichsam nach einem *Spiegel* für seine, sich in Mannigfaltigkeit äußernde, in sich tragende Lebenseinheit, so wie [...] sich in ihm ein Sehnen aussprechen wird, auch für die Einheit der Mannigfaltigkeit außer sich ein sinnbildliches *Anschauungsmittel* zu finden" (1846, 194). Das Kind verlange nach etwas, mit und an welchem es „alle Äußerungen seines Lebenstriebes, seiner Lebenseinheit" (ebd., 194) ausführen kann. Dies sei zunächst der Körper, allen voran die Hand des Kindes. Dabei müsse dem Kind von Seiten der Mutter, der Eltern bzw. auch der Erzieherin in seiner Entwicklung helfend beigestanden werden – diese Hilfe aber ist für Fröbel Erziehung (vgl. ebd., 195). Mit der weiteren Entwicklung verlange das Kind dann nach geeigneten Gegenständen, an denen es seine Ahnungen bestätigt sieht und Gesetzmäßigkeiten erkennen kann, und dies sieht Fröbel in dem von ihm entwickelten Spielmaterial gegeben.
Erziehung müsse deshalb an das, was im Kind als Ahnung angelegt ist, anknüpfen, um sie zum Bewusstsein zu erheben. Gerade letzteres darf man bei Fröbel nicht übersehen. Das Ahnen, das gefühlshafte Erfassen der Wirklichkeit, muss ihm folgend mehr und mehr zur Erkenntnis, Einsicht und zum Bewusstsein erhoben werden (vgl. Heiland 2003c, 207). Die Pflege der Ahnung ist bei Fröbel ein wichtiges Erziehungsprinzip. Die Ahnung des Kindes verstand Fröbel als eine Vorform begrifflich-bewussten Verstehens, eine Vorform der Einsicht in die Sphärengesetzlichkeit. Diese Ahnung lasse sich vertiefen, indem dem Kind eine bereits abstrahierte, „von Alltagswirklichkeit abgehobene Phänomengestalt" (Heiland 1989, 47) angeboten werde: das Spiel- und Beschäftigungsganze. Die Vertiefung der Ahnung würde dann die Einigung mit dem Leben unterstützen und dem Mensch dabei geholfen, eins mit dem Leben zu werden, die Einheit zu finden mit sich selbst, der Menschheit, der Natur und mit Gott (vgl. Frey 2001, 75/76).

Nach Fröbel gibt es also ein Gesetz, das in allem ruht. Dieses Gesetz muss vom Menschen erkannt werden, aber mehr noch, der Mensch als ein aus der Einheit (Gott) geborenes und zum Selbstbewusstsein und Vernünftigkeit bestimmtes Wesen hat die Aufgabe (oder wie Fröbel sagt: den Beruf), zur Lebenseinigung oder man könnte auch sagen zum Verständnis der Gesetzmäßigkeiten und deren Einheit zu gelangen.
Oder mit Fröbels Worten noch einmal anders, länger und abschließend ausgedrückt:

> „Somit sind nun aber auch alle Geschöpfe durch ihr Wesen, durch den Urgrund ihres Daseins, durch den Urquell ihres Lebens bestimmt; vor allem aber hat der Mensch als aus dieser Einheit geboren und somit wieder als in sich einiges, zum Selbstbewußtsein und Vernünftigkeit bestimmtes Wesen den Beruf, jene Einheit auch bei aller äußeren Mannigfaltigkeit, jenen inneren Einklang auch bei aller äußeren Entgegnung, jenes innere in sich selbst einige Leben auch bei allen äußeren Widerstreben nicht nur im Äußern zu erkennen und anzuerkennen, sondern auch im eigenen Leben selbst darzuleben – so wie die anderen, besonders die aufkeimende Menschheit, die Kinder, in diesem Einklange lebend zu machen, sie zur Erkenntnis und Anerkenntnis der Lebenseinheit und Lebenseinigung heraufzubilden und sie zur einstigen Selbstausführung und Selbstdarstellung eines solch einigen Lebens in eigenen

und Selbstdarstellung eines solch einigen Lebens in eigenen Lebenskreise und in größeren Ganzen zu erziehen" (Fröbel 1842a, 207).[137]

Die Erwachsenen sind nach Fröbel vor die Aufgabe gestellt, die Kinder zur Lebenseinigung zu führen und daraus ergibt sich die Aufgabe des Kindergartens: Die im Wesen des Menschen begründete Erziehung zur Lebenseinigung möglich zu machen, eben dies ist für ihn der „blüten- und fruchtreiche Zweck" (Fröbel 1842a, 207) des Kindergartens.

Die Notwendigkeit und pädagogische Begründung des Kindergartens: Erziehung, auch im Kindergarten, hat nach Fröbel Lebenseinigung zu ermöglichen. Aus diesen Überlegungen ergibt sich eine vollkommen andere Begründung der vorschulischen Einrichtungen, die eindeutig über die sozialfürsorgerischen Motive der Zeit hinausgeht. Zwar galt auch Fröbel die Familie als der geeignete Ort jeglicher frühen Erziehung, aber der Kindergarten wird von ihm mit einem pädagogischen und nicht allein sozialfürsorgerischen Fundament versehen. Die Notwendigkeit von öffentlicher Erziehung ergibt sich für Fröbel nicht allein aus den sozialen Umständen, sondern aus dem Wesen des Kindes, seiner Art des Lernens und seiner Entwicklung.

Fröbel war sich der besonderen Bedeutung der Erziehung in der frühen Kindheit für die Entwicklung eines Kindes bewusst. Es seien „die ersten 5-6 Jahre für das Leben des Menschen so wichtig als die Keimperiode für das ganze Wachstum des Gewächses" (Fröbel 1841a, 174), denn gerade die ersten Eindrücke und Gewohnheiten, die frühkindlichen Erfahrungen, würden den Menschen unauslöschlich prägen und den Kern der individuellen Persönlichkeit bilden (vgl. Fröbel 1842c, 21). Sie seien es auch, die den Menschen schlecht machen können. Kind und Mensch, so Fröbel, sind von sich aus gut, das Böse ist nur Resultat einer Fehlentwicklung, die entstehen kann, wenn eine im Menschen angelegte Entwicklung nicht zur Entfaltung kommt oder eine gute Entwicklungstendenz in die falsche Richtung gelenkt wird (vgl. Frey 2001, 89; März 1998, 477).

Aus diesem Grund bedürfe die erste Erziehung besonderer Anstrengungen und der bewussten Reflexion. Den Kindern müssten zum richtigen Zeitpunkt die richtigen Erfahrungen in Form geeigneter Erziehungsmittel angeboten werden, es brauche eine Erziehung des Menschen zum Menschen. Aber gerade diese sei oft nicht gegeben. Gründe dafür, so Fröbel, liegen sowohl in der fehlenden Zeit, als auch in den mangelhaften Kenntnissen und Fähigkeiten und dies gilt zwar insbesondere für die sozial schwachen Familien, aber auch – und hierin liegt das neue Moment – für die Familien der höheren Schichten (vgl. Fröbel 1842b, 200). Aus diesem Grund sei der Kindergarten für alle Kinder notwendig. Außerdem müsse das Kind in die Gesellschaft eingeführt werden, entsprechend seiner „Doppelbestimmung: als Einzelwesen zugleich als Glied der Menschheit zu leben entgegenzuleben, entgegenerzogen werden, wie denn auch der Mensch bestimmt ist, in Gemeinsamkeit mit anderen Menschen sich zu entwickeln" (Fröbel 1846, 215). Auch dies könne die Familienerziehung allein nicht leisten.

---

[137] Fast identisch finden sich diese Aussagen auch in einem Brief an Nanette Pivany (vgl. Fröbel 1842b, 198/199).

Fröbel begründet die öffentliche Kleinkinderziehung nicht mit sozialfürsorgerischen Motiven. Sie sei vielmehr grundsätzlich notwendig und deshalb sei Erziehung auch Aufgabe der Kindergärten. Sie hatten die Erziehung in den Familien zu unterstützen und zu ergänzen, nicht aber zu ersetzen (vgl. Fröbel 1842b, 200; Fröbel 1846, 214ff.). Die Familien sollten „selbst zu Kindergärten werden, darum sollen sich Familien zu Kindergärten vereinen und Kinder in Kindergärten gepflegt, gebildet und erzogen werden" (Fröbel 1841a, 154). Fröbel zielte auf die Verbesserung der Beziehungen zwischen Kindern und Erwachsenen, auf deren „Lebenseinigung" ab. Durch den Kindergarten sollte das Band zwischen Mutter bzw. Familie und Kind wieder enger werden, weil das, was früher ursprünglich unbewusst ablief, nun zum Gegenstand der Reflexion würde.

Aber damit dies gelingt, so Fröbel, sind umfassende Kenntnisse über das menschliche Wesen und die Gesetze menschlicher Entwicklung notwendig. Nur mit diesem Wissen könne Erziehung optimal verlaufen. Fröbels pädagogische Bemühungen innerhalb des Kindergartens dienten deshalb auch immer der Elternbildung. Sein Ziel war die Unterstützung und Verbesserung der familiären Erziehung.

Wesen und Ziele des Kindergartens: Die Kinder müssen nach Fröbel „gepflegt, erzogen und gebildet" (Fröbel 1841a, 154) werden. Fröbel hat nicht allein den Erziehungsbegriff verwendet, sondern diesen um die Begriffe der Bildung und Pflege ergänzt. Entsprechend Fröbels Art des Denkens und Schreibens lassen sich diese Begriffe nur schwer voneinander abgrenzen, Fröbel selbst hat dies ebenfalls nicht getan. Für ihn sind Pflege, Erziehung und Bildung die gemeinsame Aufgabe und gehören zusammen, alles drei macht die Aufgabe des Kindergartens aus.

Fröbel hat sich in zahlreichen Schriften und Briefen zur Aufgabe, dem Zweck und dem Ziel des Kindergartens geäußert und dessen Grundsätze des Kindergartens entwickelt; Grundsätze, die nicht willkürlich seine, sondern auf „der ewigen Ordnung, welche Gott selbst in seinem Schöpfungsgange und in der Erziehung des Menschengeschlechts befolgt" (Fröbel 1842c, 27/28) beruhen würden.

In dem bereits erwähnten Brief an Marenholtz-Bülow hat Fröbel selbst in einem einzigen Satz versucht, das Wesen des Kindergartens zusammenzufassen:

„Das Wesen eines Kindergartens ist sehr einfach, das Sinnbildliche seines Namens spricht dasselbe klar und bestimmt aus. Wie in einem Garten die verschiedenen Gewächse – durch ein wie ihrem ‚erkannten' Wesen so ihrem ‚erlauschten' Naturzusammenhange angemessene, besonnene und verständige, (über) [Einfügung von Erika Hoffmann, H. W.] Ursache und Wirkung, Grund und Folge klarbewußte Pflege des Gärtners, - sich jedes wie zur Vollkommenheit in seiner Art und so tüchtig zu den verschiedenartigsten, seinem Wesen entsprechenden Anwendungen im Leben entwickelt – so soll in gleicher Weise der Mensch wenigstens als Kind (weil die Einwirkungen, welchen das Kind in seiner frischen und frühesten Jugend ausgesetzt ist, für das ganze künftige Leben desselben von unausbleiblichen Folgen sind) – treu seinem innersten, ursprünglichen Wesen und ungestört in seinem gleich ursprünglichen allseitigen Natur- und Lebenszusammenhange mit Einsicht, Vernunft und Besonnenheit zu der Lebenstüchtigkeit und Wirksamkeit entwickelt, erzogen und gebildet werden, wozu es noch in der Eigentümlichkeit seiner Sonderheit – Individualität – die besonderen Fähigkeiten und Anlagen in sich trägt und schon als Kind zeigt; - durch welche wie vom Geiste aus klar ‚erkannte' so der Natur ‚abgelauschte' entwickelnd erziehende Bildungsweise – in dem Maße als sie allgemein wird – also das gesamte Leben oder die ganze menschliche Gesellschaft für alle Beschäftigungen des Lebens, für alle Richtungen, Ziele und Zwecke ihrer Tätigkeit, gebildete, sowohl dadurch in sich zufriedene wie nach außen hin befriedigende, also in Frieden, Eintracht und Einigung in sich wie mit der Umwelt lebende, wie darum der ganze Menschheit würdige, ihre Bestimmung als ‚schaffende Wesen' erfüllende Menschen erhalten würde" (Fröbel 1851, 134/135).

Wichtige Aspekte – allseitiger Natur- und Lebenszusammenhang, Einigung oder schaffendes Wesen – klingen an, ohne sofort verständlich zu werden. Was aber sind nun die mit dem Kindergarten verbundene Grundsätze und Ziele? Was heißt es, dass man die Kinder entwickeln, erziehen und auch bilden soll? Anders als Fröbel dies getan hat, werden die Ziele und Aufgaben zur Erleichterung des Verständnisses getrennt voneinander dargestellt, auch wenn dies bei Fröbel immer in einem Zusammenhang steht.

Durchaus ist auch bei Fröbel die Betreuungsfunktion von Bedeutung. Aber darin lag für ihn nicht die primäre Aufgabe des Kindergartens, ebenso wenig wie die Vorbereitung auf das spätere Schul- oder Berufsleben. Nicht die Vermittlung von Kenntnissen oder spezifischen Fertigkeiten galt Fröbel als Aufgabe der vorschulischen Einrichtungen, hierin unterscheidet er sich deutlich von seinen Zeitgenossen. Der Kindergarten hat nach Fröbel eine „Erziehung des Menschen zum Menschen" (Fröbel 1851, 135) zum Ziel. Sein Zweck sei es, „den Kindern aller Lebensverhältnisse eine menschwürdige, dem Wesen und der allgemeinem wie besonderen Bestimmung des Menschen entsprechende begründete Erziehung und Bildung zu geben, welche notwendig förderlich auf jede weitere Bildungsart, jeden folgenden Bildungsgrad und später zu wählenden Beruf einwirkt, ohne für irgend ein Lebensverhältnis " (Fröbel 1841a, 170/171).
Fröbel hat Erziehung und Bildung als Aufgabe des Kindergartens angesehen, dies richtete sich jedoch an alle Kinder. Es ging ihm um eine allgemeine Bildung, welche die Kinder sämtlicher Schichten auf ihr späteres Leben vorbereiten sollte, ohne dabei verfrüht in eine berufs- oder standesspezifische Erziehung zu verfallen, auch wenn ebenso wenig eine Erziehung über den Stand hinaus stattfinden sollte.

Wie ist eine allgemeine Bildung in diesem Alter möglich? Fröbel fragt nach dem Lernen der Kinder in diesem Alter im Unterschied zum schulischen Lernen (vgl. Fröbel 1842a, 210). Ein Unterschied ist Fröbel folgend, dass im Kindergarten kein eigentlicher Unterricht erteilt wird, denn „in dem *Kindergarten* herrscht die freie Beschäftigung, das *Spiel*, wie der eigentliche *Unterricht der Schule* angehört" (Fröbel 1842c, 91). Das Spiel, nicht der Unterricht ist seiner Ansicht nach die geeignete Form des Lernens der Kinder in diesem Alter, allerdings ein Spiel, das durch sich selbst belehrend ist, in dem das Belehrende und Unterrichtende hervorgehoben und beachtet wird (vgl. ebd., 91/92). Dieses Spiel sei „keineswegs ein nichtiges, gehalt- und fruchtloses *Zeitvertreiben,* ist nicht *zufälliges ungeordnetes* Leben und Bewegen, ist keineswegs ein Nichtslernen, sondern vielmehr ein ununterbrochenes Lernen, aber am, um, im Leben selbst" (ebd., 92).
Die Form des Lernens im Kindergarten müsse demnach eine andere als in der Schule sein. Anders als dort, müsse beim „Erlernen des Kindes durch das Leben und in dem Kindergarten [...] der Gegenstand, die augenblickliche Befriedigung seines Tätigkeits-seines Beschäftigens-, seines Wissenstriebes, der Wunsch nach Gebrauch und Anwen-

dung überhaupt" (Fröbel 1842a, 210) berücksichtigt werden. Sobald aber ein solcher Gegenstand aus dem Gesichtskreis des Kindes entfernt wird, schwinde auch dessen Interesse an Erkenntnis und Einsicht, an der Verknüpfung der erkannten Eigenschaften. Das Kind in diesem Alter sei noch nicht in der Lage, Erkenntnisse von den Gegenständen zu abstrahieren, es brauche immer etwas Konkretes, an dem es seine Einsichten gewinnen könne (vgl. ebd., 210/211).

Dies ist für Fröbel der entscheidende Unterschied zwischen dem Lernen in der Schule und im Kindergarten, die durchaus Gemeinsamkeiten haben. Sowohl das Kindergartenkind als auch der lernende Schüler wollen die Wirklichkeit sphärisch erfassen. Allerdings sollten dies Schule und Kindergarten auf unterschiedlichem Niveau vermitteln. Während das Thema in der Schule aus den unmittelbaren Lebensbezügen des Kindes herausgenommen und isoliert betrachtet werde, bleibe es im Spiel des Kindes mit dessen Lebenswelt verbunden und so könne das Kind im Spiel die Wirklichkeit handelnd-ahnend erfassen (vgl. Heiland 1998, 249; Heiland 2002, 24).

Insgesamt ging es Fröbel beim Lernen im Kindergarten nicht um eine „Gedächtnis-Wort- und Scheinbildung" (Fröbel 1844b, 243), sondern um „Tat-Sach- und Lebensbildung" (Fröbel 1844b, 243), nicht um materiale, sondern um formale Bildung mit dem Ziel des Aufbaus von Verstehens- und Handlungsperspektiven. An dieser Stelle ist zunächst festzuhalten, dass Fröbel mit dem Kindergarten das Ziel erreichen wollte, dass die Kinder Gesetzmäßigkeiten der Wirklichkeit erfassen und begreifen. Aufgabe des Kindergartens muss es deshalb auch sein, „nach gleichmäßiger Kopf- und Herzens- wie Tatkräftigkeit und Lebenstüchtigkeit" (Fröbel 1844b, 243) zu streben.

Das letzte Zitat weist auf ein Anliegen hin, dass Fröbel ganz besonders wichtig war: die ganzheitliche Erziehung. Für Fröbel hat der Mensch als ein ganzheitliches Wesen alle seine Kräfte zur Entfaltung zu bringen. Der Kindergarten muss die Kinder deshalb in ihrer ganzheitlichen Entwicklung unterstützen und fördern:

> „Kräfte sollen in ihnen geweckt und entwickelt werden; Wege und Mittel gezeigt und gereicht, Gehilfen gebildet werden: damit jedes Kind, welchem Stande und welchen Verhältnissen es auch angehöre, sich seinem Wesen wie seiner Bestimmung und seinem Berufe getreu und entsprechend ausbilde, sich besonders selbst erziehe wie auch erzogen werde; dies ist der einfache Zweck der ‚Kindergärten', dies ist das einfache Ziel des ‚deutschen Kindergartens'[138]" (Fröbel 1844b, 240/241).

Wie in der Familie, sollten die Kinder auch im Kindergarten in ihrer Individualität behandelt und gefördert werden, orientiert am Alter, den Fähigkeiten, dem Entwicklungsgang und -grad, sowie den geistigen und körperlichen Bedürfnissen (vgl. Fröbel 1841b, 189). Diese Förderung der Kinder verstand Fröbel als eine ganzheitliche. Pflege, Bildung und Erziehung im Kindergarten – wiederum verwendet Fröbel alle drei Begriffe – müssten das Kind „immer in der Ganzheit seines Wesens und seiner Tätigkeit" (Fröbel 1842a, 223) erfassen. Auch wenn zuweilen einer Neigung Vorrang gegeben werden könne, müsse „das Ganzwesen des Kindes seine Ausbildung und auch wieder jede ein-

---

[138] Die Bezeichnung „Kindergärten" bezieht sich hier auf den Kindergarten im eigentlichen Sinn, mit dem Begriff „deutscher Kindergarten" bezeichnet Fröbel dagegen die Muster- und Bildungsanstalt.

zelne Anlage – und besonders nach den drei Hauptrichtungen: Geist, Gemüt und Tatkraft, Denken, Fühlen und Tun – ihre vollständige Pflege und Anerkenntnis" (ebd., 223) bekommen. Fröbel strebte eine umfassende Ausbildung aller Seiten des Menschen an, mit der gleichzeitigen, harmonischen Ausbildung aller „Körperkräfte" als Ziel. Jedes Kind sollte „sowohl nach der Gesamtheit seiner Anlagen und Verhältnisse als nach der Eigentümlichkeit seines Wesens erfaßt und ausgebildet" und „unzerteilt als ein einziges, fühlendes, handelndes und denkendes, als ein zur Vernünftigkeit, sittlichen Reinheit und Gotteinigkeit bestimmtes Lebewesen beachtet und gepflegt" (Fröbel 1841a, 156) werden. Aufgabe des Kindergartens, von Pflege, Erziehung und Bildung ist es nach Fröbel, alle Anlagen, Kräfte und Möglichkeiten des Menschen anzuregen, zu wecken und zu fördern. Sowohl Geist (Denken), Gemüt (Fühlen) und Tatkraft (Tun) sollten beachtet und gefördert werden, denn nur indem die Einheit von Körper, Geist und Seele zu einem Ganzen hergestellt wird, kann auch die „Ganzheit des Individuums" erreicht werden.

Die angestrebte Ganzheitlichkeit jeglicher Erziehung steht zugleich in einem engen Zusammenhang mit der Lebenseinigung. Es existiert ein enger Bezug von Einheit (zwischen Mensch, Natur und Gott) und Ganzheitlichkeit (des Denkens, Fühlens und Handelns).[139] Eine Erziehung, die auf Lebenseinigung abzielt, hat nach Fröbel ein ganzheitlicher Prozess zu sein. Der Kindergarten müsse den Kindern eine „angemessene geistige wie körperliche Tätigkeit und wahrhaft erziehende und bildende Beschäftigung" anbieten, also gerade „nicht vereinzelt dastehende Übungen, sondern von einer Einheit ausgehende, zu einem bestimmten in sich einigen Ziele und Zwecke führende, in sich lebenvoll gegliederte Tätigkeit" (Fröbel 1842a, 208). Um Lebenseinigung, zu erreichen, müsse Erziehung von der Einheit des Kindes ausgehen und ganzheitlich sein. Es sei die Aufgabe, die innere und allseitige Lebenseinigung, die als Einigung des Fühlens, Denkens und Handelns stattfindet, im Kind anzubahnen (vgl. Fröbel 1851, 139). Dies könne aber nur durch eine ganzheitliche Erziehung gelingen und nur indem das Kind „stets unzerteilt als ein einiges, fühlendes, handelndes und denkendes Wesen" (Fröbel 1841a, 156) beachtet und gepflegt würde.

Lebenseinigung ist für Fröbel notwendigerweise Aufgabe des Kindergarten: „Also Lebens-einig wird das Kind im Kindergarten erzogen; daß es auch Natur-einig geschehe, verbürgt sein Name: Kinder*garten*" (Fröbel 1841b, 195) und nur wenig später: „Das Kind aber in Gotteinigkeit in dem Sinne und nach der Lehre und dem Leben Jesu zu erziehen, wird die höchste Sorge und das ernsteste Streben der Anstalt als ein[es] Kindergarten[s; Einfügungen von Erika Hoffmann, H.W.] sein" (ebd., 195). Hier lassen sich noch einmal die zuvor deutlich gemachten drei Elemente von Lebenseinigung erkennen: die Einigung mit sich selbst, der Natur und mit Gott. Erziehung hat demnach die Aufgabe, das Kind „stufenweise seiner Natur entsprechend zum Selbstbewusstsein, zum einen dem selben stets entsprechenden Handeln, [...], zu allseitiger Lebens- und Gotteinigung" (Fröbel 1846, 213/214) zu führen. Der Mensch müsse zu sich selbst, zur Natur und zu

---

[139] Die folgenden Textbelege sind als exemplarisch zu verstehen. Das vom Kindergarten anzustrebende Ziel der Lebenseinigung findet sich in zahlreichen Schriften Fröbels, siehe z.B. Fröbel 1841a, 154; Fröbel 1842a, 203 u. 220; Fröbel 1842b, 204; Fröbel 1851, 137 u.142.

Gott zurückzukehren, und dies hatte folglich auch „ein Hauptstreben des Kindergartens, der entwickelnd-erziehenden *Menschenbildung*" (Fröbel 1851, 137) zu sein. Knapp formuliert kann man mit einem früheren Zitat Fröbels sein allgemeines Erziehungsziel deshalb als die „Erziehung des Menschen in Einigung mit Gott, im Einklang mit der Natur und im Einverständnis mit sich selbst" (Fröbel 1832, 75) bezeichnen.

Voraussetzung für die Lebenseinigung aber sei es, dass man sich des Sphärischen Gesetzes bewusst wird. Der Schlüssel aller Erkenntnis und somit auch der Schlüssel aller Erziehung liege in der Erkenntnis des Göttlichen als eines in sich Einigen in allen Dingen, dies war für Fröbel „der Grund, der Ausgangspunkt, die Quelle" all seiner „erziehenden Bestrebungen nach Weg, Mittel, Ziel und Zweck" (Fröbel 1846, 193). Lebenseinigung ist nach Fröbel das Ziel, Voraussetzung dafür das Bewusstwerden der Strukturen der Wirklichkeit, des Sphärischen Gesetzes. Um das zu erreichen, müsse auf die Ahnung des Kindes eingegangen und diese gepflegt werden. Ziel sämtlicher Bemühungen sollte es sein, „den Menschen, das Kind, von der Pflege seines Lebens-, seines bildenden und schaffenden Tätigkeitstriebes ausgehend, allseitig entwickelnd zu erziehen" (Fröbel 1840, 124), auf „daß sich die Ahnung in des Menschen Gemüte, des Natur- und Menschen- einigen, des überhaupt und in allem Gott- einigen Lebens zum Glauben und so zum Schauen erhebe und im Gefühl und Tat kund tue" (ebd., 124).

Und dabei hilft, so Fröbel, der Kindergarten. Durch ihn würden Kind und Gott, die Natur und die Gesellschaft in Einigung gebracht werden. Aber zugleich verlange das Kind danach, die innere Gesetzmäßigkeit, die Sphäre, bewusst nach Außen darzustellen. Es verspüre einen Schaffenstrieb, es wolle von sich aus und selbsttätig erschaffen. Lebenseinigung könne nur gelingen, wenn das Kind selbsttätig agieren kann. In den Kindergärten sollten sich die Kinder deshalb „schaffend und bildend [...] aus der Einheit der Mannigfaltigkeit entwickeln in der Mannigfaltigkeit und durch sie die Einheit finden im und am äußeren Leben das Innere und im Inneren und durch das innere Leben das äußere verstehen jedes nach seinem Wesen und seiner Bedeutung erfassen lernen" (Fröbel 1841a, 160). Deshalb müsse das Kind so geführt werden, dass es „die Natur und die Menschenwelt schaffend aus sich darstelle und schauend in sich aufnehme, aus der Einheit die Mannigfaltigkeit entwickele und für jede Mannigfaltigkeit die Einheit wieder finden lerne" (Fröbel 1842c, 28).

Indem man die Ahnung des Kindes und seine Selbsttätigkeit pflegt und fördert, so Fröbel, steigt das Kind von der eigenen Tätigkeit durch das Gefühl und die Empfindung zur Verständigkeit an und von dieser gelangt es „in der Einheit seines Lebens zur Vernünftigkeit, zu Ahnung des innersten Lebenszusammenhangs" (Fröbel 1841a, 156/157). So kann ein jeder Mensch langsam zu seiner Bestimmung emporsteigen. Der Kindergarten ist für ihn der Ort, an dem „Kinder zur Kundmachung und Offenbarung wie zum Bewußtwerden und bewußten Darleben ihres eigentlichen Menschenwesens, des Göttlichen in menschlicher Erscheinung gepflegt und erzogen werden sollen" (ebd., 155).

Von besonderer Bedeutung ist für Fröbel dabei, darauf weist der Name Kinder„garten" hin, die Natur. Das Kind sollte sich sowohl mit dem menschlichem Leben und seinen Verhältnissen, als auch mit der Natur vereint fühlen. Gerade letzteres sollte die Kindheitspflege im Kindergarten anstreben und zwar in dem das Kind die Natur pflegen

sollte, in seinem eigenen Beet – in seinem eigenen Kindergarten (vgl. Fröbel 1842c, 26/27). Die behütende und verantwortliche Tätigkeit im eigenen Garten würde es dem Kind ermöglichen, später leichter Verantwortung für das eigene Leben zu übernehmen. An der Natur könne das Kind tun und üben lernen, was mit ihm selbst geschehe, denn „in der Bearbeitung und Pflege der Natur bereitet es sich zu einstiger höherer Lebenspflege vor; hier sieht es auch gleichsam den Schöpfer um sich wandeln und mit Augen seine Schöpfermacht üben; seine eigene Tätigkeit, sein Helfen lässt das Kind [sich] als ein Glied in dem großen Schöpfungsganzen finden" (ebd., 27).
Durch die gemeinsame Naturpflege erkennen und erleben die Kinder nach Fröbel sich früh als ein Glied des größeren Ganzen. Der Begriff „Gliedganzes" spielt in Fröbels Denken eine wichtige Rolle, denn jedes Individuum ist immer ein Teil (mit Fröbel: „Glied") eines größeren Ganzen, jeder Mensch repräsentiert als Teil die Vielfalt der gesamten Menschheit, er ist ein „Gliedganzes". Die Menschheit selbst sei wiederum auch ein Ganzes in sich und zugleich selber Glied, also ein Gliedganzes des großen Lebensganzen. Dadurch sei es dem Menschen möglich, das ganze Wesen, Sein und Leben der Menschheit, wie auch das in der Menschheit lebende, schaffende und wirkende göttliche Leben aufzufassen. Der Mensch, so Fröbel, fühlt und erkennt sich in seinem Schaffen und Tun als Gliedganzes der Menschheit und als göttliches Wesen (vgl. Fröbel 1846,193).
Die Kinder sollten deshalb auch „nicht vereinzelt, sondern als Gliedganze des Allebens, zunächst des Menschheitslebens erkannt und anerkannt, also im Einklang mit dem Gesamtleben, mit der ganzen Menschheits-, Natur- und Lebensentwickelung, so in Übereinstimmung mit ihrem eigensten Wesen behandelt" (Fröbel 1841a, 155/156) werden. Wichtige Voraussetzung dafür ist nach Fröbel die Gartenpflege, die eine wichtige Grunderfahrung darstellt, durch die das eigene Ich, wie auch das soziale Zusammenleben mit Menschen und Natur, gelernt werden kann (vgl. Heiland 2003b, 183).

Religiöse Erziehung: Die Kindergärten wurden auch aufgrund des Verdachts verboten, sie würden die Kinder zum Atheismus hinführen. Erinnert man sich an Fröbels Sphärengesetz, mutet diese Verbotsbegründung seltsam an, weshalb kurz auf Fröbels Stellung zur religiösen Erziehung eingegangen werden soll.
Für Fröbel spielte die religiöse Erziehung eine wichtige Rolle. Er wollte nie vergessen wissen, dass „die Pflege des Religiösen, des Strebens nach gotteinigem Leben in dem Menschen der Ausgangs- wie der Beziehungspunkt der Kinderbeachtung und Betätigung in dem Kindergarten ist" (Fröbel 1842a, 213). Aufgabe und Ziel des Kindergartens sei es, „das Kind in und durch denselben ebenso stetig und seinem Wesen entsprechend zu seinem Menschenziele, zu seiner Bestimmung zu führen" (Fröbel 1842a, 213) und dies sei auch und sogar zuallererst die Einigung mit Gott. Der Kindergarten hat nach Fröbel durch „die Beachtung, Pflege und Führung des Kindes […] in allem und durch alles auch, was das Kind tut, wohl mehr durch die Sache und das Leben, doch auch geknüpft an das klärende und belebende Wort, die Ahnung und das Gefühl eines einigen, lebendigen, liebenden und gütigen, alles leitenden und alles durchschauenden Gottes zu wecken, den Glauben daran in dem Kinde zu stärken wie in dessen Leben wirksam zu machen" (ebd., 213).

Fröbel beabsichtigte also keine religiöse Erziehung durch Worte oder Wissen, durch das Auswendiglernen religiöser Verse oder dergleichen, wie sich dies z.B. bei Fliedner findet. Er lehnte auch die Idee der Erbsünde entschieden ab. Fröbel wollte keine religiöse Erziehung mit dem Ziel autoritätsgläubiger Frömmigkeit, was ihn in Augen von Staat und Kirche suspekt machte. Erziehung in diesem Alter sollte mehr das Gefühl eines Gottes im Kind durch Taten und Handeln wecken und das Kind sollte die Ahnung dieses Gottes erfahren, da dies dem Ziel alles menschlichen Lebens dienen würde: Der Lebenseinigung. Eine religiöse Erziehung war ihm also durchaus wichtig, wenn auch in einem anderen Sinne als die sittlich-religiöse Erziehung, wie sie sich bei vielen anderen zeitgenössischen Autoren finden lässt.

Die Kindergarten- und Spielpädagogik: Bisher wurden die Prinzipien und Ziele, die Fröbel mit dem Kindergarten verband –Ganzheitlichkeit, Hinführung zur Lebenseinigung, Pflege der Ahnung und Selbsttätigkeit, um die Strukturen der Wirklichkeit (das Sphärische Gesetz) zu begreifen – eher allgemein betrachtet. Im folgenden Abschnitt geht es nun darum, welchen Beitrag das Spiel und die Beschäftigungen zur Erreichung dieser Ziele leisten sollten. Wiederholungen sind dabei unvermeidlich, verdeutlichen aber zugleich Fröbels Denken.

Aufgabe des Kindergartens ist es nach Fröbel, das Kind „im ungestörten Natur- und Lebenszusammenhange und in der Gesamtheit seiner Verhältnisse" (Fröbel 1842a, 217) zu erfassen, es in seinem Wesen zu erkennen und es „der Würde desselben gemäß" (Fröbel 1842a, 217) zu behandeln und zu pflegen.
Wie aber kann diese „Pflege" gelingen? Der Kindergarten müsse dem Kinde das anbieten, wonach es verlangt: „Einen Gegenstand unmittelbar für seine Kraft, seine Selbsttätigkeit, woran es seine Kraft üben, wodurch es sie gebrauchen, stärken und so immer mehr [ihrer, Erika Hoffmann] inne werden kann – und vermittelnd für seine Umgebung, wodurch es nicht nur die Eigenschaften der Dinge seiner Außen- und Umwelt erforschen, sondern auch ihre Einheit erkennen kann: – einen Spielgegenstand, ein Spielzeug, welches diesem mehrfachen Bedürfnisse wie in sich einigem Streben des Kindes entspricht" (Fröbel 1842a, 218): Das Ganze der Spiel- und Beschäftigungsgaben.
Im Mittelpunkt von Fröbels Kindergartenpädagogik, die zu seiner Zeit hauptsächlich aus den drei Bereichen Spielmaterialien (Gaben und Beschäftigungsmittel), Bewegungsspiele und Gartenpflege bestand, stand eindeutig das „Spiel- und Beschäftigungsganze". Allerdings ist Fröbel keineswegs in kontinuierlicher Weise von einer bestimmten Spielauffassung oder gar Theorie des Spiels ausgegangen, sein Verständnis vom Spiel hat deutlichen Veränderungen unterlegen (vgl. Heiland 1989, 45). Hier interessiert sein Verständnis von Spiel und Spielpädagogik, wie es für die Zeit der Entstehung des Kindergartens leitend war, weshalb frühere Aussagen, z.B. aus der *Menschenerziehung*, vernachlässigt werden.
Das Spiel ist gemäß Fröbel die Haupttätigkeit des kleinen Kindes. Es ist kein didaktisches Mittel, mit dem man den Kindern gewünschte Verhaltensweisen oder Tugenden vermitteln kann und auch kein Motivationsinstrument, um eine Schar Kinder zu beaufsichtigen, ebenso wenig dient es allein der Erholung. Er ist der Ansicht, es sei kein Zeitvertreib, niemals bloße Spielerei und auch kein Nichtlernen, sondern „vielmehr ein un-

unterbrochenes Lernen, aber am, um, im Leben selbst" (Fröbel 1842c, 92). Im Spiel könnten sich die Kräfte des Kindes harmonisch entfalten und bewegen, bilden und erstarken und deshalb entspräche es auch dem Trieb und dem Bedürfnis des Kindes zu erschaffen, weshalb man das Spiel nicht nur tolerieren, sondern angemessen pflegen solle (vgl. ebd., 92).
Schon jetzt ist zu erkennen, welch andere Begründung das Spiel bei Fröbel erfährt. Durch das Spiel, so Fröbel, gewinnt das beginnende Bewusstsein vom eigenen Selbst und der umgebenden Welt eine Sprache, aber es läuft nicht im Kopf des Kindes ab, sondern ist eine soziale Tätigkeit. Es ermögliche, „daß die äußere Entfaltung zur inneren Erfassung, zu Erfassung des Innern, des Dinges und des eigenen Selbst führt, daß die äußere Entwickelung eine Erweckung so endlich selbst Belebung etc. des Innern wird" (Fröbel 1846, 218). Außerdem führe das Spiel zur Lebenseinigung hin, denn es sei das Spiel, in dem das Kind „schafft". Dazu benötige es aber ein geeignetes Material und einen Rahmen, in dem die Kinder ihre gemeinsame Spielwelt aufbauen können; das „Ganze der Spiel- und Beschäftigungsgaben". Es sei genau das, wonach die Kinder in diesem Alter verlangen und was sie für ihre Entwicklung benötigen würden.
Im Rahmen dieser Arbeit kann Fröbels komplexes System der Spiel- und Beschäftigungsgaben nicht detailliert dargestellt werden.[140] Fröbel sah sein System der Spiel- und Beschäftigungsmittel als „ein stetiges, sich gegenseitig erklärendes und wechselseitig förderlich in sich zusammenhängendes Ganzes" (Fröbel 1836, 14). Es stelle „ein geschlossenes, von einer einfachen, von der einfachsten und notwendigsten Einheit ausgehendes, nach einem einfachen, dem einfachsten und notwendigsten Gesetze sich entwickelndes Ganzes" (Fröbel 1841c, 59) dar. Das ganze System sei ein Bild der Welt als göttlicher Schöpfung, gewissermaßen die Welt in vereinfachter Form. Ihre Systematik erhielten die Materialien durch die Kristallographie bzw. Stereometrie (elementare Raumlehre) Fröbels, sowie durch die polaren Prinzipien des Zerlegens (Analyse) und des Zusammenfügens/Konstruierens (Synthese). Durch seinen Aufbau (vom Körper zum Punkt und zurück zum Körper) demonstriert das Spielmaterialsystem seine mathematische (stereometrische) Grundlage, womit es in Analogie zur gesetzmäßig (d.h. mathematisch) begründeten natürlichen Wirklichkeit steht (vgl. Heiland 2003a, 66 u. 256).
Das Ganze der Spiel- und Beschäftigungsmaterialien besteht aus vier unterschiedlichen Gruppen: aus körperhaften (die Gaben 1-6: Ball, Kugel/Würfel/Walze, Baukästen) flächenartigen (Legetäfelchen, Papierquadrate), linienförmigen (Legestäbchen, Papierstreifen) und punktförmigen (Perlen, kleine Steinchen) Materialien (vgl. Heiland 2003a, 65). Die Spielmaterialien besitzen zunächst das gemeinsame Merkmal der Dreidimensionalität, ehe im Folgenden jeweils eine Dimension ausgeklammert wird.
Repräsentativ für den Kindergarten sind vor allem die Spielgaben drei bis sechs, die Baukästen. Sie sind für das Einzelspiel gedacht, jedes Kind soll ein eigenes Spielkästchen besitzen. Das Spielmaterial richtet sich nach dem Alter und dem Entwicklungsstand der Kinder, weshalb sich die Spielgaben verändern müssen, entsprechend den psychischen Entwicklungsbedürfnissen und der wachsenden Fähigkeiten der Kinder machen sie einen Anpassungsprozess durch, wobei die für das frühere Alter geeignete Spielmaterialen unverändert als Angebot bestehen bleiben.

---

[140] Ein genauer Überblick über Fröbel Spielpädagogik findet sich u.a. in Heiland 1998 oder Hebenstreit 2003.

Auch wenn die späteren Spielgaben nicht mehr durchnummeriert wurden, unterliegen die Spielmaterialien weiterhin einer klaren Systematik. Das Kind vollzieht zunächst den analytischen Gang von den körperhaften zu den punktförmigen Materialien. Dieser Gang endet mit dem Ausstechen oder indem einzelne Steine nebeneinander gelegt werden. Nun folgt der zweite Gang, die Synthese, das Zusammenfügen. Von den punktförmigen Materialien wird nun über die linienförmigen und flächenartigen bis hin zu den körperhaften Materialien vorgegangen. Den Abschluss bildet das Gestalten mit Tonerde. Zuletzt soll der aus Ton geformte Würfel durch vielfaches Abschneiden der Kanten in die Grundform der Sphäre zurückgeführt werden (vgl. Heiland 2003a, 65/66).[141]

Wichtig war Fröbel, dass die Weiterentwicklung der Spielmaterialien der Entwicklung der Kinder folge. Aber auch wenn die Spiele in strenger Ordnung entwickelt und dem Kind auch vorgestellt werden sollten, mussten sie doch nicht streng nach der angegebenen Reihenfolge durchgespielt werden (vgl. Fröbel 1842c, 94). Fröbel selbst lehnte das sogar ab, da es „das fröhliche, frische Leben des Spieles, die dadurch bezweckte freie Entfaltung des Kindes, welches beides ja das Wesen und die Hauptsache des Spielens und beim Spiele ist" (Fröbel 1841c, 59) zerstöre.

Anhand zweier Zitatbeispiele[142] zeigt sich, welche Vorstellungen Fröbel mit einem dem Alter der Kinder angemessenen Spiel verbunden hat. Ihm ging es um Spiele,

> „welche nicht nur das innerste des Tätigkeitstriebes pflegen, sondern die zugleich auch alles dasjenige, was das Kind umgibt, zu einem angemessenen Spiel- und Beschäftigungs- und so zu einem entsprechenden Bildungsmittel gebrauchen lehren; Spiel- und Beschäftigungsmittel, Wege und Weisen, die aber auch den Zusammenhang des Lebens und der Natur ahnen und die Gesetze desselben fühlen machen, um darin - wenn auch mit Kindesblick – das Vorbild, mindestens im Sinnbild, zum Nachleben zu schauen; Spiele endlich, welche dadurch bildend und fortentwickelnd selbst für den mit dem Kinde spielenden, seiner Pflege sich hingebenden Erwachsenen einwirken und so das echte Band der wechselseitigen Erziehung und Erhebung zwischen beiden werden" (Fröbel 1839, 110/111).

Noch ein zweites Beispiel:

> „Die zu allseitiger erziehender und bildender Betätigung desselben [des Kindes, H. W.] aufgestellten und in Anwendung gebrachten Spiel- und Beschäftigungsmittel haben einerseits den Zweck, das Kind sowohl zu erstarken und zu üben, als es für den menschenwürdigen Gebrauch seiner Körper- und Glieder-, Sinnen- und Geistes*Kräfte*, Anlagen und Fähigkeiten, namentlich auch zum richtigen und besten Gebrauche der *Zeit*, des ihm zu Gebote stehenden *Stoffes* (Mittels) und des ihm zur Entwickelung gegebenen *Raumes* im allseitigen Einklange für die Schule wie fürs Leben auszubilden. Andererseits sind diese Spielmittel und die sich daraus ergebenden Spielweisen – sich aus einer Einheit nach einfachen, in sich selbst ruhenden Gesetze[n], stetig in Mannigfaltigkeit entwickelnd, ohne etwas Zerstückeltes und Totes an sich zu tragen – ein ei-

---

[141] Zum System der Spiel- und Beschäftigungsmaterialien siehe Hebenstreit 2003, 298/299.
[142] Auch hier sind die folgenden Textbelege als exemplarisch zu verstehen. Weitere Beispiele finden sich in Fröbel 1841a, 162 u. 164; Fröbel 1842c, 24.

niges Ganzes in sich; sie sind dem Wesen des Kindes wie dem der Umgebung desselben und deren Einheit entsprechend. Sie sind so wahrhaft vermittelnd und einigend zwischen dem Kinde, dessen Innern und dem es umgebenden Äußern, in das Wesen beider und deren Einheit einführend und [es] kund machend. Das Kind wird darum durch diese Spiele, Spiel- und Beschäftigungsweise nie einseitig, sondern stets mit Festhaltung seiner inneren Lebenseinheit als fühlendes, denkendes und handelndes Wesen allseitig in Anspruch genommen" (Fröbel 1841b, 189/190).

Hier zeigen sich die Ziele, die Fröbel mit dem Spiel erreichen wollte. Sie stimmen zum Teil mit den Zielen des Kindergarten an sich bzw. der Pflege, Erziehung und Bildung überein. Auch sie werden zwecks Vereinfachung gesondert dargestellt werden.
Aufgabe des Spiels sei es, den Tätigkeitstrieb des Kindes zu pflegen. Sein Ziel, sein Innerstes äußerlich darzustellen, finde beim Kind im Tätigkeitstrieb seinen Ausdruck. Grund für die oftmals anzutreffende mangelhafte Erziehung sei es, dass der Schaff- und Tätigkeitstrieb nicht angemessen befriedigt würde. Die erste Regung des menschlichen Wesens sei der „Trieb zur Tätigkeit" (Fröbel 1842c, 21) und an diesen Tätigkeitstrieb müsse die früheste Erziehung anknüpfen. Ihn gelte es wahrzunehmen, zu leiten und zu befriedigen (vgl. ebd., 21/22). Dem Kind sollte es möglich sein, der „innersten Forderung seines Lebens, seins Natur- und Lebenstriebes getreu, welcher sich frühe als Spieltrieb, wie jene im Spieltrieb äußert, tätig sein zu dürfen" (Fröbel 1846, 205). Denn Tätigkeit, so Fröbel, ist die Grundlage innerer wie auch äußerer Zufriedenheit und die Tätigkeit des Kindes ist sein Spiel. Das Spiel sollte aber nicht willkürlich verlaufen, vielmehr sollte das Spiel, das Tun des Kindes, „nach demselben Gesetz, wie die Kraft überhaupt wirkt, nach dem Gesetz, wie Gott selbst handelt und schafft" (Fröbel 1842c, 22) geschehen und somit vom Einfachsten, von einer Einheit ausgehen.

Das Spiel sollte dem Kind „ahnend" das Sphärische Gesetz näher bringen. Den Spiel- und Beschäftigungsmitteln würde ein höherer Gedanke unterliegen und sie das Sphärische Gesetz repräsentieren, zugleich seien sie in der Lage, dieses dem Kind durch das Spiel zu verdeutlichen (vgl. Fröbel 1842c, 86). Das Kind besitzt nach Fröbel die grundsätzliche Fähigkeit zur „Ahnung" von Gesetzmäßigkeiten in der Wirklichkeit, aber ihm muss ein Medium angeboten werden, mit dessen Hilfe die im Kind angelegte Strukturierungskraft verstärkt wird. Dieses Medium sind die Spiel- und Beschäftigungsmaterialien. Sie seien nicht zufällig konzipiert, sondern ein Mittel zur Wirklichkeits- und Selbsterkenntnis und würden deshalb auch in mehrfacher Weise die Wirklichkeit abbilden. Durch die klärenden und lenkenden Einwirkungen der Erwachsenen dem Kind die in den Spielmaterialien liegende (Sphären-)Gesetzmäßigkeit allmählich transparent (vgl. Heiland 1989, 161ff.).
So sah Fröbel z.B. im Ball und dem Spiel mit dem Ball einen der frühesten Stufe kindlicher Entwickelung angemessenen „Spiegel, das Anschauungsmittel und der Schlüssel zur Auffassung und Erkennung der Einheit in aller Mannigfaltigkeit und gleichsam der Einigungspunkt, der Magnet zur Auf- und Erfassung der Einheit in der Mehrheit, Vielheit und Allheit" (Fröbel 1842a, 220). Das gelte auch für Kugel und Würfel (vgl. ebd., 220). Das Spielen und die Auseinandersetzung mit den Gaben würden es dem Kind ermöglichen, *„all diese gemeinsamen* Eigenschaften und Verhältnisse *nur an einigen*

wenigen Gegenständen kennen zu lernen" (Fröbel 1846, 207). Die Materialien seien ein Einführungsmittel in die gesamte Außenwelt und eine Möglichkeit, an und durch welche das Kind sein Inneres offenbaren könne. Sie würden zwischen „seinem Innern, dem eigenen Lebens- und Gestaltungstriebe und dem Wesen, den Lebens- und Gestaltungsäußerungen der Außenwelt" (Fröbel 1846, 207) vermitteln. Im Spielmaterial erscheine dem Kind die Außenwelt als ein Spiegel seines Innern und sein Inneres als ein Spiegel der Außenwelt, beides gelange dadurch in Einklang und zu höherer Einigung:

> „Im ganzen sollen sie [die Spielgaben, H.W.] das Kind auffordern und leiten, aus einer Einheit selbst und freitätig eine Mannigfaltigkeit zu entwickeln und eine Mannigfaltigkeit auf ihre Einheit zurückzubeziehen, es soll sich dies durch Selbsttun zur Anschauung und Einsicht bringen; sie sollen das Kind ohne Worte lehren, allein durch die Tat zeigen: Inneres am Äußeren und durch Äußeres darzustellen und hinwiederum am Äußeren und durch Äußeres zu erkennen und zu lesen, um so in dem Fortgang der Entwicklung später geschickt zu werden, den lebendigen Geist in der ruhigen Form, ja selbst Gottgeist in Gottes Werken, in der Natur und im Leben zu erkennen, mindestens zu ahnen. Die Spiele und Spielgaben sollen dem Kinde als ein eigenes in sich gegliedertes Ganzes erscheinen, wie das Kind überall von einem einigen lebendigen Ganzen umgeben ist, damit es später einmal geschickt werde, dies zu erahnen, vielleicht zu erfassen" (Fröbel 1842b, 202).

Im Spiel gemäß den Vorgaben der Fröbel'schen Spielpädagogik wird nach Fröbel die Wirklichkeit vom Kind konstruktiv durchdrungen, d.h. in ihren Gesetzmäßigkeiten und Strukturen transparent. Noch unbewusst könne das Kind „durch freies und in freiem sinnigen Spiele" (Fröbel 1841a, 157) zur Einsicht in die höheren Lebensgesetze gelangen, weil eben diese Gesetze im Spiel selbst herrschen. In der Auseinandersetzung mit dem Material, dem Bauen und Konstruieren, würde sich das Kind den Gesetzlichkeiten, der Sphäre bewusst, mehr noch, das Sphärische im Kinde selbst würde aktiv, letzteres würde sich seiner selbst durch und im Spiel bewusst.

Und diese Einsicht, so Fröbel, kommt dem Wunsch des Kindes entgegen. Ahnend, durch unbewusste Selbstwahl und im noch unerkannten Tun, verlange das Kind danach, im freien, selbsttätigen Spiel die höheren Lebensgesetze zu erfahren. Aus diesem Grund sollten den Kindern im Kindergarten „Spiel- und Beschäftigungsstoff und solche Mittel gereicht" werden, „welche es zur Erfassung und Ausbildung seiner selbst, zum Verständnis der Umwelt, so zur Einführung in die Natur und zur Ahnung des Urgrunds alles Seienden leiten" (Fröbel 1841a, 157): eben die Spiel- und Beschäftigungsmaterialien. Sie würden für das Kind ein „allseitiges Darstellungsmittel seiner selbst und ein Erkenntnismittel der Außen- wie der Innenwelt" (ebd., 157) darstellen. Im Spiel würde die „Ahnung des Innern" (Fröbel 1842c, 93/94) des Kindes bestätigt. Die Spiele könnten dem Kind, „dem als einzelnes in dem Ganzen heraufwachsenden Menschen, ein Bild der Gesamtentwicklung" geben. „Er sieht, wie aus dem Kleinen das Größere und Große wird, wie aus einen ganz Einfachen eine so reiche Mannigfaltigkeit hervorgehen kann. Er sieht dies nicht nur, sondern erlebt und fühlt es selbst" (ebd., 93).

Die Hinführung zur Lebenseinigung steht auch beim Spiel in engem Zusammenhang mit der Ganzheitlichkeit. Denn die Spiele fördern nach Fröbel alle Anlagen und Kräfte des Kindes (vgl. Fröbel 1842c, 24 u. 1841d, 68). Das „für die erste Pflege, Erziehung und

Bildung des Kindes so Wichtige dieser Spiele" liege gerade darin, „daß sie jederzeit das ganze Kind in der Gesamtheit seiner Tätigkeit wie nach den verschiedenen Richtungen derselben hin zugleich in Anspruch nehmen, also stets zugleich als handelndes, empfindendes und denkendes Wesen" (1842a, 221). Die Spiel- und Beschäftigungsweise sollten sich immer sowohl auf die geistige, als auch auf die körperliche Entwicklung beziehen, sie „ist so beschaffen, daß sie [...] das ganze Kind in der Einheit seines Wesens, in der Gesamtheit seiner Anlagen in Anspruch nimmt, wie sie dessen Leben steigend pflegt, stärkt, übt und so weckt und bildet" (Fröbel 1841a, 164). Wiederum spricht Fröbel von Pflege, Erziehung und Bildung, alles drei hat dem einen Ziel zu dienen: der Lebenseinigung.

Betrachtet man die bisherigen Ausführungen, wird deutlich, welche hohe Bedeutung Fröbel der kindlichen Selbsttätigkeit eingeräumt hat. Aber welche Rolle muss die Erzieherin einnehmen?
Fröbel hat zwischen zwei grundlegende Formen von Erziehung unterschieden, der nachgehenden und der vorschreibenden (vgl. Fröbel 1826, 10ff.). Der heranwachsende Mensch weiß nach Fröbel von sich aus, wenn auch unbewusst, am besten, was aus ihm werden soll und Erziehung muss deshalb zuerst einmal nachgehend sein, also „wachsen lassen". In der *Menschenerziehung* gibt Fröbel der nachgehenden Erziehung eindeutig den Vorrang: Erziehung muss „bei weitem mehr leidend, nachgehend als bestimmend, vorschreibend sein" (ebd., 12). Dies verlange auch die Gelassenheit, zunächst einmal das Kind zu beobachten, Vertrauen in das Kind zu haben, keineswegs bedeute eine nachgehende Erziehung aber ein erzieherisches Nichtstun.
Deshalb sollte der Erwachsene dem Kind innerhalb der Spielpflege auch zur Seite treten. Entscheidend sei jedoch die Selbsttätigkeit des Kindes, denn nur so kann es seinem Schaffenstrieb gerecht werden. Immer müsse von den Bedürfnisseen des Kindes ausgegangen und diesen nachgegangen werden. Der Spielführer sollte das Spiel des Kindes lenken und leiten, so dass das Kind in seinen Spielen „die Ahnung seines Innern bestätigt" sehe, „daß aller Mannigfaltigkeit eine *Einheit*, allem Sichtbaren ein *Unsichtbares*, allem Äußern ein *Inneres*, allem Unbelebten ein *Belebtes* und zuletzt die höchste Einheit zum Grunde liegt, die wir als *gut* an sich erkennen und darum Gott nennen – dass in den verschiedensten Entwickelungen *bestimmte* Gesetze und zuletzt nur Ein Gesetz waltet, dass alles Einzelne, kein Vereinzeltes, sondern jedes ein Glied des großen Ganzen und zuletzt mit dem All und als vernünftiges und denkendes Wesen mit dem ganzen geistigen Leben im innigen Einklang steht" (Fröbel 1842c, 94). Aufgabe der Erzieherin sei es, die Ahnung des Kindes zu bestätigen und somit das Kind zur Lebenseinigung hinzuführen. Spielpflege ist bei Fröbel „nachgehend", Erziehung bedeutet in diesem Sinn für Fröbel deshalb auch nicht primär Einwirkung der Erwachsenen auf die Kinder. Erziehung ist nicht allein und zuerst die Aktivität des Erwachsenen, sondern die des Kindes.
Aber die Tätigkeit der Erzieherin darf für Fröbel nicht allein nachgehend sein. Sie hat die Aufgabe, das Kind in die Welt des Spiels einzuführen und darüber hinaus muss sie die freie Spielaktivität des Kindes beobachten und verbal begleiten. Aber die Reihenfolge müsse beachtet werden: Erst die Spiegelung des Kindes, dann der hilfreich korrigierende Gegenentwurf des Erziehers. Also nicht zuerst eingreifend und vorschreibend, sondern nachgehend.

Dennoch sei auch ein vorschreibend-verbietendes pädagogisches Vorgehen notwendig, die Spielpflege müsse auch „fordernd" sein. Der Erwachsene besitzt bei Fröbel große Bedeutung, aber weniger als derjenige, der das Kind mit Wissen füllt. Die Erzieherin ist die Helferin, sie übernimmt eine unterstützende, aber ausgesprochen wichtige Funktion. Sie ist für ihn diejenige, welche die im Kind liegenden Kräfte anregt und fördert, kindliches Fehlverhalten gegebenenfalls korrigiert und der Selbstentwicklung des Kindes Raum, Zeit und vor allem auch geeignetes Material gibt: das Spiel- und Beschäftigungsganze. Die Einführung in dieses ist nach Fröbel Aufgabe der Erzieherin, sie muss dem Kind die Spielmittel zur Verfügung stellen, die Spielprozesse sprachlich begleiten und selbst mitspielen. Nur durch die Vermittlung des Erwachsenen und das selbsttätige Bauen könne die Gesetzmäßigkeit des Spielgegenstands gewonnen werden. Neben einer geeigneten Atmosphäre sollte das zweckmäßige Material ausgewählt und bereitgestellt, das Kind in das Material eingeführt, das Spiel des Kindes beobachtet, verstanden und bestätigt oder gegebenenfalls korrigiert werden – und diese Aufgabe sollte die Erzieherin übernehmen. Aber dies sei immer nur eine dienende Funktion gegenüber dem Kind (vgl. Hebenstreit 2003, 253 u. 341f.; Heiland 1989, 169/170).

Eben dies fordere das Kind sogar, es verlange, „daß ein derartiger bewußter und erstarkter Geist es lenke; diesen will es im Spielführer, in der Spielführerin sehen, einen solchen Geist will es sogar in dem Stoffe, an dem es sich übt, in seinen Spielen glauben und wissen" (Fröbel 1842c, 94). Das Kind braucht nach Fröbel zur Unterstützung Impulse des Erwachsenen (vgl. Heiland 2003c, 193/194). Im Grunde sind die einführenden und Impulse gebenden Tätigkeiten der Erzieherin deshalb auch nur scheinbar vorschreibend, da sie dem Kind ja das geben, was es selbst braucht und verlangt.

Erziehung im Sinne Fröbels darf also nicht allein nachgehend sein, das vorschreibende Element besitzt seine Notwendigkeit. Jede „wahre Erziehung" muss „in allen seinen Forderungen und Bestimmungen also zugleich doppelendig, doppelseitig sein: gebend und nehmend, vereinend und zerteilend, vorschreibend und nachgehend, handelnd und duldend, bestimmend und freigebend, fest und beweglich" (Fröbel 1826, 15) sein.

Deshalb kann Fröbels Pädagogik auch nicht auf ein „Gärtner-Modell" reduziert werden. Fröbels Spielpädagogik besitzt auch eine fordernde Dimension. Auch wenn das Kind selbständig und frei spielen soll, soll der Erwachsene im Rahmen des Spiels sein Wissen um die Struktur des Materials vermitteln, er soll dies verbalisieren und die Ahnungen des Kindes bewusst machen. Fröbels Spielmaterial enthält eine didaktische Dimension, die eine „beteiligende, mitgehende, aber auch zeigend-führende (belehrende) Spielpflege" (Heiland 2003a, 257) erkennen lässt. Es ist somit nicht nur eine Pädagogik der Ahnung, sondern auch der Bewusstmachung (vgl. Heiland 1989, 170). Fröbel ging es nicht allein um das Wachsen lassen, er hat eindeutig auch die Lenkung und Beeinflussung der zu Erziehenden bejaht. Der Erziehende muss einen Mittelweg zwischen „Wachsen lassen" und „Führen" finden, nur so kann er den Bedürfnissen und dem Wohl des Kindes gerecht werden.

3.2.2.2 Die Anfänge der Fröbelbewegung

In die hier untersuchte Epoche fallen auch die Anfänge der sogenannten Fröbelbewegung. Einige dieser Schriften versuchten der Problematik abzuhelfen, die nach Fröbels Tod im Jahr 1852 sowohl von Gegnern, als auch von Sympathisanten wiederholt geäußert wurde und die Schwerverständlichkeit und Unsystematik von Fröbels Schriften beklagte. Anhänger Fröbels sahen sich dazu legitimiert, dessen Schriften zu systematisieren oder umzuschreiben. Fröbel wurde weniger als direkte Quelle benutzt oder zitiert, sondern vielmehr „übersetzt" oder seine Schriften verändert, letzteres sogar in der ersten Fröbelausgabe von 1862/63[143] (vgl. Heiland 1992, 29/30 u. 116). Einige dieser Arbeiten sind im Rahmen dieser Untersuchung weniger von Interesse, da sich nichts Eigenständiges bieten. Beispiele dafür sind *Friedrich Fröbel's entwickelnd-erziehende Menschenbildung (Kindergarten-Pädagogik) als System* (1862) von Hermann Pösche und Steinackers *Bilder, Studien und Klänge aus dem Bereich des Elternhauses und Kindergartens, der Bewahranstalt und Volksschule; nach (Friedr.) Fröbel'schen Grundsätzen* (1868). J. Wellauers *Ueber Kleinkinderziehung. Mit besonderer Rücksicht auf die Fröbel'schen Kindergärten und ihre Anwendung im St. Gallischen Waisenhause* (1869) bezog sich dagegen auf die Schweiz und wird deshalb nicht umfassend betrachtet.[144]

Wie der Versuch, Fröbels Gedankenwelt in eine besser verständliche Sprache zu übertragen, aussehen konnte, zeigt ein Vortrag von Hermann Goldammer. Goldammer gab 1869 auch das Buch *Der Kindergarten. Handbuch der Fröbel'schen Erziehungsmethode, Spielgaben und Beschäftigungen* heraus welches aber vor allem aufgrund der darin enthaltenen Texte von Marenholtz-Bülow von Interesse ist und deshalb erst später behandelt wird:

„Die Thätigkeit des Kindes ist bald nicht länger eine aufnehmende allein, es sucht sich auch nach Außen wirksam zu zeigen, und findet auf Jahre hinaus das Feld seiner Thätigkeit im Spiel. Was in seine Seele eingedrungen, das sucht es zum festen Besitz zu machen, indem es dasselbe mit seinen leiblichen und geistigen Händchen betastet und zu *ergreifen* strebt; das sucht es auch wieder nach außen hin zu gestalten, indem es die aus den Eindrücken gewonnenen Bilder und Vorstellungen auf die zahlreichen Spielgeräthe überträgt, sobald in diesen sich nur irgend eine Aehnlichkeit, irgend ein Anknüpfungspunkt für solche Uebertragung vorfindet. Die Welt, die in seinem Inneren lebendig geworden ist, soll auch äußerlich Form annehmen. Da wird es Aufgabe der Erziehung – die nach Fröbel eben nichts Anderes ist, *als Unterstützung des Naturprozesses der Entwickelung* – sein, den Stoff zu reichen, aus dem diese Form am zweckmäßigsten gebildet werden kann; sie wird darüber zu wachen haben, daß die Gebilde des Kindes nicht der bloßen Willkür, sondern einem bestimmten Gesetz unterworfen sind, daß es vom Einfachen zum Zusammengesetzten, vom Einzelnen zum Mannigfaltigen ic. fortschreite" (Goldammer 1866, 12/13).

Das Sphärische Gesetz, das Innerliche durch die Tätigkeit des Kindes, durch das Spiel äußerlich machen, die Materialien als der geeignete Gegenstand dazu – Fröbels Denken findet sich in veränderter Form. In diesem Sinne haben auch andere Autoren Fröbels

---

[143] Diese dreibändige Edition wurde von Bertha von Marenholtz-Bülow angeregt und von Wichard Lange herausgegeben. Lange, der Schwiegersohn des engen Fröbelmitarbeiters Middendorff, besaß Zugang zu den Nachlaßbeständen Fröbels, hat dessen Texte aber ohne Begründung und Kriterien zum Teil recht willkürlich verändert (vgl. Heiland 1992, 116).

[144] Bei Wellauer finden sich Elemente von Fröbels Kindergarten- und Spielpädagogik, aber der Grundgedanke des Sphärischen Gesetzes ist bei ihm nicht mehr vorhanden. Im Grunde war auch dies der später immer wieder anzutreffende Versuch, Fröbels Gaben auf eine gewöhnliche Kleinkinderbewahranstalt zu übertragen, wobei dies mit dem Verlust des eigentlichen Konzepts Fröbels verbunden war.

Ideen aufgegriffen. Auch Diesterweg, der Fröbel 1849 begegnet war und den man aufgrund seiner eigenständigen Leistungen nicht als Anhänger Fröbels bezeichnen kann, hat Fröbel relativ frei interpretiert. Er klammerte Fröbels Sphärenphilosophie vollkommen aus und veränderte zum Teil sogar wichtige Aspekte (vgl. Heiland 1990). Zwar finden sich in einem von Diesterwegs wichtigsten Texten über Fröbel[145] aus dem Jahr 1849 noch bedeutsame Begriffe wie z.B. „Natur-, Menschen-, Gotteinheit", „Entfaltung der Einheit zur Mannigfaltigkeit", „Vermittlung" (Diesterweg 1849, 167), schon zwei Jahre später sind derartige Begrifflichkeiten aber nicht mehr anzutreffen (vg. Diesterweg 1851). Auch wenn Diesterweg Fröbel hohe Achtung zollte und Elemente seiner Pädagogik recht präzise beschrieb und angemessen würdigte, das entscheidende Element von Fröbels Pädagogik, die Einbettung seiner Kindergartenidee in die Philosophie der Sphäre, findet sich bei ihm nicht.

Von Interesse sind dagegen zwei Schriften von Adolf Frankenberg, *Kurzgefasste Darstellung einer naturgemäßen Erziehungsweise kleiner, noch nicht schulfähiger Kinder, nebst Plan ausgeführt in einer dazu neubegründeten Anstalt in Dresden* (1840) und der *Plan zu einer häuslichen Lehr- und Erziehungsanstalt nebst Gedanken, Erfahrungen und Vorschlägen über eine frühzeitige und naturgemäße Erziehung* aus dem Jahr 1845. Frankenberg war Mitarbeiter an der Erziehungsanstalt zu Keilhau, sowie Gründer und Vorsteher eines Kindergartens in Dresden. Seine Schriften sind der sehr frühe Versuch, Fröbels Kindergartenidee mit eigenen Worten der Öffentlichkeit näher zu bringen.
Nach Frankenberg muss Erziehung darauf abzielen, „den Thätigkeitstrieb, die Spiellust und die Beweglichkeit des Kindes so weise zu leiten, daß das Kind dadurch an Bildung des Geistes, des Gemüthes und des Körpers gewinne, und allmählig seiner menschlichen Bestimmung entgegengeführt werde" (vgl. 1845, 7/8). Da dies in der Familie oftmals nicht gegeben sei, müsse die Erziehung durch einen Besuch des Kindergartens ergänzt werden. Der Kindergarten sei ganz besonders geeignet, um die „so häufig gefühlte Lücke in dem jetzigen Erziehungs- und Schulwesen auszufüllen" (Frankenberg 1840, 27), indem er den Übergang zwischen Familienleben und Schule naturgemäß gestalte. Positiv für die Entwicklung der Kinder sei, dass sie dort gemeinsam lernen, spielen und üben könnten.
Frankenberg griff also auf den Begriff der Bildung zurück, insgesamt aber überwog bei ihm der Erziehungsbegriff. Erziehung sei eindeutig Aufgabe des Kindergartens. Frühzeitige Erziehung sei wichtig und deshalb müssten die Spiele und Beschäftigungen mit der größten Umsicht ausgewählt werden. Geeignet seien Übungen der Sinnestätigkeit, im Anschauen, Denken und Sprechen, aber auch bildende Spiele und freie Bewegung. Die „als nothwendig erkannte vorbereitende Entwickelung der mannigfaltigen Anlagen, Kräfte und Triebe und der rein kindlichen und menschlichen Neigungen, diese Uebungen der fünf Sinne, des richtigen Denkens und Sprechens, dieser aller Thätigkeiten des Kindes erfassende und fortführende Elementarunterricht" (Frankenberg 1840, 6) sei die Aufgabe der Einrichtungen. Und eben dies sei durch die Spiel- und Beschäftigungsmittel

---

[145] Diesterweg hat 20 Artikel und Aufsätze über Fröbels Kindergartenpädagogik verfasst. Die beiden in dieser Arbeit erwähnten werden von Heiland als prägnanteste und geschlossenste Darstellung Fröbels durch Diesterweg bezeichnet (vgl. Heiland 1990, 181).

Fröbels gegeben (vgl. ebd., 5-7). Fröbel folgend ging auch Frankenberg davon aus, dass Erziehung die Aufgabe hat, die Ahnung des Sphärischen Gesetzes, die im Kind besteht, zu pflegen. Erziehung müsse „diese Ahnung hoher Wahrheit im kindlichen Gemüthe wach und rege erhalten", tut sie dies, „so wird von der Zeit an das Kind mit Lust, *ganz frei und selbstthätig in seinen Betrachtungen und Forschungen fortschreiten*, indem es nun eine Einheit in aller Mannigfaltigkeit, oder besser, alle Mannigfaltigkeit und Gegenheit in Einer Einheit ahnt, und so einen Grund alles Forschens, Wissens, ja alles Thuns und Lebens gefunden hat, von dem es nun auch in seinem tiefsten Inneren sein eigenes und seiner Lieben Wesen und Leben ableitet" (Frankenberg 1840, 12). Das Kind verlange es, seine Ahnung des Sphärischen Gesetzes bestätigt zu sehen, deshalb brauche es eine Beschäftigung, die „*weder zu leicht noch zu schwer ist, die seine innere, wie seine äußere Thätigkeit anregt,* die es also ganz in Anspruch nimmt. Denn die Natur des Kindes strebt unbewußt nach *allseitiger* freier Entwickelung, wie der bewußte Mensch nach Vollkommenheit, nach Entfaltung und Anwendung *aller* seiner Anlagen und Kräfte strebt und nur darin seine Gesundheit, seine Befriedigung, seine Bestimmung, seinen Beruf findet" (ebd., 23). Die Anwendung und Entfaltung aller Anlagen vollzieht sich auch nach Frankenberg im Spiel. Denn „das Spiel ist die völlig freie Aeußerung der allseitigen Thätigkeit des Kindes, es ist die äußere Erscheinung des inneren Seelen-Lebens im Kinde, wozu es von der Natur selbst getrieben wird, das Spiel ist die treueste Offenbarung dessen, was in dem Kinde vorgeht" (Frankenberg 1845, 23). Das Spiel brauche aber geeignetes Material: das Ganze der Spiel- und Beschäftigungsmaterialien, denn „sie haben alle den Zweck den Menschen, das Kind allseitig zu erfassen und zu bethätigen, sein *Denken* durch das *Wort,* sein *Empfinden* durch den *Ton* (Tonfolge, Melodie) und sein *Thun* durch das *Spiel,* oder die Sachdarstellung" (Frankenberg 1840, 24). Die Beschäftigung mit den Spielgaben würde es den Kindern ermöglichen, die für ihre formale Bildung notwendigen „Anschauungen aus der Körperwelt" (ebd., 11) aufzunehmen, sie geistig zu verarbeiten und in Worte zu fassen.
Aspekte von Fröbels Erziehungsvorstellungen – Ganzheitlichkeit, das Gesetz der Sphäre und ein dem Sphärengesetz entsprechendes Material – lassen sich auch bei Frankenberg finden. Erziehung biete die Möglichkeit, das Kind zu Lebenseinigung zu führen, da es „vom ersten Erwachen an in schöner Harmonie in sich selbst, im Einklange mit der Natur und im Frieden mit den Menschen wie in der Liebe zu Gott erzogen" (Frankenberg 1840, 24) wird. Erziehung sollte alle Anlagen des Menschen berücksichtigen und zur Lebenseinigung hinführen, d.h. zu einem „reinen, christlich frommen, vernünftig denkenden und religiös empfindenden, wie sittlich handelnden" (ebd., 25) Leben verhelfen.

Ein weiteres Zeugnis aus dem Kreis um Fröbel für diese Zeit stellt Wilhelm Middendorffs *Die Kindergärten. Bedürfniß der Zeit, Grundlage einigender Volkserziehung* (1848) dar. Middendorff war einer der engsten Mitarbeiter Fröbel, unter anderem war er als Erzieher in Keilhau tätig. Über Middendorff kam auch der Kontakt zwischen Fröbel und Fölsing zustande. Middendorff, bis ans Lebensende Fröbel gegenüber loyal, wurde von Fröbel zwar als sensibel, aber auch als „weich" und religiös-schwärmerisch eingestuft, Führungsfähigkeit und Realitätssinn wurden ihm von Fröbel abgesprochen (vgl. Heiland 2008, 34). Die 1848, also dem Jahr der Revolution, veröffentlichte Schrift ist die

einzige des engeren Fröbelkreises, in der versucht wird, Fröbels Spielpädagogik mit den bildungspolitisch-gesellschaftlichen Aufgaben zu verbinden und zu diskutieren. Offiziell wurde die Schrift von Middendorff verfasst, man kann aber wohl davon ausgehen, dass Fröbel an der Mitarbeit[146] beteiligt gewesen ist und den Inhalt mitbestimmt hat, dieser Aspekt verleiht diesem Buch eine besondere Bedeutung (vgl. Heiland 1998, 139/131).
Allerdings ist Middendorffs Text schwierig zu lesen, da er in einem teilweise kaum verständlichen Ton geschrieben ist. Sogar sein Schwiegersohn Wichard Lange erwähnte in der Neuedition *Wilhelm Middendorff über die Kindergärten. Hamburg 1861, eine durchgesehene, ergänzte und verbesserte Auflage*, dass er die Schrift nicht in ihrer ursprünglichen Gestalt herausgeben könne und einige Überschwänglichkeiten und Übertreibungen entfernt habe, die auf Middendorffs „poetische, gemütstiefe Natur" zurückzuführen seien. Laut Lange war Middendorff zwar ein begnadeter Redner, aber nicht auch ein ebensolcher Schreiber; eine Einschätzung, die auch von Fölsing geteilt wurde (vgl. Diehl 1915, 284/285).
Middendorffs Schrift gliedert sich in drei Teile: I. Bedürfnis, II. Wirkung, III. Befriedigung. In Teil I wird die pädagogische Notwendigkeit des Kindergartens und vor allem dessen Alltag beschrieben, in Teil II das pädagogische und gesellschaftliche Resümee aus der zuvor dargestellten Kindergartenpraxis gezogen. Nach der relativ kurzen Begründung der Notwendigkeit des Kindergartens folgt die Beschreibung eines ganz „gewöhnlichen" Tages im Kindergarten (vgl. Middendorff 1848, 2-29). Dieser wurde von Middendorff sehr positiv und ausgesprochen idealistisch dargestellt, zusammen mit der blumigen Sprache gewinnt man teilweise den Eindruck einer Werbeschrift, was in gewisser Weise wohl auch zutrifft (vgl. Heiland 1998, 137/138). Der recht umfangreiche dritte Teil beschreibt den Kindergarten mit seiner Tendenz der Lebenseinigung von Erwachsenen und Kindern und bettet diesen in die gesamtgesellschaftliche Entwicklung ein.

Nicht nur für die Kinder der Armen, für alle sozialen Schichten ist nach Middendorff eine Kinderpflegeanstalt notwendig, in der die Kinder nicht bloß bewahrt, sondern auch allseitig entwickelt werden (vgl. 1848, 2). Die Kinder sollten sich hier frei bewegen können, zugleich sollten sie aber auch, „wie der Name sagt, ähnlich den Gewächsen unter den Augen des verständigen Gärtners, von Einsicht und Sorgfalt und von treuer Liebe möglichst gepflegt werden, daß Leib und Geist dabei gedeihen und das kindliche Gemüth, wie die Blüthe in der Knospe, sich unverletzt entfalte" (ebd., 5/6).
Das Kind müsse tätig sein, denn „was liegt ihm nicht noch zu thun vor! Hat es nicht die Umwelt in sich aufzunehmen, nicht die Innenwelt aus sich darzustellen?" (Middendorff 1848, 33). Middendorff zielte damit auf die Hinführung zur Lebenseinigung ab, die beim Kindergarten im Spiel den Ausdruck finde, denn durch das Spiel, „durch ihre frei aus sich schaffende Thätigkeit, wie durch ihr frohes schönes Nachbilden" würden die Kinder „in das umgebende Leben der Menschen und der Naturwelt" eingeführt, so dass sie „lebendig den *Zusammenhang* fühlen, in dem sie selbst, wie jedes andere Wesen, mit diesem Ganzen stehen" (ebd., 34). Im Spiel könne das Kind schaffen und alle seine

---

[146] Entwürfe und Reinschrift zeigen deutlich die Handschrift Middendorffs auf. Heiland geht deshalb davon aus, dass Fröbels Mitarbeit mehr kommunikativer Art gewesen ist (vgl. 1998, 130/131).

Kräfte zur Entfaltung bringen. Ganzheitlichkeit sei wichtig, weshalb beim Kind „die schaffende Darstellung, als Ausdruck seines *Thuns*, die Bezeichnung im Wort, als Abbild seines erwachenden *Denkens*, und der liebliche Gesang, als der Widerschein seines frohen *Fühlens* möglichst einig mit einander im Bunde gehen" (ebd., 26) müssten.
Middendorff betonte ebenfalls die Bedeutung des Spiels. Es sei „seine eigentliche Arbeit, sein jetziger Lebensberuf, indem hier alle seine Kräfte in Harmonie thätig sind, sich heiter nach dem innewohnenden Gesetze äußern, und gleichsam die später im Leben zu erringende Harmonie in leichtem und fröhlichen Einklange vorbilden" (Middendorff 1848, 68).
Dabei sollte „die Erziehung der Kindergärten keiner Willkür, sondern ewigen Gesetzen, einem Grundgesetz, was sich eben so als ein menschliches, wie als ein natürliches und göttliches ausweist" (Middendorff 1848, 78) folgen. Sämtliche Erziehung wurzelt auch für Middendorff in der Erkenntnis, dass es nur auf Folgendes ankommt: „Ein Sein, Ein Denken, Ein Leben – Ein Einiges aus dem ist alles Daseiende, alles Wahrzunehmende. alles sich Fortentwickelnde, – alles Einzelne hervorgegangen" (ebd., 73).
Ziel sei nicht „Afterbildung" (Middendorff 1848, 73), sondern „ein *Wissen*, was auf einem Thun, auf Anschauen der Natur und des Lebens beruht, ein *Können*, welches hervorgeht und dahin zielt, das Innere und die Wahrheit darzustellen; einen *Sinn*, dem reinen Gemüthe entquellend, der nur in der Einigung des Lebens seine Freude und Befriedigung findet" (ebd., 73). Lebenseinigung ist also auch für Middendorff das Ziel und Aufgabe des Kindergartens.

Mit seiner Schrift ist Middendorff sein Ziel einer systematischen Zusammenfassung der Spielpädagogik Fröbels im Kontext des Kindergartens jedoch nicht wirklich gelungen. Seine Einschätzung des gesellschafts-politischen Rahmens war misslungen, Heiland hat dies als „unrealistisch-utopische Analyse der gesellschaftlichen Bedeutung des Kindergartens" (1998, 133) bezeichnet. Auch die Struktur des „Ganzen der Spiel- und Beschäftigungsmaterialien" wird nicht deutlich und der Bezug der Spielpädagogik zur Sphärenphilosophie nicht hergestellt, sondern nur fragmentarisch angedeutet. Mag die Schrift deshalb auch ein interessantes Zeugnis von Fröbels Öffentlichkeitsarbeit abgeben und sogar „*die* programmatische Schrift der Fröbelbewegung Ende der 40er Jahre" (Heiland 1998, 138) gewesen sein, eine Systematik der Kindergartenpädagogik war sie nicht, wie sie auch nichts wesentlich Neues beinhaltet hat.

3.2.2.3 Fazit
Fröbels Werk und Denken – das seiner Anhänger ist für diese Epoche vernachlässigbar, da sie kaum genuin Neues geschaffen haben – unterscheidet sich deutlich von dem seiner Zeitgenossen. Dies bezieht sich auf den Umfang seines in seine Sphärenphilosophie eingebetteten frühkindpädagogischen Werks, Überlegungen die nicht leicht zugänglich, wie auch vielfach interpretierbar sind. Vor allem aber unterscheidet er sich in der Begründung der vorschulischen Einrichtungen. Fröbel begründete die Einrichtungen eindeutig pädagogisch, d.h. sie besitzen nicht allein eine sozialfürsorgerische Funktion, auch wenn Fröbel durchaus den Betreuungsaspekt gesehen hat. Verstärkt finden sich bei ihm Überlegungen zur Eigenart kindlichen Denkens und Lernens, seiner Entwicklung. Notwendig war der Kindergarten für Fröbel deswegen auch nicht, um einer angeblichen

sittlichen Verwahrlosung entgegenzuwirken, sondern um die in der Familie fehlende oder mangelhafte Erziehung anzuregen und zu unterstützen. Weder zielte Fröbel primär auf die Vorbereitung auf die Schule, noch auf das spätere Berufsleben ab. Fröbel ging es um „entwickelnd-erziehende Menschenbildung", um allgemeine d.h. formale und grundlegende Bildung.

In seinen Überlegungen findet sich dabei der Erziehungs-, als auch der Bildungsbegriff, ergänzt um den Begriff der Pflege, der bei Fröbel in seiner inhaltlichen Bedeutung jedoch weit über eine rein pflegerische Tätigkeit hinausgeht. Allerdings verwendete er die drei Termini nur bedingt systematisch, eindeutige begriffliche Abgrenzungen fehlen ebenso wie die einheitliche inhaltliche Verwendung derselben. Dies hätte jedoch auch Fröbels Denken widersprochen, stattdessen gehört alles drei zusammen. Während Pflege sich zumeist auf die Ahnung des Kindes und damit verbunden auf seine Selbsttätigkeit, seinen Tätigkeitstrieb bezieht, wird der Bildungsbegriff in einem umfassenderen Zusammenhang mit Hinblick auf das Ziel der Lebenseinigung verwendet. Erziehung steht bei Fröbel dagegen zumeist im Kontext von Unterstützung der ganzheitlichen Entwicklung. Aber diese Begriffe finden keine klar definierte und einheitliche Anwendung. Im Grunde umfassen sie alle drei zusammen Fröbels pädagogische Bestrebungen und Ziele, weshalb er auch davon spricht, dass die „Kinder in Kindergärten gepflegt, gebildet und erzogen" (Fröbel 1841a, 154) werden müssen. Aus diesem Grund ist es sinnvoll, nach seinem allen drei Begriffen zugrunde liegenden pädagogischen Verständnis zu fragen.

Fröbel wollte den Kindern durch Bereitstellung einer geeigneten Umwelt samt entsprechenden pädagogischen Handlungen die Hinführung zur Lebenseinigung ermöglichen. Pflege, Bildung und Erziehung sollten die Kinder in ihrer ganzheitlichen Entwicklung unterstützen und auch eine soziale Erziehung ermöglichen, denn nur so ist für Fröbel Lebenseinigung zu erreichen. Eine religiöse Erziehung ist dabei von Bedeutung, aber sie wurde von Fröbel anders verstanden. Im Gegensatz zu den zeitgenössischen Überlegungen zielte sie nicht auf die Vermittlung eines Tugendkatalogs ab.

Die geeignete Form, in der die Entwicklung Unterstützung findet und zugleich auch die geeignete Form kindlichen Lernens, sah Fröbel nicht im „eigentlichen" Unterricht, sondern im Spiel. In dieser Ansicht und der Betonung des Spiels als Leistung des Kindes unterscheidet sich Fröbel von seinen Zeitgenossen. Durch und im Spiel bzw. in der Auseinandersetzung mit den Materialien des Spiel- und Beschäftigungsganzen können die Kinder die Gesetzmäßigkeiten der Wirklichkeit erfassen und begreifen. Dem Spiel maß Fröbel eine hohe Bedeutung bei, denn hier setzt das Kind sich mit der Welt auseinandersetzen, eignet sich diese an und gelangt zu einem Verständnis der ihn umgebenden Welt. Weder diente ihm das Spiel als bloße Erholung, noch als didaktisches Mittel, um gewünschte Verhaltensweisen oder Tugenden zu vermitteln.

Pflege, Bildung und Erziehung müssen alle Anlagen, Kräfte und Möglichkeiten anregen und fördern. Fröbel reduzierte den Erziehungsbegriff nicht auf den Aspekt einer sittlichreligiösen Erziehung. Vor allem im Zusammenhang mit dem Pflegebegriff betonte er immer wieder die Bedeutung von Selbsttätigkeit. Kinder müssen selber tätig sein, denn sie lernen nicht, indem sie passiv aufnehmen, sondern aktiv gestalten, ihr Tätigkeitstrieb muss gepflegt werden. Dazu gehört auch, dass eine entsprechende und anregungsreiche Umgebung geschaffen wird. Fröbel hat dem Kind einen aktiven Part innerhalb seiner Entwicklung und seines Lernens zugesprochen, in dieser Deutlichkeit sicher ein Unterschied zu den zeitgenössischen Ansichten. Zwar muss die Erzieherin eingreifen, aber zunächst einmal muss sie das Kind beobachten und es selber tätig sein lassen, um ihm dann dabei zu helfen, seine in ihm liegenden Kräfte zur Entfaltung zu bringen. Erziehung, wie Fröbel sie begriffen hat, muss die Selbstentwicklung des Kindes unterstützen, z.B. indem die geeigneten Materialien, aber auch die notwendige Zeit gegeben werden. Fröbel hat Erziehung, Bildung und Pflege als eine pädagogische Handlung verstanden, welche die kindliche Entwicklung und das kindliche Lernen, heute würde man sagen die frühkindliche Bildung, unterstützen muss. Um diese „Bildung" zu ermöglichen, ist Ganzheitlichkeit und die Selbsttätigkeit des Kindes notwendig, wie sie sich auch über das Spiel, nicht jedoch den Unterricht vollziehen muss. Nur im Spiel kann sich das Kind ganzheitlich und selbsttätig mit der Welt auseinandersetzen und sich diese aneignen: es kann sich bilden.

3.2.3 Johannes Fölsing

Friedrich Fröbel war nicht der Einzige, der eine nebenfamiliale Kleinkinderziehung für die Kinder aus Familien der höheren Schicht für notwendig gehalten hat. Ähnliche Überlegungen finden sich auch bei Johannes Fölsing.[147]

Fölsing hat aufmerksam die Überlegungen seiner Zeitgenossen verfolgt und zum Teil mit ihnen den persönlichen Kontakt gepflegt. Viele Bestrebungen betrachtete er allerdings sehr kritisch, so protestierte er energisch „gegen das *Lesen,* das *Rechnen* auf der Schiefertafel und mit Ziffern, *Schreiben*, gegen die *vielen Bilderbücher*, gegen die vielen *Spielsachen*, gegen *Fliedner's* und *Fröbel's* Beschäftigungs- und Entwicklungsweise" (Fölsing/Lauckhard 1848, 115). Im Grunde konnte er weder Fliedner noch Fröbel so recht zustimmen.

---

[147] Johannes Fölsing (1816–1882) war eigentlich Lehrer an der Darmstädter Garnisonsschule. Die Bedeutung Fölsings, der auch begeisterter Organist war und für den pädagogischen Alltagsgebrauch komponierte, liegt aber weniger auf dem Gebiet seiner hauptberuflichen Tätigkeit, sondern im Bereich der Kleinkinderschulen. 1841 unternahm Fölsing eine pädagogische Studienfahrt nach Berlin, dort besuchte er Erziehungseinrichtungen, von denen ihm unter anderem eine Blindenanstalt, die Taubstummenanstalt und die Erziehungsanstalt sittlich-verwahrloster Kinder besonders beeindruckten. Weiterer Teil dieser Reise war der systematische Besuch von insgesamt 41 Kleinkinderschulen. 1844 wurde er zum Lehrer an der Garnisonsschule in Darmstadt ernannt, wo er bis 1869 verblieb.
Schon 1843 eröffnete er die Kleinkinderschule für höhere Stände in Darmstadt, die zunächst nur mit einem einzigen Jungen ihre Arbeit begann, schnell aber mehr und mehr an Ansehen und Bedeutung gewann. Mit seinem wachsenden Ruf stieg auch sein Einfluss auf die Kleinkinderschule für Kinder aus ärmeren Klassen, die ebenfalls in Darmstadt existierte. Später wurde er hier in den Vorstand gewählt und ihm die Erziehungsleitung übertragen. Zusätzlich engagierte Fölsing sich noch in einem Erziehungsverein und gründete eine Fortbildungsanstalt für Töchter armer Eltern. Außerdem gründete er ein Ausbildungsinstitut für Kinderlehrerinnen, das an seine Kleinkinderschule angeschlossen war. Nach seiner Pensionierung vom Schuldienst führte er auch weiterhin bis zu seinem Tod die Kleinkinderschule für höhere Stände, insgesamt also beinahe 40 Jahre lang.
Unermüdlich war er als pädagogischer Fachpublizist tätig. Von den Zeitgenossen hochgeschätzt – als erster hessischer Lehrer wurde er in die 5.Klasse der Offiziers-Witwen- und Waisenkasse aufgenommen, damals geradezu sensationell und vor allem einträglich – wurde ihm 1855 der Doktorgrad der Philosophie durch die Landesuniversität Gießen verliehen, hinzu kamen zahlreiche öffentliche Auszeichnungen und Ehrungen. Zu Johannes Fölsing siehe vor allem Failing 1988 u. 1989.

Dabei war er mit Fröbel und Middendorff persönlich bekannt, Fröbel hat sogar von Juli bis November 1844 bei Fölsing in Darmstadt gewohnt und war bei der Taufe von Fölsings ältester Tochter zugegen. Anfänglich bestand auch fraglos Sympathie und Übereinstimmung, dass die Fröbel-Schülerin Ida Seele ab 1844 Anstellung an der Kleinkinderschule für ärmere Stände fand und dort Fröbels System einführen sollte (vgl. Diehl 1915, 285ff.), wäre ohne Fölsings Wohlwollen nicht möglich gewesen. Leider existiert eine detaillierte Betrachtung des Verhältnisses zwischen Fölsing und Fröbel trotz mehrfacher Aufforderungen von Fölsings Zeitgenossen nicht (vgl. ebd., 283ff.).[148] Gravierende Unterschiede bestanden wohl auch weniger in der erzieherischen Gesamtintention, vielmehr lehnte Fölsing Fröbels praktische Umsetzung ab. Insbesondere über die Baukästen scheint Uneinigkeit bestanden zu haben, Diehl erwähnt, wie Fröbel und Fölsing abends gemeinsam mit den Baukästen gespielt haben und sich nicht auf eine geeignete Verwendung einigen konnten. Fölsing hielt die Materialien und vor allem die Beschäftigungen, die Fröbel von den Kindern mit den Baukästen verlangte, für nicht kindgemäß (vgl. ebd., 292/293). Auch Fröbels starker Panentheismus und die verkünstelte Form seiner Gedichte und Lieder haben Fölsing wohl missfallen. Möglicherweise liegen darin die Gründe, warum das zunächst innige Verhältnis abkühlte und auch der Briefwechsel erlosch (vgl. ebd., 287). Ab 1849 wurde Fröbel dann von Fölsing zunehmend auf publizistischem Weg kritisiert, was ihm von Fröbel-Anhängern Zeit seines Lebens verübelt und Fröbel von ihnen verteidigt wurde (vgl. exemplarisch Lütkens 1849).

Vor allem aber wandte Fölsing sich vehement gegen Fliedners Modell der Kleinkinderschulen. In mehreren seiner Schriften übte Fölsing daran Kritik, auch Rankes Schrift wurde von ihm rezensiert (vgl. Fölsing 1850; Fölsing 1880, 6 u. 122; Fölsing/Lauckhard 1848, 34). Fliedners Kleinkinderschulen waren für ihn zu einseitig religiös ausgerichtet, gerade die Konfessionalität und die damit verbundene negative Anthropologie eines von der Sünde geprägten Kindes lehnte Fölsing ab. Er sah bei den evangelischen Kleinkinderschulen das Problem, dass die ganzheitliche Entwicklung des Menschen nicht genügend berücksichtigt werde (vgl. Fölsing 1880, 6; Fölsing/Lauckhard 1848, 34). Zwar gab er durchaus zu, das selbe Ziel wie Fliedner zu verfolgen, aber dessen Methode war ihm zu nah an einem eigentlichen Unterricht, wie er sich auch allen „bildbaren Fähigkeiten des Kindes" (Fölsing 1880, 122), nicht allein dem Gedächtnis widmen wollte. Er warf Fliedner vor, dass dieser zu früh und schnell Christen aus den Kindern machen wolle, Fölsing selbst dagegen wollte die Kinder durch eine naturgemäße, gesunde, allseitige Ausbildung ihrer Geisteskräfte zur „Aufnahme der heiligen Lehren des Christenthums in reiferen Jahren würdig und tüchtig machen" (ebd., 122). Trotz seiner zum Teil massiven Kritik wurde Fölsing aber später in die Tradition evangelischer Kinderpflege einbezogen.

Fölsings Konzept kann als ein eigenständiges gelten. Er hat ein umfangreiches Werk verfasst, das gut 20 Fachbücher, sowie zahlreiche Zeitschriftenartikel und die Herausga-

---

[148] Auch die Briefwechsel zwischen Fölsing und Fröbel bzw. Middendorff, die von Diehl erwähnt werden und der im Falle Fröbels auch veröffentlicht werden sollte (vgl. 1915, 287), existieren meines Wissens nicht mehr. Fölsing hat die von Fröbel erhaltenen Briefe wohl auch nach einer Aufforderung nicht an dessen Witwe zurückgegeben (vgl. ebd., 283).

be diverser Zeitschriften umfasst. Einige davon sind heute allerdings nur schlecht zugänglich. Fölsings größere Werke sind außerdem zumeist recht unsystematisch aufgebaut, vor allem *Die Menschenerziehung* (1850), sein – im Hinblick auf Fröbel vermutlich absichtlich so genanntes – eigentliches Hauptwerk und die *Blüthen und Früchte der Kleinkinderschulen nach hundertjährigem Bestehen* (1880). Mehrfach finden sich Teile aus früheren oder, vor allem bei kleineren Schriften, sogar gesamte Publikationen, die einfach in das neue Werk eingefügt wurden. Nicht immer lässt sich dabei aufgrund der Zusammenreihung der unterschiedlichen Textpassagen eine klare und aufbauende Argumentation erkennen.[149]

Auch ist nicht immer auf den ersten Blick eindeutig, auf welche Form der Kleinkinderschule sich Fölsing bezieht. In seinem theoretischen Werk behandelte er sowohl die Kleinkinderschule für ärmere, als auch für höhere Stände; ein Umstand, der heute oftmals übergangen wird, indem allein auf Fölsings Tätigkeit im Bereich der Kleinkinderschulen für höhere Stände hingewiesen wird. Fölsing selbst spricht z.B. in der *Menschenerziehung* zunächst allgemein von Kleinkinderschulen[150] (vgl. ebd., 48-103), ehe er die beiden Kleinkinderschulformen gesondert darstellt (vgl. ebd., 104-144). Nicht immer ist dabei klar, auf welchen Typus Fölsing sich bezieht.

Erschwerend bei der Einschätzung von Fölsings Ideen kommt hinzu, dass sein Nachlass – „eine merkwürdige Sammlung, veranstaltet von einem merkwürdigen Mann" (Diel 1915, 281) – den Fölsing angeblich hinterließ, um der Nachwelt eine gerechtere und sachlich mehr angemessene Beurteilung seines Lebenswerks zu ermöglichen, verloren gegangen ist (vgl. Failing 1989, 233/234).[151] Es ist somit durchaus möglich, das wichtige Dokumente, man denke an die Bedeutung von Fröbels Briefen, nicht mehr verfügbar sind.

Neben der Menschenerziehung und Blüthen und Früchte der Kleinkinderschulen bieten die gemeinsam mit Carl Friedrich Lauckhard[152] herausgegebenen Schriften *Pädagogische Bilder oder die moderne Erziehung in der Familie und Kleinkinderschule in der Nähe und Ferne betrachtet* (1847) und insbesondere *Die Kleinkinderschulen, wie sie sind und was sie sein sollen* (1848) einen guten Einblick in Fölsings Denken. Hier ist Fölsing vor allem auf die Kleinkinderschule für ärmere Schichten eingegangen, auch

---

[149] So wurde z.B. Fölsing 1847 in *Die Menschenerziehung* übernommen. Besonders Fölsings letztes Werk (vgl. 1880) stellt im Grunde nicht mehr als eine Zusammenstellung frühere Schriften bzw. Gedanken samt einiger Ergänzungen dar, hier wurden Teile der *Menschenerziehung* wortwörtlich wiederholt (vgl. z.B. Fölsing 1850, 104ff. u. Fölsing 1880 33ff.).

[150] In der hier angesprochenen Passage bezieht sich Fölsing wohl auf Kleinkinderschulen für ärmere Stände. Dies wird anhand des Eintrittsalters der Kinder deutlich, das er mit zwei Jahren angibt (vgl. Fölsing 1850, 48).

[151] Sein Nachlass stellte eine äußerst sorgsam geführte Dokumentation seiner Arbeiten dar, Hunderte von Briefen von zum Teil bedeutenden Persönlichkeiten, Zeitungsausschnitte, Aufsätze, Rezessionen seiner Bücher, Widmungen und Kritiken aller Art. Das Hessische Schulmuseum kam 1913 in den Besitz eines Teils des Nachlasses, der aber wohl vernichtet wurde. Er umfasste auch Briefe von Middendorff und Fröbel an Fölsing, wie auch eine Einschätzung Fölsings der gemeinsamen Erlebnisse (vgl. Diehl 1915, 281/282).

[152] Carl Friedrich Lauckhard (1813-1876) war ein bekannter und namhafter Schulmann. Er wurde 1847 Lehrer an der Stadtschule und Hilfsprediger in Darmstadt, 1855 Schulrat und vortragender Rat im Staatsministerium zu Weimar. Er verfasste zahlreiche geschätzte Schul- und Unterrichtsbüchern und andere pädagogische Werke.

wenn er in seinen späteren Werken ebenfalls immer wieder auf diesen Typus zurückkam. Fölsings kleinere Schriften werden, soweit sie auffindbar waren oder nicht vollständig in den späteren Werken aufgegangen sind, ergänzend herangezogen.

Notwendigkeit der vorschulischen Einrichtungen: Fölsing hat zwei unterschiedliche Typen öffentlicher Kleinkinderziehung als notwendig angesehen. Armut und Proletarisierung, das Leben in katastrophalen Mietwohnungen bei steigender Bevölkerungszahl ohne medizinische Versorgung, Arbeitslosigkeit, Diebstahl, Hunger und Verelendung, wie auch die damit verbundenen sozialen Unruhen – die auch von den Zeitgenossen immer wieder angeführte drohende Verwahrlosung der Kinder der unteren sozialen Schicht galt auch ihm als notwendiger Grund für die öffentliche Kleinkinderziehung. Aber Fölsing schätzte auch in bürgerlichen Schichten die frühkindliche Erziehung als nicht ausreichend oder sogar mangelhaft ein (vgl. Failing 1989, 235ff.).
Zwar stellt nach Fölsing die Familie eigentlich den geeigneten Ort jeglicher Kleinkinderziehung dar.[153] Ist die familiäre Erziehung aber nicht möglich oder ausreichend, müsse die Kleinkinderschule die Erziehung der Kinder übernehmen oder ergänzen, egal für welche Schicht. Beiden Einrichtungstypen sprach er deshalb auch einen eigenständigen Erziehungsauftrag zu. Denn „in dem Sinne, wie die Kleinkinderschulen für die rein arbeitenden Volksklassen nach der einen Seite hin nothwendig sind, sind sie für die höheren Stände nicht nothwendig" (Fölsing 1850, 38). An einer gemeinsamen Erziehung war Fölsing nicht gelegen, auch weil er die Ständegesellschaft zu keiner Zeit in Frage stellte. Aber die Kleinkinderschule für ärmere Stände sollte nicht eine pädagogisch minderwertige Einrichtung gegenüber den qualitativ besseren für die Kinder der bürgerlichen Schicht sein (vgl. Failing 1989, 249).

Erziehung ist für Fölsing also immer und grundsätzlich Aufgabe der öffentlichen Kleinkinderziehung. Erziehung, egal in welcher Einrichtung, muss ganzheitlich sein und auf dem Prinzip der Anschaulichkeit als Fundament aller Erkenntnis und allen Unterrichts beruhen. Ähnlich wie Pestalozzi ging auch Fölsing davon aus, dass sämtliche Erkenntnis auf der sinnlichen Rezeption beruht und dass die Fähigkeit zur Anschauung einen Erkenntnisgewinn ermöglicht (vgl. Failing 1989, 245/246).
Als Aufgabe galt ihm deshalb nie allein das Bewahren, sondern ganzheitliche Erziehung sowie die Bildung des Geistes (vgl. Fölsing/Lauckhard 1848, 84). In seinen Überlegungen findet sich auch der Bildungsbegriff. Mit einem längeren Beispiel versuchte er deutlich zu machen, was Bildung gerade *nicht* ist:

„Als ein Freund von mir vor längerer Zeit das Unglück hatte, in einer kleinen Stadt einem Privatinstitute vorzustehen – eine böse Stellung! da alle betheiligten Eltern mit in den Schulplan

---

[153] An dieser Stelle können Fölsings Ansichten zu einer gelingenden Familienerziehung nicht betrachtet werden. Zwei Aspekte dienen dennoch Beachtung, da sie Fölsings Erziehungsvorstellungen verdeutlichen. So betonte er in diesem Zusammenhang die Selbsttätigkeit des Kindes in Form des Spiels (vgl. Fölsing/Lauckhard 1847, 34). Klar wendete sich Fölsing hier auch gegen das von anderen Zeitgenossen des Öfteren geforderte Willenbrechen in und durch die Erziehung: „Darum kein Willenbrechen! Man zerstört gewaltsam manchen zarten Keim oder zieht Leidenschaften groß, die besser in den jungen Herzen nicht entstanden wären" (Fölsing/Lauckhard 1847, 26/27).

reden wollten -, kamen einst mehrere Familienväter zu ihm und wollten Abänderungen am Stundenplane gemacht haben. Vor allen Dingen sagten sie, sei es auffallend, und ihnen sehr mißfällig, daß ihre Kinder nicht *gebildet* würden. Das Wort „Bildung" selbst müsse nothwendig auf dem Stundenplane stehen. Man wolle für sein gutes Geld usw. usw. Mein Freund fragte, in großer Verlegenheit, weil er sie nicht verstand, nach der Qualität dieser Bildung, ob sie die Verstandes-, Herzens-, Gemüths- oder Phantasiebildung meinten und wollte ihnen darthun, daß dieselbige stillschweigend überall mit dazu gehöre, und gleichsam unvermerkt mit eingeschmuggelt werde. – Aber sein Humor wollte nichts verfangen. Sie erklärten derb und rundweg, daß das alles nicht ihre Meinung sein, sondern *Bildung, Anstand, Feinheit* usw., damit ihre Kinder zierlich daher kämen in Reden und Gebärden, damit ihnen jederzeit die Leute ansähen, sie seinen nichts Gewöhnliches, Ordinäres, sonder fein erzogen und damit es heiße: sieh einmal, daß sind feine Kinder usw. Der Getadelte suchte ihnen begreiflich zu machen, daß dergleichen sich alles nach und nach von *Innen heraus* ergeben müsse; und daß man´s ihnen jetzt noch nicht, wie einen bunten Modelappen, äußerlich anhängen dürfe. Aber seine Reden waren in den Wind gesprochen: Die Leute gingen kopfschüttelnd fort und sagten, er hätte selber keine Bildung" (Fölsing/Lauckhard 1847, 39).

Den Kindern dürfe nicht die Kindlichkeit genommen werden, Altklugheit und Affektiertheit seien unnatürlich. Ordentliches Verhalten und perfekte Manieren seien gerade nicht der Anfang, sondern das Ende aller Erziehung und Bildung (vgl. Fölsing/Lauckhard 1847, 40/41). Bildung ist für Fölsing weder Vielwisserei noch vollkommener Anstand, es geht ihm gerade nicht primär um eine materiale Bildung oder gesellschaftlich erwartetes Verhalten. Bildung des Verstandes, Herzens und Gemüts würden sich nach und nach von Innen heraus ergeben. Bildung sei nichts, was man von Außen anhängen kann.

Die Kleinkinderschulen für ärmere Stände: Bildung und Erziehung sind nach Fölsing zwar Aufgabe der vorschulischen Einrichtungen, primär notwendig sind die Kleinkinderschulen für ärmere Stände aber aufgrund der Erwerbstätigkeit der Eltern und der dadurch bedingten Aufsichtslosigkeit der Kinder. Ihr Zweck sei es, die aufsichtlosen Kinder „unter sichere und zugleich auf die körperliche und geistige Natur derselben wohlthätig einwirkende Aufsicht zu stellen, und dadurch zugleich die Eltern in den Stand zu setzen, ihrer Beschäftigung mit voller Thätigkeit nachzugehen" (Fölsing 1850, 129).
Aber die Kleinkinderschulen sollten niemals reine Bewahrungsanstalten sein. Vielmehr sollte positiv auf die Kinder eingewirkt, die physischen Kräfte geweckt und „insbesondere die Sprachorgane entwickelt werden" (Fölsing 1850, 146). Auch seien sie keine Schulen, sondern sollten sich an der Wohnstube einer guten Familie orientieren (vgl. Fölsing 1850, 146; Fölsing 1880, 3). Jede Kleinkinderschule ist in den Augen Fölsings „eine wahre ,*Erziehungsanstalt*', eine wahrhafte ,*Bildungsschule*' direct für die Kleinen und indirect für die Großen (Erwachsenen)" (Fölsing 1850, 48); Einrichtungen, deren Hauptsache es ist, „*das Herz zu bilden, – den Frohsinn zu wecken und zu erhalten, und die äußeren Sinne zu üben, – die Sprache zu verbessern, und den zarten Körper zu pflegen, zu schützen und abzuhärten*, damit die Kinder wohlerzogen in die Lernschule treten und hier mit Fleiß weiter streben, so daß sie den Lehrern, aber namentlich den Eltern Freude machen" (ebd., 163).

„Bildung" und „Erziehung" als Ziele, die Kleinkinderschule als „wahre Bildungsschule" und „Erziehungsanstalt". Gerade dass die Erziehung der Kinder der unteren Volkschichten oftmals dem Zufall überlassen würde oder überhaupt nicht stattfinde, wurde von Fölsing als bedenklich empfunden. Wichtig sei dies auch aufgrund einer drohenden sittlichen Verwahrlosung, die sittliche Erziehung galt auch Fölsing als eine der wichtigsten Aufgaben der Kleinkinderschulen der Armen – darauf wird noch später zu kommen sein. Aber dies war für ihn nicht die alleinige Funktion der Einrichtungen.

So heißt es in den Statuten seiner Kleinkinderschule für ärmere Stände, dass die Kinder „die sorgfältigste Pflege und Aufsicht mit vollständiger Berücksichtigung ihrer zarten Jugend und ohne Beschränkung ihrer freien körperlichen Bewegung" (Fölsing 1850, 130) erhalten müssen. Kinder bräuchten die Möglichkeit, ihre Kindheit ausspielen und sich naturgemäß entwickeln zu können. Es gelte „den ganzen Menschen, Körper, Geist und Gemüth vom zweiten bis sechsten oder siebten Lebensjahre in der einfachsten, kindlichsten Weise, jedoch möglichst planmäßig zu erfassen und zu behandeln, so wie insbesondere den Thätigkeitstrieb, Sinn für Ordnung und Wohlanständigkeit zu wecken und zu pflegen" (Fölsing 1850, 48).

Für Fölsing besteht ein Zusammenhang von geistiger und körperlicher Entwicklung und die Förderung von beidem ist Aufgabe der Kleinkinderschule. Körper und Geist sind eng miteinander verbunden und beeinflussen sich in ihrer Entwicklung gegenseitig: „Körper und Geist stehen in so engem Bunde miteinander, daß der eine Theil durch den andern *ge-* und *ver*bildet wird, nachdem man recht oder schlecht auf den einen oder andern einwirkt. Der eine Theil kann nicht ohne den andern gedacht werden" (Fölsing 1850, 51).

Wiederum ist der zuvor angesprochene Aspekt der Ganzheitlichkeit zu erkennen. Nicht nur Körper und Geist, auch das Gemüt müsse erzogen bzw. gebildet werden. Dies sei Aufgabe und Ziel der Erziehung, „da die *wahre Bildung* nicht in Gedächtnißkram, nicht im Vielerlei–wissen besteht, in der sogenannten Gelehrsamkeit, sondern, daß der wahrhaft Gebildete es nach allen Seiten hin sein soll, daß alle guten Kräfte und Anlagen, daß Kopf und Herz gleichmäßig entwickelt und ausgebildet werden müssen" (Fölsing/Lauckhard 1848, 68).

Ebenfalls in den Statuten deutete Fölsing an, wie man die Kinder in den Kleinkinderschulen für ärmere Stände beschäftigen könne:

> „Unschädliche Spiele verschiedener Art, zweckmäßige Leibesübungen, Bewegung in freier Luft, wenn dieß die Jahreszeit nur einigermaßen erlaubt, und leichte Handarbeiten, alles dieß ebenso zum Nutzen wie zum Vergnügen der Kinder, sind als Hauptaugenmerk bei der Behandlung derselben zu betrachten. Aber bei dem Bemühen, für das körperliche Wohlsein zu sorgen, soll auch die geistige Natur der Kinder im Auge behalten, deren Keim geweckt und der, im Kinde schlummernde Funken der Religion entzündet werden. Diesen Zweck hofft man durch leichte faßliche Erzählungen, durch das Auswendiglernen und Absingen kleiner Lieder, durch das Anschauen und Erklären von Bildern und anderen Gegenständen der Sinnensanschauung zu erreichen" (Fölsing 1850, 130/131).

Neben der Forderung nach einer ganzheitlichen, alle Kräfte und Anlagen umfassenden Erziehung der Kinder, finden sich bei Fölsing also auch die drei bekannten Aspekte einer frühen Erziehung: Körperliche, geistige und sittlich-religiöse Erziehung.

Zunächst einmal, so Fölsing, muss die drohende Verwahrlosung des Körpers verhindert werden, denn „der erste Zweck einer Kleinkinderschule, namentlich einer Anstalt, welche vor Allem *bewahren* will – ist und geht auf den Körper. Die Kinder sollen vor leiblichen Gefahren bewahrt, sorgfältig gepflegt und körperlich kräftig und gesund entwickelt werden" (Fölsing/Lauckhard 1848, 83). Dies sollte durch eine detailliert erläuterte und mit medizinischen Erläuterungen versehene gesunde Ernährung, durch Reinlichkeit, zweckmäßige Kleidung und frische Luft, sowie durch Handarbeiten, angemessene und „unschädliche" Übungen und Spiele geschehen. Dazu gehörten auch Übungen, bei denen sich die Kinder auf Befehl bewegen sollten und die heute fremd anmuten (vgl. Fölsing 1850, 52f.). Dazu entwickelte Fölsing sogenannte *Erziehungsstoffe* (vgl. Fölsing 1846b), auf die erst im Rahmen der Kleinkinderschulen für höhere Stände eingegangen wird.

Zwischen den Bereichen der körperlichen Erziehung und geistigen Bildung siedelte Fölsing die Übungen der Sinne an. Auch Fölsing betonte die Bedeutung der Anschauung für die frühkindliche Entwicklung. Sinne des Menschen gleichen nach Fölsing Türen und Fenstern, „durch welche die Außenwelt mit ihren Bildern und Eindrücken in sein Inneres gelangt. Durch die Vermittlung der Sinne entsteht eine innere Welt neben der äußern. Im Innern erzeugen sich auf diese Weise Vorstellungen, Urtheile, Entschlüsse, Gefühle, Stimmungen und Ansichten" (Fölsing/Lauckhard 1848, 90). Das Vermögen, um sich der äußeren Erscheinungen zu bemächtigen, ist die Auffassungskraft. Unterstützt wird dies, so Fölsing, durch die Unterscheidungskraft, sie ermöglicht es, zusammengesetzte Dinge in seine einzelnen Teile zu zerlegen und Gruppen ähnlicher Dinge auseinander zu halten, „um sie begreiflicher und faßlicher an das innere Leben heranzubringen" (ebd., 90). Das Kind müsse nun die Gegenstände richtig sehen, so wie sie sind bzw. erscheinen, so dass ein vollständiges und merkbares Bild in das Innere des Kindes gelangt – deshalb ist die Anschauung so wichtig. Geübt werden sollte die Auffassungskraft an für das Kind interessanten, nahe liegenden und seines Geisteskraft nicht übersteigende Gegenständen, im Idealfall aus der direkten Umgebung des Kindes (vgl. ebd., 90/91).

Im Grunde seien spezielle Übungen zur Förderung der Sinne nicht notwendig, denn „alles, was man mit dem Kind treibt, was es von selbst treibt, ist nichts anderes, als Uebung der Sinne" (Fölsing/Lauckhard 1848, 78). Natur und das tägliche Leben würden genügend Stoff bieten, der Erzieher müsse nur dafür sorgen, dass die Umgebung des Kindes nicht zu einförmig, sondern vielfältig sei (vgl. Fölsing 1850, 20). Allerdings finden sich dann doch eine Reihe von Sinnesübungen in seinen Schriften (vgl. Fölsing 1880, 131ff.; Fölsing/Lauckhard 1848, 78). Sie sollten zeigen, was zu tun sei, wenn „der Geist wahrhaft und vernünftig gebildet werden soll" (Fölsing/Lauckhard 1848, 78). Darunter fallen die zeittypischen Übungen für Gefühl und Tastsinn, Geschmack und Geruch, sowie für Gesicht und Gehör (vgl. ebd., 81).

Fölsing stellte sich auch die Frage nach der geistigen Entwicklung der Kinder:

> „Soll man denn nun, um nicht in die Fehler jener Kinderquäler zu verfallen, die *geistige Bildung* der Kleinen ganz bei Seite setzen und dieselben bloß körperlich pflegen und bewahren? Keineswegs. Auch das kleine Kind hat geistige Bedürfnisse; auch das kleine Kind will geistig thätig sein – nur in *seiner* Weise. Es will kindlich unterhalten, angeregt, beschäftigt, aber nicht geschulmeistert sein" (Fölsing/Lauckhard 1848, 84).

Wie aber soll die geistige Erziehung oder Bildung aussehen? Was oder vielmehr: Sollen die Kinder in der Kleinkinderschule überhaupt lernen?

> „Wenn man unter Lernen eine kindliche, ungekünstelte Beschäftigung und Entwicklung des Körpers und Geistes versteht, so sollen allerdings in den Bewahranstalten die Kinder auch etwas lernen. Versteht man aber, wie das gewöhnlich der Fall ist, unter Lernen Buchstabiren oder Lesen, – Schreiben und Zeichnen, – Zählen bis 100 vorwärts und rückwärts, – Auswendiglernen von Bibelsprüchen, Gebeten, Fabeln, abenteuerlichen Märchen, und dies Alles in Menge eingestopft und eingepfropft, – Begriffsentwickeln von Gottes Wesen und Eigenschaften nach einem Katechismus; – so muß vernünftiger Weise geantwortet werde: die Kinder sollen hier nicht nichts lernen" (Fölsing/Lauckhard 1847, 54/55).

Fölsing war nicht primär an der Vermittlung von Kenntnissen interessiert, ebenso wenig sollten schulische Inhalte behandelt werden, denn die schulische Unterrichtung weicht weit von der einfachen, gesunden und naturgemäßen Erziehung in der frühen Kindheit ab (vgl. Fölsing/Lauckhard, 1848, 84). Eine derartige verfrühte Bildung lehnte er ab (vgl. Fölsing 1850, 11/12). Es ging ihm nicht um das Hineinstopfen, die erste Erziehung sollte der natürlichen Entwicklung des inneren Lebens folgen (vgl. ebd., 168). Lernen in der frühen Kindheit, so Fölsing, darf nicht von der Umgebung und der Anschauung losgelöst werden. Es ist unnatürlich, die Kinder Lautzeichen, also einzelne Buchstaben lernen und hersagen zu lassen. Buchstaben oder auch tote Zeichen, wie Fölsing sie nannte, sind abstrakte Dinge, für die sich Kinder in diesem Alter unmöglich interessieren können (vgl. Fölsing/Lauckhard 1847, 101). Das Lernen dürfe nicht gegen die eigenen Interessen der Kinder stattfinden, man müsse dem Kind „mit ganz anderen, ansprechenderen Dingen kommen" (ebd., 101). Nicht anhand von Büchern, sondern an der Natur selbst müssten die Kinder lernen, anstatt nur von ihnen zu hören oder zu lesen. Nicht übermäßiges Wissen sei erstrebenswert, sondern die Entwicklung und Ausbildung aller Kräfte und Anlagen – eben dies ist für Fölsing wahre Bildung (vgl. ebd., 68).
Dabei sollte man von der konkreten Lebenssituation der Kinder ausgehen. Bei der Entwicklung aller Anlagen „muß man unter allen Umständen das unmittelbare Leben der Kinder ins Auge fassen, ihnen das geben und bieten, was sie gerade jetzt brauchen können und nöthig haben, und was ihr Geist gerade jetzt von uns ersehnt und verlangt. Da man dieß besonders in Kleinkinderschulen nicht begreift, so tappt man oft blind umher und ladet den jungen Kindern eine Last auf, welche sie nicht tragen können und nicht tragen mögen. So entstehen die Halbgebildeten, die Vielschwätzer und Wenigwisser" (Fölsing/Lauckhard 1848, 68).
Aus diesem Grund lehnte er auch den Unterricht im Sinne der Schule als für dieses Alter ungeeignet ab. Der Unterricht in den Kleinkinderschulen sei eine Einheit, weshalb auch

keine Abgrenzungen der Unterrichtsgegenstände gemacht werden sollten. Das Wissen der Kinder in diesem Alter beschrieb Fölsing mit einem Bild „als ein Gemisch, welches nach und nach in seinen verschiedenen Hauptbestandtheile sortiert wird, indem man die dazu nothwendigen Vorstellungen durch vielseitige Anschauungen gewinnt" (Fölsing 1850, 73/74). In der Kleinkinderschule müsse deshalb beim Einfachen und Anschaulichen begonnen und langsam zum Zusammengesetzten fortgeschritten werden – eine zeittypische Ansicht. Erst sollten die Kinder lernen, die Gegenstände genau wahrzunehmen und zu beschreiben, dann sollten sie miteinander verglichen werden, um so Begriffe und Maßstäbe für Abstraktes zu entwickeln (vgl. ebd., 74). Deshalb legte Fölsing auch Wert auf die Sinnesübungen.

Zur geistigen Erziehung zählte Fölsing zuletzt auch noch die Förderung der Sprachentwicklung, allerdings nicht in Form von speziellen Stunden oder Übungen. Nach Möglichkeit sollten alle Beschäftigungen, insbesondere die Unterhaltungen, die Sprache der Kinder verbessern helfen. Überhaupt sollten in der Praxis immer einzelne Übungen miteinander verbunden werden, z.B. die Gedächtnisübungen mit den Spielen oder das Auswendiglernen mit der Weckung des religiösen Sinnes (vgl. Fölsing/Lauckhard 1848, 93). Die in seinen Schriften dargestellte Trennung in verschiedene geistige Übungen war für Fölsing nur eine rein theoretische.

Aufgabe der Einrichtungen ist es aber auch für Fölsing, die Kinder vor der sittlichen Verwahrlosung zu schützen. Viele Kinder müssten sittlich oder überhaupt erst einmal erzogen werden. Erziehung könne zwar nicht die Armut bekämpfen, aber zumindest könne durch den Besuch der Einrichtungen die sittliche Verwahrlosung verhindert, das Böse aus den Kindern entfernt und sie stattdessen „unbewußt allmählig zur frommen Gottes- und fruchtbaren Menschenliebe" (Fölsing/Lauckhard 1848, 24) geführt werden. Auch Fölsing sah deshalb die Vermittlung des bekannten Tugendkatalogs als Aufgabe der Einrichtungen an (vgl. Fölsing/Lauckhard 1848, 22ff.; Fölsing 1850, 3ff. u. 130).

Im Zusammenhang mit der sittlich-religiösen Erziehung steht auch, was Fölsing als die Bildung des Gemüts und des religiösen Sinnes bezeichnet hat. Fölsing bemängelte, dass in den Schulen zumeist nur der Verstand und das Gedächtnis geübt und entwickelt, aber die eigentlich wesentliche Seite des Kindergeistes, das Gemüt, vernachlässigt werde und dies obwohl doch alle Anlagen entfaltet und gepflegt werden müssten (vgl. Fölsing/Lauckhard 1848, 102/103).

Gemüt, das sind nach Fölsing das Gefühl, die Phantasie und der Wille. Auf all diese drei Geisteskräfte sollte die Erzieherin fortwährend ihr Augenmerk richten und durch ihre Persönlichkeit und ihr Vorbild auf die Kinder wirken, ergänzt durch Gespräche und Belehrungen, Gebete, die Darstellung der Natur und Erzählungen. Ziel sei es, „das *Gefühl* der Kinder [...] dem Höchsten und Heiligsten, die *Phantasie* dem Schönen und Edlen, [den, H.W.] *Wille* dem Guten und Rechten" (Fölsing/Lauckhard 1848, 103) zuzuführen. Dies sollte kindgerecht geschehen und deshalb auf lange Reden, Predigten oder Tiraden verzichtet werden. Die Kinder würden in diesem Alter noch nicht alles verstehen, aber sie müssten „an das Dunkle, Tiefe und Ahnungsvolle der Religion herangeführt werden. Es soll und kann hier nicht alles so klar sein wie eine sinnliche Anschauung, weil es eben das Uebersinnliche ist. Aber die Kinder sollen das Dunkle und Erhabene ahnen lernen, ohne daß man sie deßwegen mit den Dogmen von der Erbsünde und der Erlösung quält" (Fölsing/Lauckhard 1848, 104).

Um die mit der körperlichen, geistigen und sittlich-religiösen Erziehung beschriebenen Ziele zu erreichen, griff auch Fölsing auf Beschäftigungsmittel zurück. Wie viele andere Autoren seiner Zeit beschrieb er zahlreiche spezielle Übungen, mit denen einzelne Kräfte bzw. Fertigkeiten in ihrer Entwicklung unterstützt werden sollten. Darunter fielen Anschauungsübungen, leichte, fassliche Erzählungen sowie Übungen des Gedächtnisses (worunter er ein wörtliches Auswendiglernen verstand), der Sprachfertigkeit, der Auffassungs- und Unterscheidungskraft, des Auges und der Hand. Zusätzlich nannte er eine ganze Reihe von Gegenständen und Unterrichtszweigen, auf die bei der Entwicklung des Geistes Rücksicht genommen werden sollte (vgl. vgl. Fölsing 1850, 74ff. u. 130/131). Außerdem sollten die Kinder durch ein zweckmäßig angeordnetes Spiel und körperliche Bewegung angenehm und lehrreich beschäftigt und geistig geweckt, an Aufmerksamkeit gewöhnt und vor einem dumpfen Hinbrüten bewahrt werden. In diesem Zusammenhang wurde erneut darauf verwiesen, dass durch sittliche und religiöse Einwirkungen und die Gewöhnung an Zucht und Ordnung den Kindern Untugenden abzugewöhnen seien und ihnen stattdessen heilsame Gewohnheiten beigebracht werden müssten (vgl. Fölsing 1850, 49).[154]

Weder sollten jedoch Lese- und Ziffertafeln, Rechenmaschine, noch Unmengen von schlechten Bildern verwendet werden, das beste Bilderbuch sei eindeutig die Natur selbst. Ebenso lehnte Fölsing die Überfüllung der Einrichtungen mit Spielsachen ab, geeignetes Spielmaterial seien stattdessen z.B. Holzabfälle oder einfache Steine, mit denen die Kinder allerlei legen und bauen durften. Dies sei ein „höchst natürliches Spielmittel" (Fölsing/Lauckhard 1848, 61) und ein besseres Bildungsmittel als künstlich erschaffene Bauklötzchen und Baukästen, die nur dann von den Kindern genutzt werden dürfen, „wenn es die Spielführerin befielt, wenn dabei zugleich die eingelernten Gespräche hergesagt und die bestimmten Reime hergeorgelt werden" (ebd., 60).

Trotz dieser Aussage – die sich als Kritik an Fröbels Spiel- und Beschäftigungsmaterialien liest – entwickelte Fölsing seine eigenen Baukästen,[155] die für beide Einrichtungstypen gedacht waren. Der aus vier verschiedenen Schwierigkeitsstufen bestehende Baukasten bot den Kindern mannigfaltige Gestaltungsmöglichkeiten. Verschiedene Formen, Gegenstände etc. konnten damit unter Verwendung eins jeden Bauklotzes frei gebaut werden (vgl. Fölsing 1861, 43 u. Fölsing 1880, 107ff.). Die Beschäftigung mit den Baukästen sollte zum Nachdenken reizen und die Phantasie anregen (vgl. Fölsing 1880, 108). Hinzu kamen die sogenannten Legeformen für z.B. Holzstäbchen, Flächen, Steine

---

[154] Fölsing hat die oben genannten Aufgaben wohl aus der Schrift *Die Verhandlungen über die Kleinkinderschulen in der schweizerischen gemeinnützigen Gesellschaft* (St. Gallen und Bern 1847) übernommen. Da er aber betonte, dass in diesen Worten das Wesen einer Kleinkinderschule für ärmere Stände ausgesprochen ist, können sie für seine eigenen Vorstellungen gelten.

[155] Failing sieht in den Baukästen Fölsings sogar lediglich eine Modifikation der Fröbel'schen Materialien (vgl. 1989, 258). Allerdings hat Fölsing diese Diehl folgend schon vor dem persönlichen Zusammentreffen mit Fröbel und unabhängig von diesem entwickelt (vgl. 1915, 292). Diehl behauptet sogar, dass ein Aufsatz existierte, der beweist, dass Fröbel von Fölsing Elemente des Baukastens, wie auch musikalische Aspekte, übernommen hat.

oder Muscheln, Strohhalmen und Papier. Beidem, dem Legen und Bauen, sprach Fölsing eine bildende Funktion, sowohl für den Körper als auch für den Geist zu (vgl. Fölsing 1850, 87-99; Fölsing 1861, 43).
Weitere Beschäftigungsstoffe in den Kleinkinderschulen waren schließlich noch Arbeiten aus Papier (Falten, Ausstechen, Ausschneiden oder Flechten) oder Stroh (z.b. Körbchen oder Becher) und eine ganze Reihe von leichten Handarbeiten wie z.b. das Stricken, Ausnähen, Ausreißen, Weben, Strohknüpfen oder Zupfen, das Malen (nicht Zeichnen) und Tonformen (Fölsing 1880, 9ff.). In den Kleinkinderschulen für ärmere Stände dienten diese Tätigkeiten auch als ökonomische Unterstützung zum Erhalt der Einrichtung. Sie sollten nicht allein die Entwicklung der Kinder fördern, es war zugleich eine ökonomisch nützliche Produktion, ein Gedanke, den Fölsing wohl von Pestalozzi übernommen hat und der sich so z.B. bei Fröbel nicht finden lässt (vgl. Failing 1989, 248).

Zuletzt sei noch auf das Folgende hingewiesen. Auch für die Kleinkinderschulen für ärmere Stände forderte Fölsing, dass diese die Selbsttätigkeit der Kinder anregen muss:

„Die Erzieherin muß tiefinnerlichst dazu angethan sein, die Selbstthätigkeit der Kinder anzuregen und weiter zu entwickeln, so daß der Selbsttrieb zu einer Kraft wird, die dem ganzen Leben des Zöglings eine Richtung gibt. Diesterweg hat viel in den Satz gelegt: ‚Die Selbstthätigkeit der Zöglinge ist das letzte, ist das eigentliche Princip der Menschenerziehung.' Seine Weiterentwicklung ergibt sich dann von selbst; daß er endlich tief, innigst und lebendig fühlt, daß er nur durch aufrichtiges Streben, durch seine Gesinnung, durch seinen Willen, seine Sittlichkeit und Geistesfreiheit Mensch sei, und um dieses Wollen und diese Erkenntnis zu erzeugen, bedürfen wir gereifter, erfahrener, gottesfürchtiger Bildner" (Fölsing 1880, 25).

Es ist aber die Frage, ob Fölsing damit wirklich auf Selbsttätigkeit oder gar eine Erziehung zur Selbständigkeit abzielte. Es ist anzunehmen, dass hier das Ziel leitend war, die Kinder frühzeitig an eine dauerhafte Tätigkeit zu gewöhnen, um späteren Müßiggang zu verhindern und sie für Zeiten der Arbeitslosigkeit flexibel zu halten. Weniger zielte dies wohl auf das eigenständige und selbständige Erkunden und auch Handeln der Kinder ab.

Das Spiel: In Fölsings Überlegungen nimmt das Spiel, wenn auch weniger ausgeprägt als bei Fröbel, eine pädagogische Bedeutung ein und dies nicht allein für die körperliche, sondern auch für geistige Entwicklung. Das Spiel[156] sei genau das richtige Erziehungsmittel für Kinder dieses Alters, da es zugleich Freude gewährt, aber auch unbemerkt bildet (vgl. Fölsing 1846a, 34ff.). Deshalb müsse es sowohl in der familiären Erziehung, als auch in beiden Kleinkinderschulen eine wichtige Rolle einnehmen (vgl. Fölsing 1850, 66).
Deutlich müsse sich das Spiel vom Unterricht unterscheiden, denn „wenn sie [die Kinder, H.W.] spielen, sollen sie Freiheit haben; wenn sie lernen, sollen sie aufmerken" (Fölsing 1850, 73). Aber auch die Spiele, ebenso wie die Beschäftigungen, sollten zweckmäßig, geordnet und unter Aufsicht ablaufen, vermutlich da dies gewährleistete,

---

[156] Fölsing unterschied zwischen Spielen für den Einzelnen und die Gemeinschaft (vgl. Fölsing 1850, 75). Die folgenden Anmerkungen beziehen sich auf beide Formen des Spiels.

dass auch wirklich nur aus Sicht der Erzieherin geeignete Spiele von den Kindern gespielt wurden.
Die Spiele würden nun „eine harmonische, vielseitige Bildung und Uebung aller Anlagen und Kräfte des Kindes" (Fölsing 1850, 181) herbeiführen. Unbemerkt würde so die körperliche und geistige Entwicklung unterstützt. Um dies wirklich zu erreichen, könne manches Spiel mit Sprache und Melodie begleitet werden, aber immer nur mit Maß, die Spiele dürften nicht zu wildem Toben ausarten. Aber am besten seien die möglichst einfachen Spiele, die jedoch immer bildend und den Verhältnissen der Kinder angemessen sein sollten (vgl. ebd., 67/68 u. 181).
Auch das Spielmaterial selbst sollte einfach sein, vor allem aber den Kindern die Möglichkeit zur Selbstbeschäftigung und Selbsttätigkeit geben und auf diesem Weg die Phantasie anregen (vgl. Fölsing 1846a, 34/35). Im Spiel, so Fölsing, müssen „sie selbst denken und schaffen dürfen, auf daß ihre Heiterkeit groß ist und ihre Kräfte sich unter freundlicher Aufsicht und Einwirkung üben" (Fölsing 1850, 67). Das Kind liebt im Spiel nicht das Fertige, es will selber etwas tun. Deshalb sollte der Gegenstand des Spiels die Vorstellungen und Empfindungen des Kindes ansprechen und anregen, so auch die Baukästen. Auch sie sollten den Kindern Gelegenheit zum selber schaffen und erfinden bieten (vgl. ebd., 66ff.).
Jedoch sollten die Kinder im Spiel nie aus den Augen gelassen werden, wohl auch um zu verhindern, dass „unsittliche" Spiele gespielt würden. Allerdings wies Fölsing auch darauf hin, dass man die Kinder für sich spielen und ihnen eine „wohlbemessene" Freiheit lassen solle, vor allem bei den schon etwas größeren Kindern, da sie unter sich ein vollkommen anderes Verhalten zeigen und man so etwas über die verschiedenen Charaktere erfahren würde (vgl. Fölsing 1850, 66 u. 180ff.). Auch Fölsing sah im Spiel demnach eine Möglichkeit zur sittlichen Erziehung; Ansichten, die bereits von Wilderspin bekannt sich. Sicherlich hat Fölsing dem Spiel eine höhere Bedeutung beigemessen, aber auch bei ihm besitzt das Spiel nur bedingt eine eigenständige, pädagogische Bedeutung.

Die Kleinkinderschulen für höhere Stände: Bekannt ist Fölsing primär für das von ihm entworfene Konzept der Kleinkinderschulen für höhere Stände. Vor allem in dem Werk *Geist der Kleinkindererziehung, insbesondere die Kleinkinderschule, wie sie ist und sein soll* (1846a) und der ein Jahr später folgenden Schrift *Die Kleinkinderschule für Kinder aus höheren Ständen in Darmstadt* (vgl. Fölsing 1850, 104ff.) ging er auf dieses Thema ein.[157]
Sie ist nach Fölsing allein den Kindern vorbehalten, „deren Eltern vermöge ihrer häuslichen und finanziellen Situation es vermögen, ihre Kinder selbst körperlich zu überwachen oder im Hause überwachen zu lassen" (Fölsing 1850, 47), aber nicht so beaufsichtigen können, wie „es zur Erziehung wahrer Menschenbildung nothwendig ist" (ebd., 122). Diese Kinder sollten hier von ihrem dritten Lebensjahr an täglich drei bis vier Stunden vor allem „zweckmäßig geistig und moralisch" (Fölsing 1850, 47) erfasst und

---

[157] *Die Kleinkinderschule für Kinder aus höheren Ständen in Darmstadt* ist wie bereits erwähnt beinahe vollkommen identisch mit dem zweiten Kapitel aus Fölsing *Die Menschenerziehung* (vgl. 1850, 104-122). Im Folgenden wird als Quelle die Version aus Fölsing 1850 verwendet.

behandelt und angemessen in ihrer Entwicklung unterstützt werden. Diese Erziehung sollte der Unterstützung der häuslichen Erziehung dienen und nicht nur Ersatz sein. Failing geht davon aus, dass die Kleinkinderschulen für höhere Stände mit einer Wohnstuben- und Mutterfunktion ausgestattet waren[158] (vgl. 1988, 117). Hier sollten die Kinder ihre Kindheit ausspielen und sich – unter Mitwirkung der Erzieherinnen – ihrer Natur entsprechend entwickeln.

Die Kleinkinderschule für höhere Stände besaß deshalb auch eine völlig andere Funktion. Es sei eine Anstalt, „in welcher die Kinder aus höheren Ständen mehr in Gesellschaft unter zweckmäßiger Aufsicht mit einander spielen sollten, um so, selbst durch gegenseitige Berührungen, das Eckige ihres Benehmens und ihrer Bewegungen wegzuschaffen" (Fölsing 1846a, 26). Indem die Kinder in Gesellschaft miteinander spielen, würden sie den sozialen Umgang lernen und in der Entwicklung sozialer und gesellschaftlich notwendiger Verhaltensweisen unterstützt (vgl. Fölsing 1846a, 26/27). Hier ist sicherlich an Verhaltensweisen zu denken, die für die Kinder als zukünftige Mitglieder der bürgerlichen Schichten notwendig waren. Gewisse Aspekte sittlicher Erziehung wie sie in den Kleinkinderschulen für ärmere Stände anzutreffen waren, dürften zwar durchaus eine Rolle gespielt, es zeigt sich jedoch die Tendenz zu einer Standeserziehung, die von ihm ja auch angestrebt wurde.

Aber auch wenn in diesem Einrichtungstyp verstärkt auf die soziale Erziehung geachtet werden sollte, sollte doch auch die Individualität jedes Kindes Beachtung finden. Die Kinder, freie, unbefangene und selbständige Wesen, sollten so individuell wie möglich erfasst und behandelt werden. Dazu brauche es eine angemessne Beschäftigung, am besten in Form von bildenden Spielen und Beschäftigungsstoffen. Der Tag sollte nicht in der Stube verbracht und das Kind zum Stillsitzen und Stillschweigen gezwungen, sondern vielmehr „*naturgemäß*, seinem Körper und seinem Geiste angemessen, frei, kindlich-frei, erzogen und gebildet" (Fölsing 1846a, 9) werden. Naturgemäß bedeutet für Fölsing, dass man sie „ihrem ganzen Wesen, den Forderungen ihres Körpers, Geistes und Herzens nach zu erfassen und zu behandeln" (Fölsing 1850, 122) hat.

Aufgabe der intellektuellen Erziehung ist nach Fölsing die Vorbereitung auf den späteren Unterricht. Dazu dienten die Übungen im Anschauen, Denken und Sprechen, sowie die Sinnesübungen (vgl. Fölsing 1846a, 36). Hier ähneln die Prinzipien denjenigen der intellektuellen Erziehung in den Kleinkinderschulen für ärmere Stände. Anschauliche Zählübungen, Erzählungen und Fabeln, mit denen nicht die Absicht der Moralisierung verbunden war und vor allem der Gesang[159] galten Fölsing als hervorragende Bildungsmittel in diesem Alter, wie auch Bauklötze, welche die Phantasie der Kinder anregen und ihnen die Möglichkeit zum selbständigen Erschaffen bieten sollten.

Auf keinen Fall aber, so Fölsing, darf die Kleinkinderschule eine Lernschule vor der eigentlichen Schule sein, keine (Vor-)Schule mit einer schulartigen Struktur. Das Ziel sei

---

[158] Zur Bekräftigung seiner Ansicht verwendet er allerdings ein Zitat, in dem Fölsing von den Kleinkinderschulen für ärmere Stände spricht (vgl. Failing 1988, 114; Failing 1989, 242 u. Fölsing 1880, 23).

[159] Die Bedeutung des Gesangs zeigt sich auch darin, dass Fölsing ihm ein eigenes, sehr ausführliches Kapitel in den *Erziehungsstoffen* widmete (vgl. 1846b, 1-78). Auch in der *Menschenerziehung* wird ausführlich auf den Gesang als Bildungsmittel eingegangen (vgl. Fölsing 1850, 242ff.).

nicht das „Hineinstopfen" von elementaren Kenntnissen, nicht materiale Bildung, sondern eine angemessene, nicht übereilte Vorbereitung auf die Schule (vgl. Fölsing 1850, 41). Ausgestattet mit einer eigenständigen Vermittlungsaufgabe zwischen Familie und Schule sollte die Kleinkinderschule den Übergang von der Familie zur Lernschule übernehmen (vgl. Fölsing 1846a, 26/27; Fölsing 1850, 153).
Entschieden lehnte Fölsing deswegen auch die Verfrühung, das Lesen lernen und das Lernen durch Bücher ab, wobei er auch für diese Schicht die schon bekannte Begründung verwendete. Kinder in diesem Alter seien nicht an toten, unbeweglichen Buchstaben interessiert, vielmehr sei die Natur „das beste ABC-Buch [...], in welchem das Kind nach allen Seiten hin am vorzüglichsten und natürlichsten für die Schule vorbereitet werden kann" (Fölsing 1846a, 42). Das Bewegliche, Bunte, Lebendige wecke das Interesse der Kinder, nicht die Buchstaben und auch wenn man den Kindern auf mechanischem Weg das Lesen und Schreiben beibringen und so sichtbare Unterrichtsresultate erzielen könne, sei dies doch ein unnatürlicher und einseitiger Weg.
Wichtig ist nach Fölsing die Ganzheitlichkeit, da sich auf eine gleichmäßige, naturgemäße Entwicklung später sehr gut aufbauen lässt. Es gelte, die Kinder in der Entwicklung des Körpers, Geistes und auch Herzens zu unterstützen und sie „ihrem ganzen Wesen, den Forderungen ihres Körpers, Geistes und Herzens nach" (Fölsing 1846a, 27) zu erfassen. Erziehung dürfe sich keineswegs auf einen oder zwei Aspekte beschränken, sondern müsse alle umfassen (vgl. exemplarisch Fölsing 1850, 106; Fölsing 1846a, 27). Zweck jeglichen Erziehens und Unterrichtens sei es deshalb, „daß der Mensch innerlich gekräftigt, wahrhaft gebildet werde, und daß er möglichst nach allen Seiten hin gleichmäßige Fortschritte macht" (Fölsing 1850, 112). Alles, was den Kindern nicht anschaulich ist, müsse weggelassen werden. Bei allem Unterricht müsse man den formalen Zweck verfolgen, ohne den materiellen dabei außer Acht zu lassen (vgl. ebd., 111-114).

In einigen Aspekten ähneln sich also Fölsings Vorstellungen über eine geeignete Bildung und Erziehung in der jeweiligen Einrichtungsform. Dennoch gibt es auch Unterschiede zwischen beiden Typen der Kleinkinderschulen:

„Deswegen bleibt ihnen [den Kindern aus der höheren Klasse, H.W.] überhaupt mehr Spielraum, als den Kindern der andern Klassen. So üben sie ihre Kräfte selbstthätig, was von großem Nutzen ist. Bei diesen freien Uebungen benutzen wir passende Anlässe und suchen bildend auf's Kind einzuwirken. Doch suchen wir nicht an der Oberfläche umher zu arbeiten, um einen festen Grund zu einem gehorsamen, ordnungsliebenden, aufmerksamen, bescheidenen, guten, Gott und Menschen wohlgefälligen Erdenbürger zu legen" (Fölsing 1850, 115/116).

Den Kindern aus der bürgerlichen Schicht sollte mehr Freiraum gelassen werden, vermutlich, da sie auch in ihrem späteren Leben eigenständig Entscheidungen treffen mussten. Aber auch hier sollte die Basis zu einem gehorsamen, ordnungsliebende, Gott und Menschen wohlgefälligen Bürger gelegt werden, ebenso wurde auf die sittliche Erziehung Wert gelegt.
Gleiches gilt für die körperliche Erziehung. Zur Kräftigung des Körpers dienten eine Anzahl von körperlichen Übungen, die ausführlich in der Schrift *Erziehungsstoffe oder Beiträge zu einer erfolgreichen Erziehung der zarten Kindheit* (vgl. Fölsing 1846b)

beschrieben wurden. Mit diesem Buch bot Fölsing eine Reihe von Stoffen an. Es war eher für wohlhabende Eltern gedacht, da kaum anzunehmen ist, dass die ärmeren Eltern allein die Zeit für die Durchführung dieser Übungen aufbringen konnten.
Eine Vielzahl von körperlichen Übungen (Sitz-, Steh, Arm- Hand-, Geh-. Hüpf-, Lauf-, Hang- Roll-, Wurf- und Sprungübungen), die auf Anweisung hin geradezu befehlsartig ausgeführt werden sollten, sollten den Körper stärken und zugleich an Disziplin und Ordnung gewöhnen (vgl. Fölsing 1846b, 120-138). Auch sollten die Kinder an Gehorsam, Bescheidenheit, Wahrheit und Wohlanständigkeit, zur Liebe gegen Erwachsene und Gott, sowie an Reinlichkeit und Ordnung gewöhnt werden (vgl. Fölsing 1846a, 48-50; Fölsing 1850, 13 u. 107). Die Vermittlung derartiger Tugenden wurde demnach auch für diese Kinder als wichtig angesehen.

Fazit: Nach Fölsing – und dies zeigt die Nähe zu Fröbel, wie auch die Distanz den übrigen Zeitgenossen – verfügen beide Formen der öffentlichen Kleinkinderziehung über eine eigene pädagogische Funktion. Zwar besitzen die Einrichtungen für die unteren sozialen Schichten auch bei Fölsing eine sozialfürsorgerische Funktion, aber ihnen wurde und dies in stärkeren Maße als z.B. bei Wilderspin oder Fliedner eine Erziehungsfunktion zugesprochen. Fölsing ging es sowohl um Erziehung, als auch um Bildung. Allerdings ist auch bei Fölsing keine einheitliche Verwendung oder Abgrenzung der Begriffe zu erkennen. Fölsing hat sie in unterschiedlichen Zusammenhängen aufgegriffen und von „geistiger Bildung", „Bildung des Gemüts", „das Herz zu bilden", aber auch von „wahrer Bildung" gesprochen. Erziehung hat bei ihm dann eben diese „wahre Bildung" zum Ziel, sie umfasst sowohl „geistige Erziehung", als auch „sittliche Erziehung". Erziehung scheint im Sinne Fölsing verstärkt auf sittliche Aspekte abzuzielen, allerdings besitzt diese Bedeutung zum Teil auch sein Bildungsbegriff. Interessant ist jedoch seine Erklärung, was Bildung für ihn gerade nicht ist: materiale Bildung, Anstand und Manieren. Fölsing hat Bildung eher als formale Bildung gedacht.
Aufgrund der eher undifferenzierten Begrifflichkeiten ist es sinnvoll, nach Fölsings grundlegenden pädagogischem Verständnis zu fragen. Als allgemeine Merkmale können Ganzheitlichkeit und das Prinzip der Anschaulichkeit gelten und das in beiden Einrichtungsformen. Beides macht für Fölsing das kindliche Lernen und die kindliche Entwicklung aus und muss deshalb von Erziehung berücksichtigt werden. Eindeutig ist er auch in seiner Ablehnung schulischer Lernformen und einer verstärkten Vermittlung von Kenntnissen. Vielmehr sollte das Lernen von der konkreten Lebenssituation des Kindes ausgehen und sich nicht gegen die kindlichen Interessen richten. Orientierung bot Fölsing das Modell der Familie, die vorschulischen Einrichtungen sollten einen Wohnstubencharakter annehmen. Eine geringere pädagogische Bedeutung sprach er dagegen dem Spiel zu, gerade verglichen mit Fröbel.
Allerdings bestehen auch Unterschiede in dem mit den verschiedenen Einrichtungstypen verbundenen Vorstellungen. Die Einrichtungen für die untere soziale Schicht sollten neben der Betreuung auch die eine sittliche Erziehung übernehmen und vor der angeblich drohenden Verwahrlosung schützen. Hier wurde Erziehung von Fölsing als Einwirkung, als Gewöhnung an einen Tugendkatalog verstanden. Jedoch erschöpft sich für Fölsing der Erziehungs- bzw. Bildungsbegriff in diesem Aspekt nicht. In beiden Einrichtungsformen sollten die Kinder in ihrer Entwicklung unterstützt werden. Dennoch ist es

fraglich, ob die Selbsttätigkeit, die Fölsing als grundlegendes Prinzip durchaus anerkannte, in den Einrichtungen der unteren sozialen Schicht nicht doch eher auf eine spätere Arbeitstätigkeit abgezielt hat. Auch Aspekte einer sozialen Erziehung waren in diesen Einrichtungen von untergeordneter Bedeutung. Dennoch, Erziehung reduziert sich bei Fölsing nicht zu einer sittlich-religiösen Erziehung im Sinne Wilderspins, Fliedners oder auch der überwiegenden Mehrheit, wie er sich auch in seiner Ablehnung eines schulischen Unterrichts von diesen unterscheidet.

3.2.4 Fazit
Von Beginn an lassen sich unterschiedliche Ansichten über die Funktion und Aufgaben der vorschulischen Einrichtungen und in diesem Sinne über frühkindliche Bildung und Erziehung finden. Dennoch überwiegen gerade in der Anfangszeit die Übereinstimmungen, weshalb ein dominierendes Verständnis recht eindeutig zu erkennen ist. Getragen wurde dieses von den bekanntesten und zu ihrer Zeit auch einflussreichsten Vertretern, wie auch von der Mehrheit der am praktischen Diskurs Beteiligten.
Übereinstimmungen sind zunächst bezüglich des grundsätzlichen Stellenwertes, welcher der öffentlichen Kleinkinderziehung beigemessen wurde, zu erkennen. Die vorschulischen Einrichtungen galten als sozialfürsorgerische Anstalten, eben dies wurde als ihre primäre und wesentliche Funktion gesehen. Betreuung und erst in zweiter Linie Erziehung und Bildung wurden zu den Aufgaben gezählt. Entsprechend sollte sich das Angebot auch nicht an alle Kinder richten. Ausnahmen stellen bezüglich dieser Ansicht im Grunde nur Fröbel bzw. die Fröbelbewegung und in Ansätzen Fölsing dar. Nur von ihnen wurde den Einrichtungen eine grundsätzliche bildende Funktion zugesprochen.
Um die pädagogische Arbeit in den Einrichtungen – sowohl das Handeln der Erziehenden als auch Aspekte des kindlichen Lernens und seiner Entwicklung – zu umschreiben, wurde überwiegend auf den Erziehungsbegriff zurückgegriffen. Der Begriff der Bildung lässt sich zwar finden, aber in einem deutlich geringeren Maße. Auch ist nicht immer eine klare begriffliche Abgrenzung zu erkennen. Bildung und Erziehung wurden zum Teil synonym verwendet, wenn definitorische Abgrenzungen vorgenommen wurden, dann in einem Sinne, der Bildung zumeist als einen Teil der gesamterzieherischen Absichten und Handlungen begriffen hat: die sittlich-religiöse Erziehung. Bildung wurde vor allem als sittliche und religiöse Charakterbildung verstanden. Insgesamt überwog jedoch eindeutig der Erziehungs- gegenüber dem Bildungsbegriff.

In der Verwendung des Erziehungsbegriffs lässt sich eine gewisse Einheitlichkeit erkennen. Erziehung wurde primär als Einwirkung und als Vermittlung eines Tugendkatalogs verstanden. Erziehung meinte eine Handlung, die vom Lehrer/der Erzieherin ausgehen und die Kinder an erwünschte Denk- und Verhaltensweisen gewöhnen und auf das spätere (Arbeits-)Leben vorbereiten sollte. Mittelpunkt dieses Erziehungsverständnisses, teilweise geradezu darauf reduziert, stellte die sittlich-religiöse Erziehung dar, ungeachtet der Verweise auf die Bedeutung von Ganzheitlichkeit. Ein derartiges Erziehungsverständnis lässt sich beim Großteil der Autoren finden.
Unterschiedliche Ansichten sind dagegen über die Gestaltung dieser Erziehung zu erkennen. Bei Fliedner fällt beispielsweise die extreme Betonung der religiösen Erziehung auf, andere Autoren wie z.B. Wilderspin oder auch Chimani und John haben zwar auf

diesen Aspekt ebenso Wert gelegt, waren in ihren Ansichten aber zurückhaltender. Kaum wurde dagegen dem Spiel eine pädagogische Bedeutung beigemessen, es galt als Erholung oder als Beitrag zur körperlichen Kräftigung bzw. sittlich-religiösen Erziehung, eine gewisse Ausnahme im Rahmen dieses Erziehungsverständnisses ist allein Wirth. Gerade anfänglich sticht die Orientierung an einem schulähnlichen (Anschauungs-)Unterricht hervor. Dieser wurde als eine Form der Übung der Sinne verstanden, zugleich sollten jedoch immer auch Kenntnisse und moralische Lehren anschaulich vermittelt werden. Überhaupt fällt die Vielzahl der Übungen auf, mit deren Hilfe die Gestaltung des Alltags umschrieben wurde. Auch wenn versucht wurde, sich vom Schulunterricht abzugrenzen, Elemente schulischen Lernens – mit einem Lehrer/Erziehenden, dem eine eindeutig anleitende und belehrende Rolle zugesprochen wurde, während das Kind Kenntnisse und Fertigkeiten am besten unhinterfragt übernehmen sollte – waren in den jeweiligen Überlegungen von zentraler Bedeutung.
Wenig Bedeutung wurde dagegen der Selbsttätigkeit des Kindes, den kindlichen Interessen oder der kindlichen Auseinandersetzung mit der Welt beigemessen. Kindliche Entwicklung und kindliches Lernen sollten sich über und durch die Vermittlung erwünschter Kenntnisse und Fertigkeiten vollziehen. Überhaupt wurde weitaus weniger über eine angemessen Form frühkindlichen Lernens nachgedacht oder dieser Aspekt mit dem Erziehungs- oder Bildungsbegriff verbunden. Zwar finden sich immer wieder Überlegungen zu sogenannten kindlichen Kräften wie z.B. dem Anschauungsvermögen, aber daraus wurden kaum Konsequenzen für das Erziehungsverständnis gezogen. Erziehung wurde gerade nicht primär über die Eigenart kindlicher Entwicklung, seines Denkens und seines Lernens definiert. Frühkindliche Erziehung wurde stattdessen als notwendig angesehen, um der angeblich drohenden sittlichen Verwahrlosung entgegenzuwirken. Erziehung sollte der Stabilisierung der Gesellschaft dienen. Eine derart verstandene Erziehung sollte die Kinder auf ihr späteres (Arbeits-)leben vorbereiten und sie in die bestehenden Gesellschaftsverhältnisse eingliedern. Weniger zielte diese Erziehung auf Aufklärung, auf Emanzipation oder die Ermöglichung eines selbstreflexiven, selbstbestimmten Lebens ab.

Von jeher gab es jedoch auch alternative Überlegungen. Dafür stehen vor allem Fröbel bzw. die entstehende Fröbelbewegung, sowie Fölsing. Letzterer hat allerdings bezogen auf die Einrichtungen, die von den Kindern aus der unteren sozialen Schicht besucht werden sollten, ähnliche Überlegungen wie diejenigen der Mehrheit formuliert.
Fröbel dagegen verstand unter Erziehung – allerdings war er in seiner Begrifflichkeit nicht immer eindeutig und griff auch auf den Bildungs-, sowie einen umfassend gedachten Pflegebegriff zurück – weniger Einwirkung, als Anregung und Unterstützung der kindlichen Entwicklung. Eine derartige Erziehung sollte eine für die kindliche Entwicklung geeignete Umwelt bereitstellen und gestalten, damit das Kind sich selbsttätig und ganzheitlich die Welt aneignen kann. Religiöse Aspekte spielte dabei zwar eine Rolle, dies zielte jedoch nicht auf die zeittypische sittlich-religiöse Erziehung ab. Als geeignete Form einer derartigen Erziehung bzw. der Entwicklung des Kindes galt Fröbel deshalb auch nicht der Unterricht, sondern das Spiel – in der eindeutigen Betonung der pädagogischen Bedeutung des Spiels unterscheidet sich Fröbel deutlich von seinen Zeitgenossen.

Auch Fölsing hat Aspekte der Ganzheitlichkeit und Selbsttätigkeit betont, wie er unter Erziehung auch weniger Vermittlung und Einwirkung, als Anregung und Unterstützung verstanden hat. Ebenso lehnte er den schulischen Unterricht eindeutig ab. Allerdings lassen sich auch bei Fölsing Elemente einer sittlich-religiösen Erziehung mit dem Ziel der Vorbereitung auf das spätere (Arbeits-)Leben erkennen. So nimmt auch das Spiel keine mit Fröbel vergleichbare pädagogische Bedeutung bei ihm ein.

Es gab demnach durchaus andere Vorstellungen, eine andere Sprache von Bildung und Erziehung. Nur, ungeachtet der heutigen Aufmerksamkeit, die Fröbel erfährt: dies war nicht das dominierende Verständnis. Fröbel war zu seiner Lebenszeit eher ein Außenseiter und seine Ideen können nicht als repräsentativ für den praktischen Diskurs dieser Epoche gelten. Sein Verständnis von frühkindlicher Bildung, Erziehung und Pflege hat nicht dominiert. Bildung und insbesondere Erziehung, wie sie als Termini vom praktischen Diskurs verwendet wurden, bezogen ihre inhaltliche Bedeutung nicht aus den Überlegungen Fröbels, sondern denen Wilderspins, Fliedners oder auch Wirths. Die mit ihren Konzeptionen verbundenen Vorstellungen von Bildung und Erziehung haben dominiert haben und lasen sich auch bei der Mehrheit der Autoren finden. In ihren Vorstellungen aber waren sie deutlich von Fröbels Konzept einer allgemeinen Bildung entfernt. Nicht Fröbel, sondern sie haben das Denken über eine geeignete Frühkindpädagogik und auch – dies wird die Epoche abschließende Untersuchung zeigen – die Realität mitgeprägt.

3.3 Der theoretische Diskurs

Für den theoretischen Diskurs gilt grundsätzlich zu bedenken, dass eine wissenschaftliche Pädagogik im Grunde nicht existiert hat (vgl. Horn 2008). Pädagogische Fragen wurden nicht in Form einer disziplinär konstituierten Wissenschaft reflektiert. Auch wenn einige Universitäten über pädagogische Lehrstühle verfügt haben, waren es doch die großen philosophischen Systeme und die Literatur, in denen über erzieherische Probleme nachgedacht wurde. Erst mit den Schriften von Herbart und Schleiermacher begann die systematische Reflexion über Erziehung und Bildung, ihre Wirkung setzte jedoch erst später ein.

Hinzu kommt, dass sich kaum jemand systematisch mit Fragen der öffentlichen Frühkinderziehung beschäftigt hat. Diejenigen, die dies zumindest in Ansätzen getan haben, vor allem Fröbel, werden dem praktischen Diskurs zugerechnet. Um sich dem theoretischen Diskurs und sich nicht primär an die Praxis richtende Überlegungen zu nähern Theoretische, werden deshalb die entsprechenden Enzyklopädien herangezogen.

Nicht alle Enzyklopädien haben sich mit dieser Thematik beschäftigt. Dies weist zusätzlich auf den eher marginalen Stellenwert dieses pädagogischen Gebietes hin. Keine Artikel zur öffentlichen Kleinkinderziehung finden sich in dem von Reuter herausgegebenen *Pädagogischen Real-Lexikon* (1811), im *Conversations-Lexikon für alle Stände* (1834) und im *Kirchen-Lexikon oder Encyklopädie der katholischen Theologie und ihrer Hilfswissenschaften* (Wetzer/Welte 1847ff.). Wenig ergiebig ist auch Palmers *Evangelische Pädagogik* (1855), hier spielt die öffentliche Kleinkinderziehung eine völlig untergeord-

nete Rolle. Auch im Staats-Lexikon von Rotteck/Welcker findet sich nur im Artikel zur Armenpflege ein Hinweis auf derartige Einrichtungen.
Eine erste Schrift, die sich auch auf die öffentliche Kleinkinderziehung bezieht, ist *Die Schulen* (1832) von Fr. H. Chr. Schwarz.[160] Wenig später findet sich auch in Wörles *Encyklopädisch-pädagogischem Lexikon* (1835), eine Erziehungs- und Unterrichtslehre in Form eines Lexikons, das sich an die deutschen Volkslehrer richtete, ein kurzer Artikel. Von diesem Zeitpunkt an wurde immer wieder auf die öffentliche Kleinkinderziehung Bezug genommen. Zu den weiteren Enzyklopädien zählen das *Universal-Lexikon der Erziehungs- und Unterrichtslehre für ältere und jüngere christliche Volksschullehrer* (1844) von Matthias Cornelius Münch; die *Pädagogik oder Wissenschaft der christlichen Erziehung auf dem Standpunkte des katholischen Glaubens* (1851) von G.M. Dursch, Karl Gottlob Hergangs *Pädagogische Real-Encyclopädie* (1851), die *Encyklopädie des gesammten Erziehungs- und Unterrichtswesens (1859ff.)*, herausgegeben von K.A. Schmidt und die von Rolfus/Pfister herausgegebene *Real-Encyclopädie des Erziehungs- und Unterrichtswesens nach katholischen Prinzipien* (1863ff.).

Bewahrung als Aufgabe der Kleinkinderschulen und Kleinkinderbewahranstalten:
Welche Funktion wurde den vorschulischen Einrichtungen innerhalb des theoretischen Diskurses zugewiesen? Galt Betreuung, Erziehung oder Bildung als eigentliche Aufgabe?
Für Wörle sind die vorschulischen Einrichtungen notwendig, weil die Kinder vor der Verwahrlosung bewahrt werden müssen. Die ersten Lebensjahre seien von immenser Wichtigkeit für das physische und moralische Leben der Kinder und damit diese sich naturgemäß entwickeln können, brauche es eine sorgfältige Pflege. Es gelte, die „Quelle der sittlichen Verwilderung" (Wörle 1835, 74) aufzusuchen und die noch unverdorbenen Kinder vor der körperlichen und geistigen Verwahrlosung zu bewahren. Eben dies ist für ihn der erste Zweck der Kleinkinderschulen und Bewahranstalten (vgl. ebd., 74 u. 76.).
Die Abwendung von sittlicher Verwahrlosung, dieses Motiv findet sich auch bei Münch. Denn die eigentlichen Bewahranstalten besäßen keine andere Aufgabe „als die, welche schon ihr Name andeutet, *Bewahrung* in leiblicher und geistiger, besonders moralischer Hinsicht" (Münch 1840, 773). Auch Dursch betonte primär den sozialfürsorgerischen Aspekt (vgl. 1851, 450). Die Anstalten seien ein Notbehelf, der nur dann gut zu heißen sei, wenn sich die Eltern zur Pflege und Erziehung ihrer Kinder als unfähig herausstellen würden oder durch andere Verpflichtungen verhindert seien (vgl. ebd. 460). Auch für Rolfus/Pfister lag der primäre Zweck in der Bewahrung (vgl. Rolfus/Pfister 1865, 26).

Erziehung als Aufgabe der Kleinkinderschulen und Kleinkinderbewahranstalten:
Auch wenn zumeist auf die Bewahrungsfunktion verwiesen wurde, wurde den vorschulischen Einrichtungen jedoch eine Erziehungsfunktion zugesprochen.

---

[160] Schwarz war Doktor der Theologie und Philosophie, Großherz. Badenscher Geheimer Kirchenrath und ord. Professor der Theologie zu Heidelberg.

Nach Wörle muss auch positiv auf die Kinder eingewirkt werden. Er spricht von der „Ausbildung" der Kinder,[161] was jedoch nicht weiter erläutert wird. Die älteren Kinder sollten für je eine Stunde am Vor- und Nachmittag von einem Lehrer unterhalten werden. Ziel dieses Unterrichts sei es, den schlummernden Verstand der Kinder zu wecken. Dabei sollten biblische Erzählungen und Verse der Anregung des religiösen Gefühls dienen, zugleich würden die Sinne geschärft und die Denkkraft geübt, sowie die Kinder an Ordnung gewöhnt. Als Ziel galt die zweckmäßige Vorbereitung auf die Schule (vgl. Wörle 1835, 75ff.).

Auch Münch zählte die geistige Pflege zu den Aufgaben, allein schon deshalb, weil sonst der Geist leiden und die Kinder „verdumpfen" würden. Auch müssten die Kinder auf künftige Schulbesuche vorbereitet werden (vgl. Münch 1840, 773). Sie sollten vor leiblichen und geistigen, vor allem aber moralischen Gefahren bewahrt, darüber hinaus aber ihre geistigen Kräfte „durch angemessene Beschäftigung, Unterhaltung und Unterricht" (ebd., 777) planmäßig entwickelt und „ihre Herzen für das, was gut, schön und heilig ist" (ebd., 777) empfänglich gemacht werden. Dies hatte durch einen Lehrer zu geschehen, der die Kinder nicht unterrichten, sondern sich spielend mit ihnen unterhalten sollte. Durch die Erzählung von biblischen Geschichten und Sprüchen sollte das religiöse Gefühl geweckt, die Sinne der Kinder geschärft, ihre Denkkraft und die Kinder im deutlichen und richtigen Antworten geübt, ihr Gemüt für das Gute empfänglich und die Kinder an Ordnung gewöhnt werden (vgl. ebd. 776). Wichtig ist, so Münch, dass nie zu weit gegangen wird. Damit sich der Unterricht nicht nachteilig auf die Entwicklung der Kinder auswirkt, „muß er nur das für die geistige Bildung thun, was verständige und gebildete Eltern für ihre Kinder thun ehe sie den Schulunterricht mit denselben beginnen lasse" (ebd., 777). Wie auch schon bei der Definition der unterschiedlichen Einrichtungstypen, übernahm Münch auch hier größtenteils Wörles Ansichten.[162] Entgegen seiner ersten Feststellung sprach er aber durchaus von geistiger Bildung als Aufgabe der Kleinkinderschulen. Allerdings wird dies nicht weiter erläutert.

Hergang wiederum bevorzugte zwar den Begriff „Bewahranstalt", dies aber nicht allein da diese nur bewahren sollte, sondern weil sie „sowohl den Begriff der geistigen und körperlichen Fürsorge, als den der frühzeitigen Entwicklung und Bildung des Kindes in sich schließt" (Hergang 1851, 279). Für Hergang ist Bildung demnach eine Aufgabe, es geht um die „Bildung junger Seelen" (ebd., 279). Ab dem Zeitpunkt, wenn „die Anlagen und das Geschlecht des Kindes körperlich und geistig allmälig hervortreten", sollte die

---

[161] Zum einen: „... indem sie [die Anstalten, H. W.] nämlich die darin aufgenommenen Kinder [...] durch Beschäftigung, Unterhaltung und Unterricht naturgemäß entwickelt und ausbildet,..." (Wörle 1835, 76). Des weiteren: „... so ist die frühe Ausbildung der Kinder..." (ebd., 78).

[162] Man braucht nur die folgenden Zitate miteinander zu vergleichen: „Der Lehrer erzählt ihnen biblische Geschichte; sagt ihnen ein Verschen vor, um ihr religiöses Gefühl zu wecken; übt sie in deutlichen und richtigen Antworten, sucht ihre Sinne zu schärfen, ihre Denkkraft zu üben, ihr Gemüth für das Gute empfänglich zu machen, sie an Ordnung zu gewöhnen, ..." (Wörle 1835, 76) sowie „Er [der Lehrer, H.W.] erzählt ihnen biblische Geschichten; sagt ihnen kurze und leicht faßliche Sprüche vor, um ihr religiöses Gefühl zu wecken; übt sie in den deutlichen und richtigen Antworten; sucht ihre Sinne zu schärfen, den Kreis ihrer Anschauungen zu erweitern, ihre Denkkraft zu üben, ihr Gemüth für das Gute empfänglich zu machen, sie an Ordnung zu gewöhnen; ..." (Münch 1840, 776).

Erziehung derselben beginnen, „die körperliche zuerst, dann stufenweise die geistige" (ebd., 281).
Sowohl der Bildungs-, als auch der Erziehungsbegriff wurden jedoch nicht weiter erläutert. Betrachtet man den Artikel, so kann die Förderung der körperlichen und geistigen Entwicklung als Aufgabe der Bewahranstalten gelten, wobei er sich in seinen Vorstellungen nicht weiter von den zeitgenössischen Darstellungen unterschied. Auch er mochte die Beschäftigung mit den Kindern nicht als Unterricht verstanden wissen, nur spielend sollten die Kinder beschäftigt werden und auch wenn ein Lehrer notwendig sei, unterrichte dieser die Kinder nicht, sondern wecke nur ihren schlummernden Verstand. Konkrete Vorstellungen einer kindgemäßen Umsetzung dieser Absichten finden sich aber nicht. Das religiöse Gefühl sollte durch biblische Geschichten und religiöse Verse geweckt, die Kinder im deutlichen und richtigen Sprechen und Antworten, sowie in ihrem Anschauungsvermögen geübt, ihre Denkkraft angeregt und sie an Ordnung gewöhnt werden. Außerdem sollte ihr Gemüt für das Gute empfänglich gemacht werden,[163] all dies sollte auch hier der zweckmäßigen Vorbereitung auf die Schule dienen (vgl. Hergang 1851, 280ff.).

Auch für Dursch ist die Kleinkinderschule nicht bloß eine Bewahrungsanstalt. Sie rege die geistigen Kräfte an, obgleich in der sicheren Aufbewahrung und leiblichen Pflege der Kinder die Hauptaufgabe der Kleinkinderschulen liege. Auch das erwachende Geistesleben sollte gepflegt werden, die Sinne und die Sprache (vgl. Dursch 1851, 453). Die im Elternhaus begonnene Pflege der Intelligenz oder der Erkenntniskräfte müsse auf eine allgemeine Weise fortgesetzt und das Vorstellungsvermögen, die Einbildungskraft, das Gedächtnis und der Verstand weiter geweckt und gestärkt werden. Wichtiger aber, so Dursch, ist die Entwicklung des Gemüts und dies bedeutet, dass in den Kleinkinderschulen darauf geachtet wird, dass im Kind die Liebe zu Gott, Jesus Christus, den Eltern und zu allen Menschen erweckt wird (vgl. ebd., 451 u. 456). Dies ist für Dursch das Ziel jeglicher Erziehung und deshalb muss auch die Erziehung immer eine christliche sein. Die Kinder sollten zu dem Bewußtsein und dem Gefühl angeleitet werden, dass „sie in Gott sind, leben und sich bewegen" und dass „ihr ganzes Sein und Leben stets auf die Liebe und Weisheit Gottes bezogen" (ebd., 459) ist. Ziel der Erziehung in der Kleinkinderschule sei es deshalb primär, den Kindern eine Ehrfurcht vor Gott einzuprägen, eine heilsame Furcht vor Gott, dem Allwissenden und Gerechten, die zur Scheu führt, ein Gebot Gottes zu übertreten und dadurch eine Sünde zu begehen (vgl. ebd., 459).

Nach Rolfus/Pfister besitzen die vorschulischen Einrichtungen ebenfalls eine weiter gehende Funktion. Die Kleinkinderbewahranstalten sind nicht nur bloße Aufsichtsanstalten, auch die geistige und leibliche Unterstützung ist notwendig (vgl. Rolfus/Pfister 1865, 26). Spiel und Unterricht sollten miteinander verbunden (z.B. durch Baukästen für den Anschauungsunterricht), die Kräfte der Kinder durch Werkzeuge gestärkt oder die Kinder ernsthaft beschäftigt (z.B. durch Webstühle, Strohknüpfrahmen oder Holzstäbchen) werden. Die Beschäftigungen hatten mannigfaltig zu sein und die Kinder sollten in ihrer körperlichen Entwicklung und Gesundheit gestärkt werden. Die Gewöhnung an

---

[163] Auch Hergang lehnt sich an dieser Stelle sehr nah bei Wörle an.

Ordnung, Reinlichkeit und geselliges Verhalten, die Übung der Aufmerksamkeit und die Erweckung der ersten religiösen Gefühle sollten ebenfalls angestrebt werden. Zu den Beschäftigungen zählten sie den belehrenden und sittlichen Gesang, das Spiel und die Bewegung im Freien, sowie leichte Gedächtnisübungen, Zeichnen, das Zählen an den Fingern und das Einüben praktischer Fertigkeiten. Zusätzlich wurde als sinnvoll angesehen, wenn die Kinder Übungen absolvieren würden, welche die ersten Grundsätze des Religionsunterrichts und die Elementarbegriffe des Lesens, Schreibens und Kopfrechnens enthalten (vgl. ebd., 29ff.).

Nimmt man nur den eigentlichen Artikel über Kleinkinderbewahranstalten und Kleinkinderschulen, so fällt auf, dass er in Fragen sittlich-religiöser Erziehung eher zurückhaltend ist. Betrachtet man aber die Artikel zu „Erziehung", so ergibt sich ein durchaus anderes Bild, das darauf schließen lässt, dass derartige Aspekte auch für die öffentliche Kleinkinderziehung als leitend gegolten haben dürften. So wurden die Kleinkinderbewahranstalten auch zu den „Anstalten der Erziehung" gezählt und hier galt eine religiöse, genauer katholische Ausprägung als notwendig (vgl. Rolfus/Pfister 1865, 94).

Betrachtet man sämtliche Artikel, lässt sich ein ähnliches Argumentationsmuster erkennen. Als erste Aufgabe der Einrichtungen galt allen Autoren die Bewahrung, ergänzt um Erziehung, wobei zuweilen auch von Bildung gesprochen wurde, ohne dass diese Begriffe klar von einander abgegrenzt oder definiert wurden. Eine derart verstandene Erziehung oder Bildung sollte die Kräfte der Kinder anregen und in ihrer Entwicklung unterstützen, außerdem diente sie der Schulvorbereitung. Des Weiteren wurde die Wichtigkeit der sittlich-religiösen Erziehung hervorgehoben, was mit dem konfessionellen Hintergrund der Enzyklopädien zu erklären ist.

Diese Aspekte finden sich ebenfalls, wenn auch weniger ausgeprägt, in den anderen Enzyklopädien. Nach Schwarz haben Kleinkinderschulen die Pflege und Aufsicht zur Aufgabe, darüber hinaus erhalten die Kinder dort aber auch Unterricht (vgl. Schwarz 1832, 7/8 u. 33). Dieser Unterricht wurde ebenso wie die räumliche Gestaltung von Schwarz als schulartig beschrieben. Zwar galt ihm das Spiel als die angemessne Beschäftigungsform, aber die Kinder würden doch auch ernsthaft lernen wollen, weshalb sie einen ernsthaften Unterricht erhalten sollten. Hier sollten die Kinder durch Sinnes- und Verstandesübungen und einige Handfertigkeiten formal vorbereitet, sowie den älteren Kindern die Anfänge des Lesens, Zeichnens, Schreibens und Rechnens vermittelt werden. Aufmerksamkeit und das Gedächtnis sollten geübt, das Gemüt gebildet und der kindliche Glaube geweckt werden, hinzu kamen geschlechtsspezifische Fertigkeiten und eine erste musikalische Grundbildung (vgl. ebd., 29). Hauptgegenstand aber sei der Religionsunterricht, mit Hilfe einer strengen Zucht könne den Kindern Gehorsam und die christliche Religion nahe gebracht werden (vgl. ebd., 32).

Interessanterweise wies Schwarz dabei auf die Notwendigkeit der Dokumentation der pädagogischen Prozesse hin. Der Vorsteher der Einrichtung sollte ein Buch führen, in das die Bildungsgeschichte eines jeden Kindes, wie auch Ökonomisches und Pädagogisches eingetragen werden sollte (vgl. Schwarz 1832, 32/33). Eine Forderung, die eine Form der Beobachtung und Dokumentation von Bildungsprozessen dargestellt hätte.

Auch in der *Encyklopädie* galt als Zweck der vorschulischen Einrichtungen ihre Vorbereitungsfunktion, es seien Vorbereitungsanstalten (vgl. Encyklopädie 1860, 492/493). Bis zur eigentlichen Schulzeit sollten sie die vor allem christliche Erziehung tragen, die zwar nur Ersatz für die gute häusliche Erziehung, aber noch immer besser als eine schlechte Erziehung im Haus sei (vgl. ebd., 495/496).
Hauptbeschäftigung sei das Spiel, auch wenn die Kinder in diesem Alter allmählich zum Lernen hin streben und dieses mit einem gewissen Ernst betreiben würden. Aus diesem Grund sei ein „ernster" Unterricht notwendig. Während die jüngeren Kinder nur gelegentlich und für kurze Zeit vor allem durch Übungen der Sinne und des Verstandes beschäftigt werden sollten, sollte der Unterricht für die älteren Kinder zusätzlich aus der Vermittlung von Kenntnissen wie z.B. Lesen, Zeichnen, Schreiben und Rechnen bestehen. Aufmerksamkeit und Gedächtnis würden so angemessen geübt, das Gemüt gebildet und der kindliche Glaube geweckt. Hinzu kamen wiederum geschlechtsspezifische Fertigkeiten, sowie erste Übungen in Musik und Gesang. Als geeignete Lehrmaterialien galten Schiefertafeln, Lesetafeln und Abbildungen, aber keine Bücher (vgl. Encyklopädie 1860, 493/494). Hauptgegenstand des Unterrichts sei jedoch, in einer dem Alter der Kinder angemessenen Weise, der Religionsunterricht. Eine christliche Erziehung müsse angestrebt werden, auch in den Einrichtungen der öffentlichen Kleinkinderziehung, sogar gerade dort, da man in diesem Alter umso besser die drohende sittliche Verwahrlosung bekämpfen könne.
Wie zuvor bei Schwarz, wurde hier vor allem Wert auf schulähnliche Beschäftigungen gelegt. Überhaupt ähneln sich beide Artikel, nicht zuletzt auch deshalb, weil auch hier ein Buch als notwendig angesehen wurden, in das die Bildungsgeschichte eines jeden Kindes eingetragen werden musste (vgl. ebd., 495) – auch dies wäre eine frühe Form von Beobachtung und Dokumentation gewesen.

Die Encyklopädie des gesammten Erziehungs- und Unterrichtswesens: Eine gewisse Ausnahme innerhalb des theoretischen Diskurses stellt die von Schmidt herausgegebene *Encyklopädie* dar. In einem von Flashar verfassten Artikel findet sich eine ausführliche Auseinandersetzung mit der öffentlichen Kleinkinderziehung, die von der gängigen Argumentation abweicht. Allerdings wurde auch hier nicht um ein frühkindliches Bildungs- oder Erziehungsverständnis gerungen, stattdessen wurde auf die Notwendigkeit und Legitimation der Einrichtungen, wie auch Personal-, Raum und Zeitstruktur und die Geschichte der öffentlichen Kleinkinderziehung eingegangen.
Sämtliche Einrichtungen der öffentlichen Kleinkinderziehung sind nach Flashar vor allem eins: keine Schulen. Deshalb ist alles, was einer planmäßigen und dem eigentlichen Unterricht nahen Einwirkung ähnelt, aus diesen Anstalten zu entfernen. Ausdrücklich betonte er, dass „geistige und sittliche Bildung der Kinder im vorschulpflichtigen Alter einer besonderen Technik der Behandlung, einem stetigen und planmäßigen, auf besondere erziehliche und unterrichtliche Zwecke gerichteten Einflusse nicht unterworfen werden dürfen" (Schmidt 1862, 38). Aufgabe der Einrichtungen sei es vielmehr, den Kindern die Familie und vornehmlich die Mutter, welche die eigentliche Verantwortung für die Erziehung der Kinder in diesem Alter trage, zu ersetzen (vgl. ebd., 51). Dem Alter angemessen sei es deshalb auch, wenn sich die Einrichtungen nach den „naturgemäßen Bedingungen" und den „allgemein bildenden Einflüssen", die in jedem „wohl-

geordneten Familienleben" (ebd., 38) vorhanden sind, richten würden. Aus diesem Grund lehnte Flashar z.B. die Kleinkinderschulen nach Wilderspins Vorbild ab. Sie seien zu sehr verschult, negativ sei ebenfalls, dass sie den eigentlichen Elementarunterricht vorwegnehmen würden (vgl. ebd., 52).

Neben der körperlichen, so Flashar, muss auch auf die geistige Pflege geachtet werden. Anders als in der Schule dürfe jedoch innerhalb der geistigen Beschäftigungen der Kleinkinderbewahranstalten nicht „die *Stetigkeit* der geistigen Thätigkeit, nicht der *Zusammenhang* des Gegenstandes und nicht ein *besonderes* Gebiet des Wissens oder Könnens maßgebend sein" (Schmidt 1862, 55). Übertreibungen müssten vermieden werden, die Kinder nichts anderes lernen als das, was sie gelegentlich aufnehmen (vgl. ebd. 55). Die Objekte der Unterhaltung und Belehrung sollten deshalb frei aus der Fülle des Lebens und der Natur gegriffen werden und sich an dem orientieren, was die Kinder kennen und was sie interessiert. Das Kind sollte nicht einseitig, sondern nach allen Seiten seines Wesens gefördert werden und dazu gehöre auch das erste religiöse und sittliche Gefühl. Durch diese „immer etwas neues darbietende, allseitige Anregung der geistigen Fähigkeiten" (ebd., 55) würden die Kinder angemessen auf die Schule vorbereitet.

Ausdrücklich sprach sich Flashar gegen ein zu frühes und zu übertriebenes Lernen aus, insbesondere auf dem Gebiet der Religion (vgl. Schmidt 1862, 55). Das Auswendiglernen und Aufsagen von Gebeten und Übungen sei schädlich bei der Entwicklung der „wahren Herzensfrömmigkeit" (ebd., 55). Flashar war nicht an einer schulartigen Unterrichtung der Kinder interessiert. Auch die Vermittlung kirchlich-staatlicher Tugenden wurde von ihm nicht ausdrücklich als Erziehungsziel betont, dieser Aspekt ist weniger stark ausgeprägt als in den anderen Artikeln dieser Zeit. Seine Forderung nach einer ganzheitlichen Förderung der Kinder bündelt sich gerade nicht in der Betonung der sittlich-religiösen Elemente, sondern betont, dass man die religiöse Erziehung bei aller Bedeutung nicht übertreiben soll; ein Eindruck, der auch durch die speziellen Artikel zu Thema „Bildung" und „Erziehung", die von unterschiedlichen Autoren stammen, verstärkt wird (vgl. Schmidt 1859, 657ff. u. Schmidt 1860, 244f.). Hier steht weniger die Vermittlung kirchlich-staatlicher Tugenden, als eine umfassende allgemeine Bildung im Vordergrund, auch wenn die Sittlichkeit als letztendliches Erziehungsziel angesehen wird. Inwieweit derartige Vorstellungen auch für die öffentliche Kleinkinderziehung hätten leitend sein sollen, lässt sich zwar nicht eindeutig beantworten, der Artikel von Flashar lässt aber vermuten, dass auch auf diesem Gebiet derartige Ideen als wünschenswert angesehen wurden.

Der Kindergarten: Bisher wurde ausschließlich von Kleinkinderbewahranstalten und Kleinkinderschulen als vorschulischen Einrichtungen gesprochen, nicht jedoch vom Kindergarten. In den frühen Artikeln lässt sich keine Darstellung des Kindergartens finden, was durch die späte Entstehung der Kindergärten begründet ist. Insgesamt finden sich nur zwei Artikel, die den Kindergarten behandeln. Da sich dabei eine andere Vorgehensweise in der Auseinandersetzung mit dem Einrichtungstyp erkennen lässt, ist es sinnvoll, diesen erst jetzt und gesondert darzustellen.

Flashar befasste sich in dem bereits erwähnten Artikel auch mit den Kindergärten und Fröbels pädagogischen Prinzipien und unterzog Fröbels gesamter Kindergartenpädagogik einer kritischen, teilweise auch ablehnenden Würdigung. Insgesamt kam er zu dem Schluss, dass „die sogenannte Kindergartenpädagogik keine Berechtigung hat, sich einen reformatorischen Beruf im Erziehungswesen unserer Zeit zuzuschreiben" (Schmidt 1862, 49). Fröbels Pädagogik ist, so Flashar, in ihren theoretischen Grundlagen unklar,[164] in ihrer Praxis in bedeutenden Aspekten, z.B. im Spiel angreifbar und von Widersprüchen geprägt. Dessen ungeachtet würdigte er Fröbel, vor allem in Hinsicht auf die Aufmerksamkeit, welche die Kleinkinderziehung dank dessen Bemühungen erfährt. Auch sah er in Fröbels Ideen großes Potential, dass bisher allerdings noch nicht genutzt worden sei (vgl. ebd., 49).

Eine darüber hinausgehende Auseinandersetzung mit dem Kindergarten ist jedoch nicht zu erkennen. Der Kindergarten beanspruche zwar nicht einfach nur eine zu den Kleinkinderbewahranstalten analoge Einrichtung für die bürgerlichen Schicht, sondern der Vertreter einer eigenständigen, dem Wesen der Kinder besser gerecht werdenden Idee zu sein, aber dies sah Flashar als nicht erfüllt an, weshalb sein Urteil kritisch ausfiel (vgl. Schmidt 1862, 38).

Rolfus/Pfister sind ebenfalls in einem gesonderten Artikel auf den Kindergarten eingegangen (vgl. 1864, 579-587). Dieser befasst sich allerdings weniger mit den Aufgaben der Kindergärten, als mit ihrer Entstehung, der Darstellung von Spielgaben, Bewegungsspielen und Beschäftigungen, sowie einer kritischen Würdigung der Idee. Zwar wird Fröbel vorgeworfen, Sätze geschrieben zu haben, „welche für den Philosophen eben so sehr an Unklarheit leiden, als sie dem Theologen bedenklich erscheinen" (ebd., 579), wie auch von „Fröbelschem Schwulst" gesprochen wird. Insgesamt verteidigt der Artikel ihn aber gegen die Vorwürfe der Didaktisierung der Spiele, der revolutionären Tendenzen und der Irreligiosität, auch wenn er zugibt, dass die Fröbel'schen Kindergärten am Mangel einer spezifisch-positiven religiösen Pflege leiden (vgl. ebd., 585/586).

Nur kurz gingen Rolfus/Pfister auf den Zweck des Kindergartens ein. Sein Ziel sei es, „die Eindrücke der Außenwelt so auf die Kinder von ihren ersten Lebensjahren an wirken zu lassen, daß sie sich der Gesetze derselben bewusst würden und dabei sinnlichen Gegenständen als Lehrmitteln anzuwenden, um dadurch die geistige Thätigkeit zu entfalten" (1864, 580). Mehr findet sich in dem Artikel nicht, Zitate Fröbels ergänzen die Darstellung, ohne dass jener sich umfassend mit Fröbels Pädagogik auseinandergesetzt hätte.

Fazit: In der Entstehungszeit der öffentlichen Kleinkinderziehung war der theoretische Diskurs nur wenig ausgeprägt. Die Artikel bieten zumeist nicht mehr als eine Deskription des Gebietes der öffentlichen Kleinkinderziehung. Aufbau und Argumentation sind zumeist sehr ähnlich, teilweise entsteht geradezu der Eindruck, vorherige Arbeiten wären einfach nur übernommen worden. Überhaupt wurde dem Bereich der öffentlichen Kleinkinderziehung ein eher marginaler Stellenwert beigemessen. Entsprechend wurde auch nur in zwei Artikeln auf Fröbel eingegangen und seine Pädagogik vorgestellt. Eine Auseinandersetzung mit der Frage, was unter frühkindlicher Erziehung oder Bildung zu

---

[164] So nannte er das Fröbel'sche System eine „höchst verworrene Theorie" (Schmid 1862, 45), die mehr mit der Poesie als mit der Wissenschaft verwandt ist (vgl. ebd., 44/45).

verstehen sei, ist dagegen nicht zu erkennen. Zwar finden sich vereinzelt Anmerkungen, die auf Ansätze einer spezifischen Frühkindpädagogik hindeuten, zumeist aber geht die Leistung nicht über die Aufzählung der für bedeutsam gehaltenen Aspekte oder Inhalte hinaus. Im Grunde wurde hier kein Beitrag zu Entwicklung einer Frühkindpädagogik, dem Denken über frühkindliche Bildung und Erziehung geleistet.

Versucht man die nur wenigen Aussagen verallgemeinernd zusammenzufassen, ist zunächst zu erkennen, dass überwiegend die Bewahrung als primäre Aufgabe der Einrichtungen angesehen wurde. Allerdings wurde zum Teil auch von Erziehung und auch Bildung gesprochen, wobei der Bildungsbegriff eindeutig von geringerer Bedeutung war. Dabei lässt sich eine gewisse Tendenz in der inhaltlichen Bedeutung der Termini erkennen. Neben der Anregung der kindlichen Entwicklung und der Vorbereitung auf die Schule zielte Erziehung in diesem Verständnis immer auch auf eine teilweise recht deutlich ausgeprägte sittlich-religiöse Erziehung ab. Letzteres ist durch den konfessionellen Hintergrund der Enzyklopädien zu erklären. Erziehung wurde als Vermittlung wünschenswerter Denk- und Verhaltensweisen begriffen, eine gewisse Ausnahme stellt allein der Artikel Flashars dar.

4. Fazit: Bildung und Erziehung in der öffentlichen Kleinkinderziehung in der Epoche von 1800-1860er

Zusammenfassend sollen nun die Ergebnisse mit Blick auf die eingangs erarbeiteten Fragestellungen betrachtet werden, wobei abschließend einige ergänzende Überlegungen eingebunden werden.
Bezüglich der Funktion gilt, dass diskursübergreifend die Betreuung der angeblich von vor allem sittlicher Verwahrlosung bedrohten Kinder als die eigentliche Aufgabe der vorschulischen Einrichtungen angesehen wurde. Sie galten als sozialfürsorgerische Einrichtungen, als ein Notbehelf und eben dies sollten sie auch sein. Eine allgemeine Bildungsfunktion wurde ihnen nicht zugesprochen. Forderungen nach einer Zuordnung zum Bildungswesen samt Betonung der Bildungsfunktion lassen sich zwar finden, zu denken ist vor allem an Fröbel und entsprechende Vorschläge im Zuge der 1848/49er Revolution, waren aber in sämtlichen Diskursen eindeutig die Ausnahme. Ebenso wenig besaßen sie auf politischer Ebene Rückhalt oder gar eine Möglichkeit zur Umsetzung. Gerade den einflussreichen Interessengruppen wie dem Staat oder den konfessionellen Trägern galt die Betreuung, allenfalls Erziehung, ganz sicher jedoch nicht Bildung als Aufgabe.

In den Überlegungen zur Gestaltung der vorschulischen Einrichtungen findet sich allerdings nicht allein der Betreuungsbegriff. Auch die Begriffe der Bildung und Erziehung wurden aufgegriffen und diskutiert. Vergleicht man die Diskurse, ist zu erkennen, dass diese sich in ihrer Intensität und Vielfalt deutlich unterscheiden. Kaum mehr als eine Deskription der öffentlichen Kleinkinderziehung bietet der theoretische Diskurs, hier wurde sich im Grunde nicht mit Fragen der frühkindlichen Bildung oder Erziehung auseinandergesetzt. Ebenso wenig wurden die beiden Termini im Rahmen des politischen Diskurses umfassend definiert, sämtliche Erlasse und Gesetze waren inhaltlich nur wenig konkret. Dies ist jedoch auch nur bedingt Aufgabe des politischen Diskurses gewesen. Vor allem heißt dies aber nicht, dass dort nicht ein ganz spezielles Verständnis von insbesondere Erziehung vertreten wurden. Ungeachtet fehlender inhaltlicher Bestimmungen, gerade der Staat besaß ganz bestimmte Vorstellungen.
Unterschiedliche Ideen über die dem Kleinkind angemessene Gestaltung des pädagogischen Alltags, sprich Bildung und Erziehung, wurden dagegen schon während der Anfangszeit im praktischen Diskurs vertreten. Eine gewisse Vielfalt ist von Beginn an zu erkennen. Dennoch, viele Schriften ähneln sich in ihrem Inhalt und ihrer Argumentation, immer wieder wurde auf ein ganz bestimmtes Verständnis von Erziehung zurückgegriffen und auf die führenden Vertreter verwiesen. Nicht alle Schriften boten eine eigenständige und inhaltlich tiefgehende Leistung.

Was aber wurde unter frühkindlicher Bildung und Erziehung verstanden? Welche Sprachen von Bildung und Erziehung lassen sich finden und in welcher Hierarchie standen sie zueinander?
Diskursübergreifend gilt, dass der Bildungsbegriff von geringerer Bedeutung gewesen ist und verglichen mit dem Erziehungsbegriff auch weitaus weniger Verwendung gefunden hat. Vereinzelt finden sich synonyme Verwendungsweisen von Bildung und Erziehung. Gerade für den Bildungsbegriff ist jedoch festzuhalten, dass er zu Beginn der

öffentlichen Kleinkinderziehung nicht systematisch oder einheitlich definiert verwendet wurde.

Über die Diskurse hinweg lassen sich dabei Übereinstimmungen und eine gemeinsame Sprache insbesondere von Erziehung erkennen. Diese kann als die dominierende gelten. Erziehung wurde als Einwirkung, als Vermittlung wünschenswerter Denk- und Verhaltensweisen und arbeitsspezifischer Fertigkeiten verstanden. Der Begriff „wünschenswert" orientierte sich dabei nicht am Wohl des Kindes, sondern primär an den Interessen von Staat und Kirche. Erziehung sollte der Vermittlung eines Tugendkatalogs dienen, der als Grundlage von Sittlichkeit und Religiosität galt. Ziel dieser Erziehung war es letztlich, die Kinder in ihrer am besten kritiklosen Eingliederung in die bestehenden Gesellschaftsverhältnisse zu unterstützen. Die Kinder sollten nicht über den „Stand hinaus" erzogen, sondern auf ihr Leben als Mitglieder der unteren, arbeitenden Klasse vorbereitet werden. In ihnen sollte von frühster Kindheit an das Bewusstsein verfestigt werden, dass sie zu dieser Klasse gehören, ohne dagegen aufzubegehren, um so das revolutionäre Potential der unteren Schichten so früh wie möglich im Keim zu ersticken. Aus diesem Grund wurde Bildung bzw. ein „Zuviel" an Bildung geradezu abgelehnt. Insgesamt ist eindeutig eine gewisse Skepsis gegenüber allgemeinbildenden Bestrebungen und Konzeptionen zu erkennen.

Unterschiedliche Ansichten gab es dagegen über die Umsetzung dieser frühkindlichen Erziehung, was auch von der bestehenden Unsicherheit bezüglich einer geeigneten Form der frühkindpädagogischen Arbeit zeugt. Zumeist galt ein an der Schule orientierter (Anschauungs-)Unterricht als dem Alter der Kinder angemessen, auch wenn sich unterschiedliche Vorstellungen über den Umfang, die Inhalte oder auch die Methode dieses (Anschauungs-)Unterrichts finden lassen. Überhaupt fällt die große Bedeutung, die der Anschauung beigemessen wurde, in dieser Epoche auf. Anschauung wurde als Grundlage aller Erkenntnis begriffen, Einflüsse des Sensualismus und vor allem Pestalozzis sind zu erkennen, auch wenn nicht direkt darauf verwiesen wurde. Der Unterricht sollte die Sinne üben, zugleich aber auch Kenntnisse und moralische Lehren anschaulich vermitteln. Zahlreiche Übungen lassen sich dafür finden. Interessanterweise wurde gerade innerhalb des praktischen Diskurses von der Mehrheit ein derartiger Unterricht als geeignet angesehen, während auf Seiten des Staates schon früher eine gewisse Ablehnung zu finden ist.

Dem Spiel wurde von den Vertretern dieses Erziehungsverständnisses dagegen zumeist keine pädagogische Bedeutung beigemessen. Es galt überwiegend als Erholung oder sollte die körperliche Entwicklung fördern, eine gewisse Ausnahme stellen hier einzig die Überlegungen Wirths dar. Eine weitere Funktion des Spiels wurde in seinem Beitrag zur sittlich-religiösen Erziehung gesehen, auch weil sich im Spiel angebliche Untugenden ganz besonders gut offenbaren würden. Überhaupt wurde nur wenig über die Eigenheit frühkindlicher Entwicklung oder altersgemäßen Lernens nachgedacht, in diesen Ideen spielten derartige Aspekte eine nur geringe Rolle. Insgesamt ist festzuhalten, dass Kenntnisse, Fertigkeiten und Tugenden am besten unreflektiert übernommen, nicht aber über die selbsttätige Auseinandersetzung mit der Welt vom Kind angeeignet werden sollten.

Oftmals fällt dabei die Konzentration auf die sittlich-religiöse Erziehung – wofür auch synonym von Bildung oder Charakterbildung gesprochen wurde, nur in einem derartigen

Zusammenhang findet sich innerhalb dieses Erziehungsverständnisses der Bildungsbegriff – verstanden als religiöse Unterweisung auf. In vielen Konzeptionen wurde auf einen religiösen Unterricht Wert gelegt, die entsprechenden sittlichen und religiösen Tugenden sollten notfalls auch mit Nachdruck vermittelt werden. Genau dieser Aspekt macht hier Erziehung aus.
Warum aber wurde Erziehung derart verstanden? Hier ist es notwendig, die gesellschaftspolitischen Strömungen zu berücksichtigen, denn seine inhaltliche Konkretisierung bezog der Erziehungsbegriff weniger aus den zeitgenössischen pädagogischen Ideen, als aus dem gesellschaftspolitischen Klima. Aus diesem Grund spielte die Überlegungen des Neuhumanismus auf diesem Gebiet von Fröbel abgesehen auch kaum eine Rolle.[165] Erziehung sollte dabei helfen, die sozialen Probleme zu entschärfen und die Gesellschaft zu stabilisieren. Gerade diejenigen, die über die öffentliche Kleinkinderziehung geschrieben haben, befürchteten oftmals nicht allein die Gefährdung der Kinder, sondern den Zusammenbruch der gesamten Gesellschaft. Sie stammten ja gerade nicht aus der Schicht, deren Kinder in den vorschulischen Einrichtungen in der Regel betreut wurden; einer Schicht, die kaum dazu in der Lage war, sich Vorstellungen über eine für ihre Kinder geeignete Erziehung oder gar Bildung zu machen oder diese Ideen zu formulieren und zu publizieren – auch dies sicherlich ein Grund, warum die Auseinandersetzungen über die öffentlichen Kleinkinderziehung verglichen mit denjenigen über die (höhere) Schulbildung weitaus weniger ausgeprägt verliefen. Diejenigen, die über öffentliche Kleinkinderziehung nachdachten oder diese veranstalteten, waren jedoch von den katastrophalen Sozialisationsbedingungen zutiefst beunruhigt. Die sittliche Verwahrlosung wurde als Bedrohung erlebt, die Angst vor einem revolutionären Umsturz war geradezu allgegenwärtig. Aus eben diesen Überlegungen und nicht aus dem Nachdenken über die Eigenart kindlicher Entwicklung wurde dann auch das Erziehungsverständnis abgeleitet.
In diesem Sinne verhielt es sich bei der öffentlichen Kleinkinderziehung nicht anders als beim Schulwesen oder der Sozialen Arbeit. Wieso hätte dies auch anders sein sollen? Ziel, das auch von der kirchlichen „Liebestätigkeit" geteilt wurde, war letztlich die Aufrechterhaltung der öffentlichen Ordnung und die Unterdrückung der Ausbreitung von Verwahrlosung und Sittenlosigkeit. Für die Entstehung sozialer Not wurden nicht die ökonomischen Verhältnisse, sondern die „religiös-sittliche Not" verantwortlich gemacht. Kaum wurde Verständnis für das Leben der Unterschichten in Not und Elend aufgebracht, vielmehr standen die Kirchen auf die Seite der besser Gestellten. Auch die Soziale Arbeit war eher eine Interessenpolitik der Arrivierten zum Schutz der bestehenden Ordnung gegen die Ansprüche der unteren Bevölkerungsschichten. Gleiches trifft auch auf die vorschulischen Einrichtungen und das dort anzutreffende Erziehungsverständnis zu. Erziehung, wie sie hier begriffen wurde, zielte ebenfalls auf die Minderung und Vermeidung dieser angeblichen Verunsittlichung samt gleichzeitiger Stabilisierung der gesellschaftlichen Verhältnisse ab. Ziel war nicht die Aufklärung, die Emanzipation der Kinder, um ihnen ein kritisches, selbstbestimmtes Leben zu ermöglichen. Die Kinder ruhig zu stellen, sie an Gehorsam zu gewöhnen und auf das spätere Arbeitsleben vorzu-

---

[165] Zu einer ganz ähnlichen Einschätzung gelangt auch Reyer (vgl. 2006, 82/83).

bereiten – eben das war damit gemeint, wenn in diesem Sinne von Erziehung gesprochen wurde.

Die bisher gezeichnete Position kann als die dominierende gelten. Es lassen sich jedoch davon abweichende Vorstellungen finden und hierfür stehen Teile des praktischen Diskurses, neben Friedrich Fröbel bzw. der in Entstehung begriffenen Fröbelbewegung ist an Johannes Fölsing zu denken.
Grundsätzlich gilt, dass im Rahmen dieser Ansichten den vorschulischen Einrichtungen eine allgemeine Bildungsaufgabe und nicht allein eine sozialfürsorgerische Funktion zugesprochen wurde, auch wenn sich gerade bei Fölsing Elemente einer sittlichen Erziehung im zuvor skizzierten Sinne erkennen lassen, allerdings weniger stark religiös ausgeprägt. Erziehung, wie sie hier verstanden wurde, sollte der Anregung und Unterstützung der kindlichen Entwicklung dienen. Ergänzend dazu findet sich der Bildungsbegriff, nicht als Charakterbildung, sondern eher als allgemeine Bildung gedacht. Allerdings hat gerade Fröbel die Termini nie klar verwendet, bei ihm ist zusätzlich der Pflegebegriff von großer auch pädagogischer Bedeutung gewesen. Ungeachtet der gewählten Begrifflichkeiten wurde sich hier jedoch verstärkt der kindlichen Entwicklung, der Eigenart frühkindlichen Lernens und seiner Art der Auseinandersetzung mit und Aneignung der Welt zugewandt und derartige Aspekte in die Überlegungen einbezogen.
Umsetzung sollte diese Erziehung gerade nicht in Form eines schulähnlichen Unterrichts finden. In der Betonung des Spiels und der Erarbeitung seiner Spielpädagogik unterscheidet sich insbesondere Fröbel deutlich von seinen Zeitgenossen. Im und durch das Spiel vollzieht sich die kindliche Aktivität der Aneignung von Welt, im Spiel werden sich die Kinder zunehmend der Strukturen der Welt bewusst, so Fröbel. Nach Fröbel besitzt das Spiel eindeutig eine pädagogische Bedeutung und auch Fölsing hat dem Spiel, wenn auch nicht mit Fröbel vergleichbar, eine höhere Bedeutung beigemessen und sich vom schulischen Unterricht eindeutig abgegrenzt.
Allerdings waren Fölsing und auch Fröbel, darüber darf die heutige Bekanntheit Fröbels nicht hinwegtäuschen, nicht *die* Repräsentanten ihrer Zeit. Ihre Überlegungen stellen eine Minderheitenposition dar und ihr Erziehungsverständnis kann nicht als das dominierende gelten. Fröbels Ideen wurden zwar wahrgenommen und diskutiert, nicht jedoch in einem mit heute vergleichbaren Umfang. Ebenso wenig steht er für die Mehrheit des praktischen Diskurses. Vielmehr waren es die Vorstellungen Wilderspins, Fliedners oder auch Wirths, welche die Diskussionen bestimmt haben und auch von der Mehrheit geteilt wurden. Auch lässt sich dieses Verständnis in den anderen Diskursen finden, insbesondere entspricht es den Vorstellungen des Staates.

So kann auch keineswegs der Kindergarten als typische Einrichtungsform gelten. Allein die Anzahl der Einrichtungen, die nach Fröbels Konzept gearbeitet haben, macht dies deutlich. 1847 gab es erst sieben und zum Zeitpunkt von Fröbels Tod 1852 nicht mehr als 16–18 Kindergärten, auch Fölsing hat nur eine Einrichtung geleitet. Als Einrichtungsform dominiert haben stattdessen die Kleinkinderschulen und Kleinkinderbewahranstalten. Die nur wenigen Einrichtungen waren zwangsläufig überfüllt, durchschnittlich haben über 60 Kinder eine Einrichtung besucht. Betreut wurden die Kinder zumeist von einer einzigen Person ohne fachliche Ausbildung, überhaupt waren die Ansprüche an das

Personal ausgesprochen gering. Allein deshalb dürfte kaum mehr als eine Betreuung stattgefunden haben. Auch waren die Räume nur selten altersgemäß eingerichtet, die Ausstattung war oftmals sehr schulähnlich, Schulbänke und -tische waren die Regel, kindergerechte Materialien gab es dagegen nur selten. Im Alltag wurde vor allem auf Pünktlichkeit, Disziplin, Ordnung Reinlichkeit und Gehorsam etc. Wert gelegt, hinzu kam die oft strikte religiöse Ausrichtung. Umsetzung fand dies zumeist in Form von schulmäßigen Übungen, der (Anschauungs-)Unterricht stand im Mittelpunkt, während das Spiel nur als Erholung diente. Dies wohl auch deshalb, weil sich mit Hilfe eines derartigen Unterrichts Ordnung und Disziplin leichter einhalten ließen. Inwieweit die Kinder, die aufgrund der Bedingungen ihres Aufwachsen vermutlich wirklich oftmals in ihrer Entwicklung problematisch waren, überhaupt individuell in ihrer Entwicklung unterstützt werden konnten, muss doch eher als zweifelhaft gelten.

Auch wenn es Vorstellungen von einer allgemeinen Bildung als Funktion der vorschulischen Einrichtungen gegeben hat, in der Realität haben diese demnach kaum Niederschlag gefunden. Vielmehr hat die Realität durchaus dem dominierenden Erziehungsverständnis entsprochen. Ebenso wie sie es sein sollten, waren es auch sozialfürsorgerische Einrichtungen; Notbehelfe, die in ihrer tatsächlichen Gestaltung auf Betreuung und Erziehung hin ausgerichtet waren.

Man kann also durchaus von einer Übereinstimmung zwischen Realität und dominierendem Verständnis sprechen. Wie ist dies zu erklären? Möglich ist sicherlich, dass in den Schriften die in der Realität anzutreffende Form der Erziehung aufgegriffen und nachträglich legitimiert wurde. Darüber hinaus bleibt aber festzuhalten, dass der Staat, obwohl er der öffentlichen Kleinkinderziehung anscheinend nur wenig Aufmerksamkeit geschenkt hat, seine Vorstellungen hat durchsetzen können. Zwei Erklärungen bieten sich hier an. Ein weiter gehendes Engagement war nicht notwendig, weil die Realität schon dem staatlichen Verständnis entsprochen hat. Es musste nur dafür gesorgt werden, dass alternative, den eigenen Wünschen widersprechende Formen der Kleinkinderziehung keine Ausbreitung fanden, was auch deswegen relativ einfach war, weil Eltern der Kinder, die vorschulische Einrichtungen besucht haben, kaum in der Lage oder auch nur daran interessiert waren, für ein anderes Erziehungsverständnis einzutreten. Entsprechend wurden von staatlicher Seite Forderungen nach einer allgemeinen Bildung abgelehnt und auch der Ausbau von derartigen „Bildungseinrichtungen" unterbunden, das Verbot der Kindergärten ist Ausdruck davon. Eben dies war durch die mit der Vereinstätigkeit verbundenen Kontroll- und Aufsichtsmöglichkeiten gewährleistet, ein größeres staatliches Engagement war nicht notwendig. Denn „die Einwirkung des Staates hat sich in diesen Beziehungen nicht auf die umfassende Organisation gerichtet, sondern fast Alles der Thätigkeit der Privaten und Gemeinden überlassen, und nur durch spezielle Maaßregeln, fördernd oder abwehrend, eingegriffen" (Rönne 1855, 864). Fördern, was im Sinne des Staats sich vollzieht, abwehren was als unerwünscht gilt – solange die Realität den eigenen Vorstellungen weitestgehend glich, musste der Staat gar nicht mehr tun.

Möglich war dies jedoch auch nur deshalb, weil die Träger dieses Erziehungsverständnis geteilt und in der Praxis umgesetzt haben. Fröbel war hier wie gesagt die Ausnahme, die Mehrheit auch des praktischen Diskurses hat jedoch keineswegs verstärkt Wert auf den Bildungsaspekt gelegt oder auf die Umsetzung alternativer Konzepte gedrängt. So findet

sich ja auch kaum Kritik an der tatsächlichen Praxis – wieso auch, wo doch ziemlich genau das umgesetzt wurde, was den dem eigenen Verständnis von Erziehung entsprochen hat?
Schon anhand der Anfangsjahre der öffentlichen Kleinkinderziehung zeigt sich, dass die eingangs formulierte Vermutung, dass vor allem der Staat über einen erheblichen Einfluss auf die Realität besitzt, durchaus vertretbar erscheint. Nur schwer lassen sich Vorstellungen gegen die Interessen des Staates durchsetzen. Erziehung, wie sie in dieser Epoche verstanden wurde und in der Praxis Niederschlag gefunden hat, stimmte mit den grundlegenden gesellschaftspolitischen Vorstellungen des Staates überein. Nur so fand man Unterstützung von staatlicher Seite und ohne diese war eine flächendeckende Ausbreitung unmöglich. Es wird aber zugleich deutlich, dass der Staat auf die Trägergruppierungen angewiesen war und hier auch fraglos Zustimmung und Unterstützung gefunden hat. Die Aussage, dem Staat sei es allein gelungen, seine Vorstellungen durchzusetzen und die Kinder zu „Untertanen" zu erziehen, greift zu kurz. Unterstützt wurde er von den in der Praxis Tätigen. Sie haben sowohl sein Erziehungsverständnis geteilt, als auch dabei geholfen, dieses in die Praxis umzusetzen, der Staat musste hier nichts „erzwingen".

Was heißt dies nun für die Einschätzung der Geschichte der öffentlichen Kleinkinderziehung und insbesondere bezüglich der historischen Bedeutung der Begriffe von Bildung und Erziehung? Gerade die Anfangszeit ist nur bedingt von einer Vielfalt an Überlegungen geprägt gewesen. Eher überwogen die Gemeinsamkeiten, eine geteilte Sprache von Bildung und Erziehung. So lassen sich auch keine wirklich unbekannten oder vergessenen Ideen finden. Fliedner, Wilderspin und Wirth und die ihnen zugehörigen Überlegungen sind bis heute bekannt, auch wenn auf ihre Konzeptionen kein Bezug genommen wird und diese für die heutige Frühkindpädagogik weitgehend ohne Bedeutung sind.
In die Entstehung fällt mit Fröbel auch der bis heute bekannteste Frühkindpädagoge. Nur war er zu seiner Zeit eben nicht die maßgebliche Persönlichkeit. Die Aussage, eine „Bildungstradition" lasse sich bis in die Anfänge und auf Fröbel zurückverfolgen, ist deshalb zwar in dem Sinne richtig, dass Fröbel diese Ansicht vertreten hat. Nur stand Fröbel mit dieser Ansicht eher allein. Die zeitgenössischen Verweisgrößen waren eben nicht Fröbel, sondern Wilderspin, Wirth oder Fliedner, Chimani und John. Sie haben das Denken, wie auch die tatsächliche Gestaltung der Einrichtungen geprägt. Fröbel und seine Spielpädagogik wurden dagegen sogar vielfach kritisch gesehen. Im Grunde müsste deshalb auch deren Erziehungsverständnis und nicht die Vorstellungen Fröbels als die eigentlichen Ursprünge frühkindpädagogischen Denkens verstanden werden, zumindest wenn man die Diskurse als Ganzes und nicht einzelne, wenn auch herausragende Persönlichkeiten als Kriterium nimmt und sich auf das bezieht, was mehrheitlich gedacht wurde und auch gewesen ist, nicht aber auf die Ideen, die heute vielleicht als wünschenswerter erscheinen und den eigenen Positionen entsprechen.

II. Die Geschichte der öffentlichen Kleinkinderziehung im Deutschen Kaiserreich (1860er-1918)

Mit der nationalen Einigung und Reichsgründung, einer „Revolution von oben", „politisch dirigiert und militärisch exekutiert" (Wehler 1995, 449), entstand ein neuer Staat: Das Deutsche Reich mit dem Kaiser an der Spitze. Ein Bundesstaat, sowohl aus dem Gesamtstaat als auch den Einzelstaaten bestehend; eine Monarchie eigenen Typs, „obrigkeitsstaatlich-bürokratisch, nicht-parlamentarisch, aber durch Verfassung und Parlament eingeschränkt" (Nipperdey 1992, 108). Bezogen auf die öffentliche Kleinkinderziehung besaß die Einheit jedoch nur bedingt Auswirkungen. Die einzelnen Staaten waren zwar nicht mehr souverän, besaßen aber noch immer ihre eigene Hoheit und auch eigene Verfassungen. Auch waren die Bundesstaaten und Kommunen weiterhin für alle Bildungs- und Kulturangelegenheiten, wie auch die Armenpflege verantwortlich (vgl. Berghahn 2003, 360; Nipperdey 1992, 85, 98 u. 610). Einheitliche Gesetze bezüglich der Entwicklung der öffentlichen Kleinkinderziehung waren demnach nicht möglich.
Die Einrichtungen galten, dies ist zuvor gezeigt worden, als sozialfürsorgerische und eben dies waren sie auch gewesen. Bisher waren eher einzelne Persönlichkeiten als zusammenhängende Gruppierungen hervorgetreten, eben sie hatten die Entwicklung auf diesem Gebiet beeinflusst. Eine gewisse Einheitlichkeit bezüglich der vertretenen Vorstellungen ist dennoch zu erkennen gewesen. Die zeitgenössische Leitfigur war dabei gerade nicht Fröbel gewesen, auch wenn sich seine Bekanntheit zu entfalten begann. Aber er und sein Konzept hatten bisher weder die Ideen, geschweige denn die Realität entscheidend geprägt. Die institutionelle frühkindliche Betreuung und Erziehung – Bildung hatte bisher kaum als Aufgabe gegolten – hatte sich an die untere soziale Schicht gewandt und die Kinder derselben auf ihr späteres (Arbeits-)Leben vorbereiten wollen. Dies entsprach weitgehend dem dominierenden Erziehungsverständnis.
Im Folgenden gilt es danach zu fragen, inwieweit dies unverändert geblieben ist und zu welchen Entwicklungen es innerhalb der öffentlichen Kleinkinderziehung gekommen ist, ehe auf die Ideen bezüglich frühkindlicher Bildung und Erziehung eingegangen wird.

1. Die „Realität" der Einrichtungen der öffentlichen Kleinkinderziehung im Deutschen Kaiserreich (1860er-1918)

Wiederum ist anfänglich nach den wesentlichen sozialgeschichtlichen Entwicklungen zu fragen, dies vor allem mit Blick auf die in den Einrichtungen gegebene Realität und welche Form der Betreuung, Erziehung und Bildung umgesetzt wurde.

1.1 Quantitative Entwicklung

Aufgrund oben skizzierter Uneinheitlichkeit bezüglich der rechtlichen Gestaltung der öffentlichen Kleinkinderziehung ist es nicht zu einem einheitlichen Ausbau gekommen. Weiterhin blieben die großen regionalen Unterschiede bestehen. Im Süden gab es deutlich mehr Plätze, weshalb unverändert von einem West-Ost- und Nord-Süd-Gefälle gesprochen werden kann. Gleiches lässt sich auch in Bezug auf die einzelnen Städte konstatieren. Insbesondere in den schnell wachsenden Großstädten konnte kein angemessener Versorgungsgrad erreicht werden.

Für die kleineren der 25 Bundesstaaten lassen sich zunächst keine verlässlichen Daten finden. Für das Jahr 1872 findet sich die Zahl von höchstens 2000 Kleinkinderschulen (Preußen 500, Bayern 300, Württemberg 200, Baden 160, Hessen 120, Sachsen 40, Hannover 26) für kaum 5% der Kinder (vgl. Leyrer 1879, 22). Erning hat für das Jahr 1910 einen Annäherungswert für das gesamte Reich errechnet, der sich aus den Daten der sechs größten Bundesstaaten, die fast 90% der Bevölkerung ausmachten, ergibt. Demnach existierten um 1910 7259 Einrichtungen (vgl. Erning 1987c, 30/31).

In den 7259 Einrichtungen wurden 558610 Kinder im Alter zwischen drei und sechs Jahren betreut. Bezogen auf alle Kinder dieses Alters lag das Platzangebot bei gerade einmal 13%. 1907 wurde die Zahl der unzureichend versorgten Kleinkinder auf knapp 2 Millionen beziffert (vgl. Erning 1987c, 30/31; Reyer 2006a, 116). Überhaupt wurde der Stand der Kleinkinderfürsorge, wie die öffentliche Kleinkinderziehung nun auch genannt wurde, als sehr dürftig und rückständig eingeschätzt (vgl. Grotjahn/Kaup 1912, 617). Zwar wurde der Ausbau an vorschulischen Einrichtungen als nicht unerheblich, das Angebot aber nicht als dem Bedarf entsprechend eingeschätzt (vgl. ebd., 626).

1.2 Adressaten

Unverändert stellte die Arbeiterschaft die größte Klientel der öffentlichen Kleinkinderziehung dar (vgl. Hoffmann 1994), weshalb nach der allgemeinem Lebenssituation und derjenigen der Arbeiterschaft im Speziellen zu fragen ist.

Zwei gegensätzliche Entwicklungen haben das Kaiserreich geprägt. Der fortgeschrittenen gesellschaftlichen Verfassung stand ein rückständiges politisches System gegenüber. Dennoch wurde ein entschiedener Schritt in die Modernität vollzogen und es kam zum Durchbruch der bürgerlichen Gesellschaft. In diesem Sinne war das Kaiserreich beispielhaft modern, weit moderner als die meisten anderen Länder Europas.

Nicht vergessen werden sollte jedoch auch, dass das Deutsche Reich auch um 1870 ein stark von der Landwirtschaft bestimmter Staat war, auch wenn es sich bis 1914 zu einem Industriestaat entwickelte. Gesellschaftlich gesehen war das Kaiserreich außerordentlich heterogen und vielschichtig, darüber hinaus in ständiger und unruhiger Bewegung. Weiterhin gab es scharfe Trennungslinien, es machte einen erheblichen Unterschied aus, ob man männlich oder weiblich, jung oder alt, katholisch oder protestantisch, Bankier oder Bäuerin, Bayer oder Berliner war. Trotz aller Generations-, Geschlechter-, Konfessions- oder Regionalunterschiede entwickelte sich die deutsche Gesellschaft aber immer mehr zu einer Klassengesellschaft, auch wenn die Trennungslinien von Bedeutung blieben, gerade auf dem Land.

Die Gesellschaft wuchs, von 40 Millionen im Jahr 1872 über 56 Millionen um die Jahrhundertwende auf 67 Millionen im Jahr 1913, insgesamt um knapp 70% (vgl. Berghahn 2003, 91ff.; Nipperdey 1990, 9ff.).[166] Lebten 1871 noch 63,9% der Bevölkerung in Gemeinden mit einer Einwohnerzahl unter 2000, waren es 1890 53% und 1910 nur noch 40%. Auch die Großstädte mit über 100000 Einwohnen nahmen zu, von 4,8 (1871) auf 21,3% im Jahr 1910 (vgl. Berghahn 2003, 98; Nipperdey 1990, 34/35).
Sowohl der Fuß als auch das obere Ende der gesellschaftlichen Pyramide waren relativ immobil. Der Erwerb von Qualifikationen wurde wichtiger, es war schwer, aber doch möglich, die formellen und informellen Barrieren – Einkommen, Klassenmilieu, Lebenserwartung – zu übersteigen. Innerhalb einer Generation gab es deshalb wenn überhaupt nur kleine Aufstiege. Insgesamt war die deutsche Gesellschaft geprägt durch ein hohes Maß an sicht- und fühlbarer Ungleichheit, wobei nicht diese an sich, sondern ihr Ausmaß als Problem angesehen wurde.
Zwar stieg aufgrund der wirtschaftlichen Entwicklung der durchschnittliche Lebensstandard leicht an, aber die großen Einkommensunterschiede blieben weiterhin bestehen. Schon das Einkommen und die Existenz des alten Mittelstandes waren prekär. Noch schlechter war die Situation in der Arbeiterschaft, die sich aus den handarbeitenden Klassen und Unterschichten entwickelte. Auch wenn die Arbeiterschaft in sich differenziert blieb, fand ein Prozess der Vereinheitlichung statt, nun überwogen die Gemeinsamkeiten der Lebensbedingungen (vgl. Nipperdey 1990, 291 u. 317).

Im Mittelpunkt des Lebens dieser Schicht stand die Arbeit. Zwar gab es saisonal, konjunkturell oder durch Arbeitsplatzwechsel bedingte Arbeitslosigkeit, sie stellte jedoch noch nicht die große schicksalhafte Gefahr späterer Zeiten dar. Größtenteils gelang es dem Arbeitsmarkt infolge der industriellen Entwicklung, die große Anzahl von Menschen zu absorbieren, selbst während der „Großen Depression" (1873-1895).[167] Die Arbeitslosenquote lag bis zur Jahrhundertwende zumeist nur um die 1%, in den Jahren bis zum Ersten Weltkrieg dann zwischen 2-4%, auch wenn es Schwankungen mit einer Quote von bis zu 6% gab (vgl. Berghahn 2003, 68). Eine Katastrophe war dagegen der Verlust der Arbeitsfähigkeit oder der Tod des Ernährers, dies bedrohte die gesamte Existenz.
Die Situation am Arbeitsplatz veränderte sich, auch wenn sie nicht mit heute vergleichbar ist. Es gab reale Verbesserungen, z.B. durch die Sozialreform in Gestalt der drei großen Sozialversicherungsgesetze, die den Auftakt zur Ausbildung des Sozialstaates bildeten und ungeheuer modern waren. Auch der Arbeiter- und Kinderschutz wurden ausgedehnt. Aber die Arbeitszeiten waren noch immer lang. Schmutz, Gestank, hohe Temperaturen, Licht- und Luftmangel, kaum Hygiene, Unfälle und Berufskrankheiten – all dies war ungeachtet aller Verbesserungen nach wie vor präsent. Auch weiterhin waren die Frauen oft zur Arbeit gezwungen, beinahe alle berufstätigen Frauen dieser Zeit

---

[166] Die Gründe lagen im Anwachsen der durchschnittlichen Lebenserwartung und Absinken der Sterblichkeit aufgrund der verbesserten Lebensumstände, wobei die Säuglingssterblichkeit erst nach 1900 merklich zurückging. Auch hing dies stark von der Schichtzugehörigkeit ab.

[167] Genau genommen handelte es sich nur um eine Phase des deutlich langsameren Wachstums, der Deflation.

stammten aus der Unterschicht. Sehr krass waren die geschlechtbedingten Lohndiskrepanzen, Frauen waren am Arbeitsplatz außerdem viel weniger angesehen.
Dieses (Arbeits-)Leben erwartete auch die Kinder der Unterschicht. Es gab keine massenhafte Unterernährung mehr, auch wenn die Ernährung noch Mängel besaß. Gewaltige Fortschritte wurden im Kampf gegen die Krankheiten erzielt, ebenso eine bessere Versorgungsquote durch Ärzte auf dem Land und in den Unterschichten erreicht. Dennoch war der Alltag geprägt von Not, gesundheitliche Schäden der Mutter waren nicht selten und belasteten die Kinder schon vor der Geburt, sie waren anfällig für Krankheiten wie Kindercholera, Tuberkulose, Diarrhöe.
Der Lebensstandard hing vom Einkommen ab, wobei die Reallöhne insgesamt um gut 90% anstiegen (vgl. Nipperdey 1990, 304). Die Arbeiterhaushalte waren dennoch unverändert karg, für das Nicht-Notwendige stand wenig oder auch gar nichts zur Verfügung, die Einnahmen wurden überwiegend von den Grundbedürfnissen (Nahrung, Wohnung, Kleidung) aufgezehrt. Die Mietwohnungen waren beengt, feucht, dunkel und kalt, unzureichend gelüftet, ausgestattet mit katastrophalen sanitären Verhältnissen, zumeist überbelegt, dennoch relativ teuer, häufig wurden sie gewechselt. Das Leben spielte sich zumeist in einem Raum ab, wobei neben der eigentlichen Familie oftmals noch ein Schlafgänger zugegen war, zumeist reichten nicht einmal die Betten für alle Personen. In dieser unvermeidlichen Offenheit bekamen selbst Kinder alles mit: Krankheit, Tod, Geschlechtsverkehr und Geburten, den häufig betrunkenen Vater, Prügelszenen, Gewalt, brutale Sexualität, Obszönität. Die Tabu- und Schamschwellen waren sehr niedrig und auf bürgerliche Beobachter wirkte diese Welt wie ein Schock, weshalb die Proletarierfamilien der Unmoral und Unsittlichkeit bezichtigt wurden (vgl. Berg 1991, 106/107; Nipperdey 1990, 144). Gerade in der Literatur, die sich mit der öffentlichen Kleinkinderziehung beschäftigte, wurde immer wieder auf diese Zustände hingewiesen und dies ist für das spätere herauszuarbeitende Erziehungsverständnis nicht unwichtig. Denn als Grund für die anzutreffende Unsittlichkeit wurden nicht primär die sozialen Umstände, sondern der Verlust der Religiosität angesehen, weshalb die verstärkte Zuwendung zur Kirche als Lösung angesehen wurde.
Die Arbeiterfamilie war zumeist eine zweckbezogene Erwerbs-, Not- und Konsumgemeinschaft, Liebe war hier eher der Zufall als die Regel. Oftmals waren beide Eltern aufgrund der Arbeitstätigkeit abwesend, der – allerdings zeittypische – „unsichtbare" Vater war geradezu die Regel. Jedoch wurde versucht, dem bürgerlichen Familienmodell nachzueifern, gerade dort, wo die Voraussetzungen zu seiner „imitativen Übernahme" (Berg 1991, 91) eigentlich fehlten. Auch die Frau in der Arbeiterfamilie sollte nicht grundsätzlich, sondern nur in Krisenzeiten arbeiten gehen. Ihre primäre Aufgabe lag auch hier in der Geburt und der Erziehung der Kinder, in der Führung des Haushalts. Wie die Familien im Kaiserreich überhaupt, vielleicht sogar noch stärker, waren sie betont patriarchalisch. Der Mann galt als Herr im Haus, dessen Bedürfnisse und Wille gerechtfertigt durch Länge und Schwere der Arbeit Priorität besaßen, die männliche Dominanz wurde notfalls auch mit physischer Stärke durchgesetzt. Die Frauen waren zumeist vom öffentlichen Leben ausgegrenzt und politisch ausgeschlossen, das allgemeine und gleiche Wahlrecht blieb Männersache. Die Diskriminierung war sogar in der Rechtsordnung festgeschrieben. Auch wenn das BGB, 1896 verabschiedet und 1900 in

Kraft getreten, in vielen Dingen modern war, bestimmte es doch auch den Mann zum finanziellen und damit wirtschaftlichen Vormund seiner Gattin.
Typisch für die Arbeiterfamilien war der Kinderreichtum, auch wenn die Kinder nicht unbedingt erwünscht waren, da sie in den ersten Jahren vor allem ein Kostenfaktor und eine Belastung darstellten. Der kindliche Bewegungsdrang und das Geschrei strapazierten die Nerven und dies führte zu grausamen Praktiken, um die Kinder mit Hilfe von unhygienischen Lutschgegenständen, Beruhigungstabletten oder Branntwein ruhig zu stellen. Ältere Kinder wuchsen oftmals ohne häusliche Aufsicht auf, Kinderleben bedeutete hier oft ein Aufwachsen auf der Strasse. Die Kinder erfuhren kaum gefühlsbetonte Zuwendung, oftmals liefen die Kinder einfach mit und eine reflektierte Erziehung gab es nicht immer. Zwar wurden auch in den Arbeiterfamilien die Kinder nun zunehmend als eigene Individuen und nicht mehr als kleine Erwachsene gesehen und erfuhren verstärkt Aufmerksamkeit und Zuneigung, zum Teil auch Erziehung. Dennoch, nicht immer wurde viel Aufsehen um die Erziehung der Kinder gemacht, teilweise waren diese sich selbst überlassen oder in Obhut von Geschwistern, Nachbarn, Verwandten. Aus diesem Grund fehlte ihnen die intellektuelle Herausforderung, wenn es sie gab, dann nur zufällig und beiläufig (vgl. Berg 1991, 107/108 u. 115).
Der Erziehungsstil – dies trifft im Grunde für alle Schichten während des Kaiserreichs zu – war zumeist „autoritär. Die Autorität der Eltern war unhinterfragt und ihr galt es selbstverständlich zu gehorchen. Es galt, die Kinder zu dem für sie Besten zu führen, notfalls auch mit Druck und Kontrolle, die Kinder hatten sich einzufügen. Ordnung, Gehorsam und Disziplin wurden groß geschrieben, der Eigenwille des Kindes sollte gebrochen werden. Hinzu kam eine stark geschlechtsspezifische Erziehung, um die Kinder auf ihre spätere Rolle als Geldverdiener bzw. Mutter und Hausfrau vorzubereiten.

Daneben gab es auch noch den traditionellen Familientyp, wie ihn vor allem die ländlich-bäuerlichen, aber auch die Familien im städtischen Handwerk und im Kleinhandel darstellten. Hier war die Familie eine Arbeits- und Produktionsgemeinschaft, es gab keine Trennung zwischen Arbeitsplatz und Familienleben und die sachlichen Interessen standen im Vordergrund. Das Familienleben wurde völlig von der Arbeit zur Sicherung der Existenz bestimmt und es gab nur wenig Raum für Individualisierung und Personalisierung des Einzelnen wie auch der Beziehungen. Gerade in diesen Familien spielten die Traditionen noch lange eine Rolle. Die Kinder rangierten hinter den Arbeitserfordernissen des Hofes, die Säuglingssterblichkeit blieb hoch. Sie erfuhren wenig Aufmerksamkeit oder emotionale Zuwendung, bis sie als Arbeitskräfte Verwendung finden konnten, sollten sie den Arbeitsablauf so wenig wie möglich stören. Die Kleinkinder wurden oft von den älteren Geschwistern oder den Großeltern behütet, die Beziehung zwischen Eltern und Kindern war weniger emotional, die Kinder mussten früh ihren Wert als zusätzliche Arbeitskraft beweisen, spätestens mit dem Schulabschluss oder der Konfirmation war die Kinderzeit zu Ende. Der Erziehungsstil war auch hier streng, geprägt von Autorität und Gehorsam, oftmals auch Prügel. Die Rollen und Hierarchien waren festgelegt, schon früh wurde entsprechendes Verhalten eingeübt. Die Beziehungen und Kommunikationsformen ähnelten denen der industrieproletarischen Familien (vgl. Berg 1991, 109ff.; Nipperdey 1990, 59ff.).

1.3 Einrichtungsformen der öffentlichen Kleinkinderziehung

Unverändert existierten viele Spielarten, wobei sich Hauptfraktionen nun erkennen lassen. Für die konfessionellen, insbesondere evangelischen Einrichtungen stand die „diakonisch-sozial eingestellte christliche Kleinkinderschule" (Gehring 1929, 162) für, hinzu kamen die katholischen Kleinkinderbewahranstalten. Dem gegenüber stand die Fröbelbewegung, der „pädagogisch-orientierte humanitäre Kindergarten" (Gehring 1929, 162), die ihren Einfluss und auch quantitativen Umfang vergrößerte. Um die Jahrhundertwende kam es dann zu einer Annäherung der konträren Positionen, wie auch zu einem verstärkten staatlichen Engagement.

Nicht immer wurde dabei klar zwischen den Kleinkinderschulen und den Kleinkinderbewahranstalten unterschieden, oftmals war auch beides miteinander verbunden, weshalb sie oft verwechselt wurden. Während die Kleinkinderschule aber nur wenige Stunden vormittags und nachmittags besucht werden sollte, verbrachten die Kinder in den Kleinkinderbewahranstalten oft den ganzen Tag (vgl. Ranke 1887, 31/32). Vermutlich ist die oben angedeutete Unterscheidung in evangelische Kleinkinderschule und katholische Kleinkinderbewahranstalt eher eine nachträgliche, auch wenn derartige Tendenzen gegeben waren und verstärkt versucht wurde, auch anhand der Namen die Unterschiede deutlich zu machen.

Innerhalb der christlichen Kinderpflege wurde der Besuch der Kleinkinderschule für die Kinder aus den mittleren sozialen Schichten als durchaus angemessen und gut für deren geistige Entwicklung angesehen, da sie den Kindern „Erziehungsmomente, welche das Haus nicht haben kann" (Ranke 1887, 36), biete. Sorgen bezüglich des gemeinsamen Besuchs sah Ranke als unbegründet an. Die Kleinkinderschulen sollten sich jedoch primär an die von der Verwahrlosung betroffenen Schichten richten, für die Kinder aus höheren Schichten wurden eigene Einrichtungen als notwendig angesehen, die dann aber nicht mehr als Anstalten der Inneren Mission galten und von den Eltern finanziert werden sollten (vgl. Ranke 1887, 36ff.; Bissing-Beerberg 1869, 25.).

Es ist jedoch zu vermuten, dass die Kinder der bürgerlichen Schichten, wenn überhaupt, einen Kindergarten besucht haben. Es existierte eine Vielzahl von verschiedenen Formen, die schon durch ihre Bezeichnung auf unterschiedliche Adressatenkreise oder unterschiedliche Träger hinwiesen. Zusätzlich gab es noch geteilte (altershomogene) und ungeteilte (altersgemischte) Kindergärten. Köhler hat beispielsweise zwischen dem Familienkindergarten, Normalkindergarten, Privatkindergarten, Gemeindekindergarten, Vereinskindergarten, Einzelkindergarten, Anstaltskindergarten und dem Fabrikkindergarten unterschieden (vgl. 1899, 28ff.). Später nannte Mecke drei Arten des Kindergartens: den Familienkindergarten, den Bürgerkindergarten und den Volkskindergarten (vgl. 1913, 11/12).

Die entscheidende Neuerung stellte jedoch der sogenannte Volkskindergarten dar; ein Einrichtungstyp, mit dem vor allem die Namen Henriette Schrader-Breymann und Bertha von Marenholtz-Bülow verbunden werden. Er war den ganzen Tag geöffnet und glich in der äußeren Einrichtung den Kleinkinderbewahranstalten. Durch ihn wurde der Kindergarten auch den Kindern aus ärmeren Schichten zugänglich. Die bisherigen Einrichtungen für Kinder aus diesen Schichten waren von der Fröbelbewegung als ungeeig-

net abgelehnt worden (vgl. exemplarisch Marenholtz-Bülow 1866, 61/62). Beispielsweise kritisierte Illing, der immer wieder auf dieses Thema zu sprechen kam (vgl. Illing 1871; 1872 u. 1876), die konfessionellen Einrichtungen daraufhin, dass sie in der „Erziehung und Bildung der Kleinen die größten Mißgriffe und Fehler" begehen, „die oft das spätere Leben kaum mehr gut machen kann" (Illing 1871, 5). Stattdessen wurde der Volkskindergarten als eine „Bewahranstalt, in welcher Fröbels Erziehungsmethode zur Anwendung kommt" (ebd., 50), propagiert und gefordert, dass sich die Kleinkinderschulen und Kleinkinderbewahranstalten zu Volkskindergärten wandeln müssten, um so das Modell des Kindergartens auf die sozial schwachen Schichten zu übertragen. Anders als die übrigen Kindergärten jener Zeit, richtete sich der Volkskindergarten somit nicht an die wohlhabenden Klassen, vielmehr sei er eine „auf's Höchste vervollkommnete Bewahranstalt" (Illing 1876, 30). Gemischte Volkskindergärten wurden von Marenholtz-Bülow abgelehnt, sie forderte eine strikte Trennung (vgl. 1886, 107).
Entsprechend orientierte sich der Volkskindergarten an den Bedürfnissen der Arbeiterfamilien. In ihren pädagogischen Konzepten unterschieden sich beide Formen jedoch deutlich, weshalb man nicht von einem einheitlichen Konzept des Volkskindergartens sprechen kann. Während in den 1860er und 1870er Jahren das Konzept von Marenholtz-Bülow dominierte, gewann ab 1880 Schrader-Breymann mit ihrer Fröbel-Pestalozzi-Synthese an Bedeutung. Auf die diesen Einrichtungen zugrunde liegenden pädagogischen Konzeptionen wird im Zusammenhang mit den Bildungs- und Erziehungsvorstellungen der Fröbelbewegung genauer eingegangen.

1.4 Träger

Weiterhin war die Trägerschaft deutlich konfessionell geprägt. Die meisten Einrichtungen wurden unverändert von „freien christlichen Vereinen" gegründet und unterhalten (vgl. Ranke 1887, 74 u. 80). Die evangelische Kleinkinderpflege verfügte 1899 über 2.700 Einrichtungen und war damit zu diesem Zeitpunkt die größte Trägerschaft (vgl. Konrad 1997, 28). Für das Jahr 1913 werden 2594 Kleinkinderschulen angegeben, in denen 3123 Kleinkinderlehrerinnen arbeiteten und 186602 Kinder betreut wurden (vgl. Mecke 1913, 107). Demzufolge wäre die Zahl der evangelischen Einrichtungen leicht rückläufig gewesen. Im katholischen Bereich kam es ab den 1890er Jahren zu einem Gründungsboom, so dass hier für das Jahr 1913 bis zu 2700 Anstalten mit 160000 Plätzen ausfindig zu machen sind, dies war nun der größte Träger (vgl. Konrad 1997, 28). 1912/1913 wurden in Preußen 28,1% der Einrichtungen von evangelischen Vereinen, 31,0% von katholischen Vereinen getragen. Weitere 22,6% der Einrichtungen hatten freie Vereine und Stiftungen zum Träger. Die Träger von Privatkindergärten machten dagegen 4,2% aus. Nur unwesentlich mehr Einrichtungen wurden vom Staat bzw. der Gemeinde/dem Kreis getragen, zusammen 5,0% (vgl. Reyer 1987b, 42).
Eher marginal blieben, auch nach der Aufhebung des Verbotes, die Fröbel'schen Kindergärten. 1908 gab es 354 Kindergärten in Regie des Fröbel-Verbandes, hinzu kamen noch einige Kindergärten konfessioneller Ausrichtung und in privater Trägerschaft, kaum mehr als 10% der Einrichtungen (vgl. Konrad 1997, 28).
Die Hauptlast trugen um die Jahrhundertwende also auch weiterhin die konfessionell geprägten Trägervereine. Zwar wurden alternative Träger gefordert, so rief beispielswei-

se Ranke Fabrikherren und Gutsherrschaften zur Gründung und Unterhaltung von vorschulischen Einrichtungen auf, aber dies dürfte kaum stattgefunden haben, auch wenn es Unternehmer wie z.B. Friedrich Harkort, Werner Siemens oder Alfred Krupp gab, die, um die Lebensverhältnisse ihrer Arbeiter zu verbessern, neben besseren Wohnungen auch Werkskindergärten errichteten (vgl. Pflanze 1998, 405).

Eine der Hauptaufgaben der Träger lag unverändert in der Finanzierung der Einrichtungen. Der Staat entzog sich dieser weitgehend, es kann deshalb „von einer geregelten finanziellen Beteiligung des Staates an den Betriebskosten öffentlicher Kleinkinderziehung nicht gesprochen werden" (Erning1987d, 87).
Finanzieren konnten sich die Einrichtungen, indem die Trägervereine Zuschüsse aus den örtlichen kommunalen Kassen beantragten. Diese Bezuschussung war in der Regel mit Auflagen verbunden, z.B. den Öffnungszeiten oder der Verpflichtung, bevorzugt Kinder aus Arbeiterfamilien aufzunehmen. Zumeist erfolgte die Unterhaltung der Einrichtungen jedoch durch das Zusammenwirken verschiedener Faktoren, z.B. durch freiwillige Privatbeiträge, Kirchen- und Hauskollekten, Beiträge der hohen Zentralleitung des Wohltätigkeitsvereins, durch die Gemeinde und durch Stiftungsmittel, die aus Beiträgen des Königshauses und fürstlicher Familien gewonnen wurden. Manche Einrichtungen besaßen auch einen Grundstock, zumeist wurde auch ein Schulgeld genommen, dieses war allerdings sehr verschieden und abhängig vom Einkommen, die Armen mussten auch gar nichts zahlen. Als weitere Finanzierungsmöglichkeiten wurde auf eine Verlosung, die Hauskollekte, die Benutzung der Presse, Spenden, Theatervorstellungen, Konzerte, Musikproduktionen oder auf die Produktion von landwirtschaftlichen Erzeugnissen zurückgegriffen (vgl. Gutbrod 1884, 36-42; Leyrer 1879, 42).
Auch weiterhin hat sich der Staat sehr zurückgehalten. Dennoch geht Erning davon aus, dass die städtischen Leistungen in der zweiten Hälfte des 19. Jahrhunderts den Bestand der Trägervereine gesichert haben. Insgesamt zeigt sich jedoch ein uneinheitliches Bild kommunaler Beteiligung. Ansätze einer geregelten staatlichen Beteiligung an den Kosten entstanden erst während des Ersten Weltkrieges (vgl. Erning1987d, 87/88).

1.5 Personal und Ausbildung

Die Personalsituation dürfte sehr unterschiedlich gewesen sein, sowohl nach dem Grad der Erzieherinnenausbildung, als auch vom Personalschlüssel her. Nach wie vor hatten die Einrichtungen für die Kinder aus den unteren sozialen Schichten einen deutlich schlechteren Personalschlüssel (vgl. Erning 1987c, 32). Gutbrod sah für die Einrichtungen für 60-100 Kinder neben der Leiterin 2-3 Gehilfinnen als notwendig an, die der Leiterin „auf den Wink zu folgen" (1884, 23) hatten. Hinzu kam noch Dienstpersonal. Die Schwestern Athanasia und Eusebia vertraten die Ansicht, dass bei 40-50 Kindern nur eine Leiterin notwendig sei. Erst bei einer größeren Kinderzahl, mehr als 100, seien zwei Leiterinnen nötig (vgl. 1908, 11/12). Leyrer hielt einen Schlüssel von 70-80 pro Kinderpflegerin für das Maximum, erwähnte aber auch Einrichtungen mit 100-150 Kindern (vgl. 1879, 36/37). Für das Jahr 1871 liegen Zahlen vor, nach denen 68,0 (Baden) und 95,4 (Bayern) Kinder eine Einrichtung besucht haben (vgl. Erning 1983, 327ff.).

Dabei kann man davon ausgehen, dass der Durchschnitt in den Städten höher und bei etwa 95 Kindern[168] lag (vgl. Reyer 1983, 53).
Im Kindergarten dürfte der Schlüssel dagegen besser gewesen sein. Hier wurden die Kinder von zwei geprüften Kindergärtnerinnen geleitet, wobei auf eine Person 15-20 Kinder kamen. Teilweise waren die Kinder auch nach Alter in verschiedene Abteilungen unterteilt (vgl. Heiland 1999, 24). Allerdings dürfte der oben genannte Personalschlüssel nicht immer erreicht worden sein, es wurde bisweilen auch eine einzige Kindergärtnerin für 30 bis 40 Kinder als genügend angesehen (vgl. Illing1876, 7ff.; Köhler 1873, 22).

Auch in den Anforderungen an die Ausbildung des Personals unterschied man sich. Eine „höhere, allgemeine Bildung" (vgl. Gutbrod 1884, 21) der Leitern galt als wünschenswert, wenn auch nicht als unbedingt notwendig. Entsprechend wurden die katholischen Einrichtungen zumeist von Ordensschwestern geleitet, denen es in der Regel an einer spezifischen Ausbildung gemangelt haben dürfte (vgl. Reyer 1987b, 49). Leyrer erwähnt, dass in den evangelischen Einrichtungen das Personal im Alter von 19-72 (!) Jahren, die meisten waren jedoch zwischen 20-45 Jahren alt, zum größten Teil eine vollständige, fachliche Ausbildung besessen hat. Die Gehilfinnen waren dagegen meist ohne Vorbildung (vgl. Leyrer 1879, 38ff.). Ob deren Tätigkeit auf ihre pädagogische Angemessenheit hin überprüft und gegebenenfalls auch geändert wurde, ist zu bezweifeln, auch wenn Ranke auf Fragen zur Überprüfung der Einrichtung bzw. der Arbeit auf die Frauen des Vorstandes und somit auf eine Vorform heutigen Qualitätsmanagements verweist (Ranke 1887, 135). Deutlich mehr Wert wurde dagegen von der Fröbelbewegung auf eine fachgerechte Ausbildung gelegt, Hinweise darauf finden sich in zahlreichen Schriften.[169]

Wie in der gesamten sozialen Arbeit, wurde auch innerhalb der öffentlichen Kleinkinderziehung nun verstärkt über die Ausbildung diskutiert. Bedeutende Anstöße kamen aus der bürgerlichen Frauenbewegung, da sich mit den sozialen Berufen nicht nur Erwerbs-, sondern auch Professionalisierungsmöglichkeiten auftaten. Zum leitenden Konzept wurde die Vorstellung der „geistigen Mütterlichkeit" (vgl. Allen 2000). Es ging nicht allein um Gleichberechtigung sondern auch darum, das „spezifisch weibliche Wesen der Frau in der Gesellschaft zur Geltung und Wirksamkeit bringen zu können" (Münchmeier 2006, 298). Man bemühte sich, eine besondere Kulturaufgabe für die Frau zu finden und dabei rückte das Prinzip der Mütterlichkeit in den Vordergrund. Damit war nicht allein die leibliche Mutterschaft gemeint, sondern der „Inbegriff der sozialisativen, hegenden und pflegenden Potenzen der Frau, ihre Fähigkeit zu gefühlsvoller Emotionalität und Wärme" (Berg 1991, 435). Dem Wesen der Frau wurden besondere Fähigkeiten und Begabungen im Bereich von Erziehung, Pflege und Fürsorge zugesprochen, zusammengefasst unter dem Begriff der Mütterlichkeit. Diese wurde als lehr- und lernbar dargestellt (vgl. Schrader-Breymann 1872, 24ff.). Innerhalb der sozialen Fürsorge wurden so die Emanzipationsbestrebungen der Frau mit der Hilfe für Not leidende Volksschichten

---

[168] Reyer bezieht sich dabei allein auf Preußen (vgl. 1983, 53).
[169] Vgl. exemplarisch Goldammer, Hermann: Ueber Ausbildung von Fröbel'schen Kindermädchen und Bonnen. Weimar 1873; Heerwart 1901, 158-174 oder Mecke 1913.

verbunden und als Beitrag zur Lösung der sozialen Frage legitimiert. „Geistige Mütterlichkeit" wurde so zu einem sozialpädagogischen Programm und als praktische Umsetzung dieser „geistigen Mütterlichkeit" entstand der soziale Beruf der Frau als ein bürgerlicher Frauenberuf. Allerdings hat dies auch eine weiter gehende Emanzipation verhindert (vgl. Berg 1991, 434ff.).
Mehr und mehr wurde auf dem gesamten Gebiet der Sozialen Arbeit eine entsprechende Schulung als notwendig angesehen, erste soziale Ausbildungsstätten entstanden (vgl. Berg 1991, 426 u. 437/438; Münchmeier 2006, 298/299). Dies gilt auch für die Erzieherinnenausbildung, wobei unterschiedliche Richtungen existiert haben. Neben den diakonisch-sozial eingestellten, gab es auch an Fröbels Pädagogik orientierte Ausbildungsstätten (vgl. Metzinger 1993, 82). Bis 1914 wurden 35 Ausbildungseinrichtungen gegründet, die sich auf Fröbel bezogen, sich aber inhaltlich unterschieden (vgl. ebd., 57 u. 69). Beispielgebend wurden Henriette Schrader-Breymann und das von ihr in den 1870er Jahren gegründete PFH. Schrader-Breymann unterschied sich in ihrer Ausbildung von der Praxis der orthodoxen Fröbelianer, sie legte Wert auf das Studium der geistigen und körperlichen Entwicklung des Kindes und integrierte Fächer wie Handarbeit, Gartenarbeit, häusliche Beschäftigung und Kochen in ihre Ausbildungskurse. Die Art, wie Beschäftigungen durchgeführt werden sollten, wurde bis in jede Einzelheit ausgearbeitet und die Anleitung stellte einen wichtigen Teil der Ausbildung dar. Ihr Leitbild der Kindergärtnerin orientierte sich an der Mutter. Dass ihre Ansprüche nicht gering waren, zeigt sich auch darin, dass sie die schlechte Vorbildung der Schülerinnen und die Kürze der Ausbildung als ein Problem ansah (vgl. Metzinger 1993, 61ff.). Überhaupt wurde die Ausbildung, auch von der Fröbelbewegung selbst, kritisch gesehen (vgl. Prüfer 1913, 178ff.).

Es gab aber auch Initiativen von konfessioneller Seite, auch hier wurde sich nun verstärkt mit der Ausbildung beschäftigt.[170] Die evangelische Kirche dehnte in der zweiten Hälfte des 19. Jahrhunderts das Netz ihrer Ausbildungsstätten aus, indem sie den Diakonissenanstalten „Mutterhäuser für Kleinkinderpflege" angliederten (vgl. Gehring 1929, 162ff.; Metzinger 1993, 75). Metzinger gibt für 1909 die Zahl von 41 unter evangelischer Trägerschaft stehender Ausbildungsstätten an, allerdings erwähnt Möller in einem Artikel, der in Meckes *Leitfaden* abgedruckt wurde, nur 35 (vgl. Mecke 1913, 107).
Die Ausbildung war stark religiös geprägt, die religiöse Unterweisung stand im Mittelpunkt (vgl. Metzinger 1993, 79/80). Als beispielhaft kann Bissing-Beerbergs Ansicht gelten, wonach es in der Ausbildung die Hauptaufgabe sei, den „Zöglingen eine christliche Herzensbildung zu geben. Sein [des Mutterhauses, H.W.] Unterricht und seine Hausordnung sind daher von einem christlichen Geiste durchwebt, und es steht hoch über der *Erziehungsmethode* das *Erziehungsprincip*" (Bissing-Beerberg 1873, 2). Auch Ranke engagierte sich auf diesem Gebiet,[171] unter ihm näherte sich die evangelische

---

[170] Vgl. exemplarisch Anonym 1875, 20ff.; Bissing-Beerberg 1873; Hesekiel 1871, 37ff.; Hübener 1890, 67-77 und in Mecke 1913 der Artikel von Möller (vgl. Mecke 1913, 107ff.).
[171] 1874 wurde das Oberlinhaus Nowawes bei Potsdam gegründet, eine Ausbildungsstätte für Kleinkinderlehrerinnen, zu deren Direktor Ranke berufen wurde, der so, nach dem er als Inspektor eines Rettungshauses tätig gewesen war, wieder zu seinem alten Tätigkeitsfeld zurückkehrte (vgl. Gehring 1929, 157). Allerdings musste Ranke aufgrund von einem Nervenleiden 1878 das Amt niederlegen.

Ausbildung Fröbel an. Zwar stand sie, wie auch die Kleinkinderziehung, unverändert auf evangelisch-sittlicher Grundlage, aber die Fröbel'schen Spiele und Beschäftigungen wurden nun verstärkt berücksichtigt (vgl. Metzinger 1993, 81/82).
Auf katholischer Seite übernahmen Ordensschwestern die Betreuung der Kinder, die für diese Tätigkeit zunächst jedoch nicht eigens ausgebildet wurden. Dass die Ansprüche eher niedrig waren, zeigen die schon zuvor im Zusammenhang mit dem Personal erwähnten Ausführungen Gutbrods (vgl. Gutbrod 1884, 21). Erst 1906 wurde in Aachen die erste Ausbildungsstätte für Erzieherinnen unter katholischer Trägerschaft gegründet. Deshalb gab es auch einen großen Mangel an ausgebildetem Fachpersonal für katholische Einrichtungen, worauf mit Neugründungen reagiert wurde. Jedoch existierten 1917 erst 4 katholische Ausbildungsstätten (vgl. Metzinger 1993, 82-84).

Insgesamt war die Ausbildung lange durch uneinheitliche Richtlinien und Vorstellungen gekennzeichnet. Sie unterschied sich in Bezug auf Schwerpunkte und einzelne Lehrpläne, Inhalte und Methoden. Immer wieder drängte deshalb die Fröbelbewegung auf die staatliche Vereinheitlichung der Kindergärtnerinnenausbildung (vgl. Reyer 2006a, 97). Bis zur Jahrhundertwende blieben jedoch sämtliche Bemühungen ohne Erfolg, im Grunde konnte jeder ohne Nachweis seiner Vorbildung einen Kindergarten oder ein Seminar für Kindergärtnerinnen eröffnen (vgl. Metzinger 1993, 59/60 u. 71/72).
Nun griff der Staat jedoch zunehmend in den Bereich der Ausbildung ein. Ab 1908 wurde damit begonnen, die Kindergärtnerinnenausbildung im Rahmen der Neuordnung des Mädchenschulwesens staatlich zu regeln (vgl. Metzinger 1993, 86/87). Auf den Lehrplan für das Fach „Kindergartenunterweisung" folgten 1911 Erlasse über Zugangsvoraussetzungen, Lehrplan und Prüfungsordnung für die Ausbildung von Kindergärtnerinnen und Jugendleiterinnen. Zugleich gab der Staat nun auch seine Neutralität gegenüber der inhaltlichen Gestaltung auf. Die Lehrpläne und Prüfungsordnungen orientierten sich deutlich an Fröbels Spielpädagogik und der Praxis der Volkskindergärten im PFH (vgl. Reyer 2006a, 122). 1911 erhielten alle preußischen Fröbel-Kindergärtnerinnenseminare die staatliche Anerkennung, die Fröbelpädagogik wurde zur vorherrschenden Lehre (vgl. Konrad 1997, 32). Insgesamt fand so eine Annäherung der inhaltlichen Ausbildung statt. Während die religiöse und ethische Unterweisung zunehmend auch in den nichtkonfessionellen Ausbildungsstätten eine Rolle spielte, wurde zugleich die Fröbel-Methode, vor allem die Wertschätzung des Spiels und das Eingehen auf die Bedürfnisse des Kindes, in der konfessionellen Ausbildung aufgegriffen (vgl. Derschau 1987, 71).

1.6 Der Alltag in den Einrichtungen

Wiederum soll nach dem Alltag gefragt werden, auch wenn weiterhin kaum gesicherte Erkenntnisse bestehen.
Insgesamt dürfte ein Großteil der Einrichtungen nur bedingt den ohnehin nicht sehr großen Ansprüchen genügt haben. So wurde am Ende der Epoche festgehalten, dass sich viele Anstalten, abgesehen von Modelleinrichtungen wie dem PFH, in einem „höchst unzulänglichen Zustand" (Grotjahn/Kaup 1912, 628) befanden und nur wenige die hygienischen und pädagogischen Anforderungen erfüllten (vgl. ebd., 628ff.).

Aufgenommen wurden in der Regel Kinder im Alter zwischen 3-6 Jahren, Ausnahmen waren jedoch möglich, z.B. zwischen 2½ und 7 Jahren (vgl. Leyrer 1879, 37). Die meisten Einrichtungen waren ganzjährig geöffnet und besaßen Öffnungszeiten von 8-11 und 13-16 Uhr, im Sommer ein bis zwei Stunden länger. In den Bewahranstalten waren auch Öffnungszeiten von 6/7 bis 17/18 Uhr möglich (vgl. Athanasia und Eusebia 1908, 15; Leyrer 1879, 35ff.; Ranke 1887, 127). Es ist dennoch zu bezweifeln, ob diese Öffnungszeiten dem tatsächlichen Bedarf gerecht geworden sind (vgl. Polligkeit 1917, 24 u. 29).

In ihren Räumen und ihrer Ausstattung waren die Einrichtungen auch weiterhin sehr unterschiedlich, abhängig von der Situation vor Ort, den Räumlichkeiten und den finanziellen Möglichkeiten. Sehr anschaulich und ausführlich wurde eine Kleinkinderschule von Ranke beschrieben. Das Lokal der Kleinkinderschule hatte geräumiger als ein Schulzimmer in einer Elementarschule zu sein, auf 1 Kind kam nach Möglichkeit 1 m½. Die Toilette sollte vom eigentlichen Raum getrennt und gut zu überwachen sein, ein Spielplatz, am besten mit Sand, wurde als absolut notwendig angesehen (vgl. Ranke 1887, 91/92). Es gab Bänke für die Kinder und Tische, die zwischen die Bänke gesetzt wurden – durchaus wurde sich weiterhin an der Schule orientiert. Hinzu kam ein Schrank für Butterbrote und Lehrmittel der Schule, mit einem Fach für jedes Kind, außerdem „Mantelstöcke", ein Tisch und Stühle für Besucher. Auf den Wert, der auf Pünktlichkeit gelegt wurde, weist die Uhr für die Zeiteinteilung hin, zur Einhaltung der Sauberkeit gab es zahlreiche Reinigungsgegenstände (vgl. Ranke 1887, 91f.).

Zu den Lehrmitteln gehörten notwendig die Schulbilderbibel, biblische Wandbilder, die Bilderbibel, Bilder für Unterhaltungen und den Anschauungsunterricht, sowie eine schwarze Wandtafel. Nicht so wichtig waren für ihn Spielsachen. Außerdem sollte es noch Papiertiere, eine Handharmonika, kleine Schiefertafeln für Kinder und im Laufe der Zeit auch neue Lehrmittel geben (vgl. Ranke 1887, 100ff.). Außerdem zählte Ranke zahlreiche herkömmliche und auch geschlechtsspezifische Spielsachen und Beschäftigungsmitteln auf. Die Fröbel'schen Beschäftigungen sollten erst nach und nach angeschafft werden. Anfänglich sah Ranke verschiedene Bauklötzchen und Brettchen, notfalls auch aus Abfällen, nur wenn Geld vorhanden war, sollte man die Fröbel'schen Baukästen kaufen, als ausreichend an (vgl. ebd., 107/108). Zunehmend wurden aber Elemente der Fröbelpädagogik übernommen.[172]

Rankes Beschreibung lässt den schulähnlichen Charakter der Einrichtungen erkennen. Noch stärker trifft dies auf die Darstellungen der katholischen Kleinkinderbewahranstalten zu (vgl. Gutbrod 1884 42-45; Schwestern Athanasia und Eusebia 1908, 11ff.). Gleiches gilt für Bissing-Beerbergs Beschreibung eines fiktiven Tages, die ja darauf abzielte, die christliche Kleinkinderschule in einem positiven Licht darzustellen, hier tritt allerdings der religiöse Charakter nicht übertrieben hervor (vgl. Bissing-Beerberg 1869, 6ff.). Deutlich wird dies auch Anhand exemplarischer Stundenpläne (vgl. Gutbrod 1884, 84; Ranke 1911, Anhang). Der Tag war streng gegliedert, Ordnung und Disziplin wurden betont. Insgesamt wirken die Stundenpläne verglichen mit denjenigen aus der Epoche zuvor nicht mehr so verschult, wobei noch immer auf den Anschauungsunterricht zu-

---

[172] Beispielsweise wies Leyrer darauf hin, dass die christliche Kleinkinderpflege einige Dinge des Kindergartens, insbesondere die Spielgaben, dankbar übernommen habe (vgl. 1879, 55/56). Dies gab auch Hübener z (vgl. 1888, 273).

rückgegriffen wurde. Auch stand das religiöse Element weiterhin im Vordergrund. Kleinere handwerkliche Arbeiten, die sicherlich auch der Vorbereitung auf das spätere Berufsleben dienten, haben die religiösen Übungen ergänzt.

Vermutlich unterschieden sich die Kindergärten und der Volkskindergarten auch weiterhin von den konfessionellen Einrichtungen. Allerdings näherte sich der Volkskindergarten diesen an, oftmals ähnelte er diesen wohl mehr als dem herkömmlichen Kindergarten. Während die Kinder im „gewöhnlichen Kindergarten" nur 4-5 Stunden, von 10-12 und 2-4 Uhr und den Rest dagegen in der Familie verbringen sollten, wurde der Volkskindergarten länger besucht (vgl. Köhler 1873, 22). Auch der Kindergarten des PFH besaß ähnliche Öffnungszeiten, er war von 9-12 und 14-16 Uhr (außer Mittwoch und Samstag) geöffnet.

Bezogen auf die Räumlichkeiten galten mehrere Räume als besser gegenüber nur einem großen Raum. Für notwendig hielt Köhler einen Bewegungssaal und einen Beschäftigungssaal, letzterer mit Bänken und Tafeln, sowie Schränken zur Aufbewahrung der Beschäftigungsmittel, eine Uhr und einen Waschtisch. Die Wände sollten mit Bildern oder Erzeugnissen der Kinder geschmückt sein, es sollte Garderobehaken oder sogar Zimmerchen geben, hinzu kamen Latrine und Garten (vgl. Köhler 1873, 22ff.).

Der Alltag hing sicherlich sehr stark von der jeweiligen pädagogischen Konzeption ab. Zahlreiche Vertreter der Fröbelbewegung haben ihre Vorstellungen eines geeigneten Ablaufs dargestellt, insbesondere Köhler hat dies ausführlich getan (vgl. 1899, 161-256), so dass sich insgesamt ein vielfältiges Bild ergibt.[173]

In den Mittelpunkt rückte das freie Spiel, während die Spielmaterialien erst instrumentalisiert, dann überflüssig wurden. Erzählungen wurden nun wichtiger, diese waren zwar von Fröbel niemals völlig abgelehnt worden waren, hatten aber verglichen mit dem Spiel- und Beschäftigungsganzen nur eine Randstellung eingenommen. Ein Übergewicht gegenüber den Beschäftigungen, die auch kaum noch dem eigentlichen Sinn Fröbels entsprachen, besaßen nun Lieder, Rollenspiele und Erzählungen (vgl. Heiland 2001, 64/65 u. 107).

Im Volkskindergarten nach Marenholtz-Bülow dominierten eher die Beschäftigungsmittel als die Spielgaben, die nun primär der arbeitstechnischen Qualifizierung dienten, z.B. indem sie sich an den Tätigkeiten der Handwerker orientierten. Handlungen und Einsichten wurden oftmals mechanisch eingeübt, die Selbsttätigkeit fand dagegen kaum noch Platz. Vor allem die für den späteren Broterwerb wichtigen Hände und deren Geschicklichkeit wurden geradezu trainiert. Gleichzeitig wurde Wert auf die Versittlichung der Kinder gelegt (vgl. Heiland 1992, 114).

Schrader-Breymann dagegen favorisierte die Wohnstubenatmosphäre, wobei sie das PFH erheblich erweiterte.[174] Auch inhaltlich setzte sie andere Schwerpunkte, als neues

---

[173] Vgl. dazu Heerwart. 1901, 54-65; Illing 1876, 7ff.; Mecke 1913, 12ff.; Morgenstern 1904, 41-44. Viel über die Gründung und die Organisation, über Größe, Räume, Kosten, Inventar oder „Unterrichtsmaterial" des Kindergartens findet sich auch in Goldammers *Ueber Begründung, Einrichtung und Verwaltung von Kindergärten*.

[174] Alle die Familie ergänzenden Erziehungsstufen sollten in einer Anstalt vereinigt werden, was zum Teil im PFH erreicht wurde (vgl. Schrader-Breymann 1888, 71/72). Der Kindergarten des PFH diente der hauswirtschaftlichen Bildung der Mädchen und das PFH unterstützte die Familie in der „Gesamtheit ihrer er-

didaktisches Prinzip wurde der Monatsgegenstand eingeführt und versucht, die teilweise in fester Gesetzmäßigkeit erstarrten Spiele und Beschäftigungen kindgemäßer zu gestalten. Im Mittelpunkt standen jedoch die hauswirtschaftlichen Tätigkeiten, die um den Monatsgegenstand herum gruppiert wurden. Zu Beginn gab es einen Morgenkreis und Freispiel, sowie täglich wiederkehrende häusliche Beschäftigungen (vgl. Dammann/Prüser 1987c, 128; Reyer 1987a, 54).
Als Beschäftigungsmittel galten ihr der Garten mit seinen Pflanzen und Blumen, Naturgegenstände wie Sand, Holz oder Steine, aber auch Industriegegenstände wie z.B. Papier, Ton, Töpfe, Kochapparate oder Hausgeräte, Vögel, Fische, Tauben oder Hühner. Hinzu kam das Fröbel'sche Beschäftigungsmaterial. An den jeweiligen hauswirtschaftlichen und Gartenarbeiten sollten nicht zu viele Kinder teilnehmen, da diese individuell unterwiesen wurden. Gedacht waren sie für Kinder ab 4 Jahre, sie sollten 4-5 Stunden wöchentlich durchgeführt werden. Die Arbeiten wiederholten sich und kehrten täglich wieder (vgl. Schrader-Breymann 1893, 81ff.) Hinzu kamen das freie Spiel, gymnastische Übungen, Musik und Gesang, Spaziergänge, Erzählungen und das Bilderbesehen (vgl. Heiland 1999, 24/25).
Insbesondere rückte jedoch die Konzeption des Monatsgegenstandes in den Mittelpunkt. Bei dessen Auswahl sollten das Charakteristische der Jahreszeit und des betreffenden Monats, der Lebenskreis der Kinder und deren Tätigkeiten berücksichtigt werden. Die ausgewählten Gegenstände aus dem Tier- oder Pflanzenbereich hatten nach Möglichkeit Gattungen derselben zu repräsentieren, außerdem sollte Abwechselung zwischen Tieren, Pflanzen und Gegenständen herrschen. Insgesamt sollte bei der Behandlung des Monatsgegenstandes auf 15 unterschiedliche Aspekte geachtet werden. Schrader-Breymann selbst schlug sogar eine mögliche Liste an Monatsgegenständen für 2 Jahre vor (vgl. 1893, 88ff.).

In der Realität dürften wohl aber auch die Kindergärten nur bedingt qualitativ zu überzeugen gewusst haben, dies zeigt sich an Kritik, die von der Fröbelbewegung selbst an der Entwicklung des Kindergartens geübt wurde. Ein Beispiel ist Prüfer, der bezogen auf sämtliche Kleinkinderpädagogik feststellte: „Weder ihre wissenschaftliche Fundierung, noch ihre praktische Anwendung kann auch nur annähernd als genügend bezeichnet werden" (Prüfer 1913, 236). Der Kindergarten wurde als zu schulmäßig kritisiert, auch da sich immer mehr eine Tendenz im Sinne einer Methodisierung, Mechanisierung und Verschulung der Kindergartenpraxis festmachen ließ (vgl. Heiland 2001, 87).
Zunehmend ging jedoch der „Geist Fröbels" verloren. Beispielsweise bemängelte Schrader-Breymann schon 1872, dass der heutige Kindergarten nur wenig mit Fröbel zu tun

---

ziehlichen Aufgaben" (ebd., 74). Das PFH wurde schließlich zu einer sozialpädagogischen Modelleinrichtung ausgebaut und der Kindergarten durch eine Vermittlungsklasse und das 1. Schuljahr, sowie einen Hort ergänzt. In der in Heiland 1999 abgedruckten Schrift *Der Volkskindergarten im Pestalozzi-Fröbel-Haus* (1885) findet sich die Organisationsstruktur des PFH. Demnach umfasste das PFH den Volkskindergarten samt Vermittlungsklasse mit 125 Kindern von 2 ½ - 6 Jahren, die Arbeitsschule mit 40-50 Kindern von 6 - 7 Jahren, die Elementarklasse mit 20 Kindern von 6 – 7 Jahren, Kurse zur Ausbildung von Kindergärtnerinnen bzw. Leiterinnen, eine Koch- und Haushaltungsschule für Töchter verschiedener Stände, ein Mädchenheim zur Aufnahme von Schülerinnen dieser Schule, ein Mittagstisch für die Kinder, deren Eltern den ganzen Tag arbeiten (30 – 40 Kinder täglich) und Kinderbäder (vgl. Heiland 1999, 23).

hätte. Fröbels Idee sei zu einer Massenerziehung in überfüllten Kindergärten verkommen, „Zerrbilder" eines Fröbel'schen Kindergartens (vgl. Schrader-Breymann 1872, 27/28). Später kritisierte sie die Form und Gestaltung, die der Kindergarten angenommen hatte (vgl. Schrader-Breymann 1893, 80/81; Schrader-Breymann 1894). Auch andere Fröbelianer wie z.B. Angelika Hartmann bemängelten die zum Teil schlechte Umsetzung der Fröbel'schen Pädagogik in manchen Kindergärten, da dort teilweise wie in der Schule unterrichtet werde und diese dann zur „Karikatur einer Erziehungsstätte" (Hartmann 1893, 11) verkommen würden.

Betrachtet man die öffentliche Kleinkinderziehung als Ganzes, ist zu vermuten, dass sich die unterschiedlichen Einrichtungsformen zunehmend angenähert haben. Die schroffe Ablehnung, in der sich Fröbelbewegung und die evangelische Kinderpflege bis in die 1890er Jahre gegenüber standen, verlor sich zunehmend. Gerade zwischen den Volkskindergärten und konfessionellen Einrichtungen hat es vermehrt Ähnlichkeiten gegeben. Fröbels Beschäftigungen wurden übernommen, wenn auch nicht seine Erziehungsphilosophie Fröbels, wohl auch um den Tagesablauf aufzulockern, während sich die Kindergärten gleichzeitig gegenüber familienfürsorgerischen Fragen öffneten. Trotz der Annäherung blieben jedoch Unterschiede in der erzieherischen Ausrichtung bestehen (vgl. Reyer 1987a, 51/52; Reyer 2006a, 119/120).

Ein gutes Beispiel für diese Annäherung sind die Überlegungen Weyhers (vgl. Weyher 1917). Er vertrat eine Einrichtungsform, die sich Kleinkinderschule nannte, aber Elemente des Kindergartens übernommen hatte. Hier wurde weniger streng auf die religiöse Erziehung, Disziplin etc. geachtet und stattdessen die Fröbel'schen Beschäftigungen übernommen. In den Öffnungszeiten orientierte er sch am Kindergarten, seine Einrichtung war von 9-12 und von 14-16 Uhr geöffnet, wobei Wert auf Pünktlichkeit und Regelmäßigkeit gelegt wurde (vgl. ebd., 38/39). Neben der einmal täglichen religiösen Betrachtung fanden zwei Mal täglich Sprachpflege, drei Gruppenbeschäftigungen (einschließlich Arbeit im Garten und Haushalt), Handbetätigung, sowie Spiel und Gesang statt. Einmal täglich sollte auch Turnen mit Bewegungs- und Ballspiel durchgeführt werden. Der von ihm gegebene Stundenplan (vgl. ebd., 41/42) zeigt des Weiteren, dass zwar eine strikte zeitliche Gliederung vorgegeben wurde, anders als in den herkömmlichen Kleinkinderschulen tritt jedoch nicht der schulähnliche Unterricht hervor, wie auch das religiöse Element weniger stark ausgeprägt war. Stattdessen stand das Spiel, ohne das dabei auf Fröbel explizit verwiesen wurde, im Vordergrund.

2. Die Vorstellungen über Betreuung, Erziehung und Bildung in der öffentlichen Kleinkinderziehung im Deutschen Kaiserreich (1860-1918)

Auch für die Epoche des Kaiserreichs gilt es kurz nach den zeitgenössischen pädagogischen Ideen zu fragen, auch weil sich dadurch gut erkennen lässt, ob und inwiefern sich die frühkindpädagogischen Diskurse von diesen grundsätzlichen Überlegungen unterscheiden. Neben dem die Schulpädagogik lange Zeit bestimmenden Herbartianismus ist dabei an die Bewegungen und pädagogischen Ideen zu denken, die heute gemeinhin als Reformpädagogik bekannt sind (vgl. Oelkers 2005; Tenorth 2000). Wiederum ist jedoch festzuhalten, dass die öffentliche Kleinkinderziehung weitgehend von diesen zeitgenössischen Ideen unbehelligt geblieben ist. Wenn überhaupt, lässt sich zuweilen eine gewisse Nähe zum Herbartianismus in den Ideen der Fröbelbewegung finden, ohne dass dies explizit benannt worden wäre. Auch die Reformpädagogik in ihrer gesamten Bandbreite hat nur wenig Einfluss auf die Frühkindpädagogik besessen. Reformpädagogische Bewegungen wie die Landerziehungsheimbewegung, die Kunsterziehungsbewegung oder die Bewegung der Pädagogik vom Kinde aus haben kaum als Anregung gedient, wenn überhaupt gilt dies noch am ehesten für die Arbeitsschulbewegung.

Aus diesem Grund ist es nicht notwendig, Reformpädagogik oder Herbartianismus ausführlich darzustellen. Wo Nähen beispielsweise zum Bildungswesen oder der Sozialen Arbeit bestanden haben, wird auf diese verwiesen, um so das jeweils herauszuarbeitende Verständnis zu verdeutlichen.

2.1 Der politische Diskurs

Ungeachtet der Reichseinigung waren auch weiterhin vereinheitlichende Elemente, wie z.B. eine gemeinsame rechtliche Ausgestaltung, kaum möglich, weil die Bundesstaaten und Kommunen für alle Bildungs- und Kulturangelegenheiten, wie auch die Armenpflege, verantwortlich blieben (vgl. Berghahn 2003, 360; Nipperdey 1992, 85, 98 u. 610). Erlasse und Gesetze betreffend die öffentliche Kleinkinderziehung fielen somit in das Aufgabengebiet der Bundesstaaten und konnten auch weiterhin tendenziell unterschiedlich ausfallen.

Verglichen mit der vorherigen Epoche lässt sich eine größere Anzahl an Erlässen verschiedener Landesregierungen finden, was für das zunehmende staatliche Interesse spricht (vgl. Gehring 1929, 166; Zentralinstitut 1917, 131ff.). Allerdings haben sich diese zumeist vor allem mit der Frage der Genehmigung der Anstalten und deren Aufsicht auseinandergesetzt. Einige Bestimmungen beziehen sich jedoch auch auf die inhaltliche Gestaltung und somit auf Fragen der frühkindlichen Bildung und Erziehung. Zusätzlich werden die Eingabe von zivilgesellschaftlichen Akteuren, insbesondere der Fröbelbewegung, sowie der staatliche Umgang mit diesen betrachtet.

Die Genehmigung und Aufsicht der Einrichtungen: Mit dem *Erlass der Kgl. Regierung in Oppeln vom 8. Mai 1870 zur Anlegung, Einrichtung und Beaufsichtigung der Kleinkinderschulen* (vgl. Schneider/Bremen 1887, 146/147) wurde zunächst einmal zwischen den verschiedenen Einrichtungsformen unterschieden. Während sich Kleinkinderbewahranstalten und Warteschulen an die Kinder arbeitender Eltern richten sollten, um sie an Reinlichkeit, Ordnung und Sitte zu gewöhnen, sowie Gedächtnisübungen vorzunehmen, sollten die Spielschulen und Kindergärten den Kindern vermögender Eltern vorbehalten sein. Hier sollten die Kinder durch Spiele, Spaziergänge, Leibesübungen und das Erlernen von Gedichten, Liedern und Elementarkenntnissen beschäftigt werden. Die Kleinkinderschulen würden neben dieser Beschäftigung auch die „Vorbildung für den späteren Schulunterricht" (ebd., 146) bezwecken und seien als „Vorschulen und Einübungen für die demnächstigen wirklichen Elementarschulen anzusehen" (ebd., 146).

Anschließend werden Gründung und Leitung der vorschulischen Einrichtungen recht ausführlich behandelt, über die inhaltliche Gestaltung findet sich dagegen nur wenig; einzig, dass „die Unterrichtsgegenstände, Beschäftigungen, Spiele und Leibesübungen [...] von der Lehrerin dem Lebensalter der Zöglinge und dem Zwecke der Anstalt gemäß auszuwählen und zu leiten" seien. Außerdem heißt es dort: „Nächst der Unterweisung der Buchstaben, Zahlen, kleinen Gedichten und Liedern gehört es zu den wichtigsten Aufgaben der Kleinkinderschule, die Keime der Gottesfurcht und des Gottvertrauens in die kindlichen Seelen einzupflanzen" (Schneider/Bremen 1887, 147). Bei verschiedenen Konfessionen sollte „Konfessionshader" vermieden werden.

Während die Kleinkinderbewahranstalten vor allem wünschenswerte Tugenden vermitteln sollten, wurde für die Kleinkinderschulen ein durchaus schulähnlicher Unterricht als angemessen angesehen. Interessanterweise fehlen die Begriffe Bildung und Erziehung vollständig, auch wenn Aspekte einer sittlich-religiösen Erziehung hervorgehoben werden. Insgesamt aber lassen es die nur kurzen Aussagen kaum zu, Rückschlüsse auf die Ideen von Bildung und Erziehung zu ziehen.

Einen ersten Hinweis bietet dagegen die Empfehlung des königlichen Consistoriums aus Merseburg vom 4. August 1871 (vgl. Centralblatt für die gesammte Unterrichtsverwaltung in Preußen 1872, 181-183). Hier wurde den Geistlichen in der Provinz eine Schrift Hesekiels zur Anschaffung empfohlen. Hesekiel war ein Vertreter der christlichen Kinderpflege, der eine streng religiöse und sehr auf Gehorsam ausgerichtete Erziehung vertrat, Vorstellungen, die demnach auch von staatlicher Seite befürwortet wurden.

Ungeachtet der nur wenigen Aussagen zur inhaltlichen Gestaltung, fraglos war der Staat weiterhin an der Kontrolle interessiert, ohne zugleich sein Engagement zu verstärken. Die *Förderung der Kleinkinder- und Warte-Schulen,* am 21. November 1871 von der Königlichen Regierung, Abteilung für Kirchen- und Schulwesen herausgegeben, stellte eine Reaktion auf die nach der Circular-Verfügung vom 8. Mai 1870 eingegangenen Berichte dar. Zunächst wurde moniert, dass der öffentlichen Kleinkinderziehung zu wenig Aufmerksamkeit geschenkt und zu wenig Einrichtungen bestehen würden (vgl. Centralblatt für die gesammte Unterrichtsverwaltung in Preußen 1872, 58/59). Gleichzeitig wurde jedoch auch festgelegt, dass nicht durch „bindende Vorschriften" in die „Weiterentwicklung dieser Angelegenheit" eingegriffen werden solle, sondern sich vielmehr darauf zu beschränken sei, „dieselbe der wohlwollenden Aufmerksamkeit der hierbei betheiligten und einflußreichen Instanzen nochmals angelegentlich zu empfehlen" (ebd., 59). Wenn überhaupt, sollte von staatlicher Seite dem guten Willen „durch Anregung, Belehrung und thunliche Förderung" (ebd., 59) geholfen werden.

Dementsprechend wurde durch das *Gesetz, betreffend die Beaufsichtigung des Unterrichts- und Erziehungswesens vom 11. März 1872* festgelegt, dass die „Aufsicht über alle öffentlichen und Privat-Unterrichts- und Erziehungs-Anstalten" (Schneider/Bremen 1886, 1) dem Staat zustehe. Dass dies auch die vorschulischen Einrichtungen betraf, wurde durch den *Erlaß vom 23. Juni 1879 betreffend die Aufsicht über Warteschulen in der Provinz Hannover* bestätigt. Die Einrichtungen für Kinder noch nicht schulpflichtigen Alters waren demnach der staatlichen Aufsicht unterworfen, „da sie Erziehungsanstalten" (ebd., 144) seien. Weitere Erlasse[175] bestätigten diese Ansicht, exemplarisch wies die *Beaufsichtigung und Förderung der Bildungsanstalten für noch nicht schulpflichtige Kinder* der Abteilung für Kirchen- und Schulwesen der Königlichen Regierung in Preußen vom 29. November 1898 darauf hin, dass die Einrichtungen der öffentlichen Kleinkinderziehung Erziehungsanstalten seien und die Errichtung neuer Anstalten und die Führung bereits bestehender der Erlaubnis der Ortsschulbehörde bedürfe (vgl. Centralblatt für die gesammte Unterrichtsverwaltung in Preußen 1899, 323). Wiederum wurde betont, dass die staatlichen Schulaufsichtsbehörden sich nicht zu sehr in den Betrieb der Anstalten einmischen dürften, vielmehr gelte es die Trägervereine zu fördern und durch Belehrung dafür zu sorgen, dass „das, was bei diesen Anstalten in gesundheitlicher und erziehlicher Hinsicht mangelhaft ist, beseitigt werde" (ebd., 325).
All dies bezog sich nicht allein auf Preußen. Nach einer Verordnung vom 18. April 1873 galten die Kleinkinderbewahranstalten in Bayern als Privaterziehungsanstalten, zur Errichtung derselben war die Genehmigung der Distriktspolizeibehörde (Bezirksamt) im Einvernehmen mit der Distriktsschulinspektion notwendig. Vorschulische Einrichtungen standen deshalb unter der Aufsicht dieser beiden und unter der unmittelbaren Überwachung der Ortspolizei und der Schulbehörde (vgl. Gutbrod 1884, 23/24).

Auch wenn der Staat weiterhin an der Kontroll- und Aufsichtsfunktion interessiert gewesen ist, weiter gehende Verpflichtungen wurden abgelehnt. Aber war ein derartiges Engagement überhaupt erwünscht?
Auf konfessioneller Seite war man zwar an Unterstützung und Hilfe vom Staat interessiert, aber eine darüber hinausgehende Einmischung wurde ebenso abgelehnt wie die vollständige staatliche Trägerschaft. Derartige Ansichten wurden von den meisten Vertretern der christlichen Kinderpflege zu dieser Zeit formuliert (vgl. Leyrer 1879, 5/6; Ranke 1887, 75/76). In einer zunehmenden Verstaatlichung sah z.B. Ranke die Gefahr, dass die Einrichtungen unchristlich werden könnten (vgl. 1887, 80/81). Die Kleinkinderpflege sollte Sache der freien Liebestätigkeit bleiben und nicht in den Schulorganismus eingegliedert werden (vgl. ebd., 18). Am ehesten sprach sich noch Bissing-Beerberg für eine weiter gehende staatliche Einflussnahme aus, z.B. indem der Staat die Kleinkinderschulen als „einen integrirenden Theil des Schulwesens gesetzlich" (1869, 49) anerken-

---

[175] So auch in Beaufsichtigung und Concessionirung der Warteschulen, Kleinkinder-Bewahranstalten und Kindergärten vom 10. Juli 1884 (vgl. Schneider/Bremen 1887, 147/148), Konzessionspflichtigkeit von sogenannten Warteschulen (Kleinkinder-Bewahranstalten, Kindergärten ic.) in dem Regierungsbezirke Kassel vom 20. Oktober 1886 (vgl. Centralblatt für die gesammte Unterrichtsverwaltung in Preußen 1887, 259/260) oder Schulaufsicht über Kindergärten vom 3. August 1887 (vgl. ebd., 688). Ähnlich auch Einrichtung von Warteschulen (Kleinkinderschulen) vom 12. November 1902 des Ministers der geistlichen Angelegenheiten (vgl. Centralblatt für die gesammte Unterrichtsverwaltung in Preußen 1902, 649).

nen würde. Aber dies war eher eine Einzelmeinung innerhalb der christlichen Kleinkinderpflege und auch Bissing-Beerberg vertrat die Ansicht, dass die Kleinkinderschule nicht unter die „absolute Verwaltung des Staates" (1872, 57) kommen dürfe. Der Staat sollte nur als schützende und stützende Oberaufsicht auftreten (vgl. Bissing-Beerberg 1869, 50/51; Bissing-Beerberg 1872, 57/58).
Während die christliche Kinderpflege einem stärkeren staatlichen Engagement ablehnend gegenüberstand, war der „Deutsche Fröbel-Verband" (DFV) durchaus an einem solchen interessiert. Der Staat müsse „größere Sorgfalt auf die Anstalten für das vorschulpflichtige Alter" (Köhler 1899, 275) verwenden, auch da der Kindergarten „für die sittliche und intellectuelle Bildung und Tüchtigkeit unserer Jugend" (Goldammer 1873, 5) von hoher Bedeutung sei. Derart formuliert, sollte der Kindergarten auch zur Stabilisierung der Gesellschaft beitragen, weshalb ein Ausbau der Kindergärten im staatlichen Interesse wäre.
Als Vorbild galt dem DFV die engere Zuordnung bzw. teilweise Eingliederung der Kindergärten (und auch der Bewahranstalten) in das österreichische Schulwesen, die 1872 stattgefunden hatte. Zwar gab es auch in Österreich weiterhin keine Kindergartenpflicht oder einen Rechtsanspruch auf einen Platz in einer vorschulischen Einrichtung, aber zumindest eine Aufsichts- und Kontrollpflicht für die Kindergärten und die Kindergärtnerinnenausbildung (vgl. Heiland 2001, 74/75). Ähnliches strebte auch der DFV für die deutschen Kindergärten an, weshalb im Februar 1876 zwei Denkschriften verfasst und dem Reichskanzleramt sowie dem Kultusministerium in Preußen überreicht wurden. In der ersten hieß es, dass „durch gegenwärtige Denkschrift die Aufmerksamkeit des hohen Reichskanzleramtes auf die Erwägung hinzulenken" versucht werde, „wie durch Einführung und fördernde Unterstützung des Fröbel'schen Kindergartens von Staatswegen *besonders in den wiedererworbenen Reichslanden* ein treffliches Mittel der Germanisirung und Nationalerziehung ihrer ursprünglich deutschen, aber vielfach verwälschten Bevölkerung an die Hand gegeben sei" (Weber 1878, 325/326). Der DFV wollte damit die staatliche Unterstützung und Bevorzugung der Fröbel'schen Kindergärten erreichen und scheute sich auch nicht, auf nationalistische Töne zurückzugreifen.
Durch die zweite Denkschrift sollte veranlasst werden, „daß im *pädagogischen Unterrichte der Königlichen Seminarien* auch auf Friedrich Fröbel, seine Erziehungslehre und besonders auf seinen Kindergarten Bezug genommen werde" (Weber 1878, 326). Die Errichtung von Kindergärten sollte nur genehmigt werden, wenn „die um die Koncession sich bewerbende Person über ihre Vorbildung auf einem Kindergärtnerinnenseminar mit wenigstens einjährigem Kursus sich ausweisen kann" (ebd., 326). Außerdem sollten „*Kindergärten* auch an öffentliche oder private *Schulen* überall als unterste Stufe angeschlossen werden dürfen" und „die Errichtung Fröbel'scher *Volkskindergärten* [...] seitens der königliche Verwaltungsbehörden empfohlen" werden, außerdem sollten zur Leitung „vorzugsweise solche Personen zugelassen werden, welche über ihre Ausbildung für die Kleinkinderziehung im Fröbel'schen Sinne sich ausweisen können" (ebd., 327).
Die Wünsche der Fröbelbewegung richteten sich also auf die Verbesserung der Ausbildung. Eine qualifizierte Ausbildung – und dies hieß im Sinne der Fröbelbewegung qualifiziert – sollte Voraussetzung für die Gründung und Leitung von Einrichtungen der öf-

fentlichen Kleinkinderziehung sein. Außerdem wurde die staatliche Bevorzugung der Kindergärten gegenüber den anderen Einrichtungsformen gefordert.

Auf die Eingabe der Fröbelbewegung reagierte das Reichskanzleramt am 20.März 1876 wie folgt:

> „Dem Reichskanzleramte ist diese Mittheilung, für welche es verbindlichst dankt, sehr erfreulich gewesen, da sie die gewünschte Gelegenheit bietet, von den Grundsätzen und Erfolgen jener Bestrebungen nähere Kenntniß zu gewinnen. Die Frage, ob, in welchem Maß und in welcher Weise die Einführung der Fröbel'schen Grundsätze in Elsaß-Lothringen zu fördern sei, haben auch die elsaß-lothring'schen Behörden bereits beschäftigt. Das Reichskanzleramt hat einige Exemplare der ersterwähnten Denkschrift [...] als Material für die Beurtheilung dieser Fragen übersandt und ihm dabei anheimgestellt, aufgrund des am Schlusse der Denkschrift gemachten gefälligen Anerbietens den Rath um die Unterstützung des geschäftsführenden und leitenden Ausschusses in Anspruch zu nehmen" (Weber 1878, 328).

Das Reichskanzleramt stand den Forderungen also nicht grundsätzlich negativ gegenüber, es stimmte ihnen, und dies ist das Entscheidende, aber auch nicht zu. Auch das Ministerium war in seiner Antwort vom 31.März 1876 zwar durchaus wohlwollend gesinnt, jedoch: „Wenn der leitende Ausschuß des deutschen Fröbelverbandes dagegen den weiter gehenden Antrag stellt, daß unter den verschiedenen Systemen der Bildung noch nicht schulfähiger Kinder von Staats wegen das von Friedrich Fröbel vorzugsweise empfohlen werden solle, so kann ich dem keine Folge geben" (Weber 1878, 329). Erklärt wurde dies damit, dass noch keineswegs klar sei, welches pädagogische Konzept am besten sei.

Nothilfeeinrichtung oder obligatorischer Besuch? Teil des politischen Diskurses war auch die Frage nach der Verbindlichkeit des Besuchs und diese Diskussion bietet Hinweise auf den Stellenwert und die Funktion, die den vorschulischen Einrichtungen eingeräumt wurden. Ziel der Fröbelianer, darin unterstützt von der Frauenbewegung, war die Verallgemeinerung des Besuchs. Den Kindern sollte vor der Schule eine elementare Bildung ermöglicht werden, alle drei bis sechsjährigen Kinder, unabhängig von einer familiären Notlage, sollten den (Normal-)Kindergarten besuchen – er sollte „generell" oder sogar „obligatorisch" werden.[176] Der Kindergarten wurde als unterste Stufe des Bildungswesens, als pädagogisch sinnvolle und dauerhafte Ergänzung der Familien verstanden. In diesem Sinne war der Kindergarten weniger eine Nothilfe-, als eine Bildungseinrichtung (vgl. Reyer 2006b, 269ff.).

Dagegen betonten die konfessionellen Vertreter, von wenigen Ausnahmen abgesehen,[177] ausdrücklich den sozialfürsorgerischen Charakter der Einrichtungen. Sie galten unverän-

---

[176] Allerdings waren nicht alle Vertreter des Kindergartens für den obligatorischen Kindergarten, insbesondere nach der Jahrhundertwende (vgl. Damrow 1912, 15;. Wolffheim 1910, 5 u. 32). Auch Lili Droescher sprach sich während der Weimarer Republik gegen den obligatorischen Kindergarten aus.

[177] Eine gewisse Ausnahme stellt Bissing-Beerberg dar. Seine Vorstellungen haben sich aber nicht durchgesetzt (vgl. Gehring 1929, 158; Reyer 1987a, 48).

dert als ein notwendiges, aber nur vorübergehendes Übel, das man zu überwinden hoffte. Exemplarisch kann auf Ranke verwiesen werden (vgl. Ranke 1878, 114/115).
Gut lässt sich der Streit um den „obligatorischen Kindergarten" anhand der Schrift *Kindergartenzwang* (1900) von K.O. Beetz und der Antwort Henriette Goldschmidts nachvollziehen. Beetz' Schrift stellte eine Reaktion auf die Petition des Bundes deutscher Frauenvereine an die deutschen Regierungen zwecks *Einordnung der Fröbel'schen Erziehungs- und Bildungsanstalten (Kindergärten und Seminare für Kindergärtnerinnen) in das Schulwesen der Gemeinden und des Staates* vom November 1898 dar. Diese Auseinandersetzung kann hier nicht vollständig nachgezeichnet werden. In der Petition war die „hohe Regierung" gebeten worden, „hochdieselbe wolle durch ein besonderes Gesetz oder durch eine Novelle zum Schulgesetze die Frage der Kindergärten einer Regelung unterziehen, und zwar wolle hochdieselbe in dem erbetenen Gesetze anordnen, daß innerhalb eines festzustellenden Zeitraumes jede Gemeinde in Verbindung mit ihrer Volksschule einen oder mehrere Kindergärten zu errichten habe, zu dessen Besuche alle Kinder mindestens zwei Jahre vor ihrem Eintritt in die Volksschule verpflichtet sind. Diese Kindergärten bitten wir den staatlichen Schulaufsichtsbehörden zu unterstellen" (Goldschmidt 1901, 34). Außerdem sollte sich die staatliche Kontrolle auf die Ausbildung erstrecken.
Diese Forderungen wurden von Beetz heftig kritisiert (vgl. 1900). Schon allein der Ansicht, dass das Frühkindalter (4-6 Jahre) besonders wichtig oder sogar wichtiger als die späteren Jahre sei, stimmte er nicht zu (vgl. ebd., 12). Nach Beetz ist die Familie der bessere Ort der Erziehung, weshalb man die Aufmerksamkeit auch eher den sozialen Missständen, die das Familienleben erschweren, zuwenden solle. Der Kindergarten greife dagegen in die „Unmittelbarkeit der Familie" (ebd., 23) ein und reiße das Kind aus den Armen der Mutter. In der öffentlichen Kleinkinderziehung sah Beetz nichts als eine „Massenaufzucht und Herdenerziehung" (ebd., 24) und ein Ziel des Kommunismus. Folgerichtig konnte sein Fazit auch nur lauten: „Ich muß den Kindergarten bedingungslos ablehnen, weil ich sein Prinzip, die Familie durch eine Vor- und Lernschule zu ersetzen, bekämpfe" (ebd., 28/29).
Darauf reagierte Henriette Goldschmidt mit ihrem Text *Ist der Kindergarten eine Erziehungs- oder Zwangsanstalt?* Hier verteidigte sie Fröbel und seine Erziehungsweise, indem sie sehr genau auf Beetz' Schrift einging und diese zu widerlegen versuchte. Wichtig war ihr zu betonen, dass der Kindergarten die Familie nicht zerstören, sondern ergänzen wolle, denn „der Kindergarten ist keine Bewahranstalt, kein Kinderhort, *keine Zwangsanstalt*, sondern *eine Erziehungsstätte*" (Goldschmidt 1901, 30).

Die Fröbelbewegung stand innerhalb des politischen Diskurses mit ihren Ansichten und Forderungen jedoch allein. Auch von Seiten der Sozialdemokratie fand sich keine nennenswerte Unterstützung, in keinem der Programme vor dem Ersten Weltkrieg wurde die Vorschulerziehung namentlich genannt, auch wenn Bebel und Liebknecht[178] den

---

[178] Bebel sprach sich gegen eine zu früh beginnende Kleinkinderziehung aus. Strukturell ordnete er den Kindergarten einem einheitlichen Bildungswesen zu. Bei ihm zeigen sich Umrisse einer institutionalisierten Kleinkinderziehung. Liebknecht lehnte die Indoktrination, wie sie in den Kleinkinderschulen üblich war, ab (vgl. Hoffmann 1994, 15ff.).

Kindergarten schon vor 1891 innerparteilich thematisiert haben und sozialdemokratische Veröffentlichungen zu dieser Thematik existieren.[179] Allerdings wurde auf dem Mannheimer Parteitag im Jahr 1906, auf dem erstmals Erziehungs- und Bildungsfragen die Hauptthemen waren, auch der Kindergarten thematisiert, diesem ein Erziehungsauftrag zugesprochen und er als Erziehungsanstalt bezeichnet (vgl. ebd., 39). Im Kindergarten wurde ausdrücklich eine Bildungsinstitution gesehen, es sollte keine sozialfürsorgerische Einrichtung sein. Vielmehr sollten sie einen Platz im organisatorischen Gefüge der Einheitsschule erhalten. Auch die für die Volksschule geforderten Prinzipien (Einheitlichkeit, Unentgeltlichkeit, Weltlichkeit und obligatorischer Besuch) wurden auf den Kindergarten übertragen (vgl. ebd., 42).

Von einer sozialistischen Konzeption von frühkindlicher Bildung oder Erziehung kann man jedoch nicht sprechen, weil die Aussagen fast ausschließlich aus Kritik des existierenden Bildungswesens bestanden (vgl. Hoffmann 1994, 30). Insgesamt besaßen Schule und Volksschule Priorität gegenüber dem Kindergarten (vgl. ebd., 14). Der einzige eigenständige Ansatz, der eine Alternative zur institutionalisierten Erziehung darstellte, war das „Leben von Kindern und Erwachsenen in Haushaltsgenossenschaften", für das sich Lily Braun nach der Jahrhundertwende verstärkt einsetzte (vgl. ebd., 36ff.) Ebenso wenig war die Sozialdemokratie eine eindeutige Verfechterin der Fröbelpädagogik, eine derartige Einschätzung ist nach Hoffmann nicht haltbar. Allerdings gab es Übereinstimmungen mit Fröbel (vgl. ebd., 18 u. 23). Auch die Ansicht, dass die Sozialdemokratie eine vollständige öffentliche Erziehung der Kinder angestrebt habe, lässt sich für die Zeit vor den Ersten Weltkrieg wohl nicht halten. Die Rolle institutionalisierter Erziehung in der Zukunft war umstrittenen, es gab auch Stimmen, die hofften, dass in Zukunft keine Kindergärten mehr nötig wären (vgl. ebd., 30 u. 34).

Die inhaltliche Gestaltung der vorschulischen Einrichtungen: Entsprechend den Vorstellungen des Staates und der christlichen Kinderpflege sollten die vorschulischen Einrichtungen ihren sozialfürsorgerischen Charakter behalten. Allerdings wurde in den Erlassen von „Erziehungseinrichtungen" gesprochen, also über den Bewahrungsaspekt hinausgegangen. Entsprechend lassen sich auch Ansätze inhaltlicher Vorgaben von staatlicher Seite erkennen. Interessant ist der *Ministerialerlaß vom Minister der geistlichen und Unterrichtsangelegenheiten vom 17. April 1884 zur Unzulässigkeit der Erteilung von Lese und Rechenunterricht in Spielschulen, Klein-Kinderschulen, Kindergärten usw.* (vgl. Schneider/Bremen 1887, 140). Hier ging es um die Frage der Gestaltung der Einrichtungen. Die Vermittlung der Anfänge des Lesens und des Rechnens wurden eindeutig abgelehnt. Während es positiv sei, wenn die Kinder „kurze Gebete und leichte, ihrem Verständnisse und ihrer Gedächtniskraft angemessene Liederverse lernen", wurde „jeder darüber hinausgehende Schritt, jede Vorwegnahme der Aufgaben der Volksschule" (ebd., 140) als unzulässig betrachtet. Es „darf nicht geduldet werden, daß die bezeichneten Schulen in irgendeiner Weise den Charakter von Unterrichtsanstalten anneh-

---

[179] Von Seiten der Partei wurde Adolf Douais Antwort auf die Preisfrage des Fröbelvereins mit dem Titel *Kindergarten und Volksschule als Sozialdemokratische Anstalten* herausgegeben (vgl. Hoffmann 1994, 23). Näheres zum Inhalt dieser Schrift findet sich im Abschnitt zur Fröbelbewegung. Allerdings ist nicht nachweisbar, inwieweit sich die Partei damit auch wirklich identifiziert hat.

men. Insbesondere darf weder dem Rechnen noch dem Lesen eine Stelle in demselben gelassen werden" (ebd., 140).
Erziehung – auch wenn sich dieser Begriff nicht explizit findet – wurde hier über die Ablehnung einer schulähnlichen Gestaltung definiert. Verglichen mit der zuvor zumindest als unsicher zu bezeichnenden Haltung gegenüber schulischen Lernformen, wurde diese Ablehnung nun deutlich formuliert. Auch in dem von der Königlichen Regierung in Preußen herausgegebene Schriftstück *Beaufsichtigung der Warteschulen, Kleinkinderschulen und Kindergärten in der Provinz Schleswig* vom 31. Mai 1884 wurde darauf hingewiesen, dass vor allem darauf zu achten sei, dass „in diesen Schulen jede Vorwegnahme der Aufgaben der Volksschule unzulässig ist" (Schneider/Bremen 1887, 145). Unter anderem wurde sich dabei auf den Erlaß vom 17. April desselben Jahres bezogen und erneut betont, dass das Rechnen und Lesen unterlassen werden müssen und die Einrichtungen nicht den Charakter von Unterrichtsanstalten annehmen dürfen (vgl. ebd., 145). Auch der Ministerialerlass vom 13. November 1885 ging in diese Richtung. Eine derartige Stellungnahme der preußischen Regierung war für die anderen Länder meist maßgebend (vgl. Gehring 1929, 168). Durch das Schreiben vom 29. November 1898 wurde dies noch einmal wiederholt und betont (vgl. Centralblatt für die gesammte Unterrichtsverwaltung in Preußen 1899, 324).
Im Ministerialerlaß vom Minister der geistlichen und Unterrichtsangelegenheiten vom 6. April 1914 wurde erneut auf den Runderlass vom 17. April 1884 Bezug genommen (vgl. Centralblatt für die gesammte Unterrichtsverwaltung in Preußen 1914, 379). Dieser war anscheinend so aufgefasst worden, „als ob das Erzählen biblischer Geschichten verboten sei, weil es in diesem Erlasse unter den daselbst zugelassenen Tätigkeiten nicht ausdrücklich erwähnt wird" (ebd., 379). Andererseits war im Runderlass vom 13. November 1885 festgehalten worden, dass Erzählungen dargeboten werden dürften. Noch einmal wurde betont, dass es erwünscht sei, „daß bei der Auswahl der Erzählungen auch biblische Geschichten berücksichtigt werden". Allerdings sollte „jede methodische Behandlung und Einprägung der Geschichten sowie sonstiges Hinübergreifen in die Aufgabe der Volksschule" (ebd., 379) vermieden werden.
Eindeutig sollte die angestrebte Erziehung nun nicht mehr in Form eines schulischen Unterrichts stattfinden, auch schulische Inhalte sollten den staatlichen Anordnungen folgend aus den vorschulischen Einrichtungen ausgeschlossen werden. Eindeutig wurde die öffentliche Kleinkinderziehung nun vom Schulwesen abgegrenzt. So wurde auch in einigen Volksschulgesetzen auf die öffentliche Kleinkinderziehung hingewiesen, vermutlich ebenfalls in bewusster Abgrenzung. Ein Beispiel ist das *Volksschulgesetz* des Großherzogtums Baden vom 7. Juli 1910, dem zufolge die Kleinkinderschulen und die Ausbildungsanstalten für Kindergärtnerinnen nicht als genehmigungspflichtige Lehr- und Erziehungsanstalten im Sinne des Gesetzes gelten würden. Hinweise auf die vorschulischen Einrichtungen finden sich auch in Artikel 90 des *Volksschulgesetzes* von Sachsen-Meinigen vom 3. Januar 1908 oder im *Neuen Volksschulgesetz* des Fürstentum Schwarzburg-Sondershausen vom 31. Mai 1912 (vgl. Zentralinstitut 1917, 131ff.).

Neben der Abgrenzung von der Schule wurden zunehmend die Volksgesundheit und die hygienischen Bedingungen in den Einrichtungen thematisiert. Neben der Jugendfürsorge wurde dies zu einem Thema, Münchmeier spricht bezogen auf die gesamte Soziale Arbeit von einer „regelrechten Gesundheitsfürsorgebewegung wie auch von einer Jugendfürsorgebewegung" (2006, 297), die während des Kaiserreichs ihren Anfang nahm und in Weimar Fortsetzung fand. Verstärkt Wert wurde auf diesen Aspekt auch deshalb gelegt, weil die Arbeits- und Wohnbedingungen des sich formierenden Industrieproletariats völlig neuartige Gesundheitsprobleme in bisher unbekanntem Ausmaß mit sich gebracht hatten. Ziel der gesundheitspolitischen Bestrebungen war der Versuch einer Humanisierung der Lebensverhältnisse der Unterschichten. Die damit verbundenen Forderungen wandten sich kritisch gegen die gesellschaftliche Entwicklung, aber auch gegen die Lebens- und Verhaltensgewohnheiten der Unterschichten. In einer zweiten Phase gesundheitspolitischer Maßnahmen kam es dann zum Aufbau von ambulanten Beratungs- und Behandlungsstellen, auch dies zunächst nur in Großstädten. Für die Kinder- und Jugendfürsorge wurde die Hygiene zur Leitdisziplin, neben einer angemessenen Gesundheitspflege zielte dies immer auch auf eine „richtige" Erziehung zu einem den bürgerlichen Vorstellungen entsprechendem Normalverhalten ab. Besondere Beachtung fanden die Säuglingsfürsorge und Fürsorge für die Gesundheit der Schulkinder, während der Kindergarten eher vernachlässigt wurde, was auch von den Zeitgenossen selbst moniert wurde (vgl. Berg 1991, 420ff.; Hammerschmidt/Tennstedt 2002, 68)

Die wachsende Zahl von Anordnungen, die sich mit diesem Thema befassen zeigt, dass der Staat an der Veränderung bzw. Einhaltung der als notwendig eingestuften Bedingungen interessiert war, auch um damit der Entwicklung in der Arbeiterschicht entgegen zu wirken. Beispiele für Preußen sind der *Erlaß betreffend Schließung der Schulen bei ansteckenden Krankheiten* vom 14. Juli 1884, die bereits erwähnte Schrift *Beaufsichtigung und Förderung der Bildungsanstalten für noch nicht schulpflichtige Kinder* vom 29. November 1898, das *Gesetz betreffend die Dienststellung des Kreisarztes und die Bildung von Gesundheitskommissionen* vom 16. September 1899 oder das *Gesetz betreffend die Bekämpfung übertragbarer Krankheiten* vom 28. August 1905. In Württemberg gab es das *Gesetz betreffend die Dienstverhältnisse der Oberamtsärzte nebst den Vollzugsverfügungen hierzu* (10. Juli 1912) und im Fürstentum Reuß älterer Linie die *Regierungs-Verordnung betreffend die Verhütung der Verbreitung ansteckender Krankheiten durch die Schulen, Kindergärten und ähnliche Anstalten* vom 15. Juni 1914. All diese Erlasse bezogen sich auch auf die öffentliche Kleinkinderziehung (vgl. Zentralinstitut 1917, 131ff.).

Für die bisherigen Erlasse und Gesetze ist kennzeichnend, dass Bildung und Erziehung als Begriffe kaum verwendet wurden. Hinweise auf ein von staatlicher Seite vertretenes Erziehungs- oder gar Bildungsverständnis – außer der Ablehnung des schulähnlichen Charakters – finden sich so gut wie nicht, am ehesten noch in Form des Verweises auf Hesekiel im bereits angesprochenen Erlass vom 8. Mai 1870.

Im Grunde fehlt ein eigenes Konzept. Betont wurde primär, was nicht erwünscht war. Aber heißt dies nun, dass von staatlicher Seite keine eigenen Vorstellungen vertreten wurden? Dies trifft sicher nicht zu. Die Einrichtungen hatten, das macht die nach wie vor wahrgenommene Aufsichts- und Kontrollfunktion deutlich, den staatlichen Wünschen und Vorstellungen zu entsprechen. Was aber wollte der Staat erreicht sehen? Ein Blick auf den gesellschaftspolitischen Kontext ist dabei hilfreich und verdeutlicht die auch mit der öffentlichen Kleinkinderziehung verbundenen Absichten.

Prägend für das Kaiserreich war ein überwiegend konservatives Klima. Gerade die Demokratisierung und Emanzipierung der Unterschichten sollte verhindert werden (vgl. Nipperdey 1992, 471ff.). Erwünschte Tugenden sollten vermittelt und übernommen werden, Tugenden, die zur Stabilisierung der Gesellschaft als notwendig angesehen, aber auch vom „Bürgertum" mitgetragen wurden. Hier wurde ein Wertesystem gepflegt, das auf Leistung, Erfolg, Fleiß, Pflicht und Beruf gegründet war. Der Nationalismus, ursprünglich eine linke und progressive Bewegung, oppositionell und revolutionär, wurde nach 1871 zu einer Macht des Bestehenden und war seinerseits gegen Veränderungen gerichtet (vgl. ebd., 251ff.). Er tendierte nach „rechts". Konservativ und national, das passte nun zusammen, die „Identifizierung der bestehenden Gesellschafts- und Staatsordnung mit dem nationalen Interesse" (ebd., 256). Gerade das gilt es zu beachten, wenn im Kontext der öffentlichen Kleinkinderziehung in jener Zeit von nationalen Interessen gesprochen wurde. Anders als bei Fröbel hatte dies nun keine emanzipierende, geradezu revolutionäre Note mehr, sonder war auf die Festigung des Status quo ausgerichtet.

Ebenfalls der nationalstaatlichen Stabilisierung sollte der von Bismarck geförderte Kampf gegen angebliche innerstaatliche Feinde, zunächst die Katholiken, dann die Sozialdemokratie, dienen. Auch diese Bestrebungen trafen im Bürgertum auf einen fruchtbaren Boden, Heinrich Mann hat das in seinem *Untertan* glänzend nachgezeichnet. Die Sehnsucht nach einem starken Kaiser, die Abscheu vor den „vaterlandslosen Gesellen" und die Furcht vor den demokratischen oder gar sozialistischen Umstürzen, der „roten Gefahr", all dies war auch ohne realen Hintergrund weit verbreitet und fand im Sozialistengesetz schließlich auch rechtlich Umsetzung (vgl. Nipperdey 1990, 382ff.). Auch in Bismarcks Nachfolge galt die Sozialdemokratie weiterhin als Partei des Umsturzes und Feind des Systems (vgl. ebd., 700).

Auch der vorschulische Bereich sollte der Abwehr dieser Tendenzen und der Stabilisierung der Gesellschaft dienen. Eben das war immer auch Ziel der Erziehung und mit dem Verständnis von Erziehung verbunden, ohne dass dies explizit geäußert werden musste. Eben dies war die hier vertretene Sprache von Erziehung.

Fazit: Auf politischer Ebene verliefen die Diskussionen um die öffentlichen Kleinkinderziehung und ihre Ausrichtung auch weiterhin relativ ruhig. Der Staat, anfänglich unverändert daran interessiert, ein finanzielles und gesetzlich-verpflichtendes Engagement zu vermeiden, begann sich gegen Ende dieser Epoche zwar verstärkt der öffentlichen Kleinkinderziehung anzunehmen und über die Beteiligung an Trägerschaft und Finanzierung zu diskutieren. Aber eine umfassende Auseinandersetzung mit der Frage, was unter frühkindlichen Bildung und Erziehung zu verstehen sei, hat nicht stattgefunden, überhaupt wurde die inhaltliche Gestaltung nur wenig reglementiert.

Unverändert wurde den vorschulischen Einrichtungen nur ein sozialfürsorgerischer Charakter bewilligt. Auch wenn dieser Aspekt nun vermehrt diskutiert und insbesondere von Seiten des DFV die Bildungsfunktion betont, sowie auf die Zuordnung zum Bildungswesen gedrängt wurde, derartige Positionen konnten sich nicht durchsetzen. Weiterhin galt nicht Bildung, sondern Betreuung als primäre Aufgabe, auch wenn nun verstärkt der Erziehungsauftrag anerkannt wurde. Vertreten, wie auch durchgesetzt wurde diese Ansicht vom Staat, jedoch unterstützt von den konfessionellen Trägern. Eine grundsätzliche

Aufwertung der öffentlichen Kleinkinderziehung ist nicht nur unterblieben, sie war auch nicht erwünscht.

Entsprechend ist eine tiefgehende Auseinandersetzung mit den Begriffen der Bildung und Erziehung auch weiterhin nicht zu erkennen. Kaum wurde von Erziehung, geschweige denn von Bildung gesprochen. Allenfalls wurde ein eigenes Erziehungsverständnis über die Ablehnung des schulischen Unterrichts formuliert. Dies stellte in seiner Eindeutigkeit eine Veränderung gegenüber der vorherigen Epoche dar, gerade von staatlicher Seite wurde ein schulähnlicher Unterricht als nicht angemessen angesehen. Später wurde dann auf die Wichtigkeit von Hygiene und Gesundheitsförderung verwiesen und dieser Aspekt mit dem Erziehungsbegriff verbunden. Hier deuteten sich eine Veränderung des Erziehungsverständnisses und eine Tendenz an, die sich während der Weimarer Republik verstärken sollte.

Insgesamt bieten die Erlasse und Anordnungen kaum Einblick in das staatliche Erziehungsverständnis, ergänzend ist jedoch das staatliche Handeln zu berücksichtigen. Positiv wurde allein auf die christliche Kinderpflege verwiesen. Zwar stand man der Fröbelbewegung weniger ablehnend gegenüber, sie wurde ungeachtet derartiger Versuche durch den DFV aber auch nicht bevorzugt oder unterstützt. Bezüglich der unterschiedlichen Konzeptionen von Fröbelpädagogik und evangelischer Kleinkinderschule bzw. katholischer Bewahranstalt verhielt sich der Staat anscheinend neutral. Zwei Gründe erklären dies. Zum einen war der Staat auf die konfessionellen Vertreter als größte Trägerschaft angewiesen, weil er selber keine zusätzliche Finanzierung leisten wollte. Eine Befürwortung der Fröbelpädagogik wäre somit konträr zu dieser Absicht gewesen. Zum anderen hat das Konzept einer allgemeinen Bildung, wie sie zumindest in Ansätzen von der Fröbelbewegung noch immer vertreten wurde aber auch nicht den gesellschaftspolitischen Zielen des Staates entsprochen. Erziehung, wie sie von staatlicher Seite verstanden wurde, sollte unverändert der Vermittlung erwünschter Denk- und Verhaltensweisen mit dem Ziel der Vorbereitung auf das (Arbeits-)Leben und zugleich der Stabilisierung der Gesellschaft dienen und eben diese Erziehung sollte auch in den vorschulischen Einrichtungen Umsetzung finden. Derartige Absichten waren jedoch weniger mit der Fröbelpädagogik, als mit dem Erziehungsverständnis der konfessionellen Träger zu erreichen.

Die oben genannten Erziehungsvorstellungen, die vom Staat und den großen Trägergruppierungen geteilt wurden, müssen als die dominierenden innerhalb des politischen Diskurses gelten. Im Grunde wurde dabei an die vorherigen Überzeugungen und Ideen angeknüpft. Sicher moderner formuliert, stellte dieses Verständnis grundsätzlich keine Veränderung oder gar Weiterentwicklung dar.

2.2 Der praktische Diskurs

Innerhalb des praktischen Diskurses lassen sich nun deutlicher als zuvor von einander abgrenzbare Gruppierungen erkennen. Vor allem die Fröbelbewegung und die christliche (d.h. evangelische) Kleinkinderpflege haben den Diskurs geprägt und dies sowohl durch eigenständige Überlegungen, als auch mit den gegeneinander gerichteten Publikation. Hinzu kommen die nur wenigen Monographien aus dem Umkreis der katholischen Kleinkinderbewegung. Auf die Anfänge der Montessoripädagogik (vgl. Sallwürk 1913) wird dagegen nicht eingegangen, weil diese erste den Diskursen der Weimarer Republik zugehörig ist.

2.2.1 Die Fröbelbewegung

Die Schriften der Fröbelbewegung nehmen einen großen Stellenwert ein, nicht nur vom Umfang der Veröffentlichungen, sondern auch aufgrund ihrer qualitativen Bedeutung. Nach der Aufhebung des Kindergartenverbots begann sich die Fröbelbewegung publizistisch und institutionell zu entfalten, relativ rasch wurde mit organisatorischen Zusammenschlüssen auf überregionaler Ebene begonnen. Noch eng an Fröbel orientiert, stellten die 1860er Jahren „gewissermaßen die ‚Blüte' der deutschen Fröbelbewegung, sofern sich diese als Bewegung im Geiste Fröbels verstand" (Heiland 2001, 109), dar. Allerdings kam es schon bald zu einer fröbelfreien oder nur noch vage an Fröbel orientierten Auffassung, weshalb Heiland sogar von einer „Verfallsgeschichte der deutschen Fröbeltradition" (ebd., 109) spricht.

Dennoch ist die große Fülle an Arbeiten, die der Fröbelbewegung zuzurechnen sind, beeindruckend. In den historischen Arbeiten zur öffentlichen Kleinkinderziehung ist dabei oftmals eine Konzentration auf Bertha von Marenholtz-Bülow und Henriette Schrader-Breymann sowie den mit ihren Namen verbundenen Volkskindergarten zu erkennen. Aber die Fröbelbewegung umfasst mehr, auch andere Vertreter verdienen Beachtung.

Überhaupt ist die Fröbelbewegung keineswegs geschlossen aufgetreten. Sie hat nicht nur gegen die „Konkurrenz" der christlichen Kinderpflege angeschrieben, es gab auch interne Unstimmigkeiten. Im Grunde stellte die Fröbelbewegung schon in den 1870er Jahren keine einheitliche Bewegung mehr dar. Die Auffassungen über Fröbels Pädagogik begannen sich mehr und mehr zu differenzieren. Zwar bezogen sich alle Fröbelianer auf Fröbel, deuteten ihn jedoch zugleich um. Hierin lag auch der Ursprung für den Streit um die sogenannte „Fröbelorthodoxie",[180] der in den 1870er Jahren einen Schwerpunkt der Diskussionen darstellte.

Insgesamt kann man von drei Zentren sprechen. Dominiert hat zunächst der Dresdner Kreis um Marenholtz-Bülow, der „Allgemeine Erziehungsverein", zu dem auch Luise Fröbel, Hanschmann, Lange u.a. zählten. Weitere Gruppierungen waren der Thüringer Kreis um August Köhler, Franz Schmidt und Friedrich Seidel, aber auch Eleonore Heerwart und Steinacker, sowie die Berliner Gruppe um Pappenheim, Goldammer und später Zimmer. Insbesondere der Thüringer Kreis hatte früh mit Versammlungen begonnen, auch da hier das preußische Kindergartenverbot keine Gültigkeit besessen hatte.

---

[180] Zur „Fröbelorthodoxie" vgl. Denner 1988; Heiland 2001, 101 ff. Der Streit hing laut Heiland auch „mit der eigenwilligen Persönlichkeit Marenholtz-Bülows" (Heiland 2001, 101) zusammen, weshalb er auch nach ihrem Tod und eigentlich schon in den 1880er Jahren keine besondere Rolle mehr spielte. Publik gemacht, wenn auch nicht geprägt, wurde der Begriff von Steinacker. Ausgangspunkt war die Zweite Jahresversammlung des „Allgemeinen Erziehungsvereins" in Kassel 1873. Steinacker erwähnte dort, ihm sei die Fröbelorthodoxie zuwider, während Marenholtz-Bülow eine gewisse Orthodoxie als notwendig ansah. Aufgrund der autoritären Persönlichkeit Marenholtz-Bülows, die Kritik nicht gewohnt war und als enge Kennerin Fröbels und seiner Schriften eine umfassende Kompetenz besaß, entwickelte sich daraus ein Streit. Heiland sieht zumindest die Forderung, auf einen gewissermaßen festen, kanonischen Kern der Pädagogik Fröbels zurückzugreifen, als gerechtfertigt an, wobei ein fest umrissener Kern nie klar bestanden hat (vgl. ebd., 101 ff.).

Bereits 1859 hatten sich Heerwart u.a. bei Köhler in Gotha getroffen (vgl. Pestalozzi-Fröbel-Verband e.V. 1998, 16/17). Henriette Schrader-Breymann war an diesem Gefüge dagegen nicht direkt beteiligt, sie wirkte im Berliner Kreis eher im Hintergrund mit, war z.B. aber auch auf einer Versammlung des „Allgemeinen Erziehungsvereins" in Kassel 1873 zugegen (vgl. ebd., 24). Ebenso wenig war zunächst der Hamburger Fröbelkreis wirksam, auch Henriette Goldschmidt in Leipzig und Kassel mit Hanna Mecke wurden erst später aktiv (vgl. Heiland 2001, 100/101).
Während Marenholtz-Bülows Verein immer mehr an Einfluss verlor, wuchs die Bedeutung des „Deutschen Fröbel-Verbandes" (DFV). Schon 1864 hatte sich der „Deutsche Fröbel-Verein" zunächst für Thüringen konstituiert, 1873/1874 folgte der DFV, der ebenfalls in seinen Anfängen stark von den Thüringern bestimmt war (vgl. Pestalozzi-Fröbel-Verband e.V. 1998, 19f.). Seine Bedeutung wuchs, auch da die Berliner Gruppe nun eng mit den Thüringern zusammenzuarbeiten begann (vgl. Heiland 2001, 78). Goldammer setzte sich beispielsweise 1876 geradezu vom Dresdner Kreis ab. Allerdings gab es auch Personen, die sich in beiden Lagern bewegten, Rudolf Benfey publizierte sowohl in der *Erziehung der Gegenwart*, der Zeitschrift des „Allgemeinen Erziehungsvereins", als auch im *Kindergarten*, ebenso Bernhard Baehring. Auch Steinacker war eher auf Ausgleich und Annäherung der Standpunkte bedacht (vgl. ebd., 100/101).
Der Einfluss der Thüringer war auch deshalb so groß, weil Köhler, Schmidt und Seidel[181] in den Anfangsjahren für die Zeitschrift *Kindergarten*[182] verantwortlich waren. Der *Kindergarten* war seit 1873 das Verbandsorgan des DFV und trotz zeitweiliger Konkurrenz durch die *Erziehung der Gegenwart* das bedeutendste Organ der deutschen Fröbelbewegung im 19. Jahrhundert (vgl. Heiland 2001, 53).[183] Erst mit der Übernahme der Schriftleitung des *Kindergartens* durch Pappenheim im Jahr 1893 endete die Thüringer Vorherrschaft im DFV, nun verlagerte sich das Zentrum nach Berlin.[184] Da auch Marenholtz-Bülow 1893 starb, entstand nun zumindest der Eindruck einer einheitlichen Fröbelbewegung. Nach Pappenheims Tod im Jahr 1901 übernahm seine Frau Gertrud Pappenheim die Schriftleitung des *Kindergartens* und hielt diese bis 1920 inne. Auch der Vorsitz im DFV blieb in den Händen der Berliner Fröbelbewegung, 1902-1907 in Person von Friedrich Zimmer, gefolgt von Martha Back, die von 1907 bis 1918 als erste Frau den Vorsitz übernahm. Zunehmend war der DFV zu einem Verband der Frauen geworden, neben Back befanden sich acht weitere Frauen im Vorstand (vgl. Pestalozzi-Fröbel-Verband e.V. 1998, 24ff.; Heiland 2001, 54-56).

---

[181] Köhler leitete in Gotha einen private Volksschule, einen Kindergarten und ein Kindergärtnerinnenseminar (vgl. Heiland 2001, 77). Schmidt war Bürgerschullehrer und in der Gründungsphase des DFV 1873/1874 Verbandsvorsitzender, später dann lange Zeit Schatzmeister. Seidel, auch er ein Mitgründer des DFV, war Lehrer in Weimar. Alle drei waren miteinander befreundet (vgl. Pestalozzi-Fröbel-Verband e.V. 1998, 51).

[182] Der vollständige Titel variierte (vgl. Heiland 2001, 54).

[183] Daneben existierten noch weitere deutschsprachige Zeitschriften der Kindergartenbewegung, in Österreich die *Zeitschrift für das Kindergartenwesen* (ab 1872) und in der Schweiz ab 1911 der *Schweizerische Kindergarten* (vgl. Heiland 2001, 54).

[184] August Köhler war bis zu seinem Tod im Jahr 1879 als Schriftleiter der Zeitschrift und als Vorsitzender des DFV tätig. 1873 übernahm Schmidt die Redaktion der Zeitschrift, um 1881 löste Seidel ihn in der Redaktionsarbeit ab und behielt diese bis zu seinem Tode 1893 inne. Anschließend übernahm Pappenheim die Schriftleitung, 1893 löste er dann auch Seidel als Vorsitzender des DFV ab. Seidel hatte 1885 den Vorsitz vom Erfurter Schulrat Dr. Vorbrodt übernommen, der Nachfolger Köhler geworden war.

Allerdings bestand die Fröbelbewegung niemals allein aus dem DFV. Ab den 1880er Jahren verstärkte sich der Einfluss Schrader-Breymanns und ihrer Fröbel-Pestalozzi-Synthese. Zur Opposition um Schrader-Breymann, welche die herrschende Praxis im Kindergarten kritisierten, gehörten auch Fritz Halfter, Johannes Prüfer, Helene Klostermann und Hanna Mecke (vgl. Konrad 1997, 34-36).

Weniger von Interesse für diese Arbeit sind dagegen *Der Einfluß des Fröbelschen Kindergartens auf den nachfolgenden Unterricht* (1888)[185] von Ernst Christian Friedrich Schreck und Kathi Lotz' Buch *Von Kindergärten- und Kindergarten-Beschäftigungen* (1904). Damrows *Verfassung und Erziehungsplan des Kindergartens* aus dem Jahr 1912 bezog sich vor allem auf die Schulkindergärten. *Der Kindergarten* von Richard Dehmel (1908) ist eine Sammlung von Gedichten. Auch auf eine tiefer gehende Auseinandersetzung mit Nelly Wolffheims *Soll ich mein Kind in den Kindergarten schicken?* (1910) wird verzichtet. Wolffheim, die am Anfang des 20. Jahrhunderts im PFH arbeitete, ehe sie sich später für die Psychoanalyse zu interessieren begann, stand zu jener Zeit in ihren Vorstellungen vor allem Schrader-Breymann sehr nahe. Sie ist eher für die Weimarer Jahre und bezogen auf die psychoanalytische Kindergartenpädagogik interessant. Nicht berücksichtigt wird auch das von Adolf Fischer nach 1872 in mehreren Ausgaben herausgegebene Handbuch *Der Kindergarten: theoretisch-praktisches Handbuch*, da dieses vor allem in Österreich große Resonanz gefunden hat.

Anders als der Titel vermuten lässt, gehört auch Joseph Grubers Schrift *Die Pädagogik des Kindergartens und der Bewahranstalt* (1869) nicht zur Fröbelbewegung, allerdings lässt er sich auch nicht eindeutig den konfessionellen Vertretern zuordnen. Gruber wollte Elemente von Fröbel, insbesondere das Spiel und die Beschäftigungen übernehmen und – zumindest so sein Anspruch – ein eigenes Spiel- und Beschäftigungskonzept vorlegen. Allerdings lässt sich anhand seiner Schrift nicht wirklich erkennen, worin bei ihm das tatsächlich Neue hatte liegen sollen. Ebenfalls fehlt eine wirkliche theoretische Grundlegung. Im Grunde ist seine Schrift vor allem eine Kritik an Fröbel.

Dass selbst Nichtpädagogen sich für die Fröbelpädagogik interessierten, zeigt die kurze Schrift *Zur Kindergärtnerei* (1873) des deutschen Professors für Medizin und Anatomie Carl Ernst Bock. Es war ein Separatabdruck aus Bocks *Buche vom gesunden und kranken Menschen*, das in mehreren Auflagen veröffentlicht wurde. Bock legte neben der körperlichen und gesundheitlichen Erziehung vor allem auf die moralische Erziehung Wert, dieser Aspekt ist bei ihm stark ausgeprägt.

2.2.1.1 Bertha von Marenholtz-Bülow

Bertha von Marenholtz-Bülow[186] gilt als eine der herausragenden Persönlichkeiten der Fröbelbewegung während der zweiten Hälfte des 19. Jahrhunderts, als „eine der bedeu-

---

[185] Die Bibliothek für Bildungsgeschichtliche Forschung gibt das Erscheinungsdatum mit ca. 1928 an. Dies scheint jedoch ein Fehler zu sein.

[186] Bertha von Marenholtz-Bülow (1810–1893) gehörte der Hocharistokratie an. Unglücklich verheiratetet, verließ sie 1847 ihren Mann, ohne sich jedoch formell scheiden zu lassen. 1849 lernte sie in Bad Liebenstein, einem damaligen Modebad der Hocharistokratie, Fröbel kennen. Aus dieser Bekanntschaft entwickelte sich eine Freundschaft, später war sie auch mit Diesterweg und Middendorff befreundet. Von nun an stellte sie ihr Leben in den Dienst Fröbels und seiner Idee. Ab 1850/51 hielt sie Vorträge und trug zur inter-

tendsten und eloquentesten Fröbelepigoninnen" (Berger 1995, 127). Ihre Verdienste sind unbestritten, dies wurde selbst von ihren Gegnern anerkannt. Zugleich galt sie jedoch als kompromisslos, unnachgiebig und herrschsüchtig. Sie war streitbar, so war sie z.B. mehrmals an Vereinsgründungen beteiligt, nur um sich im Dissens von diesen wieder zu trennen und mit der Gründung von Gegenvereinen und Gegenzeitungen zu reagieren (vgl. Denner 1989, 9f.). Schon zu Lebzeiten war sie deshalb umstritten, überzeichnete Darstellungen haben sie dann später zur negativen Symbolfigur in der Fröbelnachfolge werden lassen.

Anders als die Mehrzahl der zeitgenössischen Fröbelianer hat sich Marenholtz-Bülow intensiv mit Fröbels Schriften auseinandergesetzt. Sie begriff sich selbst als die Erbin Fröbels, die seine Pädagogik am besten verstanden habe, was als durchaus richtig angesehen werden kann. Aber auch sie „übersetzte"[187] Fröbel in ihre spezifische Begriffswelt und führte z.B. den Begriff der Methode ein. Die Trias der Gaben, Bewegungsspiele und Gartenpflege wurde pragmatisiert und die sphärenphilosophische Begründung marginalisiert (vgl. Denner 1989, 14; Heiland 1992, 46).

Insgesamt entstammen ihrer Beschäftigung mit Fröbel über 30 Aufsätze und 14 Schriften. Als ihre wichtigsten Werke können *Die Arbeit und die neue Erziehung nach Fröbels Methode* (1866), *Das Kind und sein Wesen* (1868), die Einleitung und der Schluss von Goldammers *Handbuch* (1869) und *Der Kindergarten, des Kindes erste Werkstätte* (1873/78), die deutsche Übersetzung von *Les jardins d'enfants,* gelten. Das erst 1886/87 herausgegebene *Handbuch* bietet dagegen nichts genuin Neues. Zu diesem Zeitpunkt war Marenholtz-Bülow innerhalb der Fröbelbewegung bereits zunehmend isoliert und nach einem Schlaganfall im Jahr 1882 auch gesundheitlich angegriffen. Schon in den 1870er Jahren war sie jedoch nicht mehr so produktiv gewesen. Hier begann bereits die für sie schwierige Phase, da sich die Fröbelbewegung immer mehr von ihr distanzierte. So stellte auch das Werk *Gesammelte Beiträge zum Verständniß der Fröbel'schen Erziehungsidee. Band I und II*[188] überwiegend den Versuch dar, ihre Fröbelinterpretation zu legitimieren. Verglichen mit ihrer reifsten Schaffensperiode in den 1860er Jahren sind ihre späteren Werke weniger überzeugend (vgl. Heiland 1992, 91).[189]

Im Mittelpunkt der hier vorgenommenen Analyse stehen deshalb insbesondere Marenholtz-Bülows Hauptwerke, ergänzt durch den *Kindergarten* und das *Handbuch*. Die Hauptwerke stellten den Versuch dar, Fröbels Konzeption von Menschenerziehung mit der kulturgeschichtlich-arbeitsfunktionalen Interpretation von Allgemeinbildung zu verbinden. Marenholtz-Bülow versuchte sich an einer Synthese von Allgemeinbildung und vorprofessioneller Ausbildung, worauf beide Werke unterschiedlich akzentuierte

---

nationalen Verbreitung des Kindergartens bei. Ebenfalls sorgte sie dafür, dass die Kindergartenbewegung nach Fröbels Tod und während dem Verbot nicht zusammenbrach. Nach 1860 und der von ihr mit bewirkten Aufhebung des Kindergartenverbot bemühte sich Marenholtz-Bülow darum, in Preußen bzw. Berlin den Kindergarten einzuführen und eine Fröbelbewegung aufzubauen (vgl. Berger 1995, 129/130; Heiland 1992, 27f.).

[187] So wurden bei ihr z.B. aus Fröbels Kräften Triebe und aus Tätigkeit Arbeit.

[188] Der erste Teil beinhaltet ihre Erinnerungen an Fröbels letzte Jahre, die sie gemeinsam mit ihm verlebt hatte. Band 2 griff u.a. auf Texte aus Goldammers Handbuch zurück und setzt sich mit dem zentralen Problem der 1870er Jahre, wie das Vermittlungsgesetz zu verstehen sei, auseinander.

[189] Marenholtz-Bülows Nachlass wurde wohl, anders als von Heiland vermutet (vgl. Heiland 1992, 37), nicht vernichtet. Berger zufolge befindet sich dieser im Ida-Seele-Archiv (vgl. Berger 1995, 131).

Antworten geben. In der *Arbeit und die neue Erziehung* steht die industrielle Nützlichkeit stärker im Vordergrund (vgl. Heiland 1992, 68 u. 91/92). Jedoch gehören beide Schriften zusammen und bilden ein Ganzes. *Das Kind und sein Wesen* war zunächst 1861/62 als Aufsatzfolge in *Erziehung der Gegenwart* erschienen und wurde 1868 als Buchfassung veröffentlicht, wobei Marenholtz-Bülow diese um ein neu hinzugefügtes erstes Kapitel und um einen Schluss[190] ergänzte, die auf Thema und Inhalt der früheren Schrift[191] abzielten. Marenholtz-Bülow versuchte so, ihr Konzept zu vereinheitlichen (vgl. ebd., 99/100). *Der Kindergarten* unterstrich dann die kulturgeschichtliche und arbeitstechnische Begründung des Kindergartens, ein Konzept, das Heiland als „kulturgeschichtlich-arbeitsfunktionale Interpretation" (ebd., 82) des Kindergartens bezeichnet hat.

Anthropologische Grundannahmen: Vor allem in *Das Kind und sein Wesen* befasste sich Marenholtz-Bülow mit der Wesensbestimmung des Kindes, woraus sie auch Rückschlüsse für die Erziehung zog. Sie übernahm von Fröbel die grundlegende Ansicht, dass der Mensch und das Kind als „Kind der Natur", als „Kind des Menschen" und als „Kind Gottes" verstanden werden müsse (vgl. Marenholtz-Bülow 1868a, 13ff.; Marenholtz-Bülow 1886, 41ff.). Ohne genauer darauf einzugehen, was Marenholtz-Bülow konkret darunter verstand, wichtig innerhalb dieser Arbeit ist die Konsequenz, die Marenholtz-Bülow daraus für ihr pädagogisches Verständnis zog. Es sei die Bestimmung des Menschen, sein ganzes Menschwesen zu entfalten und das Hauptmittel dazu sei Erziehung. Sie bedürfe deshalb der Kenntnis des Menschen und müsse diesen in allen drei Richtungen erfassen. Erziehung, so Marenholtz-Bülow, muss ganzheitlich sein (vgl. 1868a, 21).
Von besonderer Bedeutung innerhalb Marenholtz-Bülows anthropologischen Annahmen ist die von ihr entwickelte Typologie kindlicher Triebe,[192] die in zahlreichen Schriften anzutreffen ist (vgl. Goldammer 1869, XXVIII; Marenholtz-Bülow 1868a, 27ff.; Marenholtz-Bülow 1886, 87ff.). In diesen Trieben, die dem Kind von der Natur mitgegeben worden sind, um damit gewisse Ziele und Zwecke zu erreichen, zeigt sich nach Maren-

---

[190] Dabei handelte es sich um die sogenannten Erziehungsgrundsätze, die bereits in *Die Arbeit und die neue Erziehung nach Fröbels Methode* erschienen waren. Darin wurde primär die Kleinstkindziehung, aber auch die Kindergartenpädagogik behandelt und die Notwendigkeit der Übung aller menschlichen Kräfte und Bereiche, insbesondere der Hand, betont.

[191] Auch dieses Buch entstand wohl schon früher, nach Heiland um 1864 (vgl. Heiland 1992, 91ff.).

[192] Insgesamt benennt Marenholtz-Bülow sieben Triebe (vgl. Goldammer 1869, XXVII): 1) Der „Trieb zur Thätigkeit im Allgemeinen". Er zeigt sich zunächst nur im Bedürfnis körperlicher Bewegung und wird durch Gliederübungen befriedigt. 2) Der „Trieb zum Bodenbau". Er findet Befriedigung in der Pflege der Gartenbeete und der damit verbundenen Einführung in die Natur. 3) Der „Trieb zum Gestalten oder der plastische Trieb". Dieser entwickelt sich zum Kunsttrieb für die bildenden Künste und führt zum Erfinden und erhält seine Befriedigung durch die Beschäftigungen des Kindergartens. 4) Die „Kunsttriebe": Musik und Poesie, die dramatische Kunst und die Tanzkunst. Sie finden im Kindergarten die früheste Berücksichtigung durch den Gesang, der die „Bewegungsspiele" begleitet und die an diese geknüpften dramatischen Darstellungen. 5) Der „Wissensstrieb". Dieser wird vor allem durch die Erkenntnis des Stoffs und seiner Eigenschaften, wie z.B. Form, Größe, Zahl (Elemente der Mathematik) berücksichtigt. 6) Der „Gesellschaftstrieb". Dieser wird durch die Gemeinsamkeit der Kinder befriedigt. 7) Der „religiöse Trieb". Er wird durch das „Hinführen zu Gott, zunächst in der Natur in der sichtbaren Welt und deren Deutung auf Uebersinnliches, u. s. w. berücksichtigt" (Goldammer 1869, XXVII).

holtz-Bülow die Natur des Menschen. Sie deuten die Tätigkeiten an, nach denen es das Kind verlangt, damit seine Entwicklung unterstützt und gefördert wird (vgl. Marenholtz-Bülow 1886, 13). Gleichzeitig würden sie aber auch auf spezifische Kulturbereiche hinweisen. Unbewusst seien im einzelnen Menschen schon immer spezifisch kulturelle Interessen vorhanden. Marenholtz-Bülow konnte so jede kindliche Aktivität kulturpädagogisch interpretieren. Diese Triebe, so Marenholtz-Bülow, die nicht gleichzeitig, sondern in einer bestimmten Reihenfolge hervortrete (vgl. Marenholtz-Bülow 1868a, 35/36), müssen befriedigt werden, denn nur so kann sich das Kind wie von der Natur vorgegeben entwickeln. Und für das Kindesalter von besonderer Bedeutung ist für sie der sogenannte Tätigkeitstrieb. Er stellt „das ererbte Bedürfnis, die körperlichen Werkzeuge und Organe in den Dienst der Arbeit oder der Kultur zu stellen" (Marenholtz-Bülow 1886, 15) dar.

Erziehung muss gemäß Marenholtz-Bülow „diesen Trieben die Erreichung ihrer Bestimmung [...] ermöglichen" (1886, 104) und sie in die notwendige Richtung leiten. Die Triebe müssen durch Erziehung unterstützt werden, denn nur so können sie ihre Bestimmung und ihren Zweck erfüllen. Was aber ist ihre Bestimmung? In diesem Zusammenhang führt Marenholtz-Bülow die Kulturgeschichte ein. Erziehung habe die Aufgabe, dass sie „die erste *unbewußte* Periode des Menschenlebens, das *Triebleben*, nach dem Vorbilde leite, welches die Entwicklungsgeschichte der Menschheit – soweit sie bekannt geworden – bietet" (ebd., 14). Erziehung müsse sich an der Entwicklungsgeschichte der Menschheit orientieren.

Kulturgeschichtliche Grundlagen: Mit diesem Gedanken entwickelte Marenholtz-Bülow eine neue Begründung der Notwendigkeit der öffentlichen Kleinkinderziehung, die sich von den primär sozialfürsorgerischen Argumenten deutlich unterscheidet. Jedes „Kind jeden Zeitalters muß auf dieselbe Weise beginnen, um nach und nach zu der Höhe des gegenwärtigen Zustandes der Gesellschaft empor zu steigen" (Marenholtz-Bülow 1878, 4). Für Marenholtz-Bülow ist das die Wahrheit, die Fröbel seiner Erziehungsidee zugrunde gelegt hat (vgl. Marenholtz-Bülow 1886, 12). Es sei die Aufgabe eines jeden Individuums, dass es „sich in gleicher Weise wie die Menschheit entwickelt" und dies bedeute, „daß der gesetzliche Entwicklungsgang eines jeden nicht anders vor sich gehen kann, als dies vom ganzen Geschlechte geschehen ist und geschieht" (ebd., 12).

Menschheits- und Individualerziehung würden analog verlaufen. Der Mensch könne nur dann sein wahres Wesen erlangen, wenn er sich in die Kultiviertheit der Menschheit integriere und das Spezifische der Gattung Mensch in sich ausbilde. Wie aber kann dies gelingen? Für Marenholtz-Bülow liegt die Lösung darin, dass jedes Kind die Hauptepochen der Menschheit selbst durchläuft und die kulturgeschichtliche Entwicklung des menschlichen Lebens wiederholt.

Dieses „Durchlaufen der Kulturgeschichte" bedeutet nach Marenholtz-Bülow nun aber nicht die Darstellung der verschiedenen Kulturepochen. Vielmehr zielt es darauf ab, dass „eine Bethätigung der Kinder in der Weise, daß die Fortentwicklung des Menschenwesens, wie sich im Fortschritt der menschlichen Arbeit darstellt, durch die Arbeiten des Kindes in einfachen Umrissen wiedergegeben wird" (Marenholtz-Bülow 1868a, 43). Das Kind müsse in seinem eigenen Tun und eigenen Arbeiten die Fortschritte der Menschheit wiederholen. Woran aber erkennt man, wie der Mensch zu dem geworden ist, was er ist? Es ist, so Marenholtz-Bülow, erkenntlich an dem, was er hervorgebracht hat, der „Kulturgeschichte" (1886, 12). Es ist die „*Arbeit*, es sind die hervorgebrachten *Werke*, welche angeben, was dazu dienen mußte, die körperlichen und geistigen Menschenkräfte zu bilden, das will sagen: diese Kulturwerke geben an, worin die Erziehung des Menschengeschlechtes bestand unter der Leitung des höchsten Erziehers: Gott" (ebd., 13). In der Kulturgeschichte zeigen sich nach Marenholtz-Bülow die Kräfte, die jeder Mensch in sich ausbilden muss, sie muss ein „Spiegel für die Erziehung sein" (ebd., 6). Anhand der Kulturgeschichte lasse sich erkennen, welche Tätigkeiten von den Kindern zunächst ausgeübt werden müssten. Die Menschheit sei von der Arbeit über die Kunst zur Wissenschaft emporgestiegen und deshalb müsse sich auch das Kind in seiner individuellen Entwicklung von den rohen Anfängen der Arbeit über den Ausdruck des Schönen, der Kunst hin zur Wissenschaft emporarbeiten (vgl. Marenholtz-Bülow 1878, 4). Das Menschengeschlecht habe in seiner Kindheit mit der körperlichen Arbeit begonnen und deshalb sei es nur folgerichtig, dass auch das Kind in seiner Kindheit mit der Arbeit beginne (Marenholtz-Bülow 1886, 13). Darum ist nach Marenholtz-Bülow die Arbeit in diesem Alter so wichtig und dies muss der Kindergarten berücksichtigen. Er muss die Anfänge der menschlichen Kultur, die Arbeit, andeuten, denn nur dann ermöglicht er dem Kind den notwendigen Gang durch die Kulturgeschichte.

Wie aber kann diese Tätigkeit, diese kindliche Arbeit aussehen? Nach Marenholtz-Bülow hat das Kind dem Gang durch die menschliche Kultur in seinem spielerischen Tun zu folgen. Denn das Spiel sei „die einzig freie, selbst gewollte Thätigkeit der Kindheit, [...] die ihr Instinkt hervorbringt, und die nur der richtigen Leitung bedarf, um die von ihr gesuchten Zwecke erreichen zu können" (Marenholtz-Bülow 1886, 14). Man müsse die Kindeskräfte aufgreifen, „um diese Thätigkeit für Zwecke seiner eignen Bildung zu benutzen" (Marenholtz-Bülow 1886, 14). Aber dazu brauche das Kind Hilfe bei seinem Spiel, es brauche geeignetes Material und Anleitung zu dessen Gebrauch, um seinen Kulturtrieben genügen zu können.

Und dies, so Marenholtz-Bülow, bietet der Kindergarten: „Er soll die Werkstatt sein, in welcher die Grundbedingungen aller Kultur und Bildung in der Weise vorgeübt werden, wie es die Anfänge der *Kulturgeschichte* der gebildeten Völker lehren" (Marenholtz-Bülow 1886, 15). Der Kindergarten helfe beim Einfügen in die Kultur, denn hier durchlaufe das Kind die Kulturgeschichte der Menschheit in ihren Hauptzügen. Er biete den Kindern ähnliche Erfahrungen wie diese und dadurch gelinge eine Vorbereitung für das Leben in der Gegenwart, und zugleich auch ein Verständnis der Gegenwart (vgl. Marenholtz-Bülow 1868a, 42/43). Die Erziehung im Kindergarten greift nach Marenholtz-Bülow den Trieb des Kindes auf, um ihn, seiner eigenen Bestimmung folgend, dazu zu benutzen, dem Kind zu einer ganzheitlichen und auf das Höhere ausgerichteten Entwicklung zu verhelfen. Sie „berücksichtigt den kindlichen Instinkt, um ihn, nach den Gesetzen der geistigen Natur, für die höhere Bestimmung des Menschenwesens zu benutzen und zu bilden, die bloßen Naturtriebe in Kulturtriebe umzuwandeln und alle Seiten menschlicher Begabung in möglichster Harmonie zu entwickeln" (Marenholtz-Bülow 1878, 45).

Das Konzept der Arbeitserziehung: Wenn das Kind in seiner individuellen Entwicklung die Kulturgeschichte durchlaufen muss und den Beginn der Kulturgeschichte die

Arbeit darstellt, dann muss die Arbeit folgerichtig im Kindesalter berücksichtigt werden. Aus diesen grundlegenden Überlegungen entwickelte Marenholtz-Bülow ihr Konzept der Arbeitserziehung. Ihre arbeitsfunktionale Begründung der Kindergartenpädagogik beinhaltet dabei zwei Aspekte. Zum einen orientierte sie sich an der fortschreitenden Industrialisierung, Fröbels Kindergarten und Spielpädagogik wurden mit einem Konzept der Arbeitspädagogik verbunden, um sie für die neuen gesellschaftlichen und wirtschaftlichen Verhältnisse brauchbar zu machen (vgl. Heiland 1992, 68). Zum anderen zielte ihr Programm auf die Versittlichung der Gesellschaft durch Arbeit ab.

Der Mensch, so Marenholtz-Bülow, ist ein schaffendes und arbeitendes Wesen. Wenn das Kind in die Welt tritt, ist seine Bestimmung zunächst Tätigkeit. Jedes Kind müsse sich die Welt durch eigene Arbeit erobern, denn der Mensch finde nur dann Befriedigung, wenn er sein eigenes Wesen durch Arbeit herauslebe und zur Darstellung bringe (vgl. Marenholtz-Bülow 1868a, 8/9 u. 13). Dadurch würden die Triebe des Kindes befriedigt und deshalb müsse Arbeit auch nicht als Zwang, sondern als „freie natürliche Entwicklung" verstanden werden und zwar „in dem Sinne, wo alle Entwicklung eine Art Arbeit ist, d.h. Bewegung, Triebkraft, Thätigkeit, Anstrengung, welche Entfesselung des Gebundenen zur Folge hat, Fortschritt zur Erreichung der Bestimmung ist" (Marenholtz-Bülow 1866, 13). Die Arbeit unterstütze die Entwicklung des Kindes, aber dazu müsse sie vergeistigt und zum Schaffen umgestaltet werden, auf dass der Mensch in seinem Schaffen sein eigenes Wesen aussprechen könne (vgl. Marenholtz-Bülow 1866, 5).

Gleichzeitig zielte Marenholtz-Bülow mit dem Begriff der Arbeit aber auch auf eine „Erziehung durch und zu Arbeit" (vgl. Marenholtz-Bülow 1878, 5) ab und derart verstanden beinhaltet der Erziehungsbegriff bei ihr immer auch die Vorbereitung auf das spätere Arbeitsleben: Erziehung als Erziehung zur Arbeit. Sie sollte früh beginnen und mit der allgemeinen Erziehung verwoben werden, denn nur so könne es gelingen, dass ein jeder die spätere Meisterschaft in seinem Berufe erreiche. Dies aber sei notwendig, da die Schule keine Erziehung zur Arbeit leiste und nur eine höchst ungeeignete Vorbereitung auf den späteren Beruf biete (vgl. Marenholtz-Bülow 1866, 7ff.).

Durch die Arbeitserziehung im Kindergarten könnten die „einfachsten *technischen Handgriffe* der gewöhnlichsten Handwerke und Künste vorbereitet" (Marenholtz-Bülow 1866, 26) werden. Vor allem die Hand müsse geübt werden. Mechanische Fertigkeit müsse gewonnen werden und deshalb dürfe ein Kind nicht nur mechanisch, sondern müsse auch mit seinen geistigen Kräften tätig sein, da geistige und körperliche Kräfte in diesem Alter in einem engen Zusammenhang ständen (vgl. Marenholtz-Bülow 1866, IX; Marenholtz-Bülow 1886, 15ff.).

Gelingt das, so Marenholtz-Bülow, erhalten sämtliche „Kräfte und Anlagen von Körper und Geist die *normale* Entwicklung" (1886, 17) und zwar auf dem kürzesten Weg. Aber dazu müssten auch die richtigen Übungsmittel verwendet werden und dies seien genau diejenigen, die Fröbel gefunden habe und die deshalb auch nicht verändert werden dürften. Denn die einzig „richtige Art der Arbeit für die Kindheit" sei „diejenige, welche der Entwicklung und Bildung ihrer Kräfte und Anlagen dient. Und für die ersten Jahre giebt es nur eine richtige Form für diese Arbeit: das Spiel" (Marenholtz-Bülow 1866, 12).

Neben der Vorbereitung auf das spätere Berufsleben dient die Arbeit im Sinne Marenholtz-Bülow aber zugleich der Versittlichung des Menschen (vgl. Marenholtz-Bülow

1866, XIV). Anders als der Unterricht, der primär auf die Erkenntnis abziele, „hat die Erziehung hauptsächlich die sittliche, die Charakterbildung als Zweck vor Augen" (Marenholtz-Bülow 1868a, 48). Um die anzutreffende Arbeitsscheu zu überwinden sei eine möglichst früh beginnende wirkliche Erziehung zur Arbeit notwendig. Indem alle Kräfte gebraucht werden, wird nach Marenholtz-Bülow der Müßiggang verhindert und gleichzeitig das Kind durch seine Selbsttätigkeit früh zum Schaffen und Erfinden geführt. Es produziert, es schafft und sieht sein eigenes Können, und das bildet die erste Grundlage für die sittliche Würde. Gleichzeitig würden durch „erste Anfänge *künstlerischen Schaffens*" (Marenholtz-Bülow 1886, 19) die kindliche Phantasie durch Schönes befriedigt und der Schönheitssinn geweckt, auch dies diene der Versittlichung (vgl. ebd., 17ff.).

Auch das Spiel und der Kindergarten haben nach Marenholtz-Bülow deshalb auf das Arbeiten vorzubereiten und der Versittlichung zu dienen (vgl. 1878, 47). Ersteres müsse dazu genutzt werden, um die „Werkzeuge und Organe für spätere Arbeit" zu entwickeln, und um die ersten Anfänge „hervorbringender Thätigkeit" möglich zu machen (Marenholtz-Bülow 1886, 7). Diese Tätigkeit dürfe aber nicht willkürlich sein, sondern müsse geregelt werden. Werde der Tätigkeitstrieb des Kindes durch „spielende Arbeit und arbeitendes Spiel" (Marenholtz-Bülow 1868a, 108) befriedigt, finde auch eine Vorbereitung auf die spätere Arbeit statt. Dies diene auch der Versittlichung, denn durch ein derartiges Spiel würde Trägheit vermieden werden. Darüber hinaus würden die produzierende, schaffende Tätigkeit, wie sie die erste Arbeit des Kindes in Form des Spiels darstelle und auch das gemeinsame Spiel versittlichend wirken (vgl. Marenholtz-Bülow 1868a, 38; Marenholtz-Bülow 1878, 22).

Umsetzung sollte dieses Konzept der Arbeitserziehung im Volkskindergarten finden. Inhaltlich ging der Volkskindergarten über den normalen Kindergarten hinaus, da er die Erziehung in der Familie nicht nur ergänzen, sondern ersetzen sollte (vgl. Marenholtz-Bülow 1866, 52; Marenholtz-Bülow 1886, 105/106). Trotz erheblich schlechterer Rahmenbedingungen hatte er also mehr zu leisten.

Zu den üblichen Beschäftigungen kamen „häusliche Arbeitsübungen" (Marenholtz-Bülow 1866, 60) hinzu, welche die Kinder an die Arbeit gewöhnen und zugleich auch von der Scham entbinden sollten, niedrige Arbeiten auszuführen (vgl. ebd., 63/64). Die Beschäftigungen wurden modifiziert, „insofern ein späterer Broterwerb dabei berücksichtigt wird" (Marenholtz-Bülow 1886, 106) und dienten der Vorbereitung auf den Beruf, insbesondere indem die Hände geübt wurden. Grundsätzlich sollte Nichtstun als Schande begriffen und Freude am Arbeiten vermittelt werden (vgl. ebd., 107/108). Zwar darf Fröbels Ganzes, so Marenholtz-Bülow, nicht zurückgedrängt oder nur einzelne Sachen herausgenommen werden, da „jede dieser Beschäftigungen ihren besonderen Zweck hat, und darum für die allgemeine menschliche Bildung wichtig ist" (1886,107). Auch das Ideal einer allgemeinen und gleichen Gesellschaft hat Marenholtz-Bülow weiterhin als Idee anerkannt, wie die Kinder auch entsprechend ihrer Fähigkeiten erzogen und gebildet werden sollten (Marenholtz-Bülow 1866, 57 u. 64). Aber selbst in ihren Ideen tritt doch der Aspekt der berufsspezifischen Vorbereitung hervor. Für die „Masse der Gewöhnlichkeit" (ebd., 64) sah sie deshalb auch eine Erziehung entsprechend den späteren Lebensbedingungen als geeignet an. Um die Kinder auf ihr späteres Arbeitsleben vorzubereiten, sollten die notwendigen Fertigkeiten und Kenntnisse mit Hilfe von Fröbels Spiel- und Beschäftigungsganzem eingeübt werden, zugleich zielte dies auf die

Vorbereitung an ein Leben in Armut und geprägt von Arbeit ab. Ein solches Leben sollte klaglos ertragen werden, weshalb ihr die Vermittlung der bekannten Tugenden ebenso wichtig war (vgl. Marenholtz-Bülow 1886, 118/119).

Grundsätzliche Merkmale von Erziehung: Marenholtz-Bülow hat neben diesen grundsätzlichen Zielen immer wieder auf einige Aspekte hingewiesen, die von frühkindlicher Pädagogik berücksichtigt werden müssten und für ihr Verständnis von Erziehung kennzeichnend sind.

Pädagogik hat sich nach Marenholtz-Bülow am Wesen des Kindes zu orientieren, Erziehung muss naturgemäß sein. Was naturgemäß ist, zeige sich in den Gesetzen der Natur, der Welt – Fröbels Gesetz der Sphäre. Ohne an dieser Stelle auf Marenholtz-Bülows Verständnis von Fröbels Sphärengesetz und dessen Angemessenheit einzugehen,[193] wichtig ist der von ihr daraus entwickelte Gedanke: All das, was naturgemäß sei, müsse auch Umsetzung im Erziehungsprozess finden, denn „weil dieses Gesetz auch bei dem geistigen Entwickelungsproz eß der ersten Kindheit, also der Periode des Unbewußtseins herrscht, d.h. die ohne Zutun vor sich gehende Entwickelung des Kindes nach diesem Gesetze vor sich geht – so muß es die Erziehung als das Naturgesetz (nothwendige Gesetz) des menschlichen Geistes, berücksichtigen, wenn sie naturgemäß verfahren will" (Marenholtz-Bülow 1868a, 54). Eine naturgemäße Erziehung richtet sich nach den natürlichen Entwicklungsgesetzen.

Wenn man, so Marenholtz-Bülow, die naturgemäße, immer gesetzlich verlaufende Art der kindlichen Entwicklung verstanden hat, kann man auch die „Mittel dieser gesetzlichen Weise finden, den natürlichen Bildungsprozeß zu unterstützen" (Marenholtz-Bülow 1866, 115). Denn unterstützt werden müsse die kindliche Entwicklung von Anfang an und zwar durch Erziehung. Diese Unterstützung müsse in Form einer Anleitung und dürfe nicht zufällig erfolgen, denn dies sei nicht Erziehung (vgl. ebd., 115). Vielmehr sei „die Aufgabe der Erziehung [...], die natürliche von selber vor sich gehende Entwickelung der Kindesseele, durch äußere Leitung und Anweisung zu unterstützen und ihre Entfaltung zu fördern" (Marenholtz-Bülow 1886, 22).

Die kindliche Entwicklung bedarf nach Marenholtz-Bülow also Hilfe und auch Anleitung. Aber eine naturgemäße Entwicklung ist nur dann möglich, wenn das Kind Gelegenheit hat, sein „eignes Wesen durch Selbstthätigkeit frei aussprechen zu können" (Marenholtz-Bülow 1886, 6) und dies zu ermöglichen ist Aufgabe von Erziehung.

Immer wieder betonte Marenholtz-Bülow die Bedeutung der Selbsttätigkeit. Nur indem das Kind selbst tut, nur durch Arbeit könne es sich seiner menschlichen Natur gemäß entwickeln (vgl. Marenholtz-Bülow 1868a, 113) und nur „was es selbst anwendet, lernt es verstehen und begreifen" (Marenholtz-Bülow 1866, 36). Das Kind müsse selber die Erfahrungen machen, selbsttätig sein oder anders ausgedrückt: „Nur durch die eigne Handhabung, das eigne Experimentiren mit der Sache, lernt das Kind sie wahrhaft kennen. Denn nur dadurch wird seine *Aufmerksamkeit wirklich gefesselt* und ihm Gelegenheit gegeben, *eigne Erfahrungen* zu machen" (Goldammer 1869, XXII).

---

[193] Vgl. dazu Marenholtz-Bülow 1868a, 44ff.; Marenholtz-Bülow 1886, 22ff.

Deshalb muss, so Marenholtz-Bülow, das Prinzip der Selbsttätigkeit innerhalb des Erziehungsgeschehens berücksichtigt werden: „Die stete Erregung der *Selbstthätigkeit*, das ist der erste Grundsatz von Fröbels Erziehungsmethode" (Marenholtz-Bülow 1868a, 67). Durch und in der Selbsttätigkeit verarbeite das Kind die äußeren Eindrücke und stelle die gemachten und verarbeiteten Erfahrungen wieder dar. Dies sei wichtig für die Entwicklung des Kindes und müsse durch Erziehung nicht nur ermöglicht, sondern unterstützt werden.

In ihren Schriften besitzt das Spiel für Marenholtz-Bülow daher auch freie Momente. Durch es sollen „die selbstständigen kindlichen Versuche, eigenes Experimentiren, möglichst angeregt" (Marenholtz-Bülow 1866, 22) und das eigene Schaffen und *Erfinden* ermöglicht werden. Da der Charakter gebildet und die Eigentümlichkeiten eines jeden Kindes entwickelt werden sollen und es dafür die freie Tätigkeit der Kinder braucht, ist im Kindergarten auch nichts vorgeschrieben, so Marenholtz-Bülow. Allein durch die Beschäftigungen gewöhne man sich an Ordnung und Unterweisung unter eine Autorität, die man liebt, wie auch an das Leben in einer Gruppe (vgl. Marenholtz-Bülow 1878, 13).

Ungeachtet aller Betonung der Selbsttätigkeit bedürfe das Spiel jedoch der Anleitung. Neben der Selbsttätigkeit beinhalten Marenholtz-Bülows Erziehungsvorstellungen eindeutig auch vorschreibende und anleitende Elemente: „Die Selbstthätigkeit kann aber in Wahrheit nur *frei* werden, die *Freiheit* menschlichen Thuns ist nur möglich, wenn sie in die Bahn der Gesetzlichkeit geleitet wird, wenn sie die Schranken derselben erkannt und ihrer Nothwendigkeit sich unterworfen hat" (Marenholtz-Bülow 1868a, 103). Nur wenn die natürliche kindliche Selbsttätigkeit nach ihren eigenen Gesetzen geregelt werde, könne der „Entwickelungszweck der Natur" (ebd., 104) erreicht werden. Das Kind brauche Stoff und Anleitung, damit aus einem regellosen Umhertasten ein regelmäßiges Gestalten werde (vgl. ebd., 31).

Deshalb sollte das Spiel auch organisiert stattfinden, denn nur so könne die möglichst harmonische Ausbildung aller kindlichen Kräfte und Fähigkeiten erreicht werden. „Was dem Zufall überlassen bleibt – wie es das kindliche Spiel bis jetzt noch ist – erreicht nur schwer und unvollkommen seinen Endzweck" (Marenholtz-Bülow 1868a, 106). Nur das geordnete Spiel befriedige die Kinder wirklich (Marenholtz-Bülow 1878, 14). Außerdem diene die spielende Tätigkeit der Vorbereitung auf das spätere bewusste Leben, auch dazu brauche das Kind jedoch geeignete Mittel und eine geeignete Anleitung und dies geschehe durch den Kindergarten.

Erziehung müsse naturgemäß sein, die Selbsttätigkeit des Kindes berücksichtigen, aber zugleich auch Elemente der Anleitung beinhalten. All dies bietet nach Marenholtz-Bülow der Kindergarten und das Spiel im Sinne Fröbels. Will der Kindergarten dem Wesen des Kindes entsprechen, müsse er die „Aeußerungen", die allen Kindern gemein sind und welche die Kindheit kennzeichnen, berücksichtigen. Und „diese freie Thätigkeit des kindlichen Wesens, in der es sich am Allgemeinsten offenbart, ist unbedingt das *Spiel*" (Goldammer 1869, VI,). Jedes gesunde Kind spielt, so Marenholtz-Bülow, es muss spielen, da dies seine einzige freiwillige Tätigkeit darstellt, denn ohne Tätigkeit ist keine Entwicklung möglich, dies ist in der Natur nicht anders als beim Menschen. Das Spiel ist kein Zeitvertreib, es dient dazu, dass ewige Gesetz zur Entfaltung zu bringen, weshalb das Spiel der Gesetzlichkeit der Natur und der menschlichen Entwicklung (also der Sphäre) entsprechen muss (vgl. Marenholtz-Bülow 1866, 23). Außerdem sei das Kind vor allem im Spiel selbsttätig. Im Spiel sei es möglich, dass das Kind „durch eigne Arbeit, d.h. durch Selbstthätigkeit, seine Seelenanlagen selber herausarbeitet in ihrer ganzen Eigenthümlichkeit, und daß dem jungen Geiste die einzig richtige Nahrung, die Milch seiner frühsten Entwicklung, gereicht werden kann" (ebd., XIII).

Aber damit das Kind im Spiel eigenständig und schaffend tätig sein kann und in seiner Entwicklung unterstützt wird, braucht es nach Marenholtz-Bülow ein geeignetes Spiel samt Material und Anleitung (vgl. 1868a, 70). Darum sei das kindliche Spiel so wichtig, es sei die freie Äußerung der Triebe und diese seien die Basis aller „künftigen Bildung" (Goldammer 1869, VIII). Aber die Triebe müssten auch angemessen befriedigt werden, nur so sei Entwicklung und somit Bildung möglich und deshalb müsse das Spiel geleitet werden (vgl. ebd., VI u. VIII).

Gerade aber die fertigen Spielgegenstände würden die kindliche Tätigkeit hindern und zu Trägheit und Gedankenlosigkeit führen. Anders dagegen Fröbels Spielmaterialien. Sie böten die Gelegenheit zu Spiel und Arbeit in einem, die Umgestaltung des Materials ermögliche ein produktives, erfinderisches Schaffen, das dessen ungeachtet der vorgegebenen Gesetzmäßigkeit folge. So wird Marenholtz-Bülow folgend „bei Weitem mehr für seine allgemeine Bildung erreicht, als daß es für die verschiedensten Unterrichtszweige der Schule vorbereitet ist. Das Ordnen, Eintheilen und Klassificieren, ohne welches kein Unterricht, wie kein klares Denken besteht, ist ihm Lebensgewohnheit geworden und bringt ihm *Klarheit* im Fühlen, Wollen und Denken, die einzig sichere Grundlage aller Bildung" (1868a, 56/57). Die Spielmittel entsprechen für sie dem beginnenden Fassungsvermögen des Kindes, durch ihre Einfachheit und Geordnetheit erleichtern sie das Aufnehmen von Formen, Größen, Zahlen oder Farben; Reihenfolgen und Zusammenhänge können so gewonnen werden. Gleichzeitig werden die Glieder, Sinne und Organe durch das selbständige Tun des Kindes entwickelt und indem es erschafft, kann es sein eigenes Wesen in seinen Werken erkennen (vgl. ebd., 71).

Mit den Spielgaben hat Fröbel, so Marenholtz-Bülow, die „unmündige Kinderseele" (1878, 16) verstanden und die Mittel gefunden, ihr die richtige Nahrung zu geben. „Das Neue in Fröbels Kindergarten-Erziehung ist, daß er die practischen Mittel und die Methode ihrer Anwendung gefunden, um Körper, Seele und Geist, Wille, Gemüth und Verstand naturgemäß, *naturgesetzlich* zu discipliniren, oder zu entwickeln" (Marenholtz-Bülow 1868a, 114). Durch das Spiel nach Fröbel könne das Kind naturgemäß und ganzheitlich in seiner Entwicklung gefördert werden, denn der „Spielstoff" sei „in solcher Weise geordnet, daß derselbe dem inneren Drange der Kinderseele nach Thätigkeit entgegenkommt und zwar in folgerichtiger Weise, um den verschiedenen Entwickelungsstufen zu entsprechen" (Marenholtz-Bülow 1868a, 114). Dies treffe auch auf die Art, wie mit den Spielmaterialien umgegangen wird, die Methode, zu. Auch sie „entspricht den natürlichen Gesetzen der Logik des menschlichen Geistes und führt das Kind in leichtester, einfachster Weise zum plastischen Gestalten, zum Produciren, zum Schaffen" (Marenholtz-Bülow 1868a, 114). Indem sich das Kind mit den Spielgaben selbsttätig auseinandersetzt, mache es mannigfaltige Wahrnehmungen, die zu wirklichen Erfahrungen führen, gleichzeitig würden sie dem Kind aber auch ein Schaffen ermöglichen

und so könne das Kind sein Inneres hervorbringen. Dies aber sei notwendig, um Selbständigkeit zu erringen (vgl. Marenholtz-Bülow 1868a, 114; Goldammer 1869, 137). Deshalb sei Fröbels „Spielgymnastik" (Marenholtz-Bülow 1866, IX/X) ideal. Hier würden alle Kräfte und Organe naturgemäß geübt, denn in Fröbels Methode seien „körperliche und geistige Uebung, Arbeiten und Lernen im Spiele des Kindes verschmolzen" (Marenholtz-Bülow 1866, 31). Sie ermögliche das für dieses Alter allein geeignete Lernen, „die allein richtige Weise des Arbeitens" (Marenholtz-Bülow 1866, 31).
Aber damit das Spiel in diesem Sinne erfolgreich ist, darf es nach Marenholtz-Bülow kein Zwang, nicht bloß „mechanische Arbeit" sein. Nur was dem Kind „gefällt, was seine Phantasie anregt, seine Empfindung erweckt, nur das kann den vollen sittlichen Gewinn bringen" (Goldammer 1869, XIV). Damit dies gelingt, müsse das Kind selbsttätig und mit der ganzen Seele dabei sein, sowie auch die Hände tätig benutzen, aber das geschehe nur, wenn das Kind selbst etwas hervorbringe und selbst mit seiner Tätigkeit etwas schaffe – eben durch das Spiel. Die Fröbel'schen Beschäftigungsmittel würden dem Kind ein „schaffendes Hervorbringen" (Goldammer 1869, XIV) ermöglichen. Auch wenn diese Arbeitsprodukte Marenholtz-Bülow folgend klein sind, sie nützen seiner Entwicklung nicht allein aufgrund der gesammelten Erfahrungen über Stoff, Form, Größe, Ebenmaß usw. sondern auch, weil sie ihm die *Befriedigung* jeder Nutzen schaffenden Thätigkeit" gewähren, „sie werden ihm das im Kleinen, was dem Künstler sein Kunstwerk ist: ein Spiegel seines Wesens, ein Maßstab seiner Anlagen und seines Könnens" (Marenholtz-Bülow 1866, 17/18).

Das grundlegende Erziehungsverständnis: Immer wieder finden sich in Marenholtz-Bülows Überlegungen der Bildungs- und Erziehungsbegriff. Während sie den Bildungsbegriff eher unsystematisch und in wechselhaften Bedeutungen verwendet hat, hat sie ihr Erziehungsverständnis klarer definiert. Erziehung hat für Marenholtz-Bülow das zuvor Erläuterte zu berücksichtigen und so lauten die „ersten allgemeinen Erziehungsforderungen: *Naturgemäße Unterstützung der freithätigen Entwickelung; Berücksichtigung der äußeren Lebensbedingungen jeder Zeitepoche, jeder Eigenthümlichkeit; Erkenntniß und Anwendung des allgemeinen geistigen Entwickelungsgesetzes*" (Marenholtz-Bülow 1868a, 57). Da die kindliche Entwicklung mit dem „ersten Athemzuge" (Marenholtz-Bülow 1866, 387) beginne, müsse Erziehung hier ihren Anfang nehmen. Die allerfrüheste Erziehung sei für die gesamte Entwicklung des Kindes von besonderer Bedeutung, gerade sie werde aber nicht genügend beachtet und gepflegt und dies sei bedenklich, da eine mangelhafte Erziehung, eine Vernachlässigung des Kindes zu körperlichen und moralischen Schäden führe (vgl. Marenholtz-Bülow 1868a, 58ff.).
Eine Erziehung, die den Menschen in seiner natürlichen Entwicklung unterstützen und fördern wolle, müsse die Gesetze der Entwicklung des Menschen kennen (vgl. Marenholtz-Bülow 1866, XI). Die Erziehung des Kindes habe sich an der naturgemäßen und gesetzlichen Entwicklung des Kindes zu orientieren. Diese, so Marenholtz-Bülow, verläuft nach einem allgemeinen Gesetz, folglich muss sich auch Erziehung, „die Unterstützung dieser Entwickelung im kindlichen und Jugend-Alter" (Marenholtz-Bülow 1868a, 103), an diesem Gesetz orientieren. Nur wenn die Erziehung „nach diesem Entwickelungsgesetze der menschlichen Natur mit *Bewußtsein* und mit Verständniß seines Zwe-

ckes und seiner Anwendung" (ebd., 103) verfährt, kann sie naturgemäß und methodisch sein. Und eben dies sei in Fröbels Erziehungsmethode für jede Altersstufe erfüllt.
Erziehung hat demnach die „Aufgabe, die natürliche Entwicklung in ihren Absichten und Zwecken zu unterstützen" (1866, 387). Oder anders ausgedrückt: „Erziehen heißt: die natürliche freie Entwickelung des Menschenwesens unterstützen und fördern, oder die Äußern Bedingungen herbeiführen, durch welche diese Entwickelung ihr Ziel am vollständigsten zu erreichen vermag" (Marenholtz-Bülow 1886, 31).
Erziehung, so Marenholtz-Bülow, muss aber ganzheitlich sein, denn „die seelische und körperliche Entwicklung geht im Kindesalter nicht getrennt, sondern vollständig verbunden vor sich" (1866, 387). Die erste Erziehung hat „unmittelbar an die *körperliche* Entwicklung anzuknüpfen und durch Uebung der Organe auf die Seelenentwicklung einzuwirken" (ebd., 388). Erziehung müsse sowohl die körperliche als auch geistige Entwicklung des Kindes unterstützen, indem sie diese regele und leite, planmäßig auf sie einwirke (vgl. Marenholtz-Bülow 1868a, 45). Nur wenn Erziehung ganzheitlich ist, kann sie dazu beitragen, dass alle Anlagen und Kräfte des Menschen zu ihrer Entwicklung gelangen und das bedeutet für Marenholtz-Bülow, dass die individuellen Anlagen des Menschen, „als auch die allgemein menschlichen" (ebd., 77), also diejenigen Kräfte, die den Menschen als Mensch ausmachen, zur Entfaltung gebracht werden.
Aber was bedeutet dies? Die Menschheit sei dazu bestimmt, zu einem immer höheren Grad von Vollkommenheit emporzusteigen und dazu müsse Erziehung beitragen. Sie hat nach Marenholtz-Bülow die Aufgabe, den Menschen der möglichsten Harmonie seines Wesens zuzuführen und dazu braucht es „eine harmonische Ausbildung aller Kräfte und Anlagen" (1868a, 5). Der Mensch müsse sich seinem Entwicklungsstand angemessen sittlich verhalten und das heißt, „daß auf jeder Stufe der Entwicklung dem Grade der gewonnen Erkenntniß auch der Grad zur That gewordener Sittlichkeit entspricht" (ebd., 5). Gerade dieses „Gleichgewicht zwischen Einsicht und sittlichem Können" sah Marenholtz-Bülow in ihrer Zeit aber als gestört an, weshalb die sittliche Erziehung „zum größten Theil – wenn auch nicht ganz – *Aufgabe der Erziehung*" (ebd., 5,) sein müsse.[194]
Erziehung hat nach Marenholtz-Bülow also nicht allein die Entwicklung eines jeden Kindes zu unterstützen, sondern muss auch den menschlichen Anlagen die Richtung zum Guten geben (1868a, 11). Die Bestimmung des Menschen zu einem sittlich-vernünftigen Wesen setzt eine sittlich-vernünftige Erziehung voraus. Und natürlich braucht es eine Erziehung, welche die Selbsttätigkeit des Kindes berücksichtigt und fördert und dies ist die Kindergartenmethode bzw. das Spiel. „Die Kindergartenmethode besitzt die Mittel, jenen frühesten Entwickelungsprozeß des kindlichen Geistes, vom ersten Atemzuge an, zu unterstützen, und zwar in solcher Weise, daß die von der Natur selber dazu veranlaßten instinktiven Bestrebungen den beabsichtigten Erfolg haben" (Marenholtz-Bülow 1866, 109).

---

[194] Dies wird auch deutlich anhand eines Zitats, indem sie Erziehung und Unterricht zueinander in Bezug setzt: „Der Sprachgebrauch hat fälschlich Erziehung und Unterricht getrennt. Im vollen Sinne des Wort's umfaßt die Erziehung, als *Ganzes* menschlicher Bildung, den Unterricht als *Theil*, und begreift die geistige, sittliche und körperliche Ausbildung zugleich in sich. Im engeren Sinne ist dagegen vorzugsweise die *sittliche* Bildung damit bezeichnet" (Marenholtz-Bülow 1868a, 87).

Fazit: Marenholtz-Bülow hat sich selbst als die Erbin Fröbels gesehen, die seine Pädagogik am besten verstanden habe. Es ist nicht Aufgabe dieser Arbeit, das zu beurteilen, andere haben dies bereits getan (vgl. Denner 1989, Heiland 1992). Welches Verständnis von Bildung und Erziehung als Aufgabe der öffentlichen Kleinkinderziehung aber hat sie vertreten?

Marenholtz-Bülow hat den vorschulischen Einrichtungen eindeutig mehr als nur eine Bewahrungsfunktion zugeschrieben, das gilt auch für den Volkskindergarten. Sie mag ihr Konzept den Erfordernissen der Zeit angepasst und in seiner Ausrichtung den Kleinkinderbewahranstalten/Kleinkinderschulen tendenziell angenähert haben, aber dies ändert nichts daran, dass es ihr um Bildung und Erziehung ging. Beide Begriffe sind Elemente ihrer pädagogischen Überlegungen, allerdings werden sie nur bedingt differenziert verwendet. Mit dem Bildungsbegriff sprach sie zum Teil Aspekte der Charakterbildung bzw. sittlichen Bildung an, wie sie Bildung auch verstanden als Ergebnis verwendete. Es überwiegt jedoch ein anderes Verständnis, das Erziehung als Anregung und Unterstützung der Entwicklung bzw. Bildung versteht. Es braucht „Mittel [...], den natürlichen Bildungsprozeß zu unterstützen" (Marenholtz-Bülow 1866, 115) – nämlich Erziehung. Gerade den Erziehungsbegriff, auf den sie weitaus häufiger zurückgriff als auf den Bildungsbegriff, verstand Marenholtz-Bülow eindeutig auch als ganzheitliche Anregung und Unterstützung.

Gewonnen hat sie dieses Verständnis auch aus ihren Überlegungen zum Wesen des Kindes bzw. ihren kulturgeschichtlichen Annahmen. Erziehung galt ihr nicht allein aufgrund der aktuellen gesellschaftlichen Umstände, z.B. der angeblichen sittlichen Verwahrlosung der Kinder als notwendig, sondern grundsätzlich um die Kinder in ihrer Entwicklung angemessen unterstützen zu können. Hierin liegt ein Unterschied zu den Argumentationen, wie sie sich z.B. zuvor bei Wilderspin oder innerhalb dieser Epoche bei der christlichen Kinderpflege finden lassen. Marenholtz-Bülow hat ihre Pädagogik vollkommen anderes begründet und verstärkt über die Eigenart kindlichen Denkens bzw. seiner Entwicklung nachgedacht und aus diesen Überlegungen ihr Bildungs- und Erziehungsverständnis abgeleitet.

Ein wichtiger Aspekt dieses Erziehungsverständnisses ist die Selbsttätigkeit des Kindes. Durch und in der Selbsttätigkeit, so Marenholtz-Bülow, werden die äußeren Eindrücke vom Kind verarbeitet und indem es sie verarbeitet, stellt es die gemachten und verarbeiteten Erfahrungen wieder dar. So wird zugleich der Tätigkeits- und Schaffenstrieb befriedigt und eben diese Befriedigung der Triebe, die sich im Spiel des Kindes zeigen, ist notwendig, soll die Entwicklung des Kindes naturgemäß verlaufen. Selbsttätigkeit ist Grundvoraussetzung aller Entwicklung, allen Lernens – aller Bildung. Aber diese Selbsttätigkeit bedarf nach Marenholtz-Bülow Anleitung, sowie das geeignete Material, nur so wird das Kind in seiner Entwicklung unterstützt: Fröbels Spiel- und Beschäftigungsganzes, ergänzt um eine die kindliche Entwicklung fördernde Umgebung. Für sie ist auch das Erziehung.

Marenholtz-Bülow hat Erziehung jedoch eine weitere Bedeutung und Aufgabe zugeschrieben, die sie mit dem notwendigen Gang durch die Kulturgeschichte begründete. Da die Menschheit in ihren Anfängen mit der körperlichen Arbeit begonnen habe, müsse auch das Kind mit der Arbeit in Form des Spiels beginnen. Aus diesem Gedanken hat Marenholtz-Bülow ihr Konzept der Arbeitserziehung abgeleitet. In diesem Sinne bedeutet Erziehung auch Einwirkung, also beabsichtigte Veränderung auf Seiten des Kindes. Neben der Vorbereitung auf das spätere Leben und den Beruf sollte diese Arbeitserziehung immer auch der Versittlichung des Menschen dienen, d.h. der sittlich-religiösen Erziehung. Derart verstanden zielt Erziehung auf Charakterbildung ab. Erziehung begriff Marenholtz-Bülow deshalb auch immer als Vermittlung wünschenswerter Tugenden und Fertigkeiten.

Erziehung hat die freie Entwicklung der kindlichen Kräfte, wofür Marenholtz-Bülow teilweise auch den Bildungsbegriff verwendete, zu unterstützen und zu fördern. Ihr Denken umfasst jedoch auch eine Vorstellung von Arbeitserziehung in Übereinstimmung mit den restaurativen Tendenzen der Zeit. Erziehung sollte der Stabilisierung der bestehenden Gesellschaftsverhältnisse dienen. Nicht zu Unrecht spricht Heiland deshalb bei Marenholtz-Bülow auch von einem „Programm der ‚Versittlichung' der Gesellschaft durch Arbeitserziehung im Vorschul- und Schulbereich" (Heiland 1992, 100). Erziehung hat die Bildungsprozesse sicherlich zu unterstützen, aber immer auch die Kinder in die Gesellschaft einzugliedern und sie auf ihr späteres (Arbeits-)Leben vorzubereiten. Von dem eher revolutionären, emanzipatorischen Verständnis von Bildung und Erziehung, wie sich dies bei Fröbel finden lässt, sind ihre Überlegungen deshalb auch entfernt.

2.2.1.2 Henriette Schrader-Breymann

Henriette Schrader-Breymann[195] gilt als zweite große Persönlichkeit aus dem Kreis der Fröbelbewegung gegen Ende des 19. Jahrhunderts. Ihr Einfluss, insbesondere auf die praktische Gestaltung der Einrichtungen, war sicherlich groß. Das von ihr entwickelte

---

[195] Henriette Schrader-Breymann (1827–1899) war eine Großnichte Fröbels, später dann auch seine Schülerin und Mitarbeiterin. Im Winter 1848/49 nahm sie an Fröbels Ausbildungskurs in Dresden teil, 1849 leitete sie Fröbels Haushalt in Bad Liebenstein. Dort lernte sie auch Marenholtz-Bülow kennen. Sie stand Fröbels Pädagogik nicht unkritisch gegenüber, nach anfänglicher Begeisterung distanzierte sie sich von der Person Fröbels, es kam geradezu zu einem Bruch. Während sie auf der einen Seite Fröbel als großen Pädagogen verehrte, hatte sie zugleich Schwierigkeiten mit seiner Persönlichkeit und seiner Art der Spielpflegeregie. Mehrfach bedachte sie ihn deshalb mit bitterer Ironie und spottete über seine umständliche Erklärungsweise (vgl. Heiland 1999, 47).

Ab 1851 war sie als Leitung einer Schule und eines Kindergartens tätig. 1854 eröffnete sie in Watzum eine Privatschule, in der sie sich der Bildung und Erziehung heranwachsender Mädchen widmete. 1864 wurde ihr Institut, die „Bildungsanstalt für Kindergärtnerinnen und Lehrerinnen" nach Neu-Watzum verlegt. 1866 war sie an der Gründung des Wolfenbütteler Verein für Erziehung beteiligt, der eine „Frauenschule" (Kindergarten, Privatschule, Lehrerinnenseminar) im Sinne Fröbels anstrebte. Nach Spannungen im Verein verlor sie ihren Einfluss auf das Institut. Während dieser Zeit lernte sie Dr. Karl Schrader kennen, den sie 1872 heiratete und anschließend mit ihm nach Berlin zog.

Dort baute Schrader-Breymann das „Pestalozzi-Fröbel-Haus" (PFH) aus, ein Begriff, der von ihr erst relativ spät verwendet wurde. In Veröffentlichungen tauchte er erst ab 1885 auf, in Briefen dagegen schon um 1881/1882. In Berlin übernahm sie 1873/74 zunächst einen Volkskindergarten, gleichzeitig gründete sie einen von ihr geleiteten Verein als Träger des Kindergartens, an den ein Kindergärtnerinnenseminar angegliedert wurde. Hinzu kamen 1878 Handfertigungskurse für Schulinder und 1879 eine Elementarklasse. 1880 wurden alle Vereinsanstalten in der Steinmetzstrasse zusammengefasst, später kamen noch Küche, Bäder, ein Mädchenheim, eine Koch- und Haushaltsschule und eine Krippe hinzu. 1896 kam ein Neubau in Schönenberg zustande (vgl. Heiland 1999). Mit dieser umfassenden Erziehungsinstitution versuchte sie die „Geistige Mütterlichkeit" zu fördern, womit sie die Frauenfrage und soziale Frage zu lösen versuchte. Bis zu ihrem Tod war Henriette Schrader-Breymann an der stetigen Verbesserung des PFH aktiv beteiligt.

pädagogische Modell des PFH verfügte über Anziehungskraft, wie sie auch die Ausbildung der Kindergärtnerinnen beeinflusst hat. Sie hat neue praktische Akzente gesetzt, wobei sie den Monatsgegenstand, eine Idee, die Ähnlichkeiten mit dem „Herbartianischen Konzentrationsgedanken" besitzt, in den Mittelpunkt rückte. Dies bedeutete zugleich eine Abwendung von den Gaben hin zu einer „lebensweltlichen Betätigungspragmatik", womit zugleich auch „Fröbels genuine Schöpfung des Kindergartens als Bereich elementarer kategorialer Bildung" (Heiland 1999, 62) verschwand.
Überhaupt hat sie sich weniger der systematischen Aufarbeitung und Weiterverarbeitung von Fröbels Pädagogik gewidmet. Ihre dem PFH zugrunde liegende Konzeption findet sich in einigen kleineren Veröffentlichungen. Der Umfang ihrer Veröffentlichungen ist eher bescheiden, neben sechs zumeist schmalen Monographien handelt es sich um 14 kleinere Aufsätze und 2 kleine Editionen. Nach ihrem Tod erschienen weitere, teilweise recht umfangreiche Texte in der Vereinszeitung des PFH. Einen Einblick in ihre Tagebücher und ihre Briefe, die vielfach ihre pädagogische Konzeption und ihr Fröbel- und Pestalozziverständnis berühren, bietet die von ihrer Schülerin und Freundin Mary J. Lyschinska verfasste zweibändige Biographie (1922). Insgesamt bestehen jedoch bezogen auf ihr schriftliches Werk Unzulänglichkeiten. Eine präzise Beschreibung des Nachlasses im Archiv des PFH liegt nicht offen und es ist auch nicht bekannt, ob es sich dabei um den gesamten Nachlass handelt. Außerdem sind Hoffmanns Editionen von 1930 quellenunkritisch und die von Lyschinska editierten Briefe wurden nur auszugsweise vorgelegt (vgl. Heiland 1999, 16ff.).
Mit Fröbels Schriften im Ganzen hat Schrader-Breymann sich kaum befasst, im Grunde bezog sie sich ausschließlich auf drei seiner Texte: Die *Mutter- und Koselieder*, sowie Fröbels Aufruf von 1840 zur *Begründung des Allgemeinen Deutschen Kindergartens*, der für Schrader-Breymann das entscheidende Dokument der Fröbel'schen Pädagogik darstellte (vgl. Schrader-Breymann o.J.). Im Hintergrund wirkte zusätzlich die *Menschenerziehung* mit. Dagegen hat sie das zentrale Element von Fröbels Spielpädagogik, das Spiel- und Beschäftigungsganze, weniger beachtet und schließlich sogar weitgehend ignoriert. Ebenso wenig liegt eine breitere systematische Gesamtdarstellung ihres Fröbelverständnisses vor. Dieses entwickelte sie aus ihrer ablehnenden Auseinandersetzung mit der Fröbeldarstellung Marenholtz-Bülows und im Rückgriff auf Pestalozzi (vgl. ebd., 2). Zuletzt ließ sie Fröbel nur noch als dessen Schüler gelten, allerdings gibt es auch kein geschlossenes Bild ihres Pestalozziverständnisses. Fröbel war für sie der geniale Vollender der Pädagogik Pestalozzis (vgl. Heiland 1999, 34 u. 51).
Eine wichtige Schrift sind die *Grundzüge der Ideen Friedrich Fröbels angewendet auf Kinderstube und Kindergarten* (1872). Hier präsentierte sie ihr bereits erheblich gewandeltes Fröbelverständnis, auch wenn sie in dieser Schrift Fröbel noch am nächsten kam. In ihr findet sich auch zum ersten Mal das Konzept, wenn auch nicht als Begriff, des „Monatsgegenstandes". Ihre späteren Veröffentlichungen befassen sich primär mit der Konzeption des PFH. Dazu gehören das erst 1930 edierte Fragment *Arbeitsschule* (1883), die zwei kleineren Informationsschriften *Der Volkskindergarten im Pestalozzi-Fröbel-Haus* (1885) und *Der Monatsgegenstand im Kindergarten* (1885) sowie *Die hauswirtschaftliche Bildung der Mädchen in den ärmeren Klassen* (1888), *Häusliche Beschäftigung und Gartenarbeit als Erziehungsmittel im Pestalozzi-Fröbel-Hause* (1893) und die kleine Schrift *Fröbels Aufruf „an die Deutschen Frauen und Jungfrau-*

en" zur Mitbegründung eines Kindergartens zu Blankenburg in Thüringen 1840 (o.J.). Zunehmend traten dabei die häuslichen Beschäftigungen in den Vordergrund. Nach Heiland lässt sich ihre pädagogische Konzeption am deutlichsten aus dem *Volkskindergarten* entnehmen.[196] Der *Kindergarten als Vorbereitung für das Leben* (1894), dessen Publikation allerdings ungesichert ist und von Hoffmann 1930 nach einem sich im PFH befindenden Fahnenabzug gedruckt wurde, fasst noch einmal Schrader-Breymanns Pädagogik des Kindergartens zusammen (vgl. Heiland 1999, 20 u. 40).

Anthropologische Annahmen: Schrader-Breymanns Pädagogik liegt ebenfalls in ihrem Menschenbild begründet. Vor allem in ihrer frühen Schrift hat sie sich mit dem Wesen des Menschen befasst: „Mensch sein bedeutet eben verschiedene mit einander ringende sich zuerst widerstrebende Elemente in sich vereinen. Leben heißt ernste Arbeit um diese Gegensätze zu friedlicher Verschmelzung zu führen" (Schrader-Breymann 1872, 22). Elemente von Fröbels Denken sind hier deutlich zu erkennen. Die miteinander ringenden Elemente müssen nach Schrader-Breymann im und durch das Leben im Menschen vereint und das Kind in seiner Doppelnatur aus Körper und Geist erfasst werden.
Das hat auch Erziehung zu berücksichtigen. Erziehung verstand Schrader-Breymann als „die Hilfe, welche der Entwickeltere dem Unentwickelteren zu leisten hat bei dessen Entfaltung nach den göttlichen Gesetzen, nicht um dem Kinde und Menschen Arbeit und Kampf abzunehmen und zu ersparen, sondern um zu helfen, daß das zu erringende Ziel mit jeder Generation ein immer höheres werde" (ebd., 22). Diese Hilfe bietet für sie der Kindergarten, hier finden die Kinder den „geeigneten Boden und die richtige Leitung" (ebd., 23), damit die harmonische Entwicklung der Menschennatur gelingt.

Im Kind überwiegt, so Schrader-Breymann, die sinnliche Natur. Aber der Keim zum höheren Geistesleben sei vorhanden und die notwendige Befruchtung dieses Keims müsse vom Erwachsenen geleistet werden. Mehr noch, das Kind sehne sich geradezu nach einer Leitung (vgl. Schrader-Breymann 1872, 29). Bevor jedoch beim Kind von einem vernünftigen Denken, Fühlen und Handeln geredet werden könne, müsse durch ein „reiches Material von Eindrücken" (ebd., 33) die Basis gelegt werden. Jede geistige Beschäftigung müsse daher mit Sinnlichem verbunden bleiben und diesem Grundsatz entsprächen insbesondere die Spielgaben.
Das Kind soll und muss nach Schrader-Breymann eigene Erfahrungen machen, denn es kann und soll nichts lernen, was es nicht selbst erfahren hat. Dazu gehören auch Erfahrungen von Gott/dem Göttlichen, insbesondere in ihren letzten Lebensjahren hat Schrader-Breymann sich intensiv mit der Erziehung zum Religiösen in Familie und Kindergarten beschäftigt (vgl. Heiland 1999, 58). Allerdings ist dieser Aspekt in ihren Schriften nicht sehr stark ausgeprägt.
Eigene Erfahrungen seien wichtig, Kenntnisse dagegen eher Nebensache. Wichtiger und die „Hauptsache ist die poetische liebvolle Erfassung des Lebens als solches, und die Bildung der Beobachtungsgabe, der Aufmerksamkeit und des Forschungstriebes" (vgl. Schrader-Breymann 1872, 40). Die Kinder sollten Erfahrungen aus erster Hand mit dem

---

[196] Diese Schrift konnte allerdings nicht aufgefunden werden. Sie findet sich jedoch in Auszügen in Heiland 1999 und wird danach zitiert.

Leben machen, denn dies diene der Beobachtung, der Aufmerksamkeit und rege auch die Neugier und zum Nachdenken an (vgl. ebd., 40/41). Man könnte auch sagen, die gemachten Erfahrungen besitzen eine bildende Wirkung. Deshalb sollten die Erzieherinnen auch nicht auf das „äußerlich sichtbare Resultat der erreichten Kenntnis oder Fertigkeit" achten, sondern „die Bildung ihrer selbst und darum gerade das, was hierauf am meisten Einfluß hat, vorzugsweise pflegen" (Schrader-Breymann 1883, 62). Es dürfe nicht Wert auf vorzeigbare Ergebnisse im Sinne von Wissen oder Fertigkeiten gelegt werden, wichtiger sei es, die Entwicklung der Kinder, die „Bildung ihrer selbst", zu unterstützen und dazu gehöre auch, auf das zu achten, was diese Entwicklung beeinflusst, z.B. die Gestaltung der Umwelt oder der Interaktionen.

Was die Kinder erleben würden, würden sie jedoch auch reproduzieren wollen (vgl. Schrader-Breymann 1872, 41). Sie bräuchten die Gelegenheit, Innerliches äußerlich machen zu können und eben dies biete wiederum der Kindergarten. Hier, so Schrader-Breymann, finden die Kinder „Gelegenheit, ihre sinnliche Natur in einer Weise auszuleben, daß das in ihnen schlummernde Geistesleben frei wird und sich doch immer wieder in schöner Weise mit Sinnlichkeit verschmilzt, indem jede sinnlichen [sic] Äußerung einen geistigen Hintergrund findet und jeder Gedanke wiederum die ihm entsprechende sinnliche Form" (vgl. ebd., 43).

Schrader-Breymann ging auch auf die Stellung des Kindes in der Gesellschaft ein. Zwar sei das Kind ein Individuum, aber zugleich doch auch ein Teil der Gesellschaft, ein „Gliedganzes". Folglich müsse es auch auf die Pflichten für den anderen, wie auch auf die Zukunft vorbereitet werden (vgl. Schrader-Breymann 1872, 28). Erziehung hat nach Schrader-Breymann zu berücksichtigen, dass der Mensch Teil der Gesellschaft ist, sie muss die Kinder auf den sozialen Umgang mit anderen Menschen und das Zurechtfinden in der Gesellschaft vorbereiten. Nicht nur die Individualität muss gepflegt, sondern das Kind auch in die Gemeinschaft eingeführt, zu einem Glied der Gemeinschaft und auf das soziale Miteinander vorbereitet werden.

Sittlichkeit und Erziehung zur Arbeit: Erziehung muss gemäß Schrader-Breymann die schaffende Tätigkeit berücksichtigen, dies geschehe aber nicht. Stattdessen werde die intellektuelle Erziehung einseitig gefördert, gerade in der Schule. Aber der Trieb zum Schaffen müsse befriedigt werden, wenn die Entwicklung nicht einseitig verlaufen soll. Wird der Drang nach körperlicher Arbeit nicht genutzt, insbesondere in den unteren Schichten, entstehe sogar die „Unlust und Untüchtigkeit vieler Handwerker" (Schrader-Breymann 1883, 60) und eine Abneigung gegen die Arbeit, die zu sozialistischen Ideen geführt habe. In der Wiederbelebung der Lust zur Arbeit und zur Häuslichkeit sah Schrader-Breymann deshalb ein Gegenmittel gegen die Sozialdemokratie (vgl. ebd., 59/60).

Der richtige Ort dafür sei die Familie. Könne diese ihre Aufgabe jedoch nicht erbringen, müsse der (Volks-)Kindergarten helfend zur Seite treten (vgl. Schrader-Breymann 1883, 59ff.) Er müsse dann die Aufgabe übernehmen, „die schaffende Tätigkeit der Kinder zu wecken und zu pflegen", denn dies sei der „Hauptzweck der Fröbelschen Erziehung, und die größte Tat Fröbels ist, daß er in seinen Beschäftigungen das richtige Material nicht, wie man vielfach falsch verstanden hat, zum Spiel, sondern zu einer Natur und den Kräften des Kindes angemessenen, seinen Körper und seinen Geist entwickelnden Arbeit gegeben und gezeigt hat, wie das Material verwendet werden muss" (ebd., 61). Fröbels Material sei von so hoher Bedeutung, da es richtig verwendet die Kinder in ihrer körperlichen und geistigen Entwicklung angemessen unterstütze.

Der Kindergarten ist nach Schrader-Breymann aber auch von Bedeutung für die Lösung der Arbeiterfrage und der gesellschaftlichen Probleme. Er darf deshalb nicht nur den wohlhabenden Familien zugute kommen und auch nicht allein auf die Schule vorbereiten, sondern muss als Vorbereitung auf das Leben dienen. Die gesellschaftlichen Probleme lägen in der mangelnden Sittlichkeit begründet – hier zeigt Schrader-Breymanns Denken durchaus Nähen zu den Überlegungen, wie sie sich vor allem in den konfessionellen Kontexten finden lassen. Deshalb müsse die individuelle Ausbildung an eine Tätigkeit geknüpft werden, die anderen Menschen zugute komme. Dies könne jedoch nur in Familien oder familienhaften Anstalten geschehen, das gesunde und sittlich-religiöse Familienleben und nicht die Schule sei das Vorbild für den Kindergarten (vgl. Schrader-Breymann 1894, 116). Der Kindergarten sei eine „Erziehungsanstalt", keine Schule, sondern eine „möglichst der Familie nachgebildete Stätte zur naturgemäßen körperlichen und geistigen Entwicklung des Kindes unter liebevoller mütterlicher Pflege und verständnißvollem Eingehen auf die einzelne Individualität" (Schrader-Breymann 1883, 61). Er hat den Zweck, den berufstätigen Müttern Hilfe bei der notwendigen und naturgemäßen Erziehung der Kinder zu bieten.

Als wichtig sah Schrader-Breymann dabei vor allem die hauswirtschaftliche Tätigkeit des Kindes an. Neben dem Bedürfnis, sich frei und ungestört im Spiel zu beschäftigen, besitze das Kind den Trieb, sich hilfreich zu erweisen, nur werde dieser Trieb zu wenig beachtet (vgl. Schrader-Breymann 1894, 119). Es wolle kleine, seinen Kräften angemessene Arbeiten verrichten und eben dies biete der Volkskindergarten. Die Kinder gewännen dadurch „einfache, aber wichtige Grundlagen für die wirtschaftliche Thätigkeit und lernen dieselbe in den Dienst anderer stellen" (Schrader-Breymann 1885, zit. n. Heiland 1999, 26). Außerdem träten die Kinder durch die Pflanzen- und Tierpflege und die Verwendung von Naturerzeugnissen in ein inniges Verhältnis zur Natur und würden so zu deren religiöser, poetischer und wissenschaftlicher Erfassung gelangen.
Indem das Kind innerhalb des Kindergartens hauswirtschaftliche Tätigkeiten und kleinere (Garten-) Arbeiten ausführt, trägt es nach Schrader-Breymann zum Wohlsein des Kreises bei, man könnte auch sagen, es lernt soziale Verantwortung zu übernehmen. Gleichzeitig wird es aber auch in eine innige Beziehung zu Natur und Industrie gesetzt. Nicht nur würden lebensnotwendige Verrichtungen ausgeführt, durch diese praktische Anschauung und Tätigkeit werde auch die Sittlichkeit geübt und dies sei von größerer Bedeutung als die Bildung des Intellekts durch Unterricht (vgl. Schrader-Breymann 1894, 117/118).
Auch die anderen Beschäftigungen seien von Nutzen für das spätere Leben. Die Faltformen und Tonmodelle würden das Kind in die primitiven Anfänge des Handwerks und des Kunsthandwerks einführen, und es gelange so zu einem ersten Verständnis von industrieller Tätigkeit. Die freie Benutzung von Tafel, Griffel, Ton oder Bausteinen biete den Kindern die Möglichkeit, Erfindungen zu machen und sich in den Anfängen der

Kunst zu üben, und durch die systematische Behandlung der Fröbel'schen Beschäftigungen würden die intellektuellen Fähigkeiten der Kinder gefördert und gepflegt, nicht in abstrakter Weise, sondern durch das eigene, selbständige Tun. Dies diene auch der Schulvorbereitung. Insgesamt gelinge es so, durch die Verbindung von körperlicher und geistiger Tätigkeit die Basis für die Harmonie zwischen Geist und Körper zu legen (vgl. Heiland 1999, 26).

Das Pestalozzi-Fröbel-Haus: Umgesetzt hat Schrader-Breymann ihre Vorstellungen in Form des PFH. Erzieherisches Ziel war das Folgende: „Nicht nur sucht es seinen Zöglingen richtige Lebenserkenntnis zu vermitteln, sondern es bestrebt sich besonders, sie zur Lebensbeherrschung und Lebensgestaltung in Rücksicht auf ethische Ziele zu führen" (ebd., 74). Die Kinder sollten bestimmte Dinge zur Vorbereitung auf ihr künftiges Leben lernen, allerdings sollten bei den jüngeren Kindern das Spiel und die freie Beschäftigung im Vordergrund stehen. Dennoch nahm das Spiel bei Schrader-Breymann nur eine Randstellung ein. Zwar finden sich vereinzelte Hinweise auf die Bedeutung des Spiels (vgl. Schrader-Breymann 1893, 80 u. 87), aber es dominierten doch eindeutig die hauswirtschaftlichen Tätigkeiten. Es ist, so Schrader-Breymann, gerade die Einführung „in hauswirtschaftliche Thätigkeit, Pflanzen- und Tierpflege eingeschlossen", die dem Kind „Lebensbethätigungen und Lebenserfahrungen vermittelt, welche ihm auf andere Weise gar nicht geboten werden können und kein Stand, keine Stufe der Armut oder des Reichtums darf dem Kinde solch wichtige Erziehungsmittel vorenthalten" (o.J., 2/3). Durch diese Tätigkeiten würden die Kinder Sinn für Arbeit, Ordnung und Reinlichkeit entwickeln, wobei der Zusammenhang zwischen Arbeit und dem Leben in der Anstalt bewahrt bleiben müsse. Gerade aber die Praxis versäume es, die „häuslichen Beschäftigungen als wesentliches Mittel zur harmonischen Bildung aller Körper- und Geisteskräfte zu benutzen" (ebd., 3).

Im Mittelpunkt stand dabei das Konzept des „Monatsgegenstands". Der Monatsgegenstand wurde von Schrader-Breymann schon relativ früh entwickelt, bereits 1872 findet sich im Anhang das „Muster der Behandlung eines Unterredungsgegenstandes im Kindergarten. Der Tannebaum (Die Fichte)." Hier stand noch das erlebende Betrachten und Besprechen im Vordergrund, später dann die praktische, anwendende Tätigkeit (vgl. Heiland 1999, 31). Jeden Monat sollte aus dem reichen und wechselnden Leben der Dinge und Erscheinungen ein Gegenstand in den Mittelpunkt gestellt werden, der dem „Charakteristischen der jedesmaligen Jahreszeit" (Schrader-Breymann 1893, 84) entspreche. Auf ihn sollten die vielfältigen Tätigkeiten des Kindes bezogen werden. Der Monatsgegenstand, so Schrader-Breymann, bietet den Kindern die Gelegenheit zur Vertiefung und Konzentration der Anschauungen und des Handelns, es kann sich verschiedenartig damit beschäftigen und Beziehungen zu anderen Dingen und Menschen aufbauen und dies ermöglicht es dem Kind, den einheitlichen Zusammenhang aller Dinge zu erfassen (vgl. ebd., 85).

Fazit: Schrader-Breymann hat kein systematisches und umfassendes Werk erarbeitet, weshalb es ungleich schwieriger ist, ihr Bildungs- und Erziehungsverständnis herauszuarbeiten. Beide Begriffe sind in ihrem Denken von Bedeutung, auch wenn der Erziehungsbegriff überwiegt. Auf den Überlegungen Fröbels aufbauend, hat Schrader-

Breymann ihre Überzeugungen aus der Frage nach dem Wesen des Kindes gewonnen. Erziehung müsse harmonisch und ganzheitlich die Entwicklung des Kindes unterstützen. In diesem Sinne verstand Schrader-Breymann Erziehung als Anregung und Unterstützung. Lernen, sich weiterentwickeln kann ein Kind aber nur, wenn es eigene Erfahrungen macht und sich selbsttätig mit den Dingen auseinandersetzt, dieser Aspekt war Schrader-Breymann wichtig. Eben das macht für sie die Bildung der Kinder, die „Bildung ihrer selbst" aus und ist wichtiger als vorzeigbare Resultate oder Kenntnisse. Es sind gerade die eigenen Erfahrungen, die eine bildende Wirkung besitzen. Aber diese müssen auch verarbeitet, Innerliches muss äußerlich gemacht werden und als geeignet dazu galten Schrader-Breymann die Fröbel'schen Materialen, die richtig verwendet die Kinder in ihrer körperlichen und geistigen Entwicklung angemessen unterstützen würden. Schulisches Lernen lehnte Schrader-Breymann deswegen auch als ungeeignet ab. Umsetzung sollte diese Erziehung in einer möglichst familienhaften Umgebung finden, ein praktisches Tun innerhalb einer familialen Lebenswelt.

Der Erziehungsbegriff umfasst allerdings einen weiteren Aspekt: die Vorbereitung auf die Gesellschaft. Wert legte Schrader-Breymann deshalb auf die hauswirtschaftlichen Tätigkeiten, aber auch dies begründete sie mit dem Wesen des Kindes: Sie würden dem kindlichen Bedürfnis, sich hilfreich erweisen zu wollen, geradezu entsprechen und dürften deshalb nicht als Zwang verstanden werden. Die Kinder würden lernen, soziale Verantwortung zu übernehmen, wie das Einüben notwendiger Tätigkeiten auch auf das spätere Leben vorbereiten würde. Ungeachtet ihrer Forderung nach Selbsttätigkeit und harmonischer Entwicklung aller Kräfte, Erziehung im Sinne Schrader-Breymanns hat immer auch der berufsspezifischen Vorbereitung zu dienen. Die Kinder sollten Fertigkeiten und auch Verhaltensweisen einüben und in diesem Sinne zielte sie auf eine (Arbeits-)Erziehung ab, die versittlichend wirken sollte. Damit verbunden sind eindeutig restriktive Elemente, Erziehung sollte zur Stabilisierung der Gesellschaft beitragen – zu denken ist in diesem Zusammenhang an Schrader-Breymanns Verweis auf den Kampf gegen die Sozialdemokratie.

2.2.1.3 August Köhler

Die Fröbelbewegung bestand jedoch nicht allein aus Bertha von Marenholtz-Bülow und Henriette Schrader-Breymann. Einflussreich war auch der Thüringer Kreis um August Köhler. Köhler hatte schon früh einen Privatkindergarten gegründet und gab ab 1851 Ausbildungskurse für Kindergärtnerinnen, 1863 eröffnete er ein Lehrerinnen- und Kindergärtnerinnenseminar in Gotha. Viele seine Schülerinnen haben später in neu gegründeten Kindergärten gearbeitet. Hinzu kam seine einflussreiche Tätigkeit im Vorstand des DFV (vgl. Pestalozzi-Fröbel-Verband e.V. 1998, 51). Dessen ungeachtet wird seinen Überlegungen in den historischen Arbeiten zur öffentlichen Kleinkinderziehung zumeist nur wenig Beachtung geschenkt,[197] auch wenn er aktuell zumindest in Ansätzen mehr Aufmerksamkeit erfährt.[198]

---

[197] In Erning/Neumann/Reyer 1987a wird auf eine kleinere Schrift Köhlers verwiesen, er aber nicht gewürdigt. Keine Erwähnung findet er bei Zwerger 1982 oder Paterak, auch Konrad 2004 greift auf keine Originalschrift Köhlers zurück. Einzig Reyer 2006 erwähnt auch seine größeren Schriften und geht kurz auf ihn ein.

[198] Franke-Meyer betrachtet z.B. Köhlers Ansichten zur Frage nach der Verbindung von Kindergarten und Schule (vgl. 2008).

August Köhler war der Theoretiker der Thüringer Trias und verfügte mit seinem speziellen Fröbelverständnis über großen Einfluss (vgl. Heiland 2001, 58). Vor allem über die Zeitschrift *Kindergarten* prägte er zusammen mit Schmidt und Seidel die weitere Entwicklung, der *Kindergarten* war geradezu *ihr* Publikationsinstrument. Köhler hat außerdem sieben Monographien verfasst,[199] die sich überwiegend mit einzelnen Tätigkeitsbereichen der Kindergartenpraxis beschäftigen. Jedoch hat er sich auch zur Theorie des Kindergartens geäußert, vor allem in *Der Kindergarten in seinem Wesen dargestellt* (1868)[200] und in *Die neue Erziehung* (1873), sowie in *Die Praxis des Kindergartens*, Köhlers Handbuch zur Kindergartenpädagogik, das mehrere Auflagen erlebte und weite Verbreitung fand (vgl. ebd., 92/93).

Von diesem Handbuch sind vor allem die Einleitung zum ersten Band und der dritte Band[201] von Bedeutung, da Köhler hier die theoretischen Grundlagen des Kindergartens erläutert (vgl. Köhler 1878, 1-41; Köhler 1899). Gerade im dritten Band ging es ihm, so das Vorwort zur ersten Auflage, um die allgemeinen Erziehungsgrundsätze und Regeln der Pädagogik (vgl. Köhler 1899, V). Die fünf Hauptabschnitte des ersten Bandes, wie auch der gesamte zweite Band sind dagegen vor allem von praxisbezogener Bedeutung (vgl. Köhler 1878, 43ff.; Köhler 1907). Mit seinen Schriften versuchte auch Köhler, Fröbels Idee klar und einfach darzustellen (vgl. Köhler 1878, IIIff.).

Auch Köhler betrachtete das Wesen des Kindes als Grundlage seiner Pädagogik. Der Mensch müsse „von der Geburt an als ein schaffendes Wesen betrachtet, behandelt und erzogen werden" (Köhler 1878, 18), er sei nicht bloß ein anschauendes und lernendes, sondern auch ein darstellendes und schaffendes Wesen und deshalb müsse auch das Kind als ein schöpferisches Wesen dementsprechend behandelt werden (vgl. Köhler 1873, 6). Es müsse sich schaffend mit den Gegenständen beschäftigen, denn dann setze es sich stärker damit auseinander und ein derartiges, eigenes Tun sei die Grundlage allen Lernens beim Kind (vgl. Köhler 1878, 18/19). Erziehung, so Köhler, muss deshalb „an alle Aeußerungen des Zöglings anknüpfen und insbesondere den schaffenden Thätigkeitstrieb in ihre Dienste nehmen" (ebd., 18).

Um schaffen und darstellen zu können, brauche das Kind die geeigneten Materialien. Die Stoffe, die es auszuwählen gelte, müssten deshalb Repräsentanten der verschiedenen Kenntniskreise sein, die sich dem Kind in der „Raum- und Zeitwelt" (Köhler 1878, 22/23) auftäten und die von ihm erfasst werden müssten. Das Kind müsse von einer „Welt im Kleinen" umgeben sein, die zur „Ahnung und Erkenntniß, zur endlichen Anschauung des innern Zusammenhangs der Dinge und Lebenserscheinungen, der Einheit und steigernden Gleichgesetzigkeit in der leiblichen und geistigen Welt" (ebd., 23) führe. Durch den Spiel- und Beschäftigungsstoff, so Köhler, bekommt das Kind eine Ahnung der Lebenseinigung. Die Erziehung im Kindergarten muss deshalb „den zu erziehenden Menschen und das Kind zur *,allseitigen Lebenseinigung'* führen" (Köhler 1899, 7) und dies bedeutet zur Einigung mit sich selbst und seinesgleichen. Außerdem habe

---

[199] Schmidt und Seidel haben zwar mehrfach aufgelegte Schriften verfasst, aber diese waren praxisbezogen und anwendungsorientiert.

[200] Darin beantwortete Köhler jeweils einzelne Aspekte. Er stellte die Fragen voran und beantwortete sie zumeist mit Aussagen, wie Fröbel darüber gedacht und wie hat er diese Aspekte gesehen hat.

[201] Die hier verwendete dritte Auflage wurde von Adalbert Weber nach Köhlers Tod leicht verändert.

der Kindergarten die Kinder „in die große Lebensgemeinschaft des Menschen mit der Natur einzuführen und in ihr zu erhalten" (ebd., 13), aber dies könne nur durch sinnliche Wahrnehmungen und durch das selbsttätige Schaffen und Tun gelingen, nicht jedoch durch Unterricht. Und zuletzt müsse der Kindergarten zur Einigung mit Gott führen, er habe das Kind „in die Lebensgemeinschaft des Menschen mit Gott einzuführen und ihn in derselben zu erhalten" (ebd., 11).
Gerade dies vollzieht sich nach Köhler aber nicht durch den Religionsunterricht oder Katechismus, durch stumpfes Auswendiglernen und deshalb eröffnet sich hier eine andere Form der sittlich-religiösen Erziehung. Zwar sollte das Auftreten unerwünschter Eigenschaften verhindert und auch die bekannten Tugenden entwickelt werden, derartige sittliche Grundsätze sollten jedoch nicht „eingepredigt", sondern zusammen mit altersgleichen Kindern „eingelebt" (vgl. Köhler 1873, 27/28; Köhler 1899, 26) werden. Ein geordneter Religionsunterricht sei jedoch unnötig (vgl. Köhler 1868, 82ff.; Köhler 1899, 7/8 u. 11ff.). Dennoch, Religiosität galt auch Köhler als das Ziel aller Erziehung, dieses „kann kein anderes sein, als im *Zöglinge die erforderliche Einsicht und die unwiderstehliche Neigung und Kraft zu begründen, ein seiner göttlichen Natur – und Sittengesetzen gemäß – entsprechendes Leben zu führen*" (Köhler 1899, 11). Nur sollte diese Sittlichkeit auf anderem Weg erreicht werden.

Erziehung hat derart verstanden Lebenseinigung zum Ziel und muss sich deshalb an dem allgemeinen Gesetz, dem „in der Natur und im Menschen waltende[n, H.W.] Vermittlungsgesetz" (Köhler 1899, 8) orientieren – sie muss naturgemäß sein (vgl. dazu auch ebd., 37 u. 41). Außerdem müsse sie alle sich zeigenden Kräfte des Kindes üben und leiten (vgl. ebd., 26). Diese sollten harmonisch ausgebildet werden, wobei Harmonie im pädagogischen Sinne „einhellige Zusammenstimmung aller geistigen und leiblichen Kräfte und deren Bildungen" (ebd., 45) bedeute und das war für Köhler die von Fröbel so bezeichnete „allseitige Lebenseinigung" (vgl. ebd., 45).
Ganzheitlichkeit ist nach Köhler das Ziel. Aber dazu brauche es Gegenstände, die auch alle Kräfte üben und leiten und dem Bedürfnis des Kindes nach Lebenseinigung entsprächen. Das Kind besitze das Verlangen, das Mannigfaltige und Getrennte der Welt in und zu einer Einheit zusammenzufassen und dieser Trieb müsse gepflegt werden. Deshalb müssten die Gegenstände, die das Kind umgeben, ein „zusammenhängendes Ganzes bilden" (Köhler 1878, 24) und eben dies sei das Fröbel'sche Spiel- und Beschäftigungsganze, denn hier gehe das eine notwendig aus dem anderen hervor. Der Zusammenhang war Köhler wichtig, denn auch wenn jede Gabe für sich allein geeignet sei, Kräfte und Anlagen zu fördern, würden erst alle Gaben zusammen eine „allseitige und harmonische Entwicklung und Bildung" (ebd., 25) ermöglichen.
Anhand der Gaben ist demnach Bildung möglich. Was aber passiert im Kind, wenn es sich mit seiner Umwelt/den Gegenständen der Umgebung auseinandersetzt? Entweder der Mensch „verarbeitet Aeußeres zu Innerem, d.i. er vergeistigt die Objekte der Außenwelt vermittelst der Sinneswerkzeuge und bildet von ihnen bleibende Empfindungen, Anschauungen, Vorstellungen und Begriffe ic., oder er macht Inneres äußerlich, d.i. er stellt Gedachtes, Gefühltes und Gewolltes mittelst der Darstellungswerkzeuge, also durch Mienen und Geberden, durch Wort und Gesang, durch Veränderungen der sinnlichen Gegenstände in der Außenwelt dar" (Köhler 1878, 26). In der Auseinandersetzung

mit der Welt, so Köhler, verarbeitet das Kind seine Erfahrungen, verinnerlicht sie und zugleich stellt es seine Gefühlswelt äußerlich dar. Darauf, Äußerliches zu verinnerlichen und Inneres äußerlich darzustellen, beruhen für Köhler alle Sinnen-, Glieder- und Körpertätigkeiten. Es ist wichtig, dass die Kinder nicht nur Anschauungen entwickeln, sondern auch etwas darstellen können. Kinder seien stets äußerlich und innerlich tätig, und würden nicht ohne, sondern durch und mittels Bewegung lernen (vgl. Köhler 1873, 25). Deshalb sei die Taterziehung auch wichtiger als die Worterziehung.
Durch die Kleinkinderziehung sollten deshalb die „Sinne, Glieder, überhaupt der ganze Körper zum gehorchenden Werkzeug des Geistes gebildet" (Köhler 1878, 27) werden. Auch dazu dient gemäß Köhler das Spiel- und Beschäftigungsganze, es unterstützt die Entwicklung des Kindes und hilft ihm dabei, die Welt besser zu verstehen. Es sei ganzheitlich, denn es wirke „auf alle Kräfte und Anlagen des Kindes entwickelnd und bildend ein" (Köhler 1873, 26) und dadurch werde nicht nur das „wachwerdende Denkvermögen" der Kinder erzogen, sondern zugleich auch die Sinne, Organe und Glieder gekräftigt und gewandt gemacht (ebd., 27/28).
Umso wertvoller seien die Spielmaterialien jedoch, „je geistiger sie sind, oder die Beschaffenheit haben, daß das Kind vielerlei damit anfangen kann" (Köhler 1878, 21). Gerade die allzu fertigen Gegenstände würden den Gestaltungstrieb hemmen, während diejenigen Spielmittel, die sich mannigfach verändern lassen, das Kind fördern würden. Sie sollten des Weiteren die körperliche Entwicklung unterstützen und „das Unsittliche nicht befördern und das Sinnliche nicht übermäßig wecken, sondern den Sinn des Kindes auf das Höhere, auf das Wahre, Schöne und Gute lenken" (ebd., 21). Sie müssten „auf allen Entwicklungsstufen ein Bildungsmittel für den Menschen sein" (ebd., 21).

Um seinen Zweck zu erfüllen, braucht das Spiel, so Köhler, aber auch Anleitung: „Ausgehend von dem Gedanken, daß das Spiel der kleinen Kinder mit Stoffen aus der Umgebung kein Spiel im eigentlichen Sinne, sondern ein Beschäftigen, ein Gestalten, ein Nachahmen und Lernen ist, hält Fröbel es für unabweisliche Nothwendigkeit, dem Kinde bei diesem Geschäfte die erzieliche Hand zu reichen" (Köhler 1878, 22). Aber dies heißt nicht, dass es in seiner Selbsttätigkeit und Selbständigkeit eingeschränkt werden dürfe. Vielmehr müsse das kindliche Spiel in die richtige Richtung geführt und geleitet werden (vgl. ebd., 22).
Aus diesem Grund sollten die Erzieherinnen die Entwicklung der Kinder genau beobachten und den jeweiligen Entwicklungsstand des Kindes kennen. Erziehung hat nach Köhler nicht „vorschreibend", sondern „nachgehend" (vgl. 1899, 15/16) zu sein und muss dem Kind das geben, was seinen augenblicklichen Bedürfnissen entspricht, ideal dazu ist das Spiel- und Beschäftigungsganze (vgl. ebd., 17/18). Die Anleitung des Spiels hat auf der genauen Beobachtung des Kindes zu basieren, nur so kann erkannt werden, was genau das Kind im Augenblick für seine Entwicklung benötigt.
Dasselbe gilt Köhler folgend auch für die „Erziehungs- und Bildungsformen", die Methoden des Kindergartens. Auch sie müssen dem Entwicklungsgrad der Kinder angepasst sein (vgl. Köhler 1899, 19). Deshalb sollten keine Vorträge gehalten werden, wie es auch „begriffliche Auffassungen" (ebd., 20) zu vermeiden gelte. Stattdessen sollten Empfindungen geweckt, Regungen und Gefühle erzeugt, die Triebe und Begehrungen geregelt und gepflegt werden (vgl. ebd., 20ff.). Eine derartige Erziehungsweise „hat die

Aufgabe, die Selbstthätigkeit des Kindes anzuregen, die Teilnahme und die Aufmerksamkeit desselben an dem, was der Erzieher für wertvoll hält, zu erzeugen und die im Kinde selbst angelegte Geneigtheit, sich dem Gegenstande der Erziehung ganz hinzugeben, zu beleben und zu befördern" (Köhler 1899, 23). Erziehung dürfe durchaus Ziele anbieten, die vom Erziehenden als wichtig und bedeutsam angesehen werden. Dies könne jedoch nicht über Belehrung gelingen, vielmehr müssten die Selbsttätigkeit und das Wollen des Kindes, sich Dinge anzueignen, aufgegriffen und benutzt werden, um so die sämtliche Erziehungsziele, auch die sittlichen, zu erreichen.

Entsprechend seinen Ausführungen hat Köhler dem Kindergarten weit mehr als eine Bewahrungsfunktion zugesprochen. „Unstreitig muß der Kindergarten zu den Erziehungsanstalten gezählt werden" (Köhler 1899, 5). Der Kindergarten sei eine Erziehungsanstalt für Kinder im Vorschulalter mit dem Ziel, „die, wenn auch noch so schwachen Kräfte und eben sich zeigenden Anlagen der Zöglinge anzuregen, zu üben und zu bilden" (ebd., 5). Er nehme den Eltern die Aufgabe der Erziehung nicht ab, sondern teile sie mit ihnen, wie er auch „durch kindliche Spiele, Beschäftigungen, Erzählungen und Gespräche die Geisteskräfte seiner Zöglinge bis zu ihrer Schulreife naturgemäß anregt, harmonisch entwickelt und sachgemäß bildet" (ebd., 6). Die kindliche Entwicklung werde so harmonisch gefordert und unterstützt.

Eine derartige Unterstützung hat sich nach Köhler aber nach dem Wesen des Kindes zu richten. Im Kindergarten könne es deshalb nicht um Wissensvermittlung gehen, nicht um das Üben von Fertigkeiten, es dürfe nicht schulmäßig unterrichtet und gelernt werden. Sinnvollerweise seien die „erziehlichen und belehrenden Einflüsse" an die augenblicklichen Neigungen der Kinder und an die sich gerade darbietenden Gelegenheiten anzuknüpfen (vgl. Köhler 1868, 79). Überhaupt müsse man die Aktivität des Kindes sehen:

> „Jeder Mensch ist nur insoweit erzogen und gebildet, als er sich selbst durch eigene Thätigkeit zu den Zielen seiner Erziehung und Bildung emporgearbeitet hat. Daraus folgt, daß die Erziehung kein Machen, kein Formen am Zöglinge seitens des Erziehers ist, es sei denn Erzieher und Zögling eine Person. […], der Erzieher anderer ist nur ein Helfer, ein Anreger zur Selbsterziehung und Selbstbildung" (Köhler 1899, 32).

Das Kind selbst, so Köhler, muss sich bilden, es muss selber handeln, um Dinge zu begreifen. Aber dabei braucht es Anregung und Hilfe, die das Kind jedoch zur Selbsttätigkeit und Selbständigkeit führen muss (vgl. Köhler 1899, 32)

Auch sein Wollen, das sittliche Handeln müsse sich im Kind frei entwickeln und von ihm zunehmend selbst gewollt werden, wobei die für erstrebenswert gehaltenen Werte nicht ihre Berechtigung verlieren würden. Wiederum zielt dies auch auf die sittliche Erziehung ab. Aber das Kind müsse „zum bewußtvollen Denken und, frei von jeglicher Leitung, zu einem entschiedenen, in sich zusammenhängenden, auf das Wahre, Schöne und Gute hinzielenden Wollen und zu einem so kräftigen Wollen, daß es unablässig zur That treibt, hingeführt sein" (Köhler 1899, 34). Diese Selbständigkeit müsse sich innerhalb der Schranken der Gottes-, Natur- und wahren Menschengesetze bewegen, nur darin gebe es Freiheit. Diese Freiheit führe zu wahrer Selbständigkeit, aber auch dazu brauche es einen Erzieher, der das Kind führt. Aber das Ziel dürfe nicht die Knechtschaft des Kindes oder späteren Erwachsenen sein, Köhler zielte nicht auf blinden Gehorsam ab, sondern auf Einsicht und darauf beruhendes Handeln (vgl. ebd., 34/35).

Fazit: Köhler hat dem Kindergarten eindeutig eine über die Bewahrung hinausgehende Funktion zugeschrieben. Wie bei anderen Vertretern der Fröbelbewegung auch, basieren seine Vorstellungen auf seinen anthropologischen Annahmen und Fröbels Konzept der Lebenseinigung. Sowohl Erziehung – der Begriff findet sich häufiger – als auch Bildung sind in seinem Denken von Bedeutung. Erziehung wurde von Köhler als Anregung und Förderung der ganzheitlichen Entwicklung mit dem Ziel der Lebenseinigung verstanden. Dies kann nur gelingen, wenn die Dinge der Umwelt, mit denen sich das Kind schaffend auseinandersetzt, derart gestaltet werden, dass sie die naturgemäße und harmonische Entwicklung des Kindes berücksichtigen. Geeignete Form dazu, so auch Köhler, ist Fröbels Spiel- und Beschäftigungsganzes. Mit seiner Hilfe sei es dem Kind möglich, die zuvor gemachten Erfahrungen zu verarbeiten, sie zu verinnerlichen und zugleich die eigene Gefühlswelt äußerlich darzustellen. Grundvoraussetzung dafür ist die Selbsttätigkeit. Gerade Köhler hat den Aspekt der Selbsttätigkeit deutlich betont und ihr eine herausragende Bedeutung für die kindliche Entwicklung beigemessen. Selbsttätigkeit und Selbständigkeit galten ihm als Grundlage der kindlichen Entwicklung, wofür Köhler auch den Bildungsbegriff benutzte. In dieser selbsttätigen Auseinandersetzung mit der Umgebung, mit der Welt vollzieht sich für ihn Bildung oder Selbstbildung bzw. Selbsterziehung. Kinder „bilden sich" in der eigenständigen Auseinandersetzung mit der Umwelt, mit Hilfe des Körpers und der Bewegung und deshalb braucht es das freie Spiel.
Aber es bedarf nicht allein der Selbsttätigkeit, sondern auch der Anleitung. Diese muss sich aber nach den Bedürfnissen des Kindes, nicht denen der Erwachsenen oder der Gesellschaft richten und darf das Kind nicht in seiner Selbsttätigkeit und Selbständigkeit einschränken. Vielmehr gilt es das kindliche Spiel richtig zu führen und zu leiten. In diesem Sinne umfasst Erziehung durchaus vorschreibende Elemente und zielt auch auf die Vermittlung wünschenswerter Denk- und Verhaltensweisen ab. Religiöse Aspekte und sittliche Erziehung sind auch in Köhlers Konzeption von Bedeutung. Aber er interpretiert dies anders und kommt zu anderen Schlüssen für die pädagogische Gestaltung in der öffentlichen Kleinkinderziehung, weshalb er doch deutlich von den Vorstellungen der christlichen Kinderpflege entfernt ist. Ziel kann für Köhler niemals der unkritische Gehorsam sein, es ging ihm um reflektiertes und selbstbestimmtes Handeln, Erziehung besitzt hier eine emanzipatorische Funktion.

2.2.1.4 Die „organische Verbindung"
Die sogenannte „organische Verbindung" zwischen Kindergarten und Volksschule bezeichnet einen thematischen Schwerpunkt der Fröbelbewegung im letzten Drittel des 19. Jahrhunderts und es ist sinnvoll, kurz auf diesen Aspekt einzugehen, da er aufschlussreich für das Bildungs- und Erziehungsverständnis der Fröbelbewegung ist.
Mit der „organischen Verbindung" wurde versucht, den nebenfamilialen Betreuungsauftrag um einen vorschulischen Bildungsauftrag zu erweitern. Eine derartige Forderung war nicht neu, sondern schon in der Rudolfstädter Petition von 1848 gestellt worden. Um 1875 wurde die Verbindung von Schule und Kindergarten aber zu einer zentralen Thematik innerhalb der Fröbelbewegung. 1874 schrieb der Berliner Fröbel-Verein die Preis-

frage aus: „In welcher Weise ist die organische Verbindung zwischen Kindergarten und Schule herzustellen?" Insgesamt gab es 18 Zuschriften, die man sicher als Höhepunkt der länger andauernden Diskussion[202] begreifen kann, zu der auch namhafte Fröbelianer immer wieder Stellung bezogen.[203]

Ein nicht preisgekrönter Beitrag stammte von Adolf Douai: *Kindergarten und Volksschule als sozialdemokratische Anstalten* (1876). Dieser wurde später von den Sozialdemokraten veröffentlicht, allerdings ist nicht sicher, inwieweit sie hinter den darin enthaltenen Vorstellungen standen (vgl. Hoffmann 1994, 23). Douai (1819–1888) hatte sich in der Vormärz-Bewegung engagiert, wegen seines revolutionären, sozialistischen Engagements wurde Douai mindestens fünfmal vor Gericht gestellt und erhielt auch zwei Haftstrafen, darunter ein Jahr Gefängnis, sowie Berufsverbot. Nach seiner Freilassung wanderte er 1852 in die USA aus. In Boston eröffnete er 1859 den ersten öffentlichen (deutschsprachigen) Kindergarten in den USA; weitere Kindergärten gründete *Douai* ab 1866 in New York. Er gründete mehrere Schulen, 1871 schrieb er das Handbuch *The Kindergarten. A Manual for the Introduction of Fröbel's System of Primary Education into the Public Schools, and for the use of Mothers and Private Teachers* und formulierte Richtlinien zur Erziehung. Als Leiter und Lehrer dieser Schulen und Kindergärten war er immer bemüht, Fröbels pädagogische Leitlinien in die Praxis umzusetzen (vgl. ohne Autor 2010). Seinen Beitrag muss er wohl in den USA geschrieben und von dort aus eingereiht haben.

In den meisten Punkten ähneln Douais Vorstellungen denjenigen, die innerhalb der Fröbelbewegung und auch bezogen auf die „organische Verbindung" formuliert wurden. Allerdings war er in seinen Äußerungen gesellschafts- und staatskritisch, ein möglicher Grund, warum seine Schrift von der Sozialdemokratie herausgegeben, aber auch vom DFV abgelehnt wurde. Er negierte die Erziehung nach Berufsklassen, auch den Kirchen und dem Staat stand er ausgesprochen kritisch gegenüber (vgl. Douai 1876, 4/5 u. 12/13). Ebenso forderte er die allgemeine und von Kirche und Staat unabhängige Schule (vgl. ebd., 15). Der Kindergarten sollte zur „allgemeinen Erziehungsanstalt" für alle Kinder in diesem Alter und zur „allgemeinen Bildungsanstalt" (ebd., 22) erhoben werden. Hoffmann schätzt Douais Forderungen als utopisch bzw. wirklichkeitsfern ein (vgl. 1994, 25/26); eine Ansicht, der zuzustimmen ist.

Preisgekrönt wurde der Text *Kindergarten und Volksschule in ihrer organischen Verbindung* (1876) von Karl Richter, seine Ideen gilt es deshalb besonders zu beachten.

---

[202] Neben der Preisfrage wurde das Thema auch anderweitig behandelt. Im *Kindergarten* finden sich zahlreiche Beiträge, u.a. von Benfey, Eye, Karl Fröbel, Hartmann, Heerwart, Lange, Schmidt und Steinacker (vgl. Heiland 2001, 65). Auch Pappenheim hat im Laufe der Zeit mehrere Aufsätze zu diesem Thema geschrieben (vgl. Pappenheim 1882, 10ff. u. 1893, 64/65 u. 86.). Auch später wurde immer wieder auf dieses Thema zurückgegriffen, beispielsweise Hartmann (1893) und Vogelsang, Emanuel: Kindergarten und Schule. In: Sammlung pädagogischer Vorträge. Herausgegeben von Wilhelm Meyer-Markau. XI. Band. Heft 4. Berlin, Bonn, Leipzig 1898. Vgl. auch Damrow 1912, 9ff.

[203] Vgl. Köhler 1899, 266-273; Illing 1875; Morgenstern 1874; Schrader-Breymann, 28 und Goldammer, Hermann: *Ueber Einordnung des Kindergartens in das Schulwesen der Gemeinde*. 1873. Angelika Hartmann veröffentlichte 1876 in den Rheinischen Blättern für Erziehung den Artikel *Wie ist der Kindergarten in organischen Zusammenhang mit der Schule zu bringen und wie wäre dies zu bewerkstelligen*; 1893 veröffentlichte sie auch eine Monographie zu diesem Thema.

Nach Richter muss es Aufgabe der Schule sein, wirkliche Bildung zu vermitteln. Aber dies geschehe in der Schule nur ungenügend, „denn wirkliche Bildung wird nicht dadurch erzielt, daß man sich das Resultat irgend einer vielleicht langwierigen und komplizierten Denkarbeit unverstanden aneignet und sich damit begnügt, sie verlangt vielmehr, daß man den Inhalt desselben und den Forschungsweg kennt, daß man die objektiven Verdichtungen der Kultur durch analytische Auflösung und eigene erneute Zusammensetzung in eine subjektive verwandelt und zu einer klar bewußten erhebt" (Richter 1876, 5). Bildung sei also gerade nicht die Übernahme fertigen Wissens, sondern verlange die Auseinandersetzung mit dem Inhalt.

Dafür sei jedoch eine „grundlegende Vorarbeit" (Richter 1876, 8) unbedingt notwendig. Gerade die ersten Lebensjahre seien wichtig, aber das „vorschulpflichtige Alter bleibt so gut wie ganz ungenutzt" (ebd., 8). Dies, so Richter, ist Aufgabe des Kindergartens, aber um sie zu lösen, muss er „wirklich als organisches Glied in das gesamte Unterrichts- und Erziehungswesen eingereiht und *organisch mit der Volksschule verbunden*" (ebd., 9) werden. Der Kindergarten sei dazu geeignet, den schwierigen und abrupten Übergang von der Familie zur Schule zu verbessern, denn „er schließt sich in seinen Spielen und Beschäftigungen noch dem Phantasieleben des Kindes an, und demgemäß hat sein Unterricht eine leichtere und unterhaltende, dem individuellen Geistesleben nachgehende, mehr nach subjektiv zufälligen, als nach objektiv allgemeingültigen Gesichtspunkten zusammenfassende Form, die dem kindlichen Zustande jetzt allein angemessen ist und ihm zusagt" (ebd., 15). Die große Kluft zwischen vorschulpflichtigem Alter und Schule müsse geschlossen, der Kindergarten aus seiner Isolation genommen und mit der Schule als deren notwendige Vorstufe in Verbindung gebracht werden (vgl. ebd., 14-16).

Eindeutig sprach sich Richter und somit auch der DFV für die Eingliederung des Kindergartens in das Bildungswesen aus. Der Kindergarten sollte nicht länger Noteinrichtung bleiben, sondern Bildungseinrichtung und an die Schule angeschlossen werden.[204] Dies führe zu einer wachsenden gesellschaftlichen Anerkennung des Kindergartens, auch wenn der Besuch nicht obligatorisch, sondern freiwillig sein sollte (vgl. Richter 1876, 24ff.).

Noch wichtiger sei jedoch „die innere Verbindung des Kindergartens mit der Schule" (Richter 1876, 29). Sie bedinge die „stetige Fortsetzung desselben Erziehungsprinzipes durch das ganze Kindesalter" (ebd., 29), sämtliche Entwicklung müsse von denselben pädagogischen Prinzipien und Methoden begleitet und unterstützt werden. Wenn jedoch „der begonnene Gang der Bildung in andere Bahnen gelenkt, gestört oder unterbrochen wird" (ebd., 29), sei das negativ für die Entwicklung und genau dies geschehe, da die Schule nicht an den Kindergarten anknüpfe. Aus diesem Grund müsse sich die Schule nach dem Kindergarten richten und Fröbels Methode übernehmen. Ziel sei also gerade nicht die Verschulung des Kindergartens.[205] Die Schulen sollten ihre Organisation verändern und „ihre Arbeit mit der Thätigkeit des Kindergartens in Einklang und Überein-

---

[204] Vgl. ähnlich Morgenstern 1874, 33ff.
[205] Dies wurde einhellig in der Fröbelbewegung gefordert (vgl. Illing 1875, Morgenstern 1874). So gab es z.B. auch 1875 auf einer Weimarer Versammlung des DFV zu diesem Thema niemanden, der die Umwandlung des Kindergartens in eine schulische oder schulähnliche Institution forderte (vgl. Heiland 2001, 85).

stimmung" (ebd., 18) bringen, insbesondere das Prinzip der Selbsttätigkeit habe Anwendung zu finden (vgl. ebd., 18).

Mit der organischen Verbindung zielte die Fröbelbewegung auf zwei Aspekte ab. Zum einen sollten die Einrichtung der öffentlichen Kleinkinderziehung und die Schule organisatorisch-institutionell verbunden, der Kindergarten zu einem Teil des Bildungswesens werden. Bildung als Aufgabe der Einrichtungen wurde über den Bewahrungsaspekt gestellt und ausdrücklich betont. Folgerichtig griff Richter auch auf den Bildungsbegriff zurück, worunter er jedoch nicht die Wissensübernahme, sondern die Auseinandersetzung mit einem Stoff verstand – eben „wirkliche Bildung". Zum anderen sollte eine didaktisch-methodische Verbindung stattfinden, gerade nicht jedoch eine Verschulung des Kindergartens. Nicht der Kindergarten sollte verschult – eine Gefahr die in der Anbindung ja theoretisch lag – sondern die spezifischen Bildungsvorstellungen, die mit dem Kindergarten verbunden waren, Anerkennung finden und auf die Schule übertragen werden.

2.2.1.5 Eleonore Heerwart

Eleonore Heerwart[206] arbeitete ab 1854 als Kindergärtnerin, war Mitbegründerin der Zeitschrift *Kindergarten* und des ersten Thüringer Fröbelvereins (vgl. Pestalozzi-Fröbel-Verband e.V. 1998, 72). Ihre Leistung lag vor allem in der systematischen Auseinandersetzung mit Fröbels Beschäftigungsmitteln. Viele ihrer wichtigen Schriften wurden nur auf Englisch publiziert, z.B. ihre Lieder für Bewegungsspiele *Music for the kindergarten*, mit insgesamt 29 Auflagen ein überwältigender Bucherfolg. Hinzu kamen eine Malschule, ein Zeichenlehrgang, ein Ausschneidekurs und eine Flechtschule. Diese Schriften wurden jedoch nicht ins Deutsche übersetzt, da Heerwart das mit Verweis auf das neunbändige *Beschäftigungsmagazin* Seidels (1882/1890) und die 16-bändige *Arbeitsschule* von Seidel/Schmidt, sowie die vier Hefte *Das Bauen nach Fröbel* von Seidel als nicht notwendig ansah (vgl. Heiland 1992, 159ff.).

Ihre englischen, nicht übersetzten Schriften werden im Rahmen dieser Arbeit nicht herangezogen. Ihr Hauptwerk *Froebels theory and practice* (1897) wurde jedoch 1901 übersetzt. Heerwart ist in ihren eigenen Werken kaum auf Fröbels Schriften eingegangen, auch wenn sie diese durchaus kannte (vgl. Heiland 1992, 160ff.). Sie ging von einem Text Fröbels aus, *Friedrich Fröbel, seine Erziehungsgrundsätze*, den Fröbel am Endes seines Lebens geschrieben hatte und der vier Grundsätze beinhaltet, in denen er

---

[206] Eleonore Heerwart (1835–1911) ließ sich 1853 in Keilhau bei Louise Fröbel und Middendorff zur Kindergärtnerin ausbilden. 1861 verließ Heerwart Deutschland und ging nach Manchester, wo sie die Leitung eines Kindergartens übernahm. Anschließend war sie in Dublin als Leiterin einer Privatanstalt mit Schule und Kindergarten tätig. 1875 kehrte sie nach London zurück, wo sie die „Froebel-Society" gründete und zunächst als Lehrerin, dann als Leiterin am Lehrerinnenseminar tätig war. 1883 kam sie nach Deutschland zurück. Heerwart versuchte durch eine Vielzahl von Werken die Kindergartenidee zu verbreiten, eine „nimmermüde Vorkämpferin für die Sache des Kindergartens" (Wächter 1908, zit. n. Berger 1995, 76). 1877 erschien ihr erfolgreichstes Werk, *Music for the Kindergarten*, das 29 Auflagen erlebte. Der Höhepunkt ihres Schaffens stellte jedoch die Zeit nach ihrer Rückkehr dar, nun erschienen neben Arbeiten zum Flechten oder Papierschneiden auch eher theoretische Werke. 1892 gründete sie den „Kindergärtnerinnen-Verein e.V.", der 1905 in „Allgemeiner internationaler Kindergarten-Verein" umbenannt wurde. Heerwart starb am 19. Dezember 1911 in Eisenach (vgl. ebd., 75).

"zusammenfasste, was vorher in seinen Schriften und Vorträgen vorhanden war" (Heerwart 1901, 20). In diesem Text, der sich im Original in der *Wochenschrift* (1849-1850) und ebenfalls im zweiten Band von Wichard Lange finden lässt,[207] hatte Fröbel für Heerwart zwei Jahre vor seinem Tod sein ganzes Erziehungssystem zusammengefasst (vgl. Heerwart o.J., 1). Die vier Grundsätze stellten für sie die entscheidende Essenz von Fröbels pädagogischem Denken dar. Sie wurden von ihr neu formuliert, sprachlich vereinfacht und erläutert, vor allem in dem Text *Die vier Grundsätze Friedrich Fröbel's mit Anwendung auf die Erziehung in der Familie, im Kindergarten, in der Bewahranstalt und in der Schule, sowie im täglichen Leben* (o.J.), aber auch in ihrem Hauptwerk *Einführung in die Theorie und Praxis des Kindergartens*. Eine weitere kleinere Schrift von ihr trägt den Titel *Zweck und das Ziel der Fröbel'schen Gaben und Beschäftigungen* (1894).

Von Heerwart zusammengefasst lauten die vier Erziehungsgrundsätze wie folgt:

„1. Die Stellung des Kindes
Betrachte dein Kind und deinen Zögling seinem inneren Wesen nach und zugleich in seiner Verwandtschaft mit Gott, mit der Natur und mit dem Menschen und bestrebe dich, es demgemäß zu bilden und zu erziehen.
2. Das Wesen des Kindes.
In dem Kinde schlummern die Keime, die in der Menschheit, d.h. in der Familie und in dem Volk, zu dem das Kind gehört, liegen. Die Eigentümlichkeiten eines Ganzen sprechen sich in seinen Teilen mit Bestimmtheit aus, weshalb sie beachtet und zur ersten Erziehung benutzt werden müssen" (Heerwart o.J., 4).
„3. Die Mittel und Methode der Erziehung"
Die Entwickelung des Kindes geht von inneren Trieben aus und begegnet den von Außen kommenden Reizen. Beide Richtungen scheinen entgegengesetzt, sind sich aber in ihrem Ursprung gleich, denn sie gehen von *einem* lebendigen Quell des Lebens aus und erzeugen ein gemeinschaftliches Resultat: nämlich den erzogenen Menschen. Die innern Triebe und äußern Reize sind daher die zur Erziehung nötigen Faktoren; damit die Erzieher, seien es Eltern, Lehrer, Vormünder oder andere Personen, die zeitweise die Erziehung übernehmen, das Resultat erreichen, müssen sie die richtigen Mittel und die rechte Methode dazu verwenden. Fröbel zeigt sie, indem er sie dem Wesen des Kindes anpaßt, d.h. seinen Schaffens-, Tätigkeits- und Spieltrieb befriedigt. Er entlehnt sie aus der Natur, der Umgebung, aus der Welt, in welcher sich das Kind befindet.
4. Das Ziel der Erziehung.
Durch das Zusammenwirken dieser entgegengesetztgleichen Bedingungen (Faktoren) und durch die Ausgleichung (Vermittlung) derselben *im* Leben und *durch* das Leben, wird das Kind, der Mensch, wahrhaft zum Menschen gemacht. Die scheinbaren Gegensätze zwischen Kind und Welt müssen durch den Erzieher vermittelt werden. Der erzogene Mensch, der mit Gott, Natur und Menschheit in Einigung lebt, muß zum harmonisch bewussten Menschen gebildet werden" (Heerwart o.J., 5).

Was meinte Heerwart nun damit und was bedeutete dies für ihr Verständnis vom Kindergarten? Auch Heerwart gewann ihre pädagogischen Überlegungen aus ihren anthro-

---

[207] Das Original aus Wochenschrift findet sich in Heerwart o.J., 63-94.

pologischen Ansichten. Dabei spricht sie sowohl von Bildung, als auch von Erziehung, beides sind bei ihr Tätigkeiten, die vom Erzieher ausgehend auf das Kind einwirken. Entscheidend dabei ist, so Heerwart, dass das Kind in seiner Verwandtschaft mit Gott, der Natur und dem Menschen gesehen werden muss. Aus diesem Grund darf die Verwandtschaft mit Gott nicht gelockert, sondern muss nach allen Seiten hin durch Erziehung erhalten werden. Erziehung beinhaltet demnach für sie immer die religiöse Erziehung. Diese sollte im Kindergarten jedoch weniger durch Worte, also einen belehrenden Religionsunterricht, als durch Taten und Fröbels Gaben und Beschäftigungen geschehen (vgl. Heerwart o.J., 7ff.). Ein religiöser Einfluss sei aber notwendig um den „Zusammenhang mit Gott zu erhalten" (Heerwart 1901, 21), weshalb religiöse Elemente wie z.B. das Lieder oder Gebete durchaus Anwendung finden sollten.
Ebenso gelte es, die Verwandtschaft mit der Natur durch Befolgung der Naturgesetzte zu erhalten. Die Kinder sollten Kenntnisse von der Natur und von den Gesetzen menschlichen Zusammenlebens entwickeln, so werde die Beziehung zur Natur durch die Pflanzen- und Tierpflege, sowie die Nachahmung der Naturformen innerhalb der Beschäftigungen gestärkt (vgl. Heerwart 1901, 22; Heerwart o.J., 11/12). In diesem Zusammenhang betonte Heerwart auch die Wichtigkeit der körperlichen Pflege im Kindergarten, da eine naturgemäße Entfaltung des Geistes nur auf der Basis eines gesunden Körper stattfinden könne (vgl. Heerwart o.J., 13ff.). Für die geistige Entwicklung gelte, das vom Leichten zum Schweren, Einfachen zum Zusammengesetzten, Nahen zum Fernen, Bekannten zum Unbekannten, Konkreten zum Abstrakten vorgegangen wird (vgl. ebd., 15). Außerdem müssen nach Heerwart die Kinder als Menschen behandelt werden, um sie in der Verwandtschaft zur menschlichen Gesellschaft zu erziehen. Diese Verwandtschaft zur Menschheit lernt das Kind durch Beziehungen kennen, die sich ständig erweitern (vgl. Heerwart 1901, 21). Da die Kinder nur begreifen würden, was ihre Sinne befriedigt, würden sie am liebsten alles selbst tun. Kinder müssten Erfahrungen selbst machen. Das gelte auch für das Denken, Fühlen und Wollen. All dies sollte durch die Beschäftigungen geübt werden und zum Ausdruck kommen (vgl. Heerwart o.J., 16ff.).

Auch bei Heerwart ist die Frage nach dem Wesen des Kindes entscheidend. Die Behandlung des Kindes, seine Erziehung, müsse sich auf dessen inneres Wesen beziehen, mit den Entwicklungsstufen übereinstimmen und an seine inneren Regungen anschließen (vgl. Heerwart o.J., 26).
Von Beginn an, so Heerwart, liegen im Kind die Keime, die beachtet und innerhalb der Erziehung genutzt werden müssen. Das, was im Kind liegt, will und muss erzogen sein, aber dabei muss die Ziehkraft mit der Kraft des Kindes im Verhältnis stehen. Heerwart verglich die Arbeit der Erzieherin deshalb auch mit der eines Gärtners. Zur Entwicklung brauche das Kind Zeit, zur Entfaltung Gelegenheit und zum Wachstum Raum, Luft und Sonnenschein. Gleichzeitig gilt, das Kind als Gliedganzes und Einzelwesen zu behandeln (vgl. Heerwart o.J., 24.u. 26; Heerwart 1901, 22/23).
Was das Kind bewegt und beschäftigt, sein Wesen und sein Inneres, zeigt sich nach Heerwart im Spiel. Es ist „ein Spiegel dessen, was es in sich aufgenommen und vermöge seines Lebens- und Schaffenstriebes wiedergeben will" (Heerwart 1901, 23). Aufgabe der Erzieherin sei es, das Spiel des Kindes neu zu befruchten und anzuregen, indem sie neue Gaben in das Spiel einführe. Diese müssten sich nach dem Stand des Kindes rich-

ten, denn jede Entwicklungsstufe verlange nach den richtigen Mitteln und diese seien Fröbels Gaben (vgl. Heerwart o.J., 27ff.). Sie würden aus dem Kind bzw. seinem Inneren hervorlocken, was als Keim in ihm liege. Alle Keime müssten dabei Berücksichtigung finden, denn der Mensch sei zur „harmonischen Ausbildung aller seiner Kräfte, des Geistes und Gemütes geschaffen" (Heerwart 1901, 25). Aber er könne sich nicht selbst erziehen, sondern brauche dazu geeignete Umstände und Hilfe – mit anderen Worten Erziehung (vgl. Heerwart 1901, 23ff.; Heerwart o.J. 34).

Das Kind entwickelt sich gemäß Heerwart von innen und muss dies ausleben können, gleichzeitig braucht es aber auch Anregungen von außen und bedarf der Führung. Es braucht also beides, wenn es nicht verkümmern soll und nur beide Elemente gemeinsam bewirken im Ergebnis den erzogenen Menschen. (vgl. Heerwart o.J., 39/40).
Voraussetzung dafür sind, so Heerwart, geeignete Mittel und eine angemessene Methode. Die erzieherischen Bemühungen müssten da anknüpfen, wo das Kind ihm einen Anknüpfungspunkt zeige. Aber gerade dies geschehe nur sehr selten, weil der Erwachsene das Kind nicht genügend beobachte, das sei jedoch die Voraussetzung, um auch die geeigneten Mittel ergreifen zu können (vgl. Heerwart o.J., 40ff.). Nur wenn man das Kind gut kenne, könne man ihm die geeigneten und notwendigen Anregungen geben und dies setze Beobachtung voraus. Man könne das Kind nicht einfach Zufälligkeiten überlassen, die zwar auch hilfreich sein könnten, aber das sei nicht garantiert. Stattdessen ist es nach Heerwart Aufgabe der Erzieherin, die Triebe, das Begehren und die Tätigkeit des Kindes zu bemerken und diesem entgegenzukommen, um es in seiner körperlichen und geistigen Entwicklung zu unterstützen. Heerwart fordert in diesem Sinne eine Erziehung, die auf Beobachtung gegründet dem Kind die Anregung und Unterstützung bietet, die es innerhalb seiner Entwicklung braucht.
Um das zu erreichen, müsse dem Kind die Außenwelt zerkleinert und seinen Bedürfnissen entsprechend angeboten werden (vgl. Heerwart 1901, 25/26). Und das geeignete Mittel dazu, so Heerwart, sind Fröbels Spiele und Beschäftigungen; die Spielgaben sind ein „Spiegelbild der Außenwelt" (ebd., 67), welche durch eine mathematische Basis[208] miteinander verbunden sind und einen Zyklus bilden, wie auch der Kindergarten eine „kleine Welt in der großen, ein Glied vom Ganzen" (ebd., 29) darstellt. Indem sich das Kind mit den Spielgaben und Beschäftigungsmitteln auseinandersetze, werde es in die Realität, in die Welt der Farben, Formen, Zahlen und Töne eingeführt. Nach Heerwart erhält es so mannigfache Anregungen und Eindrücke, die eine ganzheitliche Entwicklung ermöglichen, denn es bekommt auf allen Gebieten genau die Nahrung, die es braucht und wird in die richtige Richtung gelenkt, vorausgesetzt das Material entspricht der jeweiligen Entwicklungsstufe (vgl. Heerwart 1901, 67/68; Heerwart o.J., 41ff.). Wendet man Fröbels Gaben und Beschäftigungen richtig an, dann „findet ein Wechselverhältnis zwischen innerer Kraft und äußerer Anregung statt und das Kind tritt in seine kleine Welt als schaffendes Wesen ein" (Heerwart o.J., 43).

---

[208] Die auch bei Fröbel vorhandene, wenn auch nicht dominante mathematische Basis der Spielmaterialien wurde von ihr absolut gesetzt und konsequent durchgedacht (vgl. Heiland 1992, 162).

Erziehung besitzt für Heerwart auch die Aufgabe, die scheinbaren Gegensätze zwischen Kind und Welt auszugleichen, anders ausgedrückt, sie muss dem Kind dabei helfen, sich selbst in der Welt zurecht zu finden. Allerdings könne Erziehung auch zu viel anbieten, das Kind überfordern und mit zu vielen Reizen konfrontieren, dann ziehe es sich jedoch zurück. Es sei eben gerade die Aufgabe von Erziehung, den Kindern das zu geben, was sie brauchen (vgl. Heerwart o.J., 50/51). Die Kunst der Erzieherin muss es Heerwart folgend sein, das Kind da abzuholen, wo es steht und zugleich bei dem ihm Vertrauten anzuknüpfen: „Der Erzieher hat eine Brücke zu bauen, über die das Kind mit eigener Kraft schreiten kann, um an dem andern Ufer anzugelangen, Neues zu lernen und weiter zu wandeln" (ebd., 51). Ziel ist es, auf den harmonischen Menschen hinzusteuern und bei all diesen Bemühungen kommt die Selbsttätigkeit des Kindes dem Einfluss des Erziehers entgegen (vgl. Heerwart 1901, 30ff.). Erzieher und Kind wirken so zusammen „ausgleichend, vermittelnd zwischen außen und innen" und das Kind wird „wahrhaft zum Menschen gebildet" (ebd., 32). Denn der harmonisch bewusste Mensch, der erzogene Mensch ist für Heerwart das Ziel von Erziehung und dies ist der Mensch, der mit Gott, Natur und Menschheit in Einigung lebt.

Die bisherigen Ausführungen sollten natürlich auch im Kindergarten Niederschlag finden. Aber was ist nun die besondere Methode des Kindergartens, „die Art und Weise, die Grundsätze mit den gegebenen Mitteln auszuführen" (Heerwart 1901, 35)?

> „1. Die im Kind vorhandene, schlummernde Kraft zu entwickeln und zu entfalten; 2. die Selbstthätigkeit im Kinde zu benutzen, zu unterstützen und anzuregen durch Mittel, die seinem Wesen entsprechen; 3. durch Selbstsuchen die neuen Stufen zu finden, wodurch der Schaffenstrieb befriedigt und gestärkt wird; die neue Stufe geht folgerichtig aus der vorigen hervor, ist darum mit ihr verwandt; das Neue ist entgegengesetzt und wird durch Mittelstufen verbunden, die das Kind auch selbst findet; die Methode ist eine logische. 4. die Methode ist eine naturgemäße; sie entspricht dem Wesen des Kindes; das Spiel und Beschäftigungsmaterial ist ebenfalls der Natur entnommen und besteht aus typischen Formen, die daher auch Symbole der Außenwelt sind" (Heerwart 1901, 34/35).

Eine angemessene Erziehung im Kindergarten muss demnach die im Kind liegenden Kräfte unterstützen und anregen, die Selbsttätigkeit berücksichtigen. Dazu braucht es geeignete Mittel, die den Schaffenstrieb befriedigen, stärken und der jeweiligen Entwicklungsstufe entsprechen, die logisch aus sich herausgehen und dem Wesen des Kindes entsprechen. All das gelingt durch das Spiel- und Beschäftigungsganze, das der Natur entnommen und Symbol der Außenwelt ist – so Heerart in diesem längeren Zitat. Wichtiger als das Hervorbringen irgendwelcher Resultate sei die Unterstützung der Entwicklung: „Der Kindergarten soll die Gelegenheiten zur Förderung der wachsenden Kräfte bieten" (Heerwart o.J., 19) und dürfe keine großen Resultate erzielen wollen, die Entwicklung selbst sei Resultat. Berücksichtigt werden müsse dabei die Ganzheitlichkeit des Kindes. Es müsse in Zusammenhang mit Gott, Menschheit und Natur erzogen und in allseitiger Weise behandelt werden und auch dazu würden die Spiele, insbesondere die Bewegungsspiele, da sie Geist, Gemüt und Körper zugleich anregen würden, dienen.

Diese Spiele müssten jedoch geleitet und dabei erziehend auf die Kinder eingewirkt werden (vgl. Heerwart 1901, 35 u. 51).
Dementsprechend sind für Heerwart die Beschäftigungsmittel[209] auch mehr als nur ein Zeitvertreib. Sie sind ein „Mittel, um die schlummernden Kräfte zu wecken, zu entwickeln und das Kind auf die Schule, auf das Leben, auf Hand- und Kopfarbeit vorzubereiten" (Heerwart 1894, 3). Dabei sollte vom Leichten zum Schweren vorgegangen und sich nach den Fähigkeiten des jeweiligen Kindes gerichtet werden. Man sollte den Kindern das reichen, was für ihre Wünsche, ihr Alter und ihre Begabungen passt (vgl. ebd., 3/4 u. 7). Die Erziehungsweise müsse immer harmonisch, d.h. ganzheitlich sein. Insbesondere durch die Bewegungsspiele könne des Weiteren die soziale Erziehung umgesetzt werden (vgl. Heerwart 1910, 125).

Heerwart betonte jedoch auch, dass der Kindergarten auf Gewöhnung an Gehorsam, Ordnung etc. achten müsse (vgl. Heerwart 1901, 39). Denn der Kindergarten sei „eine Erziehungsanstalt" (ebd., 142) und aus diesem Grund müssten die Kinder dort auch Gelegenheit haben, sich in den „Gewohnheiten und Tugenden zu üben, die für alle Menschen eine Grundlage fürs ganze Leben sind; nämlich: Ordnung, Pünktlichkeit, Regelmäßigkeit, Pflichterfüllung, Gehorsam, Aufmerksamkeit, Thätigkeit" (ebd., 142). Auch dass die Religion für Fröbel wichtig war und das man ihn sonst nicht wirklich verstehe, wurde von Heerwart erwähnt – mehr findet sich jedoch nicht (vgl. Heerwart o.J., 61/62).

Fazit: Erziehung wurde von Heerwart größtenteils als Anregung und Unterstützung der Entwicklung begriffen. Diese sollte auf Beobachtung gründen und dem Kind das anbieten, was es brauche. Selbsttätigkeit, das Machen eigener Erfahrungen sei zwar Voraussetzung, aber das Kind benötige geeignete Umstände und Hilfe – anders ausgedrückt Erziehung. Auch Heerwart sah für eine solche Erziehung die Fröbel'schen Spiele und Beschäftigungen als geeignet an, da sie das Kind in der Auseinandersetzung mit der Welt unterstützen würden. Nicht das Hervorbringen wie auch immer gearteter Bildungsresultate sei von Bedeutung, sondern die Unterstützung der kindlichen Entwicklung.
Diese Entwicklung muss ganzheitlich sein und deshalb beinhaltet sie auch religiöse Aspekte. Aber auch wenn Heerwart auf die Vermittlung von Tugenden Wert legte, dieser Aspekt ist bei ihr nicht stark ausgeprägt und nimmt auch andere Formen als z.B. bei der christlichen Kinderpflege an. Beispielsweise lehnte sie den Religionsunterricht als ungeeignet ab.

2.2.1.6 Der weitere Kreis der Fröbelbewegung
Abgerundet wird das Bild der Fröbelbewegung während des Kaiserreichs durch ihre übrigen Vertreter. Nicht alle werden umfassend behandelt, da sich einige ungeachtet ihrer übrigen Leistung teilweise nur wenig mit Fragen der frühkindlichen Bildung und Erziehung systematisch auseinandergesetzt haben. Zu nennen sind diesbezüglich Hermann Goldammer, Angelika Hartmann, Hanna Mecke und auch Eugen Pappenheim. Auf die Vorstellungen von Lina Morgenstern, Lorenz Illing, Henriette Goldschmidt und

---

[209] Gaben und Beschäftigungen, sowie die Bewegungsspiele wurden von Heerwart ausführlich erläutert (vgl. 1901, 68ff.).

abschließend Johannes Prüfer wird dagegen ausführlich eingegangen. An ihnen zeigt sich erneut die Vielfältigkeit der Fröbelbewegung.

Hermann Goldammer gab zwar 1869 das Buch *Der Kindergarten. Handbuch der Fröbel'schen Erziehungsmethode, Spielgaben und Beschäftigungen* heraus, aber diese Schrift ist primär aufgrund der darin enthaltenen Texte von Marenholtz-Bülow von Interesse. Der von Goldammer verfasste große Hauptteil erläutert vor allem die Spielgaben und Beschäftigungen, was der konkreten Umsetzung in die Praxis dienen sollte. Seine Fröbelbiographie *Friedrich Fröbel der Begründer der Kindergarten-Erziehung* (1880) beinhaltet zwar einen kurzen Abschnitt zum Thema Kindergarten, aber auch dieser ist nicht wirklich ergiebig (vgl. Goldammer 1880, 87-97). Interessanterweise griff Goldammer auf den Begriff „Bildungsprozess" zurück, Fröbel sei es gelungen,, „das innere geheime Naturleben im Kinde zu erforschen, den Bildungsprozeß, aus dem die Organe des bewußten Seelenlebens hervorgehen, zu belauschen" (ebd., 13) und die geeigneten Mittel zu finden, „um jede Störung von diesem Bildungsprozeß fern zu halten und seinen naturgemäßen Lauf nach Kräften zu unterstützen" (Goldammer 1873, 13). Das Spiel sei „Bildungs-Arbeit" (Goldammer 1880, 88). Allerdings werden diese Überlegungen kaum weitergeführt.

Stattdessen fällt bei Goldammer ein anderer Aspekt auf. Ziel derjenigen, die versuchen würden, die Lücken im öffentlichen Schulwesen zu füllen, sei die „Mehrung der Bildung um der geistigen und materiellen Hebung des Volkes, um der Beseitigung unserer gesellschaftlichen Zustände willen, oder auch um eine Sicherheit für ihre ruhige Entwicklung zu gewinnen" (Goldammer 1873, 4). Dazu gehört nach Goldammer auch der Kindergarten, denn er besitzt eine hohe „Wichtigkeit für die sittliche und intellectuelle Bildung und Tüchtigkeit unserer Jugend" (ebd., 5). Wiederum spricht er von Bildung, hier aber erhalten seine Überlegungen eine andere Bedeutung. So sei es auch nicht das Ziel der Verbesserung der (Volks-)Bildung, dass „nur die intellectuellen und moralischen, sondern auch die ästhetischen, nicht nur die receptiven, sondern auch die productiven Fähigkeiten im Kinde gepflegt und gefördert werden" (ebd., 5), wie sie auch die Bereitschaft zum Arbeiten wecken müsse (vgl. Goldammer 1873, 14ff.; Goldammer 1879, 18/19). (Volks-)Bildung hat, vereinfacht gesprochen, zur gesellschaftlichen Stabilisierung und Vorbereitung auf die Arbeit beizutragen. Derartige Überlegungen, die sich auch z.B. bei Marenholtz-Bülow finden lassen, waren demnach auch innerhalb der Fröbelbewegung gegeben.

Angelika Hartmann ist weniger aufgrund ihres theoretischen Werkes, als ihrer praktischen Tätigkeit von Bedeutung. Nachdem sie von 1847 bis 1852 mit Fröbel in brieflichem Kontakt gestanden hatte, konnte sie ihre Ausbildung aus familiären Gründen erst später in Dresden absolvieren. Zeitlebens stand sie in Freundschaft zu Marenholtz-Bülow. Nach ihrer Rückkehr in ihre Heimatstadt Köthen eröffnete sie dort 1864 einen Kindergarten, an den sie allmählich weitere Bildungs- und Erziehungsanstalten angliederte, u.a. auch ein Kindergärtnerinnen- und Lehrerinnenseminar.[210] Ihre Einrichtung besaß ein überregional hohes Ansehen. 1877 gründete sie den Leipziger Fröbelverein,

---

[210] Nach ihrem früheren Lehrer, dem Pädagogen Karl Schmidt, nannte sie dieses „Dr.-Karl-Schmidt-Institut" (vgl. Berger 1995, 70/71).

der 1879 dem DFV beitrat. Auch in Leipzig übernahm sie die Leitung eines Kindergärtnerinnenseminars und eröffnete einen Kindergarten. Später übergab sie alle ihre Einrichtungen dem Leipziger Fröbelverein, der zum Dank den gesamten Einrichtungskomplex in „Angelika-Hartmann-Haus" umbenannte (vgl. Berger 1995, 70ff.).
Trotz ihrer umfassenden praktischen Tätigkeit findet Angelika Hartmann in der Regel kaum Würdigung. So schreibt Egerland in seiner Biographie: „Ein Fakt ist es, dass kein Lexikon überhaupt den Namen Angelika Hartmann erwähnt, und selbst in der Fachliteratur wird ihr Name unter der Anhängerschaft, die das Werk von Fröbel nach seinem Tode 1852 erfolgreich fortsetzten, nicht gewürdigt, ja nicht einmal genannt" (1997, 5). Für ihn gehört „die fehlende Würdigung ihrer pädagogischen Wirksamkeit [...] zum vergessenen pädagogischen Erbe in der Geschichtsschreibung" (ebd., 5). Dies mag auch daran liegen, dass ihr veröffentlichtes schriftstellerisches Werk nicht sehr umfassend ist. Ihre Schrift aus dem Jahr 1893 beschäftigt sich mit der Frage nach der organischen Verbindung von Kindergarten und Schule. Der Übergang vom Kindergarten zur Schule war überhaupt ihr Hauptanliegen (vgl. Pestalozzi-Fröbel-Verband e.V. 1998, 73). Hier finden sich aber auch Aussagen über die Aufgabe und den Zweck des Kindergartens.[211] 1904 veröffentlichte sie das Lehrbuch *Fröbels Erziehungsmittel nach der Konzentrationsidee bearbeitet für den Kindergarten*. Darin gab sie Hinweise zur Verbesserung der Aufnahme- und Konzentrationsfähigkeit des Kindergartenkindes als eine wesentliche Grundvoraussetzung für den späteren Schulunterricht. Von Schrader-Breymann übernahm sie den Monatsgegenstand, allerdings reduzierte sie diesen auf ein jeweils ein- bis zweiwöchiges Thema (vgl. Berger 1995, 73).

Von Hanna Mecke[212] sind vor allem zwei Schriften im Rahmen dieser Arbeit von Bedeutung: *Warum brauchen wir Kindergärten und Kinderhorte?* (1910) und der *Leitfaden*

---

[211] Zweck des Kindergartens sei es, den Kindern eine „ihrem Wesen entsprechende Erziehung angedeihen" (Hartmann 1893, 5) zu lassen. Der Kindergarten sei eine „Erziehungsstätte" (ebd., 9). Neben der Pflege des Körpers habe der Kindergarten deshalb auch die „allseitige Geistesbildung auf Grund der Entwickelung der Sinnesorgane, immer das höchste Ziel der harmonischen Gestaltung des jungen Menschenkindes im Auge behaltend" (ebd., 5), anzustreben. Auch bei Hartmann findet sich demnach der Aspekt einer ganzheitlichen Erziehung, später sprach sie davon, dass die „allseitige Ausbildung der kindlichen Kräfte" auch in der Schule stattfinden müsse. Das galt ihr als Aufgabe des Kindergartens. Hinzu kamen Aspekte einer sozialen und religiösen Erziehung. Im Kindergarten würden die Kinder in Gemeinschaft erzogen und ihnen außerdem ein „tiefes sittliches Gefühl als Grundlage trefflicher christlicher Eigenschaften" (ebd., 8) eingeflößt. So könne auf äußeren Anstand und Liebe zur Arbeit hingewirkt werden.

[212] Johanna Ottilie Wilhelmine Mecke (1857–1926) fiel schon als Kind durch ihre schulischen Leistungen auf, so dass ihr ihre Eltern trotz finanzieller Schwierigkeiten eine bessere Ausbildung ermöglichten, die sie jedoch schon mit 14 Jahren beendete. Nach ihrem Schulabschluss verdiente sie ihren Lebensunterhalt zunächst in Fremdhaushalten, obwohl sie gerne Lehrerin oder Kindergärtnerin geworden wäre. 1871 erhielt sie eine Anstellung in einem Kindergarten als Pflegerin, deren Leitung sie 1872, also mit 15 Jahren übernahm. 1875 wechselte sie zu einem Familienkindergarten, 1876 zog sie nach dem Tod des Vaters zu ihrer Familie zurück und gründete einen Privatkindergarten. Nachdem ihre jüngeren Geschwister das Elternhaus verlassen hatten, begann sie mit einer professionellen Ausbildung bei Marenholtz-Bülow am Dresdner Seminar. Ab 1889 war sie in der Ausbildung tätig, schließlich wurde ihr die Leitung einer Bildungsanstalt für Kindergärtnerinnen übertragen. 1903 gründete sie in Kassel eine eigene Ausbildungsstätte mit dem Namen „Fröbelseminar", später wurde diese in „Evangelisches Fröbelseminar" umbenannt. Diese Institution wurde von ihr zu einer umfassenden sozialen Bildungseinrichtung ausgebaut. Neben ihrer Tätigkeit als Leiterin war sie auch schriftstellerisch tätig. 1912 legte sie die Schulleitung aus Gesundheitsgründen nieder. Weiter-

der Berufskunde für Frauenschulen, Kindergärtnerinnen- und Jugendleiterinnen-Seminare und Kleinkinderlehrerinnen-Seminare (1913).[213]
Erziehung, so Mecke, ist in diesem Alter sehr wichtig. Besonders das tief in der Kindernatur verwurzelte Streben nach Selbsttätigkeit müsse Berücksichtigung finden, am besten durch das Spiel, dadurch wachse das Kind auch in die Gesellschaft hinein. Gleichzeitig müsse der Volkskindergarten dafür sorgen, dass alle Kräfte des Kindes möglichst allseitig entfaltet werden (vgl. Mecke 1910, 7ff.). Der Kindergarten[214] bzw. Volkskindergarten hat nach Mecke die Aufgabe, „die Erziehung im vorschulpflichtigen Alter zu unterstützen und zu ergänzen" (ebd., 6/7). Er soll auf die Schule vorbereiten, aber allen Unterricht ausschließen (vgl. Mecke 1910, 6/7; Mecke 1913, 16).

Mecke hat den sogenannten „Einheitspunkt" eingeführt, der einige Wochen im Mittelpunkt aller Besprechungen und Beschäftigungen stand. Um ihn sollten sich alle Spiele, Belehrungen und Beschäftigungen drehen (vgl. Mecke 1910, 12; Mecke 1913, 21). Durchaus ist dieser mit dem Monatsgegenstand nach Schrader-Breymann zu vergleichen. Des Weiteren sollten die Kinder im „Haushalt" helfen, hinzu kamen Gartenarbeit und Tierpflege (vgl. Mecke 1913, 22/23).

Auch bei Mecke lassen sich darüber hinaus Aspekte einer sittlichen Erziehung finden. So befasst sich ein, allerdings von Marie Coppius verfasster Abschnitt im *Leitfaden* mit der Erziehungsarbeit im Volkskindergarten und der Frage, wie man dort Disziplin erreichen könne (vgl. Mecke 1913, 19-24). Ebenfalls im *Leitfaden* finden sich Satzungen für einen Volkskindergarten- oder Kinderhortverein. Als Aufgabe von Erziehung wird dort durchaus die Vermittlung wünschenswerter Denk- und Verhaltensweisen und die Vorbereitung auf das spätere Arbeitsleben angesehen; eine Erziehung, die auch im Sinne des Staates sei und den „künftigen Staatsbürger" (ebd., 58) zu erziehen versuche.

Eugen Pappenheim war durch den Vorsitz des DFV fraglos einflussreich. Von 1869–1902 hat er sich in zahlreichen Beiträgen zur Pädagogik Fröbels geäußert, allein im *Kindergarten* mit 75 Beiträgen. Seine als Monographien veröffentlichten Schriften bieten allerdings für diese Arbeit nur wenig Interessantes. Die Festschrift *Zum 100.Geburtstage Friedrich Fröbels. Beiträge zum Verständnis und zur Würdigung des Kindergartens* (1882) enthält ältere Aufsätze und kurze Schriften. Auch der Text *Friedrich Fröbel* (1893) beinhaltet Aufsätze aus den Jahren 1861-1893, darunter auch ein langer zur Erinnerung an Fröbel (vgl. Pappenheim 1893, 12-38). Teilweise sind die Aufsätze identisch mit denen von 1882. Auch Pappenheims weiteren Schriften sind

---

hin blieb sie jedoch schriftstellerisch tätig, insbesondere ihr *Leitfaden* verdient Beachtung, weil sie damit eine Lücke schloss, indem sie auf alle Bereiche der Wohlfahrtspflege einging. Außerdem engagierte sie sich auch weiterhin im DFV (vgl. Berger 1995, 132f.).

[213] Weniger von Bedeutung sind Fröbelsche Pädagogik und Kinderforschung. Beiträge zur Kinderforschung und Heilerziehung. Beihefte zur „Zeitschrift für Kinderforschung". Langensalza 1907 und Fröbels Ideen und ihren Einfluß auf pädagogische und soziale Wirklichkeit. Abhandlungen zum Verständnis von Friedrich Fröbels Erziehungslehre. Bamberg 1909.

[214] Mit Marenholtz-Bülow unterschied sie vier Stufen des Kindergartens: die Familie unter Leitung der Mutter, der Kindergarten als zweite und dritte Stufe (hier sei eine ernstere Belehrung im Anschluss an die Tätigkeit des Kindes notwendig), sowie als vierte Stufe die Vermittlungsklasse. Daneben unterschied sie drei Arten des Kindergartens: Den Familienkindergarten, den Bürgerkindergarten und den Volkskindergarten (vgl. Mecke 1913, 11/12).

wenig ergiebig, insbesondere der *Grundriß der Kleinkinder- und Kindergarten-Pädagogik Friedrich Fröbels* (1910) ist eher enttäuschend, da Pappenheim dort nur Sätze aus Fröbels Schriften ausgewählt und geordnet hat. Diese waren für seine Schülerinnen gedacht und wurden von diesen wohl zum Teil auswendig gelernt.[215] Nicht gerade positiv wird Pappenheim von Heiland eingeschätzt, allerdings bezieht sich dies überwiegend auf den Artikel *Zur Würdigung Fröbels* (1900), der im *Kindergarten* abgedruckt wurde. Heiland spricht sogar von einem „programmatischen Abgesang" (2001, 106). Insgesamt bietet Pappenheims monographisches Werk für diese Arbeit wenig,[216] auf die Analyse seiner Zeitschriftenbeiträge wurde verzichtet. Die Untersuchung von Pappenheims Verständnis bleibt deswegen im Rahmen dieser Arbeit eher fragmentarisch, was durchaus zu bedauern ist, da die Vorstellungen des langjährigen Vorsitzenden des DFV sicher sehr aufschlussreich gewesen wären.

Insgesamt ist bei diesen Autoren zu erkennen, dass sie für die Fröbelbewegung des ausgehenden 19. Jahrhunderts typische Themen – Ganzheitlichkeit, Ablehnung schulischer Lernformen und Inhalte oder den Monatsgegenstand – behandelt haben. Wiederum zeigen sich unterschiedliche Nuancen, wie auch Goldammers Anmerkungen noch einmal deutlich machen, dass auch die Fröbelbewegung Erziehung in einem die Gesellschaft stabilisierenden Sinn verstanden hat.

---

[215] Die zweite Auflage wurde nur geringfügig verändert und dann nach seinem Tod von der Tochter herausgegeben, da die 1. Auflage vergriffen war. Auch der von Pappenheim herausgegebene *Bericht des Sonderkomitees IX. der Deutschen Frauen-Abteilung bei der Weltausstellung Chicago 1893 über Krippen, Kinderschutzvereine, Oberlinschulen, Bewahranstalten, Fröbelsche Kindergärten, Kinderhorte und Anstalten zur Ausbildung von Kleinkinder-Erzieherinnen. Unter Mitwirkung von Schrader, Henriette u.a., bearbeitet von Pappenheim, Eugen; Vogelsang, Emanuel, Janke, Otto. Berlin 1893.* ist für diese Arbeit wenig von Bedeutung. Dort versuchte sich Pappenheim daran, den gegenwärtigen Stand der Fröbel'schen Kindergärten in Deutschland zu zeichnen, der Bericht besitzt somit primär aus sozialgeschichtlicher Perspektive Bedeutung.

[216] Er stand der kritischen Vorwegnahme schulischer Inhalte (vgl. Pappenheim 1882, 4ff., Pappenheim 1893, 75ff.), als auch der allzu strikten Vorbereitung auf den künftigen Beruf kritisch gegenüber (vgl. Pappenheim 1893, 62). Letzteres lässt sich durchaus als Kritik an Marenholtz-Bülow lesen. Er fragte sich, ob die Herbartsche Pädagogik nicht auch im Kindergarten Anwendung finden könne und solle, ob man „zeitweilig eine bestimmte, einzelne Gedankengruppe (Vorstellungskreis) vorzugsweise zu pflegen" (Pappenheim 1893, 64) habe. Neben der Nähe zu Herbart lässt sich auch hier die Idee des Monatsgegenstandes in Ansätzen erkennen. Der Kindergarten sollte die erste Stufe im öffentlichen Erziehungs- und Unterrichtswesen einnehmen (vgl. ebd., 66). Durchaus war für Pappenheim der inhaltliche Pluralismus der Einrichtungen vertretbar, auch da er die Pädagogik des Kindergartens noch als im Werden begriffen sah (vgl. ebd., 67). In einem Brief an Franz Schmidt, der sich eigentlich mit der Vermittlungsklasse beschäftigt, findet sich ein Zitat, das sich an einer Definition des Kindergartens versucht: „Ich definierte den Kindergarten früher öfters als eine auf die echte Kindesnatur gegründete Erziehungsweise des noch nicht schulfähigen Kindes. Jetzt jedoch nenne ich ihn lieber eine Erziehungsweise, welche alle Seiten der Kindesnatur pflegt, und sich hierzu vorzüglich der Triebe des Kindes nach sinnlicher *Anschauung* und *Thätigkeit* (Schaffen, Darstellen, Bewegung) bedient; denn indem sie diese in Bewegung setzt, bildet sie nicht nur diese selbst, sondern wirkt durch sie auch belehrend, entwickelnd, veredelnd auf alle übrigen Gemüthskräfte" (Pappenheim 1893, 73). Ganzheitlichkeit wird betont. Insbesondere seien es jedoch die Triebe der Anschauung und Tätigkeit, die dabei benutzt werden müssten, da sich diese so selbst bilden und sich dies auch positiv auf alle weiteren Gemütskräfte auswirken würde.

Lina Morgenstern: Lina Morgenstern,[217] die sich in zahlreichen sozialen Projekten engagierte, stand dem radikalen Flügel der bürgerlichen Frauenbewegung nahe und war auch in der Fröbelbewegung aktiv. Das erstmals 1860 veröffentlichte *Paradies der Kindheit* war eines der ersten Fachbücher zur Fröbelpädagogik. Es war als Lehrbuch für Mütter, Kindergärtnerinnen und Erzieherinnen nach dem System Fröbels gedacht, die hier verwendete 6. Auflage stammt aus Jahr 1904. Seit der Erstausgabe wurde es immer wieder zeitgemäß erweitert (vgl. Morgenstern 1904, 6/7). An den zahlreichen Auflagen zeigt sich der Einfluss, den dieses Buch besessen hat. Morgenstern wehrte sich gegen eine „Orthodoxie der Form" (ebd., 4), ihrer Ansicht nach sollte das System zwar im Geiste Fröbels gelehrt, aber auch ausgebaut werden (vgl. ebd., 4).
Nicht alle Abschnitte im *Paradies* sind für diese Arbeit von Interesse, vor allem die zweite Abteilung, in der Morgenstern auf Allgemeines über Fröbels System und die Erziehung einging, ist relevant.[218] Zurückgegriffen wird zusätzlich noch auf den Text *Der Kindergarten und die Schule und in welcher Weise ist die organische Verbindung zwischen beiden herzustellen?* (1874). Anlässlich des 100. Geburtstages Fröbels veröffentlichte sie 1882 des Weiteren die Festschrift *Friedrich Fröbel*, die jedoch für diese Arbeit weniger von Bedeutung ist.[219]

Im Vorwort zur 6. Auflage von *Paradies der Kindheit* findet sich ein Zitat, anhand dessen Morgensterns Vorstellungen recht deutlich werden:

„…denn das Kind steht inmitten der Gesellschaft als ihr Glied und als ein zur Selbstbestimmung sich bildendes Individuum und muß außer zu den allgemeineren menschlichen Anschauungen und Beziehungen jederzeit im Einklang mit den Bestrebungen der Gegenwart gebracht werden. Das höchste Ziel der Erziehung ist die freie Selbstbestimmung, die nur erreicht werden kann durch Entfaltung aller im Kinde ruhenden Fähigkeiten zum kräftigen Wollen, selbständigen Urteilen und selbsttätigen Wirken" (Morgenstern 1904, 3).

---

[217] Lina Morgenstern wurde am 25. November 1830 als Tochter eines wohlhabenden Fabrikanten geboren. Dem Vorbild ihrer Mutter folgend übte sie sich früh in sozialer Wohltätigkeit. 1854 ehelichte sie Theodor Morgenstern und zog mit ihm nach Berlin, nach finanziellen Schwierigkeiten musste sie für den Lebensunterhalt für sich und ihre insgesamt 5 Kinder sorgen. Dabei griff sie auf ihre literarische Begabung zurück und schrieb Kindergeschichten, Märchen und übersetzte Lieder. Auf ihrer Suche nach pädagogischer Literatur stieß sie auf Fröbel, außerdem lernte sie Marenholtz-Bülow kennen. Sie war Mitinitiatorin des „Berliner Frauen-Vereins zur Beförderung Fröbelscher Kindergärten", der 1859 noch zur Zeit des Kindergartenverbotes gegründet wurde. Bereits 1860 wurde der zweite Vereinskindergarten gegründet, später folgte ein Kindergärtnerinnenseminar, ehe sie den Vorstand des Berliner Frauen-Vereins aufgrund unüberbrückbarer Differenzen abgab. Morgenstern gründete zahlreiche soziale Vereine, deren Leitung sie zumeist bald weiter gab, um sich neuen Aufgaben zuzuwenden. Beispielsweise war sie an der Gründung der Berliner Volksküchen beteiligt, weshalb der Volksmund sie auch Suppenlina nannte. 1868 gab sie auch in Billgstbroschur für 30 Pfennig die *Kochrecepte der Berliner Volksküchen* heraus.
[218] Die erste Abteilung befasst sich Friedrich Fröbels Leben und Wirken, die dritte mit den Mutter- und Koseliedern. In der vierten Abteilung ging sie auf den leitenden Grundgedanken der Fröbel'schen Spielgaben ein und erläuterte ausführlich die Spielgaben. In der fünften Abteilung finden sich die Bewegungsspiele und in der sechsten die freitätigen Beschäftigungen des Kindes, Garten- und Tierpflege, der Gesang, Bildererklären und Erzählung und im Anhang Gedichte und Erzählungen von ihr selbst.
[219] Dabei unterliefen ihr laut Berger zahlreiche Fehler (vgl. Berger 1995, 145).

Das Kind, so Morgenstern, ist Teil der Gesellschaft, der Mensch ist ein geselliges Wesen, weshalb das Kind auch auf die gesellschaftlichen Anforderungen vorbereitet werden muss. Aber das Kind sei auch ein Individuum und zur Selbstbestimmung bestimmt, dies sei sogar das Ziel von Erziehung. Alle Fähigkeiten des Kindes müssten so entfaltet werden, dass das Kind als Erwachsener zur Selbstbestimmung fähig sei. Der Kindergarten habe deshalb „die Aufgabe, das Kind als Einzelwesen, wie als Glied der Gesammtheit zu erfassen, es körperlich und geistig zu kräftigen, zu entwickeln und seine Eigenartigkeit zu berücksichtigen" (Morgenstern 1874, 10).

Zunächst müssten deshalb die geistigen und körperlichen Kräfte harmonisch entwickelt werden. Dazu diene Fröbels Spiel- und Beschäftigungsganzes. Es schließt sich nach Morgenstern an den Tätigkeitstrieb des Kindes an, die vernünftige Anwendung ermöglicht die harmonische Entwicklung aller Anlagen. Voraussetzung für die Entwicklung des Kindes sei die „richtige Pflege seiner geistigen und körperlichen Bedürfnisse" (Morgenstern 1904, 41) und eben diese bekomme das Kind im Kindergarten (vgl. ebd., 37). Hier werde der Tätigkeitstrieb genährt, sowie der Forschungstrieb geweckt und befriedigt, gleichzeitig das Kind aber auch an Gehorsam gewöhnt und auf seine Bestimmung hingewiesen, Glied eines Ganzen, also Teil der menschlichen Gesellschaft zu sein (vgl. ebd., 40).

Wichtig ist auch für Morgenstern das Spiel. „Das Spiel ist seine [des Kindes, H.W.] Arbeit, welche seine Fähigkeiten kräftigt und bildet" (Morgenstern 1904, 45). Aufgabe müsse es deshalb sein, das Spiel zu pflegen und dem Kind das zu reichen, wonach es verlange. Ideal sei dabei Fröbels Spielsystem, denn es bewirke die „Ausbildung der Körper- und Geisteskräfte" und dies sei die „Grundlage aller weiteren Bildung und Belehrung" (ebd., 47). Abwechseln sollten sich die Spiele mit den Bewegungsspielen, denn diese würden der Kräftigung dienen und auf die Anmut und Schönheit des Körpers wirken (ebd., 47).

Der Kindergarten darf deshalb gemäß Morgenstern auch keine Schule sein. Während das Kind im Kindergarten durch eigenes Tun und Erfahren lerne, indem die Belehrung an die eigenen Erfahrungen angeknüpft und gleichzeitig abstraktes, von den wirklichen Dingen abgezogenes Denken ausgeschlossen werde (vgl. Morgenstern 1874, 10), sei dies in der Schule anders: „Im Kindergarten ist das *Kind* die Hauptsache, in der Schule der *Lehrgegenstand*" (ebd., 12). Während im Kindergarten individuell auf die Kinder eingegangen und die Anschauung geübt werde,[220] werde in der Schule gleichmäßiges Fortschreiten der ganzen Klasse gefordert, Aneignung von bestimmten zumeist abstrakten Kenntnissen. Die Schule, so Morgenstern, unterrichtet, während der Kindergarten erzieht! (vgl. ebd., 13). Der Kindergarten bereitet auf die Schule und das Leben vor, „indem er die Entwickelungsgesetze des kindlichen Geistes und Körpers beachtet und das Kind durch seine Erziehungsmittel zur freien Benützung all seiner Kräfte bringt" (Morgenstern 1904, 66).

---

[220] Die Beschäftigungen des Kindergartens bestanden aus vier Hauptgruppen: A. Die Handbeschäftigungen und Anschaumittel; B. Erzählen, Gedichtlernen, anschauliche Besprechungen, Bildererklären; C. Gesang, Bewegungsspiele, Turnen; D. Garten- und Tierpflege (vgl. Morgenstern 1874, 18ff.).

Im Kindergarten werde das Kind erzogen (vgl. Morgenstern 1904, 49). Was aber ist Erziehung?

> „Erziehung ist Entwickeln nach göttlichen Gesetzen zum wirklichen und idealen Leben, d.h. ein Kind ausrüsten zum Kampf mit dem Leben, es fähig zu machen, einst einen idealen Menschen darzustellen. Ziehen, Erziehen ist aber auch ein in die Höhe ziehen, d.h. ein Lenken des kindlichen Strebens zu allem Guten, Hohen, Erhabenen. Erziehung kann daher nie vollenden – sie kann nur den Grundstein legen zur richtigen Vollendung oder zum Verderben, sie kann Keime der Seele erwecken und wach halten, bis sie genug erstarkt sind selbständig weiter zu wachsen, sie kann Kräfte pflegen und Leidenschaften unterdrücken, aber sie vermag nur da dauernd zu wirken, wo sie in sich einig, nach bestimmtem Zwecke und mit der Energie, Ruhe und individueller Berücksichtigung selbstlos geübt wird" (Morgenstern 1904, 49).

Das Kind müsse zum Kampf mit dem Leben ausgerüstet werden, weniger martialisch ausgedrückt: Es muss befähigt werden, mit dem Leben zu Recht zu kommen. Gleichzeitig soll aber auch auf den idealen Menschen abgezielt werden. Erziehen, das auch „ein Lenken des kindlichen Strebens" sei, sei deshalb auf das sittlich Ideale hin ausgerichtet. Aber dazu müsse es gelingen, dass der Mensch in sich einig sei – Fröbels Ziel der Lebenseinigung. Darauf müsse die ganzheitliche Erziehung hinwirken.

Auch bei Morgenstern findet sich demnach der Aspekt der ganzheitlichen Entwicklung, die durch Erziehung unterstützt werden muss, insbesondere durch das Spiel nach Fröbel. Grundlage der kindlichen Entwicklung würden das eigene Tun und Erfahren bilden, insbesondere in Form des Spiels, dessen bildende Bedeutung sie hervorhob. Aufgabe müsse es sein, eine Umgebung zu schaffen, die dem Kind das biete, wonach es verlange, so dass es seine Körper- und Geisteskräfte entfalten, sich bilden könne.

Als Teil der Gesellschaft muss das Kind aber auch auf das spätere Leben innerhalb derselben vorbereitet werden und dies bedeutet, dass Tugenden, die das gesellschaftliche Zusammenleben ausmachen, übernommen werden müssen. Von größerer Bedeutung ist jedoch die freie Selbstbestimmung, sie ist das höchste Ziel aller Erziehung. Alle Fähigkeiten des Kindes müssen deshalb so entfaltet werden, dass das Kind als Erwachsener zur Selbstbestimmung fähig ist, ein Aspekt, der kaum mit den Vorstellungen einer geeigneten sittlich-religiösen Erziehung im Sinne der christlichen Kinderpflege zu vereinbaren ist.

Lorenz Illing: Lorenz Illing nimmt zumeist nur eine nebenständige Rolle in der Geschichte der öffentlichen Kleinkinderziehung ein. Illing war Schriftführer des Fröbelvereins in München, sowie Vorstand und Lehrer der Kindergärtnerinnen-Bildungsanstalt in München und hat einige zumeist kleinere Schriften verfasst. Dazu gehören die Schriften *Nothwendigkeit und Zweckmäßigkeit der Umwandlung der Kleinkinder-Bewahr-Anstalten in Volkskindergärten* (1871) und *Volkskindergarten oder Bewahranstalt?* (1876), sowie *Der Kindergarten als ethische Erziehungs- und Bildungsanstalt* (1878). Hinzu kommen der *Bericht über die Kindergartenanstalten Münchens 1871/1872* (1872) und *Die organische Verbindung des Kindergartens mit der Schule* (1875).

Im Kindergarten sah Illing „eine Erziehungsanstalt, gegründet für alle im Vorschulalter befindlichen Kinder. Durch ihn werden den Eltern weder die Pflichten noch ihre Rechte abgenommen, sondern ihr Erziehungsgeschäft wird verbessert, unterstützt und ergänzt, dabei regt er die gesammten Kräfte seiner Zöglinge bis zur ihrer Schulreife naturgemäß an, entwickelt sie harmonisch und bildet sie sachgemäß aus. Er ist eine Mütterbildungsanstalt, ein Segen für alle Stände, für die unteren und die höheren Klassen " (Illing 1876, 24).

Es gilt, „den ganzen Menschen innerlich und äußerlich" zu erfassen und „harmonisch des Kindes Kräfte" zu entwickeln (Illing 1871, 5). Wird dabei Fröbels Methode angewandt, so Illing, können sogar die schwächstbegabten Kinder „zu denkenden, selbstthätigen und selbständigen Gliedern der menschlichen Gesellschaft" (ebd., 5) herangebildet werden. Überhaupt sei die frühe Erziehung von großer Bedeutung, denn „die Elementarbildung und erste Erziehung des Kindes sind die sichersten Grundlagen für das spätere Wissen und Können, für das Denken, Fühlen und Wollen des Menschen. Die erste Kindheitsperiode ist deßhalb für den Erzieher auch die wichtigste" (Illing 1876, 3). Schon mit der Geburt und mit dem Vorschulalter müsse die „Grundlegung zur naturgemäßen Entwicklung und Bildung des Kindes" (ebd., 3) gelegt werden, auch wenn dies eigentlich Aufgabe der Mutter sei. Bildung wird hier in eine Nähe zur kindlichen Entwicklung gesetzt, die angeregt und gefördert werden muss, auch wenn der Begriff nicht systematisch verwendet oder sein Verständnis ausgearbeitet wird.

Von Marenholtz-Bülow übernahm Illing die Triebtypologie (vgl. Illing 1871, 8/9; Illing 1875, 12),[221] allerdings verwies er auch auf die Schriften von Goldammer und Köhler (vgl. Illing 1872, 6). Diese Triebe sollten angeregt und gepflegt werden, da so die kindliche Entwicklung positiv unterstützt werde. Am besten gelinge dies durch die Bewegungsspiele und Beschäftigungen. Durch sie würden z.B. der Tätigkeitstrieb des Kindes geweckt und geregelt und dadurch alle Sinne des Kindes „gebildet" (Illing 1871, 8), sowie die Glieder gestärkt (vgl. Illing 1876, 23/24). In den Spielen und Beschäftigungen liege ein tieferer Sinn, ein wohldurchdachtes System, „das in natürlicher Stufenfolge Glieder und Sinne, Denken, Fühlen und Wollen des Kindes stärkt und stählt" (Illing 1876, 14). So würden im Kindergarten die Kinder durch „seine beschäftigenden Spiele und spielenden Beschäftigungen geistig und leiblich gefördert" (Illing 1871, 6).
Nicht durch schulmäßigen Unterricht, so Illing, allein durch die Spielgaben und Beschäftigungsmittel werden die Kinder schulreif und außerdem auf den zukünftigen Beruf vorbereitet (vgl. Illing 1872, 7; Illing 1876, 21; Illing 1878, 5/6). Die Kinder der Arbeiterklassen können „in allen für das spätere Berufsleben nöthigen Handgriffen und Fertigkeiten spielend sich üben und dadurch Gelegenheit und Anregung erhalten, ihre Arbeitskraft und ihren Verdienst im späteren Berufe zu steigern" (Illing 1876, 32). Durch die angemessene Pflege der angeborenen Triebe werden die Kinder demnach also auch auf ihr späteres Leben in Arbeit vorbereitet, auch indem „Langeweile und dem Müßiggange, dem Anfange alles Lasters, vorgebeugt" (Illing 1876, 13) wird.

---

[221] Den Trieb zur Tätigkeit, Trieb zum Bodenbau, Trieb zum Gestalten, Trieb zur Musik, den Wissens-, Gesellschafts- und religiösen Trieb (vgl. Illing 1871, 9).

Auch bei Illing steht Erziehung also in einem Zusammenhang mit der Vorbereitung auf das Arbeitsleben. Derartige Ansichten sind innerhalb der Fröbelbewegung keineswegs neu. Bei Illing wird dies aber noch um eine nationalistische und staatsstabilsierende Komponente ergänzt. „Fröbels Kindergarten" sei „eine echt deutsche Erziehungs- und Bildungsanstalt im wahren und vollen Sinne des Wortes" (Illing 1878, 5) und die gemeinsamen Spiele und Beschäftigungen besäßen eine „geist- und körperbildende, sittlich-religiös erziehende Wirkung" (ebd., 5). Der Kindergarten diene der sittlichen und sozialen Verbesserung des deutschen Volkes (vgl. Illing 1878, 5/6 u. 27) und auf die „Versittlichung und Vergeistigung des Volkes und die Erziehung desselben zur Selbständigkeit und nationalen Erhebung" (Illing 1871, 7) abziele. Hier biete sich die Möglichkeit, die Nation und die Gesellschaft zu festigen und zu stabilisieren (vgl. Illing 1875, 5), die „Keime der Menschen- und Vaterlandsliebe sollen hier geweckt werden" (Illing 1876, 13). So biete das gemeinsame Spiel der Kinder die Möglichkeit „zur Erziehung der gesellschaftlichen Tugenden, zur Weckung der Menschen- und Vaterlandsliebe" (ebd., 23). Illing versuchte auch zu widerlegen, dass der Kindergarten unchristlich oder gar atheistisch sei. Zwar sollte es einen Religionsunterricht in systematischer Form im Kindergarten nicht geben und er keine konfessionelle, sondern eine christliche Färbung besitzen, christliche Inhalte sollten aber auch im Kindergarten eine Rolle spielen (vgl. Illing 1871, 9; Illing 1878, 14f.). Denn „Bildung ohne religiöse Erziehung ist ein Schwein mit einem goldenen Halsbande; Erziehung ohne vernünftige Bildung ist eine Maschine ohne Leben und Wärme. Beide müssen sich durchdringen und beleben" (Illing 1878, 28). Nach Illing ist die „religiös-sittliche Gemüts- und Willensbildung des Einzelnen die Grundlage aller Bildung und nationalen Erziehung des Volkes" (ebd., 28). Bildung wurde von ihm demnach als Charakterbildung verstanden.

Auch Illing ging es also um Erziehung und Bildung. In seinen grundlegenden Ansichten bietet sein Denken nichts genuin Neues, hier ist er ganz der Fröbelbewegung zugehörig. Deutlicher als bei anderen Vertretern dieser Bewegung erhält bei Erziehung eine andere Komponente. Zwar hat auch nach Illing Erziehung die kindliche Entwicklung anzuregen und zu unterstützen, aber zugleich hat sie die Kinder immer auch auf die Arbeit vorzubereiten und dient so der Stabilisierung der Gesellschaft. In seiner Deutlichkeit mag Illing innerhalb der Fröbelbewegung als Ausnahme anzusehen sein, wiederum zeigt sich jedoch, dass derartige Tendenzen Teil der Fröbelbewegung waren.

Henriette Goldschmidt: Eine wiederum andere Perspektive bietet Henriette Goldschmidt.[222] Goldschmidt war vor allem in der Frauenbewegung, aber auch innerhalb der

---

[222] Henriette Goldschmidt (1825–1920) war 1865 an der Gründung des „Allgemeinen Deutschen Frauenvereins" beteiligt. Von 1867 bis 1906 war sie hier Vorstandsmitglied und übernahm zunehmend die Funktion des Sprachrohrs dieses Vereins. Daneben war sie auch für das Kindergartenwesen aktiv. Dies bot sich allein aufgrund der Übereinstimmung mit den Zielen der Frauenbewegung an, außerdem stimmten Fröbels Ansichten über das weibliche Geschlecht mit ihren überein. 1871 gründete sie einen „Verein für Familien- und Volkserziehung", der auf eine große Resonanz stieß. Sein Ziel war die Verbreitung von Kindergärten und die Ausbildung qualifizierter Kindergärtnerinnen. Aus diesem Grund gründete der Verein 1872 sowohl einen Kindergarten als auch ein Kindergärtnerinnenseminar. 1878 entstand das „Lyzeum für Damen", dass auf die Berufe Erzieherin in der Familie, Leiterin von Kindergärten und Lehrerinnen an Kindergartensemi-

Kindergärtnerinnenausbildung aktiv. 1898 verfasste sie gemeinsam mit Auguste Schmidt die bereits zuvor erwähnte Petition und reagierte auf den Angriff von Beetz mit einer Gegenschrift. 1904 gab sie die *Mutter- und Koselieder* neu heraus, wobei sie erhebliche Eingriffe vornahm und Fröbel neu und in einem kulturgeschichtlichen Sinn interpretierte. Dieser Interpretationsansatz findet sich auch in ihren anderen Werken, vor allem in *Was ich von Fröbel lernte und lehrte. Versuch einer kulturgeschichtlichen Begründung der Fröbel'schen Erziehungslehre* (1909). Mit ihrer kulturgeschichtlichen Umdeutung von Fröbels Pädagogik orientierte sie sich an Marenholtz-Bülow,[223] allerdings war eine derartige Interpretation Fröbels zu jener Zeit häufiger anzutreffen.[224] Bei Goldschmidt trat sie jedoch besonders markant hervor (vgl. Heiland 2001, 72). *Was ich von Fröbel lernte und lehrte* stellt Goldschmidts wichtigste Schrift dar. Hier hat sie ihren kulturgeschichtlichen Interpretationsansatz ausgearbeitet. Es sollte jedoch kein Schul- oder Lehrbuch und somit kein Buch für die Praxis sein, ihr Denken dürfte vermutlich wenig Einfluss auf die Praxis besessen haben (vgl. Goldschmidt 1909, 161). Ihre Schrift *Ideen über weibliche Erziehung im Zusammenhange mit dem System Friedrich Fröbels* (1882) ähnelt ihrer späteren Schrift, teilweise ist sie sogar identisch.

Goldschmidt begründete Fröbels Pädagogik gerade nicht anhand der sphärenphilosophischen Basis, vielmehr steht sie bei ihr im Kontext der kulturellen Entwicklung der Menschheit. Im Kindergarten hat sich nach Goldschmidt die Phylogenese, die Kulturgeschichte des Menschen ontogenetisch zu wiederholen (vgl. Goldschmidt 1909, 6). Fröbels Erziehungssystem ermögliche es, die Entwicklung der Menschheit zu durchlaufen, denn Fröbel sei es gelungen, „die Gesetzmäßigkeit für die Entwickelung des Einzelwesens zu finden, die auf dem langen Wege der Kulturentwickelung der Gesammtheit sich herausgearbeitet, eine Gesetzmäßigkeit, welche uns leitet, aber nicht fesselt" (Goldschmidt 1882, 97).

An dieser Stelle kann Goldschmidts kulturgeschichtliches Verständnis nur angedeutet werden. Als Ideal galt ihr die Stufe der Humanität, die jedoch bisher auch noch nicht von den Kulturvölkern der neuen Zeit erreicht worden sei. Aber sie müsse angestrebt werden und dazu diene auch Erziehung (vgl. Goldschmidt 1909, 26ff.). Die Stufe der Humanität sei das „zu erreichende Ziel der Erziehung für den Einzelnen und für die Gesammtheit" (Goldschmidt 1882, 25).

Im Kind zeige sich nun die Entwicklung der ganzen Menschheit, „die Entwicklung des Einzelnen gleicht der Entwicklung der Gesamtheit" (vgl. Goldschmidt 1882, 39). Am Anfang aber stehe der Naturmensch und ihm ähnele auch das Kind. Erziehungsziel ist nach Goldschmidt aber der humane Mensch und deshalb ist der Weg vom Naturmenschen zum humanen Menschen in kultureller Hinsicht die Aufgabe für die Gesamtheit

---

naren vorbereitete. Hier wirkten als Dozenten namhafte Universitätsgelehrte. Schon bald forderte Goldschmidt die Umgestaltung des Lyzeums zu einer weiblichen Hochschule, die 1911 durch eine großzügige Stiftung und den Ausbau zur „Hochschule für Frauen" möglich wurde (vgl. Berger 1995, 51/52). Henriette Goldschmidt starb hochbetagt im Alter von 95 Jahren am 30. Januar 1920.

[223] So stammt von ihr auch *Bertha von Marenholtz-Bülow*: ihr Leben und Wirken im Dienste der Erziehungslehre Friedrich Fröbels (1896).

[224] Heiland verweist auf die Schriften von Rudolf Eucken, sowie Rönsch, Gustav: Fröbels Stellung in der Kulturgeschichte. In: Deutsche Schulpraxis, Jg.29, 1909.

und in erzieherischer Hinsicht für den Einzelnen. Das Ideal des sittlich Guten, das Ideal der Bildung zur Humanität das Ziel aller Erziehung (vgl. ebd., 29/30).
Jeder Mensch, so Goldschmidt, fängt jedoch als Kind und deshalb als Naturwesen an. Aus diesem Grund müsse das Kind als Naturwesen beachtet werden (vgl. Goldschmidt 1882, 55; Goldschmidt 1909, 58). Zunächst müsse dem Tätigkeitstrieb Rechnung getragen werden, denn „der Mensch ist ein schaffendes, tätiges Wesen" (Goldschmidt 1909, 48). Am Anfang der menschlichen Kultur habe jedoch die Arbeit mit der Hand gestanden und dies wiederhole sich auch im Kind. Es greife nach Dingen, bevor es zu begreifen vermöge. Die Kinder könnten aber die Arbeiten der Erwachsenen nicht mehr durch Zuschauen und Eigentätigkeit erlernen, da diese aus dem Blickfeld der Kinder verschwunden seien. Aber das Kind habe ein Verlangen danach, eine innere Aufforderung zum Tätigsein, zum Schaffen und Darstellen, und diesem Bedürfnis dürfe kein Hindernis entgegengestellt werden, sonst würden die Kräfte geschwächt (vgl. ebd., 48ff.).
Wie kann man diesem Bedürfnis nach Tätigkeit aber nun gerecht werden? Die Tätigkeit des Erwachsenen ist nach Goldschmidt die Arbeit, die des Kindes jedoch das Spiel (vgl. Goldschmidt 1882, 80). Wie der Erwachsene in der Arbeit, so kann das Kind nur im Spiel sein schöpferisches Vermögen befriedigen (vgl. Goldschmidt 1882, 87ff.; Goldschmidt 1909, 73/74). Die Arbeit sei „freitätige Darlebung des Innern, die bei dem Kinde sich im Spiele zeigt" (Goldschmidt 1909, 74). Das Spiel des Kindes sei seine Arbeit, nur hier könne es sein Wesen offenbaren und deshalb müsse man dem Spiel für die Entwicklung der „geistigen, gemütlichen und sittlichen Anlagen eine große grundlegende Bedeutung zuerkennen" (ebd., 74).
„In dem Spieltriebe des Kindes spricht sich der Kulturtrieb des Menschen aus" (Goldschmidt 1909, 61). Aber diese Triebe müssten auf das Ziel des humanen Menschen hingeleitet werden und deshalb sei die Leitung dieses Triebes auch eine Aufgabe von Erziehung. Fröbel, so Goldschmidt, ist es gelungen „den Gesetzen der Natur und Menschheitsentwicklung gemäß, die Bedingungen für die Spielmittel als Entwicklungs- und Erziehungsmittel" (ebd., 63) festzustellen, er hat das, was das Kind auf seiner Kulturstufe braucht, in den Spielmitteln hervorgebracht. Die Fröbel'schen Konstruktionsformen (Lebens-, Schönheits- und Erkenntnisformen) wurden deshalb von ihr in Nutzformen, Schönheitsformen und Kenntnis- oder Lernformen uminterpretiert und so die Spiel- und Beschäftigungsmittel kulturgeschichtlich begründet. Der Mensch hat zunächst das Nützliche, dann das Schöne erschaffen, woraus sich wiederum die Gesetze des Schaffens, die Kenntnisformen ergeben hätten. Dieser Weg müsse sich beim Kind wiederholen, denn „so vollzieht sich hier im Kleinen, im Spiel, der Entwicklungsgang, den wir im allgemeinen bei der Kultivierung der Menschen, ihrer Selbsterziehung, wahrnehmen können" (ebd., 84).
Im Spiel des Kindes zeigen sich demnach zwei Dinge. Zum einen der Schaffenstrieb, der Befriedigung finden will und auch muss, zum anderen aber auch die Kulturtriebe des Menschen: „Der Spieltrieb des Kindes ist sein Tätigkeits-, sein Schaffenstrieb und zeigt die Kulturtriebe des Menschen in ihren ersten Anfängen" (Goldschmidt 1909, 77). Das Spiel ist nach Goldschmidt wichtig, da der Tätigkeitstrieb befriedigt werden will, aber auch, da sich hier die Anfänge hin zur Entwicklung des humanen Menschen zeigen. Werden diese Anfänge aber nicht geeignet genutzt und geleitet, kann das Erziehungsziel nicht erreicht werden.

Erziehungsziel ist der humane Mensch und mit ihm das Ideal des sittlich Guten. Derart konnte Goldschmidt auch sittliche Aspekte integrieren. Das Kind, so Goldschmidt, muss sich als Kind der Menschheit und als ein Geschöpf Gottes erahnen (vgl. 1909, 55/56). Speise, Wohnraum und Kleidung und auch Spielmittel sollten einfach sein und den körperlichen Bedürfnissen sollte man so gerecht werden, dass sie zur Grundlage einer „gemütlich-sittlichen Erziehung" (ebd., 59) führen. Erste Eindrücke von Pünktlichkeit und Ordnung seien zu vermitteln und da vieles, was das Kind wahr- und aufnehme, sich für das Leben in ihm festsetze, habe die Erzieherin Vorbild zu sein (vgl. ebd., 58-60) Da durch die einzelnen Gaben, ein „ABC der Anschauung und des Thuns" (Goldschmidt 1882, 115), die Geschicklichkeit, sowie Augen und Hand geübt würden, diene dies auch zur Vorbereitung auf das Berufsleben, an anderer Stelle spricht Goldschmidt auch von „technischer Bildung" (ebd., 130). Auch die Bewegungsspiele sollten deshalb weitgehend „Nachahmungen von Arbeitsvorgängen" (Goldschmidt 1909, 125) sein und dazu dienen, den Kindern die Regeln des Zusammenlebens nahe zu bringen (vgl. ebd., 120). Erziehung wurde auch von Goldschmidt als Arbeitserziehung verstanden.

Henriette Goldschmidts Vorstellungen besitzen eine gewisse Nähe zu denjenigen Marenholtz-Bülows. Auf ihren anthropologischen und kulturgeschichtlichen Annahmen aufbauend, verstand sie das Spiel als die Arbeit des Kindes. Das Kind muss in seiner individuellen Entwicklung diejenige der Menschheit durchlaufen und da am Anfang der Naturmensch steht, muss das Kind als Naturwesen geachtet und beachtet werden. In der Kindheit muss der Tätigkeitstrieb, vor allem die Arbeit mit der Hand, Beachtung finden – eben dazu dient das Spiel, die Arbeit des Kindes. Durch Fröbels Spiele und Beschäftigungen wird das Kind in seiner ganzheitlichen Entwicklung unterstützt. Anzustreben aber ist der humane Menschen und somit das Ideal des sittlich Guten, die Bildung zur Humanität ist das Ziel aller Erziehung. So war es Goldschmidt möglich, Aspekte einer sittlichen Erziehung in ihr Erziehungsverständnis zu integrieren. Auch die sittliche Erziehung gelingt durch das Spiel, es fördert das Kind in der anzustrebenden Entwicklung hin zum humanen Menschen. Aber damit konnte Goldschmidt zugleich die Vorbereitung der Kinder auch auf ihre spätere Arbeitstätigkeit verbinden, auch dieser Aspekt gehört zu Goldschmidts Erziehungsverständnis.

Johannes Prüfer: Zur Fröbelbewegung im Kaiserreich gehört zuletzt auch Johannes Prüfer. Prüfer übernahm ab 1911 eine Dozentur an der von Henriette Goldschmidt und Johannes Volkelt gegründeten „Hochschule für Frauen" und unterrichtete dort Erziehungskunde und Psychologie. Außerdem leitete er das „Institut für Erziehungskunde" und war am Aufbau eines „Erziehungsmuseums", sowie eines „Archivs für Erziehungserfahrungen" beteiligt. 1914 wurde er Verwaltungsdirektor der Hochschule, zeitgleich baute er das Fröbelmuseum in Bad Blankenburg auf. Prüfer hat sich vor allem um die Fröbelforschung verdient gemacht, neben seiner Fröbelbiographie stehen Editionsleistungen, auch wenn die geplante Gesamtausgabe von Fröbels Schriften und Briefen nicht zustande kam (vgl. Heiland 1992, 166).

Ergebnis seiner Lehrtätigkeit und seiner Forschungen ist auch die *Kleinkinderpädagogik* (1913).[225] Mit Hilfe dieser Schrift wollte er die „wichtigsten Faktoren der Kleinkinderziehung einer kritischen Betrachtung" (Prüfer 1913, 2) unterwerfen. Neben einem historischer Teil (vgl. Prüfer 1913, 5-138), in dem er sich am ausführlichsten mit Friedrich Fröbel auseinandersetzte und auf die historische Entwicklung der Einrichtungen der öffentlichen Kleinkinderziehung einging, enthält die *Kleinkinderpädagogik* auch einen theoretisch-praktischen Teil. Im Grunde beschrieb er die vorausgehenden Pädagogen als Vorläufer Fröbels, ordnete Fröbel aber auch in die Geschichte der Kleinkinderpädagogik ein. Ein derartiges Vorgehen wäre zuvor innerhalb der Fröbelbewegung noch undenkbar gewesen, denn indem er Fröbel als historisch darstellte, bewertete er ihn zugleich auch als nicht unbedingt relevant für die Gegenwart (vgl. Heiland 1992, 178). Der historische und theoretisch-praktische Teil sind dann auch nahezu unverbunden. Prüfer nahm dort kaum Bezug auf Fröbel, stattdessen griff er auf neue Erkenntnisse beispielsweise der Entwicklungspsychologie zurück. Auch wenn Prüfer zur Fröbelbewegung des Kaiserreichs gehört, zeigt sich an ihm doch die Weiterentwicklung, wie er auch schon auf die Weimarer Epoche hindeutet.

So ist der theoretisch-praktische Teil auch vollkommen anders aufgebaut als die Schriften der übrigen Vertreter der Fröbelbewegung aus dieser Zeit. Prüfer beschäftigte sich zunächst relativ ausführlich mit dem Erziehungsbegriff, kaum von Bedeutung ist bei ihm dagegen der Begriff der Bildung.

Erziehung, so Prüfer, ist „nichts anderes als *absichtliche*, als *bewusste* Einwirkung auf die Entwicklung heranwachsender Menschen" (Prüfer 1913, 141). Alles was unbewusst verläuft, muss davon abgetrennt werden und kann demnach auch nicht als Erziehung bezeichnet werden, z.B. die Sozialisation. Nach Prüfer kann sich der Mensch zwar auch ohne absichtliche Erziehung positiv entwickeln, aber eine positiv gehandhabte Erziehung ist dennoch sinnvoll, weil sie die Entwicklung des Kindes fördert (vgl. ebd., 141).

Der Sinn allen Lebens liege in der „Entfaltung der in einem Organismus schlummernden Kräfte, Entwicklung der in ihm ruhenden Keime und Anlagen" (Prüfer 1913, 142). Diese Entwicklung müsse absichtlich und bewusst gefördert werden und genau darin liege der tiefste Sinn der Erziehung: „Die Jugend in ihrer gesunden und natürlichen Entfaltung zu fördern und alles fernzuhalten, was der Entwicklung schädlich werden kann […] das ist das eigentliche Wesen, die eigentliche Aufgabe der Erziehung" (ebd., 143). Die Frage nach dem Ziel von Erziehung ist nach Prüfer dabei nicht weiter notwendig, denn das Leben ist so mannigfaltig und vielgestaltig, dass ein eng umgrenztes Ziel diesem nicht gerecht werden kann (vgl. ebd., 143/144).

Der Zweck der Erziehung ist für Prüfer jedoch die Selbständigkeit des Kindes. Selbständig soll er seine Bestimmung erreichen, Erziehung soll aufhören und der Selbsterziehung weichen. Als den formalen Zweck der Erziehung sah Prüfer die Selbständigkeit des Kindes an, als den sachlichen Zweck die Bestimmung des Menschen und daraus ergab sich für ihn: „Erziehe den Zögling so, daß er, selbständig geworden, seine Bestimmung

---

[225] Seine anderen Arbeiten, auch *Theorie und Praxis der Erziehung*. Leipzig 1917, sind für diese Arbeit nicht von Bedeutung. Von ihm stammt auch der nationalistisch gefärbten Aufsatz *Zur Kritik der Montessori-Methode* (1915).

erreichen kann" (Prüfer 1913, 144).[226] Ohne Erziehung könne das Kind nicht selbständig werden und als Erwachsener nicht seine Bestimmung erreichen. Aber es sei eine Überschätzung der Erziehung, wenn das Ziel in das Transzendente verlegt werde, dies sei eine Verkennung des eigentlichen Wesens des Menschen. Sicher steckt darin auch eine gewisse Kritik an den konfessionellen Erziehungstheorien.

Aufschlussreich für Prüfers Vorstellungen sind auch seine Ausführungen zur kindlichen Psyche, da er sich hier mit der Frage beschäftigte, ob Erziehung überhaupt möglich sei. Die Seele des Kindes ist nach Prüfer keine „Tabula rasa", sie ist „von Anfang an gleichsam eine Summe von schlummernden Potenzen, von Kräften, die sich ohne unser Zutun und ohne unsern Willen mit Naturnotwendigkeit entfalten" (Prüfer 1913, 145). Alles für seine spätere Entwicklung Wichtige bringt das Kind von Anfang an als vererbte Anlagen mit, auch wenn diese nicht den einzigen Faktor für die Entwicklung darstellen (vgl. ebd., 145/146).
Erziehung müsse deshalb „versuchen, das Triebleben des jungen Menschen so zu beeinflussen, daß eine günstige Entwicklung des Individuums erwartet werden kann" (Prüfer 1913, 147). Gerade beim Kind, so Prüfer, spielt das Triebleben eine besondere Rolle, denn es ist noch mehr „abhängiges Naturwesen als selbständiges Individuum" (ebd., 149). Die früheste Erziehung muss daran anknüpfen und „es ist eben Aufgabe der Erziehung, dafür zu sorgen, daß *das* im Menschen zur höchstmöglichen Entfaltung gebracht wird, was in ihm liegt" (ebd., 149). Aber was ist gut und schlecht? Selbst wenn man dies beantworten könnte, das sittliche Bewusstsein sei noch nicht ausgeprägt und deshalb könne man auch nicht wirklich darauf einwirken.
Überhaupt sei eine bewusste Individualisierung in frühester Erziehung nicht möglich (vgl. Prüfer 1913, 151). Die ersten Äußerungen der kindlichen Psyche geben gemäß Prüfer noch keinen Hinweis über seelische Dispositionen und „zur Zeit bleibt uns in der Praxis der frühesten Erziehung nichts weiter zu tun übrig, als aus der Zahl der kindlichen Triebe *die* auszuwählen und zu pflegen, die sich bisher im allgemeinen als die Entwicklung fördernden erwiesen haben, in der Überzeugung, daß dadurch von selbst alles Entwicklung-hemmende zurückgedrängt und sich das Individuum voll und schön entfalten wird" (ebd., 152). Aus diesem Grund seien Vorbild und Beispiel wichtig, wie auch die günstige Gestaltung der Umwelt und des Milieus. Gerade dies ist für ihn eine Hauptaufgabe der Erziehung, hier hat sie am meisten Aussicht auf Erfolg. Die früheste Erziehung müsse deshalb auf diesen beiden Tatsachen aufzubauen: „auf die durch Vererbung mächtigen Entwicklung-fördernden Triebe des Kindes und auf die Suggestionskraft des Milieus!" (ebd., 152).
Erziehung hat also nach Prüfer auf zwei Aspekte zu achten. Zum einen sind es die Anlagen, die sich durch Vererbung von Anfang an im Kind zeigen. Sie offenbaren sich in den Trieben, die deshalb so gepflegt werden müssen, dass die kindliche Entwicklung positiv verläuft. Aber Prüfer spricht zum anderen dem Umfeld Bedeutung zu, das ebenfalls so gestaltet werden muss – sofern dies innerhalb der Möglichkeiten des Erziehenden liegt – dass es einen die Entwicklung fördernden Einfluss besitzt.

---

[226] Prüfer zitierte dabei Lindners *Allgemeine Erziehungslehre* (1899, 89ff.).

Prüfer hat sich auch zum Spiel geäußert und dabei im Unterschied zu den anderen Fröbelianern auch aktuelle Erkenntnisse aufgegriffen, z.B. Groos, auch wenn er ihm nicht in allen Aspekten zustimmte. In dem Abschnitt zum Spiel (vgl. Prüfer 1913, 153-171) greift Prüfer dabei auf zahlreiche Formulierungen und Überlegungen zurück, die heute befremdlich anmuten. Neben immer wieder durchschimmernden nationalistischen Tönen finden sich (sozial-)darwinistische Äußerungen, die aber als zeittypisch gelten können. Darin zeigt sich wiederum der Unterschied zur Fröbelbewegung gegen Ende des 19. Jahrhunderts.

Im Spiel, so Prüfer, offenbaren sich die höheren Regungen der kindlichen Seele und deshalb verdient das Spiel pädagogische Beachtung, da sich in ihm die Entwicklung fördernde Momente entdecken lassen (vgl. Prüfer 1913, 153). Der biologische Grund des Spiels liegt für ihn darin, dass im „Kampfe ums Dasein" (ebd., 154) gewöhnlich derjenige triumphiert,[227] dessen Handeln nicht nur von Instinkten, sondern auch von der Intelligenz bestimmt wird. Denn „die natürliche Auslese" (ebd., 154) begünstige diese Menschen, der Mensch müsse variabel in seinen Handlungen sein und deshalb sei er anpassungsfähig (vgl. ebd., 154).

Aus diesem Grund liege der Sinn von Kindheit und Jugendzeit auch darin, „das Triebleben eines Individuums *allmählich* unter möglichster Anpassung an die jeweils gegebenen äußeren Verhältnisse, zur Entfaltung zu bringen" (Prüfer 1913, 155). Und eben dies geschehe durch das Spiel. Durch das Spiel würden unfertigen Anlagen vervollständigt und mit Instinkten gleichwertig, darüber hinaus diene das Spiel aber auch der Höherentwicklung des Ererbten und führe so zu einer Anpassungsfähigkeit und Vielgestaltigkeit, die bei vollständig vererbten Anlagen nicht möglich wäre (vgl. ebd., 155).

Das Spiel, so Prüfer, ermöglicht es dem Menschen also, sich an seine Umgebung anzupassen und seine Fähigkeiten zu entwickeln, und dies geschieht aufgrund innerer Anreize und ohne jeden Nebenzweck. Vielmehr sei es ein vorhandener Kräfteüberschuss, der nach Betätigung dränge. Durch Vererbung seien im Kind Tätigkeiten angelegt, deshalb würden sich auch die Spiele innerhalb einer Spezies gleichen. Aber das geschehe weniger aufgrund von Nachahmung[228] und diene auch nicht der Vorbereitung auf ernste Tätigkeiten (vgl. Prüfer 1913, 155f.).

Worin aber liegt dann der pädagogische Wert des Spiels? Das Spiel sei „in erster Linie selbst bloß *Wirkung*, d.h. Wirkung seelischer Vorgänge, es ist äußere Folge- und Begleiterscheinung zu innerer Tätigkeit, es ist gleichsam, wie die Sprache, innere Ausdrucksform" (Prüfer 1913, 159). Es sei eine „auf innerer Nötigung beruhende, lustvolle Betätigung des Individuums innerhalb der Grenzen seines Könnens" (ebd., 160). Es ist nach Prüfer Kräfteentladung ohne zwingenden äußeren Grund, allerdings werden dabei zugleich, wenn auch unbeabsichtigt, die Kräfte gesteigert. Das Kind, das spielen kann, also „ungehemmt Inneres äußerlich darstellen, äußerlich gestalten darf" (ebd., 160), werde in seiner Entwicklung unterstützt, da dies die geeignete Weise sei, um seine inne-

---

[227] In jedem Menschen stecke ein „Drang nach Sieg" (Prüfer 1913, 157) und dieses Bedürfnis wolle befriedigt sein. Gerade in den Gemeinschaftsspielen bestehe eine Liebe zum Sieg, das Kind würde triumphieren wollen.

[228] Diesem widersprechend erwähnt Prüfer später, dass der Nachahmungstrieb sehr früh im Kind beginne und dass es im Spiel alles nachahme, weshalb gerade für die erste Periode Nachahmungsspiele wichtig seien (vgl. 1913, 167ff.).

ren Anlagen zur Entfaltung zu bringen. Dominiert Prüfer folgend zunächst noch die Nachahmung, verbindet das Kind im Spiel schon bald einzelne Vorstellungselemente, Äußerungen der schöpferischen Phantasie, die Kinder schaffen sich in ihren Spielen eigene Welten und gehen darin auf. Deshalb verlange es Kinder auch nicht nach fertigem Spielzeug, es wolle Gegenstände, an denen sich die Phantasie entfalten könne, wie z.B. die Baukästen. Es sei deshalb so wichtig, dass dem Kind zur Gewohnheit werde, das innerlich Gefühlte äußerlich darzustellen, da es nur so möglich sei, dass sich das Kind zu einer selbstbestimmten Persönlichkeit, die sich auch in den Dienst der Allgemeinheit stellt, entwickelt (vgl. ebd., 161/162 u. 168/169).

Außer dem Spiel sprach Prüfer auch den Beschäftigungen Bedeutung zu. Diese sollten im Gegensatz zum Spiel in einem gewissen Umfang geregelt sein. Die Beschäftigung ist an die Umgebung, an die Außenwelt und die Realität gebunden, so Prüfer, und während beim Spiel die Seele beschäftigt ist, sind es hier der Körper, die Glieder und Sinne. Die Beschäftigungen entsprechen seinem Tätigkeitstrieb und diesen gilt es zu pflegen. Außerdem sollten der Bewegungs- und der Beobachtungstrieb gefördert werden (vgl. ebd., 172/173). Und da Erziehung sich auch darum bemühen müsse, dass Selbstwertgefühl des Kindes zu steigern (vgl. ebd. 176/177), sollten die Aufgaben seinem Können sowie seinen Fähigkeiten entsprechen und sich stetig steigern.

Bei Prüfer finden sich jedoch auch Elemente von Erziehung mit dem Ziel der Anpassung an die Gesellschaft. Allerdings ist dieser Aspekt nicht übermäßig stark ausgeprägt und unterscheidet sich auch deutlich von den Vorstellungen der christlichen Kinderpflege.[229] Gewöhnung, so Prüfer, ist sehr wichtig, bei der bewussten Beeinflussung der kindlichen Entwicklung, sprich Erziehung, muss auf die Gewöhnung zurückgegriffen werden, denn durch sie ist eine Anpassung des Individuums möglich und sie ist oft stärker als Einsicht (vgl. Prüfer 1913, 223). Erziehung müsse an „wirklich Wertvolles und Erstrebenswertes" gewöhnen: Reinlichkeit, Ordnung, Pünktlichkeit, genaues Beobachten, Ausdauer, Aufmerksamkeit und Selbsttätigkeit (vgl. ebd., 224). Sie sei auch ein wichtiges Mittel der Charakterbildung (vgl. ebd., 226). Allerdings besitzt nach Prüfer das kleine Kind noch keinen wirklichen Willen und von eigentlicher Charakterbildung kann noch nicht die Rede sein, da der Wille (die Fähigkeit der spontanen Selbstbestimmung) noch nicht, sondern nur die Vorstufe davon existiert (vgl. ebd., 225). Erwachsene müssten deshalb im Sinne des Kindes Entscheidungen abnehmen. Grundsätzlich dürfe das Wollen und Handeln des Menschen nicht allein auf seinem Triebleben aufgebaut sein, es müsse von sittlichen und intellektuellen Motiven bestimmt werden. Der Mensch, so Prüfer, muss zu einer sittlichen Persönlichkeit werden und darf nicht nur seinem eigenen Willen folgen, deshalb ist Gehorsam wichtig. Denn nur wenn das Kind den Eltern gehorcht, wird es auch später seinem eigenen Gewissen gehorchen, sonst bleibt es Sklave seiner Launen und Triebe (vgl. ebd., 227/228).

---

[229] Gut zeigt sich dies an seinem Anmerkungen zu den kindlichen Lügen. Sie waren für ihn zumeist keine eigentliche Lügen, sondern „psychologisch verständliche Erinnerungstäuschungen, phantastische Aussagefälschungen oder reflexartige Abwehrhandlungen" (Prüfer 1913, 209). Deshalb muss man eher auch Verständnis dafür haben, nur bewusste Unwahrheiten soll man bekämpfen (vgl. ebd., 220).

Prüfer gehört sicherlich, sowohl inhaltlich als auch von der Art seiner Ausführungen, nur bedingt zu den anderen Vertretern der Fröbelbewegung dieser Epoche. Aber seine Vorstellungen enthalten doch entsprechende Elemente. Erziehung verstand Prüfer als absichtliche und bewusste Einwirkung auf die kindliche Entwicklung. Erziehung als Einwirkung, dieses Verständnis findet sich nur bedingt bei den anderen Vertretern der Fröbelbewegung, auch wenn sich bei Marenholtz-Bülow entsprechende Tendenzen erkennen lassen. Erziehung hat aber auch die Entwicklung aller Anlagen des Kindes anzuregen und zu fördern und damit dies gelingt, muss das Triebleben angemessen gepflegt werden. Neben den Beschäftigungen dient dazu das Spiel und auch wenn Prüfers Ausführungen zum Spiel nur teilweise zu überzeugen wissen, griff er doch moderne Erkenntnisse auf und verharrt nicht bei Fröbel. Seine Verweise auf die Bedeutung von Anlage und Umwelt, wie auch seine grundsätzliche Skepsis gegenüber einer zu hohen Erwartungshaltung an die Erziehungsbemühungen zeugen von einer gewissen Modernität, die ihn von der „eigentlichen Fröbelbewegung" im 19. Jahrhundert trennt. In wichtigen Aspekten zeigt sicher aber auch die Nähe. So besitzt bei ihm das Spiel unverändert eine die Entwicklung des Kindes fördernde Aufgabe. Zusätzlich finden sich jedoch auch bei ihm Elemente, die Erziehung vor allem mit dem Ziel der Anpassung an die Gesellschaft verbinden – aber auch dies kann nur bedingt als neu für die Fröbelbewegung gelten.

2.2.1.7 Fazit Fröbelbewegung

Es ist sicher nicht einfach, die vielfältigen Fortführungen, die Fröbels Pädagogik durch seine Anhänger während des Kaiserreichs erfahren hat, auf einige wenige Gemeinsamkeiten zu reduzieren. Es macht die Fröbelbewegung geradezu aus, dass sich hier derart vielfältige Überlegungen finden konnten, unabhängig davon, ob man nun verglichen mit den ursprünglichen Ideen Fröbels von einer „Verfallsgeschichte der deutschen Fröbeltradition" (Heiland 2001, 109) sprechen will. Ungeachtet dessen sollen jedoch die Gemeinsamkeiten, die geteilte Sprache, mit deren Hilfe im Kontext der Fröbelbewegung über Bildung und Erziehung als Aufgabe der vorschulischen Einrichtungen kommuniziert wurde, dargestellt werden.

Fasst man die Ansichten zusammen, ist zunächst die Betonung der Bildungsfunktion zu erkennen. Im Verständnis der Fröbelbewegung galten die vorschulischen Einrichtungen als Bildungseinrichtungen, ihnen wurde eindeutig eine bildende Funktion zugesprochen. Ihre Notwendigkeit wurde nicht allein mit den gesellschaftlichen Umständen, der angeblichen sittlichen Verwahrlosung begründet, vielmehr wurde der Besuch des Kindergartens für jedes Kind als sinnvoll angesehen. Das Wesen des Kindes mache eine derartige Erziehung notwendig. Gerade dieser Aspekt, die grundsätzliche Frage nach dem Kind, seiner Art der Entwicklung und des Lernens unterscheidet die Fröbelbewegung beispielsweise von der christlichen Kinderpflege. Die Vorstellungen von Bildung und Erziehung wurden hier – unabhängig von der jeweiligen Konkretisierung – mit dem Wesen des Kindes begründet.

Dabei lassen sich sowohl der Bildungs-, als auch der Erziehungsbegriff finden, wobei letzterer überwogen hat. Nicht immer ist dabei eine klare Differenzierung der beiden Begriffe zu erkennen. Fasst man für die unterschiedlichen Ausführungen zum Erziehungsbegriff zusammen, lässt sich ein Erziehungsverständnis festhalten, dass Erziehung weitgehend übereinstimmend als Anregung und Unterstützung der kindlichen Entwicklungen – teilweise wurde in diesem Zusammenhang auch der Bildungsbegriff verwendet – verstanden hat. Ein derartiges Verständnis findet sich bei allen Vertretern der Fröbelbewegung. Dabei wurde diese kindliche Entwicklung oder auch Bildungsprozesse nicht allein durch die Negierung bestimmter Aspekte definiert, auch wenn der schulische Charakter eindeutig abgelehnt – allerdings haben Marenholtz-Bülows Überlegungen sicher eine Tendenz der Verschulung besessen – und stattdessen die Orientierung an der Familien betont wurde. Es wurden jedoch auch Elemente hervorgehoben, die kennzeichnend für derartige Bildungsprozesse sind. Neben der Familienorientierung durchziehen Ganzheitlichkeit und Selbsttätigkeit die Konzeptionen, die Bedeutung der ganzheitlichen, selbsttätigen Verarbeitung der gemachten Erfahrungen wurde betont – den eben so vollzieht sich die kindliche Entwicklung, seine Bildung. Als geeignet galt dabei das Spiel nach Fröbel, dem eine eindeutig bildende Wirkung zugesprochen wurde. Dabei ist auch keine extreme Konzentration auf einen einzelnen Bereich wie z.B. die sittlich-religiöse Erziehung zu erkennen. Vielmehr finden sich bis heute aktuelle Überlegungen wie z.B. Heerwarts Forderung nach einer auf Beobachtung basierenden Erziehung, die dem Kind die Anregung und Unterstützung bieten muss, die es für eine ganzheitliche Entwicklung braucht. Auch Köhlers Betonung der Bedeutung von Selbsttätigkeit und Selbstbildung ist unverändert beachtenswert.

Allerdings wurde dieses Erziehungsverständnis – und auch dies macht die Fröbelbewegung aus – zumeist um eine restriktive Komponente ergänzt, wenn auch in ihren Ausprägungen verschieden. Erziehung in diesem Sinne sollte der Vorbereitung auf das spätere Leben und zugleich der Versittlichung des Menschen dienen. Allerdings wurde die sittliche Erziehung weniger stark als eine religiöse und insbesondere konfessionelle gedacht, wie auch der Religionsunterricht abgelehnt wurde, ein Beispiel für diese Haltung ist Köhler (vgl. 1899, 273/274). Aber Erziehung konnte doch auch auf das Einüben bestimmter arbeitstechnischer Fähigkeiten abzielen. Zwar wurde dies mit dem Wesen des Kinds bzw. seiner kulturgeschichtlichen Aufgabe begründet, dessen ungeachtet ließ sich so aber eine sittliche (Arbeits-)Erziehung integrieren, die eindeutig die Stabilisierung der gegebenen Gesellschaftsverhältnisse anstrebte. Gerade bei den Vertretern, die in der Fachöffentlichkeit für die Fröbelbewegung standen, sind derartige Elemente doch deutlich zu erkennen. Entsprechend wurden demokratische Bestrebungen abgelehnt oder nationalistischen Töne angeschlagen und sich dem überwiegend konservativen gesellschaftspolitischen Klima der Zeit angepasst. Auch die Fröbelbewegung verstand sich, anders als noch Fröbel, sicherlich nicht als gesellschaftlich revolutionär. Gesellschafts- und staatskritische Überzeugungen, wie sie z.B. von Douai geäußert wurden, dürften der Fröbelbewegung eher fremd gewesen sein und wurden von ihr nicht vertreten.

2.2.2 Die christliche Kinderpflege

Die zweite große Gruppierung, die nicht nur für die Praxis verantwortlich gewesen ist, sondern auch über die Gestaltung der öffentlichen Kleinkinderziehung in größerem Umfang nachgedacht und geschrieben hat, entstammt dem Umkreis der evangelischen Kleinkinderschulen, der „christlichen Kinderpflege". Auch wenn die einzelnen Vertreter ihre Vorstellungen unterschiedlich akzentuiert haben, ist hier eine viele größere Einheitlichkeit als bei der Fröbelbewegung gegeben. Aus diesem Grund werden die Schriften der evangelischen Kleinkinderziehung auf Gemeinsamkeiten, aber auch Unterschiede hin untersucht, ohne auf die jeweiligen Autoren gesondert einzugehen. Das ist auch deshalb möglich, da die Entwicklung der christlichen Kinderpflege, verglichen mit der Fröbelbewegung, weniger durch einzelne Persönlichkeiten bestimmt wurde. Inhaltliche Wiederholungen sind dabei zum Teil nicht zu vermeiden, lassen jedoch auch das Verständnis von Bildung und Erziehung deutlicher werden.

Die christliche Kinderpflege war fest in den Protestantismus eingebettet. Nicht nur quantitativ, auch von der Qualität seiner Macht- und Einflusspositionen her besaß der Protestantismus verglichen mit dem Katholizismus in Deutschland ein Übergewicht. Die Zugehörigkeit zur Kirche blieb die Regel und Austritte eine Seltenheit, auch wen die aktive Teilnahme an der Kirche abnahm und für viele die Kirche aus dem Zentralbereich des bürgerlichen Lebens herausrückte.

In Preußen war der Protestantismus seit langem als Staatskirche anerkannt, die Kirche war ein Instrument des Staates (vgl. Berghahn 2003, 162). Mit der Reichsgründung wurde der protestantische Konservativismus relativ schnell national, es kam zur „Dreiheit von Thron, Nation und Altar" (Nipperdey 1990, 488). Der Gehorsam gegenüber König und Staat galt jetzt auch für Nation, die protestantische Kirche stand loyal zum nationalen Reich und lehnte die „Reichsfeinde" ab. Als soziale Organisation war sie konservativ und traditionell geprägt, eine Anstalt und auch Hüterin der Moral, mit strengen Ehe-, Familien-, und Sexualnormen, einer ausgesprochenen Abneigung gegen jeden Ausdruck von Emotionen. Gehorsam und Pflichtentreue wurden groß geschrieben. Aber der Protestantismus stand auch für Intelligenz, Sachlichkeit und Toleranz, darin durchaus ähnlich dem Liberalismus, beispielsweise waren die Pastoren akademisch gebildete Theologen. Sie gehörten, anders als die katholischen Priester, zu den Studierten und Gebildeten (vgl. Nipperdey 1990, 475ff.). Insgesamt war jedoch auch der Protestantismus eine Macht der Ordnung und Stabilität, nicht der Veränderung. All dessen muss man sich bewusst sein, wenn man die Ideen der christlichen Kinderpflege bezüglich der frühkindlichen Bildung und Erziehung einschätzt.

Waren die Vertreter der evangelischen Kleinkinderschulen zuvor eher lose miteinander verbunden gewesen, entwickelten sich nun relativ rasch überregionale Zusammenschlüsse und Formen der medialen Kommunikation. 1870 wurde von Adolph von Bissing-Beerberg, in den Augen Gehrings „der unermüdlichste und eifrigste Beförderer der evangelischen Kinderpflege in Deutschland" (1929, 153), die Zeitschrift *Die christliche Kleinkinderschule* gegründet, die zu einem wichtigen Organ der Verbreitung der evangelischen Kinderpflege wurde. Bissing-Beerberg war auch an der Gründung des „Oberlin-Vereins" (1871) aktiv beteiligt (vgl. ebd., 155). Nach dem Eingehen der *christlichen Kleinkinderschule* im Jahr 1883 trat allerdings ein gewisser Stillstand in der Entwicklung der evangelischen Kinderpflege ein. 1892 folgte der *Kleinkinderschulbote* und 1893 das *Sächsische Kleinkinderschulblatt*, das ab 1895 in *Christliche Kleinkinderpflege* und dann 1923 in *Christliche Kinderpflege* umbenannt wurde (vgl. ebd., 166). Der Oberlin-Verein änderte seinen Namen in „Vereinigung evangelischer Kinderpflegeverbände und Mutterhäuser", 1909 entstand dann im Rahmen der Inneren Mission die „Conferenz für christliche Kleinkinderpflege" (vgl. Konrad 1997, 28ff.; Reyer 2006a, 95/96).

Organisatorisch war die evangelische Kinderpflege demnach schon bald gut aufgestellt. Dessen ungeachtet, wenn auch weniger deutlich als in der Fröbelbewegung, wurde die weitere Entwicklung jedoch auch von einzelnen Persönlichkeiten geprägt. Neue Impulse hat Bissing-Beerberg gesetzt, auch wenn man seine Bedeutung nicht überschätzen sollte. Er hatte seiner sterbenden Tochter das Versprechen gegebenen, sich innerhalb der öffentlichen Kleinkinderziehung zu engagieren und widmete danach die letzten 15 Jahre seines Lebens dieser Aufgabe (vgl. Gehring 1929, 153). Zwar wurde er in seinem Engagement vielfach gelobt, gleichzeitig jedoch auch festgehalten, dass er die Erziehungsarbeit nicht wirklich beeinflusst habe, weil ihm dazu die erforderlichen fachlichen und pädagogischen Kenntnisse gefehlt hätten (vgl. ebd., 161). Er schaffte nichts genuin Neues, sondern schloss sich eng an Ranke und auch Fölsing, der nun verstärkt von evangelischer Seite als der evangelischen Kinderpflege zugehörig bzw. als deren Vorläufer angesehen wurde, an (vgl. ebd., 154). In seinen Überzeugungen entsprach er auch nicht immer der Mehrheitsmeinung.

Bissing-Beerbergs erste Schrift *Viel Segen aus einer Quelle oder die Bedeutung der Kleinkinderschule* (1868) enthielt das Programm, das er in den folgenden Jahren auszuführen gedachte. Sie findet sich als zweite, verbesserte und vermehrte Auflage in *Was noth thut oder die Klein-Kinderschule und was zur Förderung derselben zu thun* (1869). Hinzu kommen *Die christliche Kleinkinderschule, ihre Entstehung und Bedeutung* (1872), *Das deutsche Mutterhaus für Kinder- und Gemeindepflegerinnen* (1873) und *Die grundlegende und gemeindepflegende christliche Kleinkinderschule nicht nur nützlich, sondern nothwendig* (1874). Vor allem die Schriften aus den Jahren 1872 und 1874 enthalten seine elementaren Ideen. Gehring bezeichnete die *Christliche Kleinkinderschule* als Bissing-Beerbergs größte Denkschrift, die zwar viel genannt, aber nur wenig beachtet worden sei (vgl. 1929, 153ff.).

Zu dem Kreis der christlichen Kinderpflege gehört außerdem Wilhelm Löhe[230] mit seiner Schrift *Von Kleinkinderschulen* (1868). Er dürfte vor allem auf die bayrische Entwicklung nachhaltigen Einfluss besessen haben. Löhe hatte in Neuendettelsau ein Diakoniewerk gegründet. Dort gab es zwar kein eigentliches Seminar wie z.B. in Kaiserswerth, jedoch besondere Kurse, die der Ausbildung der zukünftigen Erzieherinnen dienten. Seine Schrift, laut Gehring ein „kleines, aber wertvolles Buch" (1929, 146), stellte eine Art kurzes Lehrbuch für seine Schülerinnen dar. Er verwies des Öfteren lobend auf die Diakonie Kaiserswerth, ein Beleg für seine Nähe zu Fliedner.[231] Allerdings ist nicht bekannt, ob Löhe mit Fliedner in Kontakt stand (vgl. ebd., 147).

Hinzu kommt die bereits im Zusammenhang mit dem politischen Diskurs erwähnte Schrift *Die Kleinkinderschule in ihrer Bedeutung für die Arbeiterfrage* (1871) von Hesekiel. Die aus einem Vortrag entstandene und für die Innere Mission der Provinz Sachsen geschriebene Schrift dürfte aufgrund der staatlichen Empfehlung sicherlich Resonanz gefunden haben (vgl. Gehring 1929, 152). Eduard Kaiser[232] wollte mit seinem *Grundriß der Erziehungslehre für Kleinkinderlehrerinnen* (1884) seinen Schülerinnen

---

[230] Wilhelm Löhe (1808-1872) war evangelischer Theologe. Aufgrund seiner Gründung eines Muterhauses für Diakonissen ist er als fränkischer Diakonissenvater bekannt.

[231] Auf inhaltlicher Ebene berührt Löhe sich mit Fliedner in der schulmäßigen Ausstattung, er räumt aber den Beschäftigungen größeren Raum ein.

[232] Kaiser war Seminardirektor am Oberlin-Seminar in Berlin.

einen Leitfaden der Erziehungslehre geben, richtete sich aber auch an praktisch tätige Kleinkinderlehrerinnen (vgl. Kaiser 1884). Von Johannes Hübener stammen die Schriften *Die christliche Kleinkinderschule, ihre Geschichte und ihr gegenwärtiger Stand* (1888) und *Die Kleinkinderpflege* (1890). Mit der *Christlichen Kleinkinderschule* versuchte er sich an einer Geschichte der christlichen Kleinkinderpflege, weshalb er auf die Darstellung der Erziehungslehre verzichtete (vgl. Hübener 1888, III/IV). Die *Kleinkinderpflege* war Teil der Reihe von Zimmers Handbibliothek der praktischen Theologie. Hinzu kommt Leyrers *Die christliche Kleinkinderpflege mit besonderer Rücksicht auf Württemberg* (1879), die viel Statistisches beinhaltet, aber zugleich auch als Handbuch dienen sollte.

Oftmals finden sich in den jeweiligen Schriften Verweise auf die anderen Autoren, auch dies spricht dafür, dass der Austausch nun intensiviert wurde.[233] Selbst Anna Borchers, deren Schrift *Handreichung für die Erziehungsarbeit in Familie und Anstalt* (1907) aus dem Ende der hier behandelten Epoche stammt, verwies noch auf die Schriften Rankes und Kaisers. Diese galten Gehring, der das Vorwort verfasste, zwar noch immer als lesenswert, zugleich aber auch nur als bedingt für Lehrerinnen und Schülerinnen geeignet. Das Fehlen einer Kleinkinderpädagogik wurde zunehmend bemängelt; ein Mangel, den Borchers mit ihrer Handreichung zu schließen versuchte (vgl. Borchers 1907, 3).

Repräsentativ für die christliche Kinderpflege ist nicht zuletzt auch Johann Friedrich Ranke, der frühere Mitarbeiter Fliedners. Es ist davon auszugehen, dass seine Vorstellungen in der Praxis starken Niederschlag gefunden haben. Seine Schriften wurden in mehreren Auflagen herausgegeben und stellten über Jahrzehnte hinaus *die* Bücher für christliche Kleinkinderlehrerinnen dar (vgl. Gehring 1929, 138). Neben den beiden Bänden *Aus der Praxis für die Praxis in Kinderstube und Kleinkinderschule* (1878 und 1879),[234] einer Sammlung von Aufsätzen, die zuvor in der Zeitschrift *Christliche Kleinkinderschule* abgedruckt worden waren, ist vor allem die Umarbeitung des älteren Werks *Die Erziehung und Beschäftigung kleiner Kinder in Kleinkinderschulen und Familien* von Bedeutung. Alle drei Teile wurden im Laufe der Jahre gänzlich umgearbeitet und wuchsen in ihrem Umfang beträchtlich an, weshalb Ranke sich entschied, den ursprünglich dritten Teil als eigenes Buch unter dem Titel *Die Gründung, Unterhaltung und Leitung von Krippen, Bewahranstalten und Kleinkinderschulen* erscheinen zu lassen. Ranke entschloss sich zu dieser Trennung auch deshalb, weil sich die beiden ersten Teil eher an die Praxis wandten. Während die *Gründung* als siebte Auflage zuletzt 1887 erschien, wurde die *Erziehung* in insgesamt 12 Auflagen[235] bis 1911 herausgegeben. Allein an der Anzahl der Auflagen lässt sich die Bedeutung Rankes erkennen, die weitreichende Wirkung wurde auch im Vorwort zur 11. Auflage betont. Rankes Vorstellungen über die Aufgaben der öffentlichen Kleinkinderziehung und sein Verständnis von Bildung und

---

[233] So nannten sowohl Leyrer als auch Hesekiel lobend Löhe, Leyrer verwies neben Löhe auch auf Hesekiel, der auch von Ranke lobend erwähnt wurde. Bissing-Beerberg besaß z.B. Kontakt zu Ranke, Fölsing und Mutter Jolberg (vgl. Gehring 1929, 154).

[234] Die zweite Auflage aus dem Jahr 1904 wurde dann von einem in der Praxis stehenden Schulmann bearbeitet und verändert.

[235] Die 11. Auflage wurde vom selben Schulmann bearbeitet, der auch „Aus der Praxis für die Praxis" bearbeitet hatte. Im Aufbau gleicht diese jedoch der siebten Auflage.

Erziehung finden deshalb auch eine stärkere Beachtung, als dies bei historischen Arbeiten zur öffentlichen Kleinkinderziehung gewöhnlich geschieht.

2.2.2.1 Die theoretische Grundlegung der Erziehung in den christlichen Kleinkinderschulen

Von Seiten der christlichen Kinderpflege wurde wie bereits erwähnt den vorschulischen Einrichtungen nur eine sozialfürsorgerische Funktion zugesprochen. Zwar wurde die Bedeutung von Erziehung, insbesondere der sittlich-religiösen, in den ersten Lebensjahren betont (vgl. Bissing-Beerberg 1872, 50f.; Ranke 1887, 1f.). Aber die Notwendigkeit der christlichen Kleinkinderschule wurde mit den sozialen Umständen, insbesondere den sittlich-religiösen Notständen, innerhalb der Arbeiterfamilien begründet. Diese sittliche Verwahrlosung, die zwangsläufig nur zu einer Vernachlässigung der Kinder und Aufsichtslosigkeit auf der Straße, zu „Selbstbefleckung" oder Stehlen, Lügen und Gotteslästerung etc. führen könne, galt als großes Problem (vgl. Bissing-Beerberg 1874, 7; Hesekiel 1871, 6 u. 12f,: Ranke 1887, 6ff.). Nicht grundsätzlich, z.B. aufgrund der Besonderheit der kindlichen Entwicklung oder seiner Eigenart des Lernens sah die christliche Kinderpflege demnach die öffentliche Kleinkinderziehung als notwendig an.

Unverändert galt die christliche Familie als der beste Ort der Kleinkinderziehung und die Einrichtungen nur als ein Notbehelf, den Hübener beispielsweise mit Freude wieder geschlossen hätte. Die Einrichtungen sollten nicht allgemein werden, sondern nur dort vorhanden sein, wo auch Not existierte und „in ihrer ganzen Anlage und Methode nach den Grundzügen der Familie gestaltet sein" (Hübener 1890, 5). Folgerichtig sollte die öffentliche Kleinkinderziehung die Familienerziehung auch nicht ersetzen, sondern nur unterstützen und ergänzen (vgl. Bissing-Beerberg 1869, 26; Hübener 1888, 6/7; Leyrer 1879, 3), „indem sie dieselbe, je nach den häuslichen Verhältnissen, wo sie gut ist, *bereichert*, wo sie schlecht ist, *verbessert* und wo sie ganz fehlt *ersetzt*" (Bissing-Beerberg 1874, 10).

Die christliche Kleinkinderschule als die geeignete Form öffentlicher Kleinkinderziehung: Zwar galten die vorschulischen Einrichtungen galten Notbehelfe, die dafür einzig geeignete Form sei jedoch die christliche Kleinkinderschule. Die anderen Formen der außerfamilialen Erziehung wurden abgelehnt. Zwar sei auch die Bewahranstalt eine Anstalt „christlicher Barmherzigkeit, um der Verwahrlosung der Jugend in der frühesten Kindheit vorzubeugen" (Ranke 1887, 29), aber sie konzentriere sich beinahe ausschließlich auf die physische Pflege (vgl. Bissing-Beerberg 1869, 46; Hesekiel 1871, 10).

Dem Kindergarten warf man dagegen die fehlende christliche Tendenz und die überkonfessionelle Haltung vor, er sei eine „pantheistische und keine christliche Anstalt" (Ranke 1887, 43). Fröbel war für Hübener sogar ein „bewußter Feind der christlichen Erziehung" (1888, 267). Ein weiterer Vorwurf bezog sich auf die angeblich zu künstliche Methode. Außerdem würden sie die Familienverhältnisse zerstören und die Kinder den Familien entfremden. Überhaupt seien sie – ein sicherlich zunächst berechtigter Vorwurf – nur für die bürgerlichen Schichten, nicht jedoch für die Arbeiterklasse geeignet (vgl. Bissing-Beerberg 1872, 21ff.; Hesekiel 1871, 19/20; Hübener 1888, 271; Ranke 1887, 41ff.). Anders als die christliche Kleinkinderschule würde der Kindergarten nicht das Ziel anstreben, die „Kinder [zu, H.W.] retten an Leib und Seele und das christliche Familienleben [zu, H.W.] stützen" (Hübener 1888, 273). Gerade dass der Kindergarten „Bildungsstätte" und eben nicht Wohltätigkeitseinrichtung mit dem primären Ziel der Hilfe für die Armen sein wolle, wurde kritisiert (vgl. Hübener 1890, 19).[236] Anderes dagegen die christlichen Kleinkinderschulen. Sie seien Erziehungsanstalten, auch wenn sie keine Schulen im wirklichen Sinne seien, weshalb der Begriff Kleinkinderschule, da er eine Nähe zur Schule suggeriere, auch als störend empfunden wurde (vgl. Leyrer 1879, 7/8; Ranke 1887, 34).[237] Sie seien das beste Mittel, um dem Notstand beizukommen. In einer solchen Einrichtungen werden, so Ranke, die Kinder nicht nur vor Schäden bewahrt, sondern „alle Kräfte, Sinne und Glieder, Seelen- und Geistesvermögen des Kindes sollen in ihr geweckt und geübt werden, indem sie auf eine ihrem Alter angemessene Weise beschäftigt werden; ihr Wille soll gekräftigt, geleitet und die Kinder sollen zu allem Guten erzogen werden, in ihre Herzen sollen die Keime der Frömmigkeit und Gottesfurcht gepflanzt werden" (Ranke 1887, 29). Durch „eine erhöhte Thätigkeit der Kirche und der Schule" (Bissing-Beerberg 1874, 8) verbessere sich die christliche Volkserziehung und schon in der frühen Kindheit würden „die Keime der sittlich religiösen Herzensbildung" gelegt. Eben dies geschehe jedoch oftmals nicht, die „Vernachlässigung der Seelenpflege" aber sei ein folgenschweres Problem, denn „wer das Reich Gottes nicht aufnimmt als Kind, der wird nicht hinkommen" (Hübener 1888, 5). Gerade im Kleinkindalter sei das Kind „am empfänglichsten ist für die Gotteskindschaft" (ebd., 5), hier müsse der Grundstein der Tugend gelegt werden (vgl. Hesekiel 1871, 6 u. 12f). „Die zur National-Erziehungsanstalt berufene *christliche Kleinkinderschule*" (Bissing-Beerberg 1874, 9) sei notwendig, um weitere sittlich-religiöse Rückschritte zu vermeiden, denn „sie schützt vor frühzeitiger Verwahrlosung, sie erzieht und legt Grund für die Bildung des Geistes, sie treibt segensreich Gemeindepflege. Vor allem aber weckt sie das Glaubensleben und fördert christliche Sitte und Gottesfurcht" (ebd., 9).

Aufgaben der christlichen Kleinkinderschule: Schon an diesen Sätzen ist die streng religiöse Ausrichtung der Kleinkinderschulen zu erkennen. Daneben wurde ihre Aufgabe in der Schulvorbereitung gesehen, ohne diese jedoch vorwegzunehmen (vgl. Bissing-Beerberg 1872, 34/35; Leyrer 1879, 57ff.; Ranke 1887, 53). Denn die „Kleinkinderschule will zwar die geistigen Kräfte wecken und zur Schule vorbereiten, aber nicht den Kopf mit vorzeitigem Wissen anfüllen. *Ihre Hauptaufgabe ist die Herzensbildung durch Erweckung der Gottesfurcht und des Glaubens, durch Begründung guter Gewohnheiten*

---

[236] Auf die Vorwürfe antworteten die Fröbelianer zumeist mit dem Argument, sie wollen die Familienerziehung nicht zerstören und das Kind nicht der Familie entziehen, sondern die Erziehung nur ergänzen. Sowohl der Kindergarten als auch die Schule „sind da, um das Haus zu *ergänzen*, es aber nicht zu *ersetzen*" (Köhler 1899, 257). Gegen die massiven Angriffe aus den klerikalen Kreisen wehrte sich insbesondere der Pfarrer Bernhard Baehring, ein Schüler Fröbels, indem er sich im *Kindergarten* kontinuierlich zum Thema Fröbel und Christentum äußerte und die Kritik der Gegner Fröbels zurückwies (vgl. Heiland 2001, 97ff.).

[237] Auch andere Begriffe wie Warteschule, Spielschule, Vorschule oder Vorbereitungsschule wurden als nicht geeignet eingestuft. Leyrer missfiel auch der Begriff Kleinkinderbewahranstalten, da dieser Name nur einen Zweck, nämlich den negativen und nicht den positiven Hauptzweck ausdrückt (vgl. 1879, 3. u. 9). Hübener dagegen fand eigentlich, dass der Name Bewahranstalt und Kinderpflege der treffendste ist und das „Wesen der Sache" am besten wieder gibt (vgl. Hübener 1888, 2).

und Sitten und durch Anwendung bildender Beschäftigungen; daher ist ihre Maxime erst tüchtige Erziehung, dann Unterricht" (Bissing-Beerberg 1872, 34/35).
Erhofft wurde sich, neben der Stärkung der Familienerziehung (vgl. Bissing-Beerberg 1869, 26ff.; Bissing-Beerberg 1872, 24ff.), vor allem die Verbesserung der sozialen Umstände (vgl. Ranke 1887, 50f). Die christliche Kleinkinderschule sei, „durch die christliche Erziehung, die sie ertheilt, die Grundlage einer jeden socialen Verbesserung" und könne „wesentlich dazu beitragen, den Vulkan der socialen Revolution, auf dem wir stehen, zu schließen; denn bessere Kinder schaffen ein besseres Volk und dieses schafft sichere staatliche Zustände" (Bissing-Beerberg 1869, 36). Sie besitze eine „regeneratorische Mission" (Bissing-Beerberg 1872, 44) und würde neben der Stabilisierung des Vaterlands auch zur Verbesserung der patriotischen Gesinnung beitragen, denn „der Kern der Erziehung in der christlichen Kleinkinderschule ist: *Gott, König und Vaterhaus lieben lehren*" (ebd., 63).
Wert besitze sie außerdem für die Kirche, indem sie als „Pflanzstätte der Gottesfurcht, des Glaubens und der christlichen Sitte" (Bissing-Beerberg 1872, 36) diene. Die christliche Kleinkinderschule sollte die Kinder „der Kirche und dem Reiche Gottes zuführen und erhalten" (ebd., 37), denn „den größten Segen haben doch die Kinder hinsichtlich ihres sittlich-religiösen Lebens in den Anstalten" (Ranke 1887, 48).

Das grundlegende Erziehungsverständnis: Von der evangelischen Kleinkinderpflege wurde den Kleinkinderschulen zwar nur eine sozialfürsorgerische Funktion zugesprochen, aber sie galten doch als Erziehungseinrichtungen. Was aber wurde unter Erziehung verstanden? Schon aus den bisherigen Anmerkungen lassen sich Rückschlüsse ziehen. Vor allem Ranke und Kaiser haben sich jedoch zusätzlich ausführlich und auch allgemein zum Erziehungsbegriff – der Bildungsbegriff ist eher von untergeordneter Bedeutung – geäußert.

Rankes Verständnis wird schon anhand des ersten Satzes von *Erziehung und Beschäftigung* deutlich. Der Mensch, so Ranke, ist nach dem Bild Gottes geschaffen und es ist seine Bestimmung, dass er Gott ähnlich werde. Sowohl für die körperliche als auch die geistige Entwicklung, wie auch zur Entfaltung des sittlichen Lebens braucht er jedoch Hilfe und dies ist für Ranke Erziehung. Denn „alles, was zur Entwickelung des Menschen dient, kann man unter dem Begriff der *Erziehung* zusammenfassen. Das Wort: *Ziehen* hat neben der *Hauptbedeutung*, durch Kraftanstrengung etwas zu sich hinbewegen, noch den *Nebensinn*, etwas Schwaches, Unentwickeltes, Unvollkommenes durch Pflege stärken, entwickeln, vervollkommnen. In diesem *allgemeinen* Sinne wird der Mensch durch *seine ganze Umgebung*, durch *seine Verhältnisse*, durch *seine Schicksale* erzogen" (Ranke 1911, 1). „Unter Erziehung im engsten Sinne" ist jedoch nur „die absichtliche, planvolle Einwirkung des Erziehers auf die Entwickelung des geistlichen Lebens des Zöglings, besonders in religiös-sittlicher Beziehung" (Ranke 1911, 2) zu verstehen. Erziehung umfasst nach Ranke aber „auch die Bildung, d.h. die absichtliche Einwirkung auf die Entwickelung der Geistes- und Verstandeskräfte, des geistigen Lebens, während die Erziehung im weitesten Sinne auch noch die absichtliche Einwirkung auf die Entwickelung des leiblichen Lebens, die Pflege, in sich begreift" (Ranke 1911, 2). Bildung ist demnach der Teil von Erziehung, der sich mit der geistigen Entwicklung des Kindes befasst. Erziehung, so Ranke, umfasst sowohl körperliche als auch geistige Aspekte, aber gerade „für das *höchste,* das *geistliche, religiöse* Leben des Menschen ist die früheste Erziehung außerordentlich wichtig" (1911, 3). Gerade dies, der sittlich-religiöse Aspekt, macht Erziehung für Ranke aus.

Auch nach Kaiser ist Erziehung „die Einwirkung des Erziehenden (Erziehers) auf den noch unentwickelten Menschen, der erzogen werden soll (Zögling), welche den letzteren befähigt, selbständig zu dem ihm bestimmten Ziele zu gelangen" (1884, 2). Hier ist eine Übereinstimmung zu Rankes Denken gegeben. Die Einwirkung könne nun eine absichtliche oder unabsichtliche sein, aber Erziehung im engeren Sinne des Wortes umfasse die „absichtliche, bewusste Einwirkung des Erziehers auf den Zögling" (ebd., 2). Ziel dieser Erziehung sei es, dem Menschen dabei zu helfen, seine von Gott gegebene Bestimmung zu erfüllen. Diese Bestimmung, so Kaiser, ist eine zweifache, eine zeitliche, irdische und eine ewige, himmlische. Um erstere zu ermöglichen, die „Herrschaft über die Erde" (ebd., 3), müsse der Mensch über Kenntnisse verfügen und diese müsse Erziehung vermitteln. Die himmlische Bestimmung liege dagegen in der „Wiedererlangung der durch die Sünde verlorenen Gemeinschaft mit Gott" und dies sei die „Hauptaufgabe der christlichen Erziehung" (ebd., 3). Aus dieser Herleitung ergibt sich Kaisers abschließende Definition von Erziehung. Erziehung, das ist für ihn „die absichtliche Einwirkung des Erziehers auf den Zögling, durch welche der letztere befähigt wird, seine irdische und seine himmlische Bestimmung zu erfüllen" (ebd., 3/4).
Erziehung müsse dabei ganzheitlich sein. Bezogen auf die körperliche Entwicklung sollten die Kinder in der „Selbstbeherrschung in der Befriedigung körperlicher Triebe" (Kaiser 1884, 5) geübt und abgehärtet bzw. an Entbehrungen gewöhnt werden (vgl. ebd., 5-8). Aber auch für Kaiser bezieht sich Erziehung vor allem auf die Pflege des Geistes/der Seele. Er unterteilte dabei das seelische Vermögen in drei Hauptgruppen: das Erkenntnisvermögen, das Gefühlsvermögen und das Willensvermögen (vgl. ebd., 9/10). Da das Erkenntnisvermögen durch den Unterricht entwickelt und ausgebildet werde und dies nicht Aufgabe der Kleinkinderschulen sei, beschäftige sich die Erziehung in der Kleinkinderschule mit der „ausschließlichen Bildung des Gefühls- und Willensvermögen" (ebd., 11). Auch bei Kaiser findet sich der Bildungsbegriff demnach als Teilaspekt der Erziehung, als derjenige der sich auf den Geist, genauer auf das Gefühls- und das Willenvermögens bezieht.
Bildung referiert auf sittlich-religiöse Aspekte. Sie sollte das Gefühl für das Gute, Edle, Wahre und Schöne wecken und den Widerwillen gegen das Schlechte, Niedere, Gemeine, und Unedle wachrufen (vgl. Kaiser 1884, 14/15). Religiös wurde von Kaiser auch der freie Willen begründet. Aufgrund der Sakramente habe der Mensch die „Möglichkeit einer neuen, freien, sittlichen Selbstbestimmung, indem uns Gelegenheit geboten wird, die berufende Gnade des Herrn aus eigenem freien, sittlichen Antriebe nicht von uns zu stoßen; sondern vielmehr unser Wollen dem göttlichen Willen unterzuordnen, worin ja allein nur die wahre und rechte Willensfreiheit besteht" (Kaiser 1884, 16). Aufgabe der Erziehung müsse es sein, „auf die Kinder dahin einzuwirken, daß sie ihren Eigenwillen in Übereinstimmung bringen mit dem göttlichen Willen, ihn in den letzteren aufgehen lassen" (Kaiser 1884, 16/17). Erziehung, so könnte man auch sagen, soll dafür sorgen,

dass das Kind aus freiem Willen nach den gesellschaftlichen und kirchlichen Normen handelt.

Die sittlich-religiöse Erziehung als primäre Aufgabe der Kleinkinderschulen: Auch in den übrigen Schriften steht die sittlich-religiöse Erziehung im Mittelpunkt des Erziehungsverständnisses. Wenige Beispiele können hier genügen. Für Hübener ist das Ziel der Erziehung „dies: *die Kinder sollen zu Christo geführt werden*" (Hübener 1890, 8/9). Die Hauptaufgabe der Einrichtungen liege darin, „das sittlich-christliche Gefühl zu wecken und zu fördern" (ebd., 9), was Hübener wie auch Hesekiel als Erziehung zu Treue und Selbstverleugnung bezeichneten. Erst in „zweiter Linie erkennt die Kleinkinderschule die Notwendigkeit der geistigen ‚intellektuellen' Ausbildung an" (Hübener 1888, 10). Die Kleinkinderschule müsse „Wohltätigkeits- und Erziehungsanstalt auf christlicher Grundlage für alle Stände" (Bissing-Beerberg 1869, 46) sein und ihre Aufgabe sei es, ein lebendigeres Christentum wieder zu erwecken: eine christliche Bildung.[238] Sie dürfe nicht nur dem Namen nach, sondern müsse „der That nach ‚Christum treiben'" (Hübener 1888, 8)[239] und dies als eine „Erziehungsanstalt [...] nach dem Muster einer christlichen Familie" (Hesekiel 1871, 10).

Eindeutig ist der religiöse Charakter der Einrichtungen zu erkennen. Die christliche Kleinkinderschule, so Ranke, ist eine Anstalt, in der Kinder „in leiblicher, geistiger, sittlicher und religiöser Hinsicht in Pflege genommen werden" (Ranke 1887, 32) und es soll „dahin gewirkt werden, daß die Kinder vor körperlichen Gebrechen behütet, vor bösen Einflüssen möglichst bewahrt, ihre leiblichen und geistigen Kräfte geweckt, die Kinder für den Elementarunterricht vorbereitet, an alles Gute gewöhnt und vor allem zur Gottesfurcht erzogen werden" (ebd., 84).
Den vorschulischen Einrichtungen wurde also durchaus ein ganzheitlicher Erziehungsauftrag zugesprochen. Ranke beispielsweise beschäftigte sich ausführlich mit der Pflege oder der leiblichen Erziehung (vgl. Ranke 1879, 1-10; Ranke 1911, 6-31). Diese sei zwar weniger Aufgabe der Kleinkinderschulen als der Eltern, müsse aber auch hier Beachtung finden.
Bezogen auf die geistige Erziehung sollten die Kinder weniger lernen, als dazu fähig gemacht werden, so zumindest Bissing-Beerberg. Ein mäßiger Schulunterricht sei weniger Selbstzweck, „sondern blos Mittel zur Weckung der Geisteskräfte, zur Schulvorbereitung" (Bissing-Beerberg 1869, 30) und zu diesem Zweck gelte es viele „Bildungs- und Beschäftigungsmittel" (ebd., 9) einzusetzen, die nach dem Grundsatz „Bildung durch gute Gewöhnung, nützliche Beschäftigung, bildliche oder lebendige Anschauung" (ebd., 10) im Geiste des Christentums verfahren sollten. So würden die Kinder lernen und „sich selbst bilden", sich beschäftigen und ihr Drang nach Tätigkeit werde befriedigt und gegen Langeweile vorgebeugt (vgl. ebd., 30).

---

[238] So in einem Bericht über die Beerberger Kleinkinderschule und die damit verbundenen Einrichtungen von Lehrer König, abgedruckt in Bissing-Beerberg 1869.

[239] Auch Kinder katholischen Glaubens sollten aufgenommen werden, ebenso jüdische Kinder. Als Gefahr sah Hübener es vor allem, wenn evangelische Kinder römisch-katholische Einrichtungen besuchen (vgl.1890, 11).

Erneut findet sich, wenn auch in etwas anderer inhaltlicher Bedeutung, der Bildungsbegriff. Auch Leyrer sprach sich für die Bildung der unteren sozialen Schicht aus, denn „die Grundelemente aller Bildung, nicht blos *intellektueller* (Sinnenübungen, Bildung des Sprachvermögens, Verstandes, Lesen usw.), sondern auch sittlich-religiöser sollten allen Ständen gemeinsam sein" (1879, 54). Nie könne es nur um das bloße Bewahren gehen, alle Kräfte müssten angeregt und gefördert werden, wie auch die Kinder zum Guten geleitet und zu allem Guten erzogen werden müssten, „in ihre zarten Herzen sollen die Keime der Frömmigkeit und Gottesfurcht gelegt werden" (vgl. ebd., 8). Gut hat diese Aufgabe Leyrer in einem längeren Zitat zusammengefasst:

> „Die *christliche Kleinkinderpflege* [...] kann und soll 1) für Kinder vor dem schulpflichtigen Alter, zunächst vom 3.bis 6. oder 7. Lebensjahr *Lücken* der häuslichen Erziehung ausfüllen; 2) die Kinder an *freundliches Zusammensein* mit andern Kindern, mit Kindern anderer Familien, auch anderer Stände gewöhnen; 3) durch Uebung der Sinne und Glieder, des Sprach- und Denkvermögens, Gewöhnung an Aufmerken, Stille, Ordnung, Reinlichkeit usw. der Schule *vorarbeiten*; und Alles soll sie thun im Geist der Liebe *Christi*, des himmlischen Kinderfreundes, mit *dem die Kinder bekannt zu machen und dem sie zuzuführen das vornehmste Erziehungs- und Lehrziel der Kleinkinderpflegerinnen sein soll*" (Leyrer 1879, 45/46).

Auch wenn Ganzheitlichkeit postuliert wird, der sittlich-religiöse Aspekt samt den entsprechenden zu vermittelnden Tugenden dominiert. Diese Ansicht findet sich bei sämtlichen Vertretern der christlichen Kinderpflege. Nicht nur Verstandesbildung, sondern auch und vor allem die Herzensbildung galt als Aufgabe der Kleinkinderschule. Sie wolle „nicht den Kopf mit vorzeitigem Wissen, sondern das Herz mit Liebe erfüllen, und erzielt nicht wohlunterrichtete, sondern wohlerzogene Kinder" (Bissing-Beerberg 1869, 29/30). Die Kinder sollten unverändert an den aus der Epoche zuvor bekannten Tugendkatalog gewöhnt werden (vgl. Bissing-Beerberg 1869, 10; Kaiser 1884, 33/34; Löhe, 6-9). Ausführlich ging z.B. Ranke darauf ein, wie man Fehler der Erziehung (Zorn, Rachsucht, Stolz, Unarten und Sünden, Ehrgeiz oder abergläubische Furcht) vermeiden (vgl. 1879, 31-43) und stattdessen die Kinder zu einem gewünschten Verhalten erziehen könne (vgl. 1879, 23-31 u. 42-53; 1911, 44-68). Dazu gehöre auch die Wahrheit (vgl. Ranke 1879, 54-66; Ranke 1911, 37-44), denn die „Wahrheitsliebe ist ein Zug des christlichen Charakters, dessen Bildung Ziel und Aufgabe aller Erziehung sein muß" (Ranke 1879, 54), insbesondere, da die Kinder eine böse Neigung zum Lügen besäßen. Man müsse die Kinder daran gewöhnen, Rücksicht zu nehmen und sich selbst zurückzunehmen und zu beherrschen, „Selbstzucht und -verleugnung" (vgl. Hesekiel 1871, 11). Auch die Vaterlandsliebe sollte ihnen als religiöse Pflicht vermittelt werden (vgl. Kaiser 1884, 33ff.). Ranke sprach sich ebenfalls gegen Demokratie und für die Monarchie aus (vgl. 1879, 67/68).

Vor allem auf den Gehorsam wurde Wert gelegt, denn zu den sittlichen „Krankheiten" gehöre auch der Mangel an Gehorsam, der im Abfall von Gott und in der Gottlosigkeit begründet liege. Die Gewöhnung an Gehorsam galt deshalb auch als „die erste, größte Aufgabe der Kleinkinderschule" (Hesekiel 1871, 25), denn gerade die Kleinkinderschulen könnten auf diesem Gebiet viel ausrichten, da der Ungehorsam noch nicht „groß gezogen" (Ranke 1879, 69) sei und die Kinder an Disziplin, Gehorsam und Unterordnung gewöhnt werden könnten. Darunter wurde ein strikter Gehorsam verstanden, weshalb Befehle erst gar nicht zu begründen seien: Kinder müssten nicht einsehen, warum es gut ist, was sie tun, sie sollten gehorsam sein und aufs Wort folgen (vgl. Hesekiel 1871, 25; Leyrer 1879, 57; Ranke 1879, 67-75; Ranke 1911, 32-37).

Im Mittelpunkt der Vorstellungen der christlichen Kinderpflege stand eindeutig die sittlich-religiöse Erziehung. Unermüdlich wurde dies betont (vgl. Hübener 1888, 9/10, Hübener 1890, 1ff.; Leyrer 1879, 50 u. 68; Löhe 1868, 4). Erziehung, weniger wurde von Bildung gesprochen, zielte vor allem auf diesen Aspekt ab. Exemplarisch heißt es bei Ranke: „Ziel der Erziehung im engsten Sinne des Wortes ist, daß der Zögling sich in seinem Tun und Lassen von dem in dem Worte Gottes geoffenbarten Willen Gottes und von seinem durch das Wort Gottes gebildeten Gewissen leiten läßt, den eigenen Willen aufgibt und Gottes Willen zu dem seinigen macht" (Ranke 1911, 31). Dieses Ziel könne nicht unmittelbar erreicht werden, es müssten Stufen durchlaufen werden und auf der untersten Stufe habe sich das Kind „dem Willen des Erziehers, der das Verhalten des Zöglings bestimmt, zu unterwerfen" (ebd., 31).
Erneut wird der große Stellenwert des Gehorsams deutlich. Hinzu kam die Gewöhnung an die Frömmigkeit, ein Aspekt, der insbesondere von Ranke stark vertreten wurde[240] (vgl. Ranke 1911, 72-86): „Ziel der Erziehung ist, daß in dem Menschen das durch die Sünde verlorenen Ebenbild Gottes wiederhergestellt, daß der Mensch mit Gott vereinigt, ein seliges Kind Gottes werde" (ebd., 72). Aufgabe des Erziehers sei es, die Frömmigkeit zu wecken und zu pflegen. Die Kinder sollten Gott kennenlernen und zu Gott gewiesen werden, ab dem dritten Lebensjahr sollte dann der Religionsunterricht einsetzen. Während andere Unterrichtsformen primär die Aufgabe besitzen würden, die geistige Bildung (insbesondere Anschauungskraft und Sprachentwicklung) zu fördern, habe der Religionsunterricht „die *sittlich-religiöse* Bildung, die Erziehung zur *Frömmigkeit*" (ebd., 231) zur Aufgabe. Dies sollte durch Belehrung in Form von biblischen Erzählungen samt sich daran anschließenden Fragen und dem Auswendiglernen von Bibelsprüchen geschehen (vgl. ebd., 232ff.). Deutlich ist die Dominanz sittlich-religiöser Aspekte erkennen. Auf eben diesen Aspekt reduziert sich das Erziehungsverständnis. Denn, um mit Bissing-Beerberg abzuschließen: „Alle Menschenbildung gipfelt in der Religion, diese muß gleichzeitig Ausgang, Mittelpunkt und Ziel aller wahren Erziehung sein" (Bissing-Beerberg 1872, 75), weshalb „jede Erziehung auf dem Christenthum fußen muß" (Bissing-Beerberg 1873, 2).

2.2.2.2 Die Gestaltung der Praxis
Den bisherigen Überlegungen entsprechend wurden als geeignete Erziehungsmittel neben Ermahnung und Warnung, Versprechen und Drohen, Belohnungen und Strafen (vgl. Kaiser 1884, 18-20; Ranke 1911, 86-114; Ranke 1879, 106-132) auch die „erziehliche Aufsicht" (Ranke 1879, 99) angesehen, eine Form von Beobachtung oder besser Überwachung mit dem Ziel, die Kinder vor Schaden zu bewahren oder in ihr Treiben einzugreifen. Überhaupt sollte die Kleinkinderlehrerin das Kind gut kennen, um gefährliche Abwege rechtzeitig wahrnehmen und ihnen vorbeugen zu können (vgl. Kaiser 1884, 32).

---

[240] Die Frömmigkeit stellte in den früheren Ausgaben sogar noch eigenes Kapitel dar.

Als ein wichtiges Erziehungsmittel galt des Weiteren die Vorbildfunktion der Erzieherinnen. Denn da „erziehen im engern Sinn ein absichtliches Einwirken auf die Bildung eines andern ist" (Ranke 1911, 115), müsse die Erzieherin als Vorbild echt, wahrhaft, authentisch und „unerschütterlich festgewurzelt im christlichen Glauben sein" (Kaiser 1884, 17).

Teil der Praxis waren auch die Beschäftigungen. Allerdings wurde nicht immer gleich definiert, was unter Beschäftigungen zu verstehen sei, hier lassen sich Unterschiede erkennen.[241] Verallgemeinernd kann von einer Unterteilung in das Spiel, den Unterricht und die Beschäftigungen im engeren Sinne ausgegangen werden.

Das Spiel: Gerade für das Spiel lassen sich unterschiedliche Auffassungen finden. Zumeist wurde betont, dass das Spiel einen umfassenden Platz und Zeitraum einnehmen müsse (vgl. Hesekiel 1871, 28; Ranke 1911, 120), denn „die Hauptbeschäftigung der Kinder im vorschulpflichtigen Alter bildet das Spiel" (Kaiser 1884, 29). Allein Hübener sprach dem Spiel neben der Körperpflege und der Übung der Handfertigkeit eine nur zweitrangige Bedeutung zu, an erster Stelle stand für ihn der Unterricht (vgl. 1890, 80).

Nach Hesekiel ist das Spiel von Bedeutung, da „durch eine gleichmäßige und geordnete Anregung und Beschäftigung die in der ersten Entwicklung noch begriffenen Kräfte des Leibes und der Seele" gefördert werden und dem Kind dadurch geholfen wird, „je älter es wird, um so mehr den ernsten Ansprüchen des Lebens zu genügen" (1871, 28). Das Spiel übe den Körper, wie auch den Verstand und die Seele, es habe also eine sittliche Bedeutung, indem es z.B. an Ordnung oder das Zusammenspiel gewöhne und dies diene der Vorbereitung auf das spätere, ernstere Leben.

Löhe sah im Spiel im Gegensatz zur Arbeit eher Erholung. Dennoch sollten die Spiele dem Arbeiten ähneln und die körperliche Bewegung fördern. Schlecht seien dagegen Spiele, die allein die innere Tätigkeit des Kindes beanspruchen oder die Phantasie anregen würden. Spiele, die im Ansatz lächerlich seien, missfielen Löhe ebenso wie auch Nachahmungsspiele, da diese vor allem den Spottgeist der Kinder wecken oder das Kind dazu verleiten würden, vor der Zeit groß und erwachsen werden zu wollen. Besser seien sogenannte Verstandesspiele (vgl. Löhe 1868, 118).

Hübener meinte zum Spiel: „Kinder wollen auch einmal ihre eigenen Gedanken im Spiel walten lassen; der oft ungestüme Schaffenstrieb will selber etwas bauen und unternehmen, ja es ist eine, leider von so vielen Eltern übersehene Erzieherpflicht, gerade minder veranlagte Kinder zur Selbstbeschäftigung und damit zur Selbständigkeit zu erziehen" (Hübener 1890, 81). Aber man könne im Spiel auch gute und böse Neigungen erkennen (vgl. ebd., 81).

Anders dagegen Kaiser. Für ihn ist das Spiel die „*freie, selbstschöpferische* Geistesthätigkeit der Kinder, durch welche diese, ohne Rücksicht auf irgend welchen äußeren Nützlichkeitszweck, sich die erforderliche, die sogenannte Langeweile bannende Beschäftigung für Geist und Körper schaffen" (Kaiser 1884, 29), wobei die Formen des

---

[241] Hesekiel und auch Löhe haben die Beschäftigungen in Arbeit und Spiel unterteilt, beides sollte in der Tagesordnung angemessen berücksichtigt werden (vgl. Hesekiel 1871, 27/28; Löhe 1868, 118). Ranke unterschied dagegen drei Beschäftigungsarten: Das Spiel (die Kinder beschäftigen sich aus eigenem Antrieb und zu ihrer Freude), den Unterricht (die Kinder lernen) und Beschäftigungen im engeren Sinne (sie üben ihre Handfertigkeiten) (vgl. Ranke 1911, 119/120 u. 270).

Spiels der Phantasie, der Umgebung oder der Überlieferung entstammen. Insgesamt sollte man nicht zu viel in das Spiel eingreifen, da es sonst aufhöre Spiel zu sein und zu bedrückender Arbeit werde. Man sollte die Kinder so viel wie möglich spielen lassen, ohne dabei zu viel vorzugeben, um die Spiele nicht in Arbeit umzuwandeln (vgl. ebd., 29/30). Zumindest in Ansätzen wird dem Spiel hier eine „bildende" Funktion zugesprochen, während dem Spiel kaum eine pädagogische Bedeutung beigemessen wurde.

Eine gewisse Ausnahme stellt deshalb Ranke dar. Aus der Bedeutung des Spiels ergeben sich nach Ranke erzieherische Aufgaben negativer, bewahrender, aber auch positiver, leitender Art. Für den Körper gelte in bewahrender Hinsicht, dass dieser keinen Gefahren ausgesetzt werden dürfe, gleichzeitig durch Erziehung aber auch zu Bewegung angeleitet und gewandt gemacht werden müsse (vgl. Ranke 1911, 121ff.)
Spiel und Lernen sollten nicht vermischt werden. Weder dürfe der Unterricht in spielerischer Form erteilt, noch das Spiel zu einem Unterricht und zur Belehrung genutzt werden – wohl auch ein Vorwurf an Fröbel (vgl. Ranke 1911, 124ff.). Insgesamt stand Ranke Fröbel aber positiver[242] gegenüber als die übrigen Vertreter der christlichen Kinderpflege. Er sah es als einen anerkennenswerten Verdienst Fröbels an, „daß er so viele ‚Spielgaben' aus dem Volke gesammelt und auf dieselben als wichtige Bildungs- und Erziehungsmittel hingewiesen hat" (Ranke 1878, 1). Für Ranke hatte Fröbel also die Spielgaben nicht wirklich erfunden, aber deren Wichtigkeit deutlich gemacht. Er bemängelte in diesem Zusammenhang auch, dass die Kleinkinderschulen diese lange missachtet hätten, nun aber in letzter Zeit bemüht seien, diese aufzunehmen (vgl. Ranke 1878, 1/2).
So sprach er dann auch dem Spiel für die geistige Entwicklung des Kindes Bedeutung zu. Es sei die

> „*bedeutendste* Äußerung des *Geisteslebens* des Kindes, die vorwiegendste und geeignetste Form seiner Tätigkeit", denn „im Spiel geht die Entwickelung der *Verarbeitung* dessen, was das Kind von der Außenwelt durch eigene Erfahrungen, wie durch Umgang und fremde Mitteilung an geistigem Besitz empfangen hat, hauptsächlich vor sich, zwar zum Teil im *verborgenen*, aber doch ungleich offener und leichter erkennbar, als bei Erwachsenen. Die gewonnen Anstrengungen und Vorstellungen werden in das Gedächtnis zurückgeführt, befestigt und geklärt, aber sie kehren nicht gerade so wieder, wie das Kind sie empfangen hat, sondern es lernt mit dem erworbenen Gute schalten und walten: es verknüpft und löst die Verbindungen, und so erhält sein Geist frische Regsamkeit und Empfänglichkeit" (Ranke 1911, 126).

Ranke betont also, dass im Spiel äußere Eindrücke verarbeitet werden. Das Spiel erhält hier eine im Rahmen der evangelischen Kinderpflege neue Wertschätzung. Aber diese Verarbeitung müsse auch ausgelebt werden: „Diese Tätigkeit geht aber *nicht nur im Innern* vor sich, sonder sie *äußert* sich auch in Wort und Handlung, im Aussprechen und

---

[242] Zwar kritisierte er den Kindergarten wegen so mancher „Unnatürlichkeiten" (Ranke 1887, 41) und dass die Praxis unter „Einseitigkeiten und Abstraktionen und einem unkindlichen Mechanismus" (ebd., 43) leide, wie er im Kindergarten auch eine Einrichtung für Kinder von wohlhabenden Eltern sah. Letzteren Mangel sah er jedoch durch die Gründung der Volkskindergärten behoben und dass manches von den Kleinkinderschulen aufgenommen wurde, bewertete er als durchaus positiv (vgl. ebd., 41/42).

Darstellen des Gedachten; aus dem Vorstellen, Wissen und Begehren wird ein Tun, Können und Wollen, und so empfängt das Kind im Spiel einen großen Teil seiner praktischen geistigen Ausbildung" (Ranke 1911, 126). Das Spiel, so Ranke, unterstützt die Verarbeitung dessen, „was Leib und Seele von anderer Seite als Nahrung und Besitz bereits zugeführt ist" (ebd., 129) und dies gilt auch für das sittliche Leben, denn die Spiele besitzen auch einen positiven Einfluss auf die geistige, d.h. sittliche Bildung (vgl. ebd., 127). Diese könne sich zwar nicht ausschließlich im Spiel vollziehen, weshalb christliche Zucht und Unterricht dieses ergänzen müssten, aber doch dazu beitragen, dass das Wünschenswerte zur Gewohnheit werde (vgl. ebd., 132/133).

Stärker als die anderen Vertreter der christlichen Kinderpflege wurde von Ranke demnach die Bedeutung, die das Spiel bei der Verarbeitung äußerer Eindrücke und somit für die kindliche Entwicklung besitzt, betont. Sicherlich ist dies nicht mit den Überlegungen der Fröbelbewegung vergleichbar, zumindest aber wurde dem Spiel hier eine die Entwicklung fördernde Bedeutung beigemessen.

Die Arbeit: Auch auf die Arbeit bzw. die Beschäftigungen wurde Wert gelegt, auch wenn sie weniger Zeit einnehmen sollte als das Spiel (vgl. Kaiser 1884, 30). Hesekiel sah in ihr „Lust und Ehre" (Hesekiel 1871, 29). Durch Arbeit könne der in allen Menschen liegende Trieb, etwas Nützliches schaffen zu wollen, angeregt und geleitet, sowie die Kinder an nützliche Tätigkeiten gewöhnt (vgl. Hesekiel 1871, 29/30; Hübener 1890, 82) und das Kind auf die Schule und sein späteres Leben vorbereitet werden. Dazu sollten eine Reihe von Arbeiten im Haus (z.B. Leinwand, Fleckchen, Rosshaar und Papier zupfen, Knüpfen, Flechten, Schnüre knüppeln oder Hülsenfrüchte entkernen) und im Freien (z.B. Steine vom Acker auflesen, Unkraut jäten, Blumen, Pflanzen und Kräuter kennenlernen, im Garten arbeiten oder Holz machen) dienen. Außerdem würden die Kinder an Aufmerksamkeit und Sorgfalt, Gründlichkeit und Ausdauer, Sauberkeit und Ordnung, Verträglichkeit und Gehorsam gewöhnt (vgl. Ranke 1911, 271). Beschäftigungen seien jedoch auch durchaus „geistig bildend", da die Kinder durch sie klare Anschauungen von Formen, Größenverhältnissen, Zahlen und Zahlenverhältnissen erhalten würden (vgl. ebd., 271) und der Sinn für Schönheit geweckt und gebildet werde. Außerdem würde das Augenmaß geschärft und die Geschicklichkeit der Hand gefördert.

Beschäftigungen und auch Spiele sollten des Weiteren dem Müßiggang vorbeugen und die Kinder auf die Arbeit vorbereiten (vgl. Hesekiel 1871, 11). Zu den zu vermittelnden Tugenden gehörte außerdem, was Ranke als „dienende Arbeit" (Ranke 1911, 58) bezeichnet hat. Die Kinder sollten an Arbeit, besonders an dienende Arbeit gewöhnt werden, am besten alle Kinder, nicht nur die aus der unteren sozialen Schicht (vgl. Ranke 1879, 16-23; Ranke 1911, 58-62;). Derart verstanden, sollten Beschäftigungen eindeutig der Arbeitserziehung dienen.

Der Unterricht: Im Mittelpunkt der praktischen Gestaltung stand jedoch der Unterricht. Nicht umsonst war die christliche Kleinkinderpflege mit dem Vorwurf der Verschulung konfrontiert, gerade die Fröbelbewegung hat dieser immer wieder kritisiert. Weber bezeichnete die christliche Kleinkinderschule beispielsweise aufgrund der schulähnlichen Beschäftigung und Methode als ein „unzeitgemäßes Institut" (1878, 190), das am besten vom Ministerium beseitigt werden sollte (vgl. ebd., 191-193). Zwar wurde auch von

Seiten der christlichen Kinderpflege dieses Problem gesehen, wie man sich auch darin einig war, dass die Kleinkinderschule keine Volksschularbeit sein dürfe (vgl. Hübener 1890, 77/78; Leyrer 1879, 57/58). Aber gelernt werden sollte, denn Lernen sei Teil der Arbeit, dieses sollte jedoch in einem Sinne ablaufen, wie es eine Mutter tun würde (vgl. Hesekiel 1871, 30).

Über die Inhalte des Lernens gab es unterschiedliche Ansichten. Kaiser beispielsweise wollte nicht, dass ein elementarer Sprech- und Sprachunterricht durchgeführt werde (vgl. 1884, 64) und Leyrer lehnte den Lese- und Schreibunterricht ab (vgl. 1879, 59). Auch Hübener war gegen das Lesen, Schreiben und den Schulunterricht an sich (vgl. 1890, 78). Auf den Sprachunterricht legte er allerdings Wert, denn „Sprachbildung ist zugleich auch Geistesbildung" (ebd., 79). Wichtig war ihm außerdem die Pflege der Anschauung, entweder durch spezielle Anschauungsübungen oder eine anschauliche Gestaltung (vgl. ebd., 79/80). Hesekiel ordnete dem Unterricht auch das Zählen von 1-10 zu, außerdem das richtige Benennen von Dingen und die Anfänge des Zeichnens und der Formenlehre (vgl. 1871, 30/31). Nach Ranke sollten die Kinder dagegen nicht lesen, schreiben oder rechnen lernen (vgl. 1911, 148). Vielmehr müsse sich der Unterricht[243] an die Anschauungen und Vorstellungen der Kinder anschließen und dieselben „wiederhervorbringen, klären, berichtigen, erweitern, befestigen" (ebd., 148). Unterricht sei bildend, wenn die Kenntnisse erweitert und die geistigen Kräfte angeregt und gestärkt werden.

Fasst man diese Überlegungen zusammen, ist zu erkennen, dass ungeachtet der Unterschiede zunehmend die Vermittlung schulischer Inhalte und auch schulische Formen des Lernens in Frage gestellt wurden. Allerdings wurde ihnen immer noch ein großer Stellenwert beigemessen. Auch am Anschauungsunterricht wurde festgehalten, das Lernen der Kinder sollte anschaulich gestaltet werden – aber es sollte noch immer ein Unterricht sein.

Einig jedoch war man sich in der Betonung des Religionsunterrichts. Nach Löhe ist es Ziel der Lehre, für ihn der dritte Aspekt von Erziehung in der Kleinkinderschule, methodisch und zielgerichtet das Beten[244] zu üben, biblische und fromme Geschichten zu erzählen und den Verlauf des Kirchenjahres, kirchlicher Feiertage, die Lebensläufe besonders frommer Menschen sowie religiöse Sprüche und Lieder zu lehren, wobei auf einen Anschauungsunterricht zurückgegriffen werden sollte (vgl. Löhe 1868, 21).

Der Religionsunterricht, so auch Ranke, ist „das Hauptmittel der sittlich-religiösen Bildung" (Ranke 1911, 149). Unterweisungen in Religion, wenn auch nur in Form der elementarsten Belehrungen, galten als notwendig, „um die Kleinen Gott und unseren Herren Jesum Christum kennen und lieben zu lehren" (Kaiser 1884, 53). Der Unterricht sollte interessant sein, von der Anschauung ausgehen und leichte Fragen zur Beantwortung stellen. Ergänzt werden sollte er durch einen Unterricht in biblischer Geschichte, der ebenfalls von der Anschauung ausgehen sollte, sowie Gebete, Sprüche und Lieder (vgl. ebd., 57-72). Weniger sei die Belehrung der Kinder sinnvoll, vielmehr sollten diese

---

[243] Sehr ausführlich auf über 100 Seiten wurde der Unterricht auch bezogen auf seine Umsetzung in die Praxis von Ranke erläutert, Als geeignete Lehrformen des Unterrichts galten ihm das Erzählen, Auswendiglernen, die Unterhaltung, der Religionsunterricht, das Singen und Zeichnen (vgl. Ranke 1911, 150ff.).

[244] Dies sah er als so bedeutsam an, dass es für ihn den vierten Erziehungsaspekt darstellte und deshalb auch einen großen Anteil am Alltag in den Einrichtungen einnehmen müsse.

erste Eindrücke von der menschlichen und göttlichen Liebe empfangen, auf das unwillkürlich eine Vorstellung von Gott als liebendem Vater entsteht (vgl. Hesekiel 1871, 30-35). Auch der Lehrstoff sollte „Anleitung sein, die umgebende Schöpfung, die Werke Gottes mit Nachdenken zu betrachten" (Leyrer 1879, 59). Die Methode habe „auf den Erziehungsgrundsätzen des christlichen Glaubens" (Hübener 1890, 78) zu stehen, ansonsten sollte die Unterrichtslehre aber so einfach wie möglich gestaltet sein.

2.2.2.3 Anna Borchers

Abschließend für die christliche Kinderpflege werden die Überlegungen von Anna Borchers[245] dargestellt. Ihre Schriften *Handreichung für die Erziehungsarbeit in Familie und Anstalt* (1907) und *Wegweiser für die praktische Arbeit im Kindergarten* (1912)[246] wurden in den *Beiträgen zur Kleinkinderpflege* von Johannes Gehring herausgegeben. Borchers war in der Diakonissenausbildung tätig und bereitete Diakonissen auf ihre Tätigkeit in den evangelischen Kleinkinderschulen vor. Ihre Vorstellungen dürften in der Praxis Niederschlag gefunden haben, so wurde festgehalten, dass sich der *Wegweiser* im täglichen Gebrauch aufgrund seiner Einfachheit und Klarheit und „lauteren Herzensfrömmigkeit" (Borchers 1933, 3) bewährt habe.

Zwar besitzen ihre Ideen teilweise noch Ähnlichkeit mit den bisher gemachten Erläuterungen, aber in einigen wichtigen Aspekten unterscheidet sie sich von ihren Vorgängern doch wesentlich und ist nicht so recht der vorherigen Zeit zugehörig. Eindeutig favorisierte sie Fröbels Pädagogik und stellte das Spiel in den Mittelpunkt ihrer Kleinkinderpädagogik, vor allem in ihrer zweiten Schrift (vgl. Berger 1995, 20). Auch nach ihrem plötzlichen Tod im Jahr 1918 fanden ihre Ideen weiterhin Anerkennung, so wurde der *Wegweiser* 1933 in einer dritten verbesserten Auflage, neu bearbeitet von Johanna Ernst[247] erneut von Gehring herausgegeben. Dies zeigt ihren Stellenwert innerhalb der evangelischen Kinderpflege und auch, dass ihre Überlegungen eine gewisse Weiterentwicklung und eine Art Übergang innerhalb der christlichen Kinderpflege darstellen.

Auch nach Borchers sind die vorschulischen Einrichtungen nur ein Notbehelf, dies wurde selbst 1933 noch einmal mit den bekannten Argumenten betont. Das Kind gehöre in die Familie und zur Mutter; Krippen, Bewahranstalten und Kindergärten seien nur „Hilfs- und Ergänzungseinrichtungen für das Elternhaus" (Borchers 1907, 6). Aber es brauche doch eine geeignete Kleinkindpädagogik: Für sie die Fröbel'sche Pädagogik, die

---

[245] Anna Borchers wurde am 11. Juni 1870 im heutigen Polen geboren. Als Kind erhielt sie eine gute Bildung und Erziehung, obwohl sie einer kinderreichen Bergmannsfamilie entstammte. Borchers strebte den Lehrerinnenberuf an, nach dem Tod ihres Vaters verlor sie jedoch ihr Augenlicht. Nachdem sie eine Blindenunterrichtsanstalt besucht hatte, trat sie 1890 in ein Seminar in Breslau ein, 1893 übernahm sie das Amt als Schwesterlehrerin in einem Diakonissenmutterhaus, allerdings favorisierte sie eindeutig Fröbels Pädagogik und das Spiel (vgl. Berger 1995, 20). Später gründete sie einen Kindergarten und Hort, sowie eine Ausbildungsstätte für Kindergärtnerinnen und Hortnerinnen. Trotz ihrer Blindheit gründete und redigierte sie mit der Hilfe durch andere die Fachzeitschrift *Der Kinderhort*, außerdem verfasste sie viele Fachbücher, die nach Berger hohe Anerkennung fanden. Am 6. Oktober 1918 verstarb Borchers unerwartet an den Folgen eines Gehirnschlages.

[246] Diese erste Auflage konnte nicht aufgefunden werden. Aus diesem Grund wird die dritte Auflage aus dem Jahr 1933 verwendet.

[247] Johanna Ernst war die Nachfolgerin Borchers als Seminarleiterin in Grünberg.

deshalb in den christlichen Erziehungsstätten eingeführt werden sollte (vgl. Borchers 1933, 6).
Nicht allein Bewahrung, auch Erziehung ist Borchers folgend Aufgabe der Einrichtungen, der Kindergarten muss „Erziehungsstätte" (Borchers 1933, 46) sein. Erziehung aber ist „die bewusste, absichtliche, planmäßige Einwirkung eines Erwachsenen auf einen Heranwachsenden, um alle diesem angeborenen Kräfte und Fähigkeiten zu möglichst vollkommener, harmonischer Entfaltung zu bringen" (Borchers 1907, 5).
Erziehung wurde demnach auch von Borchers, ähnlich wie beispielsweise zuvor Ranke, als Einwirkung verstanden. Ziel sei es, sämtliche Anlagen harmonisch zur Entfaltung zu bringen. Innerhalb der christlichen Erziehung sei es „die Aufgabe, den Menschen für diesen doppelten Beruf [„Pilgrime" und Bürger zu sein, H.W.]. tüchtig zu machen" (Borchers 1907, 8). Jeder Mensch müsse Anteil an Umgebung, Volk, Menschheit und Natur zeigen und dabei müsse immer auch die spätere Stellung und Lebensaufgabe beachtet werden. Eine geschlechtsspezifische Erziehung sei deshalb sinnvoll, wie die Berufsauswahl den Anlagen und Neigungen folgen müsse (vgl. ebd., 8/9). Erziehung habe dabei zu helfen, sich in die Gemeinschaft einzufügen.
Erziehung muss, so Borchers, grundsätzlich christlich und naturgemäß sein, d.h. sie braucht auch Zeit. Außerdem müsse sie gründlich sein, denn Erziehung sei ein beständiger Kampf mit üblen Gewohnheiten und schlechten Eigenschaften, wie sie auch national sein müsse, indem sie die Kinder ein Pflichtbewusstsein gegenüber dem Vaterland vermittele (vgl. Borchers 1907, 9/10). Berger sieht in Borchers überhaupt ein Beispiel für die verstärkte Politisierung der Kindergartenerziehung im Kaiserreich und verweist auf ein „patriotisches Kinderlied", das dies exemplarisch belegen würde (vgl. Berger 1995, 23). So findet sich im Geleit zur dritten Auflage des *Wegweisers* auch der Hinweis, dass diese Auflage die Idee Borchers' verfolge, die Kinder zu tüchtigen Bürgern zu erziehen (vgl. Borchers 1933, 4).

Ziel jeglicher Bemühungen, so Borchers, muss es sein, die körperlichen, geistigen und sittlichen Kräfte des Kindes zu fördern (vgl. 1933, 46). Es gilt deshalb „die körperliche, geistige und sittliche *Entwicklung* [...] durch sorgsame *Pflege* zu fördern. Die Kinder sollen angemessen *beschäftigt* werden. Die Kinder sollen die für ihr Alter angemessene *Belehrung* erhalten. Durch alle Einrichtungen soll die *Erziehung* der Kinder in jeder Richtung gefördert werden" (ebd., 7).
Die Aufgabe der Kleinkinderschule liege nicht allein in der Bewahrung, die Kinder sollten auch in der Entwicklung all ihrer Anlagen gefördert werden. Borchers bezeichnete dies als Pflege. Erziehung müsse die Anlagen des Kindes zur Entfaltung bringen oder anders ausgedrückt: „Erziehen heißt: alle angeborenen Kräfte des Kindes zu entwickeln; darum muß auch im Kindergarten dieses Ziel erreicht werden" (Borchers 1933, 46) – sie muss ganzheitlich sein und die Entwicklung aller Kräfte anregen und unterstützen.
Auch bei Borchers finden sich die bekannten Elemente von leiblicher und geistiger Erziehung (vgl. Borchers 1907, 14ff.; Borchers 1933, 7ff.). Bezüglich der geistigen Erziehung behandelte Borchers das Erkenntnisvermögen, das Gefühlsvermögen und das Willensvermögen. Borchers übernahm somit die Unterteilung, die sich bei den anderen Autoren aus dem Kreis der christlichen Kinderpflege finden lässt. Kinder seien individuell verschieden, dies müsse Erziehung ebenso berücksichtigen, wie sie auch auf die

Temperamente[248] – eine bestimmte „Gemütsanlage und Denkungsart" (Borchers 1907, 26), die jeder Mensch von Natur aus besitze – einwirken müsse.
Fasst man ihre Aussagen zusammen, dann hat die geistige Erziehung im Kindesalter, dem wichtigsten Abschnitt für die geistige Entwicklung überhaupt, zunächst die Sprachförderung zur Aufgabe. Denn dort beginne die Sprachentwicklung und das Selbstbewusstsein erwache, das Kind erfasse sich als „Ich". Die Sprache, so Borchers, dient zum Ausdruck des Erkennens, Fühlens und Wollens und enthüllt das innere Leben, die geistige Welt und deshalb muss auf die Sprachentwicklung großer Wert gelegt werden (vgl. Borchers 1907, 23). Die Kinder lernen ihre Umgebung durch Erforschen und Betrachten kennen und es beginnt die Zeit der vielen Fragen. Diese Wissbegier müsse befriedigt und angeregt werden, Wahrnehmungen und Erfahrungen müssten aber selber gemacht werden. Außerdem sei es wichtig, die Denktätigkeit[249] anzuregen und Begriffe, Urteile und Schlüsse zu bilden, am besten durch die „fragende Besprechung" (ebd., 28) der Erlebnisse des Kindes. Da das Gemütsleben[250] in diesem Alter leicht zu beeinflussen sei, müssten Mitgefühl, Schönheitsgefühl und das religiöse Gefühl geweckt werden. Dabei benötige der Wille des Kindes[251] der sicheren Leitung, das Kind müsse den Willen Gottes kennenlernen und diesem seinen eigenen Willen unterordnen, deshalb sei Selbstbeherrschung nötig. Auch der letztgenannte Aspekt war zuvor mehrfach innerhalb der christlichen Kinderpflege vertreten worden (vgl. ebd., 27/28).

Die Nähe zu den anderen Vertretern der christlichen Kinderpflege zeigt sich auch daran, dass auch Borchers der sittlich-religiösen Erziehung eine herausgehobene Bedeutung zuschrieb, selbst wenn sie sich in ihrem Ton von den zuvor dargestellten Autoren unterscheidet, moderner klingt. Erziehung, so Borchers, muss „die ewige Bestimmung der Menschenseele" (Borchers 1933, 40) berücksichtigen. In der sittlichen Kraft sah Borchers die Kraft, die sinnlichen Bedürfnisse einzuschränken und zu beherrschen, denn dadurch erhebe sich der Mensch über andere Geschöpfe. „Ziel aller Erziehung muß also die Entwicklung der sittlich reinen und freien Persönlichkeit sein. *Richtschnur für das sittliche Leben ist das Wort Gottes*" (Borchers 1907, 31). Sittliche Erziehung müsse im zartesten Alter beginnen und zwar durch die Zucht. Hauptsache sei dabei „die Bildung des Willens zum Guten, zur Tugend" (ebd., 31). Gemüt und Wille des Kindes gelte es zu beeinflussen, am besten durch Beispiel und Gewöhnung, aber auch durch Belehrung und

---

[248] Borchers unterschied vier Temperamente (vgl. 1907, 26): Das sanguinische, cholerische, melancholische und phlegmatische Temperament. Diese seien selten rein ausgeprägt und Kinder meist sanguinisch.

[249] Unter dem logischen Denken verstand sie, dass der Mensch sich von den Dingen der Außenwelt Begriffe, Urteile und Schlüsse bilden könne. Diese Fähigkeit sei der Verstand. Ziehe man über das sinnlich Wahrnehmbare hinaus Schlüsse, sei dies Vernunft und dies führe einen auch zu Gott (vgl. Borchers 1907, 24).

[250] Als das Gefühlvermögen bezeichnete sie die Erregungen der Seele, Lust oder Unlust (vgl. Borchers 1907, 24/25). Der Quellpunkt aller Gefühle sei das Gemüt und deshalb sei die Gemütsbildung eine wichtige Aufgabe der Erziehung, denn „edle Gefühle sind die Vorläufer edler Taten" (ebd., 25).

[251] Jeder Mensch verfüge über einen freien Willen und könne sich frei entscheiden, ob er seine Begierden erfüllt oder nicht. Jeder geistig normale Mensch sei für seine Taten verantwortlich und deshalb sei Willensbildung eine der Hauptaufgaben der Erziehung. Borchers betonte, dass die Kinder ihren Willen äußern dürften, denn Willenlosigkeit wäre schlecht. Aber die Richtlinie für den Willen sei das Gesetz Gottes. Deshalb müsse zur Selbstbeherrschung erzogen und die Kinder im Kampf gegen böse Neigungen unterstützt werden, denn es sei traurig, wenn man die Herrschaft über den Willen verliere (vgl. Borchers 1907, 25).

Gebete, Lob, Tadel, Belohnung sowie Strafe (vgl. Borchers 1907, 10-14). Das Kinderherz ist nach Borchers „weich und bildsam", hier können alle Tugenden gelegt werden, wie auch die schlechten Angewohnheiten früh bekämpft werden können (vgl. Borchers 1907, 33; Borchers 1933, 47). Als Erziehungsziele bezeichnete sie deshalb die bekannten Tugenden (vgl. Borchers 1907, 33-39; Borchers 1933, 46).
Nach Borchers liegen im Kind von Geburt an die Anlagen zum Guten, wie aufgrund der Erbsünde auch der Keim zum Bösen, weshalb der Kampf gegen diese Neigung zum Bösen zu den wichtigsten Erziehungsaufgaben gehört. Schüchternheit und ein verschlossenes Wesen, Trotz und Eigensinn, Lügen und Schwindeln, Hochmut und Eitelkeit, Trägheit, Naschhaftigkeit, Stehlen, Bosheit sollten bekämpft und verhindert (vgl. Borchers 1907, 39-44), außerdem die Kinder an die Erfüllung kleiner Liebesdienste im täglichen Leben gewöhnt und früh die Liebe zum Gotteshaus geweckt werden (vgl. Borchers 1933, 42).

Vor allem im *Wegweiser* ist Borchers dann ausführlicher auf die Beschäftigungen, das Spiel und die Belehrungen eingegangen.
Im Zusammenhang mit den Beschäftigungen betonte sie, dass die Handgeschicklichkeit sorgsam entwickelt werden und in der Erziehung berücksichtigt werden müsse, da die Hand zur Arbeit benötigt werde (vgl. Borchers 1933, 11). Auch die Arbeit im Garten und häusliche Beschäftigungen seien sinnvoll. Überhaupt steht für sie bei Fröbel die „Erziehung zur Tätigkeit" im Mittelpunkt seiner Erziehungsweise (vgl. ebd., 12). Durch die Gaben und die verschiedenen Beschäftigungen werde nicht nur der Tätigkeitstrieb entwickelt, sie würden auch bei der Ausbildung der Handgeschicklichkeit nützen und außerdem zur Sparsamkeit erziehen und „der Entwicklung der geistigen Fähigkeiten" (ebd., 14) dienen; ein Aspekt, der von Borchers nicht ausführlicher erläutert wurde.
Als Grundsatz der Beschäftigung galt ihr, dass die körperlichen und geistigen Fähigkeiten dem Alter angemessen berücksichtigt würden. Die Beschäftigung sollte nie mechanisch sein, sondern immer der geistigen Förderung dienen und die Kinder möglichst selbständig arbeiten. Der erzieherische Wert der Beschäftigung liege darin, dass der Tätigkeitstrieb befriedigt und das Augenmaß geübt, der Schönheitssinn geweckt und den Kindern der Zahlenbegriff bewusst werde. Die Kinder würden den Wert von Zeit und Arbeit schätzen lernen, wie die Beschäftigungen auch zu Sorgfalt und Geduld erziehen würden, der Ordnungssinn und Sauberkeit gestärkt werde. Durch die Gartenarbeit würden die Kinder die Liebe zur Natur lernen und die Tierpflege sei gut für die Gemütsbildung. Aufgrund der Aufgaben würden sie außerdem Pflichtgefühl und Verantwortungsbewusstsein erlernen (vgl. Borchers 1933, 18/19).
Die Beschäftigungen dienen bei Borchers also eindeutig zur Vorbereitung auf die spätere Arbeit und helfen bei der Vermittlung gewünschter Tugenden. Entsprechend sollten die Kinder bei Beschäftigungen auch genau nachmachen, was ihnen von der Erzieherin vorgemacht oder durch Musterarbeiten vorgegeben wird. Allerdings sollten die Kinder beim Gebrauch der Gaben möglichst frei schaffen (vgl. Borchers 1933, 19).

Einen weiteren Teil des Alltags sollten die Belehrungen einzunehmen. Das Kind leistet nach Borchers in den ersten Lebensjahren eine große geistige Arbeit, indem es die Umwelt erfasst und in seine Seele aufnimmt. Außerdem verfüge es über einen Erkenntnis-

trieb (Neugier), das wichtigste Mittel der Selbstbelehrung. Das Kind wolle selber entdecken, selber lernen. Aber das Kind bedürfe auch der Belehrung durch andere und deshalb sollte der Kindergarten den Kindern nicht nur „Gelegenheit geben, ihre Glieder und Sinne zur Selbstbelehrung zu gebrauchen", sondern auch „durch Fragen sich die Belehrung von anderen zu erbitten" (Borchers 1933, 24). Allerdings sollte dabei nicht der Schule vorgegriffen werden.
Interessant ist Borchers Vorstellung bezüglich der Themenauswahl. Nicht die Interessen der Kinder sollten im Vordergrund stehen, sondern die Vorstellungen der Erzieherin. Ihre Aufgabe sei es deshalb, das Interesse der Kinder auf den Gegenstand zu lenken, über den sie belehren wolle. Eben darin sah sie eine planmäßige Belehrung (vgl. Borchers 1933, 24/25).
Als Lehrformen erschienen Borchers die vorzeigende, erzählende, fragende und die Gesprächsform geeignet (vgl. Borchers 1933, 25/26). Hier machte sie dann auch ausführlich deutlich, wie man „gute" Fragen stellt. Es sollten „bestimmte Fragen" gestellt werden, die nur eine Antwort zulassen, geradezu Prüfungsfragen. Diese hälfen dabei herauszufinden, ob die Kinder sich etwas gemerkt haben. Weitere Fragen seien die „Entwicklungsfragen", hier könnten die Kinder selber denken und Urteile und Schlüsse ziehen. Außerdem erwähnte sie „Wahlfragen", bei denen nur mit ja oder nein geantwortet werden konnte, diese sollten jedoch vermieden werden, da sie die Kinder zum Raten verführen würden. Hinzu kam die „Hilfs- oder Unterstützungsfrage", die gestellt werden sollte, wenn die Antwort halb richtig war (vgl. ebd., 27/28). Insgesamt erweckt die Darstellung den Eindruck, dass Borchers' Vorstellung der Belehrung doch sehr schulmäßig geprägt war. Die Fragen gehen von der Erzieherin aus, nicht vom Kind und richten sich nach den Vorstellungen der Erzieherin, aber nur bedingt nach den Interessen des Kindes. Zusammen mit den Beschäftigungen und dem Spiel sollten die Belehrungen zum Gebrauch aller geistigen Kräfte führen (vgl. Borchers 1933, 25). Hinzu kamen noch Anschauungsübungen, durch welche die Kinder im Gebrauch ihrer Sinne geübt werden sollten (vgl. ebd., 28). Diese sollten möglichst dem Erfahrungskreis der Kinder entstammen und alle Sinne ansprechen. An die Anschauung der Gegenstände, Lebewesen etc. könnten sich dann ein Gespräch und die Belehrung anschließen. Auch wenn die zuvor geschilderten Vorstellungen über kindgemäße Belehrungen anderes vermuten lassen, zumindest hat Borchers darauf hingewiesen, dass die Interessen des Kindes zu berücksichtigen sind.

Zuletzt zum Spiel. Das „Spielen nennen wir die Betätigung der Kräfte, durch welche keine neuen Werte hervorgebracht werden" (Borchers 1933, 20). Für die Kinder, so Borchers, ist das Spiel „ein Mittel zur Entwicklung seiner Kräfte" (ebd., 20). Alles, was das Kind in seiner Umgebung erlebt, überträgt es ins Spiel, durch derartige Nachahmungsspiele wird das Kind in das Leben der Menschen eingeführt. Vor allem im Freispiel, das immer ein Nachahmungsspiel ist, könne das Kind seine Einbildungskraft frei betätigen (vgl. ebd., 20).
Bei Berger findet sich eine aufschlussreiche Passage, die Borchers ihren Schülerinnen diktiert hat. Das Spiel sei kein Zeitvertreib, sondern die Arbeit des Kindes. Es spiele nicht, um sich die Zeit zu vertreiben, sondern um die Zeit zu benutzen. Denn das Spiel

des Kindes sei die Form der Kindesentwicklung und ein inneres Bedürfnis des Kindes und dieses gelte es zu fördern und zu fordern (vgl. Berger 1995, 21).
Die erziehliche Bedeutung des Spiels liegt nach Borchers darin, dass es den Geselligkeitstrieb befriedigt und Langeweile verhindert. Außerdem fördere es die Entwicklung der körperlichen und geistigen Kräfte und sei „Schule für mancherlei Tugenden" (Borchers 1933, 23). Es helfe auch zur Überwindung von Schüchternheit und Empfindlichkeit und gebe der Erzieherin Einblicke in das Seelenleben des Kindes (vgl. ebd., 23). Auch bei Borchers steht das Spiel also im Zusammenhang mit der sittlichen Erziehung und der angestrebten Vermittlung erwünschter Tugenden.

2.2.2.4 Fazit
Die christliche Kinderpflege hat sich weitaus einheitlicher als die Fröbelbewegung präsentiert. Sicherlich gab es unterschiedliche Konzeptionen, besser Schwerpunkte, aber es überwiegen doch die Gemeinsamkeiten, weshalb von einem einheitlichen Verständnis insbesondere von Erziehung, einer gemeinsam geteilten Sprache auszugehen ist.
Unverändert wurde den vorschulischen Einrichtungen vorwiegend eine Bewahrungsfunktion zugesprochen, auch wenn diese nun eindeutiger als zuvor um den Erziehungsaspekt ergänzt wurde. Von einer allgemeinen Bildungsfunktion lässt sich jedoch nicht sprechen. Die vorschulischen Einrichtungen wurden nicht grundsätzlich pädagogisch gewürdigt, sondern galten als Nothilfeeinrichtungen und sollten dies auch bleiben. Damit verbunden war eine zwangsläufige Abwertung der Einrichtungen, auch wenn Erziehung und zum Teil Bildung nun als Aufgaben galten.
Zurückgegriffen wurde auf beide Begriffe, auch wenn der Erziehungsbegriff eindeutig überwog und beide Begriffe nicht immer deutlich voneinander abgegrenzt oder unterschieden wurden. Bildung bezog sich zumeist auf den Aspekt der geistigen, genauer sittlich-religiösen Erziehung und wurde als ein Teil der gesamten Erziehung, der sogenannten Charakter- und Gemütsbildung begriffen.
Erziehung im Sinne der christlichen Kinderpflege zielte weniger auf eine kindgemäße Anregung und Unterstützung der kindlichen Entwicklung ab, auch wenn sich diese Aspekte vermehrt finden lassen und beispielsweise Ganzheitlichkeit postuliert wurde. Erziehung wurde primär als sittlich-religiöse Einwirkung auf die Kinder mit dem Ziel der Vermittlung erwünschter Verhaltens- und Denkweisen auf der Basis einer stark christlichen Grundlage begriffen. Im Mittelpunkt stand ungeachtet aller Hinweise auf Ganzheitlichkeit die sittlich-religiöse Erziehung. Im Zuge der zunehmenden Entkirchlichung und Entchristianisierung, sowie sicherlich auch im Kontext des Kulturkampfes, wurde dies nun spezifisch konfessionell verstanden, auch wenn es Ausnahmen wie Bissing-Beerberg gab, der den Standpunkt vertrat, dass die „Grundwahrheiten des Christenthums ohne alle confessionelle Färbung" (1869, 29) einzuprägen sind. Sittlich-religiöse Erziehung hatte nun deutlicher als zuvor eine evangelische zu sein. Unverändert sollte Erziehung aber der Festigung der gesellschaftlichen Zustände dienen. Demokratische Bewegungen wurden abgelehnt und Erziehung, gerade auch bei Borchers, national und reaktionär begriffen.
Verglichen mit den Überlegungen, die zuvor innerhalb der sich gerade konstituierenden christlichen Kinderpflege vertreten worden waren, stellt dieses Verständnis von Erziehung keine wesentliche Veränderung oder Weiterentwicklung dar. So sollte sich diese

Erziehung auch unverändert in einem schulischen Rahmen vollziehen. Zwar wurde sich nun stärker von der Schule abgegrenzt und schulische Inhalte auch abgelehnt, aber diese Elemente stechen doch weiterhin hervor. Dies gilt selbst für Anna Borchers, die für eine Annäherung an die Fröbelpädagogik steht, wie sich bei ihr auch eine stärkere Auseinandersetzung mit Fragen der kindlichen Entwicklung oder der Konstituierung eines kindlichen „Ichs" erkennen lassen. Dennoch, die Ansicht, dass die Themenauswahl von den Interessen der Erzieherin und nicht denen der Kinder ausgehen müsse, verdeutlicht, dass auch weiterhin an einem zumindest als schulähnlich zu bezeichnenden pädagogischen Umfeld festgehalten wurde. Entsprechend wurde auch das Spiel – allerdings lassen sich hier unterschiedliche Ansichten finden und insbesondere Ranke hat nun auch die „bildende Funktion" des Spiels in Ansätzen anerkannt und Borchers später auch Fröbel eingeführt – zumeist nicht in seiner pädagogischen Bedeutung, sondern primär in Zusammenhang mit der sittlich-religiösen Erziehung oder als bloße Erholung gesehen. Weniger wurde über das Spiel als über den Unterricht, insbesondere den Religionsunterricht, nachgedacht und geschrieben. Auch wenn nicht immer Einigkeit über die Unterrichtsinhalte bestand, kann dieser als ein sehr schulähnlicher charakterisiert werden, ungeachtet der Betonung der Orientierung an der christlichen Familie. Raum für Eigenaktivität, selbsttätiges Erkunden oder gar Experimentieren wurde dagegen kaum als notwendig angesehen. Als wichtiger galt es, dass der vorgegebene Tugendkatalog und gewünschte Kenntnisse durch Erziehung vermittelt und von Kindern unreflektiert übernommen wurde und eine Vorbereitung auf das Arbeitsleben stattfand – eben das macht hier Erziehung aus.

2.2.3 Die katholische Kleinkinderpädagogik

Die katholischen Vereine stellten gegen Ende dieser Epoche zwar die größte Trägergruppierung dar, dennoch verlief die verbandliche Entwicklung verglichen mit der evangelischen Kinderpflege und der Fröbelbewegung deutlich langsamer. Dies ist sicherlich auch dadurch zu erklären, dass diese im Rahmen des Kulturkampfes durch den Staat behindert wurde. Erst 1912 entstand der Zentralverband katholischer Kinderhorte, am 29. Februar 1916 folgte mit dem Verband der katholischen Kleinkinderanstalten Deutschlands unter dem Vorsitz Alexandrine (Alexe) Hegemanns[252] eine vergleichbare Organisation für den Bereich der öffentlichen Kleinkinderziehung. Hegemanns Einfluss war jedoch begrenzt, weil die katholischen Orden nur auf Geistliche und deshalb vor allem auf Pfarrer Dr. Lenné, der geistliche Berater des Verbands, hörten (vgl. Schnabel 1987c, 26f.). Ebenfalls erst 1918 erfolgte mit dem *Kinderheim* die erste katholische Fachzeitschrift, die von Alexe Hegemann gemeinsam mit Johanna Huber geradezu gegen den Willen der Geistlichkeit erkämpft werden musste (vgl. Berger 1995, 82).

---

[252] Alexe Hegemann (1877-1926) hat sich um die professionelle Ausbildung von katholischen Kindergärtnerinnen und der Nachbildung der unausgebildeten Klosterfrauen verdient gemacht. Außerdem drängte sie darauf, dass die Bewahranstalten reformiert und zu Kindergärten umgestaltet werden (vgl. Berger 1995, 80ff.). Allerdings ist sie kaum publizistisch tätig gewesen, beispielsweise hat sie keine eigenständige Monographie veröffentlicht. Unter ihrer Federführung entstand jedoch der *Lehrplan für Schwesternseminare, in denen katholische Ordensfrauen zu Erzieherinnen außerhalb der Schule herangebildet werden* (vgl. ebd., 82).

Wie die evangelische Kinderpflege, war auch die katholische Kleinkindpädagogik fest mit ihrer Kirche verbunden. Mit 36% der Deutschen stellten die Katholiken die größte Minderheit im Kaiserreich dar (vgl. Nipperdey 1990, 443). Als Kirche blieb der Katholizismus konservativ-dogmatisch, autoritär, hierarchisch, ultramontan und defensiv, zentralistisch und absolutistisch auf Rom und den Papst ausgerichtet, darauf bedacht, sich scharf gegen die moderne, feindliche Welt abzugrenzen. Gegenüber der Obrigkeit wurde Loyalität und Gehorsam gepredigt, Demokratie, Rationalismus und Materialismus wurden abgelehnt, liberalistische Tendenzen kaltgestellt. Insgesamt waren die Katholiken weniger gebildet, was vor allem auf das katholische Milieu und weniger auf Diskriminierungen zurückzuführen ist. Auch war der überwiegende Teil des katholischen Klerus nicht akademisch-intellektuell, sondern fromm und gehorsam. Die Katholiken gehörten überproportional zur agrarisch-mittelständischen, vormodernen, vorkapitalistischen und vorindustriellen Sozialwelt. Soziokulturell gesehen waren sie weniger modern, weniger etabliert und weniger auf Aufstieg und Erfolg aus, dafür aber besser in ihre Lebensumwelt integriert. Die Moderne galt als Gefahr der Entkirchlichung und Entsittlichung, kirchliche Warnungen über den Sittenverfall waren keine Seltenheit. Gerade auf dem Land herrschte ein rigoroser Moralismus, allerdings nahmen auch hier die Gottesdienstbesuche ab. Kirchenaustritte blieben jedoch selten.

Von entscheidender Bedeutung, auch und ungerade für das Bildungswesen, war sicherlich der 1872 beginnende „Kulturkampf" (vgl. Horn 2003). Konflikte zwischen katholischer Kirche und Staat waren zum Teil zwangsläufig gewesen,[253] denn während die moderne Gesellschaft auf dem Grundsatz der individuellen Freiheit gegen den Vorrang von Autorität, Tradition und Korporation gegründet war, propagierte die katholische Kirche das Gegenteil. Dies traf zwar auch auf den Protestantismus zu, dieser war aber, gerade in Preußen, eng mit dem Staat verbunden und stellte quasi die Staatskirche dar. Auch traten Streitigkeiten zwischen Staat und katholischer Kirche nicht zum ersten Mal auf, neu war jedoch, dass dieser Konflikt zu einer Sache der Öffentlichkeit wurde, der auch den Alltag betraf. Im Rahmen dieser Arbeit kann nicht umfassend auf den Kulturkampf eingegangen werden. Grob gesagt war das Ziel die Schwächung des „ultramontanen", also am Vatikan und nicht an der Festigung des Reiches orientierten Katholizismus, weshalb von katholischer Seite der Kulturkampf auch als eine staatlich verordnete „Protestantisierung des Katholizismus" (Nipperdey 1990, 433) interpretiert werden konnte. Entschieden versuchten die Katholiken sich gegen jede staatliche Einflussnahme zu wehren, während man selbst zum Teil auch weiterhin über öffentliche Dinge (Ehe, Schulen) bestimmen wollte.

Im Ergebnis führte der Kulturkampf dazu, dass sich auf Seiten der Katholiken die Kirchenloyalität teilweise verstärkte und das spezifisch katholische Milieu bildete, wodurch sich die Segmentierung der deutschen Gesellschaft verhärtete. Auch fiel es der internationalen katholischen Kirche schwer, sich ins kleindeutsche Reich zu integrieren, „die Loyalität zum bestehenden Staat war also durch die primäre Loyalität zur Kirche und zur einheitlichen Partei des politischen Katholizismus eingeschränkt" (Nipperdey 1990, 452). Nur allmählich wurde die Integration der Katholiken in den nationalen Staat mög-

---

[253] So war der Kulturkampf auch ein gemeineuropäisches, nicht ein spezifisch deutsches Phänomen.

lich, ehe auch sie in relativer Loyalität und nationaler Solidarität dem Staat gegenüber standen, wenn auch das tiefe Misstrauen bei vielen Katholiken bestehen blieb.

Bedingt durch die grundsätzliche Bildungsferne, die Antimodernität und auch den Kulturkampf, hat der Katholizismus an vielen zeitgenössischen Debatten nicht teilgenommen (vgl. Nipperdey 1990, 432). Dies fällt auch für die öffentliche Kleinkinderziehung auf. Obwohl gegen Ende der Epoche größter Träger, lassen sich nur wenige Schriften der katholischen Kleinkindpädagogik finden.[254] Das mangelnde Interesse lässt sich mit den obigen Argumenten erklären, verweist jedoch auch auf den geringen Stellenwert, welcher diesem Gebiet grundsätzlich beigemessen wurde und es zeigt auch, dass es kaum als notwendig erachtet wurde, eine eigenständige Konzeption für die pädagogische Arbeit in den vorschulischen Einrichtungen zu entwickeln.

Aufgrund der nur wenigen Monographien, die sich mit der katholischen Kleinkindpädagogik beschäftigen, werden diese einzeln dargestellt. Übereinstimmende Tendenzen werden anschließend zusammenfassend hervorgehoben.

F.X. Gutbrod: Bei F.X. Gutbrods[255] Schrift *Die Kinderbewahr-Anstalt in ihrem Zwecke und in den Mitteln zur Erreichung dieses Zweckes* (1884) fällt auf, dass sehr geringe Anforderungen an die vorschulischen Einrichtungen gestellt wurden. Kaum ging er auf pädagogische Fragen ein, eindeutig stand hier der christliche Aspekt im Mittelpunkt. Erziehung wurde von ihm als edle und wohltätige Aufgabe verstanden.

Bezogen auf den Zweck und den Nutzen der Kinderbewahranstalten griff Gutbrod auf bekannte Argumente zurück. Während die Eltern vor allem die Aufbewahrung und den Schutz ihrer Kinder erwarten würden, seien die Einrichtungen für die Gemeinde von Interesse, da sie helfen würden, die zunehmende Verunsittlichung der Kinder einzudämmen (vgl. Gutbrod 1884, 6/7).[256] Außerdem würden die Kleinkinderbewahranstalten auf die Schule vorbereiten, da die Kinder an Reinlichkeit, Ordnung und eine geregelte Tätigkeit gewöhnt und schlechte Charaktereigenschaften ausgemerzt würden. Sie seien so freundlicher, zuvorkommender, dienstbereiter und verträglicher mit anderen Kindern, außerdem „sprechfähiger" (ebd., 9) und im Gedächtnis geübt (vgl. ebd., 7-9). Sie verfügen, so Gutbrod, außerdem über „Schuldisciplin, Schulgehorsam und haben schon ‚Lernen' gelernt, indem sie auch schon ‚Vieles' gelernt haben" (ebd., 9).

Auch für die Kirche sind die vorschulischen Einrichtungen laut Gutbrod von Vorteil. Denn „die Religion ist das Fundament aller Bildung!" (Gutbrod 1884, 10) und deshalb ist die Betreuung der Kinder Aufgabe der (katholischen) Kirche. Gutbrod verwies dabei auf die Generale vom 22. April 1853 des bischöflichen Ordinariats Passau, wonach der Seelsorgeklerus angehalten worden sei, „möglichst zur *Errichtung und Verbreitung von Kinderbewahr-Anstalten mitzuwirken, die sich überall, wie sie zweckmäßig eingerichtet*

---

[254] Franz Hattlers *Katholischer Kindergarten oder Legende für Kinder* (1884, 3. Auflage) ist eine Sammlung von Geschichten, die allesamt auch für die Einführung in die Religion geeignet waren. Hattler, Priester der Gesellschaft Jesu, hatte damit auch eine Auswahl von Beispielen für den Katechismus geben wollen.

[255] Gutbrod war katholischer Pfarrer in Burgau.

[256] Er überlegte auch, ob man der Bewahranstalt nicht einen sogenannten „Kinderhort" anschließen sollte, in dem Bettelkinder und Schulkinder, welche ohne Aufsicht herumlungern, getrennt von den kleinen Kindern beaufsichtigt und beschäftigt werden können (vgl. Gutbrod 1884, 7).

und geleitet werden, bezüglich des geistigen und leiblichen Wohles der in denselben aufgenommenen Kinder äußerst wohlthätig wirkend erweisen" (ebd., 11/12). Warum die Kleinkinderbewahranstalten ihm als wichtig galten, wird auch anhand einer weiteren Passage deutlich. Denn: „Wer die Jugend hat, dem gehört die Generation" (Gutbrod 1884, 10). Wer die Kontrolle über die Kinder besitze und diese im eigenen Sinne beeinflussen könne, könne die Gesellschaft so formen, wie es den eigenen Wünschen und Vorstellungen entspricht – auch dies eine Aufgabe der katholischen Bewahranstalten.

Auch wenn die Bewahrung als primäre Aufgabe galt, Gutbrod hat einen eigenen Abschnitt „Die Erziehung in der Kinderbewahr-Anstalt" überschrieben, den Einrichtungen also einen Erziehungsauftrag zugesprochen.
Allgemein gelte, dass „die Erziehung in den Kinderbewahr-Anstalten [...] die häusliche Erziehung ersetzen und verbessern" (Gutbrod 1884, 57) müsse. Während der Unterricht nur ein Erziehungsmittel darstelle, sei Erziehung „Hauptzweck der Kinderbewahr-Anstalten" (ebd., 57). Auch ihr Ziel ist für Gutbrod klar: „Die Kleinen sollen erzogen werden zu dem höchsten Ideale, das wir haben: *zum Ebenbilde Gottes!*" (ebd., 57). Denn es gebe „erkennbare Eigenschaften, zu deren Erringung dem Kinde die Kinderbewahr-Anstalt behilflich sein soll" (ebd., 58) und deshalb sollte sämtliche Behandlung und Einflussnahme auf die Kinder diesem Zweck und der Vermittlung des bekannten Tugendkatalogs dienen (vgl. ebd., 57-65).
Hinzu kam die „Pflege des religiösen Sinnes", die sich mit dem Einüben von Gebeten, „wie sie für Kinder passen" und mit religiösen Erzählungen, „deren Inhalt die Wahrheit bildet" (vgl. Gutbrod 1884, 49) zu beschäftigen hatte. Während Gutbrod Märchen ablehnte, da ihnen „jene sittliche Weihe" (ebd., 54) fehle, die biblische Geschichten ausmache, könne durch diese den Kindern das Wesen Gottes zum Bewusstsein gebracht werden (vgl. ebd., 53).

Ein weiteres wichtiges Erziehungsmittel ist nach Gutbrod der Unterricht. Jedoch ist „jeder schulmäßige Unterricht [...] aus der Kinderbewahr-Anstalt ausgeschlossen", womit Gutbrod „den Ausschluß eines systematischen Unterrichts im Lesen, Schreiben und Rechnen" (Gutbrod 1884, 71) meinte. Kein Schulunterricht also, sondern ein Anschauungsunterricht, der sich nur auf das dem Kind Naheliegende richten und bekannte Dinge beim Namen nennen sollte (vgl. ebd., 74). Hinzu sollten Beschäftigungen wie das Stäbchenlegen (z.B. ein Kreuz), Zeichnen, Ringelegen, Stricken (für Mädchen). Strohknüpfrahmen, Flechten-Zupfen und Bauhölzer kommen (vgl. ebd., 77ff.).
Auch zum Spiel finden sich einige kurze Anmerkungen, die guten Einblick in das vertretene Bild vom Kind bieten. Gutbrod unterstellte den Kindern eine „Art Zerstörungssucht", der später als ein „Trieb des Neugestaltens" (Gutbrod 1884, 88) bezeichnet wird. Kinder würden dem Spielzeug, das einfach, dauerhaft und schön sein sollte, eine neue Form geben wollen, ein Zeichen von Selbständigkeit und Selbstgestaltenwollens, wie auch der Wissbegierde, da es die Kinder interessiere, wie es im Inneren eines Gegenstandes aussieht (vgl. ebd., 89). Allerdings zog Gutbrod aus diesen Ausführungen keinerlei pädagogische Konsequenzen, welche die Bedeutung des Spiels für die kindliche Entwicklung betont hätten. So ist dann auch der Spielplatz vor allem deshalb notwendig,

da sich dort die sonst verborgenen und überwiegend schlechten Charaktereigenschaften des Kindes erkennen lassen. Denen gelte es sofort entgegenzutreten, weshalb die Aufsicht nicht scharf genug ausgeübt werden sollte (vgl. ebd., 91).

Auch die Spiele haben demnach der sittlichen Erziehung zu dienen. Nichts Schlechtes dürfe nachgeahmt werden und auch im Spiel sollten die zu vermittelnden Tugenden Berücksichtigung finden (vgl. Gutbrod 1884, 94-96). Beispielhafte Spiele seien Rhythmusspiele, Spiele mit Gesprächen, Marschierübungen nach dem Takt oder Ballspiele (vgl. ebd., 96-107). Weder erwähnte er in diesem Zusammenhang Fröbel, noch wurde von ihm die Bedeutung des Spiels erkannt und gewürdigt. Stattdessen richtete er seine Aufmerksamkeit anderen Problemfeldern zu, beispielsweise der Benutzung der Sanitäranlagen, die unbedingt nach Geschlechtern getrennt stattzufinden hatte, um keine sittliche Gefahr entstehen zu lassen (vgl. ebd., 107). Auch der Gesundheitspflege, der Beschaffenheit der Räume und dem Umgang mit Verletzungen widmete er allein vom Umfang her mit 16 Seiten einen großen Teil (vgl. ebd., 113-129). Der Auseinandersetzung mit genuin pädagogischen Themen widmete er sich dagegen weniger.

Die Schwestern Athanasia und Eusebia: Als Lehrbuch und den katholischen Ordensschwestern auch zur Ausbildung diente die von den Schwestern Athanasia und Eusebia aus der Genossenschaft der Schwestern von der göttlichen Vorsehung in Mainz zusammengestellte Schrift *Nützliche Beschäftigungen für die Kleinen. Vademekum für Kleinkinderschulen und die Familie*. Diese war seinerzeit sehr verbreitet, 1908 erschien sie mit einer Vorrede von Dr. Hermann Rolfus bereits in der fünften, verbesserten Auflage. Ungeachtet dieser offensichtlich weiten Verbreitung, findet sich diese Schrift kaum in den Geschichten zur öffentlichen Kleinkinderziehung.[257] Dabei bietet sie eine gute Einsicht in die von katholischer Seite vertretenen Vorstellungen.

Wiederum fällt auf, dass kaum eine pädagogische Auseinandersetzung mit dem Gebiet der Kleinkinderziehung stattfindet. Überwiegend besteht die Schrift aus praktischen Beispielen und Anleitungen für Gebete, Lieder, Beschäftigungen und Spiele, sowie für religiöse Unterhaltungen oder biblische Geschichten, welche die Leiterinnen umsetzen sollten (vgl. Athanasia und Eusebia 1908, 17ff.).

Als Grund für den Besuch wurde vor allem die Bewahrung vor körperlichen Gefahren und geistiger Verwahrlosung angesehen. Aber der Zweck der Einrichtungen liege nicht allein in der Bewahrung, denn es sei die Aufgabe, „Kinder, namentlich vorschulpflichtige Kinder, angemessen zu beschäftigen, sie nicht bloß zu hüten, sondern auch auf Geist und Herz in liebevoller Weise einzuwirken und sie an Ordnung, Reinlichkeit und Sittsamkeit zu gewöhnen" (Athanasia und Eusebia 1908, VI). Erziehung wurde demnach als Aufgabe angesehen. Erziehung bedeutet dabei primär die Vermittlung gewünschter Tugenden, sowie die Grundlegung der religiösen Erziehung. Denn, so Rolfus, für jeden, der sich theoretisch als auch praktisch mit Erziehung beschäftigt, steht nun einmal fest, „daß man dem Herzen des Kindes das Gute nie früh genug einflößen, dem Bösen nie früh genug wehren kann" (vgl. ebd., VI). Sobald der Geist zu Bewusstsein gelange, müsse er „Gegenstand erziehlicher Sorgfalt" sein und auch die Tugend müsse häufig

---

[257] Selbst in Krieg 1987, obwohl dort explizit die katholische Kleinkinderziehung im 19. Jahrhundert behandelt wird, findet sich kein Hinweis.

geübt und sich früh daran gewöhnt werden, denn Gewöhnung sei in frühen Jahren wichtiger als Unterricht (vgl. ebd., VI).
Deshalb sei „der Hauptzweck der Bewahranstalten" auch „die körperliche Pflege und Geisteserziehung der kleinen Kinder im Alter von 2 bis 6 Jahren" (Athanasia und Eusebia 1908, 1). Neben der Bewahrung, sollte an den bekannten Tugendkatalog gewöhnt werden, um so „den eigentlich sittlich frommen Sinn oder Charakter [zu, H.W.] begründen" (ebd., 1). Hauptsache ist es nach den Schwestern, dass die Kinder sowohl körperlich als auch geistig entwickelt werden und von den ersten Lebensjahren an „Gott erkennen und lieben lernen" (ebd., 2). Sie sollten sich „ganz vom frommen, christlich religiösen Sinne durchdrungen fühlen" und deshalb sei auch die „Gewöhnung an Gehorsam aus Liebe zu Gott die kostbarste Frucht einer guten Bewahrschule, die ohne Zweifel den Grund legt zum wahrhaft tugendhaften Leben für spätere Jahre" (ebd., 2).

Deutlich steht die religiöse Erziehung im Vordergrund, gemeinsam mit der Vermittlung und der Gewöhnung an erwünschte Tugenden. Folgerichtig wurde neben einigen Hinweisen auf die körperliche Pflege der Kinder (vgl. Athanasia und Eusebia 1908, 9-11) auch nur auf die religiöse Erziehung eingegangen. Entsprechend lautete die Hauptregel der Erziehung: „Die Kleinen sollen erzogen werden zum einzigen Ziele, das wir haben, nämlich Gott ähnlich zu werden" (ebd., 4). Jede Beschäftigung mit dem Kind, wie auch das Gebet und lehrreiche und erbauliche, sowie religiöse Geschichten haben diesem Ziel zu dienen, unbedingt müsse den Kindern ein wahrhaft frommer, religiöser Sinn eingepflanzt und die angestrebten Tugenden vermittelt werden (vgl. ebd., 5-9 u. 32). Wie man sich dies vorzustellen hat, wird anhand einiger vorgeschlagener und von den Leiterinnen unbedingt zu befolgender Mittel deutlich. Gehorsam, so die Schwestern, kann dadurch erzielt werden, dass die braven Kinder Striche ins goldene Buch geschrieben bekommen und am Ende des Monats die Plätze nach den Verdiensten in Fleiß und Gehorsam neu geordnet werden. Nicht erlaubt war dagegen das Aufstehen oder Hin- und Herrutschen auf den Bänken, Jungen und Mädchen mussten getrennt in zwei Reihen sitzen (vgl. ebd., 12). Auf Sittsamkeit sei strengstens zu achten, beispielsweise beim An- und Auskleiden oder beim Spiel, keinesfalls dürfe das Schamgefühl verletzt werden. Auch wenn alle Kinder nacheinander und ohne Ausnahme „auf den besonderen Ort" (ebd., 10) geführt würden, sollte eine strenge Überwachung ausgeübt werden. Ordnung und Pünktlichkeit sollten durch das penible Einhalten des Stundenplans oder den ordentlichen Umgang mit allen Materialien und Beschäftigungen erreicht werden.
Auch wenn betont wurde, dass die Leiterin wie ein Schutzengel über die Kinder wachen und voller Liebe zu ihnen sein solle (vgl. Athanasia und Eusebia 1908, 2/3), spiegelt sich dies in den vorgeschlagenen Verhaltensweisen für die Leiterin nur wenig wieder. Strafen sollten zwar nur selten Anwendung finden, dann aber so, dass man das Kind über einen längeren Zeitraum nicht anspreche, aus dem Spiel ausschließe oder in die Ecke stell – also missachtet. Es findet sich sogar der Satz: „Wo auffällige Bosheit oder Starrsinn gebrochen werden muß, da kann einmal eine gelinde Züchtigung vorkommen" (ebd., 4).

Bei aller Zucht, so die Schwestern, die naturgemäße Entfaltung des kindlichen Gemütes darf jedoch nicht eingeschränkt und auch der Elementarschule nicht vorgegriffen werden. Auch die Geisteskräfte gelte es nicht übermäßig anzustrengen. Der Unterricht sollte mehr Unterhaltung und keinesfalls schulmäßiger Unterricht sein, Lesen, Schreiben und Rechnen nicht gelernt werden. Vielmehr habe neben der sittlich-religiösen Erziehung – die immer im Vordergrund zu stehen habe – der Unterricht zum Ziel, das Anschauungs- und Auffassungsvermögen zu wecken und die Kinder an eine geregelte Geistestätigkeit und Aufmerksamkeit zu gewöhnen. Gebete, Verse, Lieder etc. sollten korrekt auswendig gelernt werden (vgl. Athanasia und Eusebia 1908, 13). Hinzu kam die Anleitung zur Höflichkeit (vgl. ebd., 53-56). Als weiterer Teil des Unterrichts galten die Sprechübungen (vgl. ebd., 187-225). Wiederum wird das herrschende Klima sehr deutlich. So hatte ein Kind, dass aufgerufen wurde, aufzustehen und mit den ineinander gelegten Händen vor der Brust mit lauten und deutlichen Worten und richtig zu antworten (vgl. ebd., 14).

Auch finden sich kaum pädagogische Anmerkungen über die Bedeutung des Spiels (vgl. Athanasia und Eusebia 1908, 166-187). Hinweise auf Fröbel oder seine Spielpädagogik fehlen. Einzig findet sich die Überlegung, dass die Kinder im Spiel alles, was sie hören oder sehen würden, noch einmal darzustellen versuchen und so die empfangenen Eindrücke verwerten und verarbeiten würden (vgl. ebd., 166). Aber auch wenn nach den Schwestern die Lust zum Spiel nicht unterdrückt werden darf, muss es doch so geleitet werden, dass es sich in „angemessenen Formen" äußern kann und dies muss nach Grundsätzen geschehen, wie auch das „der Sinnenwelt zu entnehmende Material" (ebd., VI) sorgfältig ausgewählt und vorbereitet werden muss. Im Spiel wurde eine mögliche sittliche Gefahr gesehen, weshalb überwacht werden sollte, dass alles, was für Körper und Geist schädlich sein könne, aus dem Spiel verbannt sei. Unsittliche Spiele seien strengstens zu verbieten, auch der Gebrauch des Schaukelpferdes, denn dabei werde sinnliche Lust erregt und gefördert (vgl. ebd. 166/167). Auf dem Spielplatz sollten die Kinder nie ohne Aufsicht sein, auch im Spiel sollte die Zucht zur Anwendung kommen. Das Spiel besitzt hier kaum eine Bedeutung für die kindliche Entwicklung, sondern wurde als sittliche Gefahr und Möglichkeit zur sittlich-religiösen Erziehung angesehen.

Regine Strobel: Zur katholischen Kleinkinderpädagogik gehört auch Regine Strobel. Sie verfasste das *Lehrbuch für die katholische Kindergärtnerin*, das im selben Jahr wie das Lehrbuch der beiden Schwestern erschien. Ihre Schrift ging in eine deutlich andere Richtung als die zuvor behandelten Schriften, was auch deutlich werden lässt, dass sich die katholische Kleinkindpädagogik weiterentwickelte und unterschiedliche Ansichten zur gleichen Zeit vertreten worden sind. Strobel forderte, dass der Kindergarten auch in katholischen Kreisen Anwendung finden müsse und bemängelte, dass im Gegensatz zu den evangelischen Vertretern auf katholischer Seite kaum eine Auseinandersetzung über das pädagogische Konzept des Kindergartens stattgefunden habe (vgl. Strobel 1908, 2). Sie steht somit für die Annäherung an die Fröbelpädagogik.
Diese Annäherung sah sie als notwendig und auch sinnvoll an, denn „was Fröbel als höchstes Ziel vor Augen stand, war stets, das Kind zu Gott hinzuführen, ihn als den Schöpfer aller Dinge und zugleich als den lieben Vater im Himmel erkennen zu lassen. Und dies soll auch das hohe Ziel sein, welches die katholische Kindergärtnerin anstrebt bei der Erziehung der ihr anvertrauten Kinder" (Strobel 1908, 1). Es bestehe durchaus Übereinstimmung in den Erziehungszielen, der Hinführung des Kindes zu Gott. Deshalb müsse das kindliche Spiel gepflegt werden, da dort alle guten Eigenschaften wie Folg-

samkeit, Freundlichkeit, Freigebigkeit, Dankbarkeit, Nächstenliebe zur Entfaltung kommen würden (vgl. ebd., 1/2).
Auch bei Strobel war der religiöse Begründungsgrund demnach von Bedeutung. Deutlicher als zuvor wurde von ihr jedoch der Erziehungsaspekt als Aufgabe betont. Der Kindergarten sei ein „Vermittlungsglied" zwischen Elternhaus und Schule und im Gegensatz zur Bewahrschule würden dort die Kinder nicht nur beaufsichtigt, sondern entwickelnd erzogen (vgl. Strobel 1908, 3/4). Er ist, so Strobel, „eine Erziehungsanstalt, welche Kinder vom 3. bis zum 7. Jahre aufnimmt, ihre noch schwachen Kräfte anregt, ihre Anlagen bei Spiel und Beschäftigung übt und bildet und sie auf diese Weise für die Schule vorbereitet"; eine Einrichtung, „durch welche die Kinder zweckmäßig leiblich und geistig angeregt und erzogen werden, ohne jedoch die Erziehung von Seiten der Eltern überflüssig zu machen oder in die Rechte und Pflichten der Schule einzugreifen" (ebd., 3). Dem Kindergarten falle ein Teil der Erziehung zu und er habe „durch seine Beschäftigungen und Spiele das Kind harmonisch zu entwickeln und durch religiöse Eindrücke auf das Seelenleben des Kindes einzuwirken" (ebd., 3). Anregung und Förderung der leiblichen und geistigen Entwicklung sind nach Strobel Aufgabe der Einrichtungen, vor allem aber muss auf das Seelenleben und die sittlich-religiöse Entwicklung eingewirkt werden.
Wichtig sei das, da schon im frühkindlichen Alter das „Suchen nach Gott" (Strobel 1908, 10) beginne. Diese Fragen der Kinder sollten einfach und kindlich beantwortet werden, in kurzen, belehrenden Sätzen, z.B. durch die morgendliche religiöse Besprechung, das Morgengebet und religiöse Morgenlied, sowie religiöse Erzählungen (vgl. ebd., 8ff.). Auch wenn Strobel hier den religiösen Aspekt hervorhebt, in ihrer Wortwahl ist sie deutlich moderater, der Eindruck einer übertriebenen Religiosität entsteht deshalb nicht.
Überhaupt waren ihr Erzählungen wichtig. Sie würden die „Bildungsstoffe" darstellen. Diese Bildungsstoffe müssten dem Alter angemessen sein, sich auf Erfahrungen begründen und aus diesem Grund aus der nächsten Umgebung genommen werden. Das Gesehene und Gehörte sollte dann in Spiel und Beschäftigungen wiedergegeben und befestigt werden, indem man es darstellen lässt (vgl. Strobel 1908, 10/11).[258]
Bei Strobel gewinnt das Spiel dann auch eine pädagogische Bedeutung. Spiel und auch die Beschäftigungen dienen nach Strobel dazu, Erlebnisse verarbeiten zu können. Das Spiel biete die Möglichkeit, „das innerlich Erkannte und Empfundene äußerlich darzustellen und auszuführen" (Strobel 1908, 13). Mit Fröbel sah sie das kindliche Spiel als überaus wichtig für die Entwicklung an (vgl. ebd., 15).
Dazu trägt, so Strobel, das Spiel- und Beschäftigungsganze bei. Jede Gabe[259] soll einzelne Kräfte und Anlagen im Kind wecken und üben (vgl. Strobel 1908, 16) und es in seiner Entwicklung unterstützen. Aber nur zusammen würden die Gaben ein Ganzes bilden, sie würden aufeinander aufbauen und wende man sie richtig an, dann gelinge die „allseitige Entwicklung" (ebd., 17). Durch sie werde das Kind entwickelnd erzogen d.h. „von innen heraus gebildet durch harmonische Entwicklung aller seiner Kräfte, nicht durch

---

[258] Im praktischen Teil (vgl. Strobel 1908, 73-147) gab Strobel Beispiele für Gebete (ebd., 73-76), religiöse Besprechungen (ebd., 76-81). biblische Geschichten (ebd., 81-88) und Bildungsstoffe (ebd., 88-92).

[259] Die einzelnen Gaben wurden von ihr relativ ausführlich erläutert (vgl. Strobel 1908, 18-61).

bloßes Lernen, sondern durch inneres Empfinden und Erkennen, durch Anschauen und Begreifen und als Folge durch die äußere Darstellung in Wort und Tat" (ebd., 17).

Auch wenn Strobel sicher noch im Kontext der katholischen Kleinkindpädagogik steht – beispielsweise sollte auf den Gehorsam geachtet und Lügen oder Trotz bekämpft werden – verstand sie Erziehung aber doch in einem stärkeren Maße auch als Anregung und Unterstützung der Entwicklung. In dieser Ansicht unterscheidet sie sich durchaus von den beiden anderen Schriften.

Fazit: Trotz des steigenden praktischen Engagements, eine umfassende Auseinandersetzung mit Fragen einer angemessenen frühkindlichen Pädagogik lässt sich auf Seiten der katholischen Kleinkinderpädagogik nicht finden. Nicht nur die geringe Anzahl an Schriften, auch die inhaltliche Dürftigkeit ist Ausdruck davon. Auch wenn der Katholizismus oftmals nicht an zeitgenössischen Debatten teilgenommen hat und dies zu berücksichtigen ist, ist diese Zurückhaltung doch auffällig und verdeutlicht den geringen pädagogischen Stellenwert, der den vorschulischen Einrichtungen beigemessen wurde.
Eindeutig und in einem noch stärkeren Maße als innerhalb der christlichen Kinderpflege stand hier der christliche, sprich katholische Aspekt im Mittelpunkt. Dies ist sicherlich auch Ausdruck der zunehmenden Entkirchlichung und Entchristianisierung sowie des Kulturkampfes gewesen. Der Bildungsbegriff ist in diesen Überlegungen von völlig untergeordneter Bedeutung und findet sich nur im Zusammenhang mit der Feststellung, die Religion bilde das Fundament aller Bildung. Auch dies verdeutlicht das hier vertretene Verständnis und den grundsätzlichen Stellenwert der vorschulischen Einrichtungen. Stärker wurde dagegen auf den Erziehungsbegriff zurückgegriffen. Erziehung wurde in diesem Kontext jedoch geradezu auf eine sittlich-religiöse Erziehung reduziert, der als Aufgabe die Vermittlung der gewünschten Tugenden zugewiesen wurde. Auch das Spiel wurde in seiner Bedeutung für die kindliche Entwicklung nicht erkannt oder zumindest nicht hervorgehoben.
Eine gewisse Weiterentwicklung stellen allerdings die Überlegungen Regine Strobels dar. Sie hat weniger Wert auf die strikte Religiosität sämtlicher Erziehung gelegt und stattdessen auch Elemente Fröbel'scher Pädagogik aufgenommen. Erziehung wurde von ihr in Ansätzen als Anregung und Unterstützung der kindlichen Entwicklung verstanden. Aber auch Strobel reduzierte dies letztendlich auf den Aspekt der sittlich-religiösen Erziehung, wenn auch moderater formuliert. Im Grunde, so lässt sich festhalten, wurde an den Überzeugungen der vorherigen Epoche weitgehend festgehalten und Erziehung unverändert als Vermittlung katholisch geprägter Denk- und Verhaltensweisen verstanden.

2.2.4 Fazit
Insgesamt verlief der praktische Diskurs nun vielfältiger und nuancenreicher als zuvor, eine Weiterentwicklung ist zu erkennen. Prägend waren vor allem die christliche Kinderpflege und die Fröbelbewegung. Gerade für letztere finden sich zahlreiche und unterschiedlich akzentuierte Vorstellungen. Einheitlicher haben sich dagegen die konfessionellen Vertreter geäußert. Vergleicht man die unterschiedlichen Vorstellungen, lassen

sich zwei unterschiedliche Verständnisse von frühkindlicher Bildung und insbesondere Erziehung erkennen.
Grundlegende Unterschiede sind in der Funktion zu erkennen, die den vorschulischen Einrichtungen zugesprochen wurde. Während die konfessionellen Vertreter in ihnen unverändert Nothilfeeinrichtungen mit einem sozialfürsorgerischem Charakter sahen, wurde auf Seiten der Fröbelbewegung die allgemeinbildende Funktion betont. Dies ist bereits ausführlich im Zusammenhang mit dem politischen Diskurs dargestellt worden. Aber auch die konfessionellen Vertreter haben nun stärker als noch zuvor die Erziehungsaufgabe der Einrichtungen gesehen und dies gilt selbst für die katholische Kleinkindpädagogik, die noch am längsten die Betreuungsfunktion betont hat. Überhaupt wurde von konfessioneller Seite weitgehend am bisherigen Erziehungs- und Bildungsverständnis festgehalten. Bildung war dabei als Begriff weniger von Bedeutung und bezog sich unverändert auf den Aspekt der sittlich-religiösen Charakterbildung. Ebenso wurde, wenn auch moderner formuliert und später auch Elemente der Fröbelpädagogik, insbesondere bezüglich der pädagogischen Bedeutung des Spiels aufgreifend, Erziehung primär als Einwirkung und als Vermittlung gewünschter Denk- und Verhaltensweisen verstanden.
Eine gewisse Modifizierung ist dabei insofern zu erkennen, dass nun verstärkt auf die Vorbildfunktion der Familie verwiesen wurde. Dessen ungeachtet wurde jedoch lange an der Vorstellung eines schulähnlichen Unterrichts als geeignete Form der Umsetzung dieser Erziehung festgehalten. Gerade auf die christliche Kinderpflege trifft dies fraglos zu. Der Unterricht blieb ein wichtiges Element dieser Konzeption, wie auch auf die Vermittlung des Tugendkatalogs Wert gelegt wurde. Den Kern dieses Erziehungsverständnisses bildete deshalb unverändert der Aspekt der sittlich-religiösen Erziehung.
Wurde in diesem Kontext von Erziehung gesprochen, waren vor allem diese beiden Aspekte, die Vermittlung von Kenntnissen bzw. arbeitsspezifischen Fertigkeiten, sowie die sittlich-religiöse Unterweisung gemeint. Ziel dieser Erziehung sollte es letztlich sein, die Kinder auf das spätere Arbeitsleben vorzubereiten und in das bestehende Gesellschaftssystem einzuordnen. Kindliche Selbsttätigkeit, das ganzheitliche Erleben und Erfahren der Umwelt und die Verarbeitung derartiger Erfahrungen in Form des Spiels – derartige Überlegungen lassen sich nun zwar finden, blieben im Rahmen dieses Erziehungsverständnisses aber von untergeordneter Bedeutung.
Geradezu auffallend ist die starke Betonung des religiösen Charakters sämtlicher Erziehung, nun jedoch verstanden als evangelische bzw. katholische, d.h. nicht mehr überkonfessionelle Erziehung. Dies ist sicherlich auch als Ergebnis des Kulturkampfes zu verstehen. Zu bedenken ist allerdings auch, dass sich beide Kirchen von der wachsenden Entkirchlichung und Entchristianisierung bedroht sahen, vor allem der protestantische Bereich. Die radikale Religionskritik, als bekannteste Beispiele seien David Friedrich Strauß' *Der alte und der neue Glaube*, die naturwissenschaftliche Kritik an der Religion, der Darwinismus oder auch Nietzsche genannt, wurde von den Kirchen als Bedrohung erlebt. Außerdem wurden als Ursache der angeblichen Unsittlichkeit nicht primär die sozialen oder gesellschaftspolitischen Entwicklungen gesehen, sondern der Verlust der Religiosität. Die soziale Krise wurde religiös-moralisch gedeutet, als Entfesselung der Unsittlichkeit, auf die man mit der Rückkehr zur Kirche antworten müsse. Insgesamt fehlte beiden Kirchen die Einsicht in die komplizierte Struktur des Sozialen, Liebe und

fromme Gesinnung galten als das Heilmittel, weshalb die Stellungnahmen und Lösungen heute zum Teil irreal erscheinen (vgl. Nipperdey 1990, 457ff. u. 495). Die Reaktion auf diese Entwicklungen und Deutungen stellte, auch und gerade in den vorschulischen Einrichtungen, die stärkere Betonung des religiösen Charakters der Erziehung dar und auch dies erklärt, warum vermehrt Wert auf diesen Aspekt gelegt wurde.

Dieses, von den großen und einflussreichen Trägergruppierungen vertretene Erziehungsverständnis kann als das dominierende innerhalb des praktischen Diskurses gelten. Alternative Vorstellungen lassen sich jedoch ebenso finden, hierfür steht die Fröbelbewegung. In ihrer Vielfalt, wie teilweise auch im Inhalt ihrer Konzeptionen sind die dort gemachten Überlegungen bis heute beeindruckend. An Fröbel anknüpfend, seine Ansichten über das Wesen das Kind und das Ziel der Lebenseinigung aufgreifend und weiterführend, wurden unterschiedliche Ideen entwickelt, die jedoch nicht immer eine größere Resonanz gefunden haben. Sowohl auf Erziehung als auch Bildung wurde zurückgegriffen, allerdings überwog auch hier der Erziehungsbegriff. Dieser bezog seine inhaltliche Konkretisierung nicht primär aus der aktuellen Lebenssituation der Kinder, ihrer angeblichen sittlichen Verwahrlosung, sondern aus den grundsätzlichen Überlegungen zur Entwicklung des Kindes. Hier unterscheidet sich die Fröbelbewegung doch deutlich von den konfessionellen Vertretern.

Auch bezüglich des grundlegenden Verständnisses sind Unterschiede zu erkennen. Erziehung wurde innerhalb der Fröbelbewegung vor allem als Anregung und Herausforderung der kindlichen Entwicklung verstanden. Diese kindliche Entwicklung – um die eigenständigen Leistungen des Kindes zu beschreiben wurde zum Teil der Bildungsbegriff verwendet – sei auf Ganzheitlichkeit, insbesondere aber Selbsttätigkeit angewiesen. Gerade der Aspekt der Selbsttätigkeit wurde immer wieder betont. Ermöglicht werden sollte die Anregung und Unterstützung der kindlichen Entwicklung über die Gestaltung der Umwelt samt der Fröbel'schen Materialien und der Interaktionen, auch dies galt als Erziehung. Neben der grundsätzlichen Ablehnung schulischer Formen wurde dabei die Orientierung an der Familie betont. Kernpunkt sämtlicher Überlegungen aus dem Kreis der Fröbelbewegung stellte das Spiel dar, das, wenn auch unterschiedlich akzentuiert, grundsätzlich in seiner pädagogischen Bedeutung gesehen wurde. In dieser Eindeutigkeit bestand auch weiterhin eine Abgrenzung zu den konfessionellen Vertretern. Das Spiel galt hier wie zuvor bei Fröbel nicht allein als Zeitvertreib, sondern als notwendig für die kindliche Entwicklung.

Diese grundlegenden Annahmen fanden innerhalb der Fröbelbewegung unterschiedliche Akzentuierungen. In der Fachöffentlichkeit wahrgenommen – und dies gilt im Grunde bis heute – wurden jedoch vor allem die Konzeptionen Marenholtz-Bülows, später dann Schrader-Breymanns. Sie aber haben Erziehung immer auch als Vorbereitung auf das spätere (Arbeits-)Leben und als Einordnung in die bestehenden gesellschaftspolitischen Verhältnisse verstanden. Hier ist dann auch durchaus eine Nähe zu den staatlichen oder konfessionellen Ideen zu erkennen. Erziehung im Sinne der Fröbelbewegung konnte demnach durchaus unterschiedlich in seiner grundsätzlichen Bedeutung akzentuiert und auch verstanden werde – und gerade letzteres ist bei der Wirkung und Ausbreitung der Fröbelpädagogik von nicht unerheblicher Bedeutung gewesen.

2.3 Der theoretische Diskurs

Zunehmend begann die Pädagogik nun moderne Erziehungswissenschaft zu werden, ab 1900 lässt sich ein Etablierungsprozess als universitäre Disziplin erkennen, auch wenn es 1907 erst fünf ordentliche Professuren für Pädagogik gab (vgl. Horn 2008). Dennoch, mehr und mehr verlor die Pädagogik ihren „Status der allein professions- und systembegleitenden Reflexion" (Tenorth 2000, 222), sämtliche Erziehungsphänomene in der Gesellschaft, auch bisher vernachlässigte Gebiete wurden intensiver betrachtet und nicht allein mehr nur die Schule (vgl. Berg 1991, 170). Es entwickelten sich neue Bildungsphilosophien, spezifische Methodenbegriffe und auch erste empirische Forschungen, auch wenn diese an den Universitäten bestenfalls eine Außenseiterrolle einnahmen (vgl. Tenorth 2000, 184). Kritik an der Qualität der bisherigen wissenschaftlichen Pädagogik wurde nun zum Teil scharf und schonungslos formuliert, auch dies beförderte den Wandel der wissenschaftlichen Pädagogik (vgl. ebd., 223ff.).

Allerdings betraf diese Wandlung kaum die (öffentliche) Frühkindpädagogik. Ihr wurde auch weiterhin kaum Aufmerksamkeit gewidmet und so finden sich auch keine speziell wissenschaftlichen Arbeiten zu dieser Thematik, weshalb auf die maßgeblichen Enzyklopädien zurückgegriffen werden muss. Dazu gehören Ferdinand Sanders *Lexikon der Pädagogik* (1883), das von Wilhelm Rein herausgegebene *Encyclopädische Handbuch der Pädagogik* (2. Auflage 1903ff.) und das von Ernst Max Roloffs herausgegebene *Lexikon der Pädagogik* (1913). Keine Verwendung finden dagegen das *Encyclopädische Handbuch der Erziehungskunde mit besonderer Berücksichtigung des Volksschulwesens* (1884) von Gustav Lindner,[260] da sich dieses primär auf das österreichische Bildungswesen bezog, dies gilt auch für Joseph Loos' *Enzyklopädisches Handbuch der Erziehungskunde* (1906). Es war als Umarbeitung des Handbuchs von Lindner geplant gewesen (vgl. Loos 1906, 3). Weniger von Interesse ist auch das *Handwörterbuch der sozialen Hygiene* (1912), herausgegeben von Grotjahn/Kaup. Darin befindet sich im ersten Band zwar ein Artikel von Tugendreich über die „Kleinkinderfürsorge" (vgl. Grotjahn/Kaup 1912, 613-637), dieser setzt sich aber weniger mit Fragen frühkindlicher Bildung und Erziehung auseinander, sondern liefert vielmehr eine Bestandsaufnahme und betont hygienische Aspekte; eine Tendenz, die dann in Weimar an Bedeutung gewinnen sollte.

In Sanders *Lexikon der Pädagogik* (1883) finden sich zwei, allerdings ausgesprochen kurze Artikel zu den Themen Kindergärten und Kleinkinderschulen/Kinderbewahranstalten. Beide Einrichtungsformen wurden als verwandt angesehen (vgl. Sander 1883, 218/219 u. 228/228). In dem von Rein, einem bedeutenden Herbartianer, herausgegebenen *Handbuch*[261] findet sich in Band I (1903) ein Artikel von H. Keferstein zum Thema „Bewahrung, Bewahrungsanstalten" (vgl. Rein 1903, 610-613). Der Artikel mutet merkwürdig an, setzt er doch die öffentliche Kleinkinderziehung in die Nähe zu den Besserungsanstalten/Rettungsanstalten. Allerdings wurden dazu auch Kinder gezählt, deren Eltern arbeiten müssen und es findet sich auch ein Literaturhinweis auf Ranke,

---

[260] Darin findet sich kein Artikel zur Bewahranstalt oder Kleinkinderschule, jedoch einen kurzen Artikel über Kindergärten, sowie ausführlicher über Kindergartenerziehung (vgl. Lindner 1884, 431ff.).

[261] Die erste Auflage war bei ihrer Vollendung bereits vergriffen gewesen, was für die große Nachfrage spricht. Die 2. Auflage (1903-1910) bestand aus 10 Bänden und einem Registerband. Die Artikel stammten von ca. 300 Autoren, Rein selbst verfasste 40 Beiträge und überarbeitete 20 weitere.

weshalb vom Autor wohl tatsächlich auch die Kleinkinderbewahranstalten zu den Bewahrungsanstalten gezählt wurden. Band IV (1906) beinhaltet einen Artikel über Kindergärten, den Eugen Pappenheim vor seinem Tod verfasst hat und der unverändert übernommen wurde (vgl. Rein 1906, 872-881). Dort finden sich auch weitere kurze Artikel von Eleonore Heerwart, die sich aber nicht direkt mit der öffentlichen Kleinkinderziehung, sondern den Kindergarten-Vereinen, Kindergarten-Seminaren etc. befassen. In Band V enthalten ist noch der Begriff „Kleinkinderschule," hier wird aber nur auf den Artikel zum Kindergarten verwiesen. Reins *Handbuch* bot also der Fröbelbewegung Platz, ihre Ansichten zu präsentieren. Im zweiten Band (1913) in dem von Ernst Max Roloffs herausgegebenen *Lexikon der Pädagogik* findet sich der von W. Liese geschriebene Artikel Kinderbewahranstalten (vgl. Roloff 1913, 1188/1889), auf den auch unter den Stichpunkten Kleinkinderbewahranstalten und Kleinkinderschulen verwiesen wird. Derselbe Band beinhaltet außerdem den anonym verfassten Artikel Kindergarten (vgl. ebd., 1190-1203).

Die Kleinkinderbewahranstalten/Kleinkinderschulen: Den Kleinkinderbewahranstalten/Kleinkinderschulen wurde kaum mehr als eine sozialfürsorgerische Funktion zugesprochen. Bildung und Erziehung wurden im Grunde nicht als Aufgabe angesehen. Sie seien für die „traurigen Kinder" gedacht, deren Eltern arbeiten müssten und die deshalb „Aufsicht und Pflege" (Sander 1883, 227) benötigen würden. Ansonsten bietet Sanders Artikel neben einem kurzen Überblick über die geschichtliche Entwicklung nur noch einen Hinweis auf die Instruktion des preußischen Staats- und Erziehungsministeriums, wonach die Kleinkinderschulen als „Erziehungs- und Unterrichtsanstalten" der staatlichen Aufsicht unterliegen würden.
Nach Keferstein sind die Bewahrungsanstalten Teil der Inneren Mission und somit eindeutig als soziale und weniger als pädagogische Einrichtungen zu verstehen (vgl. Rein 1903, 611/612). Hier sollten die Kinder vor schädlichem Einfluss geschützt, andererseits aber auch das durch Unterricht und Erziehung Gewonnene aufgebaut und bewahrt werden (vgl. ebd., 610). Die vorschulischen Einrichtungen wurden in einem Kontext mit den Besserungsanstalten/Rettungsanstalten gestellt, Ziel war letztlich die Vermittlung des bekannten Tugendkatalogs. Insgesamt wurde den Einrichtungen kaum mehr als eine Bewahrungsfunktion zugesprochen.
Auch nach Liese sind die Kinderbewahranstalten „Einrichtungen zum Schutze von kleinen Kindern" (Roloff 1913, 1188), die der dauernden Aufsicht entbehren und deren Eltern arbeiten müssen oder krank sind, sowie Einzelkinder. Hier würden Kinder für einige Stunden am Vor- und Nachmittag aufgenommen und durch Spiel, Gesang, Gebet und religiöse Erzählung oder Einprägen von Gedichten beschäftigt. Auch wenn sich diese Einrichtungsform immer mehr dem Kindergarten annähern würde, sei die pädagogische Bedeutung doch nicht so hoch wie die des Kindergartens, dieser sei aber auch kostenaufwendiger. Stattdessen müsse ganz besonders auf Ordnung und Reinlichkeit, sowie die Förderung der körperlichen Geschicklichkeit und geistigen Geweckheit gelegt werden. Vermieden werden sollte, dass die Einrichtungen zu schulähnlich werden (vgl. ebd., 1188/1189).

Der Kindergarten: Ein wenig anders verhält es sich bei den Artikeln zu den Kindergärten. Sie sind nach Sander „Anstalten (Vorschulen) für kleine Kinder im vorschulfähigen Alter (von 3-6 Jahren)" (Sander 1883, 218) und haben die Aufgabe, den Kindern eine ihrem ganzen Wesen entsprechende Beschäftigung zu geben und nicht allein für die Aufbewahrung zu sorgen. Es wird demnach über den Bewahrungsaspekt als Aufgabe hinausgegangen. Dementsprechend sollte der Körper betätigt, die Sinne geübt, der erwachende Geist beschäftigt und Herz und Gemüt richtig geleitet werden. Die Beschäftigungen und Spiele seien nützlich für den Übergang zur ernsteren Tätigkeiten. Was dies nun jedoch genauer in der Theorie oder für die Praxis hätte bedeuten können, wurde nicht erörtert. Stattdessen findet sich nur noch die Anmerkung, dass es bei Fröbel durchaus „Seltsames und Schiefes" (Sander 1883, 219) gebe, seine Pädagogik aber dessen ungeachtet einen gesunden Kern beinhalte, weshalb die Abneigung der Regierungen und Lehrer nicht verdient sei.

Auch Pappenheim betonte, dass die Kindergärten andere Aufgaben als die Bewahranstalten besäßen, da sie über das bloße Bewahren hinausgehen würden (vgl. Rein 1906, 872). Ihre Aufgaben lägen in der Kräftigung des Körpers und der Übung der Sinne, der Beschäftigung des erwachenden Geist, außerdem galten ihm die „sinnige Vorführung der Natur und Menschenwelt" und die richtige Leitung von Herz und Gemüt mit dem Ziel der Hinführung zu Gott als Aufgaben. Diese könnten die erziehenden genannt werden und sollten der Entwicklung der kindlichen Kräfte dienen (vgl. ebd., 872/873).
Sowohl Leib als auch Geist gilt es nach Pappenheim zu pflegen. Erziehung wurde als ganzheitliches Entwickeln, nicht als Hineinstopfen verstanden. Erziehung müsse deshalb nachgehend und nicht vorschreibend sein, der Kindergarten sei eine Erziehungsstätte (vgl. Rein 1906, 873).
Mehr bietet der Artikel für diese Arbeit jedoch nicht. Oftmals werden einfach Zitate von Fröbel verwendet. Erziehung, wie sie von Pappenheim beschrieben wurde, hat die Entwicklung des Kindes zu unterstützen, aber eine wirkliche Auseinandersetzung mit Fragen frühkindlicher Bildung und Erziehung ist nicht zu erkennen. Stattdessen behandelte Pappenheim die Verbindung zur Schule recht ausführlich (vgl. Rein 1906, 876/877).

Auch nach Roloffs *Lexikon* gilt der Kindergarten als eine „Erziehungsanstalt für vorschulpflichtige Kinder beiderlei Geschlechts im Alter von 3-6 Jahren" (Roloff 1913, 1190). Erziehung ist demnach Aufgabe, die Einrichtungen haben den Zweck, die Kinder „nicht nur unter Aufsicht zu stellen, sondern ihnen auch eine Körper u. Geist entwickelnde Erziehung angedeihen zu lassen" (ebd., 1190). Der Erziehungsaspekt wird also betont. Außerdem müsse der Kindergarten auf die Schule vorbereiten und vermittelnd zwischen Familie und Schule stehen (vgl. ebd., 1191).
Im weiteren Verlauf geht der Artikel auf die Bedenken ein, die dem Kindergarten entgegengebracht wurden (vgl. Roloff 1913, 1191/1192). Im Anschluss werden die Bewegungsspiele und Beschäftigungen ausführlich vorgestellt, ehe der Artikel auf die äußere Einrichtung, Kindergartenvereine, Kindergärtnerinnenvereine, -seminare zu sprechen kommt. Im Grunde stellt der Artikel nicht mehr als eine Vorstellung des Kindergartens dar. Der Erziehungsaspekt wurde zwar hervorgehoben, aber eine umfassende Auseinan-

dersetzung mit den zugrunde liegenden Erziehungs- und Bildungsvorstellungen fehlt auch hier.

Fazit: Innerhalb der sich entwickelnden wissenschaftlichen Pädagogik hat die institutionelle Frühkindpädagogik einen nur randständigen Status eingenommen. Dies gilt auch weiterhin für die Enzyklopädien. Weder wurde diesem Thema ein größerer Umfang gegeben, noch hat eine tiefer gehende Auseinandersetzung stattgefunden. Wiederum fand kaum mehr als eine Deskription dieses pädagogischen Gebietes statt. Die Auseinandersetzung verlief oberflächlich, von einem Versuch, frühkindliche Bildung und Erziehung inhaltlich zu definieren, kann kaum gesprochen werden. Wie in der Epoche zuvor, hat der theoretische Diskurs keinen Beitrag zur Diskussion um eine angemessene öffentliche Frühkindpädagogik geleistet.

Bezogen auf die Kleinkinderbewahranstalten/Kleinkinderschulen wurde von allen Autoren der sozialfürsorgerische Charakter betont. Bildung und Erziehung spielten als Begriffe so gut wie keine Rolle. Von Liese wurde die pädagogische Bedeutung verglichen mit den Kindergärten als geringer eingeschätzt und der Bewahrungsaspekt als der wichtigere angesehen. Erziehung galt aber teilweise als Aufgabe; eine Erziehung, die, auch wenn eine derartige inhaltliche Konkretisierung nur in Ansätzen zu erkennen ist, als Vermittlung wünschenswerter Denk- und Verhaltensweisen begriffen wurde.

Auch die Artikel, die sich mit dem Kindergarten beschäftigen, bieten kaum mehr als eine Darstellung dieser Einrichtungsform. Zwar galt im Gegensatz zu den anderen Einrichtungen die ganzheitliche Beschäftigung der Kinder als Aufgabe, weiterführende Erläuterungen lassen sich jedoch nicht finden. Im Grunde wurde sich mit der Aufzählung als wichtig erachteter Aspekte oder Inhalte begnügt. Was unter Erziehung oder Bildung verstanden werden könnte, wurde kaum erörtert, beide Begriffe blieben inhaltlich weitestgehend leer.

3. Die öffentliche Kleinkinderziehung während des Ersten Weltkrieges

Bevor die abschließende Einschätzung der Epoche des Kaiserreichs vorgenommen wird, soll gesondert auf die Entwicklung der öffentlichen Kleinkinderziehung im Ersten Weltkrieg eingegangen werden. Dies erscheint als sinnvoll, weil die sich hier vollziehenden Entwicklungen nur noch bedingt dem Kaiserreich zugehörig sind und in einem viel stärkeren Maß auf die Veränderungen hinweisen, die dann Weimar geprägt haben. Eine eigene Epochendarstellung ist allerdings nicht gerechtfertigt, aus diesem Grund werden die Entwicklungen im Ersten Weltkrieg an dieser Stelle eingefügt.

Insgesamt stellte der Erste Weltkrieg mehr als nur das chronologische oder dramatische Schlussstück des Deutschen Kaiserreichs dar. Er war die „Urkatastrophe" des vergangenen Jahrhunderts, für Deutschland, aber auch für Europa und die Welt (vgl. Nipperdey 1992, 758). Im „Fegefeuer des Ersten Weltkrieges", so Wehler, ging das alte Europa unter und das „lange 19. Jahrhundert" (2003, 222) endete.

Der Krieg weckte bekanntermaßen zunächst nicht Angst und Entsetzen, sondern löste eine gewaltige Woge der Kriegsbegeisterung aus, der sich kein Bereich der Gesellschaft zu widersetzen vermochte, nicht die einfachen Leute und auch nicht die Intellektuellen.[262] Er wurde als Befreiung von den Ketten einer dekadenten und gelähmten bürgerlichen Ordnung verstanden, als Aufbruch aus einer als erstickend empfundenen Atmosphäre (vgl. Nipperdey 1992, 778f.).

Der Krieg besaß tiefgreifende Auswirkungen unterschiedlicher Art auf die Gesellschaft. Die Erfahrung von Tod, Verkrüppelung oder Verletzung eines Angehörigen konnte jede Familie treffen, die „Heimatfront" entstand. Kriegsführung und Rüstungswirtschaft bestimmten mehr und mehr den beruflichen wie auch privaten Alltag. Der Lebensstandard sank dramatisch ab und Hunger, Entbehrung, Krankheit und Trauer wurden zu gemeinsamen Erfahrungen und gemeinsam geteilten Belastungen.

Auf das Ganze gesehen am härtesten getroffen wurde jedoch die Arbeiterklasse. Sie stellte den überproportional großen Anteil am Frontheer, während zugleich in Abwesenheit ihrer Männer die Frauen und Kinder mit skandalös geringen finanziellen Mitteln als Ausgleich ausgestattet wurden. Viele der Frauen aus der Arbeiterschicht mussten zusätzlich arbeiten gehen, unter zumeist katastrophalen Arbeitsbedingungen, da die Arbeitsschutzbestimmungen unmittelbar nach Kriegsbeginn aufgehoben wurden. Millionen Arbeiterfrauen und -kinder, die bis dahin zwar ärmlich, aber doch aus eigener Kraft hatten leben können, stürzten nun in materielle Not. Insgesamt kann man bezogen auf die Arbeiterschicht deshalb auch von einem „modernen Pauperisierungsprozeß" (Wehler 2003, 81) und einer „Nivellierung des Lebensstandards nach unten" (ebd., 82) sprechen. Es bestanden immense Schwierigkeiten bei der Versorgung der Kinder, viele litten an Unterernährung und Krankheiten, die Kindersterblichkeit nahm in den vier Kriegsjahren um 300% zu. Die Versorgungslage war katastrophal, es kam zu einem „Strudel eines

---

[262] Bestes Beispiel ist Thomas Mann in seinen *Betrachtungen eines Unpolitischen*.

Verarmungsprozesses" (ebd., 83), wobei die Verarmung die Arbeiterschaft ungleich härter als andere traf. Mehr als 400.000 Menschen verhungerten, viele starben durch Krankheiten, auch aufgrund der Ignoranz der Regierenden, denen es weniger an Geld, als an einem Minimum an sozialpolitischer Geistesgegenwart fehlte (vgl. Aly 2005, 86). Die sozialen Distanzen und Grenzen zwischen den Klassen traten durch den Krieg noch krasser hervor, die Kluft zwischen der privilegierten Oberklasse und der leidenden Mehrheit vertiefte sich. Die erfahrenen Ungerechtigkeiten wurden umso deutlicher erlebt und nun auch als Beweis staatlicher Inkompetenz empfunden, sowie dem Staat angelastet. Die innergesellschaftlichen Spannungen stiegen und auch sie haben, zusammen mit dem militärischen Desaster, zur Revolution geführt (vgl. Wehler 2003, 81ff.).

Für die soziale Fürsorge und somit auch die öffentliche Kleinkinderziehung stellte der Erste Weltkrieg einen Einschnitt dar. Als „Schrittmacher der Sozialpolitik" (Preller 1978, 85, zit. nach Hammerschmidt/Tennstedt 2002, 70) trieb er die Veränderungen der Fürsorge voran. Versucht man die Veränderungen auf einen Begriff zu bringen, so kann man von einer „Verstaatlichung" (Landwehr 1991, 73) sprechen. Der Staat wurde zu dem, was er bis heute ist: Einem „Interventions- und Sozialstaat mit der umfassenden Funktion des gesellschaftlichen Krisenmanagements" (ebd., 74).
Insgesamt änderte sich das gesamte Verständnis von Fürsorge (vgl. Landwehr 1991, 74). War zuvor die Wohlfahrtspflege eine freiwillige Leistung gewesen, die über den engen gesetzlichen Rahmen der Armenpflege hinausging und sich fast ausschließlich an die Arbeiterschaft richtete, erweiterten sich die Aufgaben nun und bekamen eine neue Qualität. Die Wohlfahrtspflege wurde zu einem „Instrument materieller Existenzsicherung für umfangreiche Bevölkerungsteile" (ebd., 75).
Zum Kernbereich wurden die Maßnahmen der Kriegsfürsorge.[263] Sie übernahm die Betreuung aller Personen, die in irgendeiner Weise durch den Krieg bedürftig geworden waren, richtete sich also entgegen der ursprünglichen Intention nicht nur an die Familien der Kriegsteilnehmer. Sie war ein „Sammelbegriff für alle Versorgungs- und Unterstützungsleistungen [...], die in irgendeinem Zusammenhang mit kriegsbedingten Notständen stehen" (Landwehr 1991, 80). Zum ersten Mal übernahm „das Reich als Gesamtstaat wohlfahrtspolitische Verantwortung für die Existenzsicherung großer Bevölkerungsteile" (Münchmeier 2006, 302), wie auch der Grundgedanke wirksam wurde, dass die größere Gemeinschaft (Staat) der in Not geratenen kleineren Gemeinschaft (Familie) zur Hilfeleistung verpflichtet ist. Zu dieser erweiterten Fürsorge gehörten nicht nur materiell-finanzielle Hilfen, sondern auch personenbezogene und sozialpädagogische Angebote.
Zunehmend wurde nun davon ausgegangen, dass die mit der Armenpflege einhergehenden erniedrigenden Rechtsfolgen wegfallen müssen. Armenpflege sollte es, wenn überhaupt, nur noch in veränderter Form geben. Außerdem wurde auf die Vereinheitlichung der gesamten Fürsorge hingearbeitet (vgl. Landwehr 1991, 90/91). Vorher nur schwach

---

[263] Zunächst war zwischen Kriegsfürsorge und Kriegswohlfahrtspflege unterschieden worden. Während sich die Kriegsfürsorge ursprünglich nur auf die Unterstützung der Familien der Kriegsteilnehmer bezog, stellte die Kriegswohlfahrtspflege die ersten Maßnahmen dar, die über den Kreis der Familien der Kriegsteilnehmer hinausgingen.

vorhandene Ansätze zu planmäßiger staatlicher Sozialpolitik wurden im Krieg ausgedehnt (vgl. Münchmeier 2006, 301). Gerade die mangelhafte Koordination zwischen den privaten Wohlfahrtseinrichtungen und den kommunalen Kriegsfürsorge- und Wohlfahrtsstellen, das ungeordnete Nebeneinander wurde als problematisch empfunden, auch auf dem Gebiet der öffentlichen Kleinkinderziehung (vgl. Landwehr 1991, 83/84). Auch hier kam es zu einem „geordneten Zusammenwirken von staatlich-administrativen Behörden und den privaten Trägern der Tageseinrichtungen, was zur Gründung von Organisationen führte, in denen beide Seiten vertreten waren" (Reyer 2006a, 123).

Die Entwicklung der öffentlichen Kleinkinderziehung während des Krieges, aber auch darüber hinaus, wurde von zwei Motiven beeinflusst: Das „bevölkerungspolitisch-sozialhygienische Motiv zur Gesunderhaltung des gesellschaftlichen Nachwuchses" und „das nationalökonomisch-soziale Motiv zur Freisetzung der Mütter für die Kriegswirtschaft"[264] (Reyer 1987a, 63). Dies wurde auch von den Zeitgenossen so gesehen:

„Die Bekämpfung der Aufsichtslosigkeit der Kinder von erwerbstätigen Frauen hat in diesen Kriegszeiten eine doppelte Bedeutung. Vom sozialen Standpunkte aus gilt es, Gefahren zu verhüten, die der gesundheitlichen und erzieherischen Entwicklung dieser Kinder drohen, damit kein Raubbau an der Kraft unseres Volkes getrieben werde. Vom nationalen Standpunkte aus bedeutet die Fürsorge für aufsichtsbedürftige Kinder eine Erhöhung der Arbeitswilligkeit und auch der Arbeitsfähigkeit der Frauen, die wir zur Aufrechterhaltung unserer Kriegswirtschaft heranziehen müssen. Denn die Sorge um ihre Kinder ist gerade für die tüchtigen Mütter vielfach ein Hemmnis, außerhäusliche Arbeit zu übernehmen, wie auch ein Anlaß, sie wieder aufzugeben" (Polligkeit 1917, 3).

Die mütterliche Erwerbstätigkeit galt aufgrund des Krieges nicht mehr als Übel, sondern als notwendig und sogar Pflicht. Zunehmend wurde versucht, die Frauen für die Heimatfront mobil zu machen, Frauenarbeit war zur Aufrechterhaltung der Kriegswirtschaft schlicht und einfach notwendig. Daraus ergaben sich neue Aufgaben für die Fürsorge und es entstand die „Frauenzentrale beim Kriegsamt".[265] Arbeitswilligkeit und -fähigkeit sollten erhöht werden, indem eine planmäßige Kinderfürsorge entwickelt wurde, ein Vorhaben, das allerdings nicht gelungen ist.[266] In diesem Sinne sollte auch das spezielle

---

[264] Die Motive lassen sich jeweils einer Organisation zuordnen. Sachverwalter des ersten war der „Deutsche Ausschuß für Kleinkinderfürsorge" in Verbindung mit der „Auskunftsstelle für Kleinkinderfürsorge" des „Zentralinstituts für Erziehung und Unterricht" in Berlin. 1915 gegründet, stellte dieser Ausschuss erstmalig eine Arbeitsgemeinschaft von Fachleuten der verschiedenen Organisationen der öffentlichen und privaten Säuglings- und Kleinkinderfürsorge dar. Sachverwalter des zweiten war die „Frauenarbeitszentrale" des Kriegsamtes in Verbindung mit dem „Nationalen Ausschuß für Frauenarbeit im Kriege" (vgl. Reyer 2006a, 124).

[265] Darin wurde das „Referat für Frauenarbeit", dass die Beschaffung, Verteilung und Überwachung der in der Kriegsindustrie beschäftigten Frauen zur Aufgabe hatte und der „Nationale Ausschuß für Frauenarbeit im Kriege", eine Vereinigung der wichtigsten karitativen Frauenvereine mit dem Zweck der fürsorgerischen Betreuung der beschäftigten Frauen zusammengefasst.

[266] Nur ½ der weiblichen Erwerbstätigen traten seit dem Sommer 1914 erstmals in die industrielle Arbeitswelt ein, der Rest hatte schon zuvor Lohnarbeit ausgeübt. Wehler geht davon aus, dass die „Koordinationsschwäche der Polykratie, die Ineffizienz der Bürokratie, die Rücksichtnahme auf die von der traditionellen Werteordnung verteidigten weiblichen Rollenstereotypen" es verhindert haben, „das riesige weibliche Ar-

„Fürsorgewesen für die erwerbstätige Frau" wirken, das drei Bereiche umfasste: Kinder- und Säuglingsfürsorge, Fabrikpflege und Jugendfürsorge. Ein Problem war, dass die Kinder der Beschäftigten untergebracht werden mussten, die dazu erforderlichen Einrichtungen aber völlig fehlten. Die Unterbringung und Betreuung von Kindern in Arbeitsplatznähe musste ermöglicht werden und in diesem Zusammenhang entstanden viele neue Einrichtungen der Kinder- und Säuglingspflege (vgl. Landwehr 1991, 85/86). Allerdings wurde nicht nur auf die Notwendigkeit der Verbesserung der Quantität, sondern auch der Qualität zunehmend deutlich hingewiesen, auch aus dem Grund, den Müttern das Gefühl zu vermitteln, ihre Kinder würden gut versorgt.

Gründe, warum verstärkt auf die Qualität der vorschulischen Einrichtungen geachtet wurde, liegen auch im zweiten Motiv: Die drohende Schädigung des Volkes, die durch die gesundheitliche und erzieherische Verwahrlosung befürchtet wurde. So befasste sich z.B. das Zentralinstitut mit der „Fürsorgebedürftigkeit der Kleinkinder" (vgl. Zentralinstitut 1917, 42-71). Neben einer statistischen Übersicht über die Krankheiten des Kleinkindes wurde hier auf die Gefährdung der geistigen und sittlichen Entwicklung desselben eingegangen (vgl. ebd., 53-57). Kritisch festgehalten wurde unter anderem, dass immer mehr Kinder vom Schulbesuch zurückgestellt würden, entweder aufgrund körperlicher Schäden, oder aber fehlender geistiger Schulreife und einer mangelhaften geistigen und sittlichen Entwicklung. Insbesondere wurde bemängelt, dass die Kinder in ihrer Entwicklung nicht unterstützt und gefördert würden. Dabei findet sich ein Vorwurf an die Eltern, der auch heute gern herangezogen wird, dass die Mütter sich die Erziehung von der Schule erhoffen würden (vgl. ebd., 56).

Diese Verwahrlosung wurde als ernste Gefahr gedeutet, „denn es ist für das gesamte Volksleben doch nicht bedeutungslos, ob bei dem nachwachsenden Geschlechte alle vorhandenen Kräfte entwickelt werden oder ob sie zum Teil verkümmern" (Zentralinstitut 1917, 57). Die öffentliche Kleinkinderziehung sollte deshalb sowohl quantitativ als auch qualitativ ausgebaut werden, um die drohende Schädigung des Volkes zu verhindern. Gleichzeitig wurde sie nun nicht mehr nur als „eine aus Mitleid mit dem Einzelschicksal gewonnene Hilfstätigkeit", sondern als ein „Glied der gewaltigen Kraftanstrengung unseres Volkes, um unserem Vaterlande zum Siege zu verhelfen" (Polligkeit 1917, 4/5) verstanden.

Primär Kriegszwecken geschuldet, bewirkten beide Motive eine Verbesserung der minimalhygienischen und -pädagogischen Standards, wie auch eine quantitative Ausweitung des Platzangebotes. Das wurde jedoch nicht nur positiv aufgefasst, da darin auch ein „Symptom der Abnahme wahren Familienlebens" (Huber 1916, V) gesehen wurde.

Dennoch wurden die Bemühungen nur zum Teil als genügend eingestuft. Vor allem der Ausbau der Kleinkinderfürsorge wurde als dringend notwendig angesehen (vgl. Tugendreich 1917, 4). Teilweise wurde ein Ausbau zu Tagesheimen mit Öffnungszeiten von 7 bis 20 Uhr, in denen es jedoch zugleich möglich sein sollte, sein Kind auch nur stundenweise unterzubringen, gefordert. Sogar die Aufnahme über Nacht in sogenannten „Nachtheimen" wurde als Möglichkeit angesehen (vgl. Boeder 1917, 3/4). Auch die

---

beitskräftepotential für den unersättlichen Bedarf der Kriegswirtschaft zu erschließen" (Wehler 2003, 94 u. 98).

Neugründung sogenannter „Kriegstagesheime" wurde angeregt (vgl. ebd., 5). Diese sollten provisorische Einrichtungen sein, die nur dann zu gründen seien, wenn ein Bedürfnis wirklich vorhanden sei. Ansprüche und dementsprechend auch die Qualität der Betreuung dürften hier nicht sehr hoch gewesen sein. Außerdem wurden sogenannte „Kriegskindergärten" gegründet. Kinder, deren Müttern aus kriegswirtschafttlichen Gründen einem Erwerb nachgingen, wurden dort zumeist notdürftig betreut, allerdings existieren keine verlässlichen Daten über deren Anzahl (vgl. Erning 1987c, 32). Die Zustände in diesen oftmals schnell aufgebauten Einrichtungen waren zumeist mangelhaft, überhaupt wurde z.B. von Droescher befürchtet, dass die vorschulischen Einrichtungen zu Massenanstalten verkommen würden (vgl. 1917, 8). Um zumindest minimale Standards hinsichtlich Gruppengröße, Raumprogramm, hygienische Ausstattung und pädagogischer Betreuung zu gewährleisten, wurden deshalb 1917 von der Frauenarbeitszentrale *Richtlinien für Kinderfürsorge* erlassen und kostenlos verteilt. Allerdings gab es keine gesetzliche Grundlage für die Durchsetzung, weshalb die Realität in den Einrichtungen hinter den Leitvorstellungen zumeist zurückblieb (vgl. Reyer 2006a, 123ff.). In der inhaltlichen Arbeit dürfte sich vermutlich wenig geändert haben, dass jedoch eine Ausrichtung auf den Krieg möglich war, zeigt Droeschers Forderung, dass der Krieg gutgeheißen und erste „Ideale von Mut und Tapferkeit" (Droescher 1917, 13) vermittelt werden sollten.

Ein Ergebnis der durch den Krieg bewirkten Veränderungen war außerdem, dass nun klare Informationen über den Umfang und die Art der Notlage der Kinder als notwendig angesehen wurden (vgl. Polligkeit 1917, 5ff.). Aus diesem Grund wurde eine Erhebung durchgeführt, sowie mit der Deutschen Zentrale für Jugendfürsorge eine Informations- und Auskunftsstelle eingeführt, in der z.B. der Bedarf an Kriegskindergärten ermittelt, aber auch ein Merkblatt zum Aufbau solcher Einrichtungen herausgegeben wurde (vgl. Reyer 2006a).

4. Fazit: Bildung und Erziehung in der öffentlichen Kleinkinderziehung im Kaiserreich

Vergleicht man das Kaiserreich mit der vorherigen Epoche, so ist bezüglich des grundlegenden Stellenwertes insofern eine Veränderung zu erkennen, als in sämtlichen Diskursen nun nicht mehr allein Betreuung als Funktion der vorschulischen Einrichtungen angesehen wurde. Verstärkt wurde nun der Erziehungsauftrag anerkannt, teilweise ergänzt um eine Bildungsfunktion. Vor allem die Fröbelbewegung hat auf die Zuordnung zum Bildungswesen gedrängt und eine allgemeinbildende Funktion der Einrichtungen betont.

Eine grundsätzliche Aufwertung, welche die Zuordnung zum Bildungswesen dargestellt hätte, ist aber unterblieben. Dies hätte auch nicht den Vorstellungen der einflussreichen Interessengruppen wie dem Staat oder den konfessionellen Trägern entsprochen. Der Nothilfecharakter mag sich mit der Zeit abgemildert haben, worin eine Veränderung zur vorherigen Epoche besteht, aber eine grundsätzliche pädagogische Funktion wurde auch weiterhin nur bedingt gesehen. Die vorschulischen Einrichtungen galten unverändert als sozialfürsorgerische, nicht als Bildungseinrichtungen, weshalb sich ihr Angebot auch nicht an alle Kinder richtete.

Wiederum lassen sich zwei Sprachen von Bildung und insbesondere Erziehung erkennen. Für die erste Position stehen der Staat und die konfessionellen Träger, wie auch die jedoch kaum ausgearbeiteten Überlegungen innerhalb des theoretischen Diskurses. Hier wurden im Grunde auch weiterhin keine eigenständigen Beiträge zu einem frühkindlichen Bildungs- oder Erziehungsverständnis oder einer Frühkindpädagogik geliefert. Eine zweite Position wurde dagegen von der Fröbelbewegung vertreten. Zwar hat es in den Argumentationen der beiden Positionen durchaus Anknüpfungspunkte an die jeweils andere Position gegeben. Dennoch macht es Sinn, diese klar zu unterscheiden und die je eigenen Sprachen von Erziehung und Bildung hier herauszuarbeiten.
Zunächst einmal aber ist die Verwendungsweise und -häufigkeit der Termini zu betrachten. Weitaus öfters und dies gilt diskursübergreifend wurde auf den Erziehungsbegriff zurückgegriffen. Zuweilen findet sich jedoch auch der Bildungsbegriff, dies gilt allerdings nur für den praktischen Diskurs. Nicht immer, selbst in den jeweiligen Kontexten, wurde dabei auf eine einheitliche Verwendung oder genau Abgrenzung der beiden Begriffe geachtet.
Bezüglich des Bildungsbegriffs lassen sich zwei Bedeutungen erkennen. Innerhalb der Fröbelbewegung – allerdings waren auch hier Unterschiede gegeben, wie sich bei einzelnen Fröbelianern der Bildungsbegriff auch überhaupt nicht finden lässt – wurden damit Aspekte der kindlichen Entwicklung, seiner Eigenart des Lernens und seiner Auseinandersetzung mit und der Verarbeitung der Welt umschrieben. Eine davon abweichende inhaltliche Bedeutung erhielt Bildung dagegen im Kontext der konfessionellen Gruppierungen. Hier war damit die sittlich-religiöse Charakterbildung gemeint, Bildung wurde in diesem Sinne als ein Teil von Erziehung verstanden.
Überwogen hat aber eindeutig der Erziehungsbegriff. Von Seiten des Staates und der konfessionellen Vertreter wurde Erziehung zwar nun eindeutig als Aufgabe angesehen, nicht jedoch eine allgemeinbildende Funktion der Einrichtungen anerkannt. Im Vorder-

grund stand weiterhin die Betreuungsfunktion, ergänzt um Erziehung. Diese wurde unverändert als Einwirkung, als Vermittlung gewünschter Denk- und Verhaltensweisen verstanden. Ganzheitlichkeit wurde zwar nun vermehrt postuliert, aber die Konzentration auf die sittlich-religiöse Erziehung ist weiterhin zu erkennen; Erziehung wurde über diesen Aspekt definiert und zuweilen geradezu darauf reduziert. Insgesamt fand kaum eine Veränderung des grundlegenden Erziehungsverständnisses statt, auch wenn es Modernisierungen und neue Nuancierungen gab. Eine gewisse Ausnahme liegt allerdings in der Betonung des konfessionellen Charakters der religiösen Erziehung, wobei die zu vermittelnden Tugenden weiterhin weitgehend identisch waren.

Auch wenn nun zunehmend die Orientierung an der Familie gefordert wurde, wurde lange an der Vorstellung eines schulähnlichen (Anschauungs-)Unterrichts festgehalten. Kindliches Lernen und seine Entwicklung sollte sich derart vollziehen und der Vermittlung von Kenntnissen, aber auch moralischer Lehren dienen. Dies gilt insbesondere für die christliche Kinderpflege, auch wenn dort unterschiedliche Vorstellungen über die Intensität und die Inhalte des Unterrichts anzutreffen sind. Einig war man sich jedoch über den Stellenwert, der dem Religionsunterricht als elementarem Bestandteil dieses Unterrichts beigemessen wurde. Von staatlicher Seite wurde dagegen schon früher und dann auch recht deutlich eine Ablehnung schulischen Unterrichts formuliert. Aber auch hier wurde mit der Erziehungsaufgabe die Vermittlung von Kenntnissen und moralischen Lehren verbunden. Funktionell blieb das Erziehungsverständnis gleich, auch wenn sich zwischen Staat und konfessionellen Vertretern Differenzen über die geeignete Form zur Erreichung dieses Ziels finden lassen.

Allerdings wurde zunehmend die besondere Eigenart kindlicher Entwicklung und kindlichen Lernens gesehen und Erziehung nun teilweise auch als Anregung und Unterstützung der Entwicklung aller kindlichen Kräfte verstanden. Aber die Anlehnung an einen schulähnlichen Unterricht, indem die Kinder das von Seiten der Erzieher Gewünschte zu übernehmen haben, hat doch weiterhin überwogen. Nur bedingt wurden die Kinder als aktiv an ihrem Entwicklungsprozess begriffen. Der Unterricht sollte nur wenig Raum für eigene Erfahrungen oder eine selbsttätige Auseinandersetzung mit der Umwelt bieten. Entsprechend wurde auch dem Spiel lange keine pädagogische Bedeutung beigemessen, auch wenn gegen Ende der Epoche versucht wurde, Fröbels Spielpädagogik bzw. seine Materialien in das eigene Erziehungsverständnis oder besser in die Vorstellung eines geeigneten Alltags zu integrieren.

Insgesamt lässt sich eine große Konstanz zu dem dominierenden Verständnis der vorherigen Epoche erkennen. Neben der nun konfessionellen Ausrichtung und der zunehmenden Versuche zur Integration der Fröbel'schen Spielpädagogik, lässt sich gegen Ende der Epoche noch die wachsende Bedeutung der Gesundheitsförderung als gewisse Weiterentwicklung erkennen. Gerade während des Ersten Weltkrieges wurde dieser Aspekt betont und dann auch mit dem Erziehungsverständnis verknüpft; eine Tendenz, die dann in Weimar endgültig zum Durchbruch kommen sollte.

Wieso aber wurde eben dieses Verständnis von Erziehung als geeignet angesehen. Wiederum gilt es nach den auch gesellschaftspolitischen Zielen, die mit dieser Erziehung erreicht werden sollten, zu fragen. Erziehung, wie sie hier verstanden wurde, sollte die Kinder auf das spätere (Arbeits-)Leben vorbereiten, weshalb die entsprechenden Tugenden vermittelt werden sollten. Erneut ergibt sich dieses Erziehungsverständnis auch aus dem gesellschaftspolitischen Klima der Zeit, ähnliche Tendenzen lassen sich deshalb auch im Bildungswesen und der Sozialen Arbeit finden. Insgesamt stellte das deutsche Bildungswesen ein Spiegelbild der gesellschaftlichen Ordnung dar, zugleich trug es zur Reproduktion der sozialen Ungleichheit und zur Sicherung der bestehenden Herrschaftsverhältnisse bei (vgl. Becker/Kluchert 1993, 2ff.). Mit Hilfe von Erziehung und Bildung sollte Herrschaftssicherung betrieben werden, die Schule sollte verstärkt im Kampf gegen die Sozialdemokratie und zur Förderung religiöser und vaterländischer Gesinnung eingesetzt werden (vgl. Berg 1991, 154).

Noch deutlicher werden die mit der Erziehung in der öffentlichen Kleinkinderziehung verbundenen Absichten, blickt man auf die bezüglich des Alters und des Klientels nahe Volksschule. Hier sollten der großen Mehrheit des Volkes die für das Leben notwendigen Kenntnisse und Fertigkeiten, sowie eine „religiös durchtränkte nationale Bildung" (Berg 1991, 183) vermittelt werden. Ihre Aufgabe lag weiterhin in der Einführung in eine von religiösem Geist geprägte Welt und in der sozialen Disziplinierung, sowie der Vorbereitung auf den Beruf (vgl. Nipperdey 1990, 531). Gerne wird von der „Schule der Untertanen" gesprochen, der Indienstnahme der Schule durch den Obrigkeitsstaat und auch wenn dieses Bild vermutlich recht einseitig gezeichnet ist und gerade auch in der Realität nicht immer so gewirkt hat (vgl. Berg 1991, 183ff. u. 203ff.): Die Volksschule sollte sozial disziplinieren, konservativ-monarchisch und bürgerlich prägen, sie war antisozialdemokratisch ausgerichtet, sie sollte die „richtige" Gesinnung vermitteln, die soziale Differenzierung der Gesellschaft legitimieren und Loyalität gegenüber der staatlichen und gesellschaftlichen Ordnung erzeugen. Gleiche Überzeugungen spiegeln sich auch im frühkindlichen Erziehungsverständnis wider, Erziehung sollte dazu beitragen, die Kinder in die Gesellschaft einzugliedern und die gegebene Ordnung zu akzeptieren, so deutlich auch im zuvor kenntlich gemachten dominierenden Erziehungsverständnis.

Entsprechend auch die staatliche Sozialpolitik. Sie gewann ihre Motivation ebenfalls primär aus der Abwendung aller Revolutionsgefahr und dem Erhalt des monarchisch-obrigkeitlichen Staates (vgl. Nipperdey 1990, 337). Ziel der Armenfürsorge war zuallererst die soziale Integration der Unterschichten in die vorgegebene Gesellschaftsordnung (vgl. Hammerschmidt/Tennstedt 2002, 63). Immer ging es hier auch um eine „richtige" Erziehung zu einem den bürgerlichen Vorstellungen entsprechenden Normalverhalten; eine Erziehung, die auch in den vorschulischen Einrichtungen angestrebt wurde. Neben der Schule und der Sozialen Arbeit war eben auch die öffentliche Kleinkinderziehung Teil der „innenpolitischen Gesamtstrategie der offensiven Bewahrung traditioneller Werte und der konservativen Einschmelzung des historisch Neuen in ein obrigkeitlich-autoritäres System" (Tenorth 2000, 246); auch das frühkindpädagogische Erziehungsverständnis wurde von diesen Tendenzen bestimmt.

Neben dem bisher gezeichneten Erziehungsverständnis lässt sich jedoch eine zweite Position finden. Hierfür steht vor allem die Fröbelbewegung. In ihren Konzeptionen ausgesprochen vielfältig, lassen sich übereinstimmende Merkmale erkennen, auch wenn eine derartige Vereinfachung nur bedingt den jeweiligen konzeptionellen Nuancen gerecht wird.

Von Fröbels Ansicht über das Wesen des Kindes ausgehend und das von ihm entworfene Ziel der Lebenseinigung in das jeweilige Konzept integrierend, wurde Erziehung primär als Anregung und Unterstützung der kindlichen Entwicklung begriffen. Ein derartiges Verständnis lässt sich bei allen Vertretern der Fröbelbewegung feststellen, wenn auch unterschiedlich akzentuiert. Wichtige Elemente waren dabei Ganzheitlichkeit und vor allem die Selbsttätigkeit des Kindes, sie durchziehen sämtliche Konzepte. Stärker wurde sich hier mit den Besonderheiten der kindlichen Entwicklung, seiner Eigenart des Lernens und der Aneignung von Welt beschäftigt und nicht allein nach zu vermittelnden Tugenden und Fertigkeiten gefragt. Entsprechend wurde auch die Bedeutung eigener Erfahrungen und der selbständigen Auseinandersetzung mit der Welt betont und komplementär dazu eine Gestaltung des Alltags als notwendig angesehen, die eben dies ermöglicht: das Spiel. Ihm wurde eindeutig eine pädagogische und somit auch bildende Funktion zugesprochen. Orientiert wurde sich dabei an der Familie, einig war man sich in der Ablehnung eines schulischen Unterrichts.

Dennoch waren mit diesem Erziehungsverständnis nur bedingt emanzipatorische Ziele, welche die Ermöglichung eines selbstbestimmten Lebens angestrebt hätten, verbunden. Dies lässt sich zwar finden – Köhler oder Heerwart sind Beispiele dafür – kann aber nur bedingt für die Fröbelbewegung als Ganzes stehen. Eine Veränderung von Fröbels ursprünglichem Konzept ist nicht zu verleugnen. Auch im Kontext der Fröbelbewegung wurde Erziehung nun zunehmend als Vermittlung (arbeits-)spezifischer Fertigkeiten samt der entsprechenden Tugenden verstanden. Für diese Tendenz stehen insbesondere Marenholtz-Bülow und auch Schrader-Breymann und es waren gerade ihre Konzeptionen, die von der (Fach-)Öffentlichkeit als stellvertretend für die Fröbelbewegung und den Volkskindergarten wahrgenommen wurden. Zwar wurde dies im Unterschied zu den konfessionellen Gruppierungen dadurch begründet, dass die Arbeit dem kindlichen Wesen entspreche und eben deshalb in Form des Spiels, der kindlichen Arbeit berücksichtigt werden müsse. Erziehung konnte aber nun auch im Rahmen der Fröbelbewegung Einüben bestimmter arbeitstechnischer Fähigkeiten und die Vermittlung erwünschter Denk- und Verhaltensweisen bedeuten, wenn auch weniger strikt und ohne die extrem religiöse Basis formuliert wie bei den konfessionellen Vertretern. Ziel war die Eingliederung der Kinder in die bestehende Gesellschaft und somit deren Stabilisierung. Von den national-demokratischen Zielen im Sinne Fröbels hat sich die Fröbelbewegung zunehmend entfernt. Sie verstand sich kaum noch als „revolutionär", die Gesellschaftsverhältnisse wurden eindeutig befürwortet und auch nationalistische Töne lassen sich nun finden.

Insgesamt kann man deshalb bezogen auf die Fröbelbewegung auch von einer Annäherung an das Erziehungsverständnis von Staat und den konfessionellen Vertretern sprechen. Damit verbunden war zugleich auch eine gewisse Abkehr von dem allgemeinbildenden Anspruch, auch wenn diese Ansicht weiterhin vertreten wurde. Erziehung als Begriff und Aufgabe war demnach innerhalb der Fröbelbewegung mehrdeutig und es konnten unterschiedliche Aspekte herausgegriffen werden, abhängig von der Perspektive, die man einzunehmen gewillt war.

Welches Verständnis von Erziehung und in Teilen auch Bildung kann nun als das dominierende gelten? Betrachtet man allein den Umfang der von der Fröbelbewegung veröffentlichten Schriften, müsste man dem dort vertretenen Verständnis ein Übergewicht zusprechen. Dieser Schluss greift aber zu kurz. Frühkindliche Erziehung wurde auch weiterhin als Vermittlung der gewünschten Denk- und Verhaltensweisen verstanden. Zum einen wurde dieses Verständnis von den großen Trägergruppierungen getragen und hat auch im politischen Diskurs Rückhalt und Möglichkeit zur Durchsetzung gefunden. Zum anderen haben aber auch gerade die einflussreichen Vertreter der Fröbelbewegung Aspekte eben dieses Verständnis geteilt. Das Verständnis von Erziehung als Anregung und Unterstützung der kindlichen Entwicklung mag keine Außenseiterposition mehr dargestellt haben, dominiert hat es aber sicherlich nicht. Im Grunde ist dies eine Fortsetzung der vorherigen Vorstellungen. Moderner formuliert, später auch das Spiel in seiner pädagogischen Bedeutung berücksichtigend, wurde an dem grundsätzlichen Erziehungsverständnis festgehalten. So lassen sich ja auch so gut wie keine reformpädagogische Überlegungen für den Bereich der öffentlichen Kleinkinderziehung finden, diese verlief geradezu unbehelligt davon.

Auch die Realität blieb von reformpädagogischen Bemühungen weitgehend unberührt. Vielmehr hat auch hier das dominierende Erziehungsverständnis Umsetzung gefunden. Der Großteil der Einrichtungen befand sich auch weiterhin in konfessioneller Trägerschaft, Kindergärten blieben eine Seltenheit, auch wenn die Fröbelbewegung nun über die Ausbildung an Einfluss auf die Praxis gewann. Diese Feststellung wird auch nicht durch die zunehmende Verbreitung der Volksindergärten eingeschränkt. Gerade im Volkskindergarten dürfte eine Erziehung umgesetzt worden sein, die der Vorbereitung auf das spätere Arbeitsleben samt einer anzustrebenden Versittlichung gedient hat. Insgesamt wurde weiterhin auf die strikte Gewöhnung an wünschenswerte Tugenden wie vor allem Gehorsam, Ordnung und Disziplin geachtet. Noch immer gab es nur wenige Einrichtungen und Plätze, weshalb eine Überfüllung vermutlich die Regel war. Das Personal war nach wie vor nur unzureichend ausgebildet, auch wenn nun zunehmend eine fachliche Ausbildung als notwendig angesehen wurde. Die hohe Anzahl an Kindern wurde zumeist nur von wenigen oder sogar nur einer Erzieherin betreut. Hinzu kamen die finanziellen Probleme, die Ausstattung war deshalb oftmals mangelhaft. Eine individuelle Förderung der Kinder war deshalb wohl kaum möglich, von „Bildung" dürfte kaum zu sprechen sein. Selbst von den Zeitgenossen wurde die öffentliche Kleinkinderziehung ja als dürftig und rückständig eingeschätzt, auch die Kindergärten von der Fröbelbewegung selbst.

Überlegungen, die Erziehung als Anregung und Unterstützung der kindlichen Entwicklung begriffen haben, dürften deswegen in der Erziehungswirklichkeit weitaus weniger präsent gewesen sein als in den Diskursen. In der Realität ist vor allem das dominierende Erziehungsverständnis zum Tragen gekommen.
Ohne umfassend aktiv werden oder vorschreibend eingreifen zu müssen, hat der Staat demnach auch weiterhin eine Realität angetroffen, die seinen Vorstellungen weitgehend entsprach. Die unveränderte Kontrollfunktion des Staates hat dies möglich gemacht, denn durch sie besaß der Staat entscheidenden Einfluss auf die Gestaltung der Praxis. Einwände und deutlich formulierte Kritik gab es nur selten, sicherlich auch deshalb, weil die Angehörigen der Schicht, aus der die meisten Kinder, die eine Einrichtungen besucht

haben, diese Art der Betreuung und Erziehung nicht hinterfragen haben können – Zeit und sicherlich auch fehlendes Interesse haben dies nicht möglich gemacht. Ihre „Interessen" wurden auch weiterhin von den Veranstaltern der öffentlichen Kleinkinderziehung „vertreten". Sicherlich hat sich der Staat nun stärker engagiert, aber vor allem doch weiterhin dafür gesorgt, dass konträre Alternativen keine Verbreitung fanden. Vom Staat akzeptiert und unterstützt wurden die jeweiligen Bemühungen nur dann, wenn sie den staatlichen Ansichten entsprachen oder sich diesen anpassten – bestes Beispiel ist die sich verändernde Fröbelbewegung. Verbreitung oder politischen Rückhalt fand deshalb auch nicht der allgemeine Kindergarten, sondern der eher sozialfürsorgerisch orientierte Volkskindergarten.

Wiederum zeigt sich, dass es kaum möglich ist, Vorstellungen von frühkindlicher Bildung und Erziehung gegen den Staat durchsetzen. Erneut wird jedoch deutlich, dass der Staat auf die Unterstützung der Träger angewiesen war und diese auch gefunden hat, darüber sollte auch die, teilweise ja vor allem auch erst nachträglich zugeschriebene Bedeutung der Fröbelbewegung nicht hinwegtäuschen. Keineswegs hat der große Teil der Praxis ein anderes Verständnis von Erziehung vertreten. Entsprechende Vorstellungen wurden geteilt und gemeinsam getragen, letzten Endes auch umgesetzt. Wiederum ist es demnach nicht so gewesen, dass ein derartiges Erziehungskonzept der Praxis aufgezwungen werden musste.

Dennoch fällt auf, dass die Fröbelbewegung zunehmend akzeptiert und schließlich auch die Spielpädagogik in die Überlegungen von Seiten der konfessionellen Vertreter integriert wurde. Wieso eigentlich? Zwei Vermutungen bieten sich an. Zum einen verloren die Fröbelbewegung und somit auch das Konzept Fröbels ihren revolutionären Charakter. Dies machte es dem Staat leichter, die Fröbelbewegung zu akzeptieren, auch wenn sie nicht ausdrücklich unterstützt wurde. Da nun auch hier Aspekte einer den staatlichen Vorstellungen entsprechenden Erziehung vertreten wurden, war eine grundsätzliche Ablehnung nicht mehr notwendig. Zum anderen wurde mit Fröbel zunehmend die Vorstellung einer mehr kindgerechten Pädagogik verbunden. Indem man Fröbel und seine Spielpädagogik als Schlagworte aufgriff, konnte man eine Zustimmung zu diesem Konzept suggerieren, auch wenn dies in der Realität oftmals gar nicht mehr gegeben war und dort eine ganze andere Form des „Spiels" Umsetzung fand.

Was heißt das für das Selbstverständnis der öffentliche Kleinkinderziehung? Allmählich begannen sich Fröbel und seine Pädagogik als die „eigentliche" Tradition öffentlicher Kleinkinderziehung in Deutschland durchzusetzen. Zwar gab es unverändert kaum Einrichtungen, die nach Fröbels Konzept arbeiteten oder überhaupt sein Verständnis von Bildung und Erziehung angestrebt hätten. Aber vermutlich wirkte gerade gegen Ende dieser Epoche ein Verweis auf Fröbel nun oftmals schon „attraktiver" und als Ausweis einer kindgemäßen Pädagogik. Es ist schon erstaunlich, dass innerhalb der konfessionellen Gruppierungen kaum noch auf die eigentlichen Wurzeln wie z.B. Fliedner oder Wirth verwiesen wurde, auch wenn sie vielleicht sogar in der Realität noch immer wirksamer waren als die Vorstellungen Fröbels. Derartige Konzeptionen galten nun zunehmend – zumindest sollte dieser Eindruck entstehen – als nicht länger kindgemäß.

Neben der einsetzenden Konzentration auf Fröbel fällt für diese Epoche noch etwas anderes auf: Die Fröbelbewegung wurde in ihrer Vielfalt kaum wahrgenommen. Dies gilt schon für die Zeitgenossen und rückblickend wurde diese Epoche bzw. die Fröbelbewegung geradezu auf die Namen Marenholtz-Bülow und Schrader-Breymann und deren Konzept des Volkskindergartens reduziert. Andere Konzeptionen gerieten dagegen in Vergessenheit und sind es bis heute. Selbst Fachleuten ist heute kaum mehr als die Namen Köhler oder Heerwart bekannt, oftmals nicht einmal dies, geschweige denn ihren Ideen zur frühkindlichen Erziehung oder Bildung. Entsprechend lassen sich ihre Namen, entgegen ihrer eigentlichen Bedeutung, zum Teil in den Geschichten zur öffentlichen Kleinkinderziehung auch nicht finden. Dies gilt auch für einen konfessionellen Vertreter wie Ranke. Obwohl seine Bücher in mehreren Auflagen erschienen und ohne Frage überaus wirksam waren, findet auch er nur selten eine angemessene Berücksichtigung. Gegen Ende des Kaiserreichs beginnt, so könnte man sagen, die Reduzierung der Geschichte auf einige wenige Namen und insbesondere auf Fröbel. Die vielfältigen Überlegungen dieser Epoche sind geradezu verloren gegangen. Mögen manche Konzeptionen auch nur den zeitgenössischen Strömungen entsprochen haben und eben deshalb in Vergessenheit geraten sein, es zeigt sich jedoch die Tendenz späterer historiographischer Betrachtungen, nur das Gewollte zu sehen und die Vielfalt auszublenden.

III. Die Geschichte der öffentlichen Kleinkinderziehung in Weimar (1918-1933)

Zu Beginn der Weimarer Republik war die öffentliche Kleinkinderziehung als sozialpädagogische Nothilfeeinrichtung fest etabliert. Aber sie war kein Teil des Bildungswesens, sondern noch immer vor allem für die Kinder gedacht, deren Familien und Mütter die erzieherische Aufgabe nicht angemessen wahrnehmen konnten. Neben der zunehmend Anerkennung findenden Fröbelbewegung, insbesondere in Form des Volkskindergartens, wurden die Realität und auch die Diskurse von den konfessionellen Trägergruppierungen geprägt, die nun ebenfalls in Form von verbandlichen Zusammenschlüssen fest auf dem Gebiet der öffentlichen Kleinkinderziehung verankert waren. Gerade während es Ersten Weltkrieges war jedoch deutlich geworden, dass zukünftig staatsnahe Gruppierungen bzw. der Staat selber seine Ansichten auf diesem pädagogischen Gebiet einbringen würde und offene Fragen und Schwierigkeiten auch durch den Staat gelöst werden mussten. Vor allem die Frage, welcher Weg eingeschlagen werden sollte, den als sozialfürsorgerische Einrichtung oder als Teil des Bildungswesens, musste entschieden werden.

1. Die „Realität" der Einrichtungen der öffentlichen Kleinkinderziehung in Weimar (1918-1933)

Auch für diese Epoche sollen zunächst die primär sozialgeschichtlichen Entwicklungen im Rahmen der gesellschaftspolitischen Veränderungen betrachtet werden. Die Reichskonferenz und das RJWG, die zwar beide von großer Bedeutung für die sozialgeschichtlichen Entwicklungen von Bedeutung gewesen sind, werden dabei nicht ausführlich behandelt, weil sie den politischen Diskurs bestimmt haben und erst in diesem Zusammenhang umfassend betrachtet werden.

1.1 Vereinheitlichung der Einrichtungsformen und quantitative Entwicklung

Ab den 1920er Jahren kam es zu einer Harmonisierung der Angebotsformen, wobei man sich am Typ des Volkskindergartens orientierte (vgl. Dammann/Prüser 1987a, 24). Entsprechend auch der Erlass des Minister für Volkswohlfahrt vom 9. Dezember 1930 wieder, mit dem der einheitliche Begriff „Kindergarten" für sämtliche Einrichtungsformen der öffentlichen Kleinkinderziehung durchgesetzt wurde, denn „soweit bisher für Einrichtungen dieser Art die Bezeichnungen Kleinkinderschule, Bewahranstalt, Warteschule, Hort und dergl. gebraucht wurden, ist im amtlichen Verkehr künftig die einheitliche Bezeichnung ‚Kindergarten' zu verwenden" (zit. n. Ermler 1933, 11/12).

Auch wenn die Kindergärten im Gegensatz zu vorher nicht mehr allein als sozialfürsorgerische Einrichtungen galten und diese nun als ein Mittel betrachtet wurden, um die mangelhafte familiäre Erziehung auszugleichen, aufgrund des ideologischen Primats der Familie war der Kindergarten als Zwangseinrichtung nicht durchsetzbar. Außerdem war aufgrund der massiven wirtschaftlichen Probleme und dadurch bedingten Finanzknappheit eine Expansion unmöglich und so veränderte sich die Zahl der Einrichtungen kaum. Insgesamt existieren über den Bestand nur spärliche Daten. Für das Jahr 1930 lassen sich nach einer Erhebung des Reichsarbeitsministeriums 7282 Kindergärten mit 421955 Plätzen festhalten, in der freien Wohlfahrtspflege umfasste ein Kindergarten durchschnittlich 59 Plätze (vgl. Ermler 1933, 194; Erning 1987c, 33). Verglichen mit den 7259 Einrichtungen im Deutschen Reich um 1910 blieb die Anzahl der Einrichtungen in etwa gleich, während sich die Kapazitäten sogar um 130000 Plätze verringerten (vgl. Erning 1987c, 33). Allerdings sanken auch die Kinderzahlen, dennoch war der Bedarf nicht annähernd gedeckt, nur auf jedes 16. Kind kam ein Kindergartenplatz (vgl. Corte 1932, 7; Oestreich 1932, 25).

1.2 Adressaten

Auch weiterhin wurden die Einrichtungen primär von den Kindern aus der unteren sozialen Schicht besucht (vgl. Paterak 1999, 131). Aus diesem Grund ist vor allem nach den Lebensbedingungen der sozialen Unterschicht zu fragen ist.
Mit dem Ende des Kaiserreichs trat die Dominanz der marktbedingten Klassen endgültig hervor. Langlebige Prozesse gelangten an ihr Ziel und die Marktklassengesellschaft setzte sich im „Gehäuse der Republik" (Wehler 2003, 342) vollends durch, teilweise so unverhüllt und empörend, dass viele mit Aversion reagierten. Die Bevölkerungszahlen sanken zunächst, um dann leicht anzusteigen, ehe sie 1933 in etwa auf dem Stand um 1910 waren. Mit rund 67% lebte 1933 die Mehrheit der Bevölkerung nun in Städten, auch wenn die stürmische Phase der Urbanisierung bis zum Beginn der 1930er Jahre an ihr Ende kam (vgl. ebd., 234/235).
Als alarmierend wurde der Geburtenrückgang empfunden, vor dessen sozialen, ökonomischen, eugenischen und politischen Folgen gewarnt wurde. Besonders alarmierend war die Kinderarmut des Mittelstandes, Kinderreichtum war überwiegend im Proletariat anzutreffen, ein Fakt, der mit Sorge betrachtet wurde. Überlegungen nahmen zu, wie die Fortpflanzung des Proletariats und als minderwertig eingestufter Personen verhindert werden könne, bis hin zur Sterilisierung. Gefordert wurde aber auch die Absicherung der materiellen Existenzgrundlagen kinderreicher Familien (vgl. Langewiesche/Tenorth (Hrsg.) 1989, 67ff.). Dazu wurde in einem gewissen Sinne auch die öffentliche Kleinkinderziehung gezählt.
Das große Problem, das Weimar überschattete, war die wachsende Arbeitslosigkeit. In den Jahren von 1919 bis 1929 erlebte die deutsche Wirtschaft einen „atemberaubenden Achterbahnkurs" (Wehler 2003, 240). Auf die Nachkriegsrezession folgte ein kurzer, dennoch erstaunlicher Boom mit einem Zustand der Vollbeschäftigung, erkauft jedoch mit Hilfe der Inflation, die in der zerstörerischen Hyperinflation von 1923 mündete. Langfristig gehörte Deutschland zu den Verlierern der Nachkriegszeit.
Da die oberen Besitzklassen durch die Hyperinflation zwar Geld verloren, aber zugleich auch ihre Schulden mühelos tilgen und für einen Spottpreis wertvollen neuen Besitz kaufen konnten, gehörten sie zu den Gewinnern, auch die Sachwerteigentümer wurden

weniger schwer getroffen. Anders dagegen das Bildungsbürgertum. Für sie besaß die Inflation gravierende Folgen, materiell, vor allem aber auch psychologisch. Die bescheidenen Vermögen, die Ersparnisse eines ganzen Lebens, feste Gehalts- und Pensionszahlungen verloren in wenigen Stunden ihren Wert, viele Menschen stürzten in Armut. Ergebnis davon war eine massive Unzufriedenheit, die zur Radikalisierung am rechten und linken Rand des politischen Spektrums führte. Im Gedächtnis vieler blieb die Inflation eine traumatische Schädigung. Viele der Meinungsmacher stammten aus dem Kreis des Bildungsbürgertums und prägten mit ihrer negativen Einstellung zur Republik Weimar. Immer mehr Menschen verloren den Glauben an die Demokratie. Verstärkt wurde dies durch die wachsende Arbeitslosigkeit. 1928 erreichte sie erstmals die 3 Millionenmarke, um dann nach einer kurzen Konsolidierung in Folge der Weltwirtschaftskrise einen dramatischen Anstieg zu erleben. Kaum ein anderer Staat wurde so intensiv in Mitleidenschaft gezogen, Weimar erlebte die „Höllenfahrt in den Abgrund einer beispiellosen Depression" (Wehler 2003, 257), auf deren Tiefpunkt Ende 1932 es insgesamt 8,5 Millionen Arbeitslose und 5,2 Millionen Kurzzeitbeschäftigte gab. Jeder dritte Erwerbstätige war arbeitslos, im Durchschnitt besaß jede Familie einen Arbeitslosen. Auch Akademiker waren davon betroffen, Arbeitslose konnten sich ihre Wohnungen nicht mehr leisten, gingen auf Wanderschaft oder lebten in Laubenkolonien.

Mit ca. 32 Millionen der 63,2 Millionen Reichsbewohner stellte die Arbeiterschaft rund die Hälfte der Bevölkerung (vgl. Wehler 2003, 310). Nach dem Pauperisierungsprozess während des Krieges erlebte sie zunächst eine „Aufwertung ihrer sozialökonomischen und politischen Marktmacht" (ebd., 286), da steigende Reallöhne, umfassende Tarifabschlüsse und günstige Schlichtungsverfahren ihrer Lage verbesserten. Vom Sommer 1923 an, als die Reallöhne auf den Stand von 1913 stürzten und die Arbeitslosigkeit auch hier ein ständiger Begleiter wurde, änderte sich dies jedoch. Erneut geriet die Arbeiterschaft in einen Pauperisierungsprozess, der schließlich in einer fundamentalen Proletarisierung mündete. Selbst das Realeinkommen der Vollbeschäftigten sank um 37,6%, die Haushaltsbudgets mussten drastisch gekürzt werden. Ergebnis war eine „verschleierte Hungersnot größten Ausmaßes" (ebd., 319), vielfach war das Existenzminimum schon um die Hälfte unterschritten. Zugleich wurden die staatlichen Leistungen brutal beschnitten, im Sommer 1932 um 23 bis maximal 52% (vgl. ebd., 312ff. u. 345). Weiterhin stellte das Wohnquartier ein Prägezentrum des proletarischen Sozialmilieus dar. Es befestigte den Klassenhabitus, ein dichtes Netzwerk von Organisationen ermöglichte eine Vielzahl von Aktivitäten, eine isolierte proletarische Gegenwelt, in der man sich auch jetzt noch nahezu lückenlos der bürgerlichen Welt entziehen konnte. Verstärkt wurde dabei im proletarischen Milieu Wert auf „Bildungsarbeit" gelegt. Gleichzeitig jedoch nahmen in der Gesellschaft die Animositäten gegen den Marxismus zu.

Das familiäre Zusammenleben blieb weitgehend unverändert, für tiefgreifende Veränderungen war Weimar ein zu kurzer Zeitraum. Viele der alten Familienmuster blieben bestehen. Als Normaltyp bildete sich nun endgültig die Kleinfamilie mit maximal zwei Geburten heraus. Das Kind wurde zunehmend zum Konsument elterlicher Zuwendung, als Produzent spielte es nur noch eine untergeordnete Rolle, nur auf dem Lande war Kinderarbeit noch häufiger anzutreffen. Autoritäre Verhaltensweisen wurden tendenziell

abgebaut und die emotionalen Bindungen erhöht, insgesamt tendierte die Qualität der Familienbeziehungen zu Gleichrangigkeit und Intimität (vgl. Langewiesche/Tenorth 1989, 65 u. 76).
Für die Kinder wurde die Familie eindeutig zur primären Sozialisationsinstanz. Allerdings fehlten vor allem im proletarischen Milieu die wirtschaftlichen und sozialen Ressourcen, um diesen Anforderungen gerecht zu werden. Für die Erziehung der Kleinkinder verantwortlich blieb die Frau, gerade in den Kleinfamilien bestand eine strenge Funktionsteilung zwischen den Geschlechtern. Mutterschaft und außerhäusliche Erwerbsarbeit blieben bei an persönlichem Aufstieg orientierten Kleinfamilien unvereinbar, nur 7% der Ehefrauen waren hauptberuflich tätig. In der Arbeiterschaft, wo weniger rigide Geburtenkontrollen, aber auch ein geringeres Einkommen bestand, waren die Frauen häufiger gezwungen, einer außerhäuslichen Erwerbsarbeit nachzugehen. Allerdings lag auch diese bei nur 22% (vgl. Langewiesche/Tenorth 1989, 77).

Von der steigenden Armut innerhalb der Arbeiterschaft waren besonders die Kinder betroffen. Auch Zeitgenossen wiesen darauf hin, dass „Millionen von Kleinkindern in Deutschland in der einen oder anderen Beziehung fürsorgebedürftig sind" (vgl. Hoffa/Latrille 1926, 14). So auch eine Übersicht des Katholischen Zentralverbandes, die ein erschütterndes Bild über den Zustand und die Lebensmöglichkeiten der Kinder in der Nachkriegszeit bot (vgl. Schnabel/Rehm 1987, 45/46). Vor allem in den sozial schwächeren, kinderreichen Familien in den Großstädten wurde das Aufwachsen als problematisch erlebt, während zugleich die zunehmende Zahl an Einzelkindern kritisch betrachtet wurde. Gleichzeitig wurde die Erziehungskraft der Familien als nicht mehr ausreichend angesehen (vgl. Frankfurter Wohlfahrtsamt 1922, 9/10). Wirtschaftliche, gesundheitliche und erzieherische Nöte wurden konstatiert, insbesondere der gesundheitliche Aspekt wurde immer wieder betont. Die bessere Versorgung der Kinder wurde als dringend notwendig angesehen und dazu sollte auch die öffentliche Kleinkinderziehung beitragen.

1.3 Träger

Mit der Verabschiedung des „Reichsgesetzes für Jugendwohlfahrt" (RJWG) im Juli 1922 wurde erstmalig die staatliche Tätigkeit auf dem Gebiet der Kinder- und Jugendfürsorge in Form eines Gesetzes geregelt und auch das Verhältnis zwischen privater und öffentlicher Trägerschaft erstmals reichseinheitlich festgelegt. Auch wenn keine Kindergartenpflicht durchgesetzt wurde und auch weiterhin kein Rechtsanspruch auf einen öffentlichen Betreuungsplatz bestand, vollzog sich eine Zunahme öffentlicher Trägerschaft. Die Länder mussten nun Jugendwohlfahrtsbehörden einrichten, auf örtlicher und regionaler Ebene waren außerdem Jugendämter vorgeschrieben. Mit der Zuordnung der öffentlichen Kleinkinderziehung zum Jugendhilfebereich wurde diese jedoch auch endgültig vom Schulsektor getrennt (vgl. Reyer 2006a, 127ff.).
Die Errichtung von öffentlichen Einrichtungen wurde zu einer bedingten Pflichtaufgabe kommunaler Behörden und dadurch der Vorrang der privaten, also insbesondere der konfessionellen Träger, festgeschrieben. Auch wenn das Jugendamt das alleinige Genehmigungsrecht und eine Aufsichtspflicht bzw. ein Aufsichtsrecht besaß und ihm auch die Aufgabe zukam, für die Deckung des Bedarfs an Plätzen zu sorgen, sollte dies doch

nur dann geschehen, wenn die freien Träger nicht für eine ausreichend Platzdeckung sorgen konnten. Das Jugendamt sollte somit zwar eng mit den freien Trägern zusammenarbeiten und diese auch unterstützen, aber die öffentliche Trägerschaft war der privaten eindeutig nachgeordnet. Die Interessen der privaten Träger blieben so gewahrt und die Befürchtungen der konfessionellen Träger, es würde zu einer Verstaatlichung und Kommunalisierung der öffentlichen Kleinkinderziehung kommen, wurden nicht bestätigt (vgl. Konrad 1997, 47; Paterak 1999, 115/116; Reyer 1987a, 72ff.).

Aufgrund der gesellschaftlichen und politischen Rahmenbedingungen konnte aber sogar der keineswegs weitgehende Anspruch nur unzureichend eingelöst werden. Die Notverordnung vom 24. Februar 1924 wandelte die bedingten Pflichtaufgaben der Jugendämter in freiwillige um, wodurch sich das ursprüngliche Gesetz noch einmal verschlechterte. (vgl. Konrad 1997, 49; Reyer 1987a, 73).

Weiterhin waren die konfessionellen Träger die bedeutendste Trägergruppe. Es kamen jedoch neue Anbieter auf Seiten der privaten Träger hinzu (z.B. das Rote Kreuz und die Arbeiterwohlfahrt). Trotz aller Vorbehalte gegenüber der öffentlichen Kleinkinderziehung stellte der katholische Zentralverband weiterhin die größte Trägerschaft dar. Die Zahl ihrer Einrichtungen stieg über 2510 Kindertageseinrichtungen Mitte der 1920er Jahre auf bis zu 3215 Einrichtungen (1933), in denen über 200.000 Kinder betreut wurden (vgl. Konrad 1997, 28; Schnabel/Rehm 1987, 58).

Nicht ganz eindeutig sind die Daten bezogen auf die evangelische Kleinkinderpflege. Für die Jahre 1923/24 existieren Zahlen von 1207 Einrichtungen mit 73626 Plätzen. Demnach hätte sich die Anzahl der Einrichtungen innerhalb von 25 Jahren halbiert, um dann laut derselben Quelle wieder bis 1932/33 auf 2611 Einrichtungen mit 175.894 Plätzen anzusteigen (vgl. Heinemann 1980, 56). Da auch die Schrift zum 150-jährigen Jubiläum der evangelischen Kinderpflege für das Jahr 1929 Zahlen von insgesamt 83 Krippen, 2537 Kindergärten (mit den „abgetretenen Gebieten 2570) und 239 Horten angibt[267] (vgl. Gehring 1929, 314/315) und sich auch bei Ermler ähnliche Daten finden lassen,[268] ist wohl eher anzunehmen, dass die Anzahl der evangelischen Einrichtung stetig über 2.500 gelegen hat.

Weniger von Bedeutung waren die übrigen freien Träger. Für das Jahr 1931 finden sich neben den konfessionellen noch 757 Einrichtungen des Roten Kreuzes, 275 des Paritätischen Wohlfahrtsverbands, 69 der Zentralwohlfahrtsstelle der deutschen Juden und 60 Einrichtungen in Trägerschaft der Arbeiterwohlfahrt (vgl. Hoffmann 1994, 77/78; Konrad 1997, 50). Auch Ermler weist darauf hin, dass diese keine 8% der freien Träger ausgemacht haben (vgl. Ermler 1933, 192ff.).

Der zuvor verschwindend geringe Anteil der öffentlichen Träger vergrößerte sich bis 1928 auf ein Viertel des Gesamtbestandes. Zu diesem Zeitpunkt waren von 7282 Kin-

---

[267] Gehring übernahm diese Zahlen aus dem Handbuch der Inneren Mission aus dem Jahr 1928.
[268] Ermler verweist auf eine Umfrage des Reichsarbeitsministeriums, die in einer Denkschrift des Reichsministers des Innern vom 9. November 1931 erwähnt wird (vgl. Ermler 1933, 186-195). Demnach verfügte die frei Wohlfahrtspflege zu diesem Zeitpunkt über insgesamt 5417 Kindergärten mit 320470 Plätzen. Davon fielen 50,6% der Plätze auf die Trägerschaft Deutscher Caritasverbund, 42,0% auf den Zentralausschuss für die Innere Mission und 4,3% auf das Deutsche Rote Kreuz. Der Rest kann als unerheblich bezeichnet werden, vom Hauptausschuss der Arbeiterwohlfahrt lagen keinen Angaben vor (vgl. ebd., 191ff.).

dergärten 1865 Einrichtungen mit 101.485 Plätzen (25,6% bzw. 24,1%) in öffentlicher und 5.417 Kindergärten mit 320.470 Plätzen in privater Trägerschaft (vgl. Reyer 2006a, 134; Reyer 2006b, 274).
In quantitativer Hinsicht kaum von Bedeutung waren dagegen die Einrichtungen der Montessori- und Waldorfpädagogik. Konrad geht davon aus, dass der 1926 in Stuttgart auf dem Gelände der Waldorfschule gegründete Kindergarten der einzige Waldorfkindergarten in Deutschland war. Gegründet wurde der Kindergarten auf Betreiben von Herbert Hahn und der der Fröbelbewegung nahe stehenden Elisabeth von Grunelius,[269] die auch bis zur Schließung 1938 die Leitung innehatte (vgl. Berger 1995, 60; Konrad 1997, 75 u. 306). Praktische Versuche, die Montessoripädagogik umzusetzen, hatte es schon länger gegeben. Bereits 1914 hatte Hilde Hecker in Rom das Diplom eines internationalen Montessoriausbildungskurses erworben und anschließend im Berliner PFH I das „Fröbel-Montessori-Kinderzimmer", eine Art Modellversuch, geleitet. Allerdings setzte sie Montessori nicht „rein" um, sondern strebte eine Synthese aus Fröbel und Montessori an (vgl. ebd., 145). Insgesamt gab es nur wenige Montessori-Kinderhäuser und auch wenn das Material oft verwendet wurde, wurde die Methode zumeist nicht mit übernommen (vgl. Aden-Grossmann 2002, 92; Konrad 1997, 155).
Weiterhin stellte die Finanzierung der vorschulischen Einrichtungen eine wichtige Aufgabe der Träger, aber auch ein großes Problem dar. Aufgrund der Inflation brach vielfach die finanzielle Basis weg. Einrichtungen mussten schließen, sofern sie nicht von einer kommunalen Behörde übernommen wurden. Allerdings hatten die Kommunen selber aufgrund der wirtschaftlichen Krise mit starken finanziellen Problemen zu kämpfen (vgl. Paterak 1999, 116/117). Dennoch wurde auch in Zeiten absoluter Finanzknappheit die Schließung von Einrichtungen aus Kostengründen vielfach als nicht sinnvoll angesehen, weil die öffentliche Kleinkinderziehung ungeachtet der hohen Arbeitslosigkeit notwendig sei (vgl. 1932, 3ff. u.18ff.). Allerdings mussten die vorhandenen Ressourcen rationeller genutzt werden, z.B. indem Plätze vor allem für sozialbedürftige Kinder bereitgestellt wurden und eine engere und planmäßigere Zusammenarbeit der Trägergruppen angestrebt wurde (vgl. Albers 1927, 46; Corte 1932, 24ff.).

Zwar hatte es das RJWG den neu geschaffenen Jugendämtern eigentlich zur Aufgabe gemacht, die vorschulischen Einrichtungen zu unterstützen bzw. zu unterhalten. Durch die Notverordnung wurde dies jedoch eingeschränkt und die Aufgabe zu einer freiwilligen Leistung erklärt, weshalb eine wirkungsvolle Unterstützung nicht wirklich stattfand (vgl. Erning 1987c, 32/33). Im Grunde war die öffentliche Jugendhilfe nicht nur von der Finanzierung eines ausreichenden Platzangebots, sondern auch von der finanziellen Unterstützung der freien Träger entbunden. Das regional sehr unterschiedlich umgesetzte System der Bezuschussung blieb bestehen (vgl. Erning1987d, 88/89).

---

[269] Elisabeth von Grunelius (1895-1989) wurde 1918 am PFH zur Jugendleiterin ausgebildet. Schon 1914 hatte sie Rudolf Steiner kennengelernt. An der Waldorfschule arbeitete sie bis zur Eröffnung des Kindergartens als Lehrerin. Nach dem Verbot der Waldorfeinrichtungen durch den Nationalsozialismus ging sie in die USA, dort eröffnete sie erneut einen Waldorfkindergarten. Nachdem sie Anfang der 1960er Jahre nach Deutschland zurückgekehrt war, galt sie hier als *die* Fachfrau der anthroposophischen Kindergartenpädagogik (vgl. Berger 1995, 60ff.).

Nach den Bestimmungen des RJWG galten die Kinder in Krippen, Kindergärten und Horten als Pflegekinder. Die Pflegekinderaufsicht gehörte nach §3 zu den Pflichtaufgaben des Jugendamts, weshalb die vorschulischen Einrichtungen nun unter der Aufsicht der Jugendbehörden standen und die bis dahin in den einzelnen Ländern unterschiedlichen Aufsichtsregelungen entsprechend geändert werden mussten. Es wurden Richtlinien[270] erlassen, um Mindestanforderungen hinsichtlich der Aufnahmebedingungen, der Gruppengröße, des Personals und der Ausbildung sowie der Ausstattung der Räume zu gewährleisten. Da die Genehmigung und der Betrieb der Einrichtungen von der Einhaltung der Richtlinien abhängig gemacht wurde, gelangten viele Einrichtungsträger an die Grenzen ihrer finanziellen Belastbarkeit (vgl. Reyer 2006a, 135; Reyer 2006b, 274). Oftmals konnten die Richtlinien nicht umgesetzt werden, dennoch mussten die Einrichtungen nur selten schließen. Entweder wurden die bestehenden Einrichtungen übernommen und die Kosten von den Kommunen getragen, oder aber die privaten Träger finanziell unterstützt (vgl. Erning1987d, 89; Reyer 1987b, 54ff.). Beispielsweise erwähnt Heinemann, dass viele evangelische Einrichtungen durch die öffentliche Hand subventioniert wurden und dass selbst noch in Zeiten des Abbaus von Fürsorgeeinrichtungen kein nennenswerter Abbau konfessioneller Vorschuleinrichtungen zu beobachten gewesen ist (vgl. Heinemann 1980, 58). Am Ende der Weimarer Republik hätten vermutlich viele privat getragene Einrichtungen nicht ohne die Hilfe öffentlicher Zuschüsse überleben können, dies bedeutete aber immer auch eine gewisse Abhängigkeit, auch aufgrund des Genehmigungs- und Aufsichtsrechts, die den Kommunen die Durchsetzung ihrer Interessen ermöglichte.

1.4 Personal und Ausbildung

Bezüglich der in den Kindergärten arbeitenden Erzieherinnen bzw. des Kind-Erzieherin-Schlüssels lassen sich nur wenige Zahlen finden. Ermler spricht davon, dass in einem Kindergarten der freien Wohlfahrtspflege auf je 100 Plätze 2,7 Pflegekräfte kamen; innerhalb der öffentlichen Wohlfahrtspflege kamen dagegen auf 100 Plätze 3,3 Pflegepersonen (vgl. Ermler 1933, 194). Hier war der Schlüssel demnach ein wenig besser. Allerdings findet sich nichts über die Ausbildung der Erzieherinnen. Obwohl eigentlich gefordert wurde, dass nur noch ausgebildetes Personal in den Einrichtungen tätig sein sollte, dürften die Träger vermutlich aus Kostengründen auf unausgebildetes Personal zurückgegriffen haben.

Auch weiterhin galt die Reform der Kindergärtnerinnenausbildung vielen als wichtige Voraussetzung, um das Niveau in den Einrichtungen zu heben. Es finden sich zahlreiche Anmerkungen zu diesem Thema.[271] Entsprechend wurden auch bedeutsame Veränderungen umgesetzt, die zuvor entstandene Tendenzen aufgriffen und so die Entwicklung von einem „schlechten Mutterersatz zu einem professionellen Frauenberuf" (Reyer

---

[270] Ein Beispiel für derartige Richtlinien findet sich in Hauptwohlfahrtstelle 1928, 48ff.
[271] Für die evangelische Kinderpflege vgl. Gehring 1929, 259-285. Ausführlich beschäftigte sich beispielsweise auch Schumacher für den Bund entschiedener Schulreformer mit diesem Thema (vgl. 1923a, 58-84) Auch Vertreter der Kleinkinderfürsorge wiesen auf die Bedeutung der Ausbildung hin (vgl. Albers 1927, 54/55; Hoffa/Latrille 1926, 83). Selbst in der Wissenschaft wurde dies zum Thema (vgl. Fischer 1918, 151ff.).

2006a, 136) bewirkt. In Weimar ist es zum endgültigen Durchbruch der Professionalisierung der Sozialarbeit gekommen.
Die bereits zuvor in Preußen begonnene staatliche Regulierung der Lehrpläne und Prüfungsordnungen wurde auch in anderen Ländern fortgesetzt. 1920 gab es reichsweit 51 staatlich anerkannte Schulen und Seminare für Kindergärtnerinnen, hinzu kamen zehn Schulen, deren Abschlussprüfungen nur in einzelnen Ländern anerkannt waren. Aufgrund der gegenseitigen Anerkennung der staatlichen Abschlüsse zwischen den Ländern, wurde die Ausbildung vereinheitlicht. Insgesamt 33 der 61 Ausbildungseinrichtungen gehörten dem Fröbelverband an (vgl. Reyer 2006a, 135/136; Reyer 2006b, 274/275).
Weiterhin existierten zwei Ausbildungsformen. Zum einen gab es die staatlichen Seminare und die an die Lyzeen bzw. Oberlyzeen angegliederten Frauenschulen, für welche die Bestimmungen von 1911 gültig waren. Hinzu kamen zum anderen die meist eigenständigen Seminare, an denen die Schülerinnen ein bis zwei Jahre nach schuleigenen Plänen ausgebildet wurden (vgl. Metzinger 1993, 90). Diese bestanden aus den privaten Fröbelseminaren und den konfessionellen Seminaren, man kann deshalb auch von einer „triadischen Ausbildungsstruktur" (Konrad 1997, 54) sprechen. Für anspruchsvollere Leitungsaufgaben entstand außerdem der Beruf der Jugendleiterin, dessen Studium die Ausbildung zur Kindergärtnerin oder Hortnerin voraussetzte (vgl. Reyer 2006b, 275). Insgesamt erfolgte in Weimar eine gewisse formale Vereinheitlichung der Ausbildung. Die gemeinsame Ausbildungsdauer betrug nun zwei Jahre und der Lehrplan baute auf drei Säulen auf: Den theoretischen Fächern, den technischen Fächern und der praktischen Arbeit, die jeweils etwa ein Drittel der Ausbildungszeit einnahmen. Inhaltlich veränderte sich die Ausbildung dagegen wenig, auch die Montessoripädagogik oder neuere wissenschaftliche Erkenntnisse dürften kaum an Bedeutung gewonnen haben. In den konfessionellen Ausbildungsstätten blieb die religiöse Unterweisung der Schülerinnen wichtig, auch wenn dies nun mit einer theoretisch-pädagogischen und praktischen Ausbildung verbunden wurde. Verstärkt Wert wurde auf die Persönlichkeitsbildung gelegt, weiter gehende Betrachtungen und die Reflexion der gesellschaftlichen Bedingungen der Kindergartenarbeit blieben jedoch entgegen eigentlicher Absichten ausgeklammert (vgl. Metzinger 1993, 101ff. u. 112-114).
Eine Vereinheitlichung fand auch deshalb statt, weil schließlich auch von konfessionellen Ausbildungsstätten die staatlichen Bestimmungen angenommen wurden. Diese waren lange abgelehnt worden, weil die Eingangsvoraussetzungen – obwohl doch „Herzensbildung und praktische Gaben" wichtiger seien – als zu hoch empfunden und zugleich eine Verschulung der Ausbildung und Beschneidung ihrer christlich-religiösen Zielsetzung befürchtet worden war. Ohne staatliche Abschlussprüfung war es für die Absolventen jedoch schwierig, eine Stelle zu bekommen, weshalb man sich zögerlich anschloss (vgl. Derschau 1987, 72; Metzinger 1993, 89). So versuchte beispielsweise der katholische Zentralverband intern zu überzeugen, dass eine gründliche fachliche Ausbildung notwendig sei, nach außen jedoch wurde das staatliche Ansinnen, einen anerkannten Abschluss zur obligatorischen Vorbedingung für die Leitung eines Kindergartens zu machen, abgelehnt (vgl. Schnabel/Rehm 1987, 48). Dies war auch deshalb notwendig, weil viele, höchstens in klostereigenen Ausbildungskursen angelernte Ordensschwestern, bei hohem Engagement und niedrigen Kosten die Basis der Arbeit bildeten.

1.5 Der Alltag in den Einrichtungen

Wiederum soll versucht werden, den Alltag in den vorschulischen Einrichtungen nachzuvollziehen, auch wenn Verallgemeinerungen unverändert schwierig bleiben.
Ein Effekt der zahlreichen vorschulpädagogischen Diskussionen dürfte in der Hebung des durchschnittlichen qualitativen Niveaus gelegen haben. So sprechen Dammann/Prüser von einer Verbesserung der Ausstattung der Einrichtungen, auch aufgrund der Mindestanforderungen (vgl. 1987b, 101/102).
Es wurde jedoch auch darauf hingewiesen, dass die Kindertagesstätten sowohl quantitativ als auch der Ausstattung nach nicht den notwendigen Anforderungen entsprochen haben (vgl. Corte 1930, 3 u. 5; Corte 1932, 8/9; Frankfurter Wohlfahrtsamt 1922, 11). Ein zuverlässiges Bild war aufgrund fehlender Statistiken zwar schon für die Zeitgenossen nur schwer zu gewinnen, weder wurde jedoch das Platzangebot als dem Bedürfnis entsprechend, noch die pädagogischen und hygienischen Zustände in den meisten Einrichtungen als ausreichend eingeschätzt. Wie beengt die Räumlichkeiten gewesen sein dürften, zeigen die Richtlinien für die Einrichtung und Ausgestaltung von Kindergärten (MErl. des MsV. vom 9. Dezember 1930 – III 2201/13.5.). Demnach mussten für 30 Kinder 50 m½ zur Verfügung zu stehen, bei einer darüber hinausgehenden Kinderanzahl mussten zwei Räume oder mehr zur Verfügung gestellt werden. Jedes Kind sollte über 1½ m½ Bodenfläche verfügen (vgl. Ermler 1933, 27ff.). Auch fehlten der freien Wohlfahrtspflege die nötigen finanziellen Mittel, um die Um- und Ausbauten vorzunehmen (vgl. Corte 1930, 3 u. 5; Corte 1932, 8/9). Insgesamt wurde gefordert, dass sich die öffentliche Kleinkinderziehung nicht nur quantitativ erweitern, sondern die Einrichtungen auch zu „hygienisch und pädagogisch vorzüglich arbeitenden Kindergärten" (Frankfurter Wohlfahrtsamt 1922, 11) werden müssten.

Der Alltag dürfte, trotz aller rhetorischen Beteuerungen und aller praktischen Bemühungen, auch weiterhin eher dürftig gewesen sein. Die Einrichtungen sind in ihrer Praxis, ungeachtet vereinzelter Reformpraxis, zumeist wohl doch „eher Bewahranstalten im strengen Geist autoritärer Erziehung geblieben als Angebote einer befreienden, pädagogisch gut begründbaren Welt der Kinder geworden" (Tenorth 2000, 202).
In den meisten Einrichtungen dürfte an der Fröbel'schen Spielpädagogik, wie sie mit der Zeit in abgewandelter Form in den vorschulischen Einrichtungen Eingang gefunden hatte, in leicht modifizierter Form festgehalten worden sein. Zwar wurde im Zuge der Auseinandersetzung mit Montessori wohl Tradiertes abgelegt, aber ist es dennoch fraglich, inwieweit Neuansätze oder die wenigen Reformversuche[272] tatsächlich in die Praxis hineingewirkt haben. In einem gewissen Maße können die nur wenigen Montessori-Einrichtungen als Reformversuche gelten, hinzu kamen einzelne Bestrebungen wie z.B. der von Rosa Katz gegründete „wandernde Kindergarten", der ebenfalls an Montessori orientiert war (vgl. Berger 2009b).

---

[272] Ein Reformversuch, der auch das Gebiet der öffentlichen Kleinkinderziehung zum Teil berührte, war Siegfried Bernfels Kinderheim Baumgarten. Dieses Kinderheim war der Versuch, Kindergarten, Schule und Heimleben zu verbinden. Bernfeld begann im August 1919 ein Kinderheim für 300 jüdische Waisenkinder zwischen 3 und 16 Jahren in der Nähe Wiens aufzubauen, dazu verfasste er einen Erfahrungsbericht..

Oftmals wurde nun auf die Volkskindergarten-Konzeption des PFH zurückgegriffen, es kam zu einer kindgemäßeren Ausstattung und Nutzung der Räumlichkeiten. Die Räume wurden in Funktionsecken unterteilt, der Fußboden als Spielfläche benutzt und das Spielzeug oftmals so angeordnet, dass es den Kindern frei zugänglich war (vgl. Reyer 1987a, 68f). Wie auf der Reichschulkonferenz gefordert, haben viele Einrichtungen auf eine familienmäßige Gestaltung geachtet, es gab Blumenvasen und Bilder, farbenfrohe Räume, nach Möglichkeit eine Küche und Material für häusliche Beschäftigungen (vgl. Dammann/Prüser 1987b, 102).

Für den Tagesablauf in den Einrichtungen der evangelischen Kinderpflege lassen sich Rückschlüsse aus der Jubiläumsschrift aus dem Jahr 1929 ziehen. Der Alltag war durch einen klaren, gleich bleibenden Tagesplan geregelt, es gab einen wechselnden Wochenplan, indem Spiel und Beschäftigungen, die sich an den Erlebnissen und Wünschen der Kinder orientierten, Berücksichtigung fanden. Neben der Körperpflege wurde auf Disziplin und Ordnung Wert gelegt. Ansonsten fanden die üblichen Beschäftigungen statt, neben Fröbel wurde nun auch zum Teil auf Montessori zurückgegriffen.[273] Sinnesübungen, Ansätze von Sprachförderung, „Plauderstündchen" und Bilderbuchbetrachtungen, kirchliche Feste, Musik, häusliche Beschäftigungen und Gartenarbeit prägten den Alltag (vgl. Gehring 1929, 224ff.).

Blickt man auf einen exemplarischen Wochenplan (vgl. Borchers 1933, S. 73), wird zwar deutlich, dass an der recht starren Tageseinteilung festgehalten wurde, aber verglichen mit den Epochen zuvor lassen sich doch Unterschiede erkennen. Weniger stand nun das religiöse Element im Vordergrund, die Annäherung an die Kindergärten ist deutlich zu erkennen, z.B. finden sich Elemente des Monatsgegenstands. Auch wurde den Kindern mehr freie Zeit zum eigenen Beschäftigen zugesprochen, ein Zeichen dafür, dass die Vorgaben nicht mehr ganz so strikt gewesen sein dürften.

Insgesamt nahmen die konfessionellen Einrichtungen eine stärkere pädagogische Ausrichtung an. Schnabel/Rehm folgend wurde bezogen auf den katholischen Kindergarten „aus der Sozialmaßnahme für verwahrloste Kinder ein religiös und human wirkendes Bildungsinstitut, das die Defizite ausgleichen wollte, die durch die zunehmend als säkular erfahrene Welt entstanden waren" (1987, 53); eine Einschätzung, die vermutlich eher verschönernd die damalige Realität umschreibt. Deutlich wird an dieser Einschätzung jedoch, dass auch weiterhin die religiöse Erziehung eine wichtige Stellung einnahm.

Unterschiedlich war dagegen vermutlich der Tagesablauf in den Montessori-Kinderhäusern. Montessori selbst hat die Gestaltung des Tagesablaufs und der Stundepläne detailliert geschildert (vgl. Montessori 1922, 8-12) und vermutlich dürfte die Praxis in den Kinderhäusern dem nahe gekommen sein (vgl. Konrad 1997, 104). Da diese jedoch quantitativ kaum von Bedeutung waren, kann hier auf eine genauere Darstellung verzichtet werden.

---

[273] Montessori als Ganzes wurde jedoch eher abgelehnt (vgl. Gehring 1929, 230).

2. Die Vorstellungen über Betreuung, Erziehung und Bildung in der öffentlichen Kleinkinderziehung in Weimar (1918-1933)

Mit dem Beginn der Weimarer Republik gewann die frühkindpädagogische Diskussion an Breite und Intensität. Zum einen musste über die zukünftige Funktion und den Stellenwert der vorschulischen Einrichtungen innerhalb des Bildungswesens entschieden werden, was Auswirkungen auf den politischen Diskurs hatte. Mit der Montessoripädagogik entstand zum anderen eine konzeptionelle Alternative, von der sich vor allem die Fröbelpädagogik herausgefordert fühlte. Eine entscheidende Änderung stellten des Weiteren die am Kind interessierten Wissenschaften dar, die nun Beiträge zu den Diskussionen zu liefern begannen. Allerdings ist es fraglich, inwieweit gerade diese Neuansätze in der Praxis angekommen sind.

Fragt man nach den zeitgenössischen pädagogischen Strömungen, fällt wiederum auf, dass es auf dem Gebiet der öffentlichen Kleinkinderziehung kaum zu reformpädagogischen Ideen gekommen ist, es sei denn man zählt Montessori zu diesen. Ebenso hat die führende zeitgenössische Pädagogik, die Geisteswissenschaft kaum bereichernd auf die öffentliche Kleinkinderziehung gewirkt. Eine gewisse Ausnahme stellte der Artikel Blochmanns dar, auf den im Zusammenhang mit dem theoretischen Diskurs einzugehen sein wird. Auch für Weimar gilt, dass die Frühkindpädagogik seltsam unberührt von den die Pädagogik bestimmenden Ideen geblieben ist.

2.1 Der politische Diskurs

Mit den sich auf politischer Ebene vollziehenden Umstrukturierungen bot sich auch für das Gebiet der öffentlichen Kleinkinderziehung die Möglichkeit zu einem partiellen oder vollständigen Wechsel des Systems. Für diese (verpasste) Möglichkeit stehen insbesondere die Reichsschulkonferenz und das RJWG.

Allerdings muss man sich bewusst machen, dass auch auf politischer Ebene umfassende Umstrukturierungen ausblieben, auch wenn die erste deutsche Republik und mit ihr eine parlamentarische Demokratie entstand. Deutschland war zu diesem Zeitpunkt ein hoch industrialisiertes Land mit einem „Bedarf an der Kontinuität öffentlicher Dienstleistungen" (Winkler 1993, 601), teilweise auch schon demokratisch und ohne die Zusammenarbeit mit den bisherigen Herrschaftsträgern, dem Militär und der Beamtenschaft, wären die anstehenden Aufgaben nicht zu bewältigen gewesen. Die Stützen des alten Regimes konnten nicht einfach durch republikanische oder gar sozialistische Kräfte ersetzt werden, denen es an Qualifikation und Erfahrung mangelte. Ohne sie wäre Deutschland im Chaos versunken. Aus Sorge, dass die industrielle und landwirtschaftliche Produktion zum Stillstand kommen könnte und dies zu einer noch schlechteren Versorgung der Bevölkerung führen würde, unterblieben weitreichende Veränderungen. Nur durch einen radikalen Bruch mit der Vergangenheit hätte sich jedoch die Erblast des kaiserlichen Obrigkeitsstaates beseitigen lassen können. So aber behielten die stärksten Gegner der Republik ihre ökonomische Machtbasis, eine tiefgreifende Veränderung der Struktur der sozialen und wirtschaftlichen Verhältnisse blieb aus. Die Reformen, wenn sie überhaupt gelangen, bewegten sich in traditionellen Bahnen. Dies gilt auch für das Gebiet der Bildungspolitik. Hatten zunächst reformpädagogische Ideen verwirklicht und durch Erziehung die Nation zum republikanischen Staat gebildet werden sollen, fanden diese Vorhaben keine Umsetzung. Die Bildungspolitik wurde nicht zum Motor gesellschaftlicher Veränderungen. Den großen Erwartungen standen Enttäuschungen, zumindest aber Kompromisse gegenüber, zumeist politisch bedingt. Auch hier wurde ein radikaler Bruch mit der Vergangenheit nicht vollzogen, das einzige handfeste Ergebnis der ersten eineinhalb Jahre republikanischer Schulreform war die Einführung der vierjährigen allgemeinen Grundschule und die Abschaffung der Vorschulen (vgl. Becker/Kluchert 1993, 147ff. u. 195ff.; Tenorth 2000, 206 u. 254/255).

Die Reichsschulkonferenz: Im Juni 1920 trat in Berlin die lang geplante und mit Spannung erwartete Reichsschulkonferenz zusammen. Neun Tage lang berieten Vertreter des Reichs, der Länder und der Gemeinden mit Interessenten und Experten aus dem Bereich des Bildungswesens über Fragen der Bildungs- und Schulreform, eine „Tagung der Superlative" (Becker/Kluchert 1993, 263). Geladen waren 95 Berufs- und Standesvertretungen, hinzu kamen 84 Vereinigungen anderer Art und Vertreter der Spitzenverbände aus dem Wirtschaftsbereich, insgesamt 722 Teilnehmer. 32 Referenten arbeiteten Leitsätze und Vorberichte aus und 17 Ausschüsse bearbeiteten verschiedene Problemfelder. Der Protokollband, der nach einem Jahr erschien, umfasst 1095 Seiten (vgl. Reichsschulkonferenz 1921).

Die Idee einer derartigen Konferenz selbst war keineswegs neu, Schulkonferenzen hatte es schon im Kaiserreich gegeben. Auf der Konferenz stand nun das gesamte Schulsystem zur Debatte (vgl. Becker/Kluchert 1993, 264ff.). Auch die vorschulischen Einrichtungen waren Gegenstand der Schulkonferenz, weshalb Vertreter für den Kindergarten und die Jugendfürsorge an der Konferenz teilnahmen.[274] Diese sollten der Bandbreite pädagogischen Denkens und Handelns gerecht werden (vgl. ebd., 277). Entsprechend wurden die auf entschiedene Reformen drängenden Verbände nicht bevorzugt, das Gegenteil war sogar der Fall und so nahm auch keiner der bildungspolitischen Wortführer der Unabhängigen Sozialisten teil, selbst der frühere preußische Kultusminister Adolph Hoffmann nicht. Auch kommunistische Bildungsexperten waren zunächst nicht eingeladen, allerdings lehnten diese auch jede Form der Zusammenarbeit mit der Weimarer Republik ab.[275] Somit war die politische Linke unterrepräsentiert (vgl. ebd., 269ff.). Andererseits war die pädagogische Reformbewegung in ihren verschiedenen Richtungen breit vertreten, aber auch dies änderte nichts am Übergewicht der pädagogischen Rechten (vgl. ebd., 272ff. u. 291).

Von vornherein stand fest, dass die Konferenz nur eine beratende Funktion besitzen würde. Zu den stichartig formulierten Fragen sollten sich Experten und Vertreter bestimmter Interessenrichtungen in Form knapp gehaltener Leitsätze und ausführlicherer

---

[274] Für den DFV nahmen die Schulvorsteherin Schwarz sowie die Lyzealdirektorin Klostermann teil, als Vertreterin der Berufsorganisation der Kindergärtnerinnen und Hortnerinnen Anna Wiener-Pappenheim, für die Deutsche Zentrale für Jugendfürsorge Lina Koepp, Pfarrer Dr. Lenné und Dr. Käthe Mende, vom Deutschen Ausschuß für Kleinkinderfürsorge Lizentiat Dr. Gehring, von der Konferenz für christliche Kinderpflege Superintendant Alberts, vom Verband Deutscher Kinderhorte Anna von Gierke und von der Deutschen Vereinigung für Krüppelfürsorge Erziehungsdirektor Würß (vgl. Die Reichsschulkonferenz 1921, 26).

[275] Kurz vor Beginn der Konferenz hatte man zumindest noch Clara Zetkin eingeladen, die jedoch absagte.

Vorberichte äußern. (vgl. Becker/Kluchert 1993, 274/275). Für die öffentliche Kleinkinderziehung war die Reichsschulkonferenz von Bedeutung, weil die Reichsverfassung die Frage, ob die vorschulischen Einrichtungen ein freiwilliges Angebot der Kinder- und Jugendhilfe mit eindeutig sozialfürsorgerischem Akzent und weiterhin privater (bzw. konfessioneller) Trägerschaft bleiben, oder der Pflichtbesuch für alle drei- bis sechsjährigen Kinder eingeführt werden und der Kindergarten somit als Grundstufe dem allgemeinen Bildungswesen in kommunaler bzw. staatlicher Trägerschaft zugeordnet werden sollte, nicht beantwortet hatte. Im Ausschuß „Kindergarten" trafen diese beiden Positionen aufeinander und auch wenn die Konferenz über keine politischen Entscheidungsmöglichkeiten verfügte, waren die hier verabschiedeten Leitsätze doch richtungweisend (vgl. Hoffmann 1994, 60ff. vgl. Reyer 1987a, 70/71).
Schon die Zusammensetzung des Ausschusses machte deutlich, welcher Weg eingeschlagen werden würde. Der Ausschuss „Kindergarten"[276] war von Anfang an in eine konservativ-liberale Mehrheit und eine eher sozialistisch orientierte Minderheit gespalten, was zwar die historisch gewachsenen und bestehenden Verhältnisse im Kindergartenbereich widerspiegelte, aber nur bedingt der Meinung der Gesamtbevölkerung zu vorschulischen Fragen entsprach (vgl. Hermanutz 1977, 176).

Interessant sind jedoch nicht allein die Stellungnahmen des Ausschusses „Kindergarten", sondern auch die vorangehenden Leitsätze und Vorberichte, da sich hier die Hoffnungen für die Konferenz erkennen lassen. Immer wieder finden sich Stellungnahmen zum Kindergarten im Zusammenhang mit dem Thema „Einheitsschule". Die Einheitsschule war das „große bildungspolitische Modewort der Zeit" (Becker/Kluchert 1993, 183). Bildung und Schule sollten einen wichtigen Beitrag zu Einheit des deutschen Volkes und zur Bewältigung gesellschaftlicher Probleme durch die entsprechende Gestaltung des Bildungswesens leisten, so die Hoffnung vieler. Die Schulhoheit der Länder sollte eingeschränkt und das Schulwesen für das gesamte Reich einheitlich geregelt werden (vgl. Becker/Kluchert 1993, 340/341). Darin beinhaltet waren auch Forderungen nach besseren Bildungsmöglichkeiten und größerer Chancengleichheit (vgl. ebd., 183 u. 340ff.).
In diesen Zusammenhang wurde auch die öffentliche Kleinkinderziehung gestellt. So heißt es bei Binder: „Als Überleitung zur Schule sind für Kinder vom vollendeten 3.Lebensjahr an öffentliche Kindergärten einzurichten; der Besuch darf nur für solche Kinder verbindlich sein, bei denen eine geordnete häusliche Erziehung nicht vorhanden ist" (Die Reichsschulkonferenz 1921, 81). Als zweiter Berichterstatter sprach Oberlehrer Dr. Karsen vom Bund entschiedener Schulreformer vom einheitlichen „Zusammenhang des gesamten Bildungswesens vom Kindergarten bis zur Hochschule, also auch einheitliche Verwaltung, einheitlicher Schulenplan" (ebd., 99). Er forderte deshalb den „fakultativen Kindergarten bis zum vollendeten siebenten Jahre" (ebd., 99), also den wahlfreien, nicht obligatorischen Kindergarten, der jedoch so bald wie möglich allgemein werden sollte (vgl. ebd., 110). Da die Kinder aus den unterschiedlichen Gesellschaftskreisen

---

[276] Neben sieben kirchlichen Vertretern waren vier Vertreter der Länder und Kommunen, drei Vertreter des Fröbelverbandes und eine Leiterin eines Montessori-Kinderhauses im Ausschuß vertreten. Vorsitzender und Stellvertreter kamen von kommunaler Seite. Für Konrad waren deshalb die Hauptrichtungen (Fröbelianer und konfessionelle Vertreter) im Ausschuss so vertreten, wie es den tatsächlichen quantitativen Kräfteverhältnissen entsprach (vgl. Konrad 1997, 44).

über eine „Verschiedenheit des Anschauungskreises und der Redegewandtheit" verfügen würden, brauche jedes Kind einen „Anschauungs- und Betätigungskreis" (ebd., 110), der seiner Aufnahmefähigkeit entspreche. Deshalb sollten nach Möglichkeit alle Kinder in den Kindergarten gehen, auch da die Mütter teilweise nicht fähig seien, das Kind „in alle Anschauungsgebiete, nach denen es verlangt, einzuführen und es zu spielender Arbeit anzuhalten" (ebd., 110) und so die Anlagen der Kinder verkümmern würden. Der Kindergarten habe ganzheitlich anzuregen, aber auch „bewußte Schule" zu sein, welche „die Kinder durch systematisch an bestimmte Zentralisationspunkte angeschlossene Beobachtung und durch kindliches Spiel nach und nach zur bewußten Gemeinschaftsarbeit heranbildet" (vgl. ebd., 110). Außerdem sollte der Kindergarten nicht nur Anregung für die Anschauung, sondern auch für das Herz, die Phantasie und den Intellekt geben und „außer der manuellen Betätigung auch die durch das Wort" (ebd., 110) üben.

Durchaus wurde dem Kindergarten im Vorfeld also eine gestiegene Bedeutung zugesprochen. Gerade der Bund entschiedener Schulreformer (Karsen und Oestreich) trat für die Einordnung in das Bildungswesen, wie den weltlichen, unentgeltlichen und später dann auch obligatorischen Kindergarten ein. Durch die Verbindung mit der Schule sollte der Kindergarten zur ersten Stufe eines neuen Bildungswesens werden, wenn auch nicht sofort zu einer Pflichteinrichtung. Inhaltlich vertrat Oestreich dabei, ohne dies näher zu erläutern, eine Mischung aus Fröbel und Montessori (vgl. Becker/Kluchert 1993, 313; Hoffmann 1994, 63/64). Dass jedoch im Rahmen der Konferenz auch der sozialfürsorgerische Charakter geltend gemacht wurde, zeigen die Ausführungen bei Binder, wie auch den weiteren Berichterstattern Kerschensteiner und Dr. Voß.[277] Insgesamt lässt sich ein durchaus vielfältiges Bild unterschiedlicher Meinungen erkennen.

Noch stärker wurde der Einbezug in das Bildungswesen von Generalsekretär Johannes Tews, einem Repräsentanten des linken Deutschen Lehrervereins (DLV), hervorgehoben. Sein Einheitsschulmodel war zwar nicht Teil des offiziellen DLV-Programms, entsprach in seinen Grundzügen aber wohl den Vorstellungen der Mehrheit (vgl. Becker/Kluchert 1993, 317): „Das deutsche Volk hat darum in Zukunft nur eine öffentliche Schule, die vom Kindergarten bis zur Hochschule aufsteigt und sich auf den einzelnen Stufen lediglich nach Erziehungszwecken gliedert" (Die Reichsschulkonferenz 1921, 149). Der Kindergarten müsse die erste Stufe der deutschen Volksschule für Kinder vom vollendeten 3. bis zum vollendeten 6. Lebensjahr werden. Die großen Gemeinden hätten deshalb Kindergärten und Grundschulen zu unterhalten, die kleineren eine gemeinsame Grundschule. Unterricht und Unterrichtsmittel sollten von der untersten bis zur obersten Schulstufe unentgeltlich sein (vgl. ebd., 150). Der Besuch des Kindergartens sollte aber freiwillig sein, wenn auch für die „Kinder, denen eine geordnete häusliche Erziehung nicht zuteil wird, pflichtgemäß" (ebd., 151).

---

[277] Kerschensteiner wies in seinem Bericht darauf hin, dass der Kindergarten zwar eine sinnvolle Einrichtung sei, aber niemals Pflichteinrichtungen werden dürfte und Besuch freiwillig und nur für erziehungsbedürftige Eltern sein sollte. Ebenfalls lehnte er den schulmäßigen Betrieb ab, die Einrichtungen sollten dem Spielalter der Kinder entsprechen (vgl. Die Reichsschulkonferenz 1921, 122). Dr. Voß bescheinigte dem Kindergarten, dass er die Schulfähigkeit fördere, weshalb er zum Allgemeingut der Gesamtbevölkerung werden sollte, ohne dass er in die Schulpflicht einbezogen würde (vgl. ebd., 129).

Unter dem Gesichtspunkt der Arbeitsschule kam auch Natorp in seinem Bericht auf den Kindergarten zu sprechen. Er bezog den Kindergarten in den inneren Ausbau der Einheitsschule mit ein. Der Kindergarten sollte die Familie nicht ersetzen, sondern die Familie, „die durch Zerrüttung des ganzen sozialen Aufbaus so gut wie zerstört ist, allmählich wieder zu begründen" helfen. Es finden sich auch noch zwei interessante Zitate. „Die Bildung der frühen Kindheit muß vor allem darauf abzielen, der Kindheit endlich ihr volles Recht zuteil werden zu lassen, was ein sehr ernstes Studium in strenger, selbstverleugnender Übung im unmittelbaren Zusammenleben mit dem Kinde erfordert." Und: „Über der auf dem Grunde der unmittelbaren Zusammenarbeit im kindlichen Geiste errichteten Sachwelt baut sich, als deren Widerspiegelung, eine zweite, die Sprachwelt auf, welche beiden stets in inniger Einheit erhalten bleiben müssen. Dazu gehört auch, als ursprünglichste, unmittelbarste Weise des Ausdrucks und der Mitteilung, das plastische und zeichnerische Bilden." Bildung als Begriff und Aufgabe sind in diesen – wenn auch nur sehr kurzen Überlegungen – zu finden, wie auch ein Fragen nach dem kindlichen Denken und seiner Art des Weltverständnisses.

In den Vorberichten und vorangehenden Leitsätzen lässt sich demnach die Hoffnung nach einer Zuordnung des Kindergartens zum Bildungswesen erkennen, ohne dass dieser zu einer Pflichteinrichtung oder Schule hätte werden sollen. Vielmehr hätte eine derartige Zuordnung die Betonung eines eigenständigen Bildungsauftrags zur Folge gehabt, auch wenn dieser hier inhaltlich nicht konkretisiert wurde.
Inwieweit aber haben solche Hoffnungen in den Beratungen Berücksichtigung und Umsetzung gefunden? Bevor die eigentlichen Beratungen beginnen konnten, tagte der Ausschuss „Kindergarten"[278] zunächst mit dem siebzehnten Ausschuss (Jugendwohlfahrt und Schule). Hier gelangte man gemeinsam zur Auffassung, dass der Kindergarten „grundsätzlich eine Einrichtung der Jugendwohlfahrt" (Die Reichsschulkonferenz 1921, 691) sei, woraufhin die Beratungen getrennt weiter geführt wurden. Im Grunde war schon vor Beginn der eigentlichen Beratungen darüber entschieden worden, dass der Kindergarten auch weiterhin nicht Teil des Schulsystems sein würde.
Dementsprechend ist auch der Inhalt der Leitsätze zu verstehen, die anschließend besprochen wurden. Darin hieß es:

„1. Der Kindergarten ist seinem Wesen und seiner Aufgabe nach eine vorzügliche Ergänzung der Familien, die ihre natürliche Erziehungspflicht aus wirtschaftlichen Gründen oder infolge von Unverständnis der Mütter nicht erfüllen können.
2. Der Kindergarten darf nicht als eine ‚Überleitung zur Schule', als eine Stätte zur Vorbereitung für ihre Bildungsarbeit, betrachtet und gewertet werden, obwohl er durch seine Erziehungs- und Beschäftigungsweise die Bedingungen zur Förderung der kindlichen Entwicklung

---

[278] Für den Ausschuß Kindergarten nahmen in den Beratungen als Vorsitzender Staatsrat Polz und als Stellvertretender Vorsitzender Oberbürgermeister Dr. Sporleber teil, Schriftführer Dr. Weiß und die Berichterstatterin Lili Droescher. Darüber hinaus nahmen noch Superintendant Alberts, der Mittelschullehrer Bethge, der Stabsarzt a.D. Dr. Christian., Lizentiat Dr. Gehring, die Abgeordnete Else Jaquet-Heiser, Pfarrer Dr. Lenné, die Mittelschullehrerin Albertine Ruhbaum, die Volksschullehrerin Elsa Schultes, Elisabeth Schwarz, , die Schwestern Maria Sommer und Thoma Angelica (Helene Walter), der Lehrer Urban und Anna Wiener-Pappenheim teil (vgl. Die Reichsschulkonferenz 1921, 691).

gewährt und dazu beiträgt, die Kinder schulfähig zu machen. Er muß ein Erziehungsheim sein. Die Ausdehnung des Schulzwangs auf das Kleinkindesalter ist abzulehnen, um der Kindern und des Familienlebens willen" (Die Reichsschulkonferenz 1921, 691).

Indem betont wurde, dass der Kindergarten nur eine Ergänzung zur Familienerziehung darstelle, wurde zugleich auch der Bildungsauftrag der Einrichtungen abgewertet. Zwar sei der Kindergarten ein „Erziehungsheim", aber auch wenn er schulfähig machen solle, dürfe er doch keine „Überleitung zur Schule" sein und auch nicht als „Stätte zur Vorbereitung für ihre Bildungsarbeit" angesehen werden.
Auch wenn diese Leitlinien nicht sofort angenommen und zunächst besprochen wurden, wobei sich unterschiedliche Meinungen und Richtungen, insbesondere bezüglich der Träger der Einrichtungen, abzeichneten,[279] waren die Leitlinien doch richtungweisend. Inhaltlich finden sich keine weiter gehenden Ausführungen. Zwar sollten die privaten Einrichtungen in den hygienischen Ansprüchen den öffentlichen entsprechen und auch über Montessori wurde diskutiert, aber der Ausschuss glaubte sich nicht berufen, „über die Frage der Methodik des Kindergartens zu entscheiden" (Die Reichsschulkonferenz 1921, 694). Vielmehr erkannte er den Pluralismus an (vgl. ebd., 692ff.).

Auch die letztendlich verabschiedeten Leitsätze zum Kindergarten entsprechen in ihrer Tendenz dem bisher Gesagten. Die für diese Arbeit bedeutsamen Leitsätze lauten:

„1. Recht und Pflicht der Erziehung der Kinder im vorschulpflichtigen Alter liegt grundsätzlich bei der Familie.
2. Der Kindergarten ist seinem Wesen und seiner Bestimmung nach eine wertvolle Ergänzung der Familienerziehung.
3. Für Eltern, die ihre Kinder in den Kindergarten schicken wollen, muß die Möglichkeit dazu geboten werden. Eine Verpflichtung zum Besuch des Kindergartens ist abzulehnen.
4. Soweit die freie Wohlfahrtspflege dem Bedürfnis nach Kindergärten nicht ausreichend zu entsprechen vermag, haben Staat und Gemeinde Kindergärten einzurichten.
Minderheitenantrag: Staat und Gemeinde sind grundsätzlich zur Errichtung eines Kindergartens verpflichtet, wenn ein Bedürfnis vorhanden ist. Von der Errichtung eines öffentlichen Kindergartens kann abgesehen werden, wenn Kindergärten der freien Wohlfahrtspflege in ausreichendem Maße vorhanden sind" (Die Reichsschulkonferenz 1921, 694).[280]

Noch einmal wurde betont, dass das Recht und die Pflicht der Erziehung bei den Eltern lägen und der Kindergarten immer nur Ergänzung sei. Verbindlich sollte der Besuch dann gemacht werden, wenn „die Erziehungsberechtigten aus wirtschaftlichen und geis-

---

[279] Drei unterschiedliche Richtungen traten auf: a) Aufgabe des Staates könne es nur sein, Einrichtungen anzuregen, zu fördern und notfalls zu schaffen. Der Schwerpunkt müsse jedoch auf die freiwillige Liebestätigkeit gelegt werden. b) Der Staat habe in bestimmten Fällen die Pflicht, im Bedürfnisfall Kindergärten einzurichten, aber die Priorität liege bei der freien Liebestätigkeit. c) Der Kindergarten dürfe keine Wohltätigkeit sein, die Errichtung sei ausschließlich Sache der Gemeinden und des Staates. Die bestehenden privaten Einrichtungen müssten in öffentliche umgewandelt werden. In der Abstimmung erhielt c) 2, b) 5 und a) 9 Stimmen, die Auffassung b wurde als Minderheitsantrag mit in die Leitsätze aufgenommen (vgl. Die Reichsschulkonferenz 1921, 693).
[280] Bei der Abstimmung über den vierten Leitsatz bestand keine wirkliche Einheit. Zehn stimmten dafür und vier dagegen, beim Minderheitsantrag war es dann genau umgekehrt.

tig-sittlichen Gründen in der Ausbildung ihrer Erziehungspflicht dauernd behindert sind, so daß dadurch die sittliche, geistige und körperliche Entwicklung des Kindes gefährdet ist" (Die Reichsschulkonferenz 1921, 695). So sei „der Kindergarten grundsätzlich eine Einrichtung der Jugendwohlfahrt" (ebd., 695). Es wurde also nicht der Bildungsauftrag der vorschulischen Einrichtungen betont, sondern vielmehr durch den Hinweis der Gefährdung der Kinder der Nothilfecharakter hervorgehoben. Selbst die davon abweichenden Forderungen der Minderheit gingen nicht viel weiter. Aufgabe des Kindergartens sei es demnach, „die geistige und körperliche Entwicklung des Kindes im Alter von drei bis sechs Jahren durch zielbewußte Pädagogik zu fördern, um a) die Familienerziehung zu ergänzen, b) eine Vorarbeit für die Schule zu leisten" (ebd., 695).

Im Bericht des Ausschusses an die Vollversammlung (vgl. Die Reichsschulkonferenz 1921, 638ff.) erläuterte Dr. Weiß noch einmal die Leitsätze. Dabei wies er darauf hin, dass der Ausschuss sich einig sei, dass der Kindergarten keine Bewahranstalt sei und auch „keine Einrichtung, in die die Kinder zur Beaufsichtigung geschickt werden, und in der darauf gesehen wird, daß sie keinen Unfug anstellen, oder in der darauf geachtet wird, daß sie nicht irgendeinen Schaden erleiden, sondern seinem Wesen nach ist der Kindergarten eine erweiterte Kinderstube, allerdings eine richtige Kinderstube" (ebd., 939). Hier findet sich eine Abgrenzung zu der Pädagogik der Bewahranstalten. Weiterhin führte er aus, dass man das Kind gewähren lassen und eine Atmosphäre schaffen müsse, „in der es ganz nach seinen eigenen Gesetzen leben und sich auswirken kann" (ebd., 939). Aufgabe des Kindergartens sei es, „eine Förderung der kindlichen Entwicklung zu ermöglichen" (ebd., 939), die sich nach der natürlichen Entwicklung des Kindes richte und zur Selbsttätigkeit anrege. Derart verstanden sei der Kindergarten „eine Erziehungseinrichtung schlechthin, und zwar eine Einrichtung, in der es sich um die Erziehung des ganzen Menschen handelt. Der jugendliche Mensch in seiner Totalität soll erfasst, in seiner Totalität gefördert werden" (ebd., 939). Erziehung müsse ganzheitlich sein und das Kind mit Aufgaben beschäftigt werden, die sich aus seiner Natur ergeben, vor allem der Pflege des Spieltriebes. Außerdem sollte der Kindergarten den Kindern dabei helfen, sich in die soziale Gesellschaft ein- und unterzuordnen (vgl. ebd., 940). Der Kindergarten sei Ergänzung zur Familie, Bereicherung. „Der Zweck ist es, daß Kind vom dritten bis zum schulpflichtigen Lebensjahr Bildung gewinnen zu lassen, soweit es Kind ist, und soweit es später ins Leben hinaustreten soll -, sonst nichts!" (ebd., 940). Daraus ergebe sich als Nebenzweck auch die Vorbereitung auf die Schule. Erneut wurde betont, dass der Kindergarten nicht obligatorisch sein sollte, ehe ausführlicher auf die unterschiedlichen Vorstellungen bezüglich der Trägerschaft eingegangen und das Entstehen der Minderheitenmeinung erläutert wurde (vgl. ebd., 943).

Für die Minderheit kam dann auch noch u.a. Heiser-Jaquet zu Wort. Hauptziel des Kindergartens sei es, „die gesamten Kräfte des drei- bis sechsjährigen Kindes durch zielbewusste wissenschaftliche Pädagogik zu wecken und heranzubilden" (Die Reichsschulkonferenz 1921946). Hier wurde der Kindergarten als eine Erziehungsanstalt bezeichnet,

die sich in den Gedanken der Einheitsschule einreiht, auch wenn der obligatorische Besuch abgelehnt wurde (vgl. ebd., 946).[281]
Zusammenfassend für die Reichsschulkonferenz ist festzuhalten, dass es Forderungen nach einem Einbezug der öffentlichen Kleinkinderziehung in das Bildungswesen gegeben hat, zum Teil wurden diese sogar recht deutlich formuliert. Auch wenn dies auf der Konferenz nicht inhaltlich diskutiert wurde, hätte die Zuordnung zumindest doch den Bildungsaspekt der vorschulischen Einrichtungen betont. Dazu ist es jedoch nicht gekommen. Stattdessen haben bei der Verabschiedung der Leitsätze die traditionellen Positionen dominiert und die vorschulischen Einrichtungen wurden als Einrichtungen der Jugendwohlfahrt bestätigt. Die öffentliche Kleinkinderziehung wurde somit nicht als unterste Stufe dem Schulwesen zugeordnet, vielmehr die Trennung zur Schule sogar noch einmal betont. Der Kindergarten stellte auch weiterhin nur eine Ergänzung zur Familienerziehung dar, der Nothilfecharakter wurde hervorgehoben und somit zugleich auch der Bildungsauftrag der Einrichtungen abgewertet. Auch wenn in den abschließenden Erläuterungen Aspekte einer ganzheitlichen, angemessen Förderung der kindlichen Entwicklung betont wurden, die Kindergärten sollten Nothilfeeinrichtungen sein und bleiben; Einrichtungen, die eine Erziehung vor allem im Sinne der konfessionellen Vertreter umsetzen sollten.

Das Reichjugendwohlfahrtsgesetz: Die auf der Reichsschulkonferenz erarbeiteten Leitsätze waren zwar nicht bindend, aber sie fanden sich in dem am 9. Juli 1922 verabschiedeten RJWG, dem zweiten bedeutsamen Markstein bei der rechtlichen Ausgestaltung des Systems öffentlicher Kleinkinderziehung, wieder. Insgesamt blieb das RJWG in seinen Bestimmungen sogar hinter den auf der Konferenz mehrheitlich vertretenen Forderungen zurück. Der Bildungsaspekt wurde nicht betont, das Gegenteil war der Fall. Zwar wurde jedem deutschen Kind ein Recht auf Erziehung zugesprochen, für das die öffentliche Jugendhilfe einzutreten hatte, wenn der „Anspruch des Kindes auf Erziehung" durch die Familie nicht gewährleistet werden konnte (§1 RJWG), ohne dass genauer erläutert worden wäre, was unter Erziehung zu verstehen sei. Zugleich wurden jedoch diejenigen Kinder, die den Kindergarten besuchten, als Pflegekinder eingestuft. §19 folgend sind Pflegekinder „Kinder unter 14 Jahren, die sich dauernd oder nur für einen Teil des Tages, jedoch regelmäßig, in fremder Pflege befinden, es sei denn, daß von vornherein feststeht, daß sie unentgeltlich in vorübergehende Bewahrung genommen werden" (zit. n. Ermler 1933, 23). Dazu wurden auch die Kindergartenkinder gezählt. Außerdem bedurfte es zur Aufnahme eines Pflegekindes der Erlaubnis des Jugendamtes, dies galt auch für die Errichtung eines Kindergartens (§20). Mit dieser Zuordnung und der Bezeichnung als „Pflegekinder" verbunden war die Abwertung der Institution Kindergarten und somit auch eines möglichen Bildungsauftrags, da noch einmal betont wurde, dass der Besuch nicht für alle, sondern nur für „Pflegekinder" gedacht sei.

---

[281] Im Anschluss daran kamen dann noch einmal Dr. Lenné für die erste Gruppe, sowie ein Vertreter des Verbandes sozialistischer Lehrer, der sich der Minderheitenmeinung anschloss, zu Wort.

Auch wenn das Recht des Kindes auf Erziehung dem RJWG leitmotivisch vorangestellt wurde, eine Aufwertung der vorschulischen Einrichtungen brachte dies nicht mit sich. Eher schon bedeutete es das Recht des Staates auf die Beaufsichtigung und eventuelle Korrektur des Erziehungsprozesses im Namen des Kindes (vgl. Langewiesche/Tenorth (Hrsg.) 1989, 311). An der alten Kontrollfunktion wurde auch weiterhin festgehalten.

Nothilfeeinrichtung oder obligatorischer Kindergarten? Durch die Reichsschulkonferenz und das RJWG wurde im Grunde der sozialfürsorgerische Charakter der Einrichtungen festgeschrieben. Ungeklärt war jedoch, ob sich die Kindergärten an alle Kinder richten oder weiterhin als Nothilfeeinrichtungen gelten sollten. Auch wenn dem Kindergarten nun zunehmend eine entwicklungsfördernde Wirkung zugesprochen wurde, insbesondere aufgrund der Problematik der Einzelkindsituation,[282] wurden nach wie vor die Erwerbsarbeit der Mütter und die damit verbundenen Aufsichtslosigkeit der Kinder, die unzureichenden Wohnungsverhältnisse, die Gefahren der Straße oder Erziehungsschwierigkeiten als Grund für den Kindergartenbesuch hervorgehoben, da dies angeblich zur Verwahrlosung bis hin zur Kriminalität und Frühprostitution führen würde (vgl. Corte 1930, 6ff. u. 23). Weiterhin galt das Aufwachsen der Kinder im familiären Kreis als optimal (vgl. Droescher 1917, 3-5), die Erstzuständigkeit der Familie wurde nicht ernsthaft in Frage gestellt. Aber es setzte sich doch die Einsicht durch, dass es in Zukunft immer Familien geben werde, welche die Erziehung der Kinder nicht angemessen gewährleisten können. Die Auffassung, die Erziehung in den vorschulischen Einrichtungen sei nur ein minderwertiger Erziehungsersatz im Vergleich zur Familienerziehung, wurde vielfach als nicht mehr zeitgemäß eingestuft (vgl. Reyer 2006a, 126/127). Insgesamt kann die Relativierung des Nothilfecharakter der Einrichtungen als ein die Einzelträger übergreifendes Reformmotiv gelten. Es entwickelte sich das Bewusstsein, dass die Einrichtungen mehr als nur ein schlechter Ersatz sind und eine gleichwertige Ergänzung zur familiären Erziehung darstellen können und auch müssen (vgl. Reyer 2006b, 273). Eine derartige Position wurde beispielsweise von Droescher und somit dem DFV vertreten (vgl. Droescher 1917, 5ff.).

Weiter wurde jedoch nicht gegangen, weshalb es auch kaum Bemühungen gab, den Kindergartenbesuch obligatorisch werden zu lassen. Ausnahmen waren der Bund entschiedener Schulreformer und hier insbesondere Henny Schumacher, eine unabhängige Sozialistin, die den obligatorischen Besuch forderten.[283] Zwar wurde am 23.02.1921 ein

---

[282] Schon im Kaiserreich hatten verschiedene Autoren auf die Problematik des Einzelkindes hingewiesen, beispielsweise Johannes Prüfer (vgl. Prüfer 1913, 184ff.). Nun wurde dies jedoch verstärkt als Problem angesehen. Insbesondere Eugen Neter ging mehrfach auf dieses Thema ein (vgl. 1914; 1921), ebenso Hoffa/Latrille 1926.

[283] Schumacher forderte nicht allein den obligatorischen Kindergarten, sondern verneinte sogar den Rechtsanspruch der Familie gegenüber dem Kind, da die Familie keine Erziehungsgemeinschaft mehr sei. An die Stelle der Familie sollten „neue Formen eines erziehenden Gemeinschaftslebens" (Schumacher 1923a, 30) treten und der obligatorische Kindergarten eingeführt werden, im „sozialisierten Staatswesen" sollte Der Besuch verpflichtend sein (vgl. Schumacher 1923b, 34). Für die Kinder derjenigen, die nicht zu einer angemessenen Erziehung in der Lage seien, sollte der Besuch schon jetzt verpflichtend sein, weil man so dem „Ideal der sozialen Gemeinschaftserziehung" (Schumacher 1923a, 32) allmählich näher komme, weil in der Familie „privategoistisch und familienegoistisch erzogen" (ebd., 33) werde.

Antrag der USPD mit der Forderung eingereicht, dass „die allgemeine Schulpflicht durch einen obligatorischen Schulkindergartenbesuch vom vollendeten fünften bis zum vollendeten siebenten Jahr ergänzt wird" (zit. n. Hoffmann 1994, 68), dem auch die SPD zustimmte, allerdings wurde dieser Antrag abgelehnt. Hier wurde neben der Fröbelpädagogik auch die Montessoripädagogik erwähnt. Gerade die Montessoripädagogik erfuhr nun vermehrt Aufmerksamkeit. Nach einem Erlass des preußischen Ministers für Volkswohlfahrt vom 19.8.1920 sollte die Methode Montessoris auch in den Ausbildungsseminaren Berücksichtigung finden, was jedoch so gut wie keine Umsetzung fand (vgl. Konrad 1997, 97/98 u. 145). Ansonsten wurde während der Regierungsverantwortung von der Mehrheitssozialdemokratie nicht versucht, den Kindergarten an die Schule anzubinden oder obligatorisch zu machen (vgl. Hoffmann 1994, 68). Die öffentliche Kleinkinderziehung blieb ein Thema von untergeordneter Bedeutung. Im Görlitzer Programm aus dem Jahr 1921 wurde die Frage nach einem eigenen pädagogischen Konzept wie auch der Einordnung des Kindergarten weiterhin offen gehalten und der führende Schulpolitiker der Sozialdemokratie, Richard Lohmann, erwähnte den Kindergarten in seinen Ausführungen zum schulpolitischen Programm der Partei nicht einmal (vgl. ebd., 56). Hoffmann bezeichnet die vertretene Position eher als ein „Zurück zu Fröbel" (ebd., 80) als ein Festhalten an sozialistischer Pädagogik und spricht deshalb auch von einer „fast an Selbstaufgabe erinnernde[n] Kompromißpolitik der SPD" (ebd., 74), gerade für das Gebiet der öffentlichen Kleinkinderziehung. Die Forderungen von sozialistischer Seite oder der KPD, welche die Vereinheitlichung oder den obligatorischen Kindergarten zum Ziel hatten, dienten wohl eher der Agitation für revolutionäre Ziele innerhalb der Gesamtstrategie, als einer wirklichen Veränderung auf parlamentarischem Weg (vgl. ebd. 104).[284]

Stattdessen wurde der sozialfürsorgerische Charakter der Einrichtungen betont. Insbesondere auf katholischer Seite, der größten Trägerschaft, wurde diese Ansicht deutlich vertreten. Auch von eher fortschrittlich eingestellten Pädagogen wie z.B. Joseph Göttler, einem der führenden katholischen Frühkindpädagogen, wurde die prinzipielle Nützlichkeit des Kindergartens weiterhin nicht anerkannt. In der Enzyklika *Rundschreiben über die christliche Erziehung der Jugend* von Papst Pius IX. vom 31.12.1929 wurde deutlich darauf hingewiesen, dass die öffentliche Kleinkinderziehung immer nur eine Ausnahme sein dürfe. Der Papst wandte sich dagegen, „die Kinder vom zartesten Alter an unter verschiedenen Vorwänden: wirtschaftlichen, gewerblichen, gesellschaftlichen oder politischen, der Familie immer mehr zu entfremden" (zit. n. Schnabel/Rehm 1987, 51/52). Jede Ausweitung der öffentlichen Kleinkinderziehung wurde als Familien zerstörende Maßnahme abgelehnt. Diese Haltung stellte jedoch eine Gefahr für den Ausbau der eigenen Organisation dar, weil die Einrichtungen von den Städten und Gemeinden nun als notwendig angesehen und auch ohne konfessionelle Beteiligung ausgebaut wurden. In der alltäglichen Arbeit fanden die Grundsätze des Papstes wohl auch weniger Berücksichtigung (vgl. Konrad 1997, 62; Schnabel/Rehm 1987, 51ff.).

---

[284] Für Hoffmann ist deshalb auch die Behauptung innerhalb der DDR-Literatur, die KPD wäre konsequent für eine Ergänzung der familiären Erziehung durch öffentliche Institutionen eingetreten, widerlegt (vgl. 1994, 104).

Sehr deutlich äußerte sich Göttler zur Verbindlichkeit des Besuchs: „*Notwendig* sind Kleinkinderanstalten nur dann, wenn a) das Kind in der Familie oder in der Nachbarschaft keine Möglichkeit behüteten Umganges mit Seinesgleichen hat, wenn b) Kinder infolge sozialer oder wirtschaftlicher Missverhältnisse ihrer Familie und ihres Heims der Aufsicht und Leitung entbehren oder ungünstigen Einflüssen ausgesetzt sind" (Göttler 1932, 116/117).

Den Kindergartenzwang lehnte Göttler und mit ihm die katholische Kleinkinderziehung[285] folgerichtig ab, ebenso die Verstaatlichung der Anstalten und der Ausbildung. Der Staat sollte gemäß dem Subsidiaritätsprinzip wirksam werden und darüber hinaus Einsicht in die Einrichtungen erhalten, um zu überprüfen, dass keine körperlichen oder seelischen Schäden drohen (vgl. Neuntes u. zehntes Jahrbuch 1919, 71/72).

Auch die evangelische Kinderpflege betonte, dass die Erziehung der Kinder im vorschulpflichtigen Alter das Recht und die Pflicht der Familie sei. Die Familie galt als der geeignete Ort der Kleinkinderziehung, die vorschulischen Einrichtungen sollten immer nur Ergänzung sein und der obligatorische Kindergarten wurde grundsätzlich abgelehnt (vgl. Gehring 1929, 224ff.; Hundert Jahre Evangelische Kinderpflege 1930, 19; Müller 1927, 7ff.). Den vorschulischen Einrichtungen wurde unverändert ein sozialfürsorgerischer Charakter zugesprochen, weshalb „jede Arbeit im Kindergarten [...] nichts weiter als eine schlichte Hilfe für die Kinder und die Eltern" (Gehring 1929, 197) sei. Leitend müsse die Liebe des Christentums sein, die evangelische Liebestätigkeit (vgl. Müller 1927, 4).

Allerdings wurde nun auch die grundsätzliche Ähnlichkeit zur Wohlfahrtspflege anerkannt. Auch die evangelische Kinderpflege sei halboffene Fürsorge und als private Wohlfahrtspflege „eine soziale Noteinrichtung, ein Kampfmittel gegen soziale Volksnot" (Gehring 1929, 201). Vermutlich waren Stimmen wie die Müllers, der einer von Staats- und Gesellschaftsgedanken ausgehenden Kinderpflege „selbstsüchtige Gedanken" (Müller 1927, 3) vorwarf, auch die Minderheit. Dennoch wurde betont, dass Unterschiede zur staatlichen Wohlfahrtspflege bestehen und dass der Staat nicht über eine finanzielle Hilfe hinausgehen und sich nicht in „die Freiheit der Individuen" (Gehring 1929, 202) einmischen dürfe. Eine staatliche Einmischung in die Belange der öffentlichen Kleinkinderziehung wurde strikt abgelehnt.

Erlasse und Richtlinien: Neben der Reichsschulkonferenz und dem RJWG bieten auch die Erlasse und Richtlinien Einblick in den politischen Diskurs und insbesondere die staatlichen Vorstellungen. Noch einmal Auskunft über die Zuordnung der Einrichtungen der öffentlichen Kleinkinderziehung gab der MErl. des MsV. vom 9. Dezember 1930 – III 2201: „Kindergärten sind Einrichtungen der halboffenen Kinderfürsorge, in denen mindestens zehn Kinder vom vollendeten zweiten bis sechsten Lebensjahr für den ganzen Tag oder für einen Teil des Tages zum Zwecke der Erziehungsfürsorge aufgenom-

---

[285] Ähnliche Ansichten finden sich in einem wichtigen katholischen Text der Zeit: „Die Aufgabe der Kindertagesstätte wurde eindeutig in der *Ergänzung der Familie* gesehen" (Rahner 1934, 248). Die Erziehung der Kinder sei das natürliche Recht der Familie und deshalb dürfe die „außerhäusliche Kindheitsfürsorge" auch „nur da einsetzen, wo das Kind körperlich oder seelisch trotz Familienhilfe und Fürsorge nicht genügend betreut ist bzw. werden kann, und so weniger oder mehr körperlich oder seelisch gefährdet ist" (ebd., 159).

men werden" (Ermler 1933, 11). Erneut wurde die sozialfürsorgerische Funktion des Kindergartens als eine Einrichtung der Jugendhilfe, die erst und auch nur dann in Kraft treten sollte, wenn die Familienerziehung versagt, betont: „Kindergärten sind Pflegekinder*anstalten* im Sinne des §29 RJWG" (ebd., 12).[286]
Über die gewünschte inhaltliche Gestaltung der öffentlichen Kleinkinderziehung findet sich explizit nur wenig. Dem Erlass folgend hat die Aufsicht zur Aufgabe, für die „erforderliche erzieherische Betreuung und gesundheitliche Pflege" (Ermler 1933, 12) zu sorgen. Wiederum steht nicht der Bildungsaspekt, sondern Betreuung und Pflege im Vordergrund. Auch die Einführung von verbindlichen Mindestanforderungen für die Kindergärten wurde aufgrund der finanziellen Lage der Träger nicht empfohlen, sondern die Aufstellung von Richtlinien in den einzelnen Provinzen nur als zweckmäßig erachtet. Dabei wurde auf den Erlass vom 15. August 1923 verwiesen, hier gab es Richtlinien, die als Grundlage dienen sollten (ebd., 14).
Nach den Richtlinien für die Einrichtung und Ausgestaltung von Kindergärten (MErl. des MsV. vom 9. Dezember 1930 – III 2201/13.5.) sollte die Einrichtung der Räume einem „Familienzimmer" entsprechen und kein Schulzimmer sein. Als Leitung sollte bei 30 Kindern eine sozialpädagogisch ausgebildete Leiterin fungieren, bei größeren Einrichtungen sei jene möglichst einer Jugendleiterin zu übertragen (vgl. Ermler 1933, 27ff.). Es finden sich aber auch Rückschlüsse auf die angestrebte pädagogische Arbeit. Den Kindern sollte in den Kindergärten für einige Stunden oder für den ganzen Tag eine erziehliche und gesundheitliche Fürsorge zuteil werden. Sie sollten in körperlicher, geistiger und seelischer Beziehung gefördert werden. Ziel sei die allseitige Entwicklung, wobei auf die Förderung der Selbständigkeit und Selbsttätigkeit der Kinder geachtet werden sollte (vgl. ebd., 30/31). Als mögliche häusliche Beschäftigungen galten das Ordnen des Zimmers, Spülen, Aufräumen, ein Beet im Garten und die Pflege von Pflanzen und Tieren. Zwecklose Arbeiten seien dagegen zu vermeiden und „den Aufgaben der Schule darf in keiner Weise vorgegriffen werden" (ebd., 31). Ausdrücklich wurde auf die körperliche Pflege, sprich Hygiene hingewiesen.
Mit dem MErl. des MsV. vom 12. Januar 1932 – III 1000/12.1, der aufgrund der finanziellen Probleme und daraus resultierenden Sparmaßnahmen bei der vorbeugenden Fürsorge verfasst wurde, wurde dann ausdrücklich betont: Die „Kindergärten und Horte müssen erhalten bleiben; sie bedeuten vielfach die einzige Möglichkeit der Bewahrung der Kinder vor körperlichen und seelischen Schäden" (Ermler 1933, 37). Die Einsparungen ständen in keinem Vergleich zu den Kosten, vor allem den künftigen. Obwohl andere soziale Dienstleistungen gekürzt oder sogar ganz eingestellt wurden, die Kindergärten galten aufgrund ihrer Betreuungsfunktion als so wichtig, dass sie erhalten bleiben sollten.

Fazit: Weimar hätte die Möglichkeit geboten, die öffentliche Kleinkinderziehung durch eine Zuordnung zum Schulwesen aufzuwerten und zugleich die Bildungsfunktion zu betonen. Diese Möglichkeit ist nicht wahrgenommen worden. Der allgemeine, obligatorische Besuch aus primär pädagogischen Gründen wurde nicht durchgesetzt, war aber auch mehrheitlich nicht erwünscht. Stattdessen wurde der sozialfürsorgerische Charakter

---

[286] So auch im RdErl. des MsV vom 30.Juni 1932 – II 2201/21.6 (vgl. Ermler 1933, 33).

des Kindergartens, wie die Einrichtungen nun einheitlich bezeichnet wurden, festgeschrieben. Unverändert wurde vor allem die Betreuungsfunktion gesehen, ergänzend wurde nun jedoch eindeutig die Erziehungsaufgabe genannt und diese auch nicht mehr bezweifelt. Der Kindergarten wurde von keiner Seite mehr wirklich in Frage gestellt, auch wenn weiterhin die Familie als der geeignete Ort der Kleinkinderziehung galt. Hierin unterscheiden sich die Ansichten zu denjenigen der vorherigen Epochen. Dennoch wurde sich auch weiterhin kaum mit der inhaltlichen Bedeutung von Erziehung oder Bildung in diesem Bereich beschäftigt. Weder wurde dies auf der Reichsschulkonferenz umfassend diskutiert, noch rechtlich festgelegt. Im Grunde findet sich wiederum nur eine Aufzählung der Aufgaben, es bleibt z.B. unklar, was mit dem im RJWG festgelegten „Recht auf Erziehung" gemeint war. Der Erziehungsbegriff blieb weitgehend unbestimmt. Zwar stand man nun dem Kindergarten positiv gegenüber, dieser entsprach jedoch nur noch bedingt der ursprünglichen, allgemeinbildenden Konzeption Fröbels.

Was aber wurde unter dem Erziehungsbegriff – derjenige der Bildung findet sich weiterhin kaum – verstanden? Auch ohne explizit formuliertes Erziehungsverständnis treten einige Aspekte hervor. Erziehung beinhaltete nun eindeutig die ganzheitliche Förderung der kindlichen Entwicklung. Ergänzt wurde dies um den Aspekt der Einführung in die Gesellschaft und der sozialen Disziplinierung. Hier wurde an die vorherige Bedeutung angeknüpft und Erziehung auch weiterhin als Vermittlung der gewünschten Denk- und Verhaltensweisen begriffen. Verstärkt wurde der gesundheitspolitische Aspekt hervorgehoben, auch dies wurde nun zur Erziehungsaufgabe gezählt und der Erziehungsbegriff derart erweitert und modifiziert. Gewisse Veränderungen sind demnach zu erkennen, gerade bezüglich des gesteigerten Stellenwertes der Gesundheitsförderung. Religiöse Aspekte wurden dagegen von staatlicher Seite nicht genannt, während sie auf Seiten der konfessionellen Vertreter von Bedeutung blieben, zum Teil sogar noch in ihrer Bedeutung stiegen. Die Nichtablehnung einer religiösen Ausrichtung von staatlicher Seite zeigt aber auch, dass dies stillschweigend akzeptiert wurde. Im Grunde ist eine Weiterentwicklung des Erziehungsverständnisses nur in Ansätzen zu erkennen, an den grundlegenden Überzeugungen wurde festgehalten, wie auch der öffentlichen Kleinkinderziehung kein höherer Stellenwert innerhalb des Bildungswesens eingeräumt wurde.

2.2 Der praktische Diskurs

War der praktische Diskurs im Kaiserreich noch überwiegend von drei großen, gut voneinander zu unterscheidenden Gruppierungen bestimmt worden, änderte sich dies nun. Diese Entwicklung hatte sich im Ersten Weltkrieg bereits abgezeichnet. Zwar wurde der praktische Diskurs auch weiterhin von den traditionellen Gruppierungen mitbestimmt, aber das Auftreten neuer Gruppierungen wie die Jugendwohlfahrt/Kleinkinderfürsorge und vor allem die Montessoripädagogik wirkte belebend. Hinzu kamen alternative Überlegungen aus dem Umkreis des Bundes entschiedener Schulreformer, in Ansätzen hat sich auch die Waldorfpädagogik geäußert. Andere Schriften, die entgegen erster Vermutungen für diese Arbeit nichts von Relevanz bieten,[287] werden dagegen nicht betrachtet.

2.2.1 Maria Montessori

Schon vor dem Ersten Weltkrieg waren die Hauptlinien der Montessoripädagogik in Deutschland bekannt geworden, zu einer intensiveren oder gar kritisch-reflektierten Rezeption war es jedoch nicht gekommen (vgl. Konrad 1997, 107). Nun wurde der Montessoripädagogik jedoch viel Aufmerksamkeit entgegengebracht, auch da einige ihrer Schlagwörter sie als Anhängerin der Reformpädagogik erscheinen ließen, die frühe Montessori einen frauenbewegten und sozial engagierten Hintergrund besaß und für eine „wissenschaftliche Pädagogik" stand (vgl. ebd., 101/102). Dies vermochte Gleichklang mit den zeitgenössischen Strömungen zu signalisieren.

In organisatorischer Hinsicht konnte sich die Montessoribewegung rasch etablieren. 1919 wurde in Berlin das Deutsche-Montessori-Komitee gegründet, im Herbst 1921 folgte die Gesellschaft der Freunde und Förderer der Montessori-Methode in Deutschland. 1925 kam es zum Zusammenschluss und unter Clara Grundwald zur Gründung der „Deutschen Montessori-Gesellschaft" mit Sitz in Berlin. Als weiteres Zentrum der Montessoribewegung neben Berlin tat sich Thüringen hervor, 1925 erfolgte mit der Gründung der „Montessori-Gesellschaft für Thüringen" ein zweiter regionaler Zusammenschluss (vgl. Konrad 1997, 146f.).

Zur Verbreitung trug auch die gelegentliche persönliche Anwesenheit Montessoris bei. Derartige Besuche Montessoris waren immer auch mit dem Bemühen verbunden, die Verbreitung ihrer Pädagogik zu kontrollieren, was ihr jedoch nur zum Teil gelang. Die Montessorianhängerschaft spaltete sich in zwei Lager und es erfolgte die Gegengründung des „Vereins Montessori-Pädagogik Deutschland e.V.". Dieser erlangte 1931 die alleinige Autorisation Montessoris, hier waren diejenigen versammelt, die sich eng an die Vorgaben Montessori hielten. In der Montessori-Gesellschaft waren dagegen die Befürworter einer liberalen und offenen Montessoripraxis vertreten, z.B. Karl Gerhards oder Käthe Stern (vgl. Konrad 1997, 149ff.).

Bekannt wurde das deutsche (Fach-)Publikum mit der Montessoripädagogik durch die Übersetzungen der großen Buchveröffentlichungen. Die zum Teil beachtlichen Auflagen verdeutlichen die Aufmerksamkeit, die jenen entgegen gebracht wurde. Hinzu kamen kürzere Beiträge von Montessori oder ihren Anhängern in den pädagogischen Zeitschriften, sowie die sporadisch erscheinenden Ausgaben der Montessori-Gesellschaft und der internationalen Montessoribewegung. Montessori war somit gut auf dem deutschen Markt repräsentiert (vgl. Konrad 1997, 99, 124 u. 131/132).

---

[287] Arbeitsgemeinschaft für Kindergarten, Hort und Tagesheime: Staatliche Kindertagesheime für Hamburg. Bericht der Arbeitsgemeinschaft für Kindergarten, Hort und Tagesheime in der Gesellschaft der Freunde des vaterländischen Schul- und Erziehungswesens. Hamburg 1930. Scharrelmann, Heinrich: Der Kindergarten. Ein Buch für Mütter und Erzieherinnen vier- bis sechsjähriger Kinder. Braunschweig, Berlin, Hamburg 1929. Darin sind ausschließlich Geschichten für Kinder enthalten. Schlesinger 1923 ist ebenfalls für den ideengeschichtlichen Teil dieser Arbeit ohne Bedeutung.

Allerdings bezog sich dies beinahe ausschließlich auf die übersetzten Texte, die italienischen Originale wurden kaum wahrgenommen. Man kann deshalb von einer „Reduktion der Montessorirezeption auf die in deutscher Sprache vorliegenden Übersetzungen" (Konrad 1997, 100) sprechen, was auch von den Zeitgenossen gelegentlich bedauert wurde. Nur die spätere katholische Montessorirezeption verfügte über breitere Kenntnis der fremdsprachigen Texte. Montessori hat ihre Veröffentlichungen von Auflage zu Auflage aber immer wieder überarbeitet, Aussagen korrigiert und Ergänzungen vorgenommen – dies spiegelt sich in den deutschen Übersetzungen jedoch nicht wieder. Die deutsche Montessorirezeption bezog sich darum zum Teil auf Sachverhalte, die von der Autorin längst geändert worden waren. Vor allem die konservative Umakzentuierung wurde nicht oder kaum zur Kenntnis genommen, was jedoch möglicherweise durchaus beabsichtigt und von der Intention geleitet war, an einem ganz bestimmten Montessoribild festzuhalten (vgl. ebd., 132ff.).

Im Mittelpunkt der Analyse stehen deshalb die damals verfügbaren deutschen Übersetzungen insbesondere der größeren Werke,[288] weil sie die Montessoridiskussion in Deutschland im hier untersuchten Zeitraum weitestgehend bestimmt haben. Merkmale oder Begriffe, die heute mit der Montessoripädagogik verbunden werden, ein Beispiel wären die „sensiblen Perioden", finden deswegen zum Teil nur wenig Berücksichtigung, da sie in den frühen Schriften nicht den späteren Stellenwert eingenommen haben.
Ihre erste in deutscher Sprache veröffentlichte Schrift *Selbsttätige Erziehung im frühen Kindesalter* (1913) stellte in Deutschland ihr erfolgreichstes Werk dar, bis 1930 wurde eine Auflage von ca. 15.000 Exemplaren erreicht. Insgesamt wurde sie bis 1933 dreimal überarbeitet, die zweite deutsche Auflage (1928) orientierte sich jedoch an der ersten italienischen Ausgabe, weshalb die keineswegs unerheblichen Ergänzungen, Fortlassungen und Überarbeitungen unberücksichtigt blieben. Hinzu kommt *Mein Handbuch* (1922), das 1928 in einer zweiten, umgearbeiteten Auflage erschien, die trotz diverser Veränderungen jedoch in Deutschland kaum zur Kenntnis genommen wurde. Montessori wies in der Vorbemerkung zur ersten Auflage darauf hin, dass diese Übersetzung das einzige authentische Handbuch für ihre Methode sei.[289] Dies bedeutete auch eine Distanzierung vom Bund entschiedener Schulreformer, hier deutete sich der Konflikt, der 1930 zum offenen Bruch führte, bereits leise an (vgl. Konrad 1997, 100 u. 105ff.). Ergänzt werden diese beiden Bücher durch den kurzen Beitrag *Grundlagen meiner Pädagogik*, den Montessori für das katholische *Handbuch der Erziehungswissenschaft* verfasst hat. Hier finden sich allerdings kaum neue Aussagen.

Montessoris Kritik an der bestehenden Erziehung: Vor allem in der *Selbsttätigen Erziehung* treten die frauenbewegten und sozial engagierten Grundhaltungen Montessoris noch hervor, später traten diese in den Hintergrund. Hier ist der Bezug zum sozialen Kampf und zur sozialen Befreiung noch deutlich zu erkennen (vgl. Montessori 1928a, 17). In der dort abgedruckten Ansprache, die sie bei der Eröffnung des „Kinderheims"

---

[288] Ihr Gesamtwerk ist bis heute nicht zugänglich. Zahlreiche Vorträge sind nicht erfasst, eine kritische Gesamtausgabe existiert nicht (vgl. März 1998, 609).

[289] Als einzig weiteres authentisches Buch gab sie *Selbsttätige Erziehung im Kindesalter* an.

in Rom gehalten hatte, ließ sich Montessori lange über das elende Leben in diesem Viertel und die angestrebte Viertelverschönerung aus. Das Kinderhaus war Teil des Projekts, den Müttern des Proletariats sollte so ein Stück Unabhängigkeit verschafft und die Kindererziehung „kommunisiert" werden. Überhaupt war Montessori davon überzeugt, das weitere „Formen kommunistischen Lebens" (ebd., 61) kommen und sich dadurch soziale Probleme würden lösen lassen (vgl. ebd., 61ff.).

Neben derartigen gesellschaftlichen Missständen wurde von ihr immer wieder auf die Rolle des Kindes innerhalb der Gesellschaft hingewiesen. Dieser Aspekt findet sich in allen Schriften des untersuchten Zeitraums. Montessori betonte die Rechte der Kinder, ihr Recht auf Eigenleben, auf Freiheit und Selbsttätigkeit und dass dies auch in der Erziehung Berücksichtigung finden müsse.

Die Gesellschaft, die Erwachsenen und deren Verhalten gegenüber den Kindern sah Montessori sehr kritisch. Die Erwachsenen besäßen keine Achtung vor den Kindern, vielmehr würden die Kinder gezwungen, den Erwachsenen zu folgen, ohne dass dabei auf die besonderen Wünsche und Bedürfnisse des Kindes Rücksicht genommen werde. Aber dies muss sich ändern, so Montessori, es muss Freundlichkeit angestrebt werden, worunter sie Verständnis für die Wünsche des anderen, Anpassung an dieselben und wenn nötig auch Aufopferung des eigenen Wunsches verstand (vgl. Montessori 1922, 76/77; Montessori 1928b, 78). Der Erwachsene habe die Persönlichkeit des Kindes zu achten und den „natürlichen Tätigkeitstrieb frei walten zu lassen, statt ihn unterdrücken und beherrschen zu wollen" (Montessori 1928b, 19), auch wenn dies keineswegs bedeute, dass das Kind sich selbst überantwortet bleibe oder dass es handeln könne, wie es ihm gefalle.

Dementsprechend wurde von ihr auch die praktische Erziehungsarbeit kritisiert. All die Fortschritte der letzten Jahre, die sie z.B. im Bereich der Hygiene positiv anmerkte, seien nicht ausreichend, denn die „Kinder müssen nicht nur leiblich, sondern auch geistig ‚wachsen'" (vgl. Montessori 1922, 3). Das wahre menschliche Leben müsse gefördert und gekräftigt werden, „die Entwicklung der Intelligenz, des Charakters und jener schlummernden schöpferischen Kräfte [...], die in dem wunderbaren Embryo des Menschengeistes verborgen liegen" (vgl. ebd., 3), sei in geeigneter Weise zu leiten. Aber eben dies geschehe in der Erziehung zumeist nicht und stattdessen werde den Kindern, jedem „neuen menschlichen Keim, der rein, mit Energie gesättigt, seine Hülle gesprengt hat, Gewalt angetan" (vgl. Montessori 1928b, 3). Dies treffe auch auf das Gebiet der öffentlichen Kleinkinderziehung zu, hier herrsche der „Grundsatz der ‚Unterwürfigkeit'" (vgl. Montessori 1928a, 16). Kinder würden durch Erziehung, genauer durch die Schulbank, sowie äußerliche Belohnungen und Strafen niedergedrückt und dies mit dem Ziel, sie zur „Unbeweglichkeit und Stille zu erziehen" (ebd., 25) und den Lehrplan in ihren Geist einzutrichtern.

Aber nicht allein, dass die Existenz der inneren Expansionsbedürfnisse des Kindes nicht anerkannt wird, nach Montessori stellen die Erwachsenen zumeist ein Hindernis und nicht die eigentlich notwendige Hilfe für die Entwicklung dar. Es seien gerade die Bemühungen der Erwachsenen, die dem Kind den „Gebrauch der eigenen Kräfte und damit die Entfaltung seines eigenen Wesens" (Montessori 1928b, 3) erschweren würden. Das Kind erhalte „keinen vernünftigen Beistand in der Bewältigung seiner mühsamen Aufgabe" (Montessori 1922, 6), insbesondere bei der seelischen Entwicklung. Aber gerade „die innere Arbeit seelischer Anpassung", die sich im Kind zu vollziehen habe, müsse auf „wissenschaftliche und vernünftige Weise" erleichtert werden und eben dies sei das Ziel von Erziehung im Alter von 3-7 Jahren (vgl. ebd., 6). Der Erwachsene müsse die Entwicklung des Kindes fördern und Hindernisse für die Entwicklung beseitigen. Die Entwicklung dürfe nicht unterdrückt werden, weshalb z.B. der Erwachsene die Handlungen des Kindes auch nicht ohne dringende Notwendigkeit selbst ausführen dürfe. Der Erwachsene dürfe seine Fürsorge und sein Wirken nicht vermindern, aber er müsse verständiger werden und das Kind so weit wie möglich selbständig handeln lassen (vgl. Montessori 1928b, 3ff.).

Auch in ihrer späteren Schrift wurde dieser Aspekt betont. Trotz aller wissenschaftlicher Erkenntnisse werde noch immer geglaubt, dass der Erwachsene den Charakter des Kindes formen könne und dass dies die Pflicht des Erziehers sei, jedoch „dem Kind und seiner schöpferischen Kraft überlässt man den kleinsten Teil an dieser Bildungsarbeit" (Montessori 1934, 267). Eine derartige Erziehung versuche den Charakter des Kindes zu beeinflussen und gewünschte Charaktereigenschaften zu verfestigen, aber zugleich würde das Kind als das Objekt der Erziehung verstanden. Montessori spricht von einem Kampf zwischen Kindern und Erwachsenen. Es werde jedoch übersehen, dass Erwachsene und Kinder vollkommen verschiedene Wesen seien. Die Kindheit habe ihren Sinn in sich selber, das Kind sei kein kleiner Erwachsener. Dies aber müssten die Erwachsenen begreifen. Das Kind, so Montessori, ist aktiv an seiner Entwicklung beteiligt, es führt sein Wachsen selbst herbei, es ist der „Bildner seiner Persönlichkeit" (ebd., 269). Aus diesem Grund müsse es die Aufgabe des Erwachsenen sein, dem Kind eine Umgebung zu schaffen, die seiner Aktivität angepasst ist, so dass es sich frei entwickeln könne (vgl. ebd., 267ff.). Ziel sei die Selbständigkeit, so ein montessorisches Schlüsselwort. Dazu aber müsse man die Kinder möglichst viel selbst machen lassen, auch wenn dies für Erwachsene oftmals aufwendiger sei (vgl. Montessori 1928a, 91ff.).

Die Schärfe der Kritik, mit der Montessori dem Verhältnis Erwachsener-Kind und dem Erziehungsgeschehen gegenübertritt, ist neu. Auch wenn die Fröbelbewegung durchaus kritisch auf das eigene Handeln geblickt hatte, Montessoris deutliche Kritik an der Praxis, auch und gerade innerhalb der öffentlichen Kleinkinderziehung, stellt ein neues Moment dar. Der Erwachsene muss nach Montessori das Wesen des Kindes endlich begreifen und dementsprechend handeln, seine Erziehung danach ausrichten.[290] Außerdem muss sich die Umgebung des Kindes hin zu einer kindgerechten Umwelt ändern (vgl. Montessori 1928b, 6) und das „Aussichheraustreten" (ebd., 11), sowie die eine „Befreiung der kindlichen Persönlichkeit" (ebd., 12) ermöglichen.

Die Funktion des Kinderhauses und der Erzieherin: Montessoris Kinderhaus war das Ergebnis eines sozialen Projekts und richtete sich deshalb an arbeitende Mütter (vgl. Montessori 1928a, 55). Hauptzweck sei es, „den Kindern jener Eltern, die von zu Hause

---

[290] In ihrer späteren Schrift hat Montessori dies dahin gehend ergänzt, dass auch erkannt werden muss, dass es die schöpferische Mission des Kindes ist, eine sittliche Persönlichkeit zu bilden (Montessori 1934, 277). Auch dies muss geachtet und unterstützt werden.

weg an ihren Beruf gehen müssen, unentgeltlich jene persönliche Pflege angedeihen zu lassen, die ihnen ihre Eltern nicht zu geben imstande sind" (ebd., 64). Aber das Kinderhaus sei kein Ort, an dem die Kinder nur bewahrt würden, sondern „eine wirkliche Schule zu ihrer Erziehung" (vgl. ebd., 57). „Grundlage des Erziehungswerkes" (ebd., 57), so Montessori, bilden die körperliche Entwicklung, die Sprachübungen, die systematische Erziehung der Sinne sowie Übungen, die auf das praktische Leben vorbereiten (vgl. ebd. 57/58). Neben einer geeigneten Umwelt, müsse auch der Unterricht, ein Begriff der von Montessori auch für dieses Alter verwendet wurde, d. h. die geistige Entwicklung entsprechend gestaltet werden (vgl. Montessori 1928b, 17). Im Kinderhaus sollten die Kinder lernen, aber die Lehrerin bzw. Erzieherin „pflanzt dem kindlichen Verstand keine neuen Begriffe ein, noch drängt sie ihm solche auf, sondern sie macht sich zu seiner Dienerin, indem sie ihm auf Dinge seiner Umwelt lenkt, wie sie seiner Entwicklungsstufe und seinen Bedürfnissen entsprechen" (vgl. ebd.,18).

All dies setzt nach Montessori jedoch eine veränderte Bedeutung und Funktion der Erzieherin voraus. Die Erziehungsreform müsse nicht beim Kind, sondern beim professionellen Erzieher ansetzen, es sei das Verhalten der Erzieherin, das sich ändern müsse. Aufgabe der Erzieherin sei es, den „Kindern die natürliche Beziehung, in der sie zu der neuen Umwelt stehen, verständlich zu machen" (vgl. Montessori 1928b, 30/31), sie sollte zwischen den Kindern und der Umwelt vermitteln. Es sei nicht damit getan, den Erzieherinnen einfach nur neue Lehrmittel zur Hand zu geben, sie müssten vielmehr ihre gesamte Rolle verändern.
Besondere Bedeutung kommt gemäß Montessori dabei der Beobachtung des Kindes zu. Die Psychologie des Kindes lässt sich nur durch Beobachtung verstehen, auch wenn es kaum möglich ist, sich über die inneren Zustände ein Bild zu machen. Wenn überhaupt, könne man nur durch Beobachtung, durch wissenschaftliches Erforschen, zum Verständnis der oftmals unbewussten Wünsche des Kindes gelangen (vgl. Montessori 1922, 67 u. 77). Diese Wünsche, so Montessori, sind „der innere Schrei des Lebens", „das sich nach geheimnisvollen Gesetzen zu entfalten wünscht" (1928b, 78) und es gilt die „sensiblen Perioden, diese Intervalle der inneren Entwicklung des Kindes, zu erkennen und ihnen in allem gerecht zu werden" (Montessori 1934, 282). Denn das Kind wächst „kraft einer göttlichen Einwirkung" (Montessori 1928b, 78) heran und zu dieser Entwicklung müssen die richtigen Mittel gegeben, wie auch achtungsvoll die Entwicklung abgewartet werden. Die Erzieherin müsse dem Kind das geben, was es brauche, aber dazu müsse sie jedes Kind gut kennen und dies sei ohne Beobachtung nicht möglich.
Es dürften aber auch nicht die Grundforderungen der Freiheit missachtet werden (vgl. Montessori 1928a, 104). Spontane Handlungen des Kindes sollten nicht unterdrückt werden, denn dies würde das Kind selbst unterdrücken. Stattdessen habe Erziehung die vollständige Entfaltung des Lebens zu fördern: „Das Leben anzuregen – und es sich dann frei entwickeln und entfalten lassen – hierin liegt die erste Aufgabe des Erziehers" (vgl. ebd., 109).
Neben Beobachtung setze dies ein zunächst passives Verhalten der Erzieherin voraus (vgl. Montessori 1928a, 82/83). Das Neue ihrer Methode lag für Montessori gerade darin, dass die Kinder möglichst viel selber machen könnten, auch wen ihnen nicht alles erlaubt sei. Es gelte, die Kinder „zu erziehen zur Tätigkeit, zur Arbeit, zum Guten, nicht

zur *Untätigkeit*, nicht zur *Passivität*, nicht zum bloßen *Gehorsam*" (ebd., 87). Die Aufgabe der ersten erzieherischen Einwirkung sei es, das „Kind zur Selbständigkeit hinzuleiten" (ebd., 90) und dies gelte es auch bei der Einführung der Materialien zu beachten. Wenn die Kinder den Umgang mit diesen verstanden hätten, könnten sie selbständig handeln und sich selber üben, selber Fehler machen, ohne dabei auf diese hingewiesen zu werden, wie auch die Übungen nicht wiederholt werden sollten (vgl. Montessori 1922, 33/34; Montessori 1928a, 103; Montessori 1928b, 69).
Die Erzieherin sollte also das Kind leiten und zu jeder erwünschten Hilfe bereit sein, aber sie sollte nie hindernd zwischen einem Kind und dessen Erfahrung stehen (vgl. Montessori 1922, 75/76; Montessori 1928b, 76). Man müsse durch Beobachtung erkennen, was das Kind brauche, sich ansonsten aber zurückhalten (vgl. Montessori 1928a, 218). Erziehung, so Montessori, ist deshalb „die tätige Hilfe, mit der man die normale Entwicklung des Kindeslebens befördert" (Montessori 1928a, 99) und „das Ziel der Erziehung bei den Kleinen muß darin gesehen werden, *die selbsttätige Entwicklung der Persönlichkeit nach der Seite des Geistes, des Gemüts und der physischen Kräfte zu befördern*, nicht etwa aus dem Kind ein gebildetes Wesen, nach dem geläufigen Sinn dieses Wortes, zu machen" (ebd., 217).

Sittliche Erziehung: Ein Begriff, der sich bei Montessori immer wieder findet, ist die sogenannte „Freiheit des Kindes". Die auf Beobachtung gegründete Methode müsse immer die Freiheit des Kindes zur Voraussetzung haben. Freiheit ist für Montessori Tätigkeit, aus der schließlich Zucht hervorgeht. Der Begriff der „Zucht" besitzt hier ein anderes Verständnis, beispielsweise lehnte Montessori auch Lohn und Strafe ab (vgl. Montessori 1928a, 19f.). Jemand sei erzogen, „wenn er Herr seiner selbst ist und daher sein eigenes Verhalten nötigenfalls nach irgendeinem Zwang des Lebens ordnen kann" (ebd., 81), nicht aber, wenn einem Kind künstliche Ruhe beigebracht werde. Allerdings besitze die Freiheit des Kindes als Grenze das Interesse der Gemeinschaft. All das, was andere belästige, müsse unterdrückt werden (vgl. ebd., 80-82).
Freiheit des Kindes und Zucht gehören bei Montessori zusammen und gern verwies sie darauf, dass in ihren Klassen eine bessere Zucht herrsche als in den gewöhnlichen Schulen (vgl. Montessori 1928a, 322). Aber Zucht könne nicht durch Befehle oder durch die sonst üblichen gebräuchlichen Zuchtmittel erreicht werden, Tadel und Ermahnungen seien zwecklos, nur Schein, aber kein wirklicher Erfolg (vgl. ebd., 324/325). Vielmehr sollte den Kindern bei der Betätigung Freiheit gewährt werden, so dass sich daraus freiwillige Zucht und Gehorsam ergäben (vgl. Montessori 1922, 113).
Wie aber kann Zucht aus Freiheit hervorgehen? Wiederum sah Montessori das Problem vor allem auf Seiten der Erwachsenen. Neigungen, die von den Erwachsenen bei Kindern in diesem Alter als „böse" bezeichnet würden, seien oftmals nur solche, die den Erwachsenen ärgerlich seien. Sie entständen, wenn der Erwachsene, die Bedürfnisse der Kinder verkennend, sie in ihren Versuchen, in der Welt selbst Erfahrungen zu sammeln, einschränke. Werde das Kind jedoch in seiner Entwicklung gestört, entwickele sich die „Neigung zum Bösen" (Montessori 1934, 277/288). Biete man den Kindern aber die rechten Mittel zur Entwicklung und gewähre ihnen die „volle Freiheit in ihrer Anwendung" (Montessori 1928b, 111), dann müsse es sich nicht widersetzen und die Unarten verschwänden. Bis heute müssten sich die Kinder jedoch das, was sie zu ihrer geistigen

Entwicklung bräuchten, von den Erwachsenen geradezu erkämpfen (vgl. Montessori 1922, 114; Montessori 1928a, 335ff.; Montessori 1928b, 110ff.).

Wegbereiter der wirklichen Zucht ist nach Montessori die Arbeit. Aber dies muss eine Arbeit sein, an der das Kind Interesse hat und die es aus innerem Antrieb zu tun verlangt, gleichzeitig muss auf die strenge Einhaltung der Methode geachtet werden (vgl. Montessori 1928a, 325/326). Als Grundlage ihrer Erfolge galten Montessori die Organisation der Arbeit und Freiheit. Die Organisation der Arbeit ermögliche Selbstentwicklung und gebe dem Tätigkeitsdrang Raum, „und unter diesen Arbeitsverhältnissen führt die Freiheit zu einer Vervollkommnung der Fähigkeiten und zur Gewinnung einer schönen Disziplin, die selbst das Ergebnis jener im Kinde entwickelten neuen Eigenschaft, der Ruhe, ist" (Montessori 1928b, 112). Freiheit ohne Organisation sei aber nutzlos, das sich frei überlassene Kind ginge zugrunde. Aber die Organisation wäre auch vergeblich ohne die Freiheit, davon Gebrauch zu machen und die Möglichkeit, alle Kräfte zur Entfaltung zu bringen, nur so könne sich das Gute aufbauen (vgl. Montessori 1922, 117; Montessori 1928b, 112/113).

Unsinnig sei dagegen, von den Kindern in diesem Alter Gehorsam zu verlangen. Gehorsam, so Montessori, lässt sich nur durch eine vielseitige Bildung der ganzen psychischen Persönlichkeit erreichen. Aber um zu gehorchen, müsse man nicht nur gehorchen wollen, sondern auch können und dazu müsse man vorbereitet werden. Auch dies gelingt nach Montessori durch die Methode, indem sie die Willenskraft übt, weil die Kinder geordnete, auf einen bestimmten Zweck hin ausgerichtete Handlungen ausführen und etwas erledigen, dass sie sich selbst vorgenommen und als Ziel gesetzt haben. Es sei nicht notwendig, den Willen des Kindes zu brechen und ebenso wenig müsse es lernen, seinen Willen unter dem der Erwachsenen unterzuordnen. Dies sei nicht nur ungerecht, sondern auch unsinnig, da das Kind nicht aufgeben könne, was es nicht besitzt: einen Willen (vgl. Montessori 1928a, 336ff.).

Auch Montessori hat demnach auf die sittliche Erziehung Wert gelegt. Nur wurde dies von ihr anders verstanden, sie unterscheidet sich deutlich von den Vorstellungen, die sich bei ihren Zeitgenossen und auch in den Epochen zuvor bezüglich der sittlichen Erziehung in der öffentlichen Kleinkinderziehung finden lassen.

Die Montessori-Methode: Montessori hat in der *Selbsttätigen Erziehung* zwei erzieherische Ziele genannt: Die Förderung der natürlichen Entwicklung des Kindes und die Vorbereitung des Individuums auf das gesellschaftliche Zusammenleben (vgl. Montessori 1928a, 202). Für alle Kindererziehung gelte dabei, dass sie „die natürliche physische und psychische Entwicklung" (ebd., 203) befördere, beides gehöre unzertrennbar zusammen, auch wenn im Kleinkindalter die physische Entwicklung im Vordergrund stehe. Der Anpassung an die Gesellschaft müsse dagegen mehr Aufmerksamkeit geschenkt werden, wenn die Periode lebhafter Entwicklung vorüber sei.

Unterstützt werden sollte die kindliche Entwicklung durch Montessoris Methode, die sich in drei Teile zerlegen lässt: in die Erziehung der Muskeln, die Erziehung der Sinne und die Sprache (vgl. Montessori 1922, 15). Nur wenn all diese Teile der Erziehung berücksichtigt werden, kann nach Montessori die natürliche Entwicklung des Kindes gelingen. Muskel- und die sinnlichen Funktionen müssten geübt werden, da sie die

Grundlage der Intelligenz bilden würden. Durch die Sinne und deren Nutzung lerne das Kind die Umwelt kennen und seine Intelligenz entwickeln, zugleich entwickele sich so auch die Sprache. All dies müsse das Kind jedoch selber machen, es müsse selber Anpassungsleistung an die Welt vollbringen (vgl. Montessori 1922, 5/6).
Es ist im Rahmen dieser Arbeit nicht möglich, Montessoris Methode in ihrer Gesamtheit darzustellen, einige wesentliche Anmerkungen müssen genügen. Teil der Methode sind die Übungen in alltäglichen Verrichtungen, die auf das soziale Leben vorbereiten und der körperlichen Reinlichkeit und der ordentlichen Führung des Haushalts dienen sollen (vgl. Montessori 1928a, 116ff.). Mit der Erziehung der Muskeln beabsichtigte sie mehr als eine reine körperliche Erziehung, zwar besitze diese den Zweck, „die natürliche Entwicklung der physiologischen Bewegungen (wie des Gehens, Atmens, Sprechens) zu befördern" (Montessori 1928a, 131), gleichzeitig würden aber auch die „gewöhnlichen Verrichtungen des Lebens" (ebd., 131) wie das Ankleiden, Auskleiden, Knöpfen der Kleider etc. geübt.[291] Auch die Muskelerziehung sollte dem Erwerb von Alltagskompetenz dienen und die Erziehung zur Freiheit bedeutet in diesem Sinne eine Erziehung zur Unabhängigkeit und Selbständigkeit.
Aber solche Übungen seien keine Zumutung, vielmehr entsprächen sie den Bedürfnissen des Kindes und würden diesem genau das bieten, was es zu seiner Entwicklung benötige. Aber dazu bräuchten die Kinder Zeit und müssten sie selber ausführen, eben dies müssten die Erwachsenen berücksichtigen und dürften deshalb, dieser Aspekt ist bereits bekannt, den Kindern die Aufgaben nicht abnehmen (vgl. Montessori 1928a, 333/334; Montessori 1934, 273).

Wert legte Montessori auf die Erziehung der Sinne (vgl. Montessori 1928a, 157-172; Montessori 1922, 26ff.). Die methodische Schulung der Sinne müsse dann beginnen, wenn diese sich entwickeln und das sei in der frühen Kindheit (vgl. Montessori 1928a, 208).
Zur Übung der Sinne dienten insbesondere die von Montessori entwickelten Materialien (vgl. Montessori 1922, 15ff. u. 35ff.; Montessori 1928a, 173-201). Vor allem im *Handbuch* konzentrierte sie sich auf die Darstellung derselben, die immer deutlicher als der praktische Kern hervortraten. Auch wenn dieses inhaltlich nicht über die *Selbsttätige Erziehung* hinausging, war das *Handbuch* bezogen auf die Materialien anschaulicher und ausführlicher (vgl. Konrad 1997, 109/110).
Für Montessori stellte die „systematische Erziehung der Sinne, des Verstandes" (vgl. Montessori 1928b, 41) das wichtigste Lehrmaterial dar. Das Material sollte „unter har-

---

[291] Dazu entwickelte Montessori Rahmen, deren Gebrauch es ermögliche, die notwendigen Bewegungen durch ständiges Wiederholen einzuüben, um selbständiger zu werden. Außerdem sollte so die Hand ausgebildet werden. Hinzu kamen der Gartenbau und die Pflege von Pflanzen und Tieren sowie die Handarbeiten, mit denen bestimmte Arbeiten ausgeführt werden sollten, die einen sozialen Zweck besitzen oder nachahmen würden (vgl. Montessori 1922, 18ff.; Montessori 1928a, 131, 137/138 u. 152ff.; Montessori 1928b, 33). Dabei entschied sie sich nach einem kurzem Versuch, die Fröbel'schen Übungen auszuschließen (vgl. Montessori 1928a, 152). Überhaupt hat sich Montessori selbst nur am Rande über Fröbel geäußert, sowohl inhaltlich, als auch quantitativ. Neben den Gaben distanzierte sie sich auch vom Phantasiespiel (vgl. ebd., 246). Konrad weist auch darauf hin, dass es in der Forschung stark in Zweifel gezogen worden ist, ob sich Montessori überhaupt eingehender mit Fröbel und seinen pädagogischen Ideen beschäftigt hat (vgl. 1997, 254/255).

monischer Mitwirkung der ganzen sowohl körperlichen wie seelischen Persönlichkeit des Kindes" dieses allmählich soweit bringen, dass es sich auch die „schwierigeren, elementarsten Kenntnisse, Schreiben, Lesen, Rechnen gleichsam spielend" aneignet (vgl. Montessori 1928b, 41). Geisteskräfte und Charakter des Kindes würden entwickelt und Fähigkeiten geweckt, die Kinder zu immer neuen Anstrengungen angespornt werden. Die Materialreihen, deren Handhabung klar geregelt war,[292] seien ein „Tummelplatz für den Geist" (Montessori 1928b, 42) und würden immer neue „Bildungsmöglichkeiten" (ebd., 42) eröffnen. Aber dazu benötige es geeignete Materialien, denn es „muß auch der Geist aus seiner Umwelt die Nahrung schöpfen, deren er bedarf, um sich seinen eigenen ‚Wachstumsgesetzen' gemäß zu entwickeln" (Montessori 1922, 4). Dies bezeichnete Montessori als die „innere Arbeit des Selbstaufbaus" (ebd., 5), sie sei dem Kind auferlegt und es müsse sie auch selbst ausführen.

Wichtig sei dabei, dass sowohl der jeweilige Sinn als auch die Anreize isoliert würden (vgl. Montessori 1922, 60; Montessori 1928a, 168; Montessori 1928b, 68/69). Auch sollten alle Materialen nur einmal vorhanden sein, so dass sich immer nur ein Kind mit einem bestimmten Material beschäftigen konnte. Montessori begründete dies mit dem Gedanken der Sozialerziehung, dennoch fällt eher das isolierte Nebeneinander und Für-sich-Sein mit den Materialen auf, auch da einzelne Kinder gelegentlich isoliert werden sollten (vgl. Montessori 1928b, 21).

Ziel der Sinnesübungen sei es aber nicht, dass die Kinder fähig würden die Übungen selbständig richtig auszuführen. Vielmehr habe das Kind ein intensives Bedürfnis nach „tätigen Sinneseindrücken" (Montessori 1934, 274) und dazu benötige es geeignete Gegenstände, mit denen es selbständig umgehen kann. Es wolle selbständig Eindrücke sammeln und durch die Sinnesübungen gelänge dies (vgl. Montessori 1928b, 45/46). Die Übungen würden nicht allein der Schärfung des Wahrnehmungsvermögens dienen, sondern den Aufbau von Kategorien und Ordnungsschemata, den Aufbau kognitiver Strukturen unterstützen. Durch die Sinneserziehung werde die innere Welt in Ordnung gebracht, sie liefere nicht nur den geistigen Inhalt, sondern die Ordnung für diesen. Das sollte die geordnete Abspeicherung und Verarbeitung aller künftiger Sinnsreize erleichtern. So gewännen die Kinder von der Welt eine Kenntnis, die der Ordnung unterworfen sei, in ihren Geist ziehe „Schöpfung" statt „Chaos" ein, und ihre Seelen fänden darin eine göttliche Erhebung (vgl. Montessori 1922, 75 u. 80; Montessori 1928b, 75).

Tendenzen der Verschulung: Zur Montessoris Methode gehört neben der Sprachförderung (vgl. Montessori 1928a, 290ff.) auch die Methode des Lesen- und Schreibenlernens und die Anfänge im Rechnen (vgl. Montessori 1922, 82ff.; Montessori 1928a, 232ff. u. 304ff.). Hierfür entwickelte sie eine eigene Methode samt Vorübungen. Ohne dies umfassend zu betrachten, wichtig ist, dass sich hier eine Tendenz zur Intellektualisierung und zu einem schulorientierten Lernen erkennen lässt. Sinnvoll seien diese Anfänge, da Geist und Hand durch die Sinneserziehung für das Schreiben vorbereitet seien. Während

---

[292] Die Kinder sollten Interesse daran besitzen und es so beschaffen sein, dass es jeden Fehler von selbst nachweist und die Kinder sich verbessern können (vgl. Montessori 1928a, 160 u. 164). Geachtet werden sollte darauf, dass das Material nicht zu einem „seinen wahren Zweck verfehlenden Spielzeug wird" (Montessori 1928b, 42). Die Kinder sollten das Material also nicht frei und nach ihrer Phantasie benutzen.

die Wörter, so Montessori, dazu dienen, die Gedanken zu fixieren, befestigen das Schreiben und Rechnen „die inneren Erwerbungen des Geistes" (Montessori 1922, 81). Die zuvor gemachten Erwerbungen durch die Sinnesübungen hätten Ordnung in den kindlichen Sinn gebracht, würden aber verloren gehen, würden sie nicht mit Hilfe der geschriebenen Worte und der Ziffern eingeprägt (vgl. Montessori 1922, 112). Deshalb sollten die Kinder mit den Anfängen des Schreibens, Lesens und Rechnens vertraut gemacht werden, allerdings nur die interessierten Kinder (vgl. Montessori 1928a, 273/274).

Religiöse Erziehung: Auf die religiöse Erziehung ist Montessori vor allem in ihren späteren und zum Teil nicht in Deutschland veröffentlichten Schriften eingegangen. In den hier untersuchten Texten spielt diese Thematik nur eine nebensächliche Rolle, das gilt selbst für *Grundlagen meiner Pädagogik*, dem für das katholische *Handbuch der Erziehungswissenschaft* verfassten Artikel. Auch in der *Selbsttätigen Erziehung* finden sich nur wenige Bemerkungen. Hier wies Montessori darauf hin, dass das Problem der religiösen Erziehung in seiner Wichtigkeit bisher nicht genügend gewürdigt worden sei. Ihrer Ansicht nach sollte man das religiöse Gefühl im Kind nicht von vornherein leugnen und die Menschheit nicht um die Erziehung dieses Gefühles bringen. Vielmehr sei eine angemessene religiöse Erziehung auch in diesem Alter möglich (vgl. Montessori 1928a, 344). Auch wenn die Montessoripädagogik später von der katholischen Kleinkindpädagogik als angemessen begriffen wurde, in ihren in dieser Arbeit berücksichtigen Schriften spielt dieser Aspekt nur eine geringe Rolle.

Das erweiterte Montessori-System am Beispiel Käthe Stern: Eine Variation der reinen Montessoripädagogik stellte das sogenannte „erweiterte Montessori-System" dar. Zu denjenigen, die Montessori weiter entwickelten und dabei z.B. auch Erkenntnisse der Kinderpsychologie aufnahmen, gehörte Käthe Stern.[293] Stern, eine promovierte Psychologin, hatte die Ideen Montessori studiert[294] und 1923 mit der entsprechenden Genehmigung ihren eigenen Montessori-Kindergarten in Berlin eröffnet, ab 1924 leitete sie in Breslau ein Montessori-Kinderhaus. Sie veröffentlichte zwei Monographien, in denen sie ihre Ansichten, die sie in der achtjährigen Arbeit im Kinderhaus gewonnen hatte, darstellte (vgl. Stern 1932, V). *Methodik der täglichen Kinderhauspraxis* (1932) und *Wille/Phantasie und Werkgestaltung in einem erweiterten Montessori-System* (1933) gehören zusammen und bilden ein Ganzes. Aufgrund der Machtergreifung der Nationalsozialisten – Stern entstammte einer jüdischen Familie – fanden ihre Bücher keine Beachtung, wie sie auch das Kinderhaus aufgeben musste (vgl. Stern 2007, 125).

Bei Stern bildete die Materialarbeit, anders als bei Montessori, nur einen Teil, nicht aber das Schwergewicht der Arbeit (vgl. Stern 1932, 5ff.). Stern zielte nicht allein auf eine

---

[293] Für die von Montessori abweichende Meinung stand wie zuvor erwähnt die Deutsche Montessori-Gesellschaft. Sie war auch 1932 auf dem Kongress für Kleinkinderziehung in Form von Karl Gerhards und Käthe Stern vertreten (vgl. Oestreich 1932, 121ff.). Ihre Beiträge sind für diese Arbeit jedoch von vernachlässigbarem Interesse.

[294] Ihr Sohn, der Historiker Fritz Stern glaubt allerdings nicht, dass Käthe Stern bei Montessoris einzigem Vortrag anlässlich ihres ersten Berlin Besuchs anwesend gewesen ist (vgl. Stern 2007, 83).

Sinnes- und intellektuelle Erziehung, sondern „eine harmonische Entwicklung *aller* im Kinde ruhenden Kräfte" (ebd., 5) ab und dazu zählte sie auch die Willenserziehung und Phantasiebildung, womit Stern sich ausführlich in ihrer zweiten Schrift befasste. Insgesamt versuchte sie eine „Brücke von Fröbel zu Montessori" (ebd., VI) zu schlagen und plädierte für ein „elastisches Erziehungssystem" (ebd. V), weshalb sie in der Montessori-Methode auch nur einen Rahmen sah.

Als Fundament ihrer Arbeit bezeichnete Stern den Grundsatz, „daß die Erziehung sich der natürlichen Entwicklung des Kindes anzuschließen habe" (1932, V). In der alltäglichen Arbeit müsse die Eigentätigkeit des Kindes im Vordergrund stehen, „seine Formung und Bildung vollzieht sich an ‚Entfaltungsmitteln'" (Stern 1932, V), während der aktive Einfluss der Leiterin zurückzutreten habe. Das Montessori-Material ermögliche so eine Sinneserziehung und die Erarbeitung der Elementarfertigkeiten.

Überhaupt stelle die frühkindliche Erziehung besondere Aufgaben an die Erzieherin, denn „es gilt nicht, ein bestimmtes Lehrgut zu vermitteln, sondern es soll der ‚Mensch' gebildet werden, der sich eben zu formen beginnt" (Stern 1932, 1). Aus diesem Grund sollte auch kein Pensum absolviert werden. Aber die frühkindlichen Jahre, so Stern, sind wichtig, denn Bildungsmöglichkeiten, die sich in dieser Zeit bieten, kommen nie wieder und müssen deshalb berücksichtigt werden (vgl. ebd., 1).

Die individuelle Erziehung innerhalb der Familie braucht nach Stern aber eine „ergänzende Gemeinschaftserziehung" (Stern 1932, 1), jedes Kind benötigt das gemeinsame Aufwachsen mit Kindern in seinem Alter. Erziehung müsse eine „individuelle Entwicklung innerhalb einer Gemeinschaft" (ebd., 1/2) gewährleisten und dies könne das Kinderhaus bieten. Auch wenn sie nicht für obligatorischen Besuch war, sah sie doch einen Nutzen für alle Kinder.

Stern hat zusätzlich zu dem bisher gesagten einige Grundsätze aufgestellt, die ihre Vorstellungen deutlich machen. Erziehung müsse individuell sein und deshalb brauche es Beobachtung, sie muss der Ausgangspunkt jeder Einwirkung sein. Erziehung, so Stern, hat sich an die natürliche Entwicklung des Kindes anzuschließen und muss dazu beitragen, dass sich alles, was im Kinde liegt, entfaltet, ohne dass ihm Wesenfremdes aufgezwungen wird (vgl. 1932, 2). Erziehung muss demnach die ganzheitliche Entwicklung des Kinds unterstützen und dazu gehört auch, dass sich das Kind zu einer sittlich autonomen Persönlichkeit entwickelt. Es ging ihre also gerade nicht um unreflektierte Einordnung, sondern um ein selbstbestimmtes Leben.

Die Methodik der Erziehung muss nach Stern nachgehend und behütend sein, dies sah sie sowohl bei Montessori als auch bei Fröbel verwirklicht: „Jede pädagogische Maßnahme hat sich der natürlichen Entwicklung des frei schaltenden Kindes anzuschließen und seinem spontanen Streben Rechnung zu tragen" (Stern 1932, 3). Dazu brauche es eine entsprechende Umgebung, die so gestaltet ist, dass sie bestimmte Lehrfunktionen übernimmt. Denn zur Erziehung gehöre auch die Überlieferung, diese bleibe legitim, aber es müsse die Umgebung sein, die dies unbewusst für das Kind leiste. Eben darin liegt für Stern der große Nutzen des Montessorimaterials, denn es entspricht den Interessen der Kinder und ermöglicht eine planmäßige Sinneserziehung und die selbständige Erarbeitung der Elementarfertigkeiten (vgl. ebd., 3/4). Selbsttätigkeit bedeutet aber in diesem Sinne mehr, „im Hantieren mit dem Material formt sich das Wesen des Kindes,

in der Tätigkeit entwickelt es sich; durch die anschaulichen Prozesse wird das begriffliche Denken vorbereitet" (ebd., 4). Die Auseinandersetzung mit dem Material ermöglicht formale Bildung, wie sich dadurch auch das Wesen des Kindes, sein Selbst, weiter entwickelt und konstituiert.
Als ihren dritten Grundsatz nannte Stern: „Unsere sich stets auf die Beobachtung stützenden Erziehungshilfen streben danach, dem Kinde eine Selbstformung zu ermöglichen" (Stern 1932, 4). Grundlage aller Erziehungsmaßnahme ist demnach die Beobachtung. Auf der Beobachtung basierend sollten Erziehungsmaßnahmen umgesetzt werden, die den Kindern Selbstbildung ermöglichen. Erziehung müsse sich der natürlichen Entwicklung des Kindes anpassen, man habe „von der psychologischen Erforschung der kindlichen Entwicklung" auszugehen, „um daraus unsere pädagogischen Schlußfolgerungen zu ziehen" (ebd. 2/3).
Ausführlich wurden von ihr Aufgaben und Methodik der psychologischen Beobachtung erläutert (vgl. Stern 1932, 17ff.). Dieser maß sie eine besondere Bedeutung bei, denn „unsere Erziehung schließt sich an die augenblickliche Entwicklungsstufe des zu Erziehenden an. So steht oder fällt jeder Erziehungserfolg mit der Fähigkeit der Beobachtung" (ebd., 17). Die Erzieherinnen sollten mit den Beobachtungen vertraut sein, es sollten kein Interpretationen vollzogen, sondern die Kinder besser verstanden werden (vgl. ebd., 17/18). Die pädagogische Arbeit sollte sich auf das „Material exakter Beobachtungen" stützen. Dazu dienten auch Tagebücher, in denen festgehalten werden sollte, womit sich jedes Kind täglich beschäftigt und welche Entwicklung es durchläuft, auch deren Methodik wurde von ihr erläutert (vgl. ebd., 18-24).

Wert hat Stern auch auf die Willens- und Phantasiebildung gelegt. Innerhalb dieser Arbeit kann das nicht umfassend betrachtet werden. Hier hat sie sich mit den Vorwürfen, Montessori würde die Willensbildung und Phantasiepflege anstelle der „Freiheit" vernachlässigen und nur auf die intellektuelle Erziehung achten, auseinandergesetzt. In ihrem Kinderhaus entwickelte Stern eine neue Form der Willensbildung, wie sie auch die kindliche Phantasie stärker berücksichtigte (vgl. Stern 1933, V).
Jedes schöpferische Tun hat nach Stern zwei Wurzeln, den Willen und die Phantasie (vgl. 1933, 1). Deshalb liegen in „der Willenszucht und der Phantasiepflege wichtige Aufgaben der Erziehung" (ebd., 1), wobei ein Gleichgewichtsverhältnis zwischen beidem anzustreben ist, da man sonst ein Schwärmer oder ein nüchterner Willensmensch werde. Auch wenn es keine isolierten seelischen Funktionen gebe, sondern der Aufbau der Persönlichkeit ganzheitlich verlaufe, könne man doch das Augenmerk auf bestimmte Teilfunktionen richten, wobei dies immer im Zusammenhang mit dem Entwicklungsganzen gesehen werden müsse (vgl. ebd., 1).
„Freiheit" bedeutet aber nicht, dass ein Kind tun dürfe, was es will. Es „soll nicht in Freiheit aufwachsen, sondern in Freiheit erzogen werden" (Stern 1933, 3), es geht um Befreiung vom Zwang willkürlicher Autorität. Ähnlich wie Montessori betonte Stern deshalb, dass in der Kindheit ein vollwertiger Lebensabschnitt gesehen werden müsse. Es gelte das Leben des Kindes ernst zu nehmen, außerdem müsse man dessen wachsenden Kräften ein Betätigungsfeld geben, dass ihm Entwicklung und Befriedigung biete (vgl. ebd., 4).

Damit verband sie auch Aspekte einer sittlichen Erziehung. Aber Freiheit bedeutet für Stern zunächst, dem Kind das Recht der spontanen Entwicklung seiner geistigen und seelischen Kräfte zu sichern. Die Freiheit des Handelns werde durch die didaktische Funktion des Materials ermöglicht, die Selbsttätigkeit des Kindes führe dann zur Selbständigkeit (vgl. Stern 1933, 5/6). Die Freiheit des Wollens werde erreicht, indem „Gängeln" vermieden werde, deswegen sollten während der Materialarbeit Zeitdauer und Reihenfolge der Beschäftigungen den Kindern freigestellt sein. Das Kind müsse außerdem lernen, sich selbst zu helfen, die Erzieherin habe sich zurückzuhalten, nur wenn das Kind wirklich Hilfe brauche, stehe man zur Verfügung. Hinzu kommt nach Stern die „Freiheit zum Gesollten" und diese Freiheit ist sogar der „Sinn und Ziel aller Erziehung" (ebd., 7). Aber das bedeute nicht, dass das Kind durch Machtausübung und striktes Pochen auf Gehorsam zum Einhalten dieser sittlich gewollten Verhaltensweisen gezwungen und diese dies durch Furcht erzielt würden. Vielmehr brauche es ein freiwilliges Aufgehen in die fremd gesetzten Forderungen. Deshalb, so Stern, muss das Gefühl der Freiheit auch mit der eigenen Verantwortung verbunden sein; Freiheit und Autorität müssen sich das Gleichgewicht halten. Das Kind muss durch und in Freiheit zur Ordnung, Einordnung und Unterordnung gelangen (vgl. ebd., 5-10). Ziel sei der innerlich unabhängige Mensch, denn nur der kann sich „einer als Pflicht erkannten Lebensaufgabe ganz hingeben" (ebd., 10).

Fazit: Maria Montessoris Konzept hat die Frühkindpädagogik nachhaltig bereichert. Ihre Kritik am Verhalten des Erwachsenen, die Forderung nach einer konsequenten Änderung des Verhältnisses zwischen Kind und Erwachsenen und ihr Plädoyer für die Würde des Kindes samt Verzicht auf Zwang und Herrschaft in der Erziehung verdienen unverändert Beachtung. Zucht und Disziplin, beides Aspekte, deren Bedeutung Montessori ganz eindeutig betont hat, wurden von ihr inhaltlich neu interpretiert und haben nur wenig mit den Vorstellungen zu tun, die üblicherweise bezüglich der sittlich-religiösen Erziehung im Rahmen der öffentlichen Kleinkinderziehung vertreten wurden.
Erziehung muss nach Montessori die kindliche Unabhängigkeit und Selbständigkeit fördern, denn das Kind ist selbst aktiv an seiner Entwicklung beteiligt. Vor allem die Bedeutung der Eigenaktivität wurde von ihr deutlich hervorgehoben. Gerade das Erziehung Kinder unselbständig halte und sie wie Objekte behandele, hat Montessori kritisiert und auf die Notwendigkeit einer Veränderung hingewiesen. Erziehung wurde von Montessori als wichtig angesehen, aber sie wollte Erziehung derart verstanden wissen, dass sie Hilfe und Unterstützung bei der kindlichen Entwicklung bietet: „Wir verstehen unter Erziehung, der psychischen Entwicklung des Kindes von Geburt an zu helfen" (Montessori 1934, 270). Aufgabe des Erwachsenen und somit der Erziehung kann es dann jedoch nur sein, dem Kind eine lernförderliche Umgebung zu erschaffen, die seiner Aktivität angepasst ist, so dass es sich frei und selbsttätig entwickeln kann. Gegründet muss dies deshalb auf Beobachtung sein – Beobachtung sollte bei Montessori und auch bei Stern nicht dazu dienen, um angebliches Fehlverhalten auf Seiten der Kinder zu entdecken, sondern es den Erzieherinnen ermöglichen, den Kindern genau das anbieten, was sie zu ihrer Entwicklung brauchen.
Als geeignet dazu sah Montessori das von ihr entwickelte Material an, das von der Erzieherin den Bedürfnissen entsprechend eingebracht werden sollte. Neben der Sinnes-

übung sollten damit auch nützliche Fertigkeiten eingeübt und Alltagskompetenz erworben werden, auch Montessori hat Erziehung durchaus als Anpassung an die gegebenen gesellschaftlichen Verhältnisse verstanden, das sollte nicht übersehen werden. Hinzu kommt bei Montessori eine Tendenz zur Verschulung, der Aspekt der sozialen Erziehung ist nur wenig ausgeprägt und das Spiel wurde in seiner pädagogischen Bedeutung nur gering geschätzt. Aber ihr Konzept einer Erziehung zur Anpassung fällt doch weitaus kindgemäßer aus als in anderen Kontexten. Überhaupt wurde von ihr Erziehung vor allem als Anregung und Unterstützung der ganzheitlichen – auch wenn man die starke Betonung der intellektuellen Kräfte sehen muss – kindlichen Entwicklung und nicht primär als Vermittlung von Kenntnissen, Fertigkeiten oder Tugenden verstanden.

Diese Entwicklung sollte sich nicht im Unterricht, sondern im Umgang mit den Materialien vollziehen, wobei sie besonders auf die Selbsttätigkeit Wert gelegt hat. Es wäre sicherlich von Interesse gewesen, wie sich Montessoripädagogik weiterentwickelt hätte – Käthe Sterns Erweiterungen, die stärkere Betonung von Ganzheitlichkeit und sozialer Erziehung samt einem veränderten Verständnis von sittlicher Erziehung beinhalten innovative Anregungen – wobei zu bedenken ist, dass dies von Montessori nur bedingt und nur in ihrem Sinne gewünscht gewesen ist.

2.2.2 Die evangelische Kinderpflege

Innerhalb der christlichen Kinderpflege, die sich nun zumeist evangelische Kinderpflege nannte, setzten sich die zuvor begonnenen Vereinigungen auf Verbandsebene fort. 1923 kam es zum Zusammenschluss der Kindergärten in Kinderpflegeverbänden und auf Reichsebene zur „Vereinigung evangelischer Kinderpflegeverbände", am 13. November 1928 wurde als Dachverband aller evangelischer Einzelorganisationen[295] die „Reichskonferenz für evangelische Kinderpflege" gegründet (vgl. Heinemann 1980, 55; Reyer 1987b, 49/50). Beim 150-jährigen Jubiläum der evangelischen Kindergartenarbeit am 16. Juni 1929 besaß die Reichskonferenz jedoch kaum Bedeutung. Als kompetente und anerkannte Vertretung der Kinderpflege stand mit der „Vereinigung evangelischer Kinderpflegeverbände Deutschlands" einer der Fachverbände mit seinem einflussreichen Vorsitzenden Hermann von Wicht im Vordergrund.

Für diese Epoche lassen sich nur verhältnismäßig wenige Monographien finden. Auch an den Diskussionen über die Montessoripädagogik hat die evangelische Kinderpflege kaum teilgenommen.[296] In der Praxis wirksam waren vermutlich auch weiterhin Anna Borchers' Ideen. Ihr *Wegweiser* wurde 1933 in der dritten verbesserten Auflage, neu

---

[295] Die Fachverbände waren: 1. Conferenz für christliche Kinderpflege, 2. Evangelischen Reichverband für Kinderpflege, 3. Reichsverband der evangelischer Kindergärtnerinnen, Hortnerinnen und Jugendleiterinnen, 4. Kaiserswerther Verband deutscher Diakonissenmutterhäuser (vgl. Heinemann 1980, 55). Um Verwechselungen zu vermeiden wurde die Conferenz für Christliche Kinderpflege später in Deutscher Verband der Ausbildungsstätten für evangelische Kinderpflege umbenannt; der Evangelische Reichsverband für Kinderpflege nannte sich dann Vereinigung evangelischer Kinderpflegeverbände Deutschlands und der Reichsverband evangelischer Kindergärtnerinnen, Hortnerinnen und Jugendleiterinnen wurde zum Verband der evangelischen Kindergärtnerinnen, Hortnerinnen und Jugendleiterinnen Deutschlands.

[296] Dies lag sicher auch daran, dass Montessori als Katholikin angesehen wurde. Insgesamt konstatiert Konrad ebenso wenig erklärte Gegnerschaft, wie auch überzeugte Befürwortung (vgl. 1997, 279/280).

bearbeitet und von Johanna Ernst[297] herausgegeben. Borchers hat wie zuvor dargestellt Fröbels Pädagogik favorisiert, jedoch stand auch bei ihr die sittlich-religiöse Erziehung im Mittelpunkt.
Aus dem Umkreis der evangelischen Kinderpflege stammt auch die Schrift *Die vorbeugende Arbeit evangelischer Kinderpflege in Krippen, Kindergärten und Horten* (1927) von Fritz Müller. Müller war Pastor in Lautawerk, die Schrift war ein Sonderdruck des Kirchlichen Erziehungsverbandes und des Evangelischen Kinderpflegeverbandes der Provinz Brandenburg. Der Standpunkt der evangelischen Kinderpflege wird auch deutlich anhand der Festschrift *Hundert Jahre Evangelische Kinderpflege in Berlin 1830-1930* (1930), die aus Anlass des 100-jährigen Bestehens der Berliner Kleinkinder-Bewahranstalt Nr.1 herausgegeben wurde. Hier hatte Hermann von Wicht, dessen Ideen sind sicherlich von Gewicht gewesen sind, einen Vortrag gehalten.
Aufgrund der wenigen weiteren Schriften besitzt das 150-jährige Jubiläum der evangelischen Kinderpflege eine besondere Bedeutung. Das Jubiläum wird deshalb samt der dazugehörigen Schrift ausführlich dargestellt, während die übrigen Schriften auf ihre Gemeinsamkeiten hin untersucht werden.

Kennzeichnend für die evangelische Kleinkinderziehung in der Weimarer Zeit war vor allem die Sorge um die Bewahrung des „konfessionellen Charakters" jeglicher Kinderpflege außerhalb der Familie. Die christliche Erziehung wurde als bedroht angesehen, sowohl von den Sozialdemokraten, als auch den radikalen Schulreformern oder den Fröbelianern (vgl. Heinemann 1980, 51). Aus diesem Grund wurden staatliche Einflüsse abgelehnt und zugleich der religiöse Charakter sämtlicher Erziehung übermäßig betont.
Auch wenn unverändert die Liebestätigkeit und somit der sozialfürsorgerische Aspekt hervorgehoben wurden, galt nun jedoch eindeutig Erziehung als Aufgabe. Alle Tagesstätten sollten die körperliche, geistige und sittliche Entwicklung fördern (vgl. Hundert Jahre Evangelische Kinderpflege 1930, 28). Es müsse zwar der Not vorgebeugt werden, diese jedoch nicht allein gelindert, sondern auch „Erziehungsarbeit" als Ersatz für das, was eigentlich von der Familie vollbracht werde, geleistet werden. Die Unterstützung der körperlichen Entwicklung, die Beachtung der Hygiene und die Gewöhnung an Ordnung und Sauberkeit durch haushälterische Arbeiten sollten im Alltag berücksichtigt werden, wie auch eine soziale Erziehung stattfinden sollte (vgl. Müller 1927, 4/5 u. 11/12). Außerdem müsse dem Kind die Möglichkeit geboten werden, „seine Kräfte in freiem Spiel und in selbstgewählter Beschäftigung" (ebd., 12) zu entwickeln.
Da die Kinder ohne die evangelische Kinderpflege geistig verkümmern würden, müsse „die Begeisterung an allem Guten, Wahren und Schönen" (Müller 1927, 13) geweckt werden. Um jedoch den werdenden Menschen ganz zu erfassen – „und das ist doch das Ziel aller Erziehung – können wir an der bewußt-religiösen Erziehung nicht vorübergehen" (ebd., 14). Erziehung sei unverändert auf den Aspekt der sittlich-religiösen Erziehung hin ausgerichtet. Zwar sollten nicht mehr lange biblische Geschichten auswendig gelernt werden, aber das religiöse Gefühl müsse geweckt werden, unzweifelhaft habe die Kinderpflege auf dem Boden des evangelischen Christentums zu stehen (vgl. ebd., 14). Für die evangelische Kinderpflege gelte grundsätzlich, dass jedes Kind „ein Recht auf

---

[297] Johanna Ernst war die Nachfolgerin Borchers als Seminarleiterin in Grünberg.

Erziehung zu Gott und zu unserem Heiland" (Hundert Jahre Evangelische Kinderpflege 1930, 30) hat. Die Kinderpflege besitze eine missionarische Aufgabe mit dem Erziehungsziel: „Wir wollen nichts anderes, als unsere Kinder zu Gott und unserem Heiland führen, Ewigkeitskräfte in ihm lebendig machen" (ebd., 32), sie eingliedern in die „lebendige Gemeinschaft der Gemeinde des Herrn" (ebd., 32).

Das Jubiläum der evangelischen Kinderpflege am 16. Juni 1929: Inwieweit aber haben diese beiden Aspekte – die Abwehr staatlicher Einflüsse samt einhergehender Betonung der sozialfürsorgerischen Funktion und die Hervorhebung des religiösen Charakters der Erziehung – den grundsätzlichen Vorstellungen der evangelischen Kinderpflege entsprochen? Ausdruck davon ist das 150-jährige Jubiläum.
1929 waren 150 Jahre seit der Begründung der ersten Kleinkinderschule durch Oberlin vergangen, der 16. Juni 1779 galt als Geburtstag der evangelischen Kinderpflege. Aus diesem Grund fand eine große Jubiläumstagung der Reichskonferenz statt, außerdem wurde *Die evangelische Kinderpflege* (1929), die schließlich von Johannes Gehring verfasst wurde, in Auftrag gegeben (vgl. Bookhagen 1998, 32). In ihr findet sich ein historischer Rückblick, aber die Schrift bietet auch einen umfassenden Überblick über die zeitgenössischen Vorstellungen der evangelischen Kinderpflege.
Die eigentliche Tagung fand vom 15.-18. Juni 1929 in Dresden statt (vgl. Bookhagen 1998, 32). Hier hielt Johannes Gehring, Schriftleiter der Zeitschrift *Die christliche Kinderpflege* und seit 25 Jahren prägend in der evangelische Kinderpflege tätig, am 15. Juni einen Vortrag über die „Geschichte der evangelischern Kinderpflege und ihren Ertrag für die Gegenwart" (vgl. Bookhagen 1998, 36). Dieser war im Grunde eine Zusammenfassung seiner Denkschrift.
Die übrigen Reden und Beiträge waren dagegen in einem anderen Ton gehalten. So kritisierte der Dresdner Stadtsuperintendenten Johannes Ficker in einer Predigt innerhalb des Festgottesdiensts am 16. Juni scharf die gegenwärtigen Erziehungsmaximen. Aus der verantwortlichen Sorge um das Kind sei ein Kultus des Kindes geworden. Autorität, Gewöhnung an Zucht und Gehorsam würden heute als veraltete Begriffe gelten, an deren Stelle Freiheit und Selbstentwicklung getreten seien, der Erfolg solcher Erziehungsgrundsätze aber sei an der heutigen Jugend zu sehen. Unermüdlicher Tenor der verschiedenen Beiträge war jedoch, dass der tiefste Grund der Arbeit, sprich das religiöse Element, erhalten bleiben müsse. Mehrfach wurde sich gegen die Verstaatlichung ausgesprochen, staatliche Einflüsse galten als unerwünscht und die Weimarer Republik wurde insgesamt abgelehnt, wie auch deren Demokratisierungs-, Industrialisierungs- und Säkularisierungsprozesse (vgl. Bookhagen 1998, 36 u. 44). Stattdessen wurde ein Staat gefordert, welcher der Meinungsvielfalt ein Ende setze und „die Entfaltung eines wahren Eigenlebens schöpferischer Gottes- und Naturordnung fördert" (ebd., 44).
Auch wenn die im Rahmen der Tagung formulierte Ablehnung der Weimarer Demokratie auffallend ist, mit dieser Meinung stand die christliche Kinderpflege keineswegs allein. Gesamtgesellschaftlich gesehen hatte zu keiner Zeit ein gesellschaftlicher oder moralischer Bruch mit dem Kaiserreich stattgefunden (vgl. Winkler 1993, 87). Der Versailler Friedensvertrag, obwohl eigentlich maßvoll, galt als „Symbol der unstillbaren Kränkung des deutschen Nationalismus" (Wehler 2003, 241). In keinem Punkt war man sich so einig wie in der Empörung über das Diktat der Sieger, in der Öffentlichkeit hielt

sich ein „unversöhnlicher, mühelos radikalisierbarer Revisionismus" (ebd., 410); der „Schandfrieden" galt als Grund allen Übels. Viele standen der Republik ablehnend gegenüber, nicht nur die Radikalen, sondern auch der Großteil der Bevölkerung und der Parteien, unabhängig von der politischen Ausrichtung. Der Zusammenbruch der Monarchie hatte das Selbstverständnis des Bürgertums getroffen, die militärische Niederlage wurde als persönliche Kränkung empfunden und die Revolution als soziale Degradierung. Selbst in ihren „goldenen Jahren" konnte die Weimarer Demokratie die große Mehrheit nicht für sich gewinnen. Die mächtigen gesellschaftlichen Gruppen – Geschäftsleute, Armeeangehörige, Großgrundbesitzer, führende Beamte und Akademiker, Intellektuelle und Meinungsführer – duldeten die Republik eher, als sie aktiv zu unterstützen. Kershaw spricht deshalb auch von den „selbstzerstörerischen Kräften des demokratischen Staates" und dem „Wunsch derer, die die Demokratie erhalten sollten, sie zu untergraben" (1998, 410).

Gerade auch von Seiten des Protestantismus wurde die Republik abgelehnt. Zuvor fest mit der Monarchie verbunden, war mit dem Ende des Kaiserreichs das „landesherrliche Kirchenregiment", mit dem „Monarch als Summepiskopus an der Spitze seiner evangelischen Landeskirche" (Wehler 2003, 436) kollabiert. Kennzeichnend für den Protestantismus zu dieser Zeit war ein extremer Nationalismus, der den „nationalen Habitus der evangelischen Laien" (ebd., 438) prägte. Es gab Strömungen wie die „politische Theologie", die sich im Dunstkreis des Radikalnationalismus bewegte und den völkischen Nationalismus mit christlichen Argumenten zu legitimieren versuchte. So beklagte auch kein einziger Kirchenmann im Januar 1933 den Untergang von Freiheit und Demokratie, stattdessen wurden die Kirchtürme Schwarz-Weiß-Rot geflaggt. Wehler gelangt deshalb zu dem Urteil, dass die „Vergötzung des Volkstums, die Idealisierung des ‚Völkischen', die Billigung des antisemitischen Rassismus, die Anleitung zur prinzipiellen Feindschaft gegen die Demokratie und die republikanische Staatsform, die Befürwortung eines Hasserfüllten extremen Nationalismus" (ebd., 445) im Grunde kaum noch mit den christlichen Werten in Einklang standen.

Eindeutig war der Protestantismus ein lautstarkes Mitglied der republikfeindlichen Mehrheit. Davon zeugen auch die auf der Tagung gehaltenen Reden. Zusätzlich wurden jedoch auch die pädagogischen Reformbewegungen sehr skeptisch gesehen. Am 18. Juni hielt Helene Ziller, Oberin des Diakonissenhauses Bethlehem eine Rede, in der sie betonte, die evangelische Kinderpflege besäße ihr Ziel in Gott selbst, der sich in Christus offenbart habe und die Erziehung zu Christus müsse das Erziehungsziel sein. Dazu brauche es die Unterstützung durch die Familie und insbesondere durch die Mütterlichkeit, aber wo es diese gebe, benötige es kein Montessorimaterial oder eine Arbeitsschulmethode. Bookhagen versteht dies als „Abwehr aller reformpädagogischen Bemühungen" (Bookhagen 1998, 46). Dergleichen war auch schon zuvor angesprochen worden, da dies nun aber an derart exponierter Stelle geäußert werden konnte, kann es als repräsentativ für die evangelische Kleinkinderpflege gelten. Pädagogik war in diesem Sinne für die alltägliche Arbeit nur so weit von Belang, wie sie „den praktisch-ekklesiologischen Bemühungen als Instrument dienen" (ebd., 47) konnte.

Derartige Ansichten finden sich auch in der Jubiläumsschrift. In einem grundsätzlichen Abschnitt unter dem Titel *Das Wesen der Evangelischen Kinderpflege* wurde auf die

Frage nach Erziehung eingegangen, denn „jeder Dienst am Kleinkind, der über die bloße Befriedigung körperlicher Bedürfnisse hinausgeht, ist ja Erziehung" (Gehring 1929, 203). Im Grunde sei die evangelische Kinderpflege in methodischen Fragen offen und deshalb auch lernbereit, aber – und dies ist das Entscheidende – da das Ziel festgelegt sei, seien es auch die Methoden. Denn „die evangelische Kinderpflege steht in ihren Grundlagen *zunächst* nicht unter dem Gesichtspunkt der Erziehung. *Sie ist die Arbeit der Kirche für ihre getauften Kinder zu ihrem Aufbau*" (ebd., 204). Erst die konkrete Ausführung dieser Arbeit würde zu Erziehung und dabei sei die Kirche festgelegt auf ein „ganz bestimmtes *Erziehungsziel*": „die Kinder einzufügen als lebendige Glieder in die Gemeinde des Herrn, in dessen Namen sie getauft sind" (ebd., 204). Für diejenigen, die diese Wahrheit nicht anerkennen würden, erscheine eine derartige Erziehung als „bloße Abrichtung", als „Vergewaltigung der Kinderseele" (ebd., 204), aber sobald man diesen Wahrheitsbesitz anerkenne, dann „heißt eine Erziehung, die so begründet ist, nicht Vergewaltigung der Kinderseele, sondern Erfüllung des Menschenlebens" (ebd., 205) – eine doch seltsam anmutende Argumentation.

Erziehung ist in diesem Sinne immer und zuerst sittlich-religiöse Erziehung. Die wirtschaftlichen und politischen Nöte hätten eine Entgottung und Entsittlichung und dadurch letztendlich das Auseinanderbrechen der menschlichen Gemeinschaft herbeigeführt, eine „Verwilderung alles Menschentums" (Gehring 1929, 205). Die evangelische Kinderpflege aber sei Teilgebiet der sozialen Fürsorge und habe es mit der Not, „die aus Sünde und Schuld entstanden ist" (ebd. 236) und mit der in wirtschaftlichen Verhältnissen begründeten Not zu tun. Hier findet sich neben der sozialen und hygienischen auch der Verweis auf eine pädagogische Aufgabe, ergänzt um volksmissionarische und kirchliche Aufgaben (vgl. ebd., 236). Vorbehalten aber sei sie primär den bedürftigen Kindern.

Auch der Abschnitt, der sich mit der praktischen Arbeit auseinandersetzt, betont die religiöse Grundlage sämtlicher Erziehung. Dort heißt es, dass evangelische Kinderpflege zu treiben bedeutet: ‚Kinder erziehen im Geist und Dienst des Evangeliums'" (Gehring 1929, 224). Das Evangelium ist das Ziel, die Aufgabe und der Maßstab zugleich und so steht im Mittelpunkt der praktischen Arbeit auch die „Erziehung im Geist des Evangeliums" (ebd., 225). Es sollte eine christliche Hausordnung geben, die von den Erzieherinnen vorgelebt werde und dementsprechend müsse auch die Ausbildung verlaufen. Es sollte in die Gedankenwelt der Bibel hinein geführt werden, „lehrt sie lauschen auf Gottes Stimme" (ebd., 225) und auch wenn auf die „Richtlinien der Kinderseelenkunde" geachtet und ebenso an die Erlebnisse und Vorstellungen des Kindes angeknüpft werden könne, stehe doch das religiöse Element im Mittelpunkt. Es sei „kirchliche Erziehung" zu betreiben (vgl. ebd., 225ff.). Die Seele der Kinder müsste sich „zum Horchen und Gehorchen neigen, daß sie fähig und willig werden, von Gottes Willen sich führen zu lassen und den eigenen hinzugeben. Darum sind *Gehorsam und Ehrfurcht die Grundlagen evangelischer Erziehung*, die zur Selbstverleugnung führen will und nicht zur Selbstbehauptung und zum Persönlichkeitsstatus" (ebd., 227).

Erziehung soll derart verstanden Gehorsam und Ehrfurcht bewirken, unverändert wurde von Selbstverleugnung gesprochen. Die Beschreibung des Kindergartenalltags ähnelt dann zwar durchaus den üblichen Angaben, aber das freie Phantasiespiel sollte vor allem deshalb stattfinden, da sich hier das Wesen des Kindes besonders gut offenbare. Ansonsten war eine geordnete und disziplinierte Zeiteinteilung erwünscht, und die Erziehung zum Familiensinn sollte mit einer „staatsbürgerlichen Erziehung" (Gehring 1929, 232) verbunden werden. Die anzustrebende Gemeinschaftserziehung sollte einen sozial ausgleichenden und versöhnenden Charakter besitzen und zur wahren Volksgemeinschaft erziehen, „zum Sinn für Verantwortung sich selbst und anderen gegenüber" (ebd., 246). Hinzu kam die volksgesundheitliche Aufgabe, auch deshalb, da die Hygiene im Kindergarten zumeist mangelhaft sei, weshalb neben körperlichen Übungen auf die Reinlichkeit geachtet werden sollte (vgl. ebd., 250ff.).

Es ist schon auffällig, wie sehr die Betonung der sittlich-religiösen Erziehung in der Jubiläumsschrift überwiegt. Eine gewisse Ausnahme stellte der Beitrag von Friedrich Delekat dar.[298] Delekat hatte schon auf der Tagung darauf hingewiesen, dass man sich die reformpädagogische Bestrebungen nutzbar machen müsse und dass auch die evangelische Pädagogik Grund habe, sich belehren zu lassen (vgl. Bookhagen 1998, 47ff.). In seinem Beitrag für die Jubiläumsschrift kam er dann auf die pädagogische, soziale und volksgesundheitliche Aufgabe zu sprechen, die beiden letzten Aspekte sind bereits zuvor angesprochen worden.[299] Aber auch Delekat schränkte den pädagogischen Aspekt sofort wieder ein, indem er sich die Frage stellte, ob die pädagogische Aufgabe überhaupt im Vordergrund stehe. Er betonte jedoch, als „das Entscheidende muß unter allen Umständen das rein Pädagogische angesehen werden" (Gehring 1929, 211). So lehnte er auch Fröbel keineswegs ab (vgl. ebd., 214). Ebenso müssten die modernen Erkenntnisse und Methoden der Pädagogik und Psychologie aufgegriffen werden, Auseinandersetzung und Diskurs seien notwendig – dessen ungeachtet darf jedoch, so auch Delekat, der evangelische Glaube als Grundlage der Arbeit nicht aufgegeben werden (vgl. ebd., 223).

Fazit: Auffallend für die evangelische Kinderpflege sind die Abwehr staatlicher Einflüsse bei gleichzeitiger Hervorhebung der Liebestätigkeit und somit auch des sozialfürsorgerischen Charakters der vorschulischen Einrichtungen, sowie die deutliche Betonung des religiösen Elements. Dies kennzeichnet auch das Verständnis von Erziehung, der Bildungsbegriff ist innerhalb dieser Überlegungen im Grunde nicht von Bedeutung. Insgesamt finden sich kaum pädagogische Aspekte in der Argumentation. Aspekte einer ganzheitlichen Erziehung wurden zwar betont, aber zumeist auf die Begründung des Stellenwertes der sittlich-religiösen Erziehung reduziert. Erziehung im Sinne der christlichen Kinderpflege hat vor allem und immer sittlich-religiöse Erziehung zu sein.
Verglichen mit den vorherigen Epochen stellt diese Position keine grundlegende Veränderung oder Weiterentwicklung dar. Autorität, Gläubigkeit und die Gewöhnung an Gehorsam galten unverändert als bedeutsam für die frühkindliche Erziehung. Erziehung wurde auch weiterhin primär als Vermittlung gewünschter Denk- und Verhaltensweisen verstanden, dieser Aspekt macht das Erziehungsverständnis der evangelischen Kinderpflege im Kern aus. Auch wenn die bestehende Staatsform abgelehnt wurde, sollten die

---

[298] Zu Friedrich Delekats erziehungswissenschaftlicher Arbeit siehe Simojoki, Henrik: Evangelische Erziehungsverantwortung. Eine religionspädagogische Untersuchung zum Werk Friedrich Delekats (1892–1970). Tübingen 2008.

[299] Delekat hat sich auch kurz mit den Begriffen „Erziehung" und „Bildung" befasst. Allerdings sind die dort gemachten Anmerkungen für diese Arbeit wenig aufschlussreich, da dabei nicht ein frühkindliches Bildungs- und Erziehungsverständnis im Vordergrund steht.

Kinder mit Hilfe dieser Erziehung noch immer in die bestehenden Gesellschafts- und vor allem Kirchenstrukturen eingegliedert werden.

2.2.3 Der Deutsche-Fröbel-Verband (DFV)

Der DFV war nun auch von staatlicher Seite vollständig anerkannt und kann als die maßgebliche frühkindpädagogische Vereinigung gelten. 1918 übernahm Helene Klostermann (1858-1935) den Vorsitz, nachdem Martha Back aus Gesundheitsgründen ausgeschieden war. Klostermann, an einem Seminar für Kindergärtnerinnen und Lehrerinnen als Leiterin tätig, war auch an der Einrichtung des Fröbelmuseums in Bad Blankenburg beteiligt. Von 1923 bis 1934 hatte Lili Droescher (1871-1944) den Vorstand inne, Eduard Spranger agierte als ihr Vertreter und Elfriede Strnad übernahm die Schriftführung. Auch der DFV hatte sich den neuen Verhältnissen anzupassen, beispielsweise besaß Klostermann Bedenken gegenüber dem allgemeinen Wahlrecht. Sicherlich war die Fröbelbewegung nun weniger progressiv als noch zuvor, so wird auch der *Kindergarten* während der Weimarer Jahre als eine „konservative Zeitschrift ‚in Friedrich Fröbels Bahnen'" (Pestalozzi-Fröbel-Verband e.V. 1998, 56) bezeichnet. Immer schwieriger wurden die finanziellen Verhältnisse, weshalb geplante Broschüren nicht veröffentlicht werden konnten und Versammlungen abgesagt werden mussten. 1922 wurde die Geschäftsstelle von Frankfurt nach Berlin an das „Zentralinstitut für Erziehung und Unterricht" verlegt, wodurch die enge Zusammenarbeit mit der so genanten Kleinkinderfürsorge sicher noch vertieft wurde (vgl. ebd., 31ff.).

Den thematischen Schwerpunkt während der Weimarer Zeit stellte die Auseinandersetzung mit der Montessoripädagogik dar (vgl. Pestalozzi-Fröbel-Verband e.V. 1998, 33/34). Deren schnelle Anfangserfolge waren auch deshalb möglich gewesen, weil die Fröbelpädagogik in eine Krise geraten war (vgl. Konrad 1997, 153). Sie beherrschte zwar die vorschulpädagogische Lehre, war aber durch die interne Kritik verunsichert und fühlte sich durch die Montessoripädagogik herausgefordert. Auch wenn sich Montessori nur am Rande über Fröbel geäußert hatte, gerade die Art, wie Montessori den bedeutendsten Klassiker der Frühkindpädagogik überging, wirkte provozierend (vgl. ebd., 256). Außerdem hatte gerade die Fröbelbewegung den Aspekt der Selbsttätigkeit betont und nun wuchs ihr mit der Montessoripädagogik eine neue Konkurrenz heran, die mit wissenschaftlichem und somit kompetenterem Anspruch antrat. Daraus entwickelte sich eine harte Auseinandersetzung, ein „Streit um Montessori", wie es zeitgemäß hieß (vgl. Konrad 1997, 254;. Reyer 2006b, 275).

Dieser Streit kann hier nicht ausführlich betrachtet werden (vgl. Konrad 1997). Zusammenfassend lässt sich festhalten, dass die Fröbelbewegung nach einer anfänglichen „Haltung der grundlegenden Sympathie und doch bewußten Distanz" (vgl. ebd., 259)[300] auf den wachsenden Erfolg der Montessoribewegung zunehmend gereizter reagierte. Ein wichtiger Beitrag wurde dabei von Spranger geliefert, er war „der wichtigste Katalysator der Debatten im Umkreis der Fröbelbewegung" (ebd., 263).[301] Spranger stellte Fröbel als

---

[300] Schon früh war Kritik von Johannes Prüfer formuliert worden. Er gehörte zu den wenigen Fröbelianern, die Montessori von Anfang an ablehnten und sich dabei auch zu nationalistischen und abwertenden Aussagen hinreißen ließ (vgl. Konrad 1997, 258/259).

[301] Spranger war entscheidend an der Weiterentwicklung der Kindergärtnerinnenausbildung beteiligt und für die Fröbelbewegung als Vortragsredner und Berater aktiv, vorsichtig hatte er sich für die Fröbelreform aus-

philosophischen Kopf gegenüber dem flachen Positivismus Montessoris dar und warf dieser einseitige Intellektualisierung, Isolierung der Sinne und frühzeitige Verschulung vor, wobei er sich der Argumente der kinderpsychologischen Kritik bediente (vgl. ebd., 265ff.). Später stand man der Montessoripädagogik dann ruhiger und ausgewogener gegenüber. Dies lag vermutlich auch daran, dass die Montessoribewegung kaum noch als Konkurrenz oder gar Gefahr eingeschätzt wurde, weshalb nun differenzierter und fairer geurteilt werden konnte. Insgesamt endetet die Diskussion so versöhnlicher, als die zuvor scharfe Kritik hatte erwarten lassen, ohne dass man zur anfänglichen Offenheit zurückkehrte (vgl. ebd., 273ff.).

Erstaunlich ist jedoch, dass sich kaum weitere Beiträge finden lassen und die vorhandenen zumeist auch noch mit ihrer inhaltlichen Dünne überraschen. Im Grunde findet sich keine Schrift, in der sich ein zeitgemäßes frühkindliches Bildungsverständnis oder eine Weiterentwicklung von Fröbels Pädagogik erkennen lässt. Ansätze einer modernen Frühkindpädagogik, wie sie sich zuvor bei Prüfer erkennen ließen, wurden nicht fortgeführt. Neben der intensiven Auseinandersetzung mit der Montessoripädagogik, könnte dies auch den finanziellen Schwierigkeiten während der Weimarer Zeit geschuldet sein, die möglicherweise geplante Publikationen verhindert haben. Auch waren die Bestrebungen, die zeitgenössischen Ansätze von Pädagogik und Psychologie aufzugreifen, wohl durch den Ersten Weltkrieg gestoppt worden, stattdessen hatte man sich verstärkt auf die Aspekte der Fürsorge und Versorgung konzentriert (vgl. Pestalozzi-Fröbel-Verband e.V. 1998, 30 u. 32). Auch die Stellungnahmen auf dem Kongress für Kleinkinderziehung – hier war die Fröbelbewegung durch Muchow und Mayer-Kulenkampff vertreten (vgl. Oestreich 1932, 66ff.) – sind im Rahmen dieser Arbeit vernachlässigbar.
Von Lili Droescher[302] gibt es zwei kleinere, allerdings hier nur wenig interessante Schriften. In *Heimaterziehung im Kindergarten* (1924) behandelte sie vor allem die Frage, wie das „Verwachsen mit der Heimat" bewirkt werden könne, die Heimaterziehung des Kindergarten sollte „erlebte Heimatkunde" darstellen. In *Kindergarten und Grundschule* (1928) griff sie die alte Forderung auf, dass die Grundsätze des Kindergartens in der Grundschule ihre Fortsetzung finden müssten. Kurz betonte sie, dass der

---

gesprochen. Schon 1921 formulierte er in Grundzügen seine im Grunde unverändert gebliebene Montessorikritik. Ab 1923 war er zweiter Vorsitzender des Deutschen Fröbelverbandes und verfügte dadurch über einen großen Einfluss. Er dürfte die Montessorirezeption der Fröbelanhänger entscheidend beeinflusst haben, da er z.B. auch mehrere Dissertation zu Fröbel betreute (vgl. Konrad 1997, 264).

[302] Elisabeth Droescher (1871–1944), von Kindheit an Lili genannt, ließ sich nach dem Besuch der „Höheren Töchterschule" zur Kindergärtnerin ausbilden. Als 16jährige ging sie nach Berlin, um sich dort am PFH ausbilden zu lassen, hier war Henriette Schrader-Breymann ihre Lehrerin. Nach einer Tätigkeit als Lehrerin und Kindergartenleiterin in einer von Schrader-Breymann gegründeten Bildungsanstalt, kehrte sie 1893 nach Berlin an das PFH zurück, deren Leitung sie schließlich übernahm und bis 1934, als das PFH auf nationalsozialistischen Druck hin schließen musste, inne hatte. Hier war sie sehr stark in der Ausbildung der angehenden Erzieherinnen engagiert und hat so zur Professionalisierung der Kindergärtnerinnenausbildung beigetragen. Auch gehen Einrichtungen wie der Schulkindergarten auf sie zurück. 1923 wurde sie zur 1. Vorsitzenden des DFV gewählt und war auf zahlreichen Kongressen im In- und Ausland tätig. Daneben war sie auch schriftstellerisch rege tätig, insbesondere für den *Kindergarten*. Mit der Auflösung des DFV 1938 verlor sie ihren Einfluss auf die Pädagogik. Am 10. April 1944, am Tag ihres Geburtstages, starb sie in Thorn, ohne, so Berger, dass ihr Lebenswerk die Würdigung fand, die es verdient hätte (vgl. Berger 1995, 35f.).

Kindergarten sowohl der Gesundheitspflege als auch der Erziehung diene, indem die Kinder zu Selbständigkeit und Ordnung angehalten würden. Außerdem würden die Beschäftigungen der „formalen Bildung des Erkenntnisvermögens" (Droescher 1928, 91) dienen. Droescher lehnte den obligatorischen Kindergarten ab und betonte, dass der Kindergarten zwar der Schule diene, aber eigenständig bleiben und über eine eigenständige Pädagogik verfügen müsse (vgl. ebd. 93/94). Derartige Ansichten vertrat sie auch in ihren Publikationen im Rahmen der Kleinkinderfürsorge, dort wies sie auch deutlich auf den familiären Charakter, den die vorschulischen Einrichtungen besitzen müssten, hin.

2.2.4 Die katholische Kleinkinderpädagogik
Die katholische Kleinkindpädagogik stellte auch weiterhin die größte Trägergruppierung dar. Da sich die Aufteilung in einen Hort- und einen Kleinkinderanstaltenverband als nur bedingt sinnvoll erwies, kam es 1920 zur Gründung des „Zentralverbandes katholischer Kinderhorte und Kleinkinderanstalten Deutschlands" unter dem Vorsitz von Dr. Lenné mit Sitz in Bonn, zur stellvertretenden Vorsitzenden wurde Alexe Hegemann gewählt.[303] Allerdings behielten beide Verbände eine selbständige Geschäftsstelle, weshalb es zu keiner wirklichen Vereinigung kam. Außerdem wurde vom Deutschen Caritasverbund bereits 1917 ein Referat Kinderfürsorge unter der Leitung Hegemanns gegründet, was die schon bestehenden Spannungen zwischen ihr und Dr. Lenné sicher nicht verbessert hat. Die Zusammenarbeit zwischen Zentralverband und Referat blieb problematisch, 1924 legte Lenné seinen Vorsitz nieder (vgl. Schnabel 1987c, 26ff. u. 39ff.). Auch die katholischen Kindergärtnerinnen schlossen sich zusammen, 1923 entstand die „Reichsarbeitsgemeinschaft katholischer Jugendleiterinnen, Kindergärtnerinnen und Hortnerinnen" (vgl. Schnabel 1987c, 34). Hinzu kam der Zusammenschluss der Ausbildungsstätten zur „Arbeitsgemeinschaft katholischer Kindergartenseminare" (vgl. Reyer 1987b, 49-51).
Insgesamt fiel dem Katholizismus der Übergang in die neue Staatsform wesentlich leichter als dem Protestantismus, auch da die Rechtsordnung der Kirche von den Umwälzungen unberührt blieb. Mit dem 1917 erschienen „Codex Iuris Canonici" wurde die „allumfassende päpstliche Macht" noch einmal zementiert. Ziel dieser sich durchsetzenden Richtung war die „vereinheitlichende Zentralisierung der Kirche zugunsten der Papstdiktatur und die lückenlose Verrechtlichung des Kirchenlebens" (Wehler 2003, 447/448). Allerdings wurde das angestrebte Reichskonkordat nicht erreicht. Ablehnend stand man dem Nationalsozialismus, wie auch den Kommunismus gegenüber.

Auf dem Gebiet der öffentlichen Kleinkinderziehung begann nun eine verstärkte Auseinandersetzung mit Fröbel, ohne dass dabei die kirchlich-religiöse Grundeinstellung aufgegeben wurde. Sie verlief auch nicht so intensiv wie zuvor von evangelischer Seite. Einzelne Erzieherinnen oder Jugendleiterinnen versuchten dadurch die als mangelhaft empfundene Praxis zu verbessern. Auch in Leitfäden und systematischen Grundrissen fand dies Niederschlag. 1917 erfolgte der erste Fachkurs „Kleinkinderziehung", hier war Josef Göttler für die Theorie und Johanna Huber für den praktischen Teil verantwortlich.

---

[303] Schnabel gibt für das Gründungsdatum unterschiedliche Daten an. Einmal spricht er vom Sommer 1917 (vgl. Schnabel 1987c, 33), später jedoch von 1920 (vgl. ebd. 41ff. u. 277).

Langsam schaffte die katholische Vorschulpädagogik den Anschluss an die pädagogische Moderne (vgl. Hermanutz 1977, 155ff.; Konrad 1997, 62ff.).
Als eine der bedeutendsten Vertreterinnen des katholischen Kindergartenwesens kann Johanna Huber gelten, aufgrund ihrer Tätigkeit innerhalb der Fachkurse hat sie sicherlich über Einfluss verfügt. Huber war zunächst von 1889 bis 1916 an verschiedenen Münchner Volksschulen als Lehrerin tätig, 1916 wurde sie vom Stadtschulrat Georg Kerschensteiner als Lehrerin an die Münchner Versuchsschule berufen. Hier war sie für die Leitung der Kindergartenabteilung verantwortlich, allerdings musste sie sich bald vom Schuldienst aus gesundheitlichen Gründen zurückziehen. Dem Versuchskindergarten blieb sie jedoch treu. 1917 wurde unter ihrer Federführung der „Bayrische Landesverband katholischer Kinderhorte und Kleinkinderanstalten, Krippen und Säuglingsheime inbegriffen" gegründet, deren 1. Vorsitzende sie von 1921 bis 1932 war. 1918 gründete sie zusammen mit Alexe Hegemann die katholische Fachzeitschrift *Kinderheim*, hier war sie für die Abteilung Kleinkinderziehung verantwortlich. Sie griff in die Fröbel-Montessori-Kontroverse ein und hat mehrere Spiel- und Beschäftigungsbücher für Kinder veröffentlicht. Bereits 1916 war *Die religiös-sittliche Unterweisung des Kleinkindes im Kindergarten und in der Familie* erschienen, das wohl sehr positiv aufgenommen wurde (vgl. Berger 1995, 96/97).
In dieser Schrift, ihrer einzigen, die sich mit mehr allgemeinen Fragen der Kleinkinderziehung im Kindergarten beschäftigt, steht die sittlich-religiöse Erziehung im Vordergrund. Kindergärten, so Huber, sind „Ersatzeinrichtungen der Familienerziehung" (1916, V), in denen dafür gesorgt werden muss, dass „Religiosität und christliche Sittlichkeit" (ebd., V) herrschen. Die Kinder dieses Alters seien für Religion zugänglich, sofern diese in anschaulicher, konkreter und bestimmter Form und deshalb in konfessioneller Ausprägung vermittelt werde (vgl. ebd., VII). Sie besäßen ein religiöses Bedürfnis und deshalb sei eine „vernünftige Art der religiösen Unterweisung" (ebd., 3) in Form konfessioneller Religionsausübung sinnvoll. Denn „Religion ist und bleibt nun einmal der Hauptfaktor im menschlichen Leben; darum muß sie auch in entsprechender Form dem Kinde dargeboten und damit der religiöse Sinn geweckt werden" (ebd., 7).
Vorbild der religiös-sittlichen Kindergartenerziehung ist nach Huber die Mutter, „wie der ganze Kindergarten nur ein Nachbild der rechten Familienerziehung sein darf" und „so muß *das vorbildliche Fühlen und Tun der Familie, in erster Linie der Mutter, auch Richtung gebend sein für die religiöse Unterweisung im Kindergarten*" (Huber 1916, 7). Jede religiöse Unterweisung im Kindergarten muss familiären Charakter besitzen (vgl. ebd., 7/8).
Die sittlich-religiöse Erziehung könne dabei in zwei Formen erscheinen, als Gelegenheitsunterricht in Bezug auf sittliche Erziehung oder als planmäßig fortschreitende Belehrung in Bezug auf die einfachsten Grundwahrheiten der Religion. Beides müsse aber miteinander verbunden sein (vgl. Huber 1916, 8). Letztes Ziel der sittlich-religiösen Erziehung, so Huber, aber ist die „die Heranbildung des Kindes zur religiös-sittlichen Persönlichkeit" (ebd., 8) und dazu muss auf das Kind sittlich eingewirkt und die kindlichen Neigungen in die richtigen Bahnen gelenkt werden (vgl. ebd., 8). Ein dauerhaftes Moralisieren und Belehren ist zu vermeiden, denn „die einzig richtige und nachhaltige Einwirkung ist die praktische Anleitung zur sittlichen Tat, nicht bloß im Sinne der Besserung, sondern vielmehr im positiven Sinne als Veranlassung zur Betätigung aller per-

sönlichen und altruistischen Tugenden" (ebd., 10). Die Tugenden sollten also nicht bloß gelehrt, sondern vor- und von den Kindern nachgelebt werden.

Auf keinen Fall aber dürfe der Stoff der Volksschule vorweg genommen werden. Vielmehr müsse an Erlebnisse, Beobachtungen des eigenen Lebens angeknüpft und diese anschaulich, z.B. durch Kirchenbesuche behandelt werden (vgl. Huber 1916, 16). Auch bei der religiösen Belehrung sei auf die Stoffauswahl zu achten, geeignet sei alles, was „dem aufkeimenden religiösen Ahnen Licht und Wärme und Wachstum" (ebd., 11) zuführe. Es sollte die Vorstellung von einem freundlichen, nicht strafenden Gott gegeben werden, einem Gott der Ehrfurcht und Liebe (vgl. ebd., 12). Das Einprägen, Eintrichtern und Abfragen lehnte Huber ab, denn zwar sollte das religiöse Empfinden geweckt, die Kinder aber nicht mit religiösen Kenntnissen voll gestopft werden (vgl. ebd., 16/17).

In ihrer praktischen Umsetzung bedeutete diese religiös-sittliche Erziehung, dass unverändert der bekannte Tugendkatalog vermittelt werden sollte. Diese Tugenden könnten jedoch nicht durch Reden, sondern nur durch Taten der Kinder vermittelt werden, indem geeignetes Tun veranlasst oder verkehrtes Tun verhindert werde (vgl. ebd., 27). Denn „in diesem Alter jedenfalls ist *Tun*, Tun und Nichttun-Lassen das erste und größte Gebot, Reden aber das letzte und kleinste" (ebd., 41). So erläuterte sie auch, wie diese Tugenden vermittelt werden und Erziehung zur Selbstbeherrschung, zum Gehorsam, zur Wahrhaftigkeit, zu altruistischen Tugenden gelingen könne (vgl. ebd., 28ff.).[304]

Insgesamt steht bei Johanna Huber die sittlich-religiöse Erziehung im Vordergrund und das ist sicher kennzeichnend für die gesamte katholische Kleinkinderpädagogik. Die sittlich religiöse Erziehung wurde als bedeutsam für die zukünftige religiöse Einstellung des Kindes angesehen, weshalb es auch nicht egal sei, ob ein konfessionsgleicher, interkonfessioneller oder fremdkonfessioneller Kindergarten besucht werde. In den sozialdemokratischen Einrichtungen drohe sogar eine Erziehung zur Gottlosigkeit (vgl. Schnabel/Rehm 1987, 53/54). Sittlich-religiöse Erziehung wurde von ihr eindeutig als eine katholische verstanden. Auch von katholischer Seite wurde die Orientierung an der Familie betont und eindeutig die schulähnliche Gestaltung als nicht kindgemäß angesehen, aber das Verständnis von Erziehung beinhaltet unverändert verstärkt Elemente von Belehrung und Einwirkung mit dem Ziel, das Kind auf den richtigen, d.h. sittlich-religiösen Weg zu führen – eine Überzeugung, die sich auch innerhalb der wissenschaftlichen katholischen Kleinkinderpädagogik, auf die noch ausführlich einzugehen sein wird, finden lässt.

2.2.5. Die Jugendwohlfahrt und die Kleinkinderfürsorge

Einen wichtigen Stellenwert, allein vom Umfang her, nehmen die Stellungnahmen der Jugendwohlfahrt bzw. Kleinkinderfürsorge ein. In einem gewissen Sinn waren beide neu auf dem Feld öffentlicher Kleinkinderziehung, auch wenn sie mit älteren Gruppierungen, insbesondere dem DFV, teilweise eng verbunden waren. Überhaupt ist es nicht ganz einfach, sich den zum Teil unübersichtlichen Zusammenhängen zu nähern. Die Schriften stellen oftmals Sammlungen inhaltlich verschiedener Vorträge dar. Viele der Beiträge

---

[304] Sehr ausführlich wurden Beispiele für die religiöse Unterweisung, angelehnt an das zuvor vorgeschlagene Jahresprogramm, das sich am Natur- und das Kirchenjahr orientierte, dargestellt (vgl. Huber 1916, 42-108).

sind eher aus sozialgeschichtlicher Perspektive von Interesse. Auch überschneiden sich praktischer und politischer Diskurs hier besonders deutlich. Es ist jedoch anzunehmen, dass sich die Publikationen eher an die Praxis gewandt und weniger politischen Einfluss angestrebt haben, weshalb sie an dieser Stelle dargestellt werden.

Die Jugendwohlfahrt: Zu den Schriften der Jugendwohlfahrt gehören Hermine Albers' *Die Organisation der Jugendwohlfahrtspflege für Klein- und Schulkind* (1927) und die von der Hauptwohlfahrtstelle für Ostpreußen herausgegebene Schrift *Kindergärten in Ostpreußen* (1928) , die für diese Arbeit jedoch weniger von Bedeutung ist. Hinzu kommen die Texte von Erna Corte, *Kindergärten, Horte und Tagesheime im Kampf gegen Kindernot* (1930) und *Kindergärten und Horte in der Notzeit. Ausführungen zum Notprogramm für die Jugendwohlfahrt der Deutschen Zentrale für freie Jugendwohlfahrt* (1932). Ihre zweite Schrift veröffentlichte Corte, da die erste weitestgehend vergriffen war und sachlich einer Ergänzung bedurfte (vgl. Corte 1932, 3). Corte, eine promoviert Volkswirtschaftlerin, war innerhalb der Fröbelbewegung aktiv, von 1925-1934 sogar im Vorstand, was die Befürwortung des Kindergarten gemäß der Fröbelbewegung erklärt. Corte war u.a. im Reichsministerium damit beauftragt, das RJWG in die Praxis umzusetzen (vgl. Berger 2009e). Eine weitere Schrift ist *Die halboffenen Anstalten für Kleinkinder. Kindergarten, Kindertagesheim, Tageserholungsstätte* (1926), eine gemeinsame Arbeit des Kinderarztes Theodor Hoffa und der Jugendwohlfahrtspflegerin Ilse Latrille. Die Zusammenarbeit dieser beiden Arbeitsgebiete kann als durchaus zeittypisch gelten und zeigt den großen Stellenwert gesundheitspolitischer Fragen.

Grundsätzlich gilt, dass sich die Jugendwohlfahrt selbst keine weiter gehende Rolle zugesprochen hat, als durch das RJWG festgelegt worden war. So betonte Albers, dass die Einrichtungen der Jugendwohlfahrt eine sekundäre Rolle einnehme und erst dann, wenn die Familie versage, zum Tragen komme (vgl. 1927, 4): „Jede Erziehungsfürsorge ist Familienersatz" (vgl. ebd., 46), denn selbst die beste Einrichtung könne nicht das bieten, was das Kind in einer „normalen" Familie bekomme, auch wenn sie ein besserer Ersatz sei als die bereits „in sich zerfallenen, anorganisch gewordenen Familien" (ebd., 46). Die Aufnahme wurde von ihr nicht pädagogisch begründet, vielmehr galten unverändert die Erwerbstätigkeit oder Krankheit der Mutter, Wohnungsmangel sowie mangelndes Verantwortungsgefühl und mangelnde Erziehungsfähigkeit der Eltern als Gründe (vgl. ebd., 46).
Durch eine derartige Eigenbeschreibung wurde der sozialfürsorgerische Charakter der Einrichtungen betont, nicht jedoch der Bildungsaspekt. Es sei Aufgabe der Jugendwohlfahrt, „in ihren eigenen Einrichtungen und Stätten direkt, indirekt durch Einflußnahme auf die Gestaltung des Familienwillens und die Erziehung Möglichkeiten zu schaffen, die diese Krisen und Reibungen [in Gesellschaft, Kultur, Wirtschaft etc., H.W.] überwinden und vermeiden und dem Kinde seine Eingliederung in die Gesellschaft und seine persönliche körperliche und geistige Entwicklung bis zur vollendeten Reife erleichtern" (1927, 6). Somit habe auch die öffentlichen Kleinkinderziehung zur Aufgabe, das Kind bei der Eingliederung in die bestehende Gesellschaft zu unterstützen, sowie zur körperlichen und geistig-sittlichen Erziehung des Kindes beizutragen (vgl. ebd., 6/7). Auch Hoffa/Latrille betonten, dass auf die „Gestaltung seiner [des Kindes, H.W.] gesamten

Persönlichkeit" (1926, 1) geachtet werden müsse. Die frühe Kindheit sei ein bedeutsamer Abschnitt der Gesamtentwicklung des Menschen, in dem das Kind spielend seine Kenntnisse erwerbe (vgl. ebd., 3/4). Es lerne in dieser Zeit mehr, als im gesamten späteren Leben, wobei unter lernen nicht allein den Erwerb von Kenntnissen, sondern „der Gesamterwerb auch in Beziehung auf den Charakter, die Entwicklung der anfangs unbewussten Triebe und Strebungen zu klar bewussten Einstellungen und Verhaltensweisen" (ebd., 4) zu verstehen sei. Die Entwicklung vollziehe sich in dieser Zeit nicht allein durch Belehrung, sondern auch durch Gewöhnung. Durch sie würden Tugenden, Verhaltensweisen etc. zur zweiten Natur. Es finden sich also Aspekte einer sittlichen Erziehung bzw. Eingliederung in die Gesellschaft.

Insgesamt waren die Anforderungen, die an die Einrichtungen der Jugendwohlfahrt gestellt wurden, nicht sehr hoch. Allerdings wurden Bewahr- oder Kleinkinderschulen nun eindeutig abgelehnt, denn dessen Einrichtung und Organisation ständen „mit den heutigen Anschauungen über Erziehung und Beschäftigung des Kleinkindes und mit modernen hygienischen und pädagogischen Forderungen kaum mehr in Einklang" (Albers 1927, 48). Neben der schulmäßigen Einrichtung wurden die mangelhaften räumlichen Bedingungen und Ausstattung kritisiert, wie auch die Beschäftigung aufgrund des Massenprinzips oft nur „eine rein schulische" (ebd., 49) sei. Die Einrichtungen müssten sich wandeln, und zwar in eine dem „Wesen und dem Bedürfnis des Kleinkindes entsprechende Form" (ebd., 50) und dies sei der sowohl in Ausbau als auch Methode möglichst familiennahe Kindergarten (vgl. ebd., 50 u. 59).

Dem Kindergarten wurde also zumindest eine über den sozialfürsorgerischen Charakter hinausgehende Funktion zugesprochen. Nach Corte hat er „nicht nur eine fürsorgerische Aufgabe", sondern ist „seiner Idee nach eine pädagogische Einrichtung" (1930, 18), die nicht nur Not leidenden, sondern allen Volksschichten zugute kommen soll. Ziel sei nicht allein die Bewahrung, sondern auch die planmäßige Entwicklung „aller im Kinde schlummernden körperlichen und seelischen Kräfte" (ebd., 6). Für Hoffa/Latrille ist die „Idee der Selbsttätigkeit, der allseitigen Bildung aller im Kinde ruhenden Kräfte und Triebe – sei es durch Förderung, sei es durch Hemmung – die Grundlage der Erziehung in unseren Kleinkinderanstalten" (1926, 25). Wichtig sei das Spiel aus eigener Initiative, das Beschäftigen/Anleiten in großen Gruppen sei dagegen unnatürlich, denn das Kind wisse selbst am besten, was es brauche. Beschäftigungen, die das Kind nicht interessieren, seien dagegen nicht gut für die „organische Entwicklung" und würden keine Selbständigkeit erzielen. Auch das Stillsitzen und Ordnen erworbener Kenntnisse sei nicht Aufgabe des Kindergartens, sondern der Schule, im Kindergarten habe das Freispiel und die Selbsttätigkeit im Vordergrund zu stehen (vgl. ebd. 1926, 40ff.).

Auch Albers betonte, dass die Einrichtungen den Tätigkeitstrieb nicht einengen dürften und die „freie Selbstbetätigung" fördern, sowie die Willenserziehung bewusst gestalten müssten (vgl. Albers 1927, 50). Nicht das Lernen, nicht die Stoffvermittlung habe im Vordergrund zu stehen, sondern „die freie Betätigung der kindlichen Eigenart und die lebendige Entwicklung seiner seelischen, sittlichen und geistigen Kräfte" (ebd., 54). Der Kindergarten müsse „der Selbsttätigkeit des Kindes möglichst großen Spielraum" lassen „und das freie, aus dem Innern des Kindes quellende Spiel in den Mittelpunkt des kindlichen Lebens und damit auch der kindlichen Erziehung" (ebd., 58) stellen. Das Nachahmungsspiel müsse Berücksichtigung finden, denn in diesem drückt das Kind sein Bedürfnis aus, „sich selbst, sein Inneres mit der Außenwelt auseinandersetzen" (ebd., 60). Hinzu sollten häusliche Beschäftigungen, rhythmische Bewegungs- und Freispiele, sowie Arbeiten kommen, die gestaltend und selbsttätig beim Kind wirken. In diesen „Arbeiten" versuche das Kind dem „Erlebten Form zu geben" (ebd., 60). Die Beschäftigungen sollten „der kindlichen Schöpferkraft und Initiative Möglichkeiten bieten" (ebd., 61). Da Albers auch bei Montessori Beachtenswertes fand, hielt sie eine Synthese in dem Sinne für interessant, dass „die Fröbelschen Beschäftigungsmittel und der alte Fröbelgeist sich von der Methode der Freiheit Dr. Maria Montessoris verjüngen und durchdringen lassen" (ebd., 67). Abgelehnt wurde von ihr dagegen der sogenannte „spielerische", d.h. oberflächliche Kindergarten (vgl. ebd., 67).

Auch wenn sich die Jugendwohlfahrt durch Betonung des Subsidiärcharakters eine größere Bildungsfunktion selbst abgesprochen hat, Erziehung galt weiterhin als Aufgabe der vorschulischen Einrichtungen. Überhaupt wurde eine pädagogische Aufgabe anerkannt und es finden sich auch einige interessante Ansätze (Selbsttätigkeit, Verarbeitung des Erlebten im Spiel, Erziehung als Unterstützung der ganzheitlichen Entwicklung), die jedoch nicht weiter ausgearbeitet worden sind.

Im Mittelpunkt stand dagegen zumeist ein anderes Thema. Insbesondere bei Hoffa/Latrille, aber auch bei anderen Autoren (vgl. Albers 1927, 50ff.; Corte 1932, 21/22), findet sich eine ausgesprochen starke Betonung des gesundheitspolitischen Aspekts. Öffentliche Kleinkinderziehung könne nur in Zusammenarbeit von Arzt und Erzieherin gelingen, die „Anstalten und Einrichtungen des Kinderschutzes" hätten sich „immer mehr organisch einzugliedern in den Gesamtaufbau der Fürsorge" (Hoffa/Latrille 1926, I).

Folgerichtig wurde der Aspekt der Gesundheitspflege hervorgehoben. Hygiene und körperliche Ertüchtigung galten als primäre Aufgaben, die Einrichtungen seien „Stätten der Gesundheitspflege" (Hoffa/Latrille 1926, 25). Aus diesem Grund müssten auch nicht allein pädagogische Ansprüche an die Einrichtungen gestellt werden, vielmehr sei dieses Gebiet „durch die Grundsätze der Erziehung und der Gesundheitspflege bedingt" (ebd., 26/27). Eine gute ärztliche Aufsicht über den Kindergarten sei deshalb wichtig. Wie viel Wert auf die Hygiene gelegt wurde, zeigen die Ausführungen zum Thema Waschen, die aus heutiger Sicht in ihrer Ausführlichkeit beinahe zwanghaft anmuten (vgl. ebd., 29ff.).

Die Kleinkinderfürsorge: Zur Landschaft der öffentlichen Kleinkinderziehung während der Weimarer Jahre gehört auch die sogenannte Kleinkinderfürsorge. Darin bündelten sich nicht leicht zu überblickende Bestrebungen, die schon während des Ersten Weltkrieges ihren Anfang genommen hatten und als deren wichtigste Vertreter Wilhelm Polligkeit und Gustav Tugendreich gelten können. Innerhalb der Kleinkinderfürsorge haben sich unterschiedliche Gruppierungen engagiert, so kam z.B. in *Ländliche Kleinkinderfürsorge* (1921) mit Albert Lenné ein Vertreter der katholischen Kleinkinderpädagogik zu Wort.[305] Dennoch überwiegt der Eindruck, dass der Kindergarten im Sinne der

---

[305] Lenné präsentierte hier zehn Leitsätze, die anschließend ausführlich erläutert wurden. Er betonte, „eine gesteigerte Sorge für die Kleinkinder ist auf dem Land sowohl nach der pflegerischen, wie nach der erziehe-

Fröbelbewegung befürwortet wurde, auch da mehrfach deren Vertreter Beiträge beigesteuert haben (vgl. Zentralinstitut 1917; Tugendreich 1919).
Zu den wichtigsten Schriften gehören Gustav Tugendreichs *Der Ausbau der Kleinkinderfürsorge* (1917) und *Die Kleinkinderfürsorge* (1919), letztere bietet jedoch überwiegend Statistisches. Hinzu kommt die vom Zentralinstitut für Erziehung und Unterricht Berlin herausgegebene Schrift *Kleinkinderfürsorge. Einführung in ihr Wesen und ihre Aufgabe* (1917), auf die schon im Zusammenhang mit den Entwicklungen im Ersten Weltkrieg verwiesen wurde. Immer wieder wurden Lehrgänge abgehalten, deren Vorträge später veröffentlicht wurden. So stellt beispielsweise die Schrift *Kindergarten- und Schulwesen* (1922) den Bericht über den vom Deutschen Ausschuß für Kleinkinderfürsorge vom 10.-13. Oktober 1921 auf der „Wegscheide" veranstalteten 4. Lehrgang über Kleinkinderfürsorge dar. Hinzu kommen Stellungnahmen, z.B. *Die Kleinkinderfürsorge im Aufgabenkreis der Jugendämter* (1926). Nicht alle Vorträge werden berücksichtigt, auch da diese zum Teil andere Themen berühren.

Schon auf der 8. Berliner Konferenz der Deutschen Zentrale für Jugendfürsorge war beschlossen worden, welchen Charakter die vorschulischen Einrichtungen besitzen sollten. Innerhalb der Leitsätze heißt es unter Punkt 6:

„Kinderbewahranstalten, Kindergärten usw. sollen durchaus den Charakter von Erziehungsanstalten mit familienhaftem, nicht schulhaftem Gepräge tragen. Um der in diesem Alter notwendigen individuellen Erziehung und Überwachung zu genügen, müssen die Anstalten von gut vorgebildeten Kindergärtnerinnen oder Schwestern geleitet werden. Die Zahl der Kinder, die einer Erzieherin anvertraut werden, soll 30 bis 40 nicht übersteigen" (Tugendreich 1917, 5).

Eindeutig wurde nun der schulhafte Charakter abgelehnt, verbunden mit der Befürwortung einer familiennahen Gestaltung. Das Kind entwickele sich am besten in der Familie und nur wenn die Familienverhältnisse mangelhaft seien, sei der Kindergarten berechtigt, er sei ein „Ersatz- oder Ergänzungsinstitute" (Tugendreich 1919, 107).
Als Aufgabe galt auch Erziehung. Allerdings wurde dies nicht näher erläutert und es bleibt z.B. unklar, was unter individueller Erziehung zu verstehen ist. Auf jeden Fall aber gelte es, einen hohen hygienischen Maßstab anzulegen (vgl. Tugendreich 1917, 5 u. 10). Sowohl hygienische als auch pädagogische Aspekte seien bei der „Aufzucht" der Kinder wichtig, immer ging es auch um die „Hebung und Festigung der Volksgesundheit" (Tugendreich 1919, 1). Im Kleinkindalter seien hygienische und gesundheitliche Aspekte von größerer Bedeutung, auch wenn die „Pflicht erzieherischer Einwirkung" (ebd., 3) zusammen mit der seelischen Entwicklung wachse. Der körperlichen Entwicklung und Pflege des Kleinkindes wurde besondere Beachtung geschenkt und ausführlich auf Fragen der Ernährung, Bewegung, Gesundheitspflege etc. und ärztliche Anforderungen an die Einrichtung eingegangen (vgl. ebd., 79-93 u. 174-184).
Erneut wurde der gesundheitspolitische Aspekt demnach als wichtig, sogar als der bedeutsamere angesehen. Auch das Zentralinstitut verstand die vorschulischen Einrichtun-

---

rischen Seite hin ebenso dringend nötig, wie in der Stadt" (Deutscher Ausschuß für Kleinkinderfürsorge 1921, 7) Dabei vertrat er die Einstellung, dass nur in Ausnahmefällen (Erntezeit, für kranke oder anormale Kinder) Einrichtungen der Kleinkinderfürsorge auf dem Land eingeführt werden sollten (vgl. ebd., 8).

gen, die zur halbgeschlossenen Fürsorge gezählt wurden (vgl. Zentralinstitut 1917, 117-187) als sozialfürsorgerische. Ebenso erfuhr der hygienische Aspekt von Erziehung eine besondere Bedeutung. Im Alter von bis zu drei Jahren seien Pflege und Fürsorge der Kinder überwiegend hygienischer Art, bei älteren Kindern „treten *pädagogische Aufgaben* hinzu, ohne jedoch die hygienischen Aufgaben überflüssig zu machen" (ebd., 87). Der hohe Stellenwert der Hygiene zeigt sich auch an einem Vortrag Hanaceks auf dem 4. Lehrgang zum Thema „Hygienische Mindestforderungen an Kindergärten, Kleinkinderschulen und verwandte Anstalten und die Anpassung bestehender Einrichtungen an die Mindestforderungen" (vgl. Frankfurter Wohlfahrtsamt 1922, 46-48). Auch hier wurde die Forderung aufgestellt, die vorschulischen Einrichtungen müssten zu „hygienisch und pädagogisch vorzüglich arbeitenden Kindergärten" (ebd., 11) werden

Die Betonung der Hygiene als Teil der Erziehung kann als typisch zeitgenössisch gelten. Auch in anderen Kontexten finden sich Schriften, in denen die medizinischen Aspekte betont wurden, exemplarisch bei Erich Krasemann.[306] Krasemann war Kinderarzt in Rostock, sein Buch erschien schon nach zwei Jahren in der vierten Auflage. Hier behandelte er die Pflege und Ernährung, sowie Krankheiten des Kindes. Auch der zuvor erwähnte Eugen Neter, der sich zusätzlich immer wieder mit der Problematik des einzigen Kindes beschäftigte, wies mehrfach auf diesen Aspekt hin. Neter, dessen Schriften hohe Auflagen erreichten, war Lehrer am Städtischen Fröbelseminar in Mannheim, zusammen mit der Leiterin Rosa Grünbaum gab er 1921 *Die Pflege des Kleinkindes (2. bis 6. Lebensjahr)* als ersten Teil von *Die Pflege und Erziehung des Kleinkindes (2. bis 6. Lebensjahr)* heraus. Auch dieses Buch behandelte primär die körperliche Entwicklung, Ernährung, Schlaf, Pflege und Abhärtung des Kleinkindes (vgl. Neter 1921, 5-62), sowie Krankheiten (vgl. Neter 1921, 84ff.).[307] Als Probleme galten ihm, darin durchaus dem Zeitgeist entsprechend, das Großstadtleben und die kleine Zahl der Kinder in den Familien, insbesondere die Häufigkeit des einzigen Kindes (vgl. ebd., 66ff.). Gerade für Einzelkinder sei der Besuch des Kindergartens der beste Weg, um den Verkehr mit anderen Kindern zu ermöglichen (vgl. Neter 1914, 64ff.).

Neben der Hygiene finden sich aber auch Aussagen über die geistige Entwicklung des Kleinkindes (vgl. Tugendreich 1919, 94ff.). Auch auf die Bedeutung der Thematik Kinderpsychologie wurde hingewiesen (vgl. ebd., 94), die Frage nach Veranlagung und Umwelt betrachtet (vgl. ebd., 105) und die Entwicklung des Seelenlebens des Kleinkindes behandelt (vgl. ebd., 107ff.). Allerdings wurden daraus kaum Konsequenzen für die Erziehung gezogen bzw. ein Verständnis von Erziehung formuliert und dies mit der Begründung, dass dies einen anderen Themenbereich darstellen würde (vgl. ebd., 122).

---

[306] Krasemann, Erich: Säuglings- und Kleinkinderpflege in Frage und Antwort. Eine Vorbereitung zur Prüfung als staatlich anerkannte Säuglings- und Kleinkinderpflegerin. 3. und vierte verbesserte Auflage. Leipzig 1922.

[307] Allerdings kam Neter auch auf die Erziehung des Kleinkindes zu sprechen. Nicht allein die körperliche, sondern auch die seelische Pflege sah er als wichtig an (vgl. Neter 1921, 63). Unter Erziehung verstand Neter „die gesamte Einwirkung der äußeren Verhältnisse auf das Kind", d.h. sowohl die aktive und passive Erziehung, als auch andere Miterzieher wie z.B. Kinder oder das Milieu (vgl. ebd., 66).

Interessant ist des Weiteren die vom Zentralinstitut für Erziehung und Unterricht Berlin aus Anlass der Sonderausstellung Kleinkinderfürsorge herausgegebene Schrift *Kleinkinderfürsorge* (1917). Hier findet sich der Abschnitt „Das Kleinkind an sich" (vgl. Zentralinstitut 1917, 1-41), indem zwischen der körperlichen Entwicklung, Pflege und Ernährung und der seelischen Entwicklung des Kleinkindes unterschieden wurde. Während der Abschnitt zur körperlichen Entwicklung vor allem die Pflege des Körpers, die Hygiene und das Schlafbedürfnis des Kindes, sowie eine angemessene Ernährung behandelt, befasst sich der anschließende Abschnitt mit der seelischen Entwicklung des Kindes. Allerdings ist dieser mit gerade einmal zehn Seiten nur halb so lang ist wie derjenige zur körperlichen Entwicklung, was wiederum den zeitgenössischen Stellenwert von körperlicher Pflege und Hygiene verdeutlicht.

Die Seele des Neugeborenen sei kein unbeschriebenes Blatt. Auch wenn sein Bewusstsein anfänglich von primitivster Art sei, würde doch eine Fülle von Anlagen im Kind schlummern, ohne die Entwicklung nicht möglich sei. Diese Anlagen seien ererbt, primär von den Eltern, aber auch von früheren Generationen, wie außerdem die Anlagen aller Menschen (als Gattung) enthalten seien. Dennoch besitze jedes Kind auch seine individuelle Eigenart (vgl. Zentralinstitut 1917, 19ff.).

Wichtig sei, dass der Prozess der Entwicklung „die Fähigkeit zu individuellen *Neuerwerbungen*" (Zentralinstitut 1917, 21) voraussetze. Gerade die „höchst stehenden Lebewesen" würden sich von den Tieren darin unterscheiden, dass viele ihrer ererbten Anlagen einer „längeren Überarbeitung und Weiterbildung" (ebd., 21) bedürfen. Diese Zeit der Ausbildung und Einübung verlaufe bis in die Jugendperiode hinein, der Mensch komme also nicht fertig auf die Welt, sondern baue auf der Grundlage der ererbten Anlagen durch Neuerwerbungen eine lebensfähige Individualität auf (vgl. ebd., 21).

Als wichtigsten Arten der Betätigung beim Kleinkind galten Nachahmung und das Experimentieren. Unter Nachahmung wurde ein „konservatives Prinzip" (Zentralinstitut 1917, 22) verstanden, das Kind übernehme von Erwachsenen und älteren Kindern. Das spielende Experimentieren mit Objekten sei dagegen ein „Prinzip des Fortschritts" (ebd., 22). Durch unermüdliches Wiederholen, durch Gewohnheit, werde eine „Mechanisierung der Handlungen" (ebd., 23) herbeigeführt und dies biete dem Kind die Möglichkeit für weitere Neuerwerbungen und führe zu einer Höherentwicklung und zu Fortschritten.

Dabei verlaufe die Entwicklung des Kindes sehr lange, es lerne aber auch sehr viel in dieser Zeit. Das Tempo des Weiterschreitens sei individuell, es gebe sowohl Phasen des Stockens als auch Vorwärtsdrängens (vgl. Zentralinstitut 1917, 24). Welche Vorstellungen dabei leitend gewesen sind, zeigt das folgende längere Zitat:

„Hinter den bloßen Sinnesempfindungen steigen die Reproduktionen und Denkakte empor. Die Antwort auf den Reiz wird durch vergangene Erfahrungen bestimmt; und da sich die Geschehnisse wiederholen, wird die Erhaltung des Vergangenen in der Erinnerung ein Mittel, um das Zukünftige vorauszusehen. Die Berücksichtigung des Zukünftigen ermöglicht die Entstehung des Wünschens und Wollens, das sich allmählich immer weitere Ziele steckt. Aus inneren Gesichtern wachsen die Schöpfungen der Phantasie empor und aus den sinnlichen Gefühlen entsteigen die höheren Emotionen.

Zugleich greift die Reproduktion und das Denken auf das erste und dritte Glied unseres Schemas hinüber. Unter ihrem Einfluß verwandeln sich bei der Zuwendung der Aufmerksamkeit die flüchtigen Empfindungen, die dem Reiz und der motorischen Entladung entsprechen, in etwas Höheres; es entwickelt sich die Wahrnehmung der einzelnen „Gegenstände", der Außendinge und des eigenen Leibes, und daraus wieder die Vorstellung der räumlichen Außenwelt, in der der eigene Organismus das Zentrum bildet" (Zentralinstitut 1917, 26).

Durchaus wurden demnach Überlegungen zum kindlichen Denken, seiner Art der Weltaneignung formuliert. So findet sich wenig später auch die Aussage, die Sprache werde zur intellektuellen Bewältigung der Außenwelt benützt (vgl. Zentralinstitut 1917, 26/27). Nur wurde daraus eben kein umfassendes Verständnis einer frühkindlichen Erziehung formuliert.

Neben der Fremdausbildung (durch Milieu, von Absichten geleitet durch Familie und Schule) wurde auch der Selbstausbildung Bedeutung zugesprochen: „Die Entwicklung des Kleinkindes stellt sich in der Hauptsache als eine nicht von bewußten Zielen geleitete, also *unabsichtliche Selbstausbildung* dar" (Zentralinstitut 1917, 27). Diese Selbstausbildung verlaufe richtig, weil die angeborenen Anlagen, die das Kind zur Tätigkeit veranlassen würden, den Lebenszwecken angepasst seien und den Bedürfnissen des Kindes entsprächen (vgl. ebd., 27/28). Dazu diene auch das Spiel, dass mehrere nützliche Zwecke (z.B. Erholung, in Jugend Katharsis) besitze, im Kleinkindalter aber sei es „vor allem dem biologischen Zweck der *Einübung* gewidmet und daher ein Vorläufer der Erziehung durch die Schule" (ebd., 28).

Auch wenn es sich dabei um einen nur kurzen Abschnitt handelt, einige Anmerkungen – Selbstausbildung, Nachahmung und Experimentieren, Verarbeitung der Sinneserfahrungen – bieten ein für die Frühkindpädagogik sicher anregungsreiches Potential. Diese haben jedoch keine weiterführende Ausarbeitung gefunden. Auch im Abschnitt „Die Erziehung des Kleinkindes" wurde primär die häusliche Erziehung und die Gewöhnung an die bekannten Tugenden behandelt. Erziehung wurde hier vor allem als sittliche Erziehung verstanden, in diesem Sinne lasse sich auch der Nachahmungstrieb der Kinder für Erziehungszwecke ausnutzen (vgl. Zentralinstitut 1917, 30ff.). Wenn der Trieb zur Selbständigkeit erwache, sei es die Aufgabe von Erziehung, den „Trieb in die richtigen Bahnen zu lenken" (Zentralinstitut 1917, 32). So bestehe auch im Spielalter die Hauptaufgabe darin „zu beobachten, was sich entwickeln will, zu unterscheiden, was davon gefördert und was unterdrückt werden muß, und beides in möglichst unmerklicher Form zu tun" (ebd., 33). Gute Anlagen galt es zu fördern, schlechte Anlagen zu verhindern.

Außerdem bot die Kleinkinderfürsorge den Anhängern der Fröbelbewegung Platz, ihre Vorstellungen zu präsentieren. Die enge Verbindung hatte schon während des Krieges begonnen, der DFV hatte sich an der Frauenkonferenz beteiligt, ebenso hatte der DFV in der „Deutschen Zentrale für Jugendfürsorge" mitgearbeitet, hier war die Auskunftsstelle für Kleinkinderfürsorge unter der Leitung von Elfriede Strnad geschaffen worden (vgl. Pestalozzi-Fröbel-Verband e.V. (Hrsg.) 1998, 29/30). Durch den Umzug der Geschäftsstelle des DFV an das Zentralinstitut in Berlin wurde die Zusammenarbeit sicher noch verstärkt. Insbesondere Lili Droescher, die Vorsitzende des DFV, hat mehrfach in diesem Rahmen publiziert, es findet sich aber auch ein Artikel von Hanna Mecke (vgl. Tugendreich 1919, 134ff.). Dies kann als Indiz dafür verstanden werden, dass die Kleinkinderfürsorge dem Kindergartenkonzept, wie es insbesondere von Droescher vertreten wurde, nahe gestanden hat. So wurde auch die christliche Kinderpflege eher kritisch gesehen (vgl. Zentralinstitut 1917, 179). Auch Mecke konnte darauf hinweisen, dass diese Einrichtungen den aktuellen sozialen Anforderungen nicht mehr genügen würden und sich der Methode des Kindergartens anpassen müssten (vgl. Tugendreich 1919, 138/139).

Es ist im Rahmen dieser Arbeit weniger von Bedeutung, die vollständigen Artikel zu betrachten, auch da Mecke überwiegend auf Zitate Fröbels zurückgriff. Es fällt jedoch auf, dass gerade von Droescher immer wieder betont wurde, dass Erziehung in diesem Alter primär Aufgabe der Familie sei. Der Kindergarten sei „eine freie und frei gewählte Bildungsanstalt für die Kinder bis zum 6. Lebensjahr, für die normalerweise die Familie sorgt" (Frankfurter Wohlfahrtsamt 1922, 20). Interessant ist, dass Droescher von einer Bildungsanstalt spricht, diesen Aspekt also betont. Aufgabe sei es, die Familie zu ergänzen, aber als Teil der Wohlfahrtspflege biete der Kindergarten vor allem bei „Notständen sozialer und individueller Art" Erziehungshilfe. Er sollte sich weniger an die Allgemeinheit richten und auch wenn er, da hier die kindlichen Anlagen in individueller Weise gefördert würden, eine gute Vorbereitung für die Schule biete, sollte er nicht verpflichtend eingeführt werden (vgl. Frankfurter Wohlfahrtsamt 1922, 20/21). Es ist zu erkennen, dass Droescher den Begriff Bildung bzw. Bildungsanstalt im Grunde nicht in seinem eigentlich zu vermutenden Sinn verwendet hat. Überhaupt wurde die Kindergartenpflicht von Seiten der Kleinkinderfürsorge abgelehnt.[308] Auch Mecke hob den Ergänzungsaspekt hervor, denn „im Interesse der geistigen und gemütlichen Entwicklung des Kindes ist es wichtig, daß Veranstaltungen zur Ergänzung der Familienerziehung schon *vor* der Schule mit ihrer Arbeit einsetzen" (Tugendreich 1919, 137).

Ungeachtet aller Probleme, am wichtigsten für die Erziehung der Kinder bleibe jedoch die Familie. Der Kindergarten besitze nur den Zweck, „den umfriedeten Kreis der Familie zu vertiefen und zu erweitern, aber nicht an seine Stelle zu treten" (Frankfurter Wohlfahrtsamt 1922, 61). Es müsse da eingegriffen werden, wo die Kräfte der Familie versagen und dann die „Kräfte der Selbsthilfe" (ebd., 61) unterstützt werden. Der Kindergarten, so Droescher, muss eine erweiterte Wohnstube sein, in dem Kinder auch die „erste Arbeitserziehung" (1926, 44) erleben, auf das zukünftige Leben vorbereitet werden und das mitbekommen, was auch ein gutes Elternhaus an sittlichen, religiösen, ästhetischen und geistigen Werten geben würde (vgl. ebd., 44-46). Das „Erziehungsleben in der Anstalt" (Zentralinstitut 1917, 159) sollte dem Kind Gelegenheit zur Beschäftigung bieten, entweder im freien Spiel oder in der Darstellung mit geeigneten Materialien. Auch seien kleine Pflichten und Aufgaben, „die der kindlichen Kraft Richtung und Ziel geben" (ebd., 160) sinnvoll. Fröbels Gaben und Beschäftigungsmittel würden den Kindern die Möglichkeit geben, „ihre Eindrücke wiederzugeben, so daß Geist und Hand gleichzeitig geübt und gebildet werden" (ebd., 161). Auch auf die soziale Erziehung sollte geachtet werden, indem Verantwortung für die Gemeinschaft übernommen werde. Interessanterweise wurden für die inhaltliche Gestaltung geradezu naturwissenschaftliche Experimen-

---

[308] Dies zeigt auch der 4. Lehrgang auf der „Wegscheide". In einem Vortrag wurde sich gegen den verbindlichen Kindergarten ausgesprochen und dieser auch in der Diskussion abgelehnt. Stattdessen befürwortete man das Subsidiaritätsprinzip (vgl. Frankfurter Wohlfahrtsamt 1922, 14/15 u. 18). So lehnte es die Mehrheit auch ab, die öffentliche Kleinkinderziehung dem Reichsschulgesetz zu unterstellen, da sonst die Verschulung des Kindergartens drohe (vgl. ebd., 62)

te vorgeschlagen, z.B. ein Aquarium, Bohnen zum Keimen bringen, aber auch Haushaltstätigkeiten einüben, da dadurch der Wissensdurst gestillt und das Selbstwertgefühl gestärkt werde. Es sollte sich an den Jahreszeiten orientiert, der Monatsgegenstand sollte berücksichtigt und das religiöse Leben mit Vorsicht erweckt und gepflegt werden, dafür müsse der Geist der Anstalten werktätiger Liebe sein (vgl. ebd., 161ff.).

Mecke betonte dagegen vor allem den Aspekt der Ganzheitlichkeit, der durch Spiel, Gartenpflege und häusliche Beschäftigungen berücksichtigt werde (vgl. Tugendreich 1919, 141-143). Gerade das Spiel sei mehr als nur Erholung, denn durch das Spiel werde das Selbsttätigkeitsbedürfnis befriedigt und es ermögliche dem Kind, die aufgenommenen Anschauungen zu reproduzieren. Die Vorstellungen könnten im Spiel, in selbstschaffender Tätigkeit umgestaltet, verarbeitet werden (vgl. ebd., 143-145).

Abschließend kann mit Mecke die Bedeutung des Kindergartens aus der Sicht der Kleinkinderfürsorge wie folgt beschrieben werden: „Der Kindergarten ist eine Erziehungsanstalt, die nach der Methode Fröbel helfen will, die häusliche Erziehung zu unterstützen und zu ergänzen und das Kind auf die Schule vorzubereiten. Aller Unterricht im Sinne der Schule ist streng ausgeschlossen" (Tugendreich 1919, 155).

Gerade letzteres wurde eindeutig betont, „die Tagesheime für Kleinkinder" sollten „alles Schulgemäße von vornherein vermeiden und sich vielmehr vom Gedanken der Familienerziehung leiten lassen" (Zentralinstitut 1917, 178) müssen. Durchaus modern, wurde dabei auch betont, dass die Anstalten und Schulen sich gegenseitig kennen und zusammenarbeiten müssen (vgl. ebd., 178/179).

Fazit: Bei der Einschätzung der Schriften aus dem Umkreis der Jugendwohlfahrt und Kleinkinderfürsorge ist festzuhalten, dass die Zugehörigkeit zur Wohlfahrtspflege betont und somit die Bildungsfunktion nicht hervorgehoben wurde. Allerdings wurde auch nicht allein von einer sozialfürsorgerischen Aufgabe gesprochen, sondern ebenso die pädagogische Bedeutung nun eindeutig gesehen und diese auch betont.

Erziehung galt eindeutig als Aufgabe, weniger jedoch Bildung, überhaupt wird der Begriff kaum aufgegriffen. Es lassen sich jedoch interessante Ansätze erkennen, insbesondere zur seelischen Entwicklung des Kleinkindes. Auch Hinweise auf die Bedeutung von Selbsttätigkeit, des kindlichen Experimentierens oder Droeschers innovative Vorschläge zur Gestaltung der Einrichtungen verdeutlichen dies. Allerdings wurden daraus keine Konsequenzen für eine entsprechende Erziehung gezogen und auch die Ausarbeitung eines umfassenderen Verständnisses frühkindlicher Erziehung ist unterblieben. Es ist jedoch zu erkennen, dass Erziehung als sittliche bzw. nun soziale Erziehung verstanden wurde, als Hilfe zur Eingliederung in die Gesellschaft und zum Teil auch als Vorbereitung auf das spätere Arbeitsleben.

Ergänzt wurde dies durch das gesundheitspolitische Argument, das nun auch zur Erziehungsaufgabe gezählt wurde. Erziehung hatte derart begriffen immer auch der Stärkung der Volksgesundheit zu dienen, eine neues Element innerhalb des Erziehungsverständnisses, das als zeittypisch gelten kann.

Als geeigneter Ort der Kleinkinderziehung galt die Familie, in ihrer Gestaltung sollten die Kindergärten, die eindeutig als der geeignete Typ öffentlicher Kleinkinderziehung favorisiert wurden, der Familie folgen. Auch dies wurde nun sehr deutlich betont. Gerade in diesem Umfeld wurde Erziehung über die deutliche Ablehnung jeglichen schulischen Charakters und der Orientierung an der familienhaften Gestaltung definiert. Angelehnt wurde sich dabei an den DFV und deren Konzept des Kindergartens. Allerdings wurde dabei kaum über die Aufzählung als wichtig angesehener Aspekte des Kindergartenalltags hinausgegangen.

2.2.6 Der Bund entschiedener Schulreformer und sozialistische Bewegungen
Nur Episode ist der Bund entschiedener Schulreformer geblieben. 1919 gründete Paul Oestreich mit einer Gruppe von etwa zwanzig reformerisch gesinnten Oberlehrern, die wie er selbst aus dem Philologenverband ausgetreten waren, den Bund entschiedener Schulreformer. Erster Vorsitzender wurde Oestreich, der zugleich auch Motor und Führer der Vereinigung war. Die Schulreformer verstanden sich als überparteilich, auch wenn sie linken Positionen nahe standen. 1920 öffneten sie sich zum Volksbund, der Lehrern aller Schularten und interessierten Laien offen stand. Intern gab es oftmals Kontroversen, auch aufgrund Oestreichs Auftreten und seinem autoritärem Führungsstil. Ab 1925 bestimmte Oestreich allein die Richtung des Bundes und nachdem er im Nationalsozialismus verhaftet wurde, zerfiel dieser (vgl. Ellerbrock 1992, 47ff.).
Der Bund entschiedener Schulreformer hat sich auch mit der öffentlichen Kleinkinderziehung auseinandergesetzt, die angestrebten Bildungsreformen sollten sich ebenfalls auf dieses Gebiet erstrecken. Als die führende Vorschulpädagogin kann Henny Schumacher, eine unabhängige Sozialistin, gelten (vgl. Konrad 1997, 163/164). Vor allem in das *Kleinkind und seine Erzieher* (1923), *Friedrich Fröbels Ideen im Lichte der Gegenwart* (1923)[309] und *Die proletarische Frau und ihre Erziehungsaufgabe* (1929) hat sie sich mit dieser Thematik befasst. Ebenfalls im Auftrage des Bundes entschiedener Schulreformer geschrieben wurde Sascha Rosenthals *Erziehung und Kindergarten* (1924). Ausdruck der Tätigkeiten des Bundes und zugleich ein Spiegelbild der Diskussionen der Zeit ist *Das Kleinkind, seine Not und seine Erziehung* (1932), indem die Vorträge, die auf dem Kongress für Kleinkind-Erziehung gehalten wurden, abgedruckt sind.

Henny Schumacher: Henny Schumacher[310] hat zahlreiche Beiträge zu den unterschiedlichsten pädagogischen Themen verfasst, viele davon wurden in der vom Bund entschiedener Schulreformer herausgegebenen Zeitschrift *Die neue Erziehung* veröffentlicht. Schumacher war eine politische Pädagogin, nicht unumstritten, so musste sie das PFH 1924 aufgrund „sozialistischer Umtriebe" verlassen, zusätzlich war sie noch demonstrativ aus der Kirche ausgetreten. In den Augen Lili Droeschers, ihrer Vorgesetzte am PFH hatte sie sich durch ihr aktives Eintreten für das sozialistische Erziehungsprogramm von

---

[309] Hier setzte sich Schumacher zunächst mit Fröbel und dem Aufbau seines Erziehungssystems auseinander (vgl. Schumacher 1923b, 7ff.). Darauf wird im Rahmen dieser Arbeit nicht eingegangen.

[310] Henriette Friederike Schumacher (1882–1934), von frühester Kindheit an Henny gerufen, war die Tochter eines promovierten Gymnasialprofessors. Nach dem Abschluss einer „Höheren Katholischen Mädchenschule" begann sie krankheitsbedingt erst 1905 mit der Ausbildung zur Kindergärtnerin am PFH. Im Anschluss daran arbeitete sie als Hortleiterin in Düsseldorf, wo sie ihren Kolleginnen als zu liberal galt. Nach einer Lehrerinnenausbildung am von Helene Klostermann geführten „Comenius-Seminar" in Bonn übte sie unterschiedliche Lehrtätigkeiten aus, insbesondere ab 1912 am PFH (vgl. Berger 1995, 168f.).

den geistigen Grundlagen des PFH entfernt. Nach ihrem Ausscheiden aus dem PFH widmete sie sich ganz der Schriftstellerei (vgl. Berger 1995, 68f.).
Schumacher hat sich deutlich für den obligatorischen Kindergarten ausgesprochen und zugleich mit der Notwendigkeit der „Volkserziehung" und des Kindergarten auseinandergesetzt. Es seien die schlechten Bedingungen, welche den Menschen der unteren sozialen Schicht zu dem gemacht hätten und auch weiterhin machen, was er sei und aus diesem Grund müssen man die Bedingungen verbessern, wolle man positive Veränderungen erreichen. Aber man dürfe das Volk nicht bevormunden, vielmehr müsse ihm Hilfe zur Selbsthilfe gegeben werden. Volkserziehung ist nach Schumacher „Erziehung des Volkes durch das Volk selbst" (1923a, 24) und muss auf dem Boden der Gleichberechtigung aller geschehen. Außerdem müsse damit in der Kindheit und Jugend begonnen werden, wobei die „Formung des Einzelmenschen, die Bildung zur Persönlichkeit Ziel" sein müsse, „auch in den untersten Elendsschichten des Volkes" (ebd., 25).
In diese, auf die Veränderung der Gesellschaft abzielende Konzeption der Volkserziehung hat Schumacher auch die Kleinkinderziehung eingebettet. Die Erziehung aller Kinder, so Schumacher, muss eine Angelegenheit des Volkes sein, denn nur wenn die soziale Gemeinschaft Erziehungsfaktor ist, kann auch „das Ziel des sozialen Gemeinschaftsmenschen erreicht werden" (Schumacher 1923a, 27). Schumachers Ideal war die echte soziale Gemeinschaft. Aber dies könne mit der Familie, einer konservativen Institution, nicht gelingen. Vielmehr müssten die vorschulischen Einrichtungen zur Verwirklichung dieses Ziels beitragen und deshalb auch zu einer Pflichteinrichtung und Aufgabe der Kommunen werden (vgl. Schumacher 1923a, 28; Schumacher 1923b, 34; Schumacher 1929, 49). Es brauche den Einheitskindergarten und die Einheitsschule sowie Aufstiegsmöglichkeiten für jeden, denn „Bildung und Erziehung ist das Recht aller" (Schumacher 1923a, 26). Es ging Schumacher nicht um „Halbbildung", sondern um eine „Bildung, die, wurzelecht von unten wachsend, in immer stärkerer Willens- und Geistesdisziplinierung, eine immer größer werdende Masse vom Menschen erfaßt, um sie durch gemeinsames Bildungsgut zur Gemeinschaft fähig zu machen" (ebd., 26). Dazu aber brauche es konfessionelle und religiöse Freiheit, es dürfe keine Dogmatik betrieben werden, vielmehr müsse jeder seinen eigenen Weg suchen können (vgl. ebd., 24ff.).
Ziel der neuen Erziehung ist nach Schumacher die Gemeinschaftserziehung und die dadurch entstehenden Gemeinschaft, Schumacher entwarf ein utopisches Gesellschaftsmodell samt einer damit verbundenen öffentlichen Kleinkinderziehung. Die Gemeinschaftserziehung sollte dazu beitragen, die „Masse" zu überwinden und zwar „*in* der Erziehung und *durch* die Erziehung" (Schumacher 1923a, 36). Eine echte Gemeinschaft, keine autoritativen, patriarchalischen Familienverhältnisse sollte entstehen und dazu brauche es „pädagogische Provinzen", das Hinausverlegen der Erziehungsstätten in ländliche Umgebungen in Form von „Schulfarmen". Nur hier könnten diese im doppelten Sinn Produktionsanstalten sein: „Eine Stätte zur Weckung aller schöpferischen Kräfte im Menschen und eine Stätte zur Erzeugung lebensnotwendiger Güter" (ebd., 38).
Deshalb sei es die Pflicht der Kommunen, genügend Einrichtungen zur Verfügung zu stellen, damit jedes Kleinkind eine „sorgfältige Pflege und eine soziale, persönlichkeitsbildende Erziehung" (Schumacher 1923b, 34) erhalte. Denn der Kindergarten, so Schumacher, ist die „grundlegende Organisation jeder Gemeinschaftserziehung" (1929, 46), sowohl für die sittliche als auch geistige Entwicklung braucht das Kind den Kindergar-

ten (vgl. ebd., 49). Anzustreben sei der „Kindergarten der Gemeinschaft", „dessen seelischer Unterbau getragen wird von der Liebe des Menschen zum Menschen, vom Gedanken der Wesensgleichheit aller Menschen, von den sozialen Kräften der Freiheit und brüderlichen Gesinnung, dessen Oberbau verpflichtende, verantwortliche Gemeinschaftstat darstellt" (Schumacher 1923a, 38). Dies könne letzten Endes nur in der sozialistischen Gesellschaft erreicht werden (vgl. Schumacher 1923a, 36ff.; Schumacher 1923b, 34/35). In einer derartigen zukünftigen sozialistischen Gemeinschaft sollte jeder den Platz einnehmen, auf dem er aufgrund seiner Fähigkeiten das Beste für die Gemeinschaft leisten kann (vgl. Schumacher 1929, 44).

Schumacher entwickelte ihr Konzept einer öffentlicher Kleinkinderziehung also aus ihrem – hier allerdings nur kurz skizzierten – utopischen Gesellschaftsbild. Sie hat sich aber auch mit der aktuellen Realität in den Einrichtungen beschäftigt.
Im Kindergarten, so Schumacher, muss jedes Kind nach „seinem Recht und seinem Bedürfnis beste Pflege und Erziehung" erhalten (vgl. 1923a, 42). Neben Erziehung steht die Pflege, auch Schumacher sprach dem hygienischen Aspekt eine hohe Bedeutung zu. Wie aber lernt das Kind? Wichtig sei das Spiel, es sei der „Wesensausdruck der kleinkindlichen Seele, das Charakteristikum dieses Alters" (Schumacher 1923a, 39). In diesem Alter sei die „Einstellung der Welt gegenüber gekennzeichnet [...] durch das Bestreben, ‚Innerliches äußerlich' zu machen, sein Sein in die Welt zu projizieren, um sich durch diese Weise die Welt zu assimilieren" (ebd., 39). Das Kind erobert sich nach Schumacher allmählich die Welt, „es gestaltet von innen nach außen. Es projiziert seine Innenwelt in die Außenwelt. So wird die fremde Welt Wesen von seinem Wesen. So baut sich das Kind mit Schöpferkraft seine Welt" (ebd., 48). Das Kind selbst sei aktiv, es wolle schaffen und es „beginnt mit der Erforschung der Umwelt. Es betrachtet sie nicht reflektierend, analysierend. Es nimmt tätigen Anteil. Durch Tun gewinnt es Kenntnisse, Erfahrungen" (ebd., 48). Über seine Sinne nimmt es die Eindrücke der Umwelt in sich auf, „jedoch nicht rezeptiv, sondern assimilierend, umgestaltend. Nicht zwei Menschen verarbeiten die Eindrücke gleich. Die Seele formt, biegt um. Schon das Kind sieht die Welt mit eigenen Augen" (ebd., 49).
Erziehung als Wort sei deshalb irreführend, denn es gehe gerade nicht um „Ziehen, Zerren, durch möglichst starkes Herumarbeiten am Kinde den jungen Menschen zu fördern" (Schumacher 1923a, 51). Vielmehr müsse der Erzieher „Ehrfurcht vor der Eigenheit eines anderen Wesens" besitzen, und dürfe nicht „sein eigenes Sein einem anderen Menschen aufzwingen" (ebd., 51). Er dürfe den Menschen nicht als Material im Sinne eines Tonklumpens ansehen. „Erziehen ist vor allem mehr ein Unterlassen als ein Tun, Erzieherkraft mehr ein Sein als ein Eingreifen. Erziehung ist Wesenswirkung, Wirkung von Mensch zu Mensch aus der Kraft des seelischen Unterbewusstseins" (ebd., 51/52).
Das Kind selbst möchte sich die Welt aneignen, sich mit ihr selbsttätig auseinandersetzen, sie verstehen, die Erfahrungen und Empfindungen zu einem Weltbild konstruieren und dies auch wieder ausleben – denn nur so sei Weltverständnis möglich. Aus diesem Grund habe das Kind das Bedürfnis und die Fähigkeit zum Spiel und die „Gestaltung der spiellockenden Umgebung und Freiheit zur Betätigung bleiben dann die einzige Aufgabe des Erziehers" (vgl. Schumacher 1923a, 40). Es benötige eine anregungsreiche Umwelt, in der es ihm möglich sei, möglichst viel selber zu tun. Die Umgebung muss so gestaltet

werden, dass „sie erziehlich, also kräftelösend" (ebd., 52) wirkt und dies ist nach Schumacher am ehesten in ländlicher Umgebung gegeben.

Sascha Rosenthal: Neben Schumacher hat sich auch noch Sascha Rosenthal zu Fragen der öffentlichen Kleinkinderziehung geäußert. Ihre Schrift ist nicht ganz leicht zugänglich, dies liegt zum einen an ihrem Stil,[311] zum anderen aber auch daran, dass sie nur bedingt auf das Thema öffentliche Kleinkinderziehung zu sprechen kommt.
Was ist nach Rosenthal Erziehung? „Erziehung will den Menschen hinleiten zur Vollendung seiner selbst" (Rosenthal 1924, 6). Jeder Mensch verfüge von Geburt an über Kräfte, Anlagen, die jedoch angeregt werden müssten, um zur Entfaltung zu gelangen. Jeder Mensch müsse aber auch gleichzeitig zur „Mehrung des Lebens" (ebd., 7) beitragen und damit dies geschieht, müsse er alles entfalten, was dazu dienen könne. Erziehung habe deshalb zur Aufgabe, „durch zielbewußte, zweckmäßige Einwirkung die für die Vollendung des Individuums wertvollen Potenzen zur Tätigkeit" anzuregen und diese „durch stetige Übung zur Entfaltung" (ebd., 7) zu verhelfen. Gute Eigenschaften sollten geübt und zur Erstarkung gebracht werden, damit sie den schlechten überlegen sind (vgl. ebd., 6ff.).
Dabei kommt, so Rosenthal, der Erzieherin der Tätigkeitsdrang der Kinder entgegen. Aus diesem entwickele sich der Schaffensdrang und dies sei der Sinn, der Zweck des Menschen. Aufgabe der Erziehung sei es nun, das „Schaffende zu schaffen" (Rosenthal 1924, 9) und dazu müsse der Tätigkeitstrieb Gelegenheit finden, sich auszuleben, er müsse gefördert werden und dürfe nicht verkümmern. Außerdem müsse sich die Erziehung auf die Willens- und Gefühlsbildung erstrecken (vgl. ebd., 8ff.).
Neben den Einwirkungen der Umwelt kommt nach Rosenthal dabei insbesondere dem Spiel des Kindes eine große Bedeutung zu. Die Kinder wollen „werden" und dies drückt sich im Spiel aus. Dort finde eine „Übung seiner physischen und psychischen Kräfte" (Rosenthal 1924, 18) statt und dadurch würden sich die Sinne entwickeln, der Intellekt werde beteiligt und außerdem könne das Kind im Spiel schaffen (vgl. ebd., 18/19).
Interessante Ansichten entwickelte Rosenthal bezogen auf die Kinder. Sie betonte, dass die Fragen des Kindes wichtig seien und es dies nicht verlernen dürfe, z.B. indem die Erzieherin nicht darauf eingehe. Der Wissensdrang, das Forschungsinteresse der Kinder dürfe nicht unterdrückt werden, auch sollte das Kind selbst die Antworten auf seine Fragen finden, denn gerade das Geben der Antworten im Sinne von Belehrung sei nicht sinnvoll. Derartige Unterredungen sollten an den „Anschauungskreis" der Kinder anknüpfen und die Vielfalt der Eindrücke zur Einheit zu bringen, weshalb Rosenthal den Monatsgegenstand des PFH empfahl (vgl. 1924, 21ff.).
Insgesamt müsse der Kindergarten dem Kind „Gelegenheit geben zur Auslösung seiner physischen und psychischen Kräfte" (Rosenthal 1924, 25). Hier müsse das Kind die Möglichkeit haben, seinen „Körper, Geist und Gemüt zu bilden und seine wertvollen Inhalte zu realisieren, sein inneres Wollen umzusetzen in die Tat" (ebd., 27) und gerade dazu sei die Familie heute nicht mehr in der Lage. Notwendig sei auch eine soziale Erziehung, denn durch die kleine soziale Gemeinschaft würden die Kinder auf die große

---

[311] Die Schrift ist zum Teil sehr schwülstig geschrieben. Darauf wurde auch im Vorwort hingewiesen, mit der Begründung, dass die Autorin aus Riga stammt.

vorbereitet (vgl. ebd., 26). Der Kindergarten müsse „die Freistatt des Kindes werden, die seinem Rechte auf Entfaltung seiner kleinen Persönlichkeit Anerkennung und Genugtuung gewährt, zugleich in liebevoller, gleichmäßig fester Behandlung, sein Seelenleben in gesunde Bahnen lenkt, seinem Betätigungstriebe entgegenkommend diesem das Material zur Auslösung bietet" (ebd., 29).

Der Kongress für Kleinkind-Erziehung: *Das Kleinkind, seine Not und seine Erziehung* (1932) beinhaltet die Vorträge, die auf dem Kongress für Kleinkind-Erziehung vom 1. bis 5. Oktober 1932 in Berlin gehalten wurden, einem der zentralen Jahreskongresse des Bundes entschiedener Schulreformer. Sowohl an der Tagung als auch deren Vorbereitung waren verschiedene Gruppen (Bund entschiedener Schulreformer, Individualpsychologie, Deutscher Fröbelverband, Verein Montessori-Pädagogik Deutschlands, Deutsche Montessori-Gesellschaft, Psychoanalyse, Waldorfpädagogik) beteiligt gewesen, die einzelnen Gruppen hatten auch ihre Redner selbst bestimmen dürfen. Ziel des Kongresses war es, die Nichtfachkräfte, die Behörden, Presse, Parteien, Berufsgruppen und die Eltern zu mobilisieren (vgl. Oestreich 1932, 7/8). Auf der Tagung wurden die unterschiedlichsten Themen angesprochen, allerdings ging es nicht immer um Erziehung und Bildung als Aufgabe öffentlicher Kleinkinderziehung.[312]

Schon die Erklärung, die vom Kongress gegeben wurde, ist von Interesse: „Die zum Kongreß für Kleinkind-Erziehung zusammengeschlossenen Verbände fordern: [...] 2. Ausbau der Kindergärten sowohl nach ihrer Zahl als auch nach ihrer erzieherischen und gesundheitspflegerischen Leistungsfähigkeit" (Oestreich 1932, 12). Der Kongress betonte demnach sowohl den pädagogischen als auch den gesundheitlichen Aspekt.[313] Nicht allein die Quantität der Einrichtungen muss sich steigern, auch die inhaltliche Gestaltung ist verbesserungswürdig. Deshalb wurde neben der Einrichtung und Erhaltung von Schulkindergärten auch die „Sicherstellung der bestmöglichen pädagogisch-psychologischen und gesundheitspflegerischen Ausbildung für alle die, denen Kleinkinder zur Pflege anvertraut werden, also sowohl für die berufstätigen Kräfte als auch für die Mütter" (ebd., 12) und die „nachdrückliche öffentliche Unterstützung aller ernsthaften Bestrebungen bzw. Organisationen, die sich die Erforschung der Entwicklung des Kindes sowie seiner sozialen Lage und ihrer Auswirkung zur Aufgabe machen" (ebd., 12) gefordert. Eine Verbesserung der pädagogischen Arbeit kann demnach nur über eine verbesserte Ausbildung und eine verstärkte wissenschaftliche Forschung auf diesem Gebiet erreicht werden.

Auf dem Kongress wurde der Bund von Paul Oestreich und Martin Weise vertreten. Oestreich machte in „Menschheitsnot und Kleinkindnot" (vgl. Oestreich 1932, 18-29) deutlich, inwieweit die Industrialisierung das Leben und auch die Familienform, sowie die Arbeit verändert habe und unter welchen Problemen die Kindheit heute leide. Die

---

[312] Weniger von Interesse sind Abschnitt III zur Individualpsychologie und Abschnitt VII, Psychoanalyse. Für den Verein Montessori-Pädagogik Deutschlands sprachen Aenne Rump und Ilse Axster, auch diese beiden Vorträge sind vernachlässigbar. Gleiches gilt für die Waldorfpädagogik und den Beitrag Paul Oldendorffs.
[313] Letzteres findet sich auch in den Punkten 3 (Ernährungsfürsorge) und 4 (vorbeugende Gesundheitspflege).

Zukunft liege in der „Möglichkeit des solidarischen Zusammenlebens durch Umwandlung der Grundlage allen Lebens mittels der Führung zu vollem Menschentum" (ebd., 19). Wiederum zielte dies auf Erziehung zur Gemeinschaft ab. Damit die Welt gesunden könne, müsse mit „der sozialen Erziehung des vereinsamten, verelendeten, unentwickelten, verkrampften Kleinkindes" (ebd., 22) begonnen werden, der sozialen Erziehung durch den Kindergarten. Abschließend in seinen zumeist gesellschaftspolitischkritischen Leitsätzen betonte er deshalb: „Das Kleinkind der Gegenwart, meist ein Einkind, bedarf der *sozialen* Erziehung [...], das Kind aus reichem Haus, weil es sonst durch Verwöhnung und Verfrühung geschädigt wird, das arme Kind, weil es ohne das verkümmert und verkrampft" (ebd., 28/29).

Hinweise auf sein frühkindliches Erziehungsverständnis finden sich allerdings nur selten: Man müsse begreifen, „daß ‚Erziehung' nicht im Massendrill überfüllter Lernstuben, sondern in der behüteten Selbstentfaltung in einer rechten, totalen Kindheits*umwelt*, die wir zu gewähren und zu schaffen haben" (Oestreich 1932, 27) erfolgen könne. Zuvor hatte er schon mit Hetzer darauf hingewiesen, dass die geistige Erziehung des Säuglings nicht auf dem Weg der Unterweisung erfolge, sondern durch „Bereitstellung dessen, was das Kind zu seiner Entfaltung braucht" (ebd., 24).

Umfassender als Oestreich ging Martin Weise in seinem Vortrag „Die Problematik der Pädagogik der Gegenwart" (vgl. Oestreich 1932, 30-44) auf das Thema Erziehung ein. Erziehung umfasst nach Weise einen individuellen, einen sozialen und einen universellen Aspekt, alle drei gehören zusammen (vgl. ebd., 31/32). Erziehung ist dann, mit einem Zitat Oestreichs, umfassend zu verstehen: „Erziehung weitet sich [...] vom individuellen Geschehen als ‚Weckung und damit zugleich Auslese und Pflege der im werdenden Menschen als Möglichkeitskomplex vorhandenen Körper-, Geistes- und Seelenkräfte' über den sozialen Vorgang der ‚Wechselwirkung zwischen Einzelmensch und Gemeinschaft' zum universalen Prozeß der ‚Volks- und Menschheitsgesundung durch Aktivierung des individuellen und öffentlichen Gewissens', ‚Versittlichung des Daseins', und ‚Religiosierung'" (ebd., 32) aus. Erziehung in diesem Sinne umfasst die von einer Einzelperson ausgehende ganzheitliche Anregung aller Kräfte des Kindes, eine Wechselwirkung zwischen Individuum und Gesellschaft verstanden als Beeinflussung des Individuums durch die Gesellschaft (Sozialisation), aber auch die Möglichkeit zur Beeinflussung der Gesellschaft durch das Individuum, wobei dies immer auf die Verbesserung der Gesellschaft abzuzielen habe.

Überhaupt, so Weise, ist Erziehung ein schwieriger Begriff, der durch die Verwendung des Bildungsbegriffs nur noch verkompliziert wird (vgl. Oestreich 1932, 32/33). Kann Erziehungswissenschaft überhaupt das Soll bestimmen und Ziele setzen, darf sie weltanschauliche Positionen einnehmen und vertreten und braucht Erziehung nicht gerade solche Werte? Erziehung müsse geplant werden und dazu bedürfe es Leitbilder und Bildungsideale, und aus diesem Grund würden auch Schulreformer Werte vertreten und sich Ziele setzen (vgl. ebd., 33ff.). Aber Erziehung sei keine Technik, sowohl Individualität des Menschen als auch die vielen sozialen Zusammenhänge würden dies unmöglich machen (vgl. ebd., 38ff.). Auch würden die Methoden immer von den Zielen abhängen. Wo starker Wert auf Wissenserwerb gelegt werde, da würden die Methoden der Lernschule dominieren, wo verstärkt Wert auf Tugenden gelegt werde, da würden Methoden der Zucht dominieren und Widerspruch, Eigenwillen und Selbstentfaltung nicht geduldet werden. Aber man könne nicht einfach zurück zu den „alten überlebten Leitbildern und Methoden" (ebd., 41) gehen, es müsse neu geprüft werden, was bisher als Wert galt und dies kritisch hinterfragt werden.

Die Schulreformer hätten das Bildungsziel, „das Ideal des zu seiner Ganzheit gelangten, aktiv am Gesellschafts- und Kulturleben teilnehmenden, solidarisch handelnden Menschen" (Oestreich 1932, 43) zu verwirklichen. Aber dies setzte Weise nicht allgemeingültig, er war gegen eine dogmatische Verschlossenheit, denn „es ist eine erbärmliche Erzieherleistung, das Kind zum Sklaven einer Meinung von heute zu machen, statt in ihm die Organe des höheren Lebens zu entwickeln, die es befähigen, sich in seiner Zukunft dereinst selbst zu entscheiden" (ebd., 43). In diesem Sinne forderte dann auch die vom Bund entschiedener Schulreformer verfasste abschließende Stellungnahme, dass die Kleinkinderziehung „zur physischen, psychischen, geistigen, moralischen Solidität" und „zur mitmenschlichen Solidität" (Oestreich 1932, 182) führen müsse.

Fazit: Insgesamt bieten die Vorstellungen, die innerhalb des Bundes der Entschiedenen Reformer formuliert wurden, ein durchaus anregungsreiches Spektrum. Bildung und Erziehung als Begriffe sind hier von Bedeutung und umschreiben zum Teil Elemente der kindlichen Entwicklung, seiner Bildungsprozesse. Problematisch ist dabei, das sich diese Ideen im Rahmen der sozialistischen und utopischen Gesellschaftsvorstellungen bewegt haben, dieser Aspekt findet sich durchgehend. Diese, utopisch und realitätsfern, entsprachen zwar durchaus zeitgenössischen Überlegungen, aber nicht den Überzeugungen der Mehrheit und haben wohl eine größere Aufmerksamkeit verhindert.

Deutlich wurde die Eigenleistung des Kindes, die selbsttätige Auseinandersetzung mit der Welt zum Zweck der Aneignung gesehen. Komplementär wurde auf ein verändertes Rollenverständnis der Erzieherin verwiesen. Erziehung, wie sie hier verstanden wurde, muss eine anregungsreiche Umwelt bereitstellen, in der es dem Kind möglich ist, möglichst viel selber zu tun. Fragen und das Forschungsinteresse der Kinder müssen ernst genommen und dürfen nicht unterdrückt werden, man muss sie die Antworten auf ihre Fragen selbst finden lassen. Erziehung besitzt hier die Aufgabe der ganzheitlichen Anregung aller Kräfte des Kindes, umfasst aber auch immer den Aspekt einer sozialen Erziehung.

Allerdings wurden die hier skizzierten Ideen nicht ausgearbeitet und blieben auch nur eine zeittypische Erscheinung. Dies mag zu bedauern sein, denn im Grunde ist Weises Anmerkung, „es ist eine erbärmliche Erzieherleistung, das Kind zum Sklaven einer Meinung von heute zu machen, statt in ihm die Organe des höheren Lebens zu entwickeln, die es befähigen, sich in seiner Zukunft dereinst selbst zu entscheiden" (Oestreich 1932, 43) bis heute beachtenswert – auch wenn zu bezweifeln ist, inwieweit derartige Stimmen während der Weimarer Republik Gehör gefunden haben.

2.2.7 Die Waldorfpädagogik

Im Grunde ist die Waldorfpädagogik im Kleinkindalter wie zuvor im Abschnitt zur Trägerentwicklung dargestellt unter quantitativen Aspekten vernachlässigbar. Auch waren Steiners Schriften nicht darauf angelegt, einem breiteren Publikum bekannt zu werden.

Aber die Waldorfpädagogik vervollständigt „das Gesamtbild der kleinkindpädagogischen Diskussionslandschaft der Weimarer Zeit" (Konrad 1997, 71).
Sowohl Steiner als auch seine Schülerinnen haben kein geschlossenes System einer anthroposophischen Kleinkinderziehung bzw. Vorschulpädagogik ausgearbeitet, allerdings begannen die Nachfolger(innen) Steiners sich ab der zweiten Hälfte der 20er Jahre Gedanken über die Entwicklung einer solchen zu machen (vgl. Konrad 1997, 75). Als Vertreter können Elisabeth von Grunelius und Karoline von Heydebrand gelten. Grunelius war jedoch schriftstellerisch kaum tätig. Ihre Schrift *Erziehung im frühen Kindesalter*, zunächst in englischer Version unter dem Titel *Early Childhood Education and the Waldorf School Plan* (1950) erschien erst nach dem Zweiten Weltkrieg und wird aus diesem Grund für die hier vorliegende Arbeit nicht herangezogen (vgl. Berger 1995, 63). Von Karoline von Heydebrand stammen *Vom Spielen des Kindes* (1927) und *Kindheit und Schicksal. Aus den Anfangsjahren der Freien Waldorfschule* (*1958*),[314] das posthum veröffentlich wurde und Aufsätze beinhaltet. Ihre Aussagen beziehen sich jedoch nicht explizit auf die öffentliche Kleinkinderziehung, sondern auf die Entwicklung des Kindes allgemein.

Nach der Waldorfpädagogik, die hier nicht ausführlich nachvollzogen werden kann, kommt der Pflege und Behandlung des ersten Kindheitsalters als Keime der späteren Lebens- und Schicksalsgestaltung des Menschen eine besondere Bedeutung zu (vgl. Heydebrand 1958, 36f.). Die Erziehung in diesem Alter gehört zu den schwierigsten Aufgaben, zu der Steiner den richtigen Weg gewiesen habe (vgl. Heydebrand 1927, 36). Im ersten Jahressiebt, also den ersten sieben Lebensjahren des Kindes, basiert demnach die Entwicklung des Kindes und sein Lernen allein – und das ist im Grunde für die Waldorfpädagogik in diesem Alter wesentlich – auf Nachahmung. Säugling und Kleinkind seien der Umwelt völlig ausgeliefert und müssten dass, was aus dieser an sie herangetragen werde erleben, innerlich nachahmen, ohne sich dagegen wehren zu können (vgl. Heydebrand 1958, 41/42). Der Umgebung wurde deshalb auch eine herausgehobene Bedeutung beigemessen. Weniger sei die aktive Tätigkeit des Kindes von Bedeutung, als dass passiv aufgenommene äußere Reize einen inneren Eindruck hinterlassen würden. Aus Sicht der anthroposophischen Kleinkindpädagogik nimmt das Kind eine eher passive Rolle innerhalb seines eigenen Entwicklungsprozesses ein, während die Erzieherin in seinem Handeln hohe Verantwortung besitzt.
Herausragende Lebensform im ersten Jahressiebt ist nach Heydebrand das freie Spiel, das ebenfalls von der Nachahmung seinen Ausgang nimmt, das Kind will im Spiel das nachahmen, was die Erwachsenen tun (vgl. 1927, 13 u. 48). Das Kind muss spielen, denn wo es nicht gestalten kann, da verkümmern seine Kräfte (vgl. ebd., 7). Aber das Spielzeug dürfe nicht völlig „fertig" und mit nur einer Funktion ausgestattet sein, denn sonst bestehe kein Platz für die Phantasie (vgl. ebd., 7/8). Das Spielzeug müsse „lebendig und beweglich sein", so wie das Kind selbst, das sich ebenfalls bewegen, greifen und

---

[314] Die beiden Schriften: Heydebrand, Karoline von: Vom Lehrplan der Freien Waldorfschule. Stuttgart Waldorfschule 1931 und Heydebrand, Karoline von: Vom Seelenwesen des Kindes. Unter Mitarbeit von Maria Rösche-Lehrs. Stuttgart Verl. Freies Geistesleben, ((4.-7. Tsd.)). 1949 können im Rahmen dieser Arbeit vernachlässigt werden.

zupacken wolle, alles, was sie zum Spielen besäßen, müssten die Kinder umformen können. Aus diesem Grund war Heydenbrand auch nicht mit dem Montessorimaterial einverstanden, wie sie überhaupt Spielzeug, das als verdecktes Lehrmittel auftrete und auch das verfrühte Lesen- und Schreibenlernen ablehnte (vgl. ebd., 12 u. 47ff.).

2.2.8 Fazit
Bezüglich des praktischen Diskurses ist zunächst einmal eine gewisse Unübersichtlichkeit festzuhalten. Neue Gruppierungen entstanden, während sich zugleich die traditionellen Konstellationen zu vermischen begannen. Außerdem haben neue pädagogische Konzeptionen die Vielfalt erhöht, vor allem die Montessoripädagogik hat die öffentliche Kleinkinderziehung nachhaltig geprägt.
Interessanterweise wurde sich auch innerhalb des praktischen Diskurses mit dem zugeschriebenen sozialfürsorgerischen Status zufrieden gegeben. Von der Mehrheit wurde keine über die Bestimmungen des RJWG hinausgehende Bildungsfunktion eingefordert, selbst vom DFV nicht. Einzig der Bund entschiedener Schulreformer steht für eine derartige Forderung. Zwar wurde den Kindergärten nun übergreifend eine Erziehungsfunktion und auch pädagogische Aufgabe zugesprochen und dies stellt durchaus eine Veränderung gegenüber der vorherigen Epoche dar. Aber als Bildungseinrichtungen wurden die Kindergärten nicht verstanden. Weder sollte der Besuch der Einrichtungen obligatorisch werden, noch wurde er als grundsätzlich wünschenswert angesehen.

Die Auseinandersetzung mit Fragen der frühkindlichen Bildung und Erziehung waren gerade innerhalb der traditionellen Gruppierungen nur wenig ausgeprägt. Es lassen sich nur wenig entsprechende Arbeiten finden, was sicher auch dem nur geringen Zeitraum geschuldet ist. Der DFV, von seiner Auseinandersetzung mit der Montessoripädagogik abgesehen, hat kaum Beiträge zu einem zeitgemäßen Bildungs- und Erziehungsverständnis oder einer Weiterentwicklung der Fröbelpädagogik geleistet und auch die konfessionellen Vertreter sind in ihren herkömmlichen Denkmustern verblieben. Zwar ist eine Weiterentwicklung in einzelnen Aspekten, beispielsweise der Funktion des Spiels, zu erkennen, aber an den grundlegenden Erziehungs- und Bildungsvorstellungen wurde festgehalten.
Alternative Überlegungen lassen sich jedoch finden. Hierfür stehen die neuen Gruppierungen wie der Bund entschiedener Schulreformer und die Montessoripädagogik. Ihnen ist es zu verdanken, dass der praktische Diskurs für diese Epoche als durchaus vielfältig gelten kann. Während Montessori vor allem auf den Erziehungsbegriff zurückgegriffen hat und der Bildungsbegriff von ihr nicht systematisch verwendet wurde, finden sich bei den Schulreformern auch Überlegungen zur frühkindlichen Bildung.
Erziehung wurde von Montessori grundsätzlich als Anregung und Unterstützung kindlicher Entwicklung verstanden, auch wenn das Einüben nützlicher Fertigkeiten und der Erwerb von Alltagskompetenz Teil ihres Erziehungsverständnisses war. Hierzu zählte sie auch die Gestaltung der Umwelt, durch die das Kind in seiner selbsttätigen Auseinandersetzung mit der Welt unterstützen werden muss. Auch wenn Ganzheitlichkeit postuliert wurde, fällt doch die starke Konzentration auf den Aspekt der intellektuellen Erziehung auf, auch das Spiel wurde nur wenig pädagogisch wertgeschätzt. Eine mögliche Weiterentwicklung der Montessoripädagogik zeigt das Beispiel Käthe Stern, die in

ihren Überlegungen – beispielsweise der Betonung der Bedeutung von Beobachtung – bis heute modern erscheint.
Eingebettet in die Forderung nach einer sozialistischen Erziehung hin zu einer sozialistischen Gesellschaft findet sich beim Bund entschiedener Schulreformer ein Erziehungsverständnis, welches das Kind als Subjekt und aktiv an seiner Entwicklung beteiligt begriffen hat. Erziehung muss die ganzheitliche Entwicklung des Kindes – teilweise wurde in diesem Zusammenhang auch von Bildung gesprochen und der Bildungsbegriff inhaltlich neu belebt – anregen und unterstützen, so der Bund. Als Ziel galt der sozialistische Mensch. Die Überlegungen wurden somit aus dem utopischen Gesellschaftsentwurf abgeleitet, ein neuer Versuch, frühkindliche Erziehung zu definieren, der jedoch kaum Möglichkeit zur Umsetzung besaß und auch nicht gefunden hat. Interessant ist dabei, dass Erziehung nun nicht mehr die bestehenden Gesellschaftsverhältnisse sichern, sondern diese verändern wollte, eben das war hier mit „Volkserziehung" gemeint. In dieser Ansicht stand der Bund konträr zum herkömmlichen und auch weiterhin dominierenden Verständnis von Erziehung.

Dies wurde auch weiterhin von den konfessionellen Gruppierungen, nun aber auch in einem gewissen Maße vom DFV vertreten. Allerdings ist es nicht ganz leicht, den DFV aufgrund der nur wenigen eigenständigen Arbeiten einzuschätzen. So behandeln z.B. die im Kontext der Jugendwohlfahrt und Kleinkinderfürsorge publizierten Beiträgen zumeist nur Einzelaspekte, ein umfassenderes Verständnisses von frühkindlicher Bildung und Erziehung wurde jedoch nicht formuliert.
Sicherlich wurde von Seiten des DFV entsprechend der eigenen Tradition Erziehung auch weiterhin als Unterstützung und Anregung begriffen. Nur wurde stärker als zuvor der Aspekt der Einordnung in die Gesellschaft betont. Nun, da die Fröbelpädagogik etabliert war und Anerkennung gefunden hatte, wurde der DFV konservativer. Erziehung wurde als sittliche Erziehung, als soziale Disziplinierung verstanden. Derartige Positionen hatte es zwar schon zuvor gegeben, dies ist für die Fröbelbewegung im Kaiserreich deutlich gemacht worden, nun aber traten sie deutlicher hervor.
Im Grunde wurde die Gruppierungen übergreifend an das zuvor dominierende Verständnis von Erziehung als Vermittlung wünschenswerter Denk- und Verhaltensweise angeknüpft. Aus der angeblichen Unsittlichkeit und Undiszipliniertbarkeit der Unterschichten wurde ein Erziehungsverständnis abgeleitet, dem eine gewisse Ambivalenz von Hilfe und Sozialkontrolle zugrunde lag. Die Kinder sollten in ihrer Entwicklung unterstützt werden, aber zugleich wurde sich an klaren Leitbildern orientiert, wie gesellschaftliche Brauchbarkeit zu erreichen sei. Als Ziel galt unverändert die Gewöhnung an ein ehrbares Leben in Armut, wie die Kinder auch auf eine pflichtbewusste Arbeitsleistung vorbereitet werden sollten. In dieser Ansicht stimmte der DFV mit der Kleinkinderfürsorge und Jugendwohlfahrt, aber auch den konfessionellen Vertretern überein.
Auch wenn an die vorherigen Vorstellungen angeknüpft wurde, findet sich jedoch auch eine gewisse Modifizierung des Erziehungsverständnisses. Verstärkt wurden nun (volks-)gesundheitliche und hygienische Aspekte dem Erziehungsbegriff zugeordnet. Die während des Ersten Weltkrieges erstmals deutlich formulierte Bedeutung des vorschulischen Bereichs für die Volksgesundheit wurde aufgegriffen und mit dem Verständnis von Erziehung verbunden. Erziehung, wie sie derart verstanden wurde, sollte immer auch auf

die Stärkung der Gesundheit des Einzelnen hinarbeiten und zwar aus volkspolitischen Gründen. Erziehung umfasste nun ein gesundheitspolitisches Argument, in dieser Deutlichkeit eine neue Komponente im Erziehungsbegriff.

Die grundsätzlichen Aspekte dieses Erziehungsverständnis, insbesondere das Ziel der Eingliederung in die Gesellschaft, wurden im Grunde von allen zuvor genannten Gruppierungen geteilt. Ebenso wurde übergreifend die Orientierung an der Familie gefordert. Erziehung in der öffentlichen Kleinkinderziehung sollte sich in einem familienähnlichen Umfeld vollziehen. Damit verbunden war auch die Ablehnung schulähnlicher Formen, auch diese Ansicht wurde nun einheitlich vertreten.

Ein Unterschied bestand jedoch bezüglich der religiösen Ausrichtung der Kindergärten, d.h. dem Stellenwert der religiösen Erziehung bzw. Bildung. Auf Seiten der konfessionellen Träger, gerade bei der evangelischen Kinderpflege, fällt die starke Betonung des religiösen Charakters von Erziehung auf. Erziehung wurde zwar nun auch hier als Anregung, Unterstützung und Förderung der ganzheitlichen Entwicklung verstanden, Kernelement blieb aber unverändert die sittlich-religiöse Erziehung. Erziehung, das war in diesem Sinne immer und zuerst sittlich-religiöse und dies hieß nun katholische bzw. evangelische Erziehung mit dem Ziel der Vermittlung der gewünschten Denk- und Verhaltensweisen. Erziehung wurde in diesen Kontexten überwiegend als Einwirkung begriffen; Autorität, Gläubigkeit und die Gewöhnung an Gehorsam waren auch weiterhin von großer Bedeutung. Bezüglich dieser grundlegenden Vorstellungen hat sich das Erziehungsverständnis der konfessionellen Gruppierungen kaum weiterentwickelt.

Vergleicht man die verschiedenen Vorstellungen, ist zu erkennen, dass der Bildungsbegriff kaum von Bedeutung gewesen ist. Mit Erziehung war weiterhin ein Verständnis verbunden, das auf eine sittliche, nun nur noch im konfessionellen Kontext religiöse Erziehung abzielte. Erziehung wurde als soziale Erziehung im Sinne von Eingliederung in die Gesellschaft begriffen und eben dieses grundlegende Verständnis, das von den großen und einflussreichen Gruppierungen geteilt wurde, kann weiterhin als das dominierende gelten. Vorstellungen, wie sie bei Montessori und beim Bund entschiedener Schulreformer zu finden sind, müssen dagegen als Außenseiterpositionen verstanden werden, die dort entwickelten Überlegungen wurden nicht von der Mehrheit geteilt.

2.3 Der theoretische Diskurs

Der theoretische Diskurs veränderte sich in Weimar erheblich. Allgemein gilt, dass es nun zur endgültigen universitären Etablierung erziehungswissenschaftlichen Denkens kam (vgl. Horn 2008). Zuvor an den Universitäten nur schwach vertreten, wurden nun Lehrstühle für Philosophie bzw. Psychologie und Pädagogik eingerichtet. Durch die Institutionalisierung an Universitäten und Pädagogischen Akademien erlangte die Pädagogik Hochschulrang und löste sich gleichzeitig aus der kompromittierenden Nähe zum nunmehr ungeliebten Staat, wie sie sich auch aus der Obhut der Kirche befreite. Als Wissenschaft wurde sie den anderen Disziplinen gleichgestellt (vgl. Langewiesche/Tenorth 1989, 116ff.).

Eine herausragende Stellung nahm dabei die geisteswissenschaftliche Pädagogik ein. Jetzt, nach dem Ersten Weltkrieg wurde sie wirksam und zur prominentesten und beherrschenden pädagogischen Denkform (vgl. Blankertz 1982, 215ff.; Herrmann 1991, 160ff.). Der empirischen Erziehungswissenschaft kam dagegen bestenfalls eine Außenseiterrolle zu, sie blieb Episode oder randständig. Wesentliche Vertreter wurden in ihrer Bedeutung verkannt oder wanderten in andere Disziplinen, insbesondere in die Psychologie oder Soziologie ab. Außerdem war die empirische Erziehungswissenschaft in außeruniversitären Instituten vertreten, z.B. im bereits erwähnten „Zentralinstitut für Erziehung und Unterricht" (vgl. Tenorth 2000, 227/228 u. 237). Weiterhin blieb die reformpädagogische Bewegung von Bedeutung, die sich nun auch verstärkt für Ideen und Versuche außerhalb des öffentlichen Bildungswesens zu interessieren begann. Allerdings blieb die öffentliche Kleinkinderziehung davon weitgehend unberührt, auch lässt sich so gut wie keine geisteswissenschaftliche oder empirische Frühkindpädagogik finden.

Jedoch änderte sich das akademische Wissen und Denken über die frühe Kindheit und deren Erziehung erheblich, auch wenn man noch nicht von einer eigentlichen Frühkindpädagogik sprechen kann. Die sich entwickelnden Wissenschaftsbereichen der Kinderpsychologie oder Psychoanalyse boten neue Erkenntnisse und Anregungen. Zugleich verstärkten mit der katholischen Kleinkinderpädagogik auch die traditionellen Bereiche ihre Reflexionen. Verschiedene Strömungen sind deshalb zu berücksichtigen. Neben den maßgeblichen Enzyklopädien werden nun auch die relevanten Wissenschaftsbereiche betrachtet.

2.3.1 Die Enzyklopädien

Zu den Enzyklopädien in Weimar gehören das *Handwörterbuch des Volksschulwesens unter Mitwirkung zahlreicher Schulmänner* (1920) herausgegeben von Clausnitzer u.a., sowie vor allem das von Nohl/Pallat herausgegebene *Handbuch der Pädagogik* (1928). Während Hermann Schwartz' *Pädagogisches Lexikon* (1929) Ausdruck der evangelischen Kleinkinderpädagogik ist, steht das von Josef Spieler für das Deutsche Institut für Wissenschaftliche Pädagogik herausgegebene *Lexikon der Pädagogik der Gegenwart* für die katholische Sichtweise und wird in diesem Zusammenhang behandelt.

Besondere Bedeutung im Kontext der Enzyklopädien verdient das von Nohl/Pallat herausgegebene *Handbuch der Pädagogik*. Hermann Nohl war einer der führenden Persönlichkeiten der geisteswissenschaftlichen Pädagogik. Das *Handbuch* erfuhr eine große Resonanz, weshalb die hier formulierten Ansichten über die öffentliche Kleinkinderziehung vermutlich von einer breiten Fachöffentlichkeit wahrgenommen worden sein dürften. Im vierten Band, der den Untertitel „Die Theorie der Schule und der Schulaufbau" trägt, findet sich der von Elisabeth Blochmann verfasste Artikel „Der Kindergarten". Blochmann, die u.a. bis 1930 am PFH unterrichtete, aber auch am Zentralinstitut für Erziehung und Unterricht lehrte und 1930 als Professorin für Sozialpädagogik und Theoretische Pädagogik an die neu gegründete Pädagogische Akademie in Halle/Saale berufen wurde, ordnete in ihrem Artikel den Kindergarten also in das Bildungswesen ein. Berger geht davon aus, dass ihr Artikel wegweisend war und konzeptionelle Impulse gesetzt hat (vgl. 2009d).

Unter dem „Kindergarten im ursprünglichen Sinn" verstand Blochmann „eine Einrichtung, die eine größere Zahl von Kindern zwischen drei und sechs Jahren – die Aufnahme

zweijähriger Kinder ist ein Notbehelf – in den Vormittagsstunden aufnimmt und der Altersstufe gemäß erzieht" (Blochmann 1928, 75). Deutlich betonte sie den Erziehungsaspekt. Soziale und missionarische, sprich religiöse Antriebe seien in der geschichtlichen Entwicklung zugunsten der rein pädagogischen zurückgetreten, wie auch die schulischen Methoden, die zunächst dominiert hätten, durch eigene ersetzt worden seien. Es ist, so Blochmann, beim Kindergarten zu einer „klaren Herausarbeitung seines pädagogischen Sinns, der ihn unzweideutig aber in eigenartiger Weise dem deutschen Bildungswesen einreiht" (ebd., 75), gekommen. Der Kindergarten sei deshalb eigentlich Teil des Bildungswesens. Ungeachtet dessen habe er aber seinen Platz innerhalb der Sozialpädagogik nicht verloren und gehöre auch weiterhin zur Kinderfürsorge. Zwar könne man ihn auch als Vorstufe der Schule und dann zugehörig zum Bildungswesen sehen, unter sozialpädagogischen Gesichtspunkten gehöre die öffentliche Kleinkinderziehung jedoch zur Fürsorge. Er sei jedoch keineswegs nur eine Nothilfe, sondern eine Institution, die für alle da ist und neben der Familie selbständige Bedeutung besitzt (vgl. ebd., 75/76).
Durch die Zuordnung des Kindergartens in den Band „Die Theorie der Schule und der Schulaufbau" und auch Blochmanns Argumentation wurde die Bildungsaufgabe grundsätzlich stärker betont. Die öffentliche Kleinkinderziehung wurde primär aus pädagogischen Gründen, aufgrund der Eigenart der kindlichen Entwicklung als notwendig angesehen. Das Kind verlange mit etwa dem vierten Lebensjahr nach neuen Erfahrungs- und Betätigungsbereichen, es will die Umwelt entdecken, wahrnehmen, begreifen und dies kann die Familie allein nicht bieten (vgl. Blochmann 1928, 76/77). Hinzu müsse der Kindergarten treten: „Der Kindergarten muß dem Kind einerseits ein möglichst reiches Freiheitsleben sichern, (...) und muß ihm doch zugleich den Schutz einer über das Haus hinausreichenden inneren Bindung an einen Erzieher geben, der seine Aktivität so zu lenken vermag, daß eine volle, der Stufe gemäße Entfaltung des kindlichen Wesens stattfindet" (ebd., 77). Der Kindergarten sei pädagogisch notwendig, weil er die kindliche Entwicklung unterstütze.[315] Kinder würden in zwei Welten leben, einer phantastischen und einer realen und in diesem Alter zumeist noch triebmäßig auf die Eindrücke reagieren. Das Kind lebe im Augenblick und in der allernächsten Zukunft, während die Erinnerung noch fehle. Hinzu kämen noch „komplexhaftes und analogiehaftes Denken, seine Unkonzentriertheit und seine Labilität, seine Suggestibilität" (ebd., 79). Blochmann erkannte demnach an, dass das Kind über eine vom Erwachsenen unterschiedene Art des Denkens und der Verarbeitung der Erfahrungen besitzt. Aufgabe des Kindergartens sei es, das Kind aus seinen Kräften leben zu lassen, aber zugleich auch darauf hinzuarbeiten, dass es diese Schwächen überwinde.
In diesem Alter, so Blochmann, ist nicht die Wissensvermittlung, nicht materiale Bildung, sondern der formale Aspekt von Bildung, die Entwicklung aller Kräfte, von Bedeutung (vgl. Blochmann 1928, 80). Deshalb gilt es die kindliche Aktivität zu berücksichtigen und die „charakteristische Form der frühkindlichen Aktivität ist das Spiel" (ebd., 80). Hier könne das Kind Erfahrungen verarbeiten und ausdrücken, im Spiel und

---

[315] Damit die pädagogische Arbeit gelingen könne, brauche es entsprechend ausgebildete Erzieherinnen und eine „Kenntnis der Lebensform des Kindes im Spielalter" (Blochmann 1928, 78). Neue Erkenntnisse über Leben oder Entwicklung der Kinder, wie z.B. von Stern oder Bühler postuliert, müssten deshalb aufgegriffen werden.

durch seine Phantasie könne das Kind sich ganzheitlich entfalten.[316] Im Spiel vollziehe sich die „erste geistige Bewältigung des Lebens" (ebd., 81), ein erstes Verarbeiten und Verstehen der Welt. Primäre Aufgabe des Spiels kann es nach Blochmann deshalb auch nicht sein, zum Arbeiten überzugehen, auch wenn dies zwangsläufig stattfindet. Vielmehr lässt „das Spiel als Spiel [...] das Kind erstarken, und in ihm selbst entstehen die Kräfte, die dann nachher auch der Arbeit zugute kommen" (ebd., 81). Das Kind müsse sich ausdauernd mit dem Spiel beschäftigen, aber auch neue Anregungen bekommen, auch wenn die Erzieherin nicht das gesamte Spiel „organisieren" dürfe.

Neben dem spielerischen Dasein werde vom Kind aber auch das Hineinwachsen in die wirkliche Welt gewollt. Es möchte „ernsthafte" Aufgabe etc. übernehmen und dazu eignen sich die Beschäftigungen, sowie die Haus- und Gartenarbeit. Diese würden jedoch gleichzeitig der geistigen Entwicklung, der Entwicklung seiner Geschicklichkeit und den Sinneswahrnehmungen dienen (vgl. Blochmann 1928, 82).

Auch die Inhalte der Kindergartenerziehung sollten dem entsprechen. So sollte z.B. der Monatsgegenstand den Kindern „Erlebnismöglichkeiten" geben, Inhalte, die dem Kind zugänglich sind und seine Konzentration ermöglichen. Außerdem sollte das Kind dadurch bei der Verinnerlichung seiner Erlebnisse unterstützt und geholfen werden. Aus diesem Grund sollten die Lebensumstände des Kindes als Anknüpfungspunkt und nur solche Inhalte gewählt werden, die dem Kind auch zugänglich sind. Gleichzeitig müssten die Kinder die Möglichkeit haben, sich selbst ihre Lerngegenstände auszusuchen und somit ihre eigene „Lernauslese" (Blochmann 1928, 84) treffen zu können.

Hermann Schwartz' *Lexikon* kann als stellvertretend für die Sichtweise der evangelischen Pädagogik gelten. Im zweiten Band finden sich ein Artikel zu Kinderbewahranstalten, sowie zwei weitere zum Kindergarten, die sich zum einen auf die Hygiene, zum anderen auf die Pädagogik beziehen. Letzterer wurde von Johannes Prüfer verfasst, was auch die Annäherung, die zwischen beiden Lagern mittlerweile stattgefunden hatte, verdeutlicht.

Kinderbewahranstalten seien die ältesten und ursprünglichsten „erziehungsfürsorgerischen Einrichtungen" (Schwartz 1929, 1286), welche den in ihrer gesunden Entwicklung durch Verwahrlosung bedrohten zwei bis sechsjährigen Kindern die mangelnde häusliche Aufsicht und Pflege ersetzen würden. Sie würden sich an die unteren sozialen Schichten richten und seien auf die Abschaffung sozialer Missstände hin ausgerichtet, besäßen also primär eine sozialfürsorgerische Funktion, „drückende sittlich-religiöse und soziale Notstände" (ebd., 1291) würden die Gründung legitimieren.

Sie seien jedoch eine „sekundäre Form der Erziehungsfürsorge" (Schwartz 1929, ebd., 1291) mit der Aufgabe, den in ihrer äußeren und inneren Entwicklung durch Notstände gefährdeten Kindern die mangelnde Familienerziehung zu ersetzen. Die Kinder sollten an Ordnung und Zucht gewöhnt werden, außerdem sollte dem geistigen und körperlichen Leben durch Spiel und „mannigfachige sonstige Betätigung" (ebd., 1292) zu einer

---

[316] Das entsprechende Zitat lautet bei Blochmann wie folgt: „Die Entwicklung der kindlichen Aktivität im Spiel ist dabei immer doppelseitig entsprechend dem Doppelweg, der der seelischen Reaktion offen steht; in die freie Geistigkeit des inneren Bildens und des Ausdrucks oder in das Handeln. Daß im kindlichen Spiel aber beide Wege meist noch nicht getrennt sind, sondern in der Phantasieform zusammengehen, das gibt ihm seinen Totalitätscharakter und seine eigenartige Intensität" (Blochmann 1928, 81).

gesunden Entwicklung verholfen werden. Auch wenn neben der intellektuellen und sittlich-religiösen Erziehung andere Elemente (z.B. körperliche und technisch-künstlerische Erziehung) Erwähnung finden, tritt der christliche Charakter hervor. Biblische Geschichte, das Gebet und die geistigen Lieder sollten unter den Erziehungsmitteln den ersten Platz einnehmen, da dies für die Grundlegung des Charakters notwendig sei. Abgelehnt wurden jedoch der schulähnliche Unterricht und schulische Methoden, stattdessen sollte eine familienhaftere Methode Anwendung finden, die das Kind individuell zu erfassen versuche. Aber, auch wenn sich die Einrichtungen nach Form und Namen immer mehr den Kindergärten annähern müssten, würden sie doch in ihrem „tiefsten Wesen und ihrer gottgegebenen Mission treu" (ebd., 1293) bleiben und müssten dabei helfen, die Kinder „zu menschlicher Tüchtigkeit und seliger Gotteskindschaft" (ebd., 1293) zu erziehen.

Zum Kindergarten finden sich die Artikel von Huntmüller zum Thema „Kindergarten (hygienisch)" und von Prüfer zu „Kindergarten (pädagogisch)". Hygiene und gesundheitliche Überwachung lassen in Kindergärten zu wünschen übrig, so zunächst die Feststellung Huntmüllers (vgl. Schwartz 1929, 1294). Prüfer kommt dann auf Fröbels Idee des „Deutschen Kindergartens" zu sprechen (vgl., 1295/1296), aber in seinem Artikel setzte er sich im Grunde nicht mit einem den Kindergärten zugrunde liegenden Bildungs- und Erziehungsverständnis auseinander. Er erwähnte einzig, dass der Kindergarten eine ursprünglich pädagogische Einrichtung gewesen sei und seine soziale Orientierung erst später erhalten habe (vgl. ebd., 1297).

Innerhalb der Enzyklopädien ist die gestiegene Aufmerksamkeit, welche die öffentliche Kleinkinderziehung erfahren hat, zu erkennen. Zwar unterscheiden sich die Artikel in Schwarz' *Lexikon* kaum von den vorherigen Enzyklopädien, der Kindergarten wurde im Grunde nur vorgestellt, wichtige Aufgaben aufgezählt und den Kinderbewahranstalten ein auf sittlich-religiöse Erziehung reduzierter Erziehungsauftrag zugesprochen. Aber Blochmanns Artikel zeigt die Weiterentwicklung. Sie hat die öffentliche Kleinkinderziehung nicht nur oberflächlich präsentiert, sondern eine tatsächliche Frühkindpädagogik herauszuarbeiten versucht. Auch wenn dies im Rahmen des recht kurzen Artikel nicht ausgearbeitet werden konnte, wesentliche Punkte – die Notwendigkeit vorschulischer Erziehung aus primär pädagogischen Gründen, das Aufgreifen aktueller wissenschaftlicher Erkenntnisse, die Betonung des Spiels als Form der Verarbeitung kindlicher Erfahrungen und ein Verständnis von Erziehung als Unterstützung der Kinder in ihrem Bemühen um Weltverständnis und Erfahrungserweiterung – zeigen, dass damit begonnen wurde, sich umfassend mit diesem Gebiet auseinanderzusetzen.

2.3.2 Die Kinder- und Entwicklungspsychologie

Um die Jahrhundertwende hatte der Aufschwung der Kinder- und Entwicklungspsychologie begonnen und nun wurden vermehrt wichtige Arbeiten ins Deutsche übersetzt (vgl. Konrad 1997, 83/84). Bezug wurde auch zur (öffentlichen) Kleinkinderziehung genommen, indem z.B. gefordert wurde, dass die Frühkindpädagogik auf eine entwicklungs- und bildungspsychologische Grundlage gestellt werden und Erzieherinnen über Kenntnisse in der Kinderpsychologie verfügen müssten, so z.B. Katz/Katz (vgl. 1925, 27/28). Allerdings fanden diese Erkenntnisse im Rahmen der Ausbildung kaum Berücksichtigung, auch wenn der Einfluss in den 1920er Jahren stieg. Die Kinderpsychologie begann nun Beiträge zur vorschulpädagogischen Diskussion beizusteuern, insbesondere Martha Muchow sowie David und Rosa Katz (Konrad 1997, 87 u. 89). Ebenso stieß die Kinderpsychologie bei den Fröbelanhängern, die Reformen für notwendig hielten, auf Zustimmung, während zugleich die bisherige Kindergartenpädagogik kritisiert wurde, u.a. von dem im Fröbelvorstand aktiven Hans Volkelt.[317]

Es ist im Rahmen dieser Arbeit nicht möglich, die Entwicklungs- und Kinderpsychologie umfassend und angemessen nachzuzeichnen. Kurze Anmerkungen müssen genügen. Zu den einflussreichsten Vertretern der Kinderpsychologie gehörten insbesondere Clara und William Stern,[318] sowie ihre Mitarbeiterin Martha Muchow. Gemeinsam mit seiner Frau Clara erarbeitete Stern eine umfassenden Kinderpsychologie, in seiner Schrift *Psychologie der frühen Kindheit bis zum sechsten Lebensjahre* finden sich Abschnitte zu Spiel und Phantasie, wie auch zum Denken und der Intelligenz.

Einer der Schwerpunkte der frühen Kinder- und Entwicklungspsychologie lag in der Erforschung des Kinderspiels. Zumeist bezog man sich dabei auf Karl Groos und den Vorgänger Piagets am Genfer Institut Jean-Jacques Rousseau, Edouard Claparede.[319] Beide unterschieden sechs Dimensionen oder Theorien des Spiels, um so dessen Komplexität besser gerecht zu werden. Das Spiel wurde in seiner Bedeutung für die kindliche Entwicklung als der eigentliche Hauptinhalt des Lebens des Kindes betont (vgl. Groos 1922, 1; Groos 1923, 57 u. 59). Das Spiel habe, trotz seiner anscheinenden Zwecklosigkeit, einen tieferen Sinn: Es sei Einübung, Ergänzung und Erholung.[320] Hier könne der Mensch das ihm Angeborene durch Erfahrung und Übung ergänzen, Groos verstand das „Spiel als Einübung, als Selbstausbildung des heranwachsenden höheren Lebewesens" (vgl. Groos 1922, 4). Das Spiel sei eine, wenn auch nicht die einzige, Art der Vorbereitung auf das Leben, eine Form von Selbstausbildung (vgl. Groos 1922, 15; Groos 1923, 77). Erziehung hat nach Groos deswegen „die Aufgabe, an jene absichtslose Selbstausbildung durch das Spiel anzuknüpfen und von da aus den Zögling zu der bewussten Selbsterziehung hinüberzuführen, deren Forderungen den Menschen bis an sein Ende begleiten" (Groos 1922, 11).

1918 erschien Karl Bühlers *Die geistige Entwicklung des Kindes*,[321] das später in mehreren, sich deutlich voneinander unterscheidenden Ausgaben veröffentlicht wurde; ein „epochales Werk" (Bühring 2007, 66). Allein die hohe Auflagenzahl zeigt, dass Bühlers Werk starke Resonanz fand, allerdings befassten seine Schriften sich nicht primär mit

---

[317] Seine Schriften, z.B. *Grundbegriffe der Ganzheitspsychologie* (1934) oder *Fortschritte der experimentellen Kinderpsychologie* (1926) bieten für diese Arbeit jedoch wenig. Die verschiedenen zusammen mit Felix Krüger herausgegebenen Hefte *Das bildnerisch gestaltende Kind* (1933ff.), die auch während der Zeit des Nationalsozialismus erschienen, wandten sich dagegen als konkrete Anleitungen an die Praxis.

[318] Stern, der 1911 mit seinem gleichnamigen Fachbuch die Differenzielle Psychologie begründet hatte, beschäftigte sich insbesondere mit Fragen der Intelligenzforschung.

[319] Groos Einteilung wurde beispielsweise von Karl Bühler übernommen (vgl. Bühler 1930, 467ff.).

[320] In das *Seelenleben des Kindes* stellte Groos verschiedene Theorien über das Spiel vor, auf die hier nicht ausführlich eingegangen werden kann: 1. Kraftüberschusstheorie, 2. Einübungs- oder Selbstausbildungstheorie, 3. Abschwächungstheorie, 4. Karthasistheorie, 5. Ergänzungstheorie, 6. Erholungstheorie.

[321] Von Bedeutung waren des Weiteren insbesondere seine Beiträge zur Sprachtheorie und Gestaltpsychologie. Bühler entwickelte die sogenannte „Drei-Stufen-Theorie/Superpositionstheorie".

der öffentlichen Kleinkinderziehung. So finden sich in den Sachverzeichnissen auch nicht die Begriffe Kindergarten oder Kleinkinderziehung.
Charlotte Bühler[322] untersuchte dagegen systematisch das kindliche Verhalten unter dem Aspekt der Lebensbewältigung. Wie Karl Bühler postulierte sie einen engen Zusammenhang zwischen körperlichem Wachstum und psychischer Entwicklung und betrachtete die Ontogenese als Rekapitulation der Phylogenese, darüber hinaus dehnte sie den Entwicklungsbegriff auf alle Lebensphasen aus und entwickelte ein Fünf-Phasen-Modell der stufenweisen Entwicklung. Hier waren Stagnation und Regression nicht vorgesehen und auch soziokulturelle und sozioökonomische Einflüsse spielten kaum eine Rolle spielen (vgl. Bühring 2007, 66ff. u. 87). Außerdem wurde von ihr der Bühler-Hetzer-Kleinkindertest mitentwickelt, ein psychologisches Instrumentarium, mit dem einzelnen Dimensionen (z.B. sinnliche Rezeption, Körperbeherrschung, Sozialverhalten, Materialbearbeitung, Lernen und geistige Produktion) sowie der gesamte Entwicklungstand erfasst und quantitativ bewertet werden konnten (vgl. Bühring 2007, 79 u. 83).
Gerade für die (öffentliche) Kleinkinderziehung von Bedeutung waren David und Rosa Katz, insbesondere durch das gemeinsam herausgegebene Werk *Die Erziehung im vorschulpflichtigen Alter* (1925), das sich jedoch in erster Linie an die Eltern, aber auch an Erzieherinnen wandte (vgl. Katz/Katz 1925, 10/11). Rosa Katz war jedoch nicht nur Theoretikern, 1926 gründete sie einen „wandernden Kindergarten". Positiv standen beide der Montessoripädagogik gegenüber. Rosa Katz veröffentlichte 1925 die Schrift *Das Erziehungssystem der Maria Montessori*, da sich allerdings auch eher an die Eltern richtete. Auch ihr „wandernder Kindergarten" war an Montessori orientiert (vgl. Berger 2009b). Beide empfahlen eine selbsttätige Erziehung im Sinne Montessoris, die von ihnen erfolgreich übernommen worden war. Insbesondere Montessoris Übungen der Sinne fanden ihre Zustimmung, da hier das Prinzip der Selbsttätigkeit Anwendung finde (vgl. Katz/Katz 1925, 49 u. 82/83). Auch in Fragen der sittlichen Erziehungen sahen sie ein behutsameres Vorgehen als sinnvoll an, in ihrem Ton und den Erziehungszielen unterscheiden sie sich von ihren Zeitgenossen, beispielsweise wurde das Willenbrechen abgelehnt (vgl. ebd., 95f. u.117).

2.3.2.1 Martha Muchow
Auch wenn sich die meisten Vertreter der Entwicklungs- und Kinderpsychologie nicht explizit zur Kindergartenerziehung geäußert, von Martha Muchow[323] lassen sich derarti-

---

[322] Bühler, Charlotte: Kindheit und Jugend. Genese des Bewusstseins. Psychologische Monographien. Herausgegeben von Karl Bühler. III. Band. Leipzig 1928. Hier waren kinder- und jugendpsychologisches Entwicklungsmaterial miteinander vereint. Es erlebte mehrere Auflagen und 42 dazugehörige Rezessionen, was die Resonanz verdeutlicht (vgl. Bühring 2007, 85).

[323] Martha Muchow (1892-1933) besuchte eine private Höhere Mädchenschule, ehe sie am städtischen Lyzeum in Altona das Abitur ablegte. Nach Abschluss der Lehrerinnenprüfung arbeitete sie zunächst als Lehrerin, besuchte aber gleichzeitig in ihrer Freizeit Vorlesungen von William Stern und engagierte sich seit 1916 in den schulpsychologischen Untersuchungen des Psychologischen Laboratoriums. 1919 begann sie mit dem Studium der Psychologie, Philosophie, deutschen Philologie und Literaturgeschichte in Hamburg, wo sie Mitarbeiterin von Stern wurde und 1923 mit der Arbeit *Studien zur Psychologie des Erziehers* promovierte (vgl. Berger 1995, 146; Muchow 1949, 9). Während dieser Zeit entstand der Kontakt zur Praxis des Kindergartens, zum einen in Form von sozialpädagogischen Praktika, die von Lehrerstudenten auch in Kindergärten durchgeführt wurden. Außerdem arbeitete Muchow mit der Praxis in Arbeitsgemeinschaften

ge Schriften finden. Muchow als enge Mitarbeiterin William Sterns ist deshalb geeignet, um sich den in diesem Kontext vertretenen Vorstellungen zu nähern – auch wenn man ihre Ideen nur bedingt als stellvertretend für die gesamte Entwicklungs- und Kinderpsychologie ansehen kann.

Für diese Arbeit bedeutsam sind ihre Schriften[324] *Beiträge zur psychologischen Charakteristik des Kindergarten- und Grundschulalters* (1926), sowie *Psychologische Probleme der frühen Erziehung* (1929), das vier erweiterte und überarbeitete Vorträge enthält, mit denen Praktiker zum Durchdenken erziehlicher Probleme angeregt werden sollten (vgl. Muchow 1929, 5). Hinzu kommen *Die psychologischen Voraussetzungen der Kindergartenpädagogik* (1933) und insbesondere das gemeinsam mit Hilde Hecker verfasste *Friedrich Fröbel und Maria Montessori*, hier in der zweiten, umgearbeiteten und erweiterten, mit einer Einleitung von Eduard Spranger versehenen Auflage. Im zweiten Teil behandelte Muchow das Montessori-System und die Erziehungsgedanken Friedrich Fröbels (vgl. Hecker/Muchow 1931, 73-203). Das kann hier nicht vollständig wiedergegeben werden, lässt aber für Muchows eigenes Verständnis wesentliche Aspekte erkennen. Überhaupt war diese Schrift von kaum zu überschätzende Bedeutung, insbesondere für den weiteren Verlauf der Fröbel-Montessori-Diskussion. Während Hecker als Montessori-Anhängerin, die ihre Wurzeln in der Fröbelpädagogik nie ganz aufgegeben hatte und nun im PFH an einer Fröbel-Montessori-Synthese arbeitete, Montessori eher wohlwollend vorstellte, fiel Muchow der kritische Part zu. Die meisten Kritikpunkte waren zwar im Kontext der Kinderpsychologie schon vorher vertreten worden, aber sie fasste die Kritik noch einmal prägnant zusammen und gab ihr den Anstrich des Objektiven (vgl. Konrad 1997, 191).

Entwicklungspsychologische Kenntnisse als Grundlage der frühkindlichen Erziehung: Auch Muchow hat die Forderung vertreten, dass sich die Erziehung in den ersten Lebensjahren auf neue Erkenntnisse stützen muss, „die Pädagogik der frühen Kindheit bedarf [...] zweifellos einer besonders sorgfältigen *kinder-* und *bildungspsychologischen* Unterbauung" (Muchow 1929, 12). Während sie den kinderpsychologischen Aspekt schon recht gut vertreten sah, beklagte sie bei der Bildungspsychologie die mangelhafte Umsetzung, insbesondere in der Praxis oder innerhalb der Fachdiskussionen (vgl. ebd., 12/13). Auch im Kindergarten müssten „erzieherische Grundsätze der modernen sach-

---

(einer Art Weiterbildung) zusammen. Dabei „entdeckte" sie Fröbel und erkannte dessen Verwandtschaft mit den jüngsten Erkenntnissen der Psychologie (vgl. Muchow 1949, 13/14). Anschließend griff sie auch in die Debatte um Montessori-Fröbel ein. Ab 1927 übernahm sie im Jugendleiterinnen-Lehrgang des Hamburger Fröbelseminar den Psychologieunterricht. Dadurch verstärkte sie ihre Beziehungen zur Fröbelbewegung und ihren Einfluss auf die Praxis. Muchow arbeitete eng mit der Fröbelbewegung zusammen, befreundet war sie mit Helene Klostermann (vgl. ebd., 14/15). Mit dem Nationalsozialismus endete ihre Forschungstätigkeit. Das Laboratorium wurde als „jüdisch verseucht" geschlossen und sie als einzige Arierin damit beauftragt, die Übergabe an einen nationalsozialistischen Erziehungswissenschaftler zu organisieren. Sie selbst wurde in den Schuldienst zurückversetzt. Im Alter von gerade einmal 41 Jahren starb Martha Muchow am 29. September 1933 an den Folgen eines Suizids (vgl. Berger 1995, 149).

[324] In Muchow 1949 finden sich ältere Beiträge, die noch mal durch ihren Bruder veröffentlich wurden, da diese Arbeiten teilweise vergriffen oder in Zeitschriften verstreut waren (vgl. Muchow 1949, 5). Darin findet sich auch der Beitrag von Elfriede Strnad Martha Muchow in ihrer Bedeutung für die sozialpädagogische Arbeit (vgl. Muchow 1949, 7-18), der auf das Leben Muchows eingeht.

gemäßen Erziehung des Kleinkindes" (vgl. ebd., 14) angewandt werden. „Wenn immer man den Begriff der *Bildung* in die Pädagogik aufzunehmen gewillt ist, wenn immer man nicht eine zwanghafte Erziehung, sondern *entwickelnde* Bildung für den Sinn pädagogischen Tuns hält [...] so liegt in *strukturpsychologischen* und *strukturentwicklungspsychologischen* Einsichten allein die Möglichkeit, pädagogisches Tun psychologisch zu untermauern" (ebd., 16). Ohne derartige Kenntnisse könne sämtliches pädagogisches Handeln nicht gelingen, das alltägliche Arbeiten mit den Kindern müsse der jeweiligen Entwicklung des Kindes entsprechen. Aber dazu brauche es ein Verständnis für die kindliche Entwicklung: „die Erarbeitung des zeitgemäßen Bildungsansatzes ist ebenso, wie die Auswertung der in wissenschaftlicher Forschung sich vertiefenden Kunde vom Kinde und von den Bildungsprozessen, unbedingte Voraussetzung aller gestaltenden Arbeit im Gebiete der Erziehung" (Hecker/Muchow 1931, 76). Ohne ein Verständnis der kindlichen Entwicklung, seiner Bildungsprozesse, wie auch der Kenntnis historischer Erziehungsgedanken laufe sämtliches pädagogisches Handeln ins Leere (vgl. ebd., 77).
All diese Forderungen sah Muchow auf dem Gebiet der frühkindlichen Erziehung als nicht erfüllt an: „Die Forderungen zu verwirklichen, die die moderne Kinderpsychologie und die struktur- und entwicklungspsychologisch unterbaute Bildungspsychologie auf Grund ihrer Einsichten in die seelische Eigenart des Kleinkindes und in den psychologischen Ablauf der Bildungsprozesse an die Organisation der frühen Erziehung stellen müssen, ist eine Aufgabe, kein erreichtes Ziel" (Muchow 1929, 82). Ungeachtet aller guten Ansätze würden Theorie und Praxis Mängel existieren. Ebenso wenig sei es damit getan, zurück zu Fröbel zu gehen in dem Sinne, dass man seine Schriften als Handlungsanleitungen nehme, da die jetzige Bildungsarbeit vor anderen Aufgaben als Fröbel stehe (vgl. ebd., 83).[325]

Öffentliche Kleinkinderziehung muss nach Muchow also auf neuen und wissenschaftlichen Erkenntnissen aufbauen, überhaupt die Bildungsarbeit immer auf der Einsicht in „das Wesen und die Entwicklung des jugendlichen Menschen" (Muchow 1926, 5) basieren. Es sei notwendig, dass sich die „Organisationsformen der frühen Erziehung an die Strukturentwicklung der Frühzeit" (Muchow 1929, 49) anpassen. Nur wenn man die generelle „Eigenart der seelischen Struktur des Kindheitsabschnittes" (Muchow 1933, 71) kenne, könnten die „(bildungs-)psychologischen Bedingungen, die in der generellen Struktur der pädagogischen Situation des Kindergartens liegen" (ebd., 71) und der entwicklungspsychologische Sinn der Bildungsmittel verstanden werden. Aus diesem Grund sei ein umfassenderes und besseres Verständnis des Wesens der Kindlichkeit und des Kindseins notwendig, gerade Erzieherinnen müssten die charakteristischen Züge der seelischen Entwicklung der Kindheit, insbesondere die Wahrnehmung und das Denken, verstanden haben (Muchow 1926, 6 u. 9).
Wie aber verläuft die seelische Entwicklung des Kindes, wie denkt es? Muchow betonte zwei Aspekte. In der geistigen Haltung des Kindes würden sich zum Teil noch beträchtliche Reste einer „primitiven Geisteshaltung" finden lassen, verglichen mit den geistigen Einstellungen der Erwachsenen zur Welt seien dies „primitive Strukturen" (Muchow

---

[325] Überhaupt fanden die unterschiedlichen, auch innovativen Konzepte (sie erwähnte beispielsweise Genf oder Montessori) nicht ihre vollständige Zustimmung (vgl. Muchow 1929, 49).

1926, 62). Diese Reste würden jedoch nach und nach zerfallen, weshalb das Alter von 3 bis 10 als von einer fortschreitenden Auflösung der primitiven Strukturen charakterisiert werden könne. Die geistige Entwicklung, „der geistige Reifungsprozeß, der sich allmählich vollzieht [...] kann charakterisiert werden durch die fortschreitende Differenzierung der seelischen Leistungen und durch eine immer schärfere Absetzung des Objektiven vom rein Subjektiven" (Muchow 1929, 43). Zunehmend löst sich nach Muchow die intellektuelle Wahrnehmungs- und Vorstellungsfähigkeit aus der engen Verkopplung mit den Affekten und Wünschen. Aber dieser Entwicklungsprozess vollzieht sich langsam, es ist kein glattes, stufenweises Fortschreiten, vielmehr bleiben Überhänge bestehen und das Kind kann auf eine Stufe zurückfallen (vgl. ebd., 43/44).

Der Weg der individuellen Verselbständigung, so Muchow, der Loslösung von der Mutter, innerhalb dessen das Kind zu einem Wesen mit eigenem Willen und aktiver Sozialität wird, beginnt in diesen Alter. Das Kind habe nun in motorischer, sprachlicher und intellektueller Beziehung einen Reifegrad erreicht, der ihm dies zum Teil ermögliche, es könne nun mehr und mehr aktiv Sozialstrukturen gestalten. Es suche Kontakt zu anderen Kindern und dies gelinge heute am besten im Kindergarten. Das Kind falle jedoch „zurück" auf frühere Stufen, vor allem dann wenn die Mutter nicht zulässt, was es schon leisten kann (vgl. Muchow 1933, 74ff.). Deswegen müsse der Kindergarten der Selbsttätigkeit des Kindes viel Raum geben dieses brauche in dieser Zeit sorgfältige, aber auch zurückhaltende pädagogische Betreuung (vgl. ebd., 75).

Insgesamt ist Muchow folgend die Erlebnisweise der Kinder komplexer, weniger organisiert und beherrscht von begrifflich-logischen Funktionen als die des Erwachsenen. Entscheidend ist, dies hat Muchow deutlich betont, dass die Struktur des Kindes eine „von der unseren wesentlich und qualitativ unterschiedene" (Muchow 1926, 62) ist. Dieser Unterschiedlichkeit müsse man sich als Erwachsener bewusst sein und man müsse versuchen, sich in die Kinder hineinzuversetzen, um das zu verstehen. Aufgabe des Erziehers sei es in diesem Sinne, sich zu „verkindlichen" (ebd., 63).

Die geistige Welt des Kindes ist also prinzipiell von der des Erwachsenen unterschieden, aber dies wird von Muchow nicht negativ im Sinne von Unvollständigkeit gewendet. Beispielsweise verfüge das Kind über eine affektbestimmte Wahrnehmung, z.B. beim Spiel (vgl. Muchow 1929, 39). Kinder würden sich eine ganz andere geistige Welt aufbauen als Erwachsene, für sie sei die Phantasie „Formung der Wirklichkeit aus affektunterbauter Fassung" (vgl. ebd., 40). Kinder, so Muchow, leben tatsächlich in der von ihnen geschaffenen Welt und tauchen in sie ein. Anders als beim Erwachsenen besteht zwischen Wirklichkeit und Spielwirklichkeit zunächst kein scharfer Unterschied (vgl. ebd., 41). Auch sei die Weltauffassung nicht von strenger Kausalität, sondern ebenso von Affekten, Wünschen oder Absicht bestimmt. Deshalb gebe es beim Kind auch keine „realistische, objektivierende Grundhaltung, noch eine klar sich gegen eine solche absetzende Fiktionshaltung" (Muchow 1933, 79). Affekte und Wünsche seien viel stärker mit der Wahrnehmung und dem Denken verbunden. Solange ein Kind noch nicht zu einer dauerhaften objektivierenden Haltung der Welt gegenüber in der Lage sei, „kann es sich nur in der symbolischen Bewältigung der Dinge im Spiel im Bezug zur Außenwelt halten" (ebd., 80).

Zunächst verfügt das Kind nach Muchow also quasi über zwei Welten: Eine Spielwelt und eine Ernstwelt. In diesen beiden Welten muss es leben und handeln, aber solange das Kind noch überwiegend in der ersten Welt lebt, kann es keine andere Betätigung geben als das, was Spiel genannt wird (vgl. Muchow 1929, 46). Deshalb aber sei das Spiel auch so wichtig und keine Spielerei. Es sei die Lebensform dieser Altersstufe, es sei entwicklungsnotwendig und wenn ein Kind nicht spielen könne, verkümmere es (vgl. Muchow 1933, 80). Allerdings erfahre das Kind „zunehmend die Dinge in ihrer objektiven Gesetzlichkeit" (ebd., 83), so wie diese immer auch schon von Anfang an ins Leben des Kindes eingreife. Es berücksichtige die Wirklichkeit immer mehr (vgl. ebd., 84).

Eine weitere, für Muchow wesentliche Einsicht der strukturpsychologischen Forschung lautet, „daß jedes psychische Subjekt in einer ‚Welt' lebt, daß das Verstehen stets das Subjekt in seiner Welt als einen unlösbaren strukturellen Zusammenhang erfassen muß, wenn immer es überhaupt ‚Verstehen' sein will" (Muchow 1929, 59). Jedes Subjekt habe eine eigene Welt, es gebe verschiedene Weltstrukturen. Für die Bildungsarbeit bedeute dies,

„daß sie niemals meinen darf, daß sie den Zögling als beziehungslosen Organismus, der höchstens kausalen Zusammenhängen von Erblichkeit und wirksamen Milieueinflüssen eingeordnet ist, nie als bloßen Träger von Anlagen und Reaktionsgewohnheiten bekommt und einsetzen darf in ein Milieu, das nach seinen Wirksamkeiten hin mehr oder weniger genau überlegt und konstruiert ist. Das Kind hat zu jeder Zeit schon eine Welt. Die Erziehung wird daher zunächst fragen müssen nach der Weltstruktur, die der seelischen Organisation des Kindes nach entwicklungspsychologischem Gesetz und bisherigem Umweltsgehalt entspricht, weil sie die Bildungsarbeit in Anlage und Zwischenzielen von dieser Ausgangsstruktur bestimmt weiß" (ebd., 59).

Nicht allein nach der „Weltstruktur" des Kinds, auch nach der sozialen Umwelt, in der das Kind aufwächst, muss gefragt werden (vgl. ebd., 59). Auch dieser Gedanke ist neu. Deshalb sei eine „Kleinkinderpädagogik, die über die Eigenart der Sozialwelt des Kindes hinweg eine auf die Isolierung der Individualität gegründete Sozialform der Anstalt organisiert, entwicklungspsychologisch falsch" (ebd., 60). Die Erziehung der frühen Kindheit müsse vielmehr so organisiert werden, dass sie die „allmähliche Individuation des Kindes" ermögliche. Das Kind müsse sich sozial adaptieren können, aber sich auch langsam als selbständige Person, als Individuum, entwickeln und sich von der ursprünglichen Geborgenheit der Gruppe (z.B. Mutter-Kind-Gemeinschaft) lösen (vgl. ebd., 61). Nach Muchow müssen also zum einen die Erkenntnisse kindlicher Entwicklung und kindlichen Lernens berücksichtigt werden, zum anderen – und dieser Aspekt ist für die Gestaltung der pädagogischen Arbeit ebenso von Bedeutung – muss nach dem Weltbild und der Sozialwelt des Kindes, sowie seinen Bedürfnissen und Interessen gefragt werden. Nur mit diesem Wissen kann das pädagogische Handeln und die Umwelt des Kindes derart gestaltet werden, dass die kindlichen Bildungsprozesse unterstützt und angeregt werden.

Die Notwendigkeit von ganzheitlicher Erziehung: Worauf hat Erziehung nun abzuzielen und was kann sie erreichen? „In der frühen Erziehung [...] ist psychologisch die *Möglichkeit* und pädagogisch die *Notwendigkeit* vorliegend, die Willens- und Charakterbildung für das ganze Leben auf den richtigen Weg zu leiten" (vgl. Muchow 1929, 20).

Sowohl Willens- als auch Charakterbildung seien möglich und sollten auch Anwendung finden. Problematisch sei jedoch, dass sich in der frühen Erziehung die Bemühungen beinahe ausschließlich auf die Willensbildung erstrecken würden, so versuche auch die Praxis auf diesem Gebiet „pädagogisch zielbewusst und durchgreifend zu handeln" (ebd., 21). Hinzu komme aber, dass hier oftmals falsch gehandelt werde und es so zu einer „Unterdrückungspädagogik" (ebd., 24) komme.
Aber nicht nur die falsche Anwendung, die falschen Methoden, die übermäßige Betonung der Willensbildung sind nach Muchow ein Mangel. Vielmehr wird diese oft einseitig und isoliert angegangen und nicht als Glied im „Gesamtzusammenhang der geistigseelischen und leiblichen, der personalen Strukturentwicklung" (Muchow 1929, 25) des Kindes gesehen. Aber die Vorgänge der Affekt- oder Willensentwicklung stünden im Verhältnis zu anderen Tatsachen der geistigen Entwicklung und auch diese müssten beachtet werden, denn nur dann könne man erkennen, wie sie „sinnvoll bildend zu beeinflussen sind" (ebd., 25). Erziehung müsse ganzheitlich sein und die Totalität der kindlichen Struktur berücksichtigen, denn isoliert man einzelne seelische Funktionen führe dies zu erzieherischen Problemen (vgl. ebd., 31u. 38).

Das Spiel: Das Zentrum der kindlichen Tätigkeit, so Muchow, ist das Spiel „als Darlebung des Innern, des eigenen und dessen der Dinge" (vgl. 1929, 79). Das Kind lerne dadurch langsam, sich den Forderungen der Umwelt zu fügen und diese zu erfüllen, es nähere sich dadurch auch der Arbeit. Erziehung habe die Aufgabe, „das Kind während dieser Entwicklung zu betreuen und ihm die Umwelt zu schaffen, in der es allmählich zur realen Umgestaltung der Wirklichkeit, d.h. vom Spiel zur Arbeit, gelangen kann" (Hecker/Muchow 1931, 168).
Erziehung müsse aber auch im Spiel berücksichtigen, dass das kindliche Weltverständnis von dem des Erwachsenen verschieden sei. Langsam sei die Annäherung an das Weltverständnis der Erwachsenen herbeizuführen und dazu würden auch die Beschäftigungen bei Fröbel dienen: „In der Aufweisung eines konkreten, aber nichtsdestoweniger strengen methodischen Weges vom Spiel über diese Zwischenform zur Arbeit liegt m. E. die wichtige Aufgabe für die Zusammenarbeit der beiden Pädagogengruppen an dem Aufbau eines in sich geschlossenen *entwickelnden Bildungsganges* für das Kindergarten- und Grundschulalter, den Fröbel andeutend entworfen hat" (Muchow 1929, 81/82). Die Arbeiten bei Montessori seien dagegen zu einseitig, außerdem würden die produktiven Tätigkeiten fehlen (vgl. Hecker/Muchow 1931, 146ff.).
Auch wenn das Spiel zur Arbeit führen soll, die zuvor gemachten Anmerkungen zeigen, dass Muchow dem Spiel auch eine entwicklungsfördernde Funktion zugesprochen hat. Das Spiel hat für Muchow eine tiefere Bedeutung, es ist die geistige Produktion des Kindes und mit Fröbel bezeichnete sie die „immer weitere Differenzierung und Organisierung seiner Kräfte und immer reinere und vollkommenere Entfaltung des ‚göttlichen' Wesens im Menschen" (Hecker/Muchow 1931, 181) durch die beobachtende Pflege des kindlichen Spiels als Aufgabe von Erziehung. Man müsse das Kind gut beobachten und kennen, „um in rechter Weise für die Beschäftigung Sorge tragen und in rechter Weise vorschreibende und nachgehende Erziehung zum Ausgleich bringen zu können" (ebd., 182). Das Spiel diene nicht der Übung einzelner Funktionen, sondern sei ganzheitlich (vgl. Hecker/Muchow 1931, 183). Ein derartiges Spiel aber, so Muchow, ist wertvoll,

"weil es Gelegenheit gibt, personale, körperliche *und* geistig-seelische Anlagen, das Wesen der Person darzuleben, darlebend zu klären und so zum Bewußtsein des Wesens zu führen, worin ja nach seiner [Fröbels, H.W.] Auffassung das Ziel der Erziehung besteht" (ebd., 184). Das Spiel ermögliche, dass alle Fähigkeiten und Kräfte des Kindes ausgelebt und gestärkt werden.

Bei Montessori werde dagegen das freie Spiel unterbunden, weshalb Phantasie und Einbildungskraft nicht gefördert würden. Das Spiel werde von Montessori nicht wertgeschätzt, „das Kinderhaus vernichtet das Spiel, indem es, den Gewinn des Spiels nur in der Übung der Organe und Fertigkeiten des psycho-physiologischen Organismus, aber nicht der personalen Totalität sehend, diesen Gewinn möglichst sicher einzubringen versucht" (ebd., 164.).

Muchows Beitrag zur Fröbel-Montessori-Debatte: Die Fröbel-Montessori-Debatte kann in dieser Arbeit nicht in vollem Umfang nachgezeichnet werden. Entscheidend sind die Aspekte, die etwas über Muchows Verständnis von Bildung und Erziehung aussagen. Trotz aller Kritik bewertete Muchow Montessori grundsätzlich positiv (vgl. Hecker/Muchow 1931, 118/119). Vor allem die Betonung des Rechts des Kindes auf freie Entfaltungsmöglichkeit, sowie die Möglichkeit zur Selbständigkeit und zur Selbsttätigkeit wurden von Muchow positiv als mögliches Orientierungsmodell hervorgehoben (vgl. ebd., 120/121). Aber auch wenn Montessori und Fröbel in den Grundforderungen der Erziehungsgestaltung übereinstimmen würden, in ihrem Bild vom Menschen und Kind seien sie doch sehr verschieden und dies habe auch Auswirkungen auf ihr Bildungs- und Erziehungsverständnis, beispielsweise in der Wertschätzung der Phantasie (vgl. ebd., 185ff.)

Außerdem habe Montessori das soziale Element vernachlässigt, weshalb ihr Konzept um die Grundlage einer nach psychologischen Erkenntnissen ausreichend begründeten Pädagogik erweitert werden müsse (vgl. Muchow 1929, 58). Anders als Montessori sah Muchow innerhalb der sozialen Erziehung die „Aktivierung sozialer Gefühle" (Hecker/Muchow 1931, 156) als notwendig an, die Montessori-Methode genüge nicht den Zielen der sozialen Erziehung (vgl. ebd., 157).

Überhaupt erkannte sie im Montessorikonzept das Problem einer „mangelnden ganzheitlichen Betrachtung" (Muchow 1929, 67). Montessori sei zu sehr auf den Intellekt ausgerichtet, so ihre Kritik. Anders dagegen Fröbel, weshalb „unbedingt der entwicklungspsychologisch geforderten Gestaltung des gemütlichen Milieus des Kindes, der Gemeinschaftsgestaltung in der frühen Erziehung ein beträchtliches Maß an Aufmerksamkeit zuzuwenden ist" (ebd., 68). Erziehung müsse den gesamten persönlichen Bedürfnissen in ihrem jeweiligen Entwicklungsstand angepasst sein und dies sei eher im Fröbel'schen Kindergarten gegeben, da hier eher Einseitigkeit vermieden und sich um Ganzheitlichkeit bemüht werde.

Muchow betrachtete Montessoris Material unter dem Gesichtspunkt, ob es angemessen sei, die geistige Entwicklung des Kindes zu fördern (vgl. Muchow 1929, 69ff.). Zwar entspräche das Material der Eigenart der intellektuellen Entwicklungsphase und sei demnach angemessen, ihr missfiel jedoch, dass es zu sehr bloße Technik sei und der sinnhafte Bezug fehle. Außerdem könne die „Aufgabe der Bildung" nicht im „Training der psycho-physiologischen Anlagen" liegen, sondern „in der Differenzierung und dem

Ausbau der Strukturbeziehung Mensch-Welt" (ebd., 71). Die reine Funktionalisierung, die Einübung von Techniken lehnte Muchow ab, die Welt des Kindes müsse einbezogen werden und diese in einer sinnvoll natürlichen Umgebung leben (vgl. ebd., 73). Muchow kritisierte deshalb den Zwang zur Verwendung des Materials nach dem von Montessori vorgegebenen Zweck und dass eine davon abweichende Nutzung des Materials nicht anerkannt werde, selbst wenn darin eigenständige Leistungen des Kindes lägen. Dadurch würden jedoch die kindlichen Bildungsprozesse und seine Lernfreiheit beschnitten. Das Kind habe zwar die Freiheit zur Wahl des Materials, aber könne mit diesem nicht frei umgehen, ein Nebeneinander von Freiheit und Zwang (vgl. Hecker/Muchow 1931, 122ff.). Positiv bewertete sie deshalb auch bei Fröbel, dass mit dem Material frei gearbeitet werden könne (vgl. ebd., 196).

Der Selbsterziehung mit Hilfe des Materials stand Muchow skeptisch gegenüber, wie es auch nicht das wirkliche Leben sei, an dem die Kinder lernen könnten, sondern nur lebenspraktische Betätigungen, wobei wiederum ein freies Experimentieren auf Seiten der Kinder nicht erwünscht sei. So würden jedoch nur Techniken und Lösungen eingeübt, dem Kind aber eine Menge von Versuchen und Erfahrungen vorenthalten (vgl. Hecker/Muchow 1931, 130ff.). Besser wäre es, wenn die Selbsterziehung „dem Kinde Gelegenheit gibt, frei und selbständig Situationen zu bewältigen, Wege und Mittel zur Erreichung eines Zieles zu finden, zu erproben und den Erfolg und Misserfolg, die eigentlichen Anreger der Selbsterziehung, zu erleben" (ebd., 135).

Außerdem, so Muchow, werden viele andere Bedürfnisse des Kindes nicht berücksichtigt, es wird in erster Linie „Sinnes- und Muskelerziehung betrieben" (Hecker/Muchow 1931, 146). Zwar habe Montessori einen „Apparat für die Gymnastik der Sinnesorgane und der Bewegungsmechanismen" (Hecker/Muchow 1931, 136) erfunden, der von Muchow auch durchaus als genial gewürdigt wurde, aber dem Kind müssten auch andere Einsichten ermöglicht werden und es fehle ein stärkerer Bezug zum wirklichen Leben der Kinder. Insgesamt achte die Montessorimethode zu einseitig auf die Dinge der sinnlichen Umwelt und betone zu sehr das Intellektuelle (vgl. ebd., 137/138).[326]

Insgesamt gelangte Muchow zu dem Urteil, dass Montessori zwar wertvolle Anregungen, aber kein restlos befriedigendes System einer Erziehung biete (vgl. Hecker/Muchow 1931, 165). Vor allem das nicht anerkannt werde, dass das Kind eine andere Wahrnehmungs- und Denkweise besitze, wurde von ihr kritisch gesehen (vgl. ebd., 166/167). Fröbel habe dagegen das Kind als qualitativ anders erkannt. Das Kind müsse als Wesen mit einer „wesenhaft anderen, durch urtümliche Ganzheit gekennzeichneten Art des Erlebens und des Bewusstseins, mit einer infolgedessen auch ganz andersartigen Welt verstanden werden" (ebd., 178), es brauche keine „nach rationalen Prinzipien vom Erwachsenen her konstruierte Welt" (ebd., 179). Schon Fröbel habe verstanden, was heute auch gedacht wird: „Wir erkennen die Welt des Kindes als eine solche, in der die Inhalte ungemein viel labiler und umdeutbarer sind, in der die gefühlsmäßig-affektive und die wahrnehmungsgemäße Fassung dessen, was für uns Dinge von dauernder Konstanz sind, ineinander gehen" (ebd., 186).

---

[326] Auch dass das Kinderhaus Montessoris zur Vorbereitung auf die Schule dient und deshalb Schreib- und Leseunterricht stattfindet, wurde von Muchow nicht befürwortet (vgl. Hecker/Muchow 1931, 137/138).

Ingesamt hielt sie Fröbel für durchaus modern. Vor allem das Wesen der Erziehung und des Kindes habe er besser verstanden (vgl. Hecker/Muchow 1931, 198). Montessori Beitrag liege dagegen nicht in der Philosophie der Erziehung, sondern in dem, was sie zur „psycho-physiologischen Unterbauung der Erziehung" (ebd., 199) geleistet habe, in ihrem Beitrag zur praktischen Methodik, die als Anregungen aufgenommen werden sollten. Ihre Einsichten müssten in eine „umfassendere Wesenserfassung des Kindes und der Bildungsprozesse eingeordnet werden" (ebd., 200).

Fazit: Bei Muchow lassen sich sowohl der Erziehungs-, als auch der Bildungsbegriff finden. Während Erziehung dabei auf den Teil des pädagogischen Geschehens verweist, der vom Erziehenden ausgeht, meint der Bildungsbegriff kindliche Aktivitäten. Entsprechend griff Muchow auf die Bezeichnung „Bildungsprozesse" zurück, um die Aktivitäten des Kindes zu umschreiben. Eine Erzieherin muss dies verstehen, wenn sie die Erziehung angemessen gestalten will.
Überhaupt kann die Notwendigkeit eines vertieften Verständnisses der kindlichen Entwicklung – z.B. der Bedeutung von Selbständigkeit und Selbsttätigkeit – ungeachtet unterschiedlicher Akzentuierungen als gemeinsames Merkmal der Entwicklungs- und Kinderpsychologie gelten. Bezogen auf andere Aspekte, beispielsweise bezüglich der Montessoripädagogik, wurden dagegen nicht immer einheitliche Standpunkte vertreten. Pädagogisches Handeln muss diese neuen Erkenntnissen berücksichtigen und dabei vor allem beachten, dass die geistige Welt des Kindes prinzipiell von der des Erwachsenen unterschieden ist. Im Kontext der Kinder- und Entwicklungspsychologie wurde das Kind in seiner Andersartigkeit gesehen und das stellt fraglos, auch wenn es durchaus zeittypisch ist, ein neues Moment da. Auch der Hinweis, dass es die Lebensumwelt der Kinder zu berücksichtigen gilt, zeigt die innovativen Aspekte in Muchows Denken.
Erziehung muss dem gerecht werden und hat zur Aufgabe, die Umwelt des Kindes so zu gestalten, dass das Kind in seiner ganzheitlichen Entwicklung angeregt und unterstützt wird. Und dazu braucht es das Spiel. Deutlich wurde die pädagogische Bedeutung des Spiels hervorgehoben. Zwar sollte das Spiel auch zur Arbeit führen, aber vor allem auch das kindliche Weltbild und -verständnis erweitern und zu einem mehr angemessenen, realitätsnäheren Weltbild hin verändern. Im Verständnis Muchows dient es nicht primär der Einübung einzelner Fähigkeiten oder Kompetenzen.
Während Erziehung also eher auf die Tätigkeit des Erwachsenen verweist, hat Muchow mit dem Bildungsbegriff Aspekte kindlichen Lernens und seiner Entwicklung umschrieben. Erziehung wurde von ihr als Anregung und Unterstützung verstanden, nicht als strikte Vermittlung. Es ging ihr gerade nicht um eine „zwanghafte Erziehung", sondern um „*entwickelnde* Bildung" (Muchow 1929, 16) – aus ihrer Sicht ein Grund, dem Bildungswert einen größeren Stellenwert einzuräumen.

2.3.3 Die Psychoanalyse am Beispiel Nelly Wolffheim
Neu war auch die Psychoanalyse, auch wenn man im Grunde nicht von einer psychoanalytischen Vorschulpädagogik sprechen kann. Sigmund Freud selbst hatte keine pädagogischen Konsequenzen formuliert, aber es gab einige Vertreter, die sich an einer von der Psychoanalyse inspirierten Kleinkinderziehung versuchten, z.B. die in Moskau arbeiten-

de Vera Schmidt.[327] Auch der unter der Leitung von Nelly Wolffheim[328] stehende Berliner Kindergarten wurde explizit nach psychoanalytischen Gesichtspunkten geführt. Allerdings dürfte dieser die große Ausnahme gewesen sein (vgl. Aden-Grossmann 2002, 62; Konrad 1997, 65f. u. 238).

Wolffheim, die zunächst als ausgebildete Erzieherin am PFH I tätig gewesen war, begann 1922 ihre Kindergartenpädagogik nach psychoanalytischen Erkenntnissen umzugestalten, zuvor hatte sie ab 1914 einen Privatkindergarten ganz im Sinne Fröbels geführt (vgl. Aden-Grossmann 2002, 69). Entsprechend war auch ihre frühe Schrift *Soll ich mein Kind in den Kindergarten schicken?* (1910) noch ganz der Fröbelbewegung zugehörig, die Nähe zu Schrader-Breymanns Konzeption ist hier zu erkennen. Ihre Schrift *Psychoanalyse und Kindergarten* (1930) beinhaltet dann ihre psychoanalytischen Vorstellungen, ergänzend wird noch *Fröbel als Vorläufer von Freud* hinzugezogen.[329] Mit Melanie Klein[330] stand sie in beratendem Kontakt in Fragen der psychoanalytischen Kindergartenpädagogik. Wolffheim ging es nicht um eine psychoanalytische Vorschulpädagogik, vielmehr betrachtete sie den Kindergarten vom Standpunkt einer psychoanalytisch orientierten Pädagogik aus. Wolffheim wies selbst darauf hin, dass ein System psychoanalytischer Pädagogik nicht existiere und die Gestaltung der Erziehungspraxis individueller Auffassung und Bearbeitung überlassen sei (vgl. Wolffheim 1973b, 103). Sie wollte jedoch eine psychoanalytische Erziehung, wie sie ihrer Ansicht nach im Kindergarten zur Anwendung kommen sollte, beschreiben; ein Versuch, den Kindergarten „auf Grund der Tiefenpsychologie Freuds umzugestalten" (ebd., 104). Dies war im Grunde nur eine neue Perspektive, aber kein wirklich neues pädagogisches Konzept.

Für Wolffheim war Fröbel nicht nur den Schöpfer einer neuen pädagogischen Idee, sondern „in einem gewissen Sinne ein Vorläufer der Kinderpsychologie" (Wolffheim 1973a, 90), da er „manche der Anschauungen Freuds, wenn auch in abweichender Form und in anderen Ausgangspunkten beschrieben" (ebd., 95) habe, vor allem das kindliche

---

[327] Vera Schmidt gründete 1921 das Kinderheim-Laboratorium in Moskau und schuf dort ein Modell frühkindlicher kollektiver Erziehung. Hier sollte unter wissenschaftlicher Begleitung des psychoneurologischen Instituts nach psychoanalytischen Grundsätzen gearbeitet werden. Da jedoch bald ein überzeugter Gegner der Psychoanalyse an die Spitze des Instituts trat, wurde dem Kinderheim jede weitere Unterstützung untersagt. In Deutschland fand eine intensive Auseinandersetzung mit Vera Schmidt erst Ende der 1960er im Zuge der antiautoritären Erziehungsbewegung statt (vgl. Aden-Grossmann 2002, 64ff.).

[328] Nelly Wolffheim (1879—1965) trat mit 17 Jahren gegen den Willen ihrer jüdischen Eltern ins PFH ein. In ihrer Kindheit und bis in das Alter von 40 Jahren war sie meistens krank, sie selbst bezeichnete sich als ein schwer neurotisches Kind (vgl. Berger 1995, 194). Nach der Ausbildung arbeitete sie ihrer großbürgerlichen Stellung gemäß ehrenamtlich in mehreren Kindergärten, aufgrund einer schweren Erkrankung musste sie den Beruf jedoch aufgeben, nahezu 10 Jahre verbrachte sie anschließend als „Haustochter" oder in Sanatorien. Nach ihrer Tätigkeit im Privatkindergarten übernahm sie 1934 das von der jüdischen Gemeinde errichtete Kindergarten-Seminar, nachdem jüdischen Mädchen nicht mehr in die bestehenden staatlichen und konfessionellen Seminare aufgenommen werden durften. 1939 emigrierte sie nach England und war weiterhin publizistisch tätig, ihren Lebensabend verbrachte sie in einem Altersheim in London (vgl. ebd., 198/199).

[329] Im Rahmen dieser Arbeit ohne Bedeutung ist Wolffheim, Nelly: Die Kinderstube. Berlin 1919.

[330] Von Melanie Klein stammt *Die Psychoanalyse des Kindes*. Wien 1932. Hier wird jedoch vorwiegend die Kinderanalyse und Sexualität behandelt, es ist für diese Arbeit vernachlässigbar. Beispielsweise tauchen im Sachregister auch nicht die Begriffe Kindergarten oder Kleinkinderziehung auf.

Spiel (vgl. ebd., 99/100). Wolffheim hat nicht starr an Fröbel festgehalten, sondern aufgrund ihrer Erfahrungen und den Anregungen der Psychoanalyse eigene Vorstellungen entwickelt. Dabei war sie sich bewusst, dass viele ihrer Vorschläge in Regelreinrichtungen nicht durchführbar seien, Massenkindergärten lehnte sie jedoch als „absolut ungeeignet" und „bedauerliche Notstandseinrichtungen" (Wolffheim 1973b, 150) ab. Der Kindergarten als soziale Einrichtung sei zwar notwendig, aber man dürfe die erzieherische Aufgabe nicht vergessen und so lehnte sie auch die herkömmliche Kindergartenerziehung aufgrund von zu viel Anleitung, Führung und „Erwachsenen-Mittun" (Wolffheim 1973a, 100) ab.

Wolffheim hat zahlreiche Aspekt aus dem Alltag des Kindergartens aus psychoanalytischer Perspektive betrachtet. Auch wenn diese bis heute durchaus bemerkenswert sind, können sie im Rahmen dieser Arbeit nicht dargestellt werden. Exemplarisch sei darauf verwiesen, dass sie sich anders als ihre Zeitgenossen z.B. mit Fragen der kindlichen Sexualität auseinandergesetzt hat (vgl. Wolffheim 1973b, 119).[331]

Was aber hat Wolffheim unter frühkindlicher Erziehung, der Bildungsbegriff ist bei ihr ohne Bedeutung, verstanden? Auch sie fragte nach der Eigenart der kindlichen Entwicklung. Im Kindergartenalter, so Wolffheim, stehen die Kinder oftmals auf dem Höhepunkt des Ödipuskomplexes und ihnen muss geholfen werden, „indem wir ihnen Sublimierungsmöglichkeiten und Ersatzbefriedigungen für aufgegebene Wünsche anbahnen" (Wolffheim 1973b, 105). Die Schwierigkeiten, unter denen das Kind stehe, würden sich in seinem gesamten Verhalten äußern, wobei sich viele Kinder im Kindergarten ganz anders als zu Hause benähmen. Es sei in erster Linie die „Familienbeziehung", die das schwierige Kind schaffe. Zu bedenken sei jedoch, dass Liebe, Hass etc. vom Kind auf die Erzieherin übertragen würden und diese lernen müsse, das nicht persönlich zu nehmen. Deshalb sei ein Wissen vom Phänomen der Übertragung positiver und negativer Gefühle notwendig, da dieses Wissen es erleichtere, ohne persönliche Gegenreaktion mit diesen Gefühlen umzugehen (vgl. ebd., 105-107).

Was aber bedeutete dies für das Verständnis von Erziehung? Erziehung im psychoanalytischen Sinne darf nach Wolffheim nicht nur als eine absichtlich veranstaltete Maßnahme interpretiert werden. Überhaupt besitze die aktive Erziehung keine übertrieben starke Auswirkung, vielmehr sei es die Umwelt des Kindes, der man größte Aufmerksamkeit schenken müsse (vgl. Wolffheim 1973b, 103). Die unbewusst wirkenden Triebkräfte des Kindes und auch die der Erzieherin müssten in die erzieherischen Überlegungen einbezogen werden. Die Erzieherin müsse lernen, das Verhalten des Kindes als sichtbaren

---

[331] Fragen der sexuellen Probleme des Kleinkindalters würden in der Kindergartenliteratur nicht erörtert, auch nicht in den verschiedenen veröffentlichten Tagebüchern über die Entwicklung eines Kindes. Wenn Sexualität als pädagogisches Problem erörtert würde, dann vor allem die Onanie, die von jeher (wie auch das Lutschen) bekämpft würde (vgl. Wolffheim 1973b, 119/120). Dass dabei oftmals zu Mitteln gegriffen würde, durch das Hervorrufen einer Angst etwas abzugewöhnen, sah sie nicht als sinnvoll an (vgl. ebd., 121). Sie selbst ging auf den Kastrationskomplex der Kinder ein (vgl. ebd., 114ff.), wie auch auf die „Äußerungsformen der Sexualität beim Kindergartenkinde" (vgl. ebd., 117) und erotisch gefärbte Freundschaften zwischen den Kindern (vgl. ebd., 124ff.). An Fröbel kritisierte sie, dass dieser die Sexualität nicht direkt berührt habe (vgl. Wolffheim 1973a, 100). In der Praxis gab es wohl aufgrund der Diskrepanz zwischen der Offenheit psychoanalytischer Erziehung und der repressiven familiären Sexualerziehung Schwierigkeiten, auf die Wolffheim Rücksicht nahm, indem sie z.B. verstärkte Elternarbeit durchführte.

Ausdruck von gelösten oder ungelösten Konflikten zu verstehen, nur so könne sie angemessen auf das Verhalten des Kindes reagieren. Der psychoanalytisch gebildete Erzieher wisse, dass er seine Intentionen mit den Ich-Kräften des Kindes verbinden müsse, denn nur so könnten Triebkräfte nicht verdrängt, sondern gemeistert werden.

Wolffheim sah es nicht als die Aufgabe ihrer Schrift an, auf die erzieherischen Aufgaben des Kindergartens einzugehen, weshalb dieser Aspekt auch nicht ausführlich von ihr ausgeführt wurde. Dennoch finden sich Anhaltspunkte.
Der Kindergarten sollte dabei helfen, „trübe Lebenserfahrungen durch neue Eindrücke in ihrer Wirkung abzuschwächen" (Wolffheim 1973b, 109) und den Kindern eine „Erweiterung der Gefühls- und Interessenwelt" (ebd., 109) verschaffen. Er könne eine wesentliche Hilfe sein, sich „der Realität anzupassen, erlebte Schäden zu überwinden und sonst unter Umständen lebenslang abhängig machende Bindungen zu lockern" (ebd., 109). Um dies zu ermöglichen müsse aber die Umwelt dementsprechend gestaltet werden.
Auch dürfe das Verhalten der Erzieherin nicht dazu führen, dass die „Anforderungen des kindlichen Über-Ich" (Wolffheim 1973b, 111) zu hoch werden. Erziehung, so Wolffheim, muss die aus dem Unbewussten stammenden Konflikte berücksichtigen. Eine strenge und fordernde Erziehung führe zu einem übermäßigen Über-Ich und fördere neurotische Fehlentwicklungen, an einer rigiden Vermittlung sittlicher Tugenden war ihr folglich nicht gelegen.
Erziehung im Kindergarten muss nach Wolffheim außerdem Aspekte einer sozialen Erziehung berücksichtigen, denn hier können Freundschaften geschlossen und soziale Verhaltensweisen eingeübt, sowie Fehler der familiären Erziehung ausgeglichen werden (vgl. Wolffheim 1973b, 112). Allerdings beginnt die Fähigkeit, mit anderen zu spielen, zumeist erst mit 3½ Jahren. Zuvor sei das Kind noch zu sehr auf sich selbst eingestellt und nicht in der Lage, sich in die Spielphantasien anderer Kinder hineinzudenken (vgl. ebd., 134).
Außerdem müsse dem Kind dabei geholfen werden, sich an die Realität anzupassen, verbunden mit sozialer Erziehung sei die Aufgabe des Kindergartens die „Erleichterung der Anpassung an die Realität durch das Hineinführen des Kindes in eine erweiterte Gemeinschaft" (Wolffheim 1973b, 134). Um kulturfähig zu werden, so Wolffheim, muss das Kind jedoch Verzichte leisten, beispielsweise ist es in dieser Phase noch „asozial", es kann noch nicht sozial denken und handeln und soll nun dazu gebracht werden, asoziale Tendenzen aufzugeben und auf die Bedürfnisse anderer Rücksicht zu nehmen. Diese Verzichte sollten jedoch durch andere Werte, durch Sublimierungsmöglichkeiten und Ersatzbefriedigungen aufgewogen werden (vgl. ebd., 134). Erziehung im Vorschulalter bedeutet nach psychoanalytischer Auffassung in diesem Sinne Triebüberwindung. Dabei würden dem Kind schon so viele Einschränkungen abverlangt, dass nicht darüber hinausgegangen werden sollte. Ebenso wenig sollte das Kind zu angepasst, zu brav werden und deshalb sollte auch der Überangepasstheit des Kindes entgegengewirkt werden, eine Art von Umgang mit Kindern, die weitaus schwieriger zu erreichen sei als eine autoritative Leitung (vgl. ebd., 135/136). Auch hier lässt sich somit eine Ablehnung übertriebener sittlicher Erziehung erkennen.

Erziehung im psychoanalytischen Sinne hat dem Kind also bei seinem Triebverzicht mit dem Ziel der Anpassung an die Realität und der Übernahme sozial erwünschter Verhaltensweisen zu unterstützen. Zugleich, so Wolffheim, ist die psychoanalytische Erziehung aber auch immer bestrebt, „das Kind zur Selbständigkeit zu führen" (1973b, 138). Die Triebansprüche und Forderungen der Realität, sowie des Über-Ichs müssten in Einklang gebracht werden und dazu brauche es ein starkes und flexibles Ich. Selbständigkeit, Zutrauen und Sicherheit des Kindes müssten gestärkt werden, aber dazu müsse das Kind sich aus der Übermacht der Erwachsenen und zu starken Elternbindungen befreien.
Bei all dem ist nach Wolffheim das Spiel von Nutzen. Hier kann das Kind selbsttätig handeln, zugleich bringt es „in seinem Tun, sei dies nun eigentliches Spielen oder eine Tätigkeit wie Zeichnen, Formen, Ausschneiden, das zum Ausdruck, was es seelisch beschäftigt. Lassen wir ihm Freiheit zu dieser Darstellung seiner unbewußten Triebwünsche, seiner Gefühle, seiner Gedanken, so verhelfen wir ihm zu einer besseren ‚Bewältigung seiner Lebenseindrücke' (Freud)" (Wolffheim 1973b, 138). Wird diese Spielfreiheit jedoch eingeschränkt, erschwert das eine gesunde Entwicklung des Kindes. Mit Fröbel vertrat Wolffheim den Standpunkt, dass die Kinder „Innerliches äußerlich gestalten" (ebd., 141), wenn sie geeignete Materialien zur Verfügung hätten. Es „wird dabei aus der Gefühls- und Gedankenwelt etwas produziert, was, dem Schaffen des Künstlers vergleichbar, nach Gestaltung verlangt" (ebd., 141). Im Spiel kann das Kind demnach Konflikte, aber auch Situationen des alltäglichen Lebens aufgreifen und verarbeiten. Das ist wichtig, weil das Kind in diesem Alter noch nicht in der Lage ist, sich der Probleme durch Verbalisieren bewusst zu werden. Durch das Spiel könnten Spannungszustände und unbewusste Konflikte verarbeitet werden.

Wolffheim hat kein eigentliches Konzept psychoanalytischer Kleinkindpädagogik formuliert, aber doch einige Überlegungen aus psychoanalytischer Perspektive entwickelt. Aus diesen, von den herkömmlichen Argumentationsmustern doch sehr verschiedenen grundlegenden Ansätzen, entwickelte sie ihr Verständnis von Erziehung.
Erziehung – auf den Bildungsbegriff griff sie nicht zurück – hat im psychoanalytischen Sinne die Aufgabe, das Kind bei seinem Triebverzicht mit dem Ziel der Anpassung an die Realität und der Übernahme sozial erwünschter Verhaltensweisen zu unterstützen. Dazu muss es ein starkes und flexibles Ich entwickeln – eine für diese Zeit fraglos beachtenswerte Forderung. Eine Erziehung, die bei der Konstituierung eines starken Ichs unterstützend eingreift, indem sie z.B. zum Abbau autoritärer Abhängigkeiten beiträgt, eben das strebte Wolffheim an. Anders ausgedrückt: Erziehung muss dabei helfen, mit den Anforderungen der Welt zurecht zu kommen.
Unterstützend wirkt dabei das Spiel, hier kann das Kind Konflikte oder Situationen des alltäglichen Lebens aufgreifen und verarbeiten. Eindeutig hat Wolffheim dem Spiel eine pädagogische Funktion zugeschrieben. Da aber ihrer Ansicht nach verglichen mit der aktiven Erziehung die Umwelt einen größeren Einfluss auf die Entwicklung des Kindes besitzt, muss diese derart gestaltet werden, dass es dem Kind möglich ist, oben genannte Aufgaben zu vollziehen. Auch die Gestaltung der Umwelt ist somit Teil der Erziehung.

2.3.4 Die wissenschaftliche katholische Kleinkindpädagogik

Die katholische Kleinkinderpädagogik, die sich zuvor kaum an den vorschulpädagogischen Diskussionen beteiligt hatte, begann sich nun auf wissenschaftlicher Ebene intensiv mit diesem Gebiet zu beschäftigen. Dafür stehen vor allem die Arbeiten von Josef Göttler, Elisabeth Rahner und Josef Schröteler, ergänzend werden die Artikel *Kinderfürsorge* und *Kindergarten*, sowie ein Artikel zu *Kleinkinderpädagogik und Kleinkinderziehung* aus dem zweiten Band des von Josef Spieler für das Deutsche Institut für Wissenschaftliche Pädagogik herausgegebene *Lexikon der Pädagogik der Gegenwart* (1932) hinzugezogen.

Josef Göttler war eine der Autoritäten auf dem Gebiet katholischer Kleinkinderziehung (vgl. Konrad 1997, 63), für Sayler sogar der bedeutendste bewusst katholische Erziehungswissenschaftler seiner Zeit (vgl. 1960, 9). Er war Herausgeber der Reihen *Religionspädagogische Zeitfragen* (1916-1929) und *Jahrbuch des Vereins für christliche Erziehungswissenschaft"* (1919-1929). Sein *System der Pädagogik im Umriss* erschien bis 1932 in sechs Auflagen und stellte in verschiedenen Lehrerbildungsanstalten ein offizielles Lehrbuch dar (vgl. ebd., 25). Weitere wichtige Schriften Göttlers sind die *Religions- und Moralpädagogik* sowie die *Geschichte der Pädagogik*.[332] In sämtlichen Schriften finden sich, wenn zum Teil auch nur kurze, Stellungnahmen zur öffentlichen Kleinkinderziehung.

Göttler engagierte sich darüber hinaus im „Bayerischen Landesverband katholischer Kinderhorte und Kleinkinderschulen", in dessen Ausschuss er 1917 gewählt wurde. Er veröffentlichte zahlreiche Aufsätze zu diesem Thema, insbesondere im *Kinderheim*. Hinzu kommen Referate, die Göttler 1917 und 1918 auf Kongressen über Kleinkinderziehung gehalten hat. Außerdem hat er mehrere pädagogische (Ferien-)Kurse durchgeführt. 1917 hielt er zusammen mit Johanna Huber 15 Vorlesungen und im Sommer 1917 (30. Juli bis 3. August) war er für den ersten Fachkurs „Kleinkinderziehung" verantwortlich. Hier entwarf er Grundzüge einer katholischen Kleinkind- und Vorschulpädagogik (vgl. Berger 2009a, Sayler 1960, S. 45 ff.). Daran zeigt sich auch die Mischung von Theorie und Praxis, die folgenden Vorstellungen dürften auch für die Praxis geltend gewesen sein.

Insbesondere das neunte und zehnte Jahrbuch des Vereins für christliche Erziehungswissenschaft, das unter dem Titel *Unser Erziehungs- und Schulprogramm* (1919) von Göttler im Namen des Vorstandes herausgegeben wurde und als Festgabe Dr. Otto Willmann zum 80. Geburtstag gewidmet war, verdient Beachtung. Im Vorwort wurde darauf hingewiesen, dass dies ein einheitliches Programm aus christlich-pädagogischem Standpunkt darstelle (vgl. Neuntes u. zehntes Jahrbuch 1919, V). Darin finden sich unter dem Aspekt „Erziehungs- und Schulprogramm" (vgl. ebd., 23-35) ein Abschnitt zur „Kleinkinderziehung" und der von Göttler verfasste Beitrag „Kleinkinderziehung" (vgl. ebd., 59-73). Gerade dieser bietet einen guten Überblick über die Vorstellungen der katholischen Pädagogik bezüglich der öffentlichen Kleinkinderziehung.

---

[332] Auch diese erschien in verschiedenen Auflagen, zuerst 1921. Hier wird die dritte, umgearbeitete Auflage aus dem Jahr 1935 verwendet. Hier behandelte er kurz die Geschichte der Kleinkinderziehung (vgl. Göttler 1935, 237ff.).

Josef Schröteler[333] hat dagegen vor allem die katholische Sichtweise auf Montessori entscheidend geprägt. Schrötelers Schrift *Die Montessori-Methode und die deutschen Katholiken* (1929), zunächst in der Zeitschrift *Schule und Erziehung*, dann als Monographie veröffentlicht, versuchte die Montessoripädagogik vom katholischem Standpunkt aus systematisch und möglichst objektiv darzustellen (vgl. Schröteler 1929, 3). Ab 1930 war Schröteler auch an der Erarbeitung des insgesamt 28-bändigen Sammelwerks *Handbuch der Erziehungswissenschaft* beteiligt. Darin findet sich der Artikel „Die Pädagogik der Kindertagesstätte" von Elisabeth Rahner. Der gesamte Band behandelte die wichtigsten Fragen der Familien- und Kleinkinderpädagogik, ergänzt um einen Beitrag von Montessori. Für Konrad ist Rahners Beitrag der „Schlüsseltext der reformorientierten katholischen Kindergartenpädagogik vor der NS-Zeit" (Konrad 1997, 64).

Offenheit gegenüber anderen Erkenntnissen: Prinzipiell wurde nun eine Offenheit gegenüber anderen pädagogischen Konzepten und wissenschaftlichen Erkenntnissen zugestanden. Eine Erzieherin sollte verstärkt über pädagogische und psychologische Kenntnisse verfügen, wie sie sich auch der Bedeutung von Umwelteinflüssen und dem Erbgut bewusst sein sollte (vgl. Rahner 1934, 87, 97 u. 135; Spieler 1932, 53ff.). Schrötelers Standpunkt bezüglich pädagogischer Reformbestrebungen lautete, dass man dem gegenüber, was wirklich gut sei, offen sein solle, solange diese Bestrebungen nicht im Widerspruch zu gesichertem katholischen Wissensgut stehen und der kritischen Nachprüfung mit wissenschaftlichen Methoden standhalten würden. Auch die katholische Kleinkindpädagogik müsse innovativ sein und sich weiterentwickeln (vgl. Schröteler 1929, 6 u. 40). Bezogen auf Fröbel und Montessori betonte Schröteler, dass „alles Wertvolle, was *beide* Systeme in sich haben, Platz finden" (ebd., 37) müsse. Allerdings wurde gerade Fröbel weiterhin kritisch gesehen. Zwar bezeichnete Göttler sowohl Fröbel als auch Montessori später als „unbedenklich" (vgl. Göttler 1932, 240), in einer früheren Schrift wurde Fröbel und dessen System von Spiel- und Beschäftigungsmittel jedoch deutlich von Göttler kritisiert.[334] Im *Lexikon* dagegen wurde der (katholische) Kindergar-

---

[333] Zu Schröteler siehe: Bachmaier, Hans Korbinian: Die Pädagogik Josef Schrötelers. Ein Beitrag zur Katholischen Pädagogik der letzten 50 Jahre. München 1964. Schröteler war Jesuitenpater und Professor für Pädagogik am Ignatiuskolleg zu Valkenburg. 1928 wurde er als Professor der Pädagogik und praktischen Theologie an die Philosophisch-Theologische Hochschule St. Georgen nach Frankfurt a. M. berufen. Ab 1923 fungierte er als Schriftleiter der stark beachteten Zeitschrift *Schule und Erziehung*. Diese ging 1934 zusammen mit anderen Zeitschriften, u.a. Pharus in *Bildung und Erziehung* auf, 1937 wurde sie eingestellt. 1941 erkrankte Schröteler und war danach nicht mehr in der Lage, Neues zu bearbeiten. Er starb 1955.

[334] In dem dazu passenden Zitat heißt es: „Es ist sicher, daß Fröbels Kindergartenarbeit, angefangen von den Mutter- und Koseliedern, hin durch alle Spielgaben nebst den sie begleitenden Benennungen, Verschen und Liedchen, den aus ihnen herzustellenden geometrischen, Kunst- und Lebensformen und den anderweitigen Beschäftigungen und Spielen, von einem ganz neuen, großen und hohen Gedanken beherrscht, ja aus ihm geboren sind: Es ist die alte, schon in der 1826 erschienenen ‚Menschenerziehung' entwickelte Idee der ‚Lebenseinigung', eine religiöse, genauer gesagt religions-philosophische Idee, pantheistisch klingend und gewiß aus der pantheistischen Naturphilosophie der Hegelperiode geboren, die nicht notwendig als Pantheismus im strengen Sinne anzusprechen. Diese Idee stellt bekanntlich die Aufgabe, ,die Einheit aller Dinge (und Menschen) in Gott zur Einsicht zu bringen,' nach Fröbel die Aufgabe aller und jeder Erziehung, nicht bloß der Kleinkindererziehung. [...] Wenn nun auch manche der Beschäftigungen, bzw. deren Begleittexte wirklich Kindlichkeit, d. i. Gemüt und Poesie atmen: Das Ganze, insbesondere aber die von Fröbel selbst sehr urgierte streng geordnete Aufeinanderfolge der Gaben und Beschäftigung mit den einzelnen

ten samt Fröbels Gaben, wie auch Schrader-Breymanns Konzept durchaus positiv beschrieben, während Kinderschulen und Bewahranstalten als von Entwicklung überholt bezeichnet wurden (vgl. Spieler 1932, 5ff.).
Auch wenn grundsätzlich Offenheit gegenüber Neuerungen postuliert wurde, bewegte sich diese immer nur im Rahmen katholischer Überzeugungen. Entsprechend wurde Montessori auch erst dann positiv bewertet, nachdem sie sich als bekennende Katholikin offenbart hatte. Der eigentliche Durchbruch zu einer positiven katholischen Montessori Rezeption stellte Schrötelers Beitrag dar[335] (vgl. Konrad 2000, 204ff.). Schröteler stützte sich in seiner Einschätzung auf seinen Briefverkehr mit Montessori (vgl. Schröteler 1929, 12) und ein Buch von Buytendijk. Vom katholischen Standpunkt aus müsse Montessori nicht grundsätzlich abgelehnt werden, viele Missverständnisse würden nur bestehen, weil die Umarbeitungen Montessori in Deutschland nicht bekannt seien (vgl. ebd., 18f.). Auch sprach Montessori sich nun gegen die pädagogische Linke aus und dies ermöglichte ebenso die positive Aufnahme von katholischer Seite, nicht umsonst ist ihr letzter Beitrag vor dem Zweiten Weltkrieg im *Handbuch der Erziehungswissenschaft* abgedruckt worden (vgl. Konrad 2000, 209/210).

Die Funktion der öffentlichen Kleinkinderziehung: Der Umgang mit Montessori zeigt, dass von Seiten der katholischen Kleinkindpädagogik nur das akzeptiert wurde, was mit den grundlegenden Prinzipien katholischer Kleinkindpädagogik übereinstimmte. Grundsätzlich gab man der Familienerziehung den Vorrang.[336] Dementsprechend sollte der Kindergarten auch eine „erweiterte Kinderstube" (Spieler 1932, 5) sein, also nicht schulmäßig, sondern familienhaft. Aber welche Funktion wurde den Einrichtungen zugesprochen? Sollten die Kinder hier überhaupt erzogen und gebildet werden?
Nach Rahner sind Kindertagesstätten „der Sammelname für die verschiedenen Einrichtungen der halboffenen Kinderfürsorge für das Klein- und Schulkind wie Kinderbewahranstalt, Kindergarten, Hort, Tagesheim, in denen die Drei- bis Sechsjährigen resp. Sechs- bis Vierzehnjährigen stundenweise oder ganztägig, aber regelmäßig, erfasst werden" (1934, 87). Hier findet sich demnach zunächst einmal keine hervorgehobene Betonung des Erziehungs- oder Bildungsaspekts. Auch für Göttler sind die Kleinkinderanstalten und Kinderhorte nicht „überall reine Erziehungseinrichtungen, sondern stehen vielerorts im Dienste der Sozialhygiene, der wirtschaftlichen Familienhilfe oder auch - ausbeutung" (1932, 116). Aber „die pädagogisch eingerichtete und geleitete *Kleinkinderanstalt* (Kindergarten, Bewahranstalt, Kleinkinderschule) bietet dem vorschulpflichtigen Kinde im hygienisch und freundlich gelegenen und ausgestatteten Heim mit Garten, in kleinen, leicht überschaubaren, nach dem Grade der geistigen Entwicklung zusammengestellten Gruppen, Bewegungs- und Spiel-, Beschäftigungs- und kindliche Lerngelegenheit" (ebd., 116). Es gebe somit auch einen pädagogischen Aspekt, der die

---

Gaben, hat doch etwas Gebundenes und darum Gezwungenes, hat trotz aller Entfernung der eigentlichen Schulunterrichtsgegenstände etwas Schulisches um nicht zu sagen Schulmeisterliches an sich" (Göttler 1918, 541/542).

[335] Von großer Bedeutung waren darüber hinaus Helene Helmig und der katholische Frauenbund. Helmig und Schröteler arbeiteten aktiv im „Verein Montessori-Pädagogik in Deutschland e.V." mit, eine gegen die Deutsche Montessori-Gesellschaft gerichtete Gründung mit katholischem Hintergrund.

[336] Deutlich auch noch einmal in Spieler 1932, 1ff. u. 56.

Entwicklung unterstützend wirke. Die Einrichtungen der öffentlichen Kleinkinderziehung seien zwar aus sozialhygienischen Gründen notwendig, würden aber über eine pädagogische Aufgabe verfügen: die Kleinkinderanstalt sei Erziehungsanstalt (vgl. Göttler 1932, 117; Spieler 1932, 57). Die Einrichtungen dürften deshalb nicht einseitig als „soziale Hilfsveranstaltung nach bevölkerungspolitischen und hygienischen Gesichtspunkten" (Neuntes u. zehntes Jahrbuch 1919, 25) verstanden und organisiert werden, sie müssten auch erzieherische Grundsätze berücksichtigen, es müsse zu einer Synthese von sozialen und pädagogischen Tendenzen kommen (vgl. Rahner 1934, 89ff.).

Neben die hygienische oder gesundheitliche muss diesen Überlegungen folgend die erziehliche Fürsorge treten. Erziehung galt ebenso als Aufgabe der Einrichtungen. Sie sollten die Entwicklung unterstützen, ergänzt um Elemente einer sozialen Erziehung. Ziel der Kleinkinderziehung sei es, „dem Kinde Möglichkeiten zu schaffen, in spielender Betätigung alle jene körperlichen und seelischen Kräfte zur Entfaltung zu bringen, die unmittelbar zur Lebenserhaltung und zur Bewältigung der Aufgaben der kommenden Entwicklungsstufe nötig sind" (Spieler 1932, 56).
In den katholischen Einrichtungen komme jedoch „die Pflege der sittlich-religiösen Entwicklung" hinzu, denn sie „ist im katholischen Kindergarten grundlegend für die Pflege des kindlichen Lebens im allgemeinen" (Spieler 1932, 6). Erziehliche Fürsorge, so Göttler, befasst sich deshalb mit der „Sorge für die erwachende Seele" und diese „muß uns noch höher stehen" (Neuntes u. zehntes Jahrbuch 1919, 62). Das religiöse Leben muss „Pflege erfahren, natürlich in kindertümlicher, familienhafter Weise nach Inhalt, Form und Umfang" (ebd., 26). Das Religiöse dürfe nicht nur als ein Fach neben anderen Fächern verstanden werden, es müsse „alles durchwaltendes Prinzip sein" (ebd., 70). Überhaupt sei schon für das Kleinkindesalter die religiös-sittliche Entwicklung entscheidend und gerade bezogen auf die Kinder, welche die Einrichtungen ganztägig besuchen, sei es wichtig, diese mütterliche Erziehungsaufgabe zu unterstützen. Auch wenn das Kind noch nicht alle Äußerungen des religiösen Lebens (z.B. Beten, Gebräuche, Feiern) verstehe, werde es doch von „religiösen Gefühlen" erfasst und diese würden es zur Nachahmung antreiben, weshalb die Erzieherin auch stets Vorbild sein müsse. Unbedingt müsse am konfessionellen Charakter festgehalten werden (vgl. ebd., 67ff.).

Auch wenn Göttler in seinem Text aus dem neunten und zehnten Jahrbuch durchaus nüchtern argumentiert, so ist der einzige Aspekt, der von ihm einer genaueren Betrachtung unterzogen wird, die sittlich-religiöse Erziehung. Er verweist an verschiedenen Stellen lobend auf die bereits zuvor dargestellte Schrift Johanna Hubers (vgl. Göttler 1931, 143; Neuntes u. zehntes Jahrbuch 1919, 70). Umso deutlicher wird dies, wenn man seine allgemeinen Ausführungen über Erziehung und Bildung betrachtet.[337]
Insbesondere in *System der Pädagogik im Umriss* hat sich Göttler ausführlich mit diesem Thema beschäftigt (vgl. Göttler 1932, 13-34). Erziehung im eigentlichen Sinn sei

---

[337] Dies zeigt sich auch an den Artikeln des *Lexikons der Pädagogik*. Hier wurde den vorschulischen Einrichtungen ebenfalls ein Erziehungsauftrag zugesprochen. Die gesonderten Artikel zu „Erziehung" und „Bildung" wurden von Eggersdorfer geschrieben, einem der führenden katholischen Erziehungswissenschaftler. Eggersdorfer war unter anderem auch an der Gründung des „Deutschen Instituts für wissenschaftliche Pädagogik" beteiligt (vgl. März 1998, 723/724).

einzuschränken auf „die (individuelle wie kollektive) Höherführung der *Jugend,* auf die entwicklungsfördernde Tätigkeit reifer Menschen an unreifen" (Göttler 1932, 13). Im Mittelpunkt, „als zentrale Sphäre der Erziehung im eigentlichen Sinn", stehe dabei „der auf *sittlich normierte Selbstbestimmung* (Persönlichkeit) *angelegte Wille* oder die *sittliche Persönlichkeit*" (ebd., 14). Erziehung verstanden als Höherführung, die vom reifen Menschen auf den unreifen ausgehe, auch wenn sich Selbsterziehung daran anknüpfen müsse. Der Mensch müsse dazu geführt und gebracht werden, selbstbestimmt ein sittliches Leben zu führen. Ähnlich auch Rahner, denn „alle Erziehung enthält als Charakteristikum das ‚Streben nach Höherführung des sich entwickelnden Menschen'" (Rahner 1934, 149).

Erziehung wird des Weiteren als „Wachstumsbeeinflussung eines lebendigen Organismus mit immanenten Gesetzen", „als der Natur ‚beistehende' [...] Pflegefunktion an den von innen heraus sich selbst in ‚Spontaneität' entwickelnden Seelenkräften" (Göttler 1932, 17) verstanden. Erziehung sollte also die Entwicklung unterstützen, ihre Aufgabe liege in der „Beschaffung von entwicklungsfördernden Bedingungen und Fernhaltung von entwicklungshemmenden Einflüssen" (ebd., 17). In diesem Sinne sei Erziehung eine „kräfteentwickelnde, positiv und negativ disziplinierende Seelenpflege" (ebd., 17).

Die Unterstützung, so Göttler, ist jedoch auf ein ganz bestimmtes Ziel ausgerichtet und deshalb muss das Kind mit den „wertvollsten Ergebnissen der vorausgegangenen menschheitlichen Kräftebetätigungen auf den verschiedenen Gebieten" (Göttler 1932, 17) in Kontakt gebracht werden. Eine sorgfältige Auslese sei angebracht. Erziehung sei in diesem Sinne „Kulturvererbung" (ebd., 18), die von der nachfolgenden Generation angenommen und fortgeführt, zugleich aber auch höher und weiter entwickelt werden müsse (vgl. ebd., 17/18).

Deshalb ist nach Göttler zwischen der formalen Seite der Erziehung, der „Entwicklung der Kräfte des Zöglings" und der materialen, der „Überlieferung geistiger Güter und die Einordnung in die soziale Lebensform" (1932, 18), zu unterscheiden. Beides muss innerhalb der Erziehung beachtet werden. Die nachwachsende Generation müsse sich durch Erziehung in die Gesellschaft einfügen und die bestehenden Werte übernehmen (vgl. ebd., 19). Diese Werte fänden sich im Christentum, sie seien das „Endziel aller Mensch- und Menschheitsbemühungen, also auch aller Erziehung" (ebd., 26). Dies habe Erziehung immer anzustreben, weltliche Zwecke könnten nur eingeschlossen sein, „soweit sie widerspruchslos sich diesem Ziel unterordnen" (ebd., 27).

Daraus ergeben sich zwei Ziele: „Gottes heiligen Willen erfüllen und so sein ewiges Heil wirken [...] ist der verkürzende *religiöse* Aspekt, seinen irdischen Beruf im Dienste und zur Fortentwicklung der Gemeinschaften ausüben, ist der *weltliche* Aspekt *ein und derselben Lebensaufgabe*" (Göttler 1932, 28). „Gotttüchtigkeit" und „Kulturtüchtigkeit" seien nicht zwei nebeneinander stehende, sondern ein einheitliches und diesseitiges Erziehungsziel. Dies gelte auch für die öffentliche Kleinkinderziehung. Hier müsse Erziehung diejenigen Werte vermitteln, „die das Kind in Hinsicht auf die Erreichung des Erziehungszieles – also seines Primärberufes (Gottesdienst und Gottesliebe) und seines Sekundärberufes (als Glied der menschlichen Gemeinschaft) – fördern können" (Rahner 1934, 155).

Erziehung, dass ist „die höherführende geistpflegende (entbindende, belehrende, inspirierende und übende) Entwicklungsbeeinflussung der reifenden Generation durch die gereifte, um sie auf selbständige Lebensführung innerhalb der sie umschließenden Lebensgemeinschaften und damit auf verständnisvolle Verwirklichung der die letzteren begründenden Werte einzustellen" (ebd., 34).[338] Die inhaltliche Bestimmung ergebe sich demnach aus der Religion/den Werten, die man/die Gesellschaft vertrete und diese fänden sich in der christlich-katholischen Religion (vgl. Göttler 1931, 59).

Die Gestaltung der öffentlichen Kleinkinderziehung: Auch die Erziehung in der öffentlichen Kleinkinderziehung ist darauf ausgerichtet, das oben genannte Erziehungsziel zu verwirklichen, Erziehung muss vor allem sittlich-religiöse Erziehung sein.
Deutlich wurde nun jedoch, insbesondere von Rahner, die Bedeutung des Spiels gesehen. Während die Arbeit zweckgerichtet sei, habe das Spiel seinen Zweck in sich selbst (vgl. Rahner 1934, 98/99). Mit Groos – hier erkennt man die prinzipielle Offenheit – bezeichnete Rahner das „Spiel als Selbstausbildung und Einübung künftiger Ernstfunktionen" (ebd., 98/99). Als erste Ausdrucksform menschlicher Aktivität diene es der Reifung und der Entwicklung, bis die Übernahme von ernsthaften Aufgaben möglich sei.[339]
Im Spiel, so Rahner, kann das Kind „im symbolischen Bewältigen der Dinge, die Umwelt allmählich erobern" (ebd., 99), es ist notwendig für seine Entwicklung. Deshalb „ergibt sich als eine der bedeutungsvollsten *Aufgaben frühkindlicher Erziehung* die Organisation des Spiels, nicht im Sinn einer verwaltungstechnischen Maßnahme, wohl aber im Sinne einer bestmöglichen Anpassung an das organische Wachstum des Kindes. Durch sie muß die harmonische Entfaltung der kindlichen Gesamtpersönlichkeit und die bruchlose Überleitung von der Spiel- zur Arbeitshaltung gewährleistet werden" (ebd., 101). Das Spiel ist demnach von großer Bedeutung für die kindliche Entwicklung und muss deshalb im Kindergarten gefördert und ermöglicht werden (vgl. ebd., 207ff.).
Neben dem Spiel zählte Rahner auch die Beschäftigungen und die Arbeit zum Alltag der Einrichtungen. Die Beschäftigung des Kindes sei „gestaltendes Tun" (ebd., 216) und dies umfasse das gesamte konstruktive Spiel des Kindes. Hier könne es seinen Betätigungsdrang ausleben und schöpferisch gestalten. In Anlehnung an den Monatsgegenstand schwebte Rahner ein Einheitsstoff vor, der aus dem täglichen Leben und den Erlebnismöglichkeiten des Kindes gegriffen werden und nicht auf Naturerlebnisse beschränkt bleiben sollte. Freie Betätigung und angeleitete Beschäftigung sollten sich ergänzen, wobei die angeleitete Beschäftigung zurücktreten sollte, denn nicht der Stoffverteilungsplan, sondern die Interessen der Kinder müssten der Ausgangspunkt sein (vgl. ebd., 219f.). Außerdem sollten die Beschäftigungsmittel der jeweiligen Entwicklungsstufe des Kindes entsprechen und hatten das Kind „erziehlich zu fördern" (ebd., 223). Sowohl dem Fröbel-Material als auch dem Montessoris stand Rahner dabei grundsätzlich positiv gegenüber, auch wenn sie insbesondere bei Montessori Kritikpunkte fand (vgl. ebd., 224f.)

---

[338] An anderer Stelle bezeichnete er auch als Ziel der sittlich-religiösen Erziehung die „Fähigkeit und Geneigtheit zu selbständiger rel.-sittl. Lebensbetätigung nach den Normen der wahren, d.h. vom Erst-Erziehungspflichtigen in wahrer Überzeugung festgehaltenen Religion bzw. nach den Normen des auf wirklich ernster Weltanschauung gegründeten Gewissens – Gewissenstreue – Gottesreichsdienstbereitschaft" (Göttler 1931, 58).

[339] Vgl. ähnlich zur Einschätzung des Spiels auch Spieler 1932, 56.

Die Beschäftigungen würden jedoch auch zum Übergang vom Spiel zur Arbeit dienen. Arbeit sei dabei mehr als ein bloßes Mittel zum Erwerb des Lebensunterhalts, sie diene auch der „Erreichung des Lebens- und Erhaltungszieles des ‚Gottesdienst aus Gottesliebe'" (Rahner 1934, 228). Erziehung, aber auch der Einfluss der Umwelt, so Rahner, kann nun den Entwicklungsprozess vom Spiel zu Arbeit fördern oder hemmen. Eine Erziehung zur Arbeit durch Arbeit gelinge jedoch nur schwerlich, weshalb im Spiel die Arbeit kindgemäß eingebaut werden sollte. Die Kinder sollen teilhaben an den notwendigen Arbeiten im Haus und Garten; Arbeiten, die Bezug zum Alltag besitzen und so lernen, dass sie arbeiten müssen und diese Pflicht bejahen (vgl. ebd., 228/229).

Vor allem wurde jedoch der sittlich-religiösen Erziehung Bedeutung zugesprochen. Das sittliche Bewusstsein müsse entwickelt werden und dabei sei „das *Ziel* der sittlichen Entwicklung im Einzelleben [...] die möglichste Annäherung an das ‚ideale Wertbild', das jeder Mensch mehr oder weniger bewußt und ausgeprägt in sich trägt" (Rahner 1934, 118). Aus diesem Grund sei „das Ziel der sittlichen Erziehung" auch erst „in dem Augenblick erreicht, in dem der junge Mensch sein ‚ideales Wertbild' erkennen und selbständig erstreben kann, mit anderen Worten, fähig ist zur sittlichen Selbsterziehungsarbeit" (ebd., 118). Hier ähnelt Rahner Göttlers Überlegungen.
Nun besitze das Kleinkind jedoch fast ausschließlich einen Willen, der sich auf die direkte Erfüllung seiner Triebe richte. Der kindliche Wille müsse aber lernen, auch solchen Regungen zu gehorchen, die im Gegensatz zu dem augenblicklichen Reiz stehen (vgl. Rahner 1934, 118). Der Erzieher müsse dem Kind Aufgaben stellen, die es zu übernehmen und erfüllen habe, nur dann „kommt es langsam vom subjektiven Willen zur Hinordnung auf eine objektive Willenssetzung, zur *Anerkennung der Autorität*" (ebd., 119). Gehorsam und Wahrhaftigkeit würden deshalb zu den wichtigsten Tugenden im Kindesalter zählen (vgl. ebd., 125), wie die Kinder auch unverändert an Ordnung, Reinlichkeit und sittliches Verhalten gewöhnt werden müssten (vgl. Spieler 1932, 56).
Auch Göttler zählte die Gefühlsbildung und die Charakterbildung zur Erziehung. Darunter fällt für ihn der religiöse und weltliche Moralunterricht, die Behandlung von Charakterfehlern, Gehorsam, Aufrichtigkeit, Nächstenliebe, die Vermittlung sozialer Tugenden und die religiöse Erziehung (vgl. Göttler 1932, 247ff.). Die religiöse Entwicklung könne ebenso wenig wie die sittliche und ästhetische dem Kind selbst überlassen werden. Sie geschehe zunächst vor allem durch Gewöhnung, durch Miterleben und Mitüben. Göttler war dagegen, dass lange Gebete auswendig gelernt werden, überhaupt lehnte er allgemein das Auswendiglernen ab. Stattdessen sollte man die Fragen der Kinder ernst nehmen und zwar nicht, um diese zu beantworten, sondern um zu prüfen, „inwieweit der kleine Frager der Antwort selbst auf die Spur kommen könnte, wenn er nur die ihm zur Verfügung stehenden Mittel gebrauchen wollte, und inwieweit ihm auf die Spur zu helfen" (ebd., 239).
Vor allem aber auf die religiöse Erziehung sei zu achten. Das „Ziel der religiösen Entwicklung und Erziehung ist: Die durch die Taufe seinsmäßig gewirkte Vereinigung der Seele mit Gott muß, ins volle Bewußtsein gehoben, mit dem Lehrgehalt der Offenbarung erfüllt und mit der Gnade in einem christlichen Leben verwirkt werden'" (Rahner 1934, 130). Nur ein Kind, das in religiöser Umwelt lebt, so Rahner, kann mit natürlicher Selbstverständlichkeit in die religiöse Welt hineinwachsen, langsam müssten die primi-

tiven, kindlichen Gottesvorstellungen erweitert werden, „bis zur Aufnahme der letzten Wahrheiten göttlicher Offenbarung" (ebd., 132) hin. Insgesamt gelte es, das religiöse Leben in der Kindertagesstätte zu pflegen (vgl. Göttler 1931, 143; Rahner 1934, 236-241).
Vor allem aber sei auf Seiten der Erzieherin eine echt christliche, also katholische Haltung notwendig. Erziehung sei nicht nur ein naturhafter, sich von selbst vollziehender Ablauf, sondern „eine sittliche Aufgabe, die zum Träger des Erziehungsgeschehens eine sittliche Person hat, die in Freiheit über dem Geschehen steht" (Rahner 1934, 150). Zwar sei der letzte Erzieher des Menschen und der Menschheit Gott, aber damit die sittlich-religiöse Erziehung gelingen könne, brauche es einen Menschen, der diese Werte lebendig vorlebe, Rahner spricht von einem „verantwortungsbewussten Führen". Man müsse das Kind so sehen, wie es ist, sich gleichzeitig aber auch immer bewusst sein, wie es sein solle und dahin führen. Dazu brauche es einen Erzieher, der sicher und fest, aber auch zur Selbstreflexion in der Lage ist (vgl. ebd., 150ff.).

Insgesamt – und dies trifft auch auf Rahner zu – steht bei den Überlegungen der katholischen Kleinkinderpädagogik auch weiterhin die sittlich-religiöse Erziehung im Mittelpunkt. Zunehmend wurden nun jedoch auch über die Besonderheiten der kindlichen Entwicklung nachgedacht, ein Beispiel ist Schrötelers Auseinandersetzung mit Montessori (vgl. 1929, 23 u. 37). Nun wurden auch ganzheitliche Aspekte betont, beispielsweise die Körpererziehung, wobei Rahner die bekannten körperlichen Übungen für den Kindergarten vorschlug (vgl. Rahner 1934, 181-192). Auch die Eingliederung des Kindes in die soziale Gemeinschaft wurde zu den Aufgaben der Kindergartenerziehung gezählt, „eine bewußte und vertiefte Erziehung zur *sozialen Verantwortlichkeit*" (Rahner 1934, 104). Auch wenn jedes Kind individuell betrachtet werden müsse, sollte doch die Gemeinschaft der Kinder gefördert werden.
Rahners Vorstellungen unterscheiden sich auch deutlich von den Ideen, wie zuvor während des Kaiserreichs vertreten wurden. Sie betonte beispielsweise die Bedeutung sowohl der Gestaltung der Räume als auch der Interaktionen, sie spricht von einem „geistigen oder auch erzieherischen Lebensraum" (Rahner 1934, 163). Im Kindergarten soll das Kind den Lebensraum finden, den es zu seiner Entfaltung braucht und dabei muss immer auch das soziale Umfeld des Kindes berücksichtigt und einbezogen werden (vgl. ebd., 161/162). Anders ausgedrückt: „Die Gestaltung und Führung des zur Vollendung kindlichen Seins nötigen Lebens und des äußeren Lebensraumes, der dieses Leben trägt (unter Wahrung der Einheit kindlichen Lebensraums – also in bewußter Beschränkung auf Ergänzung der Familie) ist Aufgabe der Kindertagesstätte" (ebd., 163). Die Gestaltung des Raumes trägt aber auch zum Erfolg der erzieherischen Arbeit bei, der Raum selbst hat erzieliche Wirkung. Allerdings bezog sie dies eher auf den Haushalt, der Raum muss so geschaffen sein, dass die Kinder zum Haushalt beitragen können (vgl. ebd., 164ff.).

Fazit: War die wissenschaftliche katholische Kleinkinderpädagogik bezüglich der öffentlichen Kleinkinderziehung zuvor kaum in Erscheinung getreten, beschäftigte sie sich nun umfassend mit dieser Thematik. Hieran ist der gesteigerte Stellenwert zu erkennen, die prinzipielle Offenheit gegenüber anderen Erkenntnissen zeigt auch die Bereitschaft zur Weiterentwicklung – die jedoch immer im Rahmen der katholischen Überzeugungen verlaufen musste. Nur so ließ sich Montessori dann auch mit den katholischen Ansichten vereinbaren.

Sowohl Erziehung, als auch Bildung wurde nun eindeutig als Aufgabe der vorschulischen Einrichtungen anerkannt. Deutlich mehr Gewicht besaß dabei der Erziehungsbegriff, Bildung wurde zumeist in Zusammenhang mit der Charakterbildung verwendet. Das Spiel wurde nun in seiner pädagogischen Bedeutung anerkannt, insbesondere von Rahner, und ihm eine die Entwicklung des Kindes unterstützende Funktion zugesprochen. Die entsprechende Organisation des Spiels galt als wichtige Aufgabe des Kindergartens, auch wenn das Spiel weiterhin zur Vorbereitung auf das spätere Arbeitsleben dienen sollte.

Unverändert wurde vor allem der sozialfürsorgliche Charakter der Einrichtungen betont. Erziehung wurde als Höherführung begriffen, die vom reifen Menschen auf den unreifen ausgeht und diesem dazu verhelfen muss, selbstbestimmt ein sittliches Leben zu führen – wobei doch zumindest zweifelhaft ist, inwieweit selbstbestimmt auf eine autonome Lebensführung, oder nicht doch mehr auf eine Einordnung in die Gesellschaft und Übernahme der katholischen Wert und Normen abzielte. So sollte Erziehung zwar die Entwicklung unterstützen, diese hatte jedoch immer auf zwei Aspekte ausgerichtet zu sein: „Gotttüchtigkeit" und „Kulturtüchtigkeit", Frömmigkeit und spezifische Berufsvorbereitung.

Erziehung wurde dementsprechend unverändert vor allem als sittlich-religiöse Erziehung verstanden. Nun zwar zurückhaltender und moderner formuliert, aber doch an die bisherigen Denkmuster anknüpfend, zielte Erziehung unverändert auf die Vermittlung wünschenswerter Denk- und Verhaltensweisen ab.

2.3.5 Akademische Erziehungswissenschaft

Innerhalb der eigentlichen Erziehungswissenschaft wurde sich nun ebenfalls in Ansätzen mit der öffentlichen Kleinkinderziehung befasst, auch wenn sich mit Aloys Fischer und Paul Natorp nur zwei Vertreter zu dieser Thematik geäußert haben und ihre Überlegungen auch nur einen kleinen Teil ihres umfassenden Werks einnehmen.

Aloys Fischer hatte schon gegen Ende des Deutschen Kaiserreichs grundsätzliche Kritik an der Kleinkinderziehung geübt. Während die frühen Jahre psychologisch gut erschlossen seien, zehre die Kleinkinderpädagogik noch immer von „den Gedanken und Erfahrungen der Tradition" (Fischer 1913, 11). Fischer monierte insbesondere, dass dies auch auf dem „Gebiet des rationellen Ersatzes der natürlichen Familienerziehung, in der Kindergartenpädagogik" (ebd., 11) so sei, obwohl es hier doch eigentlich zahlreiche Versuche geben müsste. Stattdessen herrsche ein Mangel an innovativen Methoden und Ideen, wie auch der wissenschaftlichen Begleitung, vieles hänge von der Initiative von Einzelpersonen oder karitativen Vereinen ab (vgl. ebd., 11/12).

Aus diesem Grund stellte Fischer schon 1913 drei grundsätzliche Fragen und Problemfelder auf, deren Lösung er als dringend notwendig ansah und auf die er auch in seinen folgenden Aufsätzen immer wieder zurückkam. Dazu gehörte die Frage nach dem grundlegenden Charakter der vorschulischen Einrichtungen. Diesen müsse man den „Beigeschmack nach Bewahranstalt und Wohltätigkeitseinrichtung" (Fischer 1913, 14) nehmen, weshalb er sich für die Zuordnung zum öffentlichen Schulwesen aussprach. Deutlich lehnte er den alleinigen Bewahrungscharakter ab. Außerdem[340] behandelte er das methodische und pädagogische Gebiet und die Frage, ob die Kleinkindpädagogik nach Fröbel ausgerichtet werden müsse oder nicht (vgl. ebd., 16). Für ihn lief die aktuelle Kindergartenerziehung auf „Dämpfung und Zähmung" (ebd., 17) hinaus. Unabhängig ob nun Fröbel oder erst seine „weibliche Auslegung" dies zu verantworten habe, Innovationen seien notwendig.

1918 griff Fischer seine Fragen wieder auf und konstatierte Fortschritte in Einrichtung und Ausstattung der Kindergärten, eine stärkere Anknüpfung an die Interessen der Kinder und eine Verbesserung der Methodik (vgl. Fischer 1918, 145). Die Bewegung, die aus dem Kindergarten als einer Armenanstalt eine Einrichtung für alle zu machen versuche, sei weiter gewachsen. Institutionelle Frühkinderziehung dürfe nicht nur aus Barmherzigkeit gegen Arme und Schwache stattfinden, ebenso wenig dürfe sie allein zur Verhinderung des Geburtenrückganges ausgebaut werden. Sowohl eine hygienische als auch eine pädagogische Richtung seien maßgebend für die Arbeit und auch wenn im Säuglingsalter primär die hygienische Arbeit im Vordergrund stehe, müssten schon in dieser Zeit erzieherische Maßnahmen stattfinden (vgl. ebd., 146/147). Beim Kleinkind, so Fischer, ist jedoch das „Wichtigkeitsverhältnis des hygienischen und pädagogischen Teils der Schutzbestrebungen" (ebd., 147) umgekehrt, auch wenn die hygienische Seite weiterhin von Bedeutung bleibt. Wichtiger sei nun die „Erziehungsfürsorge" für das Kleinkind, es gehe nicht allein um das Überleben, sondern auch um die „Leistungsfähigkeit und Bildungshöhe des Nachwuchses" (ebd., 148). Der Kindergarten dürfe deshalb nicht nur Ersatz und Notbehelf sein, sondern müsse an Bedeutung gewinnen und „Mittelpunkt der öffentlichen Kleinkinderfürsorge" (ebd., 148) werden.

Fischer sprach der öffentlichen Kleinkinderziehung eindeutig einen Erziehungs- und Bildungsauftrag zu. Der Kindergarten biete die Möglichkeit, der anregungsarmen Umwelt zu entfliehen. Er könne eine Fülle von Anregungen für die geistige Entwicklung geben und außerdem die soziale Erziehung und die körperliche Stärkung positiv beeinflussen (vgl. Fischer 1918, 148). Aus diesem Grund müsse sich der Kindergarten von einer „Wohlfahrtseinrichtung für Arme" (ebd., 152) wegentwickeln, so wie er dies zum Teil auch schon getan habe.

Auch 1924 kam Fischer erneut darauf zurück, dass der Kindergarten unverändert noch vielen als „Armenanstalt und als notwendiges Übel" (Fischer 1924, 17) gelte, als Maßnahme der Fürsorge und Wohlfahrtspflege. Aber die vorschulischen Einrichtungen besäßen einen „spezifischen Erziehungswert" (ebd., 18), sie seien Ergänzung der Familienerziehung und würden sich an alle Schichten richten. Der Kindergarten sei eine „eigenwertige Kunstform der Erziehung" (ebd., 18) und nicht nur bloße Kopie der Familienerziehung, er sei nicht grundsätzlich schlechter als die Familienerziehung, sondern anders, nicht nur bloßer Ersatz, sondern Ergänzung (vgl. ebd., 18/19).

Wiederum betonte Fischer Erziehung als Aufgabe der Einrichtungen. Erziehung ist eine „zusammenhängende Einheit von bewahrenden, pflegenden, ändernden Maßnahmen, die mit (eigentlich schon vor) der Geburt eines Kindes anhebt und sich zunächst bis zur bürgerlichen Mündigkeit fortsetzt" (Fischer 1924, 21). Auch im Kleinkindalter, so Fi-

---

[340] Die dritte Frage betraf die innere Organisation (vgl. Fischer 1914, 14/15).

scher, ist eine zweckmäßige Erziehung notwendig und es muss im Interesse der Gesellschaft sein, dass die „Erziehung jedes Kindes für die ganze Dauer des bildungsfähigen Alters" (ebd., 22) sichergestellt wird. Der Kindergarten sei ein Mittel, „das die außerordentliche Ungleichheit in Lage, Schicksal, Entwicklungsbedingungen und Erziehung der Kleinkinder" (ebd., 23/24) abschwächen könne. Der Kindergarten wird hier als Möglichkeit zur Herstellung von Chancengleichheit angesehen, ein Aspekt, der derart bisher ohne Bedeutung gewesen war. Der Kindergarten sei deshalb auch vor allem da notwendig, wo Erziehung nicht oder nur unzureichend vorhanden sei. Er sei generell positiv für die körperliche, geistige und sittliche Entwicklung des Kindes (ebd., 22ff. u. 30). Dazu müsse sich jedoch der Inhalt des Kindergartens ändern. Das Spielalter besitze eine „eigene geistige Struktur", deshalb müsse Kindergartenarbeit auch nach Inhalt, Zielsetzung und Methode „spielkindgemäß gestaltet und zugleich für die weiterführenden Bildungsbahnen fundamental tragend gemacht werden" (ebd., 32). Kritisch stand Fischer auch der Tendenz zur Verschulung, die zum Teil im Kindergarten angelegt sei, gegenüber (vgl. ebd., 29).

Aber ist der Kindergarten auch von pädagogischer Seite aus eine „notwendige und wünschenswerte Erziehungsmaßnahme" (Fischer 1924, 20) und braucht es einen Kindergartenzwang? Allgemeine Notwendigkeit besitze der Kindergarten nicht, den obligatorischen Kindergarten lehnte Fischer ab (vgl. ebd., 24). Nur wenn man den Kindergarten als Vorstufe der öffentlichen Schule ansehen würde, wäre Zwang gerechtfertigt, aber dies sei nicht unbedingt gegeben, auch nicht durch das Konzept der „Einheitsschule" (vgl. ebd., 28).[341] Derartige Versuche seien jedoch sinnvoll und sollten stattfinden (vgl. ebd., 34/35).

Von Paul Natorp finden sich Anmerkungen zur öffentlichen Kleinkinderziehung in *Genossenschaftliche Erziehung als Grundlage zum Neubau des Volkstums und des Menschentums* (1920). Dies war der Sonderdruck seiner Ausführungen der Schulkonferenz, die seiner Ansicht nah nicht jedem sofort einleuchten würden, da sie ein Umdenken erfordern würden (vgl. Natorp 1920, 3).

Ähnlich wie bei den Überlegungen des Bundes entschiedener Schulreformer, steht auch bei Natorp die öffentliche Kleinkinderziehung im Zusammenhang mit dem für ihn notwendigen und unumgänglichen Neuaufbau der gesamten Gesellschaft, einer Erziehung in der Gemeinschaft und einer Gemeinschaft in der Erziehung. Auf diese Überlegungen kann hier nicht ausführlich eingegangen werden. Nach Natorp stellt eine derartige Erziehung die Aufgabe der Einheitsschule dar und zu dieser gehört auch der Kindergarten. Zwar sei die natürliche Stätte einer solchen Erziehung eigentlich die Familie, aber diese habe ihre Kraft verloren und zur Erneuerung und Stärkung brauche sie Hilfe – den Kindergarten. Er habe sich eng an die Familien anzuschließen und sollte die verfügbaren Kräfte der Familien nutzen, so dass „der Sinn und die Übung der gedachten Erziehungsweise in die Familie selbst zurückfließt" (Natorp 1920, 31). Der Kindergarten

---

[341] Statt dessen stellte er sein eigenes Konzept vor, nach dem die öffentliche Erziehungspflicht mit dem vollendeten vierten oder 5. Lebensjahr beginnt und dieser dann bis zum vollendeten siebten Lebensjahr durch den Kindergarten genügt wird, erst danach kommt es zum Eintritt in die Schule. Dies stellte für ihn ein tragfähigeres Fundament für die allgemeine öffentliche Volksschule dar, besser jedenfalls als die Ungleichheit der Familienerziehung (vgl. Fischer 1924, 31).

sollte eine familienartige Gemeinschaft besitzen und die Kindheit gewährleistet werden, denn nur so sei gesunde Bildung des frühen Alters möglich und das Kind könne die Kräfte entwickeln, die es auch für das spätere Leben brauche.

Natorp kam auch auf „Die Bildung in der frühen Kindheit" zu sprechen. Erziehung der frühen Kindheit muss nach Natorp dahin streben, „das Kind in der ihm natürlichen, völlig unbefangenen, naiven Haltung zu seiner Umgebung und zum eigenen Selbst eher festzuhalten als daraus herauszureißen; es zu erhalten in der reinen Unmittelbarkeit gegenwärtiger Aufnahme und Gegenwirkung und damit zugleich vollen Lebendigkeit des Gefühls ihres ungetrennten Einsseins" (1920, 29/30). Sinne und Hand müssten geübt werden und beständig von „konkretem (d.h. nie dem Gegenstande sich äußerlich gegenüberstellendem, sondern ganz in ihm eingesenkten) Denken und Wollen" (ebd., 30) begleitet werden. Denn im „wollendem Denken, denkendem Wollen, gründet und stärkt sich unablässig und in gleich erfüllter Gegenwärtigkeit die Fassungskraft des Verstandes, die Wirkenskraft des Willens, die Schaffenskraft der Phantasie, und, diese alle durchdringend und durchglühend, die Versenkungs- und Verinnerlichungskraft des Gefühls, wie sie ganz ungeschwächt fast nur in diesem Alter eigen ist" (ebd., 30). Im Zusammenwirken aller dieser Kräfte erwerbe sich das Kind Realkenntnis und Realhandlungsfähigkeit (vgl. ebd., 30).

In einer derartigen Gemeinschaft, die all dies berücksichtigt, sollte das Kind erzogen werden. Finde dies statt, dann bilde sich im kindlichen Geist die Sachwelt „und als deren Widerspiegelung eine zweite, die Sprachwelt" (Natorp 1920, 32). Aber diese Zeichen dürften nie vom Bezeichneten gelöst werden, Sprache und Sache müssten „in lebendiger Beweglichkeit immer innigst eins" (ebd., 32) sein und bleiben. Die Sprache müsse fest am Sachgehalt des Ausgesprochenen orientiert bleiben und dabei helfe das plastische und zeichnerische Nachbilden, das deshalb auch im Kleinkind gepflegt werden müsse (vgl. ebd., 33). So entstehe eine „anschauende Erkenntnis, d.h. mehr und mehr sich regelnde und gestaltende innere Darstellung dessen was ist und vorgeht" (ebd., 32/33). Gleichzeitig entwickele sich dabei ein Wollen, dass in die Richtung gehen müsse, was sein soll und hervorgehen soll.

2.3.6 Fazit

Natorps nur kurze Anmerkungen sind sicherlich nicht ganz einfach zugänglich und dürften auch kaum in die Realität hinein gewirkt haben. Sie runden den theoretischen Diskurs jedoch ab und verdeutlichen, dass sich nun verstärkt mit der (öffentlichen) Kleinkinderziehung auseinandergesetzt und dieser ein höherer Stellenwert zugesprochen wurde.

So unterscheidet sich auch der theoretische Diskurs in Weimar deutlich von den vorherigen Epochen, er verlief ausgesprochen vielfältig und hat die gesamten frühkindpädagogischen Diskurse in Weimar belebt. Erstmalig lassen sich nun Ansätze einer wissenschaftlichen Auseinandersetzung mit diesem pädagogischen Gebiet (katholische Kleinkindpädagogik) bzw. der kindlichen Entwicklung (Entwicklungs- und Kinderpsychologie, Psychoanalyse) erkennen.[342] Zwar blieb die Frühkindpädagogik innerhalb der Er-

---

[342] So wurden nun auch erstmals auf wissenschaftlicher Ebene Richtlinien zur Beobachtung der Kinder im Kindergarten entwickelt. Vgl. Winkler, Hans: Richtlinien zur Beobachtung und Beurteilung der Drei- bis

ziehungswissenschaft von untergeordneter Bedeutung, aber einige der von Natorp skizzierten Aspekte beinhalten ebenso wie Fischers Anmerkungen ungeachtet ihrer Kürze bedenkenswerte Elemente.

Grundsätzlich erfuhr die öffentliche Kleinkinderziehung eine Aufwertung. Die pädagogische Bedeutung der Kindergärten wurde gesehen und zu ihren Aufgaben nun auch Bildung und Erziehung gezählt. Eine Ausnahme waren die konfessionellen Vertreter, hier überwog auch weiterhin der sozialfürsorgerische Charakter. So weicht auch die katholische Kleinkindpädagogik von den übrigen Diskurssträngen ab. Zwar wurde sich auch hier nun intensiver mit der öffentlichen Kleinkinderziehung beschäftigt und eine prinzipielle Offenheit gegenüber anderen Erkenntnissen und pädagogischen Konzeptionen behauptet, die Überlegungen verliefen allerdings weiterhin im Rahmen katholischer Überzeugungen. Erziehung wurde unverändert primär als Vermittlung wünschenswerter Denk- und Verhaltensweisen mit dem Ziel der Frömmigkeit, des Autoritätsgehorsams und der spezifischen Berufsvorbereitung verstanden.

Entwicklungs- und Kinderpsychologie, Psychoanalyse und auch der Artikel von Blochmann zeigen jedoch, dass sich die Sicht auf die Entwicklung des Kindes, sein Lernen und sein Verständnis von der Welt, von Bildung und Erziehung als Aufgabe vorschulischer Einrichtungen verändert hat. Nicht immer wurden beide Termini aufgegriffen – Wolffheim verwendete z.B. den Bildungsbegriff nicht – die Anmerkungen zur Andersartigkeit des kindlichen Weltverständnis und seiner Form der Auseinandersetzung mit der Welt, dem Kind als Subjekt mit einer eigenen Form der Weltwahrnehmung und -aneignung, dem Spiel als Verarbeitungsform der kindlichen Erfahrungen, ein Verständnis von Erziehung als Unterstützung der Konstituierung eines starken kindlichen Ichs oder auch die Hinweise auf die Bedeutung der Gestaltung der Umwelt lassen jedoch neue Perspektiven erkennen und verdeutlichen die Vielfalt der Überlegungen. Gerade verglichen mit den Epochen zuvor stellen diese, wenn auch oft nur skizzierten Ausführungen, ein neues Element und eine Weiterentwicklung dar. Erziehung wurde in diesen Kontexten, wenn man dies derart vereinfacht zusammenfassen will, nicht primär als Einwirkung und als Vermittlung erwünschter Tugenden verstanden, sondern als Anregung und Unterstützung der kindlichen Entwicklung, als Hilfe bei der Bewältigung der Anforderungen, bei der Aneignung von Welt. Auch wenn nicht immer primär auf die Veränderung der öffentlichen Kleinkinderziehung abgezielt wurde, derartige Überlegungen hätten Anregungen für die Arbeit in den Kindergärten und ein verändertes Verständnis von frühkindlicher Erziehung bieten können – wenn sie denn zunächst wahrgenommen und später dann weitergeführt worden wären.

Sechsjährigen im Kindergarten. München 1930. Die Richtlinien entstanden im Rahmen einer Fortbildung und sollten dabei helfen, „eine das kindliche Wesen möglichst wahr erfassende und für die pädagogische Leitung ergiebige Beurteilung zu liefern" (ebd., 3).

3. Fazit: Bildung und Erziehung in der öffentlichen Kleinkinderziehung in Weimar

Weimar ist insofern von Interesse, als erstmalig die realistische Möglichkeit bestand, die öffentliche Kleinkinderziehung dem Bildungswesen zuzuordnen und dadurch zugleich die Bildungsfunktion der Kindergärten, wie die vorschulischen Einrichtungen nun einheitlich genannt wurden, hervorzuheben. Die Gelegenheit, die Kindergärten grundsätzlich aufzuwerten, sowie Bildung – zunächst einmal unabhängig von einer konkreten inhaltlichen Bestimmung – zur Aufgabe zu machen, wurde jedoch nicht wahrgenommen. Für diese auf der Reichsschulkonferenz eingeleitete und dann im RJWG umgesetzte politische Entscheidung waren sowohl der Staat als auch der überwiegende Teil der Träger verantwortlich.

Entsprechend dieses Entschlusses wurde Weimar übergreifend diese Zuordnung und der damit verbundene Status der Kindergärten auch nicht mehr in Frage gestellt, selbst vom DFV nicht, der zuvor lange auf eine Zuordnung zum Bildungswesen gedrängt hatte. Im sozialistischen Kontext wurde zwar noch der allgemeinbildende Charakter der Kindergärten betont oder der obligatorische Besuch gefordert, hier fehlte jedoch ebenso der politische Rückhalt, wie derartige Einrichtungen auch in der Praxis ohne nennenswerte Bedeutung blieben. Überhaupt wurde von den sozialistischen Bewegungen, die ja verstärkt für das eigentliche Klientel eintreten können, der öffentlichen Kleinkinderziehung nur wenig Aufmerksamkeit gegeben, sie spielte beispielsweise verglichen mit den Schulen eine nur geringere Rolle. Insgesamt lässt sich festhalten, dass die Kindergärten zwar nun immer weniger als Nothilfeeinrichtungen galten, aber sie auch weiterhin nicht als Bildungseinrichtungen gesehen wurden. Vielmehr wurde sich mit der Zuschreibung einer sozialfürsorgerischen Einrichtung ohne besondere Bildungsfunktion abgefunden und die damit verbundene grundsätzliche und auch pädagogische Abwertung akzeptiert.

Die sich bereits gegen Ende des Kaiserreichs abzeichnende Tendenz, den Kindergärten neben der Betreuungsfunktion auch eine Erziehungsaufgabe zuzusprechen, verstärkte sich in Weimar noch einmal. Die Notwendigkeit der Kindergärten wurde kaum noch in Frage gestellt und diskursübergreifend die Erziehungsfunktion anerkannt.

Bezüglich der vertretenen Iden von Bildung und Erziehung ist zunächst einmal allgemein festzuhalten, dass die Diskurse in Weimar unübersichtlicher und auch vielfältiger verliefen, auch aufgrund neuer Konzeptionen bzw. der einsetzenden wissenschaftlichen Auseinandersetzung mit Fragen der (öffentlichen) Kleinkinderziehung. Konnte man zuvor noch von relativ einheitlichen, auch klar voneinander abgrenzbaren Gruppierungen ausgehen, entstanden nun neue Kontexte, die zugleich verstärkt zusammenzuarbeiten begannen.

Deshalb lassen sich auch nicht mehr so einfach klar voneinander zu unterscheidende Gruppierungen und ihnen zugehörige Ideen von Bildung und Erziehung gegenüberstellen. Betrachtet man zunächst einmal allein die Verwendungshäufigkeit, dann ist zu erkennen, dass der Erziehungsbegriff gegenüber demjenigen der Bildung dominiert hat, der Bildungsbegriff ist von eindeutig untergeordneter Bedeutung gewesen. Allerdings blieben beide Termini in ihrer inhaltlichen Bestimmung oftmals vage. Beispielsweise wurde innerhalb des RJWG nicht explizit definiert, was unter Erziehung als Aufgabe der Kindergärten zu verstehen sei und dies trifft auch auf andere Kontexte zu. Weiterhin lassen sich jedoch zwei große Sprachen von Bildung und Erziehung herausarbeiten, auch wenn man sich bewusst sein muss, dass diese nun nicht mehr eindeutig voneinander getrennt waren und es verstärkt zu Annäherungen und teilweise auch Überschneidungen gekommen ist.

Als ein erstes Erziehungsverständnis können die Vorstellungen gelten, die vom Staat, der Jugendwohlfahrt und Kleinkinderfürsorge sowie nun auch dem DFV getragen wurden. Unterschiedliche Akzentuierungen lassen sich dabei erkennen. Wichtig blieb auch weiterhin, insbesondere für den Staat, der Betreuungsaspekt. Während die Erziehungsfunktion nun nicht mehr in Frage gestellt wurde, wurde Bildung auch weiterhin nicht zu den Aufgaben gezählt. Gerade in diesen Kontexten blieb der Bildungsbegriff ohne Bedeutung, zumeist wurde er nicht einmal aufgegriffen. Wert wurde dagegen unverändert auf die sittliche Erziehung gelegt und Erziehung als Vermittlung wünschenswerter Denk- und Verhaltensweise zwecks Vorbereitung auf das spätere (Arbeits-)Leben verstanden. Ziel blieb, wenn auch moderner formuliert, die soziale Disziplinierung, die Eingliederung der Kinder in die Gesellschaft.
Es ist jedoch eine Weiterentwicklung dieses Erziehungsverständnis zu konstatieren. Stärker als zuvor, auch wenn es derartige Tendenzen bereits gegeben hatte, waren nun gesundheitliche und hygienische Aspekte mit dem Erziehungsbegriff verbunden. Erziehung zielte nun immer auch auf eine (volks-)gesundheitliche Komponente ab, die Gesundheit der Kinder sollte durch Erziehung gestärkt werden, was dem Nutzen der gesamten Gesellschaft dienen sollte. Dies ist sicherlich Ausdruck der zeittypischen Strömungen. Der hohe Stellenwert, der nun der Hygiene und der Gesundheitsförderung beigemessen wurde, war kein frühkindpädagogisch-spezifisches Phänomen, sondern ist in vielen Diskursen der Zeit zu finden, überhaupt war ja von jeher in der öffentlichen Kleinkinderziehung Wert auf Reinlichkeit gelegt worden. Aber dies verstärkte sich nun und auch dieser Aspekt wurde dem Erziehungsbegriff zugeordnet.
Außerdem wurde nun und dies diskursübergreifend der schulähnliche (Anschauungs-)Unterricht als Form einer derartigen Erziehung abgelehnt und stattdessen die Orientierung an der Familie gefordert. Zwar hatten die konfessionellen Vertreter dies auch schon zuvor zumindest behauptet, schulische Elemente waren aber deutlich zu erkennen gewesen. Nun lässt sich dieser Aspekt in ihren Überlegungen jedoch kaum noch finden. Auch hier galt nun das Spiel als die dem frühkindlichen Alter, seinem Lernen und seiner Entwicklung angemessene Erziehungs- und Beschäftigungsform, auch wenn es kaum noch den spielpädagogischen Ideen Fröbels entsprach.
Ungeachtet der Gemeinsamkeiten, Unterschiede zwischen konfessionellen und den übrigen Gruppierungen waren vorhanden. Zwar haben erste das bisher dargestellte Erziehungsverständnis in den grundsätzlichen Elementen geteilt. Von den religiösen Vertretern wurde jedoch, an die eigenen traditionellen Vorstellungen anknüpfend, die religiöse Komponente sehr stark betont. Dies gilt sowohl für die christliche Kinderpflege als auch die wissenschaftliche und praxisorientierte katholische Kleinkindpädagogik. Erziehung wurde hier eindeutig als eine religiöse, d.h. evangelische bzw. katholische Erziehung verstanden, ungeachtet der zum Teil postulierten Offenheit gegenüber anderen Ideen. „Wahre" Erziehung konnte immer nur die der eigenen Konfession sein. Damit verbunden war eine gewisse Entfernung vom staatlichen Erziehungsverständnis, wie überhaupt,

gerade auf evangelischer Seite, eine Distanz zum neuen gesellschaftspolitischen System zu erkennen ist. Grundsätzlich stimmten die konfessionellen Vertreter aber weiterhin mit der von staatlicher Seite zugeschriebenen Erziehungsfunktion überein, auch für sie sollte Erziehung auf das spätere Arbeitsleben vorbereiten und zur Stabilisierung der Gesellschaft beitragen.

Jedoch wurde nicht nur der Erziehungs-, sondern zum Teil auch der Bildungsbegriff aufgegriffen und auch inhaltlich neu belebt. Es ist schwierig, all diese Überlegungen als ein zweites, einheitliches Erziehungs- oder Bildungsverständnis zu bezeichnen, zu unterschiedlich sind diese alternativen Ansätze. Oftmals wurden sie auch nicht umfassend ausgearbeitet. Als Abgrenzung kann zum einen gelten, dass Erziehung nicht im bisher skizzierten Sinne verstanden und an dieser Art der Erziehung Kritik geübt wurde. Zum anderen wurde verstärkt über den Eigenanteil des Kindes am Entwicklungsprozess nachgedacht. Auch besaß Erziehung hier eine andere Funktion, vereinfacht gesagt wurde Erziehung primär als Anregung und Unterstützung der kindlichen Entwicklung verstanden. Für diese andere Sprache von Erziehung stehen Maria Montessori, der Bund entschiedener Schulreformer, Teile des theoretischen Diskurses und wohl auch noch der DFV. Seine Einschätzung fällt allerdings nicht ganz leicht, hier sind einige Anmerkungen notwendig. Der Großteil der Schriften aus dem Umkreis des DFV stellte eine Reaktion auf die Montessoripädagogik dar, weniger wurde jedoch ein zeitgenössisches und eigenständiges Erziehungs- oder Bildungsverständnis erarbeitet. Wie bereits erwähnt wurde der Aspekt der sozialen Disziplinierung und Eingliederung in die Gesellschaft nun auch von Seiten des DFV verstärkt vertreten, der DFV wurde in seinen Überlegungen eindeutig konservativer. Ebenso hat er aber vermutlich an der eigenen Tradition und dem entsprechenden Erziehungsverständnis festgehalten, auch wenn dies aus den in dieser Arbeit verstärkt berücksichtigten Arbeiten kaum hervorgeht.
Innovativ wirken deshalb auch andere. An erster Stelle ist sicher Montessori zu nennen. Ohne erneut ausführlich auf ihre Konzeption einzugehen, ihre grundlegenden Überlegungen zur Selbsttätigkeit, Selbständigkeit und Unabhängigkeit, der Bedeutung von Beobachtung für die pädagogische Arbeit, der Andersartigkeit des Kindes und ihre Kritik an der bestehenden Erziehung, in diesen Aspekten hebt sie sich von ihren Zeitgenossen ab. Erziehung wurde von ihr primär als Unterstützung der kindlichen Entwicklung verstanden. Aber auch bei Montessori hat Erziehung die Einübung gewisser Fertigkeiten zur Aufgabe, wie sie auch nicht gesellschaftlich revolutionär war und auf eine Veränderung der gesellschaftlichen Verhältnisse abzielte. Erziehung wurde von ihr immer auch als Eingliederung verstanden, ein Aspekt, der nicht vergessen werden sollte.
Anders dagegen die Schulreformer. Interessant sind die dort anzutreffenden Ideen vor allem deshalb, weil hier der Bildungsbegriff verstärkt aufgegriffen und mit Überlegungen zur selbständigen Auseinandersetzung des Kindes mit der Welt und seiner Verarbeitung der Erfahrungen verbunden wurde. Erziehung sollte das Kind in seiner Entwicklung unterstützen. Allerdings wurde dieses Verständnis nur in Ansätzen erarbeitet. Eingebettet in das sozialistische Gesellschaftsmodell, sollte Erziehung in diesem Sinne gerade nicht zur Stabilisierung, sondern zu einer grundlegenden Veränderung der Gesellschaft beitragen. Aus dieser Zielsetzung gewann der Erziehungsbegriff seine inhaltliche Bedeutung, ein im Grunde neuer Ansatz, frühkindliche Bildung und Erziehung zu definieren.

Hier zeigt sich auch die große Bedeutung, die Erziehung in Weimar zugesprochen wurde, man erhoffte sich über Erziehung die Gesellschaft zu verbessern; eine Ansicht, die hier auch bezogen auf die öffentliche Kleinkinderziehung Niederschlag fand.
Neu waren auch die unterschiedlichen Stränge und Elemente des theoretischen Diskurses. Auch wenn sich nicht immer konkret der öffentlichen Kleinkinderziehung zugewandt wurde, haben diese Beiträge doch innovatives Potential besessen und hätten belebend wirken können, zum Teil haben sie dies auch getan. Die Praxis wurde hier kritischer gesehen und die Bildungsfunktion der vorschulischen Einrichtungen betont. Die Frühkindpädagogik begann sich in Ansätzen zur Disziplin zu entwickeln und entsprechende Aufgaben wahrzunehmen. Jedoch kann man nicht wirklich von einem neuen oder eigenständigen Verständnis frühkindlicher Bildung und Erziehung sprechen. Dafür bezogen sich die Stellungnahmen zu wenig explizit auf die öffentliche Kleinkinderziehung. Aber die Anmerkungen zur Andersartigkeit des kindlichen Weltverständnisses und seiner eigenen Form der Weltwahrnehmung und -aneignung, zur pädagogischen Bedeutung des Spiels als Verarbeitungsform der kindlichen Erfahrungen, die Überlegungen zur Konstituierung eines kindlichen Ichs oder der Hinweis auf den Beitrag der öffentliche Kleinkinderziehung zu Erhöhung der Chancengleichheit weisen doch auf ein verändertes Verständnis und interessante Ansichten hin. Erziehung wurde in diesen Zusammenhängen als Anregung und Unterstützung und weniger als Vermittlung spezieller Fertigkeiten und Tugenden verstanden.

Allerdings waren die letztgenannten Überlegungen innerhalb der Diskurse nur Außenseiterpositionen mit wenig Einfluss. Dies gilt auch für die Montessoripädagogik, darüber sollte die bis heute bestehende Aufmerksamkeit nicht hinwegtäuschen. Einflussreiche Gruppierungen waren andere, insbesondere der DFV und die konfessionellen Träger, wie auch der Staat. Ihr Verständnis von Bildung und vor allem Erziehung muss deshalb als das dominierende gelten; eine Erziehung, die unverändert als Vermittlung eines (religiösen) Tugendkatalogs und spezifischer Fertigkeiten mit dem Ziel der Eingliederung in die Gesellschaft verstanden wurde.
Deutlich wird dies insbesondere mit Blick auf die Realität der Kindergärten. Geprägt wurde diese durch die maßgeblichen Träger und dies waren auch weiterhin die konfessionellen Gruppierungen. Tugenden wie Disziplin, Ordnung und Gehorsam blieben von Bedeutung, auch wenn das Spiel – allerdings wohl kaum in der von Fröbel ursprünglich gedachten Weise – verstärkt Berücksichtigung fand. Kaum war jedoch eine individuelle Förderung der Kinder möglich, allein aufgrund der reellen Situation, auch wenn die Anhebung der minimalhygienischen und -pädagogischen Standards, die Einführung der Richtlinien und die quantitative Ausweitung des Platzangebotes sich sicherlich leicht positiv ausgewirkt haben. Aber in vielen Einrichtungen blieben die Zustände doch mangelhaft und verbesserungsbedürftig, allein aufgrund der allgemein prekären Finanzsituation. Es ist deshalb anzunehmen, dass die Kinder oftmals vor allem betreut und mit Hilfe des Spiels beschäftigt wurden.
Alternative Ideen haben dagegen in der Realität kaum Niederschlag gefunden. Ungeachtet aller publizistischen Aufmerksamkeit, gerade bezüglich ihres Einflusses auf die Gestaltung der öffentlichen Kleinkinderziehung war die Montessoripädagogik von nur geringer Bedeutung. Gleiches gilt für die Überlegungen der Schulreformer, der Psychoana-

lyse oder der Kinder- und Entwicklungspsychologie. Erkenntnisse und Anregungen dieser Bereiche dürften in der Praxis kaum aufgegriffen worden sein. Beispielsweise ist es auch auffällig, wie wenig reformpädagogische Bemühungen sich in der öffentlichen Kleinkinderziehung finden lassen. Wie zuvor auch während des Kaiserreichs, gingen derartige Bewegungen weitestgehend an den vorschulischen Einrichtungen vorbei, neben der Montessoripädagogik ist am ehesten noch an die Waldorfpädagogik zu denken, die aber quantitativ ebenfalls kaum in Erscheinung trat.

Die Realität dürfte deshalb auch weitgehend den Vorstellungen des Staates und der konfessionellen Träger entsprochen haben, zumindest was das grundlegende Erziehungsverständnis betrifft. Wo vom Staat Veränderungen als notwendig empfunden wurden, wurden diese auch angestrebt, bestes Beispiel sind die hygienischen Zustände, auch wenn aufgrund der fehlenden finanziellen Mittel nicht das Beabsichtigte erzielt werden konnte. Gut zeigt sich hier dennoch, dass ein verändertes Erziehungsverständnis auch in der Realität zu Veränderungen führt. Kritik wurde demnach durchaus geübt, nur bezog sich diese eben nicht auf die grundlegende Funktion der Kindergärten oder dass in ihnen umgesetzte Erziehungsverständnis. Keineswegs wurde dieses in Frage gestellt. Eine substanzielle, auf grundlegende Veränderungen abzielende Kritik, wie sie in Teilen der Diskursen ja formuliert wurde, konnte aufgrund fehlenden staatlichen Rückhalts und mangelnder Unterstützung auf Seiten der maßgeblichen Träger nicht wirksam werden und dies nicht zuletzt auch deshalb, weil sie von staatlicher Seite nicht als notwendig angesehen wurden. Wiederum zeigt sich, dass vor allem der Staat mit Hilfe der einflussreichen Träger die Realität hat gestalten und in Ansätzen verändern können, während von den staatlichen Vorstellungen abweichende Ideen keine Möglichkeit zu einer weitgehenden Umsetzung gefunden haben, sie konnten niemals wirksam werden.

Viele dieser Überlegungen wurden wohl auch deshalb nur wenig wahrgenommen. Interessante Ansätze, wie sie sich z.B. bei Käthe Stern oder beim Bund entschiedener Reformer finden lassen, wurden nie umfassend zur Kenntnis genommen und sind derart auch in Vergessenheit geraten. Beispielsweise wird der Name Käthe Stern in den historiographischen Arbeiten oftmals nicht einmal erwähnt, während für die Schulreformer gilt, dass die während des Nationalsozialismus und auch nach 1945 aufgrund der veränderten Gesellschaftssituation nicht zur Geltung kommen konnten und deshalb keine Beachtung fanden.

Dies hängt sicherlich auch mit einer anderen Entwicklung zusammen, die sich schon zuvor abgezeichnet hatte. Auffallend ist die neue Stellung des DFV. Der Kindergarten war nun als *der* Einrichtungstyp außerfamilialer Kleinkinderziehung etabliert, wie auch die Fröbelpädagogik als *die* angemessene Form frühkindlicher Erziehung galt, auch von staatlicher Seite. Wieso eigentlich? Was hat diese Annäherung bewirkt? Hat sich das staatliche Erziehungsverständnis an den Vorstellungen des DFV orientiert oder der DFV sich den staatlichen Ideen angepasst? Es ist wohl eher so gewesen, dass der DFV, nun da er wohl etabliert war, sein „revolutionäres" Anliegen endgültig verlor und auch in seinem Erziehungsverständnis zunehmend konservativer wurde. Weder wurde eine Zuordnung zum Bildungswesen gefordert, noch der Anspruch allgemeiner Bildung vehement vertreten. Der DFV passte sich den gängigen Vorstellungen an und verminderte seinen grundsätzlichen Anspruch an die öffentliche Kleinkinderziehung, wie er auch an Innovation einbüßte.

Zugleich setzten sich bezüglich des eigenen Selbstverständnisses der öffentlichen Kleinkinderziehung die Tendenzen fort, die bereits gegen Ende des Kaiserreichs begonnen hatten. Die Fröbel- bzw. Spielpädagogik galt nun als *die* angemessene Form frühkindlicher Pädagogik und Fröbel als die eigentliche Tradition der öffentlichen Kleinkinderziehung in Deutschland. Es ist zumindest erstaunlich, dass auch von konfessioneller Seite nicht mehr die eigenen Wurzeln und Konzeptionen zur Rechtfertigung der aktuellen Arbeit berücksichtigt wurden. Zwar wurden die entsprechenden Personen noch immer wohlwollend behandelt und ihr karitative Leistung herausgehoben, aber ihre eigentlich pädagogischen Konzeptionen galten als nicht länger haltbar. Bestes Beispiel sind die Arbeiten Rankes, die noch in den Jahrzehnten zuvor geradezu für die christliche Kinderpflege gestanden, auch seine Ideen „verschwinden" geradezu. Zunehmend wurde nun auch in den konfessionellen Kontexten auf das Spiel, teilweise sogar auf Fröbel verwiesen, auch wenn man ihm zuweilen noch immer mit Skepsis begegnete. Fröbels Pädagogik galt nun die Diskurse und auch die Kontexte übergreifend als die eigentlich kindgemäße und Fröbel als die eigentliche Tradition der öffentlichen Kleinkinderziehung, auch wenn sich dies in der Praxis kaum widerspiegelte. Sicherlich haben dazu auch die Erkenntnisse aus den sich entwickelnden Wissenschaftsbereichen beigetragen, die ebenfalls davon ausgingen, dass sich frühkindliche Erziehung bzw. das Lernen des Kindes nicht über einen Schulunterricht vollziehen kann.

Fröbel stand nun also für eine mehr kindgemäße Pädagogik. Im DFV hat dies dazu geführt, dass die zuvor noch anzufindende große Vielfalt, all die Überlegungen der unterschiedlichen Fröbelianer in Vergessenheit gerieten, am wenigsten trifft dies wohl noch auf das Konzept Schrader-Breymanns zu. Dennoch fällt dieses „Vergessen" auf. Stattdessen wurde nun zumeist allein noch auf Fröbel verwiesen – ohne dass die Realität noch etwas mit Fröbels ursprünglicher Konzeption zu tun hatte. Mit dem Verweis auf Fröbel war aber eine Abwehr der Kritik möglich. Es ist zumindest interessant und bedenkenswert, dass Fröbel jetzt, wo seine Ideen in der Realität kaum noch zu finden waren, geradezu zur eigentlichen Tradition der öffentlichen Kleinkinderziehung in Deutschland gemacht und in diesem Sinne „erfunden" wurde.

IV. Die Geschichte der öffentlichen Kleinkinderziehung im Nationalsozialismus (1933-1945)

Wie für sämtliche Bereiche des gesellschaftlichen Lebens, stellt die NS-Diktatur auch für die öffentliche Kleinkinderziehung zunächst einen Einschnitt und dann eine Veränderung dar. Es ist zum Teil nicht ganz einfach, die Entwicklungen nachzuvollziehen. Wie im Grunde nicht einmal für die Schulpolitik, hat der Nationalsozialismus auch nicht über ein umfassendes Konzept nationalsozialistischer öffentlicher Kleinkinderziehung verfügt. Die Entwicklung verlief deshalb widersprüchlich und uneinheitlich und ist kaum, so Hansen, mit dem Vorverständnis eines funktionierenden Führerstaates in Einklang zu bringen. Anweisungen aus dem Lager der Partei und dem Reichsministerium des Innern waren oftmals widersprüchlich und unklar,[343] und wurden ebenso wie auch Erlasse oft unterschiedlich interpretiert und umgesetzt. Außerdem wurden Veränderungen zumeist erst auf regionaler Ebene umgesetzt und erst spät auf „zentraler Seite mit standardisierender Wirkung aufgegriffen" (Hansen 1991, 220). Es gilt demnach, diese Entwicklungen deutlich zu machen.

1. Die „Realität" der Einrichtungen der öffentlichen Kleinkinderziehung im Nationalsozialismus (1933-1945)

Die Entwicklungen auf dem Gebiet institutioneller Frühkinderziehung waren eingebettet in die vom Nationalsozialismus ausgehenden gesamtgesellschaftspolitischen Veränderungen, entsprechende Aspekte werden deshalb ergänzend betrachtet. Fragen des Anspruches von Seiten der Partei und des Staates auf die vorschulischen Einrichtungen, wie auch die Auseinandersetzung um die Trägerschaft werden dagegen ausführlich erst im ideengeschichtlichen Abschnitt behandelt, da sie für den politischen Diskurs stehen. Grundsätzliche Tendenzen werden jedoch einführend dargestellt.

---

[343] Exemplarisch für das widersprüchliche Vorgehen ist das Verhalten Leonardo Contis. Als Staatssekretär und Leiter der Gesundheitsabteilung im Reichsinnenministerium unterzeichnete er am 11.9.1939 einen Geheimerlass, durch den die Gemeinden aufgefordert wurden, den Ausbau von Kindergärten zur Freisetzung weiblicher Arbeitskräfte für die Kriegswirtschaft voranzutreiben. Der Erlass wies der NSV eine subsidiäre Rolle zu und stellte es den Kommunen frei, diese Aufgabe der NSV zu übertragen. Als Leiter des Hauptamtes für Volksgesundheit der NSDAP hingegen billigte er die sogenannte Münchner Vereinbarung zwischen Fiehler und Hilgenfeldt, die eine gegenteilige Ausrichtung besaß. Ihr zur Folge sollte lediglich der bisherige kommunale Bestand gewahrt bleiben, Neugründungen jedoch alleinige Aufgabe der NSV sein (vgl. Hansen 1991, 231).

1.1 Einrichtungsformen

Der Kindergarten blieb die primäre vorschulische Einrichtungsform. Ergänzend fanden einige spezielle Formen Verbreitung. Erntekindergärten hatte es zwar schon zuvor gegeben, wurden nun aber vom Nationalsozialismus als eigene Erfindung propagiert und auch, anders als die Dauerkindergärten, überwiegend von der NSV betrieben. Sie dienten als Aushängeschild und wurden auf dem Land zur Entlastung der Landfrauen in den Sommermonaten eingeführt, litten zumeist aber an Raumnot und Fachkräftemangel, weshalb ihre pädagogische Qualität nicht sehr hoch einzuschätzen ist. Hinzu kamen Landkindergärten, welche die desolaten Zustände, in denen die Landkinder leben mussten, mildern sollten (vgl. Berger 1986, 95/96).

Des Weiteren gab es sogenannte Siedlungskindergärten, deren Aufgabe in der „Schaffung einer kulturellen Verbindung unter den verschiedenstämmigen Siedlern" (Berger 1986, 100) lag. Ihre ökonomische Bedeutung lag jedoch ebenfalls in der Freistellung der Frau für die Arbeitswelt, insgesamt wurde ihnen aber nur wenig Aufmerksamkeit geschenkt (vgl. ebd., 100). Außerdem kam es zur Neueinrichtung von Betriebskindergärten,[344] vor allem im Bereich der Rüstungsindustrie und speziell während des Zweiten Weltkrieges gewannen sie an Bedeutung. Nun wurden auch aufgrund des wachsenden Bedarfs nach ganztägigen Öffnungszeiten zunehmend Hilfs- und Kriegskindergärten, die qualitativ wohl eher dürftig waren, eingerichtet (vgl. ebd., 106). Weniger Interesse wurde dagegen den Schulkindergärten entgegengebracht, da sie nicht mit der NS-Ideologie in Einklang standen (vgl. ebd., 102ff.).

Außerdem gab es noch sogenannte Lagerkindergärten. Schulentlassene Vierzehnjährige lebten im „Mädel-Landjahr" etwa 8 Monate in einem Lager, wo sie neben einer nationalsozialistischen Erziehung auch auf weibliche Berufe vorbereitet wurden. An den meisten Lagern waren von der NSV unabhängige Kindergärten eingerichtet. Sie durften höchstens 25 Kinder aufnehmen und sich nicht Kindergarten nennen, sondern mussten den Begriff „Spielstunden für Dorfkinder" benutzen. Der Besuch war kostenlos und entlastete die Frauen, die für die Arbeit in der Landwirtschaft frei wurden (vgl. Aden-Grossmann 2002, 114/115).

1.2 Quantitative Entwicklung und Trägerschaft

Im Zuge der nationalsozialistischen Gleichschaltungspolitik wurde auch die Trägerstruktur der institutionellen Kleinkinderziehung erheblich umgestaltet und versucht, sämtliche vorschulischen Einrichtungen zu übernehmen. Allerdings ist diese Absicht misslungen. Entsprechend der NS-Ideologie sollte die Kleinkinderziehung in der Familie stattfinden. Sie galt als Aufgabe der Mutter, deren Rolle z.B. durch den ab 1934 fest ins Feierjahr eingebundenen Muttertag oder den Orden *Ehrenkreuz der deutschen Mutter* erhöht und idealisiert wurde. Damit einher ging jedoch die Entrechtlichung der Frauen. Was bisher an rechtlicher und tatsächlicher Gleichstellung der Frauen erreicht worden war, wurde

---

[344] Höltershinken weist darauf hin, dass Betriebskindergärten gerade für das Ruhrgebiet von besonderer Bedeutung waren. Hier waren zeitweise bis zu 30% aller Einrichtungen der öffentlichen Kleinkinderziehung Einrichtungen der Industrie (vgl. Höltershinken 1987, 45).

weitgehend rückgängig gemacht, oben genannte Gesten sind deshalb auch als Kompensation der grundsätzlichen Emanzipationsfeindlichkeit, sowie als Aufwertung ihres Sozialprestiges zu verstehen (vgl. Winkler 2005, 29). Die Aufgabe der Frau im Sinne nationalsozialistischer Ideologie lag in der Mutterschaft und „Rassenzüchtung". Nur ausnahmsweise und vorübergehend kam eine „volkspflegerische Tätigkeit" als Beruf in Frage.
Allerdings blieb es vor allem bis zu Beginn des Krieges gerade bezüglich der Frauenarbeit überwiegend bei verbalen Bekenntnissen. Der geringe Anteil von Frauenarbeit ist Legende, die Erwerbsarbeit verheirateter Frauen ging nicht nur nicht zurück, sie stieg sogar an. 1939 gingen 52% der Frauen im Alter zwischen dem 15. und 60. Lebensjahr einer regelmäßigen Arbeit nach. Neue Arbeitschancen vermittelten vielen sogar das Gefühl, neue Lebenschancen zu besitzen. Lediglich die Beamtinnen in leitender Stellung wurden systematisch aus dem Berufsleben verdrängt und der Anteil der Studentinnen gesenkt (vgl. Wehler 2003, 754ff.; Winkler 2005, 29). Allerdings wurde während des Krieges, obwohl die Nachfrage anstieg, aus ideologischen Gründen auch kein Druck auf arbeitsfähige Frauen ausgeübt. Die Zahl der erwerbstätigen Frauen veränderte sich nicht wesentlich, im September 1944 waren 14,9 Millionen weibliche Arbeitskräfte registriert. Es bestand auch weiterhin kein Arbeitszwang, von einer generellen weiblichen Dienstverpflichtung wurde aus Sorge um die Stabilität der Heimatfront abgesehen (vgl. Benz 2000, 176; Wehler 2003, 756).

Ebenso wenig wie sich Ideologie und Praxis bezüglich der Frauenarbeit gedeckt haben, traf dies auch auf die öffentliche Kleinkinderziehung zu. Die Errichtung und Unterhaltung vorschulischer Einrichtungen widersprach zwar der NS-Ideologie und somit lag ein Ausbau der öffentlichen Kleinkinderziehung eigentlich auch nicht im staatlichen Interesse, fand aber dennoch statt. Auf die Gründe, die zu diesem verstärkten Engagement geführt haben, wird später einzugehen sein. Festzuhalten bleibt, dass das staatliche Engagement verstärkt wurde und mit der Nationalsozialistischen Volkswohlfahrt (NSV) ein neuer Träger entstand. Die NSV war eine umfassende Fürsorgeorganisation, die in ihren Führungsprinzipien und ihren Zielsetzungen mit der NS-Ideologie übereinstimmte. Während der Weimarer Zeit waren viele NS-Wohlfahrtsinitiativen schlecht koordiniert und zumeist relativ unbedeutend gewesen. Zwei Monate nach Hitlers Machtergreifung übernahm Erich Hilgenfeldt die Führung der kleinen NSV, die sich dann innerhalb von 6 Monaten zum Mittelpunkt der NS-Wohlfahrtspflege entwickelte.
Dennoch blieben zumindest die konfessionellen Einrichtungen zunächst von Übergriffen weitgehend verschont. Weder personell noch finanziell war die NSV in der Lage, diese zu übernehmen (vgl. Schnabel 1987a, 60). Stattdessen gingen die Einrichtungen der Arbeiterwohlfahrt (1933) der Paritätischen Wohlfahrt (1934) und des Roten Kreuzes (1937) in die Trägerschaft der NSV über (vgl. Reyer 2006a, 168). Auch die von lokalen Organisationen getragenen Kindergärten wurden der NSV unterstellt und die um eine repressionsfreie Erziehung bemühten Einrichtungen wie z.B. die Waldorf- und Montessorieinrichtungen ausgeschaltet (vgl. Berger 1986, 261; Erning 1987c, 33).

Es gab jedoch keine rechtlichen[345] Gründe, die konfessionellen Einrichtungen zwangsläufig in die NSV zu überführen. Ungeachtet aller Beeinträchtigungen konnten die konfessionellen Träger bis Kriegsbeginn deshalb auch in etwa ihren Bestand von 7.300 Einrichtungen halten und sogar noch geringfügig ausbauen. Existierten 1932/33 insgesamt 2611 evangelische Kindergärten (mit einem Personal von 3642 und 175.894 betreuten Kindern), stieg diese Zahl bis 1934/1935 auf 2855 Einrichtungen (Personal: 4278 und Kinder: 187.572) an, die bis zu diesem Zeitpunkt größte Ausdehnung der evangelischen Kleinkinderpflege. Diese Zahlen blieben bei leichten Schwankungen bis 1937/38 erhalten. Bis dahin hielten sich Neueröffnungen und Schließungen,[346] von denen auch nicht alle auf Zwang beruhten, in etwa die Waage (vgl. Heinemann 1980, 56 u. 67). Anders sah es bei der kommunalen Trägerschaft aus, von den 1.146 Einrichtungen im Jahr 1936 wurde eine größere Anzahl mehr oder minder freiwillig[347] in NSV-Trägerschaft übergeben (vgl. Hansen 1991, 173).

Bis 1942 hat sich dann jedoch der Bestand der konfessionellen Kindergärten spürbar verringert.[348] Die Caritas verlor etwa 1.200 ihrer 4.300[349] Kindergärten und Horte an die NSV. Die Verluste der evangelischen Einrichtungen dürften in etwa gleich hoch gewesen sein, relativ gesehen wogen deshalb die Einbußen der Inneren Mission wohl schwerer (vgl. Hansen 1991, 229; Schnabel 1987a, 85). Heinemann verzeichnet bis 1940/41 einen Rückgang auf 2459 Einrichtungen mit 158.371 betreuten Kindern, für 1941/42 werden noch 110.900 betreute Kinder angegeben (vgl. Heinemann 1980, 56). Trotz der beiderseitig und oftmals in Ablehnung zur Caritas bekundeten größeren Nähe zwischen der Inneren Mission und der NSV waren die Folgen für die beiden christlichen Träger demnach gleich. Die NSV hat nicht differenziert, wenn es um die Zugriffe auf die konfessionellen Einrichtungen ging (vgl. Hansen 1991, 229).

Auf Seiten der NSV kam es ab 1935 zu einer raschen Ausbreitung. Die NSV konzentrierte sich dabei zunächst auf die unversorgten ländlichen Regionen, im Sommer 1934 wurden hier knapp 600 Erntekrippen und -kindergärten als Saisoneinrichtungen gegründet. Ab Mai 1935 wurde damit begonnen, auch Dauerkindergärten einzurichten. Mit Kriegsbeginn wurden dann auch Hilfskindertagesstätten eingerichtet, auch hier erhöhte sich die Zahl beständig. Insgesamt stieg die Zahl der in NSV-Trägerschaft geführten

---

[345] Das RJWG blieb mit nationalsozialistischen Modifikationen in Kraft.

[346] Die frühen Übernahmen mussten nicht immer ein Ergebnis der Gleichschaltungspolitik darstellen. Mögliche Gründe konnten freiwillige Anschlüsse im Zeichen der „Deutschen Christen", finanzielle Abhängigkeiten aufgrund kommunaler Zuschüsse oder auch berechtigte behördliche Eingriffe sein, da nach dem RJWG jede Einrichtung durch eine behördliche Genehmigung zugelassen werden musste (vgl. Heinemann 1980, 49/50).

[347] Eine genaue Zahl wurde nicht angegeben.

[348] In den Ländern bzw. Gauen Sachsen, Thüringen, Kurhessen, Hessen-Nassau und Ober- und Niederschlesien gingen die Einrichtungen der konfessionellen Träger völlig oder überwiegend verloren. Große Verluste gab es auch im Rheinland. Die Innere Mission hatte große Verluste in Bayern, Brandenburg, Mecklenburg, Hamburg, Bremen, Lübeck und Schleswig-Holstein zu verzeichnen, ebenso in Württemberg. Hier blieben die Einrichtungen der Caritas verschont. Nahezu vollständig erhalten blieben die konfessionellen Einrichtungen in Westfalen, Pommern, Baden, Saarpfalz und Ostpreußen (vgl. Hansen 1991, 229).

[349] Erning geht von insgesamt 5200 katholischen Einrichtungen aus, von denen 1200 in NSV-Trägerschaft über gingen (vgl. Erning 1987c, 34). Dieselben Zahlen gibt auch Reyer an (vgl. 2006, 171).

Einrichtungen von 597 für das Jahr 1934 über 3.345 am 31.12.1936 und 17.282 am 31.12.1939 auf 30.899 gegen Ende 1942 an, zuletzt insgesamt 16.149 Dauerkindergärten. Gleichzeitig wuchs die Anzahl der verfügbaren Plätze von 17.538 (1934) über 406.918 (1938) bzw. 727.575 (1939) auf 1.196.694 (1942). Arbeiteten 1934 nur 728 Fach- und Hilfskräfte in den Einrichtungen der NSV, waren es 1938 17.088 und 1942 schon auf 73.756 (vgl. Hansen 1991, 170).
Durch den Ausbau besaß im Jahr 1942 innerhalb der Reichsgrenzen von Mitte 1939 an etwa jedes vierte Kind zwischen drei und sechs Jahren einen Platz in seinem Saison- oder Dauerkindergarten (vgl. Hansen 1991, 171). Während des Krieges kam es in den kriegsgefährdeten Gebieten dann zu Schließungen, überhaupt litten die Einrichtungen unter den Auswirkungen des totalen Krieges. Die Verpflegung wurde schlechter und Plätze mussten in erster Linie Kindern arbeitender Frauen zur Verfügung gestellt werden (vgl. Schnabel 1987a, 86).

Insgesamt hat die NSV in bisher unbekannter Weise den Ausbau der institutionalisierten Kleinkinderziehung vorangetrieben und verwirklicht. Entgegen der eigentlichen NS-Familienideologie wurden erhebliche Mittel für den Bereich der öffentlichen Kleinkinderziehung aufgebracht. Allerdings profitierten davon nicht alle Träger. Die Finanzen der konfessionellen Einrichtungen verschlechterten sich, sie wurden in ihren Einnahmemöglichkeiten beschnitten und außerdem die kommunalen Zuschüsse massiv beschränkt. Die konfessionellen Einrichtungen und deren Verbände sollten „ausgehungert" werden, um sie so in NSV-Trägerschaft überführen zu können (vgl. Erning1987d, 89/90).
Ein Großteil der Finanzierung wurde von den Gemeinden getragen. Im *Runderlaß des Reichsministers des Innern und des Stellvertreters des Führers vom 21.3.1941* wurde festgelegt, dass die Planung und der Betrieb der Einrichtungen Aufgabe der NSV sei, während die Gemeinden und Kreise für die Finanzierung zuständig seien. Dies bedeutete im Grunde, dass die Gemeinden die finanziellen Kosten decken mussten, während in der Allgemeinheit der Eindruck entstand, das wäre eine Leistung der NSV (vgl. Hansen 1991, 236/237). Allerdings ist in großen Teilen noch unklar, wie die Einrichtungen finanziert wurden (vgl. Erning1987d, 90).

1.3 Adressaten

Weiterhin richtete sich die vorschulische Kleinkinderziehung primär an die Kinder der sozial schwachen Familien, in denen die Mutter arbeiten gehen musste oder die Kinder sozial vernachlässigt wurden. Die Kindergärten blieben eine in der Regel nur halbtags geöffnete Einrichtung und das auch nur für die Minderheit der Kinder, auch wenn beispielsweise auf dem Land während der Sommermonate wohl alle Kinder einen Erntekindergarten besucht haben (vgl. Konrad 2004, 173). Weiterhin war der Kindergarten primär aus sozialfürsorgerischen und weniger aus pädagogischen Gründen akzeptiert, das gilt auch für die Ansichten der Mitglieder des DFV (vgl. Fröbel-Pestalozzi-Verband e.V. 1996, 111). Wiederum ist kurz nach dem Aufwachsen dieser Kinder zu fragen.

Überwiegend ähnelte das Aufwachsen der Kinder demjenigen in Weimar. Allein aufgrund der zeitlichen Dimension waren weit gehende Veränderungen kaum möglich, so dass die zuvor gemachten Anmerkungen ihre Gültigkeit behalten, überhaupt wurden die kleinbürgerlich-traditionalen Erziehungsvorstellungen nun gesellschaftsweit ideologisch verbreitet. Ergänzt wurde dies nun jedoch durch die von der nationalsozialistischen Herrschaft bedingten Überformungen. Zum Teil erlangten die Kinder aber auch eine größere Eigenständigkeit gegenüber den Eltern, was durchaus gewünscht wurde, solange sich dies im Rahmen der Vorstellungen des Nationalsozialismus vollzog (vgl. Langewiesche/Tenorth 1989, 82 u. 84). Auch dadurch nahmen die autoritären Beziehungsstrukturen tendenziell weiter ab.

Unverändert blieb die Familie die erste und wichtigste Instanz des Aufwachsens und der Erziehung in der Kindheit. Gemäß der nationalsozialistischen Familienideologie galt die Familie als kleinste Einheit der Volksgemeinschaft. Ihre Hauptfunktion lag in der „biologischen Reproduktion", die durch eine Gemeinschaftserziehung ergänzt werden sollte. Das „Volksganze" stand auch hier im Vordergrund, die Gesundheit und Reinheit der „arischen Rasse". Neben der Bekämpfung des Geburtenrückgangs, sowie einer Erbgesundheits- und Rassenpolitik, unterstützte die nationalsozialistische Bevölkerungspolitik deshalb auch den vermeintlich natürlichen Prozess der „Auslese" und „Ausmerzung" und griff in Menschen-, Verfassungs-, Ehe- und Elternrechte ein. Ehestandsdarlehen mit Geburtennachlässen, nach Kinderzahl gestaffelte Steuererleichterungen, Kinderbeihilfen und staatliche Erziehungsbeihilfen für Kinderreiche sollten die Familien fördern, aber dies kam immer nur denjenigen zugute, die als „erbgesund" und „rassisch einwandfrei" galten. Die Verbindung zwischen einem gesunden, fortpflanzungsfähigen Partner und einem „Erbkranken" im Sinne des *Gesetzes zur Verhütung erbkranken Nachwuchses* wurde verboten und Eheschließungen zwischen Juden und Staatsangehörigen „deutschen oder artverwandten Blutes" untersagt. Allerdings wurden die angestrebten Ziele nur bedingt erreicht, beispielsweise hat das Ehestandsdarlehen das Heiratsverhalten zwar sicherlich beeinflusst, den Fortpflanzungwillen aber nicht gesteigert (vgl. Langewiesche/Tenorth 1989, 71ff.; Tenorth 2000, 201).

1.4 Personal und Ausbildung

Die Ausbildung wurde durch die nationalsozialistische Herrschaft erheblich verändert und zu einem Instrument der nationalsozialistischen Weltanschauung „herabgewürdigt" (vgl. Metzinger 1993, 125). Sämtliche fortschrittlichen und demokratischen Ansätze innerhalb der Ausbildung wurden beseitigt. Insgesamt kann man bezogen auf die Ausbildung ebenfalls von einer Gleichschaltungspolitik sprechen. Durch einen Erlass vom September 1942 wurde die einheitliche Ausbildung angeordnet und damit zugleich die unterschiedlichen Ausbildungslehrgänge der einzelnen Länder beendet. Außerdem vollzog sich eine inhaltliche Vereinheitlichung (vgl. Metzinger 1993, 131; Reyer 2006a, 173). Aufgabe der Erzieherinnen sollte es sein, die nationalsozialistische Weltanschauung zu vermitteln, sowohl gegenüber den Kindern als auch den Eltern. Entsprechend wurden die Inhalte der Ausbildung verändert, die nationalpolitische Erziehung sollte alle anderen Fächer durchdringen, um die Erzieherinnen mit dem nationalsozialistischen Gedankengut vertraut zu machen. „Erb- und Rassenlehre" wurde eingeführt, außerdem die Aufgabe der Körperpflege und -erziehung besonders betont (vgl. Aden-Grossmann 2002, 116; Metzinger 1993, 130ff.). Dies spiegelte sich auch deutlich im Stoffverteilungsplan für die Ausbildung der Kindergärtnerinnen wieder (vgl. Pestalozzi-Fröbel-Verband e.V. 1998, 120/121). Dass dies jedoch nur zum Teil aufgedrängt werden musste, zeigt eine für den DFV von Droescher und Corte verfasste Eingabe an das Preußische Ministerium für Wissenschaft, Kunst und Volksbildung aus dem Jahr 1934, in dem eine Neuregelung der Ausbildung und eine Erweiterung „nach der Seite der Erbbiologie und Rassekunde hin" (zit. n. ebd., 119) angeregt wurde. Ziel der Ausbildung sollte die „nationalsozialistische deutsche Mütterlichkeit" (zit. n. ebd., 119) sein. Die Ausbildung sollte keine fundierte theoretische Basis für die spätere Berufstätigkeit mehr bieten, sondern begnügte sich mit praktisch verwendbaren Handreichungen und Ratschlägen, vor allem der pädagogisch-psychologische Bereich wurde vernachlässigt (vgl. Metzinger 1993, 133).

Außerdem wurde auf die Schulung der Erzieherinnen verstärkt Wert gelegt. Vom Nationalsozialistischen Lehrerbund (NSLB)[350] und der Deutschen Arbeitsfront (DAF) wurden organisierte Weiterbildungen und gezielte Schulungen durchgeführt und als Pflichtveranstaltungen deklariert, so dass auch das Personal der konfessionellen Einrichtungen daran teilnehmen musste. Allerdings lassen sich diese Veranstaltungen inhaltlich heute nur noch schwer fassen und in ihrem Erfolg einschätzen. Während von Wicht davon spricht, dass die „nationalpolitische Schulung" der „Durchdringung mit dem Gedankengut des Nationalsozialismus" (zit. n. Heinemann 1980, 64) diente und durchaus erfolgreich war, vermutet Akaltin, dass den Erzieherinnen in erster Linie Methoden zur Körperpflege und -schulung vermittelt und Sportspiele mit Wettkampfcharakter, Abhärtungsmaßnahmen und Mutproben, sowie nationales Liedgut eingeübt wurden (vgl. 2003, 315).

Da die Ausbildung der Kindergärtnerinnen ausschließlich nach der nationalsozialistischen Weltanschauung erfolgen sollte, wurden andere Ausbildungsstätten beeinträchtigt (vgl. Berger 1986, 261). Folge davon war ein wachsender Mangel an Fachkräften. Auf katholischer Seite kam es zu einem Nachwuchsmangel, da seit Ende 1940 ein Eintrittsverbot in die Orden bestand und die konfessionellen Kindergärtnerinnenseminare geschlossen worden waren (vgl. Schnabel 1987a, 87). Auch die Kapazität der evangelischen Kindergärtnerinnenausbildung versiegte, teilweise wurden die Seminare in die NSV überführt (vgl. Heinemann 1980, 75). Um 1941 existierten von 18 evangelischen Kindergärtnerinnen- und Hortseminaren nur noch acht, von den ehemals 9 Kinderpflegerinnenschulen sogar nur noch 2 (vgl. ebd., 86).

Erklärtes Ziel der NSV war es, die Leitung der Kindergärten an im nationalsozialistischen Sinne ausgebildetes Fachpersonal zu übergeben. Allerdings fehlte es an geeignetem Personal, der Ausbau insgesamt wurde dadurch beeinträchtigt, auch da man kirchlich gebundene Kindergärtnerinnen, wenn überhaupt, nur sehr ungern einstellte. Dies hing auch vom jeweiligen Vorgehen der Gauleiter ab, sie entschieden, ob und wie konfessionelle Schwestern weiterhin tätig sein konnten. Auch deshalb blieb die NSV auf Hilfskräfte (unausgebildete Kräfte, Pflichtjahrmädchen, Kriegsabiturientinnen und Studentinnen) angewiesen, die in Kurzlehrgängen weltanschaulich und fachlich, vor allem

---

[350] Schon im Juni 1933 war die Berufsorganisation der Kindergärtnerinnen, Hortnerinnen und Jugendleiterinnen (KiHoJu) in den NSLB überführt und in der Fachschaft VII „Freie Erzieher" zusammengefasst worden.

bezogen auf die Gesundheitserziehung, geschult wurden. Aufgrund des Personalmangels wurde die Leitung der Erntekindergärten zunehmend Kinderpflegerinnen übertragen, die überhaupt stärker zur Arbeit in Krippen und Kindergärten herangezogen wurden (vgl. Dammann/Prüser 1987a, 26; Hansen 1991, 172; Schnabel 1987a, 73). Insgesamt dürfte der Mangel an Fachkräften sicherlich keinen positiven Effekt auf die Qualität der alltäglichen Arbeit besessen haben.

1.5 Der Alltag in den Einrichtungen

Es ist sicher schwer zu beurteilen, inwieweit der Alltag in den Kindergärten durch den Nationalsozialismus verändert wurde. Abhängig waren die Veränderungen von der jeweiligen Situation in der Einrichtung, sicherlich gab es zwischen den konfessionellen Einrichtungen und denen der NSV Unterschiede. Vermutlich gab es auch Einrichtungen, in denen der bisherige Kindergartenalltag weitgehend fortgeführt wurde.

In einem gewissen Sinne dürften sich die Rahmenbedingungen in den Einrichtungen verbessert haben. Dies betraf den angesprochenen Ausbau, es gab nun ganz einfach mehr Plätze für mehr Kinder. Ebenso hat sich der bisher oftmals dürftige Alltag vermutlich verbessert. Die NSV-Einrichtungen verfügten über klare Richtlinien, in denen z.B. die Zusammenarbeit mit den Eltern, Öffnungszeiten, ärztliche Überwachungen, räumliche Gestaltungen, sanitäre Anlagen oder personelle Besetzungen detailliert geregelt waren. Außerdem wurde eine Vereinheitlichung in Fragen der Ernährung und Körperpflege betrieben und dadurch wurden die oftmals mangelhaften Zustände beseitigt. Dies dürfte auch für die konfessionellen Einrichtungen gegolten haben, die bei Nichteinhaltung der Richtlinien von der Schließung bedroht waren und somit ebenfalls für eine Verbesserung der Rahmenbedingungen oder Hygiene sorgen mussten (vgl. Hansen 1991, 176). Einzuschränken sind die Verbesserung allerdings in soweit, dass wie zuvor erwähnt in vielen Einrichtungen unqualifiziertes Personal beschäftigt war, wie überhaupt in den oftmals schnell errichteten Einrichtungen, insbesondere den Ernte-, Land-, Hilfs- und Kriegskindergärten vermutlich kaum geeignete Rahmenbedingungen anzutreffen gewesen sein dürften. Und ob aufgrund des wachsenden Einflusses der NS-Erziehungsideologie überhaupt von einer Verbesserung der pädagogischen Arbeit sprechen kann, ist ebenso fraglich.

Inwieweit ein derartiger Einfluss tatsächlich gegeben war, ist heute nicht ganz einfach zu beantworten. Es ist jedoch anzunehmen, dass die alltägliche Praxis vom totalitären Machtanspruch des Nationalsozialismus erfasst wurde. Zunehmend gewannen die NS-Frauenschaft und die NSV auch inhaltlich an Einfluss, der Alltag sollte möglichst weitreichend für die Vorhaben des Nationalsozialismus instrumentalisiert und zu einer systemkonformen Sozialisationsinstanz für die Kinder und einer Zugriffsmöglichkeit auf die Eltern werden (vgl. Akaltin 2003, 319 u. 331).[351] Da dies zum Teil schon Aspekte der eigentlichen Ideengeschichte anspricht, werden im Folgenden hier nur kurz die wesentlichen Veränderungen in Praxis und Alltag dargestellt.

---

[351] Beispielsweise erteilte NSV 1936 die „Anweisung" (für Berlin), dass keine Weihnachtsfeiern mehr abzuhalten seien. Die Mütter sollten im Sinne des Nationalsozialismus geschult und die Kindergärtnerinnen sich zwischen christlicher und nationalsozialistischer Weltanschauung entscheiden (vgl. Heinemann 1980, 66).

Unter anderem wurde das Führer-Gefolgschafts-Verhältnis auf den Kindergarten übertragen, ebenso wurde nun der Geburtstag des Führers gefeiert. Aktivitäten wie das Hissen der Fahne, nationalsozialistische Feste, Sammelaktionen, bestimmte Symbole, Rituale und selbst Märchen dienten wie auch der sparsame Umgang mit Spiel- und Beschäftigungsmitteln oder das Aufessen der Brote sowohl der ideologischen als auch der materiellen Unterstützung des Nationalsozialismus. Es wurde versucht, sämtliche Inhalte und Methoden zu instrumentalisieren und in die nationalsozialistische Ideologie einzupassen (vgl. Aden-Grossmann 2002, 101; Dammann/Prüser 1987c, 133; Klattenhof 1987, 114). Dass die Kinder davon nicht unbeeindruckt blieben, zeigt sich beispielsweise an Fritz März, der sich noch lebhaft an seine Zeit im Kindergarten und an den Geburtstag des Führers im Jahr 1940 oder 1941 erinnern kann (vgl. März 1998, 663).

Ein gutes Beispiel für diesen veränderten Alltag stellen die Kinderbücher dar, beispielsweise das erstmals 1939 erschienene illustrierte Kinderbuch *Mutter, erzähl von Adolf Hitler* von Johanna Haarer, das sie im Auftrag der Partei verfasste. Das in Märchenform geschriebene Vorlesebuch war ein reines Propagandabuch, indem u.a. auf perfide Weise antisemitische Vorurteile dargestellt wurden (vgl. Berger 2009c). Es war Pflichtlektüre in vielen Kindergärten während des Dritten Reiches und insbesondere an nationalsozialistischen Fest- und Feiertagen wurden daraus Abschnitte vorgelesen. Auch wenn schwer zu beurteilen ist, ob und inwieweit ein solches Buch die Kinder tatsächlich beeinflusst hat, die Ideen eines derartigen Textes, den Berger als „beschämendes Dokument" und „makaberes Pamphlet für Kinderhand" (ebd.) bezeichnet, sind sicher nicht ohne Einfluss geblieben, auch da es andere Bücher ähnlicher Art (*Der Giftpilz, Trau keinem Fuchs auf grüner Heid - und keinem Jud bei seinem Eid*) gab.

Im Mittelpunkt des Alltags stand nun die körperliche Ertüchtigung. Auf regelmäßige Zahn- und Körperpflege, gesunde Ernährung, Abhärtung und viel Bewegung wurde geachtet, insbesondere in den NSV-Einrichtungen. Freilufterziehung, Bewegungsspiele und Turnen waren fest integriert, wobei über die traditionellen Bewegungsspiele hinausgegangen wurde. Durch die physische Ertüchtigung und den sportlichen Wettkampf sollten die Kinder auch zu tapferen Kämpfern gemacht werden. Auf die Entwicklung der Persönlichkeit wie auch die intellektuelle Bildung wurde dagegen, insbesondere innerhalb der Mädchenerziehung, nur wenig Wert gelegt. Überhaupt war die pädagogische Arbeit nun oftmals rigide geschlechtsspezifisch ausgerichtet. Es herrschte zumeist ein autoritäres Gruppenklima. Eine soziale Erziehung im heutigen Verständnis dürfte kaum stattgefunden haben, ebenso wenig wie die Kinder die realitätsgerechte Bewältigung ihrer Konflikte lernen konnten. Vermutlich haben sich, trotz aller verbalen Betonung der Nähe zu Fröbel, die Tendenzen einer autoritären Erziehung im Sinne der Bewahranstalten verstärkt (vgl. Aden-Grossmann 2002, 118; Dammann/Prüser 1987c, 132; Klattenhof 1987, 113/114).

Mit dem Ausbruch des Krieges wandelte sich die Funktion dann noch einmal erheblich, neue Aufgaben kamen hinzu. Die Einrichtungen wurden zu Ganztageseinrichtungen mit verlängerten Öffnungszeiten erweitert und stellten nun einen wichtigen, in erster Linie sozialfürsorgerischen Teil der Heimatfront dar. Die Betreuung der Kinder wurde verstärkt auf den Gesunderhaltungsaspekt ausgerichtet, aber nun gehörte auch die aktive Teilnahme an und Weitervermittlung von Luftschutzübungen zum Alltag. Überhaupt stand das Kriegsgeschehen im Mittelpunkt des Alltags. Kinder wollten Soldaten sein, dies wurde durch Soldatenspiel, Exerzierübungen, Geschichten über die Taten des Führers und seiner tapferen Soldaten noch unterstützt (vgl. Dammann/Prüser 1987c, 132), wobei dies auch der Verarbeitung der Erfahrungen gedient haben könnte. Die Erzieherinnen selbst wurden des Weiteren bei Sammlungen eingesetzt und zu ihren Aufgaben gehörte es nun, die Kinder in Schutzbunkern unterzubringen. Außerdem wurden sie dazu angehalten, die Eltern bzw. Mütter moralisch aufzurichten und gleichzeitig zu einer verbesserten Haushaltung anzuleiten. Zunehmend wurden die Kindergärten ihrer pädagogischen Funktion entkleidet und in den Dienst des Krieges gestellt, der Krieg war nun allgegenwärtig (vgl. Akaltin 2003, 319; Heinemann 1980, 77; Höltershinken 1987, 62). Die Erzieherinnen wurden geradezu zu „Erfüllungsgehilfinnen des Regimes degradiert" (Akaltin 2003, 320).

Hinzu kam, dass Kindertagesstätten durch Zerstörung verloren gingen, ebenso wurden Einrichtungen für kriegswichtige Zwecke, für die Unterbringung Bombengeschädigter oder auch für die Aufnahme im Rahmen der Kinderlandverschickung umquartierter Kinder konfisziert. Raummangel und das Fehlen qualifizierter Kindergärtnerinnen bei ständiger Überbelegung machten es unmöglich, im gewohnten Maße zu arbeiten (vgl. Bookhagen 2002, 892). Vermutlich dürften in den betroffenen Einrichtungen kaum noch eine pädagogische Arbeit möglich gewesen sein.

2. Die Vorstellungen über Betreuung, Erziehung und Bildung in der öffentlichen Kleinkinderziehung im Nationalsozialismus (1933-1945)

Nähert man sich den bezüglich der öffentlichen Kleinkinderziehung zu findenden Vorstellungen, sind grundsätzlich zwei Aspekte zu bedenken, will man der Beurteilung der Ideen gerecht werden. Zum einen war nun kaum noch eine offene Meinungsäußerung möglich. Verfolgung und Terror waren grundsätzlich gegeben, wer Widerspruch und Gegenwehr übte, war von Sanktionen bedroht. Bei kritischen Äußerungen musste man mit Denunziation rechnen. Zum anderen gilt zu bedenken, gerade wenn man nach Kritik an der neuen NS-Erziehungsideologie sucht, dass die Mehrheit der Bevölkerung dem NS-Regime durchaus positiv gegenüber stand. Um 1936 bestand eine überwältigende Unterstützung für Hitler, „große Teile der Bevölkerung vergötterten ihn einfach" (Kershaw 2000, 20), sogar diejenigen, die in der Wahl nicht für ihn gestimmt hatten. Der Schein des wirtschaftlichen Aufschwungs, der sich in sinkenden Arbeitslosenzahlen niederschlug und die gezeigte autoritäre Entschlossenheit genügten, um sich die Loyalität der großen Mehrheit zu sichern. Der Bruch des Versailler Vertrages, der Austritt aus dem Völkerbund sowie die Ausschaltung der Parteien und des „Bolschewismus" in Deutschland, all dies fand breite Zustimmung (vgl. Aly 2005, 49/50; Wehler 2003, 675). Für die meisten war unerheblich, dass der scheinbare Aufstieg mit Rüstungskonjunktur und einer unseriösen Finanzpolitik erkauft war,[352] vor allem die Verbesserung des eigenen Lebens wurde gesehen. Komplementär zu den Erfolgen besaß die NS-Führung eine Sensibilität gegenüber der Stimmungslage in der Bevölkerung, weswegen Konsumbedürfnisse unterstützt wurden, die eigentlich im Gegensatz zu den rüstungswirtschaftlichen Prioritäten standen. Selbst wenn man nicht soweit gehen und die NS-Herrschaft mit Aly als „Gefälligkeitsdiktatur" (2005, 49)[353] bezeichnen will, für viele „Deutsche" verbesserte sich die Lebenssituation zunächst ganz einfach. Der Weg in eine grandiose Zukunft schien geebnet und dass dies mit einer rigiden, autoritären Ordnung, dem Verlust bürgerlicher Rechte, der totalen Unterdrückung der Linken und der Diskriminierung verschiedener Gruppen, insbesondere der Juden, erkauft worden war, erschien vielen

---

[352] Nach anderthalb Jahren NS-Regierung hatte sich die Arbeitslosenzahl angeblich um 60% reduziert. Auch wenn diese Zahlen zunächst noch manipuliert waren, 1936 war tatsächlich Vollbeschäftigung in manchen Bereichen erreicht. Der konjunkturelle Aufschwung, den die staatliche Wirtschaftspolitik herbeiführte, war in der Tat erstaunlich. Allerdings war die Finanzierung von Rüstung und Vollbeschäftigung abenteuerlich und wurde inflationär betrieben in der Hoffnung, mit künftiger Kriegsausbeute die Schulden begleichen zu können. Die Konsequenzen der Wirtschaftspolitik seit 1936 waren absehbar und bedeuteten entweder Bankrott oder Krieg. Auch ohne den Krieg hätte das angebliche „Wirtschaftswunder" zu desaströsen Folgen geführt (vgl. Benz 2000, 100; Wehler 2003, 709).

[353] Aly (vgl. 2005) charakterisiert das nationalsozialistische Regime als jederzeit mehrheitsfähige „Gefälligkeitsdiktatur": Die Staatsführung habe äußerst sensibel auf allgemeine Zufriedenheit geachtet und sich Zuspruch oder wenigstens Gleichgültigkeit „erkauft". Die Lehre von der Ungleichheit der Rassen sei verbunden gewesen mit dem Versprechen größerer Gleichheit oder zumindest Chancengleichheit im Inneren. Die „sozial- und nationalrevolutionäre Utopie", welche die NSDAP bei der breiten Mehrheit populär gemacht habe, sei der „soziale Volksstaat" gewesen, dessen Wohltaten allerdings auf Kosten anderer finanziert wurden. Der indirekte, nicht personell verantwortete, aber doch gern genommene Vorteil aus den Verbrechen hätte das Bewusstsein der meisten von der Fürsorglichkeit ihres Regimes bestimmt.

angemessen. Kaum jemand brachte die Weitsicht auf, dass dies nichts als die Vorbereitung auf einen Weltkrieg ungeahnten Ausmaßes darstellte.
Ebenso bestand aber und auch dies sollte nicht vergessen werden, eine gewisse Unzufriedenheit mit dem Regime. Häufig anzutreffen war das Nebeneinander von Bewunderung für den „Führer" und Verachtung für die „kleinen Hitlers", die für die Missstände des Alltags verantwortlich gemacht wurden. Unzufriedenheit mit einzelnen Aspekten bedeutete jedoch nicht grundsätzliche Ablehnung des Regimes, auch wenn z.B. den Umgang mit den Kirchen kritisierte, konnte man noch immer Hitler als Person zustimmen. Die Unzufriedenheit führte auch kaum zu ernsthaftem politischem Widerstand. Selbst zu Kriegsbeginn, auch wenn der Krieg keineswegs gewünscht war, büßte Hitler nicht an Beliebtheit ein, 1940 erreichte er sogar erst den Höhepunkt seiner Popularität (vgl. Winkler 2005, 104). Auch die Säulen der Diktatur (Großunternehmen, Herr, obere Schichten der Staatsbürokratie) verhielten sich loyal und unterstützten das Regime. Insgesamt entstand so zwischen der vorbehaltlosen Unterstützung und dem bewussten Widerstand ein breites Spektrum an Haltungen, das auch zu Distanz und Nichtmitmachen bis hin zur Verweigerung, geführt hat. Die öffentliche Kleinkinderziehung stellte, dies wird zu zeigen sein, in diesen unterschiedlichen Verhaltensweisen keine Ausnahme dar. Zu erwarten, dass gerade hier Kritik geäußert worden wäre, ist jedoch unangemessen.

2.1 Der politische Diskurs

Ausführlicher als zuvor werden bezüglich der Einschätzung des politischen Diskurses die Veränderungen auf Trägerebene betrachtet. Dies geschieht, weil sich da dadurch Rückschlüsse auf das von staatlicher Seite vertretene Bildungs- und Erziehungsverständnis ziehen lassen. Dies gilt insbesondere mit Blick auf die Frage, ob die nationalsozialistische Erziehungsideologie überhaupt innerhalb der öffentlichen Kleinkinderziehung Anwendung finden sollte. Gleichzeitig lässt sich erkennen, inwieweit eine ablehnende oder zustimmende Haltung der Träger zur NS-Erziehungsideologie bestanden hat.

Der Anspruch des NS-Regime auf die öffentlichen Kleinkinderziehung: Gemäß seiner grundsätzlichen Familienideologie hätte der Nationalsozialismus nicht an einem Ausbau der Kindergärten interessiert sein dürfen. Dass dieser dennoch stattfand und auch von staatlicher Seite mitfinanziert wurde, ist zuvor deutlich geworden. Ein Ziel dieses Ausbaus war es, die Frauen für die Rüstungs- und Kriegswirtschaft freizusetzen und die Betreuung der Kinder der arbeitenden Frauen zu sichern, z.B. durch die Neueinrichtung von Betriebskindergärten im Bereich der Rüstungsindustrie[354] (vgl. Hansen 1991, 171; Höltershinken 1987, 51/52).
Aber waren die Nationalsozialisten auch an der Erziehung der Kinder allgemein und der inhaltlichen Beeinflussung der Kindergärten interessiert? Zuweilen entsteht der Eindruck, der Nationalsozialismus habe der Erziehung der Kinder vor der Schule bzw. dem

---

[354] Hansen erwähnt einen „Führerauftrag" aus dem Jahr 1942, der forderte, den Bestand von 35.000 NSV-Kindergärten beschleunigt auf 80.000 zu erhöhen. Hitlers Fernziel stellte allerdings unverändert das Herausbringen der Frau aus der Arbeit dar (vgl. Hansen 1991, 171).

Eintritt in die HJ keine Aufmerksamkeit zukommen lassen und dies auch deshalb, weil es in einer oftmals zitierten Hitler-Rede heißt:

> „Dann kommt eine neue deutsche Jugend, und die dressieren wir schon von ganz kleinem an für diesen neuen Staat. Diese Jugend, die lernt ja nichts anderes als deutsch denken, deutsch handeln. Und wenn diese Knaben und Mädchen mit ihren zehn Jahren in unsere Organisationen hineinkommen und dort nun wie so oft zum ersten Mal überhaupt eine frische Luft bekommen und fühlen, dann kommen sie vier Jahre später vom Jungvolk in die Hitlerjugend, und dort behalten wir sie wieder vier Jahre, und dann geben wir sie erst recht nicht zurück in die Hände unserer alten Klassen- und Standes-Erzeuger, sondern dann nehmen wir sie wieder fort in die Partei und die Arbeitsfront, in die SA oder in die SS, in das NSKK usw. [...] und sie werden nicht mehr frei ihr ganzes Leben." (Hitler 1928, zit. n. www.nationalsozialismus.de/zitate/erziehung-der-jugend-adolf-hitler).

Betrachtet man jedoch die entsprechenden Erlasse und das Vorgehen von Staat bzw. NSV, dann wird deutlich, dass der Nationalsozialismus eindeutig an der öffentlichen Kleinkinderziehung interessiert gewesen ist. Grundsätzlich wäre es ja möglich gewesen, den rüstungswirtschaftlich notwendigen Ausbau innerhalb der bestehenden Trägerstrukturen zu vollziehen. Dazu ist das NS-Regime jedoch nicht gewillt gewesen, eindeutig wurde ein Anspruch auf die Kindergärten erhoben. „Das Kind bilden wir!" (zit. n. Bookhagen 2002, 13), so Hitler in einer Geheimrede über „Aufbau und Organisation der Volksführung" am 23.11.1937 und diesen Anspruch weiter ausführend: „Über den deutschen Menschen im Jenseits mögen die Kirchen verfügen [...] Über den deutschen Menschen im Diesseits verfügt die deutsche Nation durch ihre Führer" (zit. n. ebd., 14).

Den führenden Nationalsozialisten schwebte ein möglichst lückenloser Erziehungsstaat vor[355] und schon früh wurde dieser Totalitätsanspruch auch hinsichtlich des Kindergartenbereichs angemeldet (vgl. Hansen 1991, 170). 1935 wurden die konkreten Ziele der NSV im Kindergartenbereich deutlicher: „Es entspricht dem Totalitätsanspruch der NSDAP, wenn in Zukunft alle Neueinrichtungen von Kindergärten in erster Linie von der NSV getroffen werden; trägt sie doch dem Führer und der Bewegung gegenüber die Verantwortung dafür, dass auch die sozialpädagogische Arbeit nach nationalsozialistischen Grundsätzen ausgerichtet wird" (zit. n. Schnabel 1987a, 67).

So betonte ein Erlass des württembergischen Innen- und Kultministers vom 14. Juli 1936, dass ohne Rücksicht auf die Konfessionszugehörigkeit die Kinder in Kindergärten zusammengefasst werden müssten, in denen sie im „Geiste des Dritten Reiches betreut und erzogen werden" (zit. n. Schnabel 1987a, 70). Im *Runderlaß des Reichsministers des Innern und des Stellvertreters des Führers vom 21.03.1941* über die „Zusammenarbeit der Gemeinden und Landkreise (Jugendämter) mit der NSV zur Förderung der Kindertagesstätten" heißt es, „die Betreuung der Kinder in den Kindertagesstätten liegt der NSV

---

[355] So auch Ley vor Funktionären der Deutschen Arbeitsfront (DAF) im Herbst 1933: „... ist unser Staat ein Erziehungsstaat,... Er lässt den Menschen nicht mehr los von der Wiege bis zum Grabe... Und so fangen wir schon beim Kinde von drei Jahren an; sobald es anfängt zu denken, bekommt es schon ein Fähnlein zu tragen. Alsdann folgt die Schule, die Hitlerjugend, die SA, der Wehrdienst. Wir lassen den Menschen nicht mehr los, und wenn das alles vorbei ist, kommt die Arbeitsfront und nimmt die Menschen immer wieder auf und lässt sie nicht los bis zum Grabe, mögen sie sich auch dagegen verwehren (Ley 1933, zit. n. Smelser, Roland (1989): Hitlers Mann an der Arbeitsfront: Robert Ley, 105. Paderborn 1989).

im Rahmen der allgemeinen Menschenführungsaufgabe der Partei ob" (zit. n. Hansen 1991, 236). Die öffentliche Kleinkinderziehung war ein prestigeträchtiges Arbeitsfeld, weshalb von der NSV die Kindergartenfrage vor allen anderen Fürsorgebereichen geregelt wurde. Bewusst wurde von der Parteiführung dabei der nicht exakt definierte Begriff „allgemeine Menschenführung der Partei" gewählt, weil dadurch der Monopolanspruch der NSV nicht eingegrenzt werden konnte (vgl. ebd., 235ff.).

Das Verhältnis der konfessionellen Träger zur NSV: Der neu erhobene Anspruch der NSV stellte eine Bedrohung für die konfessionellen Träger dar. Dennoch brachten die kirchlichen Verbände der NSV zunächst sogar Sympathie entgegen, auch in der Hoffnung, sich mit ihr arrangieren zu können. Für Kuhlmann zeichnete sich insbesondere die Innere Mission in ihrer Mehrheit durch eine Haltung aus, „die – wenn schon nicht als profaschistisch – so doch als äußert kooperativ bezeichnet werden kann" (2002, 83). Unter anderem wechselte Hermann Althaus von der Inneren Mission zur NSV, viele Diakone waren bereits vor 1933 in der SA. Heinemann spricht bezüglich der evangelischen Kindertagesstätten davon, dass diese „noch einige Zeit den Windschatten eines sich in der ‚Zeit der Illusionen' ihnen gegenüber noch freundlich gebärenden Systems" (Heinemann 1980, 59) genutzt hätten. Die Caritas war zwar zurückhaltender, aber auch sie kooperierte und gab sich der Illusion hin, dass die öffentliche Wohlfahrtspflege zugunsten der freien zurückgedrängt werde (vgl. Kuhlmann 2002, 83; Schnabel 1987a, 60). Auch gab es Zustimmung zu den allgemeinen wohlfahrtspolitischen Zielen des Nationalsozialismus, in einigen Punkten lässt sich von einer geistigen Nähe und für die Anfangsphase von einer teilweise euphorischen Affinität zwischen Nationalsozialismus und den konfessionellen Trägern sprechen (vgl. Akaltin 2003, 331).

Ein derartiges Verhalten stand keineswegs in Opposition zur allgemeinen Haltung der beiden großen christlichen Kirchen. Zwar war bis 1933 von katholischer Seite die Zugehörigkeit zur NSDAP für unvereinbar mit dem christlichen Glauben erklärt worden. Nach Hitlers Regierungserklärung, die eine moderate Kirchenpolitik versprach, zogen die Bischöfe ihre Unvereinbarkeitsbeschlüsse jedoch zurück, wie auch das Zentrum beschwichtigt durch die kirchenfreundliche Zusicherungen und die Aussicht auf ein Konkordat dem Ermächtigungsgesetz zustimmte.[356] Im Sommer 1933 folgte das Reichskonkordat, mit dem der katholischen Kirche versprochen wurde, ihre inneren Angelegenheiten selbständig ordnen zu dürfen. Im Gegenzug verpflichtete sich der Klerus zum Verzicht auf politische Betätigung, wodurch oppositionelle Strömungen verhindert und der Einfluss der katholischen Kirche eingedämmt wurde. Fataler war jedoch der Effekt, den das Konkordat besaß, denn der sensationelle Prestigeerfolg wertete die Diktatur auf und verlieh ihr Respektabilität (vgl. Wehler 2003, 612). Auch auf ideologischer Ebne gab es durchaus Berührungspunkte. Der Katholizismus hoffte auf den Neuaufbau eines christlich-nationalen Deutschlands, es gab eine pronationalsozialistische Führungsgrup-

---

[356] Inwieweit die Zustimmung zum Ermächtigungsgesetz mit der Aussicht auf das Reichskonkordat zusammenhängt, ist bis heute umstritten. Wehler geht davon aus, dass der „Lockruf des Reichskonkordats" (2003, 812) ausreichte, um nicht nur die katholischen Parteien, sondern auch die Bischöfe für die Unterstützung des Regimes zu gewinnen.

pe, die auf der Basis ihrer antiliberalen, antidemokratischen und antibolschewistischen Grundhaltung für autoritäre Politik und Führertum eintrat (vgl. ebd., 814).
Ab Juli 1935 verstärkten sich jedoch die Angriffe auf die katholische Kirche, 1941 erreichte die Verfolgung ihren Höhepunkt. Insgesamt war sie stärker betroffen als die protestantische Kirche (vgl. Wehler 2003, 817). Reaktion auf die Übergriffe war das 1937 verfasste päpstliche Rundschreiben *Mit brennender Sorge*, in dem gegen die Übergriffe protestiert und die Unvereinbarkeit von Rassismus und Christentum festgestellt wurde. Allerdings war die Mehrzahl der katholischen Bischöfe auch danach nicht bereit, auf Konfrontationskurs zum Hitler-Regime zu gehen (vgl. Benz 2000, 121). Zwar wurden 1941 die Euthanasieaktionen öffentlich verurteilt, gleichzeitig aber der Krieg als gerecht gegen den gottlosen Bolschewismus unterstützt. Bischöfe, die auf eine entschiedene Politik gegen das NS-Regime drängten, blieben in der Minderheit und die durchaus ausgearbeitete unmissverständliche Kritik wurde nicht öffentlich geäußert.
Im Protestantismus hatte der Nationalsozialismus schon zuvor starke Bastionen besessen, hier wurde die Machtergreifung vielerorts mit Zustimmung begrüßt. Ein starker Führer und die Wiedererlangung der nationalen Ehre entsprachen der allgemeinen protestantischen Erwartungshaltung. Auch wenn sich eine kirchliche Opposition (z.B. die Bekennende Kirche) entwickelte, verstand sich diese nicht als eine politische. Abgelehnt wurde die Einmischung des Regimes in Glaubensinhalte und in die Kirchenverfassung, aber politischer Widerstand war weder beabsichtigt noch folgte er daraus, von seltenen Ausnahmen abgesehen. Primär ging es um die Unabhängigkeit und Unversehrtheit der organisatorischen Strukturen. Viele Bekennende Christen waren gleichzeitig Antisemiten, Wähler oder gar aktive Mitglieder der NSDAP. Weiterhin wurden die Gläubigen zum Gehorsam gegenüber der weltlichen Obrigkeit ermahnt, weitgehend zu all den Untaten geschwiegen und die patriotische Pflicht zum Kriegsdienst gepredigt. Wehler spricht deshalb von einer „bereitwilligen protestantischen Selbstaufgabe" (2003, 806). Die evangelische Kirche war gegenüber den völkisch-nationalistischen Ansprüchen des Regimes nicht nur wehrlos, sie identifizierte sich sogar damit, obwohl dies ein Verrat aller christlichen Grundprinzipien bedeutete (vgl. ebd., 805ff.).
Bezogen auf das Verhalten der beiden christlichen Kirchen kann man deshalb auch kaum von einem „Kirchenkampf"[357] sprechen. Der Widerspruch war auf Randgruppen oder Einzelpersonen in beiden Kirchen beschränkt (vgl. Benz 2000, 43). Vielmehr bestand eine ambivalente Haltung zwischen Anpassung und Widerstand, wobei die Anpassung und Zustimmung zur NS-Politik wohl eher überwog.

Auch das Vorgehen der konfessionellen Träger war von dieser grundsätzlichen Haltung geprägt, auch sie leisteten keinen Widerstand im eigentlichen Sinn. Es mag Konflikte gegeben haben, aber das Verhalten der konfessionellen Träger konnte nur „in der retrospektiven Selbstlegitimation nach 1945 als ‚Widerstand' gedeutet werden" (Langewiesche/Tenorth 1989, 329). Es ging um Besitzstandswahrung, die sie sich durch die Beto-

---

[357] Der Begriff „Kirchenkampf" umfasst den Kampf des NS-Staates gegen die evangelische, teilweise auch die katholische Kirche und ihre herkömmlichen Organisationsstrukturen mit dem Ziel der Gleichschaltung. Heute ist dieser Epochenbegriff umstritten, da er den falschen Eindruck erweckt, die Kirchen hätten das NS-Regime insgesamt „bekämpft".

nung von Kriegswilligkeit und Regimetreue, durch das Hervorheben der Gemeinsamkeiten zu erkaufen erhofften (vgl. Akaltin 2003, 317; Schnabel 1987a, 60/61). Für die evangelischen Träger lässt sich sogar ein Verhalten konstatieren, das über „taktische Anpassungsadressen" (Reyer 2006a, 171) hinausging, auch da die nationalsozialistische Politik weitgehend den eigenen Forderungen zu entsprechen schien (vgl. ebd., 171). Noch 1935 hoffte von Wicht auf eine „,fruchtbare Arbeitsgemeinschaft' mit der NSV" (Schnabel 1987a, 62), auch wenn er da schon Schwierigkeiten ansprach. Die Angriffe auf Träger evangelischer Einrichtungen wurden lediglich als Missverständnisse interpretiert. Grundsätzliche Kritik findet sich dagegen nicht. Beispielsweise wurde die neue Funktion der Kindergärten – Hansen spricht von „biologischer Aufrüstung" und von den Kindergärten als einem Bestandteil der Kriegswirtschaftsplanung – von den höheren Kirchenvertretern zu keiner Zeit kritisiert (vgl. 1991, 230/231). So weist auch Bookhagen darauf hin, dass die evangelische Kinderpflege z.B. gegenüber der Rassenfrage in der Erwartung, die Sache werde sich verlaufen, reagiert hätte. Ein „entschiedenes Bekenntnis und eine mutige Nähe zum jüdischen Nächsten" (Bookhagen 2002, 868) seien dagegen ausgeblieben. Selbst 1943 versicherte die Innere Mission zum zehnjährigen Jahrestag der Machtübernahme noch dem „Führer" unwandelbare Treue und Gefolgschaft bis zum Endsieg (vgl. ebd., 893).

Von besonderem Interesse ist des Weiteren, wie sich der DFV, der unverändert einflussreichste Verband auf dem Gebiet der öffentlichen Kleinkinderziehung, zum Nationalsozialismus verhalten hat. Die Geschichte des DFV endete im Nationalsozialismus, 1938 löste er sich nach einstimmigem Beschluss einer außerordentlichen Mitgliederversammlung nach 65-jährigem Bestehen auf (vgl. Lost 2004, 175).
Die Auflösung stellte jedoch kein Verbot dar und kann auch nicht als Widerstand gegen den Nationalsozialismus gedeutet werden. Übernahme und Gleichschaltung des DFV waren ein Ziel der NSV, da sowohl der Verband, als auch seine Fachzeitschrift sehr einflussreich waren. Schon 1933 war der alte DFV-Vorstand zurückgetreten und zum neuen „Führer" mit Hans Volkelt 1934 ein Fröbelkenner ernannt worden, der bereits vor der Machtergreifung eindeutig mit dem Nationalsozialismus sympathisiert hatte (vgl. Lost 2004, 178). Lili Droescher hatte ihn gebeten, den Vorsitz zu übernehmen (vgl. Pestalozzi-Fröbel-Verband e.V. 1998, 92). Ob sie damit gehofft hatte, das Bestehen des DFV zu sichern, ist heute nur schwer nachzuvollziehen. Aus ihren jeweiligen Positionen amtsenthoben oder entlassen wurden Conradine Lück, Gertrud Bäumer, Martha Muchow (die 1933 an den Folgen eines Selbstmordversuchs starb) und Elisabeth Blochmann (vgl. Lost 2004, 177). Volkelt führte den Verband mit drei weiteren Vorstandsmitgliedern und einem Beirat, dem Nohl und Spranger angehörten,[358] dienstfertig im Auftrag des NSLB. Richtlinien und Ziele des NSLB waren nun auch für den DFV richtungsweisend. Volkelt versuchte, die interne Verbandsstruktur und die inhaltliche Ausrichtung des DFV im nationalsozialistischen Sinne zu ändern (vgl. Pestalozzi-Fröbel-Verband e.V. 1998, 88/89). 1935 wurde der Vorstand des DFV angeregt, eine Überprüfung vorzunehmen, ob

---

[358] Allerdings kam der Beirat nur ein einziges Mal zusammen und das ohne Herrmann Nohl.

jüdische Mitglieder[359] registriert seien. Die dabei „entdeckten" zwei Mitglieder[360] entschieden von selbst, ihre Mitgliedschaft zu beenden. Deutlichen Protest dagegen gab es so wenig, wie sich auch kaum erkennbarer Widerspruch von Seiten der Mitglieder gegen die sich vollziehende Gleichschaltung regte, in politischer Hinsicht verhielt sich der DFV absolut konform. Auch gab es so gut wie keinen Mitgliederschwund (vgl. Lost 2004, 177ff.; Pestalozzi-Fröbel-Verband e.V. 1998, 90 u. 108).
Nach zunehmenden Schwierigkeiten mit dem NSLB, die sich auch um eine geplante Fröbelausgabe drehten, trat Volkelt am 19. August 1938 von seinem Vorstandposten zurück. Ella Schwarz übernahm als stellvertretende Vorsitzende die Leitung und regelte die endgültige Auflösung, die alles in allem nicht ausschließlich von außen diktiert, sondern auch Produkt der Mitglieder selbst war (vgl. Lost 2004, 186; Pestalozzi-Fröbel-Verband e.V. 1998, 98). Lost wertet das Verhalten als einen Akt „weitgehend tatenloser An- und Einpassung in die allgemeinen Gegebenheiten" und als einen „Prozess schrittweiser Aufgabe einer über ein halbes Jahrhundert währenden Tradition sozialpädagogischen Engagements im DFV" (ebd., 187). Neben Zustimmung, dürfte auch Opportunismus und schweigende Ablehnung zum Nationalsozialismus bestanden haben – zumindest eine offene Ablehnung ist jedoch auch innerhalb des DFV nicht zu erkennen.

Die Gleichschaltung der Träger: Obwohl sich die einflussreichen Gruppierungen nicht verstärkt oder ausdrücklich gegen die Ansprüche von Seiten des NSV bzw. des NS-Regimes zur Wehr setzten, verstärkte sich der Zugriff, insbesondere auf die konfessionellen Einrichtungen. Während die kommunalen Einrichtungen bereits oftmals nationalsozialistisch geführt wurden, wurde gleichzeitig versucht, die kirchlichen Einrichtungen zu übernehmen (vgl. Hansen 1991, 220).[361]
Insgesamt verliefen die Gleichschaltungsversuche lokal und regional sehr verschieden, auch in ihrer äußeren Wahrnehmung.[362] Man kann nicht von einer allgemeinen Strategie sprechen, auch da vor zentralen Regelungen in Bezug auf die konfessionellen Einrichtungen zurückgeschreckt wurde, weil dies gegen gesetzliche Bestimmungen und das Reichskonkordat verstoßen hätte (vgl. Heinemann 1980, 64; Schnabel 1987a, 68). Hinzu kam, dass strittige Fragen durch Anordnungen oder Erlasse zumeist nicht geklärt wurden, vielmehr verschärften sich die Auseinandersetzungen vor Ort dadurch sogar nur. Auch hingen Konsequenzen für die Träger entscheidend davon ab, wie die Anordnungen

---

[359] Außerdem wurde der DFV damit konfrontiert, dass der Name von Fröbels zweiter Gattin jüdisch klänge. Prüfer versuchte darauf hin zu belegen, das Louise Levin arischer Abstammung sei (vgl. Lost 2004, 190).

[360] In der Schrift des Pestalozzi-Fröbel- Verbandes heißt es, Lili Droescher habe in ihrem Antwortschreiben auf Volkelts Anfrage auf die zwei Mitglieder verwiesen (vgl. Pestalozzi-Fröbel-Verband e.V.1998, 108).

[361] Was den Machthabern vorschwebte, lässt sich gut am Beispiel des Anschlusses Österreichs erkennen. Dort wurden fast alle Trägerschaften an die NSV übergeben, ein Modell, das auch für das Altreich als attraktiv erschien. Allerdings musste sich die NSV hier auf das Machtgeflechte in den Ländern, Provinzen und Gauen einlassen, weshalb es unterschiedliche Vorgehensweisen gab (vgl. Bookhagen 2002, 867).

[362] Während man sich auf der obersten Ebene um geregelte Beziehungen bemühte und konkrete Angriffe vermied, kam es auf der unteren Ebene zu Konflikten (vgl. Schnabel 1987a, 65). Maßnahmen wurden oftmals zunächst auf kommunaler, dann auch regionaler Eben ausprobiert. Gab es energische Proteste, konnten sich die zentralen Stellen davon distanzieren, stießen sie auf wenig Widerstand, konnten sie auf größere Gebiete ausgedehnt werden (vgl. ebd., 68).

umgesetzt wurden. Vorgaben wurden befolgt, aber auch ignoriert oder gar nicht zur Kenntnis genommen (vgl. Hansen 1991, 238ff.).
Verkürzt lässt sich von drei Arten der Gleichschaltung sprechen: Einrichtungen wurden erstens verboten oder nicht zugelassen, zweitens übernommen oder drittens durch die NSV neu gegründet. Dabei bildeten letztere den Großteil der NSV-Einrichtungen (vgl. Höltershinken 1987, 49; Reyer 1987a, 78/79; Reyer 1987b, 56/57). Gegen konfessionelle Einrichtungen wurde propagandistisch vorgegangen und die Eltern dazu aufgefordert, ihre Kinder in NSV-Einrichtungen zu schicken. Da viele Einrichtungen durch die öffentliche Hand subventioniert wurden, konnte auf sie Druck ausgeübt werden. Während die Attraktivität der NSV-Einrichtungen aufgrund der besseren finanziellen Situation erhöht wurde, wurden die konfessionellen Einrichtungen immer schlechter gestellt (vgl. Akaltin 2003, 335). Kindergärten, die nicht den Richtlinien entsprachen, konnten in NSV-Trägerschaft überführt werden und da die damit verbundenen neuen z.B. baulichen und hygienischen Anforderungen eine vielfach nicht zu erfüllende finanzielle Mehrbelastung darstellten, wurden Einrichtungen schließlich „freiwillig" an die NSV übergeben, auch wenn es Einrichtungen gab, die tatsächlich freiwillig den Anschluss suchten (vgl. Bookhagen 2002, 871ff.; Heinemann 1980, 67ff.; Reyer 1987a, 80).

Etwa um 1937 wurde dann zusätzlich mit einer Reihe von zentralen Maßnahmen begonnen, die auf die direkte Übernahme konfessioneller Einrichtungen abzielten und mit denen auch die inhaltliche Kontrolle über die Kindergärten erlangt werden sollte. Bezogen auf die Land- und Erntekindergärten hatte das *Rundschreiben der NSDAP Reichsleitung Hauptamt für Volkswohlfahrt* vom 06.03.1936 festgelegt, dass die NSV der alleinige Träger dieser Einrichtungen sei (vgl. Heinemann 1980, 66). Das sollte auf sämtliche Einrichtung ausgedehnt werden. So ordnete der Reichsminister des Innern (RMdI) am 26.05.1937 an: „Die Aufteilung der Kindergärten nach Konfessionszugehörigkeit kann daher nicht mehr im Sinne der heutigen planmäßigen sozialerzieherischen Bestrebungen liegen. Als Träger für neu einzurichtende Kindergärten kommt vielmehr in erster Linie die NS-Volkswohlfahrt, die sich dieses Gebiet zur Hauptaufgabe gemacht hat, in Betracht" (zit. n. ebd., 67). Auch wenn es anscheinend nur um die neu zu gründenden Einrichtungen ging, verstärkte dieser Erlass den Druck auf die bestehenden Einrichtungen.
Überhaupt war mit der Gleichschaltung auch der Anspruch auf die inhaltliche Gestaltung verbunden. Deutlich findet dies Ausdruck in der Entscheidung des Reichs- und Preußischen Ministers für Wissenschaft, Erziehung und Volksbildung vom 1.6.1938. Hier ging es um die Frage, ob ordnungsgemäß genehmigte Kindergärten geschlossen werden können, wenn ihre Träger nicht Gewähr für die Erziehung der Kinder im Sinne der nationalsozialistischen Volksgemeinschaft bieten würden: „Ich sehe kein Hindernis, in denjenigen Fällen, in denen es aus politischen Gründen notwendig ist, gegen die Unterhaltsträger von Kindergärten, die nicht die Gewähr für eine Führung des Kindergartens im Geiste der nationalsozialistischen Weltanschauung bieten, einzuschreiten" (zit. n. Heinemann 1980, 70). Dabei stützte er sich auf §11 der Ministerialinstruktion vom 31. 12 1839 (!), in der festgelegt worden war, dass Kindergärten nur von solchen Personen betrieben werden dürfen, die zur Erziehung der Kinder geeignet seien. Der neuen Interpretation folgend waren dies allein Personen bzw. Träger, die eine Führung des Kindergartens im Geiste nationalsozialistischer Weltanschauung garantierten (vgl. Bookhagen 2002, 866;

Heinemann 1980, 71). Entsprechend hatte schon eine Verordnung des Beauftragten des Reichskommissars für das Volksbildungsministerium in Sachsen aus dem Jahr 1933 jeden Erzieher verpflichtet, „sich in jedem Augenblick bewusst zu sein, dass er für die Erziehung deutscher Jugend zu nationalen und völkischen Gedanken, zu Christentum und wahrer Volksgemeinschaft verantwortlich ist" (zit. n. Akaltin 2003, 313). Die regelmäßigen Beihilfen von Seiten des Jugendamts an die freien Träger sollten von einer schriftlichen Verpflichtungserklärung gegenüber den nationalsozialistischen Erziehungsmaximen abhängig gemacht werden und diese Erklärung wurde von den konfessionellen Trägern, die darin eine Widerhinwendung zum Christentum zu erkennen glaubten, bereitwillig gegeben (vgl. ebd., 313).

All dies zeigt, dass die Einrichtungen spätestens ab 1938 nachweisen mussten, dass sie eine Erziehung im Sinne des Nationalsozialismus gewährleisteten, andernfalls drohte ihnen die Schließung. Staat und Partei haben versucht, die Einrichtungen auch inhaltlich zu kontrollieren, um eine Anpassung an die NS-Ideologie zu bewirken.

An diesem Anspruch wurde auch weiterhin festgehalten. Im Oktober 1939 kam es innerhalb der NSDAP zu einem Abkommen über die Aufgabenteilung von Gemeinden und NSV. Die NSV stimmte zu, dass den Gemeinden die bisherigen Einrichtungen verbleiben sollten, dafür erhielt die NSV die Trägerschaft an den neu zu gründenden Einrichtungen. Wichtiger war jedoch, dass die bisher von konfessionellen und sonstigen Organisationen betriebenen Kindertagesstätten allmählich von der NSV übernommen werden sollten. Allerdings stellte diese sogenannte „Münchener Vereinbarung" nur eine Willenserklärung und keine rechtliche Grundlage für einen derartigen Zugriff dar, ebenso wenig war das „wann" und „wie" der Übernahme geklärt (vgl. Hansen 1991, 221).

Dennoch begannen Partei und NSV nun damit, konfessionelle Kindergärten in größerem Stil zu übernehmen. Allerdings ist auch hier eine zentrale Lenkung nicht erkennbar (vgl. Schnabel 1987a, 79/80). In Thüringen sollten z.B. alle konfessionellen Kindergärten vom 01.01.1941 an in die NSV überführt werden (vgl. Heinemann 1980, 77). So auch der Erlass des Sächsischen Ministers des Innern Dr. Fritsch vom 12. 12. 1940: „Es geht nicht an, daß die deutsche Jugend, ehe sie beim Eintritt der Schulpflichtigkeit auf das Wesen einer völkischen Gemeinschaft aufmerksam gemacht wird, vorher durch Einrichtungen beeinflusst wird, die den Charakter der Zersplitterung in sich tragen" (zit. n. Heinemann 1980, 78). In diesem Sinne steht auch der bereits zuvor erwähnte Runderlass vom 21.03.1941. Die Kindergartenarbeit der NSV sei Bestandteil der „Menschenführungsaufgabe der Partei", weshalb es Aufgabe der NSV sei, die nicht die Belange der Gemeinden berührenden Kindertagesstätten, also die konfessionellen, zu übernehmen. Folge davon waren rechtlich nicht abgesicherte Versuche, die konfessionellen Einrichtungen zu übernehmen[363] (vgl. Hansen 1991, 223/224; Schnabel 1987a, 82). Allerdings blieb ein einheitliches Vorgehen auch weiterhin aus. Übernahmen wurden angekündigt, dann aber doch abgebrochen, ein unübersichtliches Gegen- und Durcheinander (vgl. Hansen 1991, 224ff.; Heinemann 1980, 79f.; Schnabel 1987a, 84/85).

---

[363] So behauptete Hilgenfeldt unzutreffend in einem Gespräch mit Prälat Kreutz, der Erlass bilde die gesetzliche Grundlage für die sich nun vollziehende Übernahme der konfessionellen Einrichtungen.

Die Aktionen sorgten für erhebliche Spannungen zwischen dem Regime und den Kirchen. Hilgenfeldts Forderung, die konfessionellen Einrichtungen freiwillig der NSV zu übergeben, wurde zumeist nicht befolgt. Vor allem innerhalb der Caritas traf dies auf Widerstand, die rechtlichen Grundlagen für den Zugriff wurden bezweifelt, wie auch als Verstoß gegen das Reichskonkordat gewertet. Eher schon waren Teile der evangelischen Kirche zu einer Übergabe bereit, aber auch hier wurde gegen dieses Vorgehen nur in Ansätzen protestiert (vgl. Bookhagen 2002, 863; Hansen 1991, 225; Heinemann 1980, 78f.). So wies Konsistorialpräsident Heyer darauf hin, „der von der evangelischen Kirche nie bestrittenen Forderung der Partei, daß in allen Organisationen des Volkslebens die Liebe zum Führer und bewußter Nationalsozialismus gepflegt werden", seien „die evangelischen Kindergärten einwandfrei und unbestritten gefolgt" (zit. n. Heinemann 1980, 81), weshalb keine Notwendigkeit zur Schließung der evangelischen Kindergärten bestehe. So bedenklich diese Argumentation heute auch anmutet, zumindest hatte Heyer mit seiner Eingabe Erfolg.

Insgesamt ist die beabsichtige Totalübernahme der konfessionellen Einrichtungen nicht gelungen. Nach 1941 verebbten die aggressiven Übernahmeversuche. Die Totalübernahme scheiterte letztlich daran, dass das Regime im Krieg größere Konflikte mit den Kirchen vermeiden wollte. Ebenso fehlte es schlicht an den organisatorischen Voraussetzungen für die Gesamtübernahme, außerdem hätte die kurzfristige Schließung aller konfessionellen Einrichtungen der arbeitsmarktpolitischen Zielsetzung widersprochen. Ebenso mangelte es an von der NSV ausgebildetem Fachpersonal, weshalb z.B. auch NSV-Kindertagesstätten von zwangsverpflichteten Ordensschwestern geleitet wurden. Hier konnte jedoch kaum von einer nationalsozialistischen Erziehungsstätte die Rede sein (vgl. Hansen 1991, 221 u. 230).
Mit der Geheimanordnung, welche die Gauleiter am 30.07.1941 von Hitler persönlich erhielten, sollte dann die Übernahme von konfessionellen Kindergärten abgebrochen werden. Allerdings hielten sich nicht alle Gauleiter an Hitlers Anordnung (vgl. Hansen 1991, 227 u. 229/230). Am 30. September 1941 übermittelte der RMdI schließlich per Funkspruch die Anweisung, neben der Beschlagnahme kirchlichen Vermögens auch alle Maßnahmen gegen konfessionelle Kindergärten einzustellen. Von da an blieben konfessionelle Einrichtungen bis Kriegsende weitgehend unbehelligt, auch wenn es regional weiterhin Auseinandersetzungen gab (vgl. Bookhagen 2002, 887/888).

Die Erziehungsvorstellungen des Nationalsozialismus: Die Erlasse und Handlungen von NSV bzw. NSDAP zeigen, dass der Nationalsozialismus eindeutig an der auch inhaltlichen Kontrolle über die vorschulischen Einrichtungen interessiert gewesen ist. Die öffentliche Kleinkinderziehung sollte entsprechend der NS-Erziehungsideologie ausgerichtet werden. Eindeutiger als in den Epochen zuvor hat der Staat versucht, das eigene Verständnis von Bildung und Erziehung in den Einrichtungen zu verwirklichen. Was aber wurde unter einer nationalsozialistischen Bildung und Erziehung innerhalb der öffentlichen Kleinkinderziehung verstanden?

Es ist nach wie vor umstritten, ob es eine genuine nationalsozialistische Erziehungstheorie gegeben hat. Sicher ist, dass es nicht an Versuchen gefehlt hat, eine nationalsozialis-

tische Erziehungstheorie zu formulieren, allerdings kam es nie zu einer offiziellen oder gar politisch sanktionierten Erziehungstheorie. Oftmals wird dabei auf die Arbeiten von Krieck und Bäumler als Ausdruck dieser nationalsozialistischen Erziehungstheorien verwiesen. Dennoch, insgesamt wurden wohl eher, auch auf bildungspolitischer Ebene, die vorfindbaren Strömungen vom Nationalsozialismus seinen Interessen folgend gefördert, toleriert oder verhindert, als das man eigenständige Ideen entwickelt und verfolgt hätte (vgl. Dudek 2006, 117ff.).
Versucht man sich dennoch einer angeblichen NS-Erziehungsideologie zu nähern, wird oftmals auf Hitlers Erziehungsvorstellungen aus *Mein Kampf* – im zweiten Band des Buch gibt es längere Ausführungen zu Erziehungsfragen – zurückgegriffen. Dies geschieht auch deshalb, weil einige immer wiederkehrende Grundmuster unterstützt durch einschlägige Hitlerzitate zur quasi offiziellen Lehrmeinung angehoben wurden. In bedrückender Eintönigkeit betete die pädagogische Profession und zwar nicht nur Krieck und Baeumler nach, was an ideologischen Prämissen vorgegeben wurde. In allen pädagogischen Arbeitsfeldern lässt sich die gleiche Anpassung an die nationalsozialistische Ideologie von „Führer" und „Rasse", spezifischer Geschlechtererziehung und militärischen Zielen, die Abwehr liberaler wie sozialistischer Ideen, Elitismus, biologisch drapierte Begründungen und Parteigläubigkeit finden. Zahlreiche pädagogische Schriften glichen sich nach 1933 in ihrer intellektuellen Dürftigkeit den Pamphleten über Erziehung an, die man in *Mein Kampf* oder bei den Parteiideologen finden kann (vgl. Dudek 2006, 124; Tenorth 2000, 240/241).

Eine derartige Annäherung lässt sich auch für den Bereich der öffentlichen Kleinkinderziehung finden. Hier bietet sich Rudolf Benzes[364] *Erziehung im grossdeutschen Reich* (1943) an, da es einen zumindest kurzen Verweis auf das Gebiet der öffentlichen Kleinkinderziehung enthält.[365] Benze war Ministerialrat und Gesamtleiter des Deutschen Zentralinstituts für Erziehung und Unterricht, sowie SS-Sturmbannführer. Die erste Auflage stammte aus dem Jahr 1939, dass eine zweite Auflage herausgegeben wurde, verweist auf den Stellenwert seiner Ausführungen.
Was will Erziehung im nationalsozialistischen Sinne? „Die nationalsozialistische Erziehung will das junge Geschlecht fähig machen, das Leben des deutschen Volkes, seinen Staat und seine Kultur und in diesem Rahmen sich selbst als Volksglied zu erhalten und zu steigern, damit das heraufkommende neue Europa in seinem großgermanischen Raum getragen und gesichert ist durch deutsche Menschen, die in Wollen und Können, in Herrschen und Sicheinfügen gleichstark sind" (Benze 1943, 5). Erziehung müsse ein Geschlecht heranziehen, das in der Lage sei, das großdeutsche Reich zu sichern. Aus diesem Grund sei eine Gesundheitspflege im Sinne der „Erb- und Rassengesetze" notwendig, aber diese dürfe sich nicht nur auf den Körper, sondern müsse sich auch auf den Charakter und Verstand erstrecken (vgl. ebd., 5). Durch Erziehung, so Benze, soll das

---

[364] Von Benze stammt auch: *Benze, Rudolf: Nationalpoltische Erziehung im Dritten Reich. Berlin 1936.* Darin behandelte er in sehr ähnlicher Form wie in Benze 1943 grundsätzliche Fragen.

[365] Einen weiteren Einblick bietet Stellrecht, Helmut: Neue Erziehung (1944). Darin wird jedoch nicht die öffentliche Kleinkinderziehung behandelt, sondern allgemeine Erziehungsgrundsätze des Nationalsozialismus. Die hier angegebene Ausgabe stellte die fünfte Auflage dar, was auf Verbreitung und Einfluss hinweist.

Gleichgewicht von Körper, Seele und Geist erreicht werden: „Jeder deutsche Junge und jedes deutsche Mädchen soll dem Ideal zustreben und nahe kommen, in gesundem und rassisch wohlgebildetem Körper ein reines Herz, einen festen Willen und einen klaren, lebensnahem Verstand zu hegen" (ebd., 5). Dies müsse mit echtem Gemeinschaftssinn verbunden werden, denn Gemeinnutz gehe vor Eigennutz, durch Erziehung sollte sich jeder seiner Verantwortung als Volksmitglied für das Wohl des Ganzen bewusst werden. Jeder müsse begreifen, dass er mit seiner ganzen Kraft dem Volk zu dienen habe (vgl. ebd., 5). Zusammengefasst lässt sich dies wie folgt formulieren:

„Das Ziel der deutschen Jugenderziehung und aller Erziehung überhaupt ist daher ein doppeltes, eng ineinandergreifendes und umfaßt
die Erziehung zum rassisch gesunden und tüchtigen Einzelmenschen
die Erziehung zum einsatzbereiten Gemeinschaftsglied" (Benze 1943, 6).

Erziehung muss demnach dazu beitragen, dass sich jeder einzelne Mensch zu einem „rassisch gesunden" und tüchtigen Individuum entwickelt, zugleich aber auch bereit ist, sich für die Gemeinschaft, sprich das deutsche Volk, einzusetzen.
Diese Vorstellungen wurden von Benze ausführlicher erläutert. Erziehung zum wertvollen Einzelmenschen bedeute, dass eine deutsche Erziehung Körper, Seele und Geist pflege, allerdings nicht getrennt voneinander, sondern in Ergänzung und Zusammenklang mit „dem Ziel einer rassisch allseitig gesunden, deutschbewußten Persönlichkeit" (Benze 1943, 6). Dazu zählte Benze die drei bekannten Unterteilungen von Erziehung: Körperliche Erziehung, seelisch-charakterliche Erziehung und geistige Erziehung, wobei die Reihenfolge bewusst gewählt worden sein dürfte. Denn vor allem die körperliche Erziehung sei von Bedeutung, weil der gesunde Körper Grundlage aller Leistung sei, während die einseitige Überschätzung des Verstandes abzulehnen sei (vgl. ebd., 6/7).
Darüber hinaus brauche es aber auch eine „Willenskraft zur Tat", die auf „edle Ziele" gerichtet ist (vgl. Benze 1943, 8). Dies sei Aufgabe der seelisch-charakterlichen Erziehung: „Der nationalsozialistische Staat strebt daher vor allem danach, die Jugend zu Willensstärke und Entschlußfreudigkeit zu erziehen und in ihr die hohen Charakterwerte zu stärken, die wir an den Besten der deutschen Männer und Frauen in der Vergangenheit und Gegenwart bewundern: Wahrhaftigkeit und Treue, Freiheitsdrang und Ehrliebe, Mannesmut und Frauenwürde, Wehrwille und Opfersinn, Diesseitsfreudigkeit und Lebensernst..." (ebd., 8). Auch die Religion sei nicht unbedingt abzulehnen, zumindest solange sie dem deutschen Volk nicht schade (vgl. ebd., 9).
An letzter Stelle steht nach Benze die geistige Erziehung. Auch wenn der Nationalsozialismus die tiefe Geistigkeit, welche die deutsche Kultur ausmache, beibehalten wolle, ziele er doch auch auf die Beseitigung der Geistesschulung, die zu Vielwisserei und blassen Theoretikern, zu individualistischen Eigenbrötlern oder übervölkischen Träumern geführt habe, ab. Eine derartige geistige Erziehung mache lebensfremd und untauglich, weshalb die „tatlähmende Anhäufung von totem Wissensvielerlei" (Benze 1943, 9) abzulehnen sei. Wissenswert sei nur, was zu „edler, aufbauender Tat" befähige, bei der Stoffauswahl müsse das berücksichtigt werden, was „Kultur und Haltung des deutschen Volkes steigern kann" (ebd., 9).

Erziehung umfasst Benze folgend aber auch die Erziehung zum einsatzbereiten Gemeinschaftsglied und deshalb muss alle Erziehung immer mit Blick auf das Gemeinwohl geschehen. Dies könne jedoch nicht durch bloße Belehrung, sondern nur im unmittelbaren Erlebnis gelingen, am besten in der Familie, oder aber in der außerschulischen Erziehung, in Landheimen oder Lagern, die von Kameradschaft und Korpsgeist geprägt sein sollten. So sollte ein jeder lernen, sich als ein verantwortungsvolles Glied des größeren Ganzen zu fühlen und danach zu handeln (vgl. Benze 1943, 10/11).
Es ist eben diese Rangfolge von körperlicher Erziehung, Charakterbildung im nationalsozialistischen Sinne und erst an letzter Stelle geistiger Erziehung, die charakteristisch für die Vorstellungen des Nationalsozialismus ist und die auch auf die öffentliche Kleinkinderziehung übertragen wurde. Entwickelt wurde dieses Verständnis wie zuvor erwähnt aus Zitaten Hitlers. Denn, so Hitler, der Staat habe „seine gesamte Erziehungsarbeit in erster Linie nicht auf das Einpumpen bloßen Wissens einzustellen, sondern auf das Heranzüchten kerngesunder Körper. Erst in zweiter Linie kommt dann die Ausbildung der geistigen Fähigkeiten. Hier aber wieder an der Spitze die Entwicklung des Charakters, besonders die Förderung der Willens- und Entschlusskraft, verbunden mit der Erziehung zur Verantwortungsfreudigkeit, und erst als letztes die wissenschaftliche Schulung" (Hitler, zit. n. Giesecke 1993, 22).

Als Teil der staatlichen und vom Staat beaufsichtigen Erziehungseinrichtungen galten auch die Kindergärten. Nur kurz ging Benze auf dieses Gebiet ein, aber die zuvor entwickelten Erziehungsvorstellungen sollten sicherlich auch hier Anwendung finden. Die Kindergärten übernähmen „tagsüber die Erziehung, Betreuung und Gesundheitspflege des vorschulpflichtigen Kindes von 2-6 Jahren dort, wo die Familie dazu nicht oder nicht voll in der Lage ist" (vgl. Benze 1943, 24). Die Betonung der Gesundheitspflege verweist darauf, dass oben gemachte Erziehungsvorstellungen Umsetzung finden, wie es auch eine erste Einführung in die Gemeinschaft geben sollte.

Die öffentliche Kleinkinderziehung als Teil der Volkswohlfahrt: Deutlich werden die Vorstellungen bezüglich der öffentlichen Kleinkinderziehung auch anhand der Beiträge zur Neugestaltung der Wohlfahrtspflege. Dies ist auch deshalb sinnvoll, weil die Kindergärten eindeutig zur Wohlfahrtspflege gezählt wurden und allgemeine Tendenzen, die für das Wohlfahrtssystem gültig waren, auf die öffentliche Kleinkinderziehung übertragen wurden. Deutlich ist dabei die Nähe zum NS-Regime zu erkennen, etwas wie eine vom Staat unabhängige Wohlfahrtspflege existierte im Grunde nicht bzw. konnte ihre Ansichten nicht veröffentlichen. Hermann Althaus, dessen *Nationalsozialistische Volkswohlfahrt* in mehreren Auflagen erschien, war innerhalb der NSV aktiv. Ergänzend werden Ilse Geibels *Die Umwertung der Wohlfahrtspflege durch den Nationalsozialismus* (1934) und die Hilgenfeldt gewidmete Dissertation *Die Neuordnung der Wohlfahrtspflege im nationalsozialistischen Staate* (1935) von Hellmuth Reichert hinzugezogen. In ihren Überzeugungen waren sich die Autoren sehr ähnlich, so bezeichnete Reichert die Überlegungen von Althaus als „richtungsweisende Ausführungen" (1935, 35), die Beachtung finden müssten.

Immer wieder findet sich die Forderung, dass sich die Wohlfahrt verändern müsse. Der Mensch, so Althaus, muss sich darüber klar werden, dass er auf der Welt ist, um zu kämpfen, nicht um zu leiden und deshalb muss der Wohlfahrtspflege im nationalsozialistischen Volksstaat ein neuer Sinn gegeben werden (vgl. Althaus 1940, 5). Zwar sei nicht alles, was bisher auf dem Gebiet der Wohlfahrtspflege geleistet worden sei, schlecht, aber neben dem „erfolgreichen Wirken" gebe es doch auch „schwerste Irrwege" (Geibel 1934, 8).

Wie ist dieser neue Sinn zu verstehen? Der Wert und Nutzen nationalsozialistischer Volkswohlfahrt sollte nicht vom Einzelnen, sondern vom Ganzen des Volkes her betrachtet werden. Ein Teil gelte nur so viel, wie er Wert sei für das Ganze. Das Ganze des Volkes stehe im Mittelpunkt der Fürsorge, während das zum Leben Notwendige von jedem selbst erkämpft werden müsse (vgl. Althaus 1940, 7). Dieses Verständnis verdeutlicht sich anhand einiger zentraler Sätze: Wohlfahrtspflege um des Volkes willen, Selbsthilfe geht vor Fremdhilfe. Nicht Fürsorge, sondern Vorsorge tut Not (vgl. ebd., 8-10). Deshalb sei die nationalsozialistische Wohlfahrtspflege auch grundsätzlich „erbbiologisch" und „rassenhygienisch" orientiert (vgl. ebd., 14). Sämtliche „Bestrebungen wohlfahrtspflegerischer Art" seien deshalb zusammenzufassen und auf das „nationalsozialistische Ziel" (ebd., 23) auszurichten, auch die konfessionellen.

Drastischer wurde dies von Geibel und auch Reichert formuliert. Es sei ein Fehler, dass man sich bisher mit hohem Aufwand und Kosten den körperlich, aber auch seelisch und geistig „Kranken" zugewandt habe, während der gesunde Teil der Bevölkerung beeinträchtigt und sogar geschädigt worden sei. Die bisherige Fürsorge habe vor allem den „Kranken" geholfen, nicht aber den „Gesunden", die unter zum Teil elenden Bedingungen leben müssten (vgl. Geibel 1934, 8). Bezogen auf die Kleinkinderfürsorge bedeute dies, dass bisher vor allem die Einzelkinder, lernschwache oder geistig behinderte Kinder gefördert worden seien, nicht aber die Kinder aus kinderreichen Familien (vgl. ebd., 12). In der nationalsozialistischen Wohlfahrtspflege müsse deshalb die „Volksgemeinschaft" (ebd., 21) im Vordergrund stehen: „Gemeinnutz geht vor Eigennutz" (ebd., 21). Die Gesundheitspflege als Teil der Wohlfahrt müsse aufbauenden Dienst an der „Volksgesundheit" erfüllen, sie diene den künftigen Generationen, indem das deutsche Leben, „das würdig ist, bewahrt und gestärkt zu werden, und das fähig sein wird, selbst einmal dereinst mit seiner Kraft und Leistung dem großen Ganzen zu dienen" (ebd., 21) unterstützt werde. Nur das „gesunde Leben" verdiene Pflege und Beachtung. Die Träger „niederer Erbmasse" dürften dagegen „nicht mehr Objekt der Gesundheitsfürsorge sein, sondern haben zurückzutreten" (ebd., 22). Sie würden nur das Volksganze gefährden und eine Belastung darstellen, weshalb es nicht einsichtig sei, auch diese Menschen zu fördern und pflegen. Vielmehr müsse da eingegriffen werden, „wo gesundes wertvolles Erbgut, durch äußere Verhältnisse gehemmt, keine Möglichkeit zur freien Entfaltung hat" (ebd., 23). Die Arbeit der Wohlfahrt müsse „unter den nationalsozialistischen Grundsatz der Eugenik, d.h. des Volksgesamtwohles unter Ausschaltung humanitärer Überwertung des Einzelnen" (Reichert 1935, 34) gestellt werden. Die Erhaltung des „Gesunden" habe der Erhaltung des „Kranken" vorzugehen (vgl. ebd., 34/35).

Nationalsozialistische Wohlfahrtspflege, so Althaus, ist dabei auch wesentlich Erziehungsaufgabe (vgl. 1940, 11). Dies umfasse mehr als materielle Hilfe, auch das innere seelische Verhalten sollte beeinflusst werden, so dass ein jeder zu einem nützlichen,

leistungswilligen Glied des Volksganzen werde. Wohlfahrtspflege sei in diesem Sinne auch „Gesinnungspflege" mit dem Ziel der nationalen Solidarität, das Bewusstsein der Zusammengehörigkeit müsse gepflegt und gestärkt werden, damit eine innere Verbundenheit im Volk entstehe. „Gesinnungspflege" beinhalte immer auch die Vermittlung nationalsozialistischer Ideologie, mit der Familie als die Urzelle des Volkes und der Frau, die ihre Erfüllung ihrer Mutterpflichten als „Quelle des Lebens der Nation" (ebd., 19) findet, weshalb die Familien zu unterstützen seien (vgl. ebd., 12-19).
Zur Aufgabe wurde wie bereits erwähnt auch die Leibeserziehung gezählt. Dabei verwies Althaus positiv auf Arthur Gütts *Leibesübungen im Dienst der Rassenpflege* (1937) und diese Schrift stellt, auch wenn sie nicht explizit die öffentliche Kleinkinderziehung zum Thema hat, ein gutes Beispiel dafür dar, was mit Leibeserziehung im nationalsozialistischen Sinne gemeint war. Gütt war Ministerialdirektor im Reichsministerium des Innern, seine Überlegungen sind somit Ausdruck staatlicher Vorstellungen.
Gütt zufolge „sind die Leibesübungen als Erziehungsaufgabe in den Mittelpunkt unseres Volkslebens" zu stellen, denn sie sind „geeignet, zu Gesundheit und Leistungsfähigkeit zu führen. Dies ist eine Aufgabe, wie sie nationalsozialistischer Sportführung vorschweben sollte" (1937, 9). Die Leibesübungen würden dabei der Stärkung des Charakters und der „Opferbereitschaft für den Familien- und Rassengedanken" (ebd., 10) dienen und seien somit auch Mittel der sittlichen Erziehung. Überhaupt konstatierte Gütt den „biologischen Verfall" des Kulturvolkes, angeblich bedingt durch den Geburtenrückgang, die Zunahme der „Erbkranken" und „Asozialen", die „Vermischung mit fremden Arten" und die dadurch entstehende „Entartung" (vgl. ebd., 11). Aufgabe des Staates sei deshalb die „erbgesunde und rassenreine Familie fördernde Gesetzgebung" (ebd., 12). Besonders deutlich werden hier die rassenhygienischen und -politischen Überzeugungen formuliert, körperliche Erziehung als Stärkung und Reinhaltung der als förderungswürdig angesehenen Rasse (vgl. ebd., 14ff.).

Als Teil der Wohlfahrtspflege galt auch die Kleinkinderfürsorge mit dem Kindergarten als Kernstück (vgl. Reichert 1935, 38). Folglich galten die zuvor gemachten Überlegungen auch hier. Grundsätzliche Aufgabe sei die „Abwendung wirtschaftlicher, gesundheitlicher und seelisch-sittlicher Notstände" (Althaus 1940, 26). Das Hilfswerk „Mutter und Kind" (vgl. ebd., 28-33) als Teil der Kleinkinderfürsorge diene dem ständigen Schutz von Mutter und Kind und richte sich auf die Zukunft, auf den Erhalt des „völkischen Bestands". Zu seinen Aufgaben, so Althaus, gehören unter anderem „die erzieherischen und gesundheitlichen Aufgaben in den Kindertagesstätten (Krippen, Kindergärten, Horte), insbesondere die Einrichtung von Erntekindergärten, die Durchführung von Kinderspeisung für Klein- und Schulkinder und anderer gesundheitlicher Maßnahmen für das Kleinkind" (ebd., 28/29). Allerdings sollten Hilfen für die Familien im Vordergrund stehen, vor allem sie gelte es durch finanzielle Anreize zu unterstützen (vgl. ebd., 19ff.). Dennoch sei der Ausbau von Kindertagesstätten von Bedeutung, denn sie „dienen der körperlichen Ertüchtigung, Charakterfestigung, Stärkung des Willens und Weckung der seelischen Kräfte in den Kindern" (ebd., 30). Es seien Pflegstätten „deutscher Sitten" und der deutschen Sprache, wie auch der gesundheitlichen Betreuung. Überhaupt sei die Gesundheitsfürsorge das wichtigste Gebiet, verstanden eindeutig als Förderung der Ge-

sundheit nur des deutschen Volkes; insbesondere bei Kindertagesstätten, die ebenfalls unter „erb- und rassenpflegerischen Gesichtspunkten" (ebd., 34) zu führen seien.
Die Kindergärten standen also eindeutig im Kontext der nationalsozialistischen Erziehungsbestrebungen, das „arische" Kind sollte durch eine entsprechende Charakter- und Körpererziehung zu einer nationalsozialistischen Persönlichkeit herangezogen werden. Folgerichtig wurde in den bereits 1934 vom Amt für Volkswohlfahrt herausgegebenen *Richtlinien für Erntekindergärten im Rahmen des Hilfswerkes „Mutter und Kind"* zu den Aufgaben des Erntekindergartens nicht nur die Förderung der körperlichen, geistigen und seelischen Entwicklung des Kindes gezählt, sondern auch die „Erziehung zum Nationalsozialismus und zum Dienst an der Volksgemeinschaft" (zit. n. Pestalozzi-Fröbel-Verband e.V. (1996), 116).

Fazit: In den nur wenigen Jahren der NS-Herrschaft lassen sich aufschlussreiche Erlasse und Gesetze, wie auch letzten Endes nicht „erfolgreich" umgesetzte Bestrebungen finden, die ein neues Verständnis frühkindlicher Bildung und Erziehung durchzusetzen versucht haben. Zumeist bezogen sich diese Versuche zwar auf Fragen der Zuständigkeit und Trägerschaft, aber sie verdeutlichen doch auch die von Staat und der NSV vertretenen Vorstellungen.
Entsprechend der grundlegenden NS-Familienideologie wäre eigentlich zu erwarten gewesen, dass ebenso wenig ein Ausbau der öffentlichen Kleinkinderziehung betrieben, wie dieser überhaupt verstärkt Aufmerksamkeit geschenkt worden wäre. Jedoch ist das Gegenteil der Fall gewesen. Staat, Partei und NSV waren an der inhaltlichen Gestaltung der Einrichtungen interessiert, dies sogar stärker als in den Epochen zuvor. Eindeutig wurde ein Anspruch auf die Kindergärten erhoben, vorschulische Bildung und Erziehung sollten den nationalsozialistischen Vorstellungen entsprechen.
Allerdings wurden die vorschulischen Einrichtungen nicht grundsätzlich aufgewertet. Auch weiterhin galten sie als sozialfürsorgerische Einrichtungen. Ebenso wenig wurde eine Bildungsfunktion betont. Erziehung wurde dagegen unverändert als Aufgabe der Einrichtungen angesehen, dabei aber neu interpretiert. Erziehung, wie sie nun von Staat und NSV verstanden wurde, meinte primär eine körperliche Erziehung im Sinne einer „rassischen" Gesundheitspflege, die sich weniger am Wohl des Individuums, als am gesamten „deutschen" Volk orientierte. Der Begriff der Gesundheitspflege, der schon in den Weimarer Diskursen von Bedeutung gewesen war, erhielt so eine eindeutig nationalsozialistische Wortkonnotation und eben diese konnte immer mitgedacht werden, wenn nun von Gesundheitspflege bzw. Erziehung gesprochen wurde. Nicht umsonst sollte der Kindergarten nach „erb- und rassepflegerischen Gesichtspunkten" geführt werden. Dies hieß nun immer auch, dass nur noch diejenigen „Volksgenossen" Unterstützung und Hilfe erhalten sollten, die von ihrem biologischen Erbgut her als hochwertig galten.
Derartige Vorstellungen sollten den Kindern möglichst früh vermittelt werden, weshalb zur Erziehungsaufgabe des Kindergartens die Charakterbildung gezählt wurde. Nur in diesem Zusammenhang wurde überhaupt auf den Begriff der Bildung zurückgegriffen. Unter Charakterbildung wurde die Übernahme der nationalsozialistischen Weltanschauung verstanden. Erst an letzter Stelle innerhalb der Rangfolge der pädagogischen Aufgaben folgte die intellektuelle Erziehung, sie war eindeutig von untergeordneter Bedeu-

tung. Selbsttätigkeit, die Verarbeitung von Erfahrungen im Spiel oder die Auseinandersetzung mit und Aneignung von Welt, derartige Aspekte waren nun ohne Bedeutung. Das Verständnis von Erziehung hat sich demnach gewandelt. Jedoch lässt sich bezüglich der grundlegenden Erziehungsvorstellungen nur bedingt von einem völlig neuen Verständnis sprechen. Noch immer wurde Erziehung als Vermittlung gewünschter Denk- und Verhaltensweisen verstanden, wenn nun auch nationalsozialistisch interpretiert. Von der inhaltlichen Ausrichtung hatte es dieses Verständnis aber schon zuvor gegeben und gerade in der öffentlichen Kleinkinderziehung wie gezeigt dominiert.

An diesem neuen oder besser veränderten Erziehungsverständnis wurde nur wenig Kritik geübt, explizite Ablehnung ist sogar im Grunde überhaupt nicht zu finden. Sicherlich ist zu bedenken, dass Kritik nicht offen formuliert werden konnte, dennoch, die wenigen Kontroversen bezogen sich primär auf Zuständigkeiten und die Trägerschaft der Einrichtungen. Weniger richteten sich die Einwände der konfessionellen Träger, aber auch der Fröbelbewegung, gegen den neuen, nun nationalsozialistisch gedachten Erziehungsbegriff oder die damit einhergehende Abwertung jeglicher allgemeiner Bildung. Teilweise, auch wenn dies möglicherweise als Anpassungsstrategie und weniger als Überzeugung zu interpretieren ist, fand dieses neue Denken sogar Zustimmung und man war bereit, die Kindergärten selbst im nationalsozialistischen Sinne zu führen.

2.2 Der praktische Diskurs

Anders als in den Epochen zuvor, verlief der praktische Diskurs nun weniger vielfältig. Überhaupt finden sich nur wenige Schriften, die sich mit der öffentlichen Kleinkinderziehung befasst haben. Dies ist natürlich auch dem nur kurzen Zeitraum geschuldet. Zu bedenken ist außerdem, dass diejenigen Autoren, die in Ablehnung zum NS-Regime und der neuen Erziehungsideologie standen, ihre Vorstellung nicht veröffentlichen konnten oder wollten. Vermutlich wurde auch hier vorgezogen zu schweigen, ohne die NS-Vorstellungen zu tragen, so wie es auch Zustimmung gab, ohne dass diese immer explizit geäußert worden wäre. Ebenso gab es Autoren, die sich gewissen Themen erst gar nichts stellten und deren Schriften[366] weder durch eine deutliche Hinwendung zum nationalsozialistischen Erziehungsdenken, noch dessen Ablehnung gekennzeichnet sind. Wieso hätten sich die Frühkindpädagogen auch anders verhalten sollen als die große Mehrheit der Bevölkerung oder der Akademiker? Insgesamt gab es sicherlich auch hier ein breites Spektrum zwischen rückhaltloser Begeisterung, gedankenlosem Opportunismus, innerer Emigration oder bewusstem Widerstand; Einstellungen zum NS-Regime, die nicht immer klar voneinander zu trennen sind.

---

[366] Dazu gehören z.B. der Beitrag von Tilings zum Thema „Grundsätzliches zur Erziehung" in Martin Löpelmanns *Wege und Ziele der Kindererziehung in unserer Zeit* oder Edith von Lölhöffels *Die Erziehung des Kleinkindes*. Beide bieten allerdings kaum Aussagekräftiges für diese Arbeit. Das trifft auch auf andere Schriften zu, die deshalb nicht berücksichtigt wurden. Dazu sind zu zählen: Altmann-Gädke, Gertrud: Säugling und Kleinkind. Pflege und Erziehung nach Erfahrungsgrundsätzen. 5., verbesserte Auflage. Leipzig 1941. Coppius, Marie: Weihnachtsspiele im Kindergarten. Reigen/Spiele und kurze Aufführungen. Fünfte Auflage. Leipzig und Berlin 1938. Hahn, Beate: Der Kindergarten, ein Garten der Kinder. Ein Gartenbuch für Eltern, Kindergärtnerinnen und Alle, die Kinder lieb haben. Zürich und Leipzig 1936. Plattner, Elisabeth: Die ersten 6 Lebensjahre. Ein Erziehungsbuch. Berlin 1935

2.2.1 Nationalsozialistische Erziehungsideologie innerhalb der öffentlichen Kleinkinderziehung

Auch innerhalb des praktischen Diskurses gab es Überlegungen, die vorschulischen Einrichtungen eindeutig im Sinne nationalsozialistischer Erziehungsideologie auszurichten.[367] Die öffentliche Kleinkinderziehung als Teil der Wohlfahrtspflege hatte den staatlichen Vorgaben und den dort vertretenen Grundmaximen zu folgen, so auch in der von Fritz Wächtler, Reichsverwalter des Nationalsozialistischen Lehrerbundes und Gauleiter, herausgegebenen *Festschrift zur Hundertjahrfeier des deutschen Kindergartens* (1940): „Wie die Erziehung im nationalsozialistischen Deutschland selbst, so ist auch der Kindergarten ein wesentlich politisches Erziehungsmittel geworden, in dem alle Grundsätze nationalsozialistischer Menschenführung ihre Verwirklichung finden" (Wächtler 1940, 3). Hier findet sich auch ein Beitrag von Elfriede Arnold-Dinkler, der Reichsfachschaftsleiterin und Herausgeberin der Zeitschrift *Kindergarten* zum Thema „Der Kindergarten in der deutschen Erziehung", der in einem stark nationalsozialistischen Ton gehalten ist. Sie bewertete die Beendigung des früheren Pluralismus durch den NSLB und auch die Selbstauflösung des Fröbelverbandes als ausgesprochen positiv (vgl. ebd., 6/7). Die Sammlung enthält außerdem einen Beitrag von Althaus, der sich mit Erziehung im nationalsozialistischen Kindergarten auseinandersetzt. Das Wächtler und Althaus in diesem Beitrag publiziert haben, zeigt die enge Verwebung zwischen praktischem und politischem Diskurs, beides ist hier kaum noch voneinander zu trennen.

Auch der nationalsozialistische Kindergarten, so Arnold-Dinkler, muss den beiden großen Strömungen, von denen die eine den Kindergarten „vorwiegend zur Schule, zur Bildungspädagogik entwickeln, die andere ihn als Einrichtung der Sozialpolitik ausbauen" (Wächtler 1940, 8) will, gerecht werden. Es sei „im nationalsozialistischen Deutschland nicht möglich, sozialpolitische Aufgaben ohne Erziehung zu lösen, so wenig es eine Erziehung gibt, die nicht zugleich den sozialen Notwendigkeiten gerecht wird" (ebd., 8). Der Kindergarten sei eine „Volkserziehungsstätte" und „für *alles* verantwortlich, was das Wachsen und Werden eines Kindes umschließt" (ebd., 8). Schon in den ersten Jahren gelte es den „ersten Grund zur Reife für jene große Gemeinschaft des Volkes zu legen, die sie als Erwachsene einst aufnehmen soll" (ebd., 8).
Derart wurde dem Kindergarten eine neue Funktion zugesprochen. Die Kindertagesstätten, so Althaus, müssen zum Neuaufbau des Volkes beitragen und völkische Erziehungsarbeit leisten (vgl. Wächtler 1940, 11). Auch wenn die Erziehung des Kleinkindes grundsätzlich Aufgabe der Familien sei, müsse der Kindergarten doch wesentliche Teile der Familienerziehung übernehmen und ergänzen, da nicht alle Familien leisten könnten, was notwendig sei. Der Kindergarten biete den Familien Unterstützung und übernehme

---

[367] Auch wurden „typisch" nationalsozialistische Themen mit der öffentlichen Kleinkinderziehung verbunden, so z.B. das Land. Ein frühes Beispiel ist *Erziehung zum Lande* (1933) von Hans Fuchs, allerdings ist fraglich, ob dies tatsächlich zum Nationalsozialismus gezählt werden kann, da dies schon die zweite Auflage darstellte. Sprache und Thema sprechen aber durchaus dafür. So knüpfte er z.B. an die Lebensraumdiskussion an (vgl. Fuchs 1933, 2). Ein weiteres Beispiel ist *Der Dorfkindergarten als Erziehungsstätte* (1935), eine von Waldemar Döpel herausgegebene Sammlung verschiedener Aufsätze. Hier wurde das Thema nationalsozialistisch gedeutet, z.B. indem die Bedeutung Gesundheitserziehung im Sinne eines Heranzüchten kerngesunder Körper betont wurde (vgl. Döpel 1935, 21/22).

Teile ihrer erzieherischen Aufgaben, aber er sollte der Familie ähneln und das Kind am häuslichen Leben teilnehmen lassen. So könne das Kind in wirklicher Gemeinschaft aufwachsen und die Charakter- und Willensbildung gefördert werden (vgl. ebd., 11/12). Aber „ihren wesentlichen Beitrag zu der Ausgestaltung und Weiterentwicklung der Idee des Kindergartens sieht die Nationalsozialistische Volkswohlfahrt in ihrem Ausbau der *Gesundheitsführung*" (Wächtler 1940, 14). Zwar müssten auch die geistig-charakterlichen Kräfte gepflegt werden, Ziel sei jedoch die „Gesundheitslenkung" und somit die bestmögliche „Entfaltung aller körperlichen Kräfte" (ebd., 14). Schon in diesem Alter müsse die „Kraft und Gesundheit für den Lebenskampf" (ebd., 14) gelegt werden und zwar durch die „Ausnutzung aller gegebenen natürlichen Möglichkeiten, die die Kindertagesstätte in einer, dem Lebensalter des Kindes angepaßten Form für die Allgemein-Prophylaxe bietet", wie auch durch die „Durchführung spezieller vorbeugender Maßnahmen, wie ärztliche Betreuung und Überwachung, Rachitisbekämpfung usw." (ebd., 14). Ruhe, Ernährung, Körper- und Zahnpflege, die Pflege des Bewegungslebens durch Kleinkindgymnastik und die ärztliche Überwachung – all dies sei wichtig, um das Kind auf den angesprochenen „Lebenskampf" vorzubereiten (vgl. ebd., 15/16).
Ergänzt werden sollte diese körperliche Erziehung bzw. „Gesundheitsführung" durch die Vermittlung der nationalsozialistischen Weltanschauung, die Hinführung zum Nationalsozialismus. Dies wird auch anhand der Richtlinien[368] für Kindergärten der NSV deutlich: „Die Erziehung hat im Sinne der nationalsozialistischen Weltanschauung zu erfolgen. Körperliche Ertüchtigung, Entwicklung des Charakters und Stärkung des Willens stehen im Mittelpunkt der Erziehung. Die Liebe zum Führer und zum Vaterland ist durch Wort und Lied zu wecken" (zit. n. Berger 1986, 78).

Frühkindpädagogische „Fachliteratur" wurde nun nicht mehr von Pädagogen, sondern von Medizinern geschrieben, auch dies weist auf die hohe Bedeutung der nationalsozialistischen „Gesundheitsführung" hin. Dazu gehören auch die Schriften von Johanna Haarer, eine ausgebildete Humanmedizinerin und mehrfache Mutter, deren Publikationen in hohem Maße die Familienerziehung und auch die öffentlichen Kleinkinderziehung beeinflusst haben. Letzteres, weil die in der NSDAP ehrenamtlich tätige Haarer[369] sich im „Hilfswerk Mutter und Kind" innerhalb der NSV engagierte und 1938/1939 Gesundheitslehre am Kindergärtnerinnenseminar der Stadt München unterrichtete. Ihre Schriften waren teilweise Pflichtlektüre für alle in Kindergärten tätigen sowie sich noch in Ausbildung befindenden Kindergärtnerinnen. 1934 wurde die erfolgreiche Publikation *Die deutsche Mutter und ihr erstes Kind* veröffentlicht, dass der Völkischen Beobachter als ein wundervolles Werk für die junge Ehe empfahl. Darauf folgte schon bald der ebenso erfolgreiche Fortsetzungsband *Unsere kleinen Kinder* (vgl. Berger 2009c). Beide Publikationen wandten sich primär an die Mütter, beinhalten aber auch kurze Abschnitte

---

[368] In den historischen Arbeiten zur öffentlichen Kleinkinderziehung wird zuweilen auf derartige Richtlinien verwiesen, die wohl vom Hauptamt für Volkswohlfahrt herausgegeben wurde. Diese, gerade auch für die Einschätzung der nationalsozialistischen Erziehungsvorstellungen bezüglich der Kindergärten nicht uninteressanten Vorgaben konnten jedoch nicht immer ausfindig gemacht werden. Gleiches gilt für nationalsozialistischen Leitfaden für Kindergärtnerinnen aus dem Jahr 1941.
[369] Sie übernahm dort für das Referat der „Gausachbearbeiterin für rassenpolitische Fragen in der NS-Frauenschaft" (vgl. Berger 2009c).

zum Kindergarten (vgl. Haarer 1939, 232-234). Inhaltlich beschäftige sich mit durchaus zeittypischen Themen wie der Ernährung oder Kleidung des Kleinkindes, der medizinischen Versorgung und kam auch auf Erziehungsmittel zu sprechen. Hier unterscheidet sie sich kaum von anderen zeitgenössischen Erziehungsratgebern. Entsprechend wurden ihre Bücher nach dem Ende des Nazi-Regimes „in gesäuberter Fassung" erneut veröffentlicht (vgl. Berger 2009c). Nur findet sich bei ihr auch immer wieder eindeutig nationalsozialistisches Vokabular, beispielsweise ihr Forderung im „Spielalter" müssten die Kinder auf völlig zwanglose Weise etwas von ihrem Volk, Vaterland und Führer erfahren, um frühzeitig genug mit den nationalsozialistischen Tugenden vertraut zu werden, wozu sie die „Einordnung in die Gemeinschaft" und auch das „Abstreifen aller Wehleidigkeit, Tapferkeit und Mut, Gehorsam und Disziplin" (Haarer 1939, 245) zählte. Wie der Deutsche hart zu sich selbst und anderen zu sein hat und, muss auch die Erziehung des Säuglings eine harte sein (vgl. Berger 2009c). Erziehung stand hier immer auch im Kontext des nationalsozialistischen Rasse- und Volksgedankens.

Vor allem aber zeigt sich das nationalsozialistische Erziehungsverständnisses bezüglich der öffentlichen Kleinkinderziehung an den beiden Büchern des Mediziners Richard Benzing, insbesondere seine Schrift *Grundlagen der körperlichen und geistigen Erziehung des Kleinkindes im nationalsozialistischen Kindergarten* (1941) ist zu nennen.
Aufgabe des Kindergartens ist es nach Benzing, die Familie dabei zu unterstützen, aus dem Kind einen „körperlich gesunden und charakterlich tüchtigen Menschen werden zu lassen" (1941b, 5). Der Kindergarten diene nicht bloß der Verwahrung, sondern sei eine wertvolle Erziehungsstätte und Folgerungen bezogen auf diese Einrichtungen müssten in der nationalsozialistischen Lebensanschauung begründet sein. Er müsse sich als „Pflanzstätte gesundheitlicher und erzieherischer Werte" (ebd., 6) betätigen. Erziehung, so Benzing, muss sich daran orientieren, was der nationalsozialistischen Weltanschauung entspricht und es ist Aufgabe des Kindergartens, die Liebe zum „Führer" zu wecken (vgl. ebd., 41-44). Denn die Kinder würden dem „Führer" gehören, wie auch die Soldaten dem „Führer" gehören: „Wir dienen der Zukunft unserer Kinder, wenn wir die Liebe und Treue zum Führer so in ihr Herz einpflanzen, daß fortan er ihnen gehört, wie sie ihm gehören" (Benzing 1941b, 44).
Erziehung im Kindergarten, so Benzing mit Verweis auf Hitlers Reichsparteitagszitat, muss daraufhin geprüft werden, „ob sie in dem uns anvertrauten Altersabschnitt des Kleinkindes alles vorbereitet, was entsprechend der Forderung des Führers dazu dient, ein hartes Geschlecht heranzuziehen, das stark ist, zuverlässig, treu, gehorsam und anständig" (ebd., 8). Darum müsse die körperliche Entwicklung unterstützt werden, „Stubenkinder" gelte es zu vermeiden. Erziehung, wie sie hier verstanden wurde, befasst sich vor allem und immer zuerst mit der Gesundheit des Kindes und dessen Förderung, umfassend ließ sich Benzing über dieses Thema aus (vgl. ebd., 63ff.).
Von Geburt an würden im Kind seine „Rassenanlagen" vorliegen, während die im Leben erworbenen Eigenschaften nicht vererbt würden. Man verfüge deshalb über die Möglichkeit der „unvorbelasteten Bildsamkeit" (Benzing 1941b, 9). Abzulehnen sei jedoch die „überzüchtete Geistesbildung" (ebd., 13), es brauche stattdessen eine gleichwertige Körper- und Willensschulung, bisher ein Mangel in der Kleinkinderziehung (vgl. Benzing 1941b, 14). Deshalb müsse auf das Heranzüchten kerngesunder Körper geachtet

werden und erst an zweiter Stelle stehe die Ausbildung geistiger Fähigkeiten, wobei dort die Entwicklung des Charakters, die Willens- und Entschlusskraft im Vordergrund stehen müsse. Erst an letzter Stelle komme die wissenschaftliche Schulung. Ein derartiges Erziehungsprogramm müsse auf das Kleinkindesalter übertragen werden, die jungen Körper müssten zweckentsprechend behandelt werden und die nötige Stählung für das spätere Leben erhalten, eben dies sei auch Aufgabe des Kindergartens (vgl. ebd., 14).
Diese Aufgaben wurden von Benzing nun im Sinne nationalsozialistischer Ideologie ausgelegt. Unter die natürliche Körperpflege fällt nach Benzing die Förderung des Mutes, Bewegungsspiele müssen Leistungsspiele sein, um so den Wettkampfgedanken zu verankern (vgl. Benzing 1941b, 16). Mutproben sollten entwickelt werden, damit das Kind „entschlossen, umsichtig und gefahrensicher" (ebd., 17) werde, wie auch durch Erziehung die Angst bekämpft werden sollte, auch um eine seelische Abhärtung zu erlangen (vgl. ebd., 18). Furchtlosigkeit als Erziehungsziel frühkindlicher Erziehung.
In der geistigen Entwicklung sollte dagegen auf die „Ausbildung besonderer geistiger Fähigkeiten, soweit sie nicht unmittelbar als Erlebnisquell aus der Anschauung stammen, viel *stärker als bisher verzichtet werden*" (Benzing 1941b, 19). Wichtiger sei die Entwicklung des Charakters, die Neigung zur Pflichterfüllung. Ebenso müsse die Selbständigkeit gefördert werden (vgl. ebd., 21ff.). Aber Selbständigkeit besitzt hier einen anderen Sinn. Es ging Benzing nicht um eigenverantwortliches Handeln. Vielmehr sollte „das zum entschlossenen Handeln bereite Kind (...) eben jenes ablösen, das nur zur duldsamen Hinnahme von Schicksalsschlägen sich erzogen fühlte" (ebd., 39/40) und eben darin liegt hier das Ziel der Erziehung zur Selbständigkeit.
Folgerichtig sollte auch das Spiel vor allem der körperlichen Ertüchtigung dienen, wie es auch den Wettkampfcharakter, beispielsweise in Form eines leichtathletischen Kampfspiels, fördern sollte. Auch sei es die Aufgabe der Charakterbildung, weinerliches Klagen und wehleidiges Heulen abzuerziehen (vgl. Benzing 1941b, 29/30 u. 60). Unerheblich war für Benzing, welche geistigen Prozesse im Spiel vollzogen werden können, das Spiel war bei ihm allein ausgerichtet auf den Aspekt der körperlichen Ertüchtigung.
Außerdem sollte Erziehung strikt geschlechtsspezifisch sein, denn „der kleine Junge wird ja einmal ein deutscher Soldat werden, das kleine Mädchen eine deutsche Mutter" (Benzing 1941b, 40). Allerdings würden auch die Mädchen Tapferkeit brauchen, auch seien körperpflegerische Maßnahmen sinnvoll. Dennoch, ihrem Naturell entsprechend sollten die Mädchen mütterliche, haushälterische Tätigkeiten übernehmen (vgl. ebd., 40/41). Während die Jungen zu „Kämpfern für den Nationalsozialismus" erzogen werden sollten, durchdrungen von der völkischen Ideologie und dem Glauben an die Überlegenheit der germanischen Rasse, bereit das eigene Leben für Deutschland und den Führer zu opfern, wurden die Mädchen auf ihre zukünftige Rolle als Hausfrau und Mutter vorbereitet, mit der Reproduktion der „Volkskraft" als primäre Aufgabe, zu der es notfalls auch ohne zu klagen die Söhne für das Reich zu opfern gelte so zumindest in der Vorstellung der nationalsozialistisch Geschlechtererziehung.

Frühkindliche Erziehung – der Begriff Bildung spielt bei Benzing eine untergeordnete Rolle und wird im Grunde nur in Bezug auf die Geistesbildung, dabei jedoch negativ versehen, verwendet – muss demnach immer auch zur „großen", nationalsozialistisch gedachten „Volksaufgabe" beitragen. Nicht das Kind oder gar seine Individualität stehe im Vordergrund, sondern allein das Volksganze: „Der nationalsozialistische Kindergarten bejaht Körper und Seele als Einheit aus der neu errungenen Schau der Gegenwart und leitet daraus die Verpflichtung ab, beiden zugleich mit dem Rüstzeug unseres heutigen Wissens und betreuenden Liebe zu dienen, die dem Kind im Hinblick auf seine künftige Lebensaufgabe im Volk zukommt" (Benzing 1941b, 103).

2.2.2 Fröbel aus Sicht des Nationalsozialismus
Sogar Friedrich Fröbel, der unverändert *die* Bezugsgröße darstellte, wurde – trotz aller eigentlichen Gegensätze – nationalsozialistisch uminterpretiert und Fröbel nun als Wegbereiter einer völkisch-politischen Erziehung angesehen. Nationalsozialistische Pädagogik wurde geradezu als Vollendung Fröbels verstanden und dieser als ein Wegbereiter Hitlers interpretiert (vgl. Berger 2005). So sah auch die bereits angesprochene Haarer in Fröbel *den* großen deutschen Erzieher, während sie für die weltanschaulichen Kämpfe der Nachkriegszeit neben dem Marxismus auch Montessori verantwortlich machte und dementsprechend ablehnte (vgl. Haarer 1939, 232).
Wie man Fröbel aus nationalsozialistischer Perspektive interpretieren konnte, zeigt Peter Goeldels *Friedrich Fröbel als Vorkämpfer deutscher Leibeserziehung* (1938), auch wenn er sich kaum mit der Kindergartenpädagogik beschäftigt hat. Goeldel sah Fröbel als völkischen Erzieher und rückte den Aspekt der Leibeserziehung in den Mittelpunkt. Für ihn hatte sich Fröbel auch in der Zeit des „Zwischenreiches" bewährt, und zwar „als Rüstzeug bei der Abwehr gegen das Einbrechen volks- und rassenfremder Erziehungsweisen in den deutschen Kindergarten" (Goeldel 1938, III) – eine vermutlich gegen Montessori gerichtete Aussage. Fröbel sei nicht allein Kindergartenpädagoge, sondern auch ein Volkserzieher und Erzieher der männlichen Jugend im Schulalter, ein völkischer Erzieher (vgl. ebd., III/IV). Fröbel wurde so als Leibeserzieher neben Jahn gestellt (vgl. ebd., VI). So war es dann auch möglich, von einer nationalpolitischen Erziehungslehre Fröbels zu sprechen und seine Leibeserziehung als eine Grundform deutscher Jugendführung zu werten, die eindeutig soldatisch interpretiert wurde im Sinne der NS-Ideologie, erkennbar an Begriffen wie „Härte", „Korpsgeist" „Wehrbewußtein".
Ein weiterer Versuch, Fröbel für den Nationalsozialismus zu vereinnahmen, war Alwin Ottos *Die Erziehung des Kleinkindes im Rahmen einer Weltschau bei Friedrich Fröbel und Ernst Krieck* (1940). Otto war der Ansicht, dass der Kindergarten und die deutsche Kleinkinderziehung nicht mit neuartigen Erziehungsmitteln, sondern nur durch „eine bewußte Einordnung in eine weltanschauliche Gesamtschau" (Otto 1940, 3) neu gestaltet werden könne. Es ging Otto nicht darum, die Fröbel'sche und Krieck'sche Lebensphilosophie zu vereinen, ein Versuch, der schon bei Fröbel und Montessori gescheitert sei (vgl. ebd., 26). Seine Auseinandersetzung mit Fröbel oder Krieck kann hier nicht vollständig nachgezeichnet werden. Interessant ist jedoch der dritte Abschnitt „Der Kindergarten der nationalsozialistischen Gegenwart". Nach Otto sollte dasjenige von Fröbel, was angemessen erschien, eingefügt werden, wobei schon viel von der Formung des deutschen Kindergartens im Sinne einer neuen Weltschau geschehen sei (vgl. ebd., 26). Wichtig sei, dass man das Lebensalter des Kindes respektiere und dieses berücksichtige, weshalb als „Erziehungs- und Bildungsmittel" das Spiel Anwendung finden müsse, da es dem Wachstumszustand des Kindes entspreche. Es besitze eine tiefe Bedeutung innerhalb der menschlichen Entfaltung, Aufgabe sei das „pflegerische Bemühen um kindliche

Wachstumsförderung mit Hilfe des Spiels" (Otto 1940, 27). Nun aber erhalten Ottos Überlegungen eine Wendung. Das kindliche Spiel müsse auf eine weltanschauliche Idee bezogen werden, weshalb Fröbels Gaben nicht mehr zeitgemäß seien. Es brauche ein neues Bildungsmaterial, „einheitlich aus dem Geiste einer neuen Zeit geformt" (ebd., 28); ein Bildungsmaterial, das „völkisch wertvoll ist" (ebd., 28) und durch körperliche Ertüchtigung ergänzt wird. Die „Kennzeichen der politisch bestimmten frühkindlichen Erziehung" seien die Pflege des kindlichen Körpers, das musische Spiel als Gemeinschaftserziehung und die „spielende Betätigung mit Spielgegenständen, die ein Abbild wesentlicher Form unseres heutigen völkischen Lebens sind" (ebd., 29). Und so müsse, auch wenn die Sinnesübungen nach Montessori keinen Platz besäßen, der deutsche Kindergarten auch weiterhin von Fröbel'schem Geist durchweht bleiben (vgl. ebd., 29).

2.2.3 Der Deutsche-Fröbel-Verband und die konfessionellen Verbände
Bevor der Auflösung im Jahr 1938 war der DFV von Hans Volkelt im Sinne des Nationalsozialismus geführt worden. Allerdings ist dies nicht mit einer völligen Zustimmung zur nationalsozialistischen Weltanschauung gleichzusetzen. Neben Zustimmung dürfte auch gedankenloser Opportunismus und schweigende Ablehnung zum Nationalsozialismus innerhalb des DFV zu finden gewesen sein. Die meisten Mitglieder passten sich jedoch an und arbeiteten bis 1945 bzw. darüber hinaus weiter. So entstanden zwischen 1933 und 1945 etwa 25 Bücher und 200 Aufsätze, neben quellenorientierten Analysen und Editionen[370] gab es auch ideologisch-programmatische Beiträge, in denen Fröbel im nationalsozialistischen Sinne vereinnahmt wurde (vgl. Lost 2004, 189). Andere Arbeiten waren jedoch durchaus qualitativ wertvoll, zu denken ist an Erika Hoffmanns Aufsatz „Die pädagogische Aufgabe des Kindergartens" (1934), der im *Kindergarten* veröffentlicht wurde. Bei Hoffmann, sicherlich einer der einflussreichsten Fröbelforscherinnen und Frühkindpädagoginnen dieser Zeit, findet von sich einigen Begrifflichkeiten und einem Verweis auf HJ und BDM abgesehen (vgl. Hoffmann 1934, 195) keine Anpassung an nationalsozialistisches Gedankengut. Allerdings wurde dieser Aufsatz nicht systematisch berücksichtigt.
Dennoch gab es Einschnitte in die Arbeit. Dies gilt insbesondere auch für die Zeitschrift *Kindergarten*, die vom NSLB übernommen wurde. Ihr Inhalt wurde nun zumindest ambivalent, ab 1935 wurden die Beiträge zunehmend niveaulos und boten auch nationalsozialistische Ideologie, auch wenn weiterhin ideologiefreie und auch pädagogisch wertvolle Beiträge möglich waren. Auch hier hatte Volkelt sein Amt als Schriftleiter Ende 1938 aufgegeben, ab Januar 1939 übernahm Dr. Elfriede Arnold-Dinkler die Schriftleitung (vgl. Pestalozzi-Fröbel-Verband e.V. 1998, 103). Ihre Ansichten bezüglich der Gestaltung der öffentlichen Kleinkinderziehung sind bereits zuvor dargestellt worden. Mit der Auflösung des DFV wurde auch der *Kindergarten* endgültig zu einem Organ der NSV, womit diese eine Propagandabasis besaß, um die Ideen nationalsozialistischer Familien- und Kindererziehung zu verbreiten.
Insgesamt ist es, auch aufgrund der nur bedingt ausreichenden Forschungsergebnisse, schwierig, die Haltung des DFV und seiner Mitglieder während der Zeit des Nationalsozialismus angemessen einzuschätzen. Beispielsweise trat Erna Corte noch 1933 mutig-

---

[370] Unter anderem wurde eine Fröbel-Ausgabe angestrebt, die jedoch nicht zu Stande kam.

erweise der SPD bei und half auch jüdischen und politisch verfolgten Mitbürgern, passte sich in ihren Publikationen aber auch der neuen Ideologie an (vgl. Berger 2009e). Auch für Elfriede Strnad, die seit 1924 die Schriftleitung des *Kindergartens* inne gehabt hatte, findet sich trotz zunehmender politischer Differenzen zu Volkelt die Aussage, dass ihre „Haltung zu den Grundforderungen des Nationalsozialismus eine bejahende" (zit. n. vgl. Pestalozzi-Fröbel-Verband e.V. 1998, 105) sei. Auch wenn derartige Aussagen – gerade von Strnad, der langjährigen Freundin Muchows – auch als taktisches Zugeständnis interpretiert werden können, auch bei den führenden Vertretern des DFV zeigen sich demnach Phänomene der Anpassung. So findet sich auch in dem Beitrag „100 Jahre Kindergarten" von Ella Schwarz im Rahmen der bereits erwähnten *Festschrift zur Hundertjahrfeier des deutschen Kindergartens* Zugeständnisse an die NS-Ideologie und lobende Worte für den Führer Adolf Hitler (vgl. Wächtler 1940, 25-32). Zu denken ist in diesem Zusammenhang auch an die bereits erwähnte Eingabe an das Preußische Ministerium für Wissenschaft, Kunst und Volksbildung aus dem Jahr 1934, die von Droescher und Corte verfasst wurde. Ob es sich dabei jeweils um echte Zustimmung, Zwang oder Opportunismus handelte, kann aufgrund der Forschungslage nicht als geklärt gelten. Hier wäre eine Analyse der Zeitschriftenbeiträge, die nicht nur nach an der neuen Erziehungsideologie entsprechenden, sondern auch davon abweichenden Beiträgen fragt oder eine Auswertung möglicher Archivbestände sicherlich erkenntnisreich. Eine Einschätzung der Fröbelbewegung ist deshalb vorsichtig zu formulieren. Zu erkennen ist jedoch, dass zumindest Kritik nicht offen formuliert wurde, wobei immer zu bedenken ist, dass dies auch nur bedingt möglich war.

Zu einer ähnlichen Einschätzung kann man bezüglich der konfessionellen Vertreter gelangen. Erste Rückschlüsse lassen sich dabei aus dem Verhalten innerhalb des politischen Diskurses ziehen. Eine Einschätzung der maßgeblichen Zeitschriften wurde jedoch auch hier nicht vorgenommen, weshalb man sicherlich vorsichtig mit Schlussfolgerungen sein muss. Es ist jedoch davon auszugehen, dass die NS-Erziehungsgrundsätze von den Fachzeitschriften bereits 1933/1934 aufgegriffen wurden, wobei das katholische *Kinderheim* deutlich verhaltener reagierte. Hier war man sich keineswegs sicher, wie mit dem neuen Regime und dessen propagierter Ideologie umzugehen sei (vgl. Reyer 2006a, 170). So erschien auch weiterhin Johanna Hubers Schrift *Das Buch der Kinderbeschäftigungen*, 1936 bereits in 5. Auflage, ohne dass dabei Anpassungen an den Nationalsozialismus vorgenommen worden wären. Für *Die christliche Kinderpflege* geht Berger dagegen davon aus, dass sie sich bis zur ihrer Einstellung im Jahr 1941 offen zum Nationalsozialismus (vgl. Berger 1986, 211) bekannt hat. Innerhalb der evangelischen Kinderpflege drangen nationalsozialistische Erziehungsgedanken rasch vor, so zumindest nach der Auffassung von Wichts, dem Vorsitzenden der Vereinigung. Die konsequente Nationalisierung früherer Zeiten ging in eine ebenso konsequente Nationalsozialisierung über, indem nun z.B. die Geburtstage Hitlers gefeiert wurden (vgl. Heinemann 1980, 61 u. 87). Übereinstimmungen und Annäherungen fanden sich zwischen den konfessionellen Vertretern und dem Nationalsozialismus insbesondere in der Hervorhebung der Gemeinschaft, der geschlechtsspezifischen Erziehung, der Betonung der Autorität und in der Ablehnung der individualistischen Erziehungsansätze der Weimarer Republik (vgl. Akaltin 2003, 316 u. 331).

Eine derartige Form der Annäherung an die neue Ideologie stellte dann auch die 1934 vom Zentralverband katholischer Kinderhorte und Kleinkinderanstalten Deutschlands e.V. herausgegebene Schrift *Wie lösen Kindergärten und Horte ihre volkserzieherischen Aufgaben an dem Elternhaus?* dar, die mit einer Auflage von 1.500 Exemplaren erschien (vgl. Schnabel 1987a, 62/63). Hier wurden überwiegend Fragen und Formen der Elternarbeit behandelt, Themen wie z.B. die „Berufsethische Erziehung der Eltern" oder „Wie erarbeitete ich eine Elternbesprechung über Erziehungsfragen" (vgl. Zentralverband 1934). Zumeist ist eine ideologische Anpassung nicht zu erkennen.

Aber es finden sich zwei Beiträge, sowie die einleitenden Worte Lennés, bei denen die Nähe zur NS-Ideologie deutlich hervortritt. Lenné begrüßte es, dass das deutsche Volk sich „in einer in der Geschichte beispiellosen Umwälzung [...] grundsätzlich auf manche Kräfte zurückbesonnen" habe, „die nach dem Plane des Schöpfers natürliche Voraussetzungen von Menschheit und Volkswohlfahrt sein sollen" (Zentralverband, 1934). Dazu würden das „Volkstum" und die „gesunde Familie" gehören, beide müssten „gesund sein nach der körperlichen und seelischen Seite" und seien ausschlaggebend für das Werden des jungen Menschen. Lenné verband demnach das eigentliche Anliegen der katholischen Seite, die Stärkung der Familie mit dem „Volkstum", vermutlich auch, um eine Nähe zu suggerieren.

Auch der erste Beitrag der Schrift, „Volkstum und ‚volkstümliche' Geselligkeit" von Dr. Ludwig Prinz (vgl. Zentralverband 1934, 1-8), der sich seltsamerweise nicht mit Fragen der Elternarbeit oder öffentlichen Kleinkinderziehung beschäftigt, ist in einem nationalsozialistischen Ton gehalten. Beispielsweise wird die Bedeutung der „Rasse" immer wieder betont und gegen Ende dann auch die „jugendfrische Bewegung" des Nationalsozialismus, welche die „volksersetzenden Kräfte des Überindividualismus und Liberalismus" (ebd., 8) überwunden habe, gelobt.

Vor allem aber der Beitrag „Wie kann der Kindergarten den Aufbau erbgesunder Familien fördern?" (vgl. Zentralverband 1934, 82-88) von Dr. med. Schwester Cypriana lässt dann kaum noch Unterschiede zu den nationalsozialistischen Schriften der Zeit erkennen. Thema ist die Frage, inwieweit der Kindergarten beim Aufbau der „erbgesunden" Familien helfen könne, wobei – wie sie selbst betont – der Schwerpunkt auf dem Wort „erbgesund" liege (vgl. ebd., 82). Zu diesem Zweck müsse der Kindergarten „erbbiologische Kenntnisse" in den Familien „aussähen" (ebd., 83), wie auch die Kindergärtnerin Wissen über die Aufgabe und Ziele der Eugenik benötige. Denn „es ist gewiß nicht gottgewollt, wenn ein Mitglied der nordischen Rasse einen Vertreter des Negerstammes heiratet. Ein nordisches Bauerngeschlecht, in dem dieser Mißgriff vor Jahrhunderten geschah, trägt noch jetzt schwer an der Schuld der Ahnen" (ebd., 85). Auch wenn man derartige Aussagen sicher nicht überbewerten sollte und ihre Bemerkung: „es ist außerordentlich anregend, die vielen feinen Beziehungen zwischen Eugenik und Katholizismus zu sehen" (ebd., 88) nicht mit dem heutigen Wissen um die Ziele und Taten nationalsozialistischer Eugenik bewerten darf, erschreckend ist ein derartiger Beitrag, der ohne Zwang in die Schrift aufgenommen wurde, dennoch.

2.2.4 Fazit
Für den praktischen Diskurs ist zunächst einmal festzuhalten, dass eindeutig die NS-Erziehungsideologie samt den entsprechenden Begriffen übernommen wurde. Derart

wurden Erziehung und Charakterbildung neu interpretiert und sich an den staatlichen Vorgaben orientiert. Kaum ist eine Distanz zur NS-Ideologie zu erkennen, der praktische Diskurs war nur noch wenig eigenständig, von dem nationalsozialistischen Bildungs- und Erziehungsvorstellungen abweichende Überlegungen, beispielsweise im Sinne eines spezifischen frühkindpädagogischen Verständnisses, wurden nicht formuliert oder zumindest nicht veröffentlicht.

Frühkindliche Erziehung wurde vor allem als körperliche Erziehung, ergänzt um die nationalsozialistische Charakterbildung, begriffen. Ziel dieser Erziehung – sogar Fröbel wurde dementsprechend interpretiert – sollte die Stärkung und Pflege des Körpers sein, während die Charakterbildung komplementär der Übernahme der nationalsozialistischen Weltanschauung dienen sollte. Ergänzend wurde die Gesundheitspflege zur Erziehung gezählt, die nun auf „erb- und rassepflegerische Gesichtspunkte" abzielen konnte, eine Konnotation, die nun immer mitgedacht werden musste.

Zwar wurde noch immer auf Fröbel verweisen und Wert auf das Spiel gelegt, dieses aber nun überwiegend seiner pädagogischen Funktion enthoben. Auch das Spiel diente vor allem der körperlichen Ertüchtigung und der entsprechenden Charakterbildung. Elemente einer allgemeinen Bildung im Sinne einer selbsttätigen und selbständigen Aneignung der Welt waren im Rahmen dieser Überlegungen ohne Bedeutung, die Besonderheit kindlicher Entwicklung wurde nicht reflektiert. Erziehung sollte die gewünschte Ideologie vermitteln und eine entsprechende körperliche Entwicklung unterstützen bzw. ermöglichen. Erziehung wurde demnach unverändert als Vermittlung gewünschter Denk- und Verhaltensweisen verstanden, nun allerdings nationalsozialistisch interpretiert.

Eindeutig wurde dieses Verständnis von den pronationalsozialistischen Autoren vertreten. Hier lässt sich kein Unterschied zur vorgegeben NS-Erziehungsideologie erkennen. Ein wenig anders fällt die Einschätzung der traditionellen Gruppierungen aus. Hier finden sich zunächst einmal keine Monographien, die sich umfassend mit der öffentlichen Kleinkinderziehung auseinandergesetzt oder ein eigenständiges, von den staatlichen Vorgaben abweichendes Bildungs- oder Erziehungsverständnis veröffentlicht hätten. Inwieweit dieses Schweigen mit einer Ablehnung der oder Zustimmung zur NS-Erziehungsideologie – letzteres hat es fraglos auch innerhalb der Frühkindpädagogik gegeben – gleichzusetzen ist, ist nicht immer einfach zu beantworten. Eine deutliche Ablehnung lässt sich jedenfalls nicht finden, war jedoch auch nur bedingt möglich. Zustimmung ist zumindest für die schweigende Mehrheit nicht zu konstatieren. Das Schweigen sollte jedoch auch nicht als Ablehnung missinterpretiert werden. Aussagen, wie sich im Kontext der Fröbelbewegung und bei den konfessionellen Vertretern finden lassen, zeigen eine Anpassung an die nationalsozialistische Weltanschauung. Offensichtlich gab es zumindest zuweilen keine Bedenken, Zustimmung zur NS-Ideologie zu äußern und nationalsozialistische Begrifflichkeiten zu übernehmen. Ob es sich dabei um wirkliche Überzeugungen oder nur unreflektierten Opportunismus gehandelt hat, ist heute nur schwer zu entscheiden. Hier wären ein differenzierte Analyse der Fachzeitschriften und eine Auswertung der entsprechenden Archive aufschlussreich, dies konnte jedoch im Rahmen dieser Arbeit nicht geleistet werden.

2.3 Der theoretische Diskurs

Von den vielfältigen Diskussionszweigen Weimars blieb nichts mehr übrig. Konzeptionell richtungweisende Impulse, wie sie z.B. Elisabeth Blochmanns Artikel im *Handbuch der Pädagogik* dargestellt hatten, fanden keine Fortsetzung. Gleiches gilt für die Kinderpsychologie oder Psychoanalyse. Zumeist lässt sich kaum von wirklicher Erziehungswissenschaft sprechen, wie sich auch nicht ernsthaft mit einem frühkindlichen Bildungs- und Erziehungsverständnis auseinandergesetzt wurde.[371]

Begründet liegt dies auch in der Einbuße, welche die Wissenschaft an sich und die akademische Erziehungswissenschaft zu verzeichnen hatte. Die Machtergreifung bedeutete eine tiefe geistige Zäsur und die Gleichschaltung der Wissenschaft bewirkte einen irreparablen Verlust an Fachkräften. Viele emigrierten, u.a. mit der Elisabeth Blochmann auch eine führende Vertreterin der Frühkindpädagogik (vgl. Berger 2009d); Martha Muchow verstarb an den Folgen ihres Suizidversuchs. Ganze Forschungsstätten (z.B. das Frankfurter Institut für Sozialforschung) oder Fachrichtungen wie die Psychoanalyse wurden in Deutschland aufgelöst. Die Wissenschaften stagnierten, auch aufgrund der grundsätzlichen Abneigung der Nationalsozialisten gegenüber allem Intellektuellen und verwandelten sich in Afterwissenschaften.

Auch war gerade die akademische Intelligenz besonders anfällig für den Nationalsozialismus. Viele der jungen Generation im Lehrkörper der Universitäten, von der bündischen Jugendbewegung und den Ideen der Konservativen Revolution beeinflusst, waren überzeugte Nationalsozialisten. Es gab eine erschreckend hohe Mitgliedschaft in den Parteiorganisationen, wie auch eine weitgehende Übereinstimmung in den Leitvorstellungen bestand. Am schlimmsten wirkte sich „die Affinität zum nationalsozialistischen Zielkatalog in den Geisteswissenschaften aus" (Wehler 2003, 729). Historiker, Literaturwissenschaftler und „deutsche Soziologie", Philosophen wie Martin Heidegger, Krieck und Bäumler – entweder wurden pseudowissenschaftliche Lehren gefügig übernommen oder man war sogar davon begeistert. Auch gab es zahlreiche Konservative, die weder Forschung noch Lehre grundlegend verändern mussten. Wer vorher „national" gewesen war, blieb, solange er auf Kritik verzichtete, unbehelligt. Vielen fiel es nicht schwer, sich dem Nationalsozialismus anzuschließen, auch wenn sich viele „rechte" Intellektuelle mit der Zeit, abgestoßen vom plebejischen Habitus des Nationalsozialismus und enttäuscht vom Mittelmaß ihrer geistigen Repräsentanten, wieder abwandten.

Auch die Pädagogik war nicht gefeit gegen die nationalsozialistische Ideologie oder immun gegenüber den Offerten zur Mitwirkung an einer menschenverachtenden Bildungspolitik (vgl. Tenorth 2000, 269). Insgesamt hat die Pädagogik nur wenige Gelegenheiten ausgelassen, sich positiv zu den neuen gesellschaftlichen Erwartungen zu stellen. Auch von führenden Pädagogen wurde der Nationalsozialismus als neue Hoffnung und Chance begrüßt, Beispiele dafür sind die im Wesentlichen von Spranger formulierte „Würzburger Erklärung" des Verbandes der Deutschen Hochschullehrer, mit

---

[371] Beispielsweise bietet *Der Gestaltwandel der staatlichen Jugendfürsorge* (1937) das im Rahmen der Neuen Deutschen Forschungen von Hans R.G. Günther und Erich Rothacker als Band 118 herausgegeben wurde und in dem sich auch kurze Abschnitte zum Kindergarten finden lassen, kaum eine wirkliche wissenschaftliche Leistung, als vielmehr Zustimmung zu dem zuvor dargestellten sich wandelnden Aufgabenverständnis der Jugendwohlfahrt (vgl. Frauendiener 1937, 37).

der sich die Vertretung der Professoren dem NS-Regime andiente, indem man die „Wiedergeburt des deutschen Volkes" und die Erfüllung der eigenen Hoffnungen begrüßte. Ähnlich auch das „Bekenntnis der Professoren an den deutschen Universitäten und Hochschulen zu Adolf Hitler und dem nationalsozialistischen Staat" im November desselben Jahres, das z.B. von Bollnow, Blättner, Flitner oder Litt mit unterzeichnet wurde. Zwar reichte Spranger im April 1933 sein Demissionsgesuch ein, aber zugleich versicherte er Hitler seine ausdrückliche Ergebenheit, ungefragt und ungebeten (vgl. Langewiesche/Tenorth 1989, 135/136; Wehler 2003, 823).

Auch inhaltlich war vieles „vorbereitet" gewesen. Nicht nur bei Kritikern wie Ernst Krieck,[372] auch bei wohl etablierten Pädagogen fanden sich Konzepte wie ständisch-korporative Gesellschaftsbilder, antiliberales Denken, das „Völkische", Parlamentarismuskritik, Kritik von Liberalismus und Kapitalismus wieder, die dem nationalsozialistischen Denken nahe standen. Ebenso hatte man in der öffentlichen Erziehung auf autoritäre Strukturen und Leitbilder zurückgegriffen, autoritäre Lösungen von Problemen waren hier durchaus akzeptiert. Erziehungs- und bildungsgeschichtlich stellte die nationalsozialistische Diktatur keinen „Betriebsunfall" dar, vielmehr sind „nach Entstehung und Gestalt, Ideologie und Herrschaftstechnik [...] Kontinuitätslinien und Verbindungen mit der deutschen Geschichte ganz unübersehbar" (Langewiesche/Tenorth 1989, 21). Vorher propagierte Ideen und leitende Begriffe wurden nun oftmals distanzlos übertragen und nicht authentisch übernommen, was zu dem seltsamen Gemisch von reformpädagogischen Denkformen und nationalsozialistischen Bekenntnissen führte. Begriffe, die vor 1933 einen primär pädagogischen Sinn besessen hatten, gewannen nun neue und veränderte Gewichtungen, vor allem der Rassebegriff gewann an Bedeutung und veränderte die pädagogische Reflexion entscheidend. Selbst dort, wo Distanz vorhanden war, war doch auch eine Nähe nicht zu verleugnen.[373]

Für die Pädagogik der frühen Kindheit lassen sich nur wenige eigenständige Arbeiten finden, in diesen spiegeln sich jedoch die zuvor skizzierten Verhaltensweisen wieder. Zumindest in Ansätzen von Interesse ist *Kindergarten und Volksschule organisch verbunden* (1940), verfasst von Knoch/Mentz/Stricker und mit einer Einführung von Peter Petersen von diesem als zweiten Band der Reihe *Neue Forschungen zur Erziehungswissenschaft* herausgegeben. Für die hier vorliegende Arbeit ist diese Schrift allerdings weniger aufgrund ihres inhaltlichen Gehalts, als aufgrund der Vorgehensweise und Argumentation insbesondere Petersens von Interesse. Petersen hat auch einen Beitrag in der Sammlung *Der Dorfkindergarten als Erziehungsstätte* (1935), herausgegeben von Waldemar Döpel, publiziert. Dieser ist jedoch verglichen mit den anderen Aufsätzen im Ton deutlich zurückhaltender.

Inhaltliches Hauptthema stellte die Verbindung von Kindergarten und Schule dar, erneut wurde also die alte Frage nach der Verbindung von öffentlicher Kleinkinderziehung und Bildungswesen aufgegriffen. Interessant ist dabei vor allem, wie sehr die Ausdruckswei-

---

[372] Der sogar, als er nach einer eindeutig nationalsozialistischen Rede strafversetzt wurde, von Erziehungswissenschaftlern verteidigt wurde.

[373] Bestes Beispiel für die Gleichzeitigkeit von Nähe und Distanz, Kontinuität und Diskontinuität ist die Theorie und Pädagogik Peter Petersens.

se von Sprache und Denken des Nationalsozialismus geprägt ist. Beispielsweise heißt es: „Sie (die Erziehungsweise nach Fröbel, H.W.) führt in jedem Stück zu einer neuen Stufe deutscher Volks- und Nationalbildung: Sei deutsch! ein Deutscher! eine Deutsche! ein echter Deutscher! ‚Präge in der Deutschheit vollendete Menschheit aus! Dies ist also die einigende Erziehungsforderung!'" (Knoch/Mentz/Stricker 1940, X). Oder an anderer Stelle: „Fröbel dachte und wirkte niemals mit dem Blick auf Teilfragen, auf Klasseninteressen oder Machtinteressen bestimmter Volksteile bzw. Gruppen eines Volkes. Sein Denken und Sinnen und so auch sein ganzes Werk blickte immer auf das deutsche Gesamtvolk. In diesem Punkte blieb er soldatisch und führte er im Erziehungsbereiche den Freischärlerkampf weiter. Denn der echte Soldat steht immer in Arbeit und Kampf auf Wacht für sein ganzes Volk. [...] Nie hat Friedrich Fröbel parteipolitisch, stets nur nationalpolitisch gedacht" (ebd., XXVI/XXVII). So sprach Petersen auch von den „drei Frontsoldaten" (Fröbel, Middendorff, Langethal) (vgl. ebd., XXXI) und hoffte, dass ein „neues Volksbewusstsein und eine darauf begründete neue Volkserziehung" (ebd., V) kommen werde.

Petersen rechtfertigte, warum der Kindergarten nicht zum Bildungswesen gehöre. Er sei „grundsätzlich eine Einrichtung der *Jugendwohlfahrt*" (Knoch/Mentz/Stricker 1940, XXIX), ohne mit einer Bewahranstalt gleichgestellt zu sein oder im Sozialfürsorgerischen aufzugehen. Aber es sei gut, dass der Kindergarten aus dem Blickfeld der Schule verschwunden sei, weil er so vor „Verschulung" und Verkopfung" bewahrt und die pädagogische Eigenart Fröbels zumindest ansatzweise erhalten bleibe. Vermutlich ist diese Aussage weniger als Anpassung an die grundsätzliche nationalsozialistische Feindschaft gegenüber allem Intellektuellen, sondern als Ablehnung einer Verschulung des Kindergartens zu verstehen. Mit der Volksschule müsse jedoch ein echter Fröbelkindergarten verbunden sein, wie auch die Schule derart umgestaltet werden müsse, „daß der Geist reiner Fröbelscher Erziehungswissenschaft (und damit dann auch der des echten Pestalozzi) die ganze Schule durchdringt" (ebd., XLI). Die Schule sollte sich also verstärkt an der Kindergartenpädagogik Fröbels orientieren.

Auch in den übrigen Beiträgen finden sich wohlwollende Aussagen zum Nationalsozialismus, denn er habe „eine grundlegende Wandlung geschaffen vom egozentrischen Individualismus zur selbstverständlichen Dienstbereitschaft an Volk und Vaterland, von persönlicher Bequemlichkeit zu freudigem Bekenntnis zum Kind" (Knoch/Mentz/Stricker 1940, 66). Im Gegensatz zu der ansonsten üblichen starken Betonung der körperlichen Erziehung, betonte Knoch in ihrem Artikel jedoch, dass die Aufgabe des Kindergartens in der „möglichst allseitigen Stärkung des kindlichen Wesens" (ebd., 81) liege und deshalb neben der körperliche Entwicklung auch die intellektuelle und soziale Entwicklung (vgl. ebd., 93-118) gefördert werden müsse. Gerade letzteres sei wichtig. Auch dort, wo die Familienerziehung noch in Ordnung sei, habe der Kindergarten „das Kind vom leicht sich bildenden Familienegoismus zur Einordnung in die Gemeinschaft anderer Kinder zu führen" (ebd., 81). Wiederum, so ist dies zumindest interpretierbar, wurde mit der „Gemeinschaft" einer der zentralen Begriffe nationalsozialistischer Weltanschauung aufgegriffen.

Eine Annäherung an die NS-Erziehungsideologie zeigt sich auch an dem von Heinrich Webler herausgegebenen Handbuch *Die Kindertagesstätten. Handbuch der Jugendhilfe*

(1942). Webler[374] war von 1943 bis 1945 Geschäftsführer des „Deutschen Vereins" (DV), der sich unter Polligkeits Führung ab 1933 inhaltlich am Nationalsozialismus ausgerichtet hatte. Hier arbeitete Webler eng mit Hermann Althaus, dem Vorsitzenden des DV, zusammen. Webler war SS-Obersturmbannführer und stand auch in engem Kontakt mit Klumker.
Unter Kindertagesstätten verstand Webler „die zusammenfassende Bezeichnung für alle die Einrichtungen, in denen Kinder tagsüber oder für einen Teil des Tages Aufnahme und die ihrem Alter entsprechende pflegerische und erzieherische Betreuung finden. Hierzu gehören vor allem *Krippen* für die Säuglinge und Krabbelkinder, *Kindergärten* für die Kleinkinder und *Horte* für die schulpflichtige Jugend" (Webler 1942, 1). Kindertagesstätten seien „selbständige Erziehungseinrichtungen" (ebd., 1), die im Rahmen der Jugendhilfe vorbeugende Arbeit leisten sollten. Auch im theoretischen Diskurs wurde demnach der gesundheitliche Aspekt besonders betont.
Aufgabe sei es, Gefährdungen für die Kinder zu verhindern und zugleich die Durchführung gesundheitlicher Aufgaben der Jugendhilfe zu ermöglichen. Die Beweggründe für die „Einweisung" könnten entweder sozialer Art (Wohnungsnot, außerhäusliche Erwerbsarbeit der Mütter oder Aufsichtslosigkeit) aber auch erzieherischer Art sein. Dazu zählte Webler die „einzigen Kinder", da ihnen Kameradschaft fehle und hier die Gemeinschaftserziehung besonders wichtig sei, er sah den Besuch aber auch zur Behebung von Erziehungsschwierigkeiten, bei Eheproblemen oder Krankheit der Eltern als notwendig an (vgl. Webler 1943, 1-4).
Insgesamt sprach Webler den Einrichtungen eindeutig einen sozialfürsorgerischen Charakter zu, auch wenn er eine erzieherische Aufgabe anerkannte. Entsprechend dürften auch die gesundheitlichen Aspekte innerhalb der Erziehung nicht vergessen werden (vgl. Webler 1942, 17/18). Insgesamt besäße der Kindergarten gegenüber der Familie nur eine Hilfsstellung und „entsprechend seiner Aufgabe, die *Familie zu ergänzen*, muß der Kindergarten an Pflege, Erziehung und Betreuung alles das bereitstellen, was dem Kind daheim nicht geboten werden kann" (ebd., 19). Auch müsse sich „die *erzieherische Führung* im Kindergarten [...] nach Art der Familienerziehung" (ebd., 20) ausrichten und es sollte keine schulmäßige Belehrung stattfinden.
Weblers Nähe zum Nationalsozialismus zeigt sich in der Befürwortung der ausdrücklichen Betonung von Körperpflege und Ernährung (vgl. Webler 1942, 19/20), hierbei verwies er auf Benzing. Die Kinder sollten „durch körperliche Ertüchtigung, Charakterbildung und Willensschulung zunächst unmerklich, dann zunehmend bewusster zur Haltung und Leistung im Sinne des Nationalsozialismus hingeführt werden" (ebd., 21). Aufgabe sei „die Weckung der Begeisterung für das Vaterland und seine Führung", auch dies müsse „die Erziehungsarbeit im Kindergarten" (ebd., 21) bestimmen. Die öffentliche Kleinkinderziehung sei deshalb auch Aufgabe der NSV, diese sei „im Rahmen der allgemeinen Menschenführungsaufgabe der Partei" (ebd., 31) zuständig.
Auch wenn Webler moderater in seinem Ton verfuhr als seine Zeitgenossen, Erziehung und Bildung in der öffentlichen Kleinkinderziehung haben für ihn die Aufgabe, die Kinder im Sinne des Nationalsozialismus aufwachsen zu lassen. So sollten dann auch die

---

[374] Webler war promovierter Jurist und Schüler Klumkers. 1933 trat er der NSDAP bei, 1939 beantragte er die Aufnahme in die SS. Ungeachtet dessen erhielt er 1963 das Bundesverdienstkreuz.

Kinder, die in den Schulkindergärten oder Sonderkindergärten das Ziel der Schul- oder zumindest Sonderschulfähigkeit nicht erreichen, „möglichst rechtzeitig ausgesondert werden aus der Gemeinschaft der gesunden Jugend, für die sie eine Gefahr und Belastung bedeuten" (Webler 1942, 49) – eine Aussage, die nicht allein aus heutiger Sicht bedenklich erscheint.

Fazit: Mit der Machtergreifung des Nationalsozialismus wurde die gerade begonnene theoretische Auseinandersetzung mit Fragen der kindlichen Entwicklung und einer geeigneten Kleinkindpädagogik jäh beendet. Der zuvor facettenreiche theoretische Diskurs lieferte nun keine nennenswerten Beiträge mehr. Frühkindliche Bildung und Erziehung ist als Thema während der Zeit des Nationalsozialismus so gut wie nicht zu finden, es gibt kaum entsprechende Arbeiten, die inhaltlich zudem dürftig sind.
In den wenigen Texten ist jedoch eine Annäherung an die NS-Erziehungsideologie zu erkennen, bestes Beispiel ist Weblers Handbuch. Nationalsozialistisches Gedankegut wurde mehr oder weniger bedenkenlos übernommen, die Frühkindpädagogik passte sich ebenso wie andere Gebiete an die neuen Vorgaben an. Insgesamt kann jedoch für diesen Diskurs nicht von eigenen Vorstellungen frühkindlicher Bildung und Erziehung gesprochen werden.

3. Fazit: Bildung und Erziehung in der öffentlichen Kleinkinderziehung im Nationalsozialismus

Für die zwölf Jahre der NS-Diktatur gilt, dass die öffentliche Kleinkinderziehung nicht grundlegend aufgewertet und die allgemeine Bildungsfunktion der Kindergärten nicht hervorgehoben wurde. Dies hätte auch der eigentlichen NS-Familienideologie widersprochen. Die Kindergärten behielten ihren sozialfürsorgerischen Charakter bei, während zugleich die intellektuelle Erziehung bzw. allgemeine Bildung entsprechend der nationalsozialistischen Erziehungsideologie weniger wertgeschätzt wurde.

Allerdings sind diese Tendenzen nicht unbedingt mit einer grundsätzlichen Abwertung der öffentlichen Kleinkinderziehung gleichzusetzen. Zum einen wurde der quantitative Ausbau ermöglicht, zum anderen den Kindergärten eine gewachsene Bedeutung zugeschrieben. Diese bezog sich allerdings nicht auf genuin pädagogische Aspekte. Vielmehr wurden die Kindergärten als eine Möglichkeit der frühzeitigen Erfassung und Beeinflussung der Kinder angesehen, weshalb der Staat über die NSV auf die inhaltliche Ausrichtung der Einrichtungen Einfluss zu nehmen versuchte: Die frühkindliche Erziehung sollte nationalsozialistisch werden.

Neben Betreuung galt weiterhin Erziehung als Aufgabe der Kindergärten. Unverändert wurde auf die Begriffe der Erziehung, aber auch Bildung zurückgegriffen, um die Aufgaben der Kindergärten zu definieren, wobei wiederum eindeutig der Erziehungsbegriff überwog. Insgesamt lässt sich dabei sowohl von Kontinuität als auch von Diskontinuität sprechen. Die traditionellen Termini wurden übernommen, zugleich aber neu gedeutet. Insgesamt lässt sich diskursübergreifend ein relativ einheitliches Erziehungsverständnis erkennen. Wurde nun von Erziehung gesprochen, war damit zunächst die körperliche Erziehung gemeint, verstanden als körperliche Stärkung und Gesundheitspflege. Dieses Denken war keineswegs neu, derartige Tendenzen hatte es bereits zuvor gegeben und waren sowohl im Denken, als auch der praktischen Gestaltung wirksam gewesen. Nun wurde dieser Aspekt jedoch stärker betont und vor allem nationalsozialistisch gedeutet. Er stand nun nicht mehr in einem Zusammenhang mit der gesamten Entwicklung des Kindes, z.B. indem man die körperliche Erziehung bzw. Bewegung als grundlegende Voraussetzung und Form kindlichen Lernens angesehen hätte. Körperliche Erziehung meinte nun vielmehr die alleinige Förderung eines gesunden Körpers samt dazugehörender Abhärtung. Außerdem konnte Gesundheitspflege, auch diesen Aspekt hatte es ja zuvor bereits gegeben, nun immer auch rassistisch gedacht werden, d.h. sie sollte nur dem „gesunden" Volkskörper zugute kommen. „Erb- und rassehygienische" Konnotationen ergänzten dieses Verständnis nun.

Letzteres weist auf die zweite, auch von der Wertigkeit her gedachte Bedeutung von Erziehung hin, die komplementär zur körperlichen Erziehung verstanden wurde: die Charakterbildung. Hier findet sich der Bildungsbegriff wieder, wenn auch in neu gedachter Form. Charakterbildung, wie sie hier begriffen wurde, zielte allein auf die Übernahme der nationalsozialistischen Weltanschauung durch die Kinder ab. Sie verstand sich als strikte Vermittlung und zwar der Tugenden und Denkweisen, die der nationalsozialistischen Ideologie entsprachen. Verstärkt wurde deshalb auch auf eine geschlechtsspezifische und teilweise auch militärische Erziehung Wert gelegt. Ziel war die Anbin-

dung an das NS-Regime, die Loyalität gegenüber dem „Führer" und die spätere Bereitschaft, tatkräftig und für das Wohl der Gemeinschaft, d.h. im Sinne des Nationalsozialismus zu handeln.
Von untergeordneter Bedeutung war dagegen die intellektuelle Erziehung, die allgemeine Bildung. Sie war den beiden zuvor genannten Aspekten eindeutig nachgeordnet. Die selbsttätige Auseinandersetzung mit der Welt, deren Erforschen und Erkunden und die Verarbeitung der gemachten Erfahrungen – derartige Aspekte spielten eine nur geringe Rolle. Für Selbsttätigkeit blieb nur Platz, insofern sie den eigentlichen d.h. nationalsozialistischen Zielen diente. Das Spiel besaß im Grunde keine pädagogische Wertschätzung mehr, sondern sollte dabei helfen, den kindlichen Körper zu stärken und die entsprechenden Tugenden zu verinnerlichen. Spiele besaßen nun Ähnlichkeit mit sportlichen Wettkämpfen oder militärischen Übungen. Noch immer sollte das Kind in seiner Entwicklung unterstützt werden – nun jedoch nur noch insofern dies der nationalsozialistischen Weltanschauung und der Übernahme derselben diente.

Bildung und Erziehung wurden demnach zwar aufgegriffen, aber mit einer neuen inhaltlichen Bedeutung versehen. Gleichzeitig kann man jedoch von einer gewissen Kontinuität im Erziehungsverständnis sprechen, denn grundsätzlich wurde Erziehung unverändert als Einwirkung und Vermittlung verstanden, auch wenn dies nun weitgehend als Instrumentalisierung anzusehen ist. An das grundlegende Verständnis von Erziehung wurde demnach angeknüpft, die zuvor entwickelten Überlegungen bezüglich des frühkindpädagogischen Erziehungsbegriffs sind auch weiterhin wirksam gewesen.
Erziehung und Charakterbildung bedeutet in diesem Kontext Körper- und Willensschulung im nationalsozialistischen Sinn. Dieses Verständnis kann über sämtliche Diskurse hinweg als das dominierende gelten, auch der praktische Diskurs stellte keine Ausnahme dar. Nachgehend wurde hier die vorgegebene NS-Erziehungsideologie adaptiert, sowohl inhaltlich als auch argumentativ lässt sich eine große Übereinstimmung erkennen. Alternative Ideen finden sich dagegen ebenso wenig wie eine Kritik an diesem neuen Erziehungsverständnis. Wenn Kritik geäußert wurde, bezog sich diese auf die organisatorischen Gleichschaltungsversuche, nicht jedoch auf die neue inhaltliche Ausrichtung.
Um die fehlende Kritik angemessen einzuschätzen, ist jedoch zu berücksichtigen, dass sich sämtliche Diskurse immer nur unter dem totalitären Zugriff der NS-Diktatur vollziehen konnten. Die fehlende Kritik ist deshalb auch nicht mit einer grundsätzlichen Zustimmung gleichzusetzen. Die veröffentlichten Monographien können nur bedingt als repräsentativ gelten; sie sind, gerade innerhalb des praktischen Diskurses, vor allem Ausdruck derjenigen, die mit der NS-Ideologie konform gegangen sind. Kritik und alternative Erziehungsvorstellungen konnten dagegen kaum veröffentlicht werden. Dies heißt jedoch auch nicht unbedingt, dass mehrheitlich Kritik vorhanden geübt oder ausformuliert worden wäre und diese nur nicht veröffentlicht worden ist. Ebenso wenig sollte das Verstummen einzelner Personen grundsätzlich als eine Form inneren Widerstands missverstanden werden. Durchaus ist bei den verschiedenen Gruppierungen bereitwillige Anpassung zu erkennen, dies trifft sowohl auf den DFV als auch die konfessionellen Träger zu. Opportunismus war auch hier gegeben und auch das Feld der öffentlichen Kleinkinderziehung war keineswegs immun gegenüber nationalsozialistischem Gedankengut. Aufs Ganze gesehen lässt sich in sämtlichen Diskurse eine zuweilen bedenkliche

Nähe und die Bereitschaft erkennen, die NS-Erziehungsideologie oder zumindest das entsprechende Vokabular zu übernehmen. Hier unterscheidet sich die Frühkindpädagogik nicht von anderen gesellschaftlichen oder pädagogischen Kreisen.

Die traditionellen Begriffe der Bildung und Erziehung wurden demnach mit einer neuen inhaltlichen Bedeutung versehen. Wie aber hat sich dieses neue Verständnis auf die Realität ausgewirkt?
Es ist schwierig, den Alltag in den Einrichtungen während der Zeit des Nationalsozialismus zu beurteilen. Neben der grundsätzlichen Problematik der Einschätzung eines historischen Alltags kommt erschwerend hinzu, dass dieser vermutlich von den Zeitgenossen wie z.B. den Erzieherinnen sowohl während der Zeit des Nationalsozialismus als auch rückblickend verschönernd dargestellt wurde. Ebenso wenig kann auf die kindlichen Erinnerungen zurückgegriffen werden, da diese oft fremdebestimmt und nur wenig zuverlässig sind. Dennoch ist kaum anzunehmen, dass der Alltag derart nationalsozialismusfrei gewesen ist, wie dies anhand von Erinnerungen teilweise erscheint (vgl. Horn 2010). Hier sollte man sicher vorsichtig sein mit einer Einschätzung.
Insgesamt ist jedoch anzunehmen, dass Elemente nationalsozialistischer Erziehungsideologie die pädagogische Arbeit verändert haben. Dies traf sicherlich insbesondere auf die wachsende Zahl an Einrichtungen zu, die von der NSV getragen wurden, im Jahr 1942 immerhin beinahe 31.000 Einrichtungen mit Plätzen für an die 1,2 Millionen Kinder. Da auch die Aus- und Weiterbildung der Erzieherinnen nach nationalsozialistischen Vorstellungen umgestaltet wurde, wurde die alltägliche Arbeit sicherlich von der nationalsozialistischen Ideologie durchsetzt und das gilt auch für die konfessionellen Einrichtungen. Im Mittelpunkt des Alltags stand oftmals die körperliche Ertüchtigung, zusätzlich wurde auf regelmäßige Zahn- und Körperpflege, gesunde Ernährung, Abhärtung und viel Bewegung geachtet. Überwiegend herrschte ein autoritäres Gruppenklima, wie überhaupt die Tugenden der NS-Ideologie – Mut, Entschlossenheit, Härte etc. – wertgeschätzt und der Alltag nun verstärkt geschlechtsspezifisch ausgerichtet wurde.
Dennoch, da viele Kindergärten trotz der Gleichschaltungsversuche in konfessioneller Trägerschaft verblieben, wurde auch an der bisherigen Arbeit festgehalten. Auch gab es nicht genügend im nationalsozialistischen Sinn ausgebildetes Fachpersonal. Eine „reine" nationalsozialistische Erziehung dürften in vielen Einrichtungen deshalb kaum stattgefunden haben.

Der Versuch der Gleichschaltung wirft die Frage nach dem Einfluss, insbesondere des Staates, auf. Betrachtet man das Vorgehen des NS-Regimes und der NSV, dann fällt auf, dass über die gegebenen Möglichkeiten verstärkt versucht wurde, Einfluss auf die Einrichtungen zu nehmen, dies sogar mit größerem Nachdruck als in den Epochen zuvor und obwohl ein derartiges Vorgehen der eigentlichen Ideologie widersprach. Hier ist nach den Gründen zu fragen. Auf die Notwendigkeit der Ermöglichung weiblicher Erwerbstätigkeit als Erklärungsgrund für den Ausbau ist bereits verwiesen worden. Aber die versuchte Einflussnahme auf die inhaltliche Gestaltung zeigt auch: Die Kindergärten sollten nationalsozialistisch ausgerichtet sein.
Dieses Vorgehen entspricht sicherlich den umfassenden Ansprüchen eines totalitären Systems, es zeigt zugleich aber auch den Anspruch des Staates auf die öffentliche Klein-

kinderziehung. Eine andere Interpretation ist jedoch möglich. Anders als in den Epochen zuvor entsprach die Realität nur zu einem gewissen Teil dem staatlichen Verständnis von Erziehung. Erziehung und Charakterbildung wurden nun nationalsozialistisch gedacht, d.h. es gab eine neue Sprache von Bildung und Erziehung. Diese war aber nur bedingt in der Praxis zu finden, weshalb im Sinne der eigenen Vorstellungen auf Veränderungen gedrängt wurde. Die Praxis sollte sich den Ideen, der neuen Sprache von Erziehung angleichen und dies wurde wohl auch erreicht. Hier wären genauere Kenntnisse über den Alltag in den Einrichtungen notwendig, auch da die Abwehr des Zugriffs durch die konfessionellen Träger weniger aufgrund einer konsequenten Ablehnung des nationalsozialistischen Erziehungsverständnisses, als aus Gründen der Bestandssicherung geschehen ist.

Erneut zeigt sich jedoch, dass eine inhaltliche Gestaltung der vorschulischen Einrichtungen im Gegensatz zu den Vorstellungen des Staates nicht oder zumindest kaum möglich ist. Ebenso wird deutlich, über welch große Einflussmöglichkeiten der Staat verfügt – denn die von ihm gewollten Veränderungen haben stattgefunden und die Kindergärten sich in Richtung des nationalsozialistischen Erziehungsverständnisses hin gewandelt.

In welchem Verhältnis steht dieses Verständnis nun zu den Vorstellungen von Erziehung und Bildung, die sich in den vorherigen Epochen finden lassen? Sicherlich wurden beide Begriffe von zeitgenössischen und dies hieß nun der NS-Ideologie entsprechenden Strömungen geprägt. Jedoch wurde auch am „traditionellen Verständnis" festgehalten. Auch Bildung war zuvor als eine Art der Charakterbildung, wenn auch in sittlich-religiösem Sinne, gedacht worden. Ähnlich auch der Erziehungsbegriff. Wenn auch nationalsozialistisch interpretiert, wurde die grundlegende Funktion von Erziehung im vorschulischen Bereich nicht wesentlich neu gedeutet; Erziehung wurde auch weiterhin als Einwirkung und als Vermittlung verstanden.

In einem gewissen Sinne wurde demnach an die bisherigen Vorstellungen angeknüpft. Der Nationalsozialismus stellt jedoch insofern bezogen auf das frühkindpädagogische Denken einen eindeutigen Rückschritt dar, als die zuvor begonnenen Überlegungen keine Fortsetzung fanden und die vorherige Vielfalt eingeebnet wurde. Strömungen und Ideen, die zuvor anregend und bereichernd gewirkt hatten und auch weiterhin hätten wirken können, fanden in dieser Zeit ihr jähes Ende und sind vermutlich auch deshalb in Vergessenheit geraten, bestes Beispiel ist, allein aufgrund ihrer biographischen Herkunft, Käthe Stern und ihr erweitertes Montessori-System.

Auch weiterhin wurde jedoch auf Fröbel verwiesen und Fröbel sogar als Vorläufer nationalsozialistischer Pädagogik gedeutet. Dies ist aufschlussreich für das mittlerweile entwickelte Selbstverständnis der deutschen Frühkindpädagogik, wie auch den Umgang mit den eigenen Wurzeln. Fröbel war mittlerweile derart anerkannt, so sehr Tradition, dass es geradezu unmöglich war, eine institutionelle Kleinkinderziehung ohne ihn zu begründen. Jede ernsthafte Beschäftigung mit Fröbel macht es eigentlich unmöglich, ihn – ungeachtet der vielfältigen Interpretationsmöglichkeiten, die Fröbel bietet – als einen Vorläufer des Nationalsozialismus zu begreifen. Dass dies aber dennoch versucht wurde zeigt, wie wichtig Fröbel mittlerweile für das Selbstverständnis der öffentlichen Kleinkinderziehung war. Durch den Rückgriff auf Fröbel versuchte der Nationalsozialismus seine frühkindpädagogische Erziehungsideologie kindgemäßer erscheinen zu lassen und zu legitimieren. Man könnte auch sagen: Ohne eine Verweis auf Fröbel war dies nicht mehr möglich – so wenig die Einrichtungen in der Realität wie auch das nationalsozialistische Erziehungs- und Bildungsverständnis überhaupt den Vorstellungen Fröbels entsprochen haben.

V. Bildung und Erziehung in der Geschichte öffentlich veranstalteter Kleinkinderziehung

Geschichte, so wurde einleitend gesagt, ist immer „Selektion aus dem potentiell unbegrenzten Gebiet vergangener, erlittener oder betätigter Geschichten" (Kosseelleck 2006, 48). Sie bietet nur einen Ausschnitt der Vergangenheit, der sich aus dem Interesse an eben diese ergibt und im Rahmen dieser Arbeit stellt dies die Bedeutung von Bildung und Erziehung in der Geschichte öffentlicher Kleinkinderziehung in Deutschland von den Anfängen bis 1945 dar.
Unterschiedliche Fragestellungen wurden untersucht. Neben dem grundsätzlichen Stellenwert der institutionellen Frühkinderziehung, wurde insbesondere nach den in den Diskursen von Politik, Praxis und Theorie vertretenen Ideen von frühkindlicher Bildung und Erziehung gefragt. Dabei wurde Wert auf eine möglichst breite Vielfalt und nicht auf einzelne, ausgesuchte Konzeptionen gelegt. Nicht jedoch allein die Ideen, auch der Einfluss der Diskurse auf die tatsächliche Gestaltung der öffentlichen Kleinkinderziehung wurde analysiert; die Frage, welcher der drei Diskurse bzw. Teilbereiche derselben seine Vorstellungen hat durchzusetzen vermocht.
Insgesamt hat sich gezeigt, dies wurde bereits einleitend angesprochen, dass eine Unterscheidung in die drei genannten Diskurse mit gewissen Problemen verbunden ist. Gerade die Unterscheidung zwischen praktischem und theoretischem Diskurs hat sich als schwierig erwiesen. Für den hier untersuchten Zeitraum ist es schwierig, von einem eigentlichen theoretischen Diskurs zu sprechen. Dessen ungeachtet haben sich jedoch Erkenntnisse aus dem gewählten Vorgehen gewinnen lassen. Die Ergebnisse dieser Analyse werden nun zusammenfassend dargestellt. Darin eingebunden sind Anmerkungen zur Entwicklung des Selbstverständnisses öffentlicher Kleinkinderziehung und bevorzugter Traditionen. Abschließend werden einige wenige Überlegungen bezüglich der aktuellen Herausforderungen, vor die sich die öffentliche Kleinkinderziehung derzeit gestellt sieht, unter Berücksichtigung der Erkenntnisse dieser Arbeit gegeben.

Vorschulische Einrichtungen als „Bildungseinrichtungen"? Die Kindertageseinrichtungen müssen heute, so lautet die oft anzufindende Forderung, erst noch zu Bildungseinrichtungen werden. Aber haben sie einen derartigen Status jemals besessen oder sollten sie diesen wenigstens einnehmen? Wie „neu" ist eine derartige Forderung? Für den gesamten in dieser Arbeit untersuchten Zeitraum ist diesbezüglich festzuhalten, dass der öffentlichen Kleinkinderziehung zu keiner Zeit ein grundsätzlich bildender Charakter zugesprochen wurde: Die Einrichtungen galten nicht als Bildungseinrichtungen für alle Kinder. Ebenso wie sie in der Realität sozialfürsorgerische Einrichtungen waren, sollten sie dies der mehrheitlichen Meinung und insbesondere derjenigen der einflussreichen Interessengruppen nach auch sein. Zwar durchziehen die Geschichte Forderungen nach einer Zuordnung zum Bildungswesen und einer stärkeren Betonung der Bildungsfunktion und in diesem Sinne ist die heutige Forderung nach einem Wandel hin zur Bildungseinrichtung auch nur bedingt neu. Aber dies waren immer Außenseiterpositionen, denen zu jeder Zeit der staatliche Rückhalt gefehlt hat. Im Grunde gab es nur eine einzige realistische historische Möglichkeit, eine Zuordnung zum Bildungswesen samt ideeller Aufwertung und Hervorhebung der Bildungsfunktion zu erreichen. Diese wurde jedoch auf der Reichschulkonferenz und im Anschluss daran im RJWG weder wahrgenommen, noch war sie selbst zu diesem Zeitpunkt überhaupt mehrheitlich erwünscht. Die Entscheidung, die öffentliche Kleinkinderziehung „nur" dem Bereich der Wohlfahrt zuzuordnen, wurde gemeinsam gewollt, getroffen und auch getragen; eine Feststellung die für den gesamten untersuchten Zeitraum gültig ist.

Überhaupt sind die politischen Auseinandersetzungen über den Stellenwert der öffentlichen Kleinkinderziehung, von Weimar vielleicht einmal abgesehen, relativ ruhig verlaufen. Von den zum Teil kontroversen und hartnäckig geführten Diskussionen bezüglich der Entwicklung der Schulen ist hier nur wenig zu spüren. Der Staat hat sich auf diesem Gebiet weitaus weniger engagiert, vielmehr engagieren müssen, auch wenn diese anscheinende Zurückhaltung nicht als Desinteresse gedeutet werden sollte. Vielmehr musste er auf politischer Ebene gar nicht bzw. kaum kämpfen, um den erwünschten sozialfürsorgerischen Status der Einrichtungen durchzusetzen. Zum einen, weil er hierin von den einflussreichen Interessengruppen wie den konfessionellen Trägerverbänden unterstützt wurde. Zum anderen, weil die primäre Klientel, also die sozialen Unterschichten, kaum in der Lage oder aber auch daran interessiert gewesen sind, eine darüber hinausgehende Funktion oder Zuordnung zum Bildungswesen einzufordern. Diejenigen, die über die öffentliche Kleinkinderziehung nachgedacht und geschrieben haben, entstammten ja gerade nicht dieser Schicht. Es waren „Vertreter" der Kinder und Eltern, die aber durchaus andere Interessen bezüglich der Aufgaben der vorschulischen Einrichtungen verfolgen konnten und auch. Anders als z.B. bei höheren Schulwesen, waren es schließlich in der Regel nicht die eigenen Kinder, die auf einen Besuch angewiesen waren. Auch dies erklärt sicherlich, warum nur selten über die Zuordnung zum Bildungswesen gestritten und auch wirklich darum gekämpft wurde. Wenn eine derartige Forderung formuliert wurde, bezog sie sich eher auf die Einrichtungen für die bürgerlichen Schichten, die Kindergärten und wurde dann ja auch von den Mitgliedern dieser Schicht, zu denken ist an die Fröbelbewegung, formuliert.

Die Sprachen von Bildung und Erziehung: Mit dem grundlegenden Status als primär sozialfürsorgerische Einrichtungen ging auch eine entsprechende Zuschreibung der Funktion einher. Betreuung, ergänzt um Erziehung, nicht jedoch Bildung galt als primäre Aufgabe der vorschulischen Einrichtungen. Der Feststellung von Liegle, Bildung und Erziehung seien als Begriffe immer präsent gewesen (vgl. 2008, 88), ist aber dennoch in gewisser Weise zuzustimmen. Über Erziehung und Bildung diskutiert wurde zu jeder Zeit, nur stand der Aspekt der Bildung keineswegs im Vordergrund. Gerade die Bildungsfunktion wurde nicht betont und den Einrichtungen auch keine allgemeine pädagogische Bedeutung beigemessen. Ihre eigentliche Aufgabe wurde in der Betreuung und der Erziehung der Kinder gesehen.

Zu finden sind die Begriffe der Bildung und insbesondere der Erziehung jedoch. Wie in der Einleitung erläutert, ist es nicht einfach, einen derart langen Zeitraum und die sich darin findenden Ideen auf einige wesentliche Merkmale zu reduzieren. Eine derartige Verallgemeinerung ist problematisch, zu vielfältig und facettenreich verliefen die unterschiedlichen Diskurse. Aber es lassen sich doch übereinstimmende Tendenzen und Gemeinsamkeiten finden, wenn auch mit verschiedenen Schwerpunkten und Nuancen. Nimmt man eine zu Erkenntniszwecken bestimmte Reduzierung und Abgrenzung vor, lassen sich zwei große Sprachen von Erziehung und zum Teil auch Bildung erkennen, zwischen denen sich die spezifischen Vorstellungen bewegt haben. Auch wenn man sich der Vereinfachung bewusst sein sollte, das jeweilige Verständnis tritt derart umso deutlicher hervor, wie sich auch eine Landschaft und Hierarchie der Sprachen erkennen lässt. Diese gilt es im Folgenden darzustellen.

Für ein erstes Erziehungsverständnis ist grundsätzlich kennzeichnend, dass Erziehung zwar als Aufgabe der vorschulischen Einrichtungen angesehen wurde, nicht jedoch oder zumindest nur teilweise Bildung. Bildung war hier eindeutig von untergeordneter Bedeutung. Gerade anfänglich wurden die vorschulischen Einrichtungen deshalb auch primär durch den Aspekt der Betreuung begründet, auch wenn diese von Begin an um eine geeignete Erziehung ergänzt werden sollte. Eine allgemeinbildende Funktion wurde den Einrichtungen jedoch nicht zugesprochen. Diese Einschätzung findet sich in allen Epochen, auch wenn sich der sozialfürsorgerische Charakter zunehmend abschwächte und stattdessen die Erziehungsaufgabe betont wurde. Bildung wurde jedoch nur zum Teil zu den Aufgaben gezählt, teilweise ist sogar eine gewisse Skepsis gegenüber einem „Zuviel" an Bildung zu erkennen. So lässt sich auch ein sämtliche Epochen überdauernder Bildungsbegriff, der diesem Erziehungsverständnis zugeordnet werden könnte, nur bedingt finden. Auf die unterschiedlichen Bedeutungen von Bildung wird deshalb im Folgenden gesondert verwiesen.

Wie aber wurde Erziehung hier inhaltlich begriffen? Primär war damit die Vermittlung wünschenswerter Denk- und Verhaltensweisen gemeint, wünschenswert sowohl aus der Sicht der Träger, als auch des Staates – nicht jedoch unbedingt des Kindes. Dieses grundlegende Verständnis findet sich in mehreren Varianten, aber in seiner grundsätzlichen Funktion wurde Erziehung derart begriffen. Erziehung wurde als Einwirkung auf das Kind, als Vermittlung von Kenntnissen und Fertigkeiten verstanden. Einen hohen Stellenwert besaßen Disziplin, Gehorsam und Ordnung; Erziehung sollte den gewünschten Tugendkatalog und die als notwendig erachteten (Arbeits-)Fähigkeiten vermitteln.

Mit dieser Erziehung wurde lange Zeit ein schulähnlicher (Anschauungs-)Unterricht als geeignete Methode verbunden. Zwar lassen sich unterschiedliche Vorstellungen bezüglich des Inhalts, des Umfangs oder der Form etc. dieses Unterrichts finden. Aber dessen grundsätzliche Befürwortung stellte ein gemeinsames Merkmal dar, ungeachtet der Abgrenzung gegenüber dem eigentlichen Schulunterricht. Der Unterricht in den vorschulischen Einrichtungen sollte zwar anders als in den Schulen, dem Alter der Kinder angemessen, aber doch immer Unterricht sein. Weniger, anfänglich im Grunde sogar keinerlei pädagogische Bedeutung, wurde dagegen dem Spiel beigemessen. Es galt als geeignete Möglichkeit, angebliche sittliche Untugenden beim Kind wahrzunehmen und als Erholung, wenn es auch die körperliche und in Ansätzen auch die geistige Entwicklung unterstützen sollte. Aber darin wurde weder der primäre Aspekt des Spiels gesehen, noch das Spiel als eine grundlegende frühkindliche Form der Auseinandersetzung mit der Welt und somit als notwendige Grundlage kindlicher Entwicklung anerkannt. Aspekte wie z.B. das selbsttätige Erfahrungslernen der Kinder, das Erforschen und Ausprobieren oder die eigenständige Auseinandersetzung mit der Umgebung waren innerhalb dieser Überlegungen von nur geringer Bedeutung. Kenntnisse sollten überwiegend unhinterfragt übernommen und die erwünschten, oftmals arbeitsspezifischen Fertigkeiten teilweise geradezu eingeübt werden.

An diesem grundlegenden Verständnis wurde auch dann festgehalten, als gegen Ende des 19. Jahrhunderts nicht länger der Unterricht als angemessene Gestaltung des pädagogischen Alltags, anders gesagt Erziehung, begriffen wurde. Zunehmend wurde nun auch die pädagogische Bedeutung des Spiels von sämtlichen Gruppierungen und über die Diskurse hinweg gesehen und in dieses Verständnis von Erziehung integriert. Interessant ist dabei, dass gerade innerhalb des praktischen Diskurses von wichtigen Gruppierungen lange an dem Konzept des (Anschauungs-)Unterrichts festgehalten, während dies von staatlicher Seite schon früher abgelehnt wurde. Spätestens mit Beginn der Weimarer Republik galt dann der Unterricht in sämtlichen Diskursen als nicht mehr geeignet. Das Spiel wurde nun zunehmend pädagogisch wertgeschätzt, allerdings wurde ihm nun auch kaum noch eine allgemeinbildende Funktion zugesprochen. Es sollte zwar, wie auch die eigene und freie Tätigkeit des Kindes, mehr Raum einnehmen, mit dem Spiel wurde nun jedoch verstärkt das Einüben gewisser Fertigkeiten verbunden, während im Freispiel eine mehr oder weniger kindgemäße Beschäftigungsmöglichkeit gesehen wurde. So wurde auch weiterhin Wert darauf gelegt, die gewünschten Denk- und Verhaltensweisen zu vermitteln.

Aufschlussreich ist, wie dieses Verständnis von Erziehung entwickelt und begründet wurde. Weniger waren hier Überlegungen zum kindlichen Wesen, seiner Eigenart des Lernens und der Entwicklung leitend. Stattdessen wurden aus der aktuellen Lebenssituation der Kinder, der angeblichen sittlichen Verwahrlosung Ziele entwickelt, die von den Autoren als wichtig angesehen wurden. Derart wurde hier das Verständnis von Erziehung entwickelt. „Wichtig" wurde dabei aus der Sicht der Autoren bzw. der angestrebten Gesellschaft definiert, die meisten der Autoren entstammten ja nicht derselben Schicht wie die Kinder, welche die Einrichtungen besuchten. Weniger waren dabei grundlegende Überlegungen zur kindlichen Entwicklung leitend. Erziehung, wie sie hier verstanden wurde, sollte immer auch der Stabilisierung der gegebenen Gesellschaftsverhältnisse dienen. Mit Erziehung war gerade nicht Aufklärung, nicht die Befähigung zur selbstbestimmten Lebensführung gemeint. Erziehung besaß vielmehr eine gegenteilige Funktion. Nicht emanzipatorische Ziele wurden angestrebt, Erziehung wurde als Möglichkeit zur sozialen Disziplinierung der vor allem unteren sozialen Schichten und deren Eingliederung in die Gesellschaft verstanden.

Vertreter dieses Erziehungsverständnis lassen sich in allen drei Diskursen finden, insbesondere sind jedoch der Staat und auch die Mehrheit des praktischen Diskurses zu nennen. Natürlich ist es schwierig, *den* Staat als Akteur zu begreifen, zusätzlich wird dies durch die Eigenheit des deutschen Partikularismus erschwert. Es lassen sich außerdem

nur wenige Erlasse oder Gesetze finden, in denen explizit die inhaltliche Gestaltung und somit frühkindliche Erziehung oder gar Bildung definiert worden wäre. Aber der Staat steht fraglos, insbesondere wenn man sein Vorgehen innerhalb des politischen Diskurses einbezieht, für dieses Verständnis.
Bezüglich des theoretischen Diskurses gilt, dass eine wirkliche Pädagogik der frühen Kindheit im untersuchten Zeitraum nicht existiert hat, erst in Weimar ist es zu derartigen Anfängen gekommen. Gerade indem der theoretische Diskurs gesondert untersucht wurde, lässt sich gut erkennen, wie wenig ausgeprägt und auch ergiebig die Diskussionen hier weitgehend verlaufen sind. Oftmals, insbesondere bis zum Ende des Kaiserreichs und dann auch wieder während des Nationalsozialismus, fällt die starke Orientierung am politischen Diskurs auf, oder aber die inhaltliche Konkretisierung der Termini wurde aus dem konfessionellen Hintergrund gewonnen. Zumeist wurde sich aber auf die Deskription der öffentlichen Kleinkinderziehung beschränkt, Ausnahme ist wiederum Weimar. Ein eigenständiges, auf wissenschaftlichen Erkenntnissen oder eigenen Überlegungen basierendes Verständnis von frühkindlicher Erziehung oder Bildung wurde im Grunde jedoch nicht erarbeitet.

Von diesem grundsätzlichen Verständnis von Erziehung, so wurde bereits gesagt, lassen sich Varianten finden. Während der Anfänge der öffentlichen Kleinkinderziehung – hierfür stehen Wilderspin, Fliedner und Wirth, aber auch die Mehrheit des praktischen Diskurses, später dann die evangelische Kinderpflege und die katholische Kleinkinderpädagogik – wurde Erziehung vor allem als sittlich-religiöse Erziehung verstanden, zunächst unabhängig von einer speziellen Konfessionalität. Zum Teil wurde das Erziehungsverständnis geradezu auf diesen Aspekt reduziert. In diesem Zusammenhang findet sich ein Bildungsbegriff, der als Teilaspekt der gesamten Erziehung verstanden wurde: Denjenigen der sittlich-religiösen Erziehung, wofür auch der Begriff sittliche Bildung bzw. sittlich-religiöse Bildung verwendet wurde. Mit Bildung war demnach gerade nicht eine allgemeine Bildung, sondern eine sittlich-religiöse Charakterbildung gemeint, worunter die Verfestigung der gewünschten Tugenden im Kind zu verstehen ist.
Die starke Konzentration auf die sittlich-religiöse Erziehung durchzieht den gesamten untersuchten Zeitraum bis Weimar. In Weimar wurde dieser Aspekt nur noch von den konfessionellen Vertretern betont, dies jedoch stärker als zuvor. Erziehung wurde hier als eine konfessionell religiöse, d.h. evangelische oder katholische verstanden, die nun als einzig wahre Form von Erziehung begriffen wurde. Andere Gruppierungen haben dagegen zwar das grundlegende Erziehungsverständnis geteilt, dies allerdings ohne die stark religiöse Basis. Staat und auch der DFV verstanden Erziehung nun eher als Eingliederung in die Gesellschaft und soziale Disziplinierung, nicht aber mehr als Einführung in die Kirche. Ergänzt wurde dies nun um eine volksgesundheitliche Komponente, die ebenfalls zur Erziehungsaufgabe gezählt wurde. Unverändert aber wurde Erziehung als Vermittlung gewünschter Tugenden und Kenntnisse, wie auch als Vorbereitung auf das Arbeitsleben verstanden. Der Bildungsbegriff war dagegen in diesen Überlegungen so gut wie ohne Bedeutung.
Auch während der Zeit des Nationalsozialismus findet sich dieses grundsätzliche Verständnis, nun jedoch nationalsozialistisch uminterpretiert und „erbhygienisch" und „rassistisch" gedeutet. Erziehung bedeutete nun vor allem körperliche Ertüchtigung, ergänzt

um die Charakterbildung. Bildung als Begriff findet sich nur noch in diesem Zusammenhang, zugleich wurde jegliche allgemeine Bildung abgewertet. Ziel war die Übernahme von Tugenden und Verhaltensweisen, die der nationalsozialistischen Weltanschauung entsprachen. Unverändert wurde mit dem Erziehungsbegriff demnach eine Tätigkeit verbunden, die auf die Vermittlung gewünschter Tugenden abzielte, weshalb man bezogen auf die grundlegende Funktion auch nicht von einem grundsätzlich veränderten, sondern eher modifiziertem Erziehungsverständnis ausgehen kann.

Neben diesem erstem Verständnis gab es aber von jeher Überlegungen, die unter frühkindlicher Bildung und Erziehung etwas anderes verstanden haben, eine zweite Sprache. In diesen Kontexten wurde zunächst einmal grundlegend mehr Wert auf den Bildungsaspekt gelegt und die vorschulischen Einrichtungen nicht allein als sozialfürsorgerische, sondern auch als pädagogische wertvoll und für die kindliche Entwicklung bedeutsam angesehen. Grundsätzlich wurde ihnen ein höherer Stellenwert beigemessen.
Auf dieser Ansicht aufbauend wurde ein Verständnis von Erziehung vertreten, das – wiederum vereinfacht und unter Auslassung der spezifischen Merkmale der jeweiligen Konzeptionen formuliert – Erziehung als Anregung und Unterstützung kindlicher Entwicklung verstanden hat. Insgesamt findet sich hier verstärkt der Bildungsbegriff. Allerdings lässt sich weder innerhalb der einzelnen Diskurse, zum Teil nicht einmal innerhalb spezieller Gruppierungen, geschweige denn epochenübergreifend ein einheitliches Bildungsverständnis erkennen. Bildung konnte sich auch hier auf eine sittliche Charakterbildung beziehen. Zumeist wurden damit jedoch Aspekte der kindlichen Entwicklung, der Eigenaktivität des Kindes und seiner Auseinandersetzung mit der Welt verbunden und in diesem anderen Verständnis von Bildung liegt ein Unterschied zu den bisher deutliche gemachten Vorstellungen.
Auch bezüglich der geeigneten Umsetzung dieser Erziehung sind deutliche Unterschiede zu erkennen. Nicht ein wie auch immer gearteter Unterricht, sondern das Spiel galt als kindgemäß oder bei Montessori die Beschäftigung mit den Materialien. Nicht dem Unterricht wurde eine entwicklungsfördernde Funktion zugesprochen, sondern dem Spiel, der selbsttätigen Auseinandersetzung mit der Umwelt. Grundsätzlich wurde hier verstärkt über die Eigenart kindlichen Denkens und kindlicher Entwicklung nachgedacht und derart auch die Begriffe der Bildung und Erziehung definiert, auch wenn sich Elemente aus dem zuvor skizzierten Erziehungsverständnis, insbesondere bezüglich der sittlichen Erziehung, integrieren ließen. Aber auch diese Aspekte wurden aus dem angeblichen Wesen des Kindes abgeleitet, ein Beispiel dafür sind Marenholtz-Bülows Überlegungen.
Derartige Vorstellungen gab es im Grunde in jeder Epoche, eine Ausnahme stellt allein der Nationalsozialismus dar, vermutlich bestand hier jedoch auch einfach keine Möglichkeit zur Publikation entsprechender Ansichten. Für die Anfangszeit steht vor allem Fröbel, in Ansätzen auch Fölsing, später finden sich solche Überlegungen innerhalb der Fröbelbewegung und während der Weimarer Jahre bei Montessori oder dem Bund entschiedener Schulreformer.
Aber dies waren zu ihrer Zeit immer nur Außenseiterpositionen, ungeachtet der Aufmerksamkeit, die Fröbel oder Montessori heute erfahren. Über Einfluss und auch Möglichkeit zur Umsetzung haben der Staat, wie auch die großen Trägergruppierungen ver-

fügt. Anfänglich können weder Fröbel, noch die Fröbelbewegung zu diesen gezählt werden. In dem Moment aber, in dem sich die Fröbelbewegung zu etablieren begann, wurde auch hier verstärkt Wert auf eine sittliche (Arbeits-)Erziehung bzw. auf den Aspekt der sozialen Eingliederung gelegt. Dies gilt vielleicht weniger für die Fröbelbewegung als Ganzes, als für diejenigen Vertreter, die als *die* Fröbelbewegung wahrgenommen wurden und einflussreich gewesen sind. Auch der DFV, spätestens ab Weimar der maßgebliche Verband auf dem Gebiet der öffentlichen Kleinkinderziehung, hat diese Position geteilt, ungeachtet der Verweise auf Fröbel und dessen pädagogisches Konzept.

Die Verwendungsweise und Genese der Begriffe der Bildung und Erziehung: Bevor auf den Einfluss der Ideen auf die Realität eingegangen wird, gilt es nach der Verwendungsweise und Genese der Termini zu fragen.

Bezüglich der Verwendungsweise der beiden Termini ist zu konstatieren, dass beide Begriffe nur bedingt systematisch oder einheitlich verwendet wurden. Dies trifft auf sämtliche Epochen zu. Eine die Diskurse übergreifende einheitliche Verwendung ist am ehesten noch für die Zeit des Nationalsozialismus zu erkennen, was jedoch eher in der erzwungenen Homogenität, als in einer Einigung über die inhaltliche Bedeutung der Begriffe begründet liegt. Ansonsten stellt gerade die undifferenzierte Verwendung der Termini Bildung und Erziehung keine Seltenheit dar. Eine inhaltliche Abgrenzung der beiden Begriffe war oft nicht gegeben, Bildung und Erziehung wurden zuweilen synonym verwendet. Auch konnte ein- und derselbe Begriff Unterschiedliches meinen, sowohl innerhalb einzelner Gruppierungen, als auch bei einem Autor. Insgesamt, so lässt sich festhalten, wurde zumeist nur wenig über die genaue inhaltliche Bedeutung der beiden Begriffe nachgedacht; Bildung und Erziehung wurden nicht mit der begrifflichen Schärfe, wie sie heute in großen Teilen der Pädagogik der frühen Kindheit anzutreffen ist, verwendet und es wurde auch kein besonderer Wert auf diese Differenzierung gelegt. Wichtiger als eine genaue Abgrenzung der beiden Begriffe war den Autoren das beiden Termini zugrunde liegende, umfassendere Verständnis.

Weitaus seltener wurde auf den Bildungsbegriff zurückgegriffen, um die Aufgaben der öffentlichen Kleinkinderziehung zu umschreiben oder zu definieren. Am ehesten wurde noch in den alternativen Überlegungen versucht, den Bildungsbegriff zu nutzen, ansonsten hat der Erziehungsbegriff dominiert. In dem eine Epoche dominierenden Verständnis spielte der Begriff der Bildung dagegen eine eindeutig untergeordnete Rolle. Auch dies macht noch einmal deutlich, dass die vorschulischen Einrichtungen nicht als Bildungseinrichtungen begriffen wurden.

Nimmt man, wie in dieser Arbeit geschehen, zu Erkenntniszwecken eine Reduzierung der Vielfalt und Vereinfachung der unterschiedlichen Ideen vor, kann man bezüglich der grundsätzlichen Vorstellungen von frühkindlicher Bildung und Erziehung von einer recht hohen Konstanz sprechen. Große Wandel in den Vorstellungen hat es nur bedingt gegeben, am ehesten noch stellte der Nationalsozialismus einen Einschnitt dar, wobei auch hier am grundsätzlichen Verständnis angeknüpft wurde. Die Epochen übergreifend lassen sich zwei große Sprachen von Bildung und Erziehung erkennen. Für das Verständnis von Erziehung als Einwirkung und Vermittlung gewünschter Denk- und Verhaltensweise lässt sich ergänzend ein Bildungsbegriff finden, der Bildung als Teil von Erziehung, als sittlich-religiöse oder nationalsozialistische (Charakter-)Bildung gedacht hat. Dem gegenüber steht ein Verständnis von Erziehung, dass diese als Anregung und Unterstützung der kindlichen Entwicklung begriffen hat, wobei für den Aspekt der kindlichen Entwicklung auch von Bildung gesprochen wurde. Zwischen diesen beiden Polen, diesen beiden Sprachen haben sich die Vorstellungen bewegt, wobei eindeutig eine Tendenz hin zum ersten Verständnis für sämtliche Diskurse festzuhalten ist.

Zum Zusammenhang von Ideen und Realität: Wie aber zeigt sich die Realität gegenüber diesen Vorstellungen? Noch weniger als sie dies den jeweiligen Überlegungen nach überhaupt sein sollten, sind die vorschulischen Einrichtungen in der Realität Bildungseinrichtungen gewesen. Sie galten als und waren auch sozialfürsorgerische Einrichtungen. Entsprechend nahm die Vermittlung des Tugendkatalogs in sämtlichen Epochen, ungeachtet der später anzutreffenden größeren Wertschätzung des kindlichen Spiels, eine wichtige Rolle ein. Gemeinsam mit der Vorbereitung auf das spätere (Arbeits-)Leben hat dieser Aspekt den Alltag geprägt. Bildungseinrichtungen im Sinne einer Anregung und Förderung der individuellen Entwicklung sind die vorschulischen Einrichtungen nicht gewesen und konnten es aufgrund der gesamten Rahmenbedingungen auch gar nicht sein. Einrichtungen, die als tatsächliche Bildungseinrichtungen angesehen werden könnten, sind gerade in der Realität immer marginal geblieben und haben einen nur verschwindend geringen Teil der Einrichtungen ausgemacht. Auch die wachsende Verbreitung des (Volks-)Kindergartens widerspricht dem nicht, denn auch diesem lag kein wirklich allgemeinbildender Charakter zugrunde. Zunehmend rückte auch hier das Einüben spezifischer Fertigkeiten in den Mittelpunkt, wie auch eine sittliche Erziehung mit dem Ziel der Eingliederung in die Gesellschaft umgesetzt wurde.

Fragt man nach dem Einfluss der Diskurse, lässt sich die Epochen übergreifend der große Einfluss des Staates erkennen. Die anfänglich aufgestellte diesbezügliche Vermutung kann demnach durchaus als bestätigt angesehen werden. Die vorschulischen Einrichtungen entsprachen in der Realität weitgehend den Vorstellungen, wie sie von staatlicher Seite gewünscht waren. Dem Staat widersprechende Überlegungen haben dagegen kaum oder sogar keine Umsetzung in der Praxis gefunden, ungeachtet des anscheinend nur geringen staatlichen Interesses an diesem Bereich. Zu jeder Zeit hat der Staat über Möglichkeiten verfügt, die Gestaltung und Entwicklung der vorschulischen Einrichtungen zu kontrollieren und seiner Sprache von Erziehung und Bildung zur Umsetzung zu verhelfen. Veränderungen im staatlichen Erziehungsverständnis, ein Beispiel ist der große Stellenwert von Hygiene und Gesundheit, der während der Weimarer Jahre mit dem Erziehungsbegriff verbunden wurde, haben immer auch zu Veränderungen in der Realität geführt. Gerade das verstärkte Engagement des Nationalsozialismus lässt sich auch in diesem Sinn begreifen. Hier entsprach die Realität zwar nur in Ansätzen dem nationalsozialistischen Erziehungsverständnis, aber auf entsprechende Veränderungen in der Praxis wurde von Seiten der Partei und der NSV gedrängt und diese so auch bewirkt. In den nur wenigen Jahren ist es dem Staat so durchaus gelungen, seine Erziehungsideologie in den Alltag der Kindergärten einfließen zu lassen.
Veränderungen, so könnte man sagen, wurden demnach nicht primär durch die Praxis, sondern durch den Staat bzw. in seinem Sinne bewirkt. Auch deshalb sind die Bestrebungen, die an der Hervorhebung des Bildungsaspekts im Sinne einer allgemeinen Bil-

dung interessiert waren, ohne größeren Einfluss auf die Realität geblieben. Ihnen fehlte ganz einfach die politische Unterstützung, dies macht der Blick auf die Historie deutlich. So sind z.B. die anregungsreichen Überlegungen des theoretischen Diskurses während Weimar aus diesem Grund weitgehend wirkungslos geblieben und auch die Überlegungen eines Friedrich Fröbel blieben, solange sie nicht den staatlichen Vorstellungen entsprachen oder sogar abgelehnt wurden, ohne wirklichen Einfluss auf die Gestaltung der Praxis.

Bei der Umsetzung seines Erziehungsverständnisses war der Staat jedoch auf die Praxis angewiesen. Vergleicht man beide Diskurse, fällt die Übereinstimmung zwischen dem politischen und praktischen Diskurs auf, insbesondere bezüglich der Vorstellungen, die als die dominierenden gelten können. Besonders deutlich trifft dies sicherlich auf die Zeit des Nationalsozialismus zu, aber auch zuvor ist eine Nähe zu konstatieren. Natürlich gab es immer davon abweichende, alternative Ideen, aber gerade von den großen und einflussreichen Gruppierungen des praktischen Diskurses wurden die staatlichen Vorstellungen grundsätzlich geteilt. Keineswegs haben hier andere Überlegungen dominiert, vielmehr wurde das staatliche Verständnis mitgetragen. Hier hat der Staat die notwendige Hilfe gefunden und nur deshalb konnte er überhaupt auf ein verstärktes Engagement verzichten. Keineswegs musste sich der Staat gegen alternative Vorstellungen aus der Praxis durchsetzen, sie geradezu erzwingen. Der Staat als unbarmherzige Größe, welche die eigenen Vorstellungen gegen eine sich dagegen wehrende und um eine bessere Gestaltung wissende Praxis durchgesetzt hat – ein derartiges Bild wird der Geschichte der öffentlichen Kleinkinderziehung ganz sicher nicht gerecht. Auch die Praxis hat dieses Verständnis von Erziehung mitgetragen und vor allem umgesetzt, ihm zur Realität verholfen. Positionen, die mehr Wert auf Bildung gelegt haben, waren auch hier in der Minderheit.

Das historische Verständnis von Bildung und Erziehung im Vergleich mit der aktuellen Bildungsdebatte in der Frühkindpädagogik: Wie zeigt sich nun das historische Bildungs- und Erziehungsverständnis verglichen mit den Ideen, die aktuell diskutiert werden? Interessant ist eine derartige Gegenüberstellung nicht deshalb, weil eine gleiche inhaltliche Verwendung der Begrifflichkeiten erwartet werden kann oder dies überhaupt notwendig erscheint. Aber gerade mit Blick auf das Vergangene tritt doch das Neue und Innovative der aktuellen Debatte[375] umso deutlicher hervor.

Aktuell werden Bildung und Erziehung von einer Vielzahl an Autoren, an dieser Stelle ungeachtet der jeweiligen Akzentuierungen, als komplementäre Begriffe verstanden. Bildung, so Liegle, bezieht sich dabei auf „die im Menschen angelegte Fähigkeit, ein ‚Bild' von der Welt aufzubauen (zu ‚konstruieren'), sich die physische und geistige Welt anzueignen, den Dingen Sinn und Bedeutung zu verleihen" (2008, 95). Bildung wird in diesem Sinne als selbsttätiger Prozess der Weltaneignung verstanden und zielt als Begriff auf die Bildungsprozesse der Kinder, nicht jedoch auf ein wie auch immer geartetes Ergebnis oder eine Tätigkeit des Erziehenden ab (vgl. Andres/Laewen 2006, Liegle

---

[375] Diese kann hier nur sehr verkürzt dargestellt werden. Es werden vor allem auf die Überlegungen eingegangen, die sich nach Ansicht des Autors als am sinnvollsten, insbesondere auch für die praktische Gestaltung, erwiesen haben. Andere Ideen, wie sie sich z.B. bei Fthenakis finden lassen, werden nicht berücksichtigt.

2008). Bildungsprozesse werden hier – eine Ansicht, die auch von aktuellen Forschungsergebnissen verschiedener Wissenschaften geteilt wird – als Aneignungsprozesse begriffen, die sich auf die Wahrnehmung des Kindes von sich selbst und seiner dinglichen und personellen Umwelt stützen und zur „Konstruktion einer inneren Welt" (Andres/Laewen 2006, 30) führen, einem Modell von sich selbst und der Welt. Aneignung bedeutet demnach nicht Abbildung und die Übernahme von etwas schon Fertigem, sondern Neukonstruktion auf der Grundlage der kindlichen Erfahrungen. Das Kind konstruiert sich, so wird hier übereinstimmend festgehalten, aktiv ein Bild, das mehr ist als ein bloßes Abbild der Umwelt (vgl. Andres/Laewen 2006, 30/31; Liegle 2008, 97). In einem viel stärkeren Maße als beim Erwachsenen, so Schäfer, ist diese Konstruktionsleistung, dieses Lernen des Kindes, ein Erfahrungslernen – „Bildung aus erster Hand" (2008, 66): Eine Aktivität, die von niemand anderem als den Kindern selbst übernommen werden kann. Frühkindliche Bildung wird in diesem Sinne als Selbstbildung verstanden, auch wenn diese im sozialen Kontext stattfindet und einen „Stoff" braucht, an dem sie sich vollziehen kann (vgl. Laewen/Andres 2002b, 38ff. Liegle 2008, 97; Schäfer 2005).

Erziehung als Begriff bleibt innerhalb dieser Überlegungen aber von Bedeutung. Bildung als Aneignungstätigkeit braucht die unterstützende und stimulierende Vermittlung von Seiten der Umwelt, sprich Erziehung. Die kindlichen Bildungsprozesse, die zwar nicht von Außen erzwungen werden können, müssen aber ermöglicht, unterstützt und angeregt werden, so wird immer wieder gefordert (vgl. Liegle/Treptow 2002a, 14). Denn die Kinder sind auf eine die Entwicklung fördernde Umwelt und somit auf Erziehung angewiesen. Erziehung muss sich demnach zwar darauf einstellen, dass Bildung immer Selbstbildung ist, aber ihr wird auch weiterhin Notwendigkeit und Bedeutung zugesprochen, auch wenn sie diesem Verständnis folgend nicht als „Teil eines Zwangssystems zur Domestizierung von Kindern" (Andres/Laewen 2006, 33) verstanden werden darf.

Bildung und Erziehung werden demnach aufeinander bezogen und derart lässt sich Erziehung als „angemessene Reaktion auf die Tatsache der Selbstbildung" (Liegle 2006, 99) begreifen. Versteht man, wie es hier geschieht, in der Aneignung von Welt die Konkretisierung des Bildungsbegriffs, dann steht dem gegenüber der Erziehungsbegriff als Anregung aller Kräfte eines Menschen. Während Bildung die Aneignungstätigkeit des Kindes meint, bezieht sich Erziehung auf die Vermittlungstätigkeit (vgl. Liegle 2008, 99). Erziehung, so Liegle, ist „Aufforderung zur Selbsttätigkeit" (ebd., 100) oder anders ausgedrückt „Aufforderung zu Bildung" (ebd., 100).

Ein derartiges Bildungs- und Erziehungsverständnis lässt sich zwar in der Geschichte der öffentlichen Kleinkinderziehung durchaus und auch zu jeder Zeit finden, aber es hat niemals dominiert. Ebenso wenig haben derartige Vorstellungen die Gestaltung der vorschulischen Einrichtungen in einem entscheidenden Maße bestimmt. Hart ausgedrückt könnte man sogar behaupten, dass das aktuelle Verständnis von Bildung und Erziehung eher in einem offensichtlichen Widerspruch zur eigenen Geschichte steht – schließlich soll Erziehung heute gerade nicht als Vermittlung, sondern als Anregung und Unterstützung der kindlichen Entwicklung, eben seiner Bildung verstanden werden.

Es ist deshalb auch fraglich, ob es sinnvoll ist von einer Bildungstradition der öffentlichen Kleinkinderziehung zu sprechen, die bis in die Anfänge zurückzuführen ist, zumindest in dem Sinne, dass die vorschulischen Einrichtungen als Bildungseinrichtungen angesehen worden wären oder gar solche gewesen sind. Dennoch wird genau dies zum Teil suggeriert. Eine an prominenter Stelle gemachte Aussage wie im *12. Kinder- und Jugendbericht*, dass Deutschland über eine „gut 200-jährige Tradition in der institutionellen Bildung, Betreuung und Erziehung von Kindern im frühen Kindesalter" (12. Kinder- und Jugendbericht, 248) verfüge, in der Bildung als Aufgabe an die erste Stelle gesetzt wird, erweckt genau diesen Eindruck – ungeachtet der späteren und auch der Historie durchaus gerecht werdenden Relativierungen, die im Bericht folgen. Ebenso wird dort auch mit einem Verweis auf Fröbel und die Ausbreitung des Kindergartens davon gesprochen, dass sich das Früherziehungskonzept des Fröbel'schen Kindergartens in der zweiten Hälfte des 19. Jahrhunderts in Deutschland ausgebreitet habe. Zwar wird auch diese Behauptung nur wenig später relativiert, aber es entsteht doch ein Eindruck, als sei die öffentliche Kleinkinderziehung in Deutschland vor allem von Fröbel geprägt gewesen (vgl. ebd., 248). Ein derartiges Beispiel steht nicht allein. So findet sich in einer Einleitung zur Pädagogik der frühen Kindheit eine Aussage, wonach die meisten pädagogischen Ansätze dem Zweck dienen würden, die „Bildung von Kindergartenkindern zu ermöglichen" (Fried/Dippelhofer-Stiem/Honig/Liegle 2003, 55), was mit der Geschichte des Kindergartens zusammenhänge, wobei zusätzlich auf Fröbel verwiesen wird. Derartige Beispiele können als exemplarisch gelten. Insgesamt wird so oftmals der Eindruck erweckt, Bildung habe nicht nur immer schon als Aufgabe der öffentlichen Kleinkinderziehung gegolten, sondern sei auch entsprechend umgesetzt worden.

Jedoch erscheint die Behauptung, die öffentliche Kleinkinderziehung in Deutschland verfüge über eine „Bildungstradition" als unangemessen, zumindest beschönigend. Auch wenn von jeher über frühkindliche Bildung und Erziehung nachgedacht wurde, eine Geschichte der öffentlichen Kleinkinderziehung, welche Fröbel als *den* Repräsentanten darstellt oder verstärkt auf den Aspekt der Bildung verweist, wird der eigenen Vergangenheit nur bedingt gerecht. Fröbels Verständnis von Bildung und Erziehung (und Pflege) steht ebenso wenig für seine Zeit, wie die Kindergärten als typische Einrichtungsform gelten können. Fragt man tatsächlich nach den „Urvätern" der öffentlichen Kleinkinderziehung, müsste man nicht Fröbel, so könnte man provokant behaupten, sondern Wilderspin oder Fliedner und in ihrer Nachfolge die christliche Kinderpflege, bestenfalls die Fröbelbewegung in Form von Marenholtz-Bülow bzw. Schrader-Breymann als leitende Tradition nennen. Ebenso wenig hat der Kindergarten als allgemeinbildende Einrichtung im Sinne Fröbels Verbreitung gefunden, auch der wachsende Einfluss der Fröbelbewegung bzw. des DFV hat dies nicht bewirkt. Nur indem sich die Fröbelbewegung in ihren Überlegungen, aber auch in der praktischen Gestaltung, an die staatlichen Vorstellungen angepasst und die Bildungsfunktion aufgegeben hat, war überhaupt die vom Staat mitgetragene Ausbreitung möglich. Gerade diejenigen Vertreter, die in der Öffentlichkeit als *die* Fröbelbewegung wahrgenommen wurden, stehen für diese Tendenz – nicht umsonst sind Namen wie August Köhler oder Eleonore Heerwart und deren Ideen heute weitgehend vergessen.

Natürlich ist es legitim, auf Fröbel und sein Konzept zu verweisen, da seine Überlegungen den heutigen Ideen näher stehen. Gerade deshalb sind ja auch die Konzepte eines Fliedners „vergessen" und ohne Bedeutung, weil sie heute nichts mehr bieten und die Arbeit nicht mehr bereichern können. Im Grunde erhöht dies Fröbel und seine Konzeption, wie auch diejenigen, die später Konzepte einer allgemeinen Bildung vertreten haben, sogar nur, denn ihre Vorstellungen treten im Kontrast zu den Zeitgenossen umso prägnanter hervor. Aber ein derartiges Vorgehen bleibt doch problematisch. Weder wird dies der Geschichte gerecht, noch wird dadurch deutlich, welche Ideen und auch Strukturen lange wirksam gewesen und in Teilen auch noch immer nachwirken. Angebrachter wäre es deshalb auch, sich einzugestehen, dass Bildung eben gerade nicht Aufgabe der vorschulischen Einrichtungen gewesen ist – an dieser Stelle ungeachtet der Entwicklungen, die nach 1945 zur heutigen Gestalt der öffentlichen Kleinkinderziehung geführt haben – und sich bewusst zu machen, welch große Aufgabe der angestrebte Wandel zur Bildungseinrichtung tatsächlich darstellt.

Wieso aber wird bis heute auf Fröbel und seine Spielpädagogik verwiesen, wieso erscheint gerade Fröbel als „gemachte Tradition"? Immer wieder trifft man auf Aussagen, „dass die Pädagogik der frühen Kindheit seit ihren Anfängen (Fröbel) in erster Linie Spielpädagogik gewesen ist" (Fried/Dippelhofer-Stiem/Honig/Liegle 2003, 18). Mag diese Aussage inhaltlich auch durchaus richtig sein, gerade aufgrund des Verweises auf die Pädagogik der frühen Kindheit und nicht auf die öffentliche Kleinkinderziehung, oftmals wird auf Fröbel allein auch deshalb verwiesen, weil die Argumentation dadurch legitimiert wird.[376] Oder es muss Humboldt bemüht werden, um das eigene Bildungsverständnis abzusichern (vgl. Laewen/Andres 2002a, 50), was natürlich ebenso legitim ist, auch wenn Humboldt sich sicher eher weniger für die frühe Kindheit und deren Bildung und Erziehung in öffentlichen Einrichtungen interessiert hat.

Im Verlauf der Arbeit wurde deutlich gemacht, wie sich Fröbels Konzeption zur eigentlichen Tradition entwickelt hat und er bis heute dem Selbstverständnis der öffentlichen Kleinkinderziehung entspricht, ohne dass seine Ideen vielleicht jemals überhaupt Umsetzung gefunden haben. In diesem Sinne diente Fröbel immer auch zur Abwehr von Kritik und zur eigenen Beruhigung, ganz so, wie heute entsprechend auf frühkindliche Bildung, deren Bedeutung und Notwendigkeit und ihren hohen Stellenwert verwiesen wird. Und auch Fröbel wird fraglos bis heute in diesem Sinne „benutzt". Man zieht ihn bzw. seine Konzeption zur Absicherung der eigenen Überlegungen heran, ohne ihn vielleicht im Ganzen überhaupt zu kennen oder sich intensiv mit seinen Schriften auseinandergesetzt zu haben. Noch weniger wird überlegt, inwieweit der Verweis auf Fröbel als der angebliche Anfang öffentlicher Kleinkinderziehung in Deutschland überhaupt der Geschichte gerecht wird. Fröbel gilt nun einmal bis heute als der „Urvater" der deutschen öffentlichen Kleinkinderziehung – ob seine Ideen dies überhaupt rechtfertigen, ist im Rahmen dieser Arbeit dabei unerheblich – aber zumindest erscheint es doch fraglich, inwieweit derartige Verweise der Geschichte wirklich gerecht werden.

Vielleicht nicht unbedingt problematisch, aber doch von Interesse ist die Konzentration auf Fröbel auch deshalb, weil dies dazu geführt hat, dass andere Ideen von frühkindlicher Bildung und Erziehung nicht zur Kenntnis genommen wurden oder wieder in Vergessenheit geraten sind. Dies zeigt die Auseinandersetzung mit den Ideen von Bildung

---

[376] Ein Beispiel findet sich in derselben Einleitung in *Pädagogik der frühen Kindheit* in der Argumentation Liegles (Fried/Dippelhofer-Stiem/Honig/Liegle 2003, 42). Ein derartiges Vorgehen ist aber keine Seltenheit.

und Erziehung in Geschichte der öffentlichen Kleinkinderziehung doch deutlich. Von der Vielfalt, die einst die Fröbelbewegung ausgezeichnet hat, um hier nur das markanteste Beispiel zu nennen, ist nur wenig in der Praxis angekommen, wie diese auch die Diskussionen nicht dauerhaft bereichert haben. Und heute sind derartige Überlegungen weitgehend unbekannt. Viele natürlich auch deshalb, weil sie als durchaus zeittypisch anzusehen sind, ein Beispiel wäre Goldschmidts Ideen und in Teilen ja auch Marenholtz-Bülows Annahmen, wie auch später z.B. die Ideen des Bundes entschiedener Reformer. Ebenso wenig können wie bereits erwähnt die Vorstellungen der konfessionellen Gruppierungen gegen Ende des 19. Jahrhunderts heute noch bereichernd wirken. Dennoch, die Frühkindpädagogik ist sich ihrer Vergangenheit nur bedingt bewusst und eine allzu starke Konzentration auf Fröbel als das herausragende Beispiel ist festzustellen. Mit einer derartigen „Geschichtsvergessenheit" steht die Pädagogik der frühen Kindheit natürlich nicht allein da, auch für andere pädagogische Bereiche wurde dies schon anmerkt, gerade aktuell bezüglich der Theorievergessenheit der Sozialpädagogik (vgl. Dollinger 2009). Zu bedauern ist es dennoch.

Verglichen mit diesen zum Teil vergessenen Ideen wirkt dann auch so manches, was aktuell gefordert wird und als innovativ gilt, keineswegs so neu. Beispielsweise lässt sich die Forderung nach einer verstärkten Beobachtung der Kinder bzw. ihrer Bildungsprozesse als Grundlage der pädagogischen Arbeit schon bei Käthe Stern finden, wenn auch weniger ausgearbeitet als dies heute der Fall ist. Dies zeigt jedoch, überhaupt ist Stern ein gutes Beispiel dafür, welch Anregungspotential durch eine zu starke Konzentrierung auf einzelne historische Persönlichkeiten und ihre Ideen verloren gehen kann und dass die Frühkindpädagogik Grund hat, in ihrer Geschichte nicht allein auf Fröbel zu schauen.

Was kann aus der Geschichte der öffentlichen Kleinkinderziehung gelernt werden?
Die Auseinandersetzung mit der Geschichte, so wurde gesagt, kann kein Arsenal von Möglichkeiten zur Lösung aktueller Probleme oder gar Handlungsanleitungen für die Zukunft bereitstellen. Aber sie beinhaltet doch Bedenkenswertes und kann bei den gegenwärtigen Anforderungen, vor die sich die öffentliche Kleinkinderziehung gestellt sieht, neue Perspektiven bieten. Einige Anmerkungen sollen deshalb abschließend gegeben werden.

Kindertageseinrichtungen stehen heute vor der Aufgabe, sich zu „Bildungseinrichtungen" wandeln zu müssen – so zumindest die Forderung, die in unterschiedlichen Zusammenhängen anzutreffen ist und anscheinend von Politik, Disziplin und Profession gemeinsam vertreten und verfolgt wird. Die Geschichte zeigt zunächst einmal, dass diese Forderung nur bedingt als neu anzusehen ist. Alt ist sie deshalb, weil eine solche Forderung im Laufe der Geschichte immer wieder gestellt worden ist, ohne dass jedoch jemals die Zuordnung zum Bildungswesen realisiert worden wäre. Neu ist sie jedoch insofern, als heute der Eindruck entsteht bzw. vielleicht auch nur entstehen soll, dass tatsächlich ernst gemacht wird mit dieser Forderung, worin tatsächlich ein neues Moment liegen würde. Es scheint übergreifend Zustimmung zu bestehen, dass mehr Wert auf Bildung in den Kindertageseinrichtungen gelegt werden muss.

Dieser Wandel aber wird nicht leicht gelingen, das zeigen die sich aktuell vollziehenden Versuche, Veränderungen und ein neues Selbstverständnis zu implementieren. Ihren historischen Wurzeln nach haben sich die Einrichtungen der öffentlichen Kleinkinderziehung gerade nicht als Bildungseinrichtungen begriffen. Diese gewachsenen Strukturen und das Selbstverständnis haben dieses pädagogische Gebiet nachhaltig geprägt. Die Anforderung, vor der man heute steht, der Wandel hin zur Bildungseinrichtung, ist deshalb in vielen Aspekten und ungeachtet aller gemachten Fortschritte kein gradueller, sondern ein elementarer.

Der Blick auf die Geschichte lässt jedoch auch zweifeln, ob die angestrebten umfassenden Veränderungen wirklich gelingen werden. Zweifellos wird heute stärker als je zuvor der Bildungsaspekt hervorgehoben und eindeutig in seiner Bedeutung für diesen pädagogischen Bereich betont. Aber ist es wirklich „Bildung", auf die nun verstärkt Wert gelegt wird? Die Verwendung der gleichen Begriffe – in diesem Fall der Bildungsbegriff – garantiert nicht, dass auch tatsächlich über dasselbe gesprochen und es beabsichtigt wird, schließlich gab es von jeher unterschiedliche Sprachen von Erziehung und auch Bildung. In diesem Zusammenhang bleibt es zumindest fraglich, ob der erhöhte Stellenwert frühkindlicher Bildung, die Forderung nach „mehr" Bildung, wie sie insbesondere von politischer Seite vertreten wird, auch zu den Veränderungen führen wird, wie sie augenblicklich im Rahmen vor allem der Disziplin diskutiert und als notwendig angesehen werden. Wird unter Bildung nicht doch auch weiterhin vor allem die Vermittlung von Kompetenzen und Fertigkeiten, die von staatlicher und wirtschaftlicher Seite als für die Zukunft des Kindes nützlich und notwendig angesehen werden, verstanden? Wird Erziehung nicht unverändert als Vermittlung wünschenswerter Denk- und Verhaltensweisen gedacht, ganz in der eigentlichen „Tradition" des frühkindlichen Erziehungsbegriffs? Und wird Bildung wirklich als – an dieser Stelle sehr vereinfacht gesprochen – allgemeine Bildung begriffen oder nicht doch als Anhäufung von Wissen und Fertigkeiten? Eine derart verstandene frühkindliche Bildung wird jedoch nur schwerlich dem gerecht werden können, was von Teilen der Disziplin und der Profession erhofft wird. Aktuell mag überall von Bildung gesprochen werden, aber die viel versprechenden Überlegungen und Ansätze können ebenso gut die Positionen weniger Außenseiter darstellen, ohne jedoch die Realität mit dem Nachdruck zu verändern, wie es als notwendig erscheint. Auch dies zeigt die Geschichte, denn alternative, mehr Wert auf „Bildung" legende Positionen hat es von jeher gegeben – nur sind sie ohne nennenswerten Einfluss geblieben.

Nicht alles spricht für eine negative Sichtweise, sicherlich zielen auch die von politischer Seite unterstützten Bemühungen auf eine positive Veränderung ab, gerade die gesetzliche Verankerung von frühkindlicher Bildung in Form der Bildungspläne lässt hoffen. Überhaupt finden die Überlegungen der Disziplin heute sicherlich weitaus mehr Gehör als im hier untersuchten Zeitraum. Aber eine aufmerksame Diskussion scheint angebracht, um unter dem verlockenden Stichwort „Bildung" nicht das aufgezwungen zu bekommen, was eigentlich den frühkindpädagogischen Erkenntnissen widerspricht und vermieden werden soll.

Abschließend noch eine Anmerkung. Die Geschichte zeigt, dass insbesondere der Staat über einen besonderen Einfluss auf die Realität besessen und diese mit Hilfe der einflussreichen Trägergruppierungen auch in seinem Sinne zu gestalten verstanden hat.

Sicherlich lässt sich bezogen auf die aktuellen Aufgaben die Vergangenheit nur bedingt auf die Gegenwart übertragen, dennoch scheint folgende Überlegung angebracht: Die Veränderungen, vor denen der frühkindliche Bereich heute steht und die auch von staatlicher Seite zweifellos als notwendig angesehen werden, erscheinen ungeahnt groß. Sowohl von ihren strukturellen Rahmenbedingungen her, als auch dem Selbstverständnis nach, stellt der Wandel zur Bildungseinrichtung eine große Herausforderung und Veränderung dar. Soll ernst gemacht werden mit der Betonung des Bildungsauftrags, müssen die notwendigen Ressourcen bereitgestellt und die entsprechende Bereitschaft und Fähigkeit auf Seiten der Profession erreicht werden, andernfalls können die angestrebten Veränderungen kaum erreicht werden. Und ohne die Unterstützung der Praxis wird sich ein entsprechendes Verständnis von frühkindlicher Bildung nicht in die Realität umsetzen lassen. Weniger erscheint bei der Mehrheit der Praxis die fehlende Motivation, diese ist ohne Frage größtenteils vorhanden, als überhaupt die Möglichkeit zur Umsetzung als das entscheidende Problem. Ohne an dieser Stelle ausführlich auf die vielfach bekannten und historisch bedingten Probleme der öffentlichen Kleinkinderziehung eingehen zu wollen – zu denken ist vor allem an das Ausbildungsniveau der Erzieherinnen, die mangelnden Ressourcen beispielsweise in Form von Vor- oder Nachbereitungszeit oder eines zu hohen Kind-Erzieherin-Schlüssel, sowie an eine leistungsgerechte und in diesem Sinne auch motivierende Bezahlung – die Profession wird nur schwerlich die neuen Anforderungen erfüllen können. So sind denn auch in der Praxis immer noch von einem modernen Bildungs- und Erziehungsverständnis abweichende Rollenzuschreibungen präsent, wie auch ein grundsätzlich anderes Verständnis von Bildung und Erziehung als Aufgabe der Kindertageseinrichtungen zu finden ist. Hier scheinen veränderte Formen der Aus- und Weiterbildung notwendig, wie auch frühkindliche Bildung – und übrigens auch die Betreuung und eben auch Bildung der unter Dreijährigen – als Thema in einem deutlich stärkeren Maße in der Ausbildung verankert werden müsste. All dies muss jedoch auch gewollt und vor allem finanziert, entsprechende Ressourcen bereitgestellt werden. Der Wandel hin zu Bildungseinrichtungen wird nur schwerlich gelingen, ohne dass es auch zu entsprechenden Veränderungen der Finanzierung und Ausbildung kommt. Verbale Zugeständnisse, wie sie vielerorts zu finden sind, denn wer wäre heute angesichts von PISA und der weltweiten Finanzkrise nicht für ein „Mehr" an frühkindlicher Bildung, werden jedoch nicht genügen. Dies gilt auch für die Bildungspläne, die ohne eine finanziell gesicherte und wissenschaftlich begleitete Implementierung nicht zu den strukturellen Veränderungen führen können, die man sich erhofft.

Wenn also ernst gemacht werden soll mit den angestrebten Veränderungen innerhalb der öffentlichen Kleinkinderziehung und die Kindertageseinrichtungen sich tatsächlich zu Bildungseinrichtungen wandeln sollen, wird dies kaum mit den bisherigen Strukturen zu erreichen sein – und hier ist vor allem die Politik gefragt. Ein entsprechendes Handeln ist notwendig, denn sind Veränderungen tatsächlich gewollt, müssen sie auch ermöglicht werden.

VI. Literaturverzeichnis

Aden-Grossmann, Wilma: Kindergarten. Eine Einführung in seine Entwicklung und Pädagogik. Weinheim und Basel 2002.
Akaltin, Jill: Kindergärten und Kleinkinderziehung im „Dritten Reich" und in der SBZ am Beispiel Leipzigs 1958. In: Heydemann, Günther/Oberreuter, Heinrich (Hrsg.): Diktaturen in Deutschland – Vergleichsaspekte. Strukturen, Institutionen und Verhaltensweisen. Bonn 2003, 310-340. 2003.
Akaltin, Jill: Neue Menschen für Deutschland? Leipziger Kindergärten zwischen 1930 und 1959. Köln, Weimar, Wien 2004.
Albers, Hermine: Die Organisation der Jugendwohlfahrtspflege für Klein- und Schulkind. Veröffentlichungen des Vereins für Säuglingsfürsorge und Wohlfahrtspflege im Regierungsbezirk Düsseldorf. Berlin 1927.
Allan, Ann Taylor: Feminismus und Mütterlichkeit in Deutschland, 1800-1914. Weinheim 2000.
Allgemeine Schulordnung für die Herzogthümer Schleswig und Holstein vom 24. August 1814. In: Schneider/Bremen 1887, 715-722. 1814.
Alt, Robert (Hrsg.): Kleinkinderpädagogik in Deutschland im Zeitalter der Aufklärung. Ausgewählt, eingeleitet und erläutert von Günter Ulbricht. Berlin 1955.
Althaus, Hermann: Nationalsozialistische Volkswohlfahrt. Wesen, Aufgaben und Aufbau. 5., veränderte Auflage. Berlin 1940.
Andreä, Fr. W.: Die Kleinkinder-Bewahranstalt, nach ihrer Nothwendigkeit und Einrichtung, ihrem Aufwand und Segen, insbesondere auf dem Lande. Erfurt 1852.
Andreä, Fr. W.: Erziehungsbüchlein oder kurze, gemeinfaßliche Anweisung zur verständigen und guten Erziehung der Kinder für Eltern und Erzieher jeden Standes, vorzüglich des Bürger- und Bauernstandes, nebst einem Anhange von Denksprüchen und Kindergebetchen. Langensalza 1859.
Andres, Beate/Laewen, Hans-Joachim: Arbeitshilfe für Bildung und Erziehung in Kindertageseinrichtungen. Die Handreichung zum *infans*-Konzept. Stuttgart 2006.
Anonym: Nothwendige Verbesserung der Klein-Kinder-Bewahranstalten. Berlin 1857.
Anonym: Ueber Kleinkinderschulen, deren Nutzen und Einrichtung. Bonn 1875.
Ariès, Philippe: Geschichte der Kindheit. München, Wien 1975.
Athanasia und Eusebia: Nützliche Beschäftigungen für die Kleinen. Vademekum für Kleinkinderschulen und die Familie. Zusammengestellt von den Schwestern Athanasia und Eusebia aus der Genossenschaft der Schwestern von der göttlichen Vorsehung in Mainz. Mit einer Vorrede von Dr. Hermann Rolfus. Fünfte verbesserte Auflage. Mainz 1908.
Baader, Meike Sophia: Alle wahren Demokraten tun es. Die Fröbelschen Kindergärten und der Zusammenhang von Erziehung, Revolution und Religion. In: Jansen, Christian/Mergel, Thomas: Die Revolution von 1848/49. Göttingen 1998.
Baader, Meike Sophia: Pädagogische Kultfiguren im deutsch-amerikanischen Vergleich 1875-1933. In: Casale, Rita/Tröhler, Daniel/Oelkers, Jürgen (Hrsg.): Methoden und Kontexte. Historiographische Probleme der Bildungsforschung, 346-362. Göttingen 2006.
Ballauf, Theodor/Schaller, Klaus: Pädagogik. Eine Geschichte der Bildung und Erziehung. Band II: Vom 16. bis zum 19. Jahrhundert. Freiburg/München 1970.
Ballauf, Theodor/Schaller, Klaus: Pädagogik. Eine Geschichte der Bildung und Erziehung. Band III: 19./20. Jahrhundert. Freiburg München 1973.
Barow-Bernstorff, Edith (Hrsg.): Beiträge zur Geschichte der Vorschulerziehung. Siebte, bearbeitete Auflage. Berlin 1986.
Baumgart, Franzjörg: Zwischen Reform und Reaktion: preussische Schulpolitik 1806-1859. Darmstadt 1990.

Beaufsichtigung der Warteschulen, Kleinkinderschulen und Kindergärten in der Provinz Schleswig vom 31. Mai 1884. In: Schneider/Bremen 1887, 144-146. 1884.

Beaufsichtigung und Concessionirung der Warteschulen, Kleinkinder-Bewahranstalten und Kindergärten vom 10. Juli 1884. In: Schneider/Bremen 1887, 147/148. 1884.

Beaufsichtigung und Förderung der Bildungsanstalten für noch nicht schulpflichtige Kinder vom 29. November 1898 In: Centralblatt für die gesammte Unterrichtsverwaltung in Preußen 1899, 323-325. Berlin 1899. 1898.

Becker, Hellmut/Kluchert, Gerhard: Die Bildung der Nation. Schule, Gesellschaft und Politik vom Kaiserreich zur Weimarer Republik. Stuttgart 1993.

Beetz, K.O.: Kindergartenzwang! Ein Weck- und Mahnruf an Deutschlands Eltern und Lehrer. Wiesbaden 1900.

Behnen, Michael: Deutschland unter Napoleon. Restauration und Vormärz. In: Vogt 2003, 397 – 450. 2003a.

Behnen, Michael: Bürgerliche Revolution und Reichsgründung (1848 – 1871). In: Vogt 2003, 451 – 517). 2003b.

Bellmann, Johannes/Ehrenspeck, Yvonne: Historisch/systematisch – Anmerkungen zur Methodendiskussion in der pädagogische Historiographie. In: Zeitschrift für Pädagogik, 52. Jahrgang (2006), Heft 2, 245-264. 2006.

Benner, Dietrich (Hrsg.): Historisches Wörterbuch der Pädagogik. Darmstadt 2004.

Benner, Dietrich/Brüggen, Friedhelm: Bildsamkeit/Bildung. In Benner (Hrsg.) 2004, 174-215. 2004.

Benze, Rudolf: Erziehung im grossdeutschen Reich. Eine Überschau über ihre Ziele, Wege und Einrichtungen. Dritte, erweiterte Auflage. Frankfurt a. M. 1943.

Benzing, Richard: Gesundheitsfürsorge für Mutter und Kind. Stuttgart 1941. 1941a.

Benzing, Richard: Grundlagen der körperlichen und geistigen Erziehung des Kleinkindes im nationalsozialistischen Kindergarten. Berlin 1941. 1941b.

Berg, Christa (Hrsg.): Handbuch der deutschen Bildungsgeschichte. Band IV 1870-1918. Von der Reichsgründung bis zum Ende des Ersten Weltkriegs. München 1991.

Berger, Manfred: Vorschulerziehung im Nationalsozialismus: Recherchen zur Situation des Kindergartenwesens 1933 – 1945. Weinheim; Basel 1986.

Berger, Manfred: Frauen in der Geschichte des Kindergartens: ein Handbuch. Frankfurt a.M. 1995.

Berger, Manfred: Joseph Göttler. In: Biographisch-bibliographisches Kirchenlexikon. Band XXII. - http://www.bautz.de/bbkl/g/goettler_j.shtml (08.03.2009). 2009a.

Berger, Manfred: Frauen in der Geschichte des Kindergarten: Rosa Katz. - http://www.kindergartenpaedagogik.de/428.html (09.03.2009). 2009b.

Berger, Manfred: Frauen in der Geschichte des Kindergarten: Johann Haarer. - http://www.kindergartenpaedagogik.de/1268.html (13.03.2009) 2009c.

Berger, Manfred: Frauen in der Geschichte des Kindergarten: Elisabeth Blochmann. - http://www.kindergartenpaedagogik.de/241.html (16.12.2009). 2009d.

Berger, Manfred: Frauen in der Geschichte des Kindergarten: Erna Corte. - http://www.kindergartenpaedagogik.de/468.html (16.12.2009). 2009e.

Berghahn, Volker (Hrsg.): Das Kaiserreich 1971-1914. Industriegesellschaft, bürgerliche Kultur und autoritärer Staat. Gebhardt. Handbuch der deutschen Geschichte. Zehnte, völlig neu bearbeitete Auflage. Band 16.

Beutin, Wolfgang: Deutsche Literaturgeschichte: von den Anfängen bis zur Gegenwart. 5., überarbeitete Auflage. Stuttgart, Weimar 1994.

Bissing-Beerberg, Adolf von: Was noth thut oder die Klein-Kinderschule und was zur Förderung derselben zu thun. Nebst einem Berichte des Lehrers König über die Beerberger Klein-Kinderschule. Hamburg 1869.

Bissing-Beerberg, Adolf von: Die christliche Kleinkinderschule, ihre Entstehung und Bedeutung. Eine Denkschrift im Namen des Kleinkinderschul-Central-Comitées. Leipzig 1872.

Bissing-Beerberg, Adolph Freiherrn von: Das deutsche Mutterhaus für Kinder- und Gemeindepflegerinnen. Eine weitere Denkschrift in der großen Nationalsache der christlichen Kleinkinderschule. Leipzig 1873.

Bissing-Beerberg, Adolph Freiherrn von: Die grundlegende und gemeindepflegende christliche Kleinkinderschule nicht nur nützlich, sondern nothwendig. Eine Denkschrift im Namen des Deutschen Kleinkinderschul-Central-Comitées. Leipzig 1874.

Bitte an die deutschen Regierungen und den Reichstag zu Frankfurt im Auftrag der Rudolfstädter Lehrerversammlung. In: Erning 1976, 111-113. 1848.

Blankertz, Herwig: Die Geschichte der Pädagogik: Von der Aufklärung bis zur Gegenwart. Wetzlar 1982.
Blankertz, Herwig: Geschichte der Pädagogik und Narrativität. Otto Friedrich Bollnow zum 80. Geburtstag. In: Zeitschrift für Pädagogik, 29. Jg.(1983), 1-9. 1983.
Blochmann, Elisabeth: Der Kindergarten. In: Nohl, Herrmann/Pallat, Ludwig (Hrsg.): Handbuch der Pädagogik. Band 4. Die Theorie der Schule und der Schulaufbau, 73-90. Langensalza 1928.
Blochmann, Elisabeth (u.a.) (Hrsg.): Kleine Pädagogische Texte. Band 5. Eingeleitet von Erika Hoffmann. 2. Auflage. Weinheim 1962.
Blumröder, Joh. Samuel Ferd.: Die Verwahranstalt für kleine Kinder. Leipzig 1840.
Bock, Carl Ernst: Zur Kindergärtnerei. Leipzig 1873.
Bock, Irmgard: Geschichtsschreibung im Rahmen der systematischen Pädagogik. Göttingen 1990.
Boeder, Margarete: Vorschläge für die Einrichtung von Kriegstagesheimen für Kleinkinder. Schriften des Deutschen Ausschusses für Kleinkinderfürsorge. Heft 4. Leipzig und Berlin 1917.
Böhm, Winfried: Über die Vieldimensionalität historisch-pädagogischer Forschung, dargestellt am Problem einer Geschichte der Vorschulerziehung. In: Böhm/Schriewer 1975.
Böhm, Winfried/Schriewer, Jürgen (Hrsg.): Geschichte der Pädagogik und systematische Geschichtswissenschaft: Festschrift zum 65. Geburtstag von Albert Reble. Stuttgart 1975.
Böhme, Günter/Tenorth, Heinz-Elmar (1990): Einführung in die Historische Pädagogik. Darmstadt 1990.
Bofinger, J. Fr. : Die Kleinkinderschulen und Kinderpflegen Württembergs. Stuttgart 1865.
Boldt, Rosemarie/Knechtel, Erika/König, Helmut (Hrsg.): Friedrich Wilhelm August Fröbel. Kommt, lasst uns unsern Kindern leben. Aus dem pädagogischen Werk eines Menschenerziehers. Band I. Berlin1982a.
Boldt, Rosemarie/Knechtel, Erika/König, Helmut (Hrsg.): Friedrich Wilhelm August Fröbel. Kommt, lasst uns unsern Kindern leben. Aus dem pädagogischen Werk eines Menschenerziehers. Band III. Berlin 1982b.
Bollnow, Otto Friedrich: Die Pädagogik der deutschen Romantik. Von Arndt bis Fröbel. 3., überarbeitete Auflage. Stuttgart 1977.
Borchers, Anna: Handreichung für die Erziehungsarbeit in Familie und Anstalt. Mit einem Anhang von Karl Fliedner. Dresden-Blasewitz 1907.
Borchers, Anna: Wegeweiser für die praktische Arbeit im Kindergarten. Dritte verbesserte Auflage. Neubearbeitet von Johanna Ernst. Beiträge zur Kleinkinderpflege, H.11. Herausgegeben von Joh. Gehring. Meißen-Leipzig 1933.
Borries, Erika und Ernst von: Deutsche Literaturgeschichte. Band 5: Romantik. München 1997.
Borries, Erika und Ernst von: Deutsche Literaturgeschichte. Band 3. Die Weimarer Klassik, Goethes Spätwerk. 4. Auflage. München 2001.
Budich, S.M.: Kurze Anweisung zur Leitung der ersten ernsteren Beschäftigungen des Kindes besonders zum Gebrauchen des ersten „Lernbuchs", nebst einigen ausgewählten Liedern mit Melodien für Mütter, Erzieherinnen und Lehrer an Vorschulen, Bewahranstalten u. s. w. Dresden 1851.
Bundesministerium für Familie, Senioren, Frauen und Jugend (Hrsg.): 12. Kinder- und Jugendbericht. Bericht über die Lebenssituation junger Menschen und die Leistungen der Kinder- und Jugendhilfe in Deutschland. Bildung, Betreuung und Erziehung vor und neben der Schule. Berlin 2005.
Bühler, Karl: Die geistige Entwicklung des Kindes. Sechste, durchgesehene Auflage. Jena 1930.
Bühring, Gerald: Charlotte Bühler oder Der Lebenslauf als psychologisches Problem. Beiträge zur Geschichte der Psychologie herausgegeben von Helmut E. Lück. Frankfurt a. M. 2007.
Burdach: Ueber Kleinkinderschulen überhaupt und die in Königsberg insbesondere. Von Geh. Medizinal-Rathe Burdach. Königsberg 1842.
Cappeller, Richard: Freier Umgang drei- bis sechsjähriger Kinder mit Montessori-Material. Ein Beitrag zur Kritik der Montessori-Erziehung und zur Psychologie des gestalterischen Spieles. Nördlingen 1939.
Casale, Rita/Tröhler, Daniel/Oelkers, Jürgen (Hrsg.): Methoden und Kontexte. Historiographische Probleme der Bildungsforschung. Göttingen 2006.
Chimani, Leopold: Theoretisch-practischer Leitfaden für Lehrer in der Kinder-Bewahranstalten. Enthaltend die Organisation derselben und die Gegenstände, welche wie in denselben vorgenommen werden sollen. Mit einer Geschichte der Kinder-Bewahranstalten überhaupt, und des Hauptvereins für Kinder-Bewahranstalten in Wien. Zugleich ein nützlicher Rathgeber für Ältern, Erzieher und erziehende Schullehrer. Wien 1832.

Cieszkowski, August: Antrag zu Gunsten der Klein-Kinder-Bewahranstalten als Grundlage der Volkserziehung. Beitrag zur Bestimmung und Feststellung der Aufgabe des Staats in Beziehung auf Volkswohlstand und Cultur. Berlin 1855.
Circular-Rescript des Königlichen Ministeriums der Geistlichen, Unterrichts- und Medicinal-Angelegenheiten an sämmtliche Königliche Regierungen, die Einrichtung von Klein-Kinder-Schulen betreffend. In: Dammann/Prüser (Hrsg.) 1981, 17. 1827.
Clausnitzer, E./Grimm, L./ Sachse, A./Schubert, R. (Hrsg.): Handwörterbuch des Volksschulwesens unter Mitwirkung zahlreicher Schulmänner. Leipzig und Berlin 1920.
Cohen, Sol: Challenging orthodoxies: toward a new cultural history of education. New York 1999.
Corte, Erna: Kindergärten, Horte und Tagesheime im Kampf gegen Kindernot. Auf Grund von Material des Deutschen Archivs für Jugendwohlfahrt. Berlin 1930.
Corte, Erna: Kindergärten und Horte in der Notzeit. Ausführungen zum Notprogramm für die Jugendwohlfahrt der Deutschen Zentrale für freie Jugendwohlfahrt. Berlin 1932.
Dammann, Elisabeth/Prüser, Helga (Hrsg.): Quellen zur Kleinkinderziehung: Die Entwicklung der Kleinkinderschule und des Kindergartens. München 1981.
Dammann, Elisabeth/Prüser, Helga: Namen und Formen in der Geschichte des Kindergartens. In: Erning/Neumann/Reyer 1987b, 18-28. 1987a.
Dammann, Elisabeth/Prüser, Helga: Raum und Ausstattung von Einrichtungen im geschichtlichen Wandel. In: Erning/Neumann/Reyer 1987b, 96-105. 1987b.
Dammann, Elisabeth/Prüser, Helga: Praxis im Alltag: Kontinuitäten, Veränderungen, Entwicklungen. In: Erning/Neumann/Reyer 1987b, 121-134. 1987c.
Damrow, M.: Verfassung und Erziehungsplan des Kindergartens. Beiträge zur Kinderforschung und Heilerziehung. Beihefte zur „Zeitschrift für Kinderforschung". Heft 83. Langensalza 1912.
De Boor, Helmut/ Newald, Richard (Hrsg.): Geschichte der deutschen Literatur. Von den Anfängen bis zur Gegenwart. Siebenter Band. Die deutsche Literatur zwischen Französischer Revolution und Restauration. Erster Teil: 1789-1806. München 1983.
Denner, Erika: Das Fröbelverständnis der Fröbelianer: Studien zur Fröbelrezeption im 19. Jahrhundert. Bad Heilbrunn/Obb. 1988.
Depape, Marc: Jenseits der Grenzen einer „neuen" Kulturgeschichte der Erziehung? Über die Paradoxien der Pädagogisierung. In : Casale/Tröhler/Oelkers 2006, 241-261. 2006.
Derschau, Dietrich von: Entwicklung der Ausbildung und der Personalstruktur im Kindergarten. In: Erning/Neumann/Reyer 1987b, 67-81. 1987.
Deutscher Ausschuß für Kleinkinderfürsorge (Hrsg.): Ländliche Kleinkinderfürsorge. Unter Zugrundelegung der Verhandlungen seines 3. Lehrganges vom 23. bis 28. September 1918 zu München. Berlin 1921.
Deutscher Caritasverband e.V.: Denkschrift vorgelegt vom Fachausschuß für Kinderfürsorge betr. die caritative Kinderfürsorge und das staatliche Berechtigungswesen. Freiburg i. Br., Osnabrück 1929.
Deutsche Verein für öffentliche und private Fürsorge (Hrsg.): Die Kleinkinderfürsorge im Aufgabenkreis der Jugendämter. Auswahl von Vorträgen, gehalten auf dem Lehrgang des Deutschen Ausschusses für Kleinkinderfürsorge auf der Leuchtenburg in Thüringen vom 14. bis 16. Juni 1926. Veröffentlichungen des Deutschen Vereins für öffentliche und private Fürsorge. Heft 8. Frankfurt a. M. 1926.
Dewe, Bernd/Otto, Hans-Uwe: Wissenschaftstheorie. In: Ott, Hans-Uwe/Thiersch, Hans (Hrsg.): Handbuch der Sozialarbeit/Sozialpädagogik, 1966-1979. Neuwied, Kriftel 2001.
Die Kleinkinderschule in ihrer Bedeutung für die Arbeiterfrage und die Volksschule. In: Centralblatt für die gesammte Unterrichtsverwaltung in Preußen. Jahrgang 1872, 181-183 Berlin 1872.
Diel, Wilhelm: Darmstädter Fröbel- und Middendorff-Erinnerungen. In Hessische Chronik. 4.Jahrgang 1915, 281-299. 1915.
Diesing, M. A.: Über die frühzeitige Bildung der Kinder in den Klein-Kinderschulen, eigentlich Bewahrungs- und Bildungsanstalten im Algemeinen, und die erster dieser Anstalten im Kaiserthum Oesterreich zu Ofen im Königreiche Ungarn eingerichtet von der Frau Gräfin Therese von Brunswik nach Wilderspin's, Wilson's, Brown's Grundsätzen überhaupt, und Wertheimer's Anleitungen und Zusätzen insbesondere. Wien 1830.
Die Reichsschulkonferenz. Ihre Vorgeschichte und Vorbereitung und ihre Verhandlungen. Amtlicher Bericht erstattet vom Reichsministerium des Innern. Leipzig 1921.

Diesterweg, Friedrich Adolph Wilhelm: Friedrich Fröbel und die Goethe-Stiftung. In: Sämtliche Werke. Bearbeitet von Ruth Hohendorf. Band VIII. Berlin 1965, 157-175. Diesterweg 1849.
Diesterweg, Friedrich Adolph Wilhelm: Friedrich Fröbel. In: Sämtliche Werke. Bearbeitet von Ruth Hohendorf. Band IX. Berlin 1967, 58-74. Diesterweg 1851.
Diesterweg, Friedrich Adolph Wilhelm: Der Unterricht in der Klein-Kinder-Schule oder die Anfänge der Unterweisung und Bildung in der Volksschule. Fünfte, verbesserte und vermehrte Auflage. Bielefeld 1852.
Diodati, Ed.: Ueber Kinder-Schulen, eine neue, für Deutschland sehr empfehlenswerthe Erziehungsanstalt. Aus dem Französischen des Herrn Ed. Diodati zu Genf. Leipzig 1828.
Dobschal, J.G.: Nachrichten und beurtheilende Bemerkungen über die in den neuesten Zeiten in der Provinz Schlesien begonnenen Unternehmungen zu Erziehung sittlich-verwahrloster Kinder; nebst einigen Nachrichten über die Kleinkinderschulen in Breslau. Liegnitz 1836.
Döpel, Waldemar (Hrsg.): Der Dorfkindergarten als Erziehungsstätte. Weimar 1935.
Dollinger, Bernd: Wie die Sozialpädagogik ein halbes Jahrhundert ihrer Theoriegeschichte vergaß. Über Fallstricke und Potentiale sozialpädagogischer Historiographie. In: Zeitschrift für Sozialpädagogik 3/2009 (7.Jg.), 307-325.
Douai, Adolf: Kindergarten und Volksschule als sozialdemokratische Anstalten. Nicht preisgekrönte Antwort auf die Preisfrage des Fröbel-Vereins „In welcher Weise ist die organische Verbindung zwischen Kindergarten und Schule herzustellen?" Leipzig 1876.
Droescher, Lili: Die Erziehungsaufgabe der Volkskindergärten im Kriege. Schriften des Deutschen Ausschusses für Kleinkinderfürsorge. Heft 2. Leipzig und Berlin 1917.
Droescher, Lili: Heimaterziehung im Kindergarten. In: Handbuch der Heimaterziehung. Zweiter Teil zu: H. Conwentz: Heimatkunde und Heimatschutz in der Schule. Herausgegeben von Walther Schoenichen. Heft 2. Kindergarten und Grundschule, 3-18. Berlin 1924.
Droescher, Lili: Die volkserziehlichen Aufgaben des Kindergartens. In: Deutsche Verein für öffentliche und private Fürsorge (Hrsg.): Die Kleinkinderfürsorge im Aufgabenkreis der Jugendämter. Auswahl von Vorträgen, gehalten auf dem Lehrgang des Deutschen Ausschusses für Kleinkinderfürsorge auf der Leuchtenburg in Thüringen vom 14. bis 16. Juni 1926. Veröffentlichungen des Deutschen Vereins für öffentliche und private Fürsorge. Heft 8, 42-50. Frankfurt a. M. 1926.
Droescher, Lili: Kindergarten und Grundschule. In: Eckhardt, Karl/Konetzky, Stephan: Grundschularbeit, 88-96. Langensalza 1928.
Dudek, Peter: Die Pädagogik im Nationalsozialismus. In: Harney, Klas/Krüger, Heinz-Hermann (Hrsg.): Einführung in die Geschichte der Erziehungswissenschaft und Erziehungswirklichkeit. 3., erweiterte und aktualisierte Auflage. Opladen und Bloomfield Hills 2006, 117-132. 2006.
Dursch, G.M.: Pädagogik oder Wissenschaft der christlichen Erziehung auf dem Standpunkte des katholischen Glaubens. Tübingen 1851.
Egerland, Herbert: Angelika Hartmann 1829 - 1917. Pädagogin im Geiste Fröbels. Köthen 1997.
Eibach, Joachim/Lottes, Günther (Hrsg.): Kompass der Geschichtswissenschaft: Ein Handbuch. 2. Auflage. Göttingen 2006.
Ellerbrock Wolfgang: Paul Oestreich. Porträt eines politischen Pädagogen. Weinheim und München 1992.
Encyklopädie der Pädagogik vom gegenwärtigen Standpunkte der Wissenschaft und nach den Erfahrungen der gefeierten Pädagogen aller Zeiten / bearb. von einem Vereine praktischer Schulmänner und Erzieher. Leipzig 1860.
Erlaß der königlich-preußischen Regierung zu Breslau vom 27. Februar 1828. In: Wertheimer 1828, 218-220. 1828.
Erlaß der Kgl. Regierung in Oppeln vom 8. Mai 1870 zur Anlegung, Einrichtung und Beaufsichtigung der Kleinkinderschulen. In: Schneider/Bremen 1887, 147. 1870.
Erlaß vom 23. Juni 1879 betreffend die Aufsicht über Warteschulen in der Provinz Hannover. In: Schneider/Bremen 1887, 144. 1879.
Ermler, Julie (Hrsg.): Der Kindergarten. Kindergärtnerin, Hortnerin, Jugendleiterin. Amtliche preußische Bestimmungen. Zusammengestellt von Julie Ermler. Stand vom 1. Februar 1933. Berlin 1933.
Erneuertes Statut des unter dem erlauchten Protectorate der Frau Prinzessin Albrecht von Preussen, Königliche Hoheit, bestehenden Vereins für die erste in der Friedrichsstadt errichtete Klein-Kinder-Bewahr-Anstalt. Berlin 1837.

Erning, Günter: Zum Begriff der „öffentlichen Kleinkinderziehung". Vorüberlegungen zu einer Geschichte der öffentlichen Kleinkinderziehung in Deutschland. In: Sozialpädagogische Blätter. 30 Jahrgang 1979, 135-142. 1979.

Erning, Günter: Johann Georg Wirth und die Augsburger Bewahranstalten. Ein Beitrag zur Gründungsgeschichte vorschulischer Einrichtungen der Stadt Augsburg. In: Zeitschrift des Historischen Vereins für Schwaben. 74. Band, 169-214). Augsburg 1980.

Erning, Günther: Abriß der quantitativen Entwicklung von Einrichtungen der öffentlichen Kleinkinderziehung (Bewahranstalten, Kleinkinderschulen, Kindergärten) in Deutschland bis ca. 1914. In: Pädagogische Rundschau 37/ 1983, S. 325-342. 1983.

Erning, Günter: Geschichte der öffentlichen Kleinkinderziehung im 19. Jahrhundert. In: Schnabel (Hrsg.)1987. 1987a.

Erning, Günther: Geschichte der öffentlichen Kleinkinderziehung von den Anfängen bis zum Kaiserreich. In: Erning/Neumann/Reyer 1987a, 13-42. 1987b.

Erning, Günther: Quantitative Entwicklung der Angebote öffentlicher Kleinkinderziehung. In: Erning/Neumann/Reyer 1987b, 29-39. 1987c.

Erning, Günther: Entwicklung und Formen der Finanzierung und Kostentragung öffentlicher Kleinkinderziehung. In: Erning/Neumann/Reyer 1987b, 82-95. 1987d.

Erning, Günther: Bilder aus dem Kindergarten: Bilddokumente zur geschichtlichen Entwicklung der öffentlichen Kleinkindererziehung in Deutschland. Freiburg 1987. 1987e.

Erning, Günther: Die Geschichte des Kindergartenwesens in Bayern. In: 150 Jahre Kindergartenwesen in Bayern: Festschrift anlässlich der 150-Jahrfeier der von König Ludwig I. genehmigten „Bestimmungen, die die Einrichtung von Kinderbewahranstalten betreffen". Hrsg. vom Bayr. Staatsministerium für Unterricht u. Kultus. München, Basel 1989.

Erning, Günther/Gebel, Michael: „Kindergarten" – nicht von Fröbel? Zur Wortgeschichte des Kindergartens. 2001. In: Friedrich Fröbel Museum (Hrsg.): Sind Kinder kleine Majestäten? 23-53. Bad Blankenburg 2001.

Erning, Günter (Hrsg.): Quellen zur Geschichte der öffentlichen Kleinkinderziehung: von den ersten Bewahranstalten bis zur vorschulischen Erziehung der Gegenwart. Kastellaun und Saarbrücken 1976.

Erning, Günther/Neumann, Karl/ Reyer, Jürgen (Hrsg.): Geschichte des Kindergartens. Band I: Entstehung und Entwicklung der öffentlichen Kleinkinderziehung in Deutschland von den Anfängen bis zur Gegenwart. Freiburg i. Br. 1987a.

Erning, Günther/Neumann, Karl/ Reyer, Jürgen (Hrsg.): Geschichte des Kindergartens. Band II: Institutionelle Aspekte, systematische Perspektiven, Entwicklungsverläufe. Freiburg i. Br. 1987b.

Erster Jahresbericht über die erste Klein-Kinder-Bewahr-Anstalt in der Rosenthaler Vorstadt nebst beigefügter Rechnung über Einnahme und Ausgabe vom 1sten bis ultimo April 1834-1835. 1835.

Failing, Wolf-Eckhart: Anfänge und Ursprünge der Sozialpädagogik in Darmstadt (1827 – 1870). Darmstadt und Marburg 1988.

Failing, Wolf-Eckhart: Johannes Fölsing (1816-1862) – Seine soziale Bildungsarbeit und seine Auswirkung auf die moderne Schulpolitik. In: Archiv für hessische Geschichte und Altertumskunde. Neue Folge 47. Band 1989, 233-256. Marburg, Hemsbach, Darmstadt 1989.

Fatscheck, R.: Die Kleinkinderschulen in Königsberg. Ansichten und Wünsche. Königsberg 1837.

Fellmann, Ferdinand (Hrsg.): Geschichte der Philosophie im 19. Jahrhundert. Hamburg 1996.

Fischer, Aloys: Hauptprobleme der Kindergartenreform. In: Zeitschrift für pädagogische Psychologie und Jugendkunde ; 14(1913)1, 11-17. 1913.

Fischer, Aloys: Kindergartenfragen nach dem Krieg. In: Zeitschrift für pädagogische Psychologie und Jugendkunde ; 19(1918)3, 144 – 161. 1918.

Fischer, Aloys: Kindergarten und Schule. In: Zeitschrift für pädagogische Psychologie und Jugendkunde ; 25(1924)1, 17 – 32. 1924.

Flessau, Kurt-Ingo/Nyssen, Elke/Pätzold, Günter (Hrsg.): Erziehung im Nationalsozialismus: „…und sie werden nicht mehr frei ihr ganzes Leben!" Köln; Wien; Böhlau 1987.

Fleßner, Heike: Untertanenzucht oder Menschenerziehung? Zur Entwicklung öffentlicher Kleinkinderziehung auf dem Lande (1870 – 1924). Weinheim und Basel 1981.

Fliedner, Georg: Theodor Fliedner. Durch Gottes Gnade Erneurer des apostolischen Diakonissen-Amtes in der evangelischen Kirche. Kurzer Abriß seines Lebens und Wirkens. Fünfte Auflage. Düsseldorf-Kaiserswerth 1936.

Fliedner, Theodor: Erster Jahresbericht über die evangelische Kleinkinderschule in Düsseldorf herausgegeben von dem dasigen Verein für evangelische Kleinkinderschule, Düsseldorf 1836. In: Sticker 1958, 12-21. 1836.

Fliedner, Theodor: Zweiter Jahresbericht des Düsseldorfer Vereins für evangelische Kleinkinderschulen insbesondere über die Kleinkinderschule zu Düsseldorf (Auszüge), herausgegeben am 20. September 1837 In: Sticker 1958, 22-29. 1837.

Fliedner, Theodor: Dritter Jahresbericht über die Diakonissenanstalt 1838/1839. Hrsg. am 1. Februar 1840. In Sticker 1958, 29-33. 1840.

Fliedner, Theodor: Vierter Jahresbericht über die Diakonissenanstalt. 1839/40. Hrsg. am 1. Januar 1841.

Fliedner, Theodor: Notwendigkeit der Kleinkinderschulen und Einrichtung des Seminars für Kleinkinderlehrerinnen zu Kaiserswerth am Rhein 1849. In: Sticker 1958, 45-50. 1849.

Fliedner, Theodor: Lieder-Buch für Kleinkinder-Schulen und die unteren Klassen der Elementar-Schulen, mit Melodien, Gebeten, Bibelsprüchen, Denkversen, Spielen, der Methode der Erziehung und des Unterrichts in der Kleinkinder-Schule, einer Anleitung, solche Schulen zu errichten, und Selbstprüfungsfragen für Kleinkinder-Lehrerinnen. Dritte, vermehrte und verbesserte Auflage. Kaiserwerth 1853.

Fölsing, Johannes: Geist der Kleinkindererziehung, insbesondere die Kleinkinderschule, wie sie ist und sein soll. Für Eltern, Erzieher, Erzieherinnen und Kinderfreunde. Zweite vermehrte Auflage. Darmstadt 1846a.

Fölsing, Johannes: Erziehungsstoffe oder Beiträge zu einer erfolgreichen Erziehung der zarten Kindheit, in leichten Gesängen, Spielen, Körperübungen, Sprüchen, Erzählungen und Gedichten nebst pädagogischen Anmerkungen und Winken. Für Familien und Kleinkinderschulen. Darmstadt 1846b.

Fölsing, Johannes: Die Kleinkinderschule für Kinder aus höheren Ständen in Darmstadt. Darmstadt 1847.

Fölsing, Johannes: Fröbel'sche Kindergärten oder Beurtheilung der von Middendorff beschriebenen ersten Kindheitspflege. Skizzen aus einem Vortrage, gehalten in der Kleinkinderschule zu Darmstadt. Darmstadt 1848.

Fölsing, Johannes: Die Menschenerziehung oder die naturgemäße Erziehung und Entwicklung der Kindheit in den ersten Lebensjahren. Ein Buch für das Familien- und Kleinkinderschulleben. Leipzig 1850.

Fölsing, Johannes: Die Poesie in der Kleinkinderschule. Ein Vortrag von Dr. phil. J. Fölsing. Drittes Heft: Zur Reform der Kleinkinderschule. Darmstadt 1859.

Fölsing, Johannes: Zur Reform der Kleinkinderschule. Beiblätter zu den Erziehungsstoffen. 2. Auflage. Darmstadt 1861.

Fölsing, Johannes: Die hessischen Kleinkinderschulen, nach authentischen Quellen zum ersten Mal zusammengestellt und bearbeitet. Zweite, vermehrte Auflage. Darmstadt 1862.

Fölsing, Johannes: Lichtseiten der Kleinkinderschulen. IV. Heft; Zur Reform der Kleinkinderschule. Darmstadt 1865.

Fölsing, Johannes: Blüthen und Früchte der Kleinkinderschulen nach hundertjährigem Bestehen. Ein Handbuch für Familien und Kleinkinderschulen. Forst i. L. 1880.

Fölsing, Johannes/Lauckhard, Carl Friedrich: Pädagogische Bilder oder die moderne Erziehung in der Familie und Kleinkinderschule in der Nähe und Ferne betrachtet. Essen 1847.

Fölsing, Johannes/Lauckhard, Carl Friedrich: Die Kleinkinderschulen, wie sie sind und was sie sein sollen. Material zum Fundament beim neuen Aufbau des deutschen Volksschulwesens. Allen Schulbehörden, Geistlichen, Lehrern, Ortsvorständen und überhaupt allen Volksfreunden gewidmet. Erfurt, Langensalza und Leipzig 1848.

Förderung der Kleinkinder- und Warte-Schulen. In: Centralblatt für die gesammte Unterrichtsverwaltung in Preußen 1872. Jahrgang 1872, 58/59. Berlin 1872.

Forderungen der Gründungsversammlung des Allgemeinen Deutschen Lehrervereins zur Organisation der Volksschule und zum Grundrecht auf Bildung (1848). In: Michael, Berthold/Schepp, Heinz-Hermann. Göttingen, Zürich 1993, 159-161.

Franke-Meyer, Diana: August Köhler und die Verbindung von Kindergarten und Schule. In: Hering/Schröer (Hrsg.) 2008, 85-100. 2008.

Frankenberg, Adolf: Kurzgefasste Darstellung einer naturgemäßen Erziehungsweise kleiner, noch nicht schulfähiger Kinder, nebst Plan ausgeführt in einer dazu neubegründeten Anstalt in Dresden. Dresden und Leipzig 1840.

Frankenberg, Adolf: Plan zu einer häuslichen Lehr- und Erziehungsanstalt nebst Gedanken, Erfahrungen und Vorschlägen über eine frühzeitige und naturgemäße Erziehung. Dresden 1845.

Frankfurter Wohlfahrtsamt (Hrsg.): Kindergarten- und Schulwesen. Bericht über dem vom Deutschen Ausschuß für Kleinkinderfürsorge vom 10.13. Oktober 1921 auf der „Wegscheide" veranstalteten 4. Lehrgang über Kleinkinderfürsorge. Schriften des Frankfurter Wohlfahrtsamtes X. Frankfurt a. M. 1922.

Frauendiener, Fritz: Der Gestaltwandel der staatlichen Jugendfürsorge. Neue Deutsche Forschungen. Herausgegeben von Hans R.G. Günther und Erich Rothacker. Band 118.Berlin 1937.

Frey, Andreas: Fröbels ganzheitliche Pädagogik. Landau 2001.

Fried, Lilian/Dippelhofer-Stiem, Barbara/Honig, Michael-Sebastian/Liegle, Ludwig: Pädagogik der frühen Kindheit. Weinheim, Basel, Berlin 2003.

Fried, Lilian/Roux Susanna: Pädagogik der frühen Kindheit. Weinheim und Basel 2006.

Fröbel, Friedrich: Über deutsche Erziehung überhaupt und über das allgemeine Deutsche der Erziehungsanstalt in Keilhau insbesondere. In: Hoffman 1951, 28-43. 1822.

Fröbel, Friedrich: Erster Brief: Geschrieben Wartensee in der Schweiz im Monat des treibenden und keimenden Lebens 1832. An Felix Minerow, Karl Clemes, Adolph Schepß und August Busse, Zöglinge, und am Palmensonntage dieses Jahres Konfirmanden in der allgemeinen deutschen Erziehungsanstalt in Keilhau. In: Halfter, Fritz: Das Vermächtnis Friedrich Fröbels an unsere Zeit. Zwei Briefe vom Jahre 1832. Leipzig 1926. 1832.

Fröbel, Friedrich: Grundzüge der Menschenerziehung. In: Scheveling 1965, 33-55. 1833.

Fröbel, Friedrich: Plan einer Anstalt zur Pflege des schaffenden Tätigkeitstriebes. In: Lange 1966, 11-17. 1836.

Fröbel, Friedrich: Die Bildung der Kinder vor dem schulfähigen Alter und die Ausführung einer Bildungsanstalt zu Erziehern und Pflegern in dem angegebenen Alter, besonders die Bildung zu Lehrern an Kleinkinderschulen betreffend. In: Hoffman 1951, 100-114. 1839.

Fröbel, Friedrich: Entwurf eines Planes zur Begründung und Ausführung eins Kinder-Gartens, einer allgemeinen Anstalt zur Verbreitung allseitiger Beachtung des Lebens der Kinder, besonders durch Pflege ihres Tätigkeitstriebes. Den Deutschen Frauen und Jungfrauen als ein Werk zu würdiger Mitfeier des vierhundertjährigen Jubelfestes der Erfindung der Buchdruckerkunst zur Prüfung und Mitwirkung vorgelegt. In: Hoffmann 1951, 114-125. 1840.

Fröbel, Friedrich: Die Kindergärten als umfassende Pflege- und Erziehungsanstalten der Kindheit, der Kinder bis zum schulfähigen Alter, und der deutsche Kindergarten als eine Musteranstalt dafür insbesondere. In: Hoffman 1982b, 149-178. 1841a.

Fröbel, Friedrich: Die Bildung von Kinderpflegerinnen: Kindermädchen und Kinderwärterinnen – überhaupt die Bildung zur ersten Kinderziehung und die Führung von Bewahranstalten – besonders den deutschen Kindergarten betreffend. In: Hoffman 1982b, 179-202. 1841b.

Fröbel, Friedrich: Brief an die Muhme Schmidt. In: Lück, Conradine: Friedrich Fröbel und die Muhme Schmidt. Ein Briefwechsel aus der Mitte des vorigen Jahrhunderts. Leipzig 1929, 49-63. 1841c.

Fröbel, Friedrich: Brief an die Muhme Schmidt. In: Lück, Conradine: Friedrich Fröbel und die Muhme Schmidt. Ein Briefwechsel aus der Mitte des vorigen Jahrhunderts. Leipzig 1929, 65-72. 1841d.

Fröbel, Friedrich: Über die Bedeutung und das Wesen des Kindergartens überhaupt und das Wesen und die Bedeutung des deutschen Kindergartens insbesondere. In: Hoffmann 1982b, 203-235. 1842a.

Fröbel, Friedrich: Brief an Nanette Pivany vom 20. Januar 1842. In: Boldt/Knechtel/König (Hrsg.)1982a, 198-208. 1842b.

Fröbel. Friedrich: Brief an die Gräfin Brunszvik. 1842. In: Hoffmann 1994, 20-97. 1842c.

Fröbel, Friedrich: Nachricht und Rechenschaft von dem Deutschen Kindergarten. Blankenburg bei Rudolfstadt. Auf Kosten des Deutschen Kindergartens. In: Boldt/Knechtel/König (Hrsg.)1982a, 232-246. 1843.

Fröbel, Friedrich: Mutter- und Kose-Lieder. In: Seidel 1883. 1844.

Fröbel, Friedrich: Aufruf an die deutschen Frauen und Jungfrauen wie an alle deutschen Menschen-, Jugend- und Kinderfreunde den deutschen Kindergarten betreffend. In: Hoffmann 1982b, 240-248. 1844b.

Fröbel, Friedrich: Brief an Max Leidesdorf. Die Grundgedanken Friedrich Fröbels. In: Heiland 2002, 190-219. 1846.

Fröbel, Friedrich: Friedrich Fröbel, seine Erziehungs-Grundsätze, seine Erziehungs-Mittel und Weise, wie seine Erziehungszwecke und sein Erziehungs-Ziel im Verhältnis zu den Strebungen der Zeit und ihren Forderungen. Dargestellt von ihm selbst. In: Scheveling 1965, 82-111. 1850a.
Fröbel, Friedrich: Geist der entwickelnd-erziehenden Menschenbildung, dargelegt an der Art und Weise wie Lina lesen lernte. In Lange 1966, 320-350. 1850b.
Fröbel, Friedrich: Brief an Bertha Marenholtz-Bülow. In: Hoffmann 1951, 134-145. 1851.
Fthenakis, Wassilios E.: Zur Neukonzeptionalisierung von Bildung in der frühen Kindheit. In: Fthenakis, Wassilios E. (Hrsg.): Elementarpädagogik nach PISA. Wie aus Kindertagesstätten Bildungseinrichtungen werden können. Freiburg i.Br. 2003.
Fthenakis, Wassilios E.: Implikationen und Impulse für die Weiterentwicklung von Bildungsqualität in Deutschland. In: Fthenakis, Wassilios E./Oberhuemer, Pamela (Hrsg.): Frühpädagogik international. Bildungsqualität im Blickpunkt. S. 387-402. Wiesbaden 2004
Fulbrook, Mary: Historical Theory. London, New York 2002.
Fuchs, Hans: Erziehung zum Lande. Grundlagen und Grundzüge der Landvolksbildung. Zweite Auflage. Langensalza, Berlin, Leipzig 1933.
Gamm, Hans-Jochen: Führung und Verführung. Pädagogik des Nationalsozialismus. 2. Auflage. Frankfurt/New York 1984.
Gehring, J.: Die evangelische Kinderpflege. Denkschrift zu ihrem 150jährigen Jubiläum im Auftrag der Reichskonferenz für evangelische Kinderpflege. Berlin 1929.
Geibel, Ilse: Die Umwertung der Wohlfahrtspflege durch den Nationalsozialismus. Schriften zur politischen Bildung. Herausgegeben von der Gesellschaft „Deutscher Staat". XI. Reihe Erziehung. Heft 4. Langensalza 1934.
Geilsdörfer, C.: Ein Wort über Kleinkinderschulen. Allen Eltern, Lehrern, Kinderfreunden, sowie den verehrlichen Schulbehörden zur gefälligen Berücksichtigung gewidmet. Bretten 1863.
Gerhardt, Martin: Theodor Fliedner. Ein Lebensbild. Zweiter Band. Düsseldorf-Kaiserswerth 1937.
Gesetz, betreffend die Beaufsichtigung des Unterrichts- und Erziehungswesens vom 11. März 1872. In Schneider/Bremen 1886, 1-4. 1872.
Gerhards, Karl: Zur Beurteilung der Montessori-Pädagogik. Eine Auseinandersetzung mit ihren heutigen Kritikern (Stern, Hessen, Spranger, Muchow). Leipzig 1928.
Gieseke, Hermann: Hitlers Pädagogen. Theorie und Praxis nationalsozialistischer Erziehung. Weinheim; München 1999.
Gladen, Albin: Theodor Fliedner. In: Greschat, Martin (Hrsg.): Die neueste Zeit I, 293- 307. Stuttgart, Berlin, Köln, Mainz 1985.
Goeldel, Peter: Friedrich Fröbel als Vorkämpfer deutscher Leibeserziehung. Sein und Sollen. Beiträge zur Psychologie und Erziehungswissenschaft. Heft 2. Herausgegeben von Hans Volkelt. Mit einer Einführung des Herausgebers. Leipzig 1938.
Göttler, Joseph: Vom Geist der Kleinkinderanstalts-Erziehung in Vergangenheit und Gegenwart. Vortrag, gehalten beim dritten, vom Deutschen Ausschuß für Kleinkinderfürsorge veranstalteten Lehrgang in München, September 1918. In: Pharus. Katholische Monatsschrift für Orientierung in der gesamten Pädagogik. Herausgegeben von der pädagogischen Stiftung Cassianeum Donauwörth. 9. Jahrgang 1918. 1. u. 2. Halbjahrband, 531-549. 1918.
Göttler, Joseph: Religions- und Moralpädagogik. Grundriß einer zeitgemäßen Katechetik. Zweite, vermehrte Auflage. Münster i.W. 1931.
Göttler, Joseph: System der Pädagogik im Umriss. 6., neubearbeitete und vermehrte Auflage. München 1932.
Göttler, Joseph: Geschichte der Pädagogik in Grundlinien. Dritte, umgearbeitete Auflage. Freiburg i.Br. 1935.
Goldammer, Hermann: Ueber Fr. Fröbel's Erziehungsweise. Vortrag gehalten vor dem Verein für Familien- und Volkserziehung. Berlin 1866.
Goldammer, Hermann: Der Kindergarten. Handbuch der Fröbel'schen Erziehungsmethode, Spielgaben und Beschäftigungen. Nach Fröbels Schriften und den Schriften der Frau B. v. Marenholtz-Bülow. Mit Beiträgen von B. v. Marenholtz-Bülow. Berlin 1869.
Goldammer, Hermann: Ueber Begründung, Einrichtung und Verwaltung von Kindergärten. Berlin 1873.

Goldammer, Hermann: Ueber Einordnung des Kindergartens in das Schulwesen der Gemeinde. Im Auftrage des ständigen Ausschusses zur Verbreitung der Fröbel'schen Erziehungsweise verfasst von dessen Mitgliede H. Goldammer. Berlin 1873.
Goldammer, Hermann: Der Kindergarten. Handbuch der Fröbel'schen Erziehungsmethode, Spielgaben und Beschäftigungen. Nach Fröbels Schriften bearbeitet von Hermann Goldammer. Dritter Theil. Gymnastische Spiele und Bildungsmittel für Kinder von 3-8 Jahren. für Haus- und Kindergarten. Berlin 1879.
Goldammer, Hermann: Friedrich Fröbel der Begründer der Kindergarten-Erziehung. Sein Leben und Wirken dargestellt von Hermann Goldammer. Berlin 1880.
Goldschmidt, Henriette: Ideen über weibliche Erziehung im Zusammenhange mit dem System Friedrich Fröbels. Sechs Vorträge. Leipzig 1882.
Goldschmidt, Henriette: Ist der Kindergarten eine Erziehungs- oder Zwangsanstalt? Zur Abwehr und Erwiderung auf Herrn K.O. Beetz's „Kindergartenzwang! Ein Weck- und Mahnruf an Deutschlands Eltern und Lehrer". Wiesbaden 1901.
Goldschmidt, Henriette: Was ich von Fröbel lernte und lehrte. Versuch einer kulturgeschichtlichen Begründung der Fröbel'schen Erziehungslehre. Leipzig 1909.
Groos, Karl: Das Spiel. Zwei Vorträge. Jena 1922.
Groos, Karl: Das Seelenleben des Kindes. Ausgewählte Vorlesungen. Berlin 1923.
Grossmann, Wilma: Vorschulerziehung. Historische Entwicklung und alternative Modelle. Köln 1974.
Grotjahn, A./Kaup, J. (Hrsg.): Handwörterbuch der sozialen Hygiene. Band I. A-K. Leipzig 1912.
Gruber, Joseph: Die Pädagogik des Kindergartens und der Bewahranstalt. Berlin 1869.
Grundmann, Herbert (Hrsg.): Gebhardt. Handbuch der deutschen Geschichte. Band 3. Von der Französischen Revolution bis zum Ersten Weltkrieg. 9. Auflage, 2., unveränderter Nachdruck. Stuttgart 1979.
Gudjons, Herbert: Pädagogisches Grundwissen. 2., durchges. Auflage. Bad Heilbrunn 1994.
Gütt, Arthur: Leibesübungen im Dienst der Rassenpflege. Schriften zur politischen Bildung. Herausgegeben von der Gesellschaft „Deutscher Staat". 2. Auflage. Langensalza 1937.
Gutbrod, F.X.: Die Kinderbewahr-Anstalt in ihrem Zwecke und in den Mitteln zur Erreichung dieses Zweckes dargestellt von F.X. Gutbrod, Stadtpfarrer in Burgau. Augsburg 1884.
Haarer, Johanna: Unsere kleinen Kinder. Vierte, verbesserte Auflage. München-Berlin 1939.
Hager, Fritz-Peter: Zum Bedeutungswandel der Geschichte der Pädagogik. In: Pädagogische Rundschau 50 (1996), 353-377. Frankfurt 1996.
Hager, Fritz-Peter: Idee, Bildung und Geschichtlichkeit des Menschen. Reflexionen zur systematischen Bedeutung und zu den philosophischen Voraussetzungen der historischen Pädagogik. In: Neue Pestalozzi-Blätter Jg. 3 (1997), H.2, 17-21. 1997.
Hammerschmidt, Peter/Tennstedt, Florian: Der Weg zur Sozialarbeit: Von der Armenpflege bis zur Konstituierung des Wohlfahrtsstaates in der Weimarer Republik. In: Thole, Werner (Hrsg.): Grundriss Soziale Arbeit, 63-76. Opladen 2002.
Hansen, Eckhardt: Wohlfahrtspolitik im NS-Staat: Motivation, Konflikte und Machtstrukturen im „Sozialismus der Tat" des Dritten Reiches. Augsburg 1991.
Hartmann, Angelika: Wie kann die organische Verbindung des Kindergartens mit der Elementarschule hergestellt werden? Abhandlung als Beantwortung der von der Abteilung für Unterrichts- und Erziehungswesen des Kongresses in Chicago gestellten Frage. Leipzig 1893.
Haug: Ueber die Gründung einer Anstalt zur Heranbildung von Kleinkinderlehrerinnen. In: Blätter für das Armenwesen. Nr. 27 und 28/1856, S. 129 – 131; 133 – 135. 1856.
Hauptwohlfahrtstelle für Ostpreußen: Kindergärten in Ostpreußen. Bearbeitet im Auftrag des Landesjugendamt. Königsberg 1928.
Hebenstreit, Sigurd: Friedrich Fröbel – Menschenbild, Kindergartenpädagogik, Spielförderung. Jena 2003.
Hecker, Hilde/Muchow, Martha: Friedrich Fröbel und Maria Montessori. Mit einer Einleitung von Eduard Spranger. 2. umgearbeitete und erweiterte Auflage. Deutscher Fröbel-Verband. Bücherreihe B: Gegenwartsfragen. Herausgegeben von Elfriede Strnad. II. Band. Leipzig 1931.
Heerwart, Eleonore: Der Zweck und das Ziel der Fröbel'schen Gaben und Beschäftigungen mit einer erläuternden Tabelle. Eisenach 1894.
Heerwart, Eleonore: Einführung in die Theorie und Praxis des Kindergartens. Leipzig 1901.
Heerwart, Eleonore: Die vier Grundsätze Friedrich Fröbel's mit Anwendung auf die Erziehung in der Familie, im Kindergarten, in der Bewahranstalt und in der Schule, sowie im täglichen Leben. o.J.

Heiland, Helmut: Die Pädagogik Friedrich Fröbels. Aufsätze zur Fröbelforschung 1969-1989. Hildesheim 1989.
Heiland, Helmut: Diesterwegs Fröbelrezeption. In: Hohendorf, Gerd/Rupp, Horst F.: Diesterweg: Pädagogik – Lehrerbildung – Bildungspolitik. Weinheim 1990.
Heiland, Helmut: Fröbelbewegung und Fröbelforschung. Bedeutende Persönlichkeiten der Fröbelbewegung im 19. und 20. Jahrhundert. Hildesheim 1992.
Heiland, Helmut: Die Spielpädagogik Friedrich Fröbels. Hildesheim, Zürich, New York 1998.
Heiland, Helmut: Henriette Schrader-Breymann: das pädagogische Konzept des Volkskindergartens. In: Sommer, Erika (Hrsg.): Festschrift 125 Jahre Pestalozzi-Fröbel-Haus: 1874 – 1999, 13 - 63. Berlin 1999.
Heiland, Helmut: Zum Fröbelverständnis der Zeitschrift "Kindergarten" in den Jahren 1860 – 1910. In: Sind Kinder kleine Majestäten? Schriften des Friedrich-Fröbel-Museums Bad Blankenburg, 53 - 113. Rudolstadt 2001.
Heiland, Helmut: Fröbelforschung heute. Aufsätze 1990-2002. Würzburg 2003a.
Heiland, Helmut: Zur Aktualität von Fröbels Erziehungskonzept. Fröbels Konzeption der Elementarbildung. In: Heiland, Helmut/Neumann, Karl (Hrsg.): Fröbels Pädagogik verstehen, interpretieren, weiterführen: internationale Ergebnisse zur neueren Fröbelforschung, 177-190. Würzburg 2003. 2003b.
Heiland, Helmut: „Ahnung" und „Bewußtseyn" als pädagogische Grundbegriffe Fröbels in seinen Briefen. In: Heiland, Helmut/Neumann, Karl (Hrsg.): Fröbels Pädagogik verstehen, interpretieren, weiterführen: internationale Ergebnisse zur neueren Fröbelforschung, 191-229. Würzburg 2003. 2003c.
Heiland, Helmut: Die Aktualität der Pädagogik Fröbels. In: Heiland, Helmut/Gebel, Michael/Karl Neumann (Hrsg.): Perspektiven der Fröbelforschung. Würzburg 2006. 2006a.
Heiland, Helmut: Fröbels Briefe. In: Heiland, Helmut/Gebel, Michael/Karl Neumann (Hrsg.): Perspektiven der Fröbelforschung. Würzburg 2006. 2006b.
Heiland, Helmut (Hrsg.): Friedrich Wilhelm August Fröbel. In: Basiswissen Pädagogik: Historische Pädagogik. Hrsg. von Christine Lost und Christian Ritzi. Bd. 5. Hohengehren 2002.
Heiland, Helmut (Hrsg.): Friedrich Fröbel in seinen Briefen. Würzburg 2008.
Heinsohn, Gunnar: Vorschulerziehung in der bürgerlichen Gesellschaft. Geschichte, Funktion, aktuelle Lage. Frankfurt a. M. 1974.
Heinze, Carl Gottlieb: Plan einer Bewahr- und Vorbereitungsanstalt für Kinder von drei bis sechs Jahren beiderlei Geschlechts. Leipzig 1805.
Helferich, Christoph: Geschichte der Philosophie. Von den Anfängen bis zur Gegenwart und Östliches Denken. 12. überarbeitete und erweiterte Auflage. Stuttgart 1992.
Hellmuth, Eckhart/Ehrenstein, Christoph von: Intellectual History Made in Britain: Die *Cambridge School* und ihre Kritiker. In: Geschichte und Gesellschaft 27 (2001), 149-172. Göttingen 2001.
Hergang, Karl Gottlob: Pädagogische Real-Encyclopädie oder Encyclopädisches Wörterbuch des Erziehungs- und Unterrichtswesens und seiner Geschichte, für Lehrer an Volksschulen und andern Lehranstalten, für Eltern und Erzieher, für Geistliche, Schulvorsteher und andere Freunde der Pädagogik und des Schulwesens. Bearbeitet von einem Vereine von Predigern und Lehrern und redigiert von Karl Gottlob Hergang, Doctor der Theologie und Archidiakonus an der Hauptkirche in Budissin. Zweite durchgesehene Auflage. Erster Band. ABC-Bücher – Gymnastik. Grimma &Leipzig, Druck und Verlag des Verlags-Comptoirs. 1851.
Hering, Sabine/Münchmeier, Richard: Geschichte der Sozialen Arbeit. Eine Einführung. 3. Auflage. Weinheim und München 2005.
Hering, Sabine/Schröer, Wolfgang (Hrsg.): Sorge um Kinder. Beiträge zur Geschichte von Kindheit, Kindergarten und Kinderfürsorge. Weinheim und München 2008.
Herrlitz, Hans-Georg; Hopf, Wulf, Titze, Hartmut: Deutsche Schulgeschichte von 1800 bis zur Gegenwart. 3. Auflage. Weinheim und München 2001.
Herrmann, Ulrich: Pädagogisches Denken und Anfänge der Reformpädagogik. In: Berg (Hrsg.) 1991, 147-178. 1991a.
Herrmann, Ulrich: Historische Bildungsforschung und Sozialgeschichte der Bildung. Programme – Analysen – Ergebnisse. Weinheim 1991. 1991b.
Herrmann, Ulrich/Tröhler, Daniel: Historische Forschung als Kultur geschichtlichen Bewusstseins. In: Neue Pestalozzi-Blätter Jg. 3 (1997), 17-25. 1997.
Hesekiel, Johannes: Die Kleinkinderschule in ihrer Bedeutung für die Arbeiterfrage. Magdeburg 1871.

Heydebrand, Karoline von: Vom Spielen des Kindes. Stuttgart 1927.
Heydebrand, Karoline von: Kindheit und Schicksal. Aus den Anfangsjahren der Freien Waldorfschule. Stuttgart 1958.
Hirtz, Arnold: Krippen, Kinderbewahranstalten und Kinderhorte. Ihre Bedeutung und Leitung. Hamm in Westfalen 1906.
Hobsbawm, Eric J./Ranger, Terence (Hrsg.): The invention of tradition. Cambridge 1983.
Höltershinken, Dieter: Zur Kindergartenerziehung im Nationalsozialismus am Beispiel der Betriebskindergärten im Ruhrgebiet. In Flessau/Nyssen/Pätzold (Hrsg.) 1987, 45-64. 1987.
Höltershinken, Dieter/Hoffmann, Hilmar/Prüfer, Gudrun: Kindergarten und Kindergärtnerinnen in der DDR. Neuwied; Kriftel/Ts.; Berlin 1997.
Hoffa, Theodor/Latrille, Ilse: Die halboffenen Anstalten für Kleinkinder. Kindergarten, Kindertagesheim, Tageserholungsstätte. Berlin 1926.
Hoffmann, Erika: Die pädagogische Aufgabe des Kindergartens. In: Kindergarten 75. Jg. 1934, 165-175. Nachdruck in Ebert, Sigrid/Lost, Christine (Hrsg.): bilden-erziehen-betreuen. In Erinnerung an Erika Hoffmann, 189-203. München, Wien 1996.
Hoffman, Erika (Hrsg.): Friedrich Fröbel an Gräfin Therese Brunszvik. Aus der Werdezeit des Kindergartens. Berlin 1944.
Hoffman, Erika (Hrsg.): Friedrich Fröbel. Ausgewählte Schriften. Erster Band: Kleine Schriften und Briefe von 1809-1851. Godesberg 1951.
Hoffman, Erika (Hrsg.): Friedrich Fröbel. Ausgewählte Schriften. Zweiter Band: Die Menscherziehung. Stuttgart 1982. 1982a.
Hoffman, Erika (Hrsg.): Friedrich Fröbel. Ausgewählte Schriften. Vierter Band. Die Spielgaben. Stuttgart 1982. 1982b.
Hoffmann, Hilmar: Sozialdemokratische und kommunistische Kindergartenpolitik und -pädagogik in Deutschland. Eine historische Untersuchung zur Theorie und Realpolitik der KPD, SED und SPD im Bereich institutionalisierter Früherziehung. Dortmunder Beiträge zur Pädagogik. Herausgegeben von Udo von der Burg/Ulrich Freyhoff/Dieter Höltershinken/Günter Pätzold. Bochum 1994.
Horn, Klaus-Peter: Katholische Pädagogik vor der Moderne. Pädagogische Auseinandersetzungen im Umfeld des Kulturkampfes in der zweiten Hälfte des 19. Jahrhunderts. In: Oelkers, Jürgen/Osterwalder, Fritz/Tenorth, Heinz-Elmar: Das verdrängte Erbe. Pädagogik im Kontext von Religion und Theologie. Weinheim, Basel 2003, 161-185. 2003.
Horn, Klaus-Peter: Disziplingeschichte. In: Mertens, Gerhard/ Frost, Ursula, Böhm, Winfried/Ladenthin, Volker: Handbuch der Erziehungswissenschaften. Band I. Grundlagen Allgemeine Erziehungswissenschaft, 5-32. Paderborn, München, Wien, Zürich 2008.
Horn, Klaus-Peter: „Immer bleibt deshalb eine Kindheit im Faschismus eine Kindheit". Erziehung in der frühen Kindheit – Totaler Anspruch und Erziehungswirklichkeit. In: Horn, Klaus-Peter/Link, Jörg-W. (Hrsg.): Erziehungsverhältnisse im Nationalsozialismus. Bad Heilbrunn 2010 (im Druck). 2010.
Huber, Aloys: Der Kindheit erstes Erwachen oder leichte und angenehme Unterhaltungen mit Kindern von drei bis acht Jahren zur Uebung der Sinne. Ein Wegweiser für Lehrer, Erzieher, Mütter und Kinderfrauen in Bewahranstalten. Nebst einer Sammlung von Spielen, Sprüchen, Gebeten und Liedern für die zarteste Jugend. Heidelberg 1840.
Huber, Johanna: Die religiös-sittliche Unterweisung des Kleinkindes im Kindergarten und in der Familie. Mit Einleitung und Anhang vom Herausgeber. Religionspädagogische Zeitfragen. Nr. 2. Herausgegeben von J. Göttler. Kempten 1916.
Huber, Johanna: Das Buch der Kinderbeschäftigungen. Ravensburg 1930.
Hübener, Johannes: Die christliche Kleinkinderschule, ihre Geschichte und ihr gegenwärtiger Stand. Gotha 1888.
Hübener, Joh.: Die Kleinkinderpflege. Gotha 1890.
Hüffell, Friedrich: Die Kleinkinderschule von pädagogischem Standpunkte aus betrachtet. Ein Beitrag zur Beförderung des Kleinkinderschulwesens. Weilburg 1841.
Hundert Jahre Evangelische Kinderpflege in Berlin 1830-1930. Festschrift anlässlich des hundertjährigen Bestehens der Kleinkinder-Bewahranstalt Nr.1 gegründet am 5.November 1830 in Berlin. Berlin 1930.
Hundert Jahre Wadzeck-Anstalt. Festschrift zur Gedenkfeier des 100jährigen Bestehens der Wadzeck-Anstalt zu Berlin. Berlin 1919.

Huth, Albert: Ein Jahr Kindergartenarbeit. Ein Buch für alle Freunde des Kleinkindes. Pädagogium. Eine Methoden-Sammlung für Erziehung und Unterricht herausgegeben von Oskar Messmer und Aloys Fischer. Band VIII. Leipzig 1917.
Iggers, Georg. G.: Hisoriography in the Twentieth Century. From Scientific Objectivity to the Postmodern Challenge. Hanover, London 1997.
Iggers, Georg G.: Historiographie zwischen Forschung und Dichtung. Gedanken über Hayden Whites Behandlung der Historiographie. In: Geschichte und Gesellschaft 27 (2001), 327-340. Göttingen 2001.
Illing, Lorenz: Nothwendigkeit und Zweckmäßigkeit der Umwandlung der Kleinkinder-Bewahr-Anstalten in Volkskindergärten. Ein zeitgemäßes Wort an die Vorstände derselben von L. Illing, Lehrer in München. München 1871.
Illing, Lorenz: Bericht über die Kindergartenanstalten Münchens 1871/1872. München 1872.
Illing, Lorenz: Die organische Verbindung des Kindergartens mit der Schule. München 1875.
Illing, Lorenz: Volkskindergarten oder Bewahranstalt? München 1876.
Illing, Lorenz: Der Kindergarten als ethische Erziehungs- und Bildungsanstalt. München 1878.
Instruktion zur Ausführung der Allerheiligsten Kabinets-Ordre vom 10. Juni 1834, die Beaufsichtigung der Privat-Schulen, Privat-Erziehungs-Anstalten und Privatlehrer, sowie der Hauslehrer, Erzieher und Erzieherinnen betreffend vom 31. Dezember 1839. In: Rönne 1855, 288. 1839.
Jeismann, Karl-Ernst: Bildungsbewegungen und Bildungspolitik seit der Mitte des 18. Jahrhunderts im Reich und im Deutschen Bund. Wechselwirkungen, Übereinstimmungen und Abweichungen zwischen den deutschen Staaten. In: Jeismann, Karl-Ernst: Geschichte und Bildung: Beiträge zur Geschichtsdidaktik und zur Historischen Bildungsforschung. Herausgegeben und eingeleitet von Wolfgang Jacobmeyer und Bernd Schönemeyer. Paderborn 2000.
Jeismann, Karl-Ernst/Lundgreen, Peter (Hrsg.): Handbuch der deutschen Bildungsgeschichte. Band 3: Von der Neuordnung Deutschlands bis zur Gründung des Deutschen Reichs. München 1987.
John, Carl: Die Kleinkinderschule für Kinder von 2 bis 6 Jahren. Vortheile derselben in moralischer und physischer Hinsicht, nebst beigefügtem Lehrplan und Methode. Nordhausen 1830.
Kaiser, Eduard: Grundriß der Erziehungslehre für Kleinkinderlehrerinnen. Berlin 1884. **Katz, David/Katz, Rosa:** Die Erziehung im vorschulpflichtigen Alter. Leipzig 1925.
Keim, Wolfgang: Erziehung unter Nazi-Diktatur. Bd. 1 u. 2. Darmstadt 1995.
Keller, Reiner/Hierseland, Andreas/Schneider, Werner/Viehöver, Willy (Hrsg.): Handbuch sozialwissenschaftliche Diskursanalyse. Band 1: Theorien und Methoden. 2., aktualisierte und erweiterte Auflage. Wiesbaden 2006.
Kemnitz, Heidemarie/Apel, Hans Jürgen/Ritzi, Christian (Hrsg.): Bildungsideen und Schulalltag im Revolutionsjahr 1848. Hohengehren 1999.
Kershaw, Ian: Hitler 1889-1936. 2. Auflage. Stuttgart 1998.
Kershaw, Ian: Hitler 1936-1945. 3. Auflage. Stuttgart 2000.
Klattenhoff, Klaus: Pädagogische Aufgaben und Ziele in der Geschichte der öffentlichen Kleinkinderziehung. In: Erning/Neumann/Reyer 1987b, 106-119. 1987.
Kliebard, Herbert M.: Wozu Geschichte der Pädagogik? In: Zeitschrift für pädagogische Historiographie, Jg. 10 (2004), H.2, 90-96.
Knauß, Ludwig Theodor: Das erste Schuljahr ohne Lese- und Schreibunterricht oder Darstellung eines Anschauungs-Unterrichts, der den gesammten Schulunterricht begründet. Zum Gebrauch in Volks- und Kleinkinderschulen. Zweite, verbesserte Auflage. Reutlingen 1852.
Knoch, Irene/Mentz, Sonjamaria/Stricker, Gertrud: Kindergarten und Volksschule organisch verbunden. Mit einer Einführung von Peter Petersen. Weimar 1940.
Kocka, Jürgen: Sozialgeschichte, Gesellschaftsgeschichte. In: Bergmann (Hrsg.) 1997,191-197. 1997.
Köhler, August: Der Kindergarten in seinem Wesen dargestellt. 28 Fragen für Freunde und Gegner desselben. Weimar 1868.
Köhler, August: Die neue Erziehung. Grundzüge der pädagogischen Ideen Fröbel und deren Anwendung in Familie, Kindergarten und Schule. Weimar 1873.
Köhler, August: Die Praxis des Kindergartens. Theoretisch-praktische Anleitung zum Gebrauche der Fröbel'schen Erziehungs- und Bildungsmittel in Haus, Kindergarten und Schule. Erster Band. 3.Auflage. Weimar 1878.

Köhler, August: Die Praxis des Kindergartens. Theoretisch-praktische Anleitung zum Gebrauche der Fröbel'schen Erziehungs- und Bildungsmittel in Haus, Kindergarten und Schule. Zweiter Band. 4.Auflage. Weimar 1907.
Köhler, August: Die Praxis des Kindergartens. Theoretisch-praktische Anleitung zum Gebrauche der Fröbel'schen Erziehungs- und Bildungsmittel in Haus, Kindergarten und Schule. Dritter Band. Die Pädagogik des Kindergartens. 3.Auflage. Weimar 1899.
König, Helmut: Programme zur bürgerlichen Nationalerziehung in der Revolution von 1848/49. Berlin 1971.
Konrad, Franz-Michael: Kindergarten oder Kinderhaus?: Montessori-Rezeption und pädagogischer Diskurs in Deutschland bis 1939. Freiburg i. Br. 1997.
Konrad, Franz-Michael: „Wenn es uns an Religion fehlt, so fehlt uns etwas Fundamentales für die Entwicklung des Menschen." Zur Montessori-Rezeption in der katholischen Pädagogik. In: Vierteljahrsschrift für wissenschaftliche Pädagogik ; 76(2000)2, S. 204-220. Wien 2000.
Konrad, Franz-Michael: Der Kindergarten. Seine Geschichte von den Anfängen bis in die Gegenwart. Freiburg i. Br. 2004.
Koselleck, Reinhart: Zeitschichten. Studien zur Historik. Mit einem Beitrag von Hans-Georg Gadamer. Frankfurt a.M. 2000.
Koselleck, Reinhart: Begriffsgeschichten. Studien zur Semantik und Pragmatik der politischen und sozialen Sprache. Frankfurt a. M. 2006.
Kramer, David: Das Fürsorgesystem des Dritten Reich. In: Landwehr, Rolf (Hrsg.): Geschichte der Sozialarbeit. Hauptlinien ihrer Entwicklung im 19. und 20. Jahrhundert. 2., unveränderte Auflage. Weinheim 1991, 173-217. 1991.
Krecker, Margot: Die Anfänge einer gesellschaftlichen Vorschulerziehung für die Kinder der arbeitenden Klassen in Deutschland. In: Jahrbuch für Erziehungs- und Schulgeschichte. Herausgegeben von der Kommission für deutsche Erziehungs- und Schulgeschichte. Jg. 5/6 1965/66, 3 -134. Berlin 1966.
Krecker, Margot (Hrsg.): Quellen zur Geschichte der Vorschulerziehung. 2. Auflage. Berlin 1967.
Krieg, Elsbeth: Katholische Kleinkindererziehung im 19. Jahrhundert. Frankfurt a. M. 1987.
Krücke, Simon Ernst Moritz: Die Pflegeanstalt in Detmold oder historischer Bericht über die Versorgung der Armen in dieser Residenz. Lemgo 1813.
Kuczynski, Jürgen: Geschichte des Alltags des Deutschen Volkes. Band 3. 1810-1870. Köln 1992.
Kuhlmann, Carola: Soziale Arbeit im nationalsozialistischen Herrschaftssystem. In: Thole, Werner (Hrsg.): Grundriss Soziale Arbeit, 77-95. Opladen 2002.
Laewen, Hans-Joachim: Bildung, Lernen, Erziehung – Begriffe klären und Praxis reformieren. In: *und*Kinder. Nr. 81/Juni 2008, 73-79. Zürich 2008.
Laewen, Hans-Joachim/Andres, Beate (Hrsg.): Bildung und Erziehung in Kindertageseinrichtungen. Bausteine zum Bildungsauftrag von Kindertageseinrichtungen. Weinheim, Berlin, Basel 2002. 2002a.
Laewen, Hans-Joachim/Andres, Beate (Hrsg.): Forscher, Künstler, Konstrukteure. Werkstattbuch zum Bildungsauftrag von Kindertageseinrichtungen. Weinheim 2002. 2002b.
Lange, Wichard (Hrsg.): Friedrich Fröbels gesammelte pädagogische Schriften, Zweite Abteilung. Friedrich Fröbel als Begründer der Kindergärten: Die Pädagogik des Kindergartens. Gedanken über das Spiel und die Spielgegenstände des Kindes. Neudruck der Ausgabe von 1862. Osnabrück 1966.
Langewand, Alfred: Kontextanalyse als Methode der pädagogischen Geschichtsschreibung. In: Zeitschrift für Pädagogik, 45. Jg. (1999), Nr. 4, 505-519. 1999.
Langewiesche, Dieter/Tenorth, Heinz-Elmar (Hrsg.).: Handbuch der deutschen Bildungsgeschichte. Die Weimarer Republik und die nationalsozialistische Diktatur. München 1989.
Lenger, Friedrich: Gebhardt. Handbuch der Deutschen Geschichte. Band 15: Industrielle Revolution und Nationalstaatsgründung (1849-1870er Jahre). 10, völlig neu bearbeitete Auflage. Stuttgart 2003.
Lenhart, Volker (Hrsg.): Historische Pädagogik. Methodologische Probleme der Erziehungsgeschichte. Wiesbaden 1977.
Lenzen, Dieter (Hrsg.): Pädagogik und Geschichte: pädagogische Historiographie zwischen Wirklichkeit, Fiktion und Konstruktion. Weinheim 1993.
Leyrer, E.: Die christliche Kleinkinderpflege mit besonderer Rücksicht auf Württemberg. Denkschrift zur hundertjährigen Jubelfeier ihrer Einführung. Stuttgart 1879.
Liegle, Ludwig: Über die besonderen Strukturmerkmale frühkindlicher Bildungsprozesse. In: Liegle/Treptow 2002b, 51-64. 2000.

Liegle, Ludwig: Bildung und Erziehung in früher Kindheit. Stuttgart 2006.
Liegle, Ludwig: Erziehung als Aufforderung zur Bildung. Aufgaben der Fachkräfte in Tageseinrichtungen für Kinder in der Perspektive der frühpädagogischen Didaktik. In: Thole, Werner/Rossbach, Hans-Günther/ Fölling-Albers, Maria/Tippelt, Rudolf (Hrsg.): Bildung und Kindheit. Pädagogik der Frühen Kindheit in Wissenschaft und Lehre, 85-113. Opladen&Farmington Hills 2008.
Liegle, Ludwig/Treptow, Rainer: Was ist neu an der gegenwärtigen Neubestimmung von Bildung? In: Liegle/Treptow 2002b, 13-26 2002a.
Liegle, Ludwig/Treptow, Rainer (Hrsg.): Welten der Bildung in der Pädagogik der frühen Kindheit und in der Sozialpädagogik. Freiburg i.Br. 2002. 2002b.
Lindner, Gustav: Encyclopädisches Handbuch der Erziehungskunde mit besonderer Berücksichtigung des Volksschulwesens. 2. und 3. unveränderte Auflage. Wien 1884.
Löhe, Wilhelm: Von Kleinkinderschulen. Ein Dictat für die Diaconissenschülerinnen von Neuendettelsau. Nürnberg 1868.
Löpelmann, Martin: Wege und Ziele der Kindererziehung in unserer Zeit. In Verbindung mit berufenen Fachleuten des Erziehungswesens. Leipzig 1936.
Loos, Joseph (Hrsg.): Enzyklopädisches Handbuch der Erziehungskunde. Unter Mitwirkung von Gelehrten und Schulmännern. I. Band [A-L]. Wien und Leipzig 1906.
Lost, Christine: „...als Ende der belastenden Gleichschaltung begrüßt. Zur Vor- und Nachgeschichte des Deutschen Fröbel-Verbandes 1938. In: Ritzi, Christian/ Wiegmann, Ulrich: Behörden und pädagogische Verbände im Nationalsozialismus. Zwischen Anpassung, Gleichschaltung und Auflösung. Bad Heilbrunn 2004.
Lotz, Kathi: Von Kindergärten- und Kindergarten-Beschäftigungen. Krefeld und Leipzig 1904.
Lück, Conradine: Friedrich Fröbel und die Muhme Schmidt. Ein Briefwechsel aus der Mitte des vorigen Jahrhunderts. Leipzig 1929.
Lütkens, Doris: Fröbel'sche Kindergärten. Eine Beantwortung der kleinen Schrift von J. Fölsing: Fröbel'sche Kindergärten. Hamburg 1849.
März, Fritz: Personengeschichte der Pädagogik. Ideen-Initiativen-Illusionen. Bad Heilbrunn 1998.
Mann, Golo: Deutsche Geschichte des 19. und 20. Jahrhunderts. Mit einem Nachwort von Joachim Fest. Frankfurt a. M. 1992.
Marenholtz-Bülow, Bertha von: Die Arbeit und die neue Erziehung nach Fröbels Methode. Berlin 1866.
Marenholtz-Bülow, Bertha von: Das Kind und sein Wesen. Beiträge zum Verständnis der Fröbelschen Erziehungslehre. Erstes Heft. Berlin 1868a.
Marenholtz-Bülow, Bertha von: Das Kind und sein Wesen. Beiträge zum Verständnis der Fröbelschen Erziehungslehre. Zweites Heft. Berlin 1868b.
Marenholtz-Bülow, Bertha von: Der Kindergarten, des Kindes erste Werkstätte. Übersetzung der in französischer Sprache 1855 in Paris herausgegebenen ersten Auflage. Zweite unveränderte Auflage. Dresden 1878.
Marenholtz-Bülow, Bertha von: Gesammelte Beiträge zum Verständniß der Fröbel'schen Erziehungsidee. Band I: Erinnerungen an Friedrich Fröbel. Zum Besten der „Fröbelstiftung des Allgemeinen Erziehungsvereins in Dresden. Kassel 1876.
Marenholtz-Bülow, Bertha von: Gesammelte Beiträge zum Verständniß der Fröbel'schen Erziehungsidee. Band II. Kassel 1877.
Marenholtz-Bülow, Bertha von: Theoretisches und praktisches Handbuch der Fröbelschen Erziehungslehre. Erster Teil: Die Theorie der Fröbelschen Erziehungslehre Kassel 1886.
Marenholtz-Bülow, Bertha von: Theoretisches und praktisches Handbuch der Fröbelschen Erziehungslehre. Zweiter Teil: Die Praxis der Fröbelschen Erziehungslehre Kassel 1887.
Middendorff, Wilhelm: Die Kindergärten. Bedürfniß der Zeit, Grundlage einigender Volkserziehung. Blankenburg bei Rudolfstadt 1848.
Mecke, Hanna: Warum brauchen wir Kindergärten und Kinderhorte? Abhandlungen zum Verständnis von Friedrich Fröbels Erziehungslehre. Bamberg 1910.
Mecke, Johanna (Hrsg.): Leitfaden der Berufskunde für Frauenschulen, Kindergärtnerinnen- und Jugendleiterinnen–Seminare und Kleinkinderlehrerinnen-Seminare. Im Anschluß an die Allgemeinen Bestimmungen des K. Preuß. Kultusministeriums. Bamberg 1913.
Meier, Burkhard: Fürstin-Pauline-Stifung. Von der ältesten Kinderbewahranstalt zum modernen Diakonieunternehmen. Detmold 2002.

Meier, Christian/Rüsen, Jörn: Historische Methode. Beiträge zur Historik, Bd. 5. München 1988.
Menze, Clemens: Die Bildungsreform Wilhelm von Humboldts. Hannover 1975.
Merten, Roland: Sozialarbeit/Sozialpädagogik als Disziplin und Profession. In: Schulze-Krüdener (Hrsg.): Mehr Wissen – mehr Können?: eine soziale Arbeit als Disziplin und Profession, 29-87. Hohengehren 2002.
Metzinger, Adalbert: Zur Geschichte der Erzieherinnenausbildung: Quellen – Konzeptionen – Impulse – Innovationen. Frankfurt a. M. 1993.
Ministerialerlaß vom Minister der geistlichen und Unterichtsangelegenheiten vom 17. April 1884 zur Unzulässigkeit der Erteilung von Lese und Rechenunterricht in Spielschulen, Klein-Kinderschulen, Kindergärten usw. In: Schneider/Bremen 1887, 140. 1884
Ministerialerlaß vom Minister der geistlichen und Unterichtsangelegenheiten vom 6. April 1914 betreffend Erzählen biblischer Geschichten in Kleinkinderschulen. In: Centralblatt für die gesammte Unterrichtsverwaltung in Preußen 1914. Jahrgang 1914, 379. Berlin 1914.
Mittelstraß, Jürgen (Hrsg.): Enzyklopädie Philosophie und Wissenschaftstheorie. Band 2. Mannheim 1984.
Montessori, Maria: Mein Handbuch. Grundsätze und Anwendung meiner neuen Methode der Selbsterziehung der Kinder. Stuttgart 1922.
Montessori, Maria: Selbsttätige Erziehung im frühen Kindesalter. Nach den Grundsätzen der wissenschaftlichen Pädagogik methodisch dargelegt von Dr. Maria Montessori. 2. Auflage. Stuttgart 1928. 1928a.
Montessori, Maria: Mein Handbuch. Grundsätze und Anwendung meiner neuen Methode der Selbsterziehung der Kinder. 2., umgearbeitete Auflage. Stuttgart 1928. 1928b.
Montessori, Maria: Grundlagen meiner Pädagogik. In: Handbuch der Erziehungswissenschaft. III. Teil: Pädagogik und Didaktik der Altersstufen. Band 1, 265-285. Herausgegeben im Auftrag des Deutschen Instituts für wissenschaftliche Pädagogik, Münster i.W. von Eggersdorfer, Franz X./Ettlinger, Max/Raederscheidt, Georg/Schröteler, Josef. München 1934.
Morgenstern, Lina: Der Kindergarten und die Schule und in welcher Weise ist die organische Verbindung zwischen beiden herzustellen? Leipzig 1874.
Morgenstern, Lina: Das Paradies der Kindheit. Lehrbuch für Mütter, Kindergärtnerinnen und Erzieherinnen. Nach Friedrich Fröbel's System. Sechste, erweiterte Auflage. Regensburg und Leipzig 1904.
Müller, Burkhard: Öffentliche Kleinkinderziehung im Deutschen Kaiserreich. Weinheim 1989.
Münchmeier, Richard: Geschichte der sozialen Arbeit. In: Harney, Klaus/Krüger, Heinz-Hermann (Hrsg.): Einführung in die Geschichte von Erziehungswissenschaft und Erziehungswirklichkeit, 291-328. Opladen und Bloomfield Hills 2006.
Muchow, Martha: Beiträge zur psychologischen Charakteristik des Kindergarten- und Grundschulalters. Auf Grund experimentalpsychologischer Untersuchungen über die Auffassung und das Denken der Drei- bis Zehnjährigen. Pädagogisch-psychologische Schriftenreihe des Allgemeinen Deutschen Lehrerinnenvereins. Heft 3. Berlin 1926.
Muchow, Martha: Psychologische Probleme der frühen Erziehung. Erfurt 1929.
Muchow, Martha: Die psychologischen Voraussetzungen der Kindergartenpädagogik. In: Hansen, Wilhelm (Hrsg.): Beiträge zur pädagogischen Psychologie, 71-85. Münster 1933.
Muchow, Martha: Aus der Welt des Kindes. Beiträge zum Verständnis des Kindergarten- und Grundschulalters. Herausgegeben im Auftrage des Pestalozzi-Fröbel-Verbandes von Hans Heinrich Muchow. Mit einem Lebensbild Martha Muchows von Elfriede Strnad. Ravensburg 1949.
Müller, Fritz: Die vorbeugende Arbeit evangelischer Kinderpflege in Krippen, kindergärten und Horten. Berlin 1927.
Münch, Matthias Cornelius: Universal-Lexikon der Erziehungs- und Unterrichtslehre für ältere und jüngere christliche Volksschullehrer. Augsburg 1840.
Natorp, Paul: Genossenschaftliche Erziehung als Grundlage zum Neubau des Volkstums und des Menschentums. Thesen mit Einleitung von Paul Natorp. Berlin 1920.
Neter, Eugen: Das einzige Kind und seine Erziehung. Ein ernstes Mahnwort an Eltern und Erzieher. 5. u. 6. erweiterte Auflage. München 1914.
Neter, Eugen: Die Pflege des Kleinkindes (2. bis 6. Lebensjahr). München 1921.
Neuntes u. zehntes Jahrbuch des Vereins für christliche Erziehungswissenschaft. Unser Erziehungs- und Schulprogramm. Festgabe, Dr. Otto Willmann zum 80. Geburtstag gewidmet. Kempten, München 1919.
Niemeyer, Christian: Klassiker der Sozialpädagogik – Einführung in die Theoriegeschichte einer Wissenschaft. Weinheim und München 1998.

Nipperdey, Thomas: Deutsche Geschichte 1866-1918. Erster Band. Arbeitswelt und Bürgergeist. München 1990.
Nipperdey, Thomas: Deutsche Geschichte. 1800 – 1866. Bürgerwelt und starker Staat. München 1994.
Nipperdey, Thomas: Deutsche Geschichte 1866 – 1918. Zweiter Band: Machtstaat vor der Demokratie. Dritte, durchgesehene Auflage, München 1995.
Oelkers, Jürgen: Die „Geschichte der Pädagogik" als pädagogisches Problem. Beobachtungen zur Rezeptionsgeschichte im Anschluss an Friedrich Fröbel. In: Neue Pestalozzi-Blätter Jg. 4 (1998), H.2, 8-17.
Oelkers, Jürgen: Die Geschichte der Pädagogik und ihre Probleme. In: Zeitschrift für Pädagogik, 45.Jg. (1999), Nr.4, 461-482. 1999.
Oelkers, Jürgen: Ein Essay über den schwindenden Sinn des Gegensatzes von „Ideengeschichte" und „Sozialgeschichte" in der pädagogischen Geschichtsschreibung. In: Zeitschrift für pädagogische Historiographie, Jg. 7 (2001), S. 21-25. 2001.
Oelkers, Jürgen: Erziehung. In: Benner (Hrsg.) 2004, 303-340. 2004.
Oelkers: Reformpädagogik: eine kritische Dogmengeschichte. 4., vollst. überarb. Und er. Auflage. Weinheim 2005.
Oestreich, Paul (Hrsg.): Das Kleinkind, seine Not und seine Erziehung. Vorträge vom Kongress für Kleinkind-Erziehung 1. bis 5. Oktober 1932 im Neuen Rathaus zu Berlin-Schöneberg. Jena 1932.
Ohne Autor: Adolph Douai. www: http://de.wikipedia.org/wiki/Adolph_Douai (19.04.2010). 2010.
Otto, Alwin: Die Erziehung des Kleinkindes im Rahmen einer Weltschau bei Friedrich Fröbel und Ernst Krieck. Leipzig 1940.
Ossyra, Joh. Ludw.: Naturgemäße Gymnastik. Oder: Angenehme und nützliche leibliche Beschäftigungen kleiner Kinder in den sogenannten Kleinkinder-Bewahranstalten, aber auch in den engeren Familienkreisen. Mit einem empfehlenden Vorworte versehen von dem Schullehrer-Seminar-Direktor Dr. Diesterweg. Quedlinburg und Leipzig 1838.
Overhoff, Jürgen: Quentin Skinners neue Ideengeschichte und ihre Bedeutung für die historische Bildungsforschung. In: Jahrbuch für historische Bildungsforschung. Band 10. Bad Heilbrunn/Obb. 2004.
Paedagogica Historica 1996, Heft 2. 1996.
Palmer, Christian: Evangelische Pädagogik. Zweite verbesserte und vermehrte Auflage. Stuttgart 1855.
Pappenheim, Eugen: Zum 100.Geburtstage Friedrich Fröbels. Beiträge zum Verständnis und zur Würdigung des Kindergartens. Aus früheren Berichten über den Fichte-Kindergarten. Berlin 1882.
Pappenheim, Eugen: Friedrich Fröbel. Aufsätze aus den Jahren 1861-1893. Berlin 1893.
Paterak, Heike: Institutionelle Früherziehung im Spannungsfeld normativer Familienmodelle und gesellschaftlicher Realität. Münster 1999.
Paulsen, Friedrich: Geschichte des gelehrten Unterrichts auf den deutschen Schulen und Universitäten vom Ausgang des Mittelalters bis zur Gegenwart. Leipzig 1885.
Perschke, Wilhelm: Betrachtungen über Kleinkinderschulen. Berlin 1839.
Pestalozzi-Fröbel-Verband: Programm der Festveranstaltung und Fachtagung zum 200. Geburtsjahr von Friedrich Fröbel. 1982.
Pestalozzi-Fröbel-Verband e.V. (Hrsg.): Geschichte des Pestalozzi-Fröbel-Verbandes. Ein Beitrag zur Entwicklung der Kleinkind- und Sozialpädagogik in Deutschland. Freiburg 1998.
Petition der allgemeinen Lehrerversammlung in Berlin vom 26.April 1848 an die Vertreter des preußischen Volkes. In: König 1971, 113-128. 1848.
Pflanze, Otto: Bismarck. 2. Der Reichskanzler. München 1998.
Pharus. Katholische Monatsschrift für Orientierung in der gesamten Pädagogik. Herausgegeben von der pädagogischen Stiftung Cassianeum Donauwörth. 9. Jahrgang 1918. 1. u. 2. Halbjahrband. 1918.
Plan einer Nationalerziehung, entworfen und zur Begutachtung allen Lehrern Deutschland, besonders aber dem Lehrerstande in Schleswig-Holstein vorgelegt von Gustav Thaulow. In: König 1971, 151-195.
Polligkeit, W.: Die Kriegsnot der aufsichtslosen Kleinkinder. Schriften des Deutschen Ausschusses für Kleinkinderfürsorge. Heft 1. Leipzig und Berlin 1917.
Pösche, Hermann: Friedrich Fröbel's entwickelnd-erziehende Menschenbildung (Kindergarten-Pädagogik) als System. Eine umfassende, wortgetreue Zusammenstellung. Hamburg 1862.
Prondczynsky, Andreas von: Die Pädagogik und ihre Historiographie. Umrisse eines Forschungsfeldes. In: Zeitschrift für Pädagogik, 45.Jg. (1999), Nr.4, 485-504. 1999.

Prüfer, Johannes: Kleinkinderpädagogik. Die Pädagogik der Gegenwart. VIII. Band. Herausgegeben von Meumann, E./Möbusz, Albin/Walsermann, Hermann. Leipzig 1913.
Rahner, Elisabeth: Die Pädagogik der Kindertagesstätte. In: Heinen, Anton/Rahner, Elisabeth/Montessori, Maria: Familien und Kleinkinderpädagogik. Handbuch der Erziehungswissenschaft. III. Teil: Pädagogik und Didaktik der Altersstufen. Band 1, 85-264. Herausgegeben im Auftrag des Deutschen Instituts für wissenschaftliche Pädagogik, Münster i.W. von Eggersdorfer, Franz X./Ettlinger, Max/Raederscheidt, Georg/Schröteler, Josef. München 1934.
Ranke, Johann Friedrich: Erzählungen für Kleinkinderschulen, die unteren Klassen der Elementarschulen und Familien oder Sammlung wahrer Erzählungen von Thieren und Menschen, sowie Fabeln, Mährchen und andere Dichtungen, zunächst für 3-10 jährige Kinder. Dritte, verbesserte und vermehrte Auflage. Kaiserswerth am Rhein 1856.
Ranke, Johann Friedrich: Die Erziehung und Beschäftigung kleiner Kinder in Kleinkinderschulen und Familien. Anleitung, Kinder in den ersten Lebensjahren zu erziehen, durch Spielen, arbeiten und vorbereitenden Unterricht zu beschäftigen, mit besonderer Berücksichtigung der Kleinkinderschule nach der Erfahrung bearbeitet von J. Fr. Ranke. Dritte, vermehrte und verbesserte Auflage. Elberfeld 1863.
Ranke, Johann Friedrich: Aus der Praxis für die Praxis in Kinderstube und Kleinkinderschule. Band I. Elberfeld 1878.
Ranke, Johann Friedrich: Aus der Praxis für die Praxis in Kinderstube und Kleinkinderschule. Band II. Unter Mitwirkung von Ins. Alb. Ranke. Elberfeld 1879.
Ranke, Johann Friedrich: Die Gründung, Unterhaltung und Leitung von Krippen, Bewahranstalten und Kleinkinderschulen. 7., ganz umgearbeitete und bedeutend erweiterte Auflage des 3. Teiles der Erziehung und Beschäftigung kleiner Kinder. Elberfeld 1887.
Ranke, Johann Friedrich: Die Erziehung und Beschäftigung kleiner Kinder in Kleinkinderschulen und Familien. Zwölfte Auflage. Elberfeld 1911.
Reble, Albert: Geschichte der Pädagogik. 18. Auflage. Stuttgart 1995.
Rehlingen, Anton von: Die Bewahrschule für kleine Kinder von zwei bis sieben Jahren. Wien 1832.
Reichert, Hellmuth: Die Neuordnung der Wohlfahrtspflege im nationalsozialistischen Staate. Breslau 1935.
Rein, Wilhelm (Hrsg.): Encyclopädisches Handbuch der Pädagogik. 2. Auflage. Langensalza 1903f..
Rescript des Ministeriums der geistlichen, Unterrichts- und Medizinal-Angelegenheiten (v. Raumer) und des Ministerium des Innern (v. Manteuffel) vom 7. August 1851 an die Königliche Regierung zu N.N. In: Rönne 1855, 866. 1851.
Reuter, D. (Hrsg.): Pädagogisches Real-Lexicon oder Repertorium für Erziehungs- und Unterrichtskunde und ihre Literatur. Ein tägliches Hülfsbuch für Eltern und Erzieher. Nürnberg 1811.
Reyer, Jürgen: Wenn die Mütter arbeiten gingen... Eine sozialhistorische Studie zur Entstehung der öffentlichen Kleinkinderziehung im 19. Jahrhundert in Deutschland. Köln 1983.
Reyer, Jürgen: Geschichte der öffentlichen Kleinkinderziehung im Deutschen Kaiserreich, in der Weimarer Republik und in der Zeit des Nationalsozialismus. In: Erning/Neumann/Reyer 1987a, 43-82. 1987a.
Reyer, Jürgen : Entwicklung der Trägerstruktur in der öffentlichen Kleinkinderziehung. In: Erning/Neumann/Reyer 1987b, 40-66. 1987b.
Reyer, Jürgen: Kindheit zwischen privat-familialer Lebenswelt und öffentlich veranstalteter Kleinkinderziehung. In: Erning/Neumann/Reyer 1987b, 232-284. 1987c.
Reyer, Jürgen: Kindergarten. In: Benner, Dietrich (Hrsg.): Historisches Wörterbuch der Pädagogik, 518-526. Weinheim, Basel 2004.
Reyer, Jürgen: Einführung in die Geschichte des Kindergartens und der Grundschule. Bad Heilbrunn 2006. 2006a.
Reyer, Jürgen: Geschichte frühpädagogischer Institutionen. In: Fried, Lilian/Roux, Susanne (Hrsg.): Pädagogik der frühen Kindheit, 268-279. Weinheim, Basel 2006. 2006b.
Reyer, Jürgen/Franke-Meyer, Diana: Muss der Bildungsauftrag des Kindergartens „eigenständig" sein? In: Zeitschrift für Pädagogik. Jg. 54. Heft 6, 888-905. 2008.
Richter, Karl: Kindergarten und Volksschule in ihrer organischen Verbindung. Leipzig 1876.
Rinsum, Annemarie und Wolfgang van: Deutsche Literaturgeschichte. Band 6. Frührealismus 1815-1848. München 1992.
Rinsum, Annemarie und Wolfgang van: Deutsche Literaturgeschichte. Band 7. Realismus und Naturalismus. München 1994.

Rittelmeyer, Christian/Parmentier, Michael: Einführung in die pädagogische Hermeneutik. Mit einem Beitrag von Wolfgang Klafki. Darmstadt 2001.
Röd, Wolfgang: Der Weg der Philosophie von den Anfängen bis ins 20. Jahrhundert. Zweiter Band. 17. bis 20. Jahrhundert. München 1996.
Rönne, Ludwig von: Das Unterrichts-Wesen des Preußischen Staates; eine systematisch geordnete Sammlung aller auf dasselbe Bezug habenden gesetzlichen Bestimmungen, insbesondere der in der Gesetzsammlung für die Preußischen Staaten, in den von Kampßschen Annalen für die inner Staatsverwaltung, in den von Kampßschen Jahrbüchern für die Preußische Gesetzgebung, Rechtswissenschaft und Rechtsverwaltung, und in deren Fortsetzungen durch die Ministerial-Blätter, sowie in anderen Quellen-Sammlungen enthaltenen Verordnung und Reskripte, in ihrem organischen Zusammenhange mit der früheren Gesetzgebung, dargestellt unter der Benutzung der im Justiz-Ministerium ausgearbeiteten „revidierten Entwürfe der Provinzial-Rechte". Erster Band. Allgemeiner Theil. Privat-Unterricht. Volksschulwesen. Berlin 1855.
Rolfus, Hermann/Pfister, Adolph (Hrsg.): Real-Encyclopädie des Erziehungs- und Unterrichtswesens nach katholischen Prinzipien. Unter der Mitwirkung von geistlichen und weltlichen Schulmännern für Geistliche, Volksschullehrer und Erzieher. Erster Band: A-F. Mainz 1863.
Rolfus, Hermann/Pfister, Adolph (Hrsg.): Real-Encyclopädie des Erziehungs- und Unterrichtswesens nach katholischen Prinzipien. Unter der Mitwirkung von geistlichen und weltlichen Schulmännern für Geistliche, Volksschullehrer und Erzieher. Zweiter Band: F-K. Mainz 1864
Rolfus, Hermann/Pfister, Adolph (Hrsg.): Real-Encyclopädie des Erziehungs- und Unterrichtswesens nach katholischen Prinzipien. Unter der Mitwirkung von geistlichen und weltlichen Schulmännern für Geistliche, Volksschullehrer und Erzieher. Dritter Band. K-P. Mainz 1865.
Roloff, Ernst Max (Hrsg.): Lexikon der Pädagogik. Freiburg i. Br. 1913f.
Rosenthal, Sascha: Erziehung und Kindergarten. Abahndlungen zur Erneuerung der deutschen Erziehung, im Auftrage des Bundes entschiedener Schulreformer herausgegeben von Professor Paul Oestreich. Leipzig 1924.
Rotteck, Karl von /Welcker, Karl (Hrsg.): Das Staats-Lexikon. Encyklopädie der sämmtlichen Staatswissenschaften für alle Stände. In Verbindung mit vielen der angesehensten Publicisten Deutschlands. Dritte, umgearbeitete, verbesserte und vermehrte Auflage. Erster Band. Leipzig 1856.
Rüsen, Jörn: Historische Orientierung. Über die Arbeit des Geschichtsbewußtseins, sich in der Zeit zurechtzufinden. Köln, Weimar, Wien 1994.
Rüsen, Jörn: Historische Methode. In: Bergmann (Hrsg.) 1997, 140-144. 1997.
Sager, Christian: „Kindheit als Erfindung der Moderne oder als anthropologische Konstante. Ein Forschungsstreit, In: Hering/Schröer, (Hrsg.) 2008, 11-23. 2008.
Sallwürk, E. von: Die pädagogische Methode der Dottoressa Montessori. Friedrich Mann's Pädagogisches Magazin. Abhandlungen vom Gebiete der Pädagogik und ihrer Hilfswissenschaften. Heft 543. Langensalza 1913.
Sander, Ferdinand: Lexikon der Pädagogik. Handbuch für Volksschullehrer, enthaltend das Ganze des Unterrichts- und Erziehungswesens, Didaktik, Methodik. Statistik, Biographien etc. Leipzig 1883.
Sarasin, Philipp: Diskurstheorie und Geschichtswissenschaft. In: Keller (Hrsg.) 2006, 55-82. 2006.
Sayler, Wilhelmine: Josef Göttler und die christliche Pädagogik. München 1960.
Schäfer, Gerd E.: Bildung beginnt mit der Geburt. 2., veränderte Auflage. Weinheim, Basel 2005.
Schäfer, Gerd E.: Die Bildung des kindlichen Anfängergeistes. In: *und*Kinder. Nr. 81/Juni 2008, 63-72. Zürich 2008.
Scheuerl, Hans: Geschichte der Erziehung: ein Grundriß. Stuttgart; Berlin; Köln; Mainz 1985.
Scheuerl, Hans (Hrsg.): Klassiker der Pädagogik. Zweite, überarbeitete Auflage. München 1991.
Scheveling, Julius (Hrsg.): Friedrich Fröbel. Ausgewählte pädagogische Schriften. Paderborn 1965.
Schick: Ueber die Versorgung verwahrloster Kinder und über Kleinkinderschulen. In: Blätter für das Armenwesen. Nr. 27/1855, S. 197-200. 1855.
Schiel, W.: Fürwort für die Kleinkinderschulen. o.J.
Schlesinger, Lotte: Der Frankfurter Kindergarten. Sein Wesen und seine Bedeutung. 1923.
Schmidlin, Johann Gottlieb: Ueber Klein-Kinder-Schulen, insbesondere deren Zweck, Bestimmung, äußere und innere Einrichtung, und die mit ihrer Gründung verbundenen Kosten. Mit besonderer Rücksicht auf Württemberg, zusammengetragen von Johann Gottlieb Schmidlin. Stuttgart 1835.

Schmidt, Karl: Die Geschichte der Erziehung und des Unterrichts. Für Schul- und Predigtamtscandidaten, für Volksschullehrer, für gebildete Aeltern und Erzieher übersichtlich dargestellt. Cöthen 1863.

Schmidt, K. A. (Hrsg.): Encyklopädie des gesammten Erziehungs- und Unterrichtswesens. Bearbeitet von einer Anzahl Schulmänner und Gelehrten. Gotha 1859ff.

Schmidt, Thilo/Rossbach, Hans-Günther/Sechtig, Jutta: Bildung in frühpädagogischen Institutionen. In: Tippelt, Rudolf/Schmidt, Bernhard (Hrsg.): Handbuch Bildungsforschung. 2., überarbeitete und erweiterte Auflage. Wiesbaden 2009.

Schnabel, Thomas: Die Auseinandersetzung mit dem Nationalsozialismus. In: Schnabel 1987c, 59-87. 1987a.

Schnabel, Thomas: Kindergartenalltag damals und heute. In Schnabel 1987c, 133-172. 1987b.

Schnabel, Thomas (Hrsg.): versorgen bilden erziehen 1912 – 1987. Festschrift des Zentralverbandes katholischer Kindergärten und Kinderhorte Deutschlands. Freiburg i. Br. 1987. 1987c.

Schnabel, Thomas/Rehm, Clemens: Die Entwicklung des katholischen Kindergartenwesens in der Weimarer Republik. In Schnabel 1987c, 45-58. 1987.

Schneider, K. /Bremen, E. von: Das Volksschulwesen im Preußischen Staate ins systematischer Zusammenstellung auf seine innere Einrichtung und seine Rechtsverhältnisse, sowie auf seine Leitung und Beaufsichtigung bezüglichen Gesetze und Verordnungen. Erster Band. Die Stellung der Behörden und Beamten, die Ausbildung und die Stellung des Lehrers. Berlin 1886.

Schneider, K. /Bremen, E. von: Das Volksschulwesen im Preußischen Staate ins systematischer Zusammenstellung auf seine innere Einrichtung und seine Rechtsverhältnisse, sowie auf seine Leitung und Beaufsichtigung bezüglichen Gesetze und Verordnungen. Dritter Band. Die Schulpflicht, der Privatunterricht, die Schulzucht, der Schulunterricht, Schulgesetze. Berlin 1887.

Schöttler, Peter: Wer hat Angst vor dem „linguistic turn"? In: Geschichte und Gesellschaft, 23 (1997), 134-151. Göttingen 1997.

Schrader-Breymann, Henriette: Die Grundzüge der Ideen Friedrich Fröbels angewendet auf Kinderstube und Kindergarten. In: Blochmann 1962. 19-58. 1872.

Schrader-Breymann, Henriette: Arbeitsschule. Fragment 1883. In: Blochmann 1962. 59-62. 1883.

Schrader-Breymann, Henriette: Die hauswirtschaftliche Bildung der Mädchen in den ärmeren Klassen. In: Blochmann 1962. 62-79. 1888.

Schrader-Breymann, Henriette: Häusliche Beschäftigung und Gartenarbeit als Erziehungsmittel im Pestalozzi-Fröbel-Hause, Berlin W, Steinmetzstrasse 16. In: Blochmann 1962. 80-110. 1893.

Schrader-Breymann, Henriette: Der Kindergarten als Vorbereitung für das Leben. In: Blochmann 1962. 112-122. 1894

Schrader-Breymann, Henriette: Fröbels Aufruf „an die Deutschen Frauen und Jungfrauen" zur Mitbegründung eines Kindergartens zu Blankenburg in Thüringen 1840. o.J.

Schreck, Ernst: Der Einfluß des Fröbelschen Kindergartens auf den nachfolgenden Unterricht. Mit einem Anhange: Pädagogische Kernstellen aus Fröbels Schriften. Leipzig ca. 1888.

Schröteler, Joseph: Die Montessori-Methode und die deutschen Katholiken. Düsseldorf 1929.

Schuch, Chr. Theophilus: Die Kleinkinder-Schule als wichtiger Anfang von Unterricht und Lebensbildung. Freundlich dringender Rath für Eltern, Lehrer und Erzieher. Heidelberg 1834.

Schulz, Heinrich: Die Schulreform der Sozialdemokratie. Dresden 1911

Schumacher, Henny: Das Kleinkind und seine Erzieher. Abhandlung zur Erneuerung der deutschen Erziehung, im Auftrage des Bundes entschiedener Schulreformer, herausgegeben von Professor Paul Oestreich. Leipzig 1923. 1923a.

Schumacher, Henny: Friedrich Fröbels Ideen im Lichte der Gegenwart. Berlin 1923. Die Lebensschule. Schriftenfolge des Bunds entschiedener Schulreformer. Hrsg. Von Franz Hilker. Heft 13. 1923b.

Schumacher, Henny: Die proletarische Frau und ihre Erziehungsaufgabe. Berlin 1929.

Schwabe, Johann Friedrich Heinrich: Einige Gedanken über Verwahranstalten. Neustadt a.d. Orla 1828.

Schwabe, Johann Friedrich Heinrich: Die Verwahr- oder sogenannte Kleinkinder-Schule in ihren Zwecken und Einrichtungen. Zweite, völlig umgearbeitete und stark vermehrte Auflage. Neustadt a. d. Orla 1834.

Schwarz, Fr. H. Chr.: Die Schulen. Die verschiedenen Arten der Schulen, ihre inneren und äußeren Verhältnisse, und ihre Bestimmung in dem Entwicklungsgange der Menschheit. Leipzig 1832.

Schwartz, Hermann: Pädagogisches Lexikon. In Verbindung mit der Gesellschaft für evangelische Pädagogik. Bielefeld 1928f..

Seidel, Friedrich (Hrsg.): Friedrich Fröbel's Pädagogische Schriften. III. Band. Wien und Leipzig 1883.

Skinner, Quentin: Vision of politics. Volume I: Regarding Method. Cambridge 2002.
Speck, Josef/Wehrle, Gerhard (Hrsg.): Handbuch pädagogischer Grundbegriffe. München 1970.
Spieler, Josef (Hrsg.): Lexikon der Pädagogik der Gegenwart. Hrsg. vom Deutschen Institut für Wissenschaftliche Pädagogik, Münster in Westfalen. Freiburg im Breisgau: Herder, 1930-1932.
Steinacker, Gustav: Bilder, Studien und Klänge aus dem Bereich des Elternhauses und Kindergartens, der Bewahranstalt und Volksschule; nach (Friedr.) Fröbel'schen Grundsätzen. Halle 1868.
Stellrecht, Helmut: Neue Erziehung. 5. Auflage. Berlin 1944.
Stern, Fritz: Fünf Deutschland und ein Leben. Erinnerungen. München 2007.
Stern, Käthe: Methodik der täglichen Kinderhauspraxis. Psychologische und pädagogische Erfahrungen mit einem erweiterten Montessori-System. Leipzig 1932.
Stern, Käthe: Wille/Phantasie und Werkgestaltung in einem erweiterten Montessori-System. Leipzig 1933.
Stern, William: Psychologie der frühen Kindheit bis zum sechsten Lebensjahre. Mit Benutzung ungedruckter Tagebücher von Clara Stern und Beiträgen von Kurt Lewin und Heinz Werner. Sechste Auflage. Leipzig 1930.
Sticker, Anna (Hrsg.): Das Seminar. Theodor Fliedner Quellen. Kindernot und Kinderhilfe vor 120 Jahren. Quellenstücke aus dem Fliednerarchiv in Kaiserwerth. Witten-Ruhr 1958.
Strobel, Regine: Lehrbuch für die katholische Kindergärtnerin. Essen-Ruhr 1908.
Synders, Georges: Die große Wende der Pädagogik. Die Entdeckung des Kindes und die Revolution der Erziehung im 17. und 18. Jahrhundert in Frankreich. Paderborn 1971.
Tenorth, Heinz-Elmar: Wahrheitsansprüche und Fiktionalität. Einige systematische Überlegungen und exemplarische Hinweise an der pädagogischen Historiographie zum Nationalsozialismus. In: Lenzen, Dieter (Hrsg.): Pädagogik und Geschichte. Pädagogische Historiographie zwischen Wirklichkeit, Fiktion und Konstruktion, 87-102. Weinheim 1993.
Tenorth, Heinz-Elmar: Lob des Handwerks, Kritik der Theorie – Zur Lage der pädagogischen Historiographie in Deutschland. In: Paedagogica Historica 1996 (2), 343-361. 1996.
Tenorth, Heinz-Elmar: Geschichte der Erziehung. Einführung in die Grundzüge ihrer neuzeitlichen Entwicklung. 3, völlig überarbeitete und erweiterte Auflage. Weinheim und München 2000.
Tenorth, Heinz-Elmar: Historische Bildungsforschung. In: Tippelt, Rudolf (Hrsg.): Handbuch Bildungsforschung. Opladen 2002, 123-140. 2002.
Tenorth, Heinz-Elmar: Verwissenschaftlichung und Disziplinierung pädagogischer Reflexion – Zum Stand der Forschung. In: Jahrbuch für Historische Bildungsforschung Band 12, 331-350. Bad Heilbrunn/Obb. 2006.
Terhart, Ewald: Wozu Geschichte der Pädagogik? Rückfragen an Herbert M. Kliebards gute Frage. In: Zeitschrift für pädagogische Historiographie, Jg. 10 (2004), H.2, 98-102. 2004.
Thiersch, Renate: Kindertagesbetreuung. In: Otto, Hans-Uwe/Thiersch, Hans: Handbuch Sozialarbeit/Sozialpädagogik. 2., völlig überarbeitete Auflage, 964-984.Neuwied, Kriftel, Luchterhand 2001.
Thole, Werner: Soziale Arbeit als Profession und Disziplin. Das sozialpädagogische Projekt in Praxis, Theorie, Forschung und Ausbildung – Versuche einer Standortbestimmung. In: Thole, Werner (Hrsg.): Grundriss Soziale Arbeit, 13-59. Opladen 2002.
Thole, Werner/Rossbach, Hans-Günther/ Fölling-Albers, Maria/Tippelt, Rudolf (Hrsg.): Bildung und Kindheit. Pädagogik der Frühen Kindheit in Wissenschaft und Lehre. Opladen&Farmington Hills 2008.
Tröhler, Daniel: Pädagogische Historiographie und Kontext. In: Zeitschrift für pädagogische Historiographie, Jg. 7 (2001), 26-32. 2001.
Tröhler, Daniel: Geschichte und Sprache der Pädagogik. In: Zeitschrift für Pädagogik. 51 Jahrgang (2005), Heft 2, 218-235. 2005.
Tröhler, Daniel: Republikanismus und Pädagogik. Pestalozzi im historischen Kontext. Bad Heilbrunn 2006.
Tietze, Wolfgang (Hrsg.): Wie gut sind unsere Kindergärten? Eine Untersuchung zur pädagogischen Qualität in deutschen Kindergärten. Kriftel; Berlin 1998.
Tugendreich, Gustav: Der Ausbau der Kleinkinderfürsorge. In: Fortschritte des Kinderschutzes und der Jugendfürsorge. Vierteljahreshefte des Archivs deutscher Berufsvormünder. Herausgegeben von Professor Dr. Chr. J. Klumker-Wilhelmsbad. Zweiter Jahrgang, Heft 2. Berlin 1917.
Tugendreich, Gustav: Die Kleinkinderfürsorge. Mit Beiträgen von Dr. Hans Guradze, Johanna Mecke, Prof. Lic. Dr. Sellmann. Stuttgart 1919.

Verein praktischer Schulmänner und Erzieher (Hrsg.): Encyklopädie der Pädagogik vom gegenwärtigen Standpunkte der Wissenschaft und nach den Erfahrungen der gefeierten Pädagogen aller Zeiten / bearb. von einem Vereine praktischer Schulmänner und Erzieher. Leipzig 1860.
Verordnung der Königlichen Regierung zu Liegnitz, die Förderung von Kleinkinder-Bewahranstalten betreffend, vom 5. Juli 1848. In: Dammann/Prüser, 19/20. 1848.
Verordnung des Kurfürsten von Hessen-Cassel im Jahre 1825. In: Erning 1976, 26/27. 1825.
Vierhaus, Rudolf: Bildung. In: Brunner, Otto (Hrsg.): Geschichtliche Grundbegriffe. Historisches Lexikon zur politisch-sozialen Sprache in Deutschland. Bd. 1, 508-551. Stuttgart 1972.
Vogt, Martin (Hrsg.): Deutsche Geschichte. Von den Anfängen bis zur Gegenwart. 2. Auflage. Frankfurt a. M. 2003.
Wächtler, Fritz (Hrsg.): Festschrift zur Hundertjahrfeier des deutschen Kindergartens. München 1940.
Weber, Adalbert: Die Geschichte der Volksschulpädagogik und der Kleinkinderziehung mit besonderer Berücksichtigung der Letzteren. Ein Handbuch für Lehrer und Lehrerinnen, sowie zum Gebrauche in Seminarien. Eisenach 1878.
Webler, H. (Hrsg.): Die Kindertagesstätten. Handbuch der Jugendhilfe. Heft 4. 2. ergänzte Auflage. Berlin 1942.
Wehler, Hans-Ulrich: Deutsche Gesellschaftsgeschichte. Band 1. Vom Feudalismus des alten Reiches bis zur Defensiven Modernisierung der Reformära: 1700 – 1815. 2. Auflage. München 1989a.
Wehler, Hans-Ulrich: Deutsche Gesellschaftsgeschichte. Band 2. Von der Reformära bis zur industriellen und politischen „Doppelrevolution": 1815 – 1845/46. 2. Auflage. München 1989b.
Wehler, Hans-Ulrich: Deutsche Gesellschaftsgeschichte. Band 3. Von der „Deutschen Doppelrevolution" bis zum Beginn des Ersten Weltkriegs 1849 – 1914. München 1995.
Wehler, Hans-Ulrich: Nationalismus: Geschichte – Formen - Folgen. München 2001.
Wehler, Hans-Ulrich: Deutsche Gesellschaftsgeschichte. Band 4. Vom Beginn des Ersten Weltkriegs bis zur Gründung der beiden deutschen Staaten 1914-1949. Zweite, durchgesehene Auflage 2003.
Wehler, Hans-Ulrich: Literarische Erzählung oder kritische Analyse? Ein Duell in der gegenwärtigen Geschichtswissenschaft. Wien 2007.
Weimer, Herrmann: Geschichte der Pädagogik. 19., von Juliane Jacobi völlig neue bearbeitete Auflage. Berlin; New York 1992.
Wellauer, J.: Ueber Kleinkinderziehung. Mit besonderer Rücksicht auf die Fröbel'schen Kindergärten und ihre Anwendung im St. Gallischen Waisenhause. Ein Conferenzarbeit von J. Wellauer. Stuttgart 1869.
Wenzel, Gottfried Immanuel: Pädagogische Encyclopädie, worin (in alphabetischer Ordnung) das Nöthigste, was Väter, Mütter, Erzieher, Hebammen, Ammen und Wärterinnen, sowohl in Anlehnung der körperlichen Erziehung, als in Rücksicht der moralischen Bildung der Kinder, von der Geburtsstunde an bis zum erwachsenen Alter, wissen und beobachten sollen, kurz und deutlich erklärt wird. Wien 1797.
Weyher, Ernst: Die Kleinkinderschule. Ein methodisches Handbuch unter besonderer Berücksichtigung der zweisprachigen Verhältnisse. 2., umgearbeitete und erweiterte Auflage. Breslau 1917.
Wetzer, Heinrich Joseph/ Welte, Benedikt (Hrsg.): Kirchen-Lexikon oder Encyklopädie der katholischen Theologie und ihrer Hilfswissenschaften. Herausgegeben unter Mitwirkung der ausgezeichnetsten katholischen Gelehrten Teutschlands. Freiburg i. Br. 1847f.
White, Hayden: Metahistory: The Historical Imagination in Nineteenth Century Europe. Baltimore 1973.
White, Hayden: Tropics of discourse. 4. Auflage. Baltimore, London 1990.
White, Hayden: Der historische Text als literarisches Kunstwerk. In: Conrad, Christoph/Kessel, Martina (Hrsg.): Geschichte schreiben in der Postmoderne. Beiträge zur aktuellen Diskussion. Stuttgart 1994.
White, Hayden: Figural Realism. Studies in the Mimesis Effect. Baltimore, London 1999
White, Hayden: Entgegnung auf Georg G. Iggers. In: Geschichte und Gesellschaft 27 (2001), 340-349. Göttingen 2001.
Wild, Reiner (Hrsg.).: Geschichte der deutschen Kinder- und Jugendliteratur. Stuttgart 2002.
Wilderspin, Samuel: Ueber die frühzeitige Erziehung der Kinder und die englischen Klein-Kinder-Schulen, oder Bemerkungen über die Wichtigkeit, die kleinen Kinder der Armen im Alter von anderthalb bis sieben Jahren zu erziehen, nebst einer Darstellung der Spitalfielder Klein-Kinder-Schule und des daselbst eingeführten Erziehungssystems con S. Wilderspin. Aus dem Englischen nach der dritten Auflage, mit Benutzung der neuesten Schriften von W. Wilson, Brown, Mayo u.a., und mit Anmerkungen und Zusätzen versehen von Joseph Wertheimer. Zweite, sehr verbesserte und vermehrte Auflage. Wien, 1828.

Willms, Johannes: Nationalismus ohne Nation. Deutsche Geschichte von 1789 bis 1914. Düsseldorf 1983.
Winkler, Heinrich August: Weimar 1918-1933. Die Geschichte der ersten deutschen Demokratie. München 1993.
Winkler, Heinrich August: Der lange Weg nach Westen. Band 1: Deutsche Geschichte vom Ende des Alten Reiches bis zum Untergang der Weimarer Republik. München 2000.
Winter, Amalie: Die Klein-Kinder-Schule. Anleitung für Lehrer, Aufseherinnen und bei Verwahranstalten thätige Frauen, so wie für Kinderwärterinnen zu einer zweckmäßigen Beschäftigung der Kinder vom 2ten bis zum 7ten Jahre. Leipzig 1846.
Wirth, Johann Georg: Ueber Kleinkinderbewahr-Anstalten. Eine Anleitung zur Errichtung solcher Anstalten so wie zur Behandlung der in denselben vorkommenden Lehrgegenstände, Handarbeiten, Spiele und sonstige Vorgänge. Augsburg 1838.
Wirth, Johann Georg: Die Kinderstube, ein Buch für Mütter und Kindsmägde, besonders aber auch für Familienväter, Lehrer, Hofmeister, Gouvernanten, Kleinkinderbewahranstalten ic. Im Anhange Erzählungen für Kindsmägde. Augsburg 1840. 1840a.
Wirth, Johann Georg: Mittheilungen über Kleinkinderbewahranstalten und aus denselben, so wie über Kleinkinderschulen und Rettungsanstalten für verwahrloste Kinder. Augsburg 1840. 1840b.
Wissing, Katrin: Die historische Genese der Erzieherausbildung in Komparation zur historischen Genese der Grundschullehrerausbildung. Darstellung und Analyse der historischen Entwicklung der Differenz des Ausbildungsstatus zwischen Erzieher und Grundschullehrerausbildung unter Berücksichtigung ihrer Entstehungszusammenhänge und möglicher Zukunftsperspektiven. Unveröffentlichte Diplomarbeit an der Universität Tübingen 2004.
Wörle, J. G. C. : Encyklopädisch-pädagogisches Lexikon oder vollständiges, alphabetisch geordnetes Hand- und Hilfsbuch der Pädagogik und Didaktik; zum Behuf des praktischen Lehrfachs, so wie zu Conferenz-Aufsätzen und Examina für Volks-Lehrer und Seminaristen, nach den besten Quellen und dem neuesten Standpunkt der Literatur / mit einem Andern bearb. und hrsg. von J. G. C. Wörle. Heilbronn 1835.
Wolffheim, Nelly: Soll ich mein Kind in den Kindergarten schicken? Ein Orientierungsbuch für Eltern und alle, die sich mit Erziehungsfragen beschäftigen. Leipzig 1910.
Wolffheim, Nelly: Fröbel als Vorläufer von Freud. In: Wolffheim, Nelly: Psychoanalyse und Kindergarten und andere Arbeiten zur Kinderpsychologie. Herausgegeben von Prof. Dr. Gerd Biermann. 2. Auflage. München/Basel 1973, 90-102. 1973a.
Wolffheim, Nelly: Psychoanalyse und Kindergarten. In: Wolffheim, Nelly: Psychoanalyse und Kindergarten und andere Arbeiten zur Kinderpsychologie. Herausgegeben von Prof. Dr. Gerd Biermann. 2. Auflage. München/Basel 1973, 103-154. 1973b.
Wolke, Christian Hinrich: Kurze Erziehungslehre oder Anweisung zur körperlichen, verstandlichen und sittlichen Erziehung anwendbar für Mütter und Lehrer in den ersten Jahren der Kinder. Leipzig 1805.
Zeitschrift für pädagogische Historiographie. Jg. 15 (2009), H. 2. 2009.
Zentralinstitut für Erziehung und Unterricht Berlin (Hrsg.): Kleinkinderfürsorge. Einführung in ihr Wesen und ihre Aufgabe. Berlin 1917.
Zentralverband katholischer Kinderhorte und Kleinkinderanstalten Deutschlands e.V. (Hrsg.).: Wie lösen Kindergärten und Horte ihre volkserzieherischen Aufgaben an dem Elternhause? Würzburg-Aumühle 1934.
Zwerger, Brigitte: Bewahranstalt, Kleinkinderschule, Kindergarten: Aspekte nichtfamilialer Kleinkindererziehung in Deutschland im 19. Jahrhundert. Weinheim 1980.